谨以此书献给

当代中国出国留学活动的实践者和出国留学政策的创造者
即促进中国留学政策形成、变革与发展的基本动力——公元
1948 年以来留学回国和出国留学的约 200 万中国留学人员

出国留学六十年

——当代中国的出国留学政策与引导在外留学
人员回国政策的形成、变革与发展

苗丹国　著

中央文献出版社

图书在版编目（CIP）数据

出国留学六十年：当代中国的出国留学政策与引导在外留学
人员回国政策的形成、变革与发展/苗丹国著 .
—北京：中央文献出版社，2010.8
　ISBN 978-7-5073-3073 -1

　Ⅰ. 出…　Ⅱ. 苗…　Ⅲ. 留学生教育—教育政策—中国
Ⅳ. G648.9

　中国版本图书馆 CIP 数据核字（2008）第 152252 号

出国留学六十年
　　——当代中国的出国留学政策与引导在外留学
　　　人员回国政策的形成、变革与发展

著　　者/苗丹国
责任编辑/李庆田

出版发行/中央文献出版社
地　　址/北京西四北大街前毛家湾 1 号
邮　　编/ 100017
经　　销/新华书店
排　　版/北京方方照排中心
印　　刷/河北新华印刷二厂

787mm×1092mm　　　16 开　　　64 印张　　　1500 千字
2010 年 9 月第 1 版　　　　2010 年 9 月第 1 次印刷
印　　数：1—4100 册

ISBN 978-7-5073-3073-1　　　　　定价：188.00 元

◆1957年11月17日，毛泽东主席访问苏联期间在莫斯科大学大礼堂接见数千名中国留学生、实习生，并发表著名演讲：世界是你们的，也是我们的，但是归根结底是你们的，你们青年人朝气蓬勃，正在兴旺时期，好象早晨八、九点钟的太阳，希望寄托在你们身上；其后毛主席看望部分留苏人员并与大家亲切交谈。　供稿/新华社

◆1979年1—2月，邓小平访美期间与美国总统签署中美两国多项合作协议，其中将此前《中美关于互派留学人员的口头谅解》作为正式协议予以确认。　供稿/新华社

◆1993年春节前夕，江泽民等中央领导在人民大会堂出席留学回国人员新春联欢会；本书作者参加此次联欢会。　　摄影/王敬德

◆2003年9月30日，胡锦涛等中央领导在人民大会堂接见参加全国留学回国人员先进个人和先进工作单位表彰大会的代表及大会工作人员。图片中第4排左起第9人为本书作者。　　供稿/新华社

◆1950 年 8 月 29 日，邓稼先等 100 多名留美学者乘坐"威尔逊总统号"海轮，经过 24 个昼夜，横渡大西洋返回祖国。文/沈俊峰、神州学人杂志社；　　图/人教社

◆2000 年 2 月 17 日，中共中央在人民大会堂举行元宵节联欢晚会，并邀请 10 名留学回国人员出席；本书作者作为教育部带队工作人员参加了晚会，席间与时任教育部部长陈至立和时任中共中央文献研究室主任逢先知合影。　　供稿/苗丹国

◆2008 年 12 月 5 日，中共中央政治局委员、国务委员刘延东，教育部部长周济为 2007 年度"长江学者成就奖"获得者、长江学者特聘教授、讲座教授代表颁发证书。 供稿/中国教育报刊社

◆2008 年 12 月 24 日，教育部在人民大会堂金色大厅召开纪念改革开放暨扩大派遣留学生工作 30 年座谈会；图片中右下方第一人为本书作者。 摄影/张学军

◆2009 年 3 月 31 日，教育部在北京翠宫饭店召开纪念中国留学服务中心成立 20 周年报告会；本书作者出席此次报告会。　　供稿／中国广播网

◆2009 年 10 月 1 日，党中央、国务院邀请的 326 位海外人才和优秀留学回国人才代表参加新中国成立 60 周年庆典观礼活动；载有 10 名留学回国人员代表的"我的中国心"彩车在 2323 名身着节日盛装的大学生方阵簇拥下通过天安门。　　供稿／中国新闻图片社

◆2009 年 12 月 7—9 日，2009 年驻外使领馆教育处组工作会议在北京召开。

◆2009 年 12 月 10 日，2009 年全国教育外事工作会议在北京召开。

序　言

　　中华人民共和国成立 60 年以及改革开放 30 年来，研究中国出国留学政策的文章或在一些专著中涉及出国留学政策的章节与段落，可谓林林总总、百家争鸣，成果丰硕，大致展现了当代中国留学政策形成和演变的总体过程。但截至本书问世之前，尚没有一部比较详尽地集中介绍和研究 60 年来中国出国留学政策形成与变革的专著。正是由于这种缺失的存在和有关文献的不断公开披露，同时借助一支研究团队的合作与支持，加之著者 20 多年来在出国留学政策研究方面的工作实践和潜心思考，终于完成了《出国留学六十年——当代中国的出国留学政策与引导在外留学人员回国政策的形成、变革与发展》的写作，并于中华人民共和国成立 60 年之后不久奉献给读者。

　　出国留学政策之于留学活动、留学当事人，乃至国家与社会、政治与经济，联系密切、息息相关。专门研究该项政策的这本书经长年积累、策划、筹备和写作，得以在新中国成立 60 年之际完成并交付出版，可以说是填补了这一研究领域的一个空白。本书比较详细地全面回顾了 1949 年到 2009 年期间我国出国留学政策形成与延续的总体过程，并详实记录了中国政府和国家领导人基于国际政治背景和留学实践活动，审时度势做出的一系列战略性决策。同时，本书首次在比较宽泛的框架内，对长达 60 余年时间段内出国留学政策发展的积累过程和几乎所有问题，进行集中讨论并研究。本书还首次提出了"出国留学政策是广大留学人员通过自身的活动与实践、并经众多政府部门反复提炼升华后创立的产物"这样一个观点。

正是基于上述几个特点，本书可以使读者比较清晰地了解到出国留学政策变迁的基本脉络和变革要点，并准确地掌握和领会中国政府和中国领导人的战略决策与意图；此外，作为出国留学政策研究的基础之一，本书也可使读者大致了解众多专家学者和研究人员的主要观点与研究成果。本书还汇集了当代出国留学政策发展过程中的诸多事件和多样性的数据统计并简繁不等地进行了概述；同时，本书首次集中地阐述了著者通过广大留学人员的实践活动，逐步总结和归纳出来的几个主要观点：在中国的出国留学活动已进入一个相对稳定的繁荣发展期、但留学人才安全仍然面临威胁的情形下，必须坚持"党管留学人才"的原则，必须为所有留学人员开辟货真价实的"绿色通道"；此外，本书还对出国留学政策执行过程中的一些负面问题与现象进行了适当的研究与讨论。

从严格意义上讲，本书并不是我个人的著作，而是广大留学人员、党和国家有关留学政策的决定者、众多留学事务管理者以及留学政策研究人员共同创作的作品；作为著作者，本人不过是根据上述四类群体在出国留学政策演变过程中的不同作用，进行了一些尽可能详尽并客观地记录罢了。另外需要强调的是，本书是以公开的史料为基础，以可以检索到的文献为依据，以众多研究者的研究成果为参考，材料较为丰富和系统；全书在文字表达上力求简洁、精练，并致力于客观、公正地加以描述，力戒华而不实、夸张和极端的字词句段，拒绝套话、大话、官话、废话和虚假不着边际的表达与铺陈。倘若本书能够成为后继研究者的铺路石和政策执行者的参考书，作者则深感足矣。

　　换一个角度思考和审视，本书的特点并不能掩饰它的缺陷：诸如因第一手文献与资料缺乏，对影响留学政策的留学活动背景介绍不够全面；受个人研究能力和理论功底的限制，对著者自己提出的上述几个观点论证不足；过分顾虑于"潜规则"的约束，对一个时期以来仍然存在的某些政策执行方面的问题剖析不够、分析不深；受研究时间和个人精力所限，本书尚存在提升空间和完善余地；在资料和文献的选择与使用上亦肯定会有一些疏漏等等。正因为上述诸多原因，作者期待着今后能将相关的研究与讨论不断深入下去，同时期待着读者不吝赐教与批评指正。

苗丹国

2010 年春节

于教育部办公北楼 208 工作室

目　录

第六章 1982—1992年:调整、发展时期出国留学政策的演变(上)

第八章 1993—2008年:规范化发展时期出国留学政策的演变(上)

导言：出国留学政策概论

出国留学政策是一国政府公共政策的重要组成部分，是国家决策层根据一定时期的基本国策、国际关系、价值标准与合理性原则，对出国留学活动实施管理、服务、控制和调节的制度性规定。中国的出国留学政策具有比较明显的渐进性和特立独行、即相对独立的阶段性特点；其主体内容和实施导向是由国际和国内的政治、经济、文化状况以及中国对外关系所决定的。一方面，它源于出国留学活动的发展与需求并对其起着重要的指导、导向和推动作用；另一方面，它又随着出国留学活动的发展和变化，进行着符合留学活动规律、适应社会发展需求与政府政治意志的调整和完善。因此，中国出国留学政策的变革，实际上就是中国留学活动的写照，反映了其历史演变的过程；研究中国出国留学政策的变革，就是观察中国出国留学活动的历史演变和经验教训；而实事求是、客观真实、科学公正，非形而上学、一己私利、感情用事地考量与研究，无疑将对中国留学活动前景的预测和出国留学政策趋势的定位，具有不可低估的积极作用。由于中国留学教育的内容和主体主要涉及高等教育阶段，所以本书将主要讨论高等教育范畴中的出国留学政策与问题；同时根据留学实践的发展也有所涉及到非高等教育领域内的留学政策研究与问题讨论。

出国留学政策还是中国对外政策的组成部分之一，并服从和服务于国际政治格局以及国家领导人对国际关系的判断。出国留学政策的制定源于特定时期的留学活动；国际政治格局以及中国对外关系状态是左右和影响出国留学政策形成的基本要素；出国留学活动的特点以及留学人员的生存状况是出国留学政策调整的主要因素；妥善解决出国留学活动中出现的问题是出国留学政策调整的不间断目标。出国留学活动起源于相对落后国家、地区或领域培养紧缺人才或高层次人才的需要，在当代已经发展成为接受不同模式教育、或称多样性教育的一种选择。

1949 年以来，有关出国留学活动的政策研究，一直是中国领导人、政府部门以及从事出国留学教育的各级管理者和学者们共同关注的问题，也是青年学生和新闻媒体的焦点话题之一，受到国内外的关注可谓旷日持久。出国留学政策的研究之所以受到特别重视，并得以迅速发展，既有国际政治、经济和国际教育的背景，也是中国社会发展、经济建设和公民个人的需要。而把此项政策的具体内容、研究制定的过程、发布执行后的实践结果和效益评估的标准作为共同的研究对象，不仅是社会经济发展和出国留学教育自身建设的必然趋势，也是在科学发展观指导下实现建设小康社会目标的客观要求。

在国家总体出国留学政策的框架内，现阶段的出国留学政策已经逐渐演变和发展成为国家公派出国留学、单位公派出国留学、自费出国留学以及留学回国这四个系列的二级政策，并由四者共同或交叉组成；上述四个系列的二级政策又是由若干具体的三级制度和规定（常以《通知》、《意见》、《办法》等形式呈现）分别或交叉组合构建而成。如果某项二级或三级政策不切实际地过于狭窄或滞后，将无助于支持业已成熟的我国总体出国留学政策的正常运行。

有学者指出，政策的研究者与决策者是两种不同但密切关联的群体，由于二者之间的层次不同，很难在事实上实现真正的融合。政策研究的最终目的不是批判；政策研究者的责任在于通过学术构建来改善并提高相关政策的质量。[①] 出国留学政策研究、决策、执行、反馈、检讨的相互关系与整体运行，同样存在着层次、隔阂与融洽、改善之间的较量；出国留学政策研究人员的社会责任，就是要最大限度地保证其关系的和谐与运行的顺畅。

一、出国留学人员及其所从事的留学活动是出国留学政策形成、变革与发展的基本动力

人民群众是社会物质财富的创造者，也是社会精神财富的创造者，更是推动社会变革的决定性力量。"人民，只有人民，才是创造历史的动力"是毛泽东的一句著名论断，表明了"实践出真知，基层出经验，群众出政策，时势出人才"这样一个社会发展的基本规律。中国改革开放的最大动力、最大活力来自基层，来自社会，来自民间；改革开放中许多具有里程碑意义的重大创举，都不是事先由上面设计好然后由下面实行的，而是由基层率先试验、率先突破的；改革开放中一些重要的理论创新，也都是由学者、干部和群众率先提出，并逐步被党和政府所吸纳。中国共产党和中国政府尊重群众的首创精神，鼓励基层大胆地试、大胆地闯，允许多种试验、多种探索，既鼓励创新，又宽容失败；关注基层的改革探索，及时总结提高并上升到方针政策，加以推广后逐渐形成上下互动的良性循环。就像波澜壮阔的农村土地联产承包责任制改革发端于安徽省凤阳县小岗村一样，中国各个行业的成功改革无不是由普普通通的人民群众创造。来自基层单位和公民的成功做法和自发改革首创的鲜活经验，一直是推进中国各项改革取之不尽、用之不竭的力量源泉之一。改革开放是一个不断破旧立新的过程，也是不断汲取群众首创精神进而指导实践活动的过程。改革开放30年来，群众首创精神推动了一次又一次制度创新，成为改革的"原动力"。改革最需要的是"敢为天下先"的首创精神，最需要百折不挠的实践勇气。30年

---

① 魏峰：《教育政策研究在于改善政策质量》，《教育理论与实践》2008年第2期。

前中国农民仅仅是出于"填饱肚子"这种原始冲动的冒险尝试，却在无意间成为中国改革开放的序幕。对此，邓小平说："农村搞家庭联产承包，这个发明权是农民的。农村改革中的好多东西，都是基层创造出来，我们把它拿来加工提高作为全国的指导。"开拓创新无疆界，思想解放无禁区。纵观改革历史进程，从观念到实践，从社会经济和教育制度等各个领域的制度创新，也无一不是来自群众的首创。改革进程越趋向纵深，群众首创精神也越显出强韧与智慧；遇到发展"硬堡垒"越多，首创精神所激发的力量就愈强。党和政府在各个关键时期都充分"尊重人民群众的首创精神"，审时度势形成重大决策，同时依照法定程序形成法律法规或相关政策，这是群众首创精神能够推动改革开放进程的重要保障。30 年间，从农村改革到经济建设，从教育改革到留学管理，从实践推进到决策部署，党和政府在各个关键时期和各个重要领域用政策文件引导群众首创实践，用法律法规提升群众首创精神，用理论勇气释民众首创意愿，形成了"从群众中来、到群众中去"的决策机制。①

同样，出国留学政策也是广大留学人员通过自身的留学活动与留学实践提出和创立、并经众多政府部门反复提炼升华后确立的产物。1949 年以来，特别是 1978 年以后，来源并服务于留学实践活动的出国留学工作政策不断出台、持续更新，同时又反哺性地支撑和培育着出国留学活动的发展，并影响着出国留学制度改革的日益深化和不断走向成熟。从主要政策或称为"骨干性"政策演变的大致顺序和基本内容的层次性变化，不难看出其在不同历史背景下"深化与成熟"的轨迹与过程。60 多年来，公派出国留学政策的变化与调整始终是中国出国留学政策形成、变革与发展的一条主线，并带动和影响了整体出国留学政策的演变。30 多年来，自费出国留学政策形成的时间虽然不长，但变化与发展的速度惊人。自费出国留学政策源于自费留学活动的兴起；一方面是留学活动的动态反映、客观体现和具有自费留学意愿者的意志表达，另一方面也成为影响中国当代留学活动的因素之一。20 余年来，留学回国政策已经逐渐发展成为出国留学整体政策的重要组成部分。新中国建立以后的一个时期内，指导留学人员回国的政策大致可以分为两类，一项是针对原在外留学人员的"来去自由"，另一项是针对国家公费派遣留学人员的"严格按期回国、必须服从分配"。改革开放以后，随着国际、国内形势的巨大变化，中国逐渐形成了新的留学回国政策体系，且不断扩大并越发成为中国政府、留学人员和公众比较关注的热点政策。

20 世纪 50 年代公派留学的政策要点是："严格选拔，宁少勿滥"（1950—1953）；"严格审核，争取多派，理科为主，兼顾全面"（1954—1956）；"多派研究生，一般不派大学生"（1957—1959）。鼓励在外中国留学人员回国工作的政策要点是："不论先后，一视同仁，来去自由"（1957）。

---

　　① 任彦申：《辉煌的历程宝贵的经验——纪念中国改革开放三十周年》，《光明日报》2009 年 1 月 23 日；陈先发、郭奔胜、张严平：《首创精神开辟中国改革之路》，2008 年 11 月 26 日新华网；陈先发、郭奔胜、张严平：《人民群众首创精神是改革"原动力"》，《新华每日电讯》2008 年 11 月 27 日第 1 版；张晓晶：《教改要从基层多汲取灵感和力量》，《新华每日电讯》2009 年 1 月 13 日第 3 版。

20 世纪 60 年代公派留学政策的要点是："保证重点，兼顾一般"、"保证质量，争取多派"、"既要派研究生和大学生，又要派短期进修生与实习生"（1959）；"减少数量，提高质量"（1961）；"试行向西方国家派遣留学生"（1964）；"停派留学生"（1966）。

20 世纪 70 年代公派留学政策的要点是："恢复派遣语言类进修生"（1972）；"主要向西方国家扩大派遣留学人员"（1978）；"抓紧时机、积极选拔，广开渠道，力争多派，科技为主，兼顾其他"（1979）。

20 世纪 80 年代出国留学政策的要点是："公派——积极主动，择优选拔，保证质量，广开渠道，力争多派，突出重点，统筹兼顾"（1980、1981）；"自费——对自费留学人员在政治待遇上与公费留学人员一视同仁，但在申请条件上有一定的限制"（1981）；"公派——探索扩大选拔派遣博士留学生的数量和途径"（1882）；"自费——申请自费留学如手续合法则不受任何限制"（1984）；"公派——按需派遣，保证质量，学用一致，加强管理"（1986）；"回国——提供各种服务，创造好的工作环境和生活条件，拓宽就业范围并实行人才流动"（1988）；"在外——采取适当灵活的政策和通情达理的作法，并给予合情合理的解决"（1988）。

20 世纪 90 年代出国留学政策的要点是："收取自费留学培养费"以限制自费出国留学（1990）；"博采各国之长，按我之需，取人之长，精选精派，定向定人，力争保质保回"（1990）；"支持留学，鼓励回国，来去自由"（1992）。[①]

随着 20 世纪 90 年代中期以来的国家公派留学体制的改革，逐步确立了"个人申请、专家评审、平等竞争、择优录取、签约派出、违约赔偿"的 24 字方针（1996）；其后不久，鼓励回国政策体系的持续改革与不断完善与自费留学中介市场的开辟、完善与监管（1999），留学人员创业园区的建立与发展（1994），自费出国留学"资格审核政策"的废除（2003）与国家优秀自费留学生奖学金的设立（2003），国家公派"三个一流"方针的提出与实施（2003 年 7 月 16 日），国家建设高水平大学公派留学生项目的设立（2007 年 1 月），可谓高潮迭起、有声有色、可圈可点。出国留学政策已经成为中国改革开放政策体系的重要组成部分，出国留学活动也已成为促进中外教育、科技、贸易和文化交流的重要桥梁；根植祖国、贯通中外、关注和把握世界科技前沿的留学人员群体则已成为国家重要的人才库、知识库、思想库，成为知识经济与技术创新体系的骨干，成为高新技术的辐射和传播、高新技术产业化和跨国文化交流的重要生力军，为中国的社会经济和科技进步发挥着重要作用。

经济与社会发展是为了满足人的需要与利益，愿望和诉求。人的需要又是多方面多层次的。人不仅有自然需要，还有社会需要，多样性教育需要；不仅有物质需要，还有精神需要；多层次教育需要；不仅有群体与总体的教育需要，还有个体教育需要；每个个体不仅有自身教育需要，还有教育交流的需要。新中国成立 60 年以及 1978 年实行改革开放 30 多年以来，中国的出国留学活动和留学政策经历了创立、发展、中止、恢复、

---

① 陈可森执笔、国家教委外事司编著：《教育外事工作历史沿革及现行制度》第 7—77 页，北京师范大学出版社 1998 年 1 月版。

扩大和繁荣发展等或顺畅、辉煌，或曲折、坎坷的多种历史阶段。中国的出国留学活动促使相应的出国留学政策日臻完善，并始终与中国社会的进步、法制的成熟和经济的发展紧密关联。60 年来，从国家到地方，从高等院校到科研院所和大中型企业，根据留学活动的客观规律与留学人员的生存特点，中国已逐步建立起一整套与国家、社会和个人发展相适应的出国留学管理运行机制和留学服务综合体系，国家公派、单位公派、自费留学三条渠道优势互补、相得益彰。改革开放 30 年来，随着留学活动、留学形式和留学人员群体的不断拓展，中国政府采取了不断扩大派遣留学生、放宽相应政策限制和加大吸引留学人才力度等一系列方针政策措施，对出国留学政策适时地进行了不停顿的调整。60 年来，中国的出国留学规模不断扩大，基本形成了以国家公派出国留学为主导，以自费出国留学为主体的出国留学政策格局；与此同时，针对各类出国留学人员、在外留学人员以及留学回国人员的管理和服务体系不断建立、健全和完善，逐步建立起了从公派留学选拔到派出、自费留学市场监管与规范、国外服务与管理、回国就业与创业等全方位、多层次服务的政策性机制和相关机构体系。

新中国建立 60 年，并全体中国人民推动和不断完善的改革开放进程已有 30 多年；与此同时，国际社会已经进入了全球化、即"全球经营的新时代"。60 年来，"中国留学生"已经成为中国教育对外开放和中国人才国际间流动的同义词，已经成为逐渐融入全球的一代，并在建立和加强国际新秩序方面发挥着一定的作用。中国在政治、经济领域的影响力日益增强，为形成一个由中国参与的"新的大国合唱的多极世界"创造了条件。一些国际著名政治家出于对世界形势走向的判断与分析以及国际关系政策的一些基本理念和战略考量，认为"超级大国"一词业已过时，未来 30—40 年内，世界将进入一个"相对大国"的新时代。与此同时，全球化的发展使各国教育相互依存度日益加大，21 世纪各大国之间需要考虑建立新的国际关系。而"敌人"和"对手"等概念也可能已经过时，需要研究的是如何将"竞争"和"角逐"关系转化为"负责任的伙伴关系"、如何建立"更加符合实际的 21 世纪国际学生流动新秩序"。面对不断更新的国际关系与变化之中的世界政治格局，留学人员和留学政策的制定者们都必须做好自己的新功课，以应对留学人才流动趋势将不断增强所带来的新课题。

二、中国出国留学活动的大致规模

出国留学政策的成败与否，有时也需要通过一些具体的数据和数字来解读与诠释。所以称之为"大致规模"，是因为使用现已公开的文献和资料提供的数据，试图详细、准确地描述 60 多年来中国的出国留学规模是一件比较困难的事情，主要是数据和某些概念上的混乱、多变或不确定。对此，钱宁先生与王辉耀教授曾在各自的专著中辟有专门章节提出过质疑。尽管如此，我们还是能够根据新中国建立以后，国家负责出国留学事务主管部门的历年统计和研究中国留学问题专家的估计，基本掌握 60 多年来出国留学活动的大致规模。

（一）1950 年—"文化大革命"期间的出国留学规模

根据教育部正式公布的统计显示，1950—1965 年期间，中国共向苏联和东欧等各国派遣公费留学生、进修生等 10698 人，同期回国 8013 人；[①] 派出人员中的大学生、即留学本科生 6834 人，占 63.88%；其中研究生 2526 人，占 23.61%；进修生 1116 人，占 10.43%；教学实习生和翻译 222 人，占 2.08%。如果将截止 1958 年前后因与苏联援建的工业项目相关联而派出的约 6000 多名技术实习生一并计算在内的话，中国大陆在此期间内共派出各类留学人员约 1.6 万多人。当然其中也包括先后派往苏联各军事院校的 800 百多名军事留学生。有文章称：从 1950 年到 1959 年九年中，中国共派遣了留学生 1.6 万余人，学成归国后，都成为我国社会主义建设中的骨干力量，作出了卓越的贡献。[②] 严格地讲，这段话中有多项不确切之处。一是，这段特定为"派遣 1.6 万余人"的时间跨度，应为 1950—1965 年 15 年中，而非"1950 年到 1959 年九年中"。二是，事实上、或准确地说，在上述 15 年的时间段内，在陆续完成规定的学习计划后，先后回国的上述各类留学人员仅仅是"超过 1.5 万人"而已，绝非"1.6 万余人学成归国后都成为社会主义建设骨干力量"。据有关档案记载，另有数百人或者没有回国，或提前回国，或回国休假后不再允许其出国；其原因也是各种各样的，如与外国人结婚、因各种原因死亡、出现了政治或道德方面的问题、发生了刑事案件或健康状况的情况，等等。三是，这段话完全混淆了在该时期"留学人员"的分类中，"留学生"、"进修生"和"实习生"之间的区别。

应该说，这一时期的大多数出国留学人员在国外刻苦钻研，并能够服从国内建设与发展的需要，回国后投身祖国的建设事业，先后作出了一些重要贡献，并产生了积极的影响。

另有数据显示，从 1949 年到 1957 年初，先后约有 2500—3000 名主要是在欧洲和北美等资本主义国家的留学生和学者回国工作；约占 1949 年以前在外中国学生、学者总数 5600 余人的 50%。

（二）"文化大革命"期间的出国留学规模

从留学派遣规模上看，1972—1978 年的 7 年间，中国共派出 1977 名公费留学人员，平均每年 282 人，不足 300 人；从留学专业上看，主要是学习多种外国语，学习科技专业的仅占少数；从留学国别上看，除发展中国家外已经逐步涉及多个西方发达国家；从留学效益上看，同期完成学业陆续回国的留学人员有 963 人，主要为中国培养了一定数量的外语教学、翻译人员以及从事外事管理事务的干部，在一定程度上缓解了外交活动对外语人才的需要，并为其后出国留学政策的恢复与制定提供了一些经验和教训；从出国留学政策的成熟度上看，尚处在逐渐恢复与摸索阶段。可能是出于某种顾忌或考虑，对此期间内出国留学的 1977 名留学人员的留学活动、留学经历以及后来的留学效果，似乎很少有文章

---

① 张健主编：《中国教育年鉴（1949—1981）》第 980 页，中国大百科全书出版社 1984 年版。
② 《留学与中国社会的发展》第 241—242 页，珠海出版社 2009 年 1 月第 1 版。

或课题专门进行比较深入地考证和比较全面地研究。实际上这段有关留学的历史和过程是任何人也抹杀不掉的。正如中国高考招生制度的变化一样，其实在"文革"后期，中国高层有关恢复高考招生制度的意见也已经在酝酿之中了。据有关文献记载，先是 1966 年 6 月 13 日，中共中央和国务院决定当年高等学校招生工作推迟半年进行；其后 6 月 18 日《人民日报》发表社论宣布"废止现行的高等学校招生考试办法"，导致 1966 年到 1971 年期间大学停止招生；后来于 1972 年到 1976 年期间大学实行招收工农兵学员的办法。至此，高等教育招生的基本原则遭到破坏，导致了"读书无用论"盛行，教育质量严重滑坡，国家建设所需的各种专门人才青黄不接，国民经济几乎到了崩溃的边缘，给国家造成了极大的危害。正是由于高校招生对教育乃至整个国家产生的重要影响，早在 1972 年，周恩来总理就有恢复高考制度的考虑。他在会见一位美籍华裔物理学家时，就曾谈到要从应届高中毕业生中直接招收大学生的想法。①

（三）改革开放以后即 1978—2009 年期间出国留学活动的大致规模

1. 留学事务管理机构发布的 2007 年度官方统计数据

根据 2007 年内中国驻 129 个国家的 147 个使（领）馆有关教育部门提供的统计数字，再综合主要留学目的国的驻华使馆、国内有关留学服务机构提供的 2007 年留学情况统计数据，并参考国内各省（市、自治区）的教育和人事部门、国家有关部委及直属高校提供的 2007 年留学统计数据和国内有关机构的留学信息报道等，教育部留学事务管理机构汇总并于 2008 年 4 月公布了 1978—2007 年底的留学数据统计情况：

●1978—2007 年底，中国大陆约有 121.17 万人，通过国家公派留学、单位公派留学和自费留学三种渠道，前往 109 个国家或地区留学、进修。其中国家公派约 8.85 万人，约占 7.30%；单位公派约 14.56 万，约占 12.02%；自费留学约 97.75 万人，约占 80.69%。留学或进修的专业几乎涵盖了全部现有的学科门类；留学的规模和强度不仅在中国历史上，即使在世界范围内也是前所未有的。上述留学人员中约 85 万多人、即约 70% 的绝大多数人的留学活动是在 2000 年以后的 8 年内实现的。

●在此期间内学成后回国工作的留学人员总共约有 31.97 万人。其中：国家公派留学回国者约为 6 万多人。进入本世纪的前 6 年，留学回国人数呈稍快增长趋势，如 2000 年 0.91 万、2003 年 2.01 万、2006 年 4.24 万，平均每两年增加约一倍。

●2007 年度各类出国留学人员总数为 14.4 万人，比上年增长 7.94%；其中国家公派 8853 人，单位公派 6957 人，分别约占 6.15% 和 4.83%；自费留学 12.9 万人，约占 89.58%，比上年增长 4.79%。

●2007 年度各类留学回国人员总数是历年最多为 4.4 万人，比 2006 年增长 4.79%；其中国家公派 4302 人，单位公派 4211 人，合计 8513 人，比上年增长 5.23%；自费留学 3.6 万，比上年增长 7.48%。

●以留学身份出国，目前在外的留学人员有 89.20 万人。其中 65.72 万人正在国外进

---

① 《新中国档案：恢复高考》，2009 年 9 月 25 日新华网。

行本科、硕士、博士阶段的学习以及从事博士后研究或学术访问等。约有20万原留学人员仍在国外工作并已获外国永久居留权或已加入外国国籍；另外还有因配偶、子女探亲或移民等事由出境并在国外接受高等教育后留在当地工作的约30多万人。

●2007年度与2006年度的数据比较，出国留学与留学回国人数都有所增长。出国留学人数增加1.06万人，增幅为7.94%，其中，自费出国留学增加了6.58%，国家公派增加了58.66%；留学回国人数增加2030人，增长了4.79%，其中，自费留学回国人数增长了7.48%，国家公派与单位公派的回国留学人数增长了5.23%。

2. 教育部国际合作与交流司司长张秀琴以及留学事务管理机构发布的2008年度官方统计数据

●2008年内，各类出国留学人员总数为17.98万人，其中属于国家公派的有1.14万人，属于单位公派的有0.68万人，属于自费留学的有16.16万人。

●2008年内，各类留学回国人员总数为6.93万人，其中国家公派留学人员0.75万人，单位公派留学人员0.50万人，自费留学人员5.68万人。

●从1978年到2008年底，各类出国留学人员总数达到139.15万人，留学回国人员总数达到38.91万人。

●从1978年到2008年底，以留学身份出国，目前在外的留学人员有100.24万人。其中73.54万人正在国外进行本科、硕士、博士阶段的学习以及从事博士后研究或学术访问等。

●2008年度与2007年度的数据比较，出国留学人数和留学回国人数仍然表现出增长态势。出国留学人数增加3.52万人，增长了24.43%；留学回国人数增加2.49万人，增长了55.95%。①

3. 教育部统计并公布的2009年内以及1978—2009年期间出国留学与留学回国人员情况的基本数据

●2009年内中国出国留学人员总数为22.93万人，其中：国家公派1.20万人，单位公派0.72万人，自费留学21.01万人。

●2009年内各类留学回国人员总数为10.83万人，其中：国家公派0.92万人，单位公派0.73万人，自费留学9.18万人。

●2009年与2008年相比，出国留学人数增加4.95万人，增长27.5%；留学回国人数增加3.90万人，增长56.2%。

●从1978年到2009年底，中国各类出国留学人员总数累计为162.07万人，留学回国人员总数累计为49.74万人，有62.3%的留学人员学成后选择回国发展。

●截至2009年底，以留学身份出国并在外留学的人员有112.34万人，其中82.29万人正在国外进行专科、本科、硕士、博士等阶段的学习以及从事博士后研究或学术访问等。②

---

① 教育部：《2009年第六次新闻发布会实录》，2009年3月25日人民网。
② 《2009年度中国出国留学人员总数达22.93万》，2010年3月12日教育部网站。

4. 有关研究留学问题专家对出国留学总体规模的基本估计

有研究者认为，1948 年至 2009 年底的 60 多年间，由中国大陆出国在外留学、进修或作访问学者等各类留学人员的总数，累计已经达到或超过 200 万人（次）。即除了以留学或进修身份出国的人员，还有不少是以其他事由或身份出国后转为留学的人员。即中国留学人员实际上可区分为"出国留学人员"和"出国后的留学人员"两大群体。当然其中还有一些诸如"小留学生、语言学校留学生是否为留学生"的争论也影响到出国留学人员总数的计算。

5. 国内外有关单位或机构提供的一些分类统计数据

●国家留学基金会秘书长刘京辉 2008 年 7 月 27 日在贵阳出席"中国——东盟教育交流周"时介绍，从 1996 年至 2007 年，中国共派出各类国家公派留学人员 38308 人，应到期回国 29889 人，其中 29135 人已学成回国，回归率为 97.48%。2007 年中国公派留学人员 12517 人，选派规模首次突破 1 万人；选派规模和回国率均保持较高水平。刘京辉指出，近几年中国公派出国留学人员的选派层次逐步提高。在被录取的国家公派出国留学人员中，拥有博士学位的超过一半，很多人承担着国家级和省级课题任务，国外留学单位包括剑桥大学、牛津大学、哈佛大学、耶鲁大学等国际知名大学和美国国家实验室、德国亥姆霍兹联合会等国际一流研究机构。同时，出国留学也成为中国高层次人才培养的重要途径之一。[1]

●刘京辉秘书长在 2009 年 3 月 25 日召开的教育部新闻发布会上介绍，中国国家公派留学的年录取规模，已经由 1996 年的 2044 人增至 2008 年 12957 人，年录取人数增长了 5.3 倍。1996 年至 2008 年共派出 48605 人，应回国 37494 人，实际回国 36614 人，回归率平均为 97.65%。2008 年回归率为 98.34%。2008 年国家公派出国留学工作共录取各类公派出国留学人员 12957 人，其中攻读外方博士学位研究生 2496 人，中外联合培养博士生 3459 人，高级研究学者 139 人，访问学者（含博士后）等共 6863 人。[2]

●刘京辉秘书长还介绍说，2003 年设立了国家优秀自费留学生奖学金以来，目前已经达到每年资助 300 人的规模，每人一次性奖金 5000 美元，并已经在自费留学生较集中的 30 余个国家陆续实施。截止 2008 年底，共有 1400 余人获奖；其中仅 2008 年就有 305 人获奖。[3]

●据有关媒体消息，改革开放以来，中国对外军事交流与合作不断加强针对性和有效性，不断强化务实合作理念，积极服从服务于国防和军队现代化建设。对外军事交往从高层战略磋商与对话，延伸到专业技术交流等务实性合作领域。在专业人才的培训、培养上，积极配合并实施人才战略工程，加大外派军事留学生力度，先后派遣军事留学生 2000 多名赴 30 多个国家的 120 多个外国军事院校学习，为改善中国军队的干部结构，提高现代化指挥与管理水平发挥了重要作用。其中 2003 年以后全军派遣 1700 多名干部出国留学、600 名师旅主官到国外考察培训。军事理论研究、军事体育文化等方面的交流合作也

---

① 杨眉、施雨岑：《中国公派留学生规模和回国率均保持较高水平》，2008 年 7 月 28 日新华网。
② ③ 教育部：《2009 年第六次新闻发布会实录》，2009 年 3 月 25 日人民网。

逐步展开，推动了务实合作的全面发展。①

● 另据统计，"两院"院士中 80.49%、教育部直属高等学校校长中 77.61%、国家重点实验室和教学研究基地主任中 77.65%、长江学者中 94%、国家 863 计划首席科学家中 72% 的人员具有出国留学或进修的经历。②

● 有关统计显示，在参与人事部"百千万工程"、团中央"中国青年科学家奖"、中科院"百人计划"、国家自然科学基金委"国家杰出青年科学基金"、科技部国家重大科技攻关项目、"863"计划等工程和计划的科技人员中，改革开放以后学成回国的，均占到半数以上。

● 一批掌握有现代科技成果和拥有自主知识产权的留学人员回国创业，促进了国内信息、生物、新材料、新能源、先进制造和环境保护等高新技术产业以及金融、证券、保险、涉外法律等现代服务业的跨越式发展。据科技、教育部门的不完全统计，截止 2007 年全国各地共创建留学人员创业园 115 家，入园在孵的留学回国人员企业近 5200 家；全国留学人员创办的企业数量超过万家。

● 国外或国际组织机构提供的一些简单数据，也大致描述了中国出国留学人数的总体规模：

——根据《经合组织：教育概览 2005》的统计显示，2003 年中国是最大的留学生输出国，其留学生总数占世界留学生人数的 12.8%（不包括中国香港特区的 1.6%；当然也不包括中国澳门和中国台湾的相关数据），这一比例较之 2002 年的 9.6% 增加了 3.2 个百分点。③

——根据美国非营利的教育和文化交流机构国际教育协会 2005 年 11 月公布的《2005 年门户开放报告》提供的数据显示，2004—2005 学年外国学生在美国院校入学人数的最多的前五个国家分别是：印度（80466 人，占 14.27%），中国（61765 人，占 10.95%），韩国（52484 人，占 9.31%），日本（42215 人，占 7.49%），加拿大（28140 人，占 4.99%）；五国合计 265070 人，占 47%。④

——2009 年 1 月 12 日下午，由中国人民外交学会与美国威尔逊中心基辛格中美关系研究所举办的为期两天的《纪念中美建交三十周年研讨会》开幕式在北京举行。其间，美国时任驻华大使雷德和其他与会者用数字告诉大家：1979 年，美国在华发放了 4079 个签证，其中 700 个是给学生的；2008 年在华发放签证 50 万个，其中有 7 万个是给学生的，后一数字 30 年间增加了 100 倍以上。30 年来，中国赴美留学生总数已达 40 万人。2007 年至 2008 年，在美就读的中国留学生有 81127 人。⑤

——据美国研究生院委员会（Council of Graduate Schools）2009 年 4 月初发布的一项

① 国防部外事办公室：《改革开放以来的中国对外军事交流与合作》，《人民日报》2009 年 1 月 20 日第 14 版；温宪、刘刚：《中国积极开展对外军事交流合作》，2009 年 3 月 10 日《人民日报》第 9 版；胡春华：《中国建成新型军事人才培养体系出现博士军长等》，《解放军报》2009 年 10 月 7 日。

② 教育部：《2009 年第六次新闻发布会实录》，2009 年 3 月 25 日人民网。

③④ 杜瑛：《国际高等教育阶段留学生发展状况的比较》，《世界教育信息》2007 年第 3 期。

⑤ 温宪、吴绮敏、李锋、韦冬泽：《让历史昭示未来》，《人民日报》2009 年 1 月 13 日第 3 版。

调查结果显示，经济危机已经导致申请前往美国学习的外国学生数量较往年大幅下降，申请 2009 年秋季就读美国研究院课程的学生中，申请博士课程的外国学生数量仅增加 5%，但申请硕士课程的学生数量却锐减 17%。其中，来自中国和中东学生数量增加，而来自印度和韩国的申请人数则出现下降。中新网 2009 年 5 月 3 日还源引美国《星岛日报》报道，对美国多家大学来说，今春的招生季节有如梦想般圆满：堆积如山的报读申请书上，罗列了一大批成绩优异的学生，而且各人都为晋身大学而做了大量准备。唯一不同的是，这些并非美国本土高中生，而是远在中国的学子。报道还源引《华盛顿邮报》的消息指出，近年赴美报读学士课程的中国学生人数锐增，已从前年的 9000 人水平，上升至今年的 1.6 万人。①

6. 有关文章提供的部分省部级政府官员名单显示：改革开放以后的留学回国人员在国家行政管理领域越来越受到重用，一批优秀留学回国人员陆续走上各级领导岗位，并发挥了应有的作用。如李梁、董书华在《瞩目第十代"海归"官员》一文中提到的省部级以领导人就有：周小川、周文重、周济、吴启迪、徐冠华、马颂德、程津培、张业遂、王光亚、黄洁夫、蒋作君、索丽生、王晓初、仇和、马庆生、严隽琪、甘霖、张桃林、路甬祥、成思危、蒋正华、韩启德、丁石孙、徐匡迪。另外还有陈至立、华建敏、张德江、吕福源、韦钰、周远清、马培华、刘明康、章新胜、马秀红、高虎城、龙永图、张祥、鹿心社、许善达、蒋大国、才利民、乌兰巴特尔、杨洁篪、万钢、陈竺等人。

7. 据中国人民大学"中国大学校长素质研究"课题组于 2006 年 10 月底对大陆 1792 所高等院校时任校长基本情况的调查显示：具有海外学习经历的平均比例为 32.2%，曾在海外获得各类学位的为 12.7%。其中 36 所进入"985 工程"高校校长中具有海外学习经历的占 85.7%；101 所进入"211 工程"高校校长中具有海外学习经历的占 73.2%；617 所本科院校校长中具有海外学习经历的占 36.1%；1085 所高职（专科）院校校长中具有海外学习经历的占 16.3%；248 所民办院校校长中具有海外学习经历的占 21.4%。②（因 5 类校之间互有交叉，数据不能简单相加——本书作者注）

三、出国留学政策的战略性决策与战略性调整

一个时期以来，以"战略性调整、战略性研究、战略性思考"为关键词来撰写留学政策类文章或研究生论文的现象比较普遍，本文作者中间也曾有人盲目参与其中，不太自量地进行了一番所谓的"战略性研究"。而当我们认真回顾新中国留学政策形成和发展的 60 多年历程就不难发现，能够称之为战略性思考和战略性决策的内容，无一不是发生在新中国历史的重大转折时期；并且都是由国家最高领导人根据留学活动的基本规律和留学人员

---

① 石河：《受经济危机影响赴美留学生大幅下降》，《光明日报》2009 年 4 月 30 日；《经济条件提升签证松绑 赴美读大学中国学生激增》，2009 年 5 月 3 日中国新闻网。
② 《中国教育报》2007 年 8 月 17 日。

的生存特点提出来的：

1. 1949 年新中国建立前夕，中国共产党领导人毛泽东做出了向社会主义苏联"一边倒"的重大决策；随之由政府职能部门形成了"定向、集中、大量"向苏联、东欧等社会主义国家派遣留学人员的出国留学政策。

2. 新中国政府领导人周恩来在新中国建立前后提出了吸引在外中国留学生和学者政策的方针。先是于 1949 年夏季明确表示，要以"动员在美国的中国知识分子，特别是高级科技专家回国建设新中国"作为旅美进步团体的中心任务；后于 1957 年 5 月 10 日发表讲话表示，对在海外的中国留学生和学者"不管回国先后，一视同仁，并且来去自由"。

3. 毛泽东访问苏联期间于 1957 年 11 月 17 日在莫斯科大学礼堂接见了 3000 多名中国在苏留学生、进修生和实习生，并发表了"世界是你们的，也是我们的，但是归根结底是你们的，你们青年人朝气蓬勃，正在兴旺时期，好像早晨八九点钟的太阳，希望寄托在你们身上"的著名演讲，肯定了出国留学政策的基本方向。

4. 在结束"文化大革命"及开展平反冤假错案之后，中共中央副主席、国务院副总理邓小平于 1978 年 6 月 23 日表示："我赞成留学生的数量增大，主要搞自然科学。这是五年快见成效，提高我国水平的重要方法之一。要成千成万地派，不是只派十个八个。要从外语好的高中毕业生中选派一批到外国进大学，今年选三、四千，明年派万把人。"这段讲话被比较广泛地认为是奠定了 1978 年以后中国向西方发达国家扩大派遣留学生的政策原则。

5. 1986 年 12 月 13 日，国务院以"国发〔1986〕107 号"文件和《通知》的形式，批准转发了国家教育委员会于 1986 年 12 月 8 日上报的《关于出国留学人员工作的若干暂行规定》。其中分别涉及到出国留学事务的政策原则、组织管理、公派留学、国外博士后研究、公派留学人员休假与探亲、自费留学以及留学人员回国后的安置等内容。加上根据这个文件制定并在约一个月后于 1987 年 1 月 28 日印发的五个涉及公派留学问题的《管理细则》，形成了一个比较全面、庞大、权威的出国留学政策体系，对于其后的中国出国留学活动起到了重要和积极的导向作用。

6. 1989 年以后，西方国家利用 1989 年北京政治风波，大量截留中国在外留学人才，使中国的出国留学政策面临严峻考验。对此，邓小平 1992 年 1 月，发表了针对在外留学人员的讲话："希望所有出国学习的人回来。不管他们过去的政治态度怎么样，都可以回来。回来后妥善安排。这个政策不能变。告诉他们，要做出贡献，还是回国好。"1992 年 8 月 23 日和 29 日，国务委员兼国家教委主任李铁映两次表示："面对新的形势，要有一系列的政策。经过几年的工作，我看留学生工作、出国留学总的指导思想就是三句话：支持留学、鼓励回国、来去自由。"1992 年 10 月 12 日，中共中央总书记江泽民在中国共产党第十四次全国代表大会工作报告中表示，"我们热情欢迎出国学习人员通过多种形式关心、支持和参加祖国的现代化建设。不论他们过去的政治态度如何，都欢迎回来参加社会主义建设，给予妥善安排，并实行出入自由，来去方便的政策。"

7. 1993 年 11 月，在中共十四届三中全会《关于建立社会主义市场经济体制若干问题的决定》中，首次以中共中央文件的形式确立并肯定了上述"支持留学、鼓励回国、来去自由"的出国留学工作政策。研究者认为，这一新的留学政策既适应了改革开放形势下发展和建立社会主义市场的需要，又理顺了政府尊重公民出国留学的愿望并为其提供各种便利条件与留学人员学成后回国服务之间的关系，并且代表了当代中国留学活动的基本方向，使出国留学活动步入正常和快速发展的轨道；这组新政策的提出和确定，是中国政府对改革开放以来出国留学活动经验教训的总结与提炼后的高度概括，并且标志着中国的出国留学政策逐渐走向成熟；中国渐进性地逐步实现着出国留学政策的公开化、制度化和法制化，总结了解决留学活动中发生国内及国际矛盾时的各种经验，不仅在国际上树立了鲜活的榜样，提供了切实可行的操作模式，同时也为出国留学活动的可持续发展，为更多高层次人才的培养与使用，提供了支持与帮助。

8. 随着自费留学人员的较大幅度增加、出国留学活动平民化倾向的加快、中国对外关系的较长期稳定以及出国留学理念的普及和出国留学政策的逐步开放，国家领导人专门就出国留学政策发表战略性意见的情况逐渐减少，代之一些通用性的国策成为新世纪指导出国留学活动的战略性决策。如科教兴国、人才强国、党管人才和科学发展观等等，无一不与出国留学活动和出国留学政策密切相关。积十余年研究留学活动与留学政策之经验，笔者曾参与 2002 年 11 月，根据当时出国留学活动与管理中的一些不正常现象和存在的主要问题，在一份工作报告中首先提出了"党管留学人才"的政策性建议；其后不久，2003 年中共中央正式提出了"党管人才"的原则。

9. 2008 年 12 月 25 至 28 日，中央人才工作协调小组召开"海外高层次人才引进工作会议"，明确要积极引进海外高层次人才。随后，中共中央办公厅于 2008 年 12 月 23 日转发《中央人才工作协调小组关于实施海外高层次人才引进计划（简称"千人计划"）的意见》，要求各地区、各部门做好海外高层次人才引进工作。国务院总理温家宝在 2009 年全国人大政府工作报告中也提到要"积极引进海外高层次人才和智力"。根据该计划，中国将在未来 5 到 10 年内吸引千名左右海外高层次人才到中国工作，并建立 40 至 50 个海外高层次人才创新基地。凡是入选该计划的海外人才，国家将拿出 100 万元作为生活补贴；各招收单位将按照级别提供 150 到 200 平方米的住房，以及接近国外水平的薪金；被引进者还可能被授予"国家教授"或"国家青年教授"称号。在此期间，中组部等多个部门还先后联合印发了《引进海外高层次人才暂行办法》、《关于为海外高层次人才提供相应工作条件的若干规定》和《关于海外高层次引进人才享受特定生活待遇的若干规定》。

四、出国留学政策形成与变革的若干阶段与分期划分

仁者见仁、智者见智。由于研究的目的、范围和内容不尽一致，众多研究者在不同时间各自发表的文章中对于新中国建立以后留学活动发展和留学政策变革的阶段分期大致提出过以下几种意见：

1. 原国务委员宋健划分为"20 世纪 50 年代的留学活动和改革开放后的留学潮"两个

阶段，中国社会科学院潘晨光教授也基本上划分为"曲折发展阶段（1949 到 1978 年）"和"大发展时期（1978 年以来）"；

2. 原教育部参赞陈可森划分为"'文革'前、'文革'中、'文革'结束至 1989、1989 至 1996"四个阶段；

3. 原教育部外事局局长李滔划分为"1949—1966、1972—1993"两个阶段。

4. 原教育部司长于富增和现任教育国际交流协会秘书长江波大致划分为"1948—1956、1957—1966、1967—1977、1978—1982、1983—1993、1994—2000"六个阶段；

5. 中山大学教授陈昌贵将改革开放后划分为"1978—1985、1986—1991、1992—2006"三个阶段；

6. 北京大学教授陈学飞将改革开放后划分为"1978—1982、1982—1985、1986—1989、1986—1989、1989—1991、1992—2002"五个阶段；

7. 现任国家留学基金委秘书处副秘书长杨新育将改革开放后划分为"1978—1991、1992—1996、1997—2008"三个阶段；

8. 中国侨联的程希研究员将改革开放后的公派留学划分为"1978—1981、1981—1986、1986—1992、1992—2001、2001—2008"五个阶段；另外将自费留学政策划分为"1981—1986、1986—1992、1992—2008"三个阶段。上述有些阶段的划分，还被研究者分别标注了有阶段特征和代表性术语的简短名称，如 1949 年后的启动期，文革后的恢复期、调整期、全新发展期、探索期，1992 年后的规范期、成熟期，以及 1996 年以后的快速或迅速发展期、繁荣发展期，向社会化、法制化发展阶段，侧重培养专项性和高层次留学人才阶段，等等。当然还有不少作秀用的文章也进行了出国留学阶段划分并搞了些所谓的阶段名称，但其中某些说法因缺少必要的研究而显得欠妥甚至有点可笑和无知。

关于新中国留学活动和留学政策的分期问题，在留学研究领域有以上各种意见，鉴于此，应该动员并鼓励大家继续讨论研究。基于研究目标等因素的考量，从留学政策发展目标模式的角度看，本书综合归纳并采用了上述一些研究者关于留学活动与留学政策发展的阶段划分：即"文化大革命"前两个阶段、"文化大革命"阶段、改革开放后三个阶段，大致可以细分为六个阶段。本文还参照上述分期的名称为第六阶段中本世纪以后的阶段单独命名为"中国留学活动的繁荣发展期"。按照上述时间顺序并参照上述研究者的意见，本书将中国出国留学政策的变革，大致化分为中华人民共和国成立初期、变革探索时期、"文化大革命"时期、改革开放初期、调整发展时期、规范化发展时期和繁荣发展期等 6＋1 个阶段：1. 1949—1956 年：新中国初期出国留学政策的形成与确立；2. 1957—1966 年：改革探索时期出国留学政策的变革与演进；3. 1966—1977 年："文革"时期出国留学政策的实际状态；4. 1978—1982 年：改革开放初期出国留学的政策形成与调整；5. 1982—1992 年：调整、发展时期出国留学政策的演变；6. 1993—2009 年：规范化发展时期出国留学政策的演变；7、其中本世纪以后也可以称为出国留学活动的繁荣发展期。本书将在不同的章节对各个阶段的政策变革状况进行回顾与讨论，并对政策的发展趋势进行分析和研究。实际上，作为对 60 年来的出国留学政策形成、变革与发展的一项专门研究课题，将新中国建立后划分两段，"文化大革命"为一段，改革开放后 30 年则可以根据涉及出国留学活动与出国留学政策的标志性事件，大致划分出六个阶段。即在 1949 年以后的 60 年内，细分为九个阶段是比较符合客观实际的。待该书出版后，作者将对 1949 年以来出国留学政策发展的分期问题进行专题研究和并尽早发表相关报告。

五、对若干有争议史实和值得商榷说法的初步讨论与研究

60 年间留学现象和留学政策是十分复杂的。要保证留学政策研究的真实性，就必须依据可靠的文献资料，以实事求是的态度进行研究，既不能主观臆造，也不能随意曲解。在这方面，本书的态度是比较严谨的。书中引用的资料也比较丰富，有关叙述都以正规、主流的文献资料为根据。这不仅提高了可信度，也增强了可读性。本书除将对留学政策全面描述之外，首先对以下若干具有一定代表性的史实进行讨论。

1. 本科生为主还是访问学者居多？

李滔主编的《中华留学教育史录——1949 年以后》一书中提供的"1978 年—1982 年国家公派出国留学人员派出人数统计"。

1978 年—1982 年国家公派出国留学人员派出人数统计表

年度	合计	研究生		访问学者（进修人员）		本科生	
1978	314	5	1.59%	229	72.93%	80	25.48%
1979	1277	113	8.85%	987	77.29%	177	13.86%
1980	1862	202	10.85%	1503	80.72%	157	8.43%
1981	2925	252	8.62%	2459	84.07%	214	7.32%
1982	2801	924	32.99%	1665	59.44%	212	7.57%
合计	9179	1496	16.29%	6843	74.55%	840	9.15%

从中可以明显看出 6 年中"调整派出比例政策"的结果：1. 派遣研究生的比例在不断增加，6 年内增加了 20 多倍；2. 派遣访问学者（进修人员）的比例基本稳定在 3/4 左右；3. 派遣本科生只有 1978 年时曾经达到过 1/4，以后几年均保持在 10% 左右。

教育部于富增、江波、朱小玉合著的《教育国际交流与合作史》第 132 页是这样记载的：1978 到 1980 年 9 月共派出 5192 名留学人员；其中进修人员（访问学者）3963 人，占 76.33%；研究生为 562 人，占 10.82%；大学生（本科生）为 667 人，占 12.85%。

不过也有作者多次撰文并坚持认为，"1978 年末小平同志讲话后，最初几年派出的留学人员中，本科生占了相当大的比例；开始几年主要是派国家公派本科生，为了提高留学效益逐步增加派遣研究生的数量，后又调整为以派遣进修人员和访问学者为主，适当派遣

研究生。"①

2. 究竟是52人还是57人?

关于1978年12月26日中国首批赴美留学人员(或称访问学者)的确切人数,先后有50人、52人和57人这三种说法。从史料记载的情况来看,比较符合实际情况的应该是"50+2人",即50位"国家公派"留学人员,另外有两位与之同行的张恭庆和姜伯驹老师,是由当时北京大学校长周培源出面自行对外联系的,应该属于"单位公派"留学人员的性质;这两位留学人员回国后先后成为中国科学院院士。②至于"57人"的说法,笔者认为来源毫无根据,它出自原中国教育部某官员的文章以及教育部某下属单位某职员的长篇博士论文。也有文章说,50人是正式留学生,北大的两位是访问教授。③实际上这52人都是正式留学人员,或也可称为正式访问学者;他们都不是严格意义上的"留学生",但从广义留学政策的概念上来表述,他们又是1978年以后派出的第一批中国留学生;50人和另外2人的主要区别就在于公派的性质不同。

有文章称"当时(1978年)由于时间紧迫,教育部连到各地抽调留学人员的时间都没有,这50人都是就近从北京和天津选的。"④当年曾经参加过这批留学生选拔和集训工作的教育参赞王东礼向记者讲述了当年选拔和派遣第一批留学生的经过:1978年8月驻外使馆参赞会议后,教育部决定先按照3000人的规模选拔第一批出国留学人员,为此组织了全国各省区市的考试,主要是外语水平考试。西北五省区考试点设在西安的西北工业大学。最后大致确定了2800人左右的人选。对改革开放后首批公派留学生的选拔正好与进行中的中美关系正常化谈判重叠,实际上已成为谈判的一个内容。为了配合中美谈判,中国政府决定首先派出赴美留学人员,结果从参加英语水平考试的考生中选拔出50人,并进行为期两个月的英语强化培训。1978年12月15日,中美两国领导人同时宣布两国将在1979年1月1日正式建交。根据谈判协议并配合中国领导人出访美国,需要这批留学生提前出发并在元旦之前抵达美国,以便作为中美两国实现关系正常化的重要标志。12月26日傍晚,50名(教育部)选拔学者和2名北大派送学者前往首都机场,登上飞机经巴黎转赴美国。⑤

3. 到底是哪年取消了"自费出国留学资格审核制度"?

大致是从2007年某个时候的某篇文章开始,首次毫无根据地提出了"1985年国家取消了自费出国留学资格审核"这样一个说法。其后有多篇文章在不加证实的情况下相继抄袭了这一说法。所有文献和资料表明,在1985年内国家任何部门没有印发过任何有关自费出国留学的政策性文件。不要说"取消",真正开始实行自费出国留学资格审核制度却是在5年之后的1990年,而最后废止这项制度则是在1985年的18年之后的2003年了。

---

① 《从"三个一流"看国家公派留学的改革与发展》,《神州学人》2006年第1期第12—14页;《战略的眼光 辉煌的成就》,《出国留学工作研究》2008年第3期第7页。

② 叶晓楠:《留学使我们走出落后封闭》,《人民日报海外版》2009年2月27日。

③ ④ 徐卫红:《大量派遣留学人员:中国教育走向世界》,《改革开放30年中国教育重大历史事件》第51页,教育科学出版社2008年9月第1版。

⑤ 钱江:《首批赴美访问学者怎样成行——访教育部王东礼参赞》,《人民日报海外版》2009年1月9日。

其标志就是教育部印发了《关于简化大专以上学历人员自费出国留学审批手续的通知（教外留［2003］1号），其中明确提出并要求对自费留学人员不得再进行任何形式的所谓自费出国留学审核工作。

4. 截至2007年还有哪些自费出国留学的政策性文件仍然有效？

2007年，由国内某市教委原来的外事处长、某某全国联合会副秘书长、某某留学类协会会长、某某教育研究会副会长"亲自"做序而公开正式出版的一本洋洋300多万字的出国留学宣传类书籍，在其卷首收录了仅有的两份自费出国留学类政策文件，都是国家机关早已明令废止的；而此前印发并仍然有效的若干份自费出国留学政策性文件却未提及。

5. 改革开放以来的出国留学文件是400多份吗？

也许为了表明出国留学工作取得的巨大成就，一个时期以来，先后有文章提出并宣传改革开放以来的出国留学文件有400多份。这个数字大概是源自国家教委留学生司政策研究处编辑的那本《出国留学工作文件汇编（1978—1991）》中收录的文件数量。凡是稍微细心的人在看了这本文件集后都不应该得出"400多份"的结论。一是其中收录的"教留"类文件的"文号"没有完全连号，就是说当时有不少文件因为各种各样的原因没有被收录进去；二是所谓"400多份"是省部级及其以上机关印发的文件，还是也包括了司局级机构印发的文件，也根本没有交代清楚。我们尚未仔细计算过，也还无暇计算，但可以负责任地讲，"400多份"一说完全是外行人讲的外行话。实际上改革开放以后全国地局级以上政府机关先后印发的出国留学政策类文件，大大小小的大概有1000份左右；而省部级以及以上政府机关印发的留学政策类文件是绝对没有400份的。另外从某种意义上讲，"文件多"应该说明管理手段与模式上还比较落后和幼稚，2000年以后的出国留学政策类文件的明显减少，实际上从一个侧面表明中国的出国留学政策不断走向成熟与完善。

6. 改革开放初期的1978年到底派出了多少留学人员？

近年来有多篇文章多次重复着一组同样的数据：2007年度中国各类出国留学人员总数为14.4万人，与1978年派出860人相比，30年来，中国留学生的人数翻了167.44倍。[1]居然精确到了小数点后两位。殊不知，即便2007年的数字是准确的，1978年的数据也是有较大疑问的。"860人"的说法显然是源于《中国教育年鉴1949—1981》第980页，那时应该没有自费留学人员，单位公派留学人员也很少，实际几乎都是国家公派留学人员。而李滔先生主编的《中华留学教育史录——1949年以后》提供的1978年国家公派出国留学人员派出人数是314人。860和314，这是一组相互矛盾的数据。另外同样在《中国教育年鉴1949—1981》第667页中有一段文字写到：1972年底至1978年底，中国派出留学人员1548人。但若将在同书第980页的历年派出留学生统计数据相加的话（36，259，180，245，277，220，860），却是2077人。1548与2077，同样是一组相互矛盾的数据。从数据的精细程度和其他旁证来看，前者即1548人似乎更接近实际。但如果1987年派出

---

[1] 《中国学生出国留学30年与改革开放同步》，2008年6月26日中国新闻网或《人民日报海外版》2008年12月28日。

的不是 860 人而是 314 人的话，那么 30 年来中国留学生的人数岂不是翻了 458.59872 倍？

7. 国务院有关自费留学活动与自费留学人员政策见诸文字的正式态度是如何出台的，并体现在哪些文件之中？

有一篇 2009 年初发表在一份期刊上的短文称："1981 年，国务院批转教育部等七个部委联合制定的《关于自费出国留学的暂行规定》明确了自费出国留学是培养人才的一条渠道，国家对自费出国留学人员在政治上与公派留学人员一视同仁。"严格地讲，上述表述不甚全面。准确的表述应该是：1981 年，国务院以"国发〔1981〕13 号"文批准转发了教育部等七个部门于 1980 年提交的《关于自费出国留学的请示》和《关于自费出国留学的暂行规定》。其中在被批准转发的《关于自费出国留学的请示》中，首次提出了"自费出国留学，是培养人才的一条渠道；自费留学人员，是我国留学人员的组成部分；对自费留学人员和公费留学人员在政治上应一视同仁。"等针对自费留学问题的三项基本政策原则；而实际上在同时批转的《关于自费出国留学的暂行规定》中，并没有"国家对自费出国留学人员在政治上与公派留学人员一视同仁"这句话。①

8. 改革开放以来中国大陆究竟有多少人出国留学和留学回国？

中国留学人员的国别统计数据一直是公众广泛关注却没有机构敢说并能够说清楚的一件多年积案和悬案。我经常向有关学者和研究人员表示，研究 30 年来中国主要 8 个留学目的国的中国留学人员的流动数据，即便是做 8 篇博士论文恐怕都不为过。可惜的是，也许是受制于功利目的的限制，没人能认真做，也没人肯认真做，因此使其成了一个永远说不清楚的话题。

仅就 2008 年出国留学与留学回国数据预测与发布，就有多个版本。

（1）2008 年初时，就已经有人开始预测全年出国留学的数量。其中有文章称："近年来，出国留学人数激增，从 2003 年的不足 12 万人，到 2007 年近 15 万人。有关数据统计显示，预计 2008 年中国高校毕业生将达到 550 万，高中毕业生将达到 1,485 万，成为历史'双高'。因此出国留学人员基数也将比 2007 年上升 25% 左右。综合其他因素，比如北京奥运、国内就业形势急剧严峻、人民币升值压力加大、签证环境进一步透明，留学专家预计，2008 年中国出国留学人数预计将增长 30% 左右，有可能突破 20 万人，攀上历史巅峰。"② 应该说，年初就来预测年底的数据，的确有些冒险。但从教育部最终 2008 年 3 月 25 日公布的数据来看，该文中"上升 25% 左右"的估计是比较准确的。而所谓留学专家"将增长 30% 左右，有可能突破 20 万人，攀上历史巅峰"的预计，则有些不靠谱了。

（2）新华社北京 2009 年 1 月 3 日的新闻稿写到："中国留学生博物馆馆长李克欣日前接受记者采访时表示，自从 30 年前新时期开放留学的序幕拉开至今，我国出国留学生总数已达 136 万人，其中学成回国 37 万人。"随即也有官员支持和使用了这一数据。③ 如上

① 国家教委留学生司编：《出国留学工作文件汇编（1978—1991）》第 559 页，群众出版社 1992 年 6 月版。
② 段明、何燕敏、李科：《专家预计：2008 年中国出国留学人数有望突破 20 万》，2008 年 1 月 10 日中国网。
③ 《80% 两院院士是"海归" 30 年我国 37 万留学生学成回国》，《中国青年报》2009 年 1 月 4 日；《30 年来我国出国留学生总数已达 136 万学成回国 37 万人》，《人民日报》2009 年 1 月 21 日第 6 版；徐民强：《留学人员回国服务工作部际联席会议要求抓住机遇推动留学人员回国工作持续发展》，2009 年 2 月 15 日《中国人事报》。

所述，教育部官方统计并公布的数据是，1978—2007 年底中国大陆约有 121 万多人出国留学，在此期间内回国工作者约有 32 万多人。从发表的时间来判断，李克欣博士提供的数据应该是截止 2008 年底的，即他认为 2008 年出国留学人数是 15 万，回国人数是 5 万；但他没有说明数据的来源和依据是什么。

（3）《光明日报》曾有报道，民进中央委员屠杰指出，受国际金融危机的冲击，大批留学人员选择回国就业。应利用好这些人才资源，为他们提供良好的创业就业环境利国利民。屠杰介绍说，改革开放 30 年来，我国海外留学人员已经超过了 120 万。去年以来，全球经济呈现衰退趋势，我国留学生在国外求职形势十分严峻，仅 2008 年留学归国人员的人数已突破 14 万，是改革开放以来留学归国人数最多的一年。[①] 不知其上述"仅 2008 年归国 14 万"的数据出自哪里，有何根据；还是采访期间的口误，或是记者报道时的笔误。

（4）作为长期从事出国留学管理工作并持续关注出国留学政策和留学问题的研究者，本书作者以为下面三条有关出国留学数据方面的信息值得关注并比较可信的：北京市某留学中介公司 2008 年留学申请人数比 2007 年增幅超过 30％；英国驻华使馆签证处统计 2008 年 1—9 月中国学生申请赴英签证数量比 2007 年同期增长了 22％；澳大利亚驻华使馆教育处统计 2008 年 1—8 月中国赴澳入读学生数量比 2007 年同期增长了 26％。[②] 如果再考虑到已知的另外两个比较准确的数据，一是中国国家公派留学管理机构 2008 年实际派出 11034 人，比 2007 年实际派出 8853 人的增加幅度约为 24.64％；二是根据美国国际教育协会 2008 年 11 月的统计，中国学生留美人数今年比去年增加了 13404 人，2007—2008 学年，中国在美高等教育阶段的总人数为 81127 人，较上一年度增长了 19.8％；[③] 那么根据上述五组数据的平均数值，似乎可以认为，2008 年比 2007 年的出国留学人员总数之增幅大致约在 24.488％左右；也就是说，在 2007 年 14.4 万人的基础上，我们可以推算出，2008 年内中国大陆大约应该有 17.9263 万人、即约 18 万人出国留学。据此进一步大致推算出，1978—2008 年底中国大陆约有 140 万余人出国留学。

（5）在 2009 年 3 月 25 日召开的"教育部 2009 年度第六次新闻发布会"上，教育部国际合作与交流司司长张秀琴介绍说，根据教育部的统计，2008 年全年出国留学人数达 17.98 万人；从 1978 年到 2008 年底，中国各类出国留学人员总数达 139.15 万人；2008 年，各类留学回国人员总数达 6.93 万人；自改革开放到 2008 年底，我国各类留学回国人员已近 39 万人。[④]

（6）实际上，出国留学后的回国率还有另外一种计算办法。以往的研究者在研究回归率时，一般是将官方公布的一定时期内出国人员总量和回国人员总量进行比较。为纪念新

---

① 殷泓：《"海归"创业就业需好环境》，《光明日报》2009 年 3 月 5 日。

② 姜乃强：《金融危机对留学影响利大于弊》，《中国教育报》2009 年 1 月 21 日。

③ 《08 年我赴美留学增 19.8％》，《人民日报海外版》2008 年 12 月 12 日。

④ 李婧：《教育部：30 年我国送出留学生约 139 万；百万仍在外》，2009 年 3 月 25 日人民网—北京—教育频道；《教育部新闻发布会实录》，2009 年 3 月 25 日人民网—北京。

中国成立 60 周年，《人民日报》设立了一个《新中国档案》的专栏，其中有一篇描述教育部提供的改革开放以后出国留学与留学后回国人员数据的文章是这样写的：从 1978 年到 2008 年底，我国各类出国留学人员总数达 139.15 万人；其中已先后有 65.61 万人在国外完成学业，另有 73.54 万人仍在国外进行本科、硕士、博士阶段的学习以及从事博士后研究或学术访问等；在完成学业的 65.61 万人中有 38.91 万人先后回国，占 59.3%，另有已完成学业的 26.7 万人没有回国，占 40.7%。① 以"完成学业者"的回国与否这样两组数据进行对比，应该说，就单纯的数字而言，上述计算方法的确不失为一种实事求是的态度。但最核心的问题是，"留学后回国"与"完成学业后未回国"这样两组人群（59.3% 和 40.7%）在年龄、专业、学历、学位、科研成果、学术成就等总体人才质量和人才层次的比较方面，就少有见诸文字的内容了，就见不到挺身而出的慷慨激昂了，就看不到谁主动站出来进行所谓的"批驳"了。中央策划并启动引进海外高层次人才的"千人计划"的根本原因是不容置疑的，即从某种意义上来说，我们缺少的不仅仅是上述 59.3% 已经回来的留学人才，更迫切需要的是在外留学人才中的"前 20%"。上述那种将所有各类、各层次留学人员置于一个框架内的"宽口径"的统计是完全必要的，对其予以适当的宣传和解读也是应该的；但当讨论到其中高层次人才的流失、回归和引进与否时，还拿几乎谁也说不清楚其中类别和层次详实数据的"宽口径"统计来说事的话，往小了说，这是在"叫板"，往大了说，那可就是不懂装懂的无知了。针对此，笔者似乎比较认可施一公教授于 2009 年 6 月期间发表的一段意见。施教授提供了一系列数据，以生命科学为例，说明在海外中国有极其丰富的海外人才资源；如 2007 年，在美国 34 个州的研究型大学里，担任生命科学学科的助理教授、副教授或者教授的华人，约有 2600 人，其中教授超过 800 人。这个数字和 1998 年的数据相比，增长了 15—30 倍；这些数据至少证明，中国在海外的人才资源，是世界一流的。施教授与很多优秀青年科学家有多次接触，也全力为清华大学延揽世界上最优秀的年轻人才。但是，施教授表示，"不管自己承认不承认，事实是我们在海外最优秀的年轻科学家，绝大多数首选美国的研究型院校，尽管给他提供两倍于美国院校的启动科研基金，他也不愿或不敢回来。""原因有很多，最重要的是他们对国内科研环境的担心。"施一公教授认为，现在我们国内缺的是，合适的人才引入机制和发挥其能力的环境。同期，上海交通大学张杰校长也提供了一组数据，我国海外留学人员在过去的 30 年中已经形成一个非常宝贵的人力资源的储存库，截至 2007 年底，我国在海外的留学人员总数已经达到了 89.2 万人，年龄在 45 岁以下具有助理教授或者相当职务以上的人大约 6.7 万，其中副教授和教授以及相当职务的或者是比这个职务更高的人一共是 2.7 万。笔者以为，这 2.7 万人应该不是仍然在读的留学人员吧。中国科学院高技术研究与发展局局长、全国政协委员田静在《人民日报》发表文章称，我有一位同学，在美国生活多年，最近突然想明白了，无条件携全家回国，很快就找到了自己很满意的工作。两个月之后他告诉我："我就是想回国干点事情，生活、工作没有任何特别的要求，但是原来即将上任的系主任很有点不自在，怕我抢了他的位置，好不容易才让他放心了。""上班一个

---

① 《邓小平作出扩大派遣留学生的战略决策（新中国档案）》，《人民日报》2009 年 9 月 30 日第 8 版。

月，开的会比我在美国几年都多。""上街开一天车，比我在美国一年遇到的违章都多，把我紧张坏了。"长此以往，他当初回国做事的热情还能依然不变吗？中国科技信息研究所的一份研究成果表明，1997—2006 年 10 年间，各学科排在前 250 名的高被引者，全世界共 6097 人，中国内地的只有 4 人；美国 4016 位中的 2350 人有出生地信息，其中来自中国内地的有 46 人。上述研究由此得出结论，"仅在美国的华人高端人才就至少是中国内地的高端人才的 11.5 倍"，文章指出，但是我们也要看到问题的另外一个方面，这 46 人如果回到了国内，还能剩下几位上榜？所以，人才的根本在于创新的环境！[①]

（7）国内某报于 2009 年 9 月 30 日第 7 版的左下角登载了一篇介绍自费留学情况的短文。其中写到："从 1978 年到 20 世纪 80 年代中期，……自费出国留学人员可谓是凤毛麟角。20 世纪 80 年代中期到 90 年代末期，……开始出现我国第一批敢于'吃螃蟹'的自费留学生。"但据中共中央、国务院有关正式文件或相关文献明确记载的情况来看，却有与前面两个说法相悖的如下 5 个基本要点：●1978 年以前我国大陆就已有个别人自费出国留学了；●从 1979 年以来我国申请自费出国留学的人员日益增多；●到 1981 年底时已约有 6000 千多人通过各种方式自费出国留学；●1978—1984 年期间，我国自费出国留学人员总数约为 7000 人；●同期，即 1978—1984 年期间，我国国家公派各类留学人员为 15715 人。

9. 质疑国内某报《"1949—2009—60 大事记"——留学政策变化》中的若干条目。

国内某报于 2009 年 9 月 30 日第 5 版在以《新中国成立 60 周年特别报道》为标题栏目下面，刊登了一篇大约 450 余字的留学政策大事记——《1949—2009 留学政策变化》和一幅图表。全文比较精练，仅用 11 个条目加一张图表就大致描述了新中国成立 60 年留学政策变化的情况。问题是，这篇短文在其仅有的 11 个条目中至少有 5 个条目的内容是值得讨论和推敲的。

（1）该文称："1961 年，中共中央批准成立主持回国留学生工作的领导小组。"而根据有关文献记载，●该事件发生的日期为此前的 1960 年。

（2）该文称："1965 年，国务院批准向资本主义国家派遣自然科学留学生 50 名。"不过据有关文献记载，●1956 年时国务院副总理陈毅就批准了一份《关于向资本主义国家派遣留学研究生的请示报告》；●截至 1965 年 1 月，新中国就已先后向资本主义国家派出 21 名学习自然科学的留学生；●1965 年国务院确实曾经批准了一份向资本主义国家派遣 50 名自然科学留学生的计划，但由于"文革"的原因该计划未能实施。一个未曾执行的计划被列入如此超级短篇的大事记中明显不妥；即使非要列入不可，是否也应该说明一下其因故没能实施的事实，以免误导读者。

（3）该文称："1978 年，邓小平在与清华大学负责人谈话时明确提出，要扩大派遣留学人员，要大胆地派，要成千上万地派。"但是据有关文献记载，●当年邓小平谈话的对象主要是一位副总理，两位教育部负责人，最后一位参加者才是清华大学负责人，并且是

[①] 以上参见《2009 年 6 月 2 日杰出科教人才引进评估高层战略研讨会文字实录》，科学网；田静：《能否引来人才，全靠环境》，《人民日报》2009 年 4 月 29 日。

在与四位各级负责人谈及清华大学问题时邓小平谈到了增大留学生数量的意见；仅仅与清华大学负责人谈及国家和政府层面增大派遣留学生的问题也不太符合情理；●另外当时邓小平非常明确提出的是赞成增大派遣"留学生"，而并非"留学人员"，两者的概念是有所不同的。

（4）该文称："1984 年，国务院颁发《关于自费出国留学的暂行规定》。"据查，该文件的编号是"国发（1984）185 号"。实际上在由我本人策划并参编的《出国留学工作文件汇编（1978—1991）》中是这样记载的：●实际上早在 1981 年，国务院就以"国发[1981] 13 号"文批准转发了教育部等七个部门于 1980 年向国务院提交的《关于自费出国留学的请示》和《关于自费出国留学的暂行规定》。作为新中国成立以来首份国务院关于自费出国留学政策的文件，1981 年国务院以"国发（1981）13 号"文批准转发的《关于自费出国留学的请示》和《关于自费出国留学的暂行规定》具有划时代的意义，其中首次确定的三项政策原则被后来的几乎所有文件所使用和遵循；并且该文件的"级别"与其后国务院转发或印发的两个《规定》"国发（1982）101 号"和"国发（1984）185 号"的"级别"也是完全相同的。如果说作废与否的话，上述三个"国发"文件——即 13 号、101 号和 185 号文件，均先后废止并被后来印发的"国发（1986）107 号"文件所替代。●1982 年，先是中共中央印发了《关于自费出国留学若干问题的决定》，（转引自中国劳动咨询网）●1982 年晚些时候，国务院又以"国发（1982）101 号"文批准转发了教育部等四个部门重新制定的《自费出国留学的规定》。●1984 年，国务院以"国发（1984）185 号"文批准印发了此前由教育部党组提交、并由教育部等六个部委联合修改的《国务院关于自费出国留学的暂行规定》；其中再次确认的一些政策原则没有超出 1981 年那份文件的范畴。这份文件的意义在于政府部门将当时历史条件下对自费留学申请条件的限制减少到了最底的程度，充分体现了当时中央领导人"对自费留学，要坚决大胆放开"的意见精神。

（5）该文称："1997 年，国家教委全面启动'春晖计划'。"但是据有关文献记载，●国家教委的"春晖计划"是于此前的 1996 年设立并开始实施的。

（6）另外为该文配发的一份《改革开放以来留学与归国人数》图表也比较奇怪，不知出于何种考虑，明明说是新中国成立 60 周年的特别报道，明明说是改革开放以来的统计人数，但该图表却仅仅收录了 1978—2006 年的统计数据；而该文发表时几乎在任何网站上都可以查询到的 2007 以及 2008 年出国留学与留学后归国的官方统计数据，却被图表制作者遗漏了。

10. 内地某主流网站于 2009 年 8 月 31 日在其教育论坛中刊登的《留学在中国三十年经历的五个阶段》一文，也给读者提供了一些不准确的信息。

原本是 1978 年派出的 52 名赴美访问学者，被该文描写成"1979 年，文革后的中国第一次派出 50 位年轻人去美国做访问学者"；明明是国家领导人 1992 年提出并于 1993 年被中央确定的"支持留学，鼓励回国，来去自由"方针，却被说成是"1985 年国家提出'支持留学，鼓励回国，来去自由'的出国留学方针"；实际上 1981 年国家就正式印发准许自费留学的文件，且直至 2002 年才取消最后一道门槛——自费留学培养费，该文却说是"1985 年，国家开始允许自由地自费出国留学"；教育部共审批了 401 个留学中介机构被说成是 398 个；教育部共发布的 44 期留学预警被写成 38 期；等等。

六、出国留学活动进入繁荣发展期

20 世纪 50—60 年代中国政府实行向苏联大量派遣出国留学人员的政策，为后来的出国留学管理事务奠定了基础，为留学活动的发展积累了经验。并且在 60 年代初期，中国也已经开始尝试性地制定了向西方发达的资本主义国家派遣出国留学人员政策。虽然到 70 年代初时，中国向发达资本主义国家派遣出国留学人员的规模有所扩大，但派遣数量仍十分有限。中国自 1978 年实行"改革开放"方针以来，制定并实施了新的、更大规模的派遣出国留学人员的政策，为中国当代留学活动注入了新的元素。公派出国留学新的派遣政策除继承了新中国建立之初的"定向"、"大量"和"集中"三个主要特点之外，在留学目的国选择和导向上则主要是面向科技发达的西方资本主义国家。这是中国新的历史时期内出国留学政策的核心特征。虽然改革开放初期的出国留学人员政策还明显带有试探与摸索的性质，还需要在出国留学活动实践中形成新的经验并不断调整相关政策，但在国家领导人的关注和指导下，在相关职能部门的组织下，并经过广大留学人员自身的留学实践，中国逐步克服了留学活动中遇到的各种政策性障碍，最终开启了大量派遣出国留学人员和开放自费留学政策的新局面，并且为以后政策的调整、成熟与发展积累了经验、奠定了基础。留学活动的空间和规模变得越发宽泛和常态，并正在成为人类精神价值和生活方式相互借鉴、融和的重要载体。

出国留学的进程表明，出国留学政策是改革开放总政策的重要内容和组成部分，出国留学实践是对留学政策的检验。经过长期的观察，即通过对出国留学数据、对留学活动规律、对留学政策演变的研究，通过对留学事件中整体与个案的考察，以及对中国政府管理留学事务变革与现状的分析，基本可以表明中国的留学活动大致从本世纪以来已经进入了一个"繁荣发展期"。其主要标志有四个方面，即"四个态"：1. 国家级政策性文本文件的发布呈现少而稳定的状态，即不再频繁发布文件，不再有限制性政策；2. 2000 年以后出国留学与留学回国人员的数量呈现中度稳步增长的势态；3. 国内留学预备人员基本上呈现的是一种比较理性和理智的心态；4. 在外留学人员的学习、生活、就职以及参与社会活动表现出比较稳定与和谐的形态。

大致在 2007 年前后，有人提出了中国已经进入"留学大众化"阶段的说法。但只要稍微留意就不难发现，那些提出和响应这一意见者，基本固定在留学培训或留学中介机构的经营者群体，其核心目的显然仅仅是为了这一行业甚至某一企业的自身利益。这里暂且不去讨论"留学大众化"提出者的真实意图，估计所借用的是美国教育社会学家马丁·特罗博士关于"高等教育大众化发展阶段论"中的概念。但即便是参照和对比中国高等教育和留学教育两者之间的人员参与数量，即我们只要稍微注意和简单比较一下中国每年参加高考的上千万人和留学成行的十几万人这两组数据，就不难发现"留学大众化"的说法是完全站不住脚的。在笔者看来，作为出国留学中介机构的经营者或他们的代言人，永远是不失时机地、不遗余力地渲染"出国留学迎来了一个好时机";"出国留学进入大众化阶段"等诸如此类的观点。甚至煞有介事地从个人财产升值的角度,"深入"分析个人家庭财产的投资方向惟有教育最佳,最后总是要千方百计地引导公众:投资教育最合算,投资国外教育最最合算。而当我们静下心来认真研究数十年来中国留学教育史以及世界教育史时,就会发觉,是否需要并能够留学主要取决于个人以及家庭的能力、感觉、判断和机会,完全不存在时机好坏的问题——想去并能够出国留学的话,任何时机都很好、都有前途、都可能成为对社会有用的人才。出国留学的模式和体制也早就已经实现了"多元化",绝对不是近几年才出现的现象;社会的进步与发展和国际化程度的不断提高是留学活动发展的根本原因,预测每年有多少人出国留学实际也没有太多的意义,如有人预测 2009 年要达到 30 万人了,很显然是某些留学中介者又在预测自己的收入了。对此,教育部"国家留学基金管理委员会秘书处"杨新育副秘书长曾提出质疑,认为是否选择出国留学需要因人而异,且实际留学成行的人数远未达到"大众化"那样的太大变化。就目前的状况和趋势而言,"留学大众化"的提法为时过早;或者说这样的提法还缺乏一些研究依据和应有的数量支持。当然,如果说"留学大众化"的说法还有一定意义的话,那也不应该是提出者原来意义上的"留学人员流动的大众化",而是留学政策的大众化——人人都知晓,留学制度的大众化——人人都享有,留学志愿选择上的大众化——人人都自由,留学效益评价上的大众化——人人都参与。中国实行改革开放并不断人性化的出国留学政策,其 30 年来最重要的成果之一,就是将出国留学的选择权交还给公众,把留学后回国与否的决策权赋予出国留学人员。原教育部教育参赞李振平将这种现象概括为"出国留学的平民化"。①

七、出国留学政策中的留学人才安全问题研究

关注、联系和吸引本国在外留学人员的政策是中国出国留学政策的重要内容之一,是国家决策层根据一定时期的价值标准与合理性原则,对本国在外留学人员实施服务、吸引、开发和使用的制度性规定。留学人才的流动与流失,是一个时期以来中国政府比较关注的问题。有关专家认为,有证据表明中国留学人才中最优秀的 20% 还在国外;中科院某研究所所长也曾表示,该所吸引到的通常是海外学者群体里的中流人才,排名前 20% 的人才大多仍会选择留在海外;② 2005—2007 年在美持 J—1 签证获准免除回国服务的 2304 名中国留学人员的数据显示:约 87% 为科学技术类专业人员,其中 77% 为医学或生物类专业人员;约 79% 为 40 岁以下的人员;超过 50% 为中国内地培养的博士毕业生。③

---

① 苗丹国:《出国留学活动进入繁荣发展期》,2008 年 7 月 16 日《中国教育报》第 5 版;王雪萍、苗丹国:《改革开放以来中国留日回国人才现状研究》,2008 年《世界教育信息》第 6 期;王安文:《限与不限都是难题》,2008 年 8 月 29 日《中国青年报》第 2 版;2008 年 1 月 10 日中青网。

② 舒泰峰、陈琛:《人事部力促高端"海归"回国》,《瞭望东方周刊》2007 年第 6 期第 22—23 页。

③ 张静安、尤少忠:《从持 J—1 签证获免结果分析近年来中国高层次人才滞留状况》,《国外教育调研材料汇编》2008 年第 12 期第 5—8 页。

　　"留学人才安全"的概念是专门并长期从事出国留学政策研究的专业人员于 2006 年夏季首次公开提出来的。[①]"留学人才安全"是指在不威胁、不损害本国经济发展和社会进步的前提下，留学人员适度跨国流动的状态。与此相关联的"留学人才安全问题"，则是指因留学人才大规模跨国流动而对流出国经济发展和社会稳定产生的不良影响及其防范。新中国成立以来，中国政府在留学人才安全的制度建设和政策配置方面陆续建立起一些行之有效的保障体系。但是在世界经济一体化和人才国际化不断加快的进程中，无论是从中国留学人才安全的现状来看，还是就安全保障机制的状态而言，都存在着一些值得认真研究的问题。

　　据 2008 年 4 月 29 日中国科协发布的《中国科技人力资源发展研究报告》中提供的数据显示，截至 2005 年底，中国当时科技人力资源的总量，就已经达到了 4246 万，略高于美国的 4200 万，低于欧盟的 5400 万；研发人员总数达 150 万人年，仅次于美国，居世界第二位。就科技人力资源总量与研发人员总数的对比，中国虽然已居世界第一位和第二位，但仍然存在着质量上的差距。如中国科技人力资源总量中本科层次的人员约为 1406 万人，专科层次的人员约为 2505 万人，研究生层次约为 121 万人；本科及以上学历的比重仅为 36.4%。此外，相比庞大的人口基数，中国从事科研人才队伍的比例仍然偏少；中国百万人口中科学家、工程师人数只有 1955 人。中国基础研究队伍整体水平偏低，尤其高层次人才十分短缺，缺乏跻身世界一流行列的科学大师和世界级领军人物，缺乏能引领当代科学潮流、跻身国际前沿，参与国际竞争的战略科学家。在 158 个国际一级科学组织及其包含的 1566 个主要二级组织中，中国参与领导层的科学家仅占 2.26%，其中在一级科学组织担任主席的仅 1 名，在二级组织担任主席的仅占 1%。[②]

　　科技部副部长李学勇 2009 年 9 月 17 日上午在国务院新闻办公室举行的新闻发布会上表示，经过 60 年的奋斗，中国已经成为科学技术体系较为完备、科技人力资源世界第一、科技成果不断涌现的科学技术大国。中国科技事业取得了令人瞩目的成就。这些成就具体表现在八个方面：建立了比较完整的现代科学技术体系，目前我国整体科技发展水平处于发展中国家前列，一些科研领域达到国际先进水平；形成了宏大的科学技术队伍，我国科技人力资源总量达到 4200 万人，位居世界第一；科学研究水平大幅度提升，2008 年我国 SCI 论文数位居世界第三位，发明专利授权量居世界第四位；突破了一批重大工程科技难关，如"两弹一星"工程、三峡工程等；高新技术产业蓬勃发展；科技惠民成效显著，育成并推广农作物新品种 8000 多个；国家创新体系建设全面推进；国际科技合作呈现新局面，与 152 个国家和地区建立科技合作关系。李学勇副部长说，改革开放以来，我国科技投入体系不断完善，多元化、多渠道的投入格局初步形成，企业已成为科技投入的主体，其投入约占全社会科技投入的 70%。"近年来，我国企业的科技投入大幅增加，据初步统计，2008 年企业研发投入的总额超过 3380 亿元，比 2007 年的 2681 亿元增长 1/4。李学勇副部长表示，企业正在成为技术创新的主体，近年来，企业技术创新的内在动力不断增

---

① 2006 年 8 月 30 日《中国教育报》。

② 李昕玲：《中国高层次科研人才短缺》，《人民日报海外版》2009 年 3 月 30 日。

强。仅2008年国内企业申请专利同比增长了23.9%，全国技术交易额的总量是2665亿元，企业占全国技术总交易额的80%以上。以国家460多家创新型企业的试点为例，这些企业缴纳的税收占国家税收的23%，平均研发投入占销售收入的比重在5%以上，都建立了自己的研发机构。在国家重大技术创新活动中，企业骨干作用日益突出。在国家科技支撑计划中，有企业参与的课题占95%，由企业负责牵头、产学研合作承担的课题占39%。李学勇副部长同时也指出，"目前我国在自主创新能力、科技进步对经济社会发展的贡献率、科技投入水平、科技体制机制创新以及优秀拔尖人才等方面与创新型国家相比还存在不小的差距"。① 另据中国科学技术信息研究所2008年完成的一份《华人科技人才在海外的发展现状分析》提供数据显示，海外华人科技人才的总数接近100万人，这个群体在国际科技舞台上正发挥着越来越大的影响力。上述报告原引美国媒体报道称，"中国学人在美国大学获得终身教授的成功比率相对较高，约60—70%，'因为华人在科研与教学能力上，大多高于美国教授的平均水平'。"中国科学技术信息研究所的研究还表明，在海外华人科技人才群体中，美国、英国、加拿大、澳大利亚、德国、法国、日本等七国接收了其中的90%以上。在各类专业领域中，许多杰出的华人科技人才，由于能力突出被委以重任。以美国为例，美国13所世界著名大学中的系主任、IBM公司的高级工程师及阿波罗登月计划工程师等，华人科技人才都占到1/3多；在美国最权威的电脑研究中心，19名部主任华人就占12名。值得一提的是，在世界许多地方存在"华人科学家部落"，全球范围内哪有项目，这些科学家会很快在周边形成一个新的"部落"，成为世界最先进科学技术领域前沿的一支生力军，推动着全球科技与世界文明的进步。② 据教育部2008年3月25日对外宣布，30年间中国出国留学人员总数已经达到了139.15万人；其间各类留学回国人员有38.91万人；以留学身份出国，目前在外的留学人员有100.24万人。其中73.54万人正在国外进行本科、硕士、博士阶段的学习以及从事博士后研究或学术访问等。③

另据美国《侨报》和中国《环球时报》报道，美国国土安全部于2009年3月底公布的统计数据显示，2008年全美共有110.7万多外国人获得美国绿卡，保持了近年来每年都有百万外国人获得美国绿卡的趋势。其中共有8万多中国大陆公民获得美国绿卡，仅次于墨西哥。墨西哥有19万多人获美国绿卡，位居第一；中国80,271人，占7.3%，比2007年增加3600多人，排名第二；以下排序为印度、菲律宾、古巴、多米尼加、越南、哥伦比亚和韩国。根据以往的统计，2006年时就已有约8.4万多名中国大陆公民获得美国绿卡；虽然2007年比上一年度减少约1万人，但在绿卡获得总数中所占的比例却有所上升。2008年内另有4.0017万名中国人获准加入美国国籍，创历史新高，比2007年度增加了21%，居第4位。2008年加入美国籍的人数达到了创纪录的104.7万人，比2007年猛增6成；其中排名前4位的分别为墨西哥（23.2万）、印度（6.6万）、菲律宾（5.9万）和中

---

① 赵亚辉：《我国科技人力资源总量世界第一企业成为科技投入主体》，《人民日报》2009年9月18日第2版。

② 杨丽：《海外华侨华人影响力大幅提升》，2009年9月17日《人民日报海外版》第6版。

③ 李婧：《教育部：30年我国送出留学生约139万；百万仍在外》，2009年3月25日人民网；《教育部新闻发布会实录》，2009年3月25日人民网。

国（4万）。上述两项数据表明，中国已成为旅美外国移民的主要输出国。据调查分析，新移民获得美国绿卡的主要途径是"家庭移民"，如2008年度就约有66.6%的人是依靠家庭关系获得绿卡的。2008年加入美国籍的人数达到创记录的主要原因，一是由于2007年美国移民的申请费用大涨；二是美国移民当局大力鼓励外国移民入籍；三是当局大大加快了审批申请移民案件的进度，增加了1600多名移民官员处理相关申请，使得审批入籍时间从原来平均16—18个月，缩短到9—10个月；四是美国移民局大幅度减少背景调查积压案件，使得一些"尘封已久"的移民申请"重见天日"。① 上述于2008年中获得美国绿卡的8万余中国人中，以及入籍美国的4万余中国人中，究竟有多少是中国大陆的各类留学人员，以及他们的年龄、层次、专业等等背景情况，笔者尚未查阅到更进一步的信息。但可以肯定的是，其中为留学人员的总体层次应该是比较高的，因为美国人早早就说过了，我们这里没有免费的午餐。

一些学者认为全球化规则失衡已经危及到发展中国家留学人才安全，造成发展中国家留学人才流失严重，加剧了国际化人才流向的失衡，并且危及着发展中国家的人力资本与经济发展的安全。作为最大的发展中国家，中国留学人才安全的现状及其面临的威胁也是令人堪忧的：中国高端人才的数量和质量仍然严重不足，严重制约着当前乃至未来社会经济的可持续协调发展；且由于各国高科技后备人才紧缺的危机引发并波及全球的人才争夺战愈演愈烈；中国留学人才、特别是高端留学人才始终是西方发达国家猎取的重要对象；在经济全球化背景下，人才过度流失，必然危及中国人力资本安全，从而危及国家和民族的经济与社会安全。

有学者列举多项实例并借此对"如何留住海外人才"提出种种疑问，指出几乎所有情况都表明一个根本性的问题，就是海外人才能否请得来、留得住、用得好，全在于环境；即人才的根本在于创新的环境。

这位学者提及的以下实例都比较经典、精辟并扣人心弦：

1. 最高级的国家海外高层次人才引进计划（千人计划）最初的引进标准是55岁以下的国际知名大学的终身正教授，但是逐渐将标准放宽到了60岁，甚至副教授，甚至企业里的高级工程师。尽管标准一再放宽，各部门仍然在为能否完成引进任务而心急上火。

2. 在《科学新闻》与科学网的一次在线调查中，约47.6%的受访者认为"金融风暴对高层次科技人才的影响有限"。国外一些评论家则认为，"千人计划"能否成功将取决于中国的本土人才能否获得相类似的支持，以及能否改革中国的科研体制。一些人对海外华人科学家是否会踊跃应聘还存有疑问。美国马里兰大学大气科学家李占清说："钱很实际，但是决定因素是我们在中国是否能像在美国一样高产。"美国北卡罗来纳大学生物化学家贾伟说："中国有句俗话，十年树木，百年树人。如果没有一个长期的鼓励人才发展的环境，任何人才计划都无济于事。"中科院植物所研究员蒋高明表示，客观地讲，中国目前不缺少人才，缺少的是人才生长的环境。

---

① 余东晖：《中国人成移民美国主力军08年8万获绿卡4万入籍》，2009年3月31日中国网；卢威：《移民美国，中国人成主力》，《环球时报》2009年4月3日第24版。

3. 香港科技大学校长朱经武认为，提供很好的待遇当然很重要，但是更重要的还是自由发挥的学术环境。如果仅仅靠待遇，"今天他可以待在这里，明天谁出价高，又去了别人那里"。国家自然科学基金委主任陈宜瑜指出："再好的人才，如果没有良好的环境，也不能发挥其应有的作用。"

八、出国留学与留学回国政策体系和制度的不断改革、创新、完善与调整

如果我们把涉及中国出国留学政策的提出、讨论、决策、执行、服务与管理体系和管理机构内部的相互依存关系用一个大致的示意图表示出来的话，基本上应该是下面一种框架。

与出国留学事务相关的国家级战略性决策与原则

↑ ↓

出国留学与留学回国人员所从事的出国留学实践活动与发展规律

↑ ↓

涉及出国留学与留学回国政策的总方针和总政策

↑ ↓

政策的分类、执行与协调的体制与机制

↑↓ ↑↓

直接为出国留学人员提供 支持的服务保障管理体系	直接为留学回国人员提 供支持的服务保障体系

↑ ↓ ↑ ↓

教育部（出国留学政策管理部门） 留学回国服务工作部际联席会议制度

↑ ↓ ↑ ↓

国家留学基金委、留学服务中心、 中国驻国外各使、领馆留管机构、 各部委和各省市相关机构 出国留学工作研究会和该会期刊、 人民日报（海外版）、神州学人、

↑ ↓

留学政策调整与服务对象的大致分类 1. 按留学行为的阶段可以划分为：出国留学生、在外留学生、留学回国人员 2. 按经费来源分为：国家（或单位）公派留学、自费留学（自费或国外奖学金） 3. 按留学的学历分为：留学生、进修生、访问学者、小留学生、语言学校留学生 4. 按留学成才后的层次状况分为：高端或高层次留学人才和留学人才或留学人员

"支持留学、鼓励回国、来去自由"是已经被实践反复证明行之有效的中国留学政策的

总方针；吸引和鼓励优秀留学人员回国工作或为国服务，是出国留学的政策目标，是中国人才队伍建设的组成部分。上列构架图表明"小政府、大社会、重服务"的政策性管理与服务机制基本形成，而改革、调整与完善其运行机制还有大量的工作需要落实。随着中国"科教兴国"和"人才强国"战略的不断实施，与越来越多的青年学生选择出国留学这一现象相对应的是，同时也有越来越多的在外优秀留学人员开始关注国内的发展与机会。鉴于国际和国内形势的发展，在改革开放 30 年之际，应该是加强政策执行力度，继续鼓励出国留学并吸引在外优秀留学人才回国服务的良好时机。

对于出国留学工作的各级管理者来说，留学人员的事最大、最重、最迫切。出国留学人员、在外留学人员和留学回国人员是出国留学政策服务的直接对象和群体；他们有权利知道留学工作管理机构在想什么、做什么，并且对相关政策提出批评意见；留学工作管理机构也需要问政于留学人员、问计于留学人员、问需于留学人员。现任教育部国际合作与交流司司长张秀琴坦诚，"对自费生，我们的投入和关心远远不够。"① 面对国际国内政治经济环境的重大变化，出国留学工作要围绕解决留学人员最关心、最直接、最现实的利益问题，要把最大限度地实现好、维护好、发展好留学人员的根本利益做为一切工作的出发点和着眼点；要直面留学人员的"急、难、愁"，保障留学人员的根本利益；要广泛调研、听取民意，如向社会各界发放政策建议征集表，通过网络向公众征求各种建议；要围绕建立健全留学管理的长效机制，开展相关政策、法规的立法调研，为广大留学人员提供法制保障；同时还要在调查研究和专项监督的基础上，积极采取有力措施，解决留学人员反映强烈的问题，统筹和协调各有关部门共同研究解决信息不足、不畅、不准和提升服务质量等瓶颈问题。②

虽然有专家和学者预见，随着中国的快速发展并最终进入科技大国、经济强国，现行的出国留学政策也终将会完成自己的历史使命而逐渐退出历史舞台，代之以侨民政策或出入境制度来调整相应的关系。但也正是为了这一天的早日到来，当前仍然需要不断深化出国留学政策的改革，加大力度切实落实业已出台的各项吸引和联络在外优秀留学人才的政策措施。为此，在当前以至今后一个较长的时间内，大致需要在以下一些政策导向方面力求得到进一步改善和有所突破：

1. 实施"科教兴国"和"人才强国"战略，坚持党管留学人才原则；

2. 按照中共中央"问政于民、问需于民、问计于民"的要求，在客观总结 60 年来留学活动发展经验和教训的基础上，以科学发展观为指导、以"支持留学、鼓励回国、来去自由"为政策依据，适时制定并颁布《出国留学纲要》或《出国留学条例》；

3. 少搞一些战略研究，多做一些以留学人员为本的服务性与保障性事务；

4. 以"改革创新"精神推动出国留学活动与出国留学政策继续发展；

---

① 刘大家：《教育部官员在汉检讨对自费留学生关心不够》，《楚天金报》2008 年 11 月 14 日。
② 赵承、李斌、邹声：《"政府需要问政于民……"——温家宝总理与网友在线交流侧记》，《人民日报》2009 年 3 月 1 日第 2 版；仇逸、杨金志：《人民的事最大，沪人大直面"急难愁"》，《新华每日电讯》2009 年 1 月 13 日第 7 版。

5. 持续稳定并不断完善国家公派留学人员选派政策；

6. 检讨并不断完善适合中国国情的人才培养、人才吸引和人才使用的政策机制；

7. 加快培养科学大师和领军人才，并为其成长和生存创造有利条件；

8. 树立人力资本是第一资本的观念，深化人事制度改革；

9. 遏制不断蔓延的学术腐败现象；

10. 遏制党政官员"博士学历大跃进"的文凭腐败之风；

11. 强化管理体制改革，进一步加快政府职能转变，摈弃落后的"项目管理"方式，实行"政策管理体制"下的综合服务与整合协调，完善"小政府、大社会、抓协调、重服务"的政策性管理与服务机制；

12. 构建留学人才安全监测与安全预警的政策体系；

13. 建立中国留学人才可持续良性流动的国际协调政策机制；

14. 真正落实吸引在外优秀留学人员的各项政策措施；

15. 建立准确、严肃、权威、高效和公开的"出国留学人员信息统计和发布系统"；

16. 密切关注自费留学生、小留学生和语言学校留学生的生存状态并提供尽可能多的政策性支持；

17. 进一步加强对留学中介机构的严格监管，不断提升留学中介监管工作的公信力；

18. 改革和完善《留学回国人员证明》以及相应的政策体系，逐步提升其应有的综合效力；

19. 加强研究并不断改善中国主流媒体对留学人员的影响和引导作用；

20. 客观、公正地评价留学人员的海外经历。

第二章

1949—1956 年：
中华人民共和国建立初期出国
留学政策的形成与确立

第一节　崭新的国际政治格局与新中国的对外关系

新中国的成立，是"第二次世界大战以后最重大的政治事件"，极大地提高了中国的国际地位。毛泽东主席明确表示新中国外交政策："不承认国民党时代的任何外国外交机关和外交人员的合法地位，不承认国民党时代的一切卖国条约的继续存在，取消一切帝国主义在中国开办的宣传机关，立即统制对外贸易，改革海关制度"，收回驻军权和内河航行权。这一外交政策，清楚地体现了一个负责任的独立的主权国家的本质特点。只要同意上述外交政策，按照平等、互利及互相尊重领土主权等原则，新中国可以与任何国家建立正常的外交关系。对于与资本主义各国建立外交关系，则要求"各国无条件承认中国，废除旧约，重订新约"。这就叫做"另起炉灶"，"打扫干净屋子再请客"。在这个原则基础上，截止1950年10月，已有25个国家承认中华人民共和国，有17个国家与新中国建立正式的外交关系。新中国刚一成立，就通知联合国秘书长，不承认国民党政府派驻联合国的外交代表，并且派代表出席日内瓦会议、万隆会议，提出中国的主张，发出独立主权国家的声音。此后，中国在国际社会一贯强调独立自主和平外交，强调和平共处五项原则，强调国家不论大小一律平等，反对帝国主义霸权政治，主张多极政治，主张发达国家要支持发展中国家发展经济，主张对话反对战争，等等。[1]

---

① 张海鹏：《中华人民共和国成立的伟大历史意义》，《人民日报》2009年9月1日。

1949 年中国共产党的胜利，让美国在中国建立亲美政权以遏制苏联的愿望破灭，在其国内"谁应该为失去中国承担责任"的争论中，美国采取了一系列针对新中国的举措。在政治外交上，美国设法孤立中国并削弱中国的国际影响力；它要求北大西洋公约组织及其他一些国家在承认中国问题上与其保持一致，共同对中国施加压力；美国还照会威胁一些拉美国家不得先于美国承认新中国；另外，美国还支持逃往台湾的国民党蒋介石政权，并操纵联合国阻挠中国重返联合国。在经济上，美国对中国实行封锁和禁运；它支持和配合国民党集团利用海空优势对上海、青岛、天津等沿海港口和岛屿进行封锁，阻挠所有国家的商船进入，以致中国与国外的贸易几乎断绝。1949 年 11 月，美国等 15 个西方国家发起的"巴黎统筹委员会"，专门管制与苏联等社会主义国家的贸易，中国随后被纳入其中；1950 年 12 月，美国宣布对中国实行全面禁运；1952 年 9 月，"巴统"增设"中国委员会"，作为执行对中国禁运的专门机构。在美国的拉拢和压服下，截止 1953 年 3 月，参加对中国禁运的国家达到 45 个。在军事上，美国继续援助蒋介石，封锁台湾海峡，扶持南朝鲜李承晚以及南越的反对势力，并通过与东南亚国家、日本、澳大利亚等签订条约，建立了针对中国的包围圈。毛泽东主席后来在同巴基斯坦总理苏拉瓦底谈话时说过："你知道我们身上背了多大的压力吗？单单在日本，美国就有 800 多个军事基地。南朝鲜、台湾、菲律宾、南越都在美国的控制之下。美国给我们的压力很大。"美国上述拒不承认新中国并带头遏制、孤立和封锁中国的举措，的确给新中国带来了很大困难。

与此同时，随着 1949 年 10 月 3 日苏联与中国建交，社会主义阵营在新中国成立的第一个月，先后有保加利亚、罗马尼亚、朝鲜、匈牙利等 8 个国家与中国建交。有文章披露，在上述建交过程中，苏联起到了重要作用，但它也很在意其必须第一个与新中国建交的形式和面子。另外，1948 年苏南两党矛盾激化，南共被共产党情报局开除，为了尊重苏联，新中国虽然刚宣布建国没两天就接到了南斯拉夫表达建交意愿的电文，却采取了不接触的态度。这个状况直到 1953 年斯大林元帅去世才有了转变。1949 年 12 月 31 日印度致电周恩来总理希望与新中国建交；在双方努力下，经过多轮谈判，1950 年 4 月 1 日中印建交；印度成为第一个与新中国建交的非社会主义国家。其后中国与缅甸、印尼、锡兰（斯里兰卡）先后建交并建立贸易关系。在欧洲，英国是最早承认新中国的西方大国，不过由于谈判迟迟打不开局面，双方一直没能建交。倒是瑞典、丹麦、瑞士以及芬兰等国，尽管属于西方世界体系，但其坚持和平中立的外交立场，既不愿卷入大国纷争，也重视和东方的贸易，认为同新中国建立和发展关系符合它们自身的利益，因此很快与新中国建交。1950 年 5 月 9 日中国和瑞典建交，使瑞典成为西方第一个与新中国建交的国家。其后，1950 年 5 月 11 日中国和丹麦建交，1950 年 9 月 14 日中国和瑞士建交，中国与芬兰 1950 年 10 月 28 日建交。截止新中国成立 1 周年时，中国已与 18 个国家建立了外交关系，有 25 个国家公开承认了中国。到 20 世纪 50 年代中期，世界上共有 25 个国家与新中国建立了外交关系。①

---

① 以上参见王硕：《新中国首波建交潮惊心动魄陷西方数十国孤立困境》，《环球时报》2009 年 9 月 3 日。

中华人民共和国建立初期，国家的出国留学政策具有比较明显的附属性特点；并随着国际国内政治、经济、文化和教育状况以及对外关系的变化不断演变和发展。国际政治格局和中国外交关系状态是左右和影响新中国出国留学政策形成的直接和基本因素。刚刚诞生的中华人民共和国政府在 1949—1956 期间，面对的是一个全新的国际政治格局和错综复杂的对外关系局面：

一、中苏结盟改变世界政治格局

1949 年 10 月新中国建立前后，国际社会根据第二次世界大战后确立的大国利益关系和社会制度，明确形成了分别以苏联和美国为首、并严峻对峙和激烈较量而进行"冷战"对抗的两大阵营，即形成了政治力量势均力敌的"两极化"国际政治格局。这一格局直接影响到新中国成立后的外交政策。

实际上在第二次世界大战结束后的初期，苏联领导人的愿望是维持与西方盟国在反法西斯战争时结成的伙伴关系，并通过与西方国家的合作，巩固和发展已经获得的政治利益。而 1947 年上半年发生的法国共产党和意大利共产党被排挤出本国联合政府的事件，标志着苏联旨在战后推行的"联合政府政策"走向破产。另外于同期由美国人提出的"援助欧洲的马歇尔计划"，却明显是要在欧洲建立起一个反苏集团，并试图也要将东欧国家纳入西方势力范围。为此，苏联领导人开始全面调整其外交政策，对西方和美国采取公开对抗的方针；同时很快建立了国际"共产党和工人党情报局"，并公开提出"世界上存在着两大阵营"的理论。几乎与此同时，随着中国共产党所辖军事力量的不断壮大，苏联领导人转而把注意力放在中国革命的问题上，并开始逐渐放弃对中国国民党的信任而极力帮助中国共产党。[①]

新中国领导人出于国家安全和经济发展战略的考虑，将上述格局视为中国对外关系的基本分界线，而寻求并借助苏联等社会主义国家的成功经验与广泛支持。1949 年 10 月 1 日，中华人民共和国宣告成立；第二天，苏联即宣布予以承认并于 10 月 3 日与新中国正式建立了两国的外交关系。其后，1949 年 12 月中华人民共和国领导人毛泽东首次出访苏联。经过包括毛泽东和斯大林本人在内的两国不同级别领导人和工作层面之间的多次磋商与谈判，并确实经历了一些曲折的会商过程，1950 年 2 月 14 日，最终由毛泽东和斯大林在莫斯科共同签订了一个新的《中苏友好同盟互助条约》。苏联政府同时宣布 1945 年同中国"国民政府"签订的《中苏友好同盟条约》"失去其效力"。[②] 至此，中苏结盟谈判中的利益冲突基本得到化解。中国加入以苏联为首的社会主义阵营，苏联在亚洲的战略安全与利益得到保证，而中国新政权也取得苏联的保护和帮助。中苏同盟的确立，对于破解西方国家孤立新中国政权的企图，对于保障新中国的国家安全、维护远东与世界和平，对于加强两国关系和促进双方经济建设与互惠，都具有十分重大的战略意义，并产生过重大了

---

①　杨奎松主编：《冷战时期的中国对外关系》第 30—31 页，北京大学出版社 2006 年 1 月第 1 版。
②　何沁主编：《中华人民共和国史》第 45 页，高等教育出版社 1997 年第 1 版。

国际影响与历史作用。同时，也标志着冷战已从欧洲向亚洲的扩展，表明苏美两大集团在东方的缓冲地带已不复存在，东西方冲突的前线已经推至太平洋的亚洲大陆沿岸。①

《中苏友好互助同盟条约》签署后，苏联在军事和民用工业方面给了新中国巨大的宝贵支持。军事工业方面，根据解密档案，在抗美援朝战争中，苏联总共向中国提供了54个陆军师、23个空军师的军火装备，其中无偿援助"米格—15"喷气战斗机372架和20个陆军师的武器装备，其余全部半价售给。战争结束后，尽管苏联军方一片反对，赫鲁晓夫仍然批准向中国提供了当时先进的"米格—17"战斗机、T—54A坦克和多种火炮，以及当时苏军装备的轻武器系列的全部样品和全套技术资料，这使中国在不到十年时间里，只花几十亿元人民币就建立了当时在世界上也算先进的常规军事工业。有专家评论说："这在世界现代史上，是基础最差、成本最低而速度最快、规模最大的发展先例。"另一方面，在新中国第一、第二个五年计划期间，苏联援建的156个项目（落实150个）中100余个民用项目，也为新中国在原材料、能源、冶金、机械、化工、电力等产业领域初步构建了比较完整的现代工业和技术体系。并且苏联提供成套设备是免费提供工程项目设计和全部技术的，这使得改革开放后引进的不少外国生产线的利润，还不如当初苏联援建的这些项目。而且苏联提供给中国的产品，中国不仅当时在国际市场买不到，价格也低于国际市场；照顾到当时中国外汇缺乏，苏联还允许中国用矿产和土特产互换这些设备，而不是现在的"现金交易"。据统计，在整个20世纪50年代，先后有2万名以上的苏联专家参与新中国的建设。据当时和他们一起工作的中国同事回忆，这些苏联专家绝大多数工作认真负责，同中国同事和睦相处，他们是中国人民真正的朋友。50年代苏联的援助，保卫了新中国的国防，为"一穷二白"的中国奠定了工业和技术基础。②据苏联档案记载，《中苏友好同盟互助条约》后持续10年的苏联对华援助期间，1950至1956年7年间到中国的苏联专家有5092人。1956年以后，苏联撤回了在东欧各国的大部分专家和顾问，但在中国的专家则继续保留下来，且还有大量新增者。而对这些苏联专家的接待，中国也是极尽所能。公安部总顾问伊万诺夫的工资，甚至比部长罗瑞卿的工资还高。苏联专家克洛科奇回忆，1950年代他到中国以后，每月不仅以前在苏联的5000卢布工资照发，还能从中国领到530元的工资，除去日常开销，"每月大约还剩余300元"。实际上除了工资以外，中国还承担了派人给苏联专家清扫房间和卧具等各种生活服务工作，甚至苏联专家在中国休假和避暑期间，其车船交通费也由中国政府承担。③

二、中美关系处于严重对峙状态

由于中美对抗有着深刻而复杂的历史原因，因此在美苏对抗的国际政治格局下，中国

---

① 杨奎松主编：《冷战时期的中国对外关系》第34页，北京大学出版社2006年1月第1版。
② 曹辛：《综观六十年外国对华援助永志不忘坦然应对》，《南方周末》2009年9月3日。
③ 胡贲：《六十年经济轨迹中的外援力量》，《南方周末》2009年9月3日。

和美国可选择的迂回空间都很小，而寻求和解的风险却明显较大。有文献记载，早在抗日战争胜利前夕，毛泽东就曾对美国驻华大使馆的工作人员表示过，为了弄清美国政府的对华政策，他愿意去华盛顿。因为中国共产党领导人当时坚持认为"美国不但是援助中国发展经济最适当的国家，也是能够充分参加中国发展经济的仅有的国家"。① 作为可以查阅到的直接文字依据是，毛泽东于新中国成立前夕的 1949 年 6 月 15 日，在"新政治协商会议筹备会"上就曾明确表达过上述意见："我们所反对的只是帝国主义制度及其反对中国人民的阴谋计划。任何外国政府，只要它愿意断绝与中国反动派的关系，不再勾结或援助中国反动派并同中国人民采取真正的而不是虚伪的友好态度，我们就愿意同他在平等、互利、互惠的基础之上，谈判建立外交关系。中国人民愿意同世界各国人民实行友好合作，恢复和发展国际间的通商事业，以利发展生产和繁荣经济。"②

但是以国际强权国家自居的美国政府及其领导人，置中国共产党和新中国领导人多次表达和采取的一系列友好姿态以及试图和解并建立正常外交关系的努力与措施于不顾，一意孤行，实行了拒绝承认新中国政府并予以全面遏制的敌视政策：1949 年 8 月公开发表《美中关系白皮书》，随意歪曲中国历史、诋毁中国共产党并挑拨中美关系；扶持并控制蒋介石领导的国民党台湾当局，在大陆疯狂地进行破坏活动；发动并大举介入危及中国安全的朝鲜战争；制造第一次"台海危机"，并暗中推行"两个中国"或"一中一台"策略；不择手段地对中国大陆实施政治上孤立、经济上封锁、贸易上禁运和军事上包围等各种措施，并试图在中国的周边国家和地区构筑起一个所谓的"防御体系"。上述一切使得新中国政府被迫于 1950 年 10 月出兵朝鲜作战并很快取得了战场上的主动权，进而成功地将美军逐出朝鲜。虽然中国因为缺乏在国际战争中处理战俘问题的经验而使停战结果不尽如人意，即最让中国人遗憾的却是最后只迎回 7110 名被俘人员、同时却有 1.4 万余名中国人民志愿军战俘因美蒋军队一手策划的所谓"拒绝遣返"事件而损害了新中国的政治形象，1953 年 7 月 27 日中国政府最终以胜利者的姿态同美国人签订了"朝鲜停战协定"。

由美国的近代历史读物老牌作家戴维·哈尔伯斯坦姆撰写的《最寒冷的冬天》(TheColdestWinter，Amateurs，2007) 是关于朝鲜战争的一本新书，主要是声讨了麦克阿瑟祸国殃民，在错误的地方打了一场错误的战争。所谓"新"，在于现在离朝鲜战争比较远了，已经过去了半个多世纪，以前不便说的事，现在可以说了——当初的大官已经作古，自然少了许多忌讳。作者通过讲述美国参战者个人的故事来介绍朝鲜战争，并在其中披露了许多新史料，揭露了美军内部的黑暗、无能和腐败。按作者的说法，从某种意义上说，朝鲜战争对交战的中美双方都是一场不该打的战争。③ 美联社 2008 年 7 月 6 日根据美国档案局的解密档案报道称，在朝鲜战争初期的数周内，韩国军队和警察曾经在未经审判的情况下对左翼人士及其同情者进行残忍的"大屠杀"，遭杀戮人数至少 10 万。从朝鲜战

---

① 约瑟夫·W·埃谢里克著：《在中国失掉的机会》第 327 页，国际文化出版公司 1989 年 4 月 1 日第 1 版。
② 毛泽东：《在新政治协商会议筹备会上的讲话》，《毛泽东选集》第 4 卷第 1466 页，人民出版社 1991 年第 2 版。
③ 朱伟一：《现在可以说了》，《南方周末》2008 年 7 月 30 日。

争开始到 1950 年秋天，被杀害的人的尸体填满了大约 150 座万人坑。美国不仅坐视不理，甚至为其掩盖罪行。此前美国国家档案馆在 5 月 5 日公布了关于韩国于 1950 年 7 月屠杀政治犯的图片，显示美国军官受邀前往观看，并拍下了处决时的恐怖画面。美联社记者通过研究大量档案，发现当时的美军远东司令麦克阿瑟虽然知道存在"大屠杀"行为，但认为这是韩国的内政，并未采取行动予以制止。有关"大屠杀"的报告曾递交到美国国防部最高领导层和国务院，但是他们将其列入"机密"档案封存了起来。如今半个世纪过去了，韩国政府下属的"真相与和解委员会"正逐渐把历史重新揭开。"最重要的是，他们（美国人）没有制止处决行动，""真相与和解委员会"成员、历史学家郑秉峻说，"他们当时就在犯罪现场，拍摄了照片，撰写了报告。"①

虽然中美两国商定的"大使级会谈"于 1954 年开始接触，并于 1955 年 8 月 1 日在日内瓦举行；虽然由于美国政府干涉中国的既定政策使得断断续续的"大使级会谈"并没有取得任何实质性的结果；但其作为美国政府被迫承认新中国为谈判对象的一种外交形式具有一定的象征性意义，并对后来中美关系的正常化起到了积极的推动与联络性作用。因此，虽然中国政府并不满意这种会谈形式，但也一直坚持保持着这一接触渠道。②

三、向苏联"一边倒"外交政策的形成与确立

上述国际政治格局以及新中国所处的位置，必然导致与中国新政府建立外交关系的国家为数不多，因而能够与之进行双边教育交流的国家也十分有限。如从 1949—1956 年的 7 年间，仅有 29 个国家与中国建有大使级或代办级外交关系：其中一类是苏联和欧洲东部的 9 个人民民主即社会主义国家；第二类是朝鲜和蒙古等 10 个周边国家；第三类是欧洲北部的芬兰、瑞典、挪威、丹麦 4 个国家；第四类是埃及、叙利亚、也门 3 个阿拉伯国家；其次是欧洲的瑞士、英国和荷兰。而中国与英国和荷兰当时还只是非正式的"代办级"外交关系。③

1949 年新中国建立前夕，中国共产党最终做出了向社会主义苏联"一边倒"的重大决策。这无疑是美国政府持续敌视政策的结果。新中国与苏联同盟关系的建立，以及新中国对外建交国的数量有限，坚定了新中国领导人在"另起炉灶"的建交方针和"独立自主"的外交原则基础上，实行向苏联"一边倒"的外交政策：这就是联合苏联，联合各人民民主国家，结成国际的统一战线。④ 也就是站在社会主义一边，加强同爱好和平和促进人类共同发展。⑤ 在当时的环境下，要大规模改造旧中国的现状，建立新中国的社会主

① 《档案显示美军曾默许韩国屠杀 10 万政治犯》，《环球时报》2008 年 7 月 8 日。
② 黄安余：《新中国外交史》第 69 页，人民出版社 2005 年 3 月第 1 版；杨奎松主编：《冷战时期的中国对外关系》第 52、99 页，北京大学出版社 2006 年 1 月第 1 版。
③ 田正平主编：《中外教育交流史》第 856—858 页，广东教育出版社 2004 年 9 月第 1 版。
④ 毛泽东：《论人民民主专政》，1949 年 6 月 30 日发表。
⑤ 钱其琛：《学习毛泽东外交思想，做好新时期外交工作》，中华人民共和国外交部外交史研究室编：《毛泽东外交思想研究》第 4 页，世界知识出版社 1994 年 12 月版。

义制度，只有借助苏联的成功经验。这是国内外情势所迫，也是中国共产党和新中国政府当时唯一的选择。

"一边倒"的决策过程大体上是从抗日战争胜利之后到新中国成立前夕，反映的也正是这一时期极其复杂的国内和国际的政治、外交关系。从抗日战争胜利到 1949 年 6 月，中国共产党面对着来自国民党、苏联和美国三方面的压力，其选择也经过了从"既不反苏，也不反美"发展到向苏联"一边倒"的过程，即最终放弃"中立"是经历了一个渐进的过程。二战后初期，苏联领导人的愿望是维持与西方盟国在二战时结成的伙伴关系，巩固和发展苏联在远东地区已经获得的政治权益。战后美国的战略中心则是在欧洲，无论是凯南的"遏制理论"，还是杜鲁门主义或马歇尔计划，其重心都是针对苏联和东欧的。而在冷战开始、苏美两大阵营全面对峙后，为了阻止共产党取得政权后中国可能会成为苏联的附庸，美国采取了"扶蒋反共"政策，加大了对国民党政权援助的力度，最终导致中国内战全面爆发。从 1949 年 1 月至 1950 年 2 月，随着中国历史的巨大变化，苏联对华政策也进行了重要调整和转变。但在整个转变过程中，苏联对华政策始终存在着消极因素，而其根源就在于苏联领导人对中国共产党独立自主立场的偏见和苏联对外政策中的大国沙文主义传统。

随着苏联对华态度的根本性转变，中国共产党中央主席毛泽东也最终放弃了自己的"中间地带"观点而接受了苏联领导人提出的"两大阵营"理论。"中间地带"观点是毛泽东主席 1946 年 8 月同美国记者安娜·路易丝·斯特朗谈话时提出来的。他说："美国和苏联中间隔着极其辽阔的地带，这里有欧、亚、非三洲的许多资本主义国家和殖民地、半殖民地国家。美国反动派在没有压服这些国家之前，是谈不上进攻苏联的。"① 这种看法实际上是将世界一分为三，而处于"中间地带"的国家则是"一支直接站在反帝斗争前线的民主势力，它与社会主义的苏联是一种相互同情、相互声援的关系"。② "两大阵营"理论最早是作为苏联共产党领导人之一的日丹诺夫于 1947 年 9 月在欧洲九国共产党和工人党情报局成立大会上提出来的，即"战后世界分裂为以美国为首的帝国主义阵营和以苏联为首的民主阵营"。3 个月以后的 12 月，毛泽东主席在中共中央会议上作了题为《目前形势和我们的任务》的报告，首次使用"帝国主义阵营"和"全世界反帝国主义阵营"来划分世界力量的格局，也首次使用了"以苏联为首的反帝国主义阵营"这一概念。中国共产党从基于"中间地带"理论的三分世界法过渡到了基于"两大阵营"理论的二分世界法，从而在理论上否定了中立的可能性。③

1949 年 6 月 30 日毛泽东主席宣布，即将诞生的新中国要全方位地站在苏联一边，实行向苏联"一边倒"政策。他说："一边倒，是孙中山的四十年经验和共产党的二十八年经验教给我们的，深知欲达到胜利和巩固胜利，必须一边倒。积四十年和二十八年的经

---

① 毛泽东：《和美国记者安娜·路易丝·斯特朗谈话》，中华人民共和国外交部、中共中央文献研究室编：《毛泽东外交文选》第 59 页，中央文献出版社、世界知识出版社 1994 年 12 月版。

② 陆定一：《关于战后国际形势的几个基本问题的解释》，《解放日报》1947 年 1 月 4 日—5 日。

③ 中华人民共和国外交部、中共中央文献研究室编：《毛泽东外交文选》第 65—66 页，中央文献出版社、世界知识出版社 1994 年 12 月版。

验，中国不是倒向帝国主义一边，就是倒向社会主义一边，绝无例外。骑墙是不行的，第三条道路是没有的。"因此，从当时中美关系的状态来看，与其说是"一边倒"的中国外交政策排斥了美国人，倒不如说是美国政府的全球反共战略促成了中国外交政策的"一边倒"；也就是说，"一边倒"外交政策是中国共产党在苏美尖锐对抗的冷战格局中一种理智的、但却不是十分情愿的选择。①

一份 1949 年 11 月 8 日的解密外交档案，记录了政务院总理兼外交部长周恩来在当日傍晚新中国外交部成立大会上的活动情形和讲话内容。面对在场 170 多人的外交部全班人马，时年 51 岁的周恩来郑重宣布：中华人民共和国外交部成立。"每一个机关都要开一个成立会，我们也不例外，这也算是'形式主义'吧。"周恩来幽默的"开场白"拉近了与大家的距离，全场笑声一片。为了打破发言者与听众的界限，大家围到主席台四周。周恩来说，"开会表示成立，目的不是为了登一下报，而是为了彼此见见面……我们是外行人办外交，对外交这一门学问是没有的；外语学校的同志主要是学习外文，其他的少数干部虽然办过一些外事工作，但是把这些工作经验加以整理，使它科学化、系统化，成为一门学问，还差得远。"会议开始后，周恩来微笑着接过外交部办公厅主任王炳南递上的花名册，逐个对号点名。接着，周恩来在谈到新中国外交工作的计划、任务、战略策略、工作方法等问题时表示，"我们现在的外交任务，是分成两方面的。一方面，是与苏联和人民民主国家建立兄弟的友谊，我们在斗争营垒上属于一个体系……另一方面，是反对帝国主义。帝国主义是敌视我们的，我们同样也要敌视帝国主义，反对帝国主义。""清朝的西太后，北洋政府的袁世凯，国民党的蒋介石，哪一个不是跪倒在地上办外交呢?! 中国百年来的外交史是一部耻辱的外交史。""我们不学他们，我们不要被动、怯懦，而要认清帝国主义的本质……我们要藐视帝国主义，但不轻视具体斗争；要联合兄弟朋友，但不要马虎。一种是联合，一种是斗争，这两种都通过外交形式出现。"②

需要指出的是，实际上在中华人民共和国成立之初，当中国领导人毛泽东主席访问苏联并与其领导人谈判期间就曾表示过这样的意见，即在与苏联结盟时，不能盲目照搬它的政策经验，不能依赖它的援助，不能没有批评。③ 毛泽东主席上述有关新中国对苏关系"三个不能"的论断无非是表明了这样一种态度，或者说是一种警惕，即实行向苏联"一边倒"的政策，并不意味着放弃独立自主的原则和根本立场。正如毛泽东主席自己所说的那样："我们一边倒是和苏联靠在一起，这种一边倒是平等的"，"是建筑在独立自主、平等互利基础之上的，绝不是倒向苏联的怀抱。"④

王震将军有一段回忆，生动地描述了毛泽东主席的上述态度和立场。20 世纪 80 年

①　孔寒冰：《论新中国初期"一边倒"外交政策的产生》，《俄罗斯研究》2003 年第 3 期。

②　谭晶晶、王宇丹：《外交档案揭秘：外交部成立故事多》，《新华每日电讯》2009 年 9 月 4 日第 4 版。

③　郭德宏：《共产国际苏联与中国革命关系研究述评》第 307 页，中央党史出版社 1996 年 7 月第 1 版。

④　中华人民共和国外交部、中共中央文献研究室编：《毛泽东外交文选》第 279 页，中央文献出版社、世界知识出版社 1994 年 12 月版；钱其琛：《学习毛泽东外交思想，做好新时期外交工作》，中华人民共和国外交部外交史研究室主编《毛泽东外交思想研究》第 4 页，世界知识出版社 1994 年 12 月版。

代初，团中央受命于中共中央总书记胡耀邦的批示，委派《中国青年》杂志社记者孙兴盛采访王震将军时，才了解到这段鲜为人知的故事。1950 年初，毛泽东在与斯大林商谈签订《中苏友好同盟互助条约》时，曾决定在新疆创办金属、石油和民航三个合营公司。不久，苏联总领事约请王震将军具体商谈签订合资合作协议事宜。苏联总领事和苏方公司经理提出了"合资企业应建在苏联一侧；苏联以低价购买土地、油田和矿山，并将原料运往苏联加工；新疆铁路轨距必须按苏联标准修建"等一系列方案。王震将军越听越生气：这哪里是援助中国建设，分明是敲竹杠，要中国出钱出力还要出卖主权嘛，绝对不行！苏方也很强硬，既然你们有求于我，就只能按我们的要求签订协议与合同！王震将军实在按捺不住，桌子一拍，骂到："老子打了一辈子的仗，现在我们胜利了，中国人民站立起来了，决不签订卖国条约！"苏联总领事也拿出王牌吓唬王老："这是我们中央的意思，我要向党中央报告……"王震将军哪吃这一套，更加厉声地说："就是当着斯大林同志的面，我也不同意，也决不签这个字！"不久，周恩来总理召王震将军进京面谈时，毛泽东主席笑道："胡子呀，你没有签这个字就好！看来搞外交还得有几个武将。现在搞经济建设，就要学会跟老大哥打交道，跟各种各样的朋友打交道。靠别人是靠不住的，得靠我们自己，不仅要会打仗，还要学会做生意，会谈判、会碰杯。"[①]

四、中苏关系面临转折

苏联政府通过于 1950 年 2 月与中国领导人的会谈，以及 1952 年 5 月与中国签订的《关于援助发展中国国民经济的协定》等文件，先后确定并实施了为中国援建或改建 156 个重点建设项目的计划。但是随着苏联领导人斯大林于 1953 年 3 月 5 日因病逝世以及新任苏联领导人赫鲁晓夫的当政，标志着"斯大林时代"的终结，并引发了苏联共产党开始逐步纠正斯大林晚年的错误；同时也使得中苏关系进入了一个新的发展期。赫鲁晓夫在 1956 年 2 月 14—25 日召开的苏共第二十次代表大会上所作的全面否定斯大林功绩的《关于个人崇拜及其后果》的秘密报告，以及相继推行的国内外政策，在国际上引起了很大的震动。面对突如其来的重大变故，中共中央认为，苏共的这次会议在破除对斯大林的个人崇拜、揭露其严重错误方面起到了积极作用；但应当恰当并公正地评价斯大林在领导苏联成为社会主义强国的过程中做出的重要贡献，即功劳是第一位的，错误是第二位的。期间，还相继发生了的波兰事件和匈牙利事件，以及中国共产党介入处理东欧事务从而提升了自己的地位与声望。这就使得苏联在社会主义国家的领导权遇到来自中国的挑战，继而不可避免地形成了中苏两党的分歧的表面化并使两国间关系出现裂痕。同时，美国在朝鲜战争失败后，继续对中国推行战争边缘政策和遏制战略。对此，中国领导人毛泽东主席提出，要把立足点放在自力更生的基础上，并认为只有中国

---

① 新华网（北京）2008 年 4 月 16 日：《苏联援建提苛求王震怒拒"决不签订卖国条约"》，转引自孙兴盛《王震谈改革开放》，《百年潮》2008 年 4 期。

的社会主义建设搞好了，才能对人类有所贡献。中国领导人还认为，苏联揭露斯大林的问题有利于反对教条主义，中国今后不能再照搬苏联的一切，而是要将一些有益的原理与理论同中国的实践相结合，以不断探索在中国建设社会主义的途径。①

虽然已经有了本阶段后期中苏关系发生变化的开端，但上述从四个方面逐一描述的国际政治格局和中国对外关系局面，进一步验证了中国共产党领导人毛泽东于 1949 年初就明确提出的中共必须向苏联靠拢、即实行向苏联"一边倒"基本外交方针的必然性、必要性和可能性。②"一边倒"的对外政策是新中国政府理智而被动的选择，同时也是新中国在西方国家科技快速发展时期，被迫并基本上关闭与西方主要发达国家教育交流大门的客观反映。

上述国际政治格局和新中国对外关系局面，毫无悬念地确立了新中国政府对外开展教育交流的主要对象国只能是苏联等社会主义国家这一政策目标。从而也使新中国出国留学活动的流向发生了历史性转变，并对中华人民共和国出国留学政策的形成、创立、制定与发展，不可避免地造成了重要而长期的影响。同时，这种局面不仅在客观上左右着中西方教育合作的开展和留学生的派遣与交流，并且对已与新中国建交国家之间的教育交流与合作也造成一定程度的影响。

中国外交部档案馆于 2004 年 2 月正式对外开放，并解密了第一批 1949—1955 年万余件档案；2006 年 5 月 10 日，外交部档案馆又将 1956—1960 年解密档案对外开放；2008 年 11 月 12 日，外交部向国内外开放了第三批 1961—1965 年的解密档案，共计 41097 份，比前两次开放数量的总和还多。有学者和记者据此陆续披露了一些 20 世纪 50 年代中苏关系的情况。

刘少奇 1949 年 8 月访苏结束前，斯大林曾向他建议，以中国的现状，无政府时间如果过长，可能会引起社会动荡。中共中央采纳了这条建议，放弃了 1950 年 1 月 1 日建国的计划，把新中国开国大典定在 1949 年 10 月 1 日。按照国际惯例，开国大典后，新成立国家的外交部，就要向国际社会发出公告和公函。在毛泽东主席的建国公告和外交部长周恩来的公函里向各国政府宣布，本政府为代表中华人民共和国全国人民的唯一合法政府；凡愿遵守平等、互利及互相尊重领土主权等项原则的任何外国政府，本政府均愿与之建立外交关系。苏联在第一时间宣布与国民党政权断绝外交关系，承认了新中国。同时，在苏联的影响力下，社会主义阵营内许多国家在 10 月初即断绝了与国民党政府的关系，呈现出一个承认新中国的高潮。承认新中国的国家越来越多，于是，中央人民政府决定，凡是承认新中国，并与国民党政府断绝了关系的社会主义国家，无需谈判即可建交。

共产党在中国的胜利，最终改变了远东的政治格局，而中国"一边倒"的政治立场能够给他带来苏联东线全线的安全。所以，苏联实行对华援助政策，是顺应了历史

---

① 黄安余：《新中国外交史》第 33—39 页，人民出版社 2005 年 3 月第 1 版；杨奎松主编：《冷战时期的中国对外关系》第 83—84 页，北京大学出版社 2006 年 1 月第 1 版。

② 杨奎松主编：《冷战时期的中国对外关系》第 30—31 页，北京大学出版社 2006 年 1 月第 1 版。

的发展。苏联对共产党领导下的中国的援助从 1948 年即已开始，在新中国成立之前两个月，刘少奇访问苏联时，就同车带回 220 名苏联顾问和专家。从建国之初到 1960 年，苏联专家援华多达 1.8 万人次，仅 1957 年，就有 2298 人来华。同时，为了更快地在经济、工业、军事等方面追赶世界先进国家，中国也不惜代价付出了高昂的工资。如仅从苏联专家克洛奇科的回忆中可以得知，20 世纪 50 年代中期，大多数援华苏联专家的月薪为 520—540 元。而毛泽东主席的国家一级工资为 610 元，三年自然灾害后毛主席自降三级工资，一直到去世都拿着 404.8 元，明显低于大多数援华苏联专家在华期间的月薪。

中苏虽然在 1950 年就签订了同盟条约，但是由于斯大林与毛泽东之间的分歧，两国之间的蜜月期姗姗来迟。直到斯大林去世，苏共中央第一书记赫鲁晓夫调整了对华政策，中苏同盟最醇厚的蜜月期才真正开始。赫鲁晓夫在 1954 年 10 月访华，开始加大对中国的援助力度，1956 年开始在国内批判斯大林路线，出于对自己国内政权巩固、国际加强团结（1956 年波匈事件，导致苏波关系紧张，苏联撤回了援助东欧各国的专家）等原因，赫鲁晓夫进一步加强了对华经济援助，形成了苏联专家来华工作的高潮：1955 年来华专家人数开始猛增，1956 年的专家人数又比上年增加几乎一倍，1957 年到达最高峰，1958 年开始回落。事实上，中国在 1956 年，也已经开始考虑减少专家的聘请，并采取"少而精"的原则，尤其注重的是聘请核武器方面的专家。尽管如此，1956—1957 年来华专家人数，仍然达到了峰值。这说明中国对苏联专家的需要的确很迫切，而苏联也是尽量满足中国的需要的。

赫鲁晓夫为了战胜政敌，全面调整对华政策，积极回应中国有关核援助要求。中国就是在这种情况下，及时地提出了研制核武器的想法。1954 年 10 月赫鲁晓夫访华，毛泽东提出需要苏联在原子核研究上提供帮助，尽管赫鲁晓夫以苏联可对中国提供核保护为由没有立即答应，但到最后，还是同意苏联援建一个小型实验性核反应堆，以培养中国原子物理科学研究的技术力量。苏联优秀核物理学家沃罗比约夫 1957 年刚到中科院物理研究所时，所里只有 60 位核物理方面的中国专家，到了 1959 年 11 月他离开这里时，这里已培养了 6000 名中国专家。就在此期间，1955 年 9 月 17 日，钱学森终于突破美国对他长达 5 年的软禁，离开洛杉矶。1956 年 10 月 8 日，钱学森受命组建中国第一个火箭、导弹研究院——国防部第五研究院并担任首任院长，中国导弹研究步入正轨，中国军事史由此发生重要转折。1959 年 6 月 20 日，苏共中央正式通知中共中央，苏联决定暂停向中国提供原子弹样品和技术资料。从赫鲁晓夫 1960 年 7 月 16 日照会中国宣布撤走专家到 8 月 23 日，援华的 233 名核技术方面专家，带着他们的重要图纸资料全部撤回苏联。①

---

① 杨东晓：《档案解密新中国外交：社会主义国家建交无需谈判》、《苏联专家待遇高》、《是非核援助》，2009 年 3 月 23 日《新世纪周刊》。

五、新中国进入快速发展的"繁荣期"

就国内的状况而言，新中国继承的是一个十分落后并百孔千疮的破烂摊子，当时的国内经济已经到了崩溃的边缘。1949 年时，中国经济的主体基本上是自然状态下的农业经济，工业产值大约只占总产值的 30%，其中现代工业产值仅约占 17% 的份额。中国的教育也同样十分落后，各级各类人才严重匮乏：在此前的 36 年间，全国仅约 21 万包括高等专科生在内的高校毕业生，且约 70% 是文科专业的人员；1949 年时全国的高等院校在校生仅约有 15 万人，全国仅有 40 多个研究所，研究人员甚至不足千人。[①] 另有资料显示，1949 年时全国学龄儿童入学率约为 20%，相当于日本 1890 年左右水平；人口中文盲率达到 80% 以上，15 岁以上人口平均受教育年限为 1.6 初等教育当量年，仅相当于日本明治维新前夕的水平，低于美国和英国 1820 年的水平；1949 年时全国共有高等学校 205 所，在校大学生仅有 11 万多人，平均每万人口中仅有 2.2 名大学生；研究生在 1947 年最高时仅 424 人，平均每百万人口不到一名研究生；知识分子总数约有 200 万人左右，占全国人口总数的 0.37%。[②]

经过全体中国人民的共同努力，到 1952 年底时，中华人民共和国的经济状况已经恢复到旧中国的最高水平，即 1936 年前后的状况；人民生活水平有了大幅度提高，人口死亡率也大大降低，从 1950 年到 1959 年期间，中国大陆每年人口增长约 1000 多万。因此有学者认为，新中国成立初期的 1949 年到 1957 年这 8 年的时间，是 1840 年鸦片战争以来中国近代史中第一个经济快速发展的"繁荣期"。[③] 新中国从 1949 年到 1957 年出现的经济起飞，似乎没有引起西方国家太多的关注。中国从 1952 年到 1957 年的经济增长率是 9.2%，已经高于同期日本的经济增长率 7.3%，但十分可惜的是这段"繁荣期"很快就结束了，从而留下了一些值得研究的经验和汲取的教训。这一时期中国经济的快速增长，实际上是新中国特有政治资源的"牵引力"结果。中国共产党以其特有的政治资源，引领着一个极端落后的农业国家，或者说是最不发达国家，在其工业化初期，实现了强有力的经济起飞。从近代历史上来看，几乎没有一个发达国家在工业化初期可以做到这一点。[④]

新中国的出国留学政策就是在上述一些国际国内不断变化着的复杂环境中逐步形成并谨慎实施的。

---

① 教育部编：《共和国教育 50 年》第 592—593 页，北京师范大学出版社 1999 年 9 月第 1 版。
② 丰捷：《教育奠基中国》，2009 年 9 月 1 日《光明日报》；张笛梅：《高等教育 60 年》，《中国高等教育 2009 年第 17 期第 10 页。
③ 谢春涛：《中国已进入近代以来最长繁荣期》，2007 年 8 月 21 日新华网。
④ 胡鞍纲：《政治因素是中国最重要的成功经验》，《北京日报》2008 年 4 月 7 日第 17 版。

第二节　新中国领导人群体为新型
出国留学政策决策与奠基

一、1949 年 10 月前后的出国留学选派活动

早在 1949 年 10 月新中国建立前夕，在中国共产党领导的各个解放区，就已经陆续选派出一批中共高级干部或烈士的子女 44 人到苏联留学，[①] 以便为战争胜利后的建设培养人才。并且从 1950 年初开始，新中国也已先后与捷克斯洛伐克、波兰、罗马尼亚、匈牙利和保加利亚 5 国达成互派语言类和历史类留学生，以及单向派遣技术类留学生的协议。例如，在当年 8 月初陆续从大学毕业生中遴选了 25 人，经一个月左右的集中培训之后，于 9 月 6 日出发分赴上述 5 个国家，每个国家各安排了 5 名留学生。

另外，中国政府还从中央重工业部和燃料工业部的在职干部中遴选出 10 人，在经 2 周集中培训后，于当年 12 月 28 日前往捷克和波兰；其中安排 5 人前往捷克学习兵工专业，安排 5 人前往波兰学习煤矿专业。因此有作者对新中国建立之初上述出国留学活动的意义进行了如下描述：这 35 名留学生肩负着学习人民民主国家优良文化传统和先进科学技术的使命，负笈国外，并从此开辟了新中国派遣出国留学生的先河。[②] 几乎与此同时，新中国的出国留学政策和吸引在外中国留学生的政策，也随着在外留学生发起的回国活动以及国内建设的需要而逐步建立并初步形成。

二、新中国领导人为出国留学政策决策的主要史实

权力和职能部门的任何政策方针都是对社会实践活动的解读、导向、调节与控制。从能够搜集和查阅到的有关文献资料显示，新中国成立初期吸引在外留学人才回国政策以及出国留学政策的基调和主体内容，主要是通过国家领导人根据其对留学活动意义、作用和情况的判断与认识，并通过其在政务活动和外事活动中的批示和谈话等形式逐步加以表达、确定并奠定的。

其主要决策过程的基本史实如下：

1. 1949 年 3 月，中共领导人刘少奇访问苏联时曾请求苏联方面，希望派中国学生到苏联去留学。

2. 1949 年夏季，中共领导人周恩来向有关方面明确表示，要以"动员在美国的中国知识分子，特别是高级科技专家回国建设新中国"作为旅美进步团体的中心任务。

---

① 李滔主编：《中华留学教育史录—1949 年以后》第 72 页，高等教育出版社 2000 年 1 月版。
② 国家教委外事司编著、陈可森执笔：《教育外事工作历史沿革及现行政策》第 8 页，北京师范大学出版社 1998 年第 1 版。

3. 1949 年 10 月 4 日，国家副主席刘少奇在"中苏友协总会"成立大会上表示，要建国，必须"以俄为师"，学习苏联人民的建国经验。

4. 1949 年 12 月 18 日，政务院（国务院 1954 年前的名称）总理周恩来通过北京人民广播电台，代表中共中央和中国政府郑重邀请在世界各地的海外学子回国参加建设。

5. 1950 年 1 月，毛泽东主席访问苏联期间，对捷克斯洛伐克国家代表提出接受中国留学生的建议很感兴趣，并约定请捷克政府对此提出更详细的建议。

6. 1950 年 2 月 18 日，毛泽东主席于访问苏联期间，在中国驻苏联大使馆接见 40 年代末被中国共产党派往苏联留学的中共高级干部子女时表示，希望大家努力学习、艰苦奋斗、锻炼好身体；周恩来总理则题写了"艰苦奋斗、努力学习"相赠。

7. 1950 年 4 月 12 日，捷克斯洛伐克驻华大使答复捷克代表在莫斯科向毛泽东主席建议在奖学金的基础上接受中国留学生事务时称，捷克斯洛伐克政府建议于 1950 年秋季开始接受 100 名中国留学生。

8. 1950 年 1 月，波兰驻华使馆代办华罗奇先生向中国外交部表示，波兰方面准备与中国交换留学生，以便沟通两国文化；对此，当时兼任外交部长的周恩来总理指示教育部"拟请贵部从速研究，准备具体材料，以便进行商谈"。

9. 1950 年 6 月 25 日，周恩来总理主持召开会议，并指定国家文教委员会冯乃超、外交部伍修权、教育部陈新民组成领导小组，负责选拔、确定出国留学生人选；伍修权负责与各国政府联系；陈新民负责留学生出国前的准备工作及其他事务性工作。根据当年 1 月捷克斯洛伐克与波兰首先主动提出交换留学生、并欢迎多派奖学金生、以互学语言和历史等科的建议，中国政府决定首先着手与捷克斯洛伐克（10 名）、波兰（10 名）、罗马尼亚（5 名）、匈牙利（5 名）、保加利亚（5 名）、朝鲜（5 名）等六国进行交换留学生计划的筹备工作；并拟定，除派往波兰有 5 人学习煤矿技术、派往捷克斯洛伐克有 5 人学习军工技术外，其余派往以上六国的各 5 人、共 30 人，均以学习语言、历史、政治和经济为主。其后于 1951 年向苏联及东欧派出了第一批留学生。[①]

10. 1951 年 1 月，在印度大使馆举办的该国国庆晚会上，毛泽东主席与印度驻华大使谈到了中印两国互换留学生问题。

11. 1951 年 1 月前后，在苏联养病的任弼时通过其在苏联学习的侄女任湘转达了他对于中国留学生选择专业志愿的意见：根据以往的某些经验和教训，不主张中国派往苏联的留学生学习政治和文科类专业，而应该学习工科、学习工业；因为过去中国到苏联学习政治的人往往犯教条主义的错误，而事实证明中国在政治方面已经成熟，不需要让苏联培养政工干部。

12. 1951 年 8 月，周恩来总理在会见新中国首批即将派往苏联的 375 名留学生时表示，目前国家很困难，但下决心送你们出去学习，是为了将来回国参加建设。

13. 1951 年 10 月，中央人民政府秘书长林伯渠从苏联回国后致信中共中央，根据其在国外了解和掌握的情况，建议在驻外大使馆内增设留学生管理机构、配置工作人员，并应

---

① 艾雨：《校庆之际缅怀周总理》，大事记编写组 2002 年 7 月 5 日载"北语新闻网"。

该对留学生进行出国前的语言培训。

14. 1951 年 10 月，根据中央人民政府林伯渠秘书长的上述建议，周恩来总理指示外交部、教育部等单位在辅仁大学第二院筹备设立"留苏预备部"，以便专门负责赴苏留学预备生至少 6 个月的俄语培训任务。1952 年 3 月 31 日，第一批 419 名留苏预备生开始在留苏预备部（即北京俄文专修学校第二部）正式上课。另据艾雨撰写的《校庆之际缅怀周总理》记载，[①] 1952 年，林伯渠秘书长赴苏联考察数月后给刘少奇副主席和周恩来总理写信：鉴于首批赴苏留学生不懂俄语（95%），建议以后再派留学生去苏联学习，须先在国内进行俄语教育 6 个月或者更多一写时间。周恩来总理批示："筹备俄语预备教育的工作，由钱俊瑞（教育部）、安子文（中共中央组织部）、伍修权（外交部）等三同志负责。"有关部门根据周总理的批示成立了留苏预备部，并附设在北京俄文专修学校，1955 年改为北京俄语学院，1959 年 1 月并入北京外国语学院。由于 1960 年中苏关系的变化，派往苏联的留学生人数受到限制，从 61 年到 65 年留苏预备部每年培训的学员只有 100 人左右。这时开始向英国、西德、法国等国派遣留学生，于是在原留苏预备部陆续增加了英德法等语种。

15. 1953 年 2 月，毛泽东主席在全国政协一届四次会议上说："向苏联学习，不仅要学马恩列斯理论，还要学先进的科学技术以建设我们国家。"

16. 1953 年夏，刘少奇副主席在北京俄语专修学校留苏预备部看望出国前的留苏学生并谈及政治、经济和学业时表示："国家经济建设迫切需要各方面的人才，许多专业在国内不能培养。国家决心派你们到苏联留学，这是社会主义建设的需要"；并请大家记住"国家在经济十分困难的情况下，要支出很大一部分钱，派一个人的留学费用相当于 25 到 30 户农民的全年收入"（每月 500 卢布并备够 5 年用的四季衣物、文具）；他勉励大家"出国学习要取得好成绩，最好是五分，四分还勉强，回来好为祖国服务；如果考 3 分，用不着领导谈话，你自己就打铺盖回国算了。"周恩来总理向留苏预备人员提出了"责任重大、任务艰巨、努力学习、为国争光"的要求。中国驻苏联大使张闻天则提出，要留苏学生"立场坚定、业务精通、作风正派、身体健康"。

17. 1953 年 7 月 25 日，周恩来总理在高教部于北京中南海怀仁堂举行的"欢送赴苏联及各国学习的留学生晚会"上发表讲话，向出国留学生提出了"出国学习要身体好、学习好、纪律好"的希望："第一，要身体好。身体是我们学习和工作的物质基础。听说过去出国的两批同学，在国外学习都很紧张，甚至星期日也不能休息，文娱体育运动则不积极参加。这对身体是不好的，大家应作长期打算，不要只看眼前。你们在国外尚须学习语言，学习是会很紧张的，但一定要注意身体，锻炼身体。第二，要学习好。吸取外国的长处为我所用，是我们民族的传统。我们派三批学生去苏联学习的目的，就是学习建设社会主义的知识。我们派出的人数逐年增加，但还不能满足建设的需要。你们一定要努力学习马列主义理论和建设社会主义的科学知识，需要你们学好回来为祖国服务。在学习中要根据毛主席所指出的，把理论与实际结合起来，不要读死书，

---

① 大事记编写组：《校庆之际缅怀周总理》2002 年 7 月 5 日载"北语新闻网"。

要活用。第三，要纪律好。你们还必须遵守所在国的纪律，决不允许违反纪律的事情发生。这样做，才是表示我们对所在国家及其人民的尊重，对老师和同学的尊重。中国同学在学习中要有纪律，应订立规约，互相约束，大家遵守，养成纪律性。"周恩来总理还表示，"你们完成学习任务回国后，一定能够担当起建设社会主义和向共产主义迈进的光荣历史任务。"

18. 1957 年 5 月 10 日，周恩来总理发表讲话时提出，对在海外的中国留学生和学者"不管回国先后，一视同仁，并且来去自由"。

据此，新中国的领导人群体从当时国内经济建设的需要以及国际关系的实际状况出发，并结合所掌握的在外留学生和学者的基本情况，通过谈话、发言、报告、批示等方式，逐步形成并基本确定了吸引在外中国留学生人才和中国学者的政策以及派出留学生政策的基本思路。[①]

第三节　制定吸引在外中国留学生和学者回国的政策

一、海外中国留学生和学者的分布状况与返回祖国的活动

新中国建立初期，依据国内建设与发展的需要，中国政府就开始研究制定并着手具体实施吸引在外留学人员回国工作的政策。据 1950 年 12 月中国政府的统计，当时在国外的中国留学生、以及已经就业的教授、学者或专门人才共约有 5600 多人，并主要分布在美国（约 3500 人）、日本（约 1200 人，其中 2/3 属台湾省赴日留学生）、英国（443 人）、法国（197 人）、德国（50 人）等国家。少量在奥地利（14 人）、瑞士（16 人）、丹麦（20 人）、加拿大（20 人）、印度（10 人）、荷兰（3 人）、意大利（7 人）、菲律宾（35 人）、瑞典（5 人）、比利时（15 人）、南非（1 人）、澳大利亚（5 人）等国家。[②] 这些留学生的学习专业大致分布为：理科（489 人）、工科（870 人）、农科（107 人）、医科（397 人）、政法（199 人）、财经（267 人）、文教（308 人）。还有一些人学习的学科不详。其中大部分是在 1946—1948 年期间以各种不同方式出国留学的；留学专业以理工农医等非文科专业为主，约占 70%；其中既有当时的政府公费派出留学生，也有自费出国的留学生；在中华人民共和国建立时，有的已经完成学业并就职就业，有的仍在留学。[③]

① 本节参见国家教委外事司编著、陈可淼执笔：《教育外事工作历史沿革及现行政策》第 7、29 页，北京师范大学出版社 1998 年 1 月第 1 版；李滔主编：《中华留学教育史录—1949 年以后》第 75—76、81—82、100 页，高等教育出版社 2000 年版；于富增、江波、朱小玉：《教育国际交流与合作史》第 26—27 页，海南出版社 2001 年 8 月第 1 版；田正平主编：《中外教育交流史》第 875、910 页，广东教育出版社 2004 年 9 月第 1 版；李彦春："八九点钟的太阳"走过五十年》，《北京青年报》2007 年 11 月 18 日第 1 版，朱训：《希望寄托在你们身上——忆留苏岁月》第 15 页，中国青年出版社 1997 年第 1 版；丁晓禾：《中国百年留学生全记录》第 1379 页，珠海出版社 1998 年第 1 版；朱训：《希望寄托在你们身上——忆留苏岁月》第 15 页，中国青年出版社 1997 第 10 月第 1 版。
② 李滔主编：《中华留学教育史录—1949 年以后》第 2 页，高等教育出版社 2000 年版。
③ 于富增、江波、朱小玉：《教育国际交流与合作史》第 21 页，海南出版社 2001 年 8 月第 1 版。

有撰写中国教育外事政策沿革的作者在描述 1948 年—1957 年期间在外中国留学人员相对集中陆续回国的状况与现象时，曾经使用了"波澜壮阔的回国运动"和"波涛汹涌的声势"这样一类词句。① 何谓"波澜壮阔"，什么样的声势才能称其为"波涛汹涌"，多大规模的活动才可以描述为"运动"，上述夸张性描写的程度是否恰当，等等，都是本节中比较慎重地加以考虑并难以取舍的内容。经再三斟酌、对比与权衡，本书还是放弃了上述作者的说法，改用一个比较中性的定位和描述，即将上述现象表述为"在外中国留学生和学者返回祖国的活动"。另有作者将这段活动概括为中华人民共和国"建国后第一次在外学人的归国潮"，并认为这次"归国潮"在中国近代留学史上占有重要的地位。② 因为一批在专业技术上比较优秀并且爱国的留学人员和专家学者们，最终放弃了比国内优越许多的工作条件与生活环境，经过艰难的历程返回国内后为国家效劳和服务，并在以后的时间里为新中国的科学和教育发展做出了积极的贡献。因此本节其后将要介绍和提供的资料与数据，基本上能够支持上述"归国潮"和"占有重要历史地位"这两个说法。

在新中国建立前夕，当时在海外各地的中国留学生中有一批具有爱国情操的中坚力量和积极分子，并且以自己的言行影响着其他在外留学人员。当中国新政权的建立已成定局时，一些在外留学人员就已开始回国，并陆续延续到 50 年代中后期。其间，"留美中国科协"、"中国留日同学总会"、"中国留德同学会"、"留英中国学生总会"、"留英科协"以及"中国留法学生总会"，在鼓励和动员中国留学生回国的活动中发挥了积极的作用。

（一）在美中国留学生的回国活动

"中国科学工作者协会"（"中国科协"）是根据中共领导人周恩来的建议于 1945 年 7 月 1 日在重庆成立的，会员中不少后来成为出国留学生和留学回国学者，如第一任会长竺可桢和监事长李四光等。由于在外留学生以及"中国科协"在外会员的争取，在美国和欧洲一些国家相继建立起了"中国科协分会"。"留美中国科协（美中区）"于 1949 年 1 月在美国芝加哥成立；会议通过了《我们的意见》作为会议的宣言，提出了"天快亮了"，"我们热切地希望一个人民的新政府的建立"。其后，各地区分会陆续增加到 13 个，会员约有 340 人，并创办有《留美科协通讯》，在留美学生、学者中广泛传阅，发行量多时达千余份。1949 年 6 月 18 日，"留美中国科协"在美各地的分会联合成立了全美统一的"留美科协"。至 1950 年 3 月时，"留美科协"已有 32 个地区分会，718 名会员。1950 年 3 月，第二届"留美科协"理事会和监事会的联席会议做出决定，会员应该立即响应国内政府、人民和兄弟工作者的号召，在最近日期内回国，投身于新中国的建设工作。1950 年 6 月"留美科协"年会提出的工作重点，是加强学习，作回国工作的准备，认识新中国，一切为了回国等等。"留美科协"于 1950 年 9 月 19 日被迫宣布解散时，其会员中有半数

① 国家教委外事司编著、陈可森执笔：《教育外事工作历史沿革及现行政策》第 30 页，北京师范大学出版社 1998 年第 1 版；田玲主编：《中国高等教育对外交流现象研究》第 43 页，民族出版社 2003 年 6 月第 1 版。

② 刘珊珊：《建国前后国内舆论环境与留美归国潮的互动》，李喜所主编：《留学生与中外文化》第 342 页，南开大学出版社 2005 年 8 月第 1 版。

以上、即 400 多人已陆续回国工作。

另外一个较有影响的留美学生组织是"北美基督教中国学生会",是由基督教会援助、支持并有较长历史的中国学生团体。该学生会原以联谊、服务和自我教育为宗旨,并于中国抗日战争前后逐渐变成了号召留学生回国的爱国组织。除上述《留美科协通讯》以外,由在美留学人员创办且影响较大的爱国刊物还有《留美学生通讯》和《华侨日报》。《留美学生通讯》于 1949 年 3 月 6 日正式创刊,由汪衡、张汝楫、钱保功等人主办;其宗旨是向在美留学人员传播国内信息,为动员大家回国工作进行舆论活动,在留美学生中曾广泛发行。1986 年 2 月参与创建中国国家自然科学基金委员会并出任首届主任的唐敖庆教授回忆说,那时在留学生中传播得最广,办得最精彩,最吸引读者的刊物就是《留美学生通讯》,它对于激发留美学生的爱国热情,传递国内信息,鼓励留学生回国,确实起了不可估量的作用。《华侨日报》由唐明照先生主办,受到留美学人的喜爱,因而在鼓动他们回国方面也起到了一定的作用。①

一些在美国比较优秀的留学生和学者回国参加新中国建设的实际行为,在留学生回国的活动中产生了积极的影响。如 1950 年 2 月,在美国讲学的著名数学家华罗庚教授举家回国,途经香港时发表了著名的《致中国留美同学的公开信》,说明了自己回国的观点和意见:"为了抉择真理,我们应当回去,为了国家民族,我们应当回去,为了为人民服务,我们也应当回去,就是为了个人出路,也应当早日回去。建立我们的工作基础,为了我们伟大祖国的建设和发展而奋斗。"这段对自己的祖国和人民充满情感的话语代表了当时一部分海外专家、学者和留学生的共同心愿,恳切表达了为祖国建设和发展而工作的爱国心情,在留学人员中引起了一定的反响与共鸣。特别是当美国于 1950 年 10 月发动侵略朝鲜的战争之后,中国留学生和学者回国的愿望经常会遇到所在西方国家的阻拦,其中美国政府更是百般刁难、设置各种障碍。一些留学生是想尽办法,历经险阻,才最终返回祖国的。再如著名学者钱学森因申请回国而受到美国政府约 5 年的软禁,直到 1955 年,中国政府代表在日内瓦"中美两国大使级会谈"上就此事与美方进行了严正交涉之后,美方才同意允许钱学森等一批学者返回中国。②

钱学森是浙江杭州人,1929 年毕业于北京师大附中,后进上海交大学习,1934 年考取清华大学第二届公费留学生并于第二年夏天赴美留学。钱学森先后在加州理工学院、麻省理工学院留学和工作,1938 年在美国获博士学位。此后由于他在空气动力学和超音速飞行方面的卓越成就,36 岁时便已成为麻省理工学院最年轻的终身教授。期间,他曾随美国空军顾问团去考察纳粹德国的导弹技术,被美国空军授予上校军衔。钱学森 1935 年公费赴美国留学,10 年后成为当时一流的火箭专家。他在国外事业有成,生活优裕。由于其发表了"时速为一万公里的火箭已成为可能"的惊人火箭理论而誉满全球。这位加州理工学院的教授在"二战"期间,跟其导师冯·卡门参与了当时美国绝密的"曼哈顿工

---

① 刘珊珊:《建国前后国内舆论环境与留美归国潮的互动》,李喜所主编:《留学生与中外文化》第 338—339 页,南开大学出版社 2005 年 8 月第 1 版。

② 于富增、江波、朱小玉:《教育国际交流与合作史》第 22—25 页,海南出版社 2001 年 8 月第 1 版。

程"——导弹核武器的研制开发工作，在美国是一个屈指可数的稀世之才。当中华人民共和国宣告诞生的消息传到美国后，钱学森和夫人蒋英决定早日回国，为自己的国家效力。但此时的钱学森因被怀疑为共产党人和拒绝揭发朋友，被美国军事部门突然吊销了参加机密研究的证书。钱学森便以此作为要求回国的理由。当时的美国海军高级将领、美国海军部次长金布尔明确表示："他知道所有美国导弹工程的核心机密，一个钱学森抵得上 5 个海军陆战师，我宁可把这个家伙枪毙了，也不能放他回红色中国去。"美国对钱学森的政治迫害接踵而至。移民局抄了他的家，在特米那岛上将他拘留 14 天，直到收到加州理工学院送去的 1.5 万美金巨额保释金后才释放了他。后来，海关又没收了他的行李，包括 800 公斤书籍和笔记本，并说里面有机密材料。其实，在打包之前，钱学森已交他们检查过。美国检察官再次审查了他的所有材料后，证明他是光明磊落的。根据五角大楼（美国国防部）的指示，移民局通知他不得离境并对其进行监视。回到加州理工学院后，钱学森便潜心进行工程控制论的研究，1954 年在美国公开出版了 30 余万字的英文《工程控制论》。钱学森之所以进行这项研究，一方面是以此显示中国人在工程技术上的才华，另一方面则是要让美国当局看到他已经改变了原来致力喷气推进的研究方向，消除他们不让回中国的借口。

钱学森在美国受迫害的消息很快传到国内后，科技界的朋友通过各种途径声援钱学森。党中央对钱学森在美国的处境极为关心，中国政府公开发表声明，谴责美国政府在违背本人意愿的情况下监禁了钱学森。当钱学森要求回国被美国无理阻挡时，中国也扣留着一批美国人，其中有违反中国法律而被中国政府依法拘禁的美国侨民，也有侵犯中国领空而被中国政府拘禁的美国军事人员。美国政府急于要回这些被扣押的美国人，但又不愿意与中国直接接触。1954 年 4 月，美英中苏法五国在日内瓦召开讨论和解决朝鲜问题和恢复印度支那和平问题的国际会议期间，出席会议的中国代表团团长周恩来联想到中国有一批留学生和科学家被扣留在美国，于是抓住这个机会开辟新的接触渠道。中国代表团秘书长王炳南 6 月 5 日开始与美国代表、副国务卿约翰逊就两国侨民问题进行初步商谈。美方向中方提交了一份美国在华侨民和被中国拘禁的一些美国军事人员名单，要求中国给他们以回国的机会。为了表示中国的诚意，周恩来总理指示王炳南在 6 月 15 日举行的中美第三次会谈中，大度地作出让步，同时也要求美国停止扣留钱学森等中国留美人员。中方的正当要求被美方拒绝。尽管中美双方接触了 10 多次，美国代表约翰逊还是以中国拿不出钱学森要求回国的真实理由表示拒绝。此时时任全国人大常委会副委员长的陈叔通收到了一封从美国辗转寄来的信。信的内容是钱学森请求祖国政府帮助他回国。这封信是 1955 年 6 月钱学森摆脱特务监视，在一封写在小香烟纸上寄给在比利时亲戚的家书中，夹带给陈叔通副委员长的。周恩来总理当即叫外交部火速把信转交给正在日内瓦举行中美大使级会谈的王炳南，并对王炳南指示道："这封信很有价值。这是一个铁证，美国当局至今仍在阻挠中国平民归国。你要在谈判中，用这封信揭穿他们的谎言。"1955 年 8 月 1 日，中美会谈由领事级升格为大使级。会谈一开始，王炳南率先对约翰逊说："大使先生，在我们开始讨论之前，我奉命通知你下述消息：中国政府在 7 月 31 日按照中国的法律程序，决定提前释放阿诺维等 11 名美国飞行员，他们已于 7 月 31 日离开北京，估计 8 月 4 日即可到达香港。我希望，中国政府所采取的这个措施，能对我们的会谈起到积极的影响。"可谈到钱学森回国问题时，约翰逊还是老调重弹："没有证据表明钱学森要归国，美国政府不能强迫命令！"于是，王炳南便亮出了钱学森给陈叔通的信件，理直气壮地予以驳斥："既然美国政府早在 1955 年 4 月间就发表公告，允许留美学者来去自由，为什么中国科学家钱学森博士在 6 月间写信给中国政府请求帮助呢？显然，中国学者要求回国依然受到阻挠。"在事实面前约翰逊哑口无言。美国政府不得不批准钱学森回国的要求。1955 年 8 月 4 日，钱学森收到了美国移民局允许他回国的通知。1955 年 9 月 17 日，钱学森携带妻子蒋英和一双儿女，登上了"克利夫兰总统号"轮船，踏上返回祖国的旅途，并于 10 月 8 日回到中国大陆。由于钱学森的回国效力，中国导弹、原子弹的发射至少向前推进了 20 年。作为中国航天事业的奠基人，钱学森也因此被誉为"中国导弹之父"，"中国火箭之父"，"导弹之王"。

有文献记载了 20 世纪有关毛泽东主席与钱学森先生深厚友情的三件珍贵往事：

1. 1956 年，菊香书屋。"主席，"周恩来总理满面笑容进门，"我将你久盼的贵宾请来啦！""啊！钱学森同志，"毛泽东主席走上前去，紧握着站在周恩来总理身旁有点拘谨和紧张的钱学森的双手，"盼了你好久啰！……听说美国人把你当成 5 个师呢！"毛泽东主席伸出五个手指头，"我看呀，对我们说来，你比 5 个师的力量大多啦！我现在正在研究你的工程控制论，用来指导我们国家的经济建设呢！"毛泽东主席的平易近人，令钱学森初来时的拘谨渐渐放松。"学森同志，你那个关于《建立我国国防航天工业的意见书》，我仔细看过了。写得很好呀！"毛泽东主席顿了顿，接着说道："我们国家决定根据你的工程控制论，组织各个学科各个部门一起奋力搞导弹。学森同志，我想请你这个工程控制论的创始人来牵这个头，有信心吗？"钱学森有点紧张："主席，这么重要的任务，我怕干不好啊！""世上无难事，只要肯攀登。"毛泽东主席用筷子在空中重重一晃："你钱学森是工程控制论的开山鼻祖，还怕干不好？"在毛泽东主席磅礴气势的感染下，钱学森终于坚定地点了点头："主席，我一定努力工作！"

2. 一次聂荣臻元帅拿着一份名单向毛泽东主席汇报："主席，为了争取苏联对中国发射导弹和火箭技术的援助，我们准备派人到苏联去谈判，您看这代表人员名单该怎么定？"毛泽东主席想了想说："聂老总，你就来做这个代表团的团长，你的代表团应该把新式武器和军事技术装备，还有原子工业的人员包括进去。学森同志也应该去，很多问题只有他去才搞得清。""我们也考虑到应当请钱学森同志参加我们的代表团。只是，苏联方面参加谈判的，既有职务，也有军衔。"聂荣臻认真地向毛泽东主席陈述着，"而我们的钱学森同志现在虽然是国防部五院的院长，可是却没有军衔。为了与苏方对等，钱学森同志必须解决军衔问题。"顿了顿，聂荣臻元帅接着说："我们为这个问题请示了恩来同志，恩来同志说：'钱学森早在十多年前，美国就授予他上校军衔，我们共产党人为什么不能让他当将军？我看钱学森同志身负重任，又是世界工程控制论的创始人，论他的资格和贡献，至少应授予中将军衔。此事你回去和彭老总商量一下，必要时开个军委会，我也参加，把这个事定下来。'"毛泽东主席想了想，说："恩来同志考虑得很周到。我想钱学森同志作为工程控制论的创始人，至少也得授予中将军衔。"就这样，作为科学家和工程控制论创始人的钱学森先生，经过毛泽东主席批准，以中将军衔的军官身份参加了中苏关于军事尖端技术的谈判。

3. 1964 年 10 月 16 日，中国爆炸了第一颗原子弹，毛泽东主席特别高兴。一向反对为其做生日的他，这一年一反常规，破例请大家聚餐。宴会前，工作人员拟定了一个入席者名单给毛泽东主席审定。毛泽东主席看了 3 桌客人的名单后，十分郑重地用铅笔将钱学森的名字从另外一桌划到了自己所在桌位的名单上，而且让钱学森坐在紧挨自己的身边。宴会在喜庆的气氛中开始。毛泽东主席坐在座位上，笑着说："今天，请各位来叙一叙，主要是因为我们的原子弹爆炸了，我们的火箭试验成功了，我们中国人在世界上说话，更有底气了！"接着，毛泽东主席话锋一转，指着自己身边的钱学森，笑着对大家风趣地说："我现在特别向在座的诸位介绍一下我们的钱学森同志，他是我们的几个王呢！什么王？'工程控制论王'，'火箭王'！他这个'王'用工程控制论一发号令，我们的火箭就上天。所以各位想上天，就找我们的'工程控制论王'和'火箭王'钱学森同志！"

1956 年，钱学森向中央建议，成立导弹研制机构，这就是后来的国防部第五研究院，钱学森担任院长。但是随着导弹事业的发展、五院规模的扩大，钱学森作为院长的行政事务也越来越多。当年 45 岁的钱学森院长虽然精力充沛，但他既要为中国的导弹事业举办"扫盲班"，又要带领大家进行技术攻关，还要为研究院一大家人的柴米油盐操心。有时研究院的业务报告和幼儿园的报告会一同等待他这位院长批示。他说，我哪懂幼儿园的事呀。为此，他给聂荣臻元帅写信要求"退"下来改正为副，专心致力于科学研究和技术攻关，上级同意了他的要求，使他从繁杂的行政、后勤事务中解脱出来。从此，他只任副职，从七机部副部长，再到国防科委副主任等，专司我国国防科技发展的重大技术问题。他对这种安排十分满意。1960 年，苏联撤走了援华的全部专家，撕毁全部 257 个科技合同，包括向中国提供原子弹、火箭、导弹样品的合同。1960 年 6 月 10 日，也就是苏联专家从中国撤走仅仅 17 天，在钱学森的领导下，用工程控制论作为指导，用国产燃料发射了中国第一颗近程弹道导弹，准确命中目标。一个多月后，国产近程导弹也相继升空，高准确度地命中目标。钱学森长期担任中国火箭和航天计划的技术领导人，对航天技术、系统科学和系统工程做出了巨大的和开拓性的贡献。钱学森共发表专著 7 部，论文 300 余篇。1958 年起，钱学森长期担任火箭导弹和航天器研制的技术领导职务，为中国火箭和导弹技术的发展提出了极为重要的实施方案。1965 年，钱学森正式向国家提出报告和规划，建议把人造卫星的研究计划并列入国家任务。在实施人造卫星研制计划中钱学森在许多关键技术问题的解决上贡献了智慧。钱学森对科学技术的重大贡献是多方面的，他以总体、动力、制导、气动力、结构、计算机、质量控制等领域的丰富知识，为组织领导新中国火箭、导弹和航天器的研究发展工作发挥了巨大作用，对中国火箭导弹和航天事业的迅速发展做出了卓越贡献。

1991 年 10 月 16 日，中共中央授予钱学森"国家杰出贡献科学家"称号和"一级英雄模范奖章"；而"国家杰出贡献科学家"，这是过去从未有过的高规格新提法；"一级英雄模范奖章"此前也一直是授予战斗英雄和生产一线的劳模，从来没有向科学家倾斜过。1999 年，中共中央、国务院、中央军委决定，授予钱学森"两弹一星功勋奖章"。2007

年，钱学森荣获"感动中国年度人物"称号。2009 年 3 月 28 日，钱学森荣获"世界因你而美丽——2008 影响世界华人大奖"之"终身成就最高荣誉大奖"。①

（二）在日中国留学生的回国活动

截至 1946 年前后，在日本高等教育机构内的中国大陆留学生约有 600 人左右，台湾地区的留学生约有 1000 多人；加上华侨出身的学生，在日本的全部中国留学生约有 1700 多人。中国大陆和台湾留学生的两个组织于 1946 年 5 月 22 日在日本联合成立了"中国留日同学总会"，并下设十个分会，注册会员 1103 人。"中国留日同学总会"从 1947 年春季开始发行了总会的机关报《中华留日学生报》，后更名为《中国留日学生报》，为半月刊，并一直持续到上个世纪的 60 年代。从当时总会印制并发放的约 234 份《中国留学生调查表》的填写情况来看，绝大多数填表人都希望回国服务，并且心情十分急迫。但该会却因宣布通过《拥护新中国的决议和声明书》受到在日国民党势力和日本警察的刁难与迫害。对此，新中国政府于 1952—1957 年期间数次陆续向在日中国留学生提供了不附加任何条件的救济金数十万美元，被资助的人数高达 560 多人。在新中国崭新的社会气象感染下，在日中国留学生利用各种机会分批回国。其中 1950—1952 年约 200 人，1953—1955 年约 300 多人，1956—1957 年约 100 多人。②

关于上述情况，当时那段历史过程的见证人郭平坦先生，曾与本书作者有过数次交谈。郭老认为，新中国成立前后的一个时期内，中国人留学日本和留学日本后陆续回国的情况，在当时的历史背景之下应该称得上是"颇具规模"的；但遗憾的是，不知什么原因，国内某部门在编印的"纪念中国留学生留日 110 周年"资料汇编中，把 1945—1972 年期间中国人留学日本的史实性事迹留下一个空白，几乎没有任何描述。郭老指出，实际上，1946—1966 年在日本的中国学生自发组织了爱国、进步、统一的"中国留日同学总会"，并且在 1950—1957 年新中国建国初期急切需要人才的情况下应新中国政府的要求和指示，先后动员和组织 600 多名中国留日学生返回祖国；他们受到国家的重视并在中日两国恢复邦交和各种关系发展以及社会主义建设中做出了许多有益的工作；事实说明，该组织是中华人民共和国中央政府承认和指导的爱国进步留日学生组织，他们在日本拥护和宣传新中国，在反蒋反台独，加强爱国团结，促进中日友好等方面做了许多有意义的工作。

郭老还向本书提供了以下几段文字资料：

一、1949 年以前中国赴日留学生群体的认定——二战后，1945—1972 年，当时的中国政府没有向日本派出公费留学生。不过 1950 年 3 月中国政府政务院文教委员会办理留

---

① 侯涛：《香烟纸密信帮钱学森回国》，《环球时报》2009 年 8 月 12 日第 13 版；《钱学森回国的艰难历程》，2009 年 5 月 5 日《人民日报海外版》；胡士弘：《钱学森——中国航天之父》，河南人民出版 1995 年版；《钱学森获"2008 影响世界华人大奖"终身成就奖》，2009 年 3 月 26 日中国新闻网；严农：《毛泽东让钱学森当将军：你比 5 个师的力量大多啦》，2009 年 3 月 10 日中国共产党新闻网。

② 郭平坦：《新中国成立前后的留日学生简记》，载欧美同学会 2006 年 4 月编《中国留学生留日 110 周年纪念会文集》第 61—63 页；陈焜旺主编：《日本华侨·留学生运动史》第 29—68 页，日本侨报社 2006 年 10 月 1 日中文第 1 版；田正平主编：《中外教育交流史》第 869 页，广东教育出版社 2004 年 9 月第 1 版；另据郭平坦先生向本书作者提供的文字资料。

学生归国事务委员会第二次会议曾经明确提出过一个认定和接待留学生的四条标准：1. 国内外大专以上学校毕业，为学习目的出国者；2. 大学本科以上教育机构毕业的归国华侨；3. 国内高中毕业后到国外正规学校学习但没有毕业者；4. 大学毕业后到外国就业者。郭老认为，根据上述标准，二战后在日本的各类中国留学生都应该属于国内认定"留学生"这个范畴；以旧中国政府没有派遣官费留学生而否定当时在日中国留学生的客观存在，是完全不符合历史事实的。

二、1949 年以前中国赴日留学生群体的构成与变迁——郭老指出，没有中国政府选派的留学生，不等于就没有留学生；只要是中国青年人，只要是在日本学习，不论是何种途径出去的都是中国留学生。郭老还特别向本书作者强调说明了以下三个问题：1. 二战中由伪满、伪蒙、伪华北地区等地的傀儡政权派出的大陆学生有几百人。他们在日本投降后尤其新中国成立后，均拥护新中国，成为爱国学生。他们回国后不仅受到"一视同仁"的待遇，甚至有部分人受"重用"。也就是说，上述国家教育主管部门的规定中并没有追及是什么政权派出去的，主要着重看本人表现。所以这批留学生资格应该是没有问题的。2. 二战中有上千名台湾籍学生自费到日本上大学。随着日本投降，台湾光复，这些台湾籍学生自然属于"中国留学生"也应该是毫无疑问的。这批台湾籍学生仇恨国民党当局"2·28"、"白色恐怖"等镇压台湾人民的行径，他们拥护中国共产党，拥护新中国很坚决。台湾当局后来从 1955 年开始派部分留学生到日本，但这些台湾学生受特务监视控制，与中国留日同学总会根本没有往来。3. 随着中国留学生陆续回国，中国留日同学总会于 1955 年开始由当地华侨学生占多数。根据上述国家教育主管部门的第二条之规定，华侨学生在日本大学毕业后回国，当然也应该认定为留学生了。

三、"中国留日同学总会"根据国内指示，积极动员留学生回国参加建设；留日学生响应祖国号召，从 1950 年开始陆续回国——当时日本被美国占领且进行朝鲜战争，还有国民党驻日代表团的监视。因此留日同学总会在东京华侨总会配合下帮助留学生们办理复杂的离日手续和解决昂贵的船费，约有 200 多人半公开地回到祖国。1953 年祖国开始第一个五年计划需要更多人才，留日同学总会与东京华侨总会合作，在中国政府的支持下，成功地组织留学生和华侨乘坐日本政府接在华日侨的船回国。1953—1955 年期间掀起回国高潮，约占日本华侨总数十分之一的近 4000 名华侨回国，其中有留学生 300 多名。1956 年祖国号召全世界留学人员回国，当时国务院侨办廖承志主任给留日同学总会一封亲笔信："命令你们动员在日本的所有知识分子回国参加建设"。留日同学总会作为头等任务，进一步动员号召组织留学生、知识分子回国，1956—1957 年共 5 批 100 名回国。

四、扩大爱国团结，为爱国侨界培养接班人——1956 年留日同学总会召开成立十周年纪念大会，此时留学生大多已回国，留日同学总会逐渐由华侨学生占据多数。纪念大会动员日本各地的华侨青年会、妇女会、校友会等共 23 个地区 19 个团体 600 多名华侨青年参加，并成立"旅日华侨青年联谊会"（华青联），在华侨青年中掀起爱国团结的高潮。此后，留日同学总会与华青联成为一个实体两块牌子的组织。以后各届华侨总会的骨干或负责人中有很多都是经过留日同学总会和"华青联"活动中不断培养和涌现出来的。

五、新中国成立初期的 1950—1957 年期间留日回国学生主要代表人物有：

1. 许文思（1925—2005）台湾省高雄人；1947 年毕业于日本北海大学，1950 回国，从事抗生素的创建工作，先后成功研制了青霉素、金霉素、四环素等十几种新品种。为第一批中国工程院院士，全国先进生产者。

2. 刘源张（1925—）山东省青岛人；1949 年毕业于日本京都大学，后到美加利福尼亚大学获运筹学博士，1956 年由日本回国，先后在中国科学院力学所，数学与系统科学研究院工作，开创了我国管理科学理论联系实际的先河，创立我国全面质量管理体系。2001 年当选为中国工程院院士。是美国纽约科学院士，全国先进模范，全国劳动模范，第 6、7、8 届全国人大代表。

3. 陈亨（1931—）台湾省基隆人；1956 年毕业于日本近畿大学，1957 年回国从事活性染科，开发 30 多种化工产品，填补了印染行业空白，曾多次被评为天津市及全国劳动模范，全国政协委员，天津市台联会会长。

4. 江英彦（1925—）台湾省桃园人；1953 年从日本大阪大学毕业后回国。在中国科学院从事有机硅化学研究，其有关硅橡胶，硅油、硅树胶等研究成果应用于航空，人造卫星，军工等方面，曾被评为中国科学院先进工作者，获得国家科学奖和国家发明奖，曾任 6、7、8 届全国政协委员。

5. 林连德（1923—2008）福建省厦门人；1951 年从日本东京大学经济系毕业后回国。先后在中国国际贸易促进会和外贸部从事中日贸易的开拓和发展工作近 40 年。曾任外贸部亚州司副司长、驻日使馆参赞；曾任中国留日同学总会主席。

6. 郭平坦（1933—）台湾省台南人；1956 年从日本早稻日大学法律研究院毕业后回国，从事国家对日、对台方面的工作，1978 年任驻日大阪总领事馆领事，1984—1996 年任全国台联专职副会长，曾任第 6 届全国人大代表，第 7、8 届全国政协委员；曾任中国留日同学总会主席。

7. 陈富美（1935—）广东省番禺人；1956 年从东京女子美术大学毕业后回国，从事服装设计 40 多年，曾任北京市服装研究所所长，北京服装工业联合公司总设计师等。改革开放以来最早引进服装设计理论，电脑裁剪等，共设计 5000 多种款式的服装，尤其在婚装方面有较大的开拓创新。

8. 林丽韫（1932—）台湾省台中人；1952 年回国后就读并毕业于北京大学。曾长期担任毛主席，周总理等国家领导人的日语翻译，参与中日邦交正常化谈判。历任中共中央联络部局长、全国妇女联合会副主席，1981 年起连任 1、2、3 届全国台联会长，任中共十至十五届中央委员，全国人大 4—8 届代表，常务委员、华侨委副主任。

9. 杨国庆（1936—）台湾省台中人；1953 年回国，1960 年毕业于北京医学院，1982—1984 年赴日本神户大学医学院进修，获医学博士。任北京第六医院院长，后任北京市侨办主任，1993—2007 年任全国台联副会员、会长；曾任 8 届全国政协委员，第 9、10 届全国人大常务委员、华侨委副主任。

10. 李敏宽（1937— ）台湾省台北人；1953 年回国，1963 年北京钢铁学院毕业。1976 年起任国家垒球队主教练，使中国女子垒球队成为世界三强之一，获奥运会亚军、亚运会两次冠军、亚洲锦标赛三次冠军等。1999 年入选国际垒联名人堂，成为该堂中第一位中国人。1997 年后任台盟中央副主席、第 8—10 届全国政协委员、副秘书长。

（三）在德中国留学生的回国活动

根据另外的资料显示，当时在德国的中国留学生有 100 多人，[1] 比本节前面提到的官方统计数字 50 人要高出一倍多。新中国成立后，"中国留德同学会"会长代表"同学会"致电中国驻苏联大使馆，并请转告周恩来总理，"中国留德同学会"全体会议通过决议，忠于中华人民共和国毛泽东主席，并且响应周恩来总理回国参加建设的号召。

（四）在英中国留学生的回国活动

英伦三岛上有 400 多名中国留学生，他们组织了"留英中国学生总会"和"留英科协"等团体，开展了相关活动，并号召同学们尽快回国。

（五）在法中国留学生的回国活动

因积极开展鼓励和动员中国留学生回国的工作，"中国留法学生总会"还曾因此被法国政府取缔。

二、中国政府确定鼓励性政策原则并形成感召在外留学人员回国工作的基本制度

美英等西方国家政府和中国国民党台湾当局出于封锁新中国的目的，多方阻挠中国留学生和学者返回大陆。朝鲜战争爆发后，美国政府更是变本加厉地在本国各地展开了监视和威胁在美中国学生、学者日常活动的行动：借口中国在美留学生所掌握的科学技术将有助于中国大陆的共产党政权，因而拒绝这些学生、学者自由回国；对中国学生、学者采取了一系列诸如没收护照、传讯问话、拘留软禁等限制自由出境的手段；美国移民局还向中国学生、学者发出通知，声称将对"擅自离境者"处以 5 千美元的罚款或 3—5 年的监禁。与此同时，国民党当局虽已退守台湾岛，但却依仗其吸引海外留学生的一定优势，也在积极争取海外华裔学者为其所用，与中国共产党领导的新政权展开对留学人才的争夺。台湾当局将注意力主要集中在留学美国、英国、法国的中国高层学者与专家群体身上，从而在一定程度上增加了中国新政府吸引在外留学生的难度与复杂性。

同时，国内又是物资奇缺、人才匮乏、百废待兴的局面。当时的国际局势与国内经济状况都比较恶劣，显然不利于吸引这批留学人员顺利回国；中国政府争取在外留学人员和

---

① 田正平主编：《中外教育交流史》第 868 页，广东教育出版社 2004 年 9 月第 1 版。

专家学者回国的形势比较严峻。

因此尽快动员和争取这批在外留学人才回国参加国家建设是一件刻不容缓、意义较大、却又十分棘手的工作。新中国建国初期欣欣向荣的建设景象以及不断战胜世界最强大军事力量的"抗美援朝"战争所激发出来的民族自豪感，成为新中国吸引在外留学人员的最主要因素。与此同时，为争取这批在外留学人员和学者回国工作，中共中央和新中国政府以及相关部门，根据这些人员所处的环境、现状与特点，先后制定并实施了一系列"吸引在外留学生回国工作"的政策和措施：

1. 1948 年 8 月，中国共产党领导下的"华北高等教育委员会"首次接待了 17 位刚从海外回国的留学人员。之后，即委托中华全国自然科学工作者代表会议筹备招待和介绍海外回国留学人员工作事宜。新中国建立后，此项工作便正式转由教育部接办。

2. 新中国建立前夕，1949 年 4 月"保卫世界和平大会"在匈牙利首都布拉格召开期间，中共中央即电示中共代表团要注意做好争取在外留学生早日回国的相关工作。

3. 新中国建国前夕，1949 年夏，为了加紧对建设新中国的干部准备工作，中共领导人周恩来在河北平山县西柏坡村听取了由美国回来人员的工作汇报。周恩来指示有关机构，要以动员在美知识分子，特别是高级科技专家回来建设新中国为旅美进步团体的中心任务。

4. 经政务院批准，政务院文化教育委员会于 1949 年 12 月 6 日成立一个直属的管理机构——"办理留学生回国事务委员会"（本书简称"回国委"），以统一办理留学生及学者回国事宜。"回国委"于 12 月 13 日召开了第一次全委会议，并决定由国家的 17 个政府部门或直属单位的 19 名代表组成，下设调查组、招待组和工作分配组等职能部门，分别统筹负责对留学回国人员调查情况、宣传动员、组织接待、工作安排以及接济（即经济资助）等方面的工作。"回国委"的工作原则规定，上述各工作组的会议由教育部有关司处召集；"回国委"的一般性事务工作也由教育部主管司、处负责办理。"回国委"办公室设在教育部高等教育司内。"回国委"第一次会议通过的《办理留学生回国事务委员会简则》规定的工作任务为是："根据新民主主义政策，统一领导有关留学生回国事宜。"具体职责是："（1）调查尚在国外的留学生，动员其早日回国；（2）对留学生回国前后的宣传了解及教育；（3）留学生回国后的招待；（4）统筹解决回国留学生的工作。"根据周总理 1962 年 5 月 16 日"专管其事"、"宜集中不宜分散"的指示精神，教育部于同年 6 月26 日批准将附设在北京外国语学院的"归国留学生办公室"并入"出国留学人员培训部"。①

5. 1949 年 12 月 28 日，政务院总理周恩来通过北京人民广播电台，代表中共中央和中国政府郑重邀请在世界各地的海外学子回国参加建设。与此同时，新闻舆论、群众舆论与政府舆论相互配合，共同宣讲、劝导和鼓励留学人员回国工作，并做好相应的接待和安排工作。

6. 1950 年初开始，"回国委"等主管部门先后在北京、上海、广州、武汉、沈阳等地

---

① 艾雨：《校庆之际缅怀周总理》2002 年 7 月 5 日载"北语新闻网"。

设立"归国留学生招待所"，专门负责接待先后回国的留学生和学者。为了配合和推动海外留学人员回国高潮的到来，从当年起，教育部和"回国委"积极开展各项工作并制定相关的规定：如通过新华社、国际新闻局发送消息给国外报刊，或寄出书籍及《人民中国》给国外留学生团体，宣传中国的建设和政府对国外留学人员的政策。此外，政府主管部门还分批组织回国留学生旅行、参观和访问，以增加对新中国建设情况的了解。周恩来总理还指示，每年国庆大典都组织在京新回国留学生参加观礼，教育部和办委会等单位举行招待会。此制度一直延续到 1956 年。

7. 周恩来总理比较关注海外学生、学者回国参加建设的工作，并设法为他们排忧解难。如地质学家李四光先生 1949 年 10 月得知新中国成立后，立即决定从英国启程回国，但却受到国民党当局在境外势力的阻挠与恐吓。周恩来总理指示有关部门："李四光先生受反动政府压迫，已秘密离英赴东欧准备返回，请你们设法与之接触并向捷克当局交涉给李以入境便利并争取保护。"其后，李四光先生一家会合后辗转瑞士、意大利，于 1950 年 1 月经香港回到祖国。

8. "回国委"于 1950 年制定了处理有关留学生回国事务的《（六条）工作原则》，提出对已经回国人员的就业问题要争取尽速解决，对尚在国外者要进行联系、调查与接济并号召其早日回国服务，对一时尚不能回国者要予以适当指导："（1）只要新回国学生有适当证明文件，来委员会登记后，就可介绍到中央教育部招待所，享受免费住宿，并协助解决其他有关问题。（2）为了照顾国外的生活水平，不使感到骤然降低太多，招待回国留学生一律按中灶标准，并尽量提高伙食标准，改善生活条件。（3）为了减少尚在国外留学生之顾虑，对初回国留学生的就业问题，由办委会（即"回国委"）各有关单位协助；由办委会介绍工作的，也采取协商方式代为进行，避免生硬作风。（4）对于学自然科学的，一般都介绍工作。对学社会科学的，如一时不易介绍工作，就动员他们去华大政研所学习，但只加以说服决不勉强。（5）对尚在国外的留学生，通过各种关系，进行调查人数、学科、需要及其他情况，并与国内各有关团体取得联系，指示其学习方向，号召其早日学成回国为人民服务；对一时尚不能回国者，予以适当的指导，使其今后学习能适合国内需要。（6）对于学有专长而又经济困难，无力回国的留学生，设法给予接济。"

9. 为做好回国留学人员的接待和安置工作，"回国委"又于 1950 年 10 月制定了《回国留学生招待办法》和《对接济国外留学生返国旅费暂行办法》，针对在外留学人员的不同情况提出了"接济旅费的七项原则"：对"国内外专科以上学校毕业，为进修目的出国者"及"大学毕业的回国有专门技能者"等回国后食宿、工作、学习等都作了明确的优惠决定；留学生国内经济来源断绝，回国后可以设法归还者，借给旅费；留学生经济困难，无力筹措旅费，回国后亦无力偿还，可以申请补助；与留学生一起在国外的家属，如确有需要，亦可酌予接济。文献记载，当时回国留学生大部分到北京登记，请求协助，也有一部分自行联系就业的。要求政府帮助就业的，1950 年上半年共有 409 人，分别来自美国、日本、法国、菲律宾等 11 个国家。其中学理工科及自然科学的占 52.7%；学社会科学的占 46.5%。他们中约 90% 的人在抵京后 30 天内被安排了工作，其中有一半是在 15 天内就得到安排的。

10. 政务院文化委员会于1951年4月3日批复同意"回国委"制订的《争取国外留学生回国（五项）原则》，其主要内容包括："（1）学习自然科学及社会科学之有关财经建设技术方面者，如学习尚未告一段落，则一般地劝他们继续坚持学习，并设法指导其学习方面，鼓励他们于学成后早日回国，参加祖国的建设工作。（2）学业已成者，鼓励他们尽速回国。其已与各机关学校、企业部门洽定工作者，尽先协助其回国。（3）学习文教、政法及财经理论等科者，劝他们回国。（4）政治上遭受帝国主义迫害者，助其回国。（5）经济上困难，无法继续学习者，劝他们回国。"据中国政府统计，1949年8月至1950年6月的十个月内约有700—800人回国，仅到"回国委"报到登记的回国人数就有409人；其中留美的有310人、占75.79%，留英的有50人、占12.22%，留法的有17人、占4.15%，留日的有14人、占3.42%，留学其他十余个国家的有18人、占4.40%。

11. 1951年2月22日，在由周恩来总理审批并以中共中央名义转发的《争取留学生回国工作组的报告》中，提出"年内至少争取1000人回国，重点放在美国"的政策方针。

12. 中共中央指示中国代表团发言人黄华于1954年5月26日在日内瓦召开的"印支国际会议"上，向新闻媒体发表了"关于美国无理扣压中国留学生问题"的谈话；后经中美双方五次非正式的艰苦会谈，最终迫使美方宣布对中国留学生进行所谓的"复查"后可自由离境。

13. 1955年12月23日，由高教部制订了《关于从资本主义国家回国留学生的分配工作和接待、管理工作的改进意见》，提出了"发挥专业特长、照顾个人志愿、简化分配手续、丰富文化生活、提高接待标准、药费实报实销"等若干政策原则和意见。

14. 1956年2月21日，高教部为落实周恩来总理关于"1956年至少应争取一千名在资本主义国家的留学生回国参加社会主义建设"的指示，拟订了《关于争取尚在资本主义国家的我国留学生回国工作的通知》，其中称，据初步了解尚在资本主义国家工作或学习的中国留学生仍约有七千余人，其中美国约5000多人，英国约700多人，日本约1000多人，法国约300多人；并且提出了争取他们回国工作的意见和办法。

15. 1956年6月26日，根据党中央关于"对在资本主义国家的我国留学生，均应普遍争取，但主要的是争取在美国、加拿大、英国、法国、意大利、瑞士、西德、日本和澳大利亚的我国留学生，以及曾在这些国家大学毕业而转往其他地区的高级知识分子"的要求，高教部、公安部、外交部和内务部名义联合制定了《关于争取尚在资本主义国家留学生工作的几个问题》的文件，就留学生的身份界定、协助内容、资助范围、工作分配以及政治待遇、国籍和出入境管理、家属安置等问题，提出了一系列即使在几十年后的今天来看也是比较宽松的政策原则。该《通知》界定的留学生，是"指曾在国内（包括台湾）或国外大专学校毕业，现在国外进行科学研究，或从事科学技术工作以及因生活困难而转业或失业的学有专长的高级知识分子。"该《通知》提出了对他们回国提供协助和帮助的范围：补助留学生本人及家属回国旅费及行李书籍运输费；补助因申请回国而被解雇后的生活费；协助办理经过香港的签证。以及其他特殊困难者。此外，该《通知》还规定了留学生及随行家属进入国境后沿途食宿由政府免费招待；他们的工作由政府统一分配，分配的原则是根据留学生所学专长，本人志愿并结合国家需要；有的留学生需通过外交途径协助其回国；对已加入美国籍的中国留美学生，在申请回国时可不必事先声明脱离或放弃美籍，以免遭受对方的迫害留难。他们回国后可以不必经过任何手续，政府仍承认他们是中国公民，平等享受一切公民权利。如他们回国后仍愿保留美籍，政府也不加干涉，可由本人自由抉择等。

16. 1956 年，中国正处于社会主义建设的高潮时期，科技人才及高级知识分子对于社会主义事业的作用日益突出。为了吸引更多在外留学生以及学者回国，在周恩来总理的提议下，于当年 9 月在北京和上海相继成立了"留美学生家属联谊会"；联谊会发动家属们写信动员在外留学人员回国工作。当年，高教部长杨秀峰在北京饭店举行盛大宴会，欢迎历年从资本主义各国回国的留学生，陈毅副总理出席并讲话。

17. 1956 年 11 月，国务院（1954 年 9 月全国人大会一届一次会议将政务院改为国务院）决定将争取在资本主义国家的留学生回国的工作，由高教部交国务院专家局办理，高教部留学生管理司管理此项工作的相应处室也并入专家局。

18. 1957 年 5 月 10 日，在北京举行的回国留学生及家属联欢会上，周恩来总理发表了热情诚恳的讲话，并提出了对在外留学生和学者"不管回国先后，一视同仁，并且来去自由"的政策方针。时隔 35 年之后，中国政府于 1992 年再度重申并最终以法规性文件的形式确定了对在外留学人员实行"来去自由"的方针，从而使其成为中国当代出国留学政策中十分重要、并具有鲜明特色的主要内容之一。[①]

上述一系列政策措施和原则精神，体现了中国政府对在外留学人员的尊重、重视以及欢迎其回国参加建设的诚意；同时尽力创造了比较宽松和自由的回国环境；另外也确实在一定程度上保证了良好的科研、工作和生活条件的供给与支持。

三、海外中国学生、学者 1949 年后第一次"回国潮"的变化及成因分析

（一）与在外或回国的留学生和学者相关的四组数据

从能够搜集到的文献资料显示，与所谓第一次"回国潮"相关的数据，大致可以归纳为以下四组：

（1）根据 1950 年 12 月中国政府的统计，当时在国外的中国留学生以及已经就业的教授、学者或专门人才共约有 5600 多人，且主要分布在美国、日本、英国、法国、德国，以及少量分布在奥地利、瑞士、丹麦、加拿大、印度、荷兰、意大利、菲律宾、瑞典、比利时、南非、澳大利亚等国家。

（2）据中国政府当时的估计，1949 年 8 月至 1954 年底的五年期间内，陆续回国的中国留学生和学者总数约有 2000 多人，其中主要是从欧洲和北美的资本主义国家回国的人

① 国家教委外事司编著、陈可森执笔：《教育外事工作历史沿革及现行政策》第 28—33 页，北京师范大学出版社 1998 年第 1 版；李滔主编：《中华留学教育史录—1949 年以后》第 2—70 页，高等教育出版社 2000 年版；于富增、江波、朱小玉：《教育国际交流与合作史》第 21—22 页，海南出版社 2001 年 8 月第 1 版；田正平主编：《中外教育交流史》第 866—871 页，广东教育出版社 2004 年 9 月第 1 版。

员。仅到国家"回国委"报到登记并能够统计到的就有 1424 人;其中留美的有 937 人、约占 65.8%,留英的有 193 人、约占 13.6%,留日的有 119 人、约占 8.4%,留法的有 85 人、约占 6%,留学其他十余个国家的有 90 人、约占 6.3%。就当时的分配去向而言,上述人员中约有 45.3% 到机关厂矿工作,约有 31.4% 进入学校工作。

(3)另有数据显示,从 1949 年到 1957 年初,先后约有 2500—3000 名主要是在欧洲和北美等资本主义国家的留学生和学者回国工作;约占 1949 年以前在外中国学生、学者总数 5600 余人的 50%。

(4)还有一组数据表明,1956 年时据中国政府有关机构估计,当时仍尚有 7 千多名中国留学生和学者在国外学习或就职,其中在美国有 5000 多人,在日本有 1000 多人,在英国有 700 多人,在法国有 300 多人。①

针对上述 4 组数据表明的 6 年间又增加出来的在外约 4 千余名留学人员(1950 年 12 月统计在外约 5600 人;1957 年底统计陆续回国约 2500—3000 人;而 1956 年时估计仍然尚有 7000 多人在国外),经笔者研究后认为大致有以下三种可能,一是由于当时统计手段和信息传递条件的限制,使得 1950 年 12 月时的统计还不可能十分准确;二是应该也有 1949 年前后又陆续从大陆、香港地区或台湾省出国留学的新增加人员;三是或许也有原已经定居国外的中国籍青少年由于年龄的增长而陆续升入国外大学,并先后完成学业的情况所至。

需要指出的是,有作者在使用本阶段中国留学生状况的数据时,由于对相关文献的掌握和研究还不够深入或粗心大意等其他原因,仅仅引用了上述 4 类数据中的某一部分,并以此来推断或概括新中国建立初期中国在外留学人才的基本状况,可能会影响到有关结论的客观性。

(二)在外留学人员和学者回国状况的四个阶段

有研究者根据官方提供或经非官方渠道搜集到的一些数据,并依据各种文献资料的记载,大致描述了 1949—1957 年期间及其以后几年内在美国的中国学生、学者回国人数的变化情况,还对其变化的直接原因进行了一些分析与研究。由于当时留美回国人数的比例较大(约占 65% 以上),且情况比较复杂、案例比较典型,因此这些分析与研究对整体留学人员的状况来说,也有一定的适用性和一些共同性。笔者在此基础上进行了适当的整理、归纳与补充,并结合官方和媒体提供的统计数据,将其表述为"整体在外留学人员和学者回国状况的四个阶段":

第一阶段——1949 年自美国回国 409 人,1950 年自美国回国 283 人,1951 年自美国

---

① 以上参见国家教委外事司编著、陈可焱执笔:《教育外事工作历史沿革及现行政策》第 28—33 页,北京师范大学出版社 1998 年第 1 版;李滔主编:《中华留学教育史录—1949 年以后》第 2—70 页,高等教育出版社 2000 年版;于富增、江波、朱小玉:《教育国际交流与合作史》第 21—22 页,海南出版社 2001 年 8 月第 1 版;田正平主编:《中外教育交流史》第 866—871 页,广东教育出版社 2004 年 9 月第 1 版;刘珊珊:《建国前后国内舆论环境与留美归国潮的互动》,李喜所主编:《留学生与中外文化》第 332—345 页,南开大学出版社 2005 年 8 月第 1 版;教育部编:《1949—1999 共和国教育 50 年》第 588 页,北京师范大学出版社 1999 年 9 月版。

回国452人。这三年的数量特征可表述为"归国高峰"。其主要原因是，新中国成立前后，在外留学人员观察到中国共产党和新中国政府的清正廉洁和勤政爱民，看到了祖国的光明与前景，感到自己可以有所作为了；加之国内相关政策的积极影响与感召作用，出现了一个批量回国参加新中国建设的"归国高峰"。如华罗庚、严东生、朱光亚、侯祥麟等著名学者和留学生前辈，均是在此时期内先后回国的。

第二阶段——1952年自美国回国128人，1953年自美国回国89人，1954年自美国回国63人。这三年的数量特征可以描述为"人数锐减"。其主要原因显然是由于美国政府对中国学生学者采取强硬的"干涉和截留政策"所至。1950年10月朝鲜战争爆发以后，国际形势日益严峻。出于封锁与遏制中国共产党新生政权的目的，美国政府在科技领域封锁新中国，采取了软硬兼施的各种手段阻挠在美中国学生、学者返回中国。一方面，1951年10月9日美国政府司法部、移民局发布《禁止中国学生出境之命令》，规定中国在美学生、学者一律不许离境回国，违者"将被判处5000美元以下的罚金或5年以下徒刑，或同时予以两种处分"。另一方面，美国政府又针对中国在美学生、学者采取了所谓的"拨款救济、允许政治避难、允许加入美国国籍"等具有针对性和诱惑力的政策手段。这些强硬且颇具诱惑力的政策与措施的相继实施，使得大量中国学生、学者继续滞留美国、延误归程。1954年5月29日美国政府在日内瓦提供的数据显示，截止到1954年4月底，仅在美国持有学生护照的中国留学生就高达5242人。这一数据应该是没有将已经参加工作的一些中国学者数字计算在内的。

第三阶段——1955年自美国回国130人以上，1956年自美国回国约150人。这两年的数量特征可以称为"有所回升"。其主要原因是部分在美中国学生、学者的持续抗争，以及中国政府的多次交涉。其后，中美双方最终于1955年9月10日达成一项"平民回归协议"，即《中美两国大使协议的声明》，相互承诺为在本国的对方国民自愿回国提供方便；美国政府也宣布取消所谓"禁止中国留学生回国的禁令"，因而出现了1955—1956年回国人数的小幅回升。

第四阶段——1957年以后自美国回国的数量特征就可以说是"寥寥无几"了。其主要原因一是美国政府"干涉与截留政策"产生的最终效果，二是国内相继开展了全国性的"反右派"和"大跃进"运动。浓厚的政治斗争氛围、清除资产阶级思想的潮流以及相关的政策导向，致使一些在外留学人员和学者担心回国后的安全保障、个人价值和社会价值难于实现，从而阻碍了在外留学人员继续回国的活动，使其勇气慢慢减弱，热情逐渐消失，人数不断减少，最终导致中国在外留学生和学者的第一次"回国潮"完全消退。[①]

许多人认为，20世纪50年代回国的留美学生只占当时在美国的5000多中国留学生总数的一小部分，大部分人因种种原因留在了美国。[②] 这样的一个论断恐怕还是基本上符合

---

① 李滔主编：《中华留学教育史录—1949年以后》第35—58页，高等教育出版社2000年版；刘珊珊：《建国前后国内舆论环境与留美归国潮的互动》，李喜所主编《留学生与中外文化》第342—343页，南开大学出版社2005年8月第1版。

② 钱宁：《留学美国：一个时代的故事》第32页，江苏文艺出版社1996年8月第1版。

事实的。

（三）影响在外留学人员和学者回国数量变化的原因分析

以上文献和资料所描述的内容，主要是回顾新中国建立初期在外留学人员"回国潮"活动的总体印象和基本线索。可以看出上述回国活动与吸引在外中国留学生和学者政策这两者之间的关系是比较复杂的，也是必然要受到诸多因素制约和影响的。有文章简单地将吸引在外约 2500—3000 名留学人员回国的"成果"，完全归结为"重要的战略部署"和当时国内制定了吸引在外留学人员相关政策作用的说法是值得商榷的。笔者研究结果恐怕很难支持这一类说法或结论，并认为这是一种唯心的、不负责任的、过于简单和公式化的意见，在实质上则是对历史事实的漠视，是对国际政治的无知，当然也是对新中国出国留学政策之地位与作用的不恰当解读。

综合性地归纳众多文献和资料中的史实以及各种见解，并系统地研究在外留学生和学者于新中国建立后第一次"回国潮"的现象以及影响这次回国活动发生的诸多因素，大致上可以梳理出以下几个方面的主要内容：

首先，国际国内政治局势和国际关系的变化对中国在外留学人员回国数量的影响是最直接的，也是最实际的。中国国民党在大陆政权的垮台和各种落后势力的瓦解，中国共产党的不断胜利和节节进取、以至新政权的最终建立，中国共产党和新中国政府的良好作风与全心全意为人民服务的理念，以及中国与苏联东欧社会主义国家之间建立的重要结盟关系，无疑使一些尚在国外的爱国留学人员和学者加重了对祖国的眷恋、萌生了对新政权的信任、增加了对国家稳定性与安全性信心，并逐渐看到了中华民族新的希望。

其次，从根本上说，中国在外留学人员决定回国的首要因素，还是其自身的主观能动性、价值观和做人的信念发挥着最重要的作用。中华民族"天下兴亡，匹夫有责"的传统，使一些有志的中国青年抱着"科学救国"的信念出国留学，带着赤子之心留学后归来的。旧中国的百孔千疮和新中国的百废待兴，使这些对祖国发展、对民族振兴有历史责任感的留学人员和学者看到了施展才华、成就理想、完成抱负、作出贡献、实现人生价值的机会、空间与可能。这批人将对民族的责任感和对国家的使命感与必然要考虑的个人生存安全、自身作用发挥、家庭生活安定等诸多因素之间权衡利弊，最终还是统一到了回国工作的勇气和具体的行动上。

第三，相关政策的影响也是不可忽视的重要因素。以当前的立场和眼光来审视，新中国建国初期中国政府吸引在外留学人员和学者回国工作的一系列政策措施应该说还是不够完善、不够健全、不够规范、不够稳定的。但又不能否认的是，这些政策针对性准、信誉度高、权威性强、引导作用明显。本节上述——列举的 16 项"吸引回国政策"发挥了积极的作用，产生了比较重要的影响。这些措施体现了党和政府对留学人员的尊重、重视和欢迎其回国的诚意，创造了比较宽松和自由的归国后环境，最大限度地提供了一定的工作和生活条件。特别是周恩来总理于 1957 年 5 月 10 日提出、并在此前已经实际上施行的"不管回国先后，一视同仁，并且来去自由"的政策方针，对于消除海外中国学生、学者在考虑是否回国问题上的思想顾虑具有重要的作用和影响。即使在朝鲜战争爆发、中国与西方关系恶化、美国政府干扰中国学生学者回国的情况下，在外学生、学者争取回国的活动也未曾完全停止。只是在 1957 年以后，因美国截留政策的后期效应以及中国开展了"反右派"和"大跃进"运动，在美国等国留学人员的回国活动基本上终止了。

第四，舆论的导向作用也十分明显，发挥了积极的功能。客观地介绍国内状况、及时地传达政府政策信息，有利于消除某些疑虑和困惑。政府舆论、新闻舆论和公众舆论相互影响起到了互补性作用，取得了一定的效果。首先，政府舆论代表中国共产党和新中国领导人的意志，体现了最高等级的权威性和导向性。其次，新闻舆论以其特有的覆盖面和宣传效力，扩大了政府舆论的影响力，起到了引导公众舆论的辅助性作用。据有作者统计，在 1949 年后的若干年内，中国大陆新闻舆论中有关欢迎和介绍在外留学人员的文章和报道不下百余篇。如《文汇报》于 1956 年 12 月 23 日发表过一篇题为《在美国的中国留学生和科技专家们，祖国在向你们召唤》的社论，其中表示，留学回国人员"生活工作受照顾，研究条件有保证，思想改造自觉自愿，宪法保障信仰自由"，应该就是当时这一类政策氛围的客观写照。其三，以家庭、亲属、同事和朋友为各个相对独立的"舆论圈"的公众舆论是社会舆论的主体。通过各自"舆论圈"内的交流、通信和知名学者影响力等途径实现的公众舆论，对在外留学人员回国与否的决定能够产生比较直接的作用与影响。从当时中西方国家处于严重敌对关系的情势来考虑，公众舆论对在外留学人员来说，可能会具有更直接的可信度与可靠性。①

由于相当一部分海外留学人员热爱祖国，愿意回国工作，加之新中国政府又采取了有力的政策和各项有效的措施，在 20 世纪五六十年代共约有 2500—3000 多名海外学生和专家回到了祖国。有文章赞扬说，他们放弃了在国外比较优越的工作和生活条件，满怀爱国热情回国工作，尤为令人感佩的是不少专家回国后历经坎坷和挫折，但他们矢志不渝，爱祖国、爱人民的赤子之心不变，几十年来与祖国人民荣辱与共，艰苦创业，为科教兴国、振兴国家建立了特殊的功勋。他们的名字连同他们的卓越业绩将永远为世人所景仰。②

在新中国建国初期，钱三强（1948 年回国）、李四光（1950 年回国）、华罗庚（1950 年回国）、赵忠尧（1950 年回国）、黄昆（1951 年回国）、以钱学森（1955 年回国）等为代表的一批爱国学者、饱学之士，满怀献身于新中国科学事业的报国之志，克服重重阻挠，从海外回到国内，从零开始，搭建科研平台，组建科研队伍，全身心致力于国家急需的科技计划的制定和实施，他们作为真正的科技领军人物，在科研一线身先士卒，堪称新中国一代科学巨擘。这些科学家之所以能成为一代科学巨匠的原因有以下几个方面：

1. 百废待兴的时代特征激发了领军人才的爱国情怀。旧中国山河破碎，遭受帝国主

---

① 刘珊珊：《建国前后国内舆论环境与留美归国潮的互动》，李喜所主编：《留学生与中外文化》第 343—345 页，南开大学出版社 2005 年 8 月第 1 版。

② 国家教委外事司编著、陈可森执笔：《教育外事工作历史沿革及现行政策》第 28—33 页，北京师范大学出版社 1998 年第 1 版。

义列强的欺辱，其主要原因之一就是封建社会的闭关锁国，导致科技水平远远落后于西方国家。落后就要挨打，强烈的民族自尊使得一批爱国志士选择了科技救国的道路，他们在获得赴发达国家学习的机会（如庚子赔款资助留学）后，时刻不忘学成后报效祖国，以科技帮助中华民族摆脱外来欺凌，这种带有鲜明时代特征的爱国情怀能够激发无穷的力量和无畏的豪情。正是由于这样一种动力的驱使，也使得这些学子摒弃了一些中国传统文化中不利于科技创新的东西，他们追求科学的真谛，学习西方发达国家的科学精神，养成了求真务实的严谨学风，掌握了报国的本领。

2. 国家的迫切需求为领军人才的脱颖而出提供了广阔的舞台。建国初期，百废待兴，优秀留学人员回国就有成就事业的广阔舞台。国家的利益高于一切，祖国的需求便是最高的职责。在这种信念的驱使下，在那个年代回国的青年学子，很快适应了国情，不顾艰苦的条件，纷纷投入科技强国的行列中，成为某一方面的领军人物。尤其是当时参加"两弹一星"研究的科技元勋们，更是急国家之所急，以一种非凡的自信，在国外封锁、国内知识技术欠缺、物质条件贫乏的困境下，攻克了许多科学技术难题，谱写出科技创新的壮丽篇章。也正是这些符合国家利益和战略需求的重大科技任务锤炼了他们，使他们成长为科学巨匠。

3. 正确的价值观和崇高的社会地位为领军人才提供了精神和物质保障。科学家首先是人，既有物质的追求，也有精神的追求，而后者往往要大于前者。在科学技术水平极端落后的当时，从中央到地方，从国家领导人到普通的民众，无不从心里充满对科学家的崇敬，处处体现着"尊重知识、尊重人才"。科学家不仅享受因成功实现自我价值而带来的喜悦和自豪，还直接受到党和国家领导人的亲切关怀，人民最敬重的和国家视之最宝贵的就是这些科学家，这不能不说是对他们的巨大鼓舞和激励。科学家把献身国家、献身科学作为自己的崇高责任，而不仅仅是当作"谋生"的职业。当然，那时他们的工资待遇也是相对很优越的。20 世纪 50 年代，在专业技术人员的工资标准序列中最高级别的工资（320 元）是最低级别工资（28 元）的近 12 倍。在"大跃进"引起的大饥荒之前，党中央发布了《中共中央关于降低国家机关三级以上党员干部工资标准的决定》文件，规定在那次降低工资中，教育、科学工作者的工资标准一律不降。

4. 还有一点不容忽视，那就是百家争鸣的学术氛围和当时集约化的管理体制促进了原创性和集成性创新成果的产生。随着西方科技思想与先进技术的引入，中国学术界借鉴其科学价值理念，逐渐形成严谨、平实、民主的学术风气。正是这样的学风保证了一种纯净的学术环境，使得科学家的最大价值得以实现。虽然当时没有足够的科研投入，但以有限的财力投入，开展意义重大、最符合国家利益的科研工作。国家领导人亲自组织专家对拟开展的重大科技项目进行反复论证，领导制定研究计划和路线，采取与实施重大科技攻坚相适应的科研管理体制，集中全国优势资源，确保重大科技创新目标的实现。在科技目标遴选、科技项目的研究和管理中，科学家既是科技规划的策划和制定者，又是实现科技创新具体目标的组织和实施者，国家领导人都要求自己努力当好科学家的"后勤部长"。①

综上所述，大致有上述 4 个影响在外学生、学者和专家回国与否的基本因素。多数研究者认为，新中国成立初期中国政府"争取在外留学人员回国事务的总体政策"具有比较重要的正面作用和相当程度的积极意义；数千名自愿陆续从国外回来的留学人员以及留学后成长起来的学者和科学家，为中国的科学技术、文化教育和军事国防的发展做出了开拓性贡献，其勇气和胆识是可歌可泣、可圈可点的。

第四节　制定并实行向苏联和东欧人民民主国家派遣留学生的政策

中国政府制定向苏联和东欧人民民主国家派遣留学生政策形成的历史背景是比较完整和清晰的。一方面，国内大规模的经济建设以及与苏联、东欧社会主义国家的全方位友好合作，需要配备大量本国的技术人员和高级人才；而新中国的高等教育力量十分薄弱，还难以满足国内经济建设对各级各类人才的需求，并且提高中国高等学校教学能力的任务也十分艰巨。这是中国大量派遣出国留学生的国内需求因素和主要原因。另一方面，中苏两党两国友好关系的发展与确立，以及苏联大规模援建中国工业建项目的实际需要，也为中国提供了大量派遣留学生的机会与外部条件，并成为促成中国向苏联大量派遣出国留学生的另一重要原因。

一、向苏联大量派遣出国留学生的历史背景

就中国向苏联大量派遣出国留学生的历史背景而言，大致有以下四个基本方面：

背景之一：中苏两国在国家体制、政治制度和意识形态等方面最大程度地趋于一致。中国最高领导人毛泽东与苏联最高领导人斯大林于 1950 年 2 月 14 日签署的《中苏友好同盟互助条约》，正式确立了两国的友好合作关系，也为中苏之间的教育交流与互助合作关系奠定了基础，并对随后一个时期内中国向苏联大量派遣留学生政策的形成与发展产生了重要影响。

背景之二：新中国建设的发展需要加快各类技术人才和师资队伍的培养。新中国建立之初，经过全国各阶层民众的共同建设，国家的经济状况得以逐步恢复。在此基础上，中国政府提出了"实现国家工业化"的战略目标，据此着手编制和实施"中国国民经济发展的第一个五年计划"，并为制定该计划确立了"从国内实际出发，参照苏联经验，坚持实事求是"的基本原则。为此，周恩来、陈云等中国领导人还于 1952 年亲赴苏联，就上述第一个五年计划的方案征求苏方意见，并商谈苏联援建的具体办法。苏联最高领导人斯大林和苏联政府对中国的经济建设给予了极大的支持。例如在第一个五年计划确定的 694

---

① 白春礼：《纪念关于扩大派遣留学生 30 年关于人才的若干思考》，2008 年 9 月《神州学人》。

个大中型工业项目中，苏联政府就签约承诺参与援助其中的 156 项，约占 22.48%；并从建设贷款、技术设计、资源勘探、建筑安装以及人员培训等各个方面给予了广泛的指导和帮助。根据项目的相关协议与规定，苏方还先后派遣了 3000 多名专家来中国直接参与各个项目的建设工作，同时先后也有数千名中国的各级各类技术人员前往苏联进行具有"留学"性质的实习与培训。

背景之三：新中国成立初期的高等教育总体质量和师资水平十分落后，难以满足经济建设与社会发展对科学技术和文教人才的需求。中国的高等教育规模在 1949 年至 1956 年期间发展较快。1949 年时，高等学校招生数约为 3 万人；1952 年时，高等学校招生数达到约 7.9 万人，比 1949 年增加了约 1.6 倍；1956 年时，高等学校的招生数达到约 18 万人，比 1949 年增加了约 5 倍。另外，显然是出于国家工业建设需要的政策导向，工科在校生的比例有了显著增长。如 1949 年时，工科在校生数约占在校生总数的 26%，1952 年时达到 35%，1956 年时提高到 37%。同期的 1949 年至 1956 年，在校研究生由 629 人增加到 4841 人，教师总数由约 1.6 万人增加到约 5.8 万人。高等学校教师数量虽然增加很快，但由于新中国建立前原有高等教育的质量水平极其低下，新增加的高校教师质量也就难以保证。高等院校是培养科技人才的主要机构，高等教育的发展不仅仅是数量问题，质量的水准与层次也十分重要，为此，必须不断提高高等学校教师的质量。在建国初期国家经济建设快速发展的情况下，不但需要大量的高水平的工科人才能够直接参与国家的经济建设，同时，为了提高高等学校的教学水平，特别是建立独立的研究生教育培养体系，中国还面临着提高高等学校教师水准与质量的迫切任务。[①]

背景之四：苏联在社会主义阵营内的科技实力已十分强大。在上述"中国国民经济发展第一个五年计划"的 694 个大中型工业项目中，除苏联援建 22.48% 的项目以外，尚有占 77.52% 的 538 个项目需要中国主要依靠自己的技术力量设法完成。完成这些项目不仅仅是建设资金的困难，更主要的还要面临着设计水平不够和技术力量薄弱等方面的问题。另外，为了有效地执行苏联援助的 156 个大中型工业项目，还需要有大量懂技术的翻译人员；同时，苏方援建项目建成后，也需要很多的有一定水平的技术人员来承担技术、生产和管理方面的工作。此时的苏联已经积累了 30 多年社会主义建设的基本经验，并已发展成为世界上第二大强国，其科学技术、军工发展、工农业建设、理论研究、文化教育，特别是高等教育已经具备十分庞大的实力和完整的体系。

上述四个基本的背景因素，为新中国政府制定向苏联和东欧社会主义国家派遣留学生、进而"向苏联大量派遣留学生"的政策体系提供了重要的原则依据和制度保障，并促使其逐渐发展并形成为相互关联和共同作用的"组合性政策"。

二、先行少量派出以形成制定出国留学政策的基本经验

尽管基于大致相同的思想理论体系、意识形态和政治制度以及苏联 30 多年经济建设

---

① 于富增、江波、朱小玉：《教育国际交流与合作史》第 30—31 页，海南出版社 2001 年 8 月第 1 版。

的巨大成就与丰富经验，使新中国对苏联的社会主义、科学技术和教育经验的学习与借鉴成为最直接、最有效、最快捷的最佳选择，但新中国政府仍然从当时的国情出发，于 1950 年 6 月先期形成了"先少量派出留学生，待经验形成后再根据实际需要多派；除派遣学习语言、历史的留学生外，还要包括学习科学技术方面的留学生；此外也要做好接受留学生的准备"的基本政策思路。[1]

三、陆续签定政府间协议并以此固定留学政策的基本内容

中国外交部于 1950 年 8 月向罗马尼亚驻华大使馆递交《关于交换留学生问题备忘录》，其中详细列出有关派出留学生计划的具体规定和细节，并为其后与东欧其他国家派出留学生的政策提供了基本的思路、模式和工作经验。其后中苏两国又于 1952 年 8 月 9 日签订《关于中华人民共和国公民在（军事院校以外）苏联高等学校学习之协定》。

1949 年以后，在大量向苏联派遣留学生的同时，新中国陆续向苏联以外其他国家派遣留学生的政策也逐步得以确认，并先后与波兰和民主德国于 1954 年和 1956 年签署了互派留学人员的协定。同期，还与其他东欧人民民主国家开展留学生交流；与朝鲜、越南、蒙古等周边人民民主国家交换留学生；与印度、印度尼西亚、缅甸、埃及、阿富汗、叙利亚、巴基斯坦等亚洲已获民族独立的国家互派少量留学生。[2]

四、最终确立"向苏联大量派遣留学生"的政策原则

根据中苏双方达成的意向和原则，新中国首次向苏联派遣的 375 名留学生于 1951 年 8 月 11 日起程。中苏《关于中华人民共和国公民在（军事院校以外）苏联高等学校学习之协定》则是在 1952 年 8 月 9 日签订的，其中比较原则性地规定了接受与安排中国留学生的各种相关事宜，并明确了中苏双方各支付中国留学生相关费用的 50% 等相关政策原则。从而基本固定了"向苏联大量派遣留学生"的政策走向。[3]

（一）关于选派事务的原则与方针

中苏两国政府与 1952 年 8 月签订的《关于中华人民共和国公民在苏联（军事院校以外）高等学校学习之协定》规定，苏方应中方要求，同意接受中华人民共和国公民，作为大学生与研究生至苏联高等学校学习；接受入学的大学生与研究生名额，及其应学习的学科，于每学年开始 4 个月前由中苏双方教育部门商定；中方应在每学年开学前两个月向苏方提供详细名单；中方派遣人员须通过苏方教育部规定的相关考试，方能进入苏方高等学

---

①　于富增、江波、朱小玉：《教育国际交流与合作史》第 27 页，海南出版社 2001 年 8 月第 1 版。

②　李滔主编：《中华留学教育史录—1949 年以后》第 81—89 页，高等教育出版社 2000 年版；于富增、江波、朱小玉：《教育国际交流与合作史》第 47—51 页，海南出版社 2001 年 8 月第 1 版。

③　李滔主编：《中华留学教育史录—1949 年以后》第 83 页，高等教育出版社 2000 年版。

校学习；中方派遣的留学生未能充分掌握俄语者，应在俄语预备班学习 6 个月至 1 年；苏方支付中方留学生的生活费和学费，中方则需要偿还苏方支付中方留学生费用的 50%。该协定的签订，为中国向苏联大量派遣留学生事务确定了基本的原则与方针。

（二）关于派遣留学人员的数量与规模

中国政府于 1951 年首批向苏联派遣了 375 名留学生。但由于经验不足而先期实行的由国内各有关单位"保送"留学生的简单办法，使得其中很多人并不懂俄语，出国前也没有被安排进行系统的俄语学习或培训，因此相当一大批人员不能适应在苏联高校学习的语言要求，同时也引起了苏联接受中国留学生院校的不满。中国教育部随即采取了"宁少毋滥"的政策，将 1952 年赴苏留学生的选拔数量调整至 220 人，比上一年度减少了 155 人。虽然 1951 年和 1952 年向苏联派遣的留学生数量远大于派往其他东欧人民民主国家的数量，但尚未达到"大量派遣"的规模和程度，特别是 1952 年时派遣留学生的数量还低于1951 年的数量约 41.94%。只是到 1953 年时才开始增加派遣数额并达到了 583 人。另外在1953 年派赴苏联的留学生中，还有 200 名是由军队系统单独选拔培训后派出的。[①]

为了充分利用《关于中华人民共和国公民在苏联高等学校学习之协定》提供的有利条件，中国政务院总理周恩来于 1952 年明确表示，自 1953 年起，中国每年拟派 1000 名学生前往苏联学习；今后五年内，即拟按照这个计划进行。[②] 从而使 1954、1955、1956 三个年度内派出留学生的人数为最多，每年都达到千人以上。上述各年度派出留学生数量分别为 1375 人、1932 人和 2085 人，总数为 5392 人；占 1951—1956 年间赴苏留学生总数 6570人的 82.07%；占 1951—1960 年期间派遣留学生总数 8208 人的 65.69%。从而使这几年成为新中国建立初期向苏联大量派遣留学生政策的最主要和最重要的实施阶段。由于中苏关系之间逐渐出现障碍等原因，1957 年后向苏联派遣留学生的数量逐渐减少，如当年的派出数量锐减为 483 人。[③] 而由另一文献中提供的数据则显示，1954 年派赴苏联的留学生有1495 人，其中研究生 133 人、大学生 1362 人；1955 年派赴苏联 2398 人。[④]

上述赴苏留学生数量的年度变化，主要是指经中国政务院批准，并根据教育部制定计划后选拔派出的情况，一般表述为"教育部派遣留学生"。而实际上从 1951 年开始，除中国教育部向苏联派遣的留学生以外，也有国内其他部门在经与苏联有关政府部门协商同意，并报请国内主管部门批准后派出的留学生，或称为留学人员。也就是说，在中国向苏联大量派遣留学生时期，除了国家经教育主管部门统一计划派出的留学生外，其他中央部门、团体以及厂矿企业，根据与苏联有关方面的协议，也另外派出了一定数量的留学生和实习人员或进修人员。有些部门派出的留学生是享受对方提供的奖学金，有些部门派出的

---

① 于富增、江波、朱小玉：《教育国际交流与合作史》第 33—39 页，海南出版社 2001 年 8 月第 1 版；李滔主编：《中华留学教育史录—1949 年以后》第 102.230 页，高等教育出版社 2000 年版；田正平主编：《中外教育交流史》第 876 页，广东教育出版社 2004 年 9 月第 1 版。

② 李滔主编：《中华留学教育史录—1949 年以后》第 109—110 页，高等教育出版社 2000 年版。

③ 田正平主编：《中外教育交流史》第 876 页，广东教育出版社 2004 年 9 月第 1 版。

④ 李滔主编：《中华留学教育史录—1949 年以后》第 124、134 页，高等教育出版社 2000 年版。

留学生和实习人员是根据中苏合作项目派出的。如在中国驻苏联大使张闻天于 1951 年 10 月 15 日签署并上报给"外交部并转周总理、组织部安部长、教育部钱部长"的《关于留苏学生的报告》中，[①] 就大致描述了中国在苏联留学生的整体状况。该报告称，当时在苏联的中国留学生共计 609 人，除了教育部于当年 9 月派出"新来的留学生 375 人"以外，另有"海军留学生 53 人；空军留学生 30 人；青年团留学生 22 人；东北工业实习团 88 人；老留学生 41 人（多系干部子弟，其中有苏联籍 19 人）。"从该报告可以看出，非教育系统陆续派出的留学人员就已经占到当时在苏留学人员总数的 38.42%。

（三）关于派遣留学人员的主要类型

根据中苏两国 1952 年签订的《关于中华人民共和国公民在苏联高等学校学习之协定》的原则，苏联高等院校一般只接受中国派遣的两类留学生，即研究生和大学生。因此 1951 年和 1952 年由国内教育部门选派到苏联的留学生，主要是已经具有大学本科学历的人员。据文献记载，在这两年派赴苏联的 595 名留学生中，大学生只有 147 人，其余 448 人皆为研究生，约占 75.30%。1953—1955 年间派赴苏联的留学生，同样也是以大学生为主。1952 年 4 月，教育部在报送中国领导人周恩来和陆定一的《1952 年第二批留苏预备生选拔计划》中报告，"1953 年 8 月拟派赴苏联留学生 1000 人。估计在留苏预备部学习一年后，可能有一部分淘汰，所以拟招收 1100 名，其中 50—80 名为研究生，600—700 名为大学生，50—80 名为中等技术学校学生，200—300 名为实习生。"[②] 其后于 1954 年制定的留苏预备生计划为 1700 人，其中研究生 180 名，大学生 1520 名；1955 年制定的留苏预备生计划为 2650 人，其中研究生 350 名，大学生 2300 名。

赴苏留学人员中除了研究生、进修教师和实习生以外，大学生占有相当大的比例。经过评估效益和总结工作，高教部给中共中央、国务院提出了报告，认为几年来选送高中毕业生赴苏大学学习，因俄文条件限制学习吃力，因而效果不甚好。据归国留学生及有关方面反映，留苏大学毕业生的学科水平和国内大学毕业生的水平一般并无明显差别。高教部经商国家计委和经委以及中国科学院并召开有关部门会议后，提出今后基本上不派高中毕业生出国学习，原在北京俄语学院的 1150 名高中毕业生留在国内高校学习。对国内不能培养的缺门专业，尽可能采取从现在苏联学习的大学生改变所学的专业的办法来解决。文化部提出因国内艺术专业基础薄弱，当年尚需派遣少数有艺术天才的专科毕业的学生去苏联高等艺术学校学习。中国政府根据国内高校本科生和研究生培养计划完成的情况，于 1955 年提出了"增加派遣研究生、减少派遣本科留学生"的政策要求。于是 1956 年留苏预备生计划将研究生数量增加到 700 人，本科生计划锐减为 600 人。

1956 年 4 月，高教部曾在《1956 年工作计划要点》中提出了"根据中央关于派遣留学生应多派大学生出国作研究生，多派进修教师、少派高中生出国当大学生，并且以理工

---

① 李滔主编：《中华留学教育史录—1949 年以后》第 230 页，高等教育出版社 2000 年版。
② 李滔主编：《中华留学教育史录—1949 年以后》第 105 页，高等教育出版社 2000 年版。

科为重点的方针"进行了 1956 年、1957 年的选拔工作。此后，选派留学生政策即改为以派研究生、进修生为主，除语言类专业继续派遣大学生外，只在自然科学领域的某些缺门或薄弱专业方面继续派遣少量的高中生出国当大学生。

如上所述，1954 年之前中国教育主管机构派往苏联的留学生仅有本科生和研究生两类。但因受在国外完成学业、取得学位的时间限制，研究生和本科生完成规定的留学任务后再回国开始发挥作用的周期较长。另外在这一时期内对是否多派研究生的问题上也曾有过一些政策上的意见分歧。如有意见认为，由于被选人员大多是刚从大学毕业，缺乏实际工作经验的学生，学科基础较差，加之研究生各类专业人数之间的比例，存在有相当大的盲目性，照顾当前需要的多，考虑长远的需要少。究其原因主要是建国初期，国内各部门对培养建设干部缺乏长远规划，另外对国外的研究生教学情况也缺乏系统的了解。

因此，出于较快培养高校迫切需要的师资和尽快提高高校在职教师教学能力和水平的考虑，从而达到尽快提高国内高等教育质量和增强培养高级人才能力的目的，在中国政府的决策与要求下，国内教育主管部门制定的留学政策对派出类别进行了拓展。经国务院批准并由外交部商苏联有关方面原则同意后，教育部于 1955 年 2 月 28 日引发了《关于 1955 年度选拔高等学校教师赴苏联进行短期专业研究的通知》，决定从 1955 年开始选拔高校在职教师中的部分优秀骨干人员，到苏联的高等学校或研究机构进行短期的专业进修。根据此项政策性调整与安排，当年首批 33 名高等学校教师于 1955 年 9 月启程赴苏联短期进修，从而开启了教育系统内"不攻读学位、不统一固定时间、不脱离原单位管理、不与原工作内容脱节"的一种新型出国留学形式的先河。从此以后，此类留学人员一般被统一称为"进修人员"或"进修生"，以区别于严格意义上的留学生；两者又被统一称为"留学人员"。首批出国进修的留学人员分别来自中国人民大学、北京大学、清华大学、北京农业大学、浙江大学、交通大学等 18 所高校；并规定在外进修的时间一般为 1 年半到 2 年不等。

其后，教育部于 1956 年 8 月制定了《关于派遣出国教师的规定》，进一步明确了相关的政策要求与选派办法。由于这批人员在国外留学的时间短、收效快，学习目标集中且任务明确，留学前又都具有相当程度的教学实际经验，因而留学的效果比较明显。回国后，他们在教学和科研中效果明显，其中的许多人比较快地成为国内高等学校的教学骨干。此后，当时试行的派遣高等学校在职教师或科研院所的科研人员出国短期学习和研究这种被称之为"出国进修"的方式，就成为中国出国留学活动中一种经常被采纳的重要形式和主要内容。到 1957 年底，中国教育部共派出 231 名赴苏进修教师；而 1955—1963 年期间，中国共派出约 700 多名出国进修人员，约占同期派出留学人员的 31%，且高于同期派遣本科留学生的比例。①

由于相关政策尚处于探索与试行阶段，上述由国家教育部门选拔派出的进修人员，在新中国建立初期时数量并不很多。与苏联援助中国的工业项目相联系而派出的实习或进修

---

① 田正平主编：《中外教育交流史》第 877、892 页，广东教育出版社 2004 年 9 月第 1 版。

人员却是大量和广泛的。这类实习和进修人员，由中国的非教育系统中其他有关部门自行对外联系、自主向上级报批并选拔和派出，因而没有纳入中国教育部门选派出留学生的总体计划。本书在介绍或论证选派"留学生"的数字和总体状况时，除有专门说明以外，一般不包括这一类实习生或进修人员；只有在专门说明是"留学人员"的前提下，就应该是包括"实习生"和"进修生"在内了。在各种不同的场合如何称谓，一般取决于政策、统计或研究等方面的不同需要。

综上所述，1951—1956 年期间，中国派遣赴苏留学人员实际上有大学生、研究生、进修教师（进修生）和军队或厂矿派出的实习生等四类人员，人数和比例则因年度政策的调整而不断变化。教育系统 1955 年之前派出的留学者全部是大学生或研究生，属于传统意义上的"留学生"；1955 年下半年开始试行选派出国"进修生"的政策。非教育系统中具有实习性质的出国进修人员，分别来自海军、空军、共青团和工矿企业。①

（四）关于赴苏留学涉及的主要专业

该时期中国赴苏联留学人员的全部专业涉及到理工农医文教等 40 多个国内缺少专业人才的各个学科门类；留苏人员广泛分布在全苏联几十个城市的 220 多所高等院校或科研机构内学习，其中首都莫斯科市以及列宁格勒市（现彼得格勒市）集中了赴苏中国留学生总数的约 70%。② 以下由国内教育部门提供的政策依据和派遣数据显示，该时期"选派专业政策"的重点明显向工科类倾斜，且在各主要的选派年度内均保持在 70% 以上；工科的重点又主要是集中在新中国建设初期急需的地质、采矿、冶金、机械和建筑等基础工业领域。如中国政府 1951 年制定的选派专业政策被确定为："赴苏联学习先进的科学技术及教学经验，以培养我高等学校的各科师资"。并因此规定，要从具有至少两年教学经验的高校在职教师中和大学理工农医教育学等学科专业的一至三年级学生以及高中生中，选派赴苏本科生。其中的语言条件为，最好通晓，不懂也可以。③ 1952 年制定的选派政策被确定为："为着培养高级建设人才以适应今后国家建设的需要……选派一批优秀的青年学生、有专长的革命干部及教师赴苏联学习先进的科学技术与经验"；④并确定了 1953 年派赴苏联 566 名留学生（其中 60 人为研究生、506 人为大学生）的专业分布上的选派名额：工业类 424 人，约占 74.91%；文教卫生类 67 人，约占的 11.84%；其他专业 75 人，约占 13.25%。其中工业类专业中 424 名留学生的分布为：地质、采矿、冶金类专业 161 人，约占工业类专业的 37.97%；机械制造类专业 118 人，约占工业类专业的 27.83%；土木建筑类专业 57 人，约占工业类专业的 13.45%，其他专业 88 人，约占工业类专业的 20.75%。⑤1954 年派赴苏联 1526 名留学生（其中研究生 164 人、大学生 1362 人）的专业分布被确定为：工业、建筑、运输类

---

① 于富增、江波、朱小玉：《教育国际交流与合作史》第 34—35 页，海南出版社 2001 年 8 月第 1 版。
② 田正平主编：《中外教育交流史》第 877、882 页，广东教育出版社 2004 年 9 月第 1 版。
③④⑤ 李滔主编：《中华留学教育史录——1949 年以后》第 98、102、113、125 页，高等教育出版社 2000 年版。

专业 1173 人，约占总数的 76.87%；文教卫生类专业 206 人，约占总数的 13.50%；其他专业 147 人，约占总数的 9.63%；与上一年度 1953 年的专业分布比例基本上保持了一致。[①] 1955 年派赴苏联 2398 名留学生的专业分布仍然主要集中在工业、建筑和运输类，共安排了 1668 人，约占总数的 69.56%；文教卫生类安排了 365 人，约占总数的 15.22%；其他专业也安排有 365 人，约占总数的 15.22%。[②]

1954—1956 年期间，中国大陆共派出 6012 名留学生，平均每年约 2 千余人，是 20 世纪五六十年代派出人数的高峰期。仅从 1955 年赴苏留学生的生源构成来看，其中 57.88% 来自工矿、交通等部门，31% 来自文教、卫生部门，11.12% 来自其他部门；按留学学科比例来看，69.24% 学习工业、建筑、运输等专业，15.23% 学习文教、卫生专业，15.53% 学习其他专业。

根据中国政府当时确定的出国留学派出政策，该时期内中国派遣赴苏联留学生的学科范围，多以学习自然科学或工程技术为主；从留学生的类别看，开始阶段曾以派遣本科生为主，后来调整为要多派研究生，并逐渐实行了选派进修生的做法，使中国留学生的类别与形式趋于多样化。正是由于 1949 年以后的新中国政府果断实施了向苏联大量派遣留学生的政策，在数年内就使当时中国在国外的留学生达到近万人之多，若将包括"进修生"和"实习生"在内的"留学人员"一并统计在内的话，本阶段则达到了 1 万多人，这一派遣规模在当时的世界各国中是少有的。据有关资料记载，1954 年时在美国的世界各国留学生总数大致上约为 3.5 万人。[③] 作为从半殖民地半封建制度下刚刚获得独立的新中国，在短短的几年内就陆续派出上万人出国留学，从一个侧面证明了当时中国的经济建设和社会发展十分落后，因而对各级各类人才的需求必然十分迫切；同时也表明了中国共产党和中国政府高层领导人利用"公派留学"政策加快培养经济建设与社会发展人才的紧迫感与胆识。

五、向苏联大量派遣留学人员的政策对中国教育发展的作用与影响

向苏联大量派遣留学人员的政策，对于形成全面向苏联学习、促进中国教育发展并与苏联等东欧社会主义国家开展多领域教育交流的局面起到了积极的推动作用。

随着大量留学人员被派往苏联政策的实施以及中苏两国友好合作机制的建立，中国与苏联的教育交流与合作得到了广泛深入的发展，并几乎涵盖了各个方面。1950 年以后，由于中美关系不断恶化，并且随着朝鲜战争的爆发和原教会学校被中国政府接管，所有西方国家的教学人员几乎都陆续离开了中国大陆，从而标志着新中国与西方国家的教育交流完全断绝。与此同时，由于缺乏社会主义教育管理方面的政策与经验，且又面临西方国家的各种封锁，为借鉴苏联经验，并随着中国留学生大量赴苏，中国教育界开展了全面学习苏

---

① ② 李滔主编：《中华留学教育史录——1949 年以后》第 98、102、113、125 页，高等教育出版社 2000 年版。

③ 于富增、江波、朱小玉：《教育国际交流与合作史》第 39 页，海南出版社 2001 年 8 月第 1 版。

联教育理论、教育政策、教育体制和教育经验的活动；有组织有计划地翻译苏联的教学计划、教学大纲和各类教材，聘请苏联专家并互派教育代表团。

根据中国党和政府确定的对外政策原则，国家教育主管部门先后出台了一系列相关的政策性文件或与苏方签署了有关的教育合作协议，用以管理、控制、支持和指导全国教育领域内与苏联开展全面交流的各项活动，从而逐渐形成了在教育领域全面向苏联学习并开展交流与合作的总体态势：如依据苏联高校体制对国内高等院校进行大规模院系调整；聘请苏联教育专家担任中国各级政府和教育机构的教育顾问；按照苏联教育制度和教学模式加强哈尔滨工业大学建设、创办中国人民大学、改造清华大学；聘请大批苏联文教专家来华任教，如 1949—1957 年共聘请 754 人、讲授 1600 多门主干课程；组织翻译并出版苏联高教教材，如 1952—1956 年共出版 1393 种教材，国内高校中可供采用的苏联教材达到 620 门课程；互派教育代表团或学者进行访问与考察，派遣汉语教师赴苏联任教；引进并推广苏联的教育学理论、教学方法和教学经验；推动中苏高校之间建立校际联系；等等。[①]

六、逐步确认向其他国家派遣留学生的政策

"一边倒"的对外关系政策在确立之初就不是中国政府和领导人一成不变的固定方针。在被迫与西方国家中断往来，逐步形成并着手实施主要向苏联派遣大批留学生政策的同时，新中国政府也比较注意研究和制定向所有能够接受中国留学生的国家派遣留学生的政策，并在新中国建立初期的几年内也向除苏联以外的另外十余个国家（包括已建交的西方国家）陆续派出少量留学生。

如根据 1954 年 5 月 19 日高等教育部呈报政务院文化教育委员会，并于 5 月 26 日获得政务院"同意"的《1954 年派赴东欧及亚洲各人民民主国家留学生的名额与专业分配方案》显示：1. 根据与各国签订的文化合作协定和国内建设需要而安排的留学生派遣计划总数为 150 人；其中民主德国 50 人，波兰 20 人，捷克 29 人，匈牙利 14 人，保加利亚 12 人，罗马尼亚 14 人，阿尔巴尼亚 2 人，朝鲜 5 人，蒙古 4 人。2. 留学专业的重点主要是所在国的语言、历史和艺术等特有文化，其次为该国的科技特长。

另外，1954 年 12 月 23 日由杨秀峰部长签署下发至有关高校和上海市高教局的《高等教育部关于 1955 年度选拔赴各人民民主国家留学生的指示》中提出，另选派赴印度、缅甸、印度尼西亚、英国等国家留学研究生 20 名。

在此期间内中国政府向其他国家派出留学生政策的执行情况大致如下：

（一）向东欧各人民民主国家派遣留学生的政策

当时的东欧人民民主国家包括波兰、民主德国、捷克斯洛伐克、匈牙利、保加利亚、罗马尼亚、阿尔巴尼亚、南斯拉夫等国家。

---

① 卫道治：《中外教育交流史》第 320—334 页，湖南教育出版社 1998 年 6 月第 1 版；田正平主编：《中外教育交流史》第 754 页，广东教育出版社 2004 年 9 月第 1 版。

1954 年，中国高等教育部与民主德国高等教育总署就两国相互派遣研究生和留学生事宜，签订了《关于交换研究生和留学生议定书》，其内容包括：双方根据规定的资格与条件交换研究生和留学生；每年交换的数目由双方在文化合作协定执行计划中协商决定；以及经费负担和具体执行细节；等等。

1956 年，中国和波兰两国高等教育部签订了《关于派遣中国公民到波兰人民共和国学习和派遣波兰公民到中华人民共和国学习的协定》。其主要内容包括：双方互派大学生、研究生以及科学专业学习和研究的人员到对方国家高等学校学习；每年商定互派留学人员的数量以及他们选学的专业；互派留学生的资格和条件；互派留学生的经费负担办法以及互派留学生的其他具体事项等。

1950—1956 年期间，新中国共向上述东欧人民民主国家派出了 985 名留学生，其中多数是 1954 年以后派出的。1954—1956 年期间，每年派赴这些国家的留学生都在 100 人以上；而 1956 年则派出了 287 人，是 1966 年以前派赴上述东欧国家留学生最多的一年。其间，接受中国留学生最多的 3 个国家依次为：民主德国接受 211 人，捷克斯洛伐克接受 186 人，波兰接受 127 人。

随着派往东欧国家留学生的不断增加，根据国内的需要和国外的条件，以及在历年选派事务陆续出现的各种情况和问题，中国教育部不断调整对选派人员的政策要求，并于 1956 年提出了派赴东欧国家留学生的几项原则。其主要内容包括：大学生主要学习这些国家的语文、历史、艺术等特有学科，以培养熟悉各个国家的专门人才，开展国际间文化交流；研究生主要学习这些国家在科学技术方面的特长，以提高我国的科学技术水平。派遣本科生是以培养参与国际文化交流人才为目标；派遣研究生是以为国内的科学技术发展服务为目的。

（二）向朝鲜、越南、蒙古等国家派遣留学生的政策

1950 年 9 月，新中国向蒙古政府提出派遣留学生计划，并得到对方的同意。根据周恩来总理的指示，从内蒙古自治区青年中选拔 6 人派出，3 人学习蒙古新文字（从 20 世纪 40 年代开始，在苏联的影响下，蒙古人民共和国对其使用的文字进行改革，把原来古老的蒙古文字改为以斯拉夫语系为基础的拼音文字，即新文字），3 人学习兽医。留学生的选拔工作，由教育部与政务院民族事务委员会联合办理；留学生出国手续，由外交部办理。这批留学生于 1951 年派出，实际派出为 5 人。这是新中国向周边国家派出的第一批出国留学生。1954 年至 1956 年期间，根据中国与蒙古人民共和国双边文化合作协定，每年向蒙古派遣留学生，3 年期间共派出 17 人。1956 年派出的数量最多为 10 人，其中 8 人是学习蒙古语言的大学生。

1950 年，政务院文化教育委员会提出的派遣留学生计划中，也包括向朝鲜派遣留学生，后因发生朝鲜战争未能成行。朝鲜战争结束后，从 1954 年开始，根据中朝双边文化合作协定，中国每年向朝鲜派遣少量留学生。1951—1956 年间，共向朝鲜派出 13 名留学生，且多数是学习朝鲜语言的留学生。

根据 1955 年签定的中越双边文化交流协定，中国于 1955 年第一次派遣 3 名学生赴越

南学习，1956 年又向越南派遣了 2 名留学生。

（三）向其他民族独立国家派遣留学生的政策

1951 年 1 月 26 日，在印度国庆日晚会上，毛泽东主席与印度驻华大使谈到两国交流留学生一事。印方不久后答复同意，并表示当年可以先交换 2 名研究生，学习期限为一年。其后于 1952—1956 年期间，中国共向印度派遣了 10 名留学生。1955 年，中国还向埃及派出 7 名留学生，主要学习对方国家的语言、文学和历史等专业。

随着中国与民族独立国家在文化、贸易和卫生等方面交流工作的开展，国内有关部门对"非通用语种"人才的需求不断增加。为此，中国政府加大了向民族独立国家派遣留学生的政策力度。教育部门于 1956 年提出了向民族独立国家派遣留学生的计划，其中派往印度 8 人、印度尼西亚 3 人、缅甸 3 人、埃及 3 人、阿富汗 3 人、叙利亚 3 人、巴基斯坦 3 人。这个主要目的是学习留学所在国语言和文化的派遣计划得到了上述有关各国的响应，根据该计划选拔的留学生于 1957 年派出，其中大多数国家如约接受了中国派出的留学生。[①]

（四）提出"向资本主义国家派遣留学生"的政策

虽然 1949—1956 年期间中国派遣出国留学生的基本政策主要是面向苏联和东欧人民民主国家，但正是基于既要"一边倒"，又要坚持"三个不能"的中国外交基本方针，[②] 中国外交部和高等教育部于 1956 年 6 月向国务院提交了一份《关于向资本主义国家派遣留学研究生的请示报告》[③] 并获得国务院副总理陈毅批准。这份报告认为，"随着国际形势的发展及我国国际地位的提高，我国与资本主义国家的文化交流也日益增多，不少国家的民间团体及政府曾向我提出互派留学生的建议。……根据我国各方面建设发展的需要，今后每年派遣一定数量的留学研究生，到资本主义国家学习它们的语言、历史和特长专业是必要的。"为此，《请示报告》提出了三点政策性意见："（1）派遣的目的：为适应国家建设各方面的需要及发展我国与各资本主义国家的文化交流及友好关系，在需要和可能的条件下，我国应该有计划地派遣一定数量的留学研究生到各资本主义国家留学；（2）派遣的要求和留学类别：鉴于资本主义国家情况复杂，派出的留学生必须在政治上是比较强的，生活上有一定经验的。因此，除特殊情况下，一般只派研究生，不派大学生。（3）派遣的专业及渠道：每年派遣的专业，由高等教育部会同国家计划委员会，根据有关部门的需要提出派遣方案，报国务院批准后，负责向有关国家交涉；其中，已与我建交并已派遣过留学生的国家，可通过政府间文化协定谈判方式解决；对已与我建交但尚未派遣过留学生的国家，由外交部或对外文化联络局正式向

---

① 李滔主编：《中华留学教育史录——1949 年以后》第 75—91. 126—128 页，高等教育出版社 2000 年版；于富增、江波、朱小玉：《教育国际交流与合作史》第 47—51 页，海南出版社 2001 年 8 月第 1 版

② 即"不能盲目照搬它的政策经验，不能依赖它的援助，不能没有批评。"——郭德宏：《共产国际苏联与中国革命关系研究述评》第 307 页，中共党史出版社 1996 年 7 月第 1 版。

③ 李滔主编：《中华留学教育史录——1949 年以后》第 145—146 页，高等教育出版社 2000 年版。

有关国家主动提出交涉或建议互派留学生并商定具体办法；对未与我建交国家，但已互设代表机构的国家，可视具体情况提出互相派遣留学生问题，可由驻外代表机构或我对外人民团体负责交涉。根据外交、文化、对外贸易等部门及对外文化联络局对派遣留学生的要求，1956—1957 年拟派往各资本主义国家留学生 50 人。"

上述报告的核心内容在于，为适应国家建设各方面的需要及发展中国与各资本主义国家的文化交流和友好关系，根据外交、文化、外贸、卫生等部门的要求，并在需要和可能的条件下，应该有计划地派遣一定数量的研究生到各资本主义国家学习；同时考虑到资本主义国家情况复杂，派出的学生必须是政治上比较强、生活上有一定经验的学生；并且除特殊情况外，一般只派研究生，不派大学生。

应当承认，这一明显还十分谨慎且比较低调的向资本主义国家派遣留学生的政策原则，是中国出国留学活动博采各国之长以及派出国别多元化的开端、并还处在观察与探索之中，但却是贯彻中国政府派遣出国留学生工作的总方针，广泛开辟派遣出国留学生渠道的一项政策措施，对于摸索和制定社会主义国家的中国学习并借鉴世界各国所长、特别是派出留学生到西方资本主义国家学习先进科学技术和现代管理经验的活动打下了基础。[①]

上述报告中的"资本主义国家"实际上包括民族独立国家和资本主义国家，当时被中国统称为资本主义国家。而在 1965 年国务院批准高教部《关于 1965 年向资本主义国家派遣自然科学留学生问题的请示报告》中提到的"资本主义国家"则已经仅仅是指比较发达的资本主义国家，而不再包括民族独立国家了。1956 年以前，接受中国留学生的民族独立国家有印度和埃及。上述 1956 年报告提出的 1956—1957 年度派往所谓"资本主义国家"的 50 名留学生中，除派往民族独立国家的印度 8 人、印度尼西亚 3 人、缅甸 3 人、埃及 5 人、阿富汗 3 人、叙利亚 3 人、巴基斯坦 3 人、其他国家 12 人外，实际派往资本主义国家的有瑞典 4 人，英国 3 人，芬兰 3 人。

第五节 制定和不断调整选拔与派出 留学生条件的政策性标准

从当代中国教育外事活动的老前辈李滔先生主编的《中华留学教育史录—1949 年以后》中提供的文献和资料来看，这一时期的留学生选拔工作是在中国国务院首脑直接领导下，由教育部、高教部具体负责，并由外交部和人事部等部门共同参与指导完成的。显然是出于对国家安全的考虑，在此期间，国务院领导以及上述主管教育、外交和人事的政府机构先后或做出了相关的"指示"，或下发了一系列相关的文件和规定，要求对各类留学人选都要严格按照当时的政治标准以及业务条件、外语水平予以掌握。其中"单位保送或

---

① 国家教委外事司编著、陈可森执笔：《教育外事工作历史沿革及现行政策》第 13—14 页，北京师范大学出版社 1998 年第 1 版。

选送、严格政治审查、单位领导负责"的选拔原则与相应的办法，是保证被选留学生的家庭可靠和政治安全的重要政策之一。

从当时各年度中有关选拔和派遣留学生事务的大量政策性文件中，我们大致可以看出选拔与派出留学生政策性标准的变化和沿革。其背景当然是服从和服务于当时国际国内政治形势的变化与国家经济建设的需要。

一、1951 年 7 月 6 日，教育部在《急速选拔留学生的指示》①中明确规定，选拔对象"政治上要可靠，由保送部门的首长亲自签字负责"。据此，1951 年派赴苏联留学生的选拔政策是由各大行政区保送，教育部在各大行政区保送名单的基础上确定最终赴苏留学生人选。虽然是"各大行政区保送"，但教育部对候选人的要求进行了统一的政策性规定。除上述"政治上要可靠"外的其他要求包括：人选从高等学校教师，高等学校一、二、三年级学生或高中应届毕业生中选拔保送；高校教师需任教两年以上，以助教为主；后者以高校在学学生为主；保送人员年龄为：学生 26 岁以下，助教 31岁以下，讲师、教授 35 岁以下；被保送人员最好通晓俄语、英语、德语、法语等一种外语（不懂也可以）；各大行政区按教育部规定名额的 4—5 倍报送保送人员名单。也就是在上述选派政策执行过程中，从苏联访问回国的中央人民政府秘书长林伯渠，1951 年 10 月 3 日致信国家领导人刘少奇和周恩来。信中指出了选派留学生政策中"不懂俄文的占 95%"这样一个问题，并首次提出了两条十分重要、且直到近 60 年后的今天仍然继续保持着的政策性建议：一是再派留学生去苏联，须在出国前或出国后安排进行至少 6 个月的俄语教育和培训；二是应在大使馆添设管理留学生的人员（如旧中国的学生监督），以专责成。对此，周恩来总理于当月 13 日批示教育部门有关负责人员：商改善办法，筹办留苏预备学校。②此后，"留学苏联预备部"于 1952 年成立，地点设在北京当时的定阜大街辅仁大学第二院，专门负责赴苏留学预备人员的俄语培训与行前教育。

二、1952 年 2 月 21 日，教育部在《关于选拔 1952 年度赴苏留学生的指示》③中指出：根据上一年度的选派经验，个别政治上有问题的学生，起了不好的政治影响。因此在校学生及教师的选拔，决定要由各大行政区的教育部门会同人事部门负责严格地审查政治条件，同时提出了 4 项政治审查的工作程序。此外，1952 年度赴苏留学生的选拔政策，还在原有办法的基础上增加了通过考试最终确定赴苏人选内容。要求经保送和教育部复审合格的人员到"留学苏联预备部"参加统一考试。考试科目分统考科目和按不同专业设置的业务课考试科目。统考科目为：国文、俄文和政治常识；另外还要进行"业务课"考试，具体内容因研究生和大学生的层次不同、学科的不同而有所不同。如大学生的"业务课"考试科目分为 3 种：政法专业类的学生，考中外历史和中外地理；理工科类的学生，在物理、化学、微积分中任选两门；农艺科类的学生，在化学、生物、物理中任选两门。研究生的"业务课"考试科目，原定是在录取后另行组织。但由于这一时期出国研究生数量较

①　李滔主编：《中华留学教育史录——1949 年以后》第 98 页，高等教育出版社 2000 年版。
②③　李滔主编：《中华留学教育史录——1949 年以后》第 101—102、102、113 页，高等教育出版社 2000 年版。

少等原因，实际上出国研究生并没有实行考试录取的办法。

三、1953 年制定的选派政策是，学习苏联先进的科学技术与建设经验，有计划地培养国家建设所需要的高级专门人才。同时，1953 年 5 月 26 日，教育部、高教部和人事部在联合发布的《关于 1953 年选拔留苏预备生的指示》①中再度提出了政治上要"严格审查"的政策原则，并在其附录的《1953 年留苏预备生选拔办法》中明确规定了"历史清楚、政治上完全可靠、思想进步、家庭成员与社会关系无政治问题"等政治审查条件。其次，教育部于 1953 年进一步完善了赴苏联留学生的考试选拔制度，首度建立了"高等教育部留学苏联预备生学科考试委员会"，并制订了相应的工作《简则（草案）》；"考委会办公室"设置在高教部留学生管理司内。②"考委会"成员由教育部从高等学校教师中聘任；其主要职责是：根据选拔办法规定考试科目，确定考试标准；推选命题人员、评卷人员；审查考试题目；组织评卷；根据考试标准，确定录取标准。"考委会"分设 4 个考试组：政治、财经考试组，理科、工科考试组，农科、医科考试组，政法、文教考试组。由于 1953 年计划选拔的赴苏留学生数量较大，教育部除发文通知各大行政区的教育部门负责组织选拔工作外，同时发文要求高等学校配合做好工作。当年计划录取 1700 名留苏预备生，但要求各地推荐 2795 人（内含教授、副教授、讲师、助教、研究生 238 人，大学一年级学生 1767 名，高中毕业生 791 名），然后经过考试决定录取与否，录取率为 60%。对这批留学生的选拔，教育部规定的具体条件是：机关在职人员报考留苏研究生者，需具有大学毕业程度，并从事研究工作或参加与其所学专业有关的实际工作一年以上，成绩优良，确有培养前途；机关人员报考留苏大学生者，须高中毕业（包括同等学力者），或大学一、二年级肄业。高等学校报考留苏研究生者，限于教授、副教授、助教及成绩优良的在校研究生；报考留苏大学生者，限于高等学校（包括专修科）一年级学生。高中毕业生报考留苏大学生者，限于指定的高级中学应届毕业生中成绩优良者。1953 年选拔赴苏留学生的考试集中在全国 6 个大区的中心城市（华北区的北京，华东区的上海，中南区的汉口，西南区的重庆，东北区的沈阳，西北区的西安），并于当年 8 月 1—3 日同时举行。研究生统考科目有国文和马列主义基础；大学生统考科目有国文和政治，俄语不再作为统考科目。大学生的选考科目按文教、政法、财经、理工和农医分别规定。研究生选考科目另定。在新的考试科目中没有俄语，并不是对俄语没有要求，因为根据从 1952 年起的政策调整，所有赴苏联留学生必须在国内经过一段时间的俄语培训，并经考试合格后方能派遣出国。因此上述约 1700 名留苏预备生应该是在 1954 年上半年陆续前往苏联的。

四、从 1954 年开始，新制订的选拔政策对报考和选拔留苏预备人员的范围与标准又进行了更严格的限制，其主要原因是为了避免出国留学生的选拔事务对国内高等学校和高中的正常招生和教学秩序造成不必要影响与冲击。实际上是对教育部"从 1953 年起，为适应增加向苏联派遣本科留学生的需要，可以从高等学校在校一年级学生和高中

---

① 李滔主编：《中华留学教育史录——1949 年以后》第 101—102、102、113 页，高等教育出版社 2000 年版。
② 李滔主编：《中华留学教育史录——1949 年以后》第 118 页，高等教育出版社 2000 年版。

应届毕业生中推荐人选参加留苏预备生考试"的规定进行了适当压缩和限制。将高等学校在校一年级学生报考留苏预备生的人员比例，确定为平均占在校一年级学生总数的4.2%；将指定高中学校报考留苏预备生的应届高中毕业生比例，确定为一般占该校应届高中毕业生总数的 2.8%—10% 之间。[①]

五、1955 年的留学生遴选工作是从 1954 年底相继展开的，遴选范围与标准的政策性意见多出自于以下三份文件：高教部于 1954 年 12 月 23 日印发的《关于 1955 年度由机关干部中选拔留苏预备研究生的指示》，高教部和教育部联合于 1954 年 12 月 23 日印发的《关于由 1955 年度高中毕业生中选拔留苏预备生的指示》，以及于 1954 年 12 月 24 日发印发的《关于 1955 年度（由高等学校）选拔留学预备研究生的指示》。[②] 其中规定的主要政策内容有：1. 派遣目的是为贯彻国家在过渡时期的总路线总任务培养建设人才。2. 政治审查、身体检查、学科考试以及留学前一年培训等条件与上一年基本相同。3. 选拔留苏预备研究生中的"机关干部"是指"科学院与中央各部门所属的科学研究机构"中的"从事科学研究工作"的人员；选拔标准是"须为大学毕业并从事科学研究工作一年以上；或大学肄业三年以上，经二年以上研究工作的锻炼确已相当于大学毕业的程度者"；年龄限制在 40 周岁以下，并"自定选送名额"。4. 对选拔为留苏预备生的"高中毕业生"未设新的特别规定，选拔人数为 4500 名。5. 由高等学校内选拔留学预备研究生的范围是，应届本科优秀毕业生（不选专科毕业生）或根据需要自行确定的讲师和助教共 700 名。6. 在职人员学成归国后回原选送单位工作，原在校毕业生学成归国后由国家统一分配工作。

六、1956 年 1 月至 2 月期间，高教部在《关于 1956 年度选拔（100 名）高等学校教师赴苏联短期专业研究的通知》、《关于 1956 年选拔留学预备研究生的指示》和《关于 1956 年由机关干部选拔留学预备研究生的通知》三个文件中，以及高教部和教育部在《关于削减 1956 年暑期从高级中学毕业生中选拔留苏预备生名额的通知》中，先后提出的选拔工作的主要标准，仍然是需要经过比较严格的"政治审查"，其次就是"身体检查以及业务考核或考试"等基本一致的遴选标准和要求。而其中针对不同人员确定的遴选标准是：100 名高校教师"一般不超过 50 岁"；850 名高校中的留学预备研究生"要选优秀本科生毕业生，不选专科生"；300 名机关干部中的留学预备研究生"须从中央各部门与中国科学院等所属机构在职干部中选出"；1000 名从高中毕业生中选拔的留苏预备生要"以理工专业为主，其中女生比例一般不应超过 10% 。"需要说明的是，原定当年是要从高中毕业生中选拔 3000 人的，但"为了有效地提高高等学校教学质量和科学研究水平，上级指示今后派遣出国留学生必须贯彻多派留学研究生少派高中毕业生的方针，只有国内现在不能培养的缺门专业和薄弱专业才派遣高中毕业生出国学习。"并据此将"原定今年从高级中学毕业生中选拔 3000 名报考留苏预备生的任务减为1000 名。"[③]

---

① 于富增、江波、朱小玉：《教育国际交流与合作史》第 39 页，海南出版社 2001 年 8 月第 1 版。

②③ 李滔主编：《中华留学教育史录——1949 年以后》第 127、140 页，高等教育出版社 2000 年版。

从以上各年度"选拔与派出标准"政策的基本情况来看，该时期对留学生选拔与派出政策的基本特点大致有以下几个主要方面：一是选拔程序十分严格，几乎是每年都发布相关文件，并将审批权高度集中在国家一级的相关管理机构；二是建立了一整套自上而下的"层层把关、各司其责"的政治审查标准和遴选淘汰机制；三是特别注重对被选当事人的政治历史背景、家庭出身和社会关系的"内查外调"；四是严格强调被选人的思想品质、政治素质和生活作风；五是重视审查被选拔人在历次政治运动中的政治思想表现，以保证其在政治上绝对可靠；六是同时要求身体检查标准、学历层次、学科考试、外语水平以及留学前培训等条件并重。

有作者指出，半个多世纪前的上述 6 项选拔标准和派出条件，在使被录取的留学人员具有光荣感、责任感、成就感和使命感的同时，必然会使一些业务好、能力强，但政治审查、身体检查或学历不合格的人员失去公派留学的机会。本书作者则认为这是"在所难免"的，即任何国家在任何时期的任何政策，都会被打印上深刻的时代烙印。

新中国建立初期实行的就是这样一种由国家"高度集中管理与全面统一协调"的选拔和派出体制，在当时的历史条件下几乎没有、也不可能赋予基层单位过多的自主权。在新中国建立初期的国际国内政治环境和历史条件下，上述一系列有关"政治审查"的政策原则和基本办法也都是必须、必要和难以简化和免除的。有文章回忆说，在被任命的新中国首批驻外大使中，中国领导人从政治安全上考虑而安排的"将军大使"占了绝大多数。1950 年 3 月 10 下午，毛泽东主席在中南海勤政殿接见出国就职前参加实习活动的这批"将军大使"们时明确表示，玉可碎而不改其白，竹可黄而不改其节，派你们出去，是要完璧归赵；将军当大使好，好在哪里，你们出去我们放心，因为你们不会跑掉。[①] 从各国的历史和现实来看，也几乎在各个重要领域都有类似中国"政治审查"这样的政策和做法，这是保证国家安全的重要手段与原则。以现时已经逐渐比较宽松了的社会政治制度和已经发生了很大变化的国际政治关系作为尺度，去评价、甚至是指责半个多世纪之前中国出国留学政策中上述"政治审查"制度"过于严格"的说法，显然是一种脱离当时历史背景的主观臆断，是不负责任的夸夸其谈，也是对历史与政治的漠视或无知。稍微有一点旅行常识的人都知道，当代美国的签证制度和入境检查是各国中最为严格和最刻薄的。有关专家认为，这实际上就是"政治审查"制度。

第六节　制定针对在外留学生的管理政策
并组建留学生事务管理机构

这里所说的"对在外留学生的管理"主要是指留学所在学校的教学管理以外的由中国政府实施的日常管理和政治思想教育。如本章前面几节所述，在新中国建立初期的

---

①　陈敦德：《1949：共和国组建外交部》，《新华月报》2008 年 2 月号上半月第 109—111 页。

若干年内，中国政府陆续向 13 个国家派出了大量留学生和进修生，其中仅派往苏联一国的留学生就多达六七千人。就建国初期而言，对在外留学人员的日常管理和政治思想教育还是一项比较新颖而复杂的事务，相应的管理机构也还缺乏大量派遣出国留学人员之后的国外管理经验。例如针对在外留学生的管理来说，因留学生学习的学校比较分散，且又处于国外的特殊环境里，明显增加了管理事务的复杂性和难度。对此，中国政府在研究并强调派遣与选拔留学生政策的同时，也比较注重在外留学生管理政策与制度的建设，以不断规范对留学生群体的政治思想教育、日常管理与生活服务。

如果说在新中国建立之初，集中主要精力研究的还是留学生的派遣和选拔政策的话，那么随着出国留学活动总体规模的不断扩大以及在外留学生、进修生的陆续派出及数量的不断增加，针对在外留学活动中各种问题和实际情况的陆续出现，中国政府一直关注并研究和制定了管理在外留学生的相关政策；同时相继成立并不断完善了一整套具有专门职能的留学生事务管理机构和服务体系。

一、留学生日常管理与教育政策的建立与完善

随着留学生派遣与选拔政策的制订，针对在外留学生管理的政策机制和制度体系也逐步确立和完善起来。这些政策和制度的建立也必然会在一定的历史条件之下和一段时间之内，反作用于出国留学生派遣与选拔政策并推动其不断发展，发挥阶段性的、却不是永久性的作用。中国政府在这一时间段内，陆续研究和制订出了针对在外中国留学生学习与生活等方面的管理制度。即在总结公派留学活动的经验、教训和不断研究相关问题的基础上，制定并不断修订"留学生暂行管理办法（规定）"和《留学生守则》等针对留学生管理方面的政策性文件。[①]

通过对下述一些政策性文件的回顾性研究，可以基本了解到该政策体系形成与发展的大致过程：

1. 1950 年 9 月，几乎在新中国政府派出第一批出国留学生的同时，教育部针对当年首次派出的 35 名留学生分赴波兰、捷克斯洛伐克、罗马尼亚、匈牙利和保加利亚等 5 国的情况，就及时制订并颁布了《1950 年度派往东欧新民主主义国家的交换留学生暂行管理办法》；[②]这是新中国成立以来制定的第一个出国留学生管理条例。该《暂行管理办法》共 7 条，其中规定，出国留学生管理工作由教育部和外交部商定原则，并由中国驻外国大使馆负责执行；一切有关留学生事务，均应通过外交部和中国驻外使馆联系解决。上述由教育部制订的《暂行管理办法》还规定，"留学生直接受所在国大使馆的领导；本部与留学生间的联系均通过外交部和大使馆。"该《办法》还规定："留学生每学期结束后二周内将学习成绩及生活情况做出总结，并拟定下学期学习计划要点，报经我驻外使节，作初步审查后提出意见，汇寄本部审核。然后由本部送往有关部门复审，提出意见再送回本部处理。"该《办法》对留学生应遵守的规则，提出了五点要求：

---

① ②　李滔主编：《中华留学教育史录——1949 年以后》第 228—254、228 页，高等教育出版社 2000 年版。

（1）建立小组会议制度，定期进行对学习、生活、思想的检讨，发扬团结互助、批评与自我批评的精神，并向大使馆汇报学习情况。（2）在有必要参加政治性活动、发表文章或演说时，事前必须获大使馆的批准。（3）必须遵守所在国的法令、学校规章，尊重所在国的风俗习惯，不得随便打听有关国家机密的问题。（4）生活应保持朴素耐劳的作风，费用不得超过所在国政府发给的津贴。（5）节假日的活动，如参加文化、娱乐、旅行、运动等，应尽可能集体参加。此外，还规定"留学生如因特殊重大事故，必须中途改变学习计划或请假返国时，必须事先经我驻外使节审查同意并报请本部批准。"同时对留学生在国外如有学习不力或违犯规则之行为时，教育部将根据我驻外使节的意见，"视其情节轻重予以适当处理，必要时令其返国。"

2. 1951 年 10 月，中央政府秘书长林伯渠访问苏联，其间接触了到达苏联已一年的中国公派留学生，了解到他们的情况和当时存在的问题。1951 年 10 月 3 日，林伯渠秘书长在访问苏联后致信中国国家领导人表示：据大使馆反映，教育部派出的 300 余名学生中不懂俄文的占 95%，从而造成"听讲困难、饮食不惯、闹起情绪、学校不满"。并据此首次提出了两项政策性意见：对派出的学生"须先在国内进行预备教育 6 个月或多一些时间"，以便进行语言培训、政治教育和生活指导；"此后派赴苏联的学生日多，应在大使馆添设管理留学生的人员（如旧时中国派往某些国家的学生监督），以专责成。"①

3. 同期，中国驻苏联大使张闻天也在《关于留苏学生的报告》中提出，为了搞好留学生工作，急需在大使馆内部建立公开的专管留学生的工作部门，并建议在大使馆内设留学生部（或留学生管理处），请教育部派能力较强的管理干部主持留学生管理处工作，留学生管理处的主要干部应有外交职衔，以便公开对外活动。报告中还详细列出了大使馆留学生管理处应负的职责。②

4. 1952 年，中国政府首先在中国驻苏联大使馆建立了"留学生管理处"，其工作人员由教育部选拔并派出。同时，在一些接受中国留学生较多的国家，也开始陆续安排由教育部选派的工作人员到中国驻外大使馆开展工作，或由大使馆指定专人负责留学生工作。③ 此后，在中国驻外使、领馆内设立专门机构和编制，派遣或安排专职工作人员负责出国留学生管理工作就成为中国一项特有的管理制度和政策机制并沿用至今。

5. 根据林伯渠于 1951 年 10 月写给中央负责人的建议，周恩来总理指示外交部和教育部等单位在北京的辅仁大学第二院筹建"留学苏联预备部"，以专门负责留苏预备生的俄语培训工作。1952 年 3 月 31 日，首批 419 名留苏预备生开始在"留苏预备部"、即"北京俄文专修学校第二部"正式上课。④ 其后，"留苏预备部"根据留学事务不断拓展的需要更名为"教育部出国留学培训部"。

① 李滔主编：《中华留学教育史录——1949 年以后》第 102 页，高等教育出版社 2000 年版。
② 以上参见李滔主编：《中华留学教育史录——1949 年以后》第 230 页，高等教育出版社 2000 年版。
③ 于富增、江波、朱小玉：《教育国际交流与合作史》第 55 页，海南出版社 2001 年 8 月第 1 版。
④ 田正平主编：《中外教育交流史》第 878 页，广东教育出版社 2004 年 9 月第 1 版。

6. 1952 年 6 月 5 日，中国政务院修订了《派送出国留学生暂行管理办法》，重新规定并明确了政府各职能部门在出国留学生事务的政策协调、选拔派遣和管理工作中的具体职责。其目的是为了"加强各有关部门间的联系，正确地领导、督促并检查留学生的思想、学习、生活以保证其按期完成留学计划。"教育部根据上述《暂行管理办法》规定的政策原则，同时制定并颁布了《留学生守则》和《公费出国留学生书报供给暂行办法》。① 上述前两个文件的政策内容既严格又具体，几乎是面面俱到。但是在这两个文件中，忽略了中国驻外大使馆管理人员与留学生所在学校关系问题的相关规定，致使在其后的实际工作中出现了一些政策性障碍。如在留学生管理中存在着对留学生所在学校依靠不够的问题；注重与校方业务学习的关系，而忽视其他方面的关系，包括与所在国学生的相处，与所在国学校各级管理人员的关系等等。《派送出国留学生暂行管理办法》界定了留学生含义，即指"由中央人民政府政务院统一计划，以公费与兄弟友好国家交换或接受兄弟友好国家之奖学金等方式派送出国之留学生。"

该《办法》在进一步详细和明确有关职能部门间的职责和分工时，对包括在外留学生管理的工作提出了一些基本要求："留学生之管理工作由中央人民政府教育部主管，重大问题得会同中央人民政府外交部、人事部及其他保送留学生部门商定原则，由我驻外使馆执行。"其具体和详细的分工为：

规定由教育部负责综合各个保送部门的派出留学生计划，与保送部门协商拟定留学计划；审阅驻外使馆关于留学生有关思想、学习、生活情况综合汇报及留学生的总结报告并核转各保送部门；按期供给留学生学习和生活补助费、奖学金以及政治学习书刊等；核定驻外使馆关于处理留学生其他重大问题的意见。但教育部对留学生的指示及与驻外使馆的联系，要通过外交部实施。

规定由外交部负责督导驻外使馆对留学生的管理工作；负责有关留学生事务的对外交涉事项；向国内有关职能部门转达驻外使馆关于留学生的思想、学习、生活问题的请示、报告；并向留学生转达教育部对留学生工作的指示。

规定由国家人事部负责会同教育部共同协商决定对留学生的奖励及处分问题；负责统一为学成回国的留学生分配适当的工作安排。

规定由驻外使馆负责设立留学生管理处或指定专人专门负责留学生工作，其职责包括：（1）建立留学生组织，负责领导留学生的思想、组织生活及政治学习工作，督促留学生的业务学习并照顾其生活，制订保密办法并严格监督和检查其执行情况；（2）组织领导留学生做好每年的学习计划及每学期的总结工作，检查留学生学习计划执行情况；（3）每季度向教育部汇报留学生思想、学习、生活的综合情况；（4）具体掌握留学生经费和奖学金的预算、领取、报销及书刊供给工作；（5）解决留学生思想、学习、生活中发生的其他问题，必要时向国内请示；（6）负责与苏联高等教育部联络及商谈解决留学生的有关问题；（7）研究苏联的教育制度及高等学校情况等共 7 项工作。

---

① 李滔主编：《中华留学教育史录——1949 年以后》第 231—234 页，高等教育出版社 2000 年版。

规定由留学生的保送部门负责对本部门保送生的学习计划和学习成绩提出意见并报告驻外使馆；向留学生提供业务学习的书刊等。国内"保送部门"与留学生联系，一律要通过教育部进行。

规定要对留学生实行"奖惩制度"，即凡留学生学习努力、成绩优秀、团结互助以及生活作风上有模范行为者，由驻外使馆报请教育部、人事部核准后，给予适当表扬或奖学金；留学生如有学习不努力或违犯纪律行为时，驻外使馆视其情节轻重，给予适当处分，必要时报教育部、人事部核准后令其回国。

根据政务院上述《派送出国留学生暂行管理办法》中的规定，教育部于 1952 年 6 月制定并印发了《留学生守则》和《公费出国留学生书刊供给暂行办法》。《留学生守则》对中国在国外留学生的学习、生活等各个方面提出了具体的严格要求，同时明确了国内保送部门、教育部、外交部等职责范围。《留学生守则》规定，留学生应遵照学习计划。努力学习，克服困难，保证按期完成学习计划；留学生的学习计划要报驻外使馆转教育部审查批准；留学生按学习所在地区及国内"保送部门"建立学习小组，定期举行小组会议，每学期要以小组为单位做一次关于思想、学习、生活的情况报告，经驻外使馆审核并签署意见转教育部，教育部审查后通知各"保送部门"；加强开展各种集体活动；多与所在国的学生和劳动人民联系，发扬国际主义精神；遵守纪律、尊重所在国风俗习惯、注意保密；注意节约和保持身体健康；等等。《公费出国留学生书刊供给暂行办法》规定了留学生出国留学期间书报供给标准和种类，有《毛泽东选集》、《中国青年》、《学习》、《人民画报》和《世界知识》4 种杂志，以及《人民日报》、《中国青年报》两种报纸和语文学习工具书和业务学习参考书等。政治学习书刊、报纸和语文工具书，由教育部统一负责寄至留学生所在学校；业务学习参考书，由国内"保送部门"负责寄送。根据这些规定，驻外使馆留学生管理部门的工作人员，经常与在外留学生接触和联系，提供支持和帮助，并负责执行有关留学生管理的规定。

7. 1954 年 11 月 19 日，外交部、高教部又联合制定并颁发了《派赴苏联及各人民民主国家留学生暂行管理办法》。① 该规定除了重申了上述《派送出国留学生暂行管理办法》中有关政策内容外，还增加了一些新的内容。一是特别针对驻外使馆的中国留学生管理人员如何处理好与留学生所在学校的关系，做出了详尽的政策性规定，要求驻外使馆主要是协助所在国学校做好中国留学生的工作，而不是撇开学校独立地去管理留学生。二是该文件首次明确提出，由使馆指定专人或经外交部同意由高教部派遣专职干部负责在外留学生的管理工作，且必要时在驻外使馆内设立留学生管理机构。三是对中国驻外使馆如何管理、指导、协助、巡视、监督和审查中国留学生的各项事务逐一进行了政策性说明。该管理办法规定的中国驻外使领馆对留学生管理工作的主要任务和职责是：指导留学生努力达到"政治坚定、业务精通、作风正派、身体健康"的全面发展要求；指导留学生按照国内确定的专业，根据所在学校的教学计划按时、按质、按量完

---

① 李滔主编：《中华留学教育史录——1949 年以后》第 235、23—237 页，高等教育出版社 2000 年版。

成学习任务；指导留学生积极参加学校组织的社会活动，真正与留学所在国的同学打成一片，建立并巩固亲密的友谊关系；指导留学生遵守所在学校的纪律和所在国政府法令；监督中国留学生切实依靠和服从所在学校的领导；协助学校对留学生的思想、学习、生活各个方面进行教育；协助学校领导中国留学生学生会的活动；留学生的专业变更，学习年限的延长和缩短等问题，需经教育部同意后，再与驻在国进行交涉；定期检查留学生的思想、学习、生活、纪律、健康情况，进行必要的表扬和批评；审查、批准留学生各项较大对外活动等。

8. 1954 年 12 月 21 日，高等教育部向中国驻外使馆发出了《关于颁发留学生注意事项的通知》，[①] 并附有于 1954 年 4 月 19 日拟定的《留学生注意事项》；高教部函请使馆"转通知全体留学生经常注意，身体力行；并请使馆本此精神，多于指导。"《留学生注意事项》共八条，主要内容有：强调留学生"应高度重视党、政府、祖国人民所给予的光荣而艰巨的学习任务，时刻体念党政首长的'学习好、身体好、纪律好'的指示，坚定意志，自勉自重，努力成为'政治坚定、业务精通、作风正派、身体健康'的全面发展的专门人才，以献身于祖国伟大的社会主义建设事业；要高度发扬国际主义精神，严格遵守所在国的法令制度，尊重所在国的风俗习惯，增进兄弟国家间的相互了解与友谊合作；要严格执行我驻外使馆关于留学生管理工作的各项规章制度及各项纪律，防止任何无组织无纪律的言论和行动；要依照国内确定的专业，进入所在国政府分配的学校学习，热爱专业，刻苦钻研，严格遵守学校校规和学习纪律；要注意适应所在国家的生活方式和所在学校的学习环境，发扬集体主义精神，与外国同学们打成一片，注意劳动锻炼，增强体质，克服不问政治、闭门读书的非政治倾向；要经常注意增强本国同学间的亲密团结，严格组织生活，正确开展批评和自我批评；为了集中全力完成学习任务，对恋爱问题应自觉约束，正确处理，在留学期间不准结婚；要善于休养体力，增进健康并积极参加集体活动；毕业以前，一般不准请假回国，因特殊情况须回国者由使馆审核报高教部批准。"

二、设立并不断完善管理留学生事务的专门职能机构

（一）国内政府管理机构和非政府服务性机构的设立与变迁

在主管全国高等教育事务的政府机构设立具有管理出国留学事务职能的"留学生管理司"，并设立非政府机构性质的"留苏预备部"。后者首次更名为"出国留学培训部"、再度更名为"教育部（中国）留学服务中心"。

根据林伯渠 1951 年 10 月写给中央负责人的建议，周恩来总理指示外交部和教育部等单位在北京的辅仁大学第二院筹建"留苏预备部"，以专门负责留苏预备生的俄语培训工作。1952 年 3 月 31 日，首批 419 名留苏预备生开始在"留苏预备部"、即"北京俄文专

---

① 李滔主编：《中华留学教育史录——1949 年以后》第 235、23—237 页，高等教育出版社 2000 年版。

修学校第二部"正式上课。① 其后，"留苏预备部"根据留学事务不断拓展的需要更名为"教育部出国留学培训部"。

其后数十年内，管理出国留学事务的职能或与教育部（高教部、国家教委）的外事司、国际合作与交流司合署行政并设立若干处室，或全部划归新成立的"留学生司"，或分别划归为政府编制序列的"出国留学工作处"和"教育涉外监管处"以及事业单位编制的"中国留学服务中心"和"国家留学基金管理委员会秘书处"。

1952 年 11 月，高教部设置了"留学生管理司"；1958 年 2 月，高教部与教育部合并为新的"教育部"，并于同年 3 月设置了"对外文化联络与留学生管理司"；1959 年 8 月易名为"留学生研究生管理司"，1960 年 8 月又改名复称为"留学生管理司"。1964 年 3 月教育部与高教部两部被拆分并分别设立，同年 6 月，高教部再度设置"留学生管理司"；1965 年 1 月出国留学事务与其他教育涉外事务合并更名为"对外工作司"。

"文化大革命"期间教育部曾被撤消；1970 年 7 月由国务院成立了负责全国教育和科技事务的"科技教育组"，下设"外事小组"，负责出国留学事务；1975 年 4 月"科教组"被撤销，恢复组建教育部，内设"外事局"，主管出国留学事务。

1978 年教育部增设"留学生管理司"。1980 年 4 月"留学生管理司"与"外事局"合并为"外事局"。1985 年 6 月国家撤销"教育部"，成立"国家教育委员会"，出国留学事务由国家教委"外事局"分管。1989 年 5 月撤销"外事局"，分别成立了"留学生司"与"国际合作司"；此阶段内的"留学生司"内的机构设置有：计划选培处、政策研究处、党务与对外宣传处，以及美大、欧洲和亚非三个地区事务处。1994 年 2 月，随着"国家教育委员会"改称"教育部"，"留学生司"与"国际合作司"再度被撤销，两司职能合并后组建"外事司"。

1996 年以后，中国教育部和财政部将涉及"国家公费出国留学人员"事务中的"选拔"与"派出"的职能，划归给新组建的、且具有非政府性质的"国家留学基金管理委员会秘书处"负责。同时，教育部在本部的"国际合作与交流司"内，设置了"出国留学工作处"和主要为自费出国留学事务提供政策性帮助和监管服务的"教育涉外监管处"。作为完全政府性质的组织机构，上述两个职能处室的主要责任，显然应该、也必须是站在中央政府的层面和国家行为的高度上，负责国家整体出国留学事务的政策研究、计划决策、方针制订、宏观调控和服务性监管。

（二）国外管理机构的设立与发展

1951 年 10 月，中央政府秘书长林伯渠访问苏联后致信国家领导人提出："此后派赴苏联的学生日多，应在大使馆添设管理留学生的人员（如旧时中国派往某些国家的学生监督），以专责成。"②

---

① 田正平主编：《中外教育交流史》第 878 页，广东教育出版社 2004 年 9 月第 1 版。
② 田正平主编：《中外教育交流史》第 102、230 页，广东教育出版社 2004 年 9 月第 1 版。

同期，中国驻苏联大使张闻天也在《关于留苏学生的报告》中提出，为了搞好留学生工作，急需在大使馆内部建立公开的专管留学生的工作部门，并建议在大使馆内设留学生部（或留学生管理处），请教育部派能力较强的管理干部主持留学生管理处工作，留学生管理处的主要干部应有外交职衔，以便公开对外活动。报告中还详细列出了大使馆留学生管理处应负的职责。[①]

1952 年，中国政府首先在中国驻苏联大使馆建立了"留学生管理处"，其工作人员由教育部选拔并派出。同时，在一些接受中国留学生较多的国家，也开始陆续安排由教育部选派的工作人员到中国驻外大使馆开展工作，或由大使馆指定专人负责留学生工作。[②] 此后，在中国驻外使、领馆内设立专门机构和编制，派遣或安排专职工作人员负责出国留学生管理工作就成为中国一项特有的管理制度和政策机制并沿用至今。

在中国驻外大使馆内增设留学生管理处，后改为"教育处"或"教育室"、"教育组"；在尚无条件、无编制设立上述"教育机构"的使领馆内，则由"文化处"代为行使管理出国留学事务的职能。

三、出国留学生的日常管理与政治思想教育政策发展的主要特点

纵观这一时期针对在外留学生管理政策的形成与确立，大致有以下几个方面的主要特点：

1. 中共中央和国务院主要领导人对在外留学人员的管理比较重视，并责成相关职能部门制订了不同时期和各个阶段的出国留学政策方针以及相应的选派与管理办法。

2. 中国政府比较注重对出国留学事务的管理，并根据需要组建了许多相关的管理机构，包括在驻外大使馆内设立留学生事务管理处，同时责成各职能部门实施具体的分工负责，各司其职；国内国外互相合作、注意配合、政策统一、形成合力，逐渐提高服务水平和管理质量，最终是有助于出国留学效益的提升。

3. 就当时的历史背景而言，在对出国留学生管理上，主要突出了一个"严"字：即严格组织、严格选拔，严格教育、严格纪律。有文献记载，在当时的选拔活动中，各有关部门、机关和学校的负责人员都是高度重视，把选拔出国留学生的事务视为一项重大的"政治任务"，并亲自领导和审查，严格把握对出国留学人选进行"政治面貌、文化素质和健康状况"的综合考察，做到"优中选优"，对"不合格者"予以果断淘汰。

4. 政治审查十分严格。以 1954 年为例，当年曾选出 1518 名出国留学生，而选拔后再经严格审查被认定因各种原因"不能出国者"达到 189 人，总淘汰率达 12.45%；其中因"政审不合格"的就有 135 人，占被淘汰者的 71.43%。

5. 实行政府职能部门和相应管理机构在组织上统一管理和教育与留学人员自我管理

---

① 田正平主编：《中外教育交流史》第 102、230 页，广东教育出版社 2004 年 9 月第 1 版。

② 于富增、江波、朱小玉：《教育国际交流与合作史》第 55 页，海南出版社 2001 年 8 月第 1 版。

和教育相结合的制度；突出政治思想教育，加强爱国主义和国际主义教育，实施严格的组织性和纪律性教育，同时也进行以"自我约束、相互帮助"为主要内容的集体主义教育。

第七节　本时期出国留学政策形成与变化的基本特征

1950—1956 年期间，中国共向苏联派遣总数约 6570 名各类留学生。[①] 如将进修生和实习生计算在内的话，有近 1 万人之多。这些留学人员群体主要由烈士子女、战斗英雄、高中生、大学生、实习生、研修生、调干生、团干部和军事院校生构成。其中约 91% 是派往苏联的，约 8% 是派往其他国家的；其中就读专业中约三分之二为工科，约三分之一为文科和社会学科。赴苏留学生主要分布在苏联的 104 所高校；留学专业涵盖高、精、尖、缺的多数领域，所谓"缺"的典型，如有为提高运输和农耕效率而确定的养马专业。1955 年，完成规定学业的第一批 103 名留苏人员回国；1956 年 5 月，中国一公派赴苏留学生高景德通过博士论文答辩，成为第一位获得博士学位的新中国公派留学生。[②]

大致在同一时期，苏联和美国也接受了世界各地的大量留学生，如 1954 年时在美国的外国留学生已经达到 3.5 万余人。而该时期苏联却仅向中国派出了 25 名留学生，即 1954 年的 18 人、1955 年的 4 人、1956 年的 3 人。[③] 除受政治制度、意识形态和宗教信仰等因素的影响与限制之外，上述"不对等"现象无疑是由国家或地区之间科技、经济、教育的发展水平以及研究水平的差异造成的；而留学生派遣的力度、或称为流动的数量与速度显然与这种差异的大小成正比。不论是从世界留学活动的发展史还是从当代留学的动因、形态与现状来看，这种所谓"一边冷、一边热"或称"派遣比例不对称"的现象都是比较普遍和基本正常的，也是符合文明社会发展基本规律的。正是在同样的道理与规律的作用之下，1953—1956 年期间，共有 1219 名越南留学生到中国留学，而同期却只有 5 名中国留学生到越南学习。[④]

一、出国留学政策形成与变化的八个基本特征

大量向苏联派遣留学人员的政策成为新中国教育对外交流政策中最主要的内容，派遣留学生活动则成为教育国际合作的主要形式，是中国为改善落后经济所采取的措施之一。显而易见，正是由于教育、科技和社会发展水平的较大差异，单向派遣大批留学生到发达

[①] 田正平主编：《中外教育交流史》第 984 页，广东教育出版社 2004 年 9 月第 1 版。

[②] 于富增、江波、朱小玉：《教育国际交流与合作史》第 79 页，海南出版社 2001 年 8 月第 1 版；新华社报道：《我国留学生高景德在列宁格勒的加里宁工程学院通过博士论文答辩》，《光明日报》1956 年 5 月 22 日第 7 版；李彦春：《"八九点钟的太阳"走过五十年》，《北京青年报》2007 年 11 月 18 日第 1 版。

[③] 李滔主编：《中华留学教育史录——1949 年以后》第 286 页，高等教育出版社 2000 年版。

[④] 田正平主编：《中外教育交流史》第 984 页，广东教育出版社 2004 年 9 月第 1 版。

社会主义国家的苏联学习，是这一时期中国教育国际交流活动的重要特点之一。除以上特点之外，在这一阶段里，中国留学政策的形成与变化还呈现出以下七个特点：

一是从旧中国出国留学的"公派混乱无序、个人自由选择、偏重欧美日本"状态，随着中国共产党取得政权，而快速演变并确立为"高度计划管理、完全公派形式、向苏联一边倒"的政策模式，因而具有浓厚的时代特征和政治色彩。

二是单一的国别政策是中国政治体制和国际关系变化的必然结果，也是新中国政府出于当时国民经济建设和国家安全保障考虑而作出的正确判断和唯一选择。

三是虽然当时作为教育国际交流主要形式的派遣出国留学生政策具有明显的"一边倒"、而不可能是体现面对全世界的"博采众长"特点；但也正是由于向苏联大量派遣留学生政策的有效实施，才使得在 20 世纪 50 年代初、中期的短暂时间里，中国在外留学人员能够达到近万人之多。[1]

四是新中国作为从半殖民地半封建制度下刚获得独立不久的国家，很快就派出近万人出国留学或进修，说明中国政府增强国家实力的决心；还表明中国共产党和中国政府的决策者们，审时度势、大胆利用国际有利条件，为国内经济建设和社会发展培养急需实用人才的魄力。

五是在该时期赴苏留学生的选派政策中，从学科上分布上看，大多数即约 70% 为学习科学技术即理工农医类；从层次类别上看，初期以派遣本科生为主，后期变更为多派研究生，并开始实施派遣在职教师和在职技术人员短期出国留学的进修生或实习生政策；因而使选派形式和类别不断趋于多样化。

六是中国共产党和中国政府领导人，以及政府决策层对出国留学生事务比较重视，从研究决策、全面掌控到制度建设、及时调整，形成了一个比较严密的决策、管理与服务体系。

七是就中国当时体制下的在外留学生管理政策而言，是十分严格和细致的，并有不断强化的趋势；而由于留学生就读的学校比较分散，且又处在国外难于控制的环境中，因而增加了管理在外留学生事务的难度和复杂性，因此在中国驻外大使馆内设置专门机构和专职人员的制度体系应运而生。这在世界上几乎是独一无二的。

二、对本阶段出国留学政策存在问题的讨论与研究

以上八个基本特点，主要从正面归纳和描述了该时期中国出国留学政策形成与演进的基本概况。当然，也有一些作者可能是从几十年后社会现状的立场和当代的主流观念出发，从另一角度对几十年前中国的出国留学政策提出了各种各样的质疑；并认为由于受到当时苏美两大国际阵营和意识形态的历史局限性等因素的影响，新中国于 20 世纪 50 年代初、中期的出国留学政策也确实存在着这样或那样一些值得研究、探讨和借鉴的问题：

---

[1]　田正平主编：《中外教育交流史》第 887 页，广东教育出版社 2004 年 9 月第 1 版。

1. 虽然于二战结束后的 20 世纪 50—60 年代期间，在全世界范围内进行的教育改革与教育交流已经"蔚为壮观"，而新中国却在不得已的情况下把意识形态和社会制度的认同作为对外交流的主要政策原则与合作与否的基础性标准，从而基本关闭了与西方发达资本主义国家教育交流与合作的大门，深闭固拒、与世隔绝，基本上"没有"或更准确地说是几乎"无法"实施向西方国家大量派遣留学生的政策。

2. 向苏联"一边倒"的外交格局对中国出国留学政策的发展带来了长期而深刻的影响，以至在此后长达四分之一世纪的时间里，中国未能全部打开向所有西方发达国家派遣留学生的大门。面对西方国家科学技术的迅速发展，中国人却失去了许多留学、交流与发展的机会，造成了人才培养上的很大损失。由于实行单一形态的社会主义的国别留学政策，从而不可避免地造成了新中国缺少对西方各国科技与文化的比较、选择、借鉴与学习，从而继续加大了中西方之间科学技术与教育质量的距离。

3. 就全世界范围内的高等教育专业设置的情况而言，当时苏联和东欧国家高等院校的专业设置，毕竟还是有一定限制并且明显过于细化；而中国留学生却又只能被动适应苏联和东欧高等教育的体制，从而在一定程度上影响了中国留学生学术视野的拓展以及综合性知识的积累。

4. 由于当时的选派政策规定要有 70% 的留学生学习理工科专业，从而使学科比例出现一定程度的失衡；而派遣 90% 的学生留学苏联的政策则使国别比例有较大的失调，从而造成中国在相当长的一个时期内俄语人才比较过剩的局面。

5. 由于苏联高等院校的专业设置过细，造成传授的知识狭窄，并且于中苏两国关系破裂后对中国留学生实行了严格的技术封锁，从而使得他们毕业后在其他专业领域的适应能力和独立开发的研究能力受到一定的局限。

6. 苏联体制下的"重智轻能"和"重教轻学"的教育观念对中国留学生的知识结构也不可避免地产生了一定影响，从而增加了这批留学生后期学术能力进一步深化和提高的难度。

7. 在留学生选派政策中，实行的是国家包揽、封闭式选拔、过分强调政治标准、过分严格的政审制度等管理体制；这些尽管在当时看来是必要的政策原则，却无疑是埋没了一批有才华的知识青年，从而在一定程度上影响了中国教育对外交流活动和国内教育的进一步发展。[1]

8. 随着大量留学生被派往苏联和东欧国家政策的确立，以及社会主义国家间友好合作机制的建立，中国与苏联的教育交流与合作也逐步向全方位方向发展。中国留学生从教育思想、教育理论、教育内容、教学方法到教育体制，都学到了很多有益的知识和经验，总体上来看是十分有成效的，其各种意义也相当明显。但不可否认也确实难免存在着一些方面的问题，如在学习苏联和东欧教育制度的过程中，对本国国情研究不深，对正反面经验总结不够，结合国内实际情况不紧，存在着简单照搬国外情况和经验的教条主义等问题。

---

① 田正平主编：《中外教育交流史》第 900—901 页，广东教育出版社 2004 年 9 月第 1 版。

第三章

1957—1966 年：改革探索时期
出国留学政策的变革与演进

第一节　国际关系与中国国内形势的基本特征

这一阶段一般被称为"改革探索时期"。一是随着国际关系的变化，以及国民经济恢复期的顺利结束和管理国家经验与教训的不断积累，中国领导人开始反思并检讨过去一个时期内某些教条主义的做法与影响，同时希望根据新中国的国情探索出一条具有自己特色的发展道路。二是中国的周边环境从 1959 年夏季开始，同时在几个方向上发生了一些不利的变化；① 特别是因为中苏两党、两国关系逐步恶化，向苏联"一边倒"外交关系体制下的出国留学政策体系受到严重影响，需要考虑并寻找出一条新的出国留学路径，打通在国外培养中国科技人员和高校教师的其他渠道。

1957 年至 1965 年期间，世界政治格局以及中国的对外关系和国内形势都发生了许多重要变化，其主要内容大致有以下几个方面：

一、中苏"同盟关系"从逆转到破裂并走上剑拔弩张的不归之路

中苏两国关系的破裂始于中苏两大共产党之间的分歧。苏联共产党和国家领导人赫鲁晓夫在 1956 年 2 月苏联共产党第二十次代表大会上突然发起激烈批判苏共和苏联国家前领导人斯大林的"秘密报告"事件。对此，中国共产党保留了一些不同的意见，认为"秘密报告"缺乏历史分析、否定过多；但却是第一次大胆地打破了对斯大林的

---

① 杨奎松主编：《冷战时期的中国对外关系》第 121 页，北京大学出版社 2006 年 1 月第 1 版。

迷信。从此开始，中苏两党在如何对待斯大林的问题上，在如何对待社会主义和共产主义运动的一系列传统问题上，逐渐产生了一些原则性的分歧。1957 年 11 月 2 日，毛泽东主席率领中国党政代表团抵达莫斯科，参加各国共产党和工人党代表会议，并出席庆祝苏联十月革命 40 周年的活动。其间，苏联领导人赫鲁晓夫对毛泽东主席给予了特殊规格的盛情接待，并希望中国共产党能够接受"和平过渡"的观点。毛泽东主席则一再表示：我们树矮，苏联树高；中国从人口上说是大国，从经济上说却是小国；我们有革命（战争）的经验，没有建设的经验；同时也已经注意到西方国家"人民生活比较富裕，他们就不想革命了"这样一个事实。经过中苏两党领导人的反复讨论修改，并在各有妥协与让步后确定了"会议宣言"，表明了在"武装斗争"与"和平过渡"的问题上存在着"两种可能性"这样一个折中的意见。实际上是公开了中苏两国共产党在传统观念和思想领域内的分歧。[①]

此后虽有双方的相互克制、交流、谈判以及关系的改善，但中苏两党的意见分歧还是很快影响到两国间关系的不断恶化，使中苏同盟关系发生逆转。其间相继发生了一系列重要事件：苏联领导人赫鲁晓夫建议在中国建立长波电台和联合舰队却被中国领导人拒绝；苏联领导人为与美国拉近关系而放弃向中国提供原子弹技术；苏联在由印度挑起的中印边境冲突问题上公开袒护印度政府；苏联领导人赫鲁晓夫于美苏戴维营会谈后向中国推销"美苏主宰世界"方案而遭到中国领导人的断然拒绝；中苏两党之间发生有关"意识形态"的"中苏论战"。由于苏联领导人赫鲁晓夫不断采取家长式的、武断的、专横的态度以及中国领导人基本不妥协的强硬姿态，赫鲁晓夫领导下的苏联共产党在以各种手段逼迫中国共产党就范的意图失败以后，决定进一步施加压力，并逐步把两党的关系问题扩大到两国间的冲突。

最终，苏联领导人和苏联政府对中国采取了一系列报复性手段：1960 年 7 月 16 日突然照会中国政府，以中方不信任、不尊重苏联专家并向其散发宣示中苏分歧的三篇文章为由，在事先没有与中国政府协商的情况下，单方面决定于 7 月 28 日—9 月 1 日期间撤回其在华工作的全部 1400 多名苏联专家，包括在中国各个高等院校内工作的苏联文教专家并停派另外 900 余名专家；撕毁全部援建与合作协议、带走全部技术资料并大幅减少对中国的物质援助；1961 年趁新中国"大跃进"灾难性失败而处于建国以来各种巨大困难之际，要求中国政府如数偿付"抗美援朝"期间购置军火装备的费用；1962 年春夏之交收留新疆伊犁 6 万多名外逃苏联的中国公民；同时大量增兵中苏边境并不断挑起武装冲突，据中国政府公布的统计数字，自 1960 年 8 月的首次中苏边境事件到 1964 年 10 月期间，共发生 1000 余次中苏边境纠纷。

1964 年 10 月苏联共产党召开会议，着重批评了前领导人赫鲁晓夫的国内政策与错误，并撤消其党内外所有职务。但其继任者——苏联部长会议主席、苏共总书记勃列日涅夫仍然坚持了赫鲁晓夫实行的对华政策，并冷漠地对待中国共产党改善两党关系的一些努力。

---

① 杨奎松：《毛泽东与莫斯科的恩恩怨怨》第 466—470 页，江西人民出版社 2006 年 4 月第 4 版。

1965 年前后，毛泽东主席多次表示与苏共"要争论一万年"；之后中国于 3 月公开发表核心报刊的社论，宣布中国共产党不再承认存在一个"社会主义阵营"；其后又断然拒绝参加 1966 年 3 月举行的"苏共二十三大"；从而标志着中苏两党关系彻底中断。中国和苏联从一个亚欧大陆上相互友好的邻邦，逐渐演变成彼此敌视的国家，使中国的北方从此面临着一个强大的敌对国。①

不过也有最新披露的文献资料显示出，不论是出于何种利益的考虑和需要，赫鲁晓夫总书记的对华援助政策比斯大林元帅可能要更加慷慨一些。据苏联解体后陆续解密的苏联档案记载，赫鲁晓夫曾经不顾苏联军方的坚决反对，决定向中国提供原子弹生产技术，帮助建立核工厂，并实际提供了大量军事或非军事援助。注重对历史真实状况的掌握，对于研究当时中国大量公派赴苏留学、进修与实习政策的变化，具有重要的作用。这些资料显示：抗美援朝时苏联以半价对华提供武器，给中国留下 13 亿美元军火债；而苏联领导人中赫鲁晓夫对华援助的质量最高、意义最大。其后由于赫鲁晓夫在原则问题上反复摇摆并缺乏信义致使中苏关系完全恶化。毛泽东主席为表示"争气"要提前还债，并于 1965 年还清了对苏欠款。中国在国际债务中严守信用，此后多年间还成为国外愿意对华大量投资的原因之一，从这个意义看当年对苏还债一事确实造成了长远的良好影响，也显示了中国领导人的性格与志气。②

二、美国继续坚持敌视并孤立、包围和遏制中国的基本政策

1. 1951 年，新中国中央人民政府与西藏宗教领袖经谈判后达成了"和平解放十七条"的协议，从而恢复了对西藏的管辖权。在此之前的两个世纪中，世界上没有任何一个国家承认西藏是一个独立的"国家"，视其为中国的一部分。1950 年，印度承认西藏是中国领土不可分割的一部分。40 年前在西藏占据优势地位的英国也一字不差地跟随了印度的立场。只有美国政府是摇摆不定。虽然直到二战时美国还认为西藏是中国的一部分，但在二战结束后却开始想把西藏变成一个反对中国共产党的宗教基地。于是，中央情报局遵从美国政府的建议，于 1951—1959 年期间在西藏开始了一场"秘密战争"，插手、策划并领导了对中国西藏的分裂活动；将数百名西藏人带到美国接受军事训练、给他们配备武器并派往西藏；并于 1959 年 3 月 10 日策划西藏叛乱分子撕毁"十七条协议"、悍然发动大规模武装叛乱。中国军队于 1959 年 3 月 20 日发动了全面平息西藏叛乱的军事行动，并于其后开展了大规模民主改革。仅从新中国建立之初起至 60 年代初，美国中央情报部门每年在西藏的花费达 170 万美元，其中 50 万美元用于支持 2100 多名西藏的武装叛乱人员组建"木斯塘游击队"，专门从事暴力袭击。从 20 世纪 70 年代开始，海外的西藏人群体已经在美国的暗中扶植下得到长足发展，实力大大增强。如果不

①　黄安余：《新中国外交史》第 40—49 页，人民出版社 2005 年 3 月第 1 版；杨奎松主编：《冷战时期的中国对外关系》第 116、131、150 页，北京大学出版社 2006 年 1 月第 1 版。
②　徐焰：《解放后苏联援华的历史真相》，《炎黄春秋》2008 年第 2 期。

是美国提供的政治上和物质上援助的话，很难想象 20 世纪 60 年代到 70 年代初，海外的西藏人群体还能撑下去、合起来。

2. 美国策划并于 1961 年 3 月开始出动空军发动了对越南南方的"特种战争"，1964 年 8 月派遣军用飞机对越南北方实行突然性的大规模袭击，制造了"北部湾事件"；1965 年 3 月以后派遣美军地面部队直接参加作战，5 月后派遣空军将侵越战争扩大到越南北方进而发动了全面的侵越战争，同时不断侵扰中国领海领空；应越南政府的请求，中国政府被迫于 1965 年 6 月 9 日开始向越南秘密派出首批支援部队，至 1968 年 3 月共派出工程、防空、后勤、筑路等部队达 32 万余人，1970 年 7 月全部撤回；其间，中国炮兵高炮部队入越共 9 批 9 个支队 38 个团零 80 个独立营，作战 763 次击落击伤美机千余架；其间，中国政府在精神、道义、物资和人员等各方面给予越南很大的支持，除有 1400 多名官兵阵亡、大量人员负伤外，援越物资折价达 200 多亿美元。

3. 中国共产党领导人于 1955 年第一次"台海危机"之后，向台湾当局提出了实现"第三次国共合作"的设想，并于 1957 年前后通过私下渠道与台湾当局进行过接触；中美两国由于 1958 年的第二次台海危机而达到了几乎再次兵戎相见的地步，台湾当局也趁机试图利用大陆的经济衰退发动军事反攻，从而给中国东南沿海造成巨大的压力。

4. 中国军队平息西藏叛乱的军事行动，以及对中印边界争端的强硬态度，不可避免地影响到此前一直保持友好状态的中印关系一度恶化。1962 年 10—11 月期间，中印之间爆发了两次大规模的边界冲突，中国军队共歼灭印军 1900 余人。出于战略目的的考虑，当时美国"遏制共产主义"的忧虑压倒一切，特别是在此次中印边界战争之后就更是如此。

5. 中美两国于 1954 年 7 月起进行接触，并于 1955 年 8 月 1 日开始在瑞士日内瓦举行的"大使级会谈"。会谈内容分别涉及到讨论缓和远东紧张局势以及缓和台湾地区紧张局势等问题。两国大使虽然先后分别在瑞士日内瓦和波兰首都华沙不定期举行了 100 多次会谈，但几乎没有取得任何实质性的进展。①

三、中国与苏、美以外的国家关系出现较好局面

在此期间，中国与除苏、美以外的其他国家，在相互关系方面有了新的发展。首先，先后有发达资本主义国家与中国建立了正式的外交关系。以戴高乐将军为领导人的法国政府于 1964 年 1 月 27 日正式承认中国，相互宣布建立大使级外交关系；同时中国与欧洲一些未建交国家的关系也有所发展，主要表现在建立了双边贸易关系、并相互设立商务代表

---

① 杨奎松主编：《冷战时期的中国对外关系》第 98—107 页、第 132—133 页、第 144—146 页、附录大事记，北京大学出版社 2006 年 1 月第 1 版；西班牙《起义报》2008 年 3 月 21 日文章：《中央情报局："是我们策划了西藏叛乱"》，《参考消息》2008 年 3 月 23 日第 3 版；安德烈·阿列舍夫：《美国会不会在"世界屋脊"下展开新的秘密战争》，《参考消息》2008 年 3 月 23 日第 8 版；肯尼思·康博伊著：《中情局在西藏的秘密战争》，美国堪萨斯大学出版社 2002 年版，《环球时报》2008 年 3 月 28 日第 24 版；扎洛：《和平还是暴力——评达赖喇嘛最近的声明》，2008 年 4 月 1 日新华网；罗雪辉：《鲜为人知：十个援越女兵"集结号"》，中国新闻网［北京］2008 年 4 月 28 日。

机构等方面。其次，随着非洲、亚洲和拉丁美洲的原殖民地半殖民地国家争取民族独立运动的扩展，中国与一些新近摆脱殖民统治的民族独立国家的关系有了进一步发展，并相继与其中一些国家建立了外交关系。三是作为重要外交行动和打破苏美强权势力包围、争取更多国际朋友的重要举措，中国政府总理周恩来于 1964 年应邀出访了 13 个非洲国家，开启了中非友好关系的新纪元。^① 有文章介绍，毛泽东主席在 1964 年 1 月一次会议上明确表示："我考虑到一定时候，可以让日本人到中国来办工厂，开矿，向他们学技术。"同年，在会见法国议会代表团时，毛主席再度表示，"我们反对资本主义，你们也反对共产主义。但是，还是可以合作。""总有一天会突破这个缺口。"这一口头上的意向或称决策在约 8 年之后得以实现。即当国内政治形势相对稳定，中国重返联合国，中美关系正常化以后，才有了实现中西方合作的可能和条件。1972 年初，中国考虑从日本、法国进口若干设备。最初计划用汇 2.7 亿美元，但最后扩展到进口多项成套设备，总计用汇达到 43 亿美元，被称为"43 方案"。而当时中国一年的外贸总额也不过 44 亿美元。这是新中国第一次直接从西方发达国家引进技术和成套设备，从而奠定了中国石化工业的基础。北京（房山）石油化工总厂、上海石油化工总厂、辽阳石油化纤厂、黑龙江石油化工总厂这些如今中国石油化工的老牌骨干企业，无不是上述"43 方案"的结果。^②

四、中国国内政策出现根本性变化

中国人民一方面自豪于几千年的中华文化和历史，另一方面又深陷在上百年来贫弱落后受人欺凌的悲情之中。中国军队在朝鲜战场上最终取得了战胜美国这个头号帝国主义强国的胜利，无疑大大增强了中国领导人和中国公众的民族自豪感和自信心，另外也提升了中国的国际地位和影响力。在中国主要领导人看来，随着 1953 年前后国民经济恢复期的结束，以及 1956 年以后第一个五年计划的正常实施、农业集体化的成功推行、对工商业实行"社会主义改造"的顺利完成，中国要在较短时间里实现国家现代化就应当采取特殊的政策措施：比如采用大规模群众动员的方法和种种非常规的革命性手段，以使国家的经济建设和社会发展加快向社会主义和共产主义过渡。有学者认为，正是不断上升的民族地位与现实国力差距的交互作用，凭着对过去成功经验的过分自信与依赖，加之对自然科学及现代经济发展规律缺乏了解，最终促使毛泽东主席于 1958 年提出了"不断革命"的主张。^③

在上述国际和国内的政治背景下，1957 年前后，由于受到"波匈事件"的影响，国内也确有极少数右派分子向党进攻。中国共产党领导人主观和人为地夸大了国内资产阶级的势力、作用和影响，从而导致了阶级斗争扩大化的错误倾向越来越严重。在此期间，中

① 于富增、江波、朱小玉：《教育国际交流与合作史》第 71 页，海南出版社 2001 年 8 月第 1 版。
② 胡贲：《六十年经济轨迹中的外援力量》，2009 年 9 月 3 日《南方周末》。
③ 杨奎松主编：《冷战时期的中国对外关系》第 90—91 页，北京大学出版社 2006 年 1 月第 1 版；杨奎松：《毛泽东的强国梦》，《南方周末》2008 年 4 月 3 日。

国国内先后发生了两个重大事件：1957 年春开始的"民主整风"运动和 1958 年掀起的"大跃进"运动。前者的本意是吸取苏联教训，开展以反对官僚主义、主观主义、宗派主义和解决部分干部与群众之间矛盾为主要内容的群众运动；后者的目的则是希望通过大规模的群众运动，加速中国经济现代化建设的步伐。但两个运动却都以失败告终。前者导致了"反右派"斗争，实际上加剧了国内的社会矛盾；后者则导致了三年严重的经济衰退，并且严重地加剧了中国共产党党内的紧张气氛。[①] 正是由于该时期中国最高领导层在国家发展政策方针上的决策性失误，出现了国民经济比例严重失调和粮食短缺的局面；同时国内连续多年遭受到严重的自然灾害，加之苏联政府领导人赫鲁晓夫趁机逼债，致使中国国内的经济状况和社会发展遇到了新中国建立以来最严重的困难。因此，中国领导人开始考虑要集中精力首先解决好国内的问题。针对 1958 年犯的大跃进错误，毛泽东主席在第二年的庐山会议上认错说："去年犯了错误，每个人都有责任，首先是我。""文革"之后，邓小平总结这段历史教训时表示："讲错误，不应该只讲毛泽东同志。大跃进，毛泽东同志头脑发热，我们不发热？在这些问题上要公正。中央犯错误，不是一个人负责，是集体负责。"[②]

国际和国内形势的上述变化，无疑对中国教育对外交流与合作政策产生了重大的影响：一是苏联已从接受中国留学生和进修生规模最大的友好兄弟邻邦变成敌对国家，使派遣留学生的质量和数量都不可避免地发生倒退，同时也必然影响到中国向仍作为苏联伙伴的东欧其他社会主义国家派遣留学生的政策。二是中国更加注重发展与苏联、东欧以外国家的教育合作与交流。特别是中法建交后，使得中国与西方发达资本主义国家在派遣留学生方面寻求合作政策并逐渐有所突破的可能性不断增大。三是中国逐渐开始全面检讨和批判苏联的教育思想与教育制度，例如，教育部在其管辖的《人民教育》杂志 1964 年 6 月号上，发表了《社会主义教育学中一个重要问题》和《资产阶级观点必须批判》等文章，对苏联凯洛夫教授主编的《教育学》进行了不点名的批判；同年 8 月，中国江西省教育学会在庐山举行教育问题讨论会，也逐章批判了这部《教育学》。

第二节　毛泽东主席发表演讲肯定
出国留学政策的基本方向

在研究和讨论当代中国出国留学政策的形成与演变过程中，有一段不得不提及的重要历史事件，这就是党和国家领导人毛泽东主席于 1957 年访问苏联期间，向中国留学生、进修生和实习生发表了"希望寄托在你们身上"的著名演讲。站在当代中国的出国留学政策研究这个层面和角度上来看，这次会见活动与著名演说实际上是对中国当时派出留学生政策与在外留学生活动的一个肯定，也是对其后中国留学政策走向的一个重要的指导性意

---

① 杨奎松主编：《冷战时期的中国对外关系》第 120 页，北京大学出版社 2006 年 1 月第 1 版。
② 梁衡：《邓小平认错》，2008 年 10 月 6 日党建网。

见，因此对中国出国留学政策以后的发展具有比较重大的意义。

1957 年 11 月 2 日至 21 日，毛泽东主席率中国党政代表团赴苏联参加世界共产党会议及庆祝苏联十月革命 40 周年期间，于 11 月 17 日（星期天）傍晚，在莫斯科大学逗留了一个半小时，而主要活动就是在该校大礼堂接见了 3000 多名中国在苏联的留学生、进修生和实习生。18 时左右，在中国驻苏联大使刘晓引领下，毛泽东以及邓小平、彭德怀、乌兰夫、陆定一、杨尚昆、胡乔木等党和国家领导人随后依次走上莫斯科大学大礼堂的主席台。

有报道回忆说：礼堂里座无虚席，掌声雷动，毛泽东主席走到哪里，哪里的人群就像涨潮的海水，所有的人都希望离领袖近点；很多人在巨大的推力下双脚都几乎离开了地面。在介绍完代表团的成员后，毛泽东主席走上台说："同志们，我向你们问好！"台下再次爆发出暴风雨般的掌声。

毛泽东主席在大礼堂的主席台上边走动边讲着话。他讲到当时国内进行的"社会主义改造"时说："只要下定决心，世上看来难办的事，也是可以办成的。"他在讲社会主义建设时强调"一个粮食，一个钢铁最重要。也许有同学认为我国地大物博，人口众多，很了不起，可是要知道，我国钢产量每年只有 500 万吨。要赶上资本主义国家英国，从钢铁总产量这一项来说，起码要花 15 年或更长时间。所以要建设共产主义，那是五代至十代人连续奋斗的事，路程确实远呢。那么，赶英超美靠谁呢？不是靠我，因为我已是下午四五点钟的太阳，就要落山了。俗话说，天有不测风云，人有旦夕祸福，我只打算再干五年……"话音刚落，礼堂就响起"毛主席万岁"呼声，毛泽东主席以手势按压大家的呼声，"不要喊了，自然规律是不可抗拒的，大家的心情是希望我多干几年，我尽力干就是了。"此时会场再被"万岁"与"乌拉"呼声打断。

待安静下来后，毛泽东主席接着说："世界是你们的"，因为他的湖南口音，会场出现短暂骚动，人们交头接耳互问 sigai（世界）何意？毛泽东主席双手抱圆解释说"世界就是 world"，当时留苏学生多数不懂英语，仍露出不解神态。毛泽东主席扭头问刘晓大使"俄文世界怎么说？"刘大使答"米尔"，于是毛主席说："米尔是你们的，当然我们还在，也是我们的，但是归根结底是你们的，你们青年人朝气蓬勃，正在兴旺时期，好像早晨八九点钟的太阳。中国的前途是你们的，世界的前途也是你们的，希望寄托在你们身上。给你们提三点希望：一、要勇敢又要谦虚。你们现在还没工作，将来一工作就会有错误，遇到错误就要认真地改，世界上怕就怕认真二字，共产党就最讲认真；二、祝你们身体好、学习好、工作好；三、要和苏联同学、各国留学生团结友好。"毛泽东主席的话音一落，"为党工作五十年"、"为祖国奋斗五十年"呼声响彻整个大礼堂。刘晓大使多次站起来，双手做下压手势示意安静。

毕业于莫斯科铁道运输学院、后在总后勤部军事交通部工作的池秀峰先生，2007 年11 月 17 日回忆这段经历时说：1957 年 11 月 17 日，是我一生中最幸福、最难忘的一天。那天，我有幸在大礼堂一侧的大圆柱间为自己找到了座位。毛主席的讲话持续了 40 多分钟。他幽默、风趣、生动的讲话多次被掌声打断。在整个讲话过程中，大家的目光自始至终集中在毛主席身上，每一个人都那样聚精会神地听，唯恐漏听一句话、一个字。尽管毛主席的湖南口音很重，但是通过他边重复、边比划、边解说，大家还是都听懂了。毛主席的讲话是那样朴实自然，没有长篇大论，而是边讲，边同身边的人和台下的留学生对话，犹如同家人、同晚辈聊家常，使我们备感亲切。所有这些，给我留下了终生难忘的印象。在毛主席讲话的过程中，我虽然作了记录。但是由于忙着看我们的领袖，许多重要的话都没有记下来。回来后，我赶紧和同学们一起回忆、核对、补充。当晚，我写日记一直到次日凌晨。日记写在全国人民慰问解放军代表团赠送的慰问手册上，共 17 页，这是我有生以来写得最长的一篇日记。①

时任俄文翻译的李越然先生在陪同毛泽东主席回克里姆林宫的路上问毛泽东主席"累不累？"答："不累。跟这些活泼的年轻人在一起，我也感觉年轻了。这些年轻娃娃学成之后回国会成为很有用的人才。"1997 年李越然先生回忆当年访苏细节时说，接见留学生是毛泽东主席提出的唯一要求："想见见留学生"，此要求与留学生企盼"想见见毛主席"的想法不谋而合。就毛泽东主席讲话的准备情况，李先生肯定："没有讲稿"。他记忆中，17 日下午，"毛主席在克里姆林宫住所抽了两小时烟。"李先生猜想，"老人家是在打腹稿。"

之后，中国共产党中央机关报《人民日报》将毛主席的讲话精编成七句话并公开发表："世界是你们的，也是我们的，但是归根结底是你们的，你们青年人朝气蓬勃，正在兴旺时期，好像早晨八九点钟的太阳，希望寄托在你们身上。"此段语录随后迅速传遍全中国。《人民日报》在阐发这七句话意义时认为，"不仅针对留苏学子，而且针对全国青年；不仅针对今天，亦针对未来！"

50 年光阴荏苒，如白驹过隙；半个世纪后的 2007 年，当时的留苏学生仍然以"狂野的幸福"和"激情彭湃"来描述那一天的心情，并以"重托"和"一个半小时为一生的记忆，一生的动力"来形容和表达留苏学生的心声；认为这七句话仍然具有生命力。当年有幸现场聆听毛泽东主席讲演的留学生们仍掩饰不住激动和自豪，认为"与毛主席的短暂会面，成为青年时代乃至一生中最值得回味、最温馨的记忆。"

时至 2007 年前后的中国舆论仍然认为，毛泽东主席以无产阶级政治家的胸怀，放眼世界，把握未来，将中国的希望寄托于留学青年；讲话阐述了老一代与新一代的传承关系，不仅是对留苏学子的殷切期盼，更是对全体青年的亲切教诲，几十年来激励着几代留学人员在实现民族复兴、国家富强的历史进程中忘我前行；50 年前，毛泽东主席讲话无疑是给新中国建设者们的"强国梦"打了一针兴奋剂；50 年过去了，翻捡那段历史，纪念那次讲话，旨为铭记、启迪与传承；这七句话蕴含深刻哲理、风趣生动、诗意且琅琅上口，所以是经典的，并流传至今；对于每一个曾经在那块土地上生活、学习和奋斗过的留苏学人，都是一曲以岁月为谱、以青春为词的诗歌，都是一段甜蜜的美好回忆，都是一次刻骨铭心的真实感受，都是一种永世难忘的人生真谛。

中国政府的统计表明，中国在 20 世纪五六十年代向苏联和东欧社会主义国家共派遣了包括留学生、进修生和实习生在内的约 16000 多名各类留学人员。留苏学子们生于 20

---

① 《欧美同学会举行纪念毛泽东同志"希望寄托在你们身上"重要讲话发表 50 周年座谈会》，欧美同学会网。

世纪 30 年代前后，而真正"大干一场"的时间却仅有 15 年左右。待进入 20 世纪 90 年代，各领域勃兴之时，他们已近黄昏。而恰恰是在这十几年中，从赴苏联和东欧留学人员中产生了一名国家主席、一名国务院总理、多名国务院副总理或国务委员、200 多位院士、200 多位正、副部长及省部级官员、100 多位将军和军队领导；还有很多人走上省部级以下各级的领导岗位，许多人担任了重要的技术职务，成为诸多领域的学科带头人和专家学者，并在国际上享有较高的声誉，为中国的现代化建设事业做出了重大贡献。其中包括造就中国"两弹一星"的成就，更是离不开一大批留苏归国人员的默默奉献。特别是从事军工研发的留苏回国人员们舍生取义；他们终老深山、大漠之地，献青春献子孙还献身躯，有多人受辐射身患绝症。留苏群体的优秀还表现在回国之后直面中苏关系恶化、三年自然灾害、"文化大革命"运动。有的人被打成"苏修"特务，遭受毒打；有的人从事的核潜艇项目下马后，其组装的矿石收音机被视为与苏联特务机关联系的收发报机，而被隔离审查；多少人无事可做，也无人问津。但物质的匮乏、事业的中断、待遇的不公、精神的痛苦、报国之志遭遇的挫败并未使他们沉沦和沮丧。

有研究者认为，"留苏这批人成才率极高"，可以说是"往来无白丁"，几乎百分之百兑现了毛泽东主席当年的预言："这些年轻娃娃学成回国后会成为很有用的人才。"而这些人成才率较高的主要原因有：一、优中选优的人杰；二、党和国家领导人的教诲；三、强烈的荣誉感、责任感、使命感、承担感；四、自身超常的刻苦。

后来者曾有文章以"三个特质"来概括留苏群体：规模上空前绝后；品质上志存高远、思无邪、纯粹、谦虚诚实、为人朴实、做事严谨、埋头苦干；气质上，本色本分、低调内敛、执着重诺、一根筋。并认为在当前拜金、浮躁比较盛行的社会风气下，留苏群体所展现的奉献精神、爱国主义的情操，刻苦钻研的学习精神、科学精神，以及其他种种美德，对 21 世纪的当代青年具有重要的教育意义和启迪作用。[①]

有专门采访这批留学苏联及东欧人员后写成的文章是这样描述的，学子们在国外克服了由于语言环境、生活习惯、学习压力等因素引起的重重困难，取得了优异的成绩。回国后，他们无条件地服从组织分配，积极奔赴祖国最需要的地方，为振兴中华奉献自己的青春和才智，他们时刻牢记祖国和人民的重托，把祖国的需要当作自己的使命。当时留学生一个人的花费大概相当于国内 30 到 40 个农民一年的劳动收入。因此凭着对祖国和百姓的爱心，同时考虑到祖国的需求，他们尽量多掌握一门技术而更有利于回国后的工作。如今，这些当年"八九点钟的太阳"大都已步入古稀之年，当回忆自己这一生时，他们都有一个共同的声音——感谢祖国给予的留学机会，学成后回国兢兢业业地工作是义不容辞的；所有的选择和做出的决定中只有满足，毫不后悔！

20 世纪五六十年代的这批留学苏联的前辈"以国家的需要为己任"的精神，是被

---

① 李彦春：《"八九点钟的太阳"走过五十年》，《北京青年报》2007 年 11 月 18 日第 1 版；桂杰：《〈岁月无痕〉追寻"永远只考五分"的中国留苏学生》，《中国青年报》2007 年 11 月 19 日；徐长安：《纪念毛泽东莫斯科大学讲话 50 年周年大会在京召开》，中国新闻网 2007 年 11 月 17 日；贾梦秋：《〈"早晨八九点钟的太阳"永不落》，《人民日报海外版》2007 年 11 月 17 日第 5 版；金铁宽主编：《中华人民共和国教育大事记》第 417 页，山东教育出版社 1995 年 1 月第 1 版，第 1 卷。

历史所见证并经受了时空考验的。他们顶住压力,在国外取得了优异成绩;他们无条件地服从分配,奔向祖国最需要的地方;他们在自己不平凡的岗位上辛勤耕耘,不求名利。回忆起留学生活和归国工作的时候,他们的脸上闪烁着光彩,语气中透着激动,即使岁月的流逝也不能带走那个年代带给他们的力量。学子们在克服重重困难,取得优异成绩回国后,无条件地服从分配,奔向祖国最需要的地方,无私地奉献自己的才智和青春,为振兴中华建立了丰功伟绩,成为祖国建设的中坚力量。不论声名显赫,还是默默耕耘,他们的名字已经并将永远铭刻在中华人民共和国的历史丰碑上。不同的历史、不同的社会环境下,青年人所承载的责任、身处的境遇、面临的问题、思考的路径和解决的方法,均有同中之异,但是"以国家的需要为己任"的精神需要传承。如何将这种精神传承下去,是新时代"八九点钟的太阳"急需思考的问题。他们如此平凡,平凡得就像邻家慈祥和蔼的爷爷奶奶,在市井中,你无法将他们和普通人区别出来。他们又如此优秀,他们中涌现了无数专家、教授、学术带头人、领导干部。他们的职位可能不同,但是决无平庸之辈。他们是一个特殊的文化符号,一段凝重的留学历史记忆。

经历了一段时间的隔阂后,中俄两国间留学生交流成为融化两国关系坚冰的第一泓春水。从20世纪80年代中期起,中国政府开始恢复向俄罗斯及其他从前苏联分离出来的"独联体"国家派遣公费留学人员。与此同时,大量自费留学人员也陆续来到"独联体"国家学习。他们为增进相互间了解和友谊,发挥了应有的作用。①

第三节　适时调整"向苏联大量派遣留学生"的政策,重申向外派遣留学人员总方针不变

在中苏两党、两国关系不断恶化和国内经济困难的情况下,中国被迫采取逐渐减少与苏联教育交流、并减少向苏联派遣留学生的政策。中国政府于1956年提出,要总结经济建设和社会发展的经验,汲取斯大林时期的某些教训,其中包括总结向苏联派遣留学生政策方面的问题。1958年4月召开的全国教育工作会议,讨论了教育方针问题,批判了教育部门的教条主义、照搬苏联的保守思想以及教育脱离生产劳动和社会实践的问题。此后,针对与苏联开展教育交流项目的问题,中国开始实施"少而不断"的政策,即仍要继续维持一定规模的交流关系。如1958年1月中苏两国高等教育代表团在莫斯科签订《中华人民共和国高等教育部和苏维埃社会主义联盟高等教育部关于双方高等学校合作进行科

---

① 贾梦秋:《"早晨八九点钟的太阳"永不落》,《人民日报海外版》2007年11月17日第5版;李鑫:《"祖国的需要就是我们的使命"——纪念毛泽东主席接见留苏学生50周年系列之③——访上世纪五六十年代中国留苏学生》,《人民日报海外版》2007年11月17日第5版;王英辉:《铭记历史传承精神——〈岁月无痕——中国留苏群体纪实〉写作纪实》,《人民日报海外版》2007年11月19日第8版;沈志华:《对在华苏联专家的历史考察:基本状况及政策考察》,《当代历史研究》2002年第1期;郝世昌:《留苏教育史稿》第259页,黑龙江教育出版社2001年3月第1版;单刚、王英辉:《岁月无痕——中国留苏群体纪实》,中央编译出版社2007年11月版。

学研究工作的协定书》；1958 年 2 月中国高教部部长访问苏联及东欧国家，同年 3 月中苏商定首批两国高校开展 85 个合作科研项目等等。其后不久，中国开始肃清苏联教育制度在中国的影响；同时实行了逐步压缩派出留学生总量的政策。如 1957—1965 年期间，中国公费派往苏联的各类攻读学位的留学生总数为 1821 人，仅为 1951—1956 年间 6570 名的三分之一强；但同期苏联共向中国派遣了 183 名留学生，却是 1957 年前全部 25 名的 7 倍多。[①]

派遣数量的一度减少并未改变中国政府向外派遣留学生的基本政策与既定方针。1961 年 1 月，中共中央在对国家科委、教育部和外交部提出的《关于今后一个时期的留学工作的意见》的批复中明确表示："留学生工作，在加速我国社会主义建设、赶上世界先进科学技术水平的历史任务中，是一项重要工作。同时这也是外事工作的一个组成部分，对加强同兄弟国家的友好团结和其他国家的文化交流有着重要意义。"[②] 实际上是再次重申了在出国留学生事务上的总方针；再度表明派遣留学生政策在国家经济建设和社会发展上的积极作用，在追赶世界先进科技水平的进程中，在加强国际友好关系和文化交流活动等诸多方面，所具有的特殊功能以及所担负的重要责任；即使当国家处在当时国际关系异常紧张、国内经济严重困难的非常时期，仍然强调派遣留学生政策的重要意义，强调要把派遣出国留学人员的事务继续做好。当然，在派遣人员的类型、留学专业的选定和留学目的国的调整等具体政策问题上，中国领导人显然也已经意识到，应该根据国际国内形势的发展以及出国留学活动自身的特点与需要，不断地进行一些政策性调整。

第四节 研究出国留学政策的四次"留学生工作会议"

所谓"先后召开四次专门研究出国留学政策工作会议"的说法是本书作者的一家之言和一面之词。实际上，在由国家教委外事司编著、由陈可森参赞执笔主编、并由北京师范大学出版社于 1998 年 1 月出版的《教育外事工作历史沿革及现行政策》一书中，编写者已经大致描述了 1957—1966 年这十年期间，参与留学生事务与管理的职能部门先后召开了有关研究出国留学政策的四次会议的情况。约在 2001—2004 年期间，相继有其他不同的文章和书籍也曾分别介绍过本时期的这些会议，或者说是一次、或者说是两次。而这四次会议的官方名称依次分别是：国外留学生管理工作会议、留学生工作会议、第二次留学生工作会议、出国留学生管理工作会议。虽然四次会议的名称各不相同，但就会议的内容来说，都无疑是研究和讨论中国当时的出国留学政策。

从相关文献记载的情况来看，本时期内先后召开过 4 次研究出国留学问事务和政策的会议。而在上一个时期，即 1949—1956 年期间却似乎没有在国内召开此类会议的记载。其原因主要是在新中国建立之初，出国留学政策基本上还处在一个形成和创

---

① 于富增、江波、朱小玉：《教育国际交流与合作史》第 72—75 页，海南出版社 2001 年 8 月第 1 版。
② 李滔主编：《中华留学教育史录—1949 年以后》第 169 页，高等教育出版社 2000 年版。

立的过程之中，且其重要性尚属于党和国家较大政策的范畴之内，所以基本上也是由国家级领导者商定与决策。如当时每年选派留学苏联的人数和专业比例均是由作为国家领导人的周恩来总理亲自过目和审定的。本时期的若干年内较密集地召开的四次专门会议，实际上是中国的出国留学政策开始走向成熟以及决策权和管理权适度下放的一个标志。

本书仅仅是根据上述文章和书籍提供的资料，将这些级别（均为部委级的会议）和主题（均为研究出国留学政策）基本一致的会议情况汇总在一起，并安排在一个题目之下加以讨论与研究。

一、高教部召开研究出国留学政策的"国外留学生管理工作会议"

高教部于 1957 年 5 月 21 日单独召开了中华人民共和国成立之后，第一次在国内专门研究出国留学政策的"国外留学生管理工作会议"。据本次会议期间公布的统计数据表明，从 1950—1956 年期间，中国共派出公费留学生 7075 名，其中研究生 1331 名，占 18.81%；大学生 5744 名，占 81.19%。在派出的留学生中，赴苏联留学 6315 人，占 89.26%；赴民主德国 211 人、捷克 183 人、波兰 128 人、匈牙利 66 人、罗马尼亚 51 人、保加利亚 36 人、南斯拉夫 20 人、阿尔巴尼亚 6 人、蒙古 22 人、朝鲜 13 人、越南 5 人、印度 12 人、埃及 7 人，共 760 人、占 10.74%。在留学专业的分布上，留苏学生中学习理工科的占 75%，其他专业占 25%；赴人民民主国家及其他国家学习理工科的占 51.4%，学习语言、文学、艺术等专业的占 27.6%，其他各种专业的占 21%。截至 1957 年，已毕业回国的共 637 人，其中研究生 189 人，占 29.67%；大学生 448 人，占 70.33%；研究生中有 180 人获得副博士学位，2 人获得博士学位。[①]

二、三部委召开研究出国留学政策的"留学生工作会议"

在上述"国外留学生管理工作会议"结束约两年之后，国家科委、外交部和教育部于 1959 年 4 月 13 日—5 月 9 日在北京联合召开了研究出国留学政策和工作的"留学生工作会议"，共有各部门约 40 余名负责人员出席。因为是由多部委联合召开的会议，又有其后不久召开并被官方文件正式定名的"第二次留学生工作会议"，所以这次会议也被在后人称之为"第一次留学生工作会议"。[②] 此次会议的"工作报告"将新中国成立以来的派出留学生政策划分为三个基本阶段：即 1950—1953 年执行"严格选拔，宁缺

---

① 国家教委外事司编著、陈可森执笔：《教育外事工作历史沿革及现行政策》第 14 页，北京师范大学出版社 1998 年 1 月第 1 版。

② 国家教委外事司编著、陈可森执笔：《教育外事工作历史沿革及现行政策》第 14 页，北京师范大学出版社 1998 年 1 月第 1 版；田正平主编：《中外教育交流史》第 879 页，广东教育出版社 2004 年 9 月第 1 版；于富增、江波、朱小玉：《教育国际交流与合作史》第 78—79 页，海南出版社 2001 年 8 月第 1 版；李滔主编：《中华留学教育史录—1949 年以后》第 169 页，高等教育出版社 2000 年 1 月第 1 版。

勿滥"政策的阶段；1954—1956 年执行"严格审查，争取多派"和"以理工科为重点兼顾全面需要"政策的阶段；1957—1959 年执行"多派研究生，一般不派大学生"政策的阶段。

会议在回顾并总结中华人民共和国建立 9 年多来出国留学政策与留学生事务的成绩、经验和教训的基础上，提出了"在保证质量和密切结合国内需要的前提下，力争多派出国留学人员"这样一个基本的政策性方针；会议在对留学人员作出"在国外的表现基本上是好的，绝大多数能够刻苦学习，成绩优良；整个出国留学工作取得了很大的成绩"这一综合评价的同时，也指出了选派政策中存在的"质量不高，专业不全，缺乏长期规划，对基础理论专业重视不够"等主要问题。

会议提出的今后选派政策的基本思路是"1. 保证重点，兼顾一般，根据国内需要和国外的可能，出国学习高、精、尖、缺（即高级、精密、尖端、缺门）学科和专业；2. 保证留学生的质量，特别是研究生的质量，在保证质量的前提下，争取多派；3. 既要注意长远的需要，派一定数量的研究生和大学生作长期培养，又要派人出国短期进修或实习，以满足当前的需要。"

此次会议提供的政府统计数据显示，1949—1958 年期间，中国共派出各类留学人员（包括与苏联援建的工业项目相关联而派出的实习人员，即进修生）有 1 万多人，已经学成回国的留学人员也已经达到了 9000 多人；其中约 91% 是派往苏联的留学人员，约 8% 是派往其他社会主义国家的留学人员，约 1% 被派往其他国家；留学生出国就读的专业大致有 2/3 属于理工科类，其他约 1/3 属于文科和社会科学类。会议还讨论了在外留学生的政治思想教育、国外的管理以及回国后的分配使用等诸多政策问题，并作出了若干相应的规定。同时，会议还决定由国家科学技术委员会统一领导出国留学生事务，教育部和中国科学院等有关部门分工负责各自的分口工作。经中共中央审查后于当年 7 月 27 日批转了这次会议的工作报告。"第一次留学生工作会议"对于中华人民共和国建立 10 年以来的出国留学政策进行了全面的梳理、研究与综合性评价，对完善出国留学政策以及相关事务具有承前启后的作用。

三、三部委召开研究出国留学政策的"第二次留学生工作会议"

所谓"第一次留学生工作会议"，是在苏联单方面撤回其在华全部专家之前召开的。而在"撤回专家事件"发生之后，鉴于国际形势的剧烈变化，中国的出国留学政策面临着一些新的问题和困难。因此，仅仅在一年之后的 1960 年 9 月 13—21 日，国家科委、教育部、外交部三个单位再度联合召开了研究出国留学政策的"第二次留学生工作会议"。①

---

① 国家教委外事司编著、陈可森执笔：《教育外事工作历史沿革及现行政策》第 15 页，北京师范大学出版社 1998 年 1 月第 1 版；于富增、江波、朱小玉：《教育国际交流与合作史》第 79 页，海南出版社 2001 年 8 月第 1 版；李滔主编：《中华留学教育史录—1949 年以后》第 169 页，高等教育出版社 2000 年 1 月第 1 版。

"第二次留学生工作会议"是由正式中国官方文件确定的会议名称。从目前能够阅读到的文献来看，甚至所谓"第一次留学生工作会议"的说法，也是后来有作者据此确定出来的；而 1959 年会议的实际名称原本是称为"留学生工作会议"的。至于仅在三部委联合召开的两次会议上被后人加上所谓"全国性"的说法，目前尚难认可。一是该说法至今尚未见有官方原始文件的支持，可能是有作者根据自己的理解和判断后来添加的；二是就 20 世纪 50—60 年代中国政府的管理体制而言，即便由高教部单独召开的会议，其研究的问题恐怕也应该是属于"全国性"的。

"第二次留学生工作会议"总结了派遣留学生政策取得的成果，表明大规模的国家公费派遣出国留学生活动已经为中国国内培养了一批新型的科学技术干部和师资力量，同时也对加强中国与留学生所在国的友好合作起到了一定的促进作用。根据第二机械工业部对当时分配到该部工作的留学生的调查表明：留学回国人员在科学技术工作中起"攻坚作用"的占 49%，"进步较快"的占 47%，"进步较慢"的只有 4%。

会议一方面强调中国必须坚持继续派遣出国留学生的基本政策，并且只要有可能就应当继续向苏联派遣出国留学生；同时也要注意研究争取向西方资本主义国家派遣出国留学生的相关政策；另一方面，根据当时中苏关系的复杂形势，会议对向苏联派遣出国留学生提出了"减少数量，提高质量，宁缺（少）勿滥"的政策。会议还根据当时的国际国内形势和中苏两国关系恶化的现状，研究并讨论了今后的派遣政策、留学生的国外管理教育工作以及 1961 和 1962 年两年的派遣计划；研究并提出了一系列调整后的出国留学工作政策与基本方针。

这次会议确定的主要政策要点有：1. 根据中共中央指示的"发奋图强、增强信心、自力更生、埋头苦干的精神"，继续坚持派遣出国留学生的政策；虽然国际及国内形势比较严峻，但科学技术不能固步自封，闭关自守，必须千方百计不断吸收外国的先进成就，因此必须继续坚持派遣出国留学生的政策方针。2. 继续维持向苏联和东欧国家派遣留学生的政策，只要有可能，还要是要根据需要，少而不断并有重点地继续向苏联和东欧国家派遣留学生。3. 执行向已建交西方资本主义国家（含民族独立国家）派遣留学生的政策；积极争取开辟派遣途径，向英国、瑞士、瑞典等西方国家，派遣留学生以学习科学技术专长；对亚非拉美国家的民族独立国家要注意通过派遣留学生开展文化交流。4. 采取积极慎重的政策和方针，减少数量，提高质量，宁缺（少）勿滥，不要勉强凑数；凡是国内能够培养的人员，就不派出国外学习。5. 在派遣专业方面选择某些国内需要、对方特长而又可能接受的，绝不存依赖思想，对方不接受，就不勉强；注意调整留学专业，社会科学和体育、艺术类专业的留学生一般不派，适当派遣学习外国历史、语言文学等专业的留学生；派遣人员类别应主要选拔国内大学毕业并具有两年以上实际工作实践经验的人员出国作研究生、进修生和实习生；高中生原则上不再选派。

此次会议还进一步明确了中央政府各个部门之间在管理出国留学生事务中的职责。会议结束后，由国家科委党组、教育部党组和外交部党委于 12 月 30 日共同下达的《关于今后一个时期的留学生工作的意见》明确规定：留学生的派遣计划、留学生毕业回国后分配工作，以及根据科学技术合作协定派遣的实习生的选拔事务，由国家科委负责；留学大学生、留学研究生、出国进修教师的选拔事务，以及所有留学生（包括大学生、研究生、进修教师、进修生和实习生）的最后审查批准、派遣、国外管理和假期回国学习等事务，由教育部负责；留学生在国外的政治思想教育，由驻外使馆负责；留学生出国前的政治思想教育，由外交部和教育部共同负责，其中政治思想教育和组织工作以教育部为主，涉外事件以外交部为主；出国实习人员的各项事务由外贸部负责。

　　1961 年 1 月 23 日，中共中央向全国省、部级的党组织机关批转了本次会议《关于今后一个时期的留学生工作的意见》。中共中央的批示："中央同意国家科委党组、教育部党组、外交部党委关于联合召开的第二次留学生工作会议所讨论的问题和意见，希遵照执行。留学生工作，在加速我国社会主义建设、赶上世界先进科学技术水平的历史任务中，是一项重要工作。同时这也是外事工作的一个组成部分，对加强同兄弟国家的友好团结和其他国家的文化交流有着重要意义。在当前国际形势下，有关留学生的选拔、派遣、管理、分配、使用等工作必须更加积极而慎重地进行。这些涉及到国内外各方面的工作，没有全党的重视和支持是办不好的。因此，中央要求有关部门党组和有关的各级党委应加强对这一工作的领导，认真检查，以保证中央关于留学生工作方针政策的贯彻执行。"

　　当时的这段批示意见应该说是比较重要的。首先，这段批示不但肯定了这次会议的成果和结论，而且对出国留学政策的意义给予了比较全面的阐述；其二，这一批示意见的形式也是比较权威的，几乎接近于最高等级的党中央文件标准；另外，批示的要求是比较严格并严肃的，实际上是把出国留学政策定位在涉及和影响到国内外各方面事务的"国家级政策"的层面上，并要求全国各级中国共产党的组织给予必要的"重视、支持、领导和检查"。

四、高教部召开研究出国留学生政策的"出国留学生管理工作会议"

　　1966 年 4 月 15 日—5 月 5 日，高教部召开了研究出国留学政策的"出国留学生管理工作会议"，讨论和研究了如何进一步在出国留学生管理工作中作中突出政治，贯彻中共中央有关留学生工作的方针、政策和加强对留学生的政治思想工作。同时就改进选拔和派遣留学生的政策工作，就加强留学生的业务学习和生活管理等问题深入交换了意见。此次会议还检查和修订了派往国外留学生管理工作的暂行规定。根据截至此次会议召开时的统计，当时中国在外的留学生仅还有 1221 人，分布在 36 个国家和地区；主要是学习 34 种语言和少量学习科学技术的留学生。[①]

---

　　① 国家教委外事司编著、陈可淼执笔：《教育外事工作历史沿革及现行政策》第 19 页，北京师范大学出版社 1998 年 1 月第 1 版。

第五节　调整选派出国留学生的政策原则

调整派遣出国留学人员政策原则的前提，是中国政府对建国以来派遣出国留学生事务的经验和教训的总结。虽然 1957 年以后，中国与苏联关系的变化对双边教育交流造成严重影响，但是对派遣出国留学人员政策的调整也并不完全是因为与中苏关系的变化而提出来的。如在此阶段采取的"减少数量、提高质量、宁缺（少）勿滥"方针，并调整留学专业与派遣人员类别的政策；减少派遣高中生去国外读本科，并要多派研究生的政策；派遣访问学者和研究人员去国外从事研究和实习，并要多派理工科专业和外语学科的留学生出国学习的原则等等，都是从新中国派遣出国留学生的实践中总结出来的经验。这些经验是比较宝贵和有益的。实际上，在以后的中国教育对外交流活动中，关于选拔和派遣哪类人员出国留学的问题，始终是一个经常需要讨论和研究的政策问题，而这一时期的一些做法和形成的经验具有比较重要的参考价值和借鉴意义。

在此阶段内由中国政府调整、确定并重点实施的主要政策措施大致有以下几个方面：

一、适当加大向资本主义国家派遣留学生的政策力度

实际上，在与苏联开展教育交流并派遣留学生政策尚未遇到困难的时候，中国政府就已经开始研究"向其他国家派遣留学生"的政策，并相继制定和采取了一系列新的方针与措施，使中国与民族独立国家以及少数资本主义发达国家的教育交流有了一定发展，取得一些成果。例如在继续维持与苏联和东欧等人民民主国家和意大利、瑞士的教育交流外，中国还相继开展了与印度等约 20 个民族独立国家以及与法国、英国、比利时、日本等资本主义国家的教育交流与合作。在 1956 年之后的数年间里，持续制定并实施了"扩大和改进英语教学"、"把英语作为外语教育的第一外语"和"增加外语语种、建立外事翻译培养基地"的政策；在国内有条件高校实行"建立研究外国问题和外国教育的基地，搜集、整理、编译外国高等教育历史、现状和动向的情报资料"的政策；从 1957 年开始尝试性实施"从资本主义国家有选择地引进教材，逐渐向西方国家学习有益知识"的政策，以改变单一引进苏联高教教材的现状；并于其后的 1963 年从资本主义国家集中进口了一部分工科基础课的高校教材和教学参考书。①

尝试实行向民族独立国家和资本主义国家增加派遣留学生数量的政策，这在当时的政治环境下还是一个比较敏感的政策问题，并且尚处在一个试探性的工作阶段。但却是继 1949—1956 年期间向苏联和东欧人民民主国家大量派遣出国留学生之后，中国政府贯彻新的出国留学生派遣政策，开辟培养科学技术人员多种渠道的一项重要政策措施。

实际上，早在 1956 年 6 月外交部和高教部联合报请国务院并获批准的《关于向资本

---

① 于富增、江波、朱小玉：《教育国际交流与合作史》第 75—77 页，海南出版社 2001 年 8 月第 1 版。

主义国家派遣留学研究生的请示报告》中，就曾提出"为适应国家建设各方面的需要及发展我国与各资本主义国家的文化交流和友好关系，根据外交、文化、对外贸易、卫生等部门的要求，在需要和可能的条件下，应该有计划地派遣一定数量的研究生到各资本主义（含民族独立）国家学习。但考虑到资本主义国家情况复杂，派出的学生必须是政治上比较强、生活上有一定经验的学生。除特殊情况外，一般只派研究生，不派大学生"的政策性意见。① 1956 年以前接受中国留学生的民族独立国家只有印度和埃及；而 1956—1957 年间派往非社会主义主义国家的留学生已达到 50 人，留学目的国增加到十几个；其中派往印度 8 人，印度尼西亚 3 人，缅甸 3 人，埃及 5 人，阿富汗 3 人，英国 3 人，叙利亚 3 人，瑞典 4 人，芬兰 3 人，巴基斯坦 3 人，其他国家 12 人。②

加大向资本主义国家派遣留学生的政策力度，是本时期内中国政府的一个具有联系性的政策。如 1964 年教育部下达了《关于 1964 年选拔留学生工作的通知》，指出"近年来，我国的科学技术有了很大的发展，但和世界先进水平相比，仍有一定差距，还不能满足我国社会主义建设的需要……还需要吸取和引进国外先进科学技术的成就和经验。为此，必须争取多派一些留学生出国学习……除了可向苏联、东欧等社会主义国家继续派出外，还开辟了向英、法、瑞典、丹麦等资本主义国家派遣留学生的途径，对一些目前尚未和我建交的日本、西德等资本主义国家，今后也有派出的可能性"。

上述通知还比较具体地提出了该年度选拔出国留学生的各项具体事宜。

1. 出国留学生的选拔任务是：共选拔 625 名，其中学习自然科学专业（包括少量社会科学专业）的 400 名；外语专业的 225 名，其中从原定俄语专业人员中选拔 140 名大学生出国学习朝鲜、越南和东欧各国的语言。另从各语种的在职人员中选拔 85 名进修生出国深造，以培养较高水平的师资。留学类别有三种：研究生、进修教师（或进修生）、大学生。

2. 留学生派遣专业原则是：必须根据国内需要、国外特长和对方接受的可能性，紧密结合中国 10 年科学发展规划、学校重点专业和科研发展方向以及师资培养和提高的规划考虑来确定。

3. 留学专业的具体范围是：（1）以新科学技术方面的空白、薄弱学科和专业为重点；（2）有关新科学技术的基础理论和某些重要基础学科；（3）学校拟重点加强扶植的专业及老专业中的一些新兴、重要领域；（4）需要加强和提高的外语专业。在社会科学方面，还可选派少数人出国学习历史、文学、哲学等专业。

4. 留学人选的基本条件是：要认真贯彻中央关于提高派出留学生的质量要求，除按中央有关规定认真、严格进行政治审查外，对业务条件提出：学习自然科学和社会科学的留学生，必须是大学本科毕业，对本专业有坚实的理论基础和专业知识，具有 3 年以上与本专业有关的实际工作经验，在教学或科学研究工作中有一定成绩，确有培养前途者；派

---

① 国家教委外事司编著、陈可森执笔：《教育外事工作历史沿革及现行政策》第 13 页，北京师范大学出版社 1998 年第 1 版。

② 于富增、江波、朱小玉：《教育国际交流与合作史》第 80 页，海南出版社 2001 年 8 月第 1 版。

往资本主义国家学习的研究生，应从优秀的老助教和讲师中选拔，个别年轻的副教授也可派出短期进修。

5. 留学人选的外语条件是：对于学习自然科学的留学生来说，出国前的外语水平必须达到四会，即"能听、能说、能读、能写"。

根据加大向资本主义国家派遣留学生力度的政策原则，在国务院于 1965 年 2 月 25 日新批准的《高教部关于 1965 年向资本主义国家派遣自然科学留学生问题的请示报告》中再度提出了一个 50 人的选派计划。而在这个文件里所指的"资本主义国家"已经比较明确主要是指比较发达的资本主义国家了，而不再包括"民族独立国家"。《请示报告》提出，1965 年拟选拔 50 名自然科学学科的留学生，派赴法国、英国、北欧的建交国家以及意大利和日本等国家学习自然科学。对法国和北欧的建交国家，主要通过官方渠道派出；对英国，拟通过中国科学院与英国皇家学会的关系派出；对其他未建交国家应争取通过民间渠道派出。至此，中国自 1957 年开始向意大利、比利时、瑞士、瑞典、挪威、丹麦等国派出留学生以来，至 1965 年 1 月，8 年共派出 200 名，绝大部分人员是学习外语的，其中学习自然科学的留学生仅有 21 名。

上述《请示报告》还提出，鉴于对外联系的不确定性，有时有了派遣渠道，却因为没有适当人选而失去了派出机会。因此，高等教育部曾提出储备一批出国留学人选，以备一旦有机会时就能够及时派出。为此，《请示报告》提出，在 1965 年和 1966 年两年内，每年选拔出国留学预备生 200 人，对被选人员先行集中进行外语培训，然后回原单位边工作边进行业务上的准备；每年根据对外联系确定的派遣名额，再从预备人员中选择派出；上述每年 200 名储备留学人选的学科比例确定为：理科 35%，工科 40%，农林科 12%，医科 8%，文科 5%。虽然国内有关职能部门于 1965 年按计划选拔和储备了留学生，并安排到有关学校学习外语，但由于 1966 年发生了"文化大革命"运动，中国政府终止了派遣上述出国留学生的计划。尽管如此，这个计划还是表明，中国在派遣出国留学生的政策方面，在 1965 年时就已经考虑并确定向发达的资本主义国家派遣学习自然科学的留学生这个基本方针了。[①]

二、实行"减派、后又有针对性地适当增派高中生出国留学"的调整性政策

中华人民共和国建立初期的 1950—1956 年期间，显然是由于国内的需要和政策上的可能，中国派遣具有高中毕业或大学一年级学历到国外读本科的留学生一直保持着较高的比例。除 1953 年仅占 8.89% 以外，该时期中国每年派遣出国留学生的大多数人员都是到国外读大学的本科留学生。7 年间的总比例达到了 72.88%；即在总数 6973 人中，有 5082 人是本科留学生。例如，1950—1952 年三年派遣留本科留学生的比例分别为：77.14%，

---

① 国家教委外事司编著、陈可森执笔：《教育外事工作历史沿革及现行政策》第 18 页，北京师范大学出版社 1998 年第 1 版；于富增、江波、朱小玉：《教育国际交流与合作史》第 81—82 页，海南出版社 2001 年 8 月第 1 版。

35.79%，94.81%；1954 年共派出留学生 1518 人，其中本科留学生为 1363 人，占当年派出留学生总数的 89.79%；1955 年共派出留学生 2093 人，其中本科留学生为 1756 人，占当年派出留学生总数的 83.90%。1955 年中央政府提出"适当减少派遣高中毕业生出国留学"的意见以后，1956 年派出的本科留学生数量虽然有所减少，但仍保持了 1521 人的水平，占当年派出留学生总数 2041 人的 74.52%。

随着国民经济恢复期内国内高等教育的持续发展，培养本科生的能力已经初具规模，如 1955 年国内应届高等学校毕业生数就已经达到 5.5 万余人。因此从各种因素考虑而应当实行"减派本科留学生"的政策就被顺理成章地提了出来。中国政府于 1955 年开始确定并实行"争取多派研究生，少派或不派高中毕业生"[①] 的政策之后，本科留学生的比例，从 1950—1956 年阶段的 72.88%，逐年递减到 1957—1965 年期间的约 32.36%；即在此期间内派遣的 3365 名留学生中，有 1089 人为本科留学生。[②]

根据上述现状和中央政府对出国留学事务的政策要求，高等教育部和教育部在 1956 年 2 月发出的一份通知中明确表示，"为了有效地提高我国高等学校教学质量和科学研究水平，上级指示，今后派遣出国留学生，必须贯彻多派留学研究生少派高中毕业生的方针，只有国内现在不能培养的缺门专业和薄弱专业才派遣高中毕业生出国学习"。[③]因此，教育管理部门决定将原定从 1956 年应届高中毕业生中推荐 3000 名报考留苏预备生的计划名额缩减为 1000 人。

1957 年 6 月，高等教育部在呈报中央政府《关于变动 1957 年派遣留苏研究生、大学生计划的请示报告》中对减少派遣高中生的原因还有另一种意见和政策考虑，即"几年来派遣高中毕业生赴苏联大学学习，因俄文条件限制，学习吃力，因而效果并不甚好。据毕业回国的留学生及各方面的反映，由于上述原因，留苏大学生的学科水平和国内大学毕业生的水平一般并无明显区别"。为了此项政策的慎重出台，高等教育部还曾会同国家计划委员会、国家经济委员会，并邀请科学院及有关职能部门，就今后基本上不派高中毕业生出国学习的政策问题进行了专门的讨论和研究。与会各有关部门的代表同意上述分析，并赞同中央政府提出的不再派高中毕业生出国留学的政策性意见。据此，高等教育部对业已选拔出来并准备出国留学的 1000 多名高中毕业生提出了如下安排意见："目前在北京俄语学院留苏预备部学习的高中毕业生 1150 名原则上不再派出，留在国内高等学校学习。对国内不能培养的重要缺门专业，尽可能采取从已在苏联学习的大学生改变所学专业的办法来解决。"

实际上自 1959 年以后，因在苏联的中国本科留学生已经学习三年以上，再从其中选择一些人改学其他缺门专业的设想已基本不太可能实施。因此，根据国家科委和教育部的意见，从需要与可能出发，每年大致测算出派遣研究生、进修生和实习生为 700—1000 人之间。后研究决定 1959 年从高中毕业生中选拔 400 名作为留苏预备生，在国内学好俄文后再派赴苏联高等学校学习。根据仍然要选拔少量高中毕业生去国外学习国内缺门专业的政策原则，1959 年和 1960 年，教育部管理部门又分别从当年的应届高中毕业生中选拔了

---

① ② ③ 参见李滔主编：《中华留学教育史录—1949 年以后》第 150、220、140 页，高等教育出版社 2000 年版。

两批分别为 400 名和 500 名留苏预备生。从 1960 年以后，中国派赴苏联留学生的数量大大减少，许多原来选定留苏预备生实际上并没有出国学习，而是进入国内的高等学校学习了。

其间，作为一项特殊政策的处理与调整，中国政府于 1957 年还派遣了一批少数民族地区的高中毕业生出国留学。这些留学生不是从高等教育部选拔高中毕业生的计划中派出的，而是由新疆和内蒙古两个自治区单独选拔派出的。上述两个地区政府的相关部门曾与苏联有关方面达成了派遣高中毕业生出国留学的协议。因此，考虑到这两个地区的特殊情况，1957 年 4 月，高等教育部向中央政府呈报了《关于新疆、内蒙古派遣部分高中毕业生出国留学问题》的报告，表示"关于新疆和内蒙古派遣高中毕业生出国留学问题，已经遵照指示对原报批数字进行了削减，新疆拟派 30 人，其学习专业包括农业和基础科学专业，内蒙古拟派遣 5 人。"

1961 年 2 月，教育部根据"减少数量，提高质量"的方针，提出了编制派遣留学生计划的政策原则：1. 切实贯彻"留学生必须保证政治上绝对可靠"，"业务条件、外文水平和身体均须符合出国的规定"；2. 出国学习的专业或研究方向必须符合国家的需要，并结合有关国家的专长和接受的可能；3. 着重派一些尖端科学技术和基础理论学科的专业人员，适当照顾全国性重点学校教学和科研工作的需要；4. 尽量先从已储备的在职教师和干部中挑选；5. 就教育系统来说，出国进修教师比留学研究生的比重宜增大一些，有必要适当派一些人前往科研机构中学习；6. 编制计划须留有余地，以供调整和增补之需。

根据这些原则，中国于 1961、1962、1963 年三年中共派出 300 名留学生，平均每年仅 100 人。其中 1963 年只派出 62 人，是除 1950 年外，新中国建立以来至 1966 年期间派出留学生数量最少的一年。

1957—1963 年期间，中国大陆总共派出留学生 2261 人，其中本科留学生仅为 303 人，占这一时期派出留学生总数的 13.40%。但是 1964 年之后，根据国内缺门专业和薄弱学科的需求，以及需要发展与世界不同类型国家交流关系而对学习语言类留学生需求量增加的政策考虑，特别是对于学习外语专业的留学生而言，由于语言学习的规律，仍然需要派遣高中毕业生或大学在校低年级学生出国留学。因此 1965 年和 1966 年实际上共派出留学生 1104 人，其中本科留学生为 786 人；本科留学生派出比例又回升到 71.20%，是 1957—1963 年期间 13.40% 的 5.31 倍。[①]

综上所述，1957—1965 年期间，中国实际派出本科留学生的比例为 32.36%，约为上一阶段（1950—1956）72.88% 的五分之二。

三、关于"争取多派留学研究生"的政策内容

截至 1955 年中央政府领导人提出争取多派研究生的意见时，新中国已经向国外派

① 以上除注明以外参见国家教委外事司编著、陈可森执笔：《教育外事工作历史沿革及现行政策》第 15—20 页，北京师范大学出版社 1998 年第 1 版；于富增、江波、朱小玉：《教育国际交流与合作史》第 82—85 页，海南出版社 2001 年 8 月第 1 版。

遣了1338名研究生，其中绝大多数是派往苏联的。根据相关的政策要求，1954年以前选派的出国留学研究生，是由各个部门从在职人员，包括高等学校和科研机构的在职人员中选拔并保送的。1954年以后，大部分出国研究生则是从应届大学毕业生中选拔保送的。这些做法与当时国内高等教育发展的实际情况是基本相适应的。因为1949年之前旧中国的高等教育十分落后，在职人员中真正具有大学毕业水平、并基本具备能够读研究生的合格人员数量十分限，再加上许多人年龄偏高，因此，在职人员中可供选拔出国留学读研究生的人员就越来越少。直到1954年以后，国内高等学校的毕业生数量有了明显增加，开始实行从这些大学毕业生中选拔出国研究生的政策已经成为可能。但是选拔政策原则上仍然沿用对在职人员的选拔条件，即需要经有关单位严格选拔后再向高等教育部保送。

有文献记录并显示，中华人民共和国建国初期派遣的出国研究生在国外的学习质量普遍不高，其主要原因是他们的专业基础比较差，出国后还要补习某些课程，因而不得不延长学习年限；同时因为俄语水平有限，苏联教师指导起来也有一定困难。为了解决这些问题，高等教育部于1957年7月提出了《改进留学研究生派遣工作的报告》，并提出应采取三项基本政策措施：（1）加强派遣留学研究生的全面规划工作；（2）提高研究生质量，改进选拔办法，实行公开招考的办法；（3）研究生毕业回国后，根据选派计划的培养要求分配工作。

其中为落实上述政策措施而新提出来的主要改进政策有以下几个方面：一是出国留学研究生应从大学毕业后具有两年以上实际工作经验的人员中选拔（数学、物理等基础理论专业可以例外）。因为新中国建立已经有8年之久，高等学校的毕业生总数也已经达到30多万人，而且每年还有几万新增加的大学毕业生，从具有两年以上工作实际经验的大学毕业生中，选拔几百人成为出国留学研究生是完全可能的。二是在选拔方式上应实行"公开招考"的办法。其政策上考虑是，为了在更广大的范围内选拔优秀人才，并在保证政治、业务、身体等基本条件的前提下，采取"公开考试"的办法录取出国研究生，可以明显提高出国研究生的质量。本科留学生的选拔早已通过考试来进行。而通过公开考试选拔和录取出国研究生，是出国研究生选派事务的一项政策性改革，也是新中国成立以后第一次提出来。

1958年，高等教育部制订了通过考试录取出国研究生的政策办法，即被推荐的报考人员，在经过政治、业务（含外语）、身体审核并达到国家规定的条件后，再参加统一考试。考试科目分共同科目和专业科目两类：共同科目包括语文、政治理论课、外国语文；专业科目按国内专业考试科目确定。

不过在实际上，"实行公开招考的办法"在当时国内的政治气氛比较浓烈的状态下，基本上未能有效地实施。恰逢此时国内开展政治性的"整风运动"，因此这一项"公布专业、自由报考"的方式受到1957年7月23日《人民日报》社论《用人可以不问政治吗?》的批评。该篇社论公开质问："可怪的是高等教育部的一些同志们在改进选派留学生办法的时候，似乎也认为'重政治、轻业务'的批评是正确的，似乎也认为选派留学生可以不问政治，'一视同仁'。轻业务当然不对，但是重政治有什么不对呢?选派留学生，以至招收和培养高等学校的学生，分配高等学校的毕业生，同人民的事业都有重大的关系，怎么可以不重视政治呢？其实，世界上任何一种政权在选用人才和培养人才方面都是有政治标准的，所不同的只是各有具体内容……真正不管干部的政治情况的国家，在世界上是没有的。那些向党和人民政府要求所谓任人唯才、要求用人不问政治情况的议论，如果不是由于反对社会主义事业和无产阶级专政，就是由于在政治上无知。"为此，高教部于9月20日作出了检讨。①

鉴于派遣出国研究生已经不仅仅是国内高等学校的需要，国内众多的科学研究部门，包括科学院以及各中央政府直属职能部门领导下的科学技术研究院和研究所也需要派遣出国研究生。因此，中央政府决定，派遣出国研究生事务的计划和政策改由"国家科学规划委员会"制定，而研究生的派出和管理政策仍由高等教育部负责。1958年，国家科学规划委员会经请示国务院批准后，提出了一个新的派遣研究生的计划。这个计划内容包括：自1958年起，每年派遣出国研究生的名额由原拟定的550名增加到1000名；出国研究生应从具有本科毕业学历、2至3年实际工作经验和政治可靠的人当中选拔；分配给各省、市、自治区的选派名额，由国家科学规划委员会与各省、市、自治区会商决定；留学研究生出国前，首先必须在国内学好俄语。

1958年原定计划派遣550名研究生的派遣去向为：苏联400人，东欧、亚洲的社会主义国家80人，资本主义国家70人，其中40名到西德和北欧各国学科学技术，30名学外语语文翻译。留学研究生的学习专业分布为：理工科415名，农医科87名，文史科38名。各个部门派遣的留学生名额分布为：教育部220人，科学院94人，各工业部门169人，农业部门29人，卫生部15人，外交部15人，文化部8人。而国家科学规划委员会新提出的派遣出国研究生的数量增加到1000人时，分配到各个部门的名额变更和增加的比例为：各工业部门共300人、增131人，教育部297人、增77人，各省市自治区200人、增200人，科学院132名、增38人，农业部门33人、增4人；卫生部15人，外交部15人，文化部8人，没有增加。其中"国家科学规划委员会"提出新增的450名研究生，全部派往苏联。从上述一组数字可以看出，派遣出国研究生的专业重点为理工专业，派遣研究生的单位主要是高等学校和科学院。虽然派出研究生名额增加到1000人时，工业部门派遣研究生的数量有明显增加，但高等学校和科学院派出研究生的比例仍然比较高。而单独分配给各省、市、自治区派出研究生的名额的政策，却是新中国建国以来首次根据各省、市、自治区政府提出的意见和要求进行调整和安排的。

上述派遣1000名出国研究生的新计划最终没能实现。1958年和1959年，中国共派出研究生587人，只完成原计划两年派出研究生数量的29.35%。而1960年派出的研究生总数仅只有84人，甚至不到原计划的十分之一。其主要原因还是由于1960年前后的中苏关系不断恶化，使得中国留学生在苏联的学习和生活受到越来越多的限制，有时甚至连人身安全都不能保障。在其他东欧国家也有类似情况，如在捷克斯洛伐克就曾发生过中国留学生被"驱逐"回国的事件。苏联和东欧国家已经不再是接受中国的研究生的正常留学目的

---

① 《人民日报》社论：《用人可以不问政治吗?》，《人民日报》1957年7月23日第1版。

国了，而派往其他国家的政策渠道又尚未开辟出来。

随着各国接受中国留学研究生局势的日趋严峻，周恩来总理于 1963 年在当年派遣赴苏联的留学生计划中批示中表示："凡不符合要求的一律不派，符合要求而我们国内学校已能解决的，也不派；研究生非十分必需外，应从在生产和工作中已经表现成绩的人才中选派……总之，只许减少，不许超过。"[1] 1961—1963 年期间，一方面，国际上接受中国留学生的状况进一步恶化，另一方面，国内已经处于经济比较困难的时期，因而进一步缩减了派遣出国留学生数量。1961 年派出了 124 人，1962 年派出 114 人，1963 年只派出了62 人；三年共计派遣 300 人，其中研究生为 102 人，占 34.00%。1957—1963 年期间，共派出各类留学生、进修生 2261 人，其中研究生 1055 人，占 46.66%。与新中国建立初期相比较，留学研究生所占比例显著提高。但是，这一时期中国出国留学生的总量已经明显少于新中国建立的初期。[2]

四、确定"较大量派遣进修生和实习生"的政策

1958 年 3 月，教育部在呈报给国务院的《关于 1958 年选派赴苏联进修教师工作计划的报告》中提出：1955—1957 年间，教育部先后共派遣赴苏联进修的教师有 231 人，其中许多人已完成进修任务回国工作。回国后，他们大都在各自的业务岗位上发挥了比较好的作用；实践证明，派遣教师出国进修的政策对于提高教师教学和科研水平的效果是比较明显的，因而派遣在职教师出国短期进修是派遣出国留学人员的一种好方法。为此，该报告提出拟再选派 104 名学术上有一定造诣的讲师或副教授赴苏联高等学校、科学研究机构进修，时间最多为两年；学习方式主要是根据出国前制定的进修计划，在苏联指定导师的指导下进行研究工作，并学习教学上的经验。国务院随后批准同意了这个计划，并同时要求，派出教师的学科和专业必须是国内高等学校的缺门、薄弱专业，或国内尚无条件培养的专业。1958 年 4 月 26 日，国务院在对教育部上述"关于选派赴苏教师工作计划"的批复中明确表示："凡是国内能够培养的，或者和其他部门重复的，应尽量不派"，其政策上的考虑就在于提高留学效益，重点培养中国急需的、缺门的、薄弱的专业教师人才和国内尚缺乏条件而难于自己培养的专业师资。

1959 年 2 月 27 日，国家科学技术委员会和教育部发出《关于进行选拔 1959 年度留学研究生、进修生和实习生的通知》。按照该《通知》的说法，所谓进修生，是指出国进修的教师；所谓实习生，是指科学研究人员出国实习。通知还表明，派遣进修教师的目的，是为了研究某项专业的某些专门问题，安排国内高等学校教师到对方高等学校进修，以提高国内教师的科学研究和教学水平；出国进修教师的人选应为具有实践经验的讲师以上人员；在国外进修时间为一年左右，最多不超过两年。派遣科研实习人员的目的，是为了在一定期限内进行某项专业中的某些专门问题的研究，安排中国的科研人员

---

① 李滔主编：《中华留学教育史录—1949 年以后》第 180 页，高等教育出版社 2000 年版。
② 李滔主编：《中华留学教育史录—1949 年以后》第 220—227 页，高等教育出版社 2000 年版。

到对方科学院及产业部门的研究机构实习进修；出国实习人员必须具有大学毕业后一到两年实际工作经验或相当程度的人员；出国实习时间一般不超过两年。对出国进修教师和科研实习人员的选拔，不实行全国统一考试，但中央各部门，以及各省、市、自治区科委，应对拟派出人员的政治、业务以及外语水平进行测验和考试，并进行严格的业务考查或技术鉴定。

1957—1963 年期间，中国共派出进修教师和科研实习人员 692 人，占该时期派出的各类留学人员总数 2261 人的 30.61%，多于同期派出的本科留学生的数量。1961—1963 年间，在中国实行了大量减少派出留学人员政策的时期里，出国进修教师和科研实习人员的数量却占有较大的比例。如，1963 年虽仅派出留学人员 62 人，但其中 50% 是进修教师和科研实习人员，即进修生和实习生。

五、制订"增派语言类留学生"的政策

1964 年 3 月，中共中央批准并转发了国务院外事办公室和高等教育部党组《关于解决当前外语干部严重不足问题的应急措施的报告》。其背景是当时国际形势与中国对外关系的发展对国内外事翻译人员的需求急剧增加，因此有不要加快培养各类外语人才。这个《报告》在分析了国内外语教育面临的形势后指出，"为了解决三年内的尖锐矛盾，还必须在常规办法之外，采取一些紧急措施"；如"针对俄语人才相对过剩，其他外语人才严重不足"的情况，要大量举办其他类外语专科教育的教学活动。该报告认为，由于国家对外交流事务与活动的需求的不断增加，英语、日语、德语、西班牙语等语种人才已经出现严重不足的状况，而俄语人才相对过剩。因此在报告里特别提出的应急措施中，认为除了加强国内非俄语类的外语教育教学事务外，大量派遣留学生，也是解决这个问题的政策措施之一。

随后，国务院外事办公室原则同意了高等教育部关于 1964—1966 年期间派遣出国留学生的"三年规划"：1. "规划"计划在三年内拟派遣 1750 人，以培养英语、法语、德语、西班牙语等语种的高级外语人才；其中包括大学生 1550 人，进修生 200 人。2. 根据这一"规划"的安排，拟安排学习英语的留学生或进修生的有 830 人、占 47.43%，学习法语的留学生 520 人、占 29.71%，学习西班牙语的留学生 300 人、占 17.14%，学习德语的留学生有 100 人、占 5.71%。

3. "规划"提出上述留学生和进修生在国外的学习年限一般为 2 至 3 年，但遇有紧急需要时，可提前调回，以应对国内急需。

4. "规划"建议安排其中学习法语的留学生，拟派往法国、阿尔及利亚、瑞士、摩洛哥、突尼斯、比利时等国家；学习西班牙语的留学生，拟派往古巴、智利、乌拉圭、墨西哥等国家；学习德语的留学生拟集中派往民主德国，但在派遣过程中如遇有阻力时，可以转派一部分学生到奥地利或瑞士等国家留学。

5. 这个"规划"还提出，这批留学生主要从国内有关高等学校中学习东欧和朝鲜、越南、蒙古等各国语言和俄语专业的四、五年级学生和毕业生，以及外语中学毕业生和普

通中学毕业生中选拔；对派往资本主义国家的高中毕业生，需要配备政治辅导员和语文辅导员。在国外留学期间，留学生必须集中居住，并由驻外使馆加强管理。

显然是依据上述"报告"提出的"派遣规划"和相关政策的原则，国务院外事办公室、国务院文教办公室、国家计划委员会、高等教育部、教育部等 5 部委、办联合制订了一个《外语教育七年规划纲要》，1964 年 10 月，中共中央和国务院批准了这个《纲要》。这个《纲要》中有关派遣留学生的政策部分，肯定并确认了此前国家教育和外事主管机关在"三年规划"中提出的大量派遣语言类留学生的政策意图。如《纲要》确认的派遣计划，是于 1964—1966 年间，共计划派遣外语留学生、进修生 1926 人，比原规划增加 176人；其中留学生 1547 人、减少 3 人，进修生 379 人，增加了 179 人；其中留学生中学习法语的 414 人，学习德语的 45 人，学习西班牙语的 240 人，学习阿拉伯语的 75 人，学习其他语种（含英语）的 733 人。

根据中国政府最终确定的上述派遣语言类出国留学生和进修生事务的计划，国内主管机关指示中国驻外使馆与有关国家接触，并得到了积极的响应，先后有英国、法国、越南、朝鲜、阿尔巴尼亚、古巴、荷兰、挪威、芬兰、丹麦、阿尔及利亚、摩洛哥、阿拉伯联合共和国①、加纳、坦桑尼亚、印度尼西亚、锡兰（斯里兰卡）、巴基斯坦等国家，均表示愿意接受中国派遣的语言类留学生。其中法国等一些国家还提出可以与中国交换奖学金留学生，中国亦表示同意。

根据这个计划，1964 年和 1965 年，中国实际上共分两批派出语言类留学生和进修生990 人，占原定计划 1926 人的 51.40%，其中留学生 786 人。1964 年派出了 650 名留学生和进修生，是 1957 年以来派出留学人员数量最多的一年，是 3 年计划派出人数的33.75%。这些留学生分布在 35 个国家学习，包括苏联、东欧国家、越南、朝鲜、蒙古以及亚非拉地区的其他 16 个民族独立国家和欧洲的 8 个资本主义国家。其中 1964 年，接受中国留学生最多的国家有：古巴（120 人）、法国（103 人）、阿尔及利亚（50 人）、越南（48 人）、阿尔巴尼亚（40 人）、朝鲜（38 人）、罗马尼亚（33 人）、摩洛哥（30 人）、英国（24 人）等；而 1965 年接受中国留学生最多的国家有：法国（81 人）、英国（64 人）、越南（34 人）、埃及（16 人）。

据中国政府统计，到 1966 年初时，中国在国外的留学生总数仅为 1221 人，分布在 36个国家和地区，学习 34 种外国语言，只有少数是学习科学技术学科的留学生。由于 1966年开始了"文化大革命"运动，致使第三批外语类出国留学生未能派出，经中共中央和国务院批准、并由 5 部委、办联合制订的《外语教育七年规划纲要》中派遣语言类留学生的3 年计划也未能完成。

---

①　埃及和叙利亚于 1958 年 2 月 1 日至 1961 年 9 月 28 日合并期间的国名。

第六节 修订和完善在外留学生的管理政策

一、废止针对单一国别的《留学生管理办法》，制订统一的《留学生管理规定》

中华人民共和国建立初期，接受中国留学生的国家主要是苏联和东欧地区的社会主义国家。随着 1957 年以后中国外交格局和出国留学政策的不断调整，一些民族独立国家和资本主义国家接受中国留学生的数量开始不断增加。截至 1958 年底，接受中国留学生的国家，除了苏联、东欧以及越南、朝鲜、蒙古等其他社会主义国家外，已经增加了印度、阿拉伯联合共和国①、缅甸、阿富汗、印度尼西亚、瑞士、瑞典、芬兰、挪威和荷兰等国家。因此，新中国建立初期对在外留学生的管理政策已经不能适应该时期中国留学生分布在更多国际的状况与特点了。

根据以上已经发生变化了的留学活动和不断增加的公派留学目的国家，高教部、外交部于 1958 年 1 月 10 日联合修订并向中国驻各国大使馆印发了《关于管理派赴各国留学生的规定》，② 同时废止了 1954 年颁发的《派赴苏联及各人民民主国家留学生暂行管理办法》和《关于管理赴埃及留学生的几项暂行规定》。此后，中国有了第一部管理派往世界各国留学生的统一政策规定。

由国家教委外事司编著、陈可焱参赞执笔完成的《教育外事工作历史沿革及现行政策》一书，对《关于管理派赴各国留学生的规定》进行了比较详细的介绍；李滔先生主编的《中华留学教育史录—1949 年以后》则全文刊载了这个规定。

从这个新《规定》的题目来看，新文件所涉及的国家范围从个别国家或地区扩大到了"世界各国"；但就这个《规定》的结构来看，上述三个新旧规定之间也没有太多的实质性区别；其主要内容都包含有"留学人员的组织、留学人员工作的任务、工作方法和报告制度"等条款；就其政策上增加的内容来看，新发布的文件显然主要是对在资本主义国家学习的中国留学生提出了更为严格的要求，如要求"必须教育留学生经常注意提高无产阶级思想觉悟，警惕资产阶级思想的侵蚀；在日常活动中，应本着'和平共处'与'求同存异'的方针，增进同留学所在国人民的友好关系"等等。

二、规范驻外大使馆留学生管理机构的业务

这个新修订的《关于管理派赴各国留学生的规定》明确规定："根据国外留学生管理

---

① 埃及和叙利亚于 1958 年 2 月 1 日至 1961 年 9 月 28 日合并期间的国名。

② 国家教委外事司编著、陈可焱执笔：《教育外事工作历史沿革及现行政策》第 25 页，北京师范大学出版社 1998 年第 1 版。

工作的需要，高等教育部征得外交部的同意，在驻外使馆内设立留学生管理处，或派专职干部，或由使馆指定专人负责留学生管理工作。"

实际上早在 1953 年，中国驻苏联使馆就已经根据在外留学生的实际情况和管理性事务的需要，成立了留学生管理机构。新《规定》只是在总结经验的基础上，根据出国留学活动与相关事务的发展需要，做出正式规定并予以逐步推广。新《规定》强调了驻外大使馆内所设留学生管理机构的性质和任务，即"留学生管理处是大使馆的组成部分，受大使馆和高等教育部双重领导；专职干部或指定的专人由使馆直接领导"。留学生管理工作的主要任务则是："经常对留学生进行政治思想教育"。"经常注意对留学生进行社会主义思想教育，使他们达到立场坚定、通晓业务、作风正派、身体健康的全面要求"。"教育留学生热爱国家分配给自己所学的专业，按照所在学校的教育制度，努力学习，按时完成学习任务。""教育他们遵守所在国政府法令、学校校规，以及我国高等教育部与驻外使馆所规定的有关管理留学生的各项规章和制度。""教育留学生发扬国际主义精神。增进各国人民之间的友好关系。""同时也要注意爱国主义的教育并保持应有的民族自尊心。""教育留学生经济注意加强体格锻炼、妥善安排生活、适当注意营养，以增进身体健康。"新《规定》还要求驻外大使馆的留学生管理机构，要"加强与驻在国有关方面特别是高教部门及高等学校的密切联系，及时了解情况，不断改进工作；注意群众路线的工作方法，依靠学生组织进行工作，及时解决存在的问题。"

三、首次在境外召开"留学生管理工作会议"

1958 年 3 月 19—25 日，教育部杨秀峰部长利用率领代表中国教育团出访苏联和东欧国家的机会，在苏联首都莫斯科召开了苏联东欧各国"留学生管理工作会议"；[①] 一般也被称为"留学生管理的片会"。这是中华人民共和国成立以后首次在国外召开的研究在外留学生政策的大型工作会议。会议着重讨论了"加强在外留学生政治思想工作和改进对在外留学生的管理制度等政策"。会议认为：总的来看，留学生出国后一般都能努力学习，遵守纪律，注意中苏以及与兄弟国家的友好关系，影响较好；但是，留学生出国后比较普遍地背上了骄傲自满的包袱，加之国外物质生活条件比较优越，居住分散，不便管理，某些错误思想有所滋长。因此会议提出，留学生管理工作必须贯彻以思想政治工作为主，以"多快好省地建设社会主义"总路线的教育为中心内容，把留学生培养成又红又专的忠实于社会主义建设的劳动者。

此后，利用某种机会，掌握适当时机，由国内派遣代表团或工作组到国外某地，在一定范围内召开一定规模的"留学生事务片会"这种形式，就被政府时常采用了。但是由于文献整理和归纳等方面的原因，介绍各次"片会"的文章明显不多。

---

① 李滔主编：《中华留学教育史录—1949 年以后》第 246 页，高等教育出版社 2000 年版。

四、不断强化对留学人员的管理并制订和颁布新的管理规定

1960 年 9 月 13—21 日由国家科委党组、教育部党组和外交部党委联合召开的研究出国留学政策的"第二次留学生工作会议"之后,[1] 1960 年 12 月 30 日,三部委联合发出一份《关于今后一个时期的留学生工作的意见》,其中第五条"关于领导归口问题"指出,根据国际国内形势和国务院周恩来总理的指示,国内外主管部门须加强集中领导,把好口子。"具体分工如下:留学生的派遣规划,留学生毕业回国后分配工作和根据科学技术合作协定派遣的实习生选拔工作由国家科委负责;大学生、研究生、进修教师的选拔工作和所有留学生(包括大学生、研究生、进修教师、进修生和实习生)的最后审查批准、派出、国外管理和假期回国学习等工作,由教育部负责;留学生在国外的政治思想工作由使馆负责,在国内由外交部和教育部共同负责,其中关于政治思想教育和组织工作以教育部为主,涉外事件以外交部为主,成套实习人员的各项工作统一由外贸部负责。"中共中央于 1961 年 1 月 23 日批准并向全国的党组织机构转发了这个报告。

1964 年 3 月 9 日,中共中央批准试行《中华人民共和国派往国外留学生管理工作的暂行规定(草案)》(简称《暂行规定(草案)》)。[2] 由高教部和外交部负责起草的这份文件虽然称为"暂行规定",但却是中华人民共和国成立以后第一部全面规范派遣出国留学生管理事务的政策性规章制度,标志着中国政府多年来针对出国留学生的管理事务、制度体系和政策基础逐渐成熟并得到进一步完善。

纵观《暂行规定(草案)》全文,并对比此前的类似文件与规定,该"暂行规定"具有的明显特点是,内容更全面、制度更严格、政策更细化、组织更严密。全文包括有,总则、政治思想工作、业务学习、对外关系、组织纪律、组织领导、经费开支等 8 章;并有附件《留学生守则》。这个《暂行规定(草案)》不但系统阐述了当时背景下中国派遣留学生的总政策,而且对出国留学生的选拔、派遣、管理、学成回国的工作安置等一系列政策问题都做出了详细规定和政策性说明。

如关于派遣出国留学人员的重要意义,《暂行规定(草案)》第一章《总则》是这样表述的,"派遣留学生出国学习,是培养、提高我国社会主义的科学技术干部和高等学校师资的一项重要工作。同时,也有助于和各国的文化交流,增进同派往国家人民间的友谊团结"。

关于出国留学生管理教育的工作方针,《暂行规定(草案)》认为:"在政治方面积极提高,严格要求;业务上启发自觉性,加强检查;思想作风方面抓紧教育,严格管理。同时强调,在管理教育工作中,必须以思想政治工作为中心。"要求出国留学生必须服从中国共产党和中国政府的领导,忠于祖国,热爱社会主义,根据国家需要与外国的可能,认真学习所在国的专长和先进科学技术,完成学习任务。党和国家对留学生的要求是:"政

---

[1] 详见本章第 4 节。
[2] 李滔主编:《中华留学教育史录—1949 年以后》第 247—251 页,高等教育出版社 2000 年版。

治坚定，业务优良，作风正派，身体健康。"

关于大使馆对留学生管理教育工作的主要任务和责任，《暂行规定（草案）》规定，出国留学生在国外期间的管理由驻外大使馆全面负责；大使馆对留学生管理、教育工作的主要任务是：大力做好留学生的思想政治工作，加强业务学习的督促检查；正确掌握、指导留学生的对外活动；办理有关对外交涉事宜；加强调查研究，及时总结经验，不断提高管理、教育留学生的工作水平。

《暂行规定（草案）》还强调，出国留学生的工作是涉外工作，必须执行国家对外工作的方针政策，严格执行请示、汇报制度；对思想政治工作的目和要求，主要是进一步提高留学生马克思列宁主义、毛泽东思想的水平，提高他们无产阶级的政治思想觉悟，引导他们发奋图强，学好业务，取得优良学习成绩；对留学生着重进行爱国主义与国际主义教育，正确处理红与专的关系；在思想政治工作中，对政治问题要坚持原则、及时处理，对思想问题要进行分析，对一般性的思想问题要耐心教育、提高觉悟，属于严重的思想问题则应作必要的处理；在对外关系中，留学生必须遵照党和国家对外工作的方针政策和每个时期的有关指示，正确处理对外关系；在对外接触中，应该站稳立场，谦虚谨慎，不亢不卑；留学生不参加所在国及其他国家的政治组织和群众团体；留学生被邀请参加所在国或外国学生组织的政治性活动，应注意请示汇报；留学生可以参加所在国举办的有关学术活动，但不参加他们的派系斗争；留学生参加在所在国举行的国际学术会议，应经使馆批准，并以学生身份出席，不能代表国家，等等。

《暂行规定（草案）》附件《留学生守则》，对在外留学人员共提出了十条简洁、明确、具体的要求：1. 忠于祖国，听共产党的话。2. 坚定政治立场，明辨大是大非。3. 发奋图强，虚心好学。4. 遵守组织纪律，加强请示汇报。5. 提高警惕，注意安全，严守国家机密。6. 加强中国同学间的团结互助。7. 生活朴素，作风正派。8. 注意整齐清洁，加强身体锻炼。9. 遵守所在国有关法令、制度，尊重其风俗习惯。10. 维护和增进与所在国人民的友谊和团结。

第七节　留学生回国休假与安置政策

1958—1962 年期间是中国在外留学生的"集中回国期"，中华人民共和国建立立初期集中派出的大批留学生在这一期间内完成学业后陆续回国并由国家统一分配工作。据中国政府统计，在这 5 年期间里，仅从苏联回国的留学生就约有 6100 多人，这个数字应该是没有包括厂矿实习生在内的几千名留学人员。

受意识形态对抗因素和当时国际关系的影响，以及出国留学政策的严格管理和思想政治教育的作用，中国派往苏联和东欧各个社会主义国家的留学人员学成后的按期回国率非常高。如 1951—1965 年间，中国共向苏联派遣留学生（不包括与工业项目相关的技术性实习生）8414 人，而到 1965 年时，已完成学业并陆续回国的有 7324 人，占 87.05%。

与 1949—1956 年期间"吸引在外中国留学生和专家学者回国工作并妥善安置政策"

完全不同的是，该时期的在外留学生已经全部是具有中国政府国家公派性质的"新中国公费派遣留学生"；选拔派遣的方式与接受教育和管理的模式也已完全不同。

针对这批新中国公派留学生回国休假后可能遇到的情况，以及中央政府对留学生回国休假安排的要求和意见，1960年10月，中国政府成立了以教育部蒋南翔部长为组长、国家科委范长江副主任为副组长的"回国留学生工作领导小组"，以专门负责研究、安排和协调与回国相关的事务性工作。

需要说明的是，当时在完全计划经济体制下的留学人员回国后安排工作的政策，实际上也是比较简单和明确的，即出国前没有工作单位的所谓"留学生"，一般都是由国家或各个政府机关的人事部门根据专业等综合条件统一进行工作分配；而对进修生和实习生而言，则根据"哪来哪去"的原则，返回国内原工作单位安排工作。"回国留学生工作领导小组"的主要任务，基本还是对回国休假的留学生进行思想上的教育。

从"回国留学生工作领导小组"成立的当年开始，该小组即利用留学生回国在国内休假的机会，先后组织了2392名留学生集中2—3周的政治学习和国情教育。曾有文章描述说，经过学习，使留学生澄清了许多模糊认识，提高了对国内形势的认识，收到了比较好的效果。据此，"回国留学生工作领导小组"在其后写给中央政府的报告中建议，应于每年组织在国外的留学生回国休假，并在留学生回国休假期间组织集中学习一次。报告还建议把北京外国语学院的留苏预备部改为"留学生部"；留学生部不但要负责留学生出国前的培训工作，还要负责留学生回国休假期间的集训工作，等等。中央政府批准了上述建议，从而为"留学生部"职能的拓展奠定了重要的政策基础。①

第八节　出国留学政策对国内建设与发展的主要影响

新中国第一位教育参赞李滔先生，1951年底从军队奉调前往中国驻苏联大使馆从事在外留学人员管理工作，1986年初从国家教委外事局局长岗位退下来，后又担任过教育部中国教育国际交流协会的会长。2009年他回忆了自己前后30多年从事出国留学管理工作亲身经历的一些细节和往事。这些回忆对于研究出国留学政策的一些背景，具有比较重要的参考价值。他回忆：

1950年，我在湖南军区政治部担任秘书长。军委发来调令要我去北京报到。外交部的伍修权部长找我谈话，说组织决定派我到国外去，到苏联去当参赞，管留学生。那个时候选外事干部，基本都是从部队选，很多大使都是脱了军装上任的。另外一个条件是要有文化，因为我有点文化所以被选中了。实际上我只有初中文化，但在当时的部队中也算是比较拔尖的了。我坐了9天火车，终于到了苏联。那个时候使馆的工作人员除了张闻天大使会俄文，其他人都不会俄文。我去了以后，使馆为我配了一个翻译。张闻天大使对我说："你主要的任务是管留学生，建立留学生管理处，你担任参赞。"我就一步步把留学生管理处的班

---

① 于富增、江波、朱小玉：《教育国际交流与合作史》第91—94页，海南出版社2001年8月第1版。

子建了起来。

1948 年东北刚解放时，中央就派了一批人到苏联去学习。他们先在苏联中学学习俄文，然后再进入大学。这些人的大部分我都还记得，他们当中有李鹏、邹家华、叶正大、项苏云、朱敏、刘允斌、蔡特特、任湘、冯理达……派这批人的目的就是出去学习，培养人才。新中国成立后，国家首次向东欧派出留学生是 1950 年；首次向苏联派出留学生是在 1951 年，一共 375 人。1950 年—1965 年，国家教育部门向苏联和东欧地区共派出留学生 10698 人，其中去苏联占绝大多数。开始派留学生去苏联的时候都没有在国内培训外语，而是在国外学习外语。1952 年国内成立了留苏预备部，开始在高中生和大学一年级的学生中进行选拔。那时候选拔的都是尖子，不仅注重他们的学习，也注重他们的政治条件。培训 1 年以后再派出去。在培训过程中又进行了严格审查，包括业务情况、政治情况、思想情况。这批人主要学习理工和军工。后来国家还专门派了实习生。向苏联、东欧派遣留学生的计划是作为我国科学教育发展十年规划的一部分而制定的。当时党中央设立了一个由聂荣臻、李富春、陆定一等领导人组成的中央留学生领导小组。1952 年后，中央向各个国家都派了专管留学生的干部。当时对留学生提出四点要求：政治坚定、业务精通、作风正派，身体健康。这是张闻天大使提出来的，我们一直贯彻这个指导思想。

我在苏联使馆工作期间，团中央曾派出 100 个学生到苏联的团中央培训学习，也由我负责管理。1954 年前后，胡耀邦同志到捷克去开世界青年会议，路过苏联。我对他说："耀邦同志，你派了 100 个人让我管理，你也没派个人来帮我。"耀邦说同志："这 100 个人里你挑，挑出谁是谁。"我就把钱其琛同志给挑出来了，我们俩在一起合作了十几年。对于留学生的管理，除了我所在的留学生管理处以外，还有留学生党委、学生会。李鹏、宋健同志都担任过学生会主席。另外各个学校还有党的支部、团的支部，跟国内一样健全。中国留学生分布在苏联的 20 多个城市，大部分在莫斯科、列宁格勒、基辅、哈尔科夫。这么多人只有一个学生会。另外，我们在列宁格勒和乌克兰地区都派了专职干部，当时钱其琛同志就负责列宁格勒的工作。

这些留学生出去后太勤奋了。中国留学生学习勤奋有目共睹，得到了苏联人的一致赞赏。那个时候我们对他们讲，学习成绩不一定拿 5 分，4 分、3 分就可以了，但是他们不听，拼命要拿 5 分，要是拿不到 5 分就感觉很没面子。他们一天到晚就是宿舍、课堂、图书馆几个地方跑来跑去，在学习上我们根本不用费劲去督促他们。后来，刘少奇专门和苏联领导人联系，希望中国留学生能够参加苏联的党和青年组织的活动，苏联方面同意了。所以，中国留学生有时候会参加苏联党的会议和苏联共青团的活动。苏联共青团的活动并不像我们共青团的活动是坐下来学习和讨论，而是跳舞。我们对留学生的管理很严格。回国后，有一次开会，一个留学生在会上向我"抱怨"说："李滔同志，你那时候管我们管得太严了。"我回答说："我不管你们严，你们能成就吗。"

刘少奇同志的次子刘允若在莫斯科航空学院学习时，对专业不感兴趣，和同学的关系也不太好，情绪经常波动。刘少奇同志写信对刘允若进行了多次教育，还给使馆党组织写信，要求严格管理，不能让他转专业，实在不行就把他送回国。少奇同志有这个决心，我那个时候也就理直气壮了。我把刘允若叫到办公室，给他讲道理。说着说着，刘允若拔起腿来就走，我啪地一拍桌子喊道："你给我回来！"他站住了，蔫蔫地就回来了，坐在对面，我又继续给他做工作。最后，经过我们的教育，他转变过来了，后来终于学成回国。但是可惜的很，因为少奇同志，刘允若在"文革"中受到牵连，不到50岁就生病去世了。少奇同志的大儿子刘允斌出去的早，在苏联做了研究生，专门研究铀矿，回国后到了西北戈壁荒原的核实验基地，担任了副总工程师，是中国第一颗原子弹的研究制造者之一。1967年，他也因为受到牵连卧轨自杀，死时也不到50岁。从我经历的这些事情中可以体会到，少奇同志的思想、人格之高尚，是非常令人难忘的。

1953年7月25日，周恩来总理在向苏联和东欧派出的留学生的讲话中提出：身体好、学习好、纪律好。总理说："身体是学习工作的物质基础，你们今后的任务比我们这一代更重，一定要注重身体锻炼。第二，学习好。吸收外国的长处，化为我们的长处，这是我们民族的传统，现在我们更需要建设社会主义的科学知识，这一光荣任务放在你们身上，需要你们学好为祖国服务。第三，纪律好。青年人的好处是容易吸收新鲜事物，但容易骄傲，应当谦虚，学而后知不足，要尊重兄弟国家的法律和学习纪律。我相信，三五年后，等你们光荣完成学习任务回国，就一定能接替我们的工作，为建设社会主义和共产主义而奋斗。"讲得多么中肯，实际上也是这样，后来这些人也慢慢地接班了。

1957年11月17日，毛主席在苏联接见留学生，同时参加接见的有邓小平、彭德怀、乌兰夫、杨尚昆、陈伯达、胡乔木等领导人。毛主席对同学们说："世界是你们的，也是我们的，但是归根结底是你们的，你们年轻人朝气蓬勃，正是兴旺时期，好像早晨八九点钟的太阳，希望寄托在你们身上。"他讲到青年人应该具备两点，一是朝气蓬勃，二是谦虚谨慎。当时他分析国际形势时提出了"西风压不倒东风，东风一定要压倒西风。""世界上就怕认真二字，共产党最讲认真。"最后，他讲了三句话，"第一，青年人既要勇敢，又要谦虚。第二，祝你们身体好，学习好，工作好。第三，和苏联朋友要亲密团结。"我和刘晓大使当时是会场的主持，一直陪着毛主席。后来毛主席又到留学生宿舍，看望经济系的两个留学生，一个叫苏红，一个叫沈宁，给他们讲："努力学习，建设祖国，加强与苏联师生的友谊。"

1957年，刘少奇和邓小平同志访问苏联，我去作汇报工作。本来少奇同志也要听，但临时有事离开了。小平同志听完我的汇报后，对我们留学生的表现非常满意。他说，这些留学生都是中国社会主义建设的宝贵财富，要很好地爱护，严格要求他们。不但要努力学习专业技术，还要学习马列主义、毛泽东思想。要政治思想坚定，为增进中苏人民友谊作出贡献。要锻炼身体，劳逸结合，智力体力双丰收，才能成为国家有用的人才。

1961年，中苏关系恶化，赫鲁晓夫撤走了专家，限制我们的留学生获取资料，特别是一部分学军工和尖端技术的留学生受到了限制。但是苏联人民对我们仍非常友好。周总理因此在中南海西花厅召开会议，聂荣臻同志、蒋南翔同志和我参加。当时我已经回国，在教育部任留学生管理司司长，因此由我负责向总理汇报。我就把专业的情况详细地作了汇报，有多少人，学什么专业，有什么困难。周总理认真地记录下来，听完汇报他又仔细核对了一下，最后说："对，你汇报的对。"然后周总理决定调这些学军工和尖端技术的将近1000 名留学生回来，剩下的人继续学习。这批人调回来以后都被分配到一机部等部门。分配工作的时候，我去给他们讲的话。在宣布决定时，没有一个人提出异议，没有一个人讨价还价，真是感动人。这些人对我们的军工专业和原子能工业作出了非常大的贡献。

1964 年前后，当时由于我国对外交往取得了很大发展，和很多国家建立了外交关系。小平同志决定，要派出 1900 多名留学生到资本主义国家和发展中国家去学习科学技术和语言。我们就从全国的中学和大学一年级挑出了这批留学生，他们在北京体育馆集中学习。小平同志还特别指示，这批留学生在出国前到东北和上海参观，了解我们国家的发展情况，增强信心。于是安排了两列专列，由钱其琛同志带队奔赴上海和东北，让他们增加对祖国的认识，增强心中的自信和骄傲。

1965 年 3 月 25 日，周总理在罗马尼亚接见中国留学生时，讲了正确认识和处理宏观关系的问题。当时周总理提出"又红又专"。"在国外学习要站稳立场，抵制资产阶级思想的影响，要打破洋框框，做到学以致用，为祖国建设服务。年轻人要牢记革命的过去，从革命传统中受到教育。"[①]

由李滔先生主编的《中华留学教育史录—1949 年以后》，比较详尽地公布了中国在1950—1965 年的 15 年期间内，分别向各国派遣留学生（不包括厂矿选派的技术类实习生）的基本数据。据中国政府统计，从 1950—1965 年期间，中国共向苏联和东欧，以及朝鲜、古巴、蒙古等 29 个国家派出留学生 10698 人，其中从 1951 年首次向苏联派出 375名留学生开始到 1965 年，共向苏联派出 8414 人，占派出留学生总量的 78.65%。下面的两个表格分别显示了 1951—1965 年期间中国向苏联派遣留学生的数量，以及 1950—1965年期间中国公费派出留学生和毕业回国留学生的数量。

1951—1965 年期间中国公派赴苏联留学生人数统计表[②]

年度	派遣数量	比率
1951	375	4.46%
1952	220	2.61%
1953	583	6.93%
1954	1375	16.34%
1955	1932	22.96%
1956	2085	24.78%
1957	483	5.74%
1958	378	4.49%

---

① 李滔口述：《"中国的留学生太棒了！"》，2009 年 8 月 14 日神州学人网。
② 李滔主编：《中华留学教育史录—1949 年以后》第 220—227 页，高等教育出版社 2000 年版。

年度	派遣数量	比率
1959	460	5.47%
1960	317	3.77%
1961	74	0.88%
1962	55	0.65%
1963	20	0.24%
1964	3	0.04%
1965	54	0.64%
15 年总计	8414	100%

1950—1965 年期间教育部（高教部）公费派出留学生、进修生和毕业回国留学生人数统计表

年度	派出留学生人数	毕业回国留学生人数
1950	35	—
1951	380	—
1952	231	—
1953	675	16
1954	1518	22
1955	2093	104
1956	2401	258
1957	529	347
1958	415	670
1959	576	1380
1960	441	2217
1961	124	1403
1962	114	980
1963	62	426
1964	650	191
1965	454	199
总计	10698	8013

　　1950—1965 年期间，中国共向各国派遣留学生、进修生等 10698 人，同期回国 8013 人；派出人员中大学生、即留学本科生 6834 人，占 63.88%；其中研究生 2526 人，占 23.61%；其中进修生 1116 人，占 10.43%；教学实习生和翻译 222 人，占 2.08%。如果将截止 1958 年前后因与苏联援建的工业项目相关联而派出的约 6000 多名技术性实习人员（技术实习生）一并计算在内的话，中国于 1950—1965 年期间共派出留学人员约 1.6 万多人。在此期间内陆续完成学习计划后先后回国的上述各类留学人员超过 1.5 万人。上述广大留学人员能够服从国内建设与发展的需要，心存远大理想，在国外刻苦钻研，回国后投身祖国建设事业，先后作出了一些重要贡献，并产生了积极的影响。[1]

　　新中国建立初期完全国家公派的出国留学政策影响下的出国留学活动，是比较成功和具有效果的国际教育交流与合作，也是中国政府利用国际教育力量为本国社会经济和发展服务的一种尝试。20 世纪 50 年代中、后期是中国留学生陆续学成并回国的收获季节。作为大规模公派出国留学取得成功的一个标志性事件，中国留学生高景德 1956 年 5 月在苏联列宁格勒加里宁工程学院通过了博士论文答辩，从而成为在苏联获得博士学位的第一位新中国留学生。[2] 1956 年 9 月，北京市中苏友好协会举行联欢会，欢迎当年回国的 100 多名留苏学生，其中有数十人取得了副博士称号。从 1955 年第一批 103 名留苏人员回国到 1965 年 10 年间，先后有 7317 名留苏人员回国，而 1958—1962 年是留学苏联的收获旺季，5 年间先后有 6100 人回国，其中 1959—1961 年平均每年回国约有 1000 人，1960 年多达 2700 人。至 1966 年中国停止派遣留学人员时，大多数留苏学生均已学成归来，回国率高达 87%。[3] 出国留学政策影响下的中外教育交流与合作，为新中国的经济建设和社会发展培养了大批人才。广大留学人员回国后陆续成为国内教育、科研、文化及经济建设和政府机关的骨干力量，并在国内各条战线上发挥了重要作用，因此甚至被有人誉为"共和国航船全速前进的动力源"。

　　关于新中国出国留学政策指导下的出国留学活动对其后中国国内经济建设与社会发展的正面影响，不同时期里的不同作者，都可能会从不同的立场、角度或不同的层面进行不同的归纳和总结。本书作者在通读并研究了大量有关当代中国留学问题的文章和书籍后，基本上倾向于认可由田正平先生主编的《中外教育交流史》[4] 一书中比较清晰、通俗和朴素的综合性说明与概括。在基本参照上述原著编辑归纳的五个方面的基础上，同时结合本书的研究方向，适当增减了一些内容并经修改整理后，在本节中对"中国出国留学政策正

　　① 李滔主编：《中华留学教育史录—1949 年以后》第 220—227 页，高等教育出版社 2000 年版；于富增、江波、朱小玉：《教育国际交流与合作史》第 79 页，海南出版社 2001 年 8 月第 1 版；新华社报道：《我国留学生高景德在列宁格勒的加里宁工程学院通过博士论文答辩》，《光明日报》1956 年 5 月 22 日第 7 版；李彦春：《"八九点钟的太阳"走过五十年》，《北京青年报》2007 年 11 月 18 日第 1 版；《中国教育成就 1949—1983》人民教育出版社 1985 年第 1 版；丁晓禾：《中国百年留学全纪录》第 1340 页，珠海出版社 1998 年第 1 版。

　　② 新华社：《我国留学生高景德在列宁格勒加里宁工程学院通过博士论文答辩》，《光明日报》1956 年 5 月 22 日第 7 版。

　　③ 教育部国际与交流司：《走向世界的中国教育交流与合作》，《共和国教育 50 年》第 599 页，北京师范大学出版社 2000 年第 1 版。

　　④ 田正平主编：《中外教育交流史》895 页，广东教育出版社 2004 年 9 月第 1 版。

面影响"进行了如下的概述：

一、为中国造就了高级专业人才

出国留学政策指导下出国留苏活动，为国内各条建设战线培养了大批专业人才，其中不少人成为了 20 世纪 70—80 年代中国各门学科研究领域的带头人。据 2007 年的统计，留学苏联和东欧的学生中先后有 200 多人成为科学院院士或工程院院士，许多人担任了重要的技术职务，成为诸多领域的学科带头人和专家学者，并在国际上享有较高的声誉，为中国的现代化建设事业做出了重大贡献。有的则成为知名艺术家，如钢琴家刘诗昆、殷承宗先生，美术家罗工柳先生，音乐家吴祖强先生等人都曾留学苏联。留苏学生中，在理工科人才方面涌现出如高景德、周光召、梅自强、周炳琨先生等一大批院士和知名学者。其中特别著名的有 1951 年到喀山化工学院、莫斯科化工机械学院学习，后任大亚湾核电站总工程师、中国第一艘核潜艇设计师的核物理学家彭士禄先生；1955 年到苏联列宁格勒电影工程学院学习的中国感光材料专家邹竞院士；1957 年进入莫斯科"杜布纳联合核子研究所"学习的著名理论物理学家周光召先生；1958 年从苏联科学院大地物理所毕业的研究生、地震科学家马瑾先生；1960 年留学列宁格勒电工学院、被称为"中国激光研究第一人"的周炳琨教授；1963 年毕业于莫斯科化工机械学院的自动控制与模式识别专家胡启恒院士等，他们都是这个留学生群体中的优秀代表。[①] 广大留学人员在各自的教学和研究领域里作出重要贡献的同时，又陆续培养出一大批较高质量的研究生，从而为 20 世纪 80 年代以后中国科学技术的发展，提供了一定的后备力量。

二、培养了中国第三代领导群体

由于党和政府在出国留学政策中比较注重政治素质的培养和提高，因此在赴苏联和东欧留学人员中培养并产生出一批约 30 多年以后相继担任了国家领导人和省部级负责人的领导群体：一名国家主席、一名国务院总理、多名国务院副总理或国务委员、200 多位正副部长及省部级官员、100 多位将军和军队领导；还有很多人走上省部级以下各级了领导岗位。如 1955 年作为实习人员被派往苏联莫斯科斯大林汽车厂动力管理处管理科科长岗位实习、1989 年后出任中共中央总书记、国家主席、中央军委主席的江泽民，1948—1955年在苏联莫斯科动力学院水力发电系学习、1987 年成为中国第四任总理、1998 年出任全国人大常委会委员长的李鹏，他俩都是中国共产党第三代领导集体的代表人物。在党和政府的第三代领导人中，曾在苏联或东欧国家留学和生活过的还有：1956 年赴苏联莫斯科利哈乔夫汽车厂实习，曾任中共中央政治局常委、国务院副总理的李岚清；1953 年赴苏联乌拉尔卡明斯克铝加工厂学习，后任中共中央政治局常委、中共中央纪委书记、全国总工会执委会主席的尉健行；1949 年进入莫斯科包曼高等工业学院制造系学习，后任中共中央政

---

① 丁晓禾：《中国百年留学全纪录》第 1426—1434 页，珠海出版社 1998 年 2 月第 1 版。

治局委员、国务院副总理，人大副委员长的邹家华；1954 年留学苏联中央团校，1982 年任外交部副部长，后为中共中央政治局委员、副总理兼外交部部长的钱其琛；1955—1961年在捷克斯洛伐克查理大学物理系留学，1987 年后曾任中共中央政治局委员、国务委员、全国人大常委会副委员长的李铁映；1953 年入莫斯科包曼高等工学院炮兵系学习，曾任国家科委主任的国务委员宋健；1960 年进入苏联门捷列夫化工学院真空化学专业学习，1982年任辽宁省副省长、后任国务委员、全国政协副主席李贵鲜；1951 到苏联工厂学习机械技术，1985 年任广东省省长，后为全国政协副主席的叶选平等。在中央政府各部、委、办、局的负责人中，有为数更多的留苏回国人员。例如，1950 年 12 月到苏联中央团校学习，1993 年任中联部部长的李淑铮；1955 年起在苏联国立敖德萨大学高分子物理化学系学习，1986 年后任科技部部长的朱丽兰；1957 年毕业于苏联莫斯科汽车机械学院 1989 年起先后任公安部长、劳动人事部长、海南省委书记的阮崇武；1960 年毕业于莫斯科石油学院机械系，1986 年任甘肃省长，后任湖北省委书记的贾志杰；1956 年毕业于莫斯科斯大林机床与工具学院，1987 年出任轻工业部部长的曾宪林等。从 1951—1965 年中国还向苏联派出800 多名军事留学生，他们中很多人也先后晋升为将军。其中 2003 年当选的军委副主席、国务委员、国防部长的曹刚川上将就是 1963 年从苏联炮兵军事工程学院毕业的。上述党和国家的各级领导人员由于其岗位的重要性，极大程度地影响了 20 世纪 80 年代以后中国发展的命运和前途。[①]

2008 年 4 月 15 日，受俄罗斯弗拉基米尔·普京总统的委托，俄罗斯驻中国大使馆授予中国前国家主席江泽民、国务院前总理李鹏和前国防部长曹刚川"普希金奖章"，以表彰他们对发展俄中文化交流所做出的贡献。俄罗斯联邦特命全权大使谢尔盖·拉佐夫通过中国外交部部长助理李辉向江泽民、李鹏转交了普希金奖章；并亲自向曹刚川授奖。拉佐夫大使表示："他们全部在莫斯科就读和实习过。至今他们对俄罗斯现状了解得非常透彻。"李辉部长助理在授奖仪式上表示："完全有理由将他们称为中俄战略协作伙伴关系的缔造者。"被授予普希金奖章的前国防部长曹刚川于 22 岁时被公费派往苏联炮兵军事工程学院留学，并在那里他度过了 6 年光阴。拉佐夫大使说，曹刚川回国后"对发展两国间全面合作孜孜不倦地做出自己的贡献。"[②]

2008 年 4 月初，受全国人大前副委员长李铁映的委托，中国驻捷克大使馆霍玉珍大使向捷克查理大学赠送了《大学笔记》影印书。《大学笔记》是李铁映 1955—1961 年在捷克斯洛伐克首都布拉格查理大学物理系留学期间数学和物理课程部分笔记的复印版，全书一套共 16 册。当时共约有 30 多位中国留学生在捷克斯洛伐克各地留学。现任校长哈姆普尔先生表示，今年正值查理大学建校 660 周年，《大学笔记》无疑是给学校的一份独一无二的礼物。有着十分珍贵的纪念意义；数理学院院长表示，该学院出了这样的中国校友，

---

① 《人民网中国机构及领导人资料库》；刘金田、沈学明主编：《历届中共中央人名词典》第 115—244 页，中共党史出版社 1992 年 5 月第 1 版；朱红军：《沈永言口述江泽民'能源情结'》，《南方周末》2008 年 4 月 10 日。

② 中国新闻网（北京）文章：《外媒称江泽民、李鹏、曹刚川获授普希金奖章》，2008 年 4 月 15 日据俄新网报道；《人民网中国机构及领导人资料库》。

这是学院的荣誉与骄傲。①

三、促进了中国教育事业发展

新中国建立初期的出国留学政策指导下的出国留学活动，在为中国各条战线培养了大批优秀人才的同时，也为新中国输入了苏联和东欧国家建设的先进管理经验和优秀文化成果，特别是在社会文化和教育理念方面。反映在教育领域，大量派遣留学生赴国外学习的政策必然会对国内的教育发展和社会改革，特别是高等教育的管理、师资队伍的培养、教学制度的改革及各方面产生重大影响。例如，20世纪80年代改革开放初期曾先后出任中国历史上第一、第二任国家教育委员会主任的李鹏、李铁映，都在不同层面上对中国的教育事业产生过一定的影响，而他们都有较长期留学生活的背景。在高等学校师资方面，50—60年代中国高等学校师资的一个重要来源就是归国留苏学生和在苏联进修的教师，他们的苏联留学经历对中国教育产生了长期而又深远的影响。

以四川省为例，20世纪50年代，该省总计派遣公费出国留学生约100人，多为四川大学、重庆大学、成都电讯工程学院、成都工学院、成都地质学院、西南石油学院以及后来迁至四川的西南交通大学等高校的学生。他们以去苏联为主，分别就读于莫斯科大学、莫斯科铁道学院、列宁格勒矿业学院、莫斯科航空学院等约20所高校。21世纪60年代初期，中苏关系恶化，尚在苏联学习的中国留苏学生中断学业，提前回国。回到四川的留苏学生，许多人后来成为有突出贡献的专家，如重庆大学教授鲜学福、胡新先生，西南交大教授严隽耄、连级三、张淑琴、陈国薄、姚先启、卓建成、张质文先生，成都地质学院教授王士天、吴光琳、王德荫、王剑锋先生，西南石油学院教授李仁伦先生，成都电子科大教授杨鸿铨、江明德、曲喜新先生，成都科大教授石炎福、郑希特、郑昌琼、陈文梅先生，重庆建工学院教授白绍良、雷雪岩先生，四川工业学院教授杨玉坚先生，四川大学教授胡诗可、黄光琳先生，西南农业大学教授曾觉廷、叶公强先生，华西医大教授黄旭中先生，四川外语学院教授孙致祥先生。② 这些在高等学校任教的留苏学生在教学过程中潜移默化地把苏联的教学、研究方法带到了国内，并以身作则地去示范和推广，从而成为中国教育学习苏联的一个重要渠道。

四、培养了中国的教育理论专家

在广大留学人员中间还产生了众多的大学校长和教育理论家。例如，1955年作为第一批赴苏进修教师，后回到浙江大学任研究生院院长、副校长的吕维雪教授；③ 1961年到苏联科学院元素有机化学研究所学习，1961年后任武汉大学校长的刘道玉教授；

① 中国驻捷克大使馆教育组编：《教育简报》第3期，2008年4月22日刊。
② 黄利群：《中国人留学苏（俄）百年史》第205—208页，中国文史出版社2000年第1版。
③ 浙江文史资料委员会编：《报国情深——归国侨眷在浙江》第5辑第37页，浙江人民出版社1994第1版。

1956 年毕业于莫斯科列宁师范学院，曾任北京师范大学副校长，现任中国教育学会会长的教育学家顾明远教授；1957 年毕业于苏联列宁格勒赫尔岑师范学院、后任教于北京师范大学的著名外国教育史专家吴式颖教授；1961 年获得莫斯科师范学院博士学位、后任北京师范大学教育学教研室主任的著名教育理论家成有信教授。这些留学人员回国后，为新中国教育事业的建设和发展做出了重要的贡献。可以说，广大留苏学生是苏联教学制度和教育理论导入中国的一个主要渠道。他们以自身的努力工作在国内传播着苏联教育的影响，并使这种影响力一直持续到了现在。

五、传播了苏联的文化艺术理念

新中国向苏联和东欧派遣留学生的活动，也是苏联东欧文化理念影响中国的一个重要途径。新中国建立时，苏联已积累了 30 多年社会主义革命和建设的经验，在科学文化、工业农业、文化教育等方面远比中国先进。因而，新中国建立初期的留学活动在为新中国输入苏联社会主义建设先进经验和优秀文化成果方面也做出了贡献，发挥了重要的影响力。[①]

第九节　1949—1966 年期间中国赴苏留学政策的基本特征以及对若干问题的讨论

新中国建立之后，中国政府实行的向苏联等社会主义国家大量派遣公派留学生的政策，是中国对外教育交流的重要方面。根据本书第二、三章的介绍，1949—1965 年期间是中国派遣留学人员数量最多的国家之一，总人数高达 1.6 万人，这在当时世界上也是比较是突出的。有文章记载，1954 年时在美国的外国留学生总数约为 3.5 万人。

就在中国"轰轰烈烈"地实行向苏联大量派遣留学人员政策的同时，苏联政府派遣到中国的留学生却很少。如在 1951—1956 年苏联专家大量来华的同时，仅有 25 名苏联学生来华留学。又如到 1965 年底时，当中国已经累计接受了 60 多个国家的约 7200 名留学生的时候，其中的苏联学生却仅为 208 人，约占 2.89%；其中大多数是学习中国历史、地理和文学等专业的。208 名苏联来华留学生仅是全部外国来华留学生总数的约 1/35，是中国政府向苏联派出留学生（不含实习生）人数的约 1/42。这一数字与大规模派遣的中国留学生数量是很不对称的。[②] 上述两组派遣人数和比例极不不相称的现象，无疑反映出比较落后的新中国向已经比较强大的苏联求学的热情与诚意，以及苏联

---

① 田正平主编：《中外教育交流史》895 页，广东教育出版社 2004 年 9 月第 1 版；李彦春：《"八九点钟的太阳"走过五十年》，《北京青年报》2007 年 11 月 18 日第 1 版；桂杰：《〈岁月无痕〉追寻"永远只考五分"的中国留苏学生》，《中国青年报》2007 年 11 月 19 日；徐长安：《纪念毛泽东莫斯科大学讲话 50 年周年大会在京召开》，中国新闻网 2007 年 11 月 17 日；贾梦秋：《"早晨八九点钟的太阳"永不落》，《人民日报海外版》2007 年 11 月 17 日第 5 版。

② 教育部外事局编辑：《中国教育概况》第 1 卷第 4 页，武汉大学出版社 1985 第 1 版。

对中国教育与文化的冷淡与漠视。

因此完全可以肯定地说，中国政府向苏联"单向并大量派遣留学人员"的现象，是这一时期中国出国留学政策的最主要特征，同时也是这一时期中外教育交流活动的最明显的特点。即在20世纪的50—60年代，中苏之间的留学生交流基本呈现的是一种"一边热、一边冷"的情形。因此不少作者在一些特定的场合偏重讨论"赴苏留学政策及其影响"，这对于从整体上把握和研究的出国留学政策特征和规律，具有比较典型的意义。

一、1949—1966年期间中国出国留学政策的综合性特点

关于这一时期出国留学政策的综合性特点，杨晓京研究员与本书作者曾在2000年发表的《新中国出国留学教育政策的演变过程及对策研究》一文中进行了比较全面综述：

1. 派出规模比较庞大。从1950年至1965年，经过教育部和高教部选拔，中国共向苏联、东欧、朝鲜、古巴等39个国家和地区派出留学生10698人。数量之大，在当时世界上也是很突出的。1954—1956这3年则是中国派出留学生最多的3年。其间共派出留学生5392人，占此期间派出留学生总数的约50%。

2. 留学国别相对集中。在上述10698人中，向苏联派遣的留学生8414人，约占派出留学生总数的78%。

3. 逐步提高派出层次。初期，派出人员以大学生为主，包括少量研究生和进修生。在20世纪50年代中后期，派出对象群发生了明显变化，由以大学生为主改变为以研究生和进修教师为主。从下表可以看出受政策变化的影响，自1954—1960年派出对象的变化情况。[①]

1954—1960年公派留学人员统计表

年度	研究生	进修教师	大学生
1954	155	0	1363
1955	304	33	1756
1956	754	126	1521
1957	282	195	52
1958	257	150	8
1959	330	101	66
1960	84	143	165

① 李滔主编：《中华留学教育史录—1949年以后》第221—222页，高等教育出版社2000年版。

4. 以理工科为重点，并兼顾其他。据国家高教部留学生管理司 1964 年统计，1953—1963 年 7823 名归国留学生分科情况如下表。由此可以看出，派出学习理工科的留学生占了相当的比例。这种学科分布的政策导向，体现了建国初期中国对大批应用性专业人才特别是工业化建设急需人才的情况。

1953—1963 年 7823 名归国留学生分科情况统计表

专业	人数	百分比	专业	人数	百分比
特种	666	8.5	文教	506	6.5
理科	1082	13.8	经济	161	7.1
工科	4226	54.1	政法	137	8.7
农科	434	5.6	体育艺术	150	1.8
林科	113	1.4			
卫生	348	4.5			
合计	6869	87.9	合计	954	12.1

5. 派遣方式全部为国家公派。由于当时的国内国际环境，中国政府为加快培养社会主义建设所急需的人才，所派出的留学人员全部为国家公费派遣；充分体现了中国政府重视与决心。

6. 实行严格的政治审查。随着国内政治形势的变化，除对出国留学生本人的政治历史、家庭成员和主要社会关系坚持认真审查的政策外，还特别重视留学人员的思想状况，着重审查其在历次政治运动中的政治表现以及他们的道德品质和思想作风。即使被选拔上的留学人员，如果政治上出现了问题，也随时有可能被送回国内。以 1959 年为例，当年选拔 1500 多人，因各种原因不能派出国的 189 人，其中因政审不合格的达 135 名，淘汰率达 11%。

7. 逐步拓展出国留学渠道。20 世纪 60 年代中期，随着国际形势的缓和，以及中国外交事务的不断拓展，中国政府开始研究并注意向科技发达的西方国家派遣留学生的可能性，留学派遣政策逐步向西方国家拓展，以补充自然科学和外语方面人才的不足。1964 年派往西方国家的留学生数为 148 人，占当年派出总数的 23%，1965 年派往西方国家留学生的比例上升了 14%，为 37%。

8. 留学生归国比例较高。50—60 年代派出的留学生基本都能按照要求学成回国。有统计表明，在派往苏联的 8000 多名留学生中，回国比例高达 90% 以上。原因主要是实行了留学生全部由"国家公派"的出国留学政策；重视了选拔工作，特别是对留学生的政治审查和纪律性的要求很高；同时对出国留学期间的管理也很严格，对于所谓"有问题"的在外留学生一律提前送回国内，从而在客观上保证了较高的回国比例。

9. 多数成为国家建设重要人才。这一时期的出国留学政策为新中国成立初期培养了大批现代化建设的人才。留学人员回国后，大多数成为国家各条战线上的骨干。他们中的许多人为国家的科学技术发展、人才培养和经济发展作出了重要贡献，在当时的社会主义建设和国民经济发展中发挥了直接推动作用。[1]

二、留学生派遣政策的基本特征——以向苏联派遣留学生事务为例

如从政策运行的技术层面上看，中国制订并实施的出国留学政策又可以分门别类地大致整理出以下一些基本特点。

（一）专业涉及广

中国留苏学生和进修生的专业几乎涵盖各个领域，其中包括一些高、精、尖、缺的专业领域。其中主要有：机械、水电、石油、钢铁、航空、地质、化工、有色金属、建筑、纺织、医药、机电、农业、电信、交通运输、林业、水运、海运、土壤、生物、海洋、食品、制冷、真空、仪表、天文、水文、气象、造船及军事、艺术、体育、师范、财经、外贸、法律、地理、语言、哲学等 40 多个国内奇缺人才或当时尚比较落后的专业。所谓"缺"的典型专业，一般是指为了提高运输能力和农耕效率而设置的"养马专业"。

（二）地域覆盖广

中国留苏学生和进修生主要分布在首都莫斯科，以及列宁格勒、喀山、基辅、哈尔科夫、高尔基城等 20 多个城市的 104 所高校和 100 多所科研机构里学习，尤其以莫斯科和列宁格勒两个城市中的中国留学生最多，约占全体中国留学生总数的 70%。

（三）生源分布广

中国派遣赴苏联留学人员的群体，主要由烈士子女、战斗英雄、高中生、大学生、技术类实习生、教师类研修生、机关调干生、共青团干部和军事院校生构成。

（四）人员类别广

除了派遣传统意义上的本科生、硕士研究生和博士研究生外，还派遣进修生、实习生和语言生等。[2]

三、留学生选拔政策上的基本特征

从整体上看，这一时期派遣的留学生（包括进修生和实习生）都是经过政治、业务的

---

① 杨晓京、苗丹国：《新中国出国留学教育政策的演变过程及对策研究》，《出国留学工作研究》2000 年第 4 期。

② 李滔主编：《中华留学教育史录—1949 年以后》第 81—89 页，高等教育出版社 2000 年版；李彦春：《"八九点钟的太阳"走过五十年》，《北京青年报》2007 年 11 月 18 日第 1 版；田正平主编：《中外教育交流史》第 882 页，广东教育出版社 2004 年 9 月第 1 版。

严格审查和考核挑选出来的。其中大多数人都具有比较坚定的政治信仰，另有很多人还是中国共产党党员，在业务上也多具有较好的素质。1949—1965年时期，中国在出国留学生的选拔政策上具有以下几个比较突出的特征：

（一）审查程序严格，重在政治条件

新中国建立初期，留学人员的选拔工作是在国务院直接领导下，由教育部、高教部和国家科委具体负责，外交部、人事部等单位参与指导完成的。1953年5月26日，教育部、高教部和人事部发出《关于1953年选拔留苏预备生的指示》，强调选派留苏学生是直接向苏联学习、培养高级专门人才最有效的方法，是对祖国建设有着极其重大作用的政治任务。因此，各有关部门、机关学校负责人应重视此项工作，认真按照选拔办法规定，亲自领导，严格审查，保证做好选拔工作。从1955年开始，国内大部分地区在接到选拔出国留学人员的通知后即在当地党委的领导下，组织专门工作机构，制定具体计划，并抽调较强干部成立临时性"选拔留学生委员会"，深入基层单位具体指导与督促检查选拔留学生的工作，从而初步形成了从中央到地方"层层把关、各司其职"的选拔留学人员的组织管理机制。"选拔留学生委员会"首先学习中共中央关于选拔留学生的指示及政审标准等有关文件，制定工作计划，然后由相关领导人根据政治、学科、身体各方面条件的要求，反复研究确定选拔对象的初定名单，同时委员会对选拔对象进行思想教育并充分征求教师和学生们的意见，最后经校长批准作为本校初选名单。这种领导与群众相结合的选拔办法基本防止了领导"心中无数、放任自流"的现象，也防止了"包办代替、秘密到底"的偏向，保证了选拔工作的政治质量。

强化中国共产党在各地、个单位的各级组织机构对留学教育的领导，还具体表现在对留学预备人员的政治审查上。政治审查是当时留学人员选拔工作中的一个十分重要的环节，政治可靠、思想觉悟高是选拔留学生的最重要标准。教育部、高教部、人事部多次要求各部门应公开选拔条件，严肃认真地按标准执行。1953年制定的《留苏预备生选拔办法》规定选拔对象的政治条件是：（1）历史清楚，政治上完全可靠、思想进步者；（2）学习、工作积极努力，品质优良，有培养前途并志愿赴苏联学习者；（3）家庭成员与社会关系无政治问题。许多学校在选拔留学生的班级进行了"忠诚老实"教育，动员学生填写表格或写自传。为了弄清选拔对象的政治情况，北京、上海、武汉等市的学校曾投入较大力量分赴各地进行调查，以取得可靠的旁证材料。1955年以后，留学人员的政治审查程序调整为由各省、市、自治区相关机构初审后，再将审查登记表、社会调查表、各时期的鉴定、有关本人历史的旁证材料及其他可供政审的参考材料，一并报高教部进行最后审查。此后，政治审查愈来愈严格，除对本人的政治历史、家庭成员和主要社会关系认真进行审查外，还特别重视留学人员备选的现实思想情况，着重审查他们在历次政治运动，特别是"五反"运动和反对"现代修正主义"斗争中的政治思想表现。就当时国内的状况而言，上述一系列政策与制度确实保证了派出留学生在政治上的绝对可靠。

建国初期在选派留学生事务中强调合格的政治条件与标准，这对留学生派遣工作的顺

利实施起到了重要作用。当时经过层层选拔出来的留学生，思想基础较好，政治背景清楚，并对被选拔为出国留学生感到是祖国的信任，具有比较明显的"光荣感"；他们出国后，珍惜学习机会，勤奋学习，努力掌握祖国建设所需的科学技术，具有强烈的"责任感"；他们完成学业后，回国参加国内的社会主义建设是绝大多数留学人员的愿望，因此具有神圣的"使命感"。

（二）学历要求与业务考核并重

对留苏学生选拔对象文化素质的考察主要有两个方面：（1）学历条件。1953年教育部、高教部和人事部规定，凡机关干部报考留苏研究生者，须有大学毕业的文化程度，并从事研究工作或实际参加与其所学专业相关工作一年以上，确有培养前途且年龄在35周岁以下者；报考留苏大学生者，须高中毕业（限于教育部指定的高级中学应届毕业生中成绩最优良者）或大学一二年级肄业、年龄在17—25周岁者；由高等学校选送、报考留苏研究生者最好是大学本科毕业、从事本专业工作3年以上的优秀助教和年轻讲师。派遣进修教师最好是大学本科毕业、从事本专业工作五年以上的讲师或较年轻的副教授。（2）业务审查。50年代初，留苏学生业务审查主要采取全国统一考试的方式。1953年后全国共设北京、上海、汉口、重庆、沈阳、西安六个考区，考试公共科目为国文和政治基本理论。报考文科类者须从中外历史、地理、政治经济学、俄文中择其两门考试；报考政治类者须从政治经济学、中外历史、地理中择其两门考试；报考财经类者除考数学外，应从中外历史、地理、政治经济学中择其一门考试；理工类者除考微积分外，须从物理、化学、地质中择一门考试；考医、农、生物类者，须从数、理、化中择两门考试。政治基本理论要求考生能理解马列主义、毛泽东思想基本理论及社会发展史、中国革命发展规律及国内外时事政治。此后为了方便考生，教育部逐步在全国增设了考区和主持考试的单位。这种经由国家统一考试选拔留学生的做法，对保证派出人员的质量起到了一定作用。学历要求和文化考试保证了派出人员的业务质量，同时也为他们在苏联的顺利学习提供了一定的专业基础。

（三）根据需要确定专业，派遣渠道呈现多样化

为了能使出国留学活动能够更好地与国内建设事业紧密结合起来，中国政府在留学生的派遣上实施了"按需派遣、渠道多样"的方针，即在国别、专业、层次和类别等方面，采取了几乎所有能够采取的政策。1952年中国教育部留学生视察组和驻苏大使馆留学生管理处在《关于选派留学生的方针原则和几个问题的建议》中指出，选派留学生的方针和基本原则是适应中国经济文化等各方面建设之需要，很好地学习苏联社会主义国家先进的经验和技术。选派留学生的专业方向，一般应向与国内生产建设有关之工业、农业、技术类学校倾斜。《建议》强调"无论选派何种留学生，均需首先明确学习目的、学习之具体科系和实习的可能条件，切合实际地选派，以免相互脱节"。1954年高等教育部、教育部联合发出指示，要求在选拔留学生时，必须"本着学习苏联及各人民民主国家先进科学技术与建设经验，培养适合国家建设需要的高级专门人才的精神"。为了多层次、多规格地派

遣留学生，中国政府除从应届高中毕业生、大学生中选拔留苏预备大学生、研究生外，还开辟了以下派遣途径：（1）派遣高校教师赴国外进行短期专业进修。1955 年为了迅速培养我国高等学校迫切需要的师资，经国务院批准、由外交部向苏联政府提出并经苏方原则上同意，选拔一部分高等学校教师赴苏联短期进修，通常被称为进修生。① 进修年限根据所学课程内容及本人的业务条件决定，一般为半年至一年半，最多不超过两年，进修课程一般以一门专业为限，回国后仍回原学校工作。（2）从机关干部中选拔留学预备研究生。1956 年高教部发出通知，指出从各机关在职干部中选派留学研究生学习外国先进的科学技术与建设经验，对提高国内科学技术研究水平，促进社会主义各项建设事业的发展具有重要意义。当年从中央各部门和中国科学院所属机构在职干部中选拔留苏研究生 300 名，进入北京俄语学院留苏预备部学习一年俄文及政治课后，于 1957 年派赴苏联留学。（3）从中央各部门所属研究机构、厂矿企业的在职技术干部中选拔一些人前往苏联进行短期专业研究和技术训练，一般也称为实习生，回国后仍回原部门工作。② 上述派遣渠道从整体上贯彻了按需派遣、学以致用的政策原则，使得派出人员从苏联学到对口的专业技术，回国后能迅速发挥专业技术特长，取得较好的效果。

（四）政治上严格要求，制度上严格管理

从留苏学生派遣伊始，中国政府就不断制订和修改相关的管理政策，并采取了严格管理的办法。对留学生的管理大致有以下几个方面：（1）要求留学生高度重视政府给予的光荣而艰巨的学习任务，加强自身修养，努力成为政治坚定、业务精通、身体健康、全面发展的专门人才。（2）严格执行驻外大使馆留学生管理工作的各项规章制度，认真履行向大使馆请示报告制度，自觉用组织纪律约束自己的言论和行动。（3）克服大国主义思想，深刻认识国际主义与爱国主义的一致性，严格遵守所在国法令制度及风俗习惯。（4）热爱专业，刻苦钻研，努力适应所在国的生活方式及学习环境。（5）加强同本国同学间紧密团结，做到取长补短，互相学习，互助互勉，共同进步。（6）对恋爱问题应自觉约束，正确处理，在留学期间不准结婚。在国外完成学业的大学生、研究生、进修生和实习生，应分别上交毕业论文、学位论文、进修实习总报告以及学习期间所写的学术性文章。1958 年，高教部征得外交部同意后，决定在驻外使馆内增加设立留学生管理处，或派专职干部或由使馆指定专人负责留学生的管理工作。留学生管理处是大使馆的组成部分，受大使馆和高等教育部的双重领导，主要任务是经常对留学生进行社会主义思想教育、热爱自己所学专业的教育、组织性纪律性教育、国际主义教育；同驻在国政府进行商洽办理留学生入学手续，解决专业和学习年限的变更问题，检查学生的学业情况；审查批准留学生各项较重大的对外活动，掌握各项经费开支并按时办理报销手续；了解有关驻在国高等教育情况及高等学校的科学研究工作的情况，了解驻在国管理留学生的工作经验，搜集有关资料，随时

---

① 《关于 1955 年度选拔高等学校教师赴苏联进行短期专业研究的通知》，《中华人民共和国重要教育文献（1949—1975）》第 418 页，海南出版社 1998 第 1 版。

② 黄新宪：《中国留学教育的历史反思》第 208—210 页，四川教育出版社 1991 年 6 月第 1 版。

报送高等教育部等。驻外留学生管理处的设立保证了留学生各项管理工作的顺利开展。

四、留学生生活政策方面的若干基本特征

在严格管理的同时，中国政府也比较注意从多方面关心出国留学生在国外的学习和生活，及时制订并不断修改有关政策，为他们解决各种生活和学习上的实际困难。除留学经费方面予以保证，使留苏学生能安心学习和生活外，还针对留学生中存在的一些具体困难采取了一些改善措施：

（一）安排留学生的接送与行程

中国留学生一直得到党和政府的关怀与支持。当时向苏联等东欧国家派遣留学生是件大事，每批留学生出发之前，党和国家领导人都会亲自接见并组织欢送会。1951 年 8 月11 日，第一批派往苏联的 375 名留学生启程，标志着新中国出国留学活动的全面启动。新华社曾专门对此发表电讯表示祝贺："中央人民政府成立以来首次派赴苏联留学学生，已于本月 13、19 两日分批离京出国。中央人民政府教育部为适应国家建设需要，培养专门人才，经与有关部门会商，并呈请政务院批准，决定选派在职干部及一部分大学生、中学毕业生赴苏联留学，学习苏联先进科学技术与文化知识。此次赴苏留学生中大部分是具有长期革命斗争历史经验的革命知识分子，学习范围包括理、工、农、医、师范、教育及法政、交通建设等。在苏留学生中，有进大学学习者，有进研究院深造者。行前曾在车站举行欢送会，到会欢送的有各有关部门首长和代表、苏联朋友及学生们的亲友。教育部副部长曾昭伦在会上致辞欢送词，勉励出国学生学好本领，建设祖国。会后，全体留学生在热烈的掌声雷动声中登车启程。"[1]

当时北京和莫斯科之间没有民航飞机，所有留苏学生都是乘坐火车从北京出发，每批都有数百人乘坐一个专列，从东北满洲里出境经西伯利亚，需要七天六夜、甚至十几天才能到达目的地莫斯科。据 20 世纪 50 年代曾在苏联留学后任"中国之友基金会"副主席陈先玉介绍，当时的苏联政府也十分重视中国留学生的接待工作，"苏联边防、海关、卫生检疫人员检验护照、黄皮书和行李，办理入境手续，对我们很友好、客气"。"一路上，苏联列车长、乘务员和厨师对我们非常热情友好，问寒问暖，十分周到。""列车驶进莫斯科雅罗斯拉夫斯基车站，就会听到欢快的《莫斯科——北京》乐曲。中国大使馆参赞以及教育部的官员到车站迎接，并组织大家搬运行李装到汽车上，然后分配到苏联各地的各个学校。"[2]

（二）改善在外留学生的健康状况

20 世纪 50 年代，苏联的大学学制规定为 5 年，加上中国留学生由于俄语基础不好，

---

① 新华社：《中央人民政府成立以来首次选派的留苏学生已经分批起程赴苏联》，《人民日报》1951 年 8 月 25 日第 1 版。

② 朱训：《希望寄托在你们身上——忆留苏岁月》第 18 页，中国青年出版社 1997 年第 1 版。

需要补习 1 年的俄语，所以整个大学期间一般需要 6 年的时间；读研究生只要 2—3 年，进修生一般为 1—2 年。在苏联中央团校进修的中国学员的学习时间为 1 年，学习的政治课程都是苏联党校的教材，多达 12 门。每天上午授三节课，下午和晚上复习。规定课后需要阅读的参考书，每天都有十几本，所以留学生们每天晚上都要学习到十一二点以后才能休息，在自习室里坚持到最晚的往往是中国留学生。因此一些留学生的身体状况出现了问题。1955 年，当中国驻苏联大使馆留学生管理处调查时发现，在莫斯科 7 所学校 518 名留学生中，有 53 人患有头痛、神经衰弱、肠胃病等疾病。为了扭转这一状况，高教部于 1955 年 6 月 10 日发出指示，规定留学生每月生活费的若干部分（具体数字由各使馆定）必须用在伙食方面，以保证一定营养，规定每天要有一定时间的课外活动，并在各使馆建立了"留学生健康检查制度"。

（三）提高对留学生的资助标准

在赴苏留学经费问题上，凡属教育部、文化部等国家部门派出的留学生、研究生、实习生、进修生，其生活待遇及经费开支均由国家负担，留学生中的在职人员同时还可享受国内原工资的 80%。按照中苏政府 1952 年 8 月签订的《关于中华人民共和国公民在苏联高校学习之协定》，由苏联政府支付中国公民在苏联高校学习时的生活费和学习费，包括每人每月津贴大学生 500 卢布、研究生 700 卢布。中国政府再向苏联政府偿还上述各项费用的 50%，每年分两次按非贸易付款协定由中国人民银行汇入在苏联国家银行的指定账户上。当时的中国还相当贫穷，但国家对留学生的待遇却非常优厚，所有费用全部由国家支付。政府在留学生出发前为其做了充分准备，不仅书本之类的学习用品是公家发的，连服装鞋帽都是统一制作的，每人两箱供五年学习的衣物和其他用品，同时还可享受每月 50 卢布的特别费用，超过一般干部的待遇标准。[①]

20 世纪 60 年代苏联市场上食品价格不断上涨，1964 年主要副食品价格较 1962 年上涨了 30%。留学生伙食开支大为增加，要保持一般较低伙食每月需 35—40 卢布（改革后的币值），而其每月助学金仅 50 卢布。为此，驻外使馆将留学生助学金每月增加了 10 卢布。当时中国政府还有一项规定，即对原在职干部留学生的家属生活困难补助问题，应由选送单位予以解决；对原调干学生的留学生家属生活困难补助问题，从 1955 年起由高教部编造预算并酌情予以解决。

（四）活跃留学生的业余生活

20 世纪 50 年代，中国留苏学生的业余生活是比较丰富多彩的。首先，针对留苏学生急于了解国内各方面建设情况的需要，国内主管机关向在外留学人员提供了多种国内出版的主要报纸和杂志。比如 1957 年 8 月 6 日，高教部发出通知要求以学校或系为单位，将留学生需要的资料名称、份数及寄送地址列表送高教部，再由高教部转请有关部门直接寄送。另外，在中国政府和驻外大使馆的协调和主持下，学校经常组织留学生参加体育活动

---

① 李滔主编：《中华留学教育史录——1949 年以后》第 255—258 页，高等教育出版社 2000 年版。

和歌咏比赛，每周末看一次电影，每月都组织到校外参观游览；还经常去看歌舞、话剧，听音乐会，去工厂、农庄、学校参观访问，并参加各种社会公益活动。当时在苏联基辅大学留学的钱清冰先生回忆说："从我踏上苏联国境的那一刻，一种温暖的泉流便一直贯注在我周围。苏联人民的深厚感情，对我们无微不至的关怀，真是令人难忘。苏联同学常以自己能为中国同学做点有益的事而感到荣幸，他们希望和我们住在一起，争着和我们坐一张书桌。在社会上也是这样，不论走到哪里，男的、女的、老的、少的，总是向我们问好致意，问我们生活得怎么样，有没有给爸爸妈妈写过信，需不需要帮忙，等等。如果需要帮忙，如果发现我们有什么要事，随便一个苏联人都会伸出友谊之手。在这里，说真的我并不感到自己是一个外国人。当我提到自己是一个中国人时，我便感到自己永远被亲密朋友包围在真挚的友谊中、它给我们带来的只是幸福和骄傲。"① 当年 22 岁的留学生蒋侠民回忆说：到苏联后，我们的党团组织关系开始和苏联同学在一起，并和他们一起过党团组织生活，但他们的组织活动很少。② 欧美同学会留苏分会会员、中国图书进出口总公司董事长兼总裁陈为江回忆道："苏联人天性开朗直爽、爱玩、爱聊天。有不少同学上课不用心，但人很聪明，动手能力较强。学生们最怕的是得三分，那样就会拿不到奖学金。苏联学生有很强的爱国主义精神，很少隐瞒自己的观点。苏联的女同学热情大方，经常来敲门邀请我们去跳舞。我十分珍惜学习时间，有时盛情难却，跳几个舞后就溜回宿舍继续学习。每逢重大节日，苏联同学都要聚会，他们总是邀请中国同学参加，并且从来不让我们破费。每年的暑假，学校都会组织留学生休假，使我们有机会乘船沿着伏尔加河到顿河，观赏沿途优美的风景。每到一处景点就离船上岸，参观名人故居。"③

五、对中国出国留学政策中若干问题的讨论

20 世纪五六十年代大量派遣留学生的活动，是中华人民共和国出国留学政策体系中浓重的一笔。出国留学政策为中国经济建设培养了大批人才，引进了苏联建设的先进经验和优秀成果。但由于不以人们的主观意志为转移的历史局限，当时的出国留学政策也的确存在着诸如留学派遣国过于单一、专业知识相对狭窄的缺憾，在管理体制上也存在着一些弊端。这些问题主要表现在以下几个方面。

（一）留学派遣国过于单一

1950—1959 年，中国派出的留学生约 90% 派往苏联，约 8% 派往东欧人民民主国家。中国从 1957 年开始与意大利、丹麦、瑞士、瑞典、挪威、比利时等国家交换留学生，1964 年开始向英、法各国派出留学生，到 1965 年时派往西方国家的留学生共有 1200 多人，且主要是学习语言。由于留学派遣国比较单一，对世界各国、各民族优秀文化进行比

---

① 钱清冰：《生活在朋友中间》，《浙江日报》1956 年 11 月 6 日第 4 版。
② 西安市政协文史资料委员会编：《祖国在我身边——老留学生忆留学专辑》第 147 页，陕西出版社 1990 年版。
③ 陈为江：《我的回忆》，《欧美同学会通讯》2001 年 6 月 25 日。

较与选择的余地明显不足。且苏联高等教育专业设置相对西方发达国家而言也过于狭窄，而中国留学生只能是被动适应，从而影响了留学生的学术眼界和知识的扩展。从世界范围看，20 世纪五六十年代世界范围内的教育改革实践与理论通过不同国家之间的交流相互激励，相互推动，蔚为大观。而我们却把意识形态、社会制度的认同作为对外教育交流的首要标准，在全面学习苏联的过程中，关闭了与西方。国家教育交往的大门，深闭固拒，使自己与世隔绝。①

（二）专业领域相对狭窄

首先应该表明，所谓"专业领域的宽窄"是相对而言的。这里在讨论"存在问题"时所认为的"狭窄"，显然是站在当时世界范围内而，中国派往苏联的留学生有 70% 被安排学习理工专业的做法，造成了自然科学与社会科学的比例失调。90% 留学生被派往苏联，又直接造成国内外语教学比例失调，俄语人才过剩。苏联高校的专业设置过细，还造成中国留学生的知识面相对狭窄。20 世纪 60 年代后，苏联当局实行技术封锁，不让中国留学生进入尖端实验室，不让去现场操作，使得他们毕业归国后在其他领域的适应能力和独立开发研究的能力受到局限。国内一些高校科研机构，机械吸收借鉴了苏联的科研模式，增加了对苏联的依附性。与此同时，苏联大学"一纲一本"、"重智轻能"、"重教轻学"的教育观念，都对我国留学生的知识结构产生了影响，从而增加了他们后期学术能力进一步提高的难度。②

（三）管理体制存在弊端

站在现在的立场上来看，当时出国留学事务管理体制的弊端主要表现在国家包揽的和封闭式的选拔，反映出鲜明的时代特征。具体地说，当时教育方面的对外交流，必须由中央政府教育主管部门或教育主管部门会同政府其他部门来管理，任何其他机构或学校均无权单独开展对外交流与合作。1951 年 11 月 20 日，教育部颁布《关于各级教育行政机关及学校对外联系的指示》，规定"各级教育行政机构及学校，今后一切对国外的联系应报经我部核办，不得擅自处理"。1953 年 11 月 24 日，高等教育部发出《关于派赴苏联东欧各兄弟国家中国语文教员的规定》，要求"高教部与出国人员间的联系均须通过我驻外使馆进行。出国人员凡参加重大社会政治活动及发表政治性演讲、文章，事先应经我驻外使领馆同意"。在选拔、派遣以及管理出国留学人员的过程中统得过多、过死、过严，基层单位在人才选拔中没有主动权，难以发挥能动性，这在一定程度上影响了选拔政策的执行与贯彻。

（四）"政治审查"过于严格

在选派留学人员全过程中强调严格的政治标准，是 1949—1965 年期间出国留学政策

---

① 田正平、肖朗：《教育交流与教育现代化》，《社会科学战线》2003 年第 2 期第 146 页。
② 黄利群：《建国初期留苏教育的历史评价》，《教育评论》2001 年第 2 期第 53—54 页。

的主要特征之一。因此可以说，严格的政治烙印是这一时期出国留学人员身上一个重要并难以磨灭的标志性符号。但有一种意见认为，由于过分强调政治条件，致使一些业务出类拔萃的学生因家庭原因或社会关系所谓的政审不合格而失去了出国深造的机会，从而造成了派出留学生多为干部子女和工农子弟的现象。换个角度说，这种由中央政府对出国留学政策进行严格控制、全面包揽的做法，以及在出国留学生选拔工作中封闭式的、过分严格的政治审查制度，尽管在当时看来是必须、必要和不可避免的，但无疑在一定程度上影响了中国对外教育交流工作和国内教育事业的进一步发展。

第四章

1966—1977 年："文化大革命"
时期出国留学政策的状态

第一节　中国对外关系的变化与发展

一、极左思潮导致中国对外关系普遍恶化

"文化大革命"开始不久，国内快速膨胀的极"左"思潮也影响到外交领域，国内有关部门开始向中国各驻外国使、领馆大量寄送毛泽东主席的著作、语录、像章和"文化大革命"宣传品。时任"中央文革领导小组"顾问的康生表示，世界已进入毛泽东思想的新时代，宣传毛泽东思想是对外工作的中心任务。于是，许多驻外使馆人员、涉外人员、在外留学生、乃至有些华侨，就不分场合，不看对象，不考虑驻在国的法律规定，强行发放毛主席语录、像章及"文革"宣传品，甚至在同外国人会谈之前也要首先念毛主席语录。对外宣传中的极"左"做法，引起许多国家对中国的怀疑、不满和反感，比较严重的外交纠纷纷至沓来。

"文化大革命"初期，从 1967 年夏季开始，在极"左"思潮四面出击的干扰和影响下，中国的外交事务跌入了一个异常困难的境地，并几乎陷于停顿。在短短的时间内，中国外交部受到"造反派"的两次冲击，表明中国政府已经不能完全控制局势；中国同已建交的或半建交的 40 余个国家中的近 30 个国家都先后发生了外交纠纷，有些甚至发展到几乎要断绝外交关系的边缘，这其中不乏过去一直同中国保持睦邻友好关系的周边国家；中国驻外大使几乎全部应召回国参加"文化大革命"运动，中国驻外机

构的正常工作受到极大影响。①

有文章在回忆"文化大革命"初期的中国外交事务时，对国务院总理周恩来苦撑危局耗尽心血，对极"左"思潮干扰中国外交政策而进行的抵制和对危机局面的补救进行了大致的描述：

1. 在对意大利的关系上，周恩来总理一直压着有关部门建议撤销中国驻意大利商务代表处的报告，而未予批准；并促成中国于 1970 年同意大利建立了外交关系。

2. 在对突尼斯的关系上，周恩来总理曾多次批评有关部门的极"左"做法，并请毛里塔尼亚达达赫总统向突尼斯总统进行解释，还亲自接见突尼斯记者，使中国与突尼斯在 1971 年重新恢复了外交关系。

3. 在对苏联的关系上，当造反派煽动 10 多万群众围攻并冲击苏联驻华大使馆时，周恩来总理调来北京卫戍区部队分别保护大使馆和游行群众，并亲自守在苏联大使馆旁边的一个电影院里控制局势、说服围攻组织者，守了整整一夜，直到游行结束。

4. 在对缅甸的关系上，1967 年 6 月，中国驻缅甸人员不顾缅甸政府的劝阻，强行向华侨和缅甸国民散发毛主席语录和毛主席像章，引起缅方的不满和制止，从而引发了中缅双方民众多次发生冲突，致使缅甸民众包围并冲入中国驻缅甸大使馆，造成 1 名中国援缅经济专家被暴徒杀害。其后，北京几十万群众连续在缅甸驻华大使馆门前举行声势浩大的游行示威，抗议队伍首尾相接，怒吼声震天动地。同样是在周恩来总理的努力下，中缅关系的事态最终得到控制，没有进一步恶化。

5. 在对英国的关系上，由于港英当局查封亲华报纸并逮捕新华社记者，从而引发了 1967 年的香港流血事件；随后于 8 月在北京发生了"火烧英国代办处"事件，致使中英关系一度剑拔弩张。但最终由于双方均采取了克制态度，使局势得以控制。②

二、中苏关系走向极端

在中苏关系问题上，尽管中苏两党在意识形态上的分歧与对立已经公开化，但在国家关系上，中国领导人还是为两国关系的缓和有意识地留下了余地。如 1967 年 11 月 7 日，周恩来总理就祝贺俄国十月革命胜利 50 周年事致信给毛泽东主席，建议以中国全国人大常委会和国务院的名义致电苏联最高苏维埃主席团和部长会议，向苏联人民表示祝贺；毛泽东主席批准照办。

据披露，1964 年 10 月—1969 年 3 月，由苏联挑起的边境事件有 4189 起，比 1960—1964 年期间增加了 1.5 倍。中国与苏联关系进一步恶化的重要标志，是 1969 年苏联派军队侵略中国东北地区领土珍宝岛，致使中苏边界冲突升级；并派军队侵入中国新疆裕民县铁列克提地区纵深达 2 公里。在珍宝岛事件中，中国边防部队打退了苏联军队；而在入侵

---

① 杨奎松主编：《冷战时期的中国对外关系》第 153 页，北京大学出版社 2006 年 1 月第 1 版。

② 陈扬勇：《苦撑危局——周恩来在 1967》，重庆出版社 2006 年 1 月第 1 版；黄安余：《新中国外交史》，人民出版社 2005 年 3 月第 1 版。

新疆事件中，苏军打死打伤中国边防军人数十名，制造了严重的边界流血事件。"珍宝岛事件"后，在首都北京及全国城乡各地于 9 天之内组织了有 4 亿多人次参加的大规模军民示威游行，在全国掀起了针对苏联的战备高潮。苏联则通过美国新闻媒体扬言要对中国实施"外科手术式"的核打击；迫使中国的战备进入超常备规模和突击性临战状态。[1]

此外，由于苏联的支持，越南也开始追求地方霸权主义并实施敌视中国的政策。越南不但派兵侵略主权国家柬埔寨，还在中国边境地带不断进行骚扰活动，侵占中国领土，致使中越关系也不断恶化。

三、中国领导人着手调整对外关系

从 1968 年开始，在毛泽东主席的支持下，周恩来总理逐步采取了一系列政策措施来消除中国外交事务上面临的一些不正常状态，并提出要从政策角度来鉴别和批评极左思想，同时要在中国外交人员中加强外事纪律。

1969 年"五一"国际劳动节，毛泽东主席在天安门城楼会见了一批外国驻华使节，并同他们进行了友好的谈话，从而向世界传达了中国愿意同各国改善关系的信息。此后不久，在周恩来总理的努力下，中国政府开始重新派出了多批驻外使节。

周恩来总理在接见外宾的谈话中，多次坦率地谈到"文化大革命"对中国外交事务的干扰与影响，并解释中国政府正确的外交政策。对主要由于中方极左行动而损害两国关系的事件，周恩来总理或在公开场合，或通过内部接触，主动向对方承担责任、修复关系，从而逐渐消除了一些国家对中国的误会和怀疑，使一度陷入困境的中国外交事务又重新走向复苏和正常化。[2]

四、中美关系出现缓和与改善的迹象

在当时世界上，一方面美国与其主要竞争对手苏联争霸世界的斗争愈演愈烈，另一方面美国在越南的侵略战争则愈陷愈深，并遭到本国民众的强烈反对。与此同时，中国与苏联以及中国与越南关系相继恶化。而美国在国际关系上出于与苏联争霸世界的目的，需要利用"接近中国"以便对苏联形成压力。虽然此时的美国政府并没有根本改变敌视中国的政策，但也显现出希望改善中美关系的迹象。毛泽东主席抓住这个机遇，1970 年请美国对华友好人士斯诺先生转告美国政府："如果尼克松到中国来，我愿意同他谈，谈得成也行，谈不成也行。"[3] 从而表明中国对美国改善对华关系的欢迎态度。

在美国看来，美苏对立是当时面临的首要问题，也是最严重的问题。当时世界上已经逐渐出现了几个"力量中心"，中国就是其中的一个重要力量。美国要尽快消除越南

---

① 杨奎松主编：《冷战时期的中国对外关系》第 158—160 页，北京大学出版社 2006 年 1 月第 1 版。
② 陈扬勇：《苦撑危局———周恩来在 1967》，重庆出版社 2006 年 1 月版。
③ 何沁：《中华人民共和国史》第 323 页，高等教育出版社 1997 年 7 月第 1 版。

143

战争失败造成的不良影响，并挽救其世界上霸权地位的衰落，对付苏联的挑战，就需要改善同中国的关系。中苏关系的恶化使这种设想具有实现的可能性。1970年2月25日，美国总统尼克松在对外政策报告中表示：美国"准备与北京对话"，"美国准备看到中华人民共和国在国际大家庭中起建设性的作用"。这是美国总统在官方文件中，第一次使用"中华人民共和国"的称谓。其后，尼克松政府还发出了一系列与中国改善关系的试探性信号。

就中国而言，要对付苏联在北方边境集结重兵对国家安全所构成的直接和严重的威胁，要解决台湾问题并实现民族统一大业，要恢复和扩大国际交往并积极参与国际事务等等，都需要实现同美国的和解。不过由于历史的原因，双方还没有一个适宜的沟通渠道，当相互都意识到有必要加强联系的时候，却遇到了一个如何去突破"交往缺口"的问题。

1971年3月21日，中国乒乓球代表团抵达日本名古屋，准备参加于28日开始的"第31届世界乒乓球锦标赛"。其间，美国队提出访华要求，为此中国外交部和国家体委联合起草了《关于不邀请美国乒乓球队访华》的报告，认为目前邀请美国队的机会尚不成熟。4月4日，周总理在报告上批注"拟同意"后呈报毛泽东主席。4月6日，毛泽东主席圈阅后退外交部办理。美国乒乓球队无缘来华似成定局，因为4月7日"世乒赛"就要闭幕，各国代表团将陆续回国。

然而，已成定局的事情，却发生重要了转机。事情的起因，源于4月4日中美两国乒乓球手的一次偶遇：美国队员科恩错上了中国队的车，中国著名运动员庄则栋主动上前致意并赠送礼品。连续几天的几则外电，比较生动地说明了中美乒乓球队员接触后给外界带来的巨大震动。毛泽东主席阅读上述消息后表示："这个庄则栋，不但球打得好，还会办外交。此人有点政治头脑。"

4月6日深夜，毛泽东主席明确表示要邀请美国乒乓球队访问中国。据此，周恩来总理作出邀请美国乒乓球队访华的决定，并嘱告外交部以电话通知在日中国乒乓球代表团负责人，对外宣布正式邀请美国队访华。周恩来总理对访问作了具体安排，指出这次访问对于打开中美关系的局面是一个非常好的时机。4月10日早晨，美国乒乓球队从深圳进入中国，并于13日下午在北京西郊举行了一场中美乒乓球友谊赛。14日下午，周恩来总理在人民大会堂会见了美国乒乓球代表团全体成员，并在与美国代表团团长谈话时表示："我请你们回去把中国人民的问候转告给美国人民。中美两国人民过去往来是很频繁的，以后中断了一个很长的时间。你们作为前来中华人民共和国访问的第一个美国代表团，打开了两国人民友好往来的大门。尽管中国和美国目前还没有外交关系，我相信中美两国人民的友好往来，将会得到两国大多数人民的赞成与支持。"

就在周恩来接见美国乒乓球的同时，美国白宫也在密切注视着这一重要活动。周恩来讲话后不到几小时，白宫就宣布了旨在缩小两国间鸿沟的5项具体"解禁措施"：放松对中国实行了21年的禁运，对愿意访问美国的中国人可以加快发给签证，放宽货物管制等等。尼克松总统还高兴地宣布："美国的对华政策已经打开了坚冰，现在就要测水有多深了！我希望，其实我是期待着，有一天我将以某种身份访问大陆中国。"

在当时的历史条件下，庄则栋这位世界乒乓球锦标赛冠军对于中美接触所做的贡献，至今仍为人们所称道；访华的美国乒乓球队充当了两国之间的民间外交特使。小小银球弹开了中美彼此紧闭了 20 多年的国门，震动了地球。国际舆论将此事件称为之 "乒乓外交"。

此后，由于中美两国领导人的共同策划和努力，在中美两国尚未建立外交关系的情况下，中共中央决定掌握时机，对巴基斯坦总统叶海亚 1971 年 1 月 5 日转达的尼克松总统给周总理的口信作出答复，表示愿意接待美国总统的特使甚至美国总统本人来北京进行直接晤谈，导致了 1971 年 7 月美国国务卿基辛格访华和 1972 年 2 月美国总统尼克松访问中国，并共同发表了《中美上海联合公报》。中美关系翻开了新的一页，这在当时的世界上是一件大事，产生了重要作用和积极的影响，并向世界彰显了中国国际地位的提高和表明美国长期敌视中国政策的结束。同年召开的联合国第 26 届大会，通过了 "恢复中华人民共和国在联合国的一切合法权利、并立即把国民党当局的代表从联合国一切机构中驱逐出去" 的提案。1973 年，中美互设联络处。[①]

五、毛泽东主席提出 "三个世界" 理论，中外关系全面恢复并快速发展

与苏联关系极度恶化，使中国完全脱离了 "社会主义阵营"，似乎也远离了苏美冷战的国际政治格局。但中国继续高举的 "世界革命" 旗帜，既反帝、又反修、还要反对各国反动派，无疑使得自己一度成为苏美共同的敌人，从而四面受敌、异常孤立。缓和与美国的关系得以成功地牵制苏联，却又使中国陷入了与 "反帝的政治方针" 相矛盾的境地。于是中国领导人毛泽东主席再一次根据 "统一战线" 的经验，以及 "中间地带" 的思路与观点，于 1973—1974 年期间，提出了 "三个世界" 的理论，并使之逐渐成熟。"三个世界" 理论清晰并真实地表明了中国在国际政治格局中的实际地位和应有位置，从而使中国放弃 "革命外交"、实行 "缓和对美关系" 的做法，得到了比较合理的诠释。"三个世界" 的理论代表了毛泽东外交观念的重要转变：即在国际事务中，不再以阶级标准、社会制度和意识形态来列队与划线，从而把社会主义或资本主义都看成是铁板一块；在国家关系问题上没有永恒不变的共同利益，相同制度的国家之间并不能保证步调一致，也可能会出现严重的利益冲突；处理国家关系，必须根据本国利益以及实际状况与需要，团结并联合可能团结与联合的国家，化解不必要的冲突，孤立和打击对本国以及世界和平危害最大的极少数国家。与第一世界的美国缓和关系，争取第二世界，团结第三世界，最大限度地孤立中国当时的头号敌人苏联。这就是此时期内毛泽东主席依据并借鉴统一战线的理论和经验，提出的 "三个世界" 理论的重要政策考虑。[②]

---

① 《改变世界的日子》，中央文献出版社 2006 年 8 月出版；cctv 新闻背景：《中美 "乒乓外交"》，2006 年 3 月 28 日新华网。

② 杨奎松主编：《冷战时期的中国对外关系》第 180—183 页，北京大学出版社 2006 年 1 月第 1 版。

美国政府长达 20 年之久"孤立中国政策"的结束，为中国全面打开外交局面提供了可能。正是由于中美关系的缓和以及中国重返联合国，推动了中国与西方其他国家关系的改善，打破了中国外交"四面受敌"的被动局面。从 1970 年到 1975 年间，中国的对外关系发展有了新的突破，与中国建交国家的数量成倍增加。在西方发达的资本主义国家中，意大利、加拿大于 1970 年与中国建立正式外交关系；日本、联邦德国、澳大利亚于 1972 年与中国建立正式外交关系；英国也于 1972 年把与中国的外交关系从代办级升格到大使级。与中国建立正式外交关系的亚洲、非洲和拉丁美洲国家的数量进一步扩大。1966 年以前，与中国建立正式外交关系的非洲国家有 7 个，在此期间，与中国建立正式外交关系的非洲国家达 22 个。1966 年以前，与中国建立正式外交关系的亚洲国家有 15 个，1971—1975 年间，又有 10 个亚洲国家与中国建立了正式外交关系。1966 年以前，与中国建立正式外交关系的拉丁美洲国家只有古巴，但在 1970—1975 期间，与中国建立正式外交关系的拉丁美洲国家有 9 个。

据统计，1966 年以前，世界上与中国建立正式外交关系的国家有 44 个，而到 1976 年时，在一个相对较短的时间段内，与中国建立正式外交关系的国家已经增加到 117 个，增加了 1.66 倍，且多为西方国家。建交国家大幅增加这一局面完全可以印证这一时期中国在国际关系领域有了长足的发展。国家间的正式外交关系是发展双边教育交流与合作的前提条件之一。因此，尽管尚在"文化大革命"后期，虽然中国国内仍然没有恢复正常的秩序，但是国家间外交关系正常化的快速拓展对中国教育对外交流与合作各项政策的逐步恢复和发展起到了积极的推动作用。

第二节　特殊历史时期的中国教育政策

一、"文化大革命"对此前 17 年的中国教育予以全面否定

1966—1976 年发生的为期十年之久的"文化大革命"，对中国经济、社会、文化和教育发展的负面影响是空前的。"文化大革命"前夕，随着中苏关系的恶化，中国国内首先对苏联的教育思想和体制展开了全面批判；"文革"开始几年内，在"大破大立"的思路下，国内全面否定了 1949—1966 年这 17 年期间的中国教育制度与教育成果。1971 年 4 月 15 日—7 月 31 日召开了"全国教育工作会议"并于会后印发了《全国教育工作会议纪要》，对 17 年的中国教育提出了"两个基本估计"：1. 教育部门推行了一条反革命修正主义教育路线，无产阶级教育路线基本上没有得到贯彻执行；2. 原有教师队伍中大多数人的世界观基本上是资产阶级的，是资产阶级知识分子。在上述思想指导下，教育部门普遍认为过去的教育制度大都是照抄苏联的，缺乏政治上的考虑，有必要对其进行清理和修订。"文革"开始后不久即在全国各地各类学校掀起的形形色色的"教育革命"，经历了各级教育行政机关瘫痪、停课闹革命、高校停止招生、工农兵上大学以及"斗批改运动"之后，已经将新中国成立以来逐

步形成的教育政策、教学秩序和规章制度全盘否定，从而使整个国家的教育事业几乎走到了崩溃的边缘。

"文化大革命"的长期动荡，不但严重阻碍国家政治、经济和文化、教育的发展，而且使国家的政治制度、经济建设和文化事业遭到严重破坏，同时使教育科技事业受到 1949 年以来前所未有的损失。大中小学的所谓"停课闹革命"，即要求全体师生共同参加"文化大革命"的各种运动而停止各种教学活动长达一年之久。即便是中小学实施所谓的"复课"之后，全国各个学校的教学秩序仍然严重地依附于"文化大革命"的各项政治运动，因而根本无法进行正常的教学与科研活动。

自 1966 年起，中国内地的高等学校因参加"文革"而 4 年没有正常招生。虽然从 1970 年开始恢复了大学的招生，但直到 5 年后的 1975 年，高等学校的招生数量才达到 1965 年时的水平。同时，在"文化大革命"期间，根据当时的政策规定，高等学校只能招收具有"实践经验"的"工农兵学员"，因此造成在校学生文化程度参差不齐。教育部原副部长高沂先生在自传体回忆录中这样写到：进来的工农兵学员，在学习上无法摆脱以"阶级斗争为主课""兼学别样，学工、学农、学军，批判资产阶级"的极左模式，学生要"上大学，管大学，改造大学"。[①]再加上高等学校教师的世界观被认为"基本上是资产阶级的"，许多教师被安排去农村或"干部学校"接受农业生产劳动式的"再教育"；而留在学校工作的少数教职员工也难以发挥正常作用，造成高等教育质量大打折扣。所以，"文化大革命"期间的中国高等教育，不但教学秩序不能保证，而且教育质量大幅下降、严重滑坡。

二、"文化大革命"期间的留学生事务管理体制

在"文化大革命"前期，根据国内主管部门的通知精神，在外中国留学生一律被召回国参加"文化大革命"运动，外国文教专家也相继离校回国；国内不再派出留学人员，也没有外国留学生在中国继续学习。已经日渐成熟的中国出国留学政策完全停止执行，中外教育交流与合作事务与相关活动完全停止。直到 1972 年以后，随着中国对外关系取得重大突破，教育国际交流政策与活动才得到初步恢复。

1966 年 6 月，高等教育部和教育部的正常工作机制于"文化大革命"初期先后瘫痪，7 月 23 日两部合并，其后于 1969 年被彻底解散。1970 年 7 月 1 日，国务院成立了"科学教育组"，作为国务院的一个职能部门，"科教组"负责全国教育与科技政策的协调与管理事务。在国务院科教组里设有"外事小组"，由著名科学家李四光先生任组长，负责教育国际交流以及出国留学事务的管理与策划事宜。国务院科教组存在了 6 年。1975 年，"科教组"撤销，恢复成立教育部。在教育部内，设置了外事局，负责教育国际交流以及出国留学事务。中国高等学校复课后，一些新建交国家要求与中国开展留学生的交流，中国对外关系的快速恢复与发展也需要安排人员出国学习外语等。虽然尚有相当大的阻力影

---

① 　高沂：《沂水流长》第 259 页，人民教育出版社 2008 年 12 月第 2 次印刷。

响开展教育国际交流活动，但是 1972—1976 年期间中国对外关系的发展显然带动了中国教育国际交流政策的恢复性发展，尽管这还远远不是教育对外交流政策的全面恢复。

而这些活动和项目的开展又显然都需要教育对外交流与合作政策的恢复与支持。但由于"文化大革命"尚未结束，国内教育的正常秩序也尚未恢复，因而也就不可能建立一个规范、系统和有序的教育对外交流政策体系。因此当时的政策特点基本上可以概括为"外事无小事、事事报中央"和"一事一议、一事一报"这样一些既简单又严格、既笼统又具体的政策管理模式。①

第三节 "文化大革命"运动造成派遣 出国留学生政策全面停止执行

"文化大革命"运动开始后不久，全国高等学校实行的"停课闹革命"造成了教学秩序的极大混乱以至完全瘫痪，并且使大学连续 4 年没有招收新生。"文化大革命"运动不仅使在中国高等学校学习的外国留学生的正常学习成为不可能，而且对中国已在国外的留学生的继续学习，以及国内派遣出国留学生的政策都造成了严重影响。

其间，国内有关停止和中断出国留学事务的主要政策内容有：

一、1966 年 6 月 30 日，中国高等教育部印发了《关于推迟选拔、派遣留学生工作的通知》，称因开展"文化大革命"运动，决定将正在进行的选拔和派遣出国留学生事务推迟半年执行。该《通知》指出："'文化大革命'正在深入开展，这次运动对所有革命干部和青年学生都是一次很好的锻炼，也是一次严峻的考验；为使他们在'文化大革命'的斗争中进一步得到锻炼和提高，经请示中央批准，今年选拔、派遣留学生的工作决定推迟半年进行。"实际上，从该通知发布起直到 1972 年的 6 年期间内，中国停止了一切有关出国留学政策的执行，没能派出一个出国留学生。即原定执行 6 个月的"停选停派政策"实际上被无限延期达 6 年之久。

二、根据中国政府的统计，当时仍在国外的中国留学生有 1221 人，分布在 36 个国家，其中多数为学习 34 种语言专业及少数学习科学技术专业的人员。按照国内的要求，1966 年 9 月 20 日，中国在苏联的留学人员开始停课，并于 10—15 天内陆续回国。1967 年 1 月 18 日，教育部、外交部联合向中国驻外使领馆发出了一份《关于在国外留学生回国参加文化大革命运动的通知》。《通知》要求："在国外的留学生除科技进修生有特殊需要或个别有其他特殊情况的，可以在国外继续学习外，都要回国参加文化大革命运动。1965 年出国的留学生，应向校方交涉休学半年。1964 年出国的留学生，一般应提前毕业，即在 2 月 10 日前回国。回国后不再出去。"

三、1967 年 11 月前后，所有回国参加"文化大革命"的出国留学生，均由国家统一分配了工作；主管部门没有再安排任何原留学人员返回国外高校继续学习。②

---

① ② 本节田正平主编：《中外教育交流史》第 1004—1011 页，广东教育出版社 2004 年 9 月第 1 版。

第四节　选派出国留学生政策逐步恢复并获得初步进展

中国教育的对外交流活动，在经过 1966—1972 年的长期停顿后，从 1970 年开始逐渐开始解冻和复苏。中国政府先后向一些周边友好国家，以及自建国以来首次向美国、加拿大、英国、法国、西德、日本和澳大利亚等发达国家派遣官方或非官方教育代表团。1966—1970 年期间，只有越南、老挝、罗马尼亚等国家的教育代表团到中国访问；1971 年以后，到中国访问的外国教育代表团逐渐增多，其中有 10 个非洲国家、4 个拉丁美洲国家、以及上述西方发达国家团组。1970—1976 年期间，中国共接待了来自 37 个国家的 73 个教育类代表团组；同期共向 14 个国家派出了 16 个代表团组。1972 年到 1976 年期间，包括派遣留学生、接受外国留学生、聘请外籍教师、派遣出国教师以及对外教育援助在内的教育国际交流政策，均有了一定的恢复与进展。派出留学生的规模甚至达到了"文化大革命"前 1965 年时的水平。[①]

1972—1976 年期间，中国派遣留学生出国政策有了明显的改善、恢复和发展。

一、"文化大革命"中期开始逐步恢复派遣留学生政策

随着中国对外关系的发展，国内各个领域对外语人才的需求有较大增加。20 世纪 70 年代初，中国国内高等学校刚刚复课，尚处于最低起点和水平的教学状态，还不可能大量并有效地培养满足国家对外关系发展需求的外语人员。而原有的出国留学政策经验表明，派遣留学生短期出国学习外国语，是培养应用型外语人才的快速和有效办法。再加上许多国家已经要求与中国开展留学生交流，中国政府认为，应当并可以利用留学生交流的形式与渠道，选派留学人员出国学习外语。

1972 年，中国政府决定适当恢复实行"向国外派遣留学生"的政策，并于当年派出 36 名语言专业进修生，其中 20 人去法国留学，另外 16 人到英国留学。这是"文化大革命"以来首次恢复派遣留学（进修）人员。"文革"期间出国留学政策的解禁与试探性恢复，首先源于中法关系的逐步升级。根据中共中央批准的外交部《关于中法贸易和文化交流若干项目的原则请示》中有关向法国派遣留学人员一事，国务院"科教组"于 1972 年 9 月 15 日决定向法国派遣 20 名法语进修生。为"达到时间短、收效大的目的，拟选派政治条件好、有一定法语基础、身体健康、年龄在 33 岁以下（教师可以到 35 岁）的青年翻译干部和教师出国进修"，并规定留学、进修的时间为 2 年，不允许攻读学位。

1972—1978 年期间，中国派遣出国留学人员的数量不断增加，共向 49 个国家派出

---

① 于富增、江波、朱小玉：《教育国际交流与合作史》第 123 页，海南出版社 2001 年 8 月第 1 版；田正平主编：《中外教育交流史》第 1004—1015 页，广东教育出版社 2004 年 9 月第 1 版。

1977 多名留学进修生；其中绝大多数、即 90% 以上都是被派往发达国家并学习所在国语言的留学人员；同期毕业后回国人员计 963 人。在此期间，接受中国留学生最多的发达国家依次为：英国 276 人、法国 164 人、加拿大 93 人、澳大利亚 45 人、日本 42 人、意大利 22 人；接受中国留学生最多的发展中国家依次为：墨西哥 62 人、朝鲜 40 人、伊拉克 26 人、马耳他 18 人、罗马尼亚 15 人。上述 11 个国家接受中国留学生的数量约占中国在这一时期派出留学生总数的 66%。

1972—1978 年国务院科教组并教育部公费派出或国外政府（组织）奖学金派出留学（进修）人员以及同期留学回国人员统计表

年度	出国留学人员数	留学回国人员数
1972	36	—
1973	259	—
1974	180	70
1975	245	186
1976	277	189
1977	220	270
1978	860	248
总计	1977	963

在此期间，由于受中美关系正常化趋势的影响，新中国第一批公派赴美留学人员——52 名中年学者和科学家（男士 46 人，女士 6 人）于 1978 年 12 月 26 日赴美国乔治敦大学和美利坚大学学习语言。按照中美两国主管机构之间的协议，在他们熟练掌握英语后，再转至美国其他大学进修科学技术。[①]

为了适应出国留学生事务与管理政策的需要，1974 年 8 月，国务院科教组、外交部联合颁布并通知试行了《出国留学生管理制度（草案）》和《出国留学生守则（草案）》；又于 1974 年 9 月 20 日联合上报并经国务院批准了《关于改进和加强出国留学生选派、管理工作的请示报告》。[②] 上述三个文件中的政策内容虽然比较简单，但还是提出了要"无产阶级政治挂帅、体现文革的成果"；要"立足自己培养、确需派出者应是成年留学生、以专业上的提高和进修为主、注意选送有实践经验的在职人员和外语院校应届毕业的工农兵学员、特别注重现实政治表现并要有一定的业务水平和培养前途、要向中国留学生较多的国家派出留学生专职管理干部"等一些比较简单但却很严格的选派政策。其中"文革"的痕迹清晰可见，表明整体留学政策与活动尚处于恢复与摸索阶段。但从当时的派出效益上来看，主要是为国内培养了一定数量紧缺的外语和翻译人

---

① 本书第四章第二节第三小节——寻求派遣出国留学人员的多种方式。

② 国家教委外事司编著、陈可森执笔：《教育外事工作历史沿革及现行政策》第 33—37 页，北京师范大学出版社，1998 年第 1 版。

才。上述规定中其他方面的主要内容，基本上没有超出“文化大革命”前出国留学生政策的有关规定。

上面记述的 1972 年中国官方派出 36 名留学语言生的资料，多见于官方组织编辑的各种书籍；其中还明确说明有 20 人去法国留学，另外 16 人到英国留学。但根据留日学人发表的文章显示，似乎 1972 年也有 5 人被中国官方派到日本学习语言。如段跃中先生撰文指出：“中国政府向日本派遣留学生的工作可以追溯到中日邦交正常化的 1972年。那年，刘子敬、许金平、程永华、滕安君、李佩等五人被派来日本学习语言，先后在和光大学，创价大学留学。”① 其中一名当事人许金平先生留学日本后，先后在中国外交部、中国驻日本使馆、中日友好协会工作，2008 年时已升任中日友好协会副会长。许金平副会长于 2009 年 9 月发表文章，否定了“1972 年中国政府向日本派遣留学生”这样一个事实；另外在具体人数问题上与段跃中先生也有出入。许金平副会长在文章中指出：1972 年中日实现邦交正常化之后，外交部从长春外国语学校挑选了我们 5 个人，加上北京外语学校的 2 个人，一共 7 个人，构成了新中国成立以来国家公派的第一批赴日留学生；由于中日双方需要交涉和沟通等原因，直到 1973 年底我们才起程赴日；1975 年 4 月，我们当中的 6 个人顺利进入日本创价大学，开始了 2 年正式的留学生活；1977 年离校的时候我们获得了学校颁发的“修了证书”；30 年后的 2008 年，我们 6 个人在学习了创价大学的函授课程后，才获得了创价大学的毕业证书。②

上述中国“文革”后首批留日学生中的程永华先生，于 2010 年 3 月 3 日作为中国政府新任驻日本大使抵日履新。程永华先生从 1975 年 4 月起，在由日本创价学会会长池田大作亲自创办的创价大学，学习日语和日本文化，并逐渐融入日本社会，成为一名出色的“日本通”。其后程永华先生从 1977 年起在中国驻日使馆工作，从普通的随员做起，先后被任命为二秘、一秘、参赞、公使衔参赞，2003 年至 2006 年出任中国驻日大使馆公使。从 21 岁到创价大学留学，到驻日大使馆工作，程永华前后在日本呆了约 17 年，接触日本各界人士，建立了良好的人脉，口碑良好。上述首批中国留学生的恩师——现任创价大学副校长兼别科长的石川惠子教授对他们进行日语和日本文化的教学工作。日本《东方时报》记者曾采访过石川惠子教授对程永华先生留学生活的一段回忆：

1968 年，创价学会会长、创大创办人池田大作先生，在全球冷战的大环境下，发表了“日中关系正常化”的建议；这使我深受感动，也成为我日中交流事业的契机，打那以来，我下定决心，使自己成为日中关系的桥梁，并为此贡献自己的力量。很荣幸，我从东京教育大学（现筑波大学）大学院毕业后，任职创价大学后的第一份工作，就是教这 6 名中国留学生的日语。对于程永华在日本的留学生时代，石川老师的评价是“非常认真积极、彬彬有礼，十分友善，并主动融入日本学生之中。”在当时，中国“文革”还没有结束，面对着第一批从中国大陆来的留学生，周围的日本学生多少有一些紧张，但是程永华他们却落落大方，主动上前与日本同学打招呼，一句“你好”顿时消除了日本同学的紧张情绪，

---

① 段跃中：《活跃在日本的中国人》，2002 年 12 月 2 日南方网。
② 许金平：《留学生要体现中国的厚重底蕴》，《神州学人》2009 年第 9 期。

日本学生也马上问好回应，气氛变得异常融洽。作为中国外交部派出的研修生，程永华是未来的外交官，因此石川老师等还特别教授中国留学生日本特有的汉文训读等知识。石川教授回忆道：程永华遇到不懂的地方，会打电话讨教，如"在实际运用中，这个词该怎么读"等。即使在没有课程安排的周末，程永华他们也经常进行自习。程永华等中国留学生并不是"书呆子"，不只是进行书本上的学习，与同龄的日本学生一样，住在学生寮的他们，还热心于参加乒乓球运动，小旅行等活动。与日本学生积极交流，广泛接触日本社会和普通民众。对于石川教授来说，有一件事情至今印象深刻，仿佛近在眼前。那是在1975年的秋天，校园内开设了一个"日中友谊农场"。放学后，中国留学生和他们的日本老师，以及中国研究会的学生们一起，在开满葛花和枝条的土地上（现为东京富士美术馆等所在地）一起进行开垦，并种上白萝卜、春菊、小松菜等农作物。在一次赏月宴上，池田大作会长和大家一起品尝了用自己种植的蔬菜做成的汤。当时，留学生们用日语演唱名歌《月的沙漠》的情景，至今还像一幅画一样，深深印刻在石川教授心中。石川教授介绍说，30多年前的6名中国留学生至今还与中国研究会的会员们继续保持着交往。如今，中国年轻人到日留学已经不足为奇，中国留学生始终占据着在日外国留学生人数的首位。留学生被成为"未来的友好大使"，"而未来的大使，成为一名真正的驻日大使，程永华在35年后回到日本，我想，能看到他竭尽全力为日中两国和世界和平勤奋努力、做出贡献，没有比这个再高兴的事情了，我衷心祝愿程大使在今后的事业取得更大的进展"。在采访的最后，石川教授用这一番话语，表达了她发自内心的期待。①

综上所述，"文化大革命"期间，先是已经不断完善并日趋成熟的出国留学政策完全中断；1972年以后，虽然中国仍处在"文化大革命"时期，国内政治形势尚未稳定，经济建设也没有恢复正常，出国留学政策仍然处在方向不明、摇摆不定的动荡状态之中；但是，中国派出留学生的规模达到了"文化大革命"前1965年前后的水平，而且与中国开展教育国际交流的国家数量比"文化大革命"前的1965年明显增多，其他教育国际交流与合作活动也有一定恢复。因此可以说，"文化大革命"后一段期间内中国出国留学政策的恢复性发展，是国家对外关系快速发展的成果之一，也是若干年后中国实行"改革开放"初期中国出国留学政策全面恢复和发展的一个前奏。

二、周恩来总理于"文化大革命"期间对留学生事务的指示

曾1959年至1968年期间在中国外交部参与翻译干部的培养事务管理的丛文滋先生，于2006年介绍了周恩来总理在"文革"期间对派遣留学生事务的一些指示以及背景情况：

1. 1964年，中法建交后中国估计建交国家将随之增加，于是外交部又制定了一个培养翻译的5年规划。周恩来总理阅后指示："由外办、外交部和有关外事单位共同研究，作出一个除军事系统以外的培养翻译干部（包括外事、经济等方面）的总的规划。"为此，国务院外办、高教部和外交部经过专门研究，向中央写了《关于解决当前外语干部严重不

---

① 《东方时报：中国大使在日留学秘事一句话化解紧张》，2010年3月3日中新网。

足问题应急措施的报告》。主要采取两项措施：一是在全国外语院校大量开办外语专科，招收高中毕业生进行突击培养；二是大量派遣外语留学生。计划从 1964 年开始，在 3 年内派遣留学生 1750 名，其中高中毕业生 1550 名，进修生 200 名。1964 年和 1965 年两年共派遣了 1000 多名留学生。1967 年初，这批留学生被调回国内参加"文革"、下放劳动。这两年派出的留学生虽然没有毕业，但已打下了一定的外语基础。周恩来总理对 1969 年和 1970 年曾先后两次指示，这批留学生下放劳动后，每天都要安排一定的时间，进行组织外语学习和训练。后来，这批人员绝大多数都成为中国外事干部队伍的骨干。

2. 1970 年，加拿大、意大利先后与中国建交。周恩来总理指示外交部采取紧急措施，在 1964 年派出的留学生中选调一批外语学得好的，进外交部工作。

3. 1972 年，在美国总统尼克松访华后，周恩来总理根据毛泽东主席 1971 年 11 月 27 日指示的精神，批准从全国几所外语学校高中毕业生和外语院校尚未毕业的在校生中，选拔一批派到国外留学或到使馆当学习员，重点学习外语。1972 年和 1973 年两年，外交部先后选拔了 130 多人，派往 22 个国家，学习 18 种外语，使得"文革"开始后一度中断的翻译培养工作，又重新走上了有计划的轨道。

4. 1973 年 9 月，埃及副总统访问中国，并在欢迎宴会上同周恩来总理谈起阿拉伯文的翻译问题。周恩来总理听后表示：看来我们还要派些人到你们国家大学里去学阿拉伯文，同埃及学生生活在一起，这样可以很快提高听说能力。外宾走后，周恩来总理就对分管非洲司的何英副部长说，要多派些人到开罗学习阿拉伯文。第二年，外交部就遵照周恩来总理的指示，选派了 7 名学生到埃及学习。[①]

三、"文化大革命"期间选派留学生的政策标准

1974 年 9 月 20 日，国务院"科教组"和外交部共同向国务院提交了《关于改进和加强出国留学生选派、管理工作的请示报告》。该《报告》总结了 1972—1973 年期间恢复派遣留学生的事务与政策。

上述《请示报告》认为，从 1972 年恢复向国外派遣留学人员以来，总的看来，这批留学生经过无产阶级文化大革命的锻炼，有一定的阶级斗争、路线斗争和继续革命的觉悟。绝大多数在国外立场坚定，学习刻苦，积极开展对外友好工作，影响是好的。但也有极少数学生在资产阶级思想的腐蚀下开始发生变化。为加强出国留学生的选派和管理工作，国务院科教组和外交部邀请中央和北京市有关部门进行座谈，交流了情况，总结了经验教训，研究并提出了一些改进措施：

1. 选派出国留学生必须根据毛主席的革命外交路线，服从外交斗争的需要，同时遵照毛主席制定的'独立自主、自力更生'的方针，为我国社会主义革命和建设培养必要的专业干部。凡是我国能自己培养的外语干部和科学技术人员，都应当自己培养。送往国外的成年的留学生，以专业上的提高、进修为主。

---

① 丛文滋：《周恩来与新中国的外事翻译工作》，2006 年 10 月 11 日人民网。

2. 要注意选送有实践经验的在职人员和外语院校应届毕业的工农兵学员出国进修。选派时，要无产阶级政治挂帅，走群众路线，经过群众评议。所选人员除家庭、社会关系符合出国条件外，要特别注意现实政治表现，有一定的业务水平和培养前途。

3. 要加强留学生出国前和出国后的政治思想教育，不断用马列主义、毛泽东思想武装他们的头脑。为此，除拟定必要的出国留学生管理制度外，拟向中国留学生比较多的国家派出留学生专职管理干部。

1974年10月16日，国务院"科教组"印发了业经国务院批准的上述《请示报告》。

1976年2月21日，教育部印发1976年派遣出国留学人员的计划，共计200—300名，主要是语言类进修生，其中包括少量的科技进修生。该"计划"要求选派的出国进修生必须是应届或历届毕业的工农兵大学生，或具有同等学历的外语专业人员；进修专业即培养目标主要是外语口译人员和外语教师。

1976年12月4日，国务院批准了教育部和外交部提交的《关于1977年接受和派遣留学生计划的报告》。根据上述报告批准的原则，12月20日，教育部印发了《关于1977年选派出国留学生的通知》，要求从有实践经验的在职青年、外语教师、翻译人员和高等院校外语系应届毕业的工农兵学员中选派出国进修人员。选派仍按1976年的数量为200人左右；[①] 应届毕业生年龄不超过25岁，在职干部不超过30岁；选拔对象需经过外语考查；选拔工作要坚持群众路线，要按照选拔出国留学生的条件，从德、智、体三个方面进行群众评议。

四、"文化大革命"期间对在外留学生的管理政策

出国留学生在国外的管理仍然沿用"文化大革命"前的做法，即向中国驻外使馆派出专职留学生事务的管理干部。1974年9月经国务院批准的国务院科教组、外交部《关于改进和加强出国留学生选派、管理工作的请示报告》规定：向"留学生比较多的国家派出留学生专职管理干部，原则上，朝鲜、阿尔巴尼亚、越南、罗马尼亚等国派出一名；对其他国家，有20名以上留学生的国家派出一名，有40名以上留学生的国家派出2名。"

根据"文化大革命"期间选派留学人员的政策要求，这个时期派出的留学生，既有由中国政府提供全部经费派出的，也有中国与对方国家根据对等交换原则而选派的。对等交换的留学生，在国外期间享受对方国家提供的奖学金。一般来说，外国政府或有关机构提供的奖学金数额比中国政府公费出国留学生的生活费数额普遍要高。因此，如果享受外国奖学金的中国公派留学生如数获得并自行使用外国提供的奖学金数额，就必然会造成与中国政府提供经费公派出国的留学生之间在生活费待遇上的较大差异。因此中国政府有一项政策性规定，不论是享受中国国家公费的出国留学生，还是享受外方奖学金的国家公派出国留学生，在生活费待遇要上一律相同。即享受外国奖学金的公派出国

---

① 金铁宽主编：《中华人民共和国教育大事记》第2卷第1005页，山东教育出版社1995年第1版。

留学生，应按中国政府国家公费出国留学生的生活费标准掌握和使用，外方提供奖学金的差额部分应上缴国家主管部门统一管理。应该说，这一规定还是基本上符合当时中国国情的。

在出国留学人员的管理政策上，外交部和国务院科教组于1974年8月27日印发了《关于试行〈出国留学生管理制度（草案）〉的通知》，同时附有《出国留学生守则（草案）》。

《出国留学生管理制度（草案）》分为两个部分，共16条。

第一部分内容为主要是"外事纪律"方面的制度与规定，共有8条：1. 同外国人谈及重大时事政治问题，应以我文件精神、公开报刊的口径和使馆指示表态；2. 外出参观旅行需经使馆批准，外出活动应二人以上同行；3. 在外国报刊、电台发表文章或接待记者，应请示使馆酌情办理；4. 不参加所在国或外国学生的政治组织和宗教活动；对所在国组织的政治活动是否参加，应请示使馆；5. 看电影、电视应以有利于专业学习为原则，由使馆作出具体规定；6. 在住处和公共场所不谈论国家机密和内部问题；7. 不同外国人发生经济往来；8. 不同外国人谈恋爱。

第二部分主要为内部制度，共计8条。

《出国留学生守则（草案）》基本沿袭了"文化大革命"前同类规定的体例与模式，并仍列出8个条款。其主要内容如下：1. 刻苦学习马克思主义、列宁主义、毛泽东思想，认真贯彻执行毛主席的革命外交路线；2. 忠于社会主义祖国，不做任何不利于祖国的事，不说任何不利于祖国的话；3. 坚持无产阶级的国际主义和爱国主义，反对大国沙文主义；4. 政治挂帅，又红又专，努力完成学习任务；5. 谦虚谨慎，艰苦朴素，抵制资产阶级思想侵蚀；6. 遵守纪律，严格请示汇报；7. 提高警惕，注意安全，严守国家机密；8. 遵守所在国有关法令、规定，尊重其风俗习惯和宗教信仰。

《教育外事工作历史沿革及现行政策》一书的执笔者陈可森参赞，以及《新中国出国留学教育政策的演变过程及对策研究》一文的撰写人杨晓京研究员与本书作者，都曾对"文革"期间中国派遣出国留学人员政策的特点进行过比较全面地评价和归纳。本书大致综合归纳为以下几个方面：

1. 从留学派遣规模上看，1972—1978年的7年间，中国共派出1977名留学人员，平均每年282人，不足300人。

2. 从留学专业上看，主要是学习多种外语专业，学习科技专业的仅占少数。

3. 从选派条件上看，强调要服从革命的外交路线、服从外交斗争的需要，选派出国留学人员要无产阶级政治挂帅；坚持要从工农兵学员和有实践经验的在职人员中选拔，以体现"无产阶级文化大革命的成果"，选拔方法上要实行"群众评议"。

4. 从在外留学人员管理办法上看，受"左"的思想影响较大，限制性规定很多，管理制度非常严格；如规定外出活动时必须二人以上同行，看电影、电视应以有利于本专业的学习为原则。

5. 从派遣的效益上看，其间完成学业陆续回国的留学人员有963人，主要为中国培养了一定数量的外语教学、翻译人员以及从事外事管理事务的干部，在一定程度上缓解了外交活动对外语人才的需要，并为其后出国留学政策的恢复与制定提供了一些经验和教训。

6. 从出国留学政策的成熟度上看，受"左"的思想影响比较大，具有鲜明的政治色彩，反映了当时国内的政治形势，即中国当时仍然属于"文化大革命"中、后期阶段，因此整个出国留学政策尚处在恢复与探索阶段。①

第五节　20 世纪 50 年代初至 80 年代
初期中国台湾省赴美留学概况

据有关文献记载，中国学生赴美求学始于 19 世纪中期。第一个留学美国并实际完成了全部学业的中国人是容闳。1854 年他毕业于美国著名的高等学府耶鲁大学。容闳学生回国之后，为了"以西方之学术灌于中国"，"使中国日趋于文明富强之境"，曾努力使清政府派出了 120 名少年赴美学习。但是，由于清政府内顽固守旧势力的反对，这批留美学生未完成学业便被勒令全部撤回，中国政府首次公派留美活动因此夭折。然而，中国必需"师夷长技以制夷"的思想已被越来越多的中国人所认识。因此，在以后的百多年历史年代里，中国几度掀起了留学热，其中主要是前往科学技术相对较为先进的美国。

有作者撰文指出，赴美的中国留学生包括来源于中国大陆、台湾、港澳和世界各地的华人华侨社会的留学生。从 1908 年开始，中国人赴美留学的数量相对较多并集中的时期大体上有以下四次：●第一次是从 1909 年至 1929 年期间——1908 年，美国政府将 1480 多万美元的庚子赔款余额退还中国，用以资助支持中国学生赴美留学。在 20 年间，共有 1279 名中国学生获得利用这笔资金赴美国深造的机会。1929 年庚款用完后，留美学生人数也逐年减少，至抗日战争爆发下降到最低点。●第二次是从抗日战争胜利到新中国成立——抗日战争胜利后，国民党政府为了适应战后重建工作的需要，大量派遣各种人员赴美学习。美国也根据"中美文化协定"成立在华教育基金会，提供奖学金鼓励中国学生前往美国留学，仅 1949 年就有 3797 名学生赴美留学。●第三次是从上世纪 50 年代初至 70 年代中期——在这时期内，由于美国与新中国关系恶化，留学美国之门在中国大陆被完全关闭，中国人留学美国主要局限于台湾地区。此时期台湾地区到美国留学的大学毕业生每年约有两三千人左右。●第四次是上世纪 70 年代后期以后——中美实现关系正常化以后，中国政府开始选派并鼓励优秀青年出国留学；其中赴美留学人员 30 多年中始终占最大的比例。赴美留学的学子，大都是中国最优秀的精华人才。其中一些人的留美生涯是非常之艰辛的。特别是那些自费留学生，每年的学费及生活费至少要人民币 10 万元以上，他们当中能获得奖学金或海外亲友资助者

---

① 国家教委外事司编著、陈可森执笔：《教育外事工作历史沿革及现行政策》第 33—37 页，北京师范大学出版社 1998 年第 1 版；杨晓京、苗丹国：《新中国出国留学教育政策的演变过程及对策研究》，《出国留学工作研究》2000 年第 4 期。

毕竟是少数，为了能到美国学习先进的科学知识和技术，许多人倾家荡产筹集学费，有些人甚至负债出行。到达美国后，还得靠打工维持生活，坚持读书。但他们在艰难困境中勇于进取，奋力拼搏。孜孜以求，方学有所成，获得硕士、博士或博士后的高级学位。据美国国家科学基金会的研究报告，近年来在美国获得博士学位的留学生当中，中国留学生人数最多，名列榜首；中国留学生每年在美国取得博士学位的人数甚至超过了中国自己授予的博士人数。[1]

据有关文献记载，在 1950—1983 年的 33 年期间里，除由台湾省非教育部门派出的留学人员外，经台湾省教育当局批准的出国留学人员有 79,739 人，年均为 2400 多人，相对于当时台湾省的人口总数而言，这应该算是一个比较大的数量了。尤其是 60 年代以后出国留学人数增速较快，从 1960 年的 643 人发展到 1982 年的 5925 人，20 年间增长 9.21 倍。同期返回台湾省的留学人员为 10,580，年均返回率为 13.3%。另外一个统计数据还显示，1961—1973 年的 13 年间，台湾省公费派遣的出国进修人员有 770 人，其中前往美国的有 587 人，比例高达 77.5%。[2]

如上所述，20 世纪 70 年代初，中国大陆还没有公派赴美的留学生，当然也没有现在意义上的自费赴美留学生。在美国的华裔留学生主要以中国台湾省的学生为主，香港次之，另外也还有一些是来自东南亚地区的华侨留学生。当时曾前往美国留学的台湾学者、现任教于厦门大学新闻传播学院的林念生先生，曾撰文回忆过当时在美中国留学生的一些情况，所述内容十分珍贵：

上世纪 50 年代的台湾，生活条件很差，白色恐怖气氛压抑整个社会。有些思想的年轻人都想往外跑，去美国当然是首选。我的两个哥哥都到了美国。1971 年，我也到了美国。同之前的中国留学生相比，那个年代从台湾去的留学生较少救国救民的理想，也少有打算学成后返台服务的。1970 年代初，因反对"越战"本来就不平静的美国校园，发生了一件属于中国人的家务事而造成许多海外中国留学生思想与态度转变的社会事件——保卫钓鱼岛运动。"保钓运动"的原由，是当时的日本竟宣称钓鱼岛属日本的领土。中国人当然不会接受这种说法，由此引发中国在美留学生和台湾本地大学生的抗议与示威游行。公允地看，当时的国民党当局在经济、外交等各方面的处境尴尬，在日本、美国几乎没有话语权。对钓鱼岛主权问题的态度十分暧昧。可是当时的大陆政府却能理直气壮地要日本"不准动"。两岸对钓鱼岛主权截然不同的态度和立场，促使在美国的中国留学生迅速分裂为两派——一派是仍旧支持国民党当局"革新保台"的右派，另一派是转向认同能够真正代表中国的大陆政府的左派。因为 1970 年代初尚未有公派留美的大陆学生，当时在美的华裔留学生以台湾为主，香港次之，也有一些来自东南亚。由于生活背景不同，华侨和香港留学生多少都接触过一些社会主义。而在那年代的台湾，连"毛泽东"三个字都不让说，更别提读那些被视为禁忌的左派书籍刊物了。当时的台湾已走上全盘西化的道路。它与国民党的三民主义中的社会主义精神不符。我们变成只关心自己，不关心政治了。分裂

---

[1] 梅显仁：《赴美留学生的历史与现状》，载 2009 年 12 月 4 日澳际网站摘自美国侨报网。

[2] 陈昌贵著《人才外流与回归》第 61—64 页，湖北教育出版社 1996 年 2 月出版。

后的两派留学生在美国校园内为争夺中国同学会、为谁代表中国、为自己支持的政府和信仰斗得好不热闹。平心而论，支持国民党的学生，理不直，气不壮，拿不出令人信服的道理来。而这批因批评国民党被划为左派的中国留学生已不再受过去在台湾年代承受的政治压力，那股潜藏在内心深处对国民党极度不满的情绪此时完全倾泻出来。一些本来不关心政治，被骂为"吃国民党奶水长大"的左派台湾留学生体内的政治细胞开始发酵，"保钓运动"首先转化为对国民党独裁、家天下、白色恐怖的批判；演变成对国民党当局的挑战；然后更进一步转化为台湾中国留学生思想上寻求国家认同、中国统一与革新保台的斗争问题。左派留学生不仅在行动上同国民党"革新保台"派进行激烈的游行抗议斗争——出版保钓刊物、举办座谈会、演出话剧、组织抗日爱国歌曲合唱团，冒着大风雪到各校园放映大陆电影《甲午风云》、《林则徐》、《李时珍》，介绍社会主义祖国等。一些志同道合的华裔留学生还成立了"读书会"。校与校间的"组织"彼此声援、串联。通过"读书会"的形式提升对马列毛哲学思想的认识与对社会主义祖国的认同感。有了共同信仰与理想，左派的方向就很明确。"保钓运动"后期开始出现留学生回归的现象，其中包括一批保钓运动时期"革新保台"的大将。他们父辈与国民党关系密切，也是现今在台湾政治舞台上的一些重要人物，如亲民党主席宋楚瑜，国民党的连战、马英九，新党的郁慕明，以及后来退出政治圈的赵少康等。再如学者沈君山。当然也有不少爱国学生，如王津平放弃学业返回台湾，至今仍在为中国统一的理念而打拼。当年的老保钓林孝信也放弃博士学业，返台后一直为台湾社区大学的教育而努力。还有一些来自台湾的留学生回归了大陆。有的进图书馆、学术界、环保机构工作，也有的到海洋研究所、数学所、物理所等科研单位。如1970年代后期的吴国桢、吴廷华、赵玉芬等人。"保钓运动"的洗礼，不仅激发了华裔学生的爱国热情，也促使许许多多海外中国人认识并认同社会主义祖国。不论称他们是"海归"或"归国学人"，他们都在为中国的发展、中国的富强，在自己的工作岗位上尽力。有不少留学生因种种原因无法返国定居，今天也经常返回祖国，通过讲学、企业投资等多种方式报效祖国。所以应该说，上述"保钓运动"应该作为当代中国留学生活动的重要组成部分而载入史册。①

---

① 林念生：《亲历：70年代中国（台湾和香港）留美学生中的"保钓"运动》，《南方周末》2010年1月8日。

第五章

1978—1982 年：改革开放初期
出国留学政策的形成与调整

第一节 国内形势与国际关系的基本特征

一、中国共产党平反冤假错案

粉碎"四人帮"之后，从 1977 年 3 月起到 80 年代初，先后任中共中央党校副校长、中共中央组织部部长、中共中央委员会主席、中共中央政治局委员、中共中央秘书长兼中央宣传部部长、中共中央委员会总书记等职务的胡耀邦，组织和推动关于真理标准问题的讨论，并在邓小平等人的支持下，冲破"两个凡是"的严重束缚，为党的十一届三中全会重新确立党的马克思主义思想路线作了重要的理论准备；组织和领导了平反冤假错案、落实干部政策的大量工作；主持和参与主持制定了包括《中共中央关于经济体制改革的决定》在内的一系列关于农村改革、城市改革、对外开放的重要文件，努力探索党和国家领导体制的改革。① "两个凡是"的原文是："凡是毛主席作出的决策，我们都坚决拥护；凡是毛主席的指示我都始终不渝地遵循"；也有人将其概括为：凡是毛主席圈阅过的文件都不能动，凡是毛主席做过的、说过的也不能动。②

组织和推动关于真理标准问题的讨论，组织和领导大规模平反冤假错案，这是中华人民共和国历史进入新时期的前奏。众多专家学者一致认为 30 年前的真理标准讨论是一次

---

① 中共中央政治局常委、国家副主席曾庆红在中共中央举行纪念胡耀邦同志诞辰 90 周年座谈会上发表的重要讲话，《光明日报》2005 年 11 月 19 日第 1 版。

② 两报一刊社论：《学习文件抓纲要》，《人民日报》1977 年 2 月 7 日第 1 版。

"伟大的思想解放运动"，促成了思想大解放，开启了改革开放的历史新时期，并为迈向这个新时期作了思想准备。当时，不跨过这道门槛，"改革开放"无从谈起。根据当时掌握的资料统计，全国在"反右派"斗争中被戴上"右派"帽子的共约45万余人；从1959年建国十周年开始到1964年，先后摘去五批"右派"帽子共30多万人，尚有10多万人必须全部摘掉帽子，并连同过去已经摘去"右派"帽子的都应给予妥善安置。另据有关文献记载，在十一届三中全会后的两年中，全国有300多万干部的冤假错案得到平反和纠正，47万多名中共党员恢复了党籍，54万"右派"得到改正，数以千万计受株连的干部群众得到解脱；1979年1月，中共中央决定给地主富农分子摘帽，又使至少2000万人结束了长期受歧视的生活。有学者认为，当时全国都在思索如何冲破"两个凡是"的思想迷障，胡耀邦走在了最前沿；虽然平反冤假错案并非胡耀邦一人之力，但胡耀邦对平反出力最大，最有胆识，态度最坚决，断案最公正，这是无人能够否认的。[①]

二、中国恢复高等教育考试招生制度

黄禹康先生从2006年6月中央档案馆解密的部分高层领导人档案中查阅到，1977年，第一个当面向邓小平建议恢复高考制度的，是一位敢于说真话的武汉大学教授、博士生导师、著名电化学专家、中国科学院院士查全性先生。正是查全性教授的大胆谏言，促使刚刚复出的邓小平决定恢复高考。1977年7月19日，邓小平指示教育部准备召开一次科学和教育工作座谈会，他对教育部负责人说，到全国各高校和科研院所找一些敢说真话有见解的，不打棍子，不戴帽子，不是行政人员，在自然科学领域有才华的教学人员来京参加座谈会。事后，查全性教授才知道时任国家教育部长刘西尧和高教司司长刘道玉跟自己都是校友，他们知道查全性既有真才实学又敢于讲真话，才安排他参加了这次会议。8月4日，邓小平到人民大会堂主持召开了有33位来自全国各地的著名科学家、教授以及科学和教育部门负责人参加的科学和教育工作座谈会。会议共开了5天。前两天，所有与会学者都一直表现得非常拘谨，只敢谈一些不敏感的小问题，而且还都是纯粹的专业话题。8月6日下午，清华大学党委负责人忧虑地说，现在清华新召进的学生文化素质太差，许多学生只有小学水平，还得补习中学课程。邓小平插话道："那就干脆叫'清华中学'、'清华小学'，还叫什么大学！"查全性教授站起来面对邓小平慷慨陈词："当前新生的质量没有保证，部分原因是因为中小学的教育质量不高，而主要矛盾还是招生制度。大学不是没有合格的人才可以招收，而是现行制度招不到合格的人才。如果我们改进招生制度，每年从600多万高中毕业生和大量的知识青年、青年工人、农民中招收20多万合格的大学生是完全可能的。现行招生制度的弊端首先是埋没人才，一些热爱科学、热爱文化、有前途的青年选不上来，一些不想读书、文化程度

---

① 《胡耀邦》，百度百科网；戴煌著：《胡耀邦与平反冤假错案》，新华出版社1998年5月版；《理论界纪念真理标准问题讨论30周年》，《光明日报》2008年5月13日；张卓元：《从改革开放的实践看真理标准问题讨论的意义》，《光明日报》2008年5月13日；《邓小平："两个凡是"是错误的》，《党史博览》杂志，2008年6月11日新华网。

又不高的人反而占据了招生名额。"邓小平表说，"查教授，你说，你继续说下去。你们大家都注意听听他的意见，这个建议很重要哩！"查全性教授痛陈当时的招生制度有四大弊端：一是埋没了人才；二是卡了工农兵子弟；三是助长了不正之风；四是严重影响了中小学学生和教师的积极性。"今年的招生工作还没有开始，就已经有人在请客、送礼，走后门。甚至小学生都知道，如今上大学不需要学文化，只要有个好爸爸。"而就在这次座谈会召开前夕，当年的全国高等学校招生会已经开过，招生办法依然沿用"自愿报名，群众推荐，领导批准，学校复审"十六字方针。有关招生的文件也在座谈会开始的当天送到邓小平手中。也就是说，1977年按照上述十六字方针老办法招生几乎已成定局。邓小平听完后，环视四座问："大家对这件事还有什么意见？"吴文俊、王大珩等著名科学家都点头表示赞同查教授的意见。查教授的发言得到了大家的响应。随后，邓小平问了一下当时的教育部长刘西尧，今年的高考招生改革恐怕已经来不及了吧？查教授插话说，还来得及，今年的招生宁可晚两个月，要不然又会误招20多万不合格的学生，浪费可就大了。邓小平又问刘西尧，还来不来得及？刘西尧部长说，还来得及。邓小平略一沉吟后表示："既然大家要求，那就改过来，今年就恢复高考！"其实，在召开这次座谈会前，恢复高考就是邓小平酝酿多年的一个拨乱反正的重大举措。他最初的想法是1977年用一年的时间做准备，1978年正式恢复高考。这次座谈会老教授的肺腑之言感染了邓小平，推动了高考政策的提前推出。消息传得很快。第二天，新华社驻会记者找到查教授采访，记者开玩笑说："查老师，知不知道你昨天扔了个重磅炸弹？"1977年8月7日中国科学院、教育部汇编的第9期《科教工作座谈会简报》，记载了查全性教授当时向邓小平同志的大胆谏言，成了改变中国上千万高考学子和知青命运的历史性谏言。查教授等人以为，像邓小平这种身份的领导人，能够在开始和结束时各来一次，顶多再讲几句话，就很不错了。但是会议期间，除了有一个半天邓小平同志有外事活动，给大家放了半天假，会议的大部分时间，他基本上是听，偶然问一两句关于一些具体事实、或者有一些听不清楚的问题，他不做指导性的发言，或者是希望大家谈哪一方面，他都不说，只是听大家谈，很少插话。这种气氛让大家意识到，邓小平同志很有诚意，他是迫切想解决教育方面的一些实际问题。恢复高考的这个决定得到了全场热烈鼓掌，很多学者激动得热泪盈眶。不出两天，全北京城就知道了这个消息。8月13日，根据邓小平的指示，教育部又召开了第二次招生工作会议。一年内召开两次高校招生会议，这是历史上从未有过的。① 另有文章描述到，这次会议气氛热烈，一人陈词，群起共鸣。会议代表们的发言引起邓小平的高度重视，并因此提出恢复高考招生制度就从当年开始。与会者兴奋不已，全体代表起立鼓掌，掌声持续了好几分钟，连人民大会堂的工作人员也情不自禁地一起鼓起掌来。邓小平在有关高等学校招收新生文件的送审稿中，对高考招生的政审条件作了大段删改。他明确指出：招生主要抓两条，第一是本人表现好，第二是择优录取。教育部在1977年召开的第二次高等学校招生工作会议上，制定了《关于1977年高等学校招生工作的意见》。10月5日，中共中央政治

---

① 黄禹康：《查全性：面谏邓小平恢复高考制度第一人》，《党史博采》2007年第9期。

局讨论并通过了这一意见。10 月 12 日，国务院批准了教育部《关于 1977 年高等学校招生工作的意见》。10 月 22 日，《人民日报》刊登《就今年高等学校招生问题，教育部负责人答记者问》的报道，向全国人民公布恢复高校招生考试制度。1977 年冬天，570 万年龄参差不齐的青年走进了高考考场。这次考试规模之大，不仅创造了中国教育史上的最高纪录，亦堪称世界之最。1978 年春天，27.3 万名高考制度恢复后的第一届大学生开始在大学上课，录取率不足 4.8%。高等学校招生进行严格考试，实现公平竞争，择优录取，基本上杜绝了"走后门"的现象。录取工作重在本人表现，上大学可以不受家庭问题的牵连。高等学校新的招生制度的实行，受到全国人民的拥护，激发了广大青年学习科学文化知识的热情。[1]

三、中国共产党确定"改革开放"总方针

1978 年 11 月，中国共产党召开第十一届三中全会并通过相关决议，提出了"纠正'文化大革命'及其以往'左'的错误、把全党的工作重点转移到社会主义现代化建设上来"的方针；同时确定了"在自力更生基础上积极发展同世界各国平等互利的经济合作、努力采用世界先进技术和先进设备"的对外开放政策。这次会议的召开和上述《决议》的通过，标志着中国社会发展的一个历史性转折：中国开始纠正"文化大革命"中及其以前的一些"左"的错误；停止了以"阶级斗争为纲"这个已经不合时宜的口号，实施把工作重点转移到社会主义现代化建设上来的工作方针；提出了在自力更生的基础上积极发展同世界各国平等互利的经济合作，努力采用世界先进技术和先进设备的对外开放政策。

1981 年 6 月，中国共产党召开十一届六中全会，会议并通过了《关于建国以来党的若干历史问题的决议》。《决议》科学地总结了中华人民共和国建立以来，特别是"文化大革命"时期，国家在建设方针和发展战略方面的一些经验教训，正确评价了毛泽东的历史地位。《决议》明确指出，"毛泽东思想是我们党的宝贵的精神财富，它将长期指导我们的行动"。这项《决议》的形成与通过，标志着中国共产党在指导思想上"拨乱反正"过程基本完成；标志着中国实施"改革开放"政策的国内条件也已经具备，并已实际进入了以"改革开放"为中心的社会主义经济建设新时期；同时也标志着中国的出国留学政策将要摆脱停滞不前的困局，将要形成逐步恢复、系统建设和全方位发展的新局面。

四、国际政治格局继续向着有利于中国的方向变化

1978 年 9 月，邓小平指出："毛泽东同志关于三个世界划分的战略思想，给我们开辟了道路。我们坚持反对帝国主义、霸权主义、殖民主义和种族主义，维护世界和平，在和

---

① 《共和国的足迹：1977 年：重启高考之门》，《新华每日电讯》2009 年 9 月 5 日第 1 版。

平共处五项原则的基础上，积极发展同世界各国的关系和经济文化往来。经过几年的努力，有了今天这样的、比过去好得多的国际条件，使我们能够吸收国际先进技术和经营管理经验，吸收他们的资金。这是毛泽东同志在世的时候所没有的条件。"[①]

自1972年中国对外关系实现具有历史意义的突破性发展以来，国际政治格局一直在向着有利于中国的方向发展：

（一）1978—1980年期间，中国外交事务取得重大进展

中国先后实现了与美国建交外交关系，并与日本缔结了《中日和平友好条约》。其间，中国国家领导人还相继出访了日本、美国及五大洲的几十个国家。至1982年底，与中国建立正式外交关系的国家已达到125个；其中不仅有多数发展中国家，而且包括了世界上几乎所有主要的资本主义国家。这些外交活动，不仅奠定了中国对外关系的新格局，并且使中国实现"四个现代化"有了比较好的国际条件。[②] 1978年前后国内政治和国际条件的历史性变化，不仅为中国实施对外开放政策提供了有利的条件，同时也有效地推动了中国出国留学政策的系统恢复与快速发展。

（二）中苏关系从战略对峙到出现缓和，但仍缺少实质性进展

苏联在中国周边的一系列军事扩张加剧了中国的不安全感：如重兵于中苏边界、派兵进驻蒙古、支持越南侵略柬埔寨、1979年侵占阿富汗，从北南西三面形成了对中国的战略包围，对中国安全构成严重的威胁。1979年4月3日，中国第五届全国人大常委会第七次会议作出了不再延长《中苏友好同盟互助条约》的决定。1979年9月，中苏副外长级特使为恢复两国关系正常化进行的谈判未取得结果。

1982年3月，苏联国家领导人勃列日涅夫主席就苏中关系发表讲话，公开表示并向中国领导人传递了3条表示友好的信息：在意识形态上未否定中国、在台湾问题上支持中国、在领土问题上不威胁中国，因此得到了中国领导人的积极响应；1982年9月，在中国共产党第12次代表大会政治报告中的中苏关系部分，中国领导人已经不再使用"修正主义集团"、"社会帝国主义"这两个以往专门针对苏联曾频频使用的词汇，而改变为强调中苏的悠久友谊、以及维护和发展这种友谊的愿望，明确表达了改善中苏关系的意向；10月，中苏政治谈判重新开启；11月，中国外交部长在赴苏联参加勃列日涅夫主席的葬礼期间会见了苏联外交部长葛罗米柯，成为20世纪50年代中期以来两国外长的第一次晤面。

中苏关系在本时期内虽然没有取得实质性改善，但对苏联政策的调整无疑改善了中国的战略地位，即在处理中美关系中有了较大的回旋余地和较多的谈判筹码，并将迫使美国

---

① 《邓小平文选》第2卷第127、247页，人民出版社1994年第2版。
② 《邓小平文选》第2卷第247页，人民出版社1994年第2版。

不得不在处理对华关系上采取更加积极的态度。①

（三）中美建立外交关系，但存在深入发展的障碍

继 1972 年美国总统访华、中美发表《上海公报》、次年两国互设联络处之后，主要因受中国台湾问题的影响，建关系正常化的谈判进行的非常艰难，使中美两国的正式建交经历了一个较长而复杂的过程。20 世纪 70 年代末以来，国际与国内形势在逐渐向着有利于中国的方面转变：中国实行一系列改革开放政策，中国领导人频繁出访，中外建交国数量稳步增加，中国开始大批量引进欧洲和日本的技术设备，中日签订多项合作协议及《中日和平友好条约》的缔结等等，使美国面临着丧失中国市场的威胁；同时中国决策层认为在国内重点转向经济建设之后，迫切需要一个比较稳定的安全环境，也需要与发达国家建立比较密切的经济、政治、技术、贸易和文化教育的关系；其三是中美两国领导人对苏联的扩张主义威胁和巨大压力都存有戒心。以上因素无疑加快了中美关系正常化的进程，并促成中美两国于 1979 年 1 月 1 日起相互承认并建立外交关系，从而结束了两国近 30 年的不正常状态，对国际社会产生重大影响。1 月 28 日—2 月 5 日，中国国务院副总理邓小平访问美国，成为 1949 年新中国建立之后中国领导人首次访美，备受世界舆论关注。中美关系在短时间里迅速超过了仅仅是外交关系正常化的目标：在发展两国间科技、教育、文化、经贸等领域的交流与合作方面取得了重要进展，双边贸易额从 1978 年前的 9.92 亿美元，增长到 1979 年的 24.5 亿美元，再度增长到 1983 年的 44.8 亿美元；在反对霸权主义和世界战略问题上建立了交换意见的平台，初步形成了在维护世界和平与发展经贸关系方面展开友好合作的新格局；在美国干涉西藏地方内部事务活动问题上，继策划援助 1956 年的康巴叛乱、1959 年的西藏叛乱遭到失败后，以及继 60 年代初期以津贴方式支持康巴武装叛乱分子后，随着中美关系的缓和，美国于 1970 年开始才有所收敛，到 1974 年时则全部停止了对逃亡国外西藏叛乱分子的秘密武装训练、空投武器、提供电台等活动。②

几乎与此同时，美国国会于 1979 年 4 月通过了《与台湾关系法》，其主旨和多处条款违背中美建交公报，坚持继续向台湾出售武器，反映出美国国内反华势力还相当强大，表明美国不肯根本放弃牵制甚至遏制中国的企图。中美在台湾问题上的矛盾和冲突，导致中国决策层在 80 年代初便下决心要与美国拉开距离。1982 年中共 12 大提出"坚持独立自主的不结盟政策"，在一定程度上就是反映了中国在处理对美关系中的经验和教训：即在利用共同反对苏联扩张的战略关系促进中美关系发展的同时，不能对这种战略关系的作用估计过高。③

---

① 以上参见杨奎松主编：《冷战时期的中国对外关系》第 208—209 页，北京大学出版社 2006 年 1 月第 1 版；黄安余：《新中国外交史》第 208—209 页，人民出版社 2005 年 3 月版。

② 黄安余：《新中国外交史》第 82—87 页、第 97 页，人民出版社 2005 年 3 月版；杨奎松主编：《冷战时期的中国对外关系》第 191.203 页，北京大学出版社 2006 年 1 月第 1 版。

③ 杨奎松主编：《冷战时期的中国对外关系》第 204—205 页，北京大学出版社 2006 年 1 月第 1 版。

第二节 中国政府再度确定并实施大
量派遣公费留学人员的政策

20 世纪五六十年代中国实行向苏联大量派遣出国留学人员的政策，为以后的出国留学事务与留学活动奠定了实践基础，积累了政策经验。并且实际上在 60 年代初期，中国也已经开始尝试实行向西方发达的资本主义国家派遣出国留学人员政策。虽然到 70 年代初时，中国向资本主义国家派遣出国留学人员的规模有所扩大，但派遣数量仍十分有限。

中国政府自 1978 年末实行"改革开放"方针以来，制定并实施了新的、更大规模地派遣出国留学人员的政策。出国留学新的派遣政策除了继承新中国建立之后的"大量、集中、定向"三个主要特点之外，在留学目的国的选择和导向上则主要是面向科技发达的资本主义国家。这是中国新的历史时期内出国留学政策的核心特征。而在新的国际形势下大量派遣留学人员，并且主要是向实行资本主义制度的国家派遣留学人员，不可避免会遇到一些新的政策问题。例如，如何打开出国留学人员的派遣渠道？新的历史时期内如何确定出国留学人员的选拔标准？在新的留学国别政策下如何实现在外留学人员的管理？留学生经费如何使用与改革？对自费出国留学如何导向？等等。由此可见，改革开放初期的出国留学人员政策还明显地具有试探与摸索性质，需要在出国留学活动中形成新时期管理出国留学事务的经验。因此，新时期出国留学活动的拓展不会是一帆风顺的，出国留学政策的形成也必然会有反复。这种现象在大量向西方国家派遣出国留学活动的初期就已经表现出来。但新时期出国留学活动的实践证明，扩大派遣出国留学政策是中国改革开放方针的重要组成部分，在中国国家领导人的关注和指导下，在相关职能部门的组织下，并经过广大留学人员自身的实践活动，一步步克服了留学事务与活动不断发展中遇到的问题与障碍。中国的留学政策不但打开了大量派遣出国留学人员的局面，并且为留学活动的发展积累了经验、奠定了基础。

在"改革开放"新时期内形成的出国留学政策，无论是在派出规模、留学国别、留学形式，还是留学人员回国工作或在国外发挥作用等方面，都是中国历史上任何一个时期无法比拟的。新时期的出国留学政策为中国的繁荣与发展作出了一定的贡献。

一、邓小平副主席提出要成千成万地派遣留学生的政策性意见

实际上，在中国结束"文化大革命"后最初的一二年内，即直到 1978 年上半年时，在教育对外交流的政策与活动领域，仍然处在一个"小步慢走"的状态。在经过多年的思想与政策的禁锢之后，一些人对于扩大开展出国留学事务依然持有比较谨慎和左右观望的态度，致使出国留学政策徘徊不前、发展缓慢。

1978 年 6 月 23 日下午，已恢复了党内外职务并自告奋勇抓教育和科技工作的中共中

央副主席邓小平，同国务院副总理方毅以及教育部负责人蒋南翔、刘西尧，与清华大学校长兼党委书记刘达在中南海进行了座谈。

其间，在谈到派遣留学生问题时，邓小平副主席表示："我赞成留学生的数量增大，主要搞自然科学。留学生的管理方法也要注意，不能那么死。跟人家搞到一块，才能学到东西。这是五年快见成效，提高我国水平的重要方法之一。要成千成万地派，不是只派十个八个。教育部研究一下，花多少钱值得。我们要从外语基础好的高中毕业生中选派一批到国外进大学。今年三四千，明年万把人。这是加快速度的办法。请方毅同志主持，搞个规划，进些什么学校，学什么，教育部要研究。数学竞赛中考得好的可选一些出去。物理、化学也可搞竞赛，把考得好的派出去学习。数学是学好自然科学的基础，挑选竞赛中优秀的十五六岁的青少年出国学五年，二十来岁回来就可起作用。出国前要以一年或一年半的时间先学好外语。"

邓小平副主席在此次座谈会的发言，实际上是批评了当时国内的留学生派遣政策过于保守，他说："现在我们的格格太小，要千方百计加快步伐，路子要越走越宽。我们一方面要努力提高自己大学的水平，一方面派人出去学习，这样也可能有一个比较，看看我们自己的大学究竟办的如何。留学生管理制度也要改变一下。留学生可以住在学校，也可以住在外国朋友的家里。暑假还可以让他们回来一下，了解国内情况，两年一次。使馆有时开开会，也要注意不多占时间。教育部要有一个专管留学生的班子，可到留学生较多的国家去看看，经常了解留学生的状况和需要解决的问题。今年派三千出去，怎么选派，派到哪里，要订好计划。"①

在谈到恢复和发展在"文化大革命"中受到严重破坏的科学和教育秩序时，邓小平副主席还曾多次表示，现在看来，同发达国家相比，我们的科学技术和教育整整落后了20年。"我们要实现现代化，关键是科学技术要能上去。发展科学技术，不抓教育不行。"他还强调，我们国家要赶上世界先进水平，派人出国留学"是一项具体措施"。②

邓小平副主席的上述决策性意见，使中国扩大派遣出国留学人员的大门被快速打开，制订全方位扩大派遣留学生政策的基础由此奠定起来。其后，中国政府决定在10年"文化大革命"之后国家财政仍十分困难的情况下，拨出大量外汇，向西方发达国家派遣大批国家公费留学人员。据此，有关职能部门研究和制订了改革开放新时期出国留学事务的一系列政策方针和管理规定，并在实践中不断调整、完善和发展。"文革"前的政策经验已经显示出，在计划经济体制的管理模式下，派遣出国留学人员事务是一个较大的系统工程，其中主要包括人员选拔、国内培训、国别派遣、国外管理和学成回国等诸多政策环节。在国家领导人的直接指导下，通过教育部以及其他有关部门的共同努力，在从1978年开始的3年多的时间里，中国共派遣公费出国留学人员6800多人，即从1978年一年只

---

① 李滔：《中华留学教育史录—1949年以后》第365—366页，高等教育出版社2000年版；李琦：《赴美谈判留学生问题始末》，《神州学人》1998年第6期第14—15页。

② 《邓小平文选》第2卷第40、48.57页，人民出版社1994年第2版；于富增、江波、朱小玉：《教育国际交流与合作史》第128页，海南出版社2001年8月第1版。

有几百人的派出规模，迅速增加到 1981 年一年内派出近 3000 人；增幅之大，在中国历史上罕见，并令世人瞩目。在实行扩大派遣出国留学人员政策的同时，服从于中国外交方针的中国出国留学政策体系不断得到修复与完善，服务于新时期出国留学人员的基本管理制度也逐步建立和完善起来，为其后持续 30 年之久的大量派遣出国留学人员活动打下了基础。

作为新中国第一位教育参赞的李滔先生，对于 1978 年以后一段时期内出国留学生政策的形成与完善，也有一些精彩的回忆：

1978 年 6 月 23 日，邓小平在清华大学听取教育部工作汇报，当时方毅、蒋南翔、刘西尧、刘达都参加了。小平同志说："我赞成留学生的数量增大，主要搞自然科学……要成千成万地派，不是只派十个八个……今年选三四千，明年派万把人……请方毅同志主持，搞个规划，……数学竞赛中考得好的可选一些出去……出国前要以一年或一年半的时间先学好外语……要千方百计加快步伐，路子要越走越宽……留学生管理制度也要改变一下，不要看得死死的……教育部要有一个专管留学生的班子，可到留学生较多的国家去看看，经常了解留学生的状况和需要解决的问题……怎么选派，派到哪里，要订好计划……"。1978 年 8 月 21 日，部分中国驻外使馆文化参赞会议召开，由教育部、外交部、国家科委传达小平同志的指示，研究留学生派遣方案和留学生管理工作，并写了报告给国务院。很快，在 10 月 17—22 日，我们就派了一个由周培源为团长的访问团访问美国，同美国国家科学基金会就中美互换留学生问题进行了会谈。这是 1972 年中美发表上海联合公报以来，中国第一次派出代表团赴美国访问。那个时候，小平同志关于扩大派遣留学生的决策不仅国内各个部门表示坚决拥护，许多国家的政府、高等学校也表示热烈欢迎。很多外国媒体如此评论："迄今共产主义世界中尚无先例。""使北京的外交官感到震惊！""令人信服地表明中国的政治自信心。"海外的一些华人知名学者也说，中国向海外大量派遣留学生是战略性的具有远见卓识的决策。一直到 1987 年，10 年期间小平同志始终关注这个事情。一些华裔美国知名学者，如李政道、杨振宁、陈省身、丁肇中等著名学者来华访问，小平同志都亲自接见。接见这些人的时候我都在场。1979 年开始，国内设立了更多的留学预备部，在全国建立了 11 个出国留学生的外国语培训基地。学日语的在东北培养，学德语的在同济大学培养，学英语的在上外、北外、西外、广外……

胡耀邦同志在主持中央工作以后，对留学生也特别关心。在耀邦同志主持下，先后派出了两个中央慰问留学生的代表团，两次我都当团长。代表团出发前，耀邦同志亲临指示，和团员合影留念，并同彭真、邓颖超等同志向留学生做了录像讲话。耀邦同志在中央台录了一次，拿回来一看，不好，又录了一次。他讲了几句话，其中一句话是：要为祖国争气。他还嘱咐我们给留学生带糖去。我们就带了大量的糖，但是到国外一个人只能分一块。即便如此，也让留学生感觉到了祖国对他们的关怀和温暖。我们把相声演员姜昆同志也带去了，到处给留学生开会、放录像、讲话、演节目，受到了留学生的热烈欢迎。我们去了以后，有时候就跟留学生住在一起。留学生把床让出来给我睡，他们睡地下。我们聊天，一聊聊半夜。有一次留学生开车去接我们，那车门都是凹进去的。他解释说："这是人家不要的车送给我的。"还有个女留学生去接我，她对我说："李滔老师，我刚学了一个礼拜的车，您敢坐我的车吗。"我说："我就坐你的车。"那时候我们跟留学生的关系特别好，很亲切。代表团回来以后，我们向中央书记处汇报了留学生的情况，并提出有少数的留学生不愿意回来，愿意留在国外。耀邦同志说："没有关系，留在那将来做一个爱国华侨嘛。"汇报中还谈到自费留学生的问题。有些学校抱怨他们培养的好学生都自费出国了，耀邦同志说："学生留学限制什么，你们学校工作做好嘛，不能怪自费留学生。"后来，教育部多次调整、修改有关自费留学的政策规定，明确了对自费留学生要同公派留学生一视同仁，这也是国家培养人才的一条重要渠道。①

曾在教育部参加过首批留学生选拔工作的王东礼参赞回忆说：时任教育部长的刘西尧立即落实此事并马上决定，首先将邓小平关于派遣出国留学生的讲话精神向各个驻外使馆通报，让他们协调落实；第二，在当年即组织外语水平考试，从中选拔适合于留学的人员；三是从高校抽调一批教职人员到教育部参加这项工作。邓小平讲话后不到20天，教育部提交了《关于加大选派留学生数量的报告》。当年8月，在北京的水电部招待所召开了驻外使馆参赞会议，听取一批驻外使馆文化参赞的意见。与会参赞们一致赞同邓小平提出的加大留学规模的意见，认为这是中国现代化事业的必由之路。会议决定，各使馆迅速出面和驻在国的优秀大学建立联系，协调他们接收中国留学生。教育部决定，先按照3000人的规模选拔第一批出国留学人员，为此组织了全国各省区市的考试，主要是外语水平考试。王东礼回忆说，西北五省区考试点设在西安的西北工业大学，选拔考试的规模很大，气氛和刚刚恢复的高考一样的庄重。由于"文革"的耽误，这次出国选拔考试尽管有上万人参加，总体看来成绩并不高，分数达到60分的还不到2500人。于是又附设一个条件，就是对各个高等院校的骨干教师、系主任降低一些外语分数要求，由此增加了几百人入选，但还是没有达到3000人这个预期数字，大致上为2800人左右。②

二、对邓小平副主席"要成千成万地派遣留学生"讲话的评价

应该说此类评价还是比较多的，但其中不少是一些重复的内容。本书仅摘录教育部主管出国留学事务或从事出国留学政策研究官员们的一些言论。这些公开发表的内容，从不同的角度和侧面对邓小平副主席"要成千成万地派遣留学生"的讲话进行了评价。

1. 1979—1981年期间被中国政府派往联邦德国亚琛工业大学留学后获得博士学位、1993—2001年期间担任国家教委副主任（后变更为教育部副部长）、并曾主管过全国出国留学事务的韦钰院士，在评价改革开放之初中国的出国留学政策时认为：邓小平不愧为中国改革开放的总设计师，大量选派留学人员的决定是最早采取的对外开放的具体措施之

① 李滔：《"中国的留学生太棒了！"》，2009年8月14日神州学人网。
② 钱江：《首批赴美访问学者是怎样怎样成行的？——访教育部王东礼参赞》，《人民日报海外版》2009年1月9日第6版。

一，这一决策是改革开放的一个重要标志。①

2. 2001 年开始到教育部主管出国留学事务的章新胜副部长发表文章说，邓小平关于扩大派遣留学生的重要指示，着眼于党和国家工作的大局，着眼于我们民族的现实需要和长远发展，表现出一个伟大的政治家和战略家的远见卓识和宏大气魄，开启了在即将到来的改革开放和社会主义现代化建设新的历史时期中国大规模派遣留学人员的序幕，同时也翻开了中国出国留学工作的新篇章，具有划时代的重大意义。②

3. 时任教育部外事局副局长并已 88 岁的李琼老人，2008 年回顾了当时的情形：1978 年 6 月，"文革"结束不到两年，百废待兴，人们的思想还受着"左"的束缚，关于"真理标准"的讨论也刚刚展开。在这样的背景下，邓小平同志关于扩大增派出国留学人员的指示令人惊喜。这一指示是 6 月 23 日邓小平同志在听取教育部关于清华大学工作汇报时作出的，当时在场的四位老同志（方毅、蒋南翔、刘西尧、刘达）如今都已过世。当时的教育部部长蒋南翔听了小平同志的指示，回来以后很快就向我们作了传达；看得出来，蒋部长当时很兴奋，因为小平同志的决心魄力非常大，我们听了也很兴奋。当时高考刚恢复半年，全国大学里的本科生都还很少，小平同志却对留学生问题如此大刀阔斧，确实令人振奋。当时，党的十一届三中全会尚未召开，而邓小平关于扩大增派留学人员的指示已经充分体现了"开放"的思想。她印象特别深的是邓小平关于留学生管理的指示：留学生管理方法也要注意，不要那么死。留学生可以住在学校，也可以住在外国朋友的家里。当时我们在留学生管理问题上还有些害怕，担心叛逃一个不好交待。小平同志认为，不能把留学生圈起来，要放开手，让他们接触派往国的社会和群众；留学生不能光学习科技知识，还要广泛了解国外经济社会状况。留学生绝大多数是好的，个别人出一点问题也没什么了不起。这体现了一个国家领导人的博大胸襟。邓小平作出扩大增派出国留学人员的指示并非突然。"四人帮"垮台后，邓小平复出，他首先抓的是科教。他认为，我们国家要赶上世界先进水平，要从科学和教育着手。在 1978 年 3 月召开的全国科学大会上，邓小平深刻阐述了马克思主义关于科学技术在社会发展中的地位、作用的基本原理。小平同志以极大的政治勇气，正确评价了毛泽东同志和毛泽东思想，纠正了'文革'错误。扩大增派出国留学人员也体现了这一点。"文革"十年耽误了整整一代人，人们都想争分夺秒把失去的时间抢回来，小平同志的指示体现了人民群众的愿望。邓小平作出指示后，教育部不到 20 天就拿出了《关于加大选派留学生数量的报告》，对出国留学的各种问题作出了详细的规划。邓小平的远见卓识开启了中国留学史一个全新的时代，引发出中国历史上最大的一次留学潮。③

4. 从事过出国留学管理事务、退休前最高职务为国家教育部外事司巡视员的教育外事工作前辈李海绩先生，从 20 世纪 80 年代初就参与过出国留学政策的研讨和制订，并参与筹备和出席了 1980 年 10 月召开的全国出国留学管理工作会议，又先后于 1981—1985 年

---

① 温红彦：《面向世界的一步》，《人民日报》1998 年 9 月 24 日第 1 版。
② 章新胜：《30 年留学的历程与成就》，《神州学人》2008 年第 5 期第 4 页。
③ 李柯勇、万一：《部属高校校长两院院士，多是"海归"》，《新华每日电讯》2008 年 6 月 23 日第 4 版。

及 1989—1992 年共 8 年的时间，在中国驻比利时和驻法国大使馆从事出国留学人员的管理和服务工作。他认为，1978 年末小平同志讲话后，重要的是打开局面，疏通渠道，首先能把人派出去。当时经过严格选拔的一些年轻人（包括部分研究生）在中国的门户打开后来到西方，看到了一个完全不同的世界，呼吸了"自由的风"，出现一些不同的看法和声音。于是在国内就有了"得不偿失"的争论。甚至个别人有比较极端的看法。经过国内外大量的调查研究和反复讨论，最后还是把认识统一到了中央和小平同志的决策上。1980 年 10 月召开的出国留学人员管理工作会议和此后的中央决定，可以说为这次争论作出了正确的结论，会议确定了"突出重点、统筹兼顾、保证质量、力争多派"的派遣方针。会议同时强调，要提高派遣留学人员的质量，要求"四脚落地"。即："立场坚定、业务优良、外语合格、身体健康"。勿容讳言，开始阶段的派出，由于历史的原因，人才培养的针对性不是很强，带有一定的盲目性。此后的若干年，逐步调整派遣类别，增加进修生的选派数量，减少本科生和研究生的数量。再后，则基本不派本科生。其中最主要的考虑因素是回归率的问题。相对而言，进修生回归率最高，研究生次之，最初派出的本科生，在相当长的一段时间内，绝大多数学成后没有回来。但是，看问题需要全方位多角度考虑，实际的情况是，进修生当中，虽然不乏佼佼者（其中有的适当延长时间，获得硕士或博士学位），但也有许多人（甚至在有的国家在一段时间内是多数人）出国前业务准备不足，外语困难，进修课题不理想甚至难以选定课题，找不到合适的导师等，于是，艰难地熬到期满（当时一般为半年—1 年），就回国了。这样的留学实在是很大的浪费，回归率再高，也没有多大意义。可以说，这个问题困扰我们多年，虽也采取了一些补救措施，但效果并不理想。[①]

5. 1986 年—1995 年期间，先后出任中国驻法国使馆教育处一等秘书、国家教委留学生司政策研究处处长、中国常驻联合国教科文组织（法国巴黎）代表团参赞的陈可森，在其执笔编写的专著中，有下面一段评价：为了加速人才的培养，学习、借鉴和吸取国外先进的科学技术、适用的管理经验以及其他有益的文化以适应改革开放和国家四个现代化建设的需要，邓小平审时度势，高屋建瓴，以无产阶级政治家的战略眼光和气魄，对派遣出国留学生问题作了一系列重要指示，并决定在 10 年"文化大革命"后，百废待兴，经济十分困难的情况下，拨出大笔外汇，向发达国家派遣大批留学人员。从此，开辟了中国出国留学工作的广阔前景。据此，有关部门研究和制订了新时期出国留学工作的一系列方针、政策、办法和规定，并在实践中不断调整、完善和发展。[②]

6. 1978 年—2002 年期间，先后出任中国驻美国休斯顿总领馆一等秘书、国家教委留学生司政策研究处处长、《神州学人》杂志总编辑、中国驻澳大利亚使馆教育参赞的李振平，曾专门撰写过一篇反映改革开放初期邓小平酝酿出国留学庞大计划的文章：在刚刚粉碎"四人帮"制造的精神枷锁，诸多工作处于拨乱反正的情况下，邓小平关于

---

① 李海绩：《从"三个一流"看国家公派留学的改革与发展》，《神州学人》2006 年第 1 期第 12—14 页。
② 国家教委外事司编著、陈可森执笔：《教育外事工作历史沿革及现行政策》第 37 页，北京师范大学出版社 1998 年 1 月第 1 版。

"任何一个民族、一个国家，都要学习别的民族、别的国家的长处，学人家的先进科学技术。我们不仅因为今天科学技术落后，需要努力向外国学习，即使我们的科学技术赶上了世界先进水平，也还要学习人家的长处"的讲话，表现了他着眼世界、着眼未来、着眼中国四化建设人才需要的远见卓识。1978 年 6 月 23 日，邓小平作了一个著名的大量派遣留学生的讲话（大意）：你们不要怕派出去，回不来。派出去一千个人，跑一百个人，还有九百个人嘛，不过才跑十分之一嘛，怕什么呢，不要怕。你们要大胆地派，不是派三个、五个，而是要成千上万地派。要学人家的所长，不要怕。在这方面多花一点钱，是完全必要的，是完全值得的。邓小平还明确定出了当年就要向国外选派 3 千名留学人员的具体目标。为迅速落实邓小平的指示，国家计委、财政部和教育部等部门当年就委派著名科学家周培源等率团赴美国进行考察，与美国政府当局、教育单位和科研机构具体磋商，签订协议。许多著名外籍华人华裔教授和外国科学家也纷纷出主意、想办法，利用自己的声望和地位帮助打开渠道，动员一些大学和科研单位接受中国留学人员前去深造。[1]

三、中国政府制定扩大派遣留学人员政策

根据邓小平副主席的意见和中共中央的指示要求，中国教育部修改了原定的派遣原则，并迅速确定了新的出国留学的选派方针、派出规模、选拔办法和遴选条件以及选派国别、专业分配、管理办法等政策原则。总的政策原则大致有以下三点：1. "突出重点，统筹兼顾，保证质量，力争多派"；2. 派出人员以进修生和研究生为主；3. 着重于开拓派出渠道，各个单位亦可派出留学人员。

（一）教育部提交《关于加大选派留学生数量的报告》，申请落实"扩大派遣"意见

为落实邓小平 1978 年 6 月 23 日提出要成千成万地派遣留学生的意见，教育部在 18 天后于 1978 年 7 月 11 日，即向中共中央和国务院呈报了《关于加大选派留学生数量的报告》，制订了与"扩大派遣"意见相一致的一系列政策原则。

上述报告提出，每年拟按大学生、进修生和研究生三种类型派出留学生，每年选拔 5000—6000 人，实际派出 3000 人。其中大学生占 60—70%，进修生占 15—20%，研究生占 15—20%。今后拟逐步提高进修生和研究生的比例。大学生（本科留学生）拟从应届高中毕业生、在校生及大学一年级在校生中选拔；进修生由各部门按规定的条件，从在职干部、教师和科技人员中选拔；（留学）研究生从当年已录取的研究生中选拔。年龄上的政策要求为，大学生一般在 18 岁以内，最大不超过 20 岁；研究生一般在 30 岁左右，最大不超过 35 岁；进修生年龄可以大一些，但不要限制太死。留学派往国家要根据"实现新时期总任务"的需要和有关国家可能接受留学生的情况，有

---

① 李振平：《人才工程与邓小平的决策》，《神州学人》1997 年第 4 期。

重点、有目的、有选择地派出。当时有英国、法国、联邦德国、日本、意大利、加拿大、美国等20个国家可以考虑选择。派出渠道，拟采取官方、民间（包括友好人士和院校之间直接联系）等多种形式。所学专业主要是学习自然科学，同时派出一些语言留学生，并适当安排一些学习科技管理、经济管理和社会科学（主要是历史、教育学、心理学）的留学人员，以适应国家经济、科学技术的发展和高等学校新建专业及长远规划的需要。在自然科学的各学科中，选择所学专业时应本着"保证重点、兼顾一般"的原则。派出学习自然科学的留学人员占派出3000人总数的85%，其中理科占30%，工科占35%，农科占10%，医科占10%；派出学社会科学的留学人员占15%，其中语言类留学人员占7%，科技及经济组织管理类留学人员占4%，其他占4%。另外，该《报告》还就留学生出国前和出国后定期回国学习的安排以及留学生管理机构等有关问题提出了意见。①

（二）一学者致信邓小平副主席，对"从高中生中大批选拔并派遣为本科留学生政策"提出异议

1978年7月31日，中国科学院物理研究所康寿万教授致函邓小平，对大批派遣大学生出国学习提出异议，认为中国还是个穷国，合理使用宝贵的外汇是很必要的。在美国培养一个大学生所花的钱，在国内可以培养20个大学生。如果美国大学生毕业水平确比国内的高，多花点钱当然也值得，但事实并非如此。为此，教育部蒋南翔部长于8月12日给邓小平副主席、方毅副总理提交了报告；教育部也于8月18日提交《关于派遣出国留学生工作作的几点请示》，认为派遣大学生出国学习仍应适当选派，但规定的70%的比重太高了，原则上应该降下来。鉴于当时高校还在整顿和恢复的过程中，学科还很不全，招生量也有限，如果能在最近3—5年内利用外国的大学为中国多培养一批大学毕业生，尽快加强新兴学科等薄弱环节，有利于争取时间，较迅速地充实和壮大中国科技和教师的队伍，扭转目前青黄不接的局面。为了搞好派遣大学生工作，上述《请示》还提出了"派出少量大学生进行试点；聘请外籍教师在国内对出国预备生进行集中语言培训；出国预备生在集训期间切实有效地进行政治思想教育以及加强驻外使馆对留学生工作的领导"等意见。

（三）教育部印发《关于增选出国留学生的通知》，修订公派留学类型的选派比例

根据上述报告内容和学者的意见，1978年8月4日教育部印发了《关于增选出国留学生的通知》。②《通知》要求根据中央的指示，确定要将1978年出国留学生的派遣名额增至3000人；即在原已确定的选拔500名出国留学人员计划的基础上，再另外增

---

① 国家教委外事司编著、陈可森执笔：《教育外事工作历史沿革及现行政策》第37—38页，北京师范大学出版社1998年1月第1版。

② 国家教委留学生司编：《出国留学工作文件汇编（1978—1991）》第1—4页，群众出版社1992年6月第1版。

加2500人。教育部在《关于增选出国留学生的通知》中提出了"要选拔大学生、研究生和进修生出国留学，并应以学习理、工、农、医为主"的派遣政策和原则。该通知还明确规定，出国留学大学生（即本科留学生）主要从当年高考录取的考生及高校在校一年级学生中选拔；出国研究生主要从当年录取的研究生中选拔，年龄不超过35岁；出国进修人员从高校在职教师、科研机构在职研究人员、科技管理干部以及企事业单位的科技人员中选拔，年龄为40左右。

就当时的时代背景来说，上述派出计划是空前的：一是新中国建立初期开始向苏联大量派遣出国留学生时，最多时每年约派出2000多人，其他年度派出的数量一般仅在1000人左右；而"改革开放"初期确定了每年派遣3000人的计划，并安排连续派遣5年。二是建国初期15年内派往苏联和东欧等国家的出国留学人员总数约有1.6万人；而新的派遣计划要实现在5年内达到1.5万人的目标。因此可以说，是中国实行的"改革开放"政策带动了出国留学事务的快速发展，使中国的出国留学活动以及出国留学政策进入了一个新的快速发展时期。

从出国留学政策诸多内容重要程度的排序来看，当"派与不派"、"多派还是少派"、"派向哪里"的基本政策确定之后，派遣什么样的人员出国留学，即包括出国留学人员的类别以及如何确定留学人员选学专业等就成为首要的政策选项了。而派遣哪类人员出国留学，又主要是考虑国内的实际需要以及充分借鉴中国过去派遣出国留学生的经验来决定。

教育部在上述《关于增选出国留学生的通知》中确定的留学人员类别，其政策酝酿的大致背景如下：

1. 关于派遣本科生政策

1978年是"文化大革命"结束的第二年。"文化大革命"期间，高等学校先是被关闭，后随恢复招生，却因招生未经严格考试，学生质量难以保证；并且因"文化大革命"期间学校没有恢复正常的工作秩序，致使教学质量难以保证。1977年恢复通过统一考试录取高校大学生后，到1978时高校教学质量还不可能有较大改观。因此，当1978年确定大量选派出国留学人员的时候，中国高等本科教育尚未完全得到恢复。在此情况下，提出了选派一批留学人员到国外接受本科教育的政策，就是情理之中的事情了。

本章第三节第八段的小标题为"公派与自费出国留学的统计数据"，其中录制了李滔先生主编的《中华留学教育史录——1949年以后》[①]一书中提供的"1978年—1982年国家公派出国留学人员派出人数统计"。从中可以明显看出6年中"调整派出比例政策"的结果：1. 派遣研究生的比例在不断增加，6年内增加了20多倍；2. 派遣访问学者（进修人员）的比例基本稳定在3/4左右；3. 派遣本科生只有1978年时曾经达到过1/4，以后几年均在10%左右。不过也有人认为，"1978年末小平同志讲话后，最初几年派出的留学人员中，本科生占了相当大的比例。"[②]不知上述判断的根据是什么。

① 李滔主编：《中华留学教育史录——1949年以后》第690—691页，高等教育出版社2000年版。
② 《从"三个一流"看国家公派留学的改革与发展》，《神州学人》2006年第1期第12—14页。

1978 年—1982 年国家公派出国留学人员派出人数统计表

年度	合计	研究生		访问学者（进修人员）		本科生	
1978	314	5	1.59%	229	72.93%	80	25.48%
1979	1277	113	8.85%	987	77.29%	177	13.86%
1980	1862	202	10.85%	1503	80.72%	157	8.43%
1981	2925	252	8.62%	2459	84.07%	214	7.32%
1982	2801	924	32.99%	1665	59.44%	212	7.57%
合计	9179	1496	16.29%	6843	74.55%	840	9.15%

2. 关于派遣研究生政策

20 世纪 50 年代后期，中国向苏联大量派遣出国留学人员的政策重点已经转到派遣研究生，而 60 年代以来，中国向国外派遣研究生的机会已经越来越少了。鉴于 1978 年时中国国内的研究生教育规模仍然很小，为了国家科学技术力量的发展，同时也为了提高国内高等学校培养高级人才的能力，因而尤其需要实施派遣研究生出国留学的政策。

3. 关于派遣进修生政策

派遣进修人员出国学习，是新中国建立以后派遣出国留学人员的重要形式之一，而且选拔、管理、回国的综合效果一直都比较好。因为"文化大革命"的原因，中国教育和科技领域与国外的教育和科技界之间的接触基本停止。随着"文革"的结束，根据中、青年教育与科技骨干的特点，派他们出国进行短期学习和研究类的进修，能够较快地学习到国外教育和科技领域中的新东西，并能够较快回国为国内教育和科技的发展服务。也有研究者认为，当时多派中年进修人员的原因，是因为国内缺少合格的留学生候选人。①

4. 确定选派比例的决策过程

据有关文献记载，在派遣上述 3 类人员出国留学的政策问题上，当时国内的意见基本上是一致的，没有分歧。但对本科留学生应占多大比例为宜，尚有两种不同的意见。一种意见认为，本科留学生应该是出国留学人员的主要部分，并建议三类留学人员的比例拟定为：本科生为 60%—70%，进修生为 15%—20%，研究生为 15%—20%。实际上按照邓小平副主席的最初设想，向西方资本主义国家派遣留学生是应以大学生、即本科留学生为主的。另一种意见则表示，不反对派遣本科留学生，但其 60%—70% 的比例明显偏高。因为 1949 年以后实行向苏联大量派遣出国留学人员政策时，最初阶段也是以派遣本科留学生为主。随着国内高等教育的发展和国内需求的变化，派遣赴苏的留学人员才改变为以派遣研究生和进修人员为主，并认为这是中国留学活动和留学政策形成过程的主要经验之一。另外，前面提到的一些美籍华裔学者也不赞成、甚至是"普遍反对"向美国派遣本科留学生。他们认为，国内本科教育总体质量不差，当时中国高校存在的质量问题只是由于

---

① ［美］陆丹尼：《20 世纪 80 年代中国留学政策的演变》，李喜所主编《留学生与中外文化》第 402 页，南开大学出版社 2005 年 8 月版。

"文化大革命"造成的暂时现象，将会很快恢复。其中以旅美学者、普林斯顿大学 32 岁的陈骝副教授的反对意见最具代表性。他认为，一是美国大学生的水平并不比中国的好，没必要；二是大量花费紧缺外汇，不合算；三是美国大学生的生活很奢华，留学生容易沾染上不良习气，很危险。为了解决上述两种不同意见的争论，教育部负责人蒋南翔就此事向邓小平副主席和方毅副总理提交报告，并提出了把派遣出国留学人员中的大学生比例从60%—70% 的水平上降下来的意见。这个意见得到邓小平副主席和方毅副总理的同意。从1978 年开始，中国选拔了一些高中毕业生或在校大学一年级学生，经过外语培训后，派遣到英国、法国、德国、比利时等国家的高等学校以及日本的高等学校攻读本科理工科专业。由于上述一些美籍华裔学者的反对，"改革开放"初期没有向美国派遣攻读理工科专业的本科留学生。①

有专门研究 20 世纪 80 年代中国留学政策的学者认为，1978—1980 年期间，中国的决策人还没有来得及制定长远和系统的留学政策，因此属于改革开放初期中国出国留学活动与出国留学政策的一个"实验阶段"，并呈现以下一些主要特点：一是以绝对量的公派留学人员为主，依靠海外亲属提供经费自费出国留学者极少；二是大部分留学人员年龄都在45 岁以上，是有一定成就或建树的学者，且多来自中科院、社科院和内地重点大学，派出的目的主要是更新知识而不是读取学位；三是也有 300 名从"77 级"在校一年级大学生中选拔出来出国读取学位的情况，但主要集中在农林、水产、石油、地质、煤炭、矿冶等专业领域。②

（四）三部委召开驻外使馆文化参赞会议，研究落实扩大派遣出国留学政策

1978 年 8 月 21 日至 9 月 7 日，教育部、外交部和国家科委联合召开了"部分驻外使馆文化参赞会议"，研究如何落实和实施扩大派遣出国留学人员政策的相关细节问题；并于会后向国务院上报了《驻外使馆文化参赞会议讨论派遣出国留学生工作的情况报告》。③据当时作为会议工作人员的李振平参赞回忆，会议的地点设在北京宣武区白纸坊的原国家水利电力部招待所内。会议反映出，世界舆论广泛关注和评论中国大批派出留学生政策，认为"迄今在共产主义世界中尚无先例"，"使在北京的外交官感到震惊"，"令人信服地表明（中国的）政治自信心"等等。与会者认为，"派出人员的质量要有保证，不能滥竽充数。要把好外语关，若具备外语条件，业务素质好的，应力争多派。""具体派出时，步子要稳，成熟一批，派出一批。"会议认为，派往每个国家的名额，应根据国家培养人才

---

① 于富增、江波、朱小玉：《教育国际交流与合作史》第 130—131 页，海南出版社 2001 年 8 月第 1 版；李滔主编：《中华留学教育史录——1949 年以后》第 369 页，高等教育出版社 2000 年 1 月版；郭呈才：《改革开放后首批留学生的派遣及其影响》，李喜所主编：《留学生与中外文化》第 365 页，南开大学出版社 2005 年 8 月版。

② 国家教委留学生司编：《出国留学工作文件汇编（1978—1991）》第 9 页，群众出版社 1992 年 6 月第 1 版；[美] 陆丹尼：《20 世纪 80 年代中国留学政策的演变》，李喜所主编《留学生与中外文化》第 402 页，南开大学出版社2005 年 8 月版。

③ 李滔主编：《中华留学教育史录——1949 年以后》第 374—377 页，高等教育出版社 2000 年 1 月版。

的需要，便于博采各国之长，又考虑国家对外关系及对方国家能够接受多少等原则来确定。据此，会议确定了 1978—1979 学年的 3 千名派出名额分配方案大体如下：美国 700名，英国 l50—200 名，联邦德国、法国、日本各 400 名，加拿大 200 名，南斯拉夫、罗马尼亚、瑞典各 100 名，意大利、瑞士、澳大利亚各 80 名，荷兰 60 名，丹麦、奥地利各 50名，比利时、挪威、芬兰各 40 名，新西兰、墨西哥各 30 名。

另外，这次会议还就需要解决的若干政策问题进行了讨论并明确了政策界限。如对于自费留学问题应予提倡，对勤工俭学问题要进行试点并摸索经验，对申请国外援外奖学金问题应予许可，等等。

（五）邓小平副总理访问美国，接见首批赴美中国留学人员

1979 年 1 月，中国与美国建立了正式外交关系。其后不久，作为建交后第一位中国高级领导人，邓小平副总理出访美国，并与美国总统吉米·卡特签署了中美关于《科学和技术合作协定》。此前由双方民间机构达成的中美关于互相派遣留学人员的"口头谅解"，成为上述新文件的一个部分。中美关于《科学和技术合作协定》确立了两国间进行教育交流的 2 条重要政策原则，即"双方的教育交流活动要在各自的和共同的利益基础上进行，派遣留学人员要遵循各自国家的法律和规定"。其间，邓小平副总理在中国驻美国大使馆接见了约 1 个月前先期到达的中国留学人员，并同大家分批合影。有文章记载，当时留学人员们都很高兴，因为他们知道，正是邓小平副总理的决策，才使他们来到了美国。①

（六）华国锋总理访问日本并会见中国留学生代表

1980 年 5 月 29 日，中共中央委员会主席、国务院总理华国锋访问日本期间，在东京会见了 50 多名中国留学生代表。他告诉大家："我们说独立自主、自力更生，但不能闭关锁国，必须学习外国的好经验，包括科技的先进经验，经营的先进经验，都要学。将来我国也要派出经营管理方面的留学生，我们的经营管理也很落后。"钱宁先生考证后认为，作为担任过中国共产党和中国政府重要领导职务的华国锋，这很可能是他第一次以党和国家领导人的身份对留学政策发表公开评论。②

（七）中共中央书记处会议确定，出国留学选拔政策应以派遣研究生为主

1978 年以后，中国高校的本科教育得到比较快地恢复和发展。到 1980 年时，不但国内高等院校在校生总数已达 114 万多人，超过新中国建立以来任何一年的数量，而且高等教育的总体质量也有明显提高。国内高等本科教育的良好状况，以及提供对这一时期派遣到国外的本科留学生的情况与国内在校本科学生情况之间的比较，使得"是否派遣本科留

---

① ［美］陆丹尼：《20 世纪 80 年代中国留学政策的演变》，李喜所主编《留学生与中外文化》第 401 页，南开大学出版社 2005 年 8 月版；王焕现：《从小溪到洪流》，《神州学人》1998 年第 6 期第 4 页。

② 《人民日报》1980 年 5 月 30 日，钱宁：《留学美国》第 97 页，浙江文艺出版社 2003 年 1 月版；新华社电：《华国锋同志逝世》，《人民日报》2008 年 8 月 21 日第 1 版。

学生"的政策问题再次提了出来。多数人认为，派遣高中毕业生或在校大学一年级学生到国外读本科，与在国内读大学综合比较而言，不但花费时间要多，费用比国内要高，而且国外本科生的教育质量也并不一定比国内的同类本科教育质量高。这个问题引起中国国家领导的关注。1980 年 11 月，中共中央书记处第 61 次会议研究决定，向外国派遣留学生的政策，应该多派研究生，少派或不派到国外接受本科教育的留学生。此后，中国派遣本科留学生的基本政策被确定为：除从国内高等院校高年级学生中选拔少数人出国留学接受本科教育，以培养高等院校外语师资和高级翻译人员外，其他专业一般不再选派接受本科教育的大学生。[①]

（八）第五届全国人大第五次会议批准第六个"五年计划"，确认扩大派遣留学人员的计划与目标

在 1982 年 12 月第五届全国人民代表大会第五次会议批准的《中华人民共和国国民经济和社会发展第六个五年计划（1981—1985 年）》中，也确认了"要在第六个五年计划期间争取达到派出 1.5 万名出国留学人员，留学回国人员要达到 1.1 万人"的目标。对出国留学生选学专业重点规定为："出国学习的专业，要以自然科学和工程技术为主，并把重点放在我国目前比较薄弱或者需要开拓的学科和领域上。同时，也要派出一定数量的人员考察和研究外国的政治、经济、法律、教育和语言等。"从 1978 年开始的头三年时间里，中国实际派出公费留学人员约 6800 多人，仅完成原定派出计划的 75.6%。[②]

四、寻求派遣出国留学人员的多种渠道与方式

1970 年以后，中国与更多国家相继建立正式外交关系。截至 1978 年，中国已与多数发达资本主义国家建立了官方的留学生交流关系，如当年在华外国留学生的国别已经达到 72 个国家。同期，发达资本主义国家接受外国留学生数量已经具有较大规模，如 1978 年在美国高等学校就读的外国留学生已约有 25 万多人，且绝大多数是本科留学生和研究生。由于中国政府扩大派遣留学人员的计划着重于安排出国进修人员，因而需要另外开辟相应的渠道与途径。

（一）中国教育代表团访问美国，谈判互派留学人员事宜

1978 年，在中国与美国尚未建立正式外交关系情形下，美国政府从其自身利益出发，采取了支持对华开展教育交流的姿态。如由美国政府拨款支持的"富布莱特计划"在华项目，就是中美两国建交前美国政府积极参与中美教育交流的实例。1978 年 7 月，方毅副总理在北京会见美国科技代表团时，向美方提出中方希望派代表团赴美谈判互换留学生事宜。其后，中国教育代表团于当年 10 月初赴美访问，成为《中美联合上海公报》发表后中国派出的第一个谈判代表团。通过谈判和反复争取，中美双方最后达成了

---

① ②　于富增、江波、朱小玉：《教育国际交流与合作史》第 131 页，海南出版社 2001 年 8 月第 1 版。

一项共有 11 条内容的非官方"口头谅解"。也有文献记载，是将这份"口头谅解"定名为《中美关于交换学生学者的协议》。这个文件的主要内容有：双方同意本着《中美上海公报》的精神发展两国间的教育交流项目；双方交流人员应包括大学生、研究生和访问学者；双方都应尽最大努力满足对方在学习和研究方面的要求并各自支付其派遣留学人员的费用；中方希望在 1978—1979 学年派出总数为 500 名至 700 名的学生和学者，双方同意尽力完成这一计划；双方鼓励两国的大学、研究机构和学者之间进行直接接触。①

2008 年已经 68 岁的中国驻加拿大渥太华总领事馆原教育参赞郭仪清女士，是上述代表团和谈判活动的参加者。她曾对当年的访问和谈判有一段回忆：中央政府制订扩大派遣留学生的决策后，随即派出了一个访美代表团，主要目的是落实 1978 至 1979 学年中美互派留学生的方案，争取把中方留学生进入的学校、专业、人数基本定下来，对有关派遣的政策性或具体问题达成协议。由于当时中美关系还处在互派联络处的未建交阶段，因此中国教育代表团便以民间面貌出现。团长是周培源，以中国科协代主席、北京大学校长名义；顾问由当时教育部副部长李琦担任，以中国教育协会副会长名义。代表团于 1978 年 10 月 11 日抵达华盛顿，从 12 日起正式谈判。美方以国家科学基金会主任理查德·阿特金森为首，成员由国际交流署署长和白宫、国务院、国家科学基金会等有关人员组成。美国总统科技顾问、科技政策办公室主任普雷斯参加了首次会谈并致欢迎词。对于中国留学生学习的科目，美国方面也很保守。中国想学的是理工科，而美国提出了很多限制，特别是一些高精尖的学科不想对中国开放，只希望中国留学人员去学语言。这当然与邓小平同志提出的快速提高中国科技水平的要求不符。在这个问题上双方来来回回谈了很多次。

上述代表团和谈判的另一位参加者、外交部档案馆前馆长廉正保也有一段自己的回忆：当时正是党的十一届三中全会召开前夕，中央已经开始向改革开放方向突破了，所以这个代表团是抱着一片诚心去美国商谈的。但那时中美建交谈判正在进行过程中，美国对中国的态度没有底数，还有各种疑虑，在这次关于派遣留学生的谈判中不断地对我们进行摸底、试探。谈判之初，双方意见差距较大。一个问题是派遣留学生的人数。中方提出，1978 年至 1979 年派遣 500 人。美国人觉得太多了，他们说，美国首次向中国派留学生只能派几十人。中国代表团把中国的人口、经济社会形势等的国情向美方作了耐心解释。当时中美还没有建交，在两国没有外交关系的情况下，各种具体问题怎样处理，情况错综复杂。美国方面的一大担心是，中国留学生会不会遵守美国的法律法规？出了问题怎么处置？从这种疑虑可以看出，当时西方社会对中国的误解还很深。中国教育代表团在美国逗留了 13 天，受到国际社会广泛关注。诺贝尔物理学奖得主、著名华裔科学家杨振宁、李政道全程陪同。由于谈判一波三折，后来代表团分成两组，一组到美国各知名大学参观，

---

① 《中国代表团访美总结报告》和《（中美）口头谅解我方记录稿》，李滔主编《中华留学教育史录——1949 年以后》第 410—416 页，高等教育出版社 2000 年 1 月版；［美］陆丹尼：《20 世纪 80 年代中国留学政策的演变》，李喜所主编《留学生与中外文化》第 400 页，南开大学出版社 2005 年 8 月版。

另一组留在华盛顿继续谈。[①]

（二）首批留学人员赴美进修

根据上述中美双方达成的非官方"口头谅解"，1978 年 12 月 26 日，自 1941 年以来的中国第一批由科技、教育工作者为主的 52 名访问学者赴美留学、进修，从此揭开了新中国实行向美国派遣和输送留学人员政策的序幕。在上述 52 名首批赴美进修人员中，女性学者约占 1/10；年龄最小的 32 岁，最大已 49 岁，平均年龄为 41 岁；大多具有中级以上职称，且大都是国内重点理工科大学或科研机构的骨干教师或技术人员；按国内计划和双方协议需要在美国高校或科研机构进修 2 年。[②] 据有关文献透露，这 52 名首批赴美进修人员是由中国教育部从参加英语统考的 10485 名人员中精选出来的。从选派政策上看具有以下 4 个主要特征：1. 年龄较大，全部为进修生；2. 整体素质高，业务能力强；3. 学科集中，全部为理工农医类，瞄准新兴学科领域；4. 英语水平中等，口语能力偏低。[③]

作为上述 52 名首批赴美留学人员之一的柳百成教授，2008 年向新华社记者回忆并叙述了当时"被选拔公派赴美留学"的情形：1978 年，清华大学机械系讲师柳百成已经 45 岁了，他无论如何都没有想到自己会成为"文革"后首批赴美的 52 名访问学者之一。如今已是中科院院士的柳百成以"绝大的惊喜"来形容当年的心情。他的父亲解放前是上海的民族资本家，他的岳父是一位早年留学法国的老知识分子，但在"文革"中被打成反革命，受迫害自杀。这样的家庭背景曾让柳百成吃尽了苦头。他几次进入赴苏联等国公派留学的名单，但最后都被"刷"了下来。知识分子在"文革"中被骂作"臭老九"，但柳百成一直偷偷坚持阅读书籍和期刊，他坚信"知识就是力量"。1978 年 11 月，清华大学机械系得到一个赴美留学名额，柳百成连闯"系主任口试、学校考试、教育部统考"三关，最终被批准赴美。他当时的感慨是"养兵千日，用兵一时"；选拔的第一标准是外语水平，而不再是政治条件，相对于'文革'时期，这是一个很大的变化。柳百成甚至成为赴美访问学者团的总领队，这让他感觉到，一个任人唯贤的时代真的到来了。1978 年 12 月 26 日上午，当时的国务院副总理方毅在北京接见了赴美访问学者团全体成员。当晚，周培源校长和美国驻华联络处主任亲自到首都机场为他们送行，如此高的规格，让大家感到此行意义非同寻常。当时中美尚未直接通航，访问学者团由巴黎转机赴美。在巴黎机场，中国驻法国大使告诉柳百成，我们得到消息，在纽约机场有外国记者要采访你们。你们是否接受采访？柳百成和其他人商议之后决定接受采访。他们在飞机上起草了一份声明，柳百成清楚记得声明中的内容："中国人民是伟大的人民，美国人民也是伟大的人民，我们不仅是为学习美国的科学技术而来，也是为中美两国人民的友谊而来。"他们在纽约机场灯火辉

---

① 李柯勇、万一：《部属高校校长两院院士，多是"海归"》，《新华每日电讯》2008 年 6 月 23 日第 4 版。

② 《人民日报》1978 年 12 月 27 日相关报道。

③ 郭呈才：《改革开放后首批留学生的派遣及其影响》，李喜所主编：《留学生与中外文化》第 363—375 页，南开大学出版社 2005 年 8 月版。

煌的接待大厅里对几十名西方记者宣读了这份声明。柳百成在美国威斯康星大学和麻省理工学院学习了两年，他最深的感受是，美国科学技术突飞猛进令人惊叹：当时我还没见过计算机，而在美国房东家里，三年级的小学生都有了一台苹果电脑。柳百成教授认为，留学经历对他的学术成长起到了关键作用。他运用美国的先进仪器，首次进入了材料科学的微观世界。他和美国大学本科生一起选修电脑课，回国后开辟了一个崭新的研究领域——计算机模拟仿真研究，用高新技术带动和改造铸造这一传统产业，取得了丰硕成果。①

关于上述新中国首批赴美留学人员的具体人数，钱宁在《留学美国》一书中曾提出过一个疑问，即据当时中国官方《人民日报》上述报道的正式消息，第一批赴美的中国留学人员应该是 50 人，并在书内提供了一份包括 50 名学者名单、原国内工作单位以及在美国各地进修的学校或科研机构的清单；但据《纽约时报》1978 年 12 月 27 日的报道，却是有 52 人。② 其实在国内的大多数非研究性论文类的文章中，也普遍是使用"52 人"这一说法的。"50 人"的说法与上面提到的郭呈才研究论文的表述以及出处是一致的。最令人费解并莫名其妙的是，有的文章或书籍竟然毫无根据地提出了一个"57人"的说法，这显然是一个没有经过认真核实的数据。③

当年曾经在教育部参加过这批留学生选拔和集训工作的王东礼参赞回忆说：选拔工作正好与进行中的中美关系正常化谈判重叠，实际上已成为谈判的一个内容，所以决定首先派出赴美留学人员，结果从参加英语水平考试的众多考生中选拔出 50 人。虽然已经是优中选优了，但仍然觉得这 50 人的英语还需要进行为期两个月的英语强化培训，才能应对即将赴美学习的需要。1978 年 12 月 15 日，中美两国领导人同时宣布，两国将在 1979 年 1月 1 日正式建交。正在北京语言学院强化英语的这 50 名"留学先遣队"一片欢呼。根据谈判协议，这批留学人员提前出发，在元旦之前抵达美国。12 月 26 日傍晚，50 名选拔学者和 2 名由北京大学派送的学者前往首都机场，登上飞机，经巴黎转赴美国留学，因而成为中美两国实现关系正常化的重要标志。④

在 2008 年末的另一次记者采访中，清华大学的柳百成教授再次回忆了当年选拔、派出和留学期间的一些细节。1949 年以后由于中美长期的敌对状态，两国学生学者已经相互隔绝了近 30 年。以至于美国汉学家费正清教授曾感慨道，"从 1950 年到 1971年，华盛顿送上月球的人比派往中国的人还多，虽然后者离我们更近，旅途也更为安全、省钱。"现年 74 岁的清华大学机械工程系教授柳百成当年被教育部指派为 52 人的领队，他对《中国新闻周刊》记者回忆说，他至今还记得第二轮笔试是"在清华大学主楼的后厅，一二百人把屋里挤得满满的"。幸运的是，最后柳百成与其他 8 名清华大学的教师一起通过了考试，成为首批赴美留学的访问学者。出国前，这批学者在北京语言学院接受了 10 多天的培训。清华大学化工系教师曹小平回忆了当时培训的内容，主

① 李柯勇、万一：《30 年前，"成分不好"的他迎来"绝大的惊喜"》，《新华每日电讯》2008 年 6 月 23 日。
② 钱宁：《留学美国》第 167—171 页，浙江文艺出版社 2003 年 1 月版。
③ 《中国高教研究》1992 年第 5 期第 61 页。
④ 钱江：《首批赴美访问学者是怎样怎样成行的？——访教育部王东礼参赞》，《人民日报海外版》2009 年 1 月 9日第 6 版。

要是一些跟出国有关的注意事项，但很多在今天看来都"有些不可思议"。让他印象比较深的是，"外交部的工作人员告诉我们，国外报纸很多，但不能用它擦屁股，会堵塞马桶。因此，我们在国内买了很多手纸带过去"。1978 年底第一批中国大陆留学生的到来，在美国引起了不小的轰动。"我们到美国后，立刻就成了新闻人物。走到哪儿，都有记者跟着，他们对中国人的吃穿住行样样感兴趣。"除了大批的记者外，柳百成教授记得还有很多华人华侨自发地来机场欢迎他们，"场面很热烈"。其中一位留学生的亲哥哥，以前一直没有能够联系到，这次也赶来迎接，兄弟俩见面后，激动得热泪盈眶。在那一刻，柳百成真切地感受到，中断多年的两国人民之间的联系又开始恢复了。到华盛顿后，留学生被安排暂时住在中国驻美联络处。联络处的工作人员怕他们语言不过关，联系了两所大学，让他们再学 3 个月的英语。柳百成说，"我在乔治敦大学。每天早上去，晚上回联络处，中午就在学校随便吃一点。"柳百成回忆，建交前美国正流行"中国热"，整个气氛都是中美友好，乔治敦大学的校长亲自主持招待会欢迎中国留学生的到来。"学校的师生对我们也很友好。有一次，一位教师主动跟我们说，他能买到很抢手的 NBA 门票，4 美元一张，需要的请举手。虽然我们很想去，但没有一个人举手，因为没钱。"柳百成说。几天后，柳百成和大使馆的一位领导不经意说起这事。那位领导立刻说，"这怎么行，不能让美国人觉得中国人对什么都不感兴趣，以后再有这种情况，你们就去，回来我给报销。"在那个年代，首批赴美学者的生活费用全部实报实销，但国家外汇紧张，资金非常有限。"每天中午就买几块最便宜的鸡块，一到两美元。"柳百成说，"后来，一个美国记者还问我，他发现我们很喜欢吃鸡肉，这是为什么？弄得我哭笑不得。"当时出于安全考虑，驻美联络处的工作人员非公不能外出，出去也必须两人以上，一个人不准单独行动。不过，对留学生却没有这样的限制，因此，他们有了更多的机会接触美国社会。柳百成回忆说，"不少在联络处待了多年的工作人员，都不知道超市什么样，还要向我们打听外面的情况。"事实上，中国留学生提前赴美，正是为 1979 年年初的邓小平副总理访美营造气氛。曹小平老师回忆说，他们原定的出发时间是 1979 年 6 月，后来为配合邓小平副总理访美一再提前，最后改到 1978 年 12 月 26 日。几天后的 1979 年 1 月 1 日，这批中国留学生还在华盛顿见证了中美正式建交、中国驻美大使馆挂牌的历史性时刻。1 月 28 日，时任国务院副总理邓小平率团访美。作为先期赴美的中国留学生，柳百成等人也应邀参加了邓小平在华盛顿的多场活动，其中包括美国总统卡特在白宫南草坪举行的盛大的欢迎典礼和在肯尼迪中心上演的文艺晚会。邓小平是当天下午乘专机抵达华盛顿安德鲁斯空军基地的。第二天上午，卡特总统在白宫南草坪，举行典礼欢迎邓小平。柳百成说，他们 52 人被分成两批，一批去安德鲁斯空军基地迎接，一批去白宫参加欢迎典礼，"我很幸运，去了白宫"。据他回忆，欢迎仪式上，邓小平夫妇先在卡特夫妇的陪同下，登上铺有红地毯的讲台。随后乐队奏两国国歌，礼炮齐鸣。接着，两国领导人又检阅了仪仗队。"整个欢迎仪式非常隆重。"欢迎仪式结束后，卡特与邓小平步入白宫椭圆形办公室进行会谈。接着，卡特夫人举行招待会招待卓琳女士，留学生们也参加了招待会，并受到了接见。柳百成说，"卓琳女士代表小平讲了话，勉励我们努力学习，学成回国，报效祖国。"当天晚上，卡特夫妇举行盛大国宴欢迎邓小平夫妇。宴会结束后，邓小平与卡特又一同出席了在肯尼迪中心举办的文艺晚会。柳百成等 5 位留学生也受邀观看了演出。结束在华盛顿的访问后，邓小平在离开华盛顿前出席了中国驻美国大使馆为庆祝中美两国建交举行的招待会。因为大使馆刚刚设立，举办这么大型的宴会缺人手。"很多留学生就自告奋勇地帮着洗盘子、洗碗。招待会结束时，又安排大家与小平同志合影。我们就一批一批地去照，都非常高兴。"柳百成说。两年后，结束学习的柳百成也踏上了返乡路。[①]

就是在本书撰写过程中，笔者读到了一篇新近发表的描写当时如何"参与、考试、政审、体检、录取、培训、出境"等国家公派出国留学选拔全过程的回忆性文章。由于是当事人的亲历亲为，所以显得非常真实和生动，对于考证、披露和研究改革开放之初公派留学政策的实施过程，是一篇不可多得的史实性素材。作者孟国庆先生在这篇文章中写到：

1978 年我在山东一个小县城里工作，整天和同事为稻粱谋，甚至连"改革开放"这个词都没有好好注意。30 年前那场出国留学考试的情景我至今历历在目。在山东邹县农村劳动休息时，偶然从地头一份旧报纸上读到这个消息的。1978 年 8 月 14 日大清早，领导通知我参加第二天在省城举行的"教育部 1978—1979 年出国预备生、研究生和进修生考试"。我开了介绍信，借了差旅费，凭出差证明领了粮票就匆匆挤上了去济南的火车，等我们摸到在山东大学校园内的考场时，已是华灯初上了。由于选派手续十分复杂而时间又相当仓促，我们直到第二天临考前才在考场门口拿到"准考证"。"准考证"都来不及盖骑缝章，仅仅用圆珠笔在照片上画了两道线。为什么搞得如此匆忙？后来才听说鉴于以往政治可靠是第一位的"老规矩"，我们单位原选送的都是"根红苗正"的党团员，甚至连带队的人都定好了。这些同志从中学到大学都是学俄文，没有其他外文基础；一些人是"调干生"（指"文革"前从在职工人、干部中抽调出来上大学的人，他们上学带工资或津贴，不同于"文革"时的工农兵大学生）。大学毕业后一直搞政治，业务和外文早已生疏。原以为这次也和以往一样，只要政治好，再经过培训就能出国。后来听说玩真格的要通过考试选拔，才临时替补我们 3 个毕业于 1965 年的技术员。那时"文化大革命"结束不久，政审对家庭出身和党、团员看得很重。我父亲毕业于东北大学经济系，参加过"一二·九"学生运动，曾参加过国民党、三青团，好像还当过国民党的区分部书记，年纪轻轻就当了国民政府的税务局长。但他为人老实本分，解放后因坦白交代好，没有受到任何制裁和冲击，"大跃进"时下放车间劳动至退休。他和我奶奶得知我出国留学的消息后，激动异常。但不敢张扬，面孔的皱纹也平展了，腰板也直了。据说我名列最后一名，前面两个出身贫农家庭。尽管父亲有"历史问题"，但我还算职员家庭出身。有一位出身地主家庭，就被"刷"下去了。

大学时我在哈尔滨学的是俄文，仅在高中学过 3 年英文。后来长期在贵州大山沟里工作，也没有多少机会碰英文，仅听过英文版的"老三篇"胶木唱片和偷听美国之音的

---

① 蔡如鹏：《新中国首批赴美留学生：为配合邓小平访美提前出发》，2009 年 1 月 14 日中国新闻网，原载《中国新闻周刊》。

"英语 900 句"。俗话说"临阵磨枪不快也光"，我蹲在摇摇晃晃的车厢里，把一本借来的英文语法书匆匆走马观花"啃"了一遍。直到那时我才知道英语里还有一个什么"虚拟语气"。山东省参加考试的有数百人。吃饭时每人发两个灰不溜秋的大土碗，一个装馒头，一个装菜。因学校饭厅里容不下我们这么多人，大家只能蹲在操场上吃饭。里一圈，外一圈，南腔北调，唧唧喳喳，场面可谓壮观。两年后，我在密苏里州一个城市开会，听说一位中国学者也是上述"食客"时，顿时觉得缘分不浅。这位老兄宁可让 80 美元一夜的希尔顿大饭店房间空着，晚上也要在我房间的地毯上和我"侃大山"，回忆起当年那个场面还是感慨不已。当时考场上不乏头发灰白的教授和副教授，我们算是年轻的。这是粉碎"四人帮"后全国第一次公开选拔出国留学生的考试。我们中相当一部分人要派往经济发达的资本主义国家学习。数十年的闭关锁国，我们绝大多数人对外面的世界一无所知，对"世界上还有三分之二的人正在受苦受难，我们有责任解救他们"的教导记忆犹新。中学时我的英语成绩不错，曾拿过长宁区英文毕业统考两次第一名，所以考前自我感觉非常好，简直有点志在必得的劲头。但考卷一发下来我就傻眼了。考卷上有一种选择题，其中供选择的四个答案看来都不错，但正确答案只有一个。如今这种出题形式大家已经司空见惯，但当时确实难倒了不少"英雄汉"，面对考卷我迟迟不敢下笔。20 世纪 50 年代，我所在的延安中学上英文课连电唱机都没有，家里也买不起收音机，上课只能照本宣科跟着老师读，英语的听说训练根本谈不上。我当时还有点口吃，自知口试是我的"弱项"，所以一心把"宝"押在笔试上。谁知道笔试竟是如此"惨不忍睹"，要不是怕回去不好交账，我真的连口试都不想参加了。面对三位"铁面判官"，我诚惶诚恐，结结巴巴差点连舌头都不听使唤。过去我总认为没碰到让我施展"才华"的机会。今天机会来了，能不能出国全靠本事。既不要"拍马屁"，又不要"开后门"。早知今日又何必当初啊！面对这一大张密密麻麻的考卷，多少悔恨、多少遗憾交织在心头。短短几个钟头的考试仿佛给我上了深刻的一课，使我受用终生。大概是"蜀中无大将，廖化当先锋"，我没想到自己竟通过了这场考试。

体检、政审、签证和出国集训的过程也是令人难忘：除必要的政治、业务审查还要调查被选送者当年大学的学习成绩，以及到指定的医院体检。我随单位保卫干部坐火车到济南体检，后来我才知道他是把我的档案专呈山东省公安厅审查，据说有些内控对象只有省公安厅才掌握。山东省第一人民医院的体检十分认真负责，几乎到了"苛刻"的地步，甚至坚持把我一个残留的牙根拔掉。在度日如年的焦急中，我总算等来了教育部让我参加出国集训的通知。集训在北京语言学院，主要是学习有关文件、外事纪律及国外礼仪。除了集训，还要买东西。当时 700 元出国置装费可不是笔小数目。那时"出国人员服务部"商品真是琳琅满目、应有尽有，有不少商品在外面根本见不到。我们都买了不少东西。听说美国东西都贵，怕钱不够花，也想多节约点美元买东西带回国。赴美前还需通过美国驻华领事的面试。因我们是首批官方派遣的访问学者，美国人对我们十分客气。我当时穿了一套崭新的湖蓝色涤卡中山装，所有的纽扣都扣得紧紧的。这是当时最流行的"国服"。一位黄头发的美国领事负责我的面试。他问我是不是共产党员，是不是共青团员。我说都不是，我说只当过少先队员。听罢，他笑了。他又问我留学后还回不回来，我坚定地回答：

183

"当然回来！"他又问我："您太太和孩子为什么不和您一起去？"我心想："当然想，谁给钱呢？"但是嘴上只能推说他们太忙了才不去。面试结束时他猛地问了一句："等我到科罗拉多，您能请我喝一杯啤酒吗？"我一下子没反应过来，想不到如此严肃的场合他会"蹦"出这么一句。他重说一遍后，我斩钉截铁地说："OK！"心想反正吹牛不上税，先答应再说。我于1979年踏上了美利坚合众国的土地。后来我才知道我们科罗拉多矿业学院就在 COORS 啤酒厂旁边，这种啤酒很出名，后来每喝 COORS 啤酒时我就想起那位风趣的美国领事。30年来，我没有做出什么惊天动地的大事，但是我一直在努力。作为一个中国人能参与我们伟大祖国的建设，能献身我们中华民族复兴的伟大事业是我莫大的幸福和无上的光荣。[1]

（三）针对西方各国的出国留学项目陆续启动并全面展开

此后，中国政府和民间教育代表团陆续出访日本、加拿大等国，同时也接待了各国访华代表团，商谈互派留学生事宜，签订了一系列合作协定和执行计划。随后，中国与苏联及东欧各国互派留学生的活动也逐步恢复。

实行"改革开放"政策之初，中国政府在开辟出国留学生派遣渠道方面，实行了中央政府、地方政府、教育与科研单位、专家学者以及留学人员个人共同参与，全方位、多渠道的对外联系方式，使选拔出来的出国留学人员得以及时派出。此外，以民间名义同未建交国家美国达成交换留学生协议，从而揭开了发展中美教育交流的序幕，进而比较顺利地打开了向各国特别是向发达国家派遣留学人员的局面。

经中国领导人同意，从1979年开始，美籍华裔学者李政道教授，委托中国科技大学研究生院和北京大学，并使用由美国大学教授提供的物理试题，在中国近30所高等学校、研究所的青年教师和研究生中，通过考试选拔了近10批物理学科的研究生，以便到李政道教授所在的美国哥伦比亚大学和其他美国著名大学攻读研究生。这批学生在美国学校经过一段时间学习后，许多人的考试成绩名列前茅。其他美国大学也表示愿意接受中国研究生。经中国政府同意，李政道教授联系了美国40多所大学的物理系，并于1980年秋在中国再次联合招考100名物理研究生。这批留学生在美国的费用由接受学校提供资助，出国费用由中国政府负担。这个招收中国物理研究生的项目，后来被称为"中美物理研究生考试"项目。中外有关方面经研究和谈判于此期间又相继启动了一些具有影响力的留学项目。如"中美富布莱特项目"、1979年美籍华裔学者李政道教授、丁肇中教授倡导并主持实施的"中美联合招考物理研究生项目"、"中美生化和分子生物学研究生考试项目"、"中美化学研究生考试项目"、美籍华裔教授丁肇中主持的"高能实验物理研究生项目"、赴美数学研究生项目、李氏基金项目；包兆龙—包玉刚奖学金项目、中英友好奖学金项目等等；使中国数千名物理、生物、化学等专业的研究生和进修人员进入美国、英国等发达国家的著名高校学习。1980—1986年间，通过这该项目共派出约1000多名研究生赴美学习。招收中国物理研究生项目的顺利实施，也影响到美国高等学校的其他学科在中国实

---

[1]　孟国庆：《初出国门》，2008年第7期《纵横》。

施了招生计划。从 1982 年开始，这些项目的出国留学生的选拔录取都被纳入到国内统一的研究生招生计划之内。只有通过国内研究生考试的人员，才能参加美方有关项目主持的笔试和面试。这些项目的实施，使上千名物理、生物、化学等专业的中国研究生顺利地进入美国著名的高等学校学习。①

与此同时，由于外国高等学校在接受留学生事务中具有相对独立性的决策，因此安排大批中国留学人员出国进修，需要与有关国家的政府接触，以求达成接受中国留学人员的协议，保证留学人员顺利地派出。为此，中国政府先后组团出访日本和加拿大；中国外交部要求驻西欧国家的使馆与所在国家政府接触；此外，国务院还发动国内各有关单位主动与国外单位联系，以扩大派出渠道。如在 1981 年 10 月 19 日国务院批准的国务院科技干部局印发的《关于一九八二年选拔出国留学人员计划的请示报告》② 中，明确提出了"要发挥各有关部门和省、市、自治区的积极性，在教育部的统一组织下，有条件的单位，可自行对外联系，广开渠道，加快派出速度"的政策原则。国家和地方、单位和个人、政府和民间、国内和国外等各有关方面和学者先后采取了一系列有效的联络手段。如国家以及教育部和科技部各级代表团出访并会商；中国驻外使馆出面会商；国内各地的有关单位与国外单位直接联系；留学人员自行对外联系等等，从而逐步突破了国外接收环节方面的瓶颈，逐渐打开了向各国特别是向发达国家派遣留学人员的渠道，逐步实现了扩大派出的目的。同时，发动留学人员通过一些适当的关系，联系出国留学的学校或单位，也成为派遣出国留学人员的一个渠道。

（四）中美"富布赖特项目"的启动与执行

1. "中美富布赖特项目"的由来

"富布赖特计划"创建于 1946 年，是美国政府资助并管理的在全球范围内开展大规模国际文化、教育合作与交流的重要项目，并以其倡议者、美国著名政治家、前美国参议员 J·W·富布赖特的名字命名；该项目旨在通过教育和文化交流促进国家间的相互了解。截止 2008 年的统计，全世界有 140 多个国家和地区的约 3 万人参与过该项目。富布赖特于 1959—1974 年任美国参议院外交委员会主席。在次期间，他通过发表演说和举行一系列听证会等活动，为美国对华政策的转变做了大量的舆论准备工作；对美国政府实现从"遏制并孤立"到"遏制但不孤立"对华政策的转变起到了重大推动作用。

"中美富布赖特项目"是"富布赖特计划"的组成部分，是中美两国重要的政府间教育交流项目之一，由中国学者及学生赴美进修和美国专家来华讲学两部分组成，并于 1979 年开始执行；初始阶段的合作重点主要集中于英语教学领域；1985 年签定的《中华人民共和国政府与美利坚合众国政府教育交流议定书》正式将该项目纳入两国教育交流范畴。此项目由中国教育部与美国驻华使馆共同执行。从 1999 年开始，在教育部指

① 李滔主编：《中华留学教育史录—1949 年以后》第 592—626 页，高等教育出版社 2000 年 1 月第 1 版；于富增、江波、朱小玉：《教育国际交流与合作史》第 134—138 页，海南出版社 2001 年 8 月第 1 版。

② 国家教委留学生司编：《出国留学工作文件汇编（1978—1991）》第 52 页，群众出版社 1992 年 6 月第 1 版。

导下，该项目中国赴美学者和学生的遴选、录取、行前集训，美国来华任教学者的国内接受院校安置和集训等事务性工作，由国家留学基金委负责。中国赴美学者及学生的面试工作，则由国家留学基金委协同隶属美国驻华使馆的"美国教育交流中心"共同完成。该项目遵循中美双方共同负责、平等磋商和公平竞争的原则。项目的目标不仅要使中美富布赖特项目学者能够在某一领域从事研究工作，而且希望他们在回国后，通过在国外期间开展的学术活动以及与国外同行间的友好往来，直接或间接地为密切中美两国间的关系做出贡献。

2. 近800名中国学者赴美研究、进修或留学

"中美富布赖特项目"赴美学者必须是从事社会科学和人文科学的专业人员，分为研究学者（VRS）、研修学者（PAP）和研究生（GS）三个类别。该项目资助的学科和专业主要集中在美国政府和政治、美国历史、美国文学、美国研究、人类学、考古学、建筑学、艺术、艺术史、工商管理、交际学、写作、舞蹈、经济学、教育学、环境研究、影视学、地理学、信息科学、新闻学、法律、图书馆学、语言学、音乐、哲学、心理学、公共管理/公共政策、公共/全球卫生环境、社会工作、社会学与文化、英语教学/应用语言学、戏剧、城市规划、美国外交政策/国际关系等领域。除中国社会科学院以外，该项目主要在中国高校、特别是"211工程"院校和"985工程"院校中实施，最初仅限在全国28所院校和单位中开展，2006年扩展到124所高校，并有进一步扩展项目院校的考虑。截止2008年，共有780名中国学者和学生赴美学习或研修，480名美国教师和学生来华任教或学习。从2004年秋季开始，美国和中国政府分摊资助每个中美富布赖特项目奖学金的费用。该项目赴美中国学者和学生在美期间的奖学金费用为每月3000美元左右；每年资助大约50名中国学者和学生赴美研修和20名美国学者来华讲学。

在上述近800名赴美中国学者中，有英若诚、汝信、侯仁之、牛文元、吴青、闵维方等知名专家。中国进修学者认为，"中美富布赖特项目"提供了可以比较深入了解美国社会的机会，便于更多地了解美国的历史与现状，有助于我更好地了解美国社会的政治、经济、文化、法律和宗教，更加直接地与美国民众接触、增进相互的了解、促进文化的交流、加强彼此间的友谊；同时为回国后进行教学和科研活动起到了重要促进作用，也对有效地参与管理国家的活动提供了帮助；因此这一项目的设置，其意义不止于学术交流本身。中国教育部有关人员表示，该项目为加强中国高校和研究机构的美国文学、历史、新闻、经济、法律、贸易、金融、管理和政治学等专业的学科建设和师资培训，发挥了独特的作用。

有研究者指出，"富布赖特计划"对世界不同民族之间相互理解和融洽起到了"无与伦比"的作用；虽然其创立的初衷在于最近各国民众的相互理解，但其派出学者的学科领域却重在输出西方文化价值观念，并且在其交流与合作的过程中存在不平等现象，明显带有宣扬美国文化和进行文化扩张的意图，尤其表现在"外族文化对本族文化的渗透"等方面；因此需要"辨证分析、科学判断、合理利用、趋利避害、扬长避短"。

3. 2000年后"中美富布赖特项目"项目的进展

●2002年5月，教育部副部长章新胜访美时提出，中国希望扩展"中美富布赖特项

目"，美方对此表示支持并予积极响应。

●2003 年 2 月，教育部有关部门会同国家留学基金委秘书处多次商讨，并在与美国驻华使馆沟通、中国驻美使馆教育处与美国国务院教育文化事务局负责富布赖特项目官员交流的基础上，形成了一份《关于扩展富布赖特中国项目的方案》。新方案提出从四个方面扩展中美富布赖特项目：①扩展该项目中国派出人数，利用该项目机制将更多的国家公派学者安排到美国一流大学学习；②根据国内学科发展的要求，适当扩大美国来华学者任教学校范围和专业领域；③设立赴美巡讲学者项目；④增加美国来华进修生免学费名额。

●2003 年 6 月，中美双方代表在北京举行"2004—2005 年度富布赖特项目工作会谈"。美方表示非常愿意通过中国赴美学者规模的扩大进一步推进富布赖特项目在中国的影响，也非常希望密切中美两国教育机构的合作与了解，利用双方共有的资源做好中国富布赖特项目。双方商定从 2004—2005 年度起，按照新的项目方案实施。①

第三节　公派留学人员选派政策的完善与调整

虽然 20 世纪七八十年代期间，中国已与世界上 100 多个国家建交并建立了教育交流的关系，但是，由于中西方教育体制还有很大差别、国内教育机构的国际化程度还很低、西方国家大学一般都具有相对独立性、以及对留学生中各类人员的比例还持有不同意见等原因，因此"放宽政策界限、拓展联络手段、开辟接收渠道、不断调整比例"就成为落实"扩大派遣留学人员政策"过程中比较重要的政策环节。为此，中国政府采取了一些措施，以不断调整和完善出国留学人员的选派政策。

一、国务院批准《关于改进出国留学人员工作的请示报告》

1979 年 8 月，国务院批准了教育部、外交部、国务院科技干部局提交的《关于改进出国留学人员工作的请示报告》。报告指出："今明两年，仍应抓紧宝贵时机，本着积极态度，经过复查和选拔，保证质量，力争多派。""留学人员的学习方式，以进修人员和研究生为主，从一九八一学年起逐步加大研究生的派出人数。"

二、教育部和国务院科技干部局召开"全国出国留学人员工作会议"

---

① 本节参见王毓敏：《富布赖特计划初探》，《兰州教育学院学报》2005 年第 2 期；胡文涛：《美国富布赖特项目早期在中国的活动述评》，《学术论坛》2005 年第 7 期；刘清华、崔翠丽：《富布赖特与美国对华政策的转变》，《宜宾学院学报》2007 年第 5 期；李联明、汪霞：《高等教育国际化进程中的美国"富布赖特计划"评说》，《河北师范大学学报（教育科学版）》2006 年第 6 期；江文清：《中美实施富布赖特项目的启发》，《中共合肥市委党校学报》2004 年第 4 期；两言：《中美富布赖特项目走过 25 年》，《神州学人》2005 年第 10 期。

1979 年 12 月底—1980 年初，教育部和国务院科技干部局在北京召开了"文革"后的首次"全国出国留学人员工作会议"。① 会议肯定了一年来的留学生派出工作，并进一步明确了派遣留学人员出国学习的方针："在确保质量的前提下，根据国家的需要和可能，要广开渠道，力争多派。必须坚持以自然科学、技术科学为主，兼顾其他方面需要的原则。"即"以培养高校师资和科技人员为主、以学习自然科学为主、自然科学中以技术科学为主"的"三为主"方针。② 会议前，教育部、外交部、国务院科技干部局在《关于改进出国留学人员工作的请示报告》中综述了 1978 年选派工作情况后，指出选拔和派遣工作中存在的主要问题有：由于时间仓促，缺乏经验，尽管派出留学人员的大多数是同类人员中好的和比较好的，但相当一部分学业基础并不算好，存在质量问题；由于国内外情况不明，因此在确定学习专业、选择派往单位和导师都有一定盲目性；派出学习的专业来不及综合平衡，缺乏统一计划，重点不突出，又缺乏统一归口和协调，以致选派事务步调不一。《报告》提出今后改进工作的几点意见：（1）调整计划，确保质量。1979—1981 年拟分别派出 2000 名，适当调整派出学科比例。拟根据国内需要和国外可能，挑选专业对口，条件合格的人派出；（2）调查研究，统一规划。为了减少派遣留学人员的盲目性，必须摸清国内外的情况，使派遣计划建立在可靠的基础上；今后几年派遣留学人员应以培养高校师资为主（不少于派出总人数的 60%）并兼顾其他方面的需要；（3）以进修人员和研究生为主，从 1981 年起逐步加大研究生的派出人数。本科生也要派一些，主要学习国内的空白、薄弱学科和外语；（4）关于选拔方法、外语培训等。留学人员的选拔，应贯彻不拘一格，确保质量的原则；进修人员的选拔方法，由各部门内部公布招考专业、国别和名额，自愿报名，经过业务、外语考核、审查、体检，择优录取；研究生的选拔，与国内研究生的招考结合进行，也可从正在学习的研究生中择优派出；本科留学生从国内高等学校在校生中选拔；留学人员到国外学习外语费用太贵，一般应在国内培训，争取达到标准后出国。

三、教育部等六部委联合召开"出国留学人员管理工作会议"，国务院批转《关于出国留学人员管理工作会议情况的报告的通知》

1980 年 10 月 28 日，教育部、外交部、国务院科技干部局、财政部、文化部、中国科学院联合召开"出国留学人员管理工作会议"。会议讨论了出国人员在国外的管理事务，研究了改进计划、选拔、培训、派出等问题。会议认为，"中央关于派出留学人员的方针是完全正确的。我国四化建设需要各类高级专门人才。为了解决科技、教育人才青黄不接的问题，缩小我国在科学技术上与西方国家的差距，并赶上世界先进水平。除主要立足国内培养人才外，应充分利用国外的有利条件，加速人才培养，这是完全必要的。""为了更

---

① 国家教委外事司编著、陈可森执笔：《教育外事工作历史沿革及现行政策》第 40—41 页，北京师范大学出版社 1998 年 1 月第 1 版。

② 钱宁：《留学美国》第 99 页，浙江文艺出版社 2003 年 1 月版。

好地贯彻中央关于派出留学人员的方针，必须努力做到：突出重点，统筹兼顾，在保证质量的前提下争取多派一些，并在最近几年内保持派出数量相对稳定。突出重点，就是要优先考虑重点单位、重点学科的急需。统筹兼顾，就是既要看到国内各方面派出的要求，又要看到国外接受我留学人员的可能性；既要考虑派出业务骨干出国学习提高，又要考虑国内工作不受大的影响；既要保证重点部门、重点学科的需要，又要兼顾一般单位、一般学科，合理安排各类学科和留学人员的比例。保证质量，就是要严格把好选拔关，使留学人员在政治思想、业务、外语、身体等四个方面都符合要求，宁缺勿滥。争取多派，就是要广开渠道，发挥中央和地方各单位、各部门的积极性。除通过官方途径外，要积极开辟民间渠道，加快国家计划内留学人员的联系和派出。"

1981 年 7 月 16 日，国务院批转了教育部等上述六部委拟定的《关于出国留学人员管理工作会议情况的报告的通知》。《通知》强调，"应抓紧当前国际上有利时机，充分利用国外的有利条件，在突出重点，统筹兼顾，保证质量的前提下力争多派一些"，并第一次提出单位也可派出留学人员。《通知》指出："要发挥各有关部门和省、市、自治区的积极性，在教育部统一组织下，有条件的单位可自行对外联系，广开渠道，加快派出速度。"从此，中国出国留学人员的派遣工作日益呈现出多元化和多渠道的局面。

四、国务院科技干部局上报《关于一九八一年选拔留学人员计划的请示报告》

到 1980 年末，中国的留学政策已大致经历了两年多的实践，积累了一些成功的经验和失败的教训。政策管理机构开始考虑针对出现的问题改进今后的留学政策。因此，国务院科技干部局在 1980 年 12 月 25 日上报国务院的《关于一九八一年选拔留学人员计划的请示报告》中表示："当前的国际形势对我们派出留学人员十分有利。派人出国学习不仅是当务之急，也是我们必须坚持的一项长期方针。要充分发挥各部门、各地区的积极性，广开渠道，择优选拔，保证质量，力争多派。""派出对象，以研究生和进修生人员为主，增加研究生的比例，减少大学生的数量。"《报告》回顾了 1978 年 7 月—1980 年 9 月两年零两个月的派出的详细情况，[①] 提出了调整后并将于 1981 年执行的选派计划：共派出 4000 人，比上两年的年均 2596 人增加 1404 人；出国研究生的比例显著增加，从 10.8% 扩大到 62.5%；访问学者和本科生的比例大幅下降，前者从 76.3% 减至 32.5%，后者从 12.9% 减至 5%；留学选派政策的重点转向读取更高学位的研究生项目。另外，《报告》还指出了存在的一些问题并建议调整相关政策：一是对国内需要和国外所长缺乏系统的调查研究，留学计划未能满足国内经济、教育和科技的发展需要；二是部分人员外语不好，学习困难较大，花费了时间，浪费了外汇；三是部分人员专业不对口，影响了学习效果。[②]

---

① 参见本节之八——公派与自费出国留学的统计数据之 4。
② 国家教委留学生司编：《出国留学工作文件汇编（1978—1991）》第 21 页，群众出版社 1992 年 6 月第 1 版。

五、国务院批准科技干部局提出的《关于一九八二年选拔出国留学人员计划的请示报告》

1981年11月，在国务院批准的科技干部局提出的《关于一九八二年选拔出国留学人员计划的请示报告》中，① 对派遣出国留学生学习专业的重点进一步作出了详细的规定。其中规定，"当前选派留学人员，主要是解决提高的问题，应以培养高等学校师资为主，并兼顾其他方面的需要。选拔的具体专业，要以技术学科为主，但也不能忽视基础科学。""在学科安排上，仍应以自然科学为主，适当增加社会科学和管理科学的名额。""根据我国发展国民经济和科学技术的重点项目和优先顺序，选拔的学科和专业应当重点保证农业、轻工、能源、环境保护、材料、机械装备、电子技术、交通运输、通讯等方面的需要。"

六、教育部印发《关于使用世界银行贷款选派教师出国进修学习的通知》

1981年11月25日，教育部印发了《关于使用世界银行贷款选派教师出国进修学习的通知》。《通知》指出，使用世界银行贷款选派教师出国进修，是加强师资队伍建设的途径之一，应从师资总的培养规划出发，围绕贷款项目，发展有关学科，以培养学科带头人和博士研究生为主，把确实优秀的教师派出去。要按照贷款协议和经我方同意的项目评估报告规定的要求，认真落实，全面实现项目目标，促进中国高教事业的发展。出国人员分4年选派，1982年应选派400名，分为短、中、长期三种形式派出。派往国家、单位、专业、导师，均由学校按照中国教育部有关规定和计划自行联系确定；遵循"所学先进，为我急需，对我有利"的原则。1983年4月5日，教育部在《关于进一步做好使用世界银行贷款选派教师出国进修工作的通知》中再次重申选派原则：根据"围绕贷款项目，发展有关学科"的原则，应重点考虑选派引进设备所需要的实验研究和实验技术人员，与项目无关的学科人员一般不应选派；要尽可能多选派一些为农业、能源、交通和教育、科学等战略重点服务的新兴学科（包括管理科学）的工程技术人员。围绕这个项目的纯理论性研究人员，一般不列入选派；继续选派以中青年骨干教师和学科带头人短期进修为主，适当选派直接攻读博士学位的研究生，少派攻读硕士学位的研究生。

七、教育部印发《关于1982年试行选拔出国攻读博士学位研究生的通知》

为了开拓派遣渠道，探索逐步扩大博士生选拔和派出数量的途径，1982年4月2日教

---

① 国家教委留学生司编：《出国留学工作文件汇编（1978—1991）》第52页，群众出版社1992年6月第1版。

育部印发了《关于 1982 年试行选拔出国攻读博士学位研究生的通知》。① 《通知》指出，近来，国内有关单位和一些中外学者反映，国内 78 级和 79 级硕士研究生已陆续毕业、工作，国内且已开始招收博士研究生，应该同时考虑选派已获硕士学位的人员去国外直接攻读博士学位。这样做不仅可以加速培养社会主义现代化所需的高级专门人才，也比派出从硕士学位学习起的留学生节省。为了赢得和保证我国学位的信誉，探索派遣渠道，拟在 1982 年试行选派 80 名直接攻读博士学位的研究生出国。要求各单位切实加强领导，认真坚持德智体全面衡量、择优录取、确保质量的原则，选拔具备出国条件的优秀人才出国攻读博士学位。

中国政府在此期间对留学选派政策的调整，是以选派研究生为主取代以选派访问学者和进修人员为主；同时也启动了攻读博士学位研究生的实验项目，以实行"缩短培养高级人才的时间和节省留学经费"政策的可行性研究。

八、公派留学与自费留学的统计数据

出国留学的统计数据一直是困惑所有人的疑难问题。1979—1982 年期间中国公派留学人员的统计数据也不例外。如在 4 本比较权威的专著中记载的情况就有较大的出入。本书也无所适从，只能分别照录如下：

1. （表一）引自国家教委外事司编著、陈可淼参赞执笔的《教育外事工作历史沿革及现行政策》。②

（表一） 1979 年—1982 年国家公费派出以及政府组织
派出留学人员和留学回国人员统计表

年度	派出国的留学生数	毕业回国的留学生数
1979	1777	231
1980	2124	162
1981	2922	1143
1982	2326	2116
合计	9149	3652

2. （表二）引自李滔先生主编的《中华留学教育史录——1949 年以后》一书。③

① 国家教委留学生司编：《出国留学工作文件汇编（1978—1991）》第 82 页，群众出版社 1992 年 6 月第 1 版。

② 国家教委外事司编著、陈可淼执笔：《教育外事工作历史沿革及现行政策》第 40 页，北京师范大学出版社 1998 年 1 月第 1 版。

③ 李滔主编：《中华留学教育史录——1949 年以后》第 690—691 页，高等教育出版社 2000 年版。

（表二）1978 年—1982 年国家公派出国留学人员派出人数统计

年度	合计	研究生		访问学者（进修人员）		本科生	
1978	314	5	1.59%	229	72.93%	80	25.48%
1979	1277	113	8.85%	987	77.29%	177	13.86%
1980	1862	202	10.85%	1503	80.72%	157	8.43%
1981	2925	252	8.62%	2459	84.07%	214	7.32%
1982	2801	924	32.99%	1665	59.44%	212	7.57%
合计	9179	1496	16.29%	6843	74.55%	840	9.15%

3. 20 世纪 80 年代从大陆到美国留学的美籍华人陆丹尼女士，在《20 世纪 80 年代中国留学政策的演变》一文中引用了美国方面提供的一组数据（表三）。[1]

（表三）1979 年—1982 年美国向中国公派和自费留学人员发放的签证数

年度	公派	自费	总数
1979	807	523	1330
1980	1986	2338	4324
1981	3066	2341	5407
1982	3327	1153	4480
总数	9186	6355	15541

4. 国务院科技干部局在 1980 年 12 月 25 日上报国务院的《关于一九八一年选拔留学人员计划的请示报告》中称：根据截止 1980 年 9 月的统计，在 1978 年 7 月以来向 44 个国家派出的 5192 名留学人员中，进修人员为 3963 人，占 75.8%；研究生为 562 人，占 10.8%；大学生为 667 人，占 12.8%。出国研究生数量较少，是因为国内可供选择的出国留学研究生生源少。1981 年以后，当"文化大革命"后 1977 年第一批通过考试进入高等学校的学生毕业时，出国留学研究生的数量开始明显增加。在此期间内出国留学生的专业分布也体现了以理、工科为主的政策导向。据统计，1978—1980 年间派出的留学人员专业分布如下：理科 38.8%，工科 39.6%，农科 3.6%，医科 8.1%，人文社会学科 9.9%。上述留学人员的 80% 主要集中在世界上科技最发达的 6 个国家：美国 1835 人、占 35.3%；日本 614 人、占 11.8%；联邦德国 578 人、占 11.1%；英国 545

---

① ［美］陆丹尼：《20 世纪 80 年代中国留学政策的演变》，李喜所主编：《留学生与中外文化》第 410 页，南开大学出版社 2005 年 8 月版。

人、占 10.5%；法国 314 人、占 6.0%；加拿大 288 人、占 5.5%。上述 6 个国家的接受量约占 80%。其余 20% 的出国留学人员分布在另外的 38 个国家。[①]

5. 钱宁先生在《留学美国》一书中提供了美国有关方面的统计：根据美方入境签证的统计，在 1979 年至 1982 年的 4 年间，中国派到美国有 5593 名访问学者。[②]

6. 还有一组更典型的数据混乱事例，即本章前面曾经专门提到过的关于新中国首批赴美留学人员人数的 3 个版本：50 人、52 人和 57 人，就更是令人不可思议了。

也难怪钱宁先生对中国的出国留学数据耿耿于怀，并不厌其烦地评论说：到底有多少人出国留学，准确的数字或许无法真正弄清楚；数据有不少，只是这些数据常常互相矛盾；出国留学的数据就像是一个模糊数学领域里的数字游戏；《中国教育年鉴》、新华社消息、中国官方统计，这 3 家分别提供的 3 个数字很难统一起来；中国出国留学人员的准确数字实际上是永远无法弄清楚的；由于缺乏数据记录和处理的科技手段，数据统计难免会有许多遗漏和差错，加之留学人员派出的渠道多种多样，因此就使得各种原始数据的准确性令人怀疑；中国的出国留学数据是一大堆不断变化着的、有时相互矛盾的统计数字。[③]

第四节　出国留学人员培训政策的恢复与强化

随着留学人员的大量选拔并准备派出，为了满足出国留学人员出国前的外语培训和政治教育的需要，在决定大量派遣出国留学人员的同时，已经沿袭了几十年的"出国留学预备人员出国前培训政策"再度被提到了议事日程上来。

根据上述 1978 年教育部《关于增选出国留学生的通知》的规定，出国留学人员的选拔条件包括政治、专业、外语和身体等 4 个方面。出国留学人员的政治审查和业务水平考核，由选派单位按照教育部的统一规定进行；外语考试由教育部统一组织；身体检查由各地方指定的医院进行。中央各部门以及各省、市、自治区主管出国留学生事务的职能部门，根据考生的政治条件、业务水平、外语成绩和身体条件，综合平衡，在教育部统一分配的"出国留学生名额"范围内确定录取名单。虽然选拔出来的人员都经过外语考试，但对多数留学人员来说，其外语水平只是相对较好，却还不足以适应出国留学需要。此外，中国向法国、联邦德国、意大利、日本等非英语国家派遣留学人员的比例也较大。因此，出国留学人员出国前的外语培训大致有两种类型，一是提高留学人员原有的外语的水平，二是为需要改学其他语种的留学人员提供培训。此外，根据中国的政治制度对留学人员思想政治方面的要求，所有出国留学人员在出国前都需要参加政治集训，时间为 3—4 周；主要是学习有关方针政策，并在国内参观访问，以强化"爱国主义教育"。

[①]　国家教委留学生司编：《出国留学工作文件汇编（1978—1991）》第 21 页，群众出版社 1992 年 6 月第 1 版。

[②]　钱宁：《留学美国》第 171—172 页，浙江文艺出版社 2003 年 1 月版。

[③]　钱宁：《留学美国》第 89—94 页，浙江文艺出版社 2003 年 1 月版。

一、教育部印发《关于设立出国留学生预备部和基本建设投资安排意见的通知》

受中国政府大量派遣出国留学人员政策的指导与影响，教育部决定恢复"文化大革命"以前的"出国留学人员培训制度"，1979 年印发了《关于设立出国留学生预备部和基本建设投资安排意见的通知》，①决定在全国 6 所外国语学院设立"出国留学生预备部"，每年培训总规模为 3500 人，并由教育部对出国留学生预备部的建设给予投入或一定补助。其中北京第二外国语学院 1000 人，上海外国语学院、广州外国语学院、大连外国语学院、西安外国语学院和四川外国语学院各 500 人。培训的内容是对已录取的留学人员进行外语培训和政治集训，并协助办理出国留学手续。

二、教育部印发《关于增设出国留学生预备部并加快建设的意见》

根据出国留学人员派遣计划的需要，1980 年 1 月 26 日教育部印发了《关于增设出国留学生预备部并加快建设的意见》，②确定出国留学生预备部的总规模需要增加到每年 4500 人。并先后在北京语言学院（现北京语言文化大学）、东北师范大学和上海同济大学增设了 3 个出国留学生预备部。其中，北京语言学院培训部的学员规模为 1600 人，1000 人为外语培训规模，600 人为政治培训规模；东北师范大学培训部负责承担一定数量的日语培训任务；上海同济大学培训部负责承担一定数量的德语培训任务。

三、教育部召开"出国留学预备人员培训工作会议"，并印发《关于加强出国留学预备人员培训工作的意见》

经过短短几年的恢复性运行和实践，1981 年 8 月教育部在辽宁省大连市召开了"出国留学预备人员培训工作会议"；并于 5 个月之后的 1982 年 1 月 30 日，印发了《关于加强出国留学预备人员培训工作的意见》。从这份《意见》的全文来看，会议的内容是比较充实和丰富的：

1. 讨论了对留学预备人员进行培训的意义。
2. 交流了外语培训和政治集训的经验。
3. 制订了英日德法 4 个语种的"教学计划草案"。
4. 研究了"管理培训部事务的暂行规定"。
5. 提出了强化"出国留学预备人员培训政策"的 5 点意见：

---

① ② 国家教委留学生司编：《出国留学工作文件汇编（1978—1991）》第 310 页，群众出版社 1992 年 6 月第 1 版。

（1）根据国内教学与科技人员外语水平普遍偏低的实际情况，需要树立长期开办培训部、开展培训业务的意识，而不能把培训部视为短期的临时性机构；并要把"短期外语教学"作为专门学科加以研究，积累经验、不断创新。（2）教育行政管理机构以及各级领导者要重视培训部的建设，并注意开展调查研究。（3）采取多种措施，如严格学员标准（规范考试与结业制度，对未达标准者不安排派出）、开展教学研究、制订教学大纲、安排教师培训等，以不断提高外语培训的教学质量。（4）加强对出国留学预备人员的政治思想教育和现实表现的考察；定期征求学员意见，并向教育部汇报培训事务与学员状况。（5）明确教育部相关职能司局的职责，以及教育部专项经费的下达。

6. 颁布了《出国留学预备人员培训部管理教育工作的暂行规定》。

四、教育部关于《出国留学预备人员培训部管理教育工作的暂行规定》的意义和主要内容

经过大连会议的讨论，并作为上述《关于加强出国留学预备人员培训工作的意见》的附件，教育部就有关的管理工作和政策问题拟订和颁发了《出国留学预备人员培训部管理教育工作的暂行规定》。其宗旨在于健全和规范培训部正常的教学和管理秩序；另外一个比较重要的意义和需要解决的实际问题，就是希望借此使"出国留学预备人员培训部"成为所在院校的有机组成部分，要纳入学校的正常管理范围，不能再被视为一个临时性机构。

《暂行规定》全文的主要内容分为"学籍管理、教学管理、政治思想教育工作和加强领导健全机构"共4个部分、22条。除本节中先后描述过的培训部的各种制度内容以外，聘请外籍教师参与出国留学预备人员的培训，也是一个比较有特点的政策。如该《暂行规定》第4部分第19条就有这样的规定，外籍教师的数量，可按培训学员与教师30：1的比例聘请。

为了提高出国留学预备人员培训部的外语培训质量，国家长期拨出专门经费，以便安排各培训部聘请一定数量的外国专家任教。如设于东北师范大学培训部的日语培训，是由中日双方合作进行的，并由日方派遣日语教师参加学校的日语教学；设于同济大学培训部的德语培训，则是由中国和联邦德国双方合作进行的，并由联邦德国派遣专家到同济大学参加德语教学。这两所学校聘请外籍教师参与出国留学人员外语培训事务的尝试，为国内其他院校或单位的此类外语培训活动提供了有益的经验。[①]

第五节 出国留学人员管理政策的制定与调整

一、国务院批准三部委制订的《出国留学人员管理教育工作的暂行规定

---

① 国家教委留学生司编：《出国留学工作文件汇编（1978—1991）》第325—330页，群众出版社1992年6月第1版；国家教委外事司编著、陈可森执笔：《教育外事工作历史沿革及现行政策》，北京师范大学出版社1998年第1版；于富增、江波、朱小玉：《教育国际交流与合作史》，海南出版社2001年8月第1版。

（试行）》和《出国留学人员守则（试行）》

1979 年 6 月 3 日，教育部、国家科委和外交部联合向中国驻外使领馆发出了业经国务院批准的《出国留学人员管理教育工作的暂行规定（试行）》和《出国留学人员守则（试行）》。① 两个文件的主要内容虽然比较简单并过于原则，但却是开始执行大量派遣留学人员的政策之后，中国政府颁布的第一部关于出国留学人员管理事务的政策性文件，具有承上启下的意义和政策导向的作用。其内容主要包括"在外学习、思想教育、生活安排和对外纪律"等 4 个方面。其主要特点是在基本继承了原有规章制度、并仍然保持严格管理态势的同时，制订了一些比较宽松的政策。这个《暂行规定（试行）》是"文化大革命"后大量派遣出国留学人员的第一年、即 1979 年出台的，由于当时的实践欠缺与时间短暂都还不可能制定一个比较全面的出国留学人员管理政策的规定。因此，这个为适应当时出国留学人员管理事务的需要而制定的规定，无疑带有临时的性质和"试行"的意义。

《暂行规定（试行）》规定，出国留学人员的管理教育工作，应在驻外大使馆领导下进行；做好留学人员的管理教育工作，要解放思想，充分相信我国社会主义制度的优越性，相信广大留学人员的政治觉悟，敢于放手让他们在复杂的国际环境中得到锻炼，增长才干；改变把留学人员圈在一起，消极防范，限制过严等作法，要依靠他们自己教育自己，自己管理自己；留学人员的思想政治教育工作，必须落实到业务学习上；要不断提高他们的社会主义觉悟，使每个留学人员认识他们出国学习的重大责任；鼓舞和动员他们以革命的精神，努力学习，刻苦钻研，学人之长，为我所用，勇于攀登科学高峰，坚决走又红又专的道路，为完成祖国交给的光荣任务而奋斗。要有计划地组织留学人员学习马列主义、毛泽东思想；对他们进行爱国主义和国际主义的教育；加强革命的组织性、纪律性，自觉抵制资产阶级思想意识和生活方式的影响；在留学人员管理教育工作中，要认真抓好业务学习，要定期检查和了解留学人员的学习情况和学习成绩，协助他们解决学习中的问题，组织交流学习经验；政治学习的内容和时间，要适应国外环境和留学人员的思想实际，讲求实效，不搞形式主义；在涉外活动中，教育留学人员坚持原则，内外有别，不卑不亢，谦虚谨慎；不参加所在国和其他国家的政治组织，不介入所在国的政治斗争；尽量安排留学人员住在学校或群众家里，使他们与外国教师、同学、当地社会和群众有更多的接触，加强交往，增进友谊；指导留学人员安排和处理好生活方面的问题，关心他们的身心健康；对留学人员的恋爱婚姻问题，应进行正面教育，鼓励他们专心致志地学习，不谈恋爱，但不硬性禁止；并首次提出了可以根据各国的具体情况，因国、因地制宜试行勤工俭学等政策原则。

《出国留学人员守则（试行）》共计 8 条：（1）忠于社会主义祖国，保持革命警惕，严守国家机密。（2）认真学习马列主义、毛泽东思想，努力改造世界观。（3）努力学

---

① 国家教委留学生司编：《出国留学工作文件汇编（1978—1991）》第 306 页，群众出版社 1992 年 6 月第 1 版。

习，刻苦钻研，学好先进科学文化知识。（4）生活朴素，作风正派。讲究卫生，注意礼貌，积极锻炼身体。（5）加强中国同学间的团结互助。（6）遵守组织纪律，加强请示汇报。（7）遵守所在国有关法令和学校的规章制度，尊重其风俗习惯和宗教信仰。（8）维护与增进所在国人民的友谊和团结。

二、六部委召开"出国留学人员工作会议"

1980 年 10 月 28 日，教育部、外交部、国务院科技干部局、财政部、文化部和中国科学院联合召开的"出国留学人员工作会议"。①

会议确定了对出国留学管理事务实行"统一归口、分工负责"的政策原则：1. 由国务院科技干部局负责制定留学人员的年度派出计划和长远规划，制定分配毕业研究生和大学生计划；2. 由教育部负责统一组织各类留学人员的选拔、派出和管理工作，制定规章管理制度、经费开支标准、编制经费预算，以及研究生、大学生的选拔；3. 由各主管部门（包括直属高等学校、科学研究机构）和各省、市、自治区在教育部统一组织下，具体负责进修人员的选拔；4. 由中国驻外大使馆负责留学人员在国外的管理工事务，但管理干部由教育部组织派出；5. 由教育部主办业务性的涉外事项，但遇有重大政治性的涉外事项时应会商外交部办理。

会议还讨论了草拟的《出国留学人员管理教育工作条例》。为了贯彻该《工作条例》并进一步做好出国留学人员的各项管理教育事务，教育部在 1981—1985 年期间分别会同有关部门先后制订了有关留学人员的选拔、培训、管理及回国工作等 20 余项涉及具体政策的规定和办法。

三、国务院批转六部委制定的《出国留学人员管理教育工作条例》

根据《暂行规定（试行）》在留学人员管理实践中的执行情况，国务院于 1981 年 7 月 16 日批转了教育部、外交部、科技干部局、财政部、文化部和中国科学院等 6 部门制定的《出国留学人员管理教育工作条例》。② 该条例是《出国留学人员管理教育工作的暂行规定（试行）》的替代性文件，其政策内容更加丰富、全面和细化，同时不再具有"试行"的意义。其内容有 10 章 43 条，主要是在原《暂行规定（试行）》的基础上增加了"对外活动、留学人员组织，组织分工，经费管理和自费留学"等重要的政策环节。如《条例》规定，留学人员的业务学习应根据国家的要求制定学习计划，留学人员既定的专业和研究方向一般不得改变，在国外的学习期限一般不得延长；留学人员的思想政治工作以正面教育为主，思想政治教育的内容包括爱国主义和国际主义教育，

① 国家教委外事司编著、陈可淼执笔：《教育外事工作历史沿革及现行政策》第 54—55 页，北京师范大学出版社 1998 年第 1 版。

② 国家教委留学生司编：《出国留学工作文件汇编（1978—1991）》第 36 页，群众出版社 1992 年 6 月第 1 版。

学习目的和学习态度教育，发扬革命传统、树立革命人生观、培养革命气节和民族气节教育，认清资本主义本质和抵制资产阶级思想影响等教育；留学人员在对外交往中，应站稳立场、谦虚谨慎、不卑不亢、内外有别，要遵守所在国的有关法令和制度，尊重所在国的风俗习惯和宗教信仰。

这个文件在中国出国留学政策上的主要贡献是：

1. 首次规定了"留学人员可以成立不同形式的组织，自己管理自己"；

2. 首次提出了"自费留学"的概念，并初步奠定了相关的政策体系；

3. 首次明文规定"允许留学人员经过批准，去第三国参加国际学术会议"；

4. 再度重申了相关单位在留学人员管理事务中的职责和职能：留学人员的管理工作，在国内由教育部负责，有关部门配合；留学人员在国外的管理工作，由使领馆负责；在留学人员集中的国家，使馆应设教育处；留学人员工作是使领馆工作的重要内容之一；留学人员管理干部要全心全意为留学人员服务。

第六节　公派出国留学人员的经费管理政策

实际上在1949—1977年期间，中国已经基本建立起一整套涉及公派留学人员经费的管理政策。一是由于当时历史条件下，留学人员经费管理相对来说比较简单，二是截至目前能够查阅到或披露的文献资料不是很多，因而研究和评价当时公派出国留学人员经费管理政策的文章也比较少。因此，把出国留学经费政策作为一个单独的题目加以考察和研究，所涉及的时间段主要是1978年以后的情况了。

从留学经费政策的角度来表述"国家公派出国留学"的定义或性质的话，顾名思义，就是这部分留学人员的全部费用是由国家来支付和承担的；其中包括在国内期间的"培训费"和出国前的"置装费"，以及在国外的学习费和生活费等费用。与国内相比，发达国家的学习和生活费用是很高的。如改革开放初期，1名在国外高等学校注册的中国出国留学生一年的全部费用，约相当于当时国内高等学校20多名本科生一年的学习费用。由此可见，中国政府在国家经济状况还比较困难的情况下，制订专门的政策以划拨出一定经费，专项用于扩大派遣出国留学人员，无疑是表明了中国政府对出国留学事务的重视以及对出国留学人员期望；同时也是从法理上确定了公派留学人员对国家的责任和义务。

由于时代的发展以及留学目的国的情况千差万别，1978年以后的出国留学人员经费政策，涉及的范围与问题已经比较广泛和复杂了。因此，留学人员的经费管理政策已经成为一个比较独立的问题，需要有一个从了解、调研、试行到决策的过程。在确定扩大派遣留学人员政策并经过两三年的实践之后，中国政府才逐步建立起一套基本适应于各国不同情况的、公派出国留学人员经费管理的政策框架。

一、教育部和财政部对留学人员的国内经费开支做出规定

根据教育部和财政部 1978 年 4 月 10 日印发的《关于选拔出国留学生考试期间有关经费开支问题的通知》，以及其他相关文件的规定；[①] 留学人员在国内的经费开支政策内容主要有：被批准参加外语或其他有关考试的往返旅费原则上自理，家庭有困难者可以向本人所在单位申请补助；出国留学前接受外语培训和政治集训期间的住宿费和往返交通费由国家（教育部）负担；在国内享有工资待遇的出国留学人员，在规定的出国进修期间内，其国内工资由原单位照发等等。

二、四部委下发《出国留学人员经费开支规定（国外经费部分）》

经国务院批准，教育部、财政部、国家科委和外交部于 1979 年 8 月 8 日印发了"关于试行《出国留学人员经费开支规定（国外经费部分）》的通知"。[②] 《规定》共 14 条（项），"费"无巨细，面面俱到，对公派留学人员国外的经费开支均做出了详细的政策性规定。如规定，由国家支付的出国留学人员在国外的费用包括：服装费、伙食费、住宿费、交通费、生活零用费、学习工具和学习参考书补助费、学杂费、书报费、医疗费、交际费、其他开支等 12 项内容。对于上述各项费用，有的需要按国家规定的标准发给留学人员本人自行掌握和使用，有的则要按国家规定的标准实报实销。在 1979 年颁布的这个《经费开支规定》中，多数经费项目的开支是要求出国留学人员按国家的规定实报实销，因而在手续上还显得比较复杂和繁琐。

三、国务院批转《出国留学人员管理教育工作条例》，修改原有的政策规定

根据国内外各有关方面、包括留学人员反馈的意见，在国务院 1981 年 7 月 16 日批转教育部等六部委制定的《出国留学人员管理教育工作条例》中，[③] 对留学人员的经费使用与管理政策进行了一些新的、更趋于人性化的调整，从而简化了管理手续，方便了留学人员，同时也减轻了在外留学生管理干部的工作负担。

如在此前反映最普遍的意见是，在国外留学期间的各种环境与情况下，留学人员居住的比较分散，而留学事务的管理人员一般又多在使（领）馆内办公，出国留学人员为报销相关费用，往往都要到使（领）馆去办理；而原有留学人员经费政策中规定的"实报实

---

① 国家教委留学生司编：《出国留学工作文件汇编（1978—1991）》第 719—720 页，群众出版社 1992 年 6 月第 1版；于富增、江波、朱小玉：《教育国际交流与合作史》第 140 页，海南出版社 2001 年 8 月第 1 版。

② 国家教委留学生司编：《出国留学工作文件汇编（1978—1991）》第 721 页，群众出版社 1992 年 6 月第 1 版。

③ 国家教委留学生司编：《出国留学工作文件汇编（1978—1991）》第 36 页，群众出版社 1992 年 6 月第 1 版。

销"的经费支出范围又明显过大。这就不仅给留学事务管理干部造成较大的工作量，而且对留学人员本人也带来很多不便。

为此，在新颁布的《出国留学人员管理管理教育条例》中，对留学人员的经费政策作出了一些新的原则性规定。如规定留学人员在国外的经费可以实行"包干"或"部分包干"或按有关规定报销等不同的办法。经费包干的范围包括：住宿费、伙食费、交通费、教材费、生活零用费、进修人员交际费、学习工具和学习参考资料补助费等项费用；其中住宿费、伙食费、交通费、教材费等项费用，要由使（领）馆按照留学人员所在地区的房租、物价和以往开支的实际情况确定标准；但住宿费应按当地中等水平予以控制和掌握，其他几项费用则按中国政府核定的统一标准发放给留学人员；不列入包干的费用包括：医疗费、大学生和研究生的学费等。

从上述《条例》中的主要内容可以看出，凡是原则上能够实行包干的费用项目，都实行了经费包干政策。虽然，《管理教育条例》对出国留学人员的经费管理政策规定了 3 种办法，由驻各国使（领）馆根据实际情况决定采用哪一种；但多数驻外使（领）馆在权衡利弊后，基本实施了"大部分包干、少部分不包干"的做法。这种财务管理政策的实施，不但为出国留学人员普遍接受，而且在经费管理上更加趋于简化和便捷，同时也使得留学事务管理人员可以腾出较多时间为留学人员提供其他方面的服务。

四、国务院印发《关于修改出国留学人员、访问学者所获得的奖学金和资助费实施办法的通知》

中国与其他国家互相提供奖学金以交换留学生的做法，是派遣留学活动中经常采用的方法之一。1978 年以前，中国与发达国家的留学生交流活动，就基本上是以交换留学生并提供奖学金的方法实施的。实施改革开放政策以后，中国派往发达国家的留学生数量远比接受发达国家的留学生要多。因此，在扩大派遣、即实行中国国家经费资助并单向大量派出留学人员的同时，中国与发达国家仍然继续开展"交换留学生的奖学金项目"。

中国与发达国家奖学金名额的交换一般实行对等原则，即交换奖学金名额的数量对等。但是由于各个国家提供的奖学金经费数额不同，且往往高于中国政府奖学金。因此，对于发达国家向中国留学人员提供奖学金的使用上，中国政府一般采取把对方提供的奖学金纳入统一的出国留学经费管理范畴。也就是说，中国政府将外国政府或机构提供奖学金留学生的选拔、管理和使用，统一置于"国家公费派遣留学人员"的政策框架之内；由中国政府选派的出国留学人员，不论其是否属于享受对方国家奖学金之列，他们在国外均使用国家规定的同等经费标准。

在 1978 年以后派遣出国的中国政府公费留学人员中，有很多人陆续通过个人的申请，在国外获得了对方学校或其他非政府组织提供的奖学金。这种非经过双方政府协议安排而另外获得国外资助的现象已经越来越普遍。对此，教育部等六部委最初曾作出规定，国家公派留学人员个人接受的奖学金，原则上可适量交给受奖者个人。其掌握的政策原则是：根据国家规定的出国留学人员经费标准，留学人员所得奖学金数额低于国家规定的经费标准的，其不足部分由国家补助；留学人员所得奖学金数额高于国家规定的经费标准的，其高出部分上交，或允许本人使用高出部分的一半为其派出单位购置零星科研仪器设备、资料等，其余一半上交。也就是说，国家公派出国留学生本人接受的奖学金不能归个人处理。

教育部等部委的上述规定对提供奖学金的国外学校或单位来说是难以接受的；提供方认为奖学金制度规定了获得奖学金的留学人员有个人支配权，留学人员所属国家的政府和单位无权干涉，因此表示将拒绝向中国留学人员提供奖学金；获得奖学金的中国留学人员对此也颇有微词。鉴于此，国务院于 1980 年 9 月 15 日印发了《关于修改出国留学人员、访问学者所获得的奖学金和资助费实施办法的通知》。[①]《通知》认为，"一九八〇年四月二十二日，教育部、中国科学院、财政部、国务院科技干部局、外交部、国家科委《关于执行（79）国科发外字 655 号报告的实施办法》的通知中，对第一条范围内出国留学人员、访问学者所获得的奖学金和资助费的处理规定，不够妥当，为此，决定作出如下修改。"暂且不说国务院这份文件的内容如何，就其承认政府的某些规定"不够妥当"和"决定修改"的态度，就已经十分令人敬佩了；应该说是具有一种实事求是、知错就改、对公民负责的精神。

新《通知》所作出的修改，即重新规定的主要内容为：1. 凡属个人或通过国外高等学校、科研机关、学术团体和基金会等机构的考试，或通过正常途径向国外单位申请，或国外高等学校、科研机关、学术团体和基金会指名邀请，或在国外学习期间因学习、科研成绩优秀等原因而获得的奖学金和资助费，一律由留学人员本人支配。2. 在出国前对方已同意提供奖学金和资助费的，其在国外的一切费用和往返旅费、置装费均由本人自理，在国外期间的国内工资，由本人归还派出单位；在出国时尚未拿到奖学金和资助费现款的，上述费用由派出单位垫付，待本人取得现款后归还；出国后，在学习期间获得奖学金和资助费的，自获得资助费之日起，其在国外的一切费用和回国旅费由本人自理；自获得资助费之日下月起的国内工资，由本人归还原工作单位。

五、教育部提出"留学人员勤工俭学所得报酬的处理办法"

教育部外事局在 1982 年 1 月 1 日的《关于出国留学人员国外经费开支若干问题的意见》中，[②] 对留学人员在国外勤工俭学所得报酬提出了以下政策原则：鼓励大学生和研究生在不违反所在国有关规定的情况下，利用假期和业余时间开展勤工俭学活动；勤工俭学所得报酬的 20—50% 归个人，50—80% 上交使（领）馆，具体比例由中国驻外使（领）馆根据实际情况决定。

---

① 国家教委留学生司编：《出国留学工作文件汇编（1978—1991）》第 734 页，群众出版社 1992 年 6 月第 1 版。
② 国家教委留学生司编：《出国留学工作文件汇编（1978—1991）》第 742 页，群众出版社 1992 年 6 月第 1 版。

第七节　自费出国留学政策从宽松
到收紧间的频繁调整

在 1978 年以前，由于受到政治因素、经济状况和社会大背景的影响，申请自费出国留学的中国公民十分罕见，自费出国留学行为还只是极个别的现象，因而自费出国留学事务从来没有被纳入到国家出国留学政策的体系中去。

如何看待自费出国留学现象以及公民对此的需求，如何评价自费出国留学的意义与作用，当时的社会各界以及国家管理层面的认识是不尽相同的；即便是在不同的时间段内，面对不断变化着的留学实践，认识与理解的程度也是有差别的。在国家经济体制还是以公有制经济为主、私有经济成分极少的情况下，自费留学往往被看成是纯粹个人的事情。因此，不但对申请自费出国留学的人群造成一定的社会压力，而且明显不利于自费出国留学活动的健康发展。

随着中国出入境政策的松动和中外教育交流在不同层面的扩展及逐渐社会化，特别是受到 1978 年开始大量派遣公派留学人员政策对社会的震动与影响，作为一种社会的进步和对外开放的象征，并作为自由选择优质高等教育的一个新的群体现象，甚至也是作为一些人出国定居的跳板或桥梁，申请自费出国留学的人员不断增加。随着申请人日益增多，自费出国留学实践活动与管理事务中一些政策问题也开始逐渐地显现出来。如对于自费留学来说，怎样定性、是否允许、如何申请、办理手续、批准程序等政策界限和掌握原则，不仅是申请当事人多有困惑，而且也是各个用人单位人事管理政策中尚无文件可依的问题。

钱宁曾写过一本十分畅销的书——《留学美国——一个时代的故事》，书中有不少地方比较生动地描述了这个时期里中国内地自费出国留学活动的大致状态，对于了解改革开放初期中国内地自费留学政策的形成背景也许会有一些帮助。

书中说到，1978 年底，当首批 52 多名中国公派留学人员赴美的消息见诸报端之时，并没有多少中国人真正意识到这件事情所具有的历史意义以及可能对他们个人生活所产生的深远影响。到了 80 年代初，有关派遣留学生的消息开始越来越多地出现在报纸电视上，但仍然不是随便什么人都能做"出国梦"的。出国留学仍然只是少数著名科学家和一些幸运的名牌大学高材生的事情。1981 年 1 月 14 日，国务院批准并转发的教育部等七个部门《关于自费出国留学的请示》，以及同时印发的《关于自费出国留学的暂行规定》，应该说是当时中国政府在实行"对外开放"政策中所迈出的最大胆的一步。据说，几乎在 1978 年第一批中国留学人员赴美的同时，就已经有人自费出国留学了，只是至今（国内的相关政策管理机构）还没有事实和数据支持这一说法。而根据美方统计，美国驻华使馆 1979 年一年里共签发了 523 个 F—1 签证；中国官方在 1981 年初转发的《关于自费出国留学的请示》这份报告中也承认："去年以来，申请自费出国留学的人员日益增多"。据《中国教育年鉴》记载，1980 年一年内，自费出国留学的人数已多达三四千人。但是，尽管如此，在 1981 年以前，自费留学的办理仍然需要一定的"特殊照顾"。一些人为了办理自费留学的手续，不时需要进京活动，走访主管领导。至于在出国留学的动机上，每个人或许不尽相同——有人是志向高远，有人因怀才不遇；有人嫌挣钱太少，有人为婚姻。而出国对每一个人也都意味着不同的事情——可能是为国争光或是为个人发展，可能是追求金钱享受或是争取言论自由，甚至也许只是为了多生一个孩子。但是，无论人生追求是什么，出国留学在那时总是最好的选择。即使在生活中什么追求也没有，出国本身就可以成为一件值得追求的事情。一个不甘心整天瞎混日子的朋友曾感叹说："不管怎么说，出国总算件事吧！"①

在 1980 年 12 月到 1982 年 7 月仅仅约 20 个月的时间里，中共中央、国务院、中央组织部和 7 个政府职能机构，就针对自费出国留学的活动和相关事务，先后比较频繁地印发了 5 个政策性文件，平均 4 个月就有一个新的文件出台，且其中三个文件的级别还是很高的。这一现象是对特殊的历史新时期的真实写照：一是表明了国家决策层的重视程度；二是说明政策管理机构对自费留学现象的影响和作用还估计不足；三是无疑也表明了公民的自费留学活动与国家管理政策之间相互协调与磨合的过程。

一、国务院批准并颁布新中国成立以后第一部《关于自费出国留学的暂行规定》

针对中国公民申请自费出国留学数量的增加，教育部、外交部、公安部、财政部、国家人事局、国务院科技干部局和国家劳动总局等 7 个国家部委局，于 1980 年 12 月 20 日共同向国务院提交了《关于自费出国留学的请示》和《关于自费出国留学的暂行规定》。国务院于 1981 年 1 月 14 日批转了上述《请示》，批准了《暂行规定》，并请全国各单位"遵照执行"。②

1.《关于自费出国留学的暂行规定》全文虽然仅 12 条，不足 1500 字，并且还是一部暂行的《规定》，但却是中华人民共和国建立 20 多年以来，第一份关于自费出国留学的政策性文件，其意义毋庸置疑、是比较明显的。基于当时的社会政治背景和留学实践，该《规定》首次对自费出国留学活动的性质，中国政府对自费留学人员的态度，以及自费出国留学与公费出国留学的关系，自费留学人员学成回国后的安置与待遇等问题，都做出了比较明确的界定和政策性说明，从而表明了中国政府对自费出国留学事务的基本态度和，并奠定了比较宽松的政策基础。

2. 就是在将近 30 年之后来重新审视这个《规定》，其中对自费留学性质定性的准确和表明政府重视的程度都是显而易见的。如该《规定》第一次明确表示：自费出国留学是培养人才的一条渠道；自费留学人员是国家出国留学人员的组成部分；对自费留学人员和公费留学人员在政治上应一视同仁、热情接待等等。

---

① 钱宁：《留学美国——一个时代的故事》第 43—50 页，浙江文艺出版社 2003 年 1 月版。

② 国家教委留学生司编：《出国留学工作文件汇编（1978—1991）》第 559 页，群众出版社 1992 年 6 月第 1 版。

3. 这份文件还规定：中国驻外使（领）馆要关心自费出国留学人员；自费出国留学人员学习结束回国后，国家承认他们在国外的学位和学历；自费出国留学人员回国后的工作，由其所在的省、市、自治区人事部门负责安排；自费出国留学人员回国后的工资待遇，按公费出国留学人员有关规定办理。

4. 政策虽然比较宽松，但在哪些人员可以申请自费出国留学的政策把握上，站在现在的立场上来看，这个文件还是显得有些严格、拘谨和限制。如文件规定：去国外上大学或读研究生（不包括去国外工作、进修、探亲、上中、小学等），并持有国外亲友负担其出国留学期间全部费用的保证书和国外学校的入学许可证，方可申请自费出国留学。在这个文件中确定的"自费留学"，还仅仅是指由国外亲友负担其全部费用，并到国外读大学本科、研究生学位。但是，国内在职职工中的教师、科技业务骨干（如：助理研究员、讲师、工程师、主治医师、优秀运动员、文艺骨干、机关工作业务骨干等），申请自费出国留学，须按公费出国留学人员的办法和手续派出（当时称为"自费公派"）。这类自费出国留学人员，出国留学的费用自理，但出国手续按公派出国留学人员的办法办理。也就是说，上述人员不能申请自费出国留学，其政策上的考虑显然是为了尽量保留和稳定住国内各个单位的业务或技术骨干人员，或使学成后回国工作以尽量避免人才外流。

5. 有研究者认为，尽管这份文件的"暂行"二字反映出有关方面对自费留学态度和政策的"不确定性"，尽管该文件声明"经过一段实践后，必要时再作修改"，尽管管理机构对自费留学并未表现出多大的热情，但至少是还没有试图加以阻止，还不想人为地设置障碍，而是尽量希望将其纳入政府的管理轨道。因此可以认定，当时中国政府对自费出国留学的态度是相当宽松的。但是由于其具有不在国家计划之内的特点和"不可控"的属性，因此中国政府采取的基本上是一个"无为而治"的态度。①

二、教育部印发《关于在校研究生自费出国留学问题的通知》

1980 年 2 月 12 日，第五届全国人民代表大会常务委员会第十三次会议正式通过了《中华人民共和国学位条例》，并于 1981 年 1 月 1 日开始实施。这是新中国建立以来的第一部涉及学位制度的条例。为了使国内学位制度顺利实施并保证研究生人才的培养，也是出于维护国家学位制度信誉的考虑，中国政府认为必须实首先保持国内在校研究生教育与教学秩序的相对稳定。

在经过短暂的"开放自费留学政策"的最初阶段之后，为防止自费留学人数迅速增长可能带来的秩序失控和计划冲击，政策管理机构对自费留学的控制不断加强。1981—1983 年期间的自费留学政策就反映了这一变化。教育部于 1981 年 9 月 8 日印发的《关于在校研究生自费出国留学问题的通知》，② 主要是结合上述《暂行规定》的内容，从另一角度

---

① 陆丹尼［美］：《20 世纪 80 年代中国留学政策的演变》，李喜所主编《留学生与中外文化》第 406—407 页，南开大学出版社 2005 年 8 月版。

② 国家教委留学生司编：《出国留学工作文件汇编（1978—1991）》第 565 页，群众出版社 1992 年 6 月第 1 版。

强调了"不允许在读研究生自费出国留学"这样一个比较严格的政策性规定，并且提出了一些政策性限制：在学研究生（包括应届毕业研究生），不得中途停止学习而申请自费出国留学；对坚持要求自费出国留学的在学研究生，可允许其退学，但学校（研究机构）只提供学历证明，不提供学习成绩单；为提高业务水平，个别专业的研究生可到国外搜集资料、进行短期学习，但在国外的学习时间不得超过一年，一切经费包括旅费和生活费均由国外资助，但此类项目必须经教育部批准。毕业研究生应当服从国家统一分配，到工作岗位后，再按规定申请自费出国留学。

按照这个《通知》的规定以及 1981 年 1 月 14 日公布的《自费出国留学的暂行规定》的说法，当时被中国政府认可的可以申请自费出国留学的人员，只有高中毕业生出国留学读本科和大学本科毕业生出国留学读研究生两种。但由于限制还不是太严格，因此实际上大量在校本科生和在学研究生还是设法利用"退学"等各种途径，并通过种种办法申办自费出国留学。据《教育国际交流与合作史》一书提供的统计数据，自 1980 年 1 月 14 日国务院颁布第一部《关于自费出国留学的暂行规定》到 1981 年底的约两年时间里，全国共约有 6000 多人自费出国留学。这个数字基本上与当时公派出国留学人员的数量相当。[①]

三、中共中央印发《关于自费出国留学若干问题的决定》，收紧自费出国留学政策，限制"高干家属"自费出国留学，并严格教学管理和政审制度

自费出国留学兴起后的发展势头较快，其实践活动中的许多新现象也在不断超越上述两个文件的政策可以控制范围。如在当时的有关文件和后来的文章中记录自费出国留学的新情况和各种问题有：有些人申请自费出国留学不是按照 7 部委的规定由亲友提供经费资助，而是利用"不正当的手段"通过其他渠道获得资助自费留学；很多在校大学生、研究生不按照教育部的规定而采取"退学"的路径中断学习申办自费留学；申请自费出国留学人员增多的现象愈演愈烈，严重影响了国内教学秩序、学位制度与人才培养计划，引起了有关部门的担忧；在审批自费出国留学人员的申请中，有个别单位的负责人默许或帮助有关人员弄虚作假，骗取证件；大多数自费留学人员出国后没有与当地的中国使（领）馆进行联系，使国内有关部门感到对这部分人难以控制和管理；有的自费出国留学人员出国后上当受骗，生活困难，走投无路；有的遭受歧视、打击，甚至被害致死；有的追求资产阶级生活方式，腐化堕落；个别人思想反动，背叛祖国；国外的仇华和敌对势力，千方百计拉拢和腐蚀中国留学生，使其成为"和平演变"的工具；有别有用心的外国人热衷于担当中国高级干部子女的"经济保证人"，认为是"永久性的投资"，对于将来具有潜在的巨大影响等等。有关文件认定这些情况造成了"极坏的政治影响"，群众中也有反映。

为此，中共中央于 1982 年 3 月 31 日印发了《关于自费出国留学若干问题的决定》，决定"采取果断措施"，对自费留学实行更严格的限制。《决定》的级别很高，且仅限于

----

① 于富增、江波、朱小玉：《教育国际交流与合作史》第 146 页，海南出版社 2001 年 8 月第 1 版。

印发到省部一级的单位。《决定》除了再次重申与肯定"自费出国留学是培养人才的一条渠道；自费留学人员是国家出国留学人员的组成部分；对自费留学人员和公费留学人员在政治上应一视同仁"以外，针对自费出国留学实践和管理事务中的上述情况，重申、强调并提出了十项限制自费留学的新政策。其中最重要的内容有：在校大学生、在校和在职研究生不准自费出国留学；大学本科和专科毕业生必须服从国家统一分配，并在国内工作两年后，经申请批准，方可自费出国留学；研究生毕业后也必须服从国家统一分配，如需要出国留学，须经所在单位批准，按国家公派出国留学人员办法办理出国手续。另外还包括：自费出国留学必须有定居国外的可靠亲友或国内亲属提供学习和生活的全部费用的确实保证，决不允许任何人丧失国格、人格，采取乞讨或做交易的办法向国外谋求资助，以达到自费出国留学的目的；对自费出国留学人员必须进行严格的政治审查，凡政治思想反动、道德品质恶劣和有违法乱纪行为的人，不得批准出国；高级干部，即中央和国家机关副部长，省、直辖市、自治区党委副书记，副省（市）长、副主席，军队副军级以上以及其他相当职级的干部，外事和机要工作人员的子女及其配偶，今后一律不准自费出国留学，以防止被"外国反动势力"所利用；这些干部的子女及其配偶出国留学，应经国家统一考试录取，本人所在单位应如实填报政审表格，并由负责人签署意见，经教育部审核，报中央组织部（军队系统报总政治部）批准后，方可办理出国手续；所有国家工作人员不得利用职权和工作方便，为本人及子女、亲友联系出国留学，更不能纵容、包庇自己的子女和亲友在申请出国留学上弄虚作假、违法乱纪。上述《决定》还要求教育部要及时向中国驻外使（领）馆提供自费出国留学人员的名单并通报有关情况；驻外使（领）馆则要加强对自费出国留学人员的管理和教育，关心他们的思想、学习和生活，并及时向国内报告他们的情况。①

一般认为，中共中央文件的级别要高于国务院的文件，更何况国务院1981年初的文件只是"转发"七个部委的《暂行规定》。因此可以判断出，这个《决定》的针对性是比较明显的，即相当级别人员的子女利用某种便利条件违反了有关的规定。同时重申和强调了原有的规定，即只有高中毕业生或在国内工作两年以上的大学本科毕业生，才能申请自费出国留学；并且对自费出国留学经费来源的审查，必须严格按照原有规定办理。有研究者认为，根据上述新的中央文件的精神，表明自费出国政策"开始收紧"。

四、中共中央组织部发出《关于自费出国留学人员登记工作的通知》

显然是为了配合执行上述中共中央《关于自费出国留学若干问题的决定》，并实施调查以便加强对自费留学事务的监督和管理，中共中央组织部于1982年5月19日印发了一份《关于自费出国留学人员登记工作的通知》。②《通知》规定，司局和地师级及其他相当

---

① 陆丹尼［美］：《20世纪80年代中国留学政策的演变》，李喜所主编《留学生与中外文化》第406—409页，南开大学出版社2005年8月版。

② 国家教委留学生司编：《出国留学工作文件汇编（1978—1991）》第571页，群众出版社1992年6月版。

职级以上的党员干部中，以及外事和机要工作人员中，凡有子女、孙子女及其配偶已在国外自费留学或副省级以上干部家属中有公费留学的，都必须向本人所在单位的党组织登记，并于 7 月底前统一上报中央组织部。此次调查是一次性的，而非永久性；其目的是比较明确的：1. 掌握自费留学的真实情况；2. 加强党和政府对自费留学事务的领导；3. 加强对自费出国留学人员的管理和教育；4. 了解副省级以上干部家属中公费留学的状况。

五、四部委修订并颁布《自费出国留学的规定》

1982 年 7 月 16 日，国务院同意并批转了教育部、公安部、外交部和劳动人事部四部委联合制定的《自费出国留学的规定》，请全国"遵照执行"。这一《规定》，是上述 4 部委为了配合执行中共中央《关于自费出国留学若干问题的决定》的政策内容，并在研究执行原有《关于自费出国留学的暂行规定》的情况和问题后，重新制定并于 1982 年 7 月 8 日上报国务院的。《自费出国留学的规定》实际上是中共中央 3 月 31 日《决定》以及中央组织部 5 月 19 日《通知》的"公开执行版"；因为前两个文件在当时可能还属于密级较高的"内部文件"，具有原则性强、但操作性差的特点。因此可以认为，新的《自费出国留学的规定》是对原有《关于自费出国留学的暂行规定》的修订；修订的依据是中国公民申请自费出国留学实践的发展，修订的原则是中共中央的两个文件。与原有的《暂行规定》相比，新的《规定》扩展了"自费留学"的范围，即凡是申请到国外读大专、本科、研究生或进修者都属于"自费留学"的范围。但同时提出了更多的限制性政策：申请自费出国读大学或研究生者不能超过 35 岁；申请自费出国进修者不能超过 45 岁；高校在校生以及毕业后工作未满 2 年者不能申请自费出国留学；具有中级以上职称者和毕业研究生不能申请自费出国留学，只能申请公派留学。其目的一是为了稳定国内高校教学秩序；二是为了防止国内科教人才的流失。

六、对本阶段自费留学政策演变过程的简要回顾

从 1981 年 1 月到 1982 年 7 月的短短 18 个月内，中国最高权力部门和相关行政管理机构先后印发了上述 5 份有关自费出国留学政策的文件。其间明显经历了一个"由宽松到收紧"的政策演变过程。第一个文件的政策限制还比较少；第二个文件开始对研究生的申请加以限制，但政策大门并未完全关闭；到 1982 年 7 月最后一个文件出台时，则对在校生和工作两年以内的高校毕业生设置了"一律不许自费出国留学"的政策原则。上述过程无疑是反映了中国政府对人才外流和失控的担心。关于"高级干部子女及其配偶一律不准自费出国留学"政策的执行情况，时任教育部副部长的高沂先生在其自传体回忆录中有这样一段有意思地描述：1983 年，在《当代》编辑部工作的儿子小刚自己联系去美国自费留学，当时国家对限制高干子女出国留学有规定。我对他说，只要我还在教育部工作，你就不能去美国留学。一年多以后，他背着我又联系了去美国读书的学校，取得了奖学金，这次我没有阻拦他。1984 年底，他怀揣着俄勒岗大学的录取

通知书，踏上了出国求学之路。①

第八节　严格规范公派留学人员学
成后回国工作的既定政策

　　20 世纪的 50—70 年代，由于当时所处的国际国内的政治环境，以及中国政府一贯采取的"严格选拔，严格审查，严格管理"的出国留学选派方针，公派出国留学人员的回国率是一直很高。1978 年国家开始实行"改革开放"政策以来，随着公费留学人员被大量派遣到西方发达国家学习，随着人们思想的解放和东西方之间的广泛交流，中国出国留学人员的思想意识、思维方式和传统观念逐渐发生了深刻的变化。受上述变化的直接影响，开始出现了一些公派留学人员以种种正当或不正当的理由"迟归"或"不归"的现象；另外，西方国家有意无意地截留中国留学人才的形势也在不断地扩大和发展。中国的出国留学政策和要求留学人员必须回国的规定面临着一个新的挑战。因此，如何采取有效的措施以保证公派留学人员能够按期回国工作与服务，制定哪些得力的政策以做好留学回国人员的安置和使用，开始成为中国政府一个亟待解决且难度不断增大的新课题。

　　上述大量派遣的出国进修人员在外学习期限一般规定为 1—2 年左右，1981 年内留学人员回国的数量将有较大增加，出国留学人员回国的问题与政策被提到议事日程上来。为了使更多的出国留学人员能够按期回国，需要加强这方面的政策性管理。为此，中国政府的相关职能部门发布一系列比较严格的政策性文件。其主要的政策内容基本上还是延续了20 世纪 50—70 年代期间陆续制订的规章制度。

　　教育部于 1981 年 2 月 26 日印发了《关于做好留学人员回国工作的通知》。② 通知说，1981 年将有 1500 名左右的出国进修人员达到规定的学习期限，并陆续回国。为确保他们学成后按期回国，为国家建设发挥作用，需要抓紧做好这些人员的工作。通知强调，国内派出单位应配合中国驻外使馆做好教育工作，特别是目前国外敌对势力加紧策反活动，更应引起对加强管理工作的高度重视；国内派出单位要关心在外留学人员的思想、学习，保持经常联系，做好留学人员家属的工作，并积极为留学人员创造回国后的工作条件。通知还特别重申了以下一些政策原则：进修人员学习期限为 1—2 年，不得攻读学位，不得改读研究生或延长年限；学习期满后，不得申请留下工作（或变相工作），索取资助（即变相工资），应急国内工作需要所急；对极少数确因研究课题未完成或只需稍许延长，即可取得博士学位者，可延长一段时间，最多不超过半年，并需经教育部批准。

　　官方统计资料显示，1982 年之前，公派出国留学人员完成学习任务后按期回国的状况是比较好的，特别是进修人员中的大多数人基本都能够在留学期满后回国工作。如 1979 年和 1980 年两年派出的出国留学人员共有 3800 多人，其中本科留学生和研究生约 600

---

① 高沂著：《沂水流长》第 277 页，人民教育出版社 2008 年 12 月第 2 次印刷。
② 国家教委留学生司编：《出国留学工作文件汇编（1978—1991）》第 458 页，群众出版社 1992 年版。

人，其余 3200 多人均为进修人员。进修人员在国外的学习期限一般规定为 1—2 年，若按平均留学期限为 2 年计算的话，则应在 1982 年底以前陆续期满回国。实际上 1981—1982 年之内学成回国并返回原单位工作的留学人员总数达到 3100 多人，且多数是进修人员。[1]

1978—1982 年期间陆续派出的 868 名理工科类的本科留学生也将于 1982 年以后陆续毕业。但其中一些人在尚未毕业前就提出继续在国外读研究生学位的要求。应该说其中的一些想法和理由似乎是合乎情理的。对此，国务院批准了教育部于 1982 年 4 月 21 日上报的《关于出国留学的本科大学生继续在国外学习问题的请示》。[2] 该文件规定，这些本科留学生毕业后原则上应按期回国，在国内工作 2 年之后，再根据情况报考国内或国外研究生；属于个别特殊情况，如取得国外资助、个人表现好的，经中国驻外使馆同意，并报教育部特别批准后，可在国外继续学习。这一小小的松动具有比较重要的意义，体现了政策上的灵活性，并为以后的出国留学政策走向打下了一个基础。

---

① 于富增、江波、朱小玉：《教育国际交流与合作史》第 143—144 页，海南出版社 2001 年 8 月第 1 版。
② 国家教委留学生司编：《出国留学工作文件汇编（1978—1991）》第 464 页，群众出版社 1992 年版。

第六章

1982—1992 年：调整、发展时期出国留学政策的演变（上）

第一节 国内形势与国际关系的主要特点

从 1982 年到 1993 年的 10 余年间，国际政治格局以及中国的对外关系和中国国内的形势都发生了一些重要的变化。中国在国际和国内两个方面都遇到了一些困难，出现了一段内外交困的局面。在本时期内，中国政府开始逐渐摆脱对世界政治基本特征和国际形势发展趋势的传统估计与判断，即根据中国"虽然是大国，却还是发展中国家"的基本判断，对中国自身在当时国际政治中的地位作出越来越符合实际情况的评价，强调中国外交要"为经济发展服务"，要"为实现现代化服务"。与此前的几个时期相比，强调超越意识形态，并在中共十二大上提出的"独立自主的不结盟外交政策"，成为 80 年代以后中国外交变革的最突出、最鲜明特征。①

一、国内的基本情形与状况

在此期间，中国共产党先后召开了第 12 次、13 次、14 次全国代表大会。根据上述代表大会确定的方针和策略，中国政府持续坚持的改革开放总体政策，不断推动经济和社会的发展，在国内不断开创出一些新的局面：在农村实行以联产承包责任制为核心的经济体制改革，使农业生产力得到了空前解放；中共中央于 1984 年 10 月发布的《关于经济体制

---

① 杨奎松主编：《冷战时期的中国对外关系》第 197. 第 200—201 页，北京大学出版社 2006 年 1 月第 1 版；黄安余：《新中国外交史》第 208—209 页，人民出版社 2005 年 3 月版。

改革的决定》启动了以城市为重点的经济体制改革，并逐步形成全方位对外开放的新格局；中共中央于 1985 年 3 月发布的《关于科学技术体制改革的决定》，启动了新的科技发展政策，促使科学技术在"四个现代化"中发挥关键的作用；中共中央还于 1985 年 5 月发布《关于教育体制改革的决定》，提出要把教育体制改革作为进一步推进我国教育发展的突破口，使其逐步适应经济建设和社会发展的需要。

另一方面，中国国内于 1986 年发生的学潮，以及于 1989 年发生的政治风波，牵动并影响了整个世界；1987 年和 1989 年的拉萨骚乱则再度被美国国会和政府所利用，并作为对华实施"人权外交"的借口，使所谓的西藏问题日益突显出来。[①]

二、中国与美国等西方国家关系的变化与调整

中美建交后，双方关系发展迅速。其间，国务院总理赵紫阳于 1984 年 1 月，国家主席李先念于 1985 年 7 月，国务院副总理姚依林、全国人大副委员长严济慈、人民解放军总参谋长杨得志于 1986 年，中央军委副主席杨尚昆、国务委员方毅于 1987 年，国务院副总理田纪云、外交部长吴学谦于 1988 年，全国人大委员长万里于 1989 年，先后访问美国。美国总统里根于 1984 年 4 月，美国副总统布什于 1985 年 10 月，美国国务卿舒尔茨于 1987 年和 1988 年，美国总统布什于 1989 年 2 月，先后访问了中国。除了保持比较密切的高层互访和对话以外，两国在经济、军事、文化、教育、科技、互派留学生等各个领域开展了广泛的交流与合作；此期间内在美的中国留学人员已经达到 4 万多人，在华美国留学人员达到 5 千多人。中美双边贸易额由 1983 年的 44.8 亿美元增加到 1991 年的 142 亿美元；美国成为中国的第三大贸易伙伴。另外，中美双方在军事和国际安全事务中也进行了积极的合作。[②]

1989 年的政治风波后，美国政府率先制裁中国。其后，西方七国首脑会议也发表宣言对中国进行制裁。当年 6 月 5 日—20 日，美国总统布什先后宣布了对华制裁的几项措施，如暂停一切政府间销售和商业性武器出口，暂停两国军界领导人互访，有步骤地审查中国留学生要求延长在美滞留时间的请求，中止中美高级官员接触；1990 年 4 月，布什发布行政命令，允许在美国的所有中国人，无论其护照或签证是否到期，都可以继续留在美国。中美两国关系跌入建交以来的低谷。其间，达赖喇嘛多次窜访美欧等国家，获得所谓美国会人权奖，受到美国总统接见，并从 1989 年开始获得年均约 150—200 万美元的"经济援助"。实行所谓"制裁"后不久，西方七国集团中的日本在宣布制裁中国的第二年即 1990 年，率先恢复了对华的第三批日元贷款，带头松动了西方国家对中国的制裁。1990 年 10 月，"欧共体"外长会议决定立即取消对华制裁，并恢复同中国在政治、文化、经济领域的正常关系。1991 年，继日本首相海部俊树访华之后，

① 黄安余：《新中国外交》第 93 页，人民出版社 2005 年 3 月版。
② 黄安余：《新中国外交》第 87—89 页，人民出版社 2005 年 3 月版。

英国首相梅杰、意大利总理安德烈奥蒂，以及英、法和意大利等西方七国集团国家的外长相继访华。之后，世界银行和亚洲开发银行也开始恢复对华贷款。在没有解除对华制裁的情况下，美国于 1990 年 5 月宣布延长对华最惠国待遇；同年 11 月，中国外交部长钱其琛应邀访问美国，这是"政治风波"后中国高层官员首次正式访美，成为中美关系中的一个重要事件，使美国的对华制裁得以逐渐化解。1991 年 11 月，美国国务卿贝克访华倍受世界瞩目；其间，中美两国签订了保护知识产权和市场准入等方面的合作协定，讨论了军控与人权问题，并分别受到与中共中央总书记江泽民、国家主席杨尚昆、国务院总理李鹏接见。在美国宣布对华制裁仅 1 年之后，中美关系开始走上逐渐恢复和重新发展的道路。①

三、中苏关系实现正常化不久，苏联解体导致国际政治与国际关系格局发生历史性变化

中国和苏联互为最大的邻国，继续缓和双方关系是两国利益的大势所趋和根本所在。1984 年 2 月，中国政府副总理万里出访苏联参加其领导人安德罗波夫主席的葬礼，受到新任苏联国家领导人契尔年科主席的接见，成为 20 世纪 60 年代以来中苏两国领导人的首次正式会面。同年 12 月苏联部长会议第一副主席阿尔希波夫应邀访华，受到隆重礼遇，并促成两国签署了几项涉及经济贸易以及科学技术双边合作的文件。1985 年 3 月，中国政府副总理李鹏出访苏联参加其领导人契尔年科主席的葬礼，与新任苏共中央总书记戈尔巴乔夫会面，并转达了中共中央总书记胡耀邦对其就职的祝贺。同年 7 月，中国政府副总理姚依林出访苏联，代表中国政府与苏方签署了一系列涉及双边经济贸易、帮助中国建设与工业改造和派遣专家与技术人员等协定。中苏贸易额自 1982 年的 6 亿多瑞士法郎发展到 1985 年的 46 亿瑞士法郎，并计划在未来 5 年内达到 350 亿瑞士法郎。同时中苏互派留学生的数量也逐渐增多。1986 年 7 月，苏共中央总书记戈尔巴乔夫发表讲话，希望继续同中国改善关系，表示"苏联准备在任何时候和任何级别上同中国最认真地讨论关于创造睦邻气氛的补充措施问题。"1987 年 2 月—次年 10 月，中苏两国先后举行了三次"外长级"边界谈判，并就部分地段走向问题取得了双方都比较满意的进展与共识。但是，中苏政治关系还未得到根本改善。1988 年开始，苏联政府采取了三项大量减少其在亚洲本土部分驻军的具体措施：敦促越南从柬埔寨全部撤军、从阿富汗全部撤军、从蒙古实施大部分撤军，为中苏最高级会晤创造了条件。1989 年 5 月，苏共总书记并部长会议主席戈尔巴乔夫应邀访华，与包括邓小平在内的中国多位领导人会见、会谈并签署《中苏联合公报》，宣布两党、两国将在相互认同的原则基础上

---

① 杨奎松主编：《冷战时期的中国对外关系》第 203 页，北京大学出版社 2006 年 1 月第 1 版；黄安余：《新中国外交》第 87—90、第 94—95 页，人民出版社 2005 年 3 月版；于富增、江波、朱小玉：《教育国际交流与合作史》第 178 页，海南出版社 2001 年 8 月第 1 版。

发展正常关系。在经历了 30 多年的曲折以及 23 年的对抗后，中苏两国终于走到了一个新的起点，中苏关系进入了一个新时期。中苏关系的正常化，不仅符合两国和世界民众的愿望，而且有利于亚太地区和世界的和平、稳定与发展，受到当时世界舆论的关注。中国领导人邓小平曾概括这次访问的意义为：结束过去，开辟未来。1989 年时，两国贸易额超过 30 亿美元，苏联成为中国第 5 大贸易伙伴。1991 年 5 月，中共中央总书记江泽民访问苏联，推动了两国关系的进一步发展。中苏关系正常化与中美关系正常化相比，其突出的特点是在冷战的大背景之下，中国不谋求与苏联建立针对第三方的战略关系：即中苏新型关系的基本要素是不结盟、不对抗、不针对第三方、不进行意识形态斗争。纵观中苏关系正常化的全过程，可以看出中国决策层在改革开放进程中逐步形成了一种新的外交理念，并且已经超越了冷战思维原有的一些基本框架。[①]

20 世纪 80 年代末期到 90 年代初期，苏联内部的形势发生了明显变化，最终导致 1991 年 "8·19" 事件的发生。以叶利钦为首的 "激进派" 在美国和西方国家的支持下，对苏联共产党进行了摧毁性打击，并导致其迅速垮台；"独立国家联合体" 于 12 月 22 日宣布成立，12 月 25 日戈尔巴乔夫被迫辞职，苏联最终完全解体。随着东欧国家发生巨变和苏联迅速解体，"冷战时代" 由于苏联阵营的崩溃而突然结束。人们完全没有预料到，二次世界大战之后持续了 40 多年的冷战状态会以这样一种方式突然结束；人们也没有预料到，苏联这样一个称雄一时的超级大国，会在顷刻之间土崩瓦解。最滑稽的也许是西方国家对 "叶利钦炮轰国会大厦流血" 事件的态度。1993 年 10 月，俄罗斯总统叶利钦在首先违宪解散国会的情况下，动用军队包围了国会，最后用坦克炮轰了坚守在国会大厦里的议员，造成 100 多人死亡，几百人受伤的震惊世界的流血惨案。几乎就在同一天，西方国家首脑纷纷表态支持叶利钦，而这比莫斯科流血惨案本身更令人震惊：西方政府在上述 "莫斯科事件" 后作出了与当年对中国 "六四" 风波完全不同的反映，再次充分暴露了西方政客所谓 "民主" 和 "人权" 的虚伪。[②]

自从苏联解体以后，由于经济和政治上的混乱给俄罗斯的民族自尊心造成了沉重的打击。苏联解体后，中国政府尊重苏联人民的选择，尊重客观现实，不以意识形态划线，与独联体的各个国家先后建交并发展友好合作关系。1992 年，苏联解体后的俄罗斯首任总统叶利钦访华，中俄领导人宣布建立一种新型的、不结盟的、建立在和平共处五项原则基础上的睦邻友好合作关系，而不再是 20 世纪 50 年代中苏两国的结盟关系。中俄关系的建立预示着中国所面对的国际环境将进一步好转。[③]

---

① 黄安余：《新中国外交》第 53 页，人民出版社 2005 年 3 月版；杨奎松主编：《冷战时期的中国对外关系》第 197、212 页，北京大学出版社 2006 年 1 月第 1 版；张植荣等：《邓小平外交》第 253 页，海南出版社 1996 年版。

② 杨奎松主编：《冷战时期的中国对外关系》第 197、212 页，北京大学出版社 2006 年 1 月第 1 版；钱宁：《留学美国———一个时代的故事》第 316 页，浙江文艺出版社 2003 年月版。

③ 《俄罗斯，回归苏联时代?》，《参考消息》2008 年 5 月 21 日第 9 版；黄安余：《新中国外交》第 59 页，人民出版社 2005 年 3 月版。

四、中国在其他地区的对外关系不断推进与发展

在此期间，中国在其他地区的对外关系也获得了一些新的发展并在总体上趋向好转，这主要表现在与周边的国家关系得到进一步改善。如，1990 年，中国先后与蒙古、老挝等周边国家实现双边关系正常化，并与印度尼西亚恢复了中断 23 年的外交关系，与新加坡建立了正式外交关系；1991 年，中国与越南结束了长达 13 年的敌对状态，实现了两国关系正常化，并与文莱国建立正式外交关系；作为对印度政府总理 1988 年访华的回访，中国国务院总理于 1991 年出访印度，成为 31 年来中国总理对印度的首次正式出访，使两国关系朝着改善的方向发展；同年，中国同韩国建立正式外交关系。截至 1992 年，中国已经与世界上 154 个国家建立正式外交关系，并同世界上 200 多个国家和地区建立了经贸、科技和文化交流与合作关系。[①]

第二节　出国留学政策变革的基本线索

1982—1992 年期间，是中华人民共和国建立以后出国留学活动发展的重要时期，因而也是出国留学政策变化较大的时期。伴随着 10 年中错综复杂的国际、国内形势，一方面，出国留学活动的整体规模不断扩大，出国留学事务的复杂程度不断加深，中央政府、各级管理机构和留学人员群体投入的力度不断加大；另一方面，出国留学政策调整的幅度不断加快，在受到本国更多公众普遍关注的同时，也受到世界各国家的特别关注，以至国内出国留学活动的某些政策性变化，往往会引起中国留学生比较集中的发达国家的密切关注，从而使中国出国留学政策的变化成为国外舆论评价中国对外开放程度的重要尺度之一。

中国改革开放方针的全面实施逐步得到世界各国的广泛认同，不仅使经济、科技、教育和文化领域的对外合作、引进技术、引进项目和引进外资的政策不断拓展、规模不断扩大，同时也有效地持续推动了中国出国留学活动的开展与出国留学政策的进步与宽松。在此期间，1984 年 11 月 23—29 日，中国政府在北京召开了"全国引进国外人才和出国留学人员工作会议"；1986 年 12 月 13 日，国务院批准并转发了国家教育委员会《关于出国留学人员工作的若干暂行规定》即"国发［1986］107 号文件"；1992 年初国家领导人邓小平发表了有关在外留学生"要做出贡献还是回国好"的谈话，其后国务院办公厅于当年 8 月 12 日公开发布了《关于在外留学人员有关问题的通知》，即"国办发［1992］44 号文件"。这些举措对于稳定、改革和完善出国留学政策起到了重要作用；同年，中国政府领导人还提出了"支持留学，鼓励回国，来去自由"的出国留学新政策，受到了国内外各界

---

① 于富增、江波、朱小玉：《教育国际交流与合作史》第 179—180 页，海南出版社 2001 年 8 月第 1 版。

的普遍认同，意义十分重大。①

改革开放初期，出国留学人员的主体是公派出国留学人员，其中既有由国家公费派出的出国留学人员，称为国家公派出国留学人员，也有中央各部门、省、直辖市、自治区以及其他各类单位提供经费派出的公派出国留学人员，称为单位公派出国留学人员。因此，这一时期出国留学活动中发生的问题，也主要是涉及公派出国留学人员在派出和管理事务中的一些政策问题。前期存在的主要政策问题是：由于派出渠道增多，在留学人员的选派上存在着相当的盲目性；在派出人员的层次和学科结构上不够合理，攻读学位和基础学科的人员过多；对派出人员的综合素质把关不严；对于回国留学人员的安置和吸引优秀人才回国等措施不够有力，不够落实，等等。后期在政策调整方面面临的主要矛盾有：中国出国留学政策的不断修订与正常实施不可避免地受到了国内外各种因素的干扰和影响；但同时也在遭遇"制裁"和受到一些负面影响的困境下，不断进行着改革、调整与完善。② 在进入派遣出国留学人员大发展政策时期以后，一方面是出国留学人员数量的迅速增加，不但有国家派遣，还有单位派遣，使出国留学人员派遣事务呈现蓬勃发展的局面；另一方面，在大量人员出国留学的同时，也出现一些这样和那样的"问题"，例如派遣工作中的"盲目性"，它不但造成派遣质量上的问题，也产生出国留学人员学成后滞留不归问题。中国政府本着兴利除弊的方针，不断采取一系列措施，在纠正存在的问题的同时，继续推进出国留学事务的发展。③

自费留学活动的蓬勃发展以及自费留学政策的频繁调整也是本时期的重要特点。如果说国外政策基本保持稳定的话，那么随着国内政策的宽松，"出国热"迅速升温，当社会受到一定的影响，就会引起有关方面的忧虑，相关政策也就必然严格起来。这种规律性现象尤其在上世纪 80 年代中期和 80 年代末期—90 年代初期两个阶段表现的比较典型。例如当 1984 年中共中央提出"对自费出国留学，要坚决大胆放开"的要求之后，较快升温的"出国留学热"引起了政策管理机构的忧虑，其中一篇有代表性的文章《不能忽视"出国热"》认为："出国热"是一种不正常的现象，值得严重关注；1985 年报考 TOEFL 人数急剧上升使得大学生们忽视甚至放弃了本专业学习；若不加以解决（制止、引导、管理），国内重点大学就将变成"出国预备校"。④ 又如，国发〔1986〕107 号文件于 1987 年 6 月公布不久，政策管理部门就提出，许多重点院校和科研单位的学者、教授或负责人于 1988年前后发出呼吁，要求国家教育主管部门高度重视青年学生、学者不断向美国和欧洲外流的问题，并希望发布法规性文件制止日趋严重人才外流现象；于是很快就出台了大学毕业

① 国家教委留学生司编：《出国留学工作文件汇编（1978—1991）》第 121 页、第 142—151 页，群众出版社 1992年 6 月第 1 版；〔美〕陆丹尼：《20 世纪 80 年代中国留学政策的演变》，李喜所主编：《留学生与中外文化》第 409 页，南开大学出版社 2005 年 8 月版；国家教委外事司编著、陈可森执笔：《教育外事工作历史沿革及现行政策》第 45 页、第 63—64 页，北京师范大学出版社 1998 年 1 月第 1 版。

② 国家教委外事司编著、陈可森执笔：《教育外事工作历史沿革及现行政策》第 62—63 页，北京师范大学出版社 1998 年 1 月第 1 版。

③ 于富增、江波、朱小玉：《教育国际交流与合作史》第 207 页，海南出版社 2001 年 8 月第 1 版。

④ 萧航：《不能忽视"出国热"》，《高教战线》1986 年 3 期第 39 页。

生五年服务期内不能自费出国留学的硬性规定。①

一、出国留学政策发展变化的四个阶段

这一时期前后，出国留学政策其主要变化的基本线索大致上可以归纳为以下四个阶段：

1. 1978—1983 年阶段：根据国家领导人邓小平发表的意见精神，中国政府逐步确定了涉及公费选派的方针、规模、办法、条件、国别、专业及管理办法等政策性规定。其主要的政策原则可以概括并表述为"突出重点，统筹兼顾，保证质量，开拓渠道，力争多派"。选派人员以进修生和研究生为主，各单位也可以"单位公派"的形式派出留学人员，派出人员的素质较高。自费留学政策经历了一个"建立——宽松——收紧"的基本过程。

2. 1983—1986 年阶段：这一阶段国家公派留学项目着重增加选派出国攻读学位的研究生并加快了派出的速度。逐步实行部分审批权下放，并允许和支持各部门自行开发和审批"单位公派出国留学"项目。根据中共中央指示有关部门"对自费留学，要坚决大胆放开"，取消了一些自费出国留学的政策限制。国内也开始实行中外合作培养博士和试行博士后科研流动站的政策制度。出国留学渠道增多，出国留学的整体规模迅速扩大，导致"出国热"升温，尤其是高校和科研院所莫不受其影响。但是有关部门认为，由于出国渠道增多、人员数量增加，"出国热"促使报考 TOEFL 的人数和"留美"人员急剧上升，中国重点大学有变成"出国预备校"的危险；另外，出国人员的总体质量有所下降，加之受西方国家截留各国留学人才等政策的影响，部分公派留学人员逾期不归的倾向日趋明显。

3. 1986—1989 年阶段：针对上一阶段存在的问题，政策管理机构开始着手调整有关政策，并提出"按需派遣，保证质量，学用一致"的政策原则，即公派留学政策"应在保证质量的前提下，着重派出进修人员、访问学者，一般不派大学生。"其主要精神是，既要继续派遣出国留学人员，又要纠正出国留学派遣工作中的问题。派遣出国留学人员工作的初期，侧重点是把留学人员派出去。而这个政策则强调不但要派出去，还要按需要派出，保证被派遣人员的质量，并且要做到使留学人员学成回得来。中国政府采取的另一个重要措施是，公开发布国家制定的有关出国留学的政策规定，把出国留学事务置于社会公众的监督之下。新政策还首次提出并规定要实行"公派出国留学人员出国前签订《出国留学协议书》"的政策，以明确双方的权利、义务和责任等。同时，对国家公费留学国别比例作了及时的调整，并逐步完善有关管理规定和办法。但由于派出规模不断扩大，单位公派人数猛增，且人选质量继续下降，给国外管理和人才回收都造成了较大的困难。同时，公派留学人员在国外的状况越发多样、多变与复杂，因此，逾期不归的现象更为普遍。在

---

① 国家教委外事司编著、陈可森执笔：《教育外事工作历史沿革及现行政策》第 68 页，北京师范大学出版社 1998 年 1 月第 1 版。

此阶段，限制自费出国留学的政策再次出台，大体上又恢复到上述"第1阶段"的政策状态。

4. 1989—1992 年阶段：是中国出国留学政策发生较大变化的一个重要时期。在经历了1989 年春夏之交的"政治风波"、西方国家的相继"制裁"、在外留学人员逾期不归的现象日趋严重和国内一再升温的"自费出国热"之后，① 中国的出国留学政策面对天翻地覆的世界大变局，极其谨慎、却也安然稳定地度过了最困难的时期。出国留学政策从1992 年提出并确立了"支持留学，鼓励回国，来去自由"的全新内容之后，开始再次迈开了稳步发展的步伐。

二、涉及本时期留学人员统计数据的多种版本

在本书的前几章中，作者已经多次质疑过出国留学人数的统计数据，在此还是很不情愿地把相互矛盾的几组数据摆在读者的面前：差异和出入是显而易见的，原因和根据却是不得而知的。

1. 官方统计的两个不同版本

1983—1992 年国家教委公派派出和政府组织
选派出国和毕业回国留学人员统计表

年度	出国留学人员数	留学回国人员数
1983	2633（2821）	2303
1984	3073（2913）	2920
1985	4888（3246）	1424
1986	4676（3234）	1388
1987	4703（3362）	1605
1988	3786 上述括弧内数据引自	3000
1989	3329《中华留学教育史录》	1756
1990	2792	1320
1991	2440	1579
1992	2489	1601
总计	34809	18896

---

① 国家教委外事司编著、陈可森执笔：《教育外事工作历史沿革及现行政策》第62—63 页，北京师范大学出版社1998 年1 月第1 版。

另据"初步"统计，中国自 1978 年以来至 1995 年国家公费选派的留学人员约 4 万人，分布在世界 100 多个国家和地区，其中 32% 在美国、加拿大和澳大利亚，39% 在西欧和北欧，14% 在日本和其他亚洲国家，15% 在其他国家。单位公派出国留学人员有 8 万多人，自费出国留学人员约有 12 万多人，总数约 25 万人。学成回国留学人员总数约 8 万人，其中国家公费留学人员 3.4 万人，单位公派 4.6 万人，自费留学约 3000 多人。1995 年底时尚在外留学人员有 15 万人。①

2. 据教育部统计，在 1978—1987 年的 10 个年度内，国家公派留学人员总数约有 2.4 万余人，单位公派留学人员总数约为 2.2 万余人，合计约 4.6 万余人，年均约为 4600 余人，超过了改革开放起始期提出的每年派出 3000 人的政策目标。②

1979—1987 美国向中国留学人员发放签证统计③

年度	公派留学	自费留学	总数
1979	807	523	1330
1980	1986	2338	4324
1981	3066	2341	5407
1982	3327	1153	4480
1983	3328	1003	4331
1984	4420	1677	6097
1985	6912	3001	9913
1986	7673	5038	12711
1987	8179	5235	13414
总数	39698	22309	62007

3. 据另一统计数据显示："1979—1986 年间，国家公派出国留学人员的总数达 2.7 万人，单位公派出国留学人员总数为 4000 多人，公派出国留学人员总数约为 3.1 万人；自费出国留学人员总数约为 6000 多人。在 1979—1986 年的 8 年时间里，实际上平均每年公派出国留学人员约 3800 多人，超过了改革开放初期中央政府提出的每年 3000 人

① 国家教委外事司编著、陈可森执笔：《教育外事工作历史沿革及现行政策》第 40 页、第 80—81 页，北京师范大学出版社 1998 年 1 月第 1 版；李滔主编：《中华留学教育史录—1949 年以后》第 691 页，高等教育出版社 2000 年 1 月版。

② 李滔主编：《中华留学教育史录—1949 年以后》第 690 页，高等教育出版社 2000 年版。

③ ［美］陆丹尼：《20 世纪 80 年代中国留学政策的演变》，李喜所主编《留学生与中外文化》第 410 页，南开大学出版社 2005 年 8 月版。

目标。"①

4. 据有研究者根据国外文献提供的资料表明，在这一时期内，大部分中国留学人员都去了美国，以至 1985—1987 年期间"每星期来到美国的中国人比 1972—1978 年间每年来的人数还要多"。该研究者还提供了一份 1979—1987 年 9 年期间美国向中国两类留学人员发放签证的统计数据。

三、国家教委留学生司编辑并出版首部《出国留学工作文件汇编（1978—1991）》

改革开放以后，出国留学政策逐渐成为中国改革开放体系中的重要组成部分，并在十余年内获得了比快速地发展。中共中央、国务院十分重视留学活动并制定了一系列政策方针；以教育部为主的国内多个相关主管机构据此印发了近千份相关文件。这些涉及出国留心事务各个领域的政策性文件，从一个侧面记录了中国共产党十一届三中全会以后中国出国留学活动的恢复、发展和完善，并成为研究当代出国留学活动规律、经验与教训的重要文献和史料。但是由于当时计划经济体制下的历史环境和时代特点，上述文件很少有公开刊登和公布的，因此给出国留学人员和政策管理者带来了极大的不便。

为了满足当时为留学人员服务和管理出国留学事务的需要，并根据本书作者的提议，国家教委留学生司于 1991 年开始着手编辑、出版并在内部发行了《出国留学工作文件汇编（1978—1991）》。该书的编辑事务主要是由当时的留学生司政策研究处组织完成的，时任处长李振平参赞为该书撰写了《前言》。该书前期先由苗丹国负责收集和整理文件，因工作调动，后期编辑事务改由关键、董松寿和马敬平等人负责完成；其间得到了李振平、陈可森两位参赞并主管副司长王仲达参赞等其他相关工作人员的支持与帮助；最终在 1991 年 11 月完成后，于 1992 年 6 月由群众出版社正式出版并在"内部发行"。本书刊出的"编辑组"成员依次为：何晋秋、王仲达、李东翔、李振平、关键、马敬平、董松寿、苗丹国、张宁、吉基旺、白松来、陈泽滨。

《出国留学工作文件汇编（1978—1991）》是新中国成立以后第一部综合、系统的出国留学政策文件集，收录了自改革开放至 1991 年底期间涉及出国留学事务、活动的大部分政策性、资料性文件。主要分为公派留学、自费留学、留学财务管理、其他和附录共 5 个部分，每部分均按照文件发布的日期排序。全书共收录了 369 份文件，版式为精装 32 开本，1050 多页，83 万多字，定价为 22.5 元；印数不详。

《出国留学工作文件汇编（1978—1991）》的策划、编辑和出版，是中国留学政策发展历程中的重要事件；《出国留学工作文件汇编（1978—1991）》是各级管理者为留学人员提供服务与帮助的重要政策依据，也是研究当代出国留学政策与活动的重要参考文献。

---

① 于富增、江波、朱小玉：《教育国际交流与合作史》第 181—182 页，海南出版社 2001 年 8 月第 1 版。

由于《出国留学工作文件汇编（1978—1991）》收录了少量当时被列为"机密"级别的文件，因此全书也被设定为"机密"等级，并规定了若干项使用规定：如要按机密文件类别进行保管，不得转引和携带出境；不得在公开刊物上直接引用；等等。

现为美籍华人的陆丹尼女士曾同笔者讲过一个有关这本《出国留学工作文件汇编（1978—1991）》的小故事：她于 20 世纪 90 年代留学美国时，选定的博士论文题目是《20 世纪 80 年代中国出国留学政策的演变》，① 为了搜集相关资料回大陆并得知有这样一本书。而当她找到自己的母校人事处请求查阅时，这本当时是何等"神圣"的绿皮书被人事处处长小心翼翼地从保险柜里取出并告诉陆丹尼，只能简单看看，不外借拿走，更不能复印。就在陆丹尼焦急、遗憾和几乎失望的时候，居然在其后不久的某一天逛北京卖旧书的地摊儿时，意外地发现并仅用几元人民币就买下了这本书，当时的喜悦之情是任何人都可以想象出来的。其后，她"违规"将其携带出境并"违规"公开地在国外使用，最终顺利地完成了自己的博士论文。

四、国家教委留学生司编印《出国留学工作大事记（1988.12—1993.7）》

1993 年 8 月，国家教委留学生司发动各处提供资料和信息，并由李振平处长执笔，编辑和印刷了一本称之为《出国留学工作大事记（1988.12—1993.7）》的小册子。该书"编者"在前言中写到："根据工作需要，经领导决定，国家教委外事局于 1989 年 3 月分为留学生司和国际合作司。从此，出国留学工作由留学生司负责。四年多来，在党中央、国务院的直接关怀和国家教委领导的具体指导下，留学生司全体同志齐心协力，艰苦奋斗，渡过了一段难忘的岁月，取得了不小的成绩。今天，当大家回首往事的时候，内心是充实的，我们没有辜负国家的希望和人民的委托。这本小册子虽然字数有限，但真实地记录了留学生司几年来所走过的道路。它不仅是以往工作的总结，也是今后研究这几年工作的参考，对后来的同志不无裨益。这是我们编写这本小册子的初衷。作为附录的'1991—1993 年出国留学工作有关重要文件'是对《出国留学工作文件汇编》的续补。"

这本小册子为小 32 开本，全书约为 10 万多字，印数不详；内部印刷并发送，其中先后送国家档案馆、国家图书馆和教育部档案馆分别收藏；其主要内容有：1. 江泽民、胡锦涛、李铁映、严济慈、雷洁琼等党和国家领导人与出席"留学回国人员新春联欢会"的 300 多位各地代表和工作人员合影照片。2. 国家教委留学生司全体正式公职人员于 1993 年夏天在国家教委大门口的合影照片。3. 1988 年 12 月—1993 年 7 月期间的出国留学管理事务大事记。4. 1991—1993 年期间主要的出国留学政策文件。5. 先后在国家教委留学生司工作过的正式公职人员名单。

---

① ［美］陆丹尼：《20 世纪 80 年代中国留学政策的演变》，李喜所主编《留学生与中外文化》第 401 页，南开大学出版社 2005 年 8 月版。

第三节　改革和完善公派出国留学的政策体系

1982—1992 年期间，是中国出国留学活动比较活跃的一个时期，也是出国留学政策变化与发展的一个比较重要的历史时期。一方面，该时期出国留学活动的派出规模、面临形势、复杂程度都是前所未有的，并且对国内社会的影响力也有了进一步提升；另一方面，出国留学政策的某些变化与出国留学动态越来越受到世界各发达国家的密切关注并经常能够成为国际舆论的焦点，成为国外评价和观察中国对外开放政策的一个尺度和风向标。本时期尚属于改革开放的初期阶段，出国留学活动的主体还是以公派留学人员为主。因此，这一时期出国留学政策的改革与调整，主要还是涉及公派出国留学人员派出、管理与服务。

一、国务院召开"全国出国留学人员工作会议"

1984 年 11 月 23 日—29 日，国务院在北京召开了"引进国外人才和全国出国留学人员工作会议"。① 会议总结和交流了全国性出国留学管理事务的经验，研究讨论了改进的相应政策措施。会议决定，今后除国家预算每年派出 3000 名留学人员外，从 1985 年起额外增加由工商企业派出技术和管理人员到国外学习的名额，并逐年扩大；增派学习应用科学、管理科学、工程技术和农林医学等国内急需的专业人才；对自费留学人员的政策将适当放宽；改革出国留学人员工作的管理体制和管理方法；采取逐步改进对回国毕业留学研究生和大学生的分配办法；拨付专款试行"博士后科研流动站"制度；做好部分回国进修人员安排使用不当的调整工作；制定让成绩突出的部分回国人员再次出国进行学术交流的政策；等等。

二、改革开放初期公派留学效益的基本估计

在改革开放初期的 10 余年里，随着国家公派和单位公派留学人员的持续大量派出，出国留学政策的主线基本上是以调整对国家公派留学人员和单位公派留学人员的活动与管理为主。据教育部统计，1978—1987 年的 10 个年度内，公派留学人员总数约为 4.6 万余人，年均约为 4600 余人；据另一份也应该是来自教育部门的统计，1979—1986 的 8 个年度内，公派出国留学人员总数约为 3.1 万人，年均约为 3800 多人；2 个不同的数据都显示

---

① ［美］陆丹尼：《20 世纪 80 年代中国留学政策的演变》，李喜所主编：《留学生与中外文化》第 409 页，南开大学出版社 2005 年 8 月版；国家教委外事司编著、陈可森执笔：《教育外事工作历史沿革及现行政策》第 45 页，北京师范大学出版社 1998 年 1 月第 1 版。

出超过了改革开放"起始期"中央政府提出的每年公费派出 3000 人的政策目标。①

当时的政策管理层认为，多数出国留学人员在外表现良好，学习刻苦，成绩优秀，不少人在科学研究中还有所创新或压缩发明，受到了国内外科技界的好评。但由于当时还未建立起一个国家级或学术性的留学质量鉴定与评估制度、系统或机构，因而也就未能检索到当时对总体留学质量的评价报告。但有一些小范围的总结报告还是简单地描述了一些当时在外留学人员的基本状况。例如，据 1984 年美国有关部门对在美 7 所著名大学学习的中国 135 名进修人员的调查表明，其中取得优异成绩的占 10%，做出较好贡献的占 60%，取得重要研究数据的占 20%，即 90% 以上的在美高校的中国留学人员都有不同程度收获，而取得比较好的成绩的人占 70% 以上。

公派出国进修人员的学习期限一般为 1 年左右，因此从 1981 年开始，陆续有相当数量的出国进修人员学成回国。学成回国的留学人员，在各自的岗位上做出了比较好的成绩。例如，1981—1985 年期间，学成回国的留学人员总数近 9000 人，其中 90% 以上是公派出国进修人员。1985 年，国家教委曾对北京、天津、河北等省、直辖市的 10 所高校留学回国教师的抽样调查表明，90% 以上的回国教师在提高教学质量、开展科技研究、改进学校管理和开展教育国际交流等方面发挥了积极作用。另据清华大学 1985 年底的统计，该校回国教师已为研究生开出了 167 门课程，为本科生开出了 155 门课程，其中 37 门课程填补了国内空白，53 门课程填补了校内空白。又据航空工业部对本系统的部分留学回国人员的调查显示，相当部分的回国留学人员在科研上有突破、有发现和有创新，成绩突出的占 24%，成绩优良的占 53%。以上统计表明，公派留学回国人员在吸收国外的先进科学技术和管理经验、培养高级专门人才等方面发挥了积极作用，其中不少人成为科研、教育、生产等行业的骨干力量，成为各级各类领导人。上述各项调查，从不同角度证明中国派遣出国留学人员的政策是正确和有效的。因此，在总结这一时期出国留学活动的经验、成果和教训时，中央政府明确表示："通过各种形式派遣出国留学人员完全符合我国对外开放的长期方针，今后必须坚定不移地坚持下去。"②

三、中央政府确定"按需派遣，保证质量，学用一致"的出国留学政策

在出国留学活动快速发展的过程中也逐渐出现了一些新的问题。其中主要有：出国留学人员不能按期回国的现象日趋严重；派遣出国研究生与发展国内研究生教育之间的矛盾突出；一些回国留学人员不能充分发挥作用；等等。随着大量派遣留学人员政策的稳定实行，在保证留学人员正常派出的同时，实现留学人员学成回国服务的目标显得尤为重要。因此，根据出国留学活动发展中陆续出现的问题，中国政府提出了"按需派遣，保证质

---

① 李滔主编：《中华留学教育史录—1949 年以后》第 690 页，高等教育出版社 2000 年版；于富增、江波、朱小玉：《教育国际交流与合作史》第 181—182 页，海南出版社 2001 年 8 月第 1 版。

② 中共中央和国务院于 1986 年 5 月 4 日发出《关于改进和加强出国留学人员工作若干问题的通知》，李滔主编：《中华留学教育史录—1949 年以后》第 391 页，高等教育出版社 2000 年版；于富增、江波、朱小玉：《教育国际交流与合作史》第 181—183 页，海南出版社 2001 年 8 月第 1 版。

量，学用一致"这样一个新的选拔派遣公费出国留学人员的政策方针。[1]

（一）执行出国留学政策的问题之一：出国留学人员不能按期回国的现象日趋严重

根据国内以往的统计数据和政策经验，在国家公派的各类出国留学人员中，进修人员的学成回国率是最高的。但是，从 1984 年开始，出国进修人员的学成回国率也开始出现下滑趋势。据统计，1983—1986 年期间，每年派遣出国的国家公派进修人员的数量是呈上升趋势的，然而同期内，出国进修后按期回国的数量却开始呈下降趋势。政策管理层认为，虽然其中的原因有国内国外并多种多样的，但与国内的选派政策也不无关系。

研究生的学习期限不但比较长，而且还具有一定弹性，因此，在 1985 年还不能断言国内派出的研究生学成回国率高低与否。但是种种迹象表明，国家公派研究生按期回国的情况将不会十分乐观。据中国驻美国、日本、英国、法国、德国、加拿大等国家的大使馆、总领馆的调查，截至 1985 年 4 月底，已经获得博士学位的中国留学人员有 520 人，其中 412 人已经回到国内，97 人留在国外做博士后（其中美国占 83 人），另有 5 人留在美国工作。虽然这批获得博士学位的留学人员的回国率还比较高，有 80% 的获得博士学位的留学人员回国工作，但是，2% 的获得博士学位的留学人员留在国外，特别是留在国外的获得博士学位的留学人员多数是发生在美国，这在当时是一个很值得"引起重视的重要征兆"。另据中国驻美国使馆教育处对美国 24 个州 44 所大学中 1985 年和 1986 年两年将要毕业的 166 名中国留学博士生的调查，其中打算毕业后立即回国的有 25 人，占 15%；拟在美国做博士后研究的有 115 人，占 69.3%；暂无考虑的有 26 人，占 15.7%。因此表明，在美国学习的多数中国公派研究生，在获得博士学位后，将要在美国继续做博士后或选择在美工作。

有研究者认指出，在 1987 年时，尤其是留美中国学生逾期不归的趋势已经"十分明显"，回国率远远低于国内管理机构的期望，其中取得较高学位者仅占很小部分。根据当时的估计，1978 年底，已经有大约 8500 名中国留学人员为了延期回国而合法或不合法地改变了身份，占在美中国留学人员的 15% 左右。这些情况表明，政策管理层预先设定的要求研究生在获得博士学位后应立即回国工作的计划将难以实现，因此越来越引起中国领导人的关注和忧虑。对此，中国政府大致采取了一些政策性措施：一是严格选拔并向逾期不归者提出行政处理意见和赔偿要求；二是着手制定吸引回国的优惠政策；三是呼吁美国政府予以合作，敦促完成学业者按期回国。

（二）执行出国留学政策的问题之二：派遣出国研究生与发展国内研究生教育之间的矛盾突出

随着国内研究生教育的发展，派遣出国研究生与国内研究生教育发展的矛盾也逐渐突

---

[1] 中共中央和国务院于 1986 年 5 月 4 日发出《关于改进和加强出国留学人员工作若干问题的通知》，李滔主编：《中华留学教育史录—1949 年以后》第 391 页，高等教育出版社 2000 年版。

出出来。1981 年，中国建立了 1949 年以来的第一个自己的学位制度，研究生教育事业得到较快发展，在校研究生数量从 1981 年的 2.1 万人，增加到 1985 年的 8.7 万人，增加了 3 倍多。1981 年以前招收的研究生中，攻读博士学位的研究生数量较少。例如，1982—1985 年间，全国只有 157 名研究生获得博士学位，而同期毕业的硕士毕业生达几万人。1984 年以后，中国赴美研究生中攻读博士学位的数量明显增加，1984 年在校研究生中攻读博士学位的研究生数达到 1243 人；1985 年全国招收的博士研究生总数达到 2633 人，使当年在校攻读博士学位研究生总数达 3639 人。根据国内经济建设事业发展的需要，中央政府决定"七五计划"（1986—1990 年）期间国内研究生教育要有较大发展，特别是博士研究生数量应有较大增加，在校博士研究生总数计划达到 1 万人。在国内加大研究生、特别是博士研究生培养力度和能力的时候，派遣出国研究生的数量也增加较快。1982 年国家派遣的出国留学研究生数量首次超过 1000 人，1983—1985 年的 3 年期间，国家每年派遣的出国留学研究生数量分别为 1490 人、1364 人、1659 人，而其中绝大多数又都是到国外攻读博士学位的。

上述情况表明，中国当时派遣出国留学研究生的渠道是畅通的，国外高校接受中国研究生的潜力也是较大的。但是教育政策管理机构认为，派遣出国留学研究生与国内研究生教育的发展矛盾也逐渐显现出来：1985 年国内在校攻读博士学位的研究生总数为 3639 人，而 1985 年派遣出国攻读博士学位的研究生数达 1659 人，两者比例约为 2：1。但是教育政策管理机构认为，如果这种情况继续发展，国内博士研究生教育的发展将面临着与派遣出国研究生争夺研究生人才即生源的形势，国内博士研究生的培养计划也会受到冲击而难以完成。因为国内很多大学毕业生比较热衷出国攻读研究生，而放弃报考国内研究生；同时，由于国外高校接收中国的研究生的渠道已经比较畅通，在不能被录取为国家公派出国研究生后，很多人又往往会以自费留学的方式出国攻读研究生。大量国内高校毕业生争相出国攻读研究生的现象，严重冲击了国内大规模发展研究生教育的计划，国内从事研究生培养的高等学校也对此反应强烈。

也就是说，一方面，根据中国科技发展的需要，某些学科的研究生国内还不能培养，或者说培养的水平还不高，确实需要派遣一些研究生出国学习；另一方面，中国国内的研究生教育也要逐步发展起来，不能因为派遣出国研究生而影响到国内研究生教育的发展。据此，当时提出的政策目标是：既要派遣一定数量的研究生出国学习，为国家培养高级科学技术人才，又要使国内的研究生教育能够不断发展。

（三）执行出国留学政策的问题之三：本科留学生多数不能按期回国

在大量派遣出国留学人员的初期阶段，中共中央书记处就已经提出过明确要求，即除外语和个别特殊专业外，一般不再公费派遣本科留学生。1979—1982 年期间，全国共派出约 700 多名本科留学生前往欧洲国家和日本的高校留学。1982—1986 年期间，这些本科留学生本应该陆续本科毕业。上述本科留学生多数是理工科类专业，在国外学习的期限一般应为 3—5 年，所以到 1986 年时，其中的多数应该毕业回国。而从这些本科留学生毕业后是否回国的实际情况来看，中央政府关于一般不再派遣本科留学生的政策是比较正确的。虽经国务院批准，教育部于 1982 年专门发出有关通知，规定这些本科留学生毕业后一般不得留在国外继续学习；待回国工作两年后，可根据需要再申请出国攻读研究生。但实际上其中多数人仍然采取了"到期不归"的态度，有数据表明上述本科留学生实际按期回国的人数仅占 1979—1982 年期间派出总数的 19%，另外 81% 的国家公费派遣本科留学生，于毕业后都留在国外继续攻读研究生或在国外就职。

自费留日学者王雪萍曾对 1980—1984 年中国公派赴日留学本科生的情况进行过专门研究。认为上述 19% 的本科毕业后回国率偏低的主要原因是"希望读取更高的学位"；当这批人员取得硕士或博士学位以后"曾回国"的人员达到 67.5%。因此她认为：公派本科留学生的回报与效果需要长期考察；本科留学生容易融入国外社会并成为中外交流的桥梁；公派本科留学生取得更高学位并成为高层次人才后，或回国工作或多以各种形式与国内合作；当年中国政策管理部门停止派遣本科留学生虽然是有一定理由的，但由于过早的判断与结论造成对本科留学生价值估计不足的现象也是存在的。[①]

（四）执行出国留学政策的问题之四：一些留学回国人员不能充分发挥作用

一些回国留学人员不能充分发挥作用，是出国留学政策中存在的另一类突出的问题。到 1985 年时，大致已有近万名出国留学人员学成回国。但是，鉴于当时国内的改革工作刚刚全面开展，很多单位多年积累的"工作效率不高、各种观念陈旧"的问题一时还不能完全解决，因而造成一些回国留学人员不能充分发挥作用。发生回国留学人员不能充分发挥作用的另一个原因是，很多单位想方设法争取派遣其工作人员出国留学，但其中很多单位并不具备留学人员回国工作的条件，包括经费、设备和目标等。出国留学人员在国外学习了一些先进的科学技术，回国后要求在国内应用和发展他们在国外学习的新东西，但不是国内的每个单位都具备这样的条件的。留学回国人员不能充分发挥作用的现象，反过来影响到仍然在外学习的留学人员，使他们在是否按期回国的问题上犹豫不决。

（五）"按需派遣，保证质量，学用一致"政策的确定与实施

针对上述情况和陆续出现的问题，中央政府指出，出国留学政策存在着"派遣计划紧密结合国家建设的需要不够，学用脱节，有些留学人员回国后未能充分发挥作用"等问题。对此，中央政府强调"必须高度注意，并本着总结经验、引导教育、兴利除弊的原则，切实加以解决"；并首次提出："出国留学工作要做到按需派遣，保证质量，学用一致；加强对出国留学人员的管理和教育；努力创造条件，使留学人员回国后能学以致用，

---

① 王雪萍：《改革开放初期中国的派遣本科生留学政策——以 1980 年至 1984 年派赴日本、前西德的本科留学生为中心》，李喜所主编《留学生与中外文化》第 376—398 页，南开大学出版社 2005 年 8 月版。

心情舒畅地发挥作用，为祖国建设做出贡献。"① 这个新提出来的公派出国留学政策后来就被概括为"按需派遣，保证质量，学用一致"。

新提出的"按需派遣，保证质量，学用一致"政策涉及并概括了当时公派出国留学人员的选拔、派遣、管理以及回国等方面存在的各种问题，因而也就成为此后一个时期内公派出国留学政策改革最基本、最重要的导向性政策。自1986年开始，国内开始陆续采取各种措施，落实、贯彻和执行国家提出的"按需派遣，保证质量，学用一致"的政策，并对各类公派留学人员的选拔、派遣和管理体制着手进行改革。

（六）公派出国留学的概念与划分

从大量派遣出国留学人员以来，除了中央政府按计划派遣出国留学人员外，国内的中央机关各有关部门，省、自治区、直辖市以及许多单位，也根据本部门、本地区、本单位的需要选拔、派遣出国留学人员。选拔、派遣办法与国家公派出国留学人员的选拔、派遣方法基本相同。但是，随着派遣出国留学人员的增多，国家以及部门、省、自治区、直辖市等单位选拔派遣的出国留学人员的经费负担办法也不尽相同。简单地说，有的出国留学人员的经费完全由国家和派出单位负担，这类人员占多数；有的出国留学人员的部分经费是由国家和派出单位负担的，而且由国家和派出单位负担部分的多少，对于不同的人差别也很大。因此，对那些派出单位只负担其部分经费的出国留学人员，他们是否也属于公派出国留学人员，存在认识上的偏差。

首先就要弄清国家公派留学人员的概念。所谓国家公派出国留学人员，是指按国家统一计划，面向全国统一选拔并派出，执行统一经费开支标准的出国留学人员。这里强调的是统一选拔、派出和执行统一经费开支标准等3项内容，不是仅以留学生在国外经费的负担办法来确定其是否是国家公派出国留学人员的。只要是国家统一选拔和派出的，不管国外接受单位是否提供或提供多少经费，他们都是国家公派出国留学人员。所谓单位公派出国留学人员，是指中央部委，省、自治区、直辖市以及其他单位，根据本部门、本地区、本单位培养高级人才的需要，自筹经费，按部门、地方、单位确定的经费开支标准，选拔、派遣的出国留学人员（包括纳入部门、地方、单位派出计划的；通过取得各种奖学金、贷学金等派出的留学人员）。这里除了强调按单位需要选拔、派遣和执行单位确定的经费开支标准外，还特别指出，纳入地方选拔、派出计划，通过获得国外接受单位奖学金等资助而派出的留学人员也是公派出国留学人员。总之，不能以国外接受单位提供的经费多少来确定是否是公派出国留学人员，主要依其派出是否纳入国家或地方的选拔、派出计划。②

---

① 中共中央和国务院于1986年5月4日印发《关于改进和加强出国留学人员工作若干问题的通知》，李滔主编：《中华留学教育史录—1949年以后》第391页，高等教育出版社2000年版。

② 以上参见于富增、江波、朱小玉：《教育国际交流与合作史》第181—196页，海南出版社2001年8月第1版；〔美〕陆丹尼：《20世纪80年代中国留学政策的演变》，李喜所主编《留学生与中外文化》第411—412页，南开大学出版社2005年8月版。

四、国家教委召开第13次全体委员扩大会议，专题研究进一步改进出国留学工作的有关事项

1988年10月28日，国务委员兼国家教委主任李铁映主持召开了"国家教委第13次全体委员扩大会议"。[①] 会议传达了中共中央对出国留学工作的指示精神，并对进一步改进出国留学工作政策进行了研究和部署。

会议回顾了1978年以来公费派遣和自费出国留学的基本情况：1978—1987年，中国大陆共向76个国家、地区公派留学人员约4.6万人；其中访问学者、进修人员3.2万人，研究生1.2万人，大学生1300余人，此外，自费出国留学人员约有1.8万人；同期留学回国人员约2.2万人，其中绝大多数为访问学者和进修人员，公派博士研究生也有700多人回国。

会议认为这10年是中国派遣出国留学人员规模最大的时期，积累了不少经验，成绩是显著的，取得了历史性的突破。事实证明了这10年来中国的出国留学政策是成功的；因此对出国留学工作要站得高一点，看得远一点，进一步总结经验，完善政策，要以改革开放精神，把出国留学工作提高到一个新的水平。

会议强调，当前和今后一个时期出国留学工作的重点，是认真帮助留学回国人员解决好工作和生活上的问题，要造成一个使留学回国人员能够充分发挥聪明才智，为国家建设作贡献的良好环境；要尽可能地为留学回国人员创造良好的工作环境和生活条件，要尽可能拓宽留学回国人员的就业范围，实行择业自由，贯彻"人才流动、合理竞争、双向选择"的原则。即留学回国人员可以到政府部门、公司、企业、高等学校和科研单位工作，也可以到集体所有制单位、外国独资、中外合资等企业工作，或应聘到国际组织任职。对于留学回国人员所需的编制、高级专业技术职务数，要积极给予解决；对留学回国人员的住房及其家属的城市户口问题，要妥善予以解决；在国家教委的指导下成立的"留学服务中心"，要为留学人员提供各种服务。

会议还强调，对仍在国外留学人员的具体问题的处理要采取适当灵活的政策，采取通情达理的做法，给予合情合理的解决。

会议还指出，根据国家建设的实际需要，是做好派遣留学人员工作的前提。要继续贯彻执行"按需派遣，保证质量，学用一致"的方针，对公派留学人员要做到精选精派。要充分利用国内的研究生培养条件，逐步做到研究生的培养立足于国内。要增加国内外联合培养博士研究生的数量，增加进修人员、访问学者和博士后人员的派出数量。要改变国家公费派出留学人员的拨款办法，设立国家留学基金，成立基金管理委员会。对那些经实践检验比较成熟的政策和规定，应逐步用法律形式固定下来，并使这方面的工作尽快纳入依法办事的轨道。

---

① 国家教委外事司编著、陈可焱执笔：《教育外事工作历史沿革及现行政策》第52—53页，北京师范大学出版社1998年1月第1版；陈昌贵：《人才外流与回归》第188页，湖北教育出版社1996年2月第1版。

会议还要求改进对在外留学人员的服务、教育和管理工作，并希望各地各部门对出国留学工作要站得高一点，看得远一点，进一步总结经验、完善政策，以改革精神把出国留学工作提高到一个新的水平。

五、国家教委发布《关于选拔 1989 年国家公费出国留学人员的通知》

1989 年 2 月 10 日，国家教委发出《关于选拔 1989 年国家公费出国留学人员的通知》，[①] 要求选派国家公费出国留学人员要根据国家经济建设需要和财力的可能，以培养国内急需的高级专门人才为主，在保证国家当前重点建设项目需要的同时，兼顾长远需要和地方的需要，要根据中共"13 大"关于深化改革和中央对出国留学工作的指示精神，对国家公费出国留学人员的选派办法进行必要的改革，以使"按需派遣，保证质量，学用一致"的选派方针真正得到贯彻落实，做到精选和精派。1989 年国家公费出国留学人员的选拔，除个别部门、地方外，不再采用分配国家公费出国留学人员名额的办法，由各部委、各省、市、自治区组织所属单位按照统一规定的项目推荐人选，然后由国家教委设立的专门机构组织专家评议后审核确定。选拔名额与 1988 年持平，约 1800 人。另外选拔在学博士生和攻读博士生学位研究生各 200 名。

拟设立的 3 个出国留学项目有：

1. 访问学者项目：其目的是为国内高科技、国家级和部门、地方重点科研和开发项目以及国内新兴、薄弱、边缘学科的建设和发展服务，学习期限为半年、1 年和 1 年半。

2. 在学博士生项目：其目的是选派一些国内在学博士生到国外利用当地的先进设备进行实验工作，接受有水平的国外导师指导，或收集资料等，以提高博士生的质量。目前仅限于试点。在外学习期限为一年到一年半，最长不超过两年。

3. 出国读博士项目：设此项目是为了国内新兴、薄弱、边缘及其他特殊学科的建设，培养德才兼备的骨干人才。国内已获硕士学位的优秀在职人员可申请此项目。学习年限根据所在国学制确定。《通知》还要求按 1988 年国家分配名额的 2 倍左右数额择优选拔、推荐人员。

六、改革选派国家公派出国进修人员的政策

（一）扩大出国进修人员比例

鉴于派遣本科留学生的按期回国率偏低，以及派遣出国研究生与国内研究生教育之间的矛盾，中共中央、国务院 1986 年 5 月 4 日发出的《关于改进和加强出国留学人员工作若干问题的通知》[②] 明确规定，应在保证选拔质量的前提下，着重派出进修人员和

---

① 国家教委留学生司编：《出国留学工作文件汇编（1978—1991）》第 221 页，群众出版社 1992 年 6 月第 1 版。

② 李滔主编：《中华留学教育史录——1949 年以后》第 390 页，高等教育出版社 2000 年 1 月版。

访问学者。国家教委在1987年12月发出的《关于进一步贯彻中央出国留学人员工作方针的通知》①中也再次强调，从1987年起，访问学者和进修人员应占到国家公派的70%。

（二）增加派遣高级访问学者出国短期研究

即增派具有副教授、副研究员以及相应专业技术职务以上、且在国内科研或教学岗位上直接参加较高水平科技研究并具有较高学术水平、能够用外语直接进行交流的人员。为了加强对国外科技发展最新动态的了解，跟踪国外先进科学技术研究，促进与国外高层次学者之间的学术交流和科研合作，从1987年起，国家公派出国留学计划中增加了"高级访问学者"类留学人员。鉴于80年代初期从国外回国的留学人员，已经在国内工作了数年，以及在高等学校和科研机构任职的具有国内博士学位的教学和科研人员数量的增加，国家教育委员会于1991年规定，高级访问学者应该优先从以下两类人员中选拔：曾在国外留学，回国后至少工作2年以上并做出成绩的人员；在国内取得博士学位后，经2年以上工作实践并取得成绩的人员。一般出国进修人员、即访问学者的年龄不超过50岁，高级访问学者的年龄可适当放宽。一般进修人员在国外的学习时间一般为1年，高级访问学者在国外研究的时间一般为半年左右。

（三）改革国家公派出国进修人员和访问学者的选拔办法

从1978年开始大量派遣出国留学人员以来，出国进修人员和访问学者的选拔一直采取把相关名额分配到中央各部门、省、自治区、直辖市（省部级单位），再由省部级单位分配到各自所属单位，由有关单位按照国家规定的统一政策标准进行选拔。出国进修人员和访问学者的选拔标准有4项，即政治、业务、健康和外语，当时的管理者称其为"四脚落地"。前3项均由各个单位考核审查，外语由教育部统一命题，并由省部级单位统一组织考试。最后由省部级单位的教育或人事部门，综合审查情况和外语考试成绩后提出本部门和地区的出国进修人员和访问学者名单，报国家教育委员会审核批准。在国家教育委员会于1986年12月发布的《关于出国留学人员工作的若干暂行规定》中，把上述办法概括为：公派出国进修人员和访问学者的选拔，实行单位推荐，学术组织、技术部门评议（考核），人事部门审核，领导批准的办法。鉴于很多报考出国进修人员的外语水平较低，如果严格按照规定的外语标准，很难录取足够数量的出国进修人员。因此，从1982年开始，对出国进修人员的外语考试实行两种分数线政策，一是出国进修分数线，即达到这个分数线的进修人员可以联系出国进修单位；二是出国培训分数线，达到这个分数线的出国进修人员，须到教育部指定的高校外语培训部参加半年左右的外语培训，经培训考试达到出国分数线后方可联系出国进修单位。在上述选拔办法中，政治、业务、健康3个方面的审查都是由推荐单位主持进行，只有外语需参加全国统考，因此可以说，出国留学人员的确定

---

① 国家教委外事司编著、陈可森执笔：《教育外事工作历史沿革及现行政策》第51页，北京师范大学出版社1998年1月第1版。

在很大程度上取决于推荐单位。

在实行选拔出国进修人员和访问学者政策的初期阶段，各单位一般还能够把比较优秀的人员选拔出来。但是，随着出国进修人员和访问学者的增多，出国进修留学人员和访问学者的质量开始下降并成为人们关注的一个问题。如国家教委于 1988 年 5 月 10 日在《关于保证公派出国进修人员、访问学者选派质量的通知》[①] 中指出，近两三年来，国内外反映国内派出的进修人员和访问学者质量下降，特别是业务质量有所下降；有些人员名义上为访问学者，实际上是访问学生。当时的政策管理部门认为，产生这种情况的客观原因，主要是 1978 年以来，国内需要派遣出国留学人员的单位，已经选拔了相当数量的优秀人员作为进修人员和访问学者出国学习，业务和政治质量比较好的人员多已有过出国留学的经历。而在国内继续增派公费进修人员和访问学者的情况下，限于当时的选拔机制，以及有些选拔单位实际实行"轮流出国"的做法，使一些政治上合格但业务水平稍差的人员，或一些刚刚从学校毕业仅两年的年轻人员，也被选拔作为进修人员和访问学者出国学习。这些年轻的进修人员和访问学者，在国内接触实际工作的时间比较短，对国内的教学、科研状况缺乏了解，又缺乏一定的科研工作经验和独立进行科研的能力，这样的人出国后，不可能在其学科领域内开展必要的研究工作，这是出国进修人员业务水平下降的重要原因之一。因此，仅仅由单位确定出国留学人员人选的办法，已经不能保证出国留学人员的质量。政策公里机构在重申要保证出国进修人员和访问学者条件的同时，开始着手对出国进修人员和访问学者的选拔方法进行改革。

1989 年，国家教委对沿用了约 10 年的出国进修人员和访问学者的选拔办法进行了改革，于 1989 年 2 月 10 日印发了《关于选拔八九年国家公费出国留学人员的通知》。[②] 该《通知》在重申要保证选派条件的同时，认为原有的选拔办法"也暴露出一定的问题"。从 1989 年开始，国家公派出国进修人员和访问学者的选拔，除个别单位外，一律采用由各省部级单位按照统一规定推荐人选，然后由国家教委组织专家对被推荐人进行评议，最后，国家教委根据专家评议结果进行审核并决定录取名单。为了保证有比较充分的选择余地，省部级单位按 1988 年分配名额数的两倍推荐人选。上述新的选拔办法被概括为：单位推荐，专家评议，主管部门审核批准。

在推荐出国进修人员和访问学者人选时，除了按规定的政治、业务、健康条件进行审核外，还要考虑国内经济建设的需要。国内经济建设需要的，要优先考虑，否则，即使有合适的人选，也不能纳入出国进修人员和访问学者的范围。为此，国家教委于 1990 年提出，各单位推荐出国进修人员和访问学者候选人时，要优先保证国家一些重点项目的需要：国家或省部级的重点科技攻关项目、重点建设项目和重点学科建设项目；国家或省部级急需的高级专门人才培养项目；个别单位因特殊要求而确定的急需项目等。

同文还规定，需要具有高级专业职务（称）或行政机关司（局）级及以上职务人员的推荐信对被推荐留学的人员予以保证和确认；对具有中级专业技术职务（称）的

① 国家教委留学生司编：《出国留学工作文件汇编（1978—1991）》第 207 页，群众出版社 1992 年 6 月第 1 版。
② 国家教委留学生司编：《出国留学工作文件汇编（1978—1991）》第 221 页，群众出版社 1992 年 6 月第 1 版。

出国进修人员和访问学者候选人，必须有两封推荐信予以保证；对具有副教授以上及相应专业技术职务（称）的出国进修人员和访问学者候选人，应至少有一封推荐信予以保证。

新的选拔出国进修人员和访问学者政策的关键在于"专家评议"制度的设立。为此，国家教委对专家评议的主要内容和标准做出了明确规定：（1）出国进修研究的项目是否是国家和中央各部门、省、直辖市、自治区急需的项目；（2）出国进修人员拟去的国家或国外单位是否具有达到其出国目的的进修和研究的条件；（3）对出国进修人员实际能力的评价；（4）进修人员的国内派出单位是否具备出国进修人员学成回国的工作条件；等等。为了有利于专家给出切合实际的评价，在文科、理科、工科、医科、农科等 5 个学科内，共设置了 45 个专业的专家评议组，每组至少有 5 位以上专家参与上述评议。上述新的选拔出国进修人员和访问学者的政策，使出国进修人员和访问学者的业务质量更加具有可信性，从而可以基本保证"按需派遣，保证质量，学用一致"政策能够充分落实。

（四）改进公派出国留学人员政治审查制度和办法

据当时的政策管理层透露，在出国留学人员的政治审查方面也出现过一些问题。例如，发现个别在外公派出国留学人员反对四项基本原则，诋毁中国共产党；少数人表现比较自私，仅考虑个人得失，甚至崇洋媚外，把自己的祖国和人民说得一无是处；少数人崇尚资产阶级的腐朽思想等等。政策管理层认为，这些情况的产生，与对出国留学人员的政治审查制度不健全有关。为此，国家教委于 1987 年 4 月 11 日印发《关于加强公派出国留学人员政治审查工作的通知》，[①] 提出了改进和完善公派留学人员政审制度的政策性意见，要求对公派出国留学人员的政治审查要听取群众意见，不能仅由少数人说了算；要以科（室）或系（所）一级基层单位为主，并由选派单位的人事部门会同基层组织的行政领导、党支部、党总支书记，对留学人员共同进行考察；最后的政审意见，应由选派单位的第一责任人签字，并要对今后出现的问题承担责任。

七、改革国家公派留学研究生选派政策

（一）减少国家公派出国研究生的数量

上述于 1986 年 5 月印发的《中共中央、国务院关于改进和加强出国留学人员工作若干问题的通知》[②] 还明确规定：要适当减少攻读硕士学位的研究生，增加攻读博士学位的研究生，积极开辟中外合作进行科学研究和培养博士的途径。同年 6 月，国家教委进一步规定，国内高级专门人才的培养应基本上立足于国内，派人出国留学的制度，要有助于国内人才的培养，不能影响国内高等教育事业的发展。在制定 1987 年派遣出国留学人员计划时，国家教委又进一步具体规定：国家公派出国研究生名额一般占国家公派留学人员总

---

① 国家教委留学生司编：《出国留学工作文件汇编（1978—1991）》第 163 页，群众出版社 1992 年 6 月第 1 版。
② 李滔主编：《中华留学教育史录—1949 年以后》第 390 页，高等教育出版社 2000 年版。

数的 25%，为 600 人左右。这个数字比 1982—1986 年期间每年国家公派出国研究生的数量减少了一半以上。

（二）改革出国留学研究生的招生办法

1982 年以后，国家公派出国研究生主要是从高校的本科毕业生中选拔和派遣，并由国家教委统一负责管理。1986 年以前，虽然出国研究生的招生与国内研究生的招生是同时进行，并都是由高等学校录取，但出国研究生是国家教委委托有关高等学校招生，因而出国研究生个人实际上与有关"代录取"高校没有隶属关系。上述被选拔出来的出国研究生在有关高等学校进行一些必要的出国准备之后，由国家教委统一派出。这种选派出国研究生的体制，造成用人单位的高等学校与留学研究生管理的完全脱节。因为出国研究生是由国家派出的，不是由高等学校派出的，因而他们在国外学习期间与国内的任何高校没有关系，也没有其他单位与他们保持联系；而这些出国研究生在国外学习期间，国家教委又不可能直接管理所有在国外的研究生，因而不利于出国留学研究生的管理，也不利于他们学成回国后的工作安排；甚至连个人"人事档案"的存放都没有着落，以至于到本世纪以后，还不时有上述人员回国后到处查找本人"人事档案"的现象发生。为了便于对出国研究生的思想品德和业务水平进行全面考核，并使他们到国外选学的专业符合国内需要，中央政府决定改革国家公派出国研究生的招生办法。从 1986 年起，国家教委把大部分公派出国研究生名额分配到用人单位，即高等学校、科学研究单位和其他用人单位，小部分由国家统一掌握。同时规定，国家公派出国研究生不仅应为具有大学毕业水平的成绩优秀的人员，而且对不同学科的出国研究生，还要求必须具有不同年限的国内实际工作经验。因此，作为出国研究生的选拔条件，增加了出国研究生应在国内实践工作经验，便成为这次改革的重要内容。此外，还要求出国研究生的外语能力必须达到能听课的水平。总之，在出国研究生的选拔方法上，放弃过去单纯以考试成绩录取出国研究生候选人的方法，改为考试、考核和推荐相结合的选拔方法。

到 20 世纪 80 年代后期，一方面，国内研究生教育有了较大的发展，在校研究生数量有了很大增加；另一方面，国内研究生发展的薄弱环节主要是博士研究生的培养。虽然国内高等学校在校博士研究生数量已经有显著增加，但是，一些学科的博士生培养力量比较弱，还有些学科不能培养自己的博士生。随着国内研究生教育的发展，对出国研究生的派遣也提出了一些新的问题。主要有两个方面：一是国内已经有相当数量的获得硕士学位的研究生毕业，可以从中选拔一些到国外直接读博士学位，不再需要派遣大学毕业生到国外从攻读硕士学位开始起步；二是鉴于出国研究生在国外的学习时间较长，不利于国内科学技术的更快发展，因而要采取一些方法，使出国研究生在国外的学习研究时间适当缩短。为此，80 年代后期开始，对出国研究生的选拔、派遣实施了一些新的措施。

（三）确定并实行"联合培养"博士研究生政策

1985 年以后，国内研究生教育有了长足发展，在校研究生数量有较大增加，但博士生的培养能力仍然不足，且出国培养的周期又过长。为此，1988年国家确定了"中外联合培养博士研究生"的政策。其选派政策要点为：应属于国家重点学科和新兴学科；由中央政府划拨专项经费支持；须派遣单位提出培养目标和在外学习期限；合作培养博士研究生以进修人员或访问学者名义派出，不在国外注册，不攻读国外学位，不交学费；合作培养博士生必须回国进行论文答辩，由国内高校授予学位。

根据以上政策原则，国家教委先后于1988年批准了第一批中外合作培养博士生共45人。1991年，根据中日两国政府教育交流协定，国内高校与日方高校合作培养40名博士研究生。这些合作培养的研究生名额，由国家教委下达给有关高校，由有关高校推荐人选。所推荐人选的学科须是经国家批准的重点学科和新兴学科，同时兼顾日方合作单位的有关学科的学术水平，并要选择日方高校具有世界领先水平的学科。同年，国家教委还选拔了12名博士研究生，与欧洲经济共同体有关国家的高等学校或研究机构合作培养博士研究生；另从国内30多所高校于1989年下半年入学的在读博士研究生中选拔了50人左右，以合作培养方式派赴德国、英国、法国学习。虽然合作培养博士生是中国派遣出国研究生的一个方式，但其十分数量有限。此外，在合作培养博士研究生中，也发生有人不能按期回国而在国外高等学校转读学位的情况。

（四）实施"精选少数研究生出国攻读博士学位"的政策

所谓精选，就是采用专家评议的办法选拔出国研究生。国家教委于1990年制定了新的派遣研究生计划，即从人才培养的长远需要出发针对国内一些薄弱、边缘、新兴学科，继续选拔派遣少量出国攻读博士学位的研究生，作为国内高级人才培养的补充。其选派的政策原则是："精选精派，定向定人，力争保质保回。"对这些公派出国研究生的选拔条件，除了应"具有两年实际工作经验，政治立场坚定，现实工作和思想表现好，业务能力突出"外，要求从已获得硕士学位的在职人员中选拔。为了使这些原则得到落实，针对这批出国留学研究生的选拔、派遣政策，采取了一些具体步骤：首先确定派遣博士研究生的去向国家，第一批被确定为我国派遣博士研究生的国家有英国、德国、日本3国。其次确定派遣出国博士研究生的学科，国家教委规定了高等学校需要派遣博士研究生的学科，其他中央各部门、省、自治区、直辖市根据本系统科研和人才培养的需要提出推荐博士研究生的学科。第三，国家教委将名额直接下达到高等学校和有关部门，由这些单位按规定推荐人选。第四，对推荐上来的候选人，再经过专家评议，并规定了评议的量化标准。最后，国家教委在专家评议的基础上，确定出国研究生的名单。对这批研究生的派出，明确提出"保质保回"的政策目标。是1979年大量派遣出国留学人员以来首次提出的政策原则。对当时的状况具有明确的针对性，是在总结过去派遣公派出国研究生的经验集训后提出来的，对公派出国留学人员提出这样的要求也是合情合理的。这批派遣的出国研究生是从国内具有硕士学位的毕业研究生中选拔的，因而他们在国外的学习时间相对本科生和硕士生要短。[1]

---

① 于富增、江波、朱小玉：《教育国际交流与合作史》第193—196页，海南出版社2001年8月第1版。

八、国家教委印发《关于做好一九九○年国家公费出国留学人员选拔工作的通知》

1989 年 10 月 28 日，国家教委印发的《关于做好一九九○年国家公费出国留学人员选拔工作的通知》[①] 指出，1990 年国家公费出国留学人员选派的规模大体与 1989 年的选派规模相同。

上述《通知》确定的选派对象主要有：

1. 以高级访问学者、访问学者为主。要求有较高的学术水平和业务能力，有丰富的实际工作经验，正在教学、科研、生产、管理第一线工作并做出成绩，具有高级专业技术职称（务），年龄在 55 岁以下；曾在国外公费留学回国后经过若干年工作（至少 2 年），并取得成绩的人员；年龄在 30 岁以上，具有中级职称，直接参加国家重点项目建设，出国目标明确，或属于重点学科建设需要选派的人员等。

2. 选拔少量（约占当年选拔总数的 10%）出国攻读博士学位的研究生，以保证我国人才培养的长远需要。出国研究生应本着从严的原则从下列人员中遴选：已有一定时间的实际工作经验，政治、业务等诸方面均很突出的在职人员；在学习阶段一贯表现好、品学兼优，且有一定组织能力的优秀学生骨干。派出学习科类：访问学者学习应用学科的占 80%，基础学科占 20%；研究生学习专业主要是理、工、农、医等属于重点建设的学科专业和外语。哲学、社会科学等专业可有针对性地选派少量有实际工作经验，表现突出，有较高马列主义水平和鉴别能力，立场坚定的人员。选拔条件中特别强调做好政审工作，坚持政治标准。不应推荐那些只学外语，不担负工作或工作中马虎、应付的人员。

九、中共国家教委党组向中央办公厅报送《关于出国留学工作若干方针政策问题的请示》

1989 年的政治风波之后，1989 年 11 月 29 日国家教委党组向中央办公厅报送《关于出国留学工作若干方针政策问题的请示》。[②] 这份《请示》综述了十年来出国留学工作所取得的成绩并指出当时存在的突出问题。

《请示》表示，"派遣人员出国学习和掌握国外的先进科学技术、管理经验和有益的文化，作为改革开放总方针、总政策的一个组成部分，必须继续坚持；同时也要清醒地看到国外反动势力对我留学人员的思想影响、政策渗透的严重性，要从国际的政治斗争和争夺人才的高度，认识改进和加强出国留学工作管理的重要性。"《请示》认为，

① 国家教委留学生司编：《出国留学工作文件汇编（1978—1991）》第 235 页，群众出版社 1992 年 6 月第 1 版。

② 国家教委外事司编著、陈可森执笔：《教育外事工作历史沿革及现行政策》第 66—69 页，北京师范大学出版社 1998 年 1 月第 1 版。

要看到绝大多数留学人员是有爱国思想感情的，是希望我们的祖国繁荣昌盛的。对于参加过针对政府的游行、集会，有过一些过激言行的留学人员一律不予追究，让他们在事实真相面前逐步转变认识，总结经验教训。对那些由于种种原因滞留不归或晚归的留学人员，要采取通情达理，不伤感情，耐心争取的方针。工作的基本点是教育他们热爱社会主义的祖国。要鼓励和表彰那些具有强烈爱国感情，积极回国投身社会主义祖国建设的留学人员。要热情做好学成回国人员的安置工作，为他们回国后的工作和生活创造必要的条件，充分发挥他们的作用。要制定特殊的政策，吸引更多的优秀拔尖人才回国服务。国家教委拟在每年留学人员总经费中安排 20% 的经费用于做好留学人员回国的安置工作，解决其科研和住房条件等方面的问题。《请示》指出，出国留学工作还存在一些突出的问题，其主要表现在，多数同志和部门、单位对西方国家对我留学人员进行思想政治渗透，缺乏应有的警觉，对他们与我争夺留学人员的斗争的严重性、复杂性和长期性认识不足，对策不力；对选派出国人员的政治素质有所忽视；由于出国留学人员数量较大，在国外条件下不易进行有效的管理教育，留学人员思想政治教育一直比较薄弱的局面难以得到根本扭转。在美国的留学人员由于人数多，环境又最复杂，问题也更为突出。在出国留学人员的选派上，存在着相当的盲目性，派出时没有考虑到回国后的使用和安排，脱离社会主义建设实际需要。不少单位在选派留学人员时，往往只考虑到利用国外提供的经费，而忽略了其他方面。在派出人员的层次和学科结构上不够合理，攻读学位和基础学科的人员过多。在派往国别上，也存在比例不够合理的问题。在回国留学人员的安置上，中央的一些政策，如拓宽就业面，吸引优秀人才回国等，思想不统一；创造必要的工作和生活条件等方面，实际困难也很多。《请示》还建议，当前要切实改进留学人员选派工作。加强对出国人员的政治思想考察，保证出国人员的政治思想素质是我们做好工作的基础。各部门、地方、单位必须在这方面统一思想认识，采取切合实际的有效措施，要继续贯彻"按需派遣，保证质量，学用一致"的方针。国家公费计划仍保持现有留学人员经费总额，但要调整结构，精选精派，定人定向，力争保质保回。要增强公费留学人员的荣誉感和义务感，树立公费留学人员必须履行回国服务义务的观念。单位公费留学人员是公费留学人员的一部分，要加强管理，克服盲目性。今后除少数学科外，原则上不派出国攻读学位的人员。若确因工作需要少量派出，必须经国家教委批准。

十、国家教委印发《关于做好一九九一年国家公费出国访问学者选拔工作的通知》

1990 年 12 月 4 日，国家教委印发了《关于做好一九九一年国家公费出国访问学者选拔工作的通知》，[①]　其中特别指出，3 年来公费出国访问学者选拔事务中存在的主要问

---

① 国家教委留学生司编：《出国留学工作文件汇编（1978—1991）》第 275 页，群众出版社 1992 年 6 月第 1 版。

题是：

1. 部分人选出国学习的专业（课题）与国内教学、科研、建设事业的实际需要结合不紧密；有的申请者出国学习的目的空泛或不切合实际；个别人选教学、科研工作的经历、成果均不符合对出国访问者的基本要求。

2. 各主管部门在申报的人选中，留学国别仍过于集中，申请赴美、加、澳的人数过多，申请赴非英语国家的人数较少，这不利于"博采各国之长"的派遣留学人员方针的贯彻，也给录取时国别调整带来较大的困难。

3. 有些省市主管部门推荐的人选质量不高，个别主管部门推荐出国学习外语的人员较多，影响了公费选派政策的实施和计划的执行。《通知》重申了中央的出国留学方针，强调了"选派工作要突出'按我之需，取人之长'，'精选精派，定向定人，力争保质保回'"等原则，提出了应坚持选拔条件，"所有上报人员必须经过基层单位党委正式讨论通过，并由党委书记签字负责。""选拔工作中要避免无原则照顾、轮流出国的倾向"。

根据以上问题，该《通知》作出规定："1991 年公费出国访问学者不再用切块分配名额、按名额录取的办法，而采用'限额申报、专家评议、择优录取'的办法。即由国家教委规定各主管部门的申报限额，各主管部门在限额范围内向我委申报人选，由我委聘请专家评议人选的业务情况，并综合政治、外语等诸方面因素择优录取。"同时还规定了层次比例、对个别国家申报数额的限制及对申报学科的要求。出国留学专家评议组设 5 大类，即文科、理科、工科、医科、农科，共 54 个专业。高级访问学者的出国年限为半年；普通访问学者的出国年限为 1 年。

十一、国家教委印发《关于改进国家公费出国留学人员选派工作的意见》

1991 年 11 月 12 日，国家教委印发了《关于改进国家公费出国留学人员选派工作的意见》，[①] 再次重申并规定了国家公费出国留学人员的选派原则、选派对象和申报、审批办法和要求。

其中选派原则是：

1. 选派国家公费出国留学人员要把政治标准放在首位，做好政治选拔工作。主管部门和选派单位推荐的出国留学预备人选应是政治立场坚定、思想品德优秀、德才兼备、能够按期回国服务的人员。2. 国家公费出国留学主要是为国内的高等学校、科研单位、大中型骨干企业及其科研机构培养又红又专的学术带头人、急需的骨干科技人员和特殊需要的专门人才。3. 国家公费出国留学要保证国家重点项目和部门、地方重点项目的急需，主要选派承担或参与重点项目的人员。所报的项目首先必须经过专家论证，确定必须派出学习的项目，然后按项目确定人选，做到定向（项）定人。4. 国家公费出国留学以选派访问学者和高级访问学者为主，逐步增加高级访问学者的比例，提高派出人员的层次；选

---

① 国家教委留学生司编：《出国留学工作文件汇编（1978—1991）》第 297 页，群众出版社 1992 年 6 月第 1 版。

派学科以应用学科为主；在派往国别上，要坚持"博采各国之长"的原则，真正做到取彼之长，补我之短，反对盲目派出。5. 在选派国家公费出国留学人员时，就要考虑他们回国后的使用和安排。选派单位要为回国人员提供必要的工作、生活条件。

选派对象是：1. 高级访问学者：出国留学的目的是通过学术访问或合作科研，了解、掌握世界科技发展前沿的动态。留学时间一般为 3 个月或半年。2. 访问学者（进修人员）：出国留学的目的是对某一相关学术领域或专门技术进行深入的学习和研究。留学时间为 1 年。3. 博士学位研究生：在主要立足于国内培养的前提下，根据重点学科建设和目前国内尚不具备培养研究生条件的薄弱、边缘、新兴学科的发展需要，从严掌握，只选派少量攻读博士学位的研究生和联合培养博士生。出国攻读博士学位的研究生应从事本专业工作两年以上，有实践经验，表现突出，年龄在 31 岁以下。

申报、审批办法和要求是：1. 国家公费出国访问学者采取按项目申报的办法选拔。2. 在确定派往国家时，应选择与项目发展有密切联系的、具有科研领先水平的、有稳定交流基础的高等学校或科研单位。鼓励申报奖学金项目。3. 选派学科以理、工、农、医、管理等领域中的应用学科为主。4. 采取项目和人选同时评审的办法。

十二、中共国家教委党组向中共中央和国务院上报《关于当前出国留学若干问题的请示》

1991 年底，国家教委党组向中共中央、国务院上报了《关于当前出国留学若干问题的请示》。[①] 这份请示报告指出，近一个时期以来，国家教委针对出国留学工作中存在的问题，在国内进行了大量的调查研究，并召开了一些专门的会议，分别听取了驻外大使、教育参赞以及有关部委领导的意见和建议。据此拟对今后的管理工作提出以下措施：

1. 必须提高对出国留学工作中反"和平演变"的认识。针对西方敌对势力加紧推行其和平演变的战略，对中国在外留学人员进行的思想腐蚀和渗透，出国留学工作已成为反"和平演变"的一个重要组成部分。各部门、地方、单位的领导必须提高认识，统一思想，把出国留学工作同国际政治斗争、外交斗争和争夺人才的斗争紧密结合起来，认真落实中央提出的出国留学工作方针和有关指示精神。

2. 切实改进出国留学人员选派政策。改变国家公派、单位公派和自费出国留学的划分办法，按经费来源或派出渠道，结合留学人员派出单位的实际情况，分为"公费出国留学"和"自费出国留学"两类。公费出国留学人员是指使用中央、地方财政拨款派出的留学人员；以国家和政府机构的名义及以地方政府名义与外国政府和政府机构及地方政府（或基金会）签订协议派出的留学人员；按照主管部门批准的双边交流项目（校、所际交流等）派出的留学人员。公费出国留学由国家教委归口管理，调控规模，统一制定选拔程序、办法和标准。各部门、地方公费选派留学人员的计划均须报国家教委审批，切实改变

---

① 国家教委外事司编著、陈可淼执笔：《教育外事工作历史沿革及现行政策》第 71—72 页，北京师范大学出版社 1998 年 1 月第 1 版。

目前单位公派出国留学工作的混乱状况。

3. 公费出国留学政策必须根据国家事业发展的整体需要制定规划并组织实施。派出的目的和任务是培养学术带头人、急需的业务骨干和特殊需要的专业人员，并保证政治合格，能按时回国服务。凡是国内可以培养的，一般就不再公派出国留学。要克服部门、地区、单位之间的平均主义和分散主义，杜绝"轮流派遣"和"照顾出国"的现象。要对出国留学人员的政治、业务和外语等方面进行综合考核，把政治标准放在第一位，真正做到"精选精派"，"宁少毋滥"。

4. 要采取校、所际双边交流和科研合作等形式向国外教学、科研水平高的重点大学、研究机构和企业成组配套派出留学人员，努力提高出国留学活动的效益。

5. 公费出国留学以选派访问学者和高级访问学者为主，并适当提高生活费用标准。除特殊专业和特定需要外，原则上不再派攻读学位的研究生。

6. 公费留学人员必须严格履行回国服务的责任和义务。为了保证其回国服务，应大力加强思想政治工作并应采取必要的行政措施和手段。加强国外留学人员管理工作，要继续对留学人员广泛进行爱国主义教育。处理具体问题要采取实事求是、通情达理的作法；要维护留学人员的正当权益；要把我驻外使领馆教育处、组办成留学人员之家；进一步做好对留学人员的服务工作，寓教育于服务之中，服务与管理相结合。要加强对外宣传工作；对留学人员中一般的专业性团体或学会，应根据其政治背景和倾向，采取不同的态度和作法。努力做好留学人员回国安置工作。国内要大力造成争取、吸引留学人员回国工作的气氛和环境，为他们回国后的工作和生活创造较好的条件。

第四节　调整"单位公派"出国留学人员的管理政策

所谓"单位公派出国留学"是相对于"国家公费派遣出国留学"而言的"单位公费派遣"形式，实际上也包括 20 世纪 80 年代曾经实行过一段时间的"自费公派"形式，即"由申请者个人寻找出国留学经费并纳入所在工作单位公派留学的派出与管理程序"。

一、单位公派留学政策的形成

自中国实行大量派遣出国留学人员政策以来，除国家公派出国留学人员外，受其影响并受国家政策的影响、允许和支持，逐渐形成了另一类由国家各部门、各省、直辖市、自治区，或者由其下属单位自行选拔派遣出国的留学人员。这类人员，一般被中国政府统称为"单位公派或单位公费出国留学人员"。虽然从 1950 年、继而从 1978 年以来，最先运行和发展起来的是国家公费出国留学人员的选拔、派遣和管理模式，但随着国内外各种条件的成熟与具备以及派遣出国留学人员事务的扩展，加之派遣出国留学人员的意义为越来越多的部门所了解和重视，国内各部门、各省、直辖市、自治区，在完成国家下达的选拔推荐国家公派出国留学人员指标的同时，从本部门和地区的人才培养的需求出发，也陆续拨出专门经费，用于在其所管辖范围内选拔、派遣出国留学人员。国家各部门、各省、直辖市、自治区下属的各个单位，特别是高等学校和科研机构，也纷纷根据本单位人才培养的需要，自筹经费派遣出国留学人员。而且，实际上单位派遣出国留学人员的经费负担办法可以更加多样化，如除单位拨款派遣出国留学人员以外，还有很多人是先由个人申请获得国外各类资助，再经过单位批准同意，最后按公派出国留学人员的管理手续被派遣出国的。

二、单位公派留学人员的审批与管理

随着国家派遣留学人员政策和效果的逐渐成熟与显现，国内各部门、各地区、各单位、特别是高等院校和科研机构，也开始根据本单位的人才培养需要自筹经费派遣留学人员，并且其经费的筹措渠道与负担办法也趋向多样化。其中根据个人愿望并申请获得国外奖学金或其他资助后，经报请所在单位批准同意，而按单位公派留学人员的派遣手续出国留学的情况比较典型和普遍。根据教育部门的统计，1978—1987 的 11 年间，单位公派留学人员总数为约 2.2 万余人，从总体数量上来说已经占到全部公派约 4.6 万余人的 48%。所以，加强对单位公派人员的政策性管理，已经成为当时出国留学人员派遣工作的一个重要特点和突出问题。

鉴于部门、地方自行选派出国留学人员日益增多，为了统一归口，明确责任，简化手续，提高效率，加强对这批留学人员的管理，教育部于 1984 年 9 月 3 日发出《关于部门、地方自行选派出国留学人员的通知》，[①] 重申了 1981 年发布的选拔标准方面的政策规定，并明确指出这类留学人员"均实行部、委、省、自治区、直辖市和基层单位两级负责制。由部、委、省、自治区、直辖市人民政府或授权部门自行审批，办理派出手续，并需将派出人员的基本情况、学习年限、留学地点和单位、导师、费用以及行期等情况，及时通报驻外使馆并抄报教育部外事局备案。""自行选派的各类留学人员的政治思想、业务、外语、身体条件，均按教育部派出的同类公费留学人员的标准审查，保证派出人员的质量。""自行选派留学人员出国前，由派出部、委、省、自治区、直辖市统一组织为期十天的集训。"即单位公派留学人员的"选拔标准"由教育部代表中央政府统一制定，具体的选派事宜则由省部一级单位全权负责。

基于公派留学的上述实践活动，中共中央、国务院在 1986 年 5 月 4 日发布的《关于改进和加强出国留学人员工作若干问题的通知》[②] 中做出规定，公派出国留学人员，除包括国家、部门、地方和单位公费派出，以及与外国交换派出的留学人员外（编者注：也属于国家公派性质），还包括国家、部门、地方、单位以及个人经本单位同意，通过取得各种奖学金、贷学金、资助等多种渠道，按公派手续出国的留学人员（编者注：即单位公派）。也就是说，国家有关政策确认了单位公派留学这种模式，即个人在

---

① 国家教委留学生司编：《出国留学工作文件汇编（1978—1991）》第 119 页，群众出版社 1992 年 6 月第 1 版。
② 李滔主编：（《中华留学教育史录—1949 年以后》第 388—394 页，高等教育出版社 2000 年版。

获得国外各类资助后，经所在单位批准同意，并履行公派手续而出国的留学人员也属于"公派出国留学人员"的范畴。

根据国家有关人事管辖权的规定，单位公派出国留学人员的审批，直接由国务院各部门、各省、直辖市、自治区负责。因此在派遣出国留学人员的初期，中央主管出国留学工作的国家教育委员会并不完全掌握单位公派出国留学人员的基本情况、相关信息和准确数据。因此在国务院于 1986 年 12 月 13 日批准转发的《出国留学人员工作的若干暂行规定》、即"国发 [1986] 107 号"文件规定，国家教委也要负责对单位公派出国留学人员的管理工作进行指导。① 根据国家教委对 1987 年派出的单位公派出国留学人员数量的统计，当年单位公派的出国留学人员总数达 5000 多人。在此期间，每年国家公派出国留学人员的总数一般仍为 3000 人左右。② 另据统计，到 20 世纪 80 年代中期，每年的公派出国留学人员中，单位公派出国留学人员的数量已经超过国家公派出国留学人员的数量。也就是说，从 20 世纪 80 年代中期以后，从数量上来说，公派出国留学人员是以单位公派为主。加之人员的分散，标准的各异，所以一个时期以来，单位公派出国留学人员的管理逐渐成为一个比较突出的政策性问题，这也是 20 世纪 80 年代后期中国出国留学人员派遣活动的一个主要特点。

国家教委上述的《暂行规定》以及于 1987 年印发的《单位公派出国留学人员选派工作和经费的管理细则》③ 中的有关内容，实际上是参照了国家公派的政策模式，为全国的单位公派留学管理秩序制定了一个细致、明确并严格的政策框架。如规定，单位公派出国留学人员的选派，应遵循国家派遣出国留学人员的方针、政策，根据部门、地方、单位的需要和可能，有计划、有目的地进行；单位公派出国留学人员以派遣在职人员出国进修（期限一般不超过一年）为主，少派在职人员出国攻读学位。国内在读的本、专科大学生和研究生一般不能以单位公派方式选派；单位公派出国留学人员的计划（包括拟派遣人数、身份、国别、经费来源等），须由各中央部门、省、直辖市、自治区一级上报国家教委审核；单位公派出国留学人员的选拔条件与国家公派出国留学人员相同；在职、在学人员，未经批准，不得自行联系国外奖学金、贷学金等资助，各单位也不准为上述未经批准的在职、在学人员提供成绩单、推荐信、介绍信等对外联系出国留学的材料；等等。

三、对单位公派留学政策的调整

由于 20 世纪 80 年代初期中国出国留学人员的大量派遣，以及出国研究生数量的明显增加，国外高校对中国本科生教育的质量有了较多的了解，并受到国外高校的肯定和认

---

① 国家教委留学生司编：《出国留学工作文件汇编（1978—1991）》第 147 页，群众出版社 1992 年 6 月第 1 版。

② 于富增、江波、朱小玉：《教育国际交流与合作史》第 197 页，海南出版社 2001 年 8 月第 1 版。

③ 国家教委留学生司编：《出国留学工作文件汇编（1978—1991）》第 142 页，群众出版社 1992 年 6 月第 1 版。

可。特别是美国比较发达和完善的研究生培养制度，为中国高校本科毕业生提供了很多读取研究生的机会。另外，也因为美国高校理工科研究生在读期间和做论文的同时，一般可以担任指导教授的研究助理或助教并领取一定的报酬，从而解决了研究生学习期间所需要的一些经费问题。这对当时的中国留学生来说是比较新颖和诱人的条件。因此，20 世纪 80 年代中期以后，以获取外国特别是美国各种奖学金资助申请留学的人员明显增多，客观上对各单位的正常工作也造成了一定影响。所以，政策管理部门在《单位公派出国留学人员选派工作和经费的管理细则》中，① 对单位公派出国研究生和在职人员出国攻读学位做出了严格的限制性规定：要根据各个单位实际的需要有计划、有目的地派出，要少派在职人员出国读取学位，各类在校生一般不能以单位公派形式派出，等等。根据政策管理机构表达的意思，上述规定的意图在于克服当时单位派遣出国留学人员事务中的某些所谓"盲目性"。

当时的政策管理部门认为，上述"盲目性"主要是由国内一些单位在政策管理上的随意性造成的，即只要本单位的人能够找到国外的资助费并提出申请就可以被批准为"单位公派"留学，而不考虑其他方面的政策条件是否允许；此外，就当时中国国内的社会和经济发展水平以及教学、科研能力而言，还不可能具有较大量安排和使用留学研究生毕业后回国工作的条件，因此容易导致出国毕业研究生滞留国外；再者根据当时中国国内教育主管部门提出要基本上立足于国内培养研究生人才的意见，国家公派出国研究生的数量已进行了压缩，因此，当时的出国留学政策管理部门认为，对单位派遣出国研究生做出限制性规定也是合理的。②

为了有利于全面了解和掌握单位公派出国留学人员的派遣情况，同时便于中国驻外使（领）馆及时了解这类留学人员的基本情况，并根据具体情况实施管理，经报请国务院领导批准，国家教委和外交部于 1987 年 11 月 5 日印发了《关于使用〈单位公派出国留学人员登记表〉的通知》。③ 两部委共同决定，从 1988 年 1 月 1 日起，凡单位公派出国留学人员必须填写《单位公派出国留学人员登记表》，即"JW102 表"，并规定单位公派出国留学人员申办普通护照时，必须提供 JW102 表。当时的政策管理层认为，这是对单位公派出国留学人员实施规范化管理的一个重要措施。而这一措施的实际意义和主要作用还在于便于了解和掌握全国范围内单位公派出国留学人员的基本数据，但对于单位公派出国留学的流量、层次和对留学目的国加以"调控"的初衷，基本上难于实现。

也许正是由于上述对单位公派出国研究生的派出采取了一些限制性政策，因此在单位公派出国留学人员中，研究生所占的比例与国家公派出国留学人员中研究生所占的比例基本一致。如据教育部门统计，1978—1989 年期间，国家公派出国留学人员中，研究生占 23%，本科生占 3.6%；单位公派出国留学人员中，研究生占 23%，本科生占 1%。④

---

① 国家教委留学生司编：《出国留学工作文件汇编（1978—1991）》第 160 页，群众出版社 1992 年 6 月第 1 版。
② 于富增、江波、朱小玉：《教育国际交流与合作史》第 199 页，海南出版社 2001 年 8 月第 1 版。
③ 国家教委留学生司编：《出国留学工作文件汇编（1978—1991）》第 167 页，群众出版社 1992 年 6 月第 1 版。
④ 于富增、江波、朱小玉：《教育国际交流与合作史》第 199 页，海南出版社 2001 年 8 月第 1 版。

如果说本时期内中国政府对全国范围内"单位公派"留学人员的政策管理是不断趋于严格和缜密的话，那么作为一种尝试和实验，主管全国出国留学事务的教育部对本部直属高校的"单位公派"管理事务，还是采取了一种"简政放权"态度。这在当时那种"管理严格、文件频发、不断调整、经常变化"的政策调整时代，应该说是比较难能可贵的。如教育部于 1985 年 4 月 18 日向部属各个高等院校印发了一份《关于部属高等院校自行选派留学人员审批办法的通知》。① 这份《通知》表示，根据中央政府简政放权和对外开放的政策原则，决定对部属高校自行选派留学人员的审批办法进行进一步改革，主要是加强院校的职责，以利于院校的对外交流；此次改革和简政放权的具体内容主要是，除了仍然需要上报教育部为各单位选派的留学人员签发"出国人员批件"以外，其他几乎所有审查、核准、培训等事务，都可由选派单位根据现有政策自行管理。就当时的整体状况而言，上述《通知》不能不说是出国留学政策和管理事务中"职能转变、简政放权"的一份重要文件，也是一次有益的尝试。

第五节　制定并实行《出国留学协议书》政策

根据中共中央和国务院于 1986 年 5 月 4 日印发的《关于改进和加强出国留学工作若干问题的通知》中关于"要建立公派出国留学人员与选派单位签订协议书的制度，明确出国留学人员与选派单位的责任、义务和权利"的政策要求，② 并根据国务院 1986 年 12 月 13 日批准转发的国家教委于 1986 年 12 月 8 日制定的《关于出国留学人员工作的若干暂行规定》中"公派出国留学人员办理出国手续前，要与选派单位签订'出国留学协议书'"的政策规定，③ 国家教委和司法部于 1987 年 12 月 5 日联合印发《关于签订〈出国留学协议书〉的通知》。④

一、《出国留学协议书》政策的出台背景

与其他出国留学政策一样，《出国留学协议书》政策的出台也具有一定的时代背景。当时的政策管理层认为，国家或国有单位公费派遣出国留学人员的目的，就是为国家或国有单位培养人才；公派出国留学人员不能按期回国服务，必将使国家或国有单位派遣出国留学人员的目的落空，并影响到其他留学人员。因此，国家或国有单位公派出国留学人员按期回国率的高低，是衡量公派出国留学效益的主要指标之一。

针对公派出国留学人员的留学活动，在新中国建立以后各个时期派遣出国留学人员的

---

① 国家教委留学生司编：《出国留学工作文件汇编（1978—1991）》第 123 页，群众出版社 1992 年 6 月第 1 版。
② 李滔主编：《中华留学教育史录——1949 年以后》第 392 页，高等教育出版社 2000 年 1 月版。
③ 国家教委留学生司编：《出国留学工作文件汇编（1978—1991）》第 146 页，群众出版社 1992 年 6 月第 1 版。
④ 国家教委留学生司编：《出国留学工作文件汇编（1978—1991）》第 171 页，群众出版社 1992 年 6 月第 1 版。

管理事务中，中国政府历来都有十分明确地强调出国留学期限和学成回国工作的政策要求。从本书前几章的描述中也可以看出，1978 年之前公派出国留学人员执行按期回国政策的状况是很正常的，极少有留学人员对规定的学习期限提出质疑。

自 1978 年中国政府实行大量派遣出国留学人员政策以来，在制定并执行的有关规定中，也都保留了对公派出国留学人员应按规定的年限学习以及按期回国的政策。在中国政府上述几乎是最高级别的文件——《关于改进和加强出国留学人员工作若干问题的通知》中再一次明确规定，公派出国留学人员都应按计划努力完成学习任务，及时回国工作。据此，1986 年 12 月国家教委制定的《关于出国留学人员工作的若干暂行规定》，也对公派出国留学人员按期回国服务又做了一些具体规定：公派出国留学人员应按计划努力学习，按期回国服务；留学期间和留学期满后，一般不得改变留学身份；需要延长在国外学习时间者，应提前提出申请，报派出单位批准后，方可继续在国外学习。

其后，1987 年 11 月 28 日国家教委制定并印发了针对留学事务、且具有一定操作性的 5 项《管理细则》。[1] 其中《公派出国留学人员申请延长留学期限的管理细则》和《公派出国研究生留学期限及在国外期间国内工资（或生活补助费）待遇和攻读博士学位期间工龄计算的管理细则》这两个文件比较详细地规定了公派出国留学人员在国外的具体学习期限：对国家公派出国进修人员，国家规定在国外的学习期限一般为 1 年左右。考虑到留学研究生的学习期限有一定弹性，因此主要是参照大多数研究生获得学位所需要的平均时间，即除有身体状况等不可抗拒的原因之外，一般都应该在通常研究生获得学位的期限内获得学位，这也是中国公派出国研究生在国外的学习期限。

但是 20 世纪 80 年代中期以来，国家公派和单位公派出国留学人员不能按期回国服务的人越来越多：国家公派出国留学人员有的学习期满后，不但不能按时回国服务，而且留下来的目的也不是继续学习，而已经是要留在国外工作；国家公派出国留学人员，有的不但不按期回国服务，还公开表示国家规定公派出国留学人员学习期限是不合理的；在美国学习的个别国家公派出国留学人员，甚至在美国出版的报纸上发表公开信，反对国家对公派出国留学人员规定学习期限。[2]

在如何对待公派出国留学人员"不能按期回国服务"的政策问题上，当时大致有两种意见。

一种意见认为，目前中国经济发展水平还较低，吸收高水平出国留学人员回国服务的条件也很有限；当收入水平差距在 3 倍以上时滞留不归是一种必然现象；因而一些公派出国留学人员学习期满后不能回国服务是正常的现象。持这种意见的人主张看远一些，认为当国内的经济发展水平提高了以后，在外的留学人员就会回国服务，并借此机会提出了"储才海外"的观点。这种意见的基本前提是，公派出国留学人员按期回国服务固然是留学人员本人应尽的责任和义务，但不能按期回国的原因主要还是由于中国国内尚不具备留学人员回国工作的条件所造成的。中国台湾地区的留学人才外流，一直以其规模大、层次

---

①　国家教委留学生司编：《出国留学工作文件汇编（1978—1991）》第 152 页，群众出版社 1992 年 6 月第 1 版。

②　于富增、江波、朱小玉：《教育国际交流与合作史》第 203 页，海南出版社 2001 年 8 月第 1 版。

高的特点受到国际社会的普遍关注。因此上述意见的持有者以台湾的情况为例，来说明和支持不能按期回国的"国内条件论"。如20世纪60—70年代是台湾地区出国留学的高峰期，台湾曾有大批青年人先后去美国留学。据统计，在1950—1983年的33年期间里，仅由台湾"教育部"批准的公派留学人员就有79739人，年均约2400多人；而同期返回台湾地区的留学人员却只有10580人，33年间的总回台率仅为约13.3%，且直到20世纪80年代后期之前也很少有人学成后返回台湾工作。而当20世纪90年代以来台湾地区的经济与社会发展水平大幅提高之后，返回台湾地区工作的留学人员明显增加。①

另一种意见认为，国家公费或单位公费派出国留学人员应按期回本国服务是世界各国通用的准则，也是天经地义的道理。公派出国留学人员不能按期回国服务，首先是留学人员本人的原因，不能把留学人员不回国服务的原因归结为国内尚不具备留学人员回国工作的条件。正是因为国家需要发展，当时国家的发展条件还不够，也就更需要留学人员回国创造发展的条件，为国家的发展服务。另外，公派出国留学人员要求延长在国外的学习期限，也不能说都没有道理，但是，留学人员从个人角度提出的延长学习期限的道理是小道理，小道理应该服从大道理。

因此，进一步明确公派出国留学人员应遵守在国外学习期限的制度，即对各类公派出国留学人员，国家根据他们在国外学习的需要，规定其在国外学习的年限以及到期后回国服务，就成为一个必然的政策要求。为了保证公派出国留学人员在国外学有所成，并能在学成后按期回国服务，除了使出国留学人员明确出国学习的目的外，还需要明确出国留学人员应该遵守相应的管理制度。这主要就是公派出国留学人员出国学习期限的问题，已经发展到仅仅依赖下有规定和要求难以有效管理的程度，通过签订《出国留学协议书》来管理和约束公派出国留学人员，已经成为当时管理层一个优先考虑的政策的选择。

二、《出国留学协议书》的政策依据

针对上述情况，中国政府先后采取了一系列政策措施：

1. 1986年5月4日，中共中央和国务院在《关于改进和加强出国留学工作若干问题的通知》中表示，要建立公派出国留学人员与选派单位签订协议书的制度，明确出国留学人员与选派单位的责任、义务和权利。这是新中国实行公费派遣出国留学人员事务以来，第一次把签订《出国留学协议书》的政策作为公派留学人员出国前必须履行的手续。

2. 其后于1987年12月30日，国家教委在其印发的《关于进一步贯彻中央出国留学人员工作方针的通知》② 中再次重申，公派出国留学人员有义务学成按期回国服务。同时进一步规定，对及时回国服务的，要加以宣传表扬；有正当理由需要延长在外学习期限的，应由本人提出申请，并需经批准后方可延长；对经教育仍滞留不归者，不再按公派留

① 陈昌贵：《人才外流与回归》第61页，湖北教育出版社1996年2月第1版。
② 于富增、江波、朱小玉：《教育国际交流与合作史》第204页，海南出版社2001年8月第1版。

学人员身份对待，国内单位不再保留其公职；对加入外国籍和擅自向驻在国申请并获准延长居留许可的人，不能再作为留学人员对待；对已加入外国籍和其他确实不能履行公派留学人员义务者，应责成其赔偿国家为他们出国留学所支付的全部经费。

3. 国务院于 1986 年 12 月 13 日批准转发的国家教委于 1986 年 12 月 8 日制定的《关于出国留学人员工作的若干暂行规定》于 1987 年 6 月 11 日在《人民日报》上公开发表，作为新中国建立以来第一个公开发表的出国留学人员的政策管理文件，其中也包括了"公派出国留学人员办理出国手续前，要与选派单位签订'出国留学协议书'"的政策规定。这个规定的公开发布，也有把政府对公派出国留学人员的管理事务置于公众监督之下，增加政策透明度的意图。

三、《出国留学协议书》政策的主要内容

国家教委和司法部于 1987 年 12 月 5 日联合下发的《关于签订〈出国留学协议书〉的通知》明确规定，公派出国留学人员出国前，要与派出单位签订《出国留学协议书》，不签者不能派出。其主要政策内容有：

签订《出国留学协议书》是加强和改进出国留学管理工作的一项重要措施，是出国留学管理工作制度化的一个方面。其目的是为了明确出国留学的各种要求，以及选派单位和出国留学人员双方的权利、义务和责任。

《出国留学协议书》是选派单位（甲方）和留学人员（乙方）协商一致后签署、共同信守的具有法律效力的文书。

《出国留学协议书》必须由选派单位和公派出国留学人员双方签字，并经公证机关公证后生效。

《出国留学协议书》的各条款不得与国家的法律、法规及关于出国留学人员的政策相抵触。

各选派单位须将《出国留学协议书》的复制件送中国驻外派往国使、领馆备案。

《出国留学协议书》的内容应包括留学内容、目标、期限、国别、身份、经费来源和支付办法以及协议双方各自应该承担的义务和享有的权利。

四、实行《出国留学协议书》政策的效果分析

实行公派留学人员出国前必须签订《出国留学协议书》政策之后，在上海市曾发生过一起通过法律程序解决的首例公派出国留学人员违约案。原上海外国语学院一位单位公派出国留学人员，经本人申请，学校派遣其出国学习 3 个月，并经当事人同意于出国前与学校签订了《出国留学协议书》，且经过了公证机关的公证。但当事人出国后，不但在国外逾期不归，且其协议保证人、即当事人的妻子也准备申请自费出国留学。出于无奈，上述单位不得不寻求法律手段加以解决，以维护派出单位的利益和《出国留学协议书》的严肃性，并保证公派出国留学制度的连续性。经过审理，受理法院最终判决上述出国留学人员

向上海外国语学院赔偿 2 万元。即使以现在的眼光来审视这个判决也应该是无可非议的，但在当时却引起了较大的反响，出现了支持与反对两种既然不同的意见，表明当时有一些人对这个上述判决还不能完全理解和接受。

针对以上情况，国家教委有关负责人向有关新闻媒体发表了谈话，强调公派出国留学人员有按规定回国服务的义务，应自觉遵守与派出单位签订的协议。同时表示，以诉诸法律并判决赔款了结这起"公派出国留学违约案"，并不是上海外国语学院的初衷，学院希望该出国留学人员能够回国服务。显然是出于尽量维系与公派留学人员情感并保证其能安心回国工作的意愿，国家教委有关负责人还明确表示，我们也主张，留学人员派出单位要尽可能避免用赔款的办法解决出国留学人员违反协议书的问题。由上述案例可见，在实行留学人员出国前签订《出国留学协议书》的初期，人们的认识显然与出国留学事务的法制化管理还有一定距离。

钱宁在《留学美国——一个时代的故事》中对《出国留学协议书》政策的执行效果也有一段议论：在中国，人们向来不大看重"法律"这东西，更何况一纸"协议书"呢。"协议书"不仅涉及个人与单位之间的政治关系，而且还涉及双方的经济利益。政治和经济搅在一起，有时，是是非非就不那么容易说清楚了。[①]

必须承认，实行《出国留学协议书》政策是中国政府实行派遣出国留学人员制度以来，首次引入到公派留学人员出国审批程序中必须履行的规定手续。实行以签订《出国留学协议书》来约束和规范公费派遣出国留学人员的政策，也是公派出国留学活动中的重要实践。不可否认，该政策在执行后产生了一定的效果，但由于受当时各种条件和观念的限制等原因，对故意违约者还是缺乏行之有效的处罚手段和可操作的管理措施。《出国留学协议书》虽然发挥了一定的作用，但其法律效力有限，加之包括各级管理者在内的少数人员法制意识淡薄，《出国留学协议书》政策在实施过程中存在一些问题，导致最终的结果是该项政策无法善始善终，最后也只能是不了了之、无疾而终。因此，本书作者也从未见到过有关政策管理层对《出国留学协议书》政策执行情况的总体评估和研究报告。

第六节 对自费出国留学政策的渐进性调整

一、自费出国留学政策体系的基本结构

自 1978 年以后国务院主管部门提出可允许自费出国留学的政策性意见、特别是进入 20 世纪 80 年代初期至 90 年代初期后，中国相关的多个政策管理机构围绕着自费出国留学的政策问题，陆续制订了一系列出国办法、审批条件和政策措施，并期望逐渐实现由政策型向法律型的转变。

---

① 钱宁：《留学美国——一个时代的故事》第 77—78 页，浙江文艺出版社 2003 年 1 月版。

有关自费留学方面的法律规范大致包括以下三个层次：

一是基本法规，主要有全国人大常委会审议、通过并公布的《中华人民共和国公民出境入境管理法》和《中华人民共和国归侨侨眷权益保护法》。

二是行政法规，主要有经国务院批准并由公安部、外交部、交通部发布的《中国公民出境入境管理法实施细则》，国务院发布的《中华人民共和国归侨侨眷权益保护法实施办法》，经国务院批准并由国家教委制订的《关于出国留学人员工作的若干暂行规定》，国家教委制订的《关于具有大学和大学以上学历人员自费出国留学的补充规定》，国家教委和公安部联合制订的《关于国内外组织和个人不得擅自在我国招收自费出国留学人员的通知》，国家教委和海关总署联合制订的《关于加强对自费留学人员携带进境行李物品管理的通知》，人事部制订的《关于使用不当，不能发挥专长的留学回国人员的工作调整办法》、《关于非教育系统回国留学人员科技活动择优资助经费的管理办法》，等等。

三是地方性法规，如有广东省人民政府制订的《广东省自费留学人员回国工作安排试行办法》，上海市政府制订的《关于做好回国留学人员安置工作问题的通知》、《关于加强本市自费出国就读语言学校管理问题的通知》、《因私出境未学成回国人员重新就业的管理办法》，深圳市政府公布的《关于鼓励出国留学生来深圳工作的暂行规定》，以及大连、宁波、北京等地制订的留学回国人员工作站管理办法，等等。

上述不同层次的法律、法规和规定，从不同的级别和不同的侧面对自费出国留学的政策问题做出了尽可能详细、明确而具体的规定。其中包括出国审批政策，经济担保政策，定期服务政策，侨属优惠政策，自费公派政策，回国与休假与家属探亲政策，登记注册政策，自费公费同等待遇政策，回国服务与安置政策，等等。在当时的背景下，相关的政策管理机构期望为中国公民自费出国留学的权利保障制定了一套比较完整的政策体系和法律制度，同时也确实曾经做到了把对自费出国留学事务的管理推向一个广泛和全面高度的作用。

自费出国留学政策体系中主要的制度原则有：

1. 要求各职能部门和有关单位对待自费留学生应与公派出国留学人员一视同仁，要同样给予关心、爱护和提供境外的保护，并鼓励他们早日学成回国。

2. 自费出国留学生与公派留学人员在出国审批政策方面有明显不同，即自费出国留学人员是根据经济担保、定期服务和侨属优惠政策予以审核批准的。（1）"经济担保政策"是指自费留学者本人或国外亲友为保证留学期间有足够的经济来源，而提供的一项特别保证。（2）"定期服务政策"是指对具有高等教育学历的人员申请自费出国留学实行的一种工作期限政策。（3）"侨属优惠政策"是指对华侨、归侨和港、澳、台同胞及外籍华人在国内或内地的亲属申请自费出国留学时可以不受定期服务年限的限制，或不缴纳高等教育培养费。

3. 鼓励自费留学生回国工作并提供帮助、指导与服务。一是相关福利待遇政策上的支持，例如，在职人员自费留学返回国内工作后，工龄的计算和公派留学人员相同、出国前的工龄可以保留，并且可以与回国后的工作时间合并计算工龄；其中，获得硕士、博士学位的，其在国外攻读博士、硕士学位的年限，还可以计算成国内的工龄；在回国后工作分配上也同样是按照同类公派留学人员的分配办法及工资待遇规定予以办理。二是回国后可以自主择业，也可以双向选择，人事部、教育部和各省市在全国设有留学人员服务机构，专门为各类留学人员提供国内需求信息，协助联系工作单位。三是也可以为那些暂时不愿或不能回国的留学生，提供短期回国工作或为祖国服务的机会。①

二、自费出国留学政策的调整与演变

这里仍然要引用钱宁在《留学美国——一个时代的故事》中的一些描述：在短短的几年中，随着中国公民"留学意识"的提高，"出国潮"很快就由古井微澜变成了沧海巨波。在分析其原因时钱宁认为，那时的中国社会没有给年轻一代留下太多的发展空间：没有政治可以投入，内有财富可以追求，没有可供精神自由驰骋的疆场，甚至在私生活中也没有一方不受侵犯的个人领地。在这个社会里生存，年轻人需要学会的不是全力奋斗，而是耐心的等待。至于等待的是什么，谁也说不清楚。于是出国留学便成了无数中国青年平凡、无聊、黯淡生活中的一线光亮，给他们带来了无穷无尽的生活希望和奋斗动力，并使他们有了一点选择自己道路的自由。

一个有趣的数字是，1979年时，有54%的中国留美学生、学者是由中国政府或单位资助的；而到了6年后的1985年，这个比例减少到17%，同时却有57%的中国自费留学生从美国的大学里找到了资助。成千上万封多少都有点"猫腻"的留学申请信从中国大陆寄出，飞向美国几千所著名或不著名的大学。除了下"工夫"办理推荐信、外语成绩单、经济担保书和杜撰自述以外，翻译成绩单也是十分巧妙的："马列选读"译成"西方哲学"，"国际共运"译成"国际政治"，在"政治经济学"译成"宏观经济学"，"德育"译成"论理学"或"心理学"或"人类学"，中国式的政治学习译成"政治学"或"中国政治研究"，等等。令人感动的是，美国大学几乎是有信必复，并随信提供印刷精美的学校专业介绍；而在当时的中国，人们早已习惯了给任何单位写信都不期望有回音的现实。

在出国留学潮的不断冲击下，中国社会的单位与个人之间的隶属关系也渐渐出现了松动。大约在1988年前后，国家劳动人事部、国家科学技术委员会、康华公司、国家安全部等单位纷纷设立了各种"人才交流中心"，其中一项业务就是为那些在各自单位办不成出国留学手续的个人办理人事档案存放手续。"中心"可以为申请人提供各种证明信并收取每月几十元的"档案保管费"。这些人才交流中心后来大概都受到了"整顿"，但却在当年使那些"留学有路、出国无门"的人有了一条出路。只是不知那些当年存放档案的自费留学人员如今是否还在为自己的档案支付"保管费"②

---

① 国家教委留学生司编：《出国留学工作文件汇编（1978—1991）》第142页、第567—713页，群众出版社1992年6月第1版；项谠：《中国公民自费留学的法律保障》，《法学杂志》1992年第1期。

② 钱宁：《留学美国——一个时代的故事》第48页、第61页、第78页，浙江文艺出版社2003年1月版。

1983 年中国自费出国留学的人数仅有 1000 多人，3 年后即 1986 年就增长了 10 倍达到 1 万多人，到 1987 年又翻了 10 倍，骤然突破了 10 万人大关。[①] 正是基于自费出国留学活动的快速兴起以及不断变化的各种情况不断涌现，因此这一时期也是自费出国留学政策快速演变与不断调整的重要时期。

（一）国务院批准发布《自费出国留学的规定》

经国务院批准，教育部等 4 部门于 1982 年 7 月 16 日印发了一个新的《自费出国留学的规定》，[②] 同时宣布 1981 年 1 月颁布的《关于自费出国留学的暂行规定》予以废止。与已废止的《暂行规定》相比较，新的政策性规定主要有以下几方面的调整和更新：

一是提出了新的自费留学的经费来源的概念，把过去规定的由"国外亲友"提供全部经费，扩大为"定居国外的亲友或国内亲属"提供全部经费。在"国外亲友"前加上"定居"，是为了避免由国内近年出国、仍在外学习的留学人员或其他出国人员提供经费资助证明，因为管理层认为他们不能保证自费出国留学人员所需要的经费来源。此外，增加了国内亲属提供的经费也可以作为自费出国留学的经费来源这一内容。

二是增加了自费出国留学的年龄限制，即申请出国上大学或读取研究生的年龄不得超过 35 岁，申请到国外进修的年龄不得超过 45 岁。

三是增加了高校在校本专科生、在读各类研究生以及他们在毕业并接受国家统一分配工作后的 2 年之内均不得申请自费出国留学的规定。当时主要是从国内高校秩序的稳定和发展加以考虑的；同时也考虑到接受与未接受公费高等教育者之间的平等与公允。但由于当时自费出国留学的群体恰恰主要是来自于这部分人，因此社会上对此有不同反映。因为，该项规定实际上是排除了国内高等学校在校学生直到毕业后工作两年前自费出国留学的可能性。制定这——规定的主要依据是，高等学校的学生完全是由国家提供经费培养的，因此，他们学成后应该为国家服务一段时间。

四是规定国外华侨、港澳同胞、外籍华人和归国华侨在国内的子女、亲兄弟姐妹及其子女（含配偶），具备自费出国留学条件并提出申请的，不受在校高等学校学生不准自费留学和高等学校毕业生需工作两年后方可自费留学的限制。这是在限制高等学校在校生自费出国留学的时候，对上述人员的特殊性照顾政策。虽然他们在国内高等学校学习的时候，其经费也主要是由国家提供的。

五是新规定增加了对申请自费出国留学人员也"必须进行严格的政治审查"的要求，凡发现政治思想反动或道德品质恶劣以及有违法乱纪行为的人，不得批准出国留学。

六是在职人员申请自费出国留学，必须经专区一级有关主管部门批准。申请自费出国留学的在职人员，可以不退职，但从出境的下一个月开始停发工资，留学期间不计算工龄。各行业的技术或业务骨干人员出国留学，不属于自费留学范围，经单位批准后，一律要按公派出国留学人员有关规定办理出国留学手续。

---

① 《人民日报海外版》1989 年 1 月 26 日和《文汇报》1989 年 3 月 26 日相关报道。
② 国家教委留学生司编：《出国留学工作文件汇编（1978—1991）》第 577 页，群众出版社 1992 年 6 月第 1 版。

从上述新增加的政策规定可以看出，1982年公布的自费出国留学政策，比1980年的自费出国留学政策更加严格，除了高校在校学生不能自费出国留学外，还规定了自费出国留学的年龄限制以及对自费出国留学人员政治审查的规定等。这个政策的实施，在社会上引起了一定反响，认为自费留学政策太严，不利于更多的人自费出国留学。如除了限制高校在校生并参加工作两年内不能自费出国留学外，最令人费解的是竟然还规定了自费留学要有年龄方面的限制。

（二）中共中央提出"对自费留学，要坚决大胆放开"的要求

针对社会各界的意见和反映，自上述规定发布两年后的1984年夏季，中共中央提出"对自费留学，要坚决大胆放开"的要求。据此，中共教育部党组于1984年9月5日向"中央引进国外智力领导小组"呈报了一份《关于修订〈自费出国留学的规定〉的请示报告》。[①]

该《请示报告》称，根据中共中央"对自费留学，要坚决大胆放开"的指示精神，教育部会同公安部、外交部等有关部门组成了"自费留学问题调研小组"，分析研究了现在国外自费留学人员的状况，检查了几年来有关自费留学的政策和工作。认为一些规定太严、规定得太死、限制得太多、政审标准过严、批办手续繁杂、以至使申请自费留学困难重重，不利于贯彻执行"利用外资，为我们培养人才"的基本政策原则。对于自费留学可能造成人才外流问题也有了新的认识：要"防止人才外流，主要应认真落实知识分子政策，充分地信任他们，从各方面关系他们，解决他们的实际困难，使自费出国留学人员报国有门，回国后能充分发挥自己的才智"。基于上述认识提出了若干项针对进一步放开自费留学活动而亟待解决好的几个政策性问题：

（1）要提高对自费留学重要意义的认识。《请示报告》认为当时国内不少单位的负责人员对待自费出国留学的态度和思想不够解放，站得不高，看得不远，从大局考虑不够；少数单位对待自费出国留学人员持有偏见，甚至歧视，以至在贯彻中央有关自费出国留学人员的方针政策时措施不力，行动迟缓。应该认识到自费出国留学是进一步贯彻实行对外开放，加强智力开发的一个组成部分；它既是培养人才的一条渠道，也是加强统一战线工作、侨务工作、开展对外文化科技交流和对外宣传的渠道。

（2）现有自费留学规定偏严。《请示报告》认为在对待自费出国留学申请资格的问题上，已经颁布的一些自费留学规定偏严，未能区别对待不同的情况，如规定除华侨、华裔的直系亲属外，在校大学生、研究生不准自费留学；大学毕业后必须工作两年后方可申请留学；对自费留学申请人还要有年龄和学历的限制；另外政治审查标准过严，批准和办理相关手续的程序繁杂；致使申请自费留学人员遇到一些困难。

（3）缺少对自费留学人员的服务性政策。《请示报告》认为对自费留学人员在国外学习期间的管理教育工作缺少有效的政策措施，对学成回国的自费留学人员的工作安排、生活待遇等方面的规定也不够明确。

---

① 国家教委留学生司编：《出国留学工作文件汇编（1978—1991）》第587页，群众出版社1992年6月第1版。

（4）对待自费出国留学人员，也要注意防止人才外流的问题。《请示报告》认为应认真落实知识分子政策，充分信任他们、关心他们、解决他们的实际困难，使他们报国有门，回国后能够充分发挥作用；对业务骨干和具有研究生学历的自费留学申请人，仍要采用公派留学的途径派出。在自费出国留学的管理工作中，当时对如何防止人才外流的问题也有不同看法，因而采取的措施也不尽相同。一些人要求自费出国留学政策严一点，也是从防止人才外流的角度加以考虑的。

（三）国务院修订并颁布《关于自费出国留学的暂行规定》

根据上述社会形势以及公民需求的发展与变化，教育部修订了 1982 年 7 月 16 日颁布的《自费出国留学的规定》，并上报"中央引进国外智力领导小组"批准，国务院于 1984 年 12 月 26 日以国务院的名义印发了一个新的《关于自费出国留学的暂行规定》，① 同时宣布国务院于 1982 年 7 月 16 日批准转发的教育部、公安部、外交部和劳动人事部联合引发的《关于自费出国留学的规定》予以废止。应该说，这个规定比较充分地体现了"对自费留学要坚决大胆放开"的政策意图和原则精神。

修订后的《关于自费出国留学的暂行规定》共有 18 条，其的主要政策内容有：自费出国留学是培养人才的一条渠道，也是贯彻改革开放，引进国外智力的一个方面；国家对自费出国留学人员在政治上与公费留学人员一视同仁；各级组织应支持和关心自费出国留学人员；凡中国公民，个人通过正当和合法手续取得境外资助或国外奖学金，办好入学许可证的，不受学历、年龄和工作年限的限制，均可申请自费到国外上大学（专科、本科）、作研究生或进修。高等院校的专科生、本科生和在学的研究生，可以在学校或单位申请自费出国留学，出国后保留学籍一年。应届毕业专科生、本科生和研究生，凡属国家统一分配的，应服从国家分配，到工作单位后再申请和办理自费出国留学。在职职工自费到国外留学的，一般可停薪留职，本人要求退职的，可予同意。取得硕士、博士学位的自费出国留学人员，回国参加工作的，由国家提供国际旅费。自费出国留学人员回国后，应本着"学用一致，尊重本人志愿"的原则安排工作，其工资待遇和职称评定，均按同类公派出国留学人员的有关规定办理。教学、科研、生产单位的业务骨干和毕业研究生（包括应届毕业研究生）申请自费出国留学，必须取得所在单位同意，按隶属关系，报请国务院主管部门和省、自治区、直辖市科技干部管理部门审批，按自费出国留学办法办理等。

与 1982 年自费出国留学规定相比，新发布的《暂行规定》有以下几项新的政策要点：

（1）拓宽了自费留学的经费来源渠道，自费出国留学的经费来源不再仅限于亲友提供，只要通过正当和合法手续取得外汇资助或国外奖学金，申请人也可以自行办理自费留学手续。

（2）申请自费留学不再受学历、年龄和工作年限的限制。1982 年的规定和 1984 年的规定分别表现了两个极端的政策：即 1982 年的规定是高校在校生不准自费出国留学，而 1984 年的规定则对高校在校学生自费出国留学解除了任何限制。

---

① 国家教委留学生司编：《出国留学工作文件汇编（1978—1991）》第 596 页，群众出版社 1992 年 6 月第 1 版。

（3）应届毕业的本专科生和研究生，凡属国家统一分配的，应服从分配，到工作岗位后再申请和办理自费留学手续。没有再硬性规定"需要工作2年"的政策限制，这对高校毕业生自费出国留学提供了政策上的方便。

（4）新规定还表明，在职职工自费出国留学一律可停薪留职，本人要求退职的，可予同意；同时规定了自费出国留学不受学历、年龄和工作年限的限制；因此在职人员自费出国留学，也就不存在经单位批准的问题和障碍了。

（5）自费留学人员在国外学习期间，可以回国探亲、休假、实习等等，次数不限、来去自由。

（6）但各行业骨干以及毕业研究生申请自费留学，仍然需要经单位同意，并报主管部门批准。而大学本科毕业人员（包括应届毕业生）和在读研究生申请自费留学，可按自费公派办理，也可按自费办理，如何选择应由当事人自行决定。

（7）对于申请并获得批准的"自费公派"进修人员，具有两年以上工龄的，在批准的出国年限内，由原工作单位照发工资。这种对自费公派出国进修人员的优惠政策，以前未曾出现过，其后不久也没有再持续执行下去，而是以"单位公派"的概念取而代之。

可见，1984年的这个规定，除了对单位专业骨干人员的自费出国留学行为保留了1982年的规定之外，其他政策都基本上完全放开了。因此，1984年的自费出国留学政策，也就不存在对华侨、港澳同胞、外籍华人和归国华侨在国内的子女、亲兄弟姐妹及其子女（含配偶）自费出国留学的特殊政照顾了。

这个规定付诸实施后，不少具有高等教育学历的青年人，不论是高校的在校生，还是已经大学毕业并参加工作的人，都在考虑申请自费出国留学。但由于受到国外招生条件与数量的限制，大多数申请人最终是很难成行的。然而，国内著名高校在校生和科研机构中的在职人员参与申请自费出国留学的人员比例却较大，因而对国内高校的正常教学秩序、人才培养和科研单位的科研活动，造成了一定的影响和冲击，引起国内高校和科研机构的严重关注和不满。同时，由于规定自费出国留学经费可以是来自国外机构的资助和奖学金，致使一些人员在争取这些资助的过程中，采取了某些不正当的手段。上述情况使有些人以及管理者认为，1984年颁布的这个《关于自费出国留学的暂行规定》，其中有些政策原则在当时的国内条件下是行不通的。[①]

（四）中共中央、国务院印发《关于改进和加强出国留学人员工作若干问题的通知》，国务院批转国家教育委员会《关于出国留学人员工作的若干暂行规定》

自1984年12月发布《关于自费出国留学的暂行规定》一年多后，中共中央、国务院于1986年5月4日印发了《关于改进和加强出国留学人员工作若干问题的通知》；[②] 紧接着，国务院又于1986年12月13日批准国家教育委员会颁布了《关于出国留学人员工作

① 于富增、江波、朱小玉：《教育国际交流与合作史》第224页，海南出版社2001年8月第1版。
② 李滔主编：《中华留学教育史录——1949年以后》第390—394页，高等教育出版社2000年1月版。

的若干暂行规定（国发〔1986〕107 号文件）》。①

在上述两个重要文件中，其中有关自费出国留学规定的部分，对 1984 年发布的《关于自费出国留学的暂行规定》进行了重要修改：1. 关于自费留学的经费来源，又恢复到 1982 年的政策规定，即须由居住国外及香港、台湾地区亲友提供资助，或使用本人、亲友在国内的外汇资金。2. 再次规定国内在学研究生，一般不得中断学习自费出国留学。3. 再次规定高校毕业班学生不能申请办理自费出国留学，要服从国家分配。4. 再次规定在职人员申请自费出国留学，必须经过所在单位批准。其中在职人员中的骨干人才申请自费出国留学，应尽量纳入公派范围。5. 华侨、港澳同胞、外籍华人和归国华侨在国内的子女、亲兄弟姐妹及其子女（含配偶），其出国留学经费来源符合第 1 条规定者，均可办理自费出国留学，而不受"本科毕业班学生和研究生不能申请自费出国留学"的限制。

当时的政策管理层认为，上述两个文件的陆续出台，在一定程度上稳定了有自费留学意向群体中多数盲目申请者的情绪，因此也在一定程度上达到了稳定了国内正常工作、教学与科研秩序的目的。而 1986 年前后中国自费出国留学的基本形势是，一方面出国留学的大门逐渐打开，出国留学不仅是人才成长的一个方式，也已经成为一种时尚的追求和目标；另一方面，国外高等学校接受留学生、特别留学研究生的潜力较大，为中国自费出国留学规模的扩大提供了条件。因此，国内对自费出国留学所采取的某些限制性政策，迫使有些人采取各种办法来规避这些限制，以达到自费出国留学的既定目的。如为应对上述规定中针对在校生的一些限制，许多人以申请"退学"的方式实现了自费出国留学的目的。这种情况说明，自费出国留学政策还有进一步开放的余地与空间。②

（五）公安部和国家教委印发《关于公安部门受理自费出国留学等问题的通知》

为了贯彻上述中共中央、国务院于 1986 年 5 月 4 日印发的《关于改进和加强出国留学人员工作若干问题的通知（中发〔1986〕11 号文件）》以及国务院于 1986 年 12 月 13 日批准国家教育委员会颁布的《关于出国留学人员工作的若干暂行规定（国发〔1986〕107 号文件）》，经报国务院批准，公安部和国家教委于 1987 年 2 月 28 日印发了《关于公安部门受理自费出国留学等问题的通知》，要求各地公安和教育机关严格审核自费留学的相关手续。③

（六）对留学生"华侨身份"的认定以及对"语言学校留学生"的政策性归类

① 国家教委留学生司编：《出国留学工作文件汇编（1978—1991）》第 142 页，群众出版社 1992 年 6 月第 1 版。

② 于富增、江波、朱小玉：《教育国际交流与合作史》第 225 页，海南出版社 2001 年 8 月第 1 版。

③ 〔美〕陆丹尼：《20 世纪 80 年代中国留学政策的演变》，李喜所主编《留学生与中外文化》第 415 页，南开大学出版社 2005 年 8 月版。

　　随着公费和自费出国留学人员的不断增加以及学成后陆续回国工作，如何认定其是否具有"华侨或归侨身份"的问题也随之被提了出来。对此，国务院侨办"侨政司"于 1986 年 5 月 27 日以"答复函"的形式进行了政策性规定：出国留学生（包括自费出国留学生）不是华侨，他们回国后不具有归国华侨身份；而已在国外定居或毕业后在国外就业的出国留学生是华侨，他们回国可享受归国华侨待遇。这里需要说明的是，上述复函原文的主体明明是指"出国留学生（包括自费出国留学生）"，但《出国留学工作文件汇编（1978—1991）》的编辑者（本书作者也是当时的编委之一）却将该《复函》冠之以"复关于自费留学人员归国后是否享受归侨待遇的问题"，即有意无意地突出了"自费"两个字。其用意显然是不希望给公派留学人员提供某种暗示或导向。①

　　20 世纪 80 年代中期以来，在自费出国留学热的感染和影响下，中国的一些大城市出现了大批申请自费出国学习语言的留学生，即语言类自费留学生；其出国的目的呈现多样性：或为下一步在国外读学位做准备，或为打工提供方便，或为今后移民、定居做准备。例如规模最大的时候，上海市一年之内就有 6—7 万人申请自费出国到语言类学校学习日语。在如此大的申请出国学习日语的潮流中，产生了一些违法的现象：有的申请人交了钱，却拿不到签证，有的承办者骗取申请人费用后携款潜逃，使一些申请人不但留学无望，经济上还受到很大损失；有的自费语言留学生到了国外，就读的学校有名无实，既无校舍，又无教员，使中国的自费语言留学生蒙受了经济和精神上的损失；等等。为了制止上述不良现象的继续发生，维护社会安定团结，上海市人民政府专门发布了《关于加强本市自费出国留学就读语言工作管理问题的通知》。② 该《通知》规定，"上海因私出入境服务中心"为上海市公民自费出国就读语言的咨询服务机构；所有计划在上海招收学生的国外语言学校必须与该"中心"签订协议；申请自费出国的语言生可到该"中心"查看公布的国外语言学校名单；若决定去有关语言学校学习，由"中心"协助办理去国外学习的有关手续。自此之后，上海市自费留学语言生的出国秩序逐渐好转。

　　关于上述自费出国学习语言的人员是否属于出国留学生的问题，一直是当事人比较关注、有关机构也在长期争议的一项政策性内容。综合中国政府教育行政管理机关在相关规定中的传统说法和解释，出国留学生、或称为出国留学人员，一般是指出国并在国（境）外高等教育机构或科研机构内，读取大学专科、大学本科、研究生或进修或做访问学者的人员。而申请自费到日本、加拿大、澳大利亚等国家，并以学习语言为先期目的的人员绝大多数是就读于当地非高等教育性质的语言学校。正因为如此，中国教育行政管理机关历来不把"以学习语言为目的并进入国外语言学校的中国学生"视为"出国留学生或出国留学人员"，而往往是借用日本社会的"就学生"或"语言生"一词代为表示，并且在各年度的出国留学人员统计数据中，也从来不包括先期以学习语言为目的的这批留学生。即当他们出国时不被统计为"出国留学人员"，而当其在国外有朝一日进入高等教育机构时，则将其统计为"在外留学人员"。③

---

　　① 国家教委留学生司编：《出国留学工作文件汇编（1978—1991）》第 604 页，群众出版社 1992 年 6 月第 1 版。

　　②③ 于富增、江波、朱小玉：《教育国际交流与合作史》第 228、229 页，海南出版社 2001 年 8 月第 1 版。

长久以来，作为政策管理部门的意见，一直是以在国外接受高等教育层次的留学人员为留学政策的调整对象，且历来也是以这一群体为"留学人员统计"的主要依据。但有关专家指出，不能因此而否定小留学生和语言学校留学生的真实身份；即某些机构的管理者可以根据自己的利益和所谓权限，不去管理和服务于这批人员，但上述人员的"留学"行为和"留学"性质以及自然生成的留学生或留学人员的确实身份，是不会以个别管理者的狭隘意识来左右和决定的。

这里也许有一个误区，或曾被长期误读、误判。即某种行为是否属于留学活动、是否具备留学的性质，其当事人是否属于留学生，不能、也不应该根据主观的臆断，更不能贪图一时管理上的方便，而要凭据客观的事实，要反映政策涉及对象的本质特征，更要经得起历史的检验。作为权宜之计，当我们把留学生或留学人员视为"留学人才"的时候，好像很难将就读于国外语言学校的学生也划入其中；但当走过这段历程回首审视并冷静思考时，又为那群不能被称之为"留学生"的留学生感到有些不平。若将上述现象或人员称为"语言类留学生"势必混淆了与语言类高等教育留学生的区别；而"就学生"这个词是否也就别用了，因为那是人家的东西，毕竟用着并不那么合适，也不太舒服；最恰如其分的表达也许可以将在本节讨论的上述人群称之为"语言学校留学生"了。

（七）国家教委印发《关于具有大学和大学以上学历人员自费出国留学的补充规定》，收紧自费留学政策

1990 年 1 月 25 日，国家教委印发了《发布〈关于具有大学和大学以上学历人员自费出国留学的补充规定〉的通知》，即"教留〔1990〕014 号"文件；《通知》的附件即为上述《补充规定》及其《暂行实施细则》。①

"教留〔1990〕014 号"文件出台的大致背景如下：

（1）中国主管留学事务的职能部门认为，1989 年中国发生了春夏之交的"政治风波"之后，国内"出国热"一再升温，申请自费出国留学人数大量增加；这一年参加 TOEFL 和 GRE 考试的达 4 万多人，比 1988 年同期超出 1 万多人，其中约 50% 是高校教师和研究生，已影响了教师和学生队伍的稳定；全国范围内 200 多个"单位公派"的渠道派出数量也在增大，不同程度地存在盲目性；自费留学与单位公派留学的畅通渠道导致各类出国留学人员数目不断增加；一些人才开发和交流机构不按照国家有关政策严格把关，甚至以办理出国手续牟利，加剧了出国渠道的混乱；与此同时，西方一些资本主义国家掀起反华反共浪潮并趁机明目张胆地截留和掠夺中国在外留学人才，通过各种法令，诸如"四项行政措施"和"特殊移民政策"等使中国留学人员，特别是尖子人才获得外国的永久居留权；中国在外留学人员逾期不归的现象也日趋严重；出国留学工作面临严峻的形势。根据相关职能部门的上述报告和意见，中国政府对此十分重视并多次开会加以研究，国家教委也决

---

①　国家教委留学生司编：《出国留学工作文件汇编（1978—1991）》第 633 页，群众出版社 1992 年 6 月第 1 版。

定要对自费出国留学政策做出及时调整。①

（2）1988年前后，中国国内一些重点院校和科研单位的科研人员和研究生导师以及教学、科研主管部门的负责人呼吁，要求国家教育主管部门高度重视青年学生和青年教学、科研人员不断向美国及欧洲国家外流的问题，并希望发布一项法规性文件以制止日趋严重的人才外流现象。1989年政治风波之后，为了稳定国内正常的教学、科研与工作秩序，并且根据执行原有规定时所发现的某些政策漏洞，中共国家教委党组于1989年11月29日，向中共中央办公厅报送了《关于出国留学工作若干方针政策问题的请示》。该《请示》综述了10年来出国留学工作所取得的很大成绩并指出存在的突出问题。同时也建议，对自费留学要正确引导；凡国家公费培养的大学毕业以上人员，有为国家服务的义务，要严格执行5年服务期规定；大学三年级以上的学生和研究生不得退学办理自费出国留学，三年级以下的大学生在偿还培养费后方可申办自费出国留学；今后，凡具有大学学历的人员申办自费出国留学，归口当地省、直辖市、自治区一级教育委员会审核，经核准后方可到公安部门申办出国手续。②

（3）根据以上报告，中共中央办公厅于1990年1月17日印发了《中央政治局常委会议讨论出国留学问题纪要》，③ 其中实际上是明确同意了中共教育部党组提出的更新、更严格的针对自费留学的一个政策原则："对自费留学要正确引导。凡国家公费培养的大学毕业以上人员，有为国家服务的义务，要严格执行五年服务期的规定。大学三年级以上学生和研究生不得退学办理自费出国留学，三年级以下的大学生在偿还培养费后方可申办自费出国留学。今后，具有大学学历的人员申办自费出国留学，归口当地省、直辖市、自治区一级教育委员会审核，经核准后方可到公安部门申请办理出国手续。"这份《纪要》提出了4项新的处理自费出国留学问题的政策原则：一是重申"服务期"制度，即国内大学生毕业后要为国家服务5年，5年期满后才可以自由流动。二是实行偿还"培养费"政策，即由国家公费培养的三年级以下大学生，允许其偿还培养费后退学并办理自费出国留学事宜。三是稳定在校生秩序，即三年级以上大学生和研究生不能申请自费出国留学。四是建立自费留学审核机制，即必须经各地教育行政机关审核批准后，申请人才能去公安部门办理出国手续。

正是根据上述政策原则，并在当时的国际、国内形势下，国家教委在调查、研究和汇总有关方面意见的基础上，于1990年1月25日发布了《关于具有大学和大学以上学历人员自费出国留学的补充规定》及其《暂行实施细则》。《补充规定》中的所谓"补充"，应该是指对《中央政治局常委会议讨论出国留学问题纪要》的补充、说明与细化。发布上述《补充规定》及其《暂行实施细则》的《通知》在解释其目的和理由时指出，此举是"为

---

① 国家教委外事司编著、陈可森执笔：《教育外事工作历史沿革及现行政策》第63—64页，北京师范大学出版社1998年1月第1版。

② 国家教委外事司编著、陈可森执笔：《教育外事工作历史沿革及现行政策》第67—68页，北京师范大学出版社1998年1月第1版。

③ 国家教委留学生司编：《出国留学工作文件汇编（1978—1991）》第647页，群众出版社1992年6月第1版。

了完善出国留学工作政策，加强对具有大学和大学以上学历人员自费出国留学的引导和管理，明确审批手续。"随后，公安部、司法部、国家物价局等国家政府机构先后印发了配合性的《通知》。

上述《补充规定》及其《暂行实施细则》的主要内容有：

（1）具体规定了不同类别人员的服务期年限。即本科毕业生、双学位毕业生、研究生班毕业生、硕士和博士毕业研究生、在校的四年级以上学生、在学研究生等服务期为 5 年；二年制和三年制专科毕业生的服务期分别为 2 年和 3 年；全日制成人高校公费专科毕业生服务期为 2 年，成人高校公费本科毕业生的服务期为 5 年；未完成服务期的不能申请自费出国留学。

（2）全日制高校在读的四年级以下学生和全日制成人高校在读学生，在偿还学习期间国家负担的培养费后可申请自费出国留学；并且自出国之日起 8 年内回国服务的，可退还其所交的培养费。经国家物价部门批准，国家教委将公布高等教育赔偿费的缴纳标准。

（3）归国华侨、国外华侨，香港、澳门、台湾同胞和外籍华人在国内或内地的配偶及子女、孙子女及外孙子女（均含配偶）、即所谓"直系眷属"，属在校公费全日制大学生和研究生而要求自费出国留学者，可免除服务期并免交赔偿费。

（4）上述六方面人员的非直系眷属在偿还学习期间国家负担的培养费后，可申请自费留学。上述人员均须提交其在境内、外定居的有效证件的复印件和直接负担申请人全额经济资助的证明，由所在地的省、自治区、直辖市一级侨务部门或台办对其眷属身份按有关要求进行核实。

（5）具有大学和大学以上学历的自费出国留学申请人，必须经所在单位同意，取得本人完成服务期限或偿还培养费的证明，填写"JW109"表，并经省、直辖市、自治区一级教育委员会统一归口审核，对符合规定者，由审核部门出具证明，方可到公安机关办理出国手续。

（6）关于培养费的收取标准，《补充规定》的《暂行实施细则》规定为：大学专科生每学年为 1500 元；大学本科生每学年为 2500 元；硕士研究生每学年为 4000 元，博士研究生为每学年 6000 元。对自出境之日起 8 年之内回国服务的自费留学人员，可退还其所交的培养费。

上述《补充规定》及其《暂行实施细则》出台以后在国内外引起强烈的反响和一定的负面作用，在力图强制性地稳定教学科研秩序的同时，实际上也在一定程度上更加激发了青年学生申请自费留学的热情或冲动，使自费留学人数急剧增加。据对自费留学人员数量的有关统计表明：1978—1984 年期间，总数约为 7000 人，年均约 1000 人；1985—1988 年期间，总数约有 1.6 万人，年均约 4000 人；1989 年约为 8000 人；而 1990 年达到约 1.8 万人，其中使用所谓"归国华侨、国外华人、港澳台同胞、外籍华人的眷属"身份的申请者占 23％，其余约四分之三以上均为国内具有高等教育学历的人员。但是，同期内自费出国留学人员的学成回国率一直较低。据教育部有关统计表明，1978—1989 年间，国家公派出国留学人员学成回国的人数，占国家公派出国留学人员总数的 57％；单位公派留学人员学成回国人数，占单位公派出国留学人员总数的

51%；而自费出国留学人员学成回国人数，仅占自费出国留学人员总数的4%。虽然公费留学和自费留学之间有许多不可比的因素，例如公派出国留学人员中进修人员的比例较大，进修人员在国外的学习时间较短，并且有按期回国的义务，因此学成回国人员比例相对较高；而自费出国留学人员的多数是到国外读大学本科或研究生的，所需的时间较长，并且学成后还要在国外工作一段时间，以积累一些资历与经验，这是自费出国留学人员回国率偏低的主要原因之一。①

（八）国家教委印发《关于自费出国留学有关问题的通知》，取消"服务期内不得自费出国留学"的政策性限制，放宽自费出国留学政策

仅仅约3年半后的1993年7月17日，国家教委经国务院批准印发了《关于自费出国留学有关问题的通知》及其《执行说明》，②对国家教委《关于具有大学和大学以上学历人员自费留学的补充规定》及其《暂行实施细则》，即"教留〔1990〕014号文件"的附件进行了重要修改，彻底取消了普通申请人在"完成高等教育后的服务期内不得自费出国留学"的政策性限制。

作出上述政策性调整主要出于以下考虑：

（1）1990年的自费出国留学原有政策，强调的是国内高等学校公费毕业生要为国家服务一定期限，待完成服务期后方可申请自费出国留学。但原有申请自费留学政策在强调国内高等学校公费学生完成服务期的同时，依据中国国内的其他法律、法规，对其中一部分高校公费学生给予了政策性照顾。如，高校非毕业班的学生，在赔偿国家的培养费后，可以免除服务期；归国华侨，国外华侨，香港、澳门、台湾同胞和外籍华人在国内或内地的直系亲属，可不受服务期和培养费制度的制约；归国华侨，国外华侨，香港、澳门、台湾同胞和外籍华人在国内或内地的非直系亲属，则可在交纳培养费后免除服务期。虽然对归国华侨，国外华侨，香港、澳门、台湾同胞和外籍华人在国内或内地的直系亲属的上述政策，是属于国家对特殊群体实施的特殊政策，其他群体不宜攀比，但是许多普通申请人也希望允许他们在赔偿国家的培养费后免除服务期，而不是像原有政策规定的那样，必须完成服务期，且不能用赔偿国家的培养费代替为国家的服务期。③应该说，上述要求是合乎情理的，也是应该引起政策管理机构关注与研究的。

（2）"教留〔1990〕014号文件"发布之后，社会上对文件中规定归国华侨、国外华侨、港澳同胞和外籍华人的直系眷属等六类人员自费留学可免交培养费一事意见不一，特别是没有上述"归国华侨等六类人员"亲属关系的人员意见很大，认为此种做法有失公平。社会上普遍反映，本科以上学历阶段属非义务教育，自费留学应一视同仁，未完成服务期的，均应交纳培养费。国家教委也曾为此在全国若干重点地区召开了数十次座谈会，收集和研究了周边国家和地区对公民自费留学的规定，并多次听取了全国人大、全国政

---

① 于富增、江波、朱小玉：《教育国际交流与合作史》第227页，海南出版社2001年8月第1版。
② 李滔主编：《中华留学教育史录——1949年以后》第407—409页，高等教育出版社2000年1月版。
③ 于富增、江波、朱小玉：《教育国际交流与合作史》第284—285页，海南出版社2001年8月第1版。

协、各民主党派及有关部委、高等高校的意见和建议。①

（3）少数普通申请人为达到尽快自费出国留学的目的而编造"归国华侨等六类人员"《亲属关系证明信》或有关"不受服务期限制"的证明材料，以规避"服务期"制度的事件时有发生。

（4）1992—1993 年期间，中国政府对整体出国留学政策进行了重大调整，逐步确定了"支持留学，鼓励回国，来去自由"的基本政策。②

基于上述背景，并在国务院领导人的干预和直接参与下最终形成了上述新的《关于自费出国留学有关问题的通知》。

《通知》即新的自费出国留学政策的主要内容有：（1）中等学校毕业生和在校自费大学生申请自费出国留学，由本人直接到当地公安机关办理有关手续。（2）大专以上的公费在校学生和公费培养的具有大专以上学历人员（包括归国华侨，国外华侨，香港、澳门、台湾同胞和外籍华人的直系、非直系眷属），在国内服务一定年限或偿还高等教育培养费后，均可自费出国留学。（3）为鼓励在国内攻读博士学位，博士毕业生自费出国做博士后研究，不收取高等教育培养费。（4）在校大专以上学生申请自费出国留学，原学校应为其保留 1 年学籍。（5）在职人员申请自费出国留学，其公职等问题由所在单位自行处理。（6）国家鼓励自费出国留学人员完成学业后回国工作，用人单位对自费留学回国人员应与公费留学回国人员同样对待，按双向选择的原则录用，并为他们提供必要的工作和生活条件。（7）大专以上的公费在校生和公费培养的具有大专以上学历人员在偿还高等教育培养费并自费留学后，按自费大学生申请出国对待，且学成归国工作时，不再退还其原已偿还的高等教育培养费。

与 1990 年制订的自费出国留学政策相比，1993 年的新政策有 4 项重要变化：（1）增加了对中等学校毕业生自费出国留学的说明，并表示不设任何限制。（2）一般公费在校大专以上学生和公费培养的具有大专学历以上在职人员，与归国华侨，国外华侨，香港、澳门、台湾同胞和外籍华人的直系、非直系亲属中具有同等学力的人员，在自费出国留学审批政策上一视同仁，不再设置任何界限。（3）国内公费大专以上在校生和公费培养的具有大专学历以上在职人员，或者完成规定的服务期后，或者赔偿国家的高等教育培养费后，均可申请自费出国留学；是选择完成服务期，还是选择赔偿国家的高等教育培养费，由申请自费出国留学者自行决定。（4）取消了"自费留学人员 8 年内回国工作将退还其所交培养费"的原有规定。

1993 年的自费出国留学新政策，对申请自费出国留学的青年人来说，除了还需要交纳"服务期"内的高等教育培养费以外，在国家一级的政策层面上已经不存在其他任何限制了。而为了更快地实现出国留学，很多人选择了交纳国家高等教育"培养费"而免除"服务期"的路径。只要申请人能够通过自己的综合能力测试获得国外高校的

---

① 国家教委外事司编著、陈可森执笔：《教育外事工作历史沿革及现行政策》第 76 页，北京师范大学出版社 1998 年 1 月第 1 版。

② 参见本书第六章。

录取通知书，并能够筹集到足够的经费或申请到国外奖学金，就可以实现自费出国留学的目的。在国外接受国际学生的空间还比较充裕，国内经济持续发展，很多家庭都已具备交纳"高等教育培养费"能力的情况下，应该说教育管理机构的这项自费出国留学新政策，基本上满足了许多申请自费出国留学人员的愿望，也导致自费出国留学人员的数量急剧增加。①

三、逐步形成和不断完善对自费留学中介机构的管理政策

随着自费出国留学政策的逐步放宽和中国公民生活水平以及对出国留学兴趣的不断提高，申请自费出国留学的人数也在不断增加。但对多数申请者来说，他们面对的还是一个比较陌生、选择余地很大且十分庞杂的各国留学目学校。针对这种日益增多的自费出国留学群体和世界各国接受外国留学生的能力，一些介绍中国人自费出国留学的机构和个人相继出现，或以一些外国机构的名义与国内机构和个人合作，从事招收中国自费出国留学生的经营活动。虽然这些国外的机构和个人所代表的国外学校并不是什么著名的高等学校，甚至也不是正规高校，而是语言补习学校，甚至连语言补习学校的资格都不具备，但它们却适应了国内逐渐兴起的出国留学热的需求并不断发展壮大，反过来又推动了国内留学热的持续升高。有的人为了达到出国留学的目的，千方百计筹措经费，甚至变卖家产来筹集出国留学费用；同时，一些到了国外的人，为了偿还为自费出国留学而借的债，每天忙于繁重的体力劳动，根本无暇顾及学习；还有少数人流落街头，生活无着落，在国外造成很坏影响。

为了确保申请自费出国留学人员的利益，同时确实也有对"留学中介组织"这一新生事物的性质、地位和作用不甚熟悉的原因，国内主管机构采取了比较谨慎处置的态度。不过需要特别说明的是，本时期内在官方文件中对"留学中介组织"一般称之为"出国留学咨询机构"或"机关（团体）和个人私自招收自费出国留学生"未获批准机构。

（一）公安部印发《关于机关（团体）和个人私自招收自费出国留学生问题的批复》

根据中央领导同志关于"选派留学生属于国家主权，任何个人无权选派留学生"的指示，公安部经与国家教委研究后，于1987年5月3日印发《关于机关（团体）和个人私自招收自费出国留学生问题的批复》，② 首次提出了对待"留学中介组织"的政策原则：（1）对机关（团体）和个人擅自招收自费出国留学生的问题，虽尚无法规规定，但选派留学生属于国家主权，任何个人无权私自选派留学生；（2）对擅自招收出国留学生的事务不能承认；（3）对擅自招生并从中牟利的，应没收非法所得；（4）对于私自招收的人员

---

① 于富增、江波、朱小玉：《教育国际交流与合作史》第 286 页，海南出版社 2001 年 8 月第 1 版。
② 国家教委留学生司编：《出国留学工作文件汇编（1978—1991）》第 609 页，群众出版社 1992 年 6 月第 1 版。

申请自费出国留学，实行护照和外汇方面的严格管理。

（二）国家教委和公安部联合印发《关于国内外组织和个人不得擅自在我国招收自费留学人员的通知》

时隔 3 个月之后，1987 年 8 月 21 日，国家教委和公安部联合印发了《关于国内外组织和个人不得擅自在我国招收自费留学人员的通知》。[1]《通知》明确规定，任何国内外的组织和个人均不得在中国承办"联系和安排自费出国留学业务"；同时还规定，为了满足自费出国留学人员的需要，便于出国留学人员了解国家的出国留学政策和国外高等学校、科研单位的学术水平以及其他有关情况，国内有关部门可以成立非盈利的、以服务为目的的出国留学咨询机构，向出国留学人员提供咨询服务；还规定成立上述出国留学咨询机构，需经国家教委批准。

（三）国家教委印发《关于设立出国留学咨询机构的意见》

上述文件发布之后，国家教委于 1988 年首次并先后审查批准了在北京市、广东省和福建省设立的几所自费出国留学中介咨询组织为"合法机构"。国家教委在《关于设立出国留学咨询机构的意见》中，[2] 首次对自费出国留学中介咨询机构的运行与活动提出了几项政策性原则：（1）出国留学咨询机构的工作内容主要是承担国内政策和国外信息咨询类事务；（2）出国留学咨询范围不应限于某国或某地区；（3）承担出国留学咨询的工作人员应该掌握国内政策和国外情况；（4）出国留学咨询机构要有必要的场所、设备和资料；（5）出国留学咨询活动可以合理收取咨询服务费，但不得从中盈利和牟利；（6）省级地方政府及教育主管部门应参与管理和协调本地区的出国留学咨询事宜。

（四）公安部印发《关于不得为私自组织招收的自费留学人员签发护照的通知》

1993 年 2 月 25 日，公安部印发了《关于不得为私自组织招收的自费留学人员签发护照的通知》。[3] 这份《通知》指出，1992 年下半年以来，个别地方的一些部门未经教育主管部门批准，在国内擅自组织和招收到俄罗斯或其他独联体国家去的自费留学生，人数多达四、五千人；主要是学习语言，也有以留学名义出境后去做生意的。组织者乱收费、乱许愿，并谎称可以上大学，可以获得大专文凭，可以业余打工挣钱，回国后还可以购买免税小汽车等等。组织者为了躲避监管，违规以成批办理"因公护照"的形式组织当事人出国。不少人赴俄后发现受骗上当并集体向中国驻俄罗斯大使馆情愿；有的人甚至扣留、殴打主办者，要求退还被骗钱财；在当地酿成了严重的治安问题，并引发了外交和司法交涉；且事态有进一步扩大的趋势。对此，国务院领导和有关部门非常重视，将研究相应采

---

① 国家教委留学生司编：《出国留学工作文件汇编（1978—1991）》第 615 页，群众出版社 1992 年 6 月第 1 版。

② 国家教委留学生司编：《出国留学工作文件汇编（1978—1991）》第 617—618 页、第 622 页，群众出版社 1992 年 6 月第 1 版。

③ 国家教委留学生司编、李振平执笔：《出国留学工作大事记（1988.12—1993.7）》第 132 页，1993 年 8 月。

取措施并加强管理。

《通知》要求各地公安机关要坚决执行 1987 年 8 月 21 日由国家教委和公安部联合印发的《关于国内外组织和个人不得擅自在我国招收自费留学人员的通知》的规定，严格审批制度，对未经批准私自招收自费留学生的行为应予取缔，不得颁发护照。

（五）国家教委、公安部和外交部联合印发《关于制止盲目组织自费生赴独联体国家学习问题的通知》

时隔不到两个月，1993 年 4 月 16 日，国家教委、公安部和外交部即联合印发了一份《关于制止盲目组织自费生赴独联体国家学习问题的通知》① 这份《通知》改变了前次《通知》一味否定和全面禁止的口气，对自费留学活动给予了积极的肯定和正面引导。

《关于制止盲目组织自费生赴独联体国家学习问题的通知》认定组织自费生赴独联体国家学习是培养人才和扩大就学的一个渠道；要求对在资格和程序方面不符合规定的"赴独联体国家招生机构"进行检查或取缔；强调获准赴独联体国家的招生机构要严格按照有关规定的设置的条件（即有场所、不营利、不跨省、签协议等）开展咨询和招生事务。

四、对 20 世纪 80 年代初期至 90 年代初期自费出国留学政策调整与变化的综合评估与讨论

受国家改革开放形势以及中国对外关系政策的影响，这一时期是自费出国留学政策发展、变化和调整的重要时期。自费出国留学政策"有变革、有反复，有调整、有发展"，是本时期该项政策演变的主要特征。

而站在政策管理层的立场来看，自费出国留学政策是这个时期整体出国留学活动的热点问题之一，因此"加强对自费出国留学人员的引导和管理"才是本时期的主要特征；② 虽然在自费出国留学政策方面有反复，但是，适应国家对外开放政策的根本原则，政府对自费出国留学的限制在逐步放宽。

不过有一点是多数人基本认同的，即经过申请自费出国人员的反映、呼吁以及中国国家领导人的关注，自费出国留学政策基本上是向着趋于合理和不断放宽的方向调整和变化的。为了应对各种所谓"问题"的不断出现，并通过政策管理层对这些问题的不同认识、不同判断和采取的不同解决方式，使作为自费出国留学政策的载体——"文件"，在这个阶段呈现出一个"频繁多发"和"宽松——收紧——宽松——收紧"的往复循环的状态，并表现出明显的存在着认识方面的差别。

在这一时期之内，自费出国留学政策的进步与发展，主要涉及到以下几个主要政策问题的调整、反复与变化：

---

① 国家教委留学生司编、李振平执笔：《出国留学工作大事记（1988.12—1993.7）》第 142 页，1993 年 8 月。
② 于富增、江波、朱小玉：《教育国际交流与合作史》第 220 页，海南出版社 2001 年 8 月第 1 版。

一是自费出国留学的经费来源问题。主要表现在相关政策是否认可除了公费以外的其他经费所支持的出国留学也属于自费留学性质，持有此类经费的当事人是否也可以申请办理自费留学。也就是说，对于自费留学费用来源的性质，政策管理层的认识是有一个反复过程的。

二是在政策管理层面上能否准许高校在校生和研究生自费出国留学问题。当时的政策管理层认为这里存在着国内高校的正常管理与派人出国留学之间的矛盾问题，即强调中国派遣出国留学人员以及批准自费留学的目的是为了促进国内科学技术事业的发展。那么，自费出国留学的目的也应该有利于和服务于国内科技与社会的发展，至少是不能影响到国内科技与社会的正常发展。也是是说，至少在这个时期，政策管理层还没有太多地意识到，或还不太认可和接受"个人的生存与发展也是自费留学行为与活动的目的之一"这一观点。

三是如何对待国外华侨、港澳同胞、外籍华人和归国华侨在国内的子女、亲兄弟姐妹及其子女（含配偶）的自费出国留学问题。因为这一部分人的自费出国留学问题直接关系到保持国家对国外华侨、港澳同胞、外籍华人和归国华侨既定政策的连续性与稳定性问题，因此必须把这一部分人作为特殊群体来对待。但是，在涉及到享有自费留学政策的特殊性时，政策管理层和社会各界对此还是有一个考虑和认识过程的。

四是如何对待和调整"未完成高等教育后服务期"人员申请自费出国留学的政策问题。面对"服务期内不得自费出国留学"的刚性政策，国内外产生了强烈的反响并引发了一些负面作用。随后根据 1992—1993 年期间中央政府形成的新的出国留学总政策，有关部门调整了相应的政策原则，允许任何人在交纳高等教育培养费后申请自费出国留学。

五是国家企事业单位的在职人员中所谓"技术骨干人员"的自费出国留学问题。即如何使上述"骨干人员"能够实现留学深造的愿望，同时又要保证其国内工作单位的正常业务不受到大的影响。

六是随着自费留学活动的不断升温，对留学中介机构管理政策的扩大与调整以及"语言学校留学生"的问题已经开始引起社会与政策管理机构的注意。但由于公派留学政策体系的持续调整仍是中国政府关注的重点，且留学中介机构的成长尚处于摸索与试探阶段，因此还是没有形成完整的相关政策体系。

有研究者撰文指出，检视分别印发于 1981 年、1982 年、1984 年以及 1986 年、1990 年期间的五个涉及自费留学政策的主要文件，确实不难发现经历了"开放宽松"与"紧缩控制"之间反复演变的过程。这反映了中国政策管理部门在制定出国留学政策时的"举棋不定"状态；虽然忽松忽紧也许令人不解，但这正是政策管理机构应对国内外形势变化的结果。[①] 当代中国出国留学政策的资深管理者和研究者李振平参赞认为，"这一阶段是出国留学政策冲突变革的特殊时期；有风波、有漩涡、也有跨越；当十几年后回眸审视，真是感慨万千，很有走出崎岖，冲上坦途的兴奋和喜悦。"

---

① ［美］陆丹尼：《20 世纪 80 年代中国留学政策的演变》，李喜所主编《留学生与中外文化》第 415 页，南开大学出版社 2005 年 8 月版。

第七章

1983—1992 年：调整、发展时期
出国留学政策的演变（下）

第一节　国务院批准转发并公布国家教委制订的《关于出国留学人员工作的若干暂行规定》

1986 年 12 月 13 日，国务院以"国发〔1986〕107 号"文件和《通知》的形式，批准转发了国家教育委员会于 1986 年 12 月 8 日上报的《关于出国留学人员工作的若干暂行规定》。[①] 文件全称为《国务院批转国家教育委员会〈关于出国留学人员工作的若干暂行规定〉的通知》。

《关于出国留学人员工作的若干暂行规定》的全文共 6 节 49 条，分别涉及到出国留学事务的政策原则、组织管理、公派留学、国外博士后研究、公派留学人员休假与探亲、自费留学等方面。加上根据这个文件制定并在约一个月后于 1987 年 1 月 28 日印发的五个涉及公派留学问题的《管理细则》，[②] 形成了一个比较全面、庞大、权威的出国留学政策体系，对于其后的中国出国留学活动起到了重要和积极的导向作用。直到本书交稿的 2008 年夏季，这个 20 年前的《暂行规定》及其五个《管理细则》仍然未被国务院宣布取消或失效，其中有些政策内容沿用至今也没有被替代并继续有效；另外也一直没有任何一份新的规定或条例将其替代。

"国发〔1986〕107 号"文件发文不久的 6 个月之后，上述《暂行规定》于 1987 年 6 月 11 日在中国共产党机关报《人民日报》全文刊出，从而成为新中国建立以后第一份公

---

①　②　国家教委留学生司编：《出国留学工作文件汇编（1978—1991）》第 142—151、152—162 页，群众出版社 1992 年 6 月第 1 版。

开发表的关于出国留学政策和出国留学事务的重要纲领性文件。就 20 世纪 80 年代中期的时代背景而言，这个《暂行规定》及其五个《管理细则》从其形式和主要内容来看，具有一定的法规方面的性质，所涉及的政策内容比较广泛和全面；从出国留学政策建设与发展的角度来看，意义十分重大，具有里程碑的性质；标志着当时中国出国留学活动的发展已经进入了一个比较稳定的发展期。

《关于出国留学人员工作的若干暂行规定》及其五个《管理细则》，提出并确定了中国政府管理出国留学事务的一揽子政策性指导原则：1. 中国公民通过各种渠道和方式到世界各国和地区的高等学校和研究机构等留学，是国家对外开放政策的组成部分，是吸收国外先进的科学技术、适用的经济行政管理经验及其他有益的文化，加强国内高级专门人才培养的重要途径，有益于发展中国人民同各国人民的友谊和交流。2. 出国留学工作应从中国社会主义建设的实际出发，密切结合国内生产建设、科学研究和人才培养的需要，以解决科研、生产中的重要问题和增强我国培养高级人才的能力；3. 出国留学工作应坚持博采各国之长的原则。留学的学科兼顾基础学科和应用学科，当前以应用学科为重点，并注意发展我国职业技术教育的需要；4. 出国留学的工作方针是：按需派遣，保证质量，学用一致，加强对出国留学人员的管理和教育，努力创造条件使留学人员回国能学以致用，在社会主义现代化建设中发挥积极作用；5. 出国留学人员在留学期间必须遵守我国的有关法律、法规和规定，遵守留学所在国的有关法律，尊重当地人民的风俗习惯和宗教信仰。

根据简政放权的原则，《关于出国留学人员工作的若干暂行规定》及其五个《管理细则》主要就公派留学政策进行了全面系统地解读。如规定，国家公派出国留学人员的名额，除国家统一掌握的部分外，实行分配到用人单位的办法，并经过试点，逐步实行出国留学人员的经费包干使用的办法，由派出单位掌握。公派出国留学人员分为两类：其一是国家公派，即按国家统一计划，面向全国招生，统一选拔、派出，执行统一经费开支规定的出国留学人员；其二是单位公派、即按部门、地方、单位经费开支规定的出国留学人员（包括个人经本单位同意和支持，通过取得各种奖学金、贷学金、资助等并纳入派出计划的留学人员）。国家公派出国的各类留学人员名额、种类、国别比例、学科比例的确定，选拔工作的组织，由国家教委组织安排；部门、地方、单位公派出国留学人员的名额、种类、国别和学科比例的确定和选拔工作，由选派的部门、地方、单位根据国家教委总的指导原则和各单位的实际需要安排，并按隶属关系，经主管部门报国家教委备案。公派出国进修人员和访问学者的选拔，实行资格审核、单位推荐，学术组织、技术部门评议（考核），人事部门复核，领导批准的办法；公派出国大学生、研究生的选拔条件，实行考试与德、智、体全面考核相结合的标准；各类公派留学人员在留学期间不得改变留学身份，并要按期回国服务。要建立公派出国留学人员奖学金制度、贷款制度和由公派出国留学人员和派出单位签订《出国留学协议书》的制度，明确出国留学人员和派出单位的责任、义务和权利。

在《关于出国留学人员工作的若干暂行规定》中单独设置了"六、自费出国留学"一节并有 11 条政策性规定。自费留学政策部分基本吸收了此前所有文件中的主要政策内容。其中有些政策原则在22年后仍然有效并具有"可用性"。例如：

（一）自费出国留学，是为国家建设培养人才的一条渠道，应予支持。对自费出国留学人员，要像对待公派出国留学人员那样，在政治上一视同仁，给以关心和爱护，鼓励他们早日学成回国，为祖国的社会主义现代化建设事业服务。

（四）为了保证国内高等学校、科研机构等单位的工作秩序，在职职工要求离职自费出国留学，应事先经所在单位批准。高等学校应届毕业班的学生，已经列入国家分配计划，应服从分配，为国家服务。国内在学研究生，在学习期间应按学籍规定努力完成学习和研究计划，一般不得中断学习自费出国留学。

（五）专业技术骨干人员，包括助理研究员、讲师、工程师、主治医师及以上的人员，毕业研究生以及优秀文艺骨干、优秀运动员、机关工作业务骨干和具有特殊技艺的人才等，申请自费出国留学，应尽量纳入公派范围，他们在国外留学期间的管理和国内待遇按公派出国学办法办理。

（六）高等学校在校学生获准自费出国留学的，可保留学籍一年。在职人员获准自费出国留学的，从出境的下一个月起停发工资，保留公职一年。

（七）在职人员自费出国留学回国工作后，出国前工龄可以保留，并与回国后的工作时间合并计算工龄。获得博士学位回国参加工作的，其在国外攻读博士学位的年限，国内计算工龄，工龄计算办法与公派留学人员相同。

（八）自费出国留学人员出国前，所在单位和部委、省、自治区、直辖市的教育主管部门应向他们介绍有关出国留学的规定以及国内外有关情况。对他们出国留学的安排给予指导。

（九）自费留学人员出国后应向我驻外使、领馆报到、联系。驻外使、领馆和国内有关部门也应主动与自费留学人员保持联系，保护他们的合法权益，鼓励他们努力学习，关心他们在国外的生活和学习。

（十）对学成回国工作的自费出国留学人员，凡获得学士以上学位者，其回国国际旅费，由国家或用人单位提供，其国内安家费由用人单位按不同情况给予补助。

（十一）自费留学的毕业研究生，大学本科、专科毕业生。要求国家分配工作的，可于毕业前半年与我驻外使、领馆联系，办理有关登记手续，由国家教育委员会负责安排并分配工作；或在回国后向国家教育委员会登记，按同类公派留学人员分配办法及工资待遇的规定办理。

综上所述，本书作者认为，《关于出国留学人员工作的若干暂行规定》及其五个《管理细则》中的许多内容，直到其发布22年后的2008年，依然是指导出国留学活动的重要政策依据。例如其中规定：国家教育委员会在国务院领导下，按照国家的出国留学政策归口管理全国的出国留学事务；要实行《出国留学协议书》的制度；做好出国留学事务是中国驻外使领馆的一项重要任务；驻外使（领）馆教育处（组）以及国内外负责出国留学事务的工作人员，应当关心和帮助留学人员解决困难和问题，热情为他们服务；留学人员的配偶可以享受一定时间的探亲假；留学人员的工龄可以酌情保留并连续计算；等等。

正是由于《关于出国留学人员工作的若干暂行规定》及其五个《管理细则》具有上述特点和重要意义，当几年前有"政策管理部门"的管理人员以"行政审批制度改革"为借口提出要取消这个文件时，被本书作者断然拒绝。也许直到今天，那位管理人员也没有搞清楚，这个文件被保留下来的意义何在。

关于出国留学事务的"组织管理"，有一段不得不提及的"公案"。即这份《暂行规定》在规定相关职能部门的职责时，非常明确地提出过两大系统的管理范围，即：1. "国家教育委员会在国务院领导下，按照国家派遣留学人员的方针、政策，归口管理全国出国留学人员工作，包括出国留学人员的计划、选派、国外管理和回国后的分配工作。" 2. "非教育系统的出国留学人员的派出计划和回国后的工作分配，按照统一的方针、政策，由国家科学技术委员会会同国家经济计划委员会负责。"①

但一个时期内，在一些涉及到国家留学政策的书籍和文章中，有些撰稿人、甚至是部门负责人，却不是全部、而是部分引用上述内容，不是全面公正、客观真实地介绍和解读《关于出国留学人员工作的若干暂行规定》及其五个《管理细则》的整体政策原则，而是仅限于其中一部分的描述、讨论和研究，仅限于宣传对某一系统有用、有利、有益的内容，却有意无意地漏掉了另一半内容。应该说，这种状况在一个时期里是一种很不正常的现象，在某种程度上影响了中国出国留学政策的整体效益和正常执行。说轻了是一种狭隘的本位观念；说重些就是对国家权力和国家政策的亵渎。

有研究者认为，《关于出国留学人员工作的若干暂行规定》及其五个《管理细则》是中国出国留学政策的另一个转折点，其主要内容显示出，在中国领导层中主张对留学活动和留学政策"加强控制"的意见再次占领了上风，将实行更严格的限制性措施以抑制"出国热"和人才外流问题。同时也表明中国政府有了足够的经验和信心，可以制定一套比较系统的出国留学政策体系用以指导全国的留学活动。②

第二节 调整向美国派遣留学人员的政策

第二次世界大战结束以后，美国因其科技水平发达、高等教育特别是研究生教育制度完善、教育经费充足、移民政策健全而成为世界上接受留学生最多的国家，美国高校也逐渐形成了一些成熟的接受留学生的开放性制度。因此，美国同样也是中国开展教育对外交流最重要的对象国家。从 1978 年以来的中美教育交流，就是以实行派遣赴美留学人员的政策为开端；中国赴美留学政策的变化与调整在中国整体留学政策体系中也始终占有最重要的地位。过去 30 年中，中国各类公派赴美留学人员约占公派体系内的 30%，某些年份曾经超过 40%。如果把自费出国留学人员计算在内的话，中国出国留学人员的 50% 以上

---

① 此项职能后划归国家人事部、再并入国家人力资源和社会保障部。
② ［美］陆丹尼：《20 世纪 80 年代中国留学政策的演变》，李喜所主编《留学生与中外文化》第 414 页，南开大学出版社 2005 年 8 月版。

选择了美国。中国赴美留学人员，无论在总体数量上，还是其政策演变过程中遇到的问题及对这些政策问题的调整，都有举足轻重的典型意义。

中国派遣赴美留学政策是两国关系发展中的重要内容，不可能不受到两国关系变化的影响。也正是受到中美两国制度与关系的影响，中国派遣赴美留学政策的调整和演变是十分曲折的。1979 年中美建立正式外交关系，标志着两国关系的重大进步与发展，但其后两国间的摩擦却接连不断。美国国内总有一些人，包括一些国会议员和政客不是无知就是偏见，始终对中国持敌视态度，并因此导致美国政府经常采取一些干涉中国内政的政策，致使中美关系始终不能顺利发展。

国内政策也是影响赴美留学的重要因素之一。如 1984 年对自费留学要"大胆放开"的政策迅速导致了其后兴起的"80 年代留学热"。短短几年之内就有数以万计的学生、学者借着宽松的出国留学政策冲出国门，并主要流向了美国。导致这一现象不仅因为美国的知识先进、科技发达，而且因为美国的大学、研究机构和社会有比较丰富的、用以资助个人的教育与研究资金。研究向美国派遣留学人员政策的变化，也有助于了掌握向其他发达国家派遣留学人员的政策演变与发展。

一、中美"互派留学生和学者口头谅解"的签订与中国赴美留学的大致规模

1978 年 10 月 7 日—22 日，中美双方的非政府组织代表在北京达成了"互派留学生和学者的口头谅解"。[①] 这是中美两国建立正式外交关系之前，以民间名义签订的一个关于交换留学生和学者的重要文件。其主要内容包括：双方同意实行一项包括学生、研究生和学者在内的教育交流计划；各方将尽力满足对方在学习和研究方面的要求，并根据本国的法律和规定迅速为这种交流发给签证；双方均可充分利用对方可能提供的任何奖学金；中方表示希望于 1978—1979 年度派出总数为 500—700 名的学生和学者；美方表示希望在 1979 年 1 月派出其国家计划中的 10 名学生，1979 年 9 月前派出其国家计划中的 50 名学生，以及中方能够接受的其他数目的学生；双方鼓励各自的大学、研究机构和学者之间进行直接接触等。这个文件打开了中美两国之间教育交流的大门。

其后的 1979—1985 年期间，中美之间没有续签其他教育交流协议，因此上述《口头谅解》就成为两国开展教育交流的政策依据，并使两国之间的教育交流获得了快速发展。据中国教育部门统计，到 1986 年，中国有 2.8 万多名各类留学人员、学者和其他人员赴美学习、研究或讲学；美国有 7900 多名各类留学生、学者和其他人员到中国学习、研究和讲学。中国赴美留学人员总数约占同期赴各国留学人员总数的 50% 以上；其中派遣赴美研究生的规模更大，约占同期赴各国的研究生总数的 64%。其间，在中国赴美留学人员中，除了通过"富布莱特"计划每年派遣十几名学者和研究生外，基本都是由国内高等院

---

① 李滔主编：《中华留学教育史录——1949 年以后》第 413—414 页，高等教育出版社 2000 年 1 月版。

校和科研机构直接与美国的高等学校和科研机构联系，并获得美方奖学金来完成学习和研究。美国政府机构没有参与中国赴美留学人员在美国学习单位的联系与安排事务，其保障作用主要体现在入境申请的审查与发放签证方面。

与派赴美国留学人员的做法不同，中国派赴日本以及欧洲的英国、法国和德国等国家的公派出国留学人员，不但需要通过政府间签订双边的留学生交流协定，而且还要通过对方政府的有关部门或与政府部门有密切联系的非政府组织，安排留学人员的学习单位。与上述国家之间的留学生交流事务，或者签订两国政府教育部门之间的交流协定，或者把留学生交流包括在两国政府之间的文化交流协定中。协定的内容包括接受中国派遣留学人员的规模、经费以及安排留学单位的方法等。随着国内政策的成熟与放宽，通过中外高等学校和科研机构之间的联系留学接收单位的情况越来越普遍。

二、在华举办"赴美留学考试"政策的形成与调整

第二次世界大战结束以后，由于科学技术比较发达，美国一直是世界上接受外国留学生最多的国家，并逐渐形成了比较成熟的相应各种制度。如为了掌握留学申请者的英语和专业知识水平，需要对申请人进行测试。为此，一些高校从联合举办对外国人的英语和专业考试，逐渐发展到委托一民间组织负责专门从事或安排针对外国人的英语和专业考试事务，其考试成绩被各个高校所承认。这就是位于普林斯顿的"美国教育考试服务处（ETS）"的由来。该组织是一个美国历史最悠久的组织英语和其他专业考试的非盈利性民间组织；其提供的考试科目成绩是美国高校录取留学生的重要参考标准之一。随着申请人数量的增加，该组织开始逐步在海外与有关国家或地区合作，集中组织并举办"赴美留学资格考试"。

在中国向美国派遣出国留学人员的初期，"美国教育考试服务处"就与中国教育部门的有关机构接触，提出在华合作举办"赴美留学英语考试"；试题由"美国教育考试服务处"提供，原则上由中国方面组织监考，但开始阶段要由"美国教育考试服务处"派人参加监考。经中国国务院批准，中国教育行政管理机构以"中国国外考试协调处"的名义与"美国教育考试服务处"签订了合作会谈纪要。会谈纪要商定：从 1981 年开始，由"中国国外考试协调处"与"美国教育考试服务处"合作，共同在华举办由美方提供试题的英语考试——"作为外语的英语考试"——TestofEnglishasaForeignLanguage，英文简称为 TOEFL；汉语简称为港味十足的"托福"考试，并很快在中国变得家喻户晓、妇幼皆知。另外还有研究生资格考试，英文简称 GRE 等。

上述会谈纪要规定，在中国设立若干"TOEFL 考试中心"；对参加各种考试的资格不设任何限制，只要个人有兴趣并提出申请，再按规定缴纳较高的"报名费"后都可以参加；而且准许成绩未达到标准的考生可以多次参加考试。如 1986 年"TOEFL"考试报名费为 26 美元，1988 年上调到 29 美元，1990 年再次上调至 45 美元。虽然不能说"TOEFL"考试成绩是美国和加拿大高校录取留学生的唯一标准，但是如果英语考试成绩低于某

一个档次，将会严重影响申请人的留学申请。

由于中国出国留学政策的总体设计与安排，国家公派出国留学人员的构成是以出国进修人员为主，且在国外学习和进修的费用又都是中国政府承担，因此美国高校对此类留学人员没有规定英语和专业方面的要求。而公派留学研究生则需要参加"美国教育考试服务处"提供的英语和研究生资格考试。由于大量派遣出国留学人员初期研究生的数量较少，因此公派出国留学人员中参加"美国教育考试服务处"考试的人数较少。随着公派出国留学研究生数量的增加，参加"美国教育考试服务处"考试的人员也随之增加。20世纪80年代后期，公派出国研究生数量减少，参加这种考试的公派赴美国研究生的数量也随之减少。实际上公派出国留学人员利用"美国教育考试服务处"提供的考试的总人数有限，参加"美国教育考试服务处"考试的人员主要还是自费出国留学人员。

1981年12月11日，在北京、上海和广州举办了首次TOEFL考试。"TOEFL考试中心"很快从3个城市发展到8个城市；到1987年又扩展到15个城市、29个考点，但仍远远不能满足日益高涨的巨大需求。从总的趋势来看，自1981年以来，参加TOEFL和GRE考试的人数不断扩大。但某个时间段内参加考试人数的增减，又与国家自费出国留学政策的宽松程度有密切相关联。即当自费出国留学政策相对宽松时，参加TOEFL和GRE考试的人数剧增。如80年代后期，由于参加TOEFL和GRE考试的人数猛增，主管机构一时准备不足，竟然使申请报名成了问题，引起了社会的关注。此后，国家教委明确规定不得限制参加TOEFL和GRE考试的名额，其后，全国参加TOEFL考试的人数始终保持不断增长的趋势。

以北京市为例，1982年首次参加TOEFL考试有285人，1985年上升到8000多人，1986年达到18000多人。[①] 1988年时全国参加TOEFL考试的人数达3万多人，1989年激增到4万多人。上世纪90年代以来，由于自费出国留学政策进一步宽松，参加TOEFL考试的人数持续增加，1998年参加TOEFL考试的人数达到7万人之多，参加GRE考试的人数达2.7万多人。只参加TOEFL考试的人，一般是申请美国高等学校读本科；除TOEFL考试外，还参加GRE考试的人，一般是申请攻读研究生学位。由于参加TOEFL和GRE考试的人数不断扩大，在中国一些大城市逐渐兴起了一个新的行业，即专门从事辅导TOEFL和GRE考试的教育机构。一些专门从事此类考试的辅导活动，以及随后建立起来的相应机构，多年来一直长盛不衰，且已发展到相当规模。中国多年来持续发展的自费出国留学热，虽然主要是国内的原因所致，但"美国教育考试服务处"提供的严格、规范、周到和实用的考试服务，无疑对中国赴美国留学热起了相当程度的推动作用。

1985年以后，"美国教育考试服务处"与"中国国外考试协调处"合作提供的考试种类又先后增加了美国管理学研究生入学考试——GMAT和美国法学院入学考试——LSAT。90年代以后，其他国家也相继与中国合作举办与留学有关的考试项目，如与日本国际交流基金合作举办的"日本语能力测试"，与英国剑桥大学考试委员会合作举办的"商务英

---

① 李喜所：《划时代的留学大潮——改革开放30年留学潮的历史定位》，《神州学人》2008年第5期。

语考试——BEC"等等。也许是受其启发和影响，中国教育机构也于同期在国内相继开展了公派出国进修人员的英法德日语的培训与考试，被定名为"EPT"。[1]

三、中美两国政府签订《中华人民共和国政府与美利坚合众国政府教育交流合作议定书》，促进中国赴美留学政策不断趋向成熟

1985 年 7 月 23 日，中美两国政府在华盛顿签订了《中华人民共和国政府与美利坚合众国政府教育交流合作议定书》。[2] 这是中美两国政府之间的第一个正式签署的教育交流议定书；也是根据 1979 年签订的并于 1984 年 1 月延续的《中华人民共和国政府与美利坚合众国政府科技合作协定》第五款的规定而签订的官方协议之一。这个议定书是双方开展教育交流的一个框架性协议，为两国教育交流合作确定了指导原则、合作范畴和内容。该议定书经过多次续签，一直延续执行。议定书的原则内容与 1979 年的《口头谅解》基调是一致的。鉴于议定书是一个官方协定，因此议定书首先规定官方教育交流内容，主要包括交换研究学者、研究生、教师和讲学人员以及官方教育代表团和考察组等。议定书也包括对民间教育交流的政策规定。如《议定书》规定：双方同意在承认非官方教育交流具有独立性的同时，本协议规定的原则应尽可能地适用于两国间全部教育交流；双方同意继续鼓励和促进各自国家的教育机构、各级学校、研究机构以及个人之间进行教育交流与合作；双方应在各自国家法律和规定的范围内对这种交流提供帮助。这些原则为中美两国间的教育机构、高等学校之间交流的进一步发展提供了保证。中美两国教育交流的实践表明，中国对美国的教育交流主要是通过民间组织或机构安排的，而美国对华的教育交流，则都是通过中国政府和地方政府安排的。由此可见，中美间的上述教育交流合作议定书，其主要作用是为两国间的教育合作与交流提供政策性指导与保障。

1985 年 5 月 15 日，在美国新闻署总部讨论和研究上述《议定书》内容的双边会谈中，中国政府代表回顾了 1978 年以后中国学生、学者赴美留学、进修和研究活动的基本情况：

1. 1978—1984 年期间，由中国政府派出或资助派出的赴美留学人员共有 5563 人；其中 1978 年有 52 人，1979 年有 354 人，1980 年有 754 人，1981 年有 1400 人，1982 年有 904 人，1983 年有 970 人，1984 年有 1129 人。

2. 其间，另有"许多"以"单位公派"形式派出的中国公费留学人员。

3. 其间，中国自费赴美留学人员"估计"在 7000 人左右。

4. 当时仍在美学习的中国公费留学人员有 5600 人，其中国家公派有 2785 人，单位公派有 2815 人。

---

① 于富增、江波、朱小玉：《教育国际交流与合作史》第 210—213 页，海南出版社 2001 年 8 月第 1 版；钱宁：《留学美国——一个时代的故事》第 56—58 页，浙江文艺出版社 2003 年 1 月版。

② 李滔主编：《中华留学教育史录——1949 年以后》第 413—414 页，高等教育出版社 2000 年 1 月版。

5. 其间，上述国家公派的 5563 人中，已有 2778 人陆续学成回国，其中有 24 人取得硕士或博士学位。

据陈向明教授原引英文文献的统计数据显示，1979 年在美国的中国留学生只有 20 多人；1990 年在美国大学学习的中国大陆留学生达到了 33，390 人，居各国在美留学生人数之首位；到 1993 底，中国大陆留学生在美人数仍居第一，共有 45，130 人；与此同时，从台湾地区、香港地区和新加坡以及世界各地去美国留学的华裔学生也大大多于来自其他文化传统的学生。[1]

另据教育部撰写的《中美教育交流简介》提供的一组数据显示，从 1978 年开始截止到 1997 年，中国前往美国的留学人员共计 16.3 万人，占出国留学人员的 56%。其中，国家公派留学人员 12540 人，单位公派留学人员 49560 人，自费留学人员 101000 人。同期已有 43300 人学成回国工作。1998 年，赴美留学人员达 6752 人（国家公派 513，单位公派 1166，自费 5073）。1997 年前后，在美留学人员分布在美国一千多所高等院校，从事各个领域，特别是自然科学的研究和学习。在富布莱特项目执行 20 年中，共有 247 名中方学者和 137 研究生赴美。中美法学和经济学项目在执行的十年中共派出 200 人赴美研修。

四、美国的"外国留学生回国服务制度"与中美双方的谅解与合作

美国是一个移民国家，并相继建立了一整套比较严密和完整的政策与法律体系，用以支持其庞大的移民制度。加之美国其他方面的一些优越条件，特别是美国在科技研究政策和工作条件上的优越性，为其截留他国科技人才提供了便利。1978 年以后不久，还在中国派遣赴美留学人员的初期阶段，就开始不断发生美国高校或企业截留中国留学人才的情况，且趋势愈发强烈、截留人数有增无减。

有数据显示，1978—1989 年期间，虽然因为中国向美国派遣的留学人员数量比较多，因此从美国学成回国的留学人员的绝对数量也是最多，但在中国派往各发达国家的留学人员中，公派赴美留学人员的按期回国率是比较低的。更为十分严重的是，在美中国留学生逾期不归的趋势在 1987 年初已经十分明显。估计到 1987 年底时，已有大约 8500 名中国留学生为了延期回国而合法或不合法地改变了身份，约占当时全部在美中国留学人员的 15%。[2] 在本书第五章第二节收录了一份国外提供的"1979—1987 美国向中国留学人员发放签证统计表"，可以比较清晰地显示出中国留美人数剧增的态势。

其实美国也有关于"外国公派留学人员学成后应回本国服务一定期限"的法律规定，但同时也有另外一些明显利己的法律规定，使美国的高等学校、研究机构或企业可以吸收外国留学人员留在美国工作。美国政府还常常以政治问题为借口，大批截留中国公派出国

---

① 陈向明：《旅居者和"外国人"——留美中国学生跨文化人际交往研究》第 9 页，教科出版社 2004 年版。

② ［美］陆丹尼：《20 世纪 80 年代中国留学政策的演变》，李喜所主编《留学生与中外文化》第 410 页，南开大学出版社 2005 年 8 月版。

留学人员。

　　美国于 1946 年制定的一项法律规定："凡持 J—1 签证的外国留学生和学者，不管其曾否获得过派遣国或美国政府的资助，如其所学专业已被列入派遣国所需技能一览表，皆须在学习期满后回国服务两年以上。"从 1978 年中国实行公费派遣赴美留学人员政策开始，美方一般也是签发上述 J—1 签证。1985 年签订的中美教育交流《协定书》同样规定中国赴美公派留学人员均持 J—1 签证。美国政府的做法是有其自身利益因素和政治考虑的。但是，中国的留学政策却可以利用美国的上述法律规定，限制美国高等学校、企业截留中国公派留学人员，以保证公派留学人员按期回国服务。据此，1984 年 6 月，中国驻美国大使馆向美国政府新闻总署提供了"中国所需技能一览表"，其中包括了公派出国留学人员的所有学习专业。由于公派出国留学人员本来就是根据国家和单位的需要选拔派遣的，因此将全部公派留学专业列人"中国所需技能一览表"是合情合理的。对此，美国新闻总署于 1984 年 7 月 12 日答复表示，中国方面提出的"所需技能一览表"即日生效；但同时提出，1984 年 7 月 12 日以前持 J—1 签证来美，而未曾获得过中美任何一方政府资助的中国留学人员，不受此法律约束。为了确定哪些中国留学人员未曾获得过中国政府的资助，需要中国相关机构提供 1984 年 7 月 12 日以前持 J—1 签证赴美，并获得过中国政府资助的留学人员名单。据此，中国驻美使馆于 1987 年 3 月 2 日和 1988 年 2 月 8 日，先后两次向美国政府新闻总署提供了获得过中国政府资助的、总数为 3694 人的公派留学人员名单。

　　1987 年 4 月 23 日，中国驻美使馆曾收到美国新闻总署提供的 79 名中国留学人员名单，请求核查是否获得过中国政府资助。经查，除了 7 人为自费赴美留学人员外，其余均为获得过中国政府资助的公派赴美留学人员，并将此结果通知美国政府新闻总署。这原本是一件按照美国法律规定处理的正常事务，但却被在美国出版的台湾国民党报纸《世界日报》和反动组织"中国民联"的刊物《中国之春》所利用，借此煽动中国公派留学人员向美国国会议员和美国移民律师协会提出申诉，拒不执行按期回国服务的规定。1987 年 5 月 16 日，美国政府新闻总署致函中国驻美使馆表示，"美国政府仍支持交换学者结束学习后返回本国服务的政策"，"回国服务两年的限制是美国法律规定的。然而，在某些条件下，又是可以豁免这一限制的。"

　　1987 年 6 月，应美国新闻总署邀请，中国国家教委副主任何东昌率教育代表团赴美访问，并与美国新闻总署代理署长举行了会谈。其间，双方讨论了美国法律中已经存在的关于外国留学人员在学业结束后返回本国服务的法律规定，以及确保中美教育交流的根本目标得以推进的必要性。何东昌副主任强调，派遣出国留学人员是中国对外开放政策的一个组成部分，将长期坚持下去；出国留学人员的派遣，要有利于国内事业的发展，因此，派遣什么样的人员出国留学，我们将随着国内事业的发展不断进行调整，中国的公派留学人员是根据中国的有关部门、地方、单位的事业发展需要有计划选派的，对他们在国外的学习期限和任务有明确的规定；公派出国留学人员学成后有义务回国服务。美国新闻总署代理署长表示，在法律和实践上，美国接受和培训外国学生和学者的宗旨是为外国留学人员提供获取他们回国后得以应用的技能、知识和了解美国及其文化的机会。如果来美国的外国留学人员在学到了技能与知识后而不回本国服务，美国进行教育国际交流的目的就无法达到。何东昌副主任在会见美国副国务卿怀特·黑德时强调，中国在美国的许多研究生获得博士学位后，申请做了"博士后研究"，有些人的博士后研究也将要结束，因此，今后两年是收获季节，是我国公派出国留学研究生开始回国服务的重要时期；对他们回国服务，用强迫手段是不好的，也是不能奏效的；美国对外国来美留学生学成回国有明确的法律规定，美方如能按照执行就好了。怀特·黑德表示，我们明白这个问题，没有收获，下次就不愿播种了，希望中国成为经常播种者，春天播种，秋天收获。应该说，当时中美官方的谅解与合作还是比较融洽的。

五、美国截留中国公派赴美留学人员的政策及其中国政府的反映

1989 年 6 月在中国发生的"政治风波"，本属中国内政事务，却受到来自美国以及发达国家"七国集团"的施压，并借此对中国实行政治、军事、经济上的制裁。美国国会还以保护中国在美国的留学人员不受迫害为名，通过了《1989 年紧急放宽中国移民法案》，全部豁免持 J—1 签证的中国留学人员在学业期满后必须回国服务两年的限制。美国国会通过的中国紧急移民法案的理由是不能成立的，因为中国政府一再申明，对于参加过游行、示威、绝食或声援的人，政府采取宽大政策，不予追究。事实上，政治风波之后的当年，先后有数百名留学美国的人员学业结束后回国，在美国的中国留学人员有的回国休假、探亲或公务旅行，但没有一个人受到歧视、不公正对待或迫害。

针对上述法案，中国共产党机关报《人民日报》于 1989 年 11 月发表了评论员文章，认为美国此举是粗暴干涉中国内政、恶化中美关系的又一个严重步骤，中国人民不能不表示极大的愤慨和强烈的抗议。北京大学等 10 所在京的大学校长于 11 月 30 日联名发表了致美国大学校长的公开信，对美国国会通过的放宽中国移民法案表示深切的忧虑和关切并指出，如果此法案生效并实施，必将对中美大学之间的教育交流和友好往来产生非常不利的影响。1990 年 1 月 25 日，中国外交部发言人就美国国会众议院就中国留学人员问题再次通过决议发表谈话指出，美国国会众议院不顾中方一再反对，竟然再次就中国留学人员问题通过决议，以中国留学人员回国会受到"迫害"为由，阻拦中国留学人员回国服务，并企图以此支持反动组织"民阵"、"民联"分子反对中华人民共和国政府的活动。美国众议院不顾事实真相，以谣言作为立法根据，充分暴露了他们的反华立场。这一行动也完全违背了国际惯例和中美之间达成的有关协议，破坏中美之间的文化、教育交流，也是对中国内政的粗暴干涉。我们强烈遣责美国国会众议院的霸权主义行径，并表示极大的愤慨。如美国国会参议院也通过这一议案，必将严重损害中美关系，使两国间的文化、教育交流遭到进一步的破坏。我们敦促美方立即采取有效措施防止事态恶化。否则，由此而产生的一切后果只能由美方承担。[①]

美国总统虽然对美国国会的这个法案行使了否决权，但却通过行政手段，实施了在国

---

① 国务院办公厅编：《中华人民共和国国务院公报》1990 年 1 期第 16—17 页。

会法案中对在美的中国留学人员放宽移民的全部措施。美国总统签署的法令规定："允许1990 年 4 月 10 日前入境的中国留学生无条件延期在美国工作，并从 1993 年 7 月开始允许他们申请永久居留权"。这是美国政府自己违背中美双方达成的教育交流协定规定的内容，损害中美关系的举动。对此，中国国家教育委员会发表声明，表示极大的愤慨和强烈抗议。

美国政府的上述行为，不但对中国在美公派留学人员造成严重影响，也对在其他发达国家的中国公派出国留学人员造成严重影响。其他发达国家也仿照美国的做法，纷纷为中国公派留学人员提供在其国家长期居留或工作的资格。如加拿大于 1989 年下半年宣布，同意所有在加拿大的中国留学人员申请永久居留；1989 年以后，法国对中国留学法国的留学人员中的近 800 个学业优秀人才给予终身职位和长期居留权；德国先后给中国在德约2000 多名留学人员签发了"滞留居留许可"签证；日本也开始允许其高等学校和企业雇佣中国赴日留学人员。

六、中美政治关系的变化对中国出国留学政策的影响

1983 年，中国在加拿大的一名公派留学人员，在获得麦吉尔大学的博士学位后，不但不按约定的期限回国服务，反而跑到美国，公然与美国的反华势力站在一起，反对自己的祖国；并牵头成立了反华的"民主联盟"组织，把推翻中国的社会主义制度，实行美国式的民主制度作为该组织的宗旨；还出版《中国之春》杂志，宣传他们的反动主张。这一事件的发生，不但对中国民众造成了严重的伤害，而且在中国出国留学人员中间产生了相当恶劣的影响。

1986 年，国内发生了一场波及全国一些地方的学潮，中国政府妥善处理了这场学潮。在学潮发生的过程中，在美中国留学人员于当地报纸上发表了有 1000 多人签名的"公开信"，公开反对国内政府解决学潮所采取的政策。国家公派出国留学人员，在国外公开反对国家的政策，这是建国以来的第一次。上述行动，不但对国家造成了伤害，而且被敌视中国的美国反动势力看作是美国民主、自由原则在中国留学人员身上的体现和反映。美国参议员赫尔姆斯非常得意地声称，美国培养一代又一代的中国留学生的历史由来已久。"我们的目标是让在美国留学的外国留学生接受美国立国之本的自由、民主原则的熏陶。""我们相信，他们将亲身感受到我们的自由民主的好处。在美国学习 DNA（去氧核糖核酸）最新技术的同时，他们不可能不受到自由与民主的熏陶。一千名中国留学生在公开信上签名的例子，明显地说明这一点。"

1989 年政治风波之后，美国媒体一再对中国出国留学政策以及中国政府对在外的留学人员参加反对政府游行所实行的政策进行歪曲报道。对此，中国驻美大使馆发言人于 1990年 5 月发表谈话，重申中国政府对在国外学习的学者和学生的态度是关怀和团结他们，相信他们中的大多数是爱国的，国家对他们寄予厚望；再次申明中国政府对参加了示威、游行、集会的留学生，现在不追究，将来也不追究，所谓中国政府有参加示威等活动的留学生"黑名单"，是挑拨中国留学生与政府的关系；中国派遣出国留学人员的政策不会改变，

赴美中国留学生的数量仍然在继续增加，例如，1988 年赴美的自费留学生人数为 4800 多人，而 1989 年赴美的自费留学生人数增加到 7400 多人。

1989 年邓小平表示："我不说西方国家的政府，但至少西方有一些人要推翻中国的社会主义制度。"这些年来的实践证明，在美国确实存在这样的反华势力，他们对社会主义中国竭力诽谤、丑化，对一切反对中国的势力竭力支持和保护。虽然中美双方于 1979 年建立了正式外交关系，但是，由于美国实行霸权主义政策，并坚持不放弃把台湾从中国分裂出去的意图，因此使得中美关系始终在曲折和动荡中发展。①

实际上在此前的 1987 年 7 月 14 日，邓小平在接见联邦德国总理科尔之前，当外交部负责人说中国留学生已超过 2000，科尔总理希望增加到 3000 时，就曾表示："要告诉国家教委，今后要增加去欧洲的，要作为一条方针。去欧洲一样可以学到东西。欧洲不止是西德，还有其他国家，各有特长，都可以学到本领。"② 与此同时，中共中央以及中国政府其他领导人也在同一个时期里多次强调表示，留学人员的派出工作，要根据国家建设的需要，博采各国之长，不能过分集中派往一个国家；要加强对出国留学人员的教育、管理、服务工作，使留学人员学成后能按时回国，为国家的四化作贡献。

根据国中国领导人的上述意见并结合执行《关于出国留学人员工作的若干暂行规定》以来的情况，国家教委于 1987 年 12 月 30 日印发《关于进一步贯彻中央出国留学人员工作方针的通知》。其主要内容有：

1. 要继续学习和宣传中共中央关于出国留学人员工作的方针，其基本要点是：出国留学工作是我国长期对外开放政策的一个组成部分，要坚定不移地坚持下去；派出留学人员要坚持"按需派遣，保证质量，学用一致"，加强对出国留学人员的管理和教育，努力创造条件使留学人员回国能学以致用，在社会主义现代化建设中发挥积极作用；整个出国留学人员工作包括计划选派、管理（教育、服务）和回国发挥作用三个不可分割的部分，要三个环节同时抓；派出留学人员的工作要体现博采各国之长的原则；选派人员出国留学，要有利于国内高级人才的培养，有利于国内高级专业队伍的建设和稳定；派出留学人员的学科，应以应用学科为重点；派出留学人员的结构要向高层次发展，提高访问学者的派出比例等。

2. 要进一步调整公派留学人员去往国别的比例。据教育部统计，1984 至 1987 年 9 月，去美国的占了 50% 以上，不符合博采各国之长的原则，而且存在较多的盲目性，表现在受美方资助政策的影响，学习理科的人员过多，青年研究生比例过大。到二、三流学校学习的较多。为此，从 1988 年起对留学人员派出过于集中的少数国家，国家教委要加强宏观指导，并实行定额控制的办法，加以调整。

3. 要进一步调整出国留学人员中访问学者与研究生的比例。当时国内在学研究生总数已近 13 万人。因此，出国研究生的培养，要实行"少派、精派"的原则。凡是国内能够培养的研究生，一般就不要派到国外去攻读学位，空出名额用于增加派出访问学者和进

① 于富增、江波、朱小玉：《教育国际交流与合作史》第 208—219 页，海南出版社 2001 年 8 月第 1 版。
② 李滔主编：《中华留学教育史录——1949 年以后》第 369 页，高等教育出版社 2000 年 1 月版。

修人员。经过调整，1987 年国家公派出国留学人员计划中，访问学者、进修人员约占 70%，研究生约占 25%，大学生（主要学语言）约占 5%。

4. 要把好出国前的质量关，大力加强留学人员的思想政治工作；抓紧留学人员回国发挥作用的工作；公派留学人员有义务学成按期回国服务等。[①]

第三节　建立、健全并完善针对出国留学人员的培训、管理与服务的政策体系

针对出国留学人员这一特殊的知识型涉外群体，不断创新管理方式、推出新型管理方法并增加多项服务内容，即建立新的、健全已有的并完善尚未成熟的针对出国留学人员的培训、管理与服务的政策体系，以逐步适应新的、或者说是越来越复杂的形势和实现既定目标，也是这一时期出国留学政策的重要内容之一。

一、明确出国留学事务组织与管理的政策体系

在 1986 年 12 月 13 日国务院批转国家教育委员会的《关于出国留学人员工作的若干暂行规定（国发〔1986〕107 号文）》[②] 中，专门设置了"出国留学工作的组织管理"一节。其中规定，国家教育委员会在国务院领导下，按照国家派遣留学人员的方针、政策，归口管理全国出国留学人员工作，包括出国留学人员的计划、选派、国外管理和回国后的分配工作。非教育系统的出国留学人员的派出计划和回国后的工作分配，按照统一的方针、政策，由国家科学技术委员会会同国家经济委员会负责。出国留学人员的派出单位应指定或委托专门的机构或人员与留学人员保持联系。指导他们在国外的学习，积极配合和协助驻外使领馆做好出国留学人员的管理工作。做好出国留学人员的工作是驻外使领馆的一项重要任务。驻外使领馆教育处（组）在驻外使领馆的领导下，负责出国留学人员在国外期间的具体管理工作。出国留学人员在国外学习期间成立的"学生会"、"联谊会"等社团是留学人员进行自我教育、自我管理、自我服务的组织。国内留学人员管理部门、派出部门和单位，应及时做好出国留学人员回国后的工作安排，充分发挥他们的作用。

为贯彻执行并具体实施《关于出国留学人员工作的若干暂行规定》的政策原则，国家教委又于 1 个半月后的 1987 年 1 月 28 日印发了《关于发布若干出国留学人员工作管理细则的通知》，并颁布了 5 个《管理细则》：即《公派出国留学人员身份的管理细

[①]　国家教委外事司编著、陈可淼执笔：《教育外事工作历史沿革及现行政策》第 50—51 页，北京师范大学出版社 1998 年 1 月第 1 版。

[②]　国家教委留学生司编：《出国留学工作文件汇编（1978—1991）》第 142 页，群众出版社 1992 年 6 月第 1 版。

则》、《公派出国研究生留学期限及国外期间国内工资（或生活补助费）待遇和攻读博士学位期间工龄计算的管理细则》、《从事国外博士后研究或实习的管理细则》、《公派出国留学人员申请延长留学期限的管理细则》、《单位公派出国留学人员选派工作和经费的管理细则》。①

上述《通知》与一并下发的 5 个《管理细则》是对《关于出国留学人员工作的若干暂行规定》的补充与细化，也更具有可操作性。虽然是在前一文件出台 1 个月之后下发的，却没有象上述《通知》一样公开刊登，应该说多少有一些出于"内部掌握"的因素与考虑，这种情况和现象在上世纪 80—90 年代是普遍存在的。

在本阶段内，国家教育行政管理机构除了在国内召开出国留学人员工作专门会议以外，还先后组团到国外召开留学生管理事务的"地区片会"，实地考察、研究和解决有关在外留学人员的各种情况和政策问题，交流管理和为留学人员服务的政策与经验。如国家教委留学生司于 1989 年 10 月在法国召开"西欧留学生工作会议"，1990 年 5 月召开"苏联和东欧地区留学工作会议"，总结和交流驻外使领馆教育处（组）工作的经验，研究选派及在外留学人员的教育、管理、服务等问题。② 会后，国家教委留学生司先后于 1989 年 8 月 4 日发出了《试行〈关于在日留学人员管理工作中若干问题的实施办法〉的通知》，于 1989 年 12 月 2 日发出了《关于执行〈关于对赴西欧留学人员管理工作中若干问题的实施办法（试行）〉的通知》，于 1990 年 6 月 13 日发出了《关于执行〈赴苏联、东欧地区公费留学人员管理工作中若干问题的处理办法〉的通知》等多个政策管理类文件。③

上述三个《办法》主要就以下几个当时各类在外公派留学人员普遍提出的问题，制订了一些政策性原则：（1）对申请延长留学期限的可酌情予以审批同意；（2）对申请转往第三国的要"从严掌握、个案审批"；（3）对进修人员申请转读学位的要"从严掌握、个案审批"；（4）对申请滞留国外、与外国人结婚、加入外国国籍和更换因私护照的，需要偿还全部公派留学费用；等等。

其间，国家教委留学生司还曾于 1989 年 9 月 27 日印发了《关于为滞留不归留学人员办理有关手续事》的文件。其中规定，公派留学人员凡要求与外籍人员结婚、定居国外或长期滞留不归者，要偿还在国外留学期间的全部留学费用，在偿还全部费用（含在国外期间生活费、出国及回国休假的国际旅费、出国制装费、留学期间国内所发的工资、大学生和研究生回国休假期间国家发给的生活费及使馆为其支付的各项杂费等）并报国家教委批

---

① 国家教委留学生司编：《出国留学工作文件汇编（1978—1991）》第 152 页，群众出版社 1992 年 6 月第 1 版。

② 国家教委外事司编著、陈可森执笔：《教育外事工作历史沿革及现行政策》第 81—82 页，北京师范大学出版社 1998 年 1 月第 1 版。

③ 国家教委留学生司编：《出国留学工作文件汇编（1978—1991）》第 384、394、398 页，群众出版社 1992 年 6 月第 1 版。

准后，（有关部门）方可为他们办理公证、出具婚姻状况证明、换发因私普通护照等手续。[①]

二、加强对出国留学人员外语培训和水平测试的政策性管理

由于多数中国学生、学者的外语能力普遍偏低，因此政策管理部门规定公派留学人员在出国前，一般都要经过一段时间的外语培训，以便在外语的应用能力上建立一定的基础。为了贯彻落实中共中央书记处关于严格把好各类出国留学人员质量关的指示精神，教育部于 1983 年 6 月 25 日发出《关于为选拔出国留学预备人员进行外语水平测试的通知》，要求"外语除各单位进行考核外，均需参加我部组织的外语水平测试，成绩合格者方可应选出国留学。"考试语种为：英、德、法、日。成绩达到合格分数线者，有效期为 2 年。鉴于通过外语水平测试未达合格线者情况各异，有的单位专业上又急于派出的留学人员，外语水平却欠缺；有的中年业务骨干接近录取线、但又不能派出等情况，教育部于同年 12 月 25 日又发出补充通知，对不同情况，作出相应的灵活性规定。

经过几年的实践与摸索，有研究者认为，当时国内为出国留学人员举办的外语培训班很多，培训方式各异，且多数是以通过各种考试为标准和目的，这应该是无可置疑的。但由于考试的设计内容和组织结构不甚合理，使得一些已经通过考试的留学人员一旦遇到具体的语言实践环境，往往捉襟见肘、不知所措；如发音较为准确，语法错误较少，但在口语的流利程度和用词的准确方面，如同"钝刀割肉"，用词生硬、词不达意、句式呆板、且语速较慢。中国留学人员在外语实践能力上的上述表现，明显暴露出当时中国留学人员外语培训体系中的许多弊端。

根据以上存在的问题，有研究者系统地提出了留学人员对外语能力的若干需求：1. 为了生存和交际，需要独立处理个人日常生活中所碰到的各种问题。2. 为了听课和参加讨论，以便吸收知识、获取信息、开阔视野、表达观点。3. 为了参加各种学术会议，以便相互切磋、相互交流、相互学习，结识同行专家及学术界朋友。4. 为了阅读，以便最有效和最大限度地吸取有用的信息，留学人员不仅应有相当的阅读能力，而且应掌握阅读技巧，分别采取细读、跳读、速读及浏览等方式。5. 为了撰写研究报告和学术论文，以便寻找在学术杂志上发表的机会，并完成有所创新的研究课题。

上述需求表明，留学人员在使用驻在国语言进行交流时虽然涉及到"听、说、读、写、译"几种基本技能，但听说的成份比重最大，几乎占整个语言实践活动的一半以上；其次是阅读，再次是写作；至于翻译，需求量相对最小。由此可以得出"口语和听力是留学人员突出弱点、出国前的外语培训应该把时间和精力主要集中在口语和听力训练上"的结论。

而要培养出比较实用的听说交际能力，需要在留学人员的外语培训业务中，妥善处理

---

① 国家教委外事司编著、陈可淼执笔：《教育外事工作历史沿革及现行政策》第 81—82 页，北京师范大学出版社 1998 年 1 月第 1 版。

好下列几个关系和问题。即：1. 准确性和熟练程度的关系。2. 教材的专业性与广泛性的关系。3. 如何引导留学人员最大限度地扩充词汇量的问题。4. 如何改革考试方法，强化实践交际能力的问题；即考试趋向于标准化、精确化、体系化，但测试中的许多项目，如选择题、填空、改错、句子辨析等，把考生的注意力越来越引向了语言的细节；这虽然能提高他们的语言知识水平，提高语言细微的分辨能力，但对于提高实际的交际能力，特别是口头表达能力，却很少能做出合乎客观实际的判断；因此，必需开发具有实践水平的测试系统。5. 培养阅读速度的问题。①

同样是为贯彻中央关于改进和加强出国留学人员工作的精神，更好地保证公费出国留学人员的外语质量，1989 年 8 月 30 日，国家教委发出的《关于一九八九年国家公费出国访问学者预备人员录取及外语培训的通知》指出，"为贯彻中央关于改进和加强出国留学人员工作的精神，更好地保证公费出国留学人员的质量，凡今年录取的国家公费留学人员，均为出国留学预备人员，他们最终是否派出，将根据对他们进一步全面考察后决定。所有被录取人员，均须参加由我委统一组织的培训。培训期间不仅将进行外语教学，还将加强政治思想教育和考察工作。"

三、形成慰问在外留学人员的政策与制度

据李振平参赞回忆，中共中央领导人在此期间多次指示，国内领导人或部门出国访问时，都要把看望在外留学人员作为一项重要工作内容，以体现党和国家的亲情。为了加强和改进对出国留学人员的管理工作并增加在外留学人员的向心力和凝聚力，根据国家领导层有关会议的决定，中国政府提出和形成了有计划、有目的、有倾向性地"慰问在外留学人员的政策与制度"；并从 1981 年开始，向国外批量派出考察组、调查组或慰问团，到一些中国留学生较集中的国家看望留学人员；转达中国政府和国家领导人的慰问，介绍中国国内的发展状况，讲解有关出国留学的政策，了解情况，调查研究，直接听取留学人员的意见，并与中国驻外使、馆教育处（组）的留学生管理人员交换意见和看法。

从 1982 年开始，中国国家领导人多次利用出访之机看望在外留学人员；以中共中央和国务院的名义组织"出国留学人员慰问团"利用公历新年和中国春节等重要节日的机会，到一些留学人员比较集中的国家进行慰问活动和文艺演出；带去家乡人民的问候和期望，勉励在外留学人员努力学习，把先进的科技知识学到手，争取早日为祖国社会主义现代化建设工作。慰问团不但带去国内的问候和期望，同时带去国家领导人对出国留学人员的讲话录像，勉励出国留学人员认真学习先进的科学技术，做国家社会主义现代化建设的生力军。

1983 年 11 月 23 日，中共中央总书记胡耀邦访问日本期间，在中国驻日本国大使馆接见中国留学生代表并发表了讲话；1984 年新年前夕，中共中央领导人对在外留学人

---

① 马传禧：《出国留学人员外语培训之我见》，《山东外语教学》1989 年第 1 期第 82—85 页。

员发表了录像讲话，向他们表示亲切的问候和节日的祝贺；1989 年 4 月 14 日，国务院总理李鹏访问日本期间，在中国驻日本国大使馆接见中国留学生代表并发表了讲话。国家领导人看望在外留学人员，不但是对出国留学人员是一种勉励，同时也为国内各个单位做出了榜样，号召并要求各个方面都来重视出国留学人员事务的服务、管理、教育与政策研究。

1983 年 7 月—9 月，教育部与中国科学院联合组成"看望留学人员小组"，前往欧洲的瑞士、法国、比利时、荷兰、联邦德国、丹麦、瑞典、英国等 8 个国家的 27 个城市，看望了 1215 名在外留学人员，占在当地留学人员的 44%。

1983 年 12 月—1984 年 2 月，教育部"看望留学人员慰问团"先后前往美国、加拿大和日本巡访。"慰问团"到达了 66 个城市，召开了不同规模的 66 次慰问大会和 70 次座谈会，同来自 186 个大学和科研机构的 6083 名留学人员见面，其中与 5 百多人进行了个别交谈。"慰问团"还会见了著名的华裔学者、国外政治家、友好人士以及大学校长和教授。

1984 年 12 月—1985 年 2 月，教育部受中国政府的委托组成"中央、国务院慰问留学人员代表团"，前往澳大利亚、新西兰、日本和朝鲜慰问在外留学人员。慰问团走访了 26 个城市和 31 所大学，召开 48 次留学人员座谈会，会见了 2266 名留学人员，占当时 4 个国家留学人员总数 2802 人的 80.9%。

1989 年政治风波之后，9 月上旬至 10 月下旬，国家教委组织了两个教授小组，分别前往西欧、日本和澳大利亚三国看望留学人员。教授们介绍了国内的情况和相关政策，听取在外留学人员的意见和建议，并为动员大家回国服务进行一些说服工作。

1990 年春节前后，国家教委再次组织了由大学校长和教授组成的 5 个工作小组，分别前往美国的华盛顿、旧金山、洛杉矶、纽约、休斯敦和芝加哥等地看望在外留学人员。其间，工作组共走访了 48 所大学，召开了不同形式的座谈会，进行了个别约谈或访谈，介绍了国内的形势与状况，同时也回答了留学人员关心的问题。

1990 年 9 月 22 日开始，国家教委邀请了在日本、朝鲜、伊朗、泰国、苏联、英国、法国和联邦德国学习的 44 名中国留学人员代表，回国参加了观摩亚运会的活动。其间还组织他们参观了北京市大兴县窦店乡农村、国营首都钢铁公司、天津经济技术开发区、北京大学和清华大学的实验室等单位。

1992 年的年初和年底，国家教委和文化部先后组织并派出了 3 个专业演出团体，分别前往日本、美国、英国、法国、德国和瑞士等 6 个国家进行慰问演出，并与在外留学人员共度新年和中国的春节。①

---

① 国家教委外事司编著、陈可森执笔：《教育外事工作历史沿革及现行政策》第 56—57 页、第 82 页，北京师范大学出版社 1998 年 1 月第 1 版；李滔主编：《中华留学教育史录—1949 年以后》第 753—758 页，高等教育出版社 2000 年版；陈昌贵：《人才外流与回归》第 190—191 页，湖北教育出版社 1996 年 2 月第 1 版；教育部编：《中国教育年鉴 (1990)》第 338 页，人民教育出版社 1991 年版；国家教委留学生司编、李振平执笔：《出国留学工作大事记（1988 年 12 月—1993 年 7 月）》第 1—2 页，1993 年 8 月印制。

四、向在外留学人员提供思想政治教育与文化宣传用品

根据中共中央于 1982 年就明确提出的"为了使出国留学人员及时了解党和国家的方针政策以及国家的社会主义建设成就，要向出国留学人员提供丰富的精神食粮，以利加强对出国留学人员的思想政治工作"的政策要求，[①] 中国政府拨出专门经费，由教育部主办并通过驻外使领馆定期向在外留学人员提供国内电影、录像、图书、《人民日报（海外版）》等材料。并规定出国留学人员慰问团到各国慰问出国留学人员时，都要携带反映国内社会和经济发展的电影、录像等材料。

据李振平参赞回忆，1986 年初，在中共中央八位德高望重老领导的建议下，由胡耀邦总书记亲自牵头，并责成中宣部外宣局会同国家教委商定，为了加强在外留学人员与国内的多种信息交流，以及为在外留学人员提供信息服务，在《人民日报（海外版）》开辟"中国留学生之页"专版，每周出版一期，以刊登留学人员撰写的文章以及介绍国内有关方针、政策的文稿为主；并责成国家教委于 1987 年创办以出国留学人员为主要读者群的《神州学人》月刊杂志，还请邓小平为该杂志题写了刊名。

五、加强对驻外使（领）馆教育处（组）的政策性管理

为了不断强化对在外留学人员的管理和服务，根据 20 世纪 50 年代以来的设置留学人员服务机构的经验，中国政府决定继续在一些留学人员比较集中的中国驻外使（领）馆内派驻教育处或教育组，并派遣专职干部负责对在外留学人员的管理和服务工作。[②] 这一时期里，中国驻外使（领）馆内教育处（组）的设置，已从 50—60 年代的十几个扩大到世界上几十个国家，并已经形成了约有 200 多名专职的出国留学人员管理者群体。[③] 这一机构在当时世界各国外交使团中是绝无仅有的建制，表明中国政府对出国留学人员管理与服务的重视。中国政府也不断对驻外使（领）馆提出明确要求：驻外使（领）馆的工作人员应满腔热情地关心在外留学人员，帮助他们解决遇到的各种实际困难和问题，帮助他们及时了解祖国的发展和需要，做好为他们服务的各项事务。

继国家教委 1986 年 12 月 13 日在《关于出国留学人员工作的若干暂行规定》中明确规定并强调"驻外使（领）馆教育处（组）……应关心和帮助出国留学人员解决遇到的困难和问题，帮助他们及时了解国家的发展和需要，热情地为他们服务"之后，为了加强对驻外工作人员的管理，国家教委于 1987 年再次对驻外使（领）馆教育处（组）的工作提出明确要求：驻外使（领）馆教育处（组）的中心任务是做好出国留学人员的教育、管理和服务工作，以加强爱国——热爱社会主义祖国、团结——维护留学人员之间的团

---

① 于富增、江波、朱小玉：《教育国际交流与合作史》第 200 页，海南出版社 2001 年 8 月第 1 版。
② 李滔主编：《中华留学教育史录—1949 年以后》第 692 页，高等教育出版社 2000 年版。
③ 于富增、江波、朱小玉：《教育国际交流与合作史》第 201 页，海南出版社 2001 年 8 月第 1 版。

结、自尊——维护国家和做一个中国人的尊严、创业——学成回国艰苦创业的教育为基础，高举爱国主义旗帜，激励留学人员勤奋学习，牢记公派留学人员的义务，发扬艰苦创业、振兴中华的精神，学成后按期回国，为国家建设做贡献；驻外使（领）馆留学人员管理干部要经常深入到留学人员中去，开展深入细致的政治思想工作，强调做好留学人员思想政治工作的关键是抓好两支队伍的建设：一是留学人员管理干部队伍的建设，要不断提高这支队伍的政策水平和贯彻中央出国留学人员工作方针的自觉性；二是"留学人员联谊会"干部和积极分子队伍的建设，使他们能够团结广大留学人员，并在坚持正确方向和抵制不良倾向中发挥模范带头作用。①

六、教育部组建（中国）留学服务中心

根据中国政府关于加强对出国留学人员服务工作的精神，为了加强对出国留学人员的服务，特别是当时有一项主要的政策考虑，即要为留学回国人员落实工作单位提供服务，从 1988 年 4 月开始，在国家教委原"出国留学人员北京集训部"的基础上，教育部组建了"中国留学服务中心"，对外也称为"教育部留学服务中心"。对外正式挂牌的时间应该是 1989 年 3 月 31 日。

中国留学服务中心是具有独立法人地位的事业单位，承担了大量出国留学工作和留学回国工作中一般不需要政府直接出面的事务性活动。其功能的拓展和延伸也是中国政府实行国家机关职能改革与职能转变的一个体现。该中心的宗旨是为中国对外教育交流人员提供各种形式的服务，特别是为出国留学人员的回国工作提供双向选择和回国投资服务；为公派留学人员提供咨询，办理出国手续、食宿与交通服务。该中心属于具有法人资格的非盈利机构。当时在全国各地陆续设立 23 个分支机构，并分别在美国的旧金山、纽约和德国的柏林设立 3 个留学服务中心分支机构。截止本书出版时，由于机构的变化，旧金山、柏林的分支机构已先后撤销，目前仅还保存有 1 个纽约的分支机构。

据有文献显示，仅 1989 年内，中国留学服务中心就接待了 1378 名留学回国人员，并为其中的 171 人安排了工作。截至 1995 年 6 月，该中心承接了 4000 余名留学回国人员的求职申请，为 1500 名留学人员落实了回国工作并办理了派遣手续，受理了 200 个科研合作项目，为 3058 位回国留学人员提供了 100.02 亿元人民币的科研启动资助费。②

进入 21 世纪初以来，中国留学服务中心在全国 27 个省、市尚有 33 个分支机构，国外 1 个分支机构。该中心在发展过程中已经逐渐形成了一套面向留学人员的全方位、多功能、较完整的服务体系：提供国内工作岗位信息、协助留学回国人员落实工作单位、办理派遣和落户手续、回国学术休假、考察讲学、申办企业、投资咨询、国外学历学位评估和认证、开办"中国留学网"、出国留学和来华留学咨询、对外留学事务联系、寄存档案、

---

① 于富增、江波、朱小玉：《教育国际交流与合作史》第 201 页，海南出版社 2001 年 8 月第 1 版。
② 教育部编：《中国教育年鉴（1990）》第 338 页，人民教育出版社 1991 年版；国家教委外事司编著、陈可森执笔：《教育外事工作历史沿革及现行政策》第 58 页，北京师范大学出版社 1998 年 1 月第 1 版。

申办护照、代办签证等事务。另外，中国留学服务中心还代理教育部受理和评审根据中共中央政治局的要求于 1990 年 5 月设立的"留学回国人员科研启动基金"项目。截止 2008 年 8 月，该基金项目已评审 33 批、资助 17654 人、资助总金额达到 5.2161 亿多元人民币。为较高层次留学人员回国后的初期科研活动，提供了一些基础条件和基本的经费保障。[1]

七、国家教委恢复设立"留学生司"

为适应出国留学的形势发展需要，并为了加强对出国留学管理事务的宏观指导，国家教委根据国家编制委员会批准的机构设置方案，1989 年 3 月 30 日决定撤消即"拆分"外事局，并分别设立了留学生司和国际合作司。当时设定的留学生司的主要职责是：1. 归口管理并研究全国的出国留学事务；2. 研究并制定出国留学政策、拟定公派留学选派计划、协调单位公派留学事务；3. 研究并指导驻外使领馆教育处（组）做好有关在外留学人员的服务工作；4. 协调留学回国人员的工作安排；5. 指导和联系中国留学服务中心、出国留学培训部和神州学人杂志社的业务活动；等等。[2] 同样是"为了形势发展的需要"，1993 年 10 月留学生司被再次撤销，原有的相关职能被分别划入外事司出国留学工作处、国家留学基金管理委员会秘书处和中国留学服务中心。90 年代年后期，外事司再次改称为国际合作与交流司，上述的职能划分则基本未变。

八、国家教委成立"出国留学工作研究会"

1991 年 9 月 3 日，中国教育学会所属中国高等教育学会成立"出国留学工作研究会"。这是被国家教委批准在全国范围内成立、并由全国各地出国留学管理人员参加和组成的"工作研究类团体"；其宗旨是贯彻改革开放政策，组织全国从事出国留学工作的管理者开展工作研究和情况交流，并主要是探讨出国留学活动的大致规律和发展趋势，以不断提高出国留学事务管理人员的服务水平和业务素质，为加速中国社会主义现代化建设服务。

"出国留学工作研究会"成立以后，创办了开展出国留学工作研究的非正式出版和不公开发行的刊物——《出国留学工作研究》。到本书完稿的 2008 年夏季为止，该刊已发行 58 期，并先后登载了各类文稿 1000 多篇，其内容主要为工作总结、经验交流、领导讲话、活动报道、留学资讯、项目介绍，以及少量的政策研究类文章。17 年来，"出国留学工作研究会"还先后在全国各地举办了数十次不同规模、不同类型和不同命题的工作经验交流会，在研究出国留学事务和吸引留学人员回国工作的各项具体内容，交流和总结各单位出

---

[1]　苗丹国：《中国出国留学政策的沿革与培养和吸引留学人才的政策取向》，《中国人才前沿》第 54 页，社会科学文献出版社，2006 年 7 月第 1 版。

[2]　参见国家教委留学生司编、李振平执笔：《出国留学工作大事记（1988 年 12 月—1993 年 7 月）》，1993 年 8 月。

国留学事务的管理经验，探讨如何落实中国政府和政策管理机构相关政策的具体措施，促进出国留学和留学回国管理事务的平稳发展，推动留学服务质量的不断提高等方面，起到了一定的作用。[①] 根据其上级管理机构的统一规划和要求，"出国留学工作研究会"于2005 年更名为"中国高等教育学会出国留学教育管理分会"。

第四节 改革开放后吸引和鼓励在外留学人员回国政策的形成与变革

与 20 世纪五六十年代新中国政府根据当时在外留学人员状况而逐步形成的"争取或引导在外留学人员、专家、学者的回国政策"不完全相同的是，改革开放以后，随着各类公派留学人员被不断地大量派出，如何提高留学效益，使更多的留学人员回国工作，自始至终都是出国留学政策的核心内容。那种认为八九十年代的"争取"在外留学人员回国政策与五六十年代的"吸引"在外留学人员回国政策是"一脉相承"或"毫不相干"的观点都是不符合客观历史事实的。

改革开放以后，中国政府根据国家经济建设与社会发展需要而持续实行了大量派遣出国留学人员的政策，不是把派遣本身作为目的，而是要通过出国留学活动，作为国内高等教育的重要补充，学习和研究国外先进的科学技术和适用的管理经验，以达到为中国国内培养经济建设与社会发展所需人才的目的。

1983 年以后，这一留学政策的目标受到了越来越严峻的挑战：随着大量公派留学人员学习期满以及越来越明显的滞留不归现象与倾向，注重研究如何使公派留学人员、特别是获得博士学位者回国工作，开始成为中国留学政策中的研究与操作方面的重点，成为出国留学政策体系中的十分重要的组成部分，并逐渐演变成为具有相对独立性的"争取在外留学人员回国的政策"。换句话说，在本阶段内一个最值得关注的一个"政策动向"，就是对公派出国留学人员的政策性要求已经从"规定其必须回国工作"悄悄地演变为"设法争取其回国工作"，并最终形成为"鼓励回国，来去自由"。有学者和专家认为，上述政策转变的过程在当时来说是比较艰难和痛苦的。

从事出国留学事务的管理者认为，如果说在大量派遣出国留学人员的初期，出国留学工作的主要注意力是如何把留学人员派出国的话，那么，从 1983 年以后，随着大量公派出国留学人员学习期满，如何使这些学习期满，特别是获得博士学位的公派留学人员回到国内，为国家的建设服务，就成为出国留学工作的重点。从 1978 年开始直到 80 年代末，中国大量派出的是公派留学生，而公派出国留学人员有义务回国服务，

---

① 国家教委外事司编著、陈可森执笔：《教育外事工作历史沿革及现行政策》第 72—73 页，北京师范大学出版社 1998 年 1 月第 1 版；苗丹国、杨晓京：《中国出国留学政策的沿革与培养和吸引留学人才的政策取向》，潘晨光主编：《中国人才前沿》第 46—47 页，社会科学文献出版社 2006 年 7 月第 1 版。

这是天经地义且无需争论的道理。因此，对这样的出国留学生似乎不存在争取他们回国工作的问题，因为他们有义务回国服务，因而应该回国服务。但是，由于多方面的原因，特别是中国经济发展水平比较低，还不能创造更多适应出国留学人员回国工作的条件，而相比之下，西方发达国家可以为他们提供远比国内优越的工作条件。在这种情况下，对公派出国留学人员学成回国工作，不仅仅是强调他们应该履行回国服务的义务问题，还有创造条件争取他们回国工作的问题。此外，由于许多国家，特别是发达国家都在争取中国留学人员中的优秀人员留下来为他们国家服务，而由于国外的优越的科研条件，一些出国留学人员也希望在国外做出更多的创造和积累科学研究工作的经验，因而多留一段时间也是无可非议的。因此，中国公派出国留学人员学成回国工作的问题，已经变成与发达国家争夺科技人才的问题，是创造条件争取出国留学人员回国工作的问题。因而，从这个意义上讲，对公派出国留学人员同样存在争取他们回国服务的问题。公派出国留学人员学成后有义务回国工作，这是问题的一个方面；为他们创造回国工作的条件，他们才能够真正地回到国内工作，这是问题的另一个方面。这两方面缺一不可。为争取出国留学人员回国工作要做多方面的工作，除了要加强对出国留学人员的情感联络以外，还要采取多种具体措施和办法为他们创造回国工作的条件。不仅要相信出国留学人员是热爱自己的国家的，他们是愿意回国为国家的发展和建设做贡献的，同时，国内用人单位还要在创造留学人员回国工作条件上多下功夫。因为留学人员在国外学习了先进的科学技术，希望回国后能够把学到的东西应用起来。即便是不能完全把在国外的研究工作继续下去，哪怕是在较小的规模上开展这些科学研究工作也好，重要的是能够在自己的国家开始这些研究工作，这是出国留学人员对回国工作特别关心的问题。然而，中国还是一个发展中国家，科学技术相对落后，而在科学研究条件上又比较缺乏，因此要特别注意不断创造留学人员回国开展科学研究工作的物质条件，这些条件具备了，再加上其他方面的条件，出国留学人员是能够回国为国家服务的。事实上，很多留学人员结束在国外的学业后就立即回国工作了，但也确实有些留学人员在回国工作问题上犹豫不决，因此要采取措施争取尽可能多的出国留学人员回国为国家服务。①

1989 年以后，西方国家政府利用 1989 年政治风波更加肆无忌惮地截留和掠夺中国在外留学人才。因此做好留学人才的回收事务，使留学人才认识到只有回国工作或通过多种形式为国服务以推动国家经济建设、科学技术水平的提高才是自己的归宿，并要努力为吸引留学人员回国工作创造各种有利条件，成为一项具有历史意义的、全新的政策性课题。

自 80 年代末期以来，中国政府制定了一系列新的相关政策方针；中国国家领导人也在一些重要会议和场合反复强调要为留学人员回国工作或为国服务创造条件；有关职能部门和驻外使领馆也把此项事务作为重点工作，采取有效措施，推动其有效开展。据教育部

---

① 于富增、江波、朱小玉：《教育国际交流与合作史》第 230—238 页，海南出版社 2001 年 8 月第 1 版。

的一项统计数据显示，截至 1991 年底，留学回国人员中已有半数以上受聘高级专业技术职称或职务，约 2 万多人获得各种科技成果，200 多人获得近 500 项国际奖，3 千多人获得近 5 千项国家级奖，1 千多人获得近 2 千多项专利。①

在这一时期里，中国政府在争取或引导在外留学人员回国的政策建设方面，主要做了以下几方面的开创性工作：

一、国家领导人的担心、关注与中国政府的决策过程

●邓小平 1985 年会见美籍华裔学者李政道教授，并在谈到吸引出国留学人员回国工作的问题时表示："要把人弄回来。我们有几万人在国外，这是财富，要收回来。"

●同样是在 1985 年，邓小平在对中国政府有关负责人谈话时表示："我们要加强同国外留学生的联系。今天只讲了两个办法，一个博士后的方法，一个是特区、开放城市招聘的方法。博士后只是一小部分人，要从更多的人来考虑。有许多框框束缚我们，要改革。……招聘要有名单，有对象。哪些是最优秀的，哪些单位去招聘，要有计划。盲目地干，好的回不来。……尤其是科学研究机构，现在就要去招聘。要规划，要落实到单位，落实到人。最优秀的，招聘的条件要提高。要赶快搞规划。"

●1988 年 9 月，邓小平再次表示："我们的留学生有几万人，如何创造他们回来工作的条件，很重要。可以搞个综合的科研中心，设立若干个专业，或者在现有的一些科研机构和大学里增设一些专业，把这些人放在里面，攻一个方面，总会有些人做出重大贡献。否则，这些人不回来，实在可惜啊。"

●1989 年本应是大批在外公派留学人员陆续回国的年份，因为 1982 年前后公费派出攻读硕士或博士学位的研究生们已经相继获得学位，有些人甚至已经超过原定留学计划所规定的时间和在国外能够合法居留的期限。但是 1989 政治风波的出现和以美国为首的西方国家借此放宽中国留学生居留时间的限制，致使大量中国留学生作出了逾期不归的选择。

●基于上述严峻局面，1992 年，邓小平又一次谈到出国留学人员回国工作的问题时表示："希望所有出国学习的人回来。不管他们过去的政治态度怎么样，都可以回来，回来后妥善安排。这个政策不能变。告诉他们，要做出贡献，还是回国好。"

●邓小平在这一时期内关于希望出国留学人员学成后回国工作的上述多次谈话，比较集中地表达了中国领导人的意图与忧虑，综合归纳起来主要有 4 个方面的要点：一是肯定在国外的中国留学人员是宝贵财富；二是希望在国外的中国留学人员能够回国为国家做贡献；三是要求国内创造适合留学生回国工作的条件；四是提出要十分抓紧制定争取出国留学人员回国工作的规划。而所谓"规划"，在这里我们通常将其理解为就是总体的"政策

---

① 国家教委外事司编著、陈可森执笔：《教育外事工作历史沿革及现行政策》第 87 页，北京师范大学出版社 1998 年 1 月第 1 版。

体系"。①

●为了进一步支持留学人员回国工作，中共中央办公厅在 1990 年的一份文件中提出："要热情做好学成回国人员的安置工作，为他们回国后的工作和生活创造必要的条件，要制定切实的优惠政策，吸引更多的优秀拔尖人才回国服务。""国家教委可在每年留学人员总经费中安排百分之二十的经费用于做好留学人员工作的安置工作，解决其科研和住房的问题。"②

●1992 年 8 月 12 日，国务院办公厅在《关于在外留学人员有关问题的通知》（国办发〔1992〕44 号文件）③ 中提出，"欢迎留学人员回国工作。所有在外学习的人员，不论他们过去的政治态度如何，都欢迎他们回来。""留学人员回国后，按双向选择的原则，可回原单位工作或自行联系工作。"出国留学政策的资深管理者和研究者李振平参赞认为，上述《通知》是一个政治性、政策性和策略性很强的文件；成为特殊历史条件下化解在外留学人员心理障碍，适时调整他们与中国政府关系的重要举措。正是由于该文件的出台，在相当大的程度上争取了主动，使得在外留学人员人心向背发生了根本性转变。十几年以后再来研究和审视这个文件，对其历史作用和重要意义怎样评价都不过分。

二、建立并形成"博士后科研流动站"的制度与政策

（一）李政道教授提出在博士分配工作前为其设立"科研流动站"的政策性建议

1983 年 3 月 5 日，著名物理学家、美籍华裔学者、诺贝尔奖章获得者李政道先生，向胡耀邦等中国领导人提出了在为留学后回国的博士分配工作前设立"科研流动站"的政策性建议，认为"科研流动站可以成为推动青年科技人员流动的永久方法之一，并在流动中选拔人才，留精去芜。"1984 年 5 月 16 日，李政道先生致函国家教育部外事局局长李滔先生，并递交了一份更为详尽和成熟的《如何安排博士后科技青年的一些建议》。在这份《建议》中李政道先生描述了在中国设立"博士后流动站"和实施博士后制度的背景、目的、意义及具体操作办法，并明确指出实行这种制度必须解决认识和工作上的一些关键问题。对于李政道先生的上述建议，胡耀邦、邓小平等国家领导人先后"批复同意"或表示了肯定性的支持意见；并认为这实际上也是争取国留学人员回国工

① 《邓小平文选》第三卷第 378 页，人民出版社 1993 年版；国家教委外事司编著、陈可森执笔：《教育外事工作历史沿革及现行政策》第 73、85 页，北京师范大学出版社 1998 年 1 月第 1 版；于富增、江波、朱小玉：《教育国际交流与合作史》第 231 页，海南出版社 2001 年 8 月第 1 版；陈昌贵：《人才外流与回归》第 189 页，湖北教育出版社 1996 年 2 月第 1 版。
② 国家教委外事司编著、陈可森执笔：《教育外事工作历史沿革及现行政策》第 85 页，北京师范大学出版社 1998 年 1 月第 1 版。
③ 李滔主编：《中华留学教育史录—1949 年以后》第 406—407 页，高等教育出版社 2000 年版。

作的一个好办法。①

（二）国务院批转国家科委、教育部和中国科学院提交的《关于试办博士后科研流动站的报告》

1984 年 7 月 28 日，教育部向国务院提交了《关于建立博士后研究人员制度的请示报告》，②认为从中国研究生制度实施的情况看，当时已初步具备了开办"博士后科研流动站"的条件。自 1981 年以来，中国国内招收攻读博士学位的研究生已近千人。从 1983 年开始选派的出国研究生也累计达到 3 千余名，其中不少人已获博士学位并已回国工作。经国务院批准，当时全国已有 196 个博士学位授予单位，1151 个有权授予博士学位的学科、专业点和 1786 名博士研究生指导教师。因此，有可能从现有的博士授予单位中遴选某些水平较高、科研条件较好的高等学校或研究机构建立"博士后流动站"，并选拔一些在国内外取得博士学位的优秀青年进站从事一定时间的科研工作；这些人员不属于这些单位编制内的正式职工，在其获得固定岗位之前处于一种"流动状态"。经国内有关部委认真研究，认为博士后流动站有利于造就适应现代化建设和当代科学发展的高水平科研人才；有利于促进人才流动，使科研、教学队伍始终保持朝气蓬勃的活力；有利于学术交流，博采众长，避免在学术上出现"近亲繁殖"的现象；有利于取得博士学位的人员和用人单位都有更多双向选择的机会，以使人尽其才，才尽其用。特别是对拟回国的留学博士在其正式回国被分配参加工作前建立了一种适应期的制度，使其能够实际了解国内及用人单位的情况，亦可减少留学人员对分配工作复杂环节的疑虑；也有利于用人单位对在站博士后人员的观察、判断与了解。

（三）国家科委印发《关于试办博士后科研流动站申请办法的通知》和《关于建立博士后科研流动站若干问题的通知》

按照国家领导人的批示精神和李政道先生的建议，国家科委、教育部和中国科学院举行了专家、回国留学人员座谈会，同有关部委、高等院校及科研机构磋商，反复修改、论证实施方案，最终形成实行中国博士后制度的报告。1985 年 7 月 5 日国务院以《通知》的形式批转了国家科委、教育部和中国科学院 1985 年 5 月 11 日提交的《关于试办博士后科研流动站的报告》。③

转发上述《报告》的国务院《通知》指出，"试办博士后科研流动站，试行博士后研究制度，是人才开发的一项重要措施，对于加快培养社会主义现代化建设需要的高级专门人才，加强学术交流，增强科研、教学队伍的活力，具有积极意义。"上述报告共设 11 条，提出了建立博士后流动站的意义、学科领域、建站单位的条件、每站招收的人数、博士后的期限、经费、研究人员的待遇以及领导管理办法等比较原则的政策性

---

① 李滔主编：《中华留学教育史录—1949 年以后》第 758—763 页，高等教育出版社 2000 年版；于富增、江波、朱小玉：《教育国际交流与合作史》第 232 页，海南出版社 2001 年 8 月第 1 版。

② 国家教委留学生司编：《出国留学工作文件汇编（1978—1991）》第 480 页，群众出版社 1992 年 6 月第 1 版。

③ 国家教委留学生司编：《出国留学工作文件汇编（1978—1991）》第 485 页，群众出版社 1992 年 6 月第 1 版。

意见。

《关于试办博士后科研流动站的报告》认为，博士后研究制度是第二次世界大战后在一些发达国家逐渐形成的一种造就优秀专业人才的制度；实行这种制度的办法和目的是在高等院校和研究机构设置一些不固定的职位，挑选一些获得博士学位的人员在"流动站"从事一段研究工作，以拓宽知识面，进一步培养独立工作的能力，使之成为具有较高水平的科研、教学人才。该《报告》提出，鉴于建立博士后流动站是件崭新的工作，须先试点后总结推广，因此1985年和1986年仅招收250名博士后研究人员，每站招收3—5人，最多不超过10人。研究人员在流动站工作期限一般为两年，工作期满后必须流动出站或转到下站。在不同流动站工作的总期限不得超过4年。在流动站期间计算工龄，一切按国家正式工作人员对待，并暂按工资改革后讲师工资的最低标准发给工资；按照规定享受生活困难补助、奖金、生活补贴、公费医疗等福利待遇。该《报告》确定，在国内成立"博士后科研流动站管理协调委员会"，由教育部2人，中国科学院2人，国家科委1人，有关工业部及地方科委各1人共7人组成，其主要职责是：1. 组织高水平的专家对申请建站单位进行评审，并确定建站单位和招收博士后研究人员的数量；2. 审议和批准进入博士后科研流动站的人选、资助金额；3. 对各博士后科研流动站工作进行督促检查等。另外，国务院将拨出专款用于博士后科研流动站工作，资金的一部分作为博士后科学基金，其余部分用于对博士后人员专用公寓建设的补助。

根据国务院上述《通知》和三单位上述《报告》的精神，并根据"博士后科研流动站管理协调委员会"第一次会议研究的意见，1985年8月14日国家科委发布了《关于试办博士后科研流动站申请办法的通知》①

其后不久，1985年10月18日博士后科研流动站管理协调委员会召开了第二次会议。于会后发布的《关于建立博士后科研流动站若干问题的通知》②提出，要在全国73个高等院校和科研机构性质的单位建立102个博士后科研流动站，其中高等院校36所，建站66个；要在1985年和1986年两年共招收250名人员进入博士后科研流动站，每站不少于2人；流动站要对国内外所有40岁以下的博士毕业生开放；进入博士后流动站人员的工作期限为两年，在博士后科研流动站工作期间的工资待遇、科研资金、住房待遇、配偶的工作安排及子女就学等问题，国家将给予一定的政策性照顾；等等。

建立博士后科研流动站得到了国务院各有关部门的大力支持和协助。国务院批准由国家拨出2000万人民币专款（其中70%为外汇）用来建立博士后流动站，其中1000万元用于博士后研究人员建造公寓。1985年国家计委另外批准了1000万元基建投资，用于博士后研究人员公寓建设。其后，国家计委再次增拨2000万元。在解决博士后人员及其配偶、子女的户口问题上，原规定仅限制在未成年子女，但公安部有关负责人员主动提出，应把子女范围扩大到农村户口及城市户口的未就业子女。教育部也提出博士后研究人员的子女可在暂住户口所在地报考重点中学和普通中学以及高等学校或中等专业学校。国家外汇管

---

① ② 国家教委留学生司编：《出国留学工作文件汇编（1978—1991）》第490—492、498—500页，群众出版社1992年6月第1版。

理局、商业部、劳动人事部都在各自的职权范围内同意解决博士后研究人员的有关问题，尽力为他们在站工作提供便利条件。

（四）国家科委印发《博士后研究人员管理工作暂行规定》等一系列文件与规定

经"博士后科研流动站管理协调委员会"第三次会议通过，国家科委于 1986 年 6 月 23 日以《通知》方式发布了《博士后研究人员管理工作暂行规定》，① 对于进入博士后科研流动站人员的待遇做了具体规定。同年，经博士后科研流动站管理协调委员会第四次会议通过，并于 11 月 12 日发布了《国家博士后科学基金试行条例》，② 使博士后科研基金的管理制度化。

在此期间，中国政府有关部委还就涉及"博士后科研流动站"和博士后研究人员的几乎所有相关政策问题，先后发布了一系列文件与规定：1985 年 8 月 14 日发布《关于试办博士后科研流动站申请办法的通知》；1985 年 9 月 9 日上报国务院《关于争取留学博士毕业生早日回国工作的请示》；1985 年 11 月 23 日发布《关于建立博士后科研流动站若干问题的通知》；1986 年 3 月 13 日发布《关于印发〈博士后研究人员管理工作暂行规定〉的通知》；1986 年 6 月 17 日发布《关于博士后研究人员及其配偶、子女落户等问题的通知》；1986 年 6 月 20 日发布《关于博士后研究人员配偶和子女商品供应的通知》；1986 年 10 月 20 日发布《关于放宽边远地区录用博士后研究人员条件等问题的通知》；1986 年 10 月 27 日发布《关于博士后研究人员子女上学问题的通知》；1987 年 8 月 18 日发布《关于博士后研究人员专业技术职务评审和任职的原则意见》；1987 年 9 月 29 日发布《关于做好博士后研究人员工作期满成果评定、专业技术职务任职资格评审及工作分配的通知》；1987 年 9 月 29 日发布《关于进一步明确博士后研究人员身份等问题的通知》。③

（五）博士后科研流动站政策的基本成果

中国博士后科研流动站制度与政策建立和形成约 10 年来，截至 1995 年 9 月，全国已有 212 个高等学校和科研机构设立了 428 个博士后流动站，并累计招收了 4100 多名博士后研究人员，覆盖了理科、工科、农学、医学、经济学、法学、教育学、文学和历史学 9 大学科门类的 54 个一级学科。

在约 10 年的发展历程中，中国的博士后制度与政策日益显示出在选拔、培养和造就高水平年轻科技人才等方面的重要作用。在当时已经出站的 2000 多名博士后研究人员中，绝大多数直接或很快被晋升为教授、研究员，有的已成为新的学科和技术带头人。据 1993 年的一项调查，在国家教委实施的"跨世纪人才计划"中，在中国科学院青年科学家奖获得者中，在国家自然科学基金优秀中青年人才专项基金人选中，博士后

① ②　国家教委留学生司编：《出国留学工作文件汇编（1978—1991）》第 501—505、513—516 页，群众出版社 1992 年 6 月第 1 版。

③《出国留学工作文件汇编（1978—1991）》第 490—527 页，群众出版社 1992 年 6 月第 1 版。

科研人员占 20% 左右。据了解，许多博士后科研人员在研究工作中取得了高水平成果。他们在流动站期间，平均每人承担 2—3 项重要研究项目，其中国家项目占 40%，两年内项目完成率为 64%。而上述政策对吸收在外毕业的博士生回国工作发挥了一定作用，在实际录取进入博士后科研流动站的人员中，有一半左右是从国外回来的博士毕业生。

为了进一步推动博士后制度的发展，人事部和全国博士后管理委员会于 1995 年 10 月在北京举行了"庆祝中国实行博士后制度 10 周年大会"以及"全国博士后科技成果展览及人才、学术交流会"等活动。①

三、改革与调整留学人员回国后的工作分配政策

频繁出台、改革与调整留学人员回国后工作分配的制度，是本时期中国留学政策变革的重要特点之一。

（一）国家劳动人事部和教育部向国务院提交《关于 1983 年毕业留学生分配问题的报告》

1983 年 7 月 30 日，国家劳动人事部和教育部向国务院提交了《关于 1983 年毕业留学生分配问题的报告》。② 该报告认为："对毕业留学生的分配，应当采取集中使用，保证重点，统筹兼顾，妥善安排的方针。使用方向主要是加强高等院校师资和充实承担重大科研攻关任务与国家重点建设项目单位的技术力量，优先考虑农业、能源、交通运输等方面教育和科研的需要，对原选送部门和地区也给予适当照顾。在人员具体安排上，贯彻服从国家需要，保证学以致用，择优照顾个人志愿的原则，妥善安排他们的工作。"

但该报告在对留学生回国后的工作安排政策、计划和方案上，基本上还是借用或沿用了对国内高校毕业生进行工作安排的传统方法。首先是请各驻外使（领）馆报回即将毕业的留学生名单，以及他们在国外的表现和学习情况等有关材料；国内各部门、省、直辖市、自治区申报 1983 年对留学生的需求计划；然后由劳动人事部按照毕业留学生分配的方针和原则，提出回国留学生的分配方案。

1983 年回国留学生的分配方案是：研究生分配到中央部门和所属单位 90 人，省、直辖市、自治区 12 人；在上 102 人中，分配到高等院校 74 人，科研单位 25 人，其他单位 3 人。留学本科毕业生分配到中央部门和所属单位 107 人，省、直辖市、自治区 5 人；这 112 人中，分配到高等院校 55 人，科研单位 47 人，其他单位 10 人。针对今后回国留学生的工作分配办法，报告提出的原则是：进修人员原则上回原单位工作；对一部分回原单位不能学以致用和发挥专长的进修人员的调整，由有关部门和省、直辖市、自治区人事部门负责办理；国家统一计划选派的留学研究生和大学生，无论以何种方式派到国外学习，除

---

① 国家教委外事司编著、陈可森执笔：《教育外事工作历史沿革及现行政策》第 45—48 页，北京师范大学出版社 1998 年 1 月第 1 版；于富增、江波、朱小玉：《教育国际交流与合作史》第 232—233 页，海南出版社 2001 年 8 月第 1 版。

② 国家教委留学生司编：《出国留学工作文件汇编（1978—1991）》第 468 页，群众出版社 1992 年 6 月第 1 版。

了选派时有特殊规定的人员外，毕业回国后一律由国家统一分配工作；各部门、省、直辖市、自治区自行派出的留学研究生和大学生，毕业回国后一律回原选派单位安排工作；自费留学大学生和研究生毕业回国后，享受公派留学生同等待遇，由各省、直辖市、自治区人事部门量才录用，妥善安排。

这个针对回国留学生的工作分配计划脱离了当时在外留学人员的实际情况：（1）该计划是在设想留学人员能够按期回国的思路和前提下提出的，这在当时是没有任何保证的；（2）该方案仅仅注重了用人单位之间的分配与调剂问题，却忽视或基本上没有考虑留学生本人的具体情况和意愿；（3）工作方法上还是基本沿用传统的思维模式，没能跳出"坐等为在外留学生安排工作"的传统思维方式，没能提出争取在外留学生回国工作的新办法、新政策、新思路。

（二）国家劳动人事部、教育部、公安部和财政部联合印发了《毕业留学生分配派遣暂行办法》

正是根据上述报告的意图，1983 年 9 月 13 日，国家劳动人事部、教育部、公安部和财政部联合印发了《毕业留学生分配派遣暂行办法》，[1] 规定"留学毕业研究生、大学生年度分配计划，由劳动人事部商同教育部及各有关部委和省、市、自治区统一制订。""属国家统一计划选派的进修人员（包括在进修期间攻读学位的人员），回国后原则上回原派出单位工作"；"根据国家计划统一选派的留学研究生、大学生毕业回国后，除了派出时已有特殊规定的人员外，一律由国家统一分配"；"国家计划外派出的各类留学人员回国后，原则上仍回原选派单位工作"；"自费出国留学研究生、大学生回国后，持有学历、学位证件者，国家承认他们在国外的学历和学位。由本人出国前所在省、市、自治区（或国务院各部门）人事部门量才录用，安排工作。"

（三）中央引进国外智力领导小组办公室、国家教委和国家科委呈报《关于争取留学博士毕业生早日回国工作的请示》

根据多位国家领导人的意见和要求，中央引进国外智力领导小组办公室、国家教委和国家科委 1985 年 9 月 9 日联合起草并呈报了《关于争取留学博士毕业生早日回国工作的请示》，[2] 并获得中共中央和国务院的批准。在这个文件中首次提出了改革留学生毕业后回国工作分配制度的政策原则，即提出在保证国家重点需要和学用一致的原则下，允许用人单位和留学生本人相互选择。其政策要点有：（1）国家科委编制人才需求资料汇编并发往国外，以供留学生填报志愿时参考，同时鼓励留学生利用回国探亲机会联系工作单位，以尽快确定回国工作单位；（2）根据国家经济建设和科学、教育事业发展的需要，允许少数重点单位或地区可以直接到国外招聘留学博士研究生；（3）允许回国的留学人员个人或集体根据国家的有关规定，创办新的系科、专业、技术开发或咨询公司和研究所。

---

① ② 国家教委留学生司编：《出国留学工作文件汇编（1978—1991）》第 473、492 页，群众出版社 1992 年版。

上述政策措施反映和体现了留学生的愿望，因此开创了争取留学生回国工作的新思路：一是赋予在外的留学生以选择工作的权利，以利于能够更好地发挥他们的作用，并可能促成他们下决心回国工作；二是确立了提供信息、提前联系和上门招聘等新的工作方法；三是开辟了留学人员回国工作可供选择的新领域。此后，中央各有关单位和地方政府为了吸引和稳定优秀留学人员在国内工作或创业，相继制定、启动并实施了一系列优惠政策。

（四）国务院批准转发国家教委《关于出国留学人员工作的若干暂行规定》

1986 年 12 月 13 日，在由国务院批准转发的国家教委《关于出国留学人员工作的若干暂行规定》中规定："国家教育委员会在国务院领导下，按照国家派遣留学人员的方针、政策，归口管理全国出国留学人员工作，包括出国留学人员的计划、选派、国外管理和回国后的分配工作。非教育系统的出国留学人员的派出计划和回国后的工作分配，按照统一的方针、政策，由国家科学技术委员会会同国家经济计划委员会负责。"[①] 此后，教育系统与非教育系统回国留学生的分配工作事务，分别归口由国家教委以及国家科委同国家经委负责管理。

（五）国家教委、国家科委印发《关于印发〈回国留学人员工作安排暂行办法〉的通知》

1987 年 10 月 7 日，国家教委、国家科委联合发出《关于印发〈回国留学人员工作安排暂行办法〉的通知》，[②]旨在落实随"国发［1986］107 号通知"下发的《关于出国留学人员工作的若干暂行规定》中的有关政策性规定，做好留学回国人员的工作安排事务。《回国留学人员工作安排暂行办法》提出：（1）工作安排原则：国家公派出国的研究生、大学生学成回国后，除派出时已明确工作单位的人员外，由国家安排工作；回国留学人员的工作安排，要在国家建设需要的前提下，贯彻学用一致、人尽其才的原则；回国留学人员要树立勤俭建国、艰苦创业的思想，正确处理个人利益与国家利益的关系，自觉到国家最需要的地方去工作，为祖国现代化建设贡献力量；用人单位要珍惜人才，努力为回国留学人员创造工作条件，充分发挥他们的作用；获得大专以上学历的自费留学人员学成回国后，本人愿意由国家安排工作的，与国家公派留学人员同等对待；出国前已明确工作单位的公派留学人员回国后，原则上回原派出单位，不再另行安排工作。（2）有关部门的职责分工：国家教委会同国家科委负责拟定有关回国留学人员工作安排的具体政策和办法，掌握和汇总国内需要留学人员的情况，向留学人员提供这方面信息，以供他们回国择业时参考。要求到教育系统工作的公派和自费回国留学人员，由国家教委负责安排；要求到非教育系统工作的，由国家科委安排。（3）工作安排具体方式：在留学期间，留学人员可直接与国内用人单位联系，也可请国内有关主管部门

---

① ② 国家教委留学生司编：《出国留学工作文件汇编（1978—1991）》第 143、527 页，群众出版社 1992 年版。

与用人单位联系；回国探亲、休假或学成回国后，留学人员可与用人单位直接面谈；国家教委会同国家科委在国内不定期召开回国留学人员与用人单位见面会，在会上落实工作单位。回国留学人员工作单位落实后，可与用人单位签订合同或协议书，明确双方的权利、责任和义务（包括服务期限和待遇）。

（六）国家教委印发《关于进一步贯彻中央出国留学人员工作方针的通知》

1987 年 12 月 30 日，国家教委在《关于进一步贯彻中央出国留学人员工作方针的通知》中强调，公派留学人员有义务学成按期回国服务；对及时回国服务的，要加以宣传表扬；有正当理由需要延长在外学习期限者，应由本人提出申请，并须经批准后方可延长；对经教育仍滞留不归者，不再按公派留学人员身份对待，国内原单位不再保留其公职；对已加入外国国籍和其他确实不能履行公派留学人员义务者，应责成其赔偿国家为他们出国留学所支付的全部费用。这个《通知》还要求，要抓紧留学人员学成回国发挥作用的工作，对他们回国工作的安排，各有关方面要给予重视。同时强调，"对留学人员中的尖子人才，应特别予以重视，要根据地区、部门、单位的实际情况，对他们采取适当的特殊政策。"①

（七）人事部、公安部、商业部印发《关于出国留学人员工作单位调整有关问题的通知》

1992 年 12 月 24 日，人事部、公安部、商业部印发《关于出国留学人员工作单位调整有关问题的通知》。②《通知》要求，对已明确工作单位的出国留学人员（含本科生、研究生、进修生），原工作单位应加强与他们的联系，积极采取措施，妥善安排他们回国后的工作和生活。对因某种实际困难或其他原因要求调整工作单位的，人事部门应积极协调，予以调整。《通知》提出，调整工作单位的出国留学人员可到国家重点项目的单位、国有大中型企业，也可应聘去三资企业、乡镇企业、民办科研机构或直接到国际组织和我驻外公司，或以个人或集体的名义创办独立的研究机构、技术开发、咨询等公司；对在国外获得博士学位的中青年留学人员，只要专业对口，工作需要，不受地区、行业限制予以接收并允许其配偶随调，未成年子女随迁；留学人员可通过双向选择的办法与国内有关单位落实接受工作的单位；留学人员调整工作单位后，其工资标准及工龄计算，按现行有关规定办理。

四、对在外留学人员计划外生育实行照顾性政策

1989 年 11 月 18 日，国家计生委和国家教委印发了《关于出国留学人员计划外生育问

---

① 国家教委外事司编著、陈可森执笔：《教育外事工作历史沿革及现行政策》第 61—62 页，北京师范大学出版社 1998 年 1 月第 1 版。

② 苗丹国主编：《出国留学工作手册（2001 年版）》第 148 页，北京语言文化大学出版社 2001 年 7 月版。

题的通知》，其中明确规定，在国外超（中国内地）计划生育的留学人员回国后，应允许他们持使（领）馆出具的证明及所在国的出生证明为其子女申报户口，并可不占用所在单位的指标；在国外超（中国内地）计划生育的留学人员回国后，其所在单位根据使（领）馆出具证明材料，不给予处分，不征收超生子女费。《通知》同时强调，有关部门在批准或派出留学人员前应向他们宣传中国政府的计划生育政策，应引导其自觉遵守国家的政策法规。[①]

五、实行出国招聘在外留学人员的政策

出于主动邀请在外留学人员回国工作的目的，中国政府制订了组织国内用人单位出国招聘留学人员的政策，1989 年以后予以实施。为了落实即将毕业的国家公派研究生回国后的工作单位，并使他们能够充分发挥作用，1989 年 3 月和 6 月，国家教委（中国）留学服务中心组成由国家教委、厦门市、深圳市、中信公司、首都钢铁公司等单位组成的两个"人才招聘小组"，分别到德国、法国、英国招聘留学生，并向留学生们介绍国内情况和用人单位的基本条件；经商定，为约 50 名博士研究生落实了工作单位，另有 100 多名留学生提出了回国工作的意向。[②]

1991 年，国家教委与中国科学院等单位联合组织招聘团赴国外工作：1991 年 3 月 12 日—4 月 2 日赴日本招聘留学生；1991 年 10 月 23 日—11 月 18 日赴英国、法国招聘留学生；1991 年 11 月 21 日—12 月 15 日赴德国、荷兰、比利时、瑞士招聘留学生。三个招聘团在上述 7 个国家内中国留学生比较集中的城市，共召开 72 次座谈会，接触 2000 多名各类留学人员；通过个别交谈，有 120 多名需要由国家安排工作的博士生选择了招聘团提供的单位，并初步确定了回国的时间；至 1991 年底时，其中 40 多人已经回国。[③]

1992 年下半年，国家教委再次组织了 6 个招聘团，先后赴美国、英国、德国、瑞典、法国、比利时、瑞士、澳大利亚等 8 个国家招聘留学人员。招聘团由有关部委、省、市、科研部门、高等学校、企业等 50 多个国内用人单位的工作人员参加。招聘团在上述 8 个国家走访了 87 个城市，接触了 1 万多名留学人员，了解和掌握了有近 3 千人表示了要回国工作或短期回国进行学术交流、合作研究的意向。[④]

据有关文献提供的综合性统计数据显示，在 1989—1992 年的 4 年时间里，中国国内先后组织了有 90 个部门或单位参加的 12 个"留学人员招聘团（小组）"，分别前往 11 个国家，会见了 1.4 万多名中国留学人员，当场录用了 7 百多人，并与 2 千多名留学人员建

---

① 国家教委外事司编著、陈可森执笔：《教育外事工作历史沿革及现行政策》第 82 页，北京师范大学出版社 1998 年 1 月第 1 版。

② 陈昌贵：《人才外流与回归》第 190 页，湖北教育出版社 1996 年 2 月第 1 版；国家教委留学生司编：《出国留学工作大事记（1988 年 12 月—1993 年 7 月）》，1993 年 8 月印制。

③ 陈昌贵：《人才外流与回归》第 191—192 页，湖北教育出版社 1996 年 2 月第 1 版。

④ 国家教委外事司编著、陈可森执笔：《教育外事工作历史沿革及现行政策》第 87 页，北京师范大学出版社 1998 年 1 月第 1 版。

立了联系。如深圳市政府于 1989 年参加国家教委留学服务中心组织的赴德国、英国和法国的"留学人才招聘小组"，在国外期间，他们与中国留学人员广泛接触，全面介绍了深圳市对人才需求的情况，宣传了深圳安置回国留学人员的政策；通过这次招聘活动，初步确定了 49 名在外留学人员回国后到深圳市工作的意向。[①]

国内政策管理部门认为，由于贯彻执行吸引留学人员回国的政策，以及一些留学人员报效祖国的信念，使这阶段回国留学人员达 1.8 万人。根据邓小平 1978 年的倡议和中国政府的决定，为适应改革开放对高级专门人才培养的需求，中国从 1978 年开始大批向国外派遣留学人员，至 1989 年底共派出 36237 人，回国留学人员为 18048 人。这十多年派出留学人员数为建国以来到 1966 年 17 年的 3 倍多，回国人数的 2 倍多。实践证明，派遣出国留学人员，对于吸收外国先进的科学技术和经营管理经验，培养高级专门人才，缩小中国因"文化大革命"而同世界发达国家经济和科技上被拉大的差距，推动中国社会主义建设起到了无可替代的积极作用。[②]

出于总结经验和汲取教训的考虑，中国内地较早研究留学人才流失问题的陈昌贵教授，1996 年从四个方面分析了改革开放以后国内在招聘留学人员政策方面存在的某些失当之处：

1. 当时采取的政策主要是"改善待遇——吸引回国"的纯经济鼓励模式，如政策主管部门出台了"留学人员可免税购买国产小轿车"等优惠政策，但却存在着诸如"因不实用购买者不多、暂不回国而采取为国服务方式者不能享受、对国内多数科技人员产生心理冲击"等问题。

2. 只注意"对外招聘"而忽视了"对内使用"，即没有集中主要精力为留学回国人员安置工作并创造较好的工作环境。如有人将当时回国就业的状况归纳为四难：没有编制进门难、没人安置就业难、岗位不适调换难、待遇不高留人难。

3. 中国留学政策曾一度出现"关、卡、压"的消极现象，使不少留学人员对国家留学政策的稳定性产生一些怀疑。如 1989 年以后，有关部门曾对留学政策进行过相应的调整，虽本意是从国家利益出发，但却由于缺乏对长远目标的考虑，致使在一些具体措施上存在着"简单、生硬"的现象。从而使很多留学人员人心浮动，心理上很难承受，甚至对留学政策的开放性和稳定性产生一些怀疑，并在一个时间段内仍是心有余悸，而担心政策上再度出现反复。

4. 在招聘留学人员事务中，存在着"重硬轻软"的现象，即指重视招聘从事自然科学或应用科学等所谓"硬科学"的留学人员，而忽视社会科学或人文艺术学科等"软科学"的留学人员。这种状况虽然与当时的国内财力有限、偏重科学技术发展、中西社会制度差异较大等原因有关，但也确实反映出国内还缺乏对人文社会科学在社会发展中作用的

① 于富增、江波、朱小玉：《教育国际交流与合作史》第 236 页，海南出版社 2001 年 8 月第 1 版。

② 国家教委外事司编著、陈可淼执笔：《教育外事工作历史沿革及现行政策》第 59—62 页，北京师范大学出版社 1998 年 1 月第 1 版。

重视。[1]

六、制订并实施为留学回国人员提供"科研启动经费"政策

在为留学回国人员解决生活上的一些问题，诸如工资福利、配偶工作、子女上学、住房改善等条件和待遇的同时，留学人员普遍反映，使他们回国迟疑的另外原因还有回国后开展科研活动的条件问题。留学人员也了解国家和所在单位的实际情况，不可能为他们提供像在外国那样优越的科研条件。但是如果能够提供一些科研启动经费，就有可能先把工作搞起来，这比对他们生活上的照顾也许更重要。根据留学人员的多次建议与国家领导人的意见，中央政府各部委以及各省、直辖市、自治区开始积极筹措专项经费，用于资助留学回国人员开展各类研究活动。

（一）中央引进国外智力领导小组办公室、国家教委、国家科委向国务院呈报《关于争取留学博士毕业生早日回国工作的请示》

1985 年，中央引进国外智力领导小组办公室、国家教委、国家科委联名向国务院呈报了《关于争取留学博士毕业生早日回国工作的请示》。[2] 在这份"请示"中，首次提出了要考虑留学回国人员的特点，在研究经费方面给留学回国人员必要的支持与照顾的政策和具体办法：一是"国家自然科学基金"允许即将毕业的在外留学研究生，通过其提前安排的国内工作单位，在回国前即开始办理申请研究经费的手续，以便尽早获得科研经费。二是国家拨出专款专门用于解决回国留学人员的科研启动以及出国参加学术活动所需要的经费。此后，中央各部委以及各地方政府也积极筹措经费设立专项基金，用于资助留学回国人员开展科研活动。

（二）中国政府设立针对留学回国人员的科研资助费项目

从 1987 年开始，中国政府拨出 1000 万元人民币，专门用于留学回国人员的科研资助费。[3] 国家教委负责教育系统回国留学人员科研资助经费的分配，国家科委负责非教育系统回国留学人员科研资助经费的分配。这些经费主要用于：（1）向有回国留学人员参加的已经开展的科研项目提供资助；（2）为回国留学人员科研工作中需要购买某些零部件、化学试剂等提供资助；（3）为出国参加学术会议的回国留学人员提供资助等。1987 年 2 月 20 日，国家科委发出的《关于申报对非教育系统回国留学人员科研资助经费问题的通知》，[4] 规定财政部 1986 年拨给国家教委的"回国留学人员资助经费"1千万元，其中 400 万元拨给国家科委，用于资助留学回国人员科研项目（课题）资助经费、购买研究项目（课题）专用的某些零部件、化学试剂等资助经费以及出国参加国际学

① 陈昌贵：《人才外流与回归》第 194—198 页，湖北教育出版社 1996 年 2 月第 1 版。
② 国家教委留学生司编：《出国留学工作文件汇编（1978—1991）》第 492 页，群众出版社 1992 年 6 月第 1 版。
③ 于富增、江波、朱小玉：《教育国际交流与合作史》第 235 页，海南出版社 2001 年 8 月第 1 版。
④ 国家教委留学生司编：《出国留学工作文件汇编（1978—1991）》第 517 页，群众出版社 1992 年 6 月第 1 版。

术会议资助经费。该《通知》的附件中对申请资助经费的对象和条件、资助经费的使用范围、资助经费的申请办法和审批权限以及资助经费的管理等都作了明确的规定，旨在鼓励留学人员早日学成回国服务，努力创造条件充分发挥回国留学人员的作用。

（三）国家教委设立"资助优秀年轻教师基金"项目

国家教委于 1987 年设立并启动了"资助优秀年轻教师基金"项目，后更名为教育部"优秀青年教师资助计划"。该基金项目每年对全国高等学校几十名年轻有为的教师给予重点资助，使他们能尽快脱颖而出，逐步成长为新的学术骨干或学科带头人，从而有力地支持和稳定了一批优秀留学回国人员在高校任教，培养了一批年轻骨干和学科带头人，扶持了一批研究项目取得高水平成果，推动了高校教学与人才培养工作，促进了高校学科发展和实验室建设。截止 1990 年，这个基金项目已经资助了 350 名优秀青年教师。经调查表明，在接受资助的教师已完成的科研项目中，有 90 多个项目的成果达到了世界先进水平，30 多个项目填补了国内空白或在国内居领先水平，还有一些成果取得了较好的经济效益和社会效益。到 2002 年时，该基金项目共资助高校青年教师 2022 人次，资助经费总额达1.29 亿元，90% 以上受到资助的青年教师在科研教学方面取得了突出成果，70% 以上的人担负起了高校学科带头人的重任。其中，13 人当选为两院院士，29 人担任国家"973"首席科学家和"863"专家，738 人成为院、系和重点实验室、工程中心负责人，另有 488人次在受计划资助后的近几年内又入选"长江学者奖励计划"、"国家杰出青年基金"、"创新研究群体科学基金"、"高校青年教师奖"和"跨世纪优秀人才计划"等更高一层次的人才计划。因为获得这个基金资助的多数人是回国留学人员，因此对稳定回国留学人员、吸引留学人员回国工作起到了一定积极作用。[1]

（四）国家教委留学生司印发《关于使用留学人员回国工作资助费用有关问题的通知》

为了筹措更多的经费以支持留学回国人员开展科研活动，中国政府决定从 1990 年开始，每年从国家公派出国留学经费中划拨出 20% 的份额，作为留学回国人员的科研资助经费。为了落实中共中央办公厅关于"国家教委可在每年留学人员总经费中安排 20% 的经费用于做好留学人员工作的安置工作，解决其科研和住房的问题"的要求，国家教委留学生司于 1990 年 12 月 26 日印发了《关于使用留学人员回国工作资助费用有关问题的通知》。[2]《通知》指出，这次所拨留学人员回国工作资助费用于留学人员回国以后的开题、立项费用和急需的科研费用。资助留学回国人员工作所需的专门仪器设备、零部件、试制药品、实验材料和急需的图书资料等，必须专款专用，不能用于采购大型通讯设备、交通运输工具和音响、录像设备等，也不能用于基建资金和人员酬金、奖金等。《通知》还强

---

① 丰捷：《"优秀青年教师资助计划"15 年成果喜人》，《光明日报》2003 年 9 月 25 日；于富增、江波、朱小玉：《教育国际交流与合作史》第 236 页，海南出版社 2001 年 8 月第 1 版。

② 国家教委留学生司编：《出国留学工作文件汇编（1978—1991）》第 550 页，群众出版社 1992 年 6 月第 1 版。

调"留学人员回国工作资助费是在国家经济还比较紧张的情况下为使留学人员回国后有一个较好的工作和生活条件，更好地发挥作用而设立的，应认识设立这项费用的意义，提高使用效益。"据教育部统计，自 1990 年设立该项科研资助费以来，至 1995 年 6 月，已经为 3058 位回国留学人员提供了 1.02 亿元科研启动资助费，还资助回国留学人员参加国际学术会议 1087 次；资助 744 名留学人员参加国内学术会议 1661 次。在 1994 年，曾对 1990—1993 年期间获得资助的 1652 名留学回国人员发放"调查表"，回收 1141 份。被调查的 1141 名留学人员共发表论文 6032 篇，其中在国家级刊物发表 2544 篇，在国际刊物发表 1589 篇，出版专著 457 部，有 21 项科研项目获国家级奖、141 项获省、部级奖；已获专利 134 项，并已转让 57 项；被开发的科研项目 288 项。另据统计，截至 1995 年 10 月，已累计拨款 5000 多万元，择优资助 2000 多名非教育系统内留学回国人员的科研活动，产生经济效益达到约 50 亿元人民币。虽然"留学回国人员科研启动费"资助数额不大，但对留学人员回国渡过"起步难"的阶段起到了"雪中炭"和"及时雨"的作用。①

（五）人事部印发《关于印发〈非教育系统留学回国人员择优资助经费有偿使用暂用办法〉的通知》

1992 年 8 月 12 日，人事部下发了《关于印发〈非教育系统留学回国人员择优资助经费有偿使用暂用办法〉的通知》。② 《暂行办法》共设 12 条，其宗旨是：使非教育系统留学回国人员择优资助经费发挥更大的效益，支持更多的留学回国人员开展科研工作。借款对象：1978 年以来回国并在非教育系统工作的留学回国人员。借款用途：购置科研或技术开发项目所需要的仪器设备、实验材料、科研业务支出等。借款数额：一般在 10 万元左右，最多不超过 25 万元。期限：一般为 1—2 年，最多不超过 3 年。人事部根据借款数额、期限，收取一定的比例的手续费，其比率原则上低于同期限的贷款利率。此外，还对借款条件、管理办法等作出相应的规定。

七、建立表彰和展示"有突出贡献留学回国人员"成就的政策与制度

为了鼓励和弘扬回国留学人员立足国内、脚踏实地为社会主义祖国的四化建设而艰苦奋斗的精神，从 1990 年开始，中国政府有关职能部门还策划在全国范围内开展公开表彰在国内做出突出贡献的留学回国人员的活动，举办留学回国人员成果展览，并逐渐形成了不定期表彰和展览的政策原则与工作机制。

（一）表彰"有出突出贡献的留学回国人员"

1990 年 4 月 27 日国家教委首次发印发了《关于开展表彰在工作中做出突出贡献的回

---

① 国家教委外事司编著、陈可森执笔：《教育外事工作历史沿革及现行政策》第 60 页、第 85—86 页，北京师范大学出版社 1998 年 1 月第 1 版。

② 苗丹国主编：《出国留学工作手册（2001 年版）》第 138—140 页，北京语言文化大学出版社 2001 年 7 月版。

国留学人员活动的通知》。① 该《通知》指出，自 1978 年以来，中国共派出各类留学人员 9.6 万多人，截止 1990 年，已有 4 万多人回国工作；学成回国的留学人员在社会主义建设的各个领域勤奋工作，艰苦创业，许多人已成为高等学校、科研机构及工矿企业的骨干力量和德才兼备的领导干部；通过他们的艰苦劳动和卓越贡献，我国在学习和借鉴国外先进科学技术、管理经验和有益的文化等各个领域取得了可喜的成绩；特别是他们热爱祖国、热爱人民的高尚情操和在艰苦条件下忘我工作的精神是值得学习和发扬的；为了鼓励和弘扬回国留学人员立足国内、脚踏实地为社会主义祖国四化建设而艰苦奋斗的精神，国家教委决定在全国范围内开展表彰在工作中做出突出贡献的回国留学人员活动，并提出了全国各个单位选报受表彰者的条件；决定首次表彰 250 名做出突出成就和贡献的留学回国人员，并向他们颁发荣誉证书；从表彰人员中选出 100 名左右代表出席在京举行的表彰大会，并拟在报刊上登载受表彰人员的名单，宣传他们的先进事迹。

（二）举办"留学回国人员科技成果展览"

在开展"表彰有出突出贡献留学回国人员"的同时，国家教委和人事部还于 1990 年 11 月 16 日至 22 日，联合在北京农业展览馆举办了"首届全国留学回国人员科技成果展览会"，也称"首届全国归国留学科研成果展览会"。展览会上展出的一些科研成果，反映了留学回国人员在国内发展和建设中所发挥的积极作用，从一个侧面表现了他们的精神风貌。根据这次展览活动的统计，新中国成立以后，特别是中国共产党十一届三中全会以来，中国政府先后向世界 70 多个国家和地区派出了 10 多万留学人员，其中已有 5 万多人学成回国。他们回国后同国内技术同行艰苦奋斗，在促进我国科学技术和国民经济的发展，推进科研与教学的结合和国际间文化交流等方面作出了突出的贡献。

据国家教委和人事部的抽样调查显示，在 1978 年以后出国的留学人员中，国家公派、单位公派、自费留学的分别占 58.6%、39% 和 2.4%。其中有 10.3% 和 8.5% 获得博士学位和硕士学位。中国留学人员主要分布在美国、苏联、日本、英国和德国。留学人员中从事教学活动的占 42.5%，从事科研工活动的占 32.4%。在已回国的留学人员中，有 400多人承担国家"七五"重点科技攻关项目，有 1300 多人参加了国家"863"计划项目，有 6400 人参加了国家自然科学基金委的项目，成为各单位学术带头人的占 67.2%。约有 21700 人获科技成果奖，270 人获国际奖，约 1500 人获得 2200 多项专利，33800 多人发表约 50400 篇科研论文，有 16200 多人出版了各类专著。②

（三）再次"表彰有出突出贡献的留学回国人员"

时隔不到一年，1991 年 1 月 24 日，国家教委和人事部联合发布了一项《关于表彰

---

① 国家教委留学生司编：《出国留学工作文件汇编（1978—1991）》第 547 页，群众出版社 1992 年 6 月第 1 版。

② 参见国家统计局科技司李坚：《首届全国留学回国人员科技成果展览会在京开幕》，《管理评论》1990 年第 4 期；国家教委外事司编著、陈可森执笔：《教育外事工作历史沿革及现行政策》第 86 页，北京师范大学出版社 1998 年 1 月第 1 版。

在工作中做出突出贡献的回国留学人员的决定》,①通报表彰了陈章良、马颂德、旭日干等310名在教学、科研、生产第一线做出突出贡献的中青年留学回国人员，颁发了荣誉证书并在国内报纸公布被表彰者名单。上述《表彰决定》指出，出国留学工作是改革开放政策的重要组成部分，是培养中国"四个现代化"建设专门人才的重要渠道。中国共产党十一届三中全会以来，在党中央、国务院的直接关怀和领导下，出国留学工作取得了长足的发展和显著的成就。到当时为止，已有5万多留学人员先后学成回国服务。他们在"四化"建设的各自工作岗位上，为祖国的繁荣昌盛和中华民族的振兴，为祖国的经济、科技、教育事业的发展，潜心钻研，勤奋工作，艰苦创业，无私奉献，发挥了重要作用，做出了突出贡献。为了鼓励和弘扬回国留学人员热爱祖国、立足国内、脚踏实地为社会主义祖国四化建设而艰苦奋斗、开拓进取的精神，表彰他们的业绩，并经全国各有关部门认真推荐、反复评审，国家教委和人事部从中遴选出了310名在教学、科研、生产第一线作出突出贡献的中青年予以表彰。另外也希望受表彰留学回国人员再接再厉，在今后的工作中，在党的基本路线指导下，继续拼搏，为实现确定的奋斗目标，不断做出新的贡献。

第五节　出国留学政策的重大调整："支持留学，鼓励回国,来去自由"新政策的形成、确定与执行

一、1989年以后中国在外留学人员的基本状况

1989年以后，西方国家利用1989年北京政治风波更加肆无忌惮地截留和掠夺中国在外留学人才。换句话说，北京政治风波事件为在外中国留学人员提供了一条通过获取"六·四绿卡"定居国外的机会与途径，使"滞留不归"成为"普遍之势"：澳大利亚政府以"政治保护"为由，批准给予约3.6万名在澳中国留学生（其中约3万为语言类留学生）以"合法居留权"；加拿大政府宣布给予在加的全部中国留学人员以"居留权"；美国总统于1992年签署《1992年中国学生保护法》，使5万余名中国留学生获得"永久居留权"；此后又有数以万计的上述留学人员配偶陆续获准到国外定居，其中大部分人在国内接受过高等教育。

除上述素有接纳移民传统的国家相继准许中国留学生永久居留外，连一向严格控制移民数量的日本，也开始对外国留学生学成后在日就职申请采取了开放的政策，于1990年修改了《入国管理法》。虽然此举与北京政治风波事件也许并无必然联系，也并非专门针对中国留学生，但无疑为中国高层留学人才在日滞留提供了方便。如1980—1990年期间，中国留日学生学成后申请将"留学签证"变更为"就职签证"而在日就职者年均约为200人；而1992—1997年期间，变更上述签证类别后在日就职、滞留不归的中国高层次留学

---

①　国家教委留学生司编：《出国留学工作文件汇编（1978—1991）》第557页，群众出版社1992年版。

人员，年均达到 1500—2000 人。

若将欧洲国家"截留中国留学人才"数量也一并计算在内的话，大约有十几万的中国学生、学者及他们受过高等教育的配偶在 1989 年政治风波事件后获得了留学所在国的永久或长期居留权。

虽然从一个时期以来滞留海外的中国留学人员开逐渐多于回国的数量，但有研究者认为，留在国外并非就是他们最终的选择，大多数留学人才尚处于回国与否的"未定"状态。国内研究中国留学人才外流的著名学者陈昌贵教授与加拿大学者学者崔大伟教授合作，于 1992—1993 年对在美中国学生、学者进行过一项调查统计，其结果与 1994 年中国留美学生张雁冬对 1368 名在美中国大陆留学生的抽样调查结论大致相同，即不约而同地证明了这一点。前者的调查统计显示，"肯定回国"或"肯定不回国"的分别为 9% 和8.8%，其余处于"未定"状态；后者的抽样调查表明，"肯定回国"或"肯定不回国"的分别为 11% 和 19.5%。比例虽有所不同，但结果都是约有 70% 的大多数人表示愿意或可能回国。1996 年对在日中国学生、学者的一次调查也显示，只有 10% 的人表示将在日本工作到退休，约 80% 的则尚未最后决定在日居留多久。[①]

因此，做好留学人才的回收事务，使留学人才认识到只有回国工作或通过多种形式为国服务以推动国家经济建设、科学技术水平的提高才是自己的归宿，并要努力为吸引留学人员回国工作创造各种有利条件，很快成为一项具有重要历史意义的、全新的、但却是十分棘手的政策性课题。

据中国教育主管部门统计，到 1989 年底，中国共派出各类出国留学人员 9.6 万人，其中国家公派 3 万人，单位公派 4.3 万人，自费出国留学 2.3 万人；学成回国留学人员共 3.9 万人，其中国家公派 1.7 万人，单位公派 2.1 万人，自费留学 960 人。由此可见，自费出国留学人员学成回国的比例还很小，单位公派出国留学人员中，约 50% 以上的人尚未回国，国家公派出国留学人员中，也还有 1.3 万人仍在国外。当然，其中有些人的留学计划尚未完成。但是，鉴于这些出国留学人员的多数是在 1986 年以前出国的，其中多数人应该已经完成原定的学业安排，所以，可以判断出学成未归的出国留学人员的比例有些偏高。

中国教育主管部门认为，造成这如此多的出国留学人员学成后未能回国服务的原因之一，是美国等西方国家借口 1989 年的北京政治风波，截留了中国留学人才，允许他们长期居留，使其中相当一部分人延长了在国外的滞留时间。这是 1989 年以后中国留学政策面临的新形势和新课题，即如何对待学成未归的出国留学人员，更是关系到中国出国留学政策今后走向的问题。

在发生了大批公派出国留学人员滞留国外不能回国服务的事件之后，中国社会各界以及政策管理机构几乎不约而同地提出了如何继续执行派遣人员出国留学这一政策的问题。这不仅仅是中国国有资产的损失和留学人才的流失，而且对国内的其他诸多方面的政策也

---

① 程希：《文化适应与中国大陆留学生在海外的滞留》，《八桂侨史》1999 年第 1 期；陈昌贵、满秀芳：《学子何日归去来——关于中国人才外流回归问题的话题》，《华声月报》1996 年 1 月号。

将产生负面的影响。

而要继续执行派遣出国留学人员的政策，就有一个如何对待学成未归的出国留学人员的问题，特别是如何对待那些学成未归的"公派"出国的留学人员问题。除有管理者提出"停止公派、放开自费"或"全面停止"的意见之外，也有一种观点认为，留学人员一时滞留国外的原因是多方面的，只要中国实行恰当的政策，提出宽松的方案，其中多数人是能够为国家提供这样那样的服务的。①

二、邓小平发表"要做出贡献，还是回国好"的讲话

1992 年 1 月，邓小平发表了针对在外留学人员的讲话。他说，"希望所有出国学习的人回来。不管他们过去的政治态度怎么样，都可以回来。回来后妥善安排。这个政策不能变。告诉他们，要做出贡献，还是回国好。"② 据有关文章记载，邓小平的上述讲话激发了在外留学人员建设祖国的爱国热情，增强了他们回国服务的意向。当时在美国休斯敦地区的中国留学人员所表示："邓小平的讲话体现了国家对广大留学人员的重视和期望。""我们总是要回去的。国家应该相信我们，大多数是爱国的，是会以不同方式，直接或间接地为国效力的。"全英中国学生联合会的一位负责人说："邓小平的讲话为祖国的发展和留学生回国服务提供了良好的环境，我们要把自己学到的本领贡献给祖国的经济建设。"牛津大学一位中国留学生说："老一辈科学家钱学森、李四光、钱三强等为祖国发展'两弹一星'和高科技作出了巨大的贡献，我们这一批 80 年代、90 年代的年轻一代应当向他们学习，作出应有的贡献。"③ 与此同时，一些留学人员也不断表达了对国内现状和政策的某些担心，并提出了一些具体要求；希望国家有关职能机构就"来去自由"等问题制定并公布具体政策措施，希望在护照延期、换发护照、家属出国探亲等方面进一步放宽政策，使在外留学人员真正感受到有一个宽松的环境。

三、中国领导人提出并逐步确认"支持留学，鼓励回国，来去自由"的出国留学新政策

●根据邓小平的上述意见，1992 年 3 月 14 日，李鹏总理在"全国科技工作会议"讲话中表示，对近年出国的留学人员，祖国社会主义四化建设是他们施展才华的广阔天地；对因种种原因仍在海外的人，也欢迎他们回国进行学术交流、合作研究，参加促进科技成果商品化、产业化、国际化等方面的工作，国家从政策上保证他们来去自由，往返方便。④ 应该说，这是继周恩来总理 20 世纪 50 年代首次提出对在外留学人员保证"来去自由"的

① 于富增、江波、朱小玉：《教育国际交流与合作史》第 281—282 页，海南出版社 2001 年 8 月第 1 版。
② 《邓小平文选》第 3 卷第 378 页，人民出版社 1993 年版。
③ 国家教委外事司编著、陈可森执笔：《教育外事工作历史沿革及现行政策》第 73 页，北京师范大学出版社 1998 年 1 月第 1 版。
④ 于富增、江波、朱小玉：《教育国际交流与合作史》第 283 页，海南出版社 2001 年 8 月第 1 版。

政策 40 年之后，中国领导人在新形势下再一次提出了这一政策原则。

●1992 年 8 月 23 日，国务委员兼国家教委主任李铁映在"'92'中国长春电影节"期间与长春高校师生座谈时，首次公开提出了"支持留学、鼓励回国、来去自由"的说法；1992 年 8 月 29 日下午，李铁映主任在"国家教委驻外教育参赞会议"上再次表达了上述意见："面对新的形势，要有一系列的政策。经过几年的工作，我看留学生工作、出国留学总的指导思想就是三句话：支持留学、鼓励回国、来去自由"。①

●1992 年 10 月 12 日，在中国共产党第十四次全国代表大会的工作报告中，中国共产党中央委员会总书记江泽民表示，"我们热情欢迎出国学习人员通过多种形式关心、支持和参加祖国的现代化建设。不论他们过去的政治态度如何，都欢迎回来参加社会主义建设，给予妥善安排，并实行出入自由，来去方便的政策。"②

●1993 年 3 月 15 日，在第八届全国人民代表大会第一次会议上，国务院总理李鹏在其政府工作报告中明确提出，对出国留学人员要实行"支持留学，鼓励回国，来去自由"的政策，欢迎他们采取多种方式参加祖国建设。③

●最终，中国的出国留学政策在经历了"突出重点、统筹兼顾、广开渠道、择优选拔、保证质量、力争多派"，"加大派出攻读学位研究生和增加各种出国渠道"，"按需派遣、保证质量、学用一致"和"调整结构、精选精派、力争保质保回"等多个不同阶段的发展和演变后，于 1993 年 11 月 14 日在中国共产党第十四届三中全会上通过的《关于建立社会主义市场经济体制若干问题的决定》中，首次以中共中央文件的形式确立并肯定了"支持留学、鼓励回国、来去自由"的出国留学工作方针。因为这一政策既适应了改革开放形势下发展和建立社会主义市场的需要，又理顺了为公民出国留学提供方便和学有所成后为国家作出贡献之间的关系，并且代表了中国出国留学活动的基本方向，可以使出国留学活动步入正常和快速发展的轨道。④

这组新政策的提出和确定，是中国政府对改革开放以来出国留学活动经验教训的总结与提炼后的概括，进一步理顺了政府尊重公民出国留学的愿望并为其提供各种便利条件与留学人员学成后为国家建设做出贡献之间的关系，并且标志着中国的出国留学政策逐渐走向成熟。中国渐进性地逐步实现着出国留学政策的公开化、制度化和法制化，成功地解决着在留学活动中发生的国内及国际矛盾的各种经验，不仅在国际上树立了鲜活的榜样，提供了切实可行的操作模式，同时也为出国留学活动自身的可持续发展，为更多高层次人才的培养与使用，为中国教育国际交流与合作领域的进一步

---

① 苗丹国、杨晓京：《中国出国留学政策的沿革与培养和吸引留学人才的政策取向》，潘晨光主编《中国人才前沿》第 46—47 页，社会科学文献出版社 2006 年 7 月第 1 版。

② 国家教委外事司编著、陈可森执笔：《教育外事工作历史沿革及现行政策》第 73 页，北京师范大学出版社 1998 年 1 月第 1 版。

③ 于富增、江波、朱小玉：《教育国际交流与合作史》第 284 页，海南出版社 2001 年 8 月第 1 版。

④ 国家教委外事司编著、陈可森执笔：《教育外事工作历史沿革及现行政策》第 73—74 页，北京师范大学出版社 1998 年 1 月第 1 版。

拓展，提供了比较广阔的舞台。①

四、国务院办公厅公开发布《关于在外留学人员有关问题的通知》

1992 年 8 月 14 日，国务院办公厅发布了《关于在外留学人员有关问题的通知》，又称"国办发〔1992〕44 号文件"。② 这个《通知》不仅在当时是一份非常重要的文件，即使在 16 年以后的今天来看，也是一份实用性、操作性和政策性都比较强的规定。其内容主要涉及到在继续实行"支持留学"政策的基础上，全面解读"鼓励回国"和"来去自由"的政策原则，实际上是落实邓小平南方讲话和其后一个时期内中国其他领导人多次讲话精神的一组新举措，也是中国政府应对西方国家截留中国留学人才的一系列组合政策。对以后的留学活动与管理事务走向奠定了重要的政策基础。

政策管理机构认为，这个文件体现了党和国家对广大在外留学人员的充分信任和关怀；体现了从实际出发，妥善处理留学人员有关问题的精神；体现了用经济手段管理留学工作的思想；体现了国家要保护留学人员在外合法权益的思想。其出发点是要在爱国主义的旗帜下，最大限度地把广大留学人员团结起来，并动员在外留学人员长期或短期为国服务，投身祖国的建设并作出自己的贡献。因此，这个文件发布后受到了广大留学人员的欢迎。

《关于在外留学人员有关问题的通知》首先表明，"广大留学人员热爱祖国，愿意为中华民族的繁荣富强做出贡献。他们在外努力学习，许多人取得了可喜的成绩，赢得了荣誉。留学人员是国家的宝贵财富，党和政府一贯热情关怀、团结教育广大在国外留学人员，祖国期望他们早日学成回国，建功立业。"为了适应改革开放形势发展的需要，《通知》就当时出国留学事务中普遍遇到、且为留学人员所关注的主要问题作出了 9 条非常宽松的规定：

1. 欢迎留学人员回国工作。公派在外学习人员有义务在学成之后回国服务。所有在外学习的人员，不论他们过去的政治态度如何，都欢迎他们回来，包括短期回国进行学术交流合作，以及探亲、休假。对在国外说过一些错话、做过一些错事的，一律不予追究。即使参加了反对中国政府的组织、从事过危害国家安全、荣誉和利益的人员，只要他们退出这些组织，不再从事违反我国宪法和法律的反政府活动，也都一律欢迎回国工作。

2. 对持过期"因公护照"或一次性出入境"因公普通护照"的留学人员，可为他们办理护照延期或换发新护照；对要求将"因公普通护照"换为"因私普通护照"的，也给予办理；已取得外国国籍的人员应提出退出中国国籍，依照中国国籍法的规定办理，按外籍华人对待。

---

① 苗丹国、杨晓京：《中国出国留学政策的沿革与培养和吸引留学人才的政策取向》，潘晨光主编《中国人才前沿》第 46—47 页，社会科学文献出版社 2006 年 7 月第 1 版。

② 李滔主编：《中华留学教育史录—1949 年以后》第 406—407 页，高等教育出版社 2000 年版。

3. 留学人员申请办理护照延期、换发新护照，以及退出中国国籍手续时，应予办理。如原派出部门或单位有经济及其他未了事宜，应与这些部门或单位协商解决，不影响上述手续的办理。

4. 在外留学人员短期回国后，只要他们持有中国有效护照和外国再入境签证，无须再履行审批手续，且可随时再出境。

5. 原国内的派出单位应加强与在外留学人员的联系，主动关心他们的工作和生活。留学人员回国后，按"双向选择"的原则，可回原单位工作或自行联系工作，也可以进入"三资"企业或自行开办企业等。为鼓励促进国际交流和合作，经所在单位同意，可以在国外兼职。

6. 留学人员的家属申请出国探望留学人员，应当允许，由公安机关依照《中华人民共和国公民出境入境管理法》审批。

7. 各地区、各有关部门按照本通知精神落实具体措施，方便在外留学人员回国，简化入出境手续，妥善解决留学回国人员工作、生活上的具体问题。

8. 在留学回国人员较集中的地方，可由当地政府、有关部门或社会团体根据需要建立留学服务机构，帮助留学人员办理有关事宜，为他们提供各种服务。

9. 中国驻外使领馆代表国家管理留学事务，应保护中国留学人员的合法权益，对他们的学习研究工作和日常生活给予帮助，为他们排忧解难，并及时向他们介绍国内的情况；要教育他们遵守所在国的法律，努力学习，自尊自爱，与当地人民友好相处，热爱祖国，维护祖国的荣誉和利益，为国争光。

五、其他陆续跟进出台的有关政策

（一）公安部印发《关于执行〈国务院办公厅关于在外留学人员有关问题的通知〉应注意事项的通知》

作为对上述"44 号文件"部分内容的解读与操作，中国公安部于 1992 年 8 月 29 日印发了《关于执行〈国务院办公厅关于在外留学人员有关问题的通知〉应注意事项的通知》。① 该《通知》规定，对持过期"因公普通护照"或一次性出入境"因公普通护照"的在外留学人员申请护照延期或换领"因私普通护照"，以及申请退出中国国籍的，均由中国驻外使、领馆负责受理并办理有关手续。对持"因私普通护照"短期回国进行学术交流合作以及探亲、休假的在外留学人员，公安机关可以为他们办理有关护照手续。公派留学人员的亲属申请出国受理、审批时与自费留学人员的亲属同等对待，依照《中华人民共和国公民出境入境管理法》审批，不再要求征求原国内公派单位的意见。持"因私普通护照"的留学人员定居在国外并取得或加入了外国国籍的，即自动丧失中国国籍，持用"因公护照"并已在国外定居者须履行简单退籍手续，可向中国驻外使、领馆提出退籍申请，

---

① 苗丹国主编：《出国留学工作手册（2001 年版）》第 190 页，北京语言文化大学出版社 2001 年 7 月版。

使领、馆受理再后报国内公安部门审批。

（二）海关总署以及国家计委、国务院经贸办公室、财政部、交通部、国家税务局、中国汽车工业总公司联合制订对留学回国人员回国携带的行李物品予以优惠以及可购买免税国产小轿车的政策

作为对出国留学新政策以及上述"44号文件"政策精神的贯彻与跟进，海关总署以及国家计委、国务院经贸办公室、财政部、交通部、国家税务局、中国汽车工业总公司于1992年8月—10月还先后制订了对留学回国人员回国携带的行李物品予以优惠以及可购买免税国产小轿车的政策。

（1）为进一步贯彻落实中央政府关于出国留学的政策方针，适应改革开放形势发展的需要，欢迎在外留学人员回国服务，更好地为社会主义建设事业做出贡献，根据国务院办公厅"国办发〔1992〕44号"文件的精神，1992年8月23日，海关总署印发了《关于对在外留学人员回国携带进境行李物品给予优惠的通知》。①《通知》还规定了对高等教育领域的留学人员回国携带的一定数量的电器用品、生活用品、书籍资料和科研仪器实行免税放行的政策。

（2）同样是为了落实中央政府关于出国留学政策的要求，贯彻"国办发〔1992〕44号"文件精神，解决留学人员回国服务的实际问题，并保护和促进发展国产汽车工业，1992年10月12日，海关总署、国家计委、国务院经贸办公室、财政部、交通部、国家税务局、中国汽车工业总公司等七个部委会签后联合印发了《关于回国服务的在外留学人员用现汇购买个人自用国产小汽车有关问题的通知》。其中规定：在国外正规大学（学院）注册学习毕（结）业和进修（包括出国进修、合作研究）期限在1年以上的留学人员回国工作，凭中国驻外使领馆出具的《留学回国人员证明》、聘用单位的上级主管部门出具的证明、公安部出具的境内居留证明和有效的进境申报单证购买。持所在地海关核发的《回国人员购买国产汽车准购单》，在其免税限量和从境外带进的外汇（含现金和支票）额度的，可用现汇购买免税国产小汽车1辆；免征其关键件或成套散件进口环节的关税、增值税（或工商统一税）以及特别消费税和横向配套税费、车辆购置附加费；供回国留学人员用现汇购买的汽车不进入流通领域和商业环节，并在海关监管年限内不得转让或非法倒卖。由于当时人民币与美元的比值较低，因此购买免税小汽车时折算为人民币价格还是比较低的，也就是说在当时这是一项比较优惠的政策内容。

（3）海关总署还于1992年10月27日印发了《关于实施〈海关对回国服务的留学人员购买免税国产汽车管理办法〉的通知》。《管理办法》全文共10条，比较详细地规定了留学回国人员购买免税汽车的相关政策和具体手续。

---

① 苗丹国主编：《出国留学工作手册（2001年版）》第141—143页，北京语言文化大学出版社2001年7月版。

第八章

1993—2008 年：规范化大发展时期出国留学政策的演变（上）

——中国的国际环境与公派留学政策变革

第一节　中国国际地位的提升与对外关系的基本状况和主要特征

一、中国发展成为"主要的全球化大国"

1993 年以后，由于中国对美国实行的遏制、挤压和渗透政策的抵制，西方国家对中国的大部分制裁逐步取消；国际环境进一步改善，中国在外交与国际关系领域中变的更加自信和活跃。香港和澳门先后回归祖国，并实现了"一国两制"和"高度自治"的平稳过渡；两地不但继续保持社会和经济稳定，而且克服了因亚洲金融危机带来的负面影响。开放之初中国对多边国际组织还是一种避而远之的态度，30 年之后，中国已经加入了几乎所有重要的国际组织。中国从 2001 年 12 月正式加入世贸组织以来，国内改革开放的进程不断加快，2006 年的经济总量逐步超过英法两国成为世界第四名，并成为世界第三大贸易国和第一大外汇储备国。[①] 中国逐渐成为一个全球化的大国，更加关注全球的问题并承担起相应的责任与义务。2008 北京奥运会使中国走到世界舞台中央；中国政府反对有关国家领导人以任何方式会见达赖喇嘛，反对将涉藏问题与北京奥运会挂钩，反对将奥运会政治化。

---

① 《人民日报》评论员：《增强忧患意识锐意开拓进取》，《人民日报》2007 年 3 月 20 日第 1 版。

美国克林顿政府对中国使用了"利益攸关方"的新理念；其继任者布什政府从本质上继承了这一政策。联合国秘书长潘基文先生于2008年7月1日访问中国并在外交学院发表演讲时表示：中国已经成为一个主要的全球化大国；中国的贫困人口大规模减少，为世界减贫事业做出了巨大的贡献和示范；中国的贸易投资是在帮助别人的同时实现了自己的快速发展；中国为改善非洲的基础设施状况、教育水平和医疗卫生条件做出了巨大贡献；中国的发展取得了很大成就，拥有巨大的国际影响力，中国的积极参与对解决全球性问题至关重要。①

受世界经济预期不佳和国内政策调整的影响，从2008年年初起，对于中国外贸出口的担忧有所增多。虽然中国国出口总体形势比较稳定，仍在正常区间运行，但已有数据显示，一季度出口增长21.4%，低于2007年同期6.4个百分点，累计贸易顺差同比下降10.6%，持续多年的出口高增长曲线正在走向平缓。尽管当前国内对制造业出口"忧心忡忡"，但是世界贸易组织（WTO）最新预测表示，今年中国有望超过德国，成为全球最大的商品出口国。在预测报告中，WTO分析，2007年中国出口额占世界总出口额比重是1990年的3倍，2008年很可能成为世界最大的商品出口国。报告显示，2007年中国取代加拿大，成为美国进口商品的最大来源国。而在亚洲，也是在去年，中国外贸总量首次超过排名第二、三位的日本及韩国之和。中国出口增长异常迅速，2004年甩下日本，2007年超过美国，2008年将很可能超越德国。四年内接连超越，使得中国成为全球出口最"迅猛"的国家。商务部表示，如果2008年中国出口保持在20%的增速，那么就有望超过德国。实际上从2007年来看，两国的出口数据就相差不多了，去年以来随着美元贬值、欧元升值，使得德国出口受挫。②

与此同时，中国经济尤其是进出口贸易的迅速增长，也给现有的世界经贸格局带来一定影响和冲击。并且由于国际恐怖主义的兴起以及国际核问题日益尖锐化，使得大量国际冲突越发具有宗教和民族因素与色彩，加之粮食短缺、全球变暖、美元贬值、石油价格持续高涨、世界遭遇经济发展困境，以及外部势力和大国涉入的地缘政治背景，使得影响国际政治和中国对外政策的因素更加多变和复杂。

英、法主张中国加入"八国集团"，认为在解决地球变暖等各种全球焦点问题时，如果中国等"发展中五国"不参加是不可能解决的；但日本政府却坚决反对中国加入，因为日本是八国集团中唯一的亚洲国家，唯恐中国加入会使日本的国际发言权减弱。中国国家主席胡锦涛于2008年7月8日与应邀出席八国集团同发展中国家领导人对话会议的印度、巴西总统、南非、墨西哥领导人在日本北海道首府札幌举行集体会晤。胡锦涛主席在讲话中谈到世界粮食安全问题时表示，粮食价格上涨已成为世界经济中的突出问题；发展中国家是全球粮价上涨的最大受害者；近来国际上出现所谓"发展中大国责任论"，把当前全球粮价上涨归咎于发展中大国的发展，这是极其不负责任的；全球粮价上涨原因是多方面的，也是复杂的，国际社会只有加强合作，采取综合措施，才能维护世界粮食安全。五国

① 王文：《潘基文促中国关注全球问题》，《环球时报》2008年7月2日第2版。
② 胡红伟：《世界贸易组织预测：中国有望成全球第一大出口国》，2008年7月17日中国网。

领导人会晤后发表的政治声明指出，人类正处于关键的历史性十字路口。全球化和创新提高人类生活水平的潜力前所未有。与此同时，全球和平与安全、可持续发展面临的风险和挑战也前所未有。当前全球经济放缓，这主要体现在金融领域存在不确定性，贸易保护主义危害持续存在，粮食价格快速上涨，能源市场不可持续，气候变化更是带来新的威胁。上述因素相互作用，为当前国际形势增加了复杂性。五国领导人表示，各国相互依存程度上升，需要采取综合和协调的方式共同应对上述全球性挑战。必须确保各国及全球发展繁荣的可持续性。为实现这一基本目标，必须通过协调合作实现兼顾环境的公平增长，以国际合作的方式承担共有责任。①

实行改革开放 30 年来，特别是进入新世纪以来，中国的面貌发生了历史性的变化。中国实现了从计划经济体制到充满活力的社会主义市场经济体制、从封闭半封闭到全方位开放的转折。中国经济快速发展，国内生产总值跃居世界第四。人民生活水平不断提高，人均收入增长近 6 倍，绝对贫困人口减少 2 亿多。自由平等、公平正义理念深入人心。民主法制建设卓有成效，全国共制定现行有效法律 229 件，各项法规近 700 件。社会文化、生活方式日益丰富，人民的基本追求从求生存、求温饱转化为求发展、求富裕。中国与世界的联系更加密切，与世界的关系发生了历史性变化。中国经济已成为世界经济的重要组成部分，1978 年到 2007 年，中国进出口总额占全球比重由不足 1% 上升到约 8%，年均进口增速达 16.7%。中国已成为世界第三大、亚洲第一大进口市场，2001 年以来为相关国家和地区创造了约 1000 多万个就业机会。当前，中国经济对世界经济增长的贡献率超过 10%，对国际贸易增长的贡献率超过 12%。同时，虽然中国经济存在着不稳定、不平衡、不协调、不可持续的结构问题，② 但国民经济持续保持着稳定快速的发展趋势，社会稳定、民族和睦，国际威望日益提高，表现出比较强势的发展势头和巨大活力。自上个世纪末到 2006 年底止，中国高等教育实现了较快较好的发展，已经进入大众化发展阶段，举办着世界上最大规模的教育，并成为世界人力资源大国。但教育的发展还远不能满足公众与社会对优质教育的需求。这一基本矛盾决定了仍然要继续坚持改革开放政策，用发展和创新的思想原则导向教育对外交流与合作的政策机制，以实现国内教育事业又好又快地持续发展。

进入本世纪以来，虽然国际环境仍然充满冲突与危机，但总的趋势是向着有利于中国和平发展的局面平稳推进。在今后一个时期内，中国根据"大国是关键、周边是首要、发展中国家是基础、多边是重要舞台"的外交总体布局，③ 将继续坚持奉行和谐世界和正义务实的方针，高举和平、发展、合作旗帜，坚持奉行独立自主的和平外交政策，实行互利共赢的对外开放战略，并使其在捍卫国家利益、促进国际合作与维护世界和平方面发挥重要作用。中国已经成为国际体系的重要成员，截至 2007 年底已经同 170 个国家建立了外交关系，参加了 100 多个政府间国际组织，签署了 300 多项国际公约。

---

① 张朔：《中印等发展中五国领导人集体会晤发表政治声明》，2008 年 7 月 8 中国新闻网。
② 《温家宝总理答中外记者问》，《人民日报》2007 年 3 月 17 日第 2 版。
③ 贾春旺：《在第二次全国检察外事工作会议上的讲话》，《检察日报》2006 年 8 月 3 日。

中美关系保持总体稳定和发展的势头，两国元首两次成功会晤，达成一系列重要共识，为中美关系注入新的动力；中俄战略协作伙伴关系在高水平上健康稳定发展；中欧关系总体良好，各领域合作继续拓宽深化；中日关系在2006年"破冰"的基础上进一步改善。针对台湾当局推行"法理台独"及"入联公投"、图谋以"台湾"名义加入联合国和世界卫生组织等行为广泛做国际社会工作，赢得绝大多数国家和国际组织的支持。相关方面大力协助和支持香港、澳门特区开展对外交往，并协调各方妥善处理澳门汇业银行问题，维护了澳门特区的金融和社会稳定。[①] 中国积极参与国际和地区事务，认真履行相应的国际责任。近年来，中国在反恐、防扩散以及朝鲜半岛核、伊朗核等问题上发挥着重要作用。迄今，中国共参与22项联合国维和行动，累计派出维和人员上万人次，现正执行维和任务的有近2000人，是联合国5个常任理事国中派出维和人员最多的国家。

据中共中央对外联络部王家瑞部长介绍，改革开放30年以后，中国共产党的对外工作也是与时俱进，不断发展，开创了中国特色的政党外交的新局面，为推进国家建设、服务国家总体外交做出了积极的贡献。到20世纪80年代末，中国共产党逐步与一些原来有各种分歧的共产党实现了关系正常化，与亚非拉地区发展中国家的民族民主政党开始往来，与西欧国家的社会党建立了联系；先后与110多个国家的270多个政党建立了各种形式的交往。到2002年前后，中国共产党与朝鲜、越南、老挝、古巴等社会主义国家执政党的关系更加巩固，与亚非拉地区广大发展中国家政党交往的形式和内涵更加充实和丰富，与欧洲发达国家主流政党的联系更加广泛和深入，与未建交国政党的往来更加频繁，与社会党国际等政党国际和地区组织的多边交往也更加活跃；当时已同140多个国家和地区的400多个政党与政治组织建立和保持着不同形式的联系及交往，一个全方位的政党外交格局初步形成。中国共产党逐步实现了与日、俄、印、澳等一些大国大党交往的机制化，拓展了与政党国际组织的联系和交往；截至2008年，中国共产党已与世界上166多个国家和地区的528多个政党与政治组织保持着不同形式的友好交往及联系，基本形成了全方位、多渠道、宽领域、深层次的对外交往新格局。中国共产党的对外工作已经成为展示中国共产党国际形象的重要平台和国际社会了解中国及中国共产党的重要窗口。[②]

当代国际关系发展进程表明，试图阻碍中国的发展、诋毁其政策和发展目标，只能带来适得其反的后果。如果没有中国的合作，一些重大国际问题难以解决。中国已经成为重大国际问题的合作者与参与者，与国际社会共同解决问题，而试图将气候变化的责任推给中国、印度等其他快速实现工业化的发展中国家，既不公平，也行不通。同样，试图将粮食、石油和商品价格上涨的责任转嫁给中国等其他国家，也将得到适得其反的效果。国际社会逐步认识到，中国是一个积极主动、富有建设性的合作者，试图左右中国的意图是不

---

① 葛翀文：《2008年外交白皮书披露中国建交国已达170个》，2008年1月12日人民网。
② 王家瑞：《改革开放开拓了具有中国特色的政党外交》，2008年第10期《求是》；谭晶晶：《开拓中国特色政党外交新局面——改革开放30年党的对外工作成绩斐然》，《经济日报》2009年1月9日。

现实和徒劳的。面对当今世界的复杂问题，需要各国人民用更紧密的合作去认真对待，需要超越只谋求自身发展的狭隘的民族利益，需要建立起一个强化国际合作的体制，并充分发挥联合国等国际机构的作用。在这一方面，中国已经做好了准备，并正在扮演建设者的角色、一个负责任大国的角色。同时，国际主流社会也能够认真关注和正确对待中国为国家安全和国内安定所做的一切努力，并对中国政府在处理属于内政事务的西藏和台湾问题上正确态度给予充分的理解和支持。

"皮尤世界民情项目" 2008 年 6 月公布的对 27 个国家 2.4 万人的民调结果表明："大多数人认为，美国对他们的经济具有很大影响力，而且这种影响被广泛认为是负面的。"该项目一年前公布的一项类似调查结果显示，"人们广泛认为，美国的政策加大了富国与穷国间的差距"。而中国却在采取行动，与邻居建立互信，发展关系，与各国的贸易迅速发展。一度势不两立的印度和中国现在就各个议题进行磋商。皮尤世界民情项目的民调表明，在这些国家，大多数人对中国的看法比对美国的看法要好得多（日本是一大例外）。

针对中国与亚洲国家的关系，一些西方学者认为，随着中印日三国日益走强，亚洲正在崛起；中印日的三角关系不仅决定着亚洲的命运，对世界的未来也有影响。该学者甚至提出了一个从未有过的观点：以经济为基础继而转向外交和战略层面，亚洲正在成为一个整体，并且让世界权力中心不可逆转地移向亚洲。另有学者更大胆地预测，由于中印在经济上的奇迹般进步，政治话语权也与日俱增；如果中印日三国真正实现全方位合作，那么他们将不是震撼世界，而是统治世界。因此有关专家认为，更紧密的经贸关系并不能确保三国长久地相安无事，只有从战略的高度审时度势，才能拆除政治的樊篱，从根本上消灭或者降低冲突的可能性。[①]

近年来，中日关系曾经经受了一段严峻的政治考验。在中日双方共同努力下，两国关系已成功走出僵局，站到了新的历史起点。两国领导人相继通过"破冰"、"融冰"、"迎春"和"暖春"之旅，确立了全面推进战略互惠关系的共同目标，彼此政治互信显著增强，务实交流与合作持续深化，使两国关系重现生机。[②]

二、中俄关系持续稳定，俄罗斯开始逐步走出苏联解体的困境

苏联解体后，中俄关系从相互比较冷漠到"互为友好国家"，再到"新型的建设性伙伴关系"，最后确立"面向 21 世纪战略协作伙伴关系"，几乎每两年上一个新台阶。普京担任俄罗斯总统后，中俄两国领导人把发展双边关系作为既定政策；并相互推动了新的历史时期内两国在政治、经贸、科技、文化等领域的合作全面发展，使两国的战略协作伙伴

---

①　莫里斯·斯特朗：《走近中国了解中国》，《人民日报》2008 年 7 月 4 日第 3 版；《日本担心发言权减弱反对中国加入八国集团》，2008—07—0210：43：41 中新网；谭晶晶、徐松：《中方反对有关国家领导人以任何方式会见达赖》，《光明日报》2008 年 7 月 2 日；《杨洁篪在美发表演讲阐述新世纪的中美关系》，2008 年 7 月 30 日中国新闻网；任彦、萨苏、雷达、纪双城：《亚洲上演中印日三国演义》，《环球时报》2008 年 7 月 21 日第 7 版；美国外交学会网站 7 月 20 日刊登执行主编迈克尔·莫兰文章：《失去冷和平——中俄模式胜过"美国梦"》，2008 年 7 月 26 日新华网。

②　《中国驻日大使崔天凯：中日关系已成功走出僵局》，2008 年 9 月 16 日中国日报网站。

关系不断充实和深化。①

1996 年 4 月 26 日，中国、俄罗斯、哈萨克斯坦、吉尔吉斯斯坦、塔吉克斯坦五国元首在上海举行首次会晤，并宣布正式建立"上海五国"会晤机制。2001 年 6 月 14 日至 15 日，"上海五国"元首在上海举行第六次会晤，乌兹别克斯坦以完全平等的身份加入"上海五国"。其后 6 国元首举行首次会晤并签署《上海合作组织成立宣言》，宣布上海合作组织正式成立，并签署了《打击恐怖主义、分裂主义和极端主义上海公约》。同年 9 月，宣布正式建立上海合作组织框架内的总理定期会晤机制。2002 年 6 月，上海合作组织成员国元首在圣彼得堡举行第二次会晤，签署《上海合作组织宪章》，对上海合作组织宗旨原则、组织结构、运作形式、合作方向及对外交往等原则作了明确阐述，标志着该组织从国际法意义上得以真正建立。上海合作组织是第一个在中国境内宣布成立、第一个以中国城市命名的国际组织。其成员国总面积 3018.93 万平方公里，约占欧亚大陆面积的五分之三；人口 14.55 亿，约占世界人口的四分之一。工作语言为汉语和俄语。根据《上海合作组织宪章》和《上海合作组织成立宣言》，上海合作组织的主要宗旨是：加强各成员国之间的相互信任与睦邻友好；鼓励成员国在政治、经贸、科技、文化、教育、能源、交通、旅游、环保及其他领域的有效合作；共同致力于维护和保障地区的和平、安全与稳定；推动建立民主、公正、合理的国际政治经济新秩序。上海合作组织对内遵循"互信、互利、平等、协商、尊重多样文明、谋求共同发展"的"上海精神"，对外奉行不结盟、不针对其他国家和地区及开放原则。从 2004 年开始，上海合作组织启动了观察员机制，蒙古以及巴基斯坦、伊朗和印度先后获得观察员地位。中国政府一贯支持"上合组织"的各项安全合作，密切配合，大力推动并全面参与了"上合组织"框架内的各项执法安全合作，积极促进地区反恐怖机构团结、高效、务实地发展；弘扬"上海精神"，坚持协商一致原则，全面深化和拓展安全领域的务实合作，认真落实在执法安全领域合作达成的共识，不断完善执法安全合作机制，致力于将本地区建设成为持久和平、共同繁荣的和谐地区。②

普京总统就职后，面临着最困难的历史时期和严峻的内外形势。事过多年之后，原苏联著名持不同政见者亚历山大·伊萨耶维奇·索尔仁尼琴在谈及苏联解体后的历程时表示，对于美国企图作为世界第一强国担当新的独霸角色的忧虑在世界上到处都在增加。而美国的这一做法也是要牺牲俄国利益的。戈尔巴乔夫（苏联最后一任领导人）的领导作风表现出令人吃惊的政治幼稚、缺乏经验和缺乏对自己国家的责任感。这不是在行使权力，而是愚蠢地放弃权力。西方对他赞赏，而他感到这是对他的行为方式的认可。叶利钦（俄罗斯首任总统）对俄国人民不负责任的程度丝毫不亚于戈尔巴乔夫，而且扩大到其他领域。他努力使国有财产尽可能快地转入私人之手，他听任俄国的财富毫无阻拦地受人掠夺。为了得到地方诸侯的支持，他直截了当地要求实行分离主义，促使通过了使俄罗斯国

---

① 黄安余：《新中国外交史》第 60—67 页，人民出版社 2005 年 3 月第 1 版。
② 陈志新：《深化安全合作维护地区稳定》，《人民日报》2008 年 7 月 4 日第 3 版；《上海合作组织成立发展简介》，引自 2006 年 06 月 17 日新华网。

家四分五裂的决议。这就剥夺了俄国的当之无愧的历史作用和它在国际座席中的地位。西方国家则报之以大声喝彩。而普京（俄罗斯第2—3任总统）接手的是一个遭到抢劫并且完全失去平衡的国家，就其大部分居民来说已丧失勇气并陷于贫困。①

戈尔巴乔夫也开始指责美国对俄国有日益升级的帝国主义野心，这可能让世界卷入新一轮的冷战。在他看来：白宫所宣称对从前的超级大国竞争对手心怀和平意愿的话，已不再让人信服了；而眼睁睁的事实是美国正在扩军，意在制约正在复兴的俄罗斯；冷战以后，我们有十年时间来建立一个新的世界秩序，但我们白白地让光阴流逝了；美国不能容忍任何人自主行事，每个美国总统都要发动一次战争；我们看到美国通过了一个庞大的军事预算，其国防部长许诺要加强常规军力以应对与中俄可能爆发的战争。有时，我有一种感觉，美国将对整个世界发动战争。美国人曾许诺冷战后北约将不会越过德国以东，但今天中、东欧地区已有一半成为其成员。他们的许诺能让人相信吗？②

在结束两个总统任期的前一年，即2007年10月，俄罗斯总统普京在第43届慕尼黑安全政策会议和里斯本欧盟高峰会议上，公开向美国的对外政策叫板，措辞严厉地抨击美国单边主义、滥用武力、在东欧部署反导系统以及北约东扩，被认为是俄罗斯在国际舞台重新找回自信的重要标志。普京总统说，单极世界的观点不仅对其他国家、而且对"霸主本身"都是"有害的"。单极模式不仅"不能被接受，而且在当今世界也是不可能的。"普京总统甚至咄咄逼人地说，美国将在东欧部署导弹防御系统的计划，可以与当年的古巴导弹危机相比。赫鲁晓夫当政时期，苏联曾秘密在古巴设立携带核弹头的导弹阵地，一时加勒比海战云翻滚，几乎导致两个超级大国爆发核对抗的战争。而今双方角色互换，借着北约东扩的步伐，美国要在捷克和波兰部署导弹防御系统，不能不说是对俄罗斯的战略挤压和战争威胁。正如美国《纽约时报》指出，剥夺或减煞对方的攻击能力，当然也就等同保持和提升自己的攻击能力。于是，导弹防御系统便打破了冷战时期脆弱的、不可靠的、但毕竟被艰难维持下来的战略稳定，"确保相互摧毁"的核威慑概念发生动摇。因此，普京总统的愤慨与激烈反应完全在预料之中。

其实，俄罗斯在2007年里对单边主义的叫板，也早已不是外交辞令，而是脚踏实地的发愤图强了：4月15日，建造了十余年之久的新型核潜艇"北风之神"下水。其排水量为1.7万吨，可配备12枚新型"布拉瓦"洲际弹道导弹，每枚导弹可携带10个分导式核弹头，能监控8000公里远的美国120个战略目标。5月29日，俄战略火箭军成功实施了车载RS－24多弹头洲际弹道导弹的首次试射。这是一种能穿透任何导弹防御系统的战略打击兵器，将与代号"白杨－M"的单弹头洲际弹道导弹一道，成为21世纪中期之前保障俄罗斯及其盟国安全的主要杀手锏。7月14日，普京签署命令，终止执行《欧洲常规武器条约》。8月17日，俄罗斯恢复了中断15年之久的远程战略轰炸机在国际空域的例行战斗值班飞行。9月11日，俄罗斯故意选择"9·11"这个对美国非常敏感的日子，试

---

① 《索尔仁尼琴谈普京》，摘自2008—01—14Apollodoros—广安。

② 玛丽·里德尔、凌云编译：《戈尔巴乔夫的慨叹——英国记者访谈戈尔巴乔夫》，《中华读书报》2008年6月24日。

验了威力等同于核弹的"温压弹",并且与美国已有的"炸弹之母"针锋相对地命名为"炸弹之父",其威力是"炸弹之母"的 4 倍以上。12 月 4 日,俄罗斯国防部宣布,一种性能卓越的新型坦克将于 2009 年装备部队,其运行装置、驱动装置、火控系统、武器、目标识别和侦察系统都别开生面,特别是该型坦克的炮射导弹可远距离击穿 1200 毫米厚装甲,命中率保证 80% 以上。据称,西方欲赶超之至少需要 10 年时间。此后仅过一天,12 月 5 日,俄国防部又宣布,俄海军于当天恢复例行远洋航行。北方舰队、黑海舰队和波罗的海舰队出动 11 艘战舰,包括硕果仅存的航母"库兹涅佐夫"号、驱逐舰和护卫舰,47 架战机,恢复例行远洋航行,实现冷战结束以来第一次进入地中海长期部署。以上种种动作表明,俄罗斯已经走出了冷战戛然而止时的天真幻想,主流民意拒绝成为美国的附庸。

普京总统作为理解历史、顺应潮流的代表人物,恰逢其时地肩负起了复兴俄罗斯大国地位的重任;他甚至不隐讳自己对苏联时代的热爱,并曾针对苏联解体公开并明确地发表过非常著名的评论:苏联解体是 20 世纪最大的地缘政治灾难,是俄罗斯民族的悲剧。苏联解体前的部长会议主席雷日科夫先生也认为,苏联的兴亡是 20 世纪人类历史上影响至巨的大事件,它直接改变了世界地缘政治和国际关系的大格局。①

根据俄罗斯新任总统梅德韦杰夫 2008 年 7 月 15 日批准的"俄罗斯对外政策构想",俄将加强与中国各领域的战略协作伙伴关系。根据新的俄罗斯对外政策构想,俄罗斯对亚洲外交政策最重要的方面,是发展与中国和印度的友好关系;在对国际关键问题的原则性态度相吻合的基础上,加强俄中各领域的战略协作伙伴关系,并将其作为地区乃至全球稳定的一个基本组成部分。俄罗斯希望建立俄中印三国有效的对外政治和经济协作,并认为进一步加强"上海合做作组织"具有特殊意义。②

中俄两国外长于 2008 年 7 月 21 日在北京签署了《中俄关于国界线东段的补充叙述议定书》及其附图,标志着中俄长达 4300 公里的边界全线勘定。中国和原苏联从上世纪六十年代开始举行边界谈判,40 年中已经解决了 98% 的边界线。双方第四边界次谈判开始于 2001 年 7 月的《中俄睦邻友好合作条约》,一直持续到 2004 年 10 月 14 日,普京总统访华期间,中俄双方最终签署了《中俄国界东段补充协定》,标志着中俄之间长达 4300 公里边界线的走向全部确定。这意味着中国从俄罗斯实际控制的有争议的地区取回约 174 平方公里的领土。国际关系的经验表明,领土一旦失去,再想要回来比登天还难。为此,人类历史上曾爆发了无数次的战争。在旧中国,中国都是丢失领土,从来没有依法要回来一小块领土,这是第一次。因此对中国来说具有划时代意义。中俄边界谈判历经 40 多年,取得这一成功实属不易。这是一个在政治上互利共赢的结果。这一问题的解决,必将进一步使中俄边界成为一条和平、稳定、友好的边界线,成为一条加强两国人民友谊与合作的

---

① 新华网专稿:《普京叫板单边主义》2008 年 2 月 9 日新华网;《俄罗斯,回归苏联时代?》,《参考消息》2008 年 5 月 21 日第 9 版;阎明复:《揭示大国悲剧的真相》,《中国青年报》2008 年 7 月 13 日。

② 卢敬利:《梅德韦杰夫批准俄罗斯对外政策构想,加强俄中各领域战略协作伙伴关系》,2008 年 7 月 17 日《人民日报》第 3 版。

纽带。中俄双方都高度评价近年来中俄战略协作伙伴关系的快速发展和取得的成果，一致认为胡锦涛主席和梅德韦杰夫总统 2008 年 5 月的北京会晤，标志着中俄战略协作伙伴关系顺利实现平稳过渡，进入新的发展阶段。中俄双方的政治互信、务实合作和战略协作关系，达到了空前的高水平，中俄和平友好的思想深入人心。双方商定要坚定不移增进政治互信，加强战略协作，共同推动经贸、能源、科技、人文、地方等领域合作取得新的突破，全面提升中俄战略协作伙伴关系的水平。双方强调在对方核心利益问题上相互支持，这是中俄战略协作伙伴关系的突出特点和核心内容。中国外长杨洁篪表示，我们是真诚互信的政治合作伙伴，互利共赢的经济合作伙伴，共同创新的科技合作伙伴，和谐友好的人文合作伙伴，团结互助的安全合作伙伴。俄罗斯外长拉夫罗夫表示，在解决边界线问题上，双方从发展合作的长远利益出发，从睦邻友好、和平稳定、世代友好的角度出发，在平等互利、相互尊重的基础上努力寻找解决问题的办法，使得俄中边境线永远成为稳定、开放、睦邻、友好与合作的纽带。①

三、中美关系在曲折中稳步发展，美国推行单边主义路线受到挑战

1989 年政治风波后美国实行对华制裁导致两国关系恶化。其后的东欧剧变和苏联解体使美国误判中国也会跟着垮台，进而采取了"以压促变"的对华政策。通过中美领导人之间的四次接触，克林顿政府逐步调整对华政策，对中国实行建设性的接触政策。1996 年前后，美国两党主流派认为，中国的发展壮大是不可阻挡的，孤立和遏制中国是办不到的，为了自身的战略利益和经济利益，必须同中国接触。在此背景下，克林顿政府选择同中国进行战略对话，并与中国建立了面向 21 世纪的"建设性战略伙伴关系"框架。布什总统就职后，中美关系再度出现波折，片面放弃上述关系，改称中国为"战略竞争对手"。为了防止正在崛起的中国对美国构成挑战和威胁，美国从全球、地区和双边等多个层次向中国施压：在全球范围加强并协调西方国家内部对华政策的一致性，联合日本等国家制约中国，防止中俄联手抗美；在地区范围加强以美日联盟为基础的亚太军事安全体系，提升日本的战略地位，利用印度制约中国，强化并延伸在东南亚国家的美国军事存在；在双边关系上提升台湾在美国战略中的地位。针对以上，中国政府从大局出发，努力维护中美关系的稳定与发展。②

从现任美国国务卿赖斯 8 年以来对华态度的变化，可以看出布什政府对华战略的调整轨迹。美国目前的对华外交团队以曾为东欧和苏联问题专家的赖斯为首。她既是一名重要的"设计师"，也是重要的执行者。赖斯的对华立场强硬，曾积极主张遏制中国的崛起。2000 年，她在美国《外交事务》上撰文称，中国是一个正在崛起的强国，将不可避免地挑战美国的利益。因此，"中国是美国的战略竞争者，而非战略伙伴"。2005 年 2 月，她

---

① 《中俄边界谈判历时 40 年》，《生活报》2005 年 6 月 9 日；孙宇挺：《中俄外长签署协议 4300 公里边界全线勘定》，2008 年 7 月 21 日中国网。

② 黄安余：《新中国外交史》第 95—103 页，人民出版社 2005 年 3 月第 1 版。

会见日本高官，筹划建立防范中国的联盟。2006 年 3 月，她与澳大利亚和日本官员会面，商讨如何约束"中国不断扩大影响的举动"。但出任国务卿后，赖斯的对华立场逐渐变得务实。她说中国正越来越成为美国的伙伴，中美之间的建设性合作关系必须得到加强。她还曾出面解释布什的中国政策："中国目前不是美国的威胁，而是美国外交政策中的一个挑战。"这一对华政策定位与"战略竞争者"的调子已有很大不同。在朝鲜半岛核问题上，赖斯意识到，美国必须拉住中国，劝说朝鲜重新回到谈判桌上来。当朝鲜宣布成功进行核试验、联合国通过制裁朝鲜的决议后，赖斯对那些不利于中国的说法，如"北京不致力于执行联合国决议"等，毫不留情地予以批评。专家分析认为，赖斯的类似言论，与美国视中国为"利益攸关方"的最新策略颇为吻合。①

美国推行单边主义路线虽然拥有强大的硬实力支持，但是最终还是沦为千夫所指。近年来，美国一些媒体广泛报道和议论发展中国家大面积兴起和美国的困境，同时几乎普遍承认，"美国病了"，美国唯一超级大国地位已相对衰落，"单边主义"已是明日黄花。美国同时也是世界上软实力最为强大的国家。美国流行文化渗透到世界各个角落、各个领域，星巴克咖啡店此前甚至曾开进中国故宫，这多少是可以作为佐证的。然而，与此形成鲜明对照的是，世界性的反美浪潮此起彼伏。它不仅出现在伊斯兰世界，也出现在欧洲以及一切美国软实力发生作用的地方。美国外交学会网站执行主编迈克尔·莫兰于 2008 年夏季撰文指出：在二战后的半个世纪，美国梦曾经是全世界的梦，但这样的时光一去不复返了，美国的理念已经不能对他人不战而胜。越来越多的国家反对美国。与此同时，在亚太地区，大多数人对中国的看法比对美国的看法要好得多，中国和俄罗斯模式正日益受到欢迎。该网站于 7 月 20 日以《失去冷和平》为题播发了莫兰的文章：在俄罗斯和中国，经济增长，社会相对安定，与此同时，当权党派的执政地位安全，难怪一些国家的领导人会向北和向东看。具有讽刺意味的是，恰恰在美国的军事力量似乎达到巅峰之际，有越来越多的国家投票反对美国。②

作为总体上的判断，学者们一般认为中美关系是向着正常方向发展的。中国是世界上最大的发展中国家，美国是世界上最大的发达国家。但由于两国在文化、思维、传统和交流方式等方面都有很大区别，所以在各个领域存在着诸多差异，并由此带来矛盾和冲突。因此对两个大国来说，持续保持多领域、多部门的对话机制以更好地理解对方是十分重要的。中美关系不仅对两国来说十分重要，而且对整个世界也很重要；对维护全球经济稳定、安全和繁荣更是至关重要。2006 年 11 月 16 日，国务委员陈至立在北京会见了美国教育部长斯佩林斯先生时表示，教育领域的交流与合作是中美关系的一个重要组成部分，双方开展了一系列富有成效的合作；希望中美双方能在教育高层磋商机制、语言教学、高层次人才联合培养和联合科研以及基础教育领域进一步加强合作。③

2008 年是布什总统连续执政 8 年的最后一年。其间美国对华政策的某些方面出现实质

---

① 柯布尔：《赖斯对华立场的变与不变》，《环球人物》2006 年 12 月 11 日。

② 迈克尔·莫兰文章：《失去冷和平——中俄模式胜过"美国梦"》，中国网 2008 年 7 月 26 日新华网。

③ 谭晶晶、赵文：《陈至立：教育交流合作是中美关系重要组成部分》，2006 年 11 月 16 日新华网。

性变化，中美关系已经进入一个新时代，如果不出意外的话，这种转变应该是战略性和持久性的。

1. 美国显然已经意识到中国必定会成为一个超级大国，已经没有任何一种外部力量能阻止这种趋势。而在 2000 年前后，对于中国未来向何处去的问题，美国国内争论的相当激烈，其中"中国崩溃论"和"中国崛起论"互不相让、各持一端。当时讨论的焦点是，如果中国崩溃，对美国的影响是什么？假如中国崛起，对美国的影响又会这样？美国能够对这一过程产生什么影响，如何才能减缓中国崛起的步伐？中国经济经过近 30 年的高速增长，政治上长期稳定，"中国崩溃论"在美国已经几乎没有了市场。2008 年 4 月 20 日，美国中央情报局局长迈克尔·海登在演说中指出，"问题不是中国能否成为一个超级大国，而是中国是否准备好承担一个超级大国的责任。"可见，当年的"中国能否成为一个超级大国"的议题已经变成"中国成为超级大国后会做什么"的课题。

2. 现在在美国最关心的问题是中国能否对现存国际秩序作出贡献。10 年以前，美国对华政策的主轴是"接触"政策，即通过接触把中国融入国际体系，当时美国最担心的是中国拒绝国际体系，另搞一套，挑战现存的国际秩序和国际体系。现在，正如前副国务卿佐利克所言，中国加入了大多数国际机制，中国已经是国际体系中的一员了。因此，目前美国关心的问题是中国能为现存国际体系作多大的贡献。

3. 2008 年 6 月 18 日，"第四次中美战略经济对话"在美国安纳波利斯闭幕。尽管中美之间仍有诸多矛盾，但是与中国和平竞争、合作已经成为美国的主流观点。在冷战后相当长一段时间里，现存大国与崛起大国的结构性矛盾是中美战略学界的热门话题，甚至"中美迟早会有一战"的论调也有一定的市场。今天，不仅与中国发生大规模战争的设想令人不可思议，即使是中美发生全面对立的前景也令人难以想象。从最近几期美国《外交》杂志刊发的对华政策文章可以看出，美国决策精英们关注的问题不是中美结构性冲突，或者中美冲突是否能避免，而是美国如何接纳一个崛起的中国，中美能在多大程度上相互合作解决全球性议题。

4. 美国承认中国对外战略的核心目标不是与美国竞争霸权地位。美国国防部《中国军力报告》指出，中国对外战略的主要意图有两个，一是着眼国内经济发展需要，开拓国际市场，维持对先进技术和资源的进口；二是维护在亚太地区和世界其他地方的影响力。这个判断是一个很大的变化。曾几何时，中国官员曾经苦口婆心地说服美国人，中国势力进入南美洲、非洲、中东等地区不是要排挤美国影响力，而是要发展本国经济。当时，大部分美国人都认为中国的这些举动背后有着深刻的战略意图，是与美国争夺国际影响力的重要手段。现在，美国的重要战略报告终于否定这一点了。

战略判断的变化是双向的。当美国对华战略判断趋于务实与温和的同时，中国对美国的战略判断也在发生相应变化。近几年里，中美双方对对方实力、意图与政策偏好的判断变化，不可避免地引起了中美关系性质的变化。中美双方都确信，对方不会采用军事手段解决双边关系中的分歧，国家的主权、领土完整是有保障的，双方可以在现有国际规则中竞争与磋商。这就是说，对于中美关系这对双边关系而言，安全正在从稀缺资源变成充足资源。因此，中美关系最大的变化就是从"安全主导型"向"复杂相互依赖型"转变。

在"复杂相互依赖型"双边关系中，没有一个因素能够主导中美关系的全局，经济、军事、政治关系都在各自的轨道上发展，都按各自的规模运行。经济谈判的失利并不意味着军事合作的延缓，军事关系的冷淡也不影响经济合作。

中美关系中的台湾问题和经贸摩擦问题仍然比较突出；美方继续利用人权、宗教、达赖、"东突"等问题干涉中国内政。虽然中美关系仍然充满着矛盾、斗争与合作，但是所有双边领域同时陷入冲突的可能性已经很小，因此作为全局和整体的中美关系暂时不大可能出现大起大落的局面。①

2008 年底到 2009 年初，是中美建交 30 周年。30 年来，中美关系走过了不平凡的道路，取得了长足发展，为两国带来了共同的利益，也促进了世界的和平与发展。进入新世纪以后，中美两国不断扩大共同利益和战略共识，持续推进对话交流与互利合作，两国关系进入新的发展阶段。

1. 中美高层接触和往来日趋频繁：胡锦涛主席和布什总统成功互访，达成中美不仅是利益攸关方、而且是建设性合作者的重要共识，为中美建设性合作关系发展指明了方向。7 年多来，两国元首举行了 18 次会晤，并通过电话、通信等方式保持经常性沟通，及时就双方共同关心的重大问题交换意见、协调立场。双方高层接触之多前所未有，增加了两国战略互信，推进了中美关系的改善和发展。

2. 中美经贸利益交融日益增加：两国已互为第二大贸易伙伴，中国成为美国第三大出口市场，并连续 6 年成为美国增长最快的海外出口市场。到 2008 年 5 月底，美国在华投资项目累计达 5.5 万多家，实际投资额超过 581 亿美元，近年来美在华投资回报率一直高于美在海外投资平均水平。双方还在能源资源、环境保护、宏观政策等领域加强对话、拓展合作。不久前，两国签署了《中美能源环境十年合作框架文件》，宣布启动双边投资保护协定谈判，并将在金融服务领域加强交流合作。

3. 中美在国际事务中的协调合作持续拓展：近年来，中美共同应对各种传统和非传统安全威胁已成常态，在反恐、防扩散以及朝鲜半岛核、伊朗核等诸多问题上开展着有效的沟通与协调。中美在国际事务中的协调合作成为两国关系发展新的支点，对促进地区和世界和平稳定也具有重要意义。

4. 中美对话沟通渠道进一步丰富：两国迄今已建立 6 大类 60 多个对话和磋商机制，涵盖政治、经济、军事、执法、科技、教育、能源、环保、航空等方方面面。双方还创造性地建立了战略经济对话和战略对话机制。在 4 次战略经济对话中，双方不仅就事关两国经济发展的长期性、全局性课题交换了意见，达成广泛共识，还取得了近 200 项具体成果。中美战略对话已成功举办 5 次，为两国在政治层面进行战略沟通提供了新的重要

---

① 牛新春：《中美关系 8 年战略判断变化》，2008 年 7 月 3 日出版的《瞭望》新闻周刊；香港《文汇报》文章：《媒体披露中国外交白皮书内容》，《参考消息》2008 年 7 月 19 日第 1 版；《美国唯一超级大国地位相对衰落俄罗斯开始变"牛"》，2008 年 7 月 22 日中国网。

平台。①

5. 30年前，中国和美国互派学生到对方国家留学，拉开了中美教育交流的序幕。30年后的今天，赴美中国留学生总数已超过40万。近年来在美国大学注册的中国大陆留学生一直保持在6万人以上，中国是美国第二大国际生源输出国。每年美国也有上万学生在中国留学。②

在美国的对华关系中，美国之音发挥了独特的作用。有文章介绍说，美国之音开播于炮火纷飞的1942年2月24日，最初以英语和德语进行广播，随后又开播了日语广播。从对纳粹占领区的广播，到整个冷战期间针对苏联的宣传，再到20世纪80年代对中国的"噪声不断"、"9·11"后的"反恐使命"以及其后把重心调整到中东、朝鲜、古巴，成立近70年的美国之音国际广播电台，一直是美国政府外交政策的"晴雨表"和"总体宣传"的重要工具。1946年，丘吉尔的"铁幕演说"拉开了冷战的序幕。美国之音也在1947年2月17日迅速开播了对苏联地区，并辐射整个东欧的俄语广播。美国之音在颠覆苏联和东欧政权的舆论斗争中发挥了重要的作用。东欧剧变后，美国之音加强了对中国大陆地区的广播。1990年，美国之音不同频段的单日普通话广播累计达到32.5小时，90年代中还开通了藏语广播。对于美国之音的宣传投入，美国前总统艾森豪威尔曾经直率地说，"在宣传上花一个美元，就等于在国防上花五个美元"。而在冷战结束后，美国许多公共外交部门都受到了裁减，唯独美国之音的生存空间没有发生根本的变化，甚至在某种意义上还有所加强。美国蒙默斯大学助理教授张巨岩研究并认为，在近几年的国际斗争中，美国人已成功摸索出了集媒体、外交、公关、广告、军事和人道主义援助等各种手段于一体的"总体宣传"（integrated propaganda）模式。美国之音就是公共外交的"总体宣传"重要工具。作为美国政府出资并且履行一定宣传使命的媒体，美国之音新闻时事类节目约占总体内容的60%，重点介绍的是对象国发生的危机和负面新闻，这也使得它所标榜的"真实客观"大打折扣。20世纪五六十年代时，历经在朝鲜的对抗，接着是围绕西藏、台湾的分离与反分离，美国之音广播重点虽以苏联为首，但新中国也是其重要的渗透对象。当时对华广播中的频道最多，而且普通话时间也最长。中文部初时以普通话和广州话播放1小时，后来扩大，并加入闽南话、潮州话等方言的播音，针对不同"需要"量身定做。美国之音在大陆的影响达到最高点，是对越自卫反击战爆发，当时一度出现半导体收音机脱销情况。美国之音受到来自其上层严格的政治指导，毫不犹豫地为美国辩护，美国之音的"客观公正"一定不能和美国利益发生冲突，对中国则是吹毛求疵地批评，包括讲假话和搅混水。从1989年的政治风波、最惠国待遇、银河号事件、人权斗争、李登辉访美、美国轰炸中国驻南联盟使馆、李文和事件、考克斯报告、南海撞机事件、美国对台军售……一系列不负责任

① 《杨洁篪在美发表演讲阐述新世纪的中美关系》，2008年7月30日中国新闻网。

② 余东晖：《中美教育交流热30年来中国逾40万学生留学美国》，2009年1月16日中国新闻网据美国《侨报》报道。

的报道与评论，使美国之音本已不多的公信力一落千丈。①

四、从欧盟"对华军售禁运政策"的演变看中国与欧盟关系的发展与现状

欧盟的前身是 1951 年的欧洲煤钢共同体。1957 年《罗马条约》创立了欧洲原子能共同体和欧洲经济共同体。1967 年，三大共同体合并成为欧洲共同体；直到 1993 年 1 月 1 日，旨在建立政治联盟和经济与货币联盟的《马斯特里赫特条约》生效，标志着欧盟正式成立。因此，追溯欧盟对华军售禁令的历史，应从上个世纪 50 年代算起。

1. 巴黎统筹委员会成立

第二次世界大战结束后，随着东西方阵营的形成，冷战开始。为了限制西方工业发达国家向社会主义国家出口战略物资和高新技术，美国于 1949 年 11 月组建了所谓"出口控制统筹委员会"，总部设在巴黎，又称"巴黎统筹委员会"，简称"巴统"，有 17 个成员国：美国、英国、法国、德国、意大利、丹麦、挪威、荷兰、比利时、卢森堡、葡萄牙、西班牙、加拿大、希腊、土耳其、日本和澳大利亚。被"巴统"列为禁运对象的有大约 30 个国家，其中包括一些民族主义国家。拟定禁运清单由各国执行是"巴统"禁运的主要手段。巴统的清单有三类，即国际原子能清单、国际军品清单和工业清单，所涉范围包括军事武器装备、尖端技术产品和稀有物资等上万种具有战略意义的货物和技术。根据"巴统"规定，成员国准备向受限制的国家出口受控货物和技术时，必须向"巴统"提出申请，并且只有在"巴统"所有成员国政府一致同意后，该出口国政府才能签发本国的出口许可证。

2. 欧盟国家在巴统框架下的对华武器禁运

欧盟自己并没有专门的对华武器禁运政策，其对华武器禁运一直是在"巴统"的框架内进行的，而且与美国的对华政策密切相关。1950 年 7 月，"巴统"的贸易管制范围扩大到中国。1972 年美国总统尼克松访华后，美国放宽了对华出口控制政策，"巴统"也改变了中国的出口许可地位，欧盟各国随之跟进。从 1981 年起，美国和其他西方国家开始向中国出口较为先进的技术。20 世纪 80 年代中期后，中国开始与法国等欧盟国家建立起军售关系。但是 1989 年下半年，"巴统"决定取消本已放宽的对华出口控制，欧盟国家也随之对华实施军事制裁，实行武器禁售。就在"巴统"和欧盟决定对中国武器禁运的时候，正值国际格局发生激烈变化时期。随着冷战的结束、科技的发展和国际政治格局的剧烈演变，"巴统"以东西方划界进行出口控制的制度已失去存在的必要。1990 年，"巴统"的禁运项目由成立初期的 400 个减少到 120 个，1991 年中又减少三分之二，被禁运的国家也越来越少，1994 年 3 月，"巴统"宣布解散。

3. 欧盟"对华武器禁运"政策的形成

---

① 《"敌台"揭密：美国之音"转战"65 年》，2007 年 3 月 5 日新华网。

1989 年北京政治风波之后，6 月 26 日—27 日，欧共体的决策机构部长理事会在马德里开会，会议宣布对中国采取包括中止高层接触、军事合作和文化交流等在内的 5 项措施，其中有关军事方面的措施是："共同体成员国中止与中国的军事合作并禁止与中国进行武器贸易"。该理事会宣言成为欧盟对华武器禁运的原始依据，使刚刚起步的中欧军售往来又告停止。但是，欧盟理事会的上述宣言并无严格意义上的法律约束力，它既没有指明武器禁售是否涵盖所有军事项目，包括武器平台、非致命项目或其部件，也没有说明执行禁售的措施、程序和清单，而是将这些问题的解释权留给了各成员国，而各国对理事会宣言的解释也是不同的。有的国家禁止对华出售任何军事项目——全面禁售，有的国家则是有选择地禁售——非全面禁售。例如英国的解释是：不禁止非致命性军事项目；如航空电子和雷达等，将禁售范围仅限于"致命性武器，包括机枪、大口径武器、炸弹、鱼雷、火箭和导弹，以及专门用于上述武器的部件，弹药、军用飞机、直升机，战舰，装甲战车以及其他武器平台、任何易被用于国内镇压的设备"。就在欧盟宣布对华禁售后不久，马克罗尼公司获准向中国出售了价值 3000 万英镑的用于中国战机的"平视显示器"和雷达设备，理由是这些属于电子设备而非武器；法国和意大利也继续对华军事出口，其中甚至包括某些"致命性武器"。

4. 欧盟内部解除对华军售禁令的呼声越来越高

2003 年 6 月以来，一些欧盟国家陆续表示希望解除已经实行了十几年的对华军售禁令，因为维持对华军售禁令有损欧盟自己的利益。一是欧盟的政治利益可能受损。欧盟在其对华政策文件中称："欧盟和中国越来越有兴趣作为战略伙伴联手维护和促进持续发展、和平与稳定。"显然，欧盟已认识到了自己要实现其在《欧洲安全战略》报告中所提出的"最终成为一个全球角色"，也就是说要作为独立一极在世界上发挥作用这个战略目标，必须与中国建立"全面战略伙伴关系"。进入本世纪以后，欧盟与中国关系不断发展。2003 年 9 月，欧盟发表了第五份对华政策文件，决定把欧盟与中国的关系从"全面伙伴关系"提升为"全面战略伙伴关系"。中国成了欧盟的"全面战略伙伴"，欧盟却保留对华军售禁令，有违常理。中国认为，欧盟对华军售禁令与当前中欧关系良好的发展大局极不相称，希望欧盟着眼于中欧关系的大局和长远利益，尽早解禁。二是欧盟的经济利益必然受损。2003 年的头 3 个季度，中国对欧盟的出口额达 500.84 亿美元，顺差达 111.07 亿美元，超过日本成为欧盟最大的贸易逆差国。军售也是一种贸易形式，现在却成了中欧贸易的障碍。欧洲人自己也非常清楚，西方国家的对华军售禁令实际上已名存实亡：日本在中国设立了巨大的高技术芯片工厂；俄罗斯在对华军售中获得丰厚利润，2003 年的俄军品出口达 54 亿美元，其中中印两国所购占 70%；1979 年以来，以色列对华军售总额已达数十亿美元。如欧盟不尽早取消对华军售禁令，其经济损失显然会越来越大。正因为如此，欧盟内部关于解除对华军售禁令的呼声也越来越高。

5. 解除对华军售禁令的阻力

近年来，中国要求欧盟取消不平等的对华军售禁令。2003 年 10 月 13 日，中国在其《中国对欧盟政策文件》中明确要求"欧盟应早日解除对华军售禁令，为拓宽中欧军工军技合作扫清障碍"。2003 年 10 月 30 日，在第六次中国—欧盟领导人会晤期间，胡锦涛主席和温家宝总理分别向欧盟"三驾马车"提出了解除对华军售禁令的要求。另外，中国还利用其他途径敦促欧盟尽早取消对华军售禁令。

中国的解禁要求得到了法国前总统希拉克、德国前总理施罗德等欧洲大国首脑的积极响应和推动。施罗德在 2003 年年底访华时对温家宝总理说，欧盟应该考虑解除对华军售禁令。2003 年 12 月，主持欧盟峰会的意大利总理贝卢斯科尼在会议第一天的新闻发布会上说，在法国总统的提议下，欧盟领导人已经要求外长理事会审核解除对华军售禁令的问题。2003 年 1 月 26 日，在法国等国的推动下，欧盟外长会议正式讨论了解除对华军售禁令的问题。但是由于一些北欧国家的反对，这次外长会议没有对解禁问题作出任何决定，只是将重新审议该问题的权力下放给欧盟常驻代表委员会及安全与政治委员会的专家们进行讨论。这是因为欧盟在解除对华军售禁令上遇到了较大阻力。

阻力之一：美国反对欧盟解除对华军售禁令。美国虽然声称高度重视中美关系，但行为上却常常相反。从近期看，美国要防止中国从欧盟国家获得相关武器及技术用于解决台湾问题，所以美国对欧盟是否取消对华军售禁令相当关注。据媒体披露，自从中国要求欧盟取消对华军售禁令之后，华盛顿利用各种场合和渠道做欧盟国家的工作并打预防针。美国前国务卿鲍威尔分别给欧盟有关国家的外长或外交大臣打电话，要求他们"务必与美国保持一致"。2003 年 12 月，美国国务院发言人听说德国正在考虑撤销对华军售禁令时，便公开宣称"美国尚未考虑解除对华军售禁令问题"，意即你德国也别考虑。胡锦涛主席 2004 年 1 月末访法期间，美国再次声明"不能解除对华军售禁令"，"防止给中国造成错误理解"。美国国会发表的《中国外购传统武器的背景及分析》研究报告中称："中国通过外购武器加强其远程攻击能力的举措，使美国军队也感到了前所未有的压力。"2004 年 1 月 28 日，美国国务院发言人鲍彻明确表示：美国不同意欧盟解除对华武器禁运；希望欧盟和美国继续维持对华武器禁运，因为欧美对华武器禁运"互为补充"，是由于共同的原因而开始执行的，而这些原因"今天仍然有效"。面对美国的反对，欧盟国家必然要仔细权衡。

阻力之二：欧盟成员国内部存有分歧。总的情况是，法德等欧盟大国从战略高度和本国经济利益出发，积极主张取消欧盟对华军售禁令。法国认为，对华军售禁令是"时代错误"，希望在 2004 年 3 月举行的欧盟首脑会议上作出解禁决定。法国称，该禁令作为当年欧盟理事会一份主席国结论的内容，"没有任何法律效力"，可以"通过理事会另一相反的决议而废除"。一旦废除，欧盟各国将根据 1998 年欧盟对成员国武器出售的"行为规范"行事。一些欧盟中小国家则不同意欧盟解禁，其主要原因是：对中国仍有较大偏见，认为中国仍存在比较严重的人权问题；担心中国会利用从欧盟国家进口的武器攻打台湾；迫于美国的压力；本国没有可以出口中国的军品，解除对华军售禁令于己无利；政府有心解禁，但议会施压。2003 年 12 月，欧洲议会以"中国人权状况依然不能令人满意"、"不足以使欧盟取消对华军售禁令"为由，通过了维持对华军售禁令的决议。这必然对欧盟各国政府产生影响。[①]

阻力之三：欧洲对中国的崛起没有对策。研究中国问题的德国专学者认为，自上世纪 90 年代末以来，大多数欧洲国家媒体对中国的崛起持消极的态度。不少欧洲人的印象是，中国制造了很多问题，猪肉、鸡蛋、牛奶价格上涨是中国的责任，油价就更不用说。中国制造意味着劣质产品，中国人仿冒名牌，这些都是中国人的错。以前的美国则总是强调中国的扩张意图，因而在政治和军事上对中国一直保持一定压力。但布什总统近几年调整了对华政策，逐渐将中国视为平等的伙伴，让中国参与解决国际问题。欧洲在这方面显然落后了，目前与中国的矛盾主要停留在贸易争端上。中国人权问题对欧洲各国议会来说也许是重要的，但对欧洲各国政府来说，则是达到政治和经济目的的手段。改革开放后的中国内政和外交都奉行实用主义原则，推行经济互利等政策；全世界都能清楚地看到中国正在重新寻找自己的全球地位。相反，欧洲对中国崛起没有相应的对策，没有统一的对华政策，在人权等问题上也没有统一的答案。主要原因是欧洲国家在心理上还没有调整好。[②]

五、中国与西方大国开展"人权对话"

一个时期以来，美国等一些西方国家通过自己的政府、所影响国际组织和媒体指责包括中国在内一些国家的人权状况，给这些国家的国际形象抹黑，既不利于这些国家的国际交流，也无助于人权状况的根本改善。中国政府于 20 世纪 90 年代率先提出了"人权对话"的建议，希望通过在国与国之间倡导人权对话，以代替美国为首的一些西方国家所实行的"以人权问题为借口的对抗"。10 多年来，中国已先后与美国、日本、德国、英国、欧盟、澳大利亚等西方国家和地区建立了人权对话机制。

中国人权专家指出，美国发表的年度国别人权报告、挑动一些国家在国际机构提出谴责别国人权的提案，俨然把自己当成了"世界警察"。与此同时，国际社会对伊拉克战争、关塔那摩湾和美国政府同时谈论自由和水刑时的虚伪感到愤怒。美国的人权指责是居高临下的，而中国倡导的人权对话前提则是平等。中国与外国的人权对话，往往会根据国家的不同，时间的不同，每次主题也不尽相同。虽然属于政府间对话，但也会邀请一些学术界专家参与。中西方人权对话，既不像正式会谈，也不是研讨会，而是介于两者之间。一般在对话前，双方会协商确定涉及领域，然后根据主题来确定与会人员的构成。对话一般由中国外交部牵头，代表团里也会有来自最高法院、最高检察院、公安部、民委、统战部、宗教局等部门的官员；同时也会邀请专家和学者，在对话上解答一些比较复杂和专业的问题。对话过程中，双方都会围绕确定的领域，向对方提出具体问题，另一方安排人回答。对话主题，并不局限于双方本身的人权问题，也会交流一些国

---

① 李潇：《欧盟对华军售禁令有哪些内容？》，《环球时报》2008 年 7 月 17 日第 5 版；南北：《美刻意阻挠，内部存分歧不少，欧盟何时解禁对华军售》，《环球时报》2004 年 2 月 20 日。

② 青木：《围绕中国的辩论正在欧洲展开》，《环球时报》2008 年 7 月 25 日第 24 版。

际热点的人权问题。如 20 世纪 90 年代中澳人权对话时，除了谈澳大利亚土著人的人权问题，中方还回答了澳大利亚提出的难民船问题。当时东南亚的难民船希望进入澳大利亚，却在海上漂流了很长时间。

继欧洲议会 4 月 10 日全会通过"西藏问题决议"后，欧洲委员会又于 4 月 17 日就中国"人权纪录"进行辩论。"西藏问题决议"呼吁欧盟成员国首脑将中国政府与达赖对话作为出席北京奥运会开幕式的条件。决议还要求欧盟理事会任命西藏事务特使，协调中国与达赖集团之间的对话，并呼吁联合国成立独立调查小组赴西藏调查。中方就欧洲议会的决议表示了强烈愤慨，认为欧洲议会的涉藏决议肆意歪曲西藏的历史和现实，粗暴干涉中国内政，公然支持达赖分裂主张，在拉萨严重暴力犯罪事件上颠倒黑白，对中国政府进行无理指责，并蓄意将涉藏问题与北京奥运会挂钩，严重伤害了中国人民的感情，中方对此表示坚决反对。

中断 8 年的中日人权对话，2008 年 7 月 15 日在北京复谈。这是继同年 5 月中美重启人权对话后，中国在人权领域与西方大国的又一次互动和最新举动之一。中日两国政府于 1997 年决定设立人权对话框架，旨在广泛磋商两国乃至国际社会的人权问题，并曾举行过三次对话。2001 年，因日本支持美国在联合国提出谴责中国人权的议案，对话中断。随后，小泉纯一郎出任日本首相，中日关系陷入低谷，对话没能恢复。中日重启人权对话，是 2008 年 5 月中国国家主席胡锦涛访日期间两国政府达成的一大共识；而恢复人权对话是由日方率先提出。重启与西方大国的人权对话，有助于粉碎国际社会上一些势力借人权问题破坏中国形象的图谋。此次对话为期两天，中国方面由外交部亚洲司牵头，日本由外务省领衔。据日本共同社报道，日本政府人士会前透露将在人权对话上，要求中方重新考虑奥运期间禁止患有麻风病的外国人入境的出入境指南，并打算提出所谓西藏的人权问题。中国外交部发言人表示，双方将在平等和相互尊重的基础上就人权问题进行对话。

2008 年 5 月 24 日至 28 日，中断 6 年的中美人权对话在北京举行了第 14 次会议。对话期间，双方介绍了各自人权领域新进展，就言论自由、宗教自由、反对种族歧视、联合国人权领域合作等问题交换了意见。此外，德国副总理兼外交部长施泰因迈尔 6 月访华时与中方商定，中德将于 2008 年下半年重启人权对话。

中国与美国、日本和德国在 2008 年内相继恢复的人权对话，是在拉萨"3·14"打砸抢烧事件和 8 月北京举办奥运会的大背景下发生的，因此格外引人关注。2008 年以来，借人权问题破坏中国形象的一些图谋已露出端倪。大赦国际、记者无国界组织、人权观察等国际势力在人权问题上频繁挑起是非争端，向中国施压。这些组织站在前台，但背后得到了一些国家的支持，所以中国为了成功举办奥运会，需要通过举行人权对话在内的举措来化解困难，向世界展示中国的良好形象。针对有国际舆论将中国重视人权与北京奥运会挂钩的说法，中国外交部发言人在 7 月的一次记者会上表示，"中国并不是因为要举办奥运会才承诺改善人权。中国共产党自成立的第一天起就致力于改进人权，今后它仍将是我们追求的崇高目标。中国改善人权的努力并不是由某个国家、某个势力、某个组织或某个人的意愿所决定，也不是以他们的标准所决定。中国人权状况 13 亿中国人民最有发言权。"有关专家认为，人权对话的恢复，也是中国与某些国家关系改善的一个标志。比如，中日人权对话就是在中日关系转暖的背景下恢复的。而 2008 年，德国总理默克尔无视中国抗议，坚持会见达赖喇嘛，可谓是中德关系的寒流，并直接导致中德人权对话的中断。其后，德国政府为修补与中国关系做出了很多努力，这也是人权对话恢复的重要原因。

2008 年 7 月下旬，几乎是在同一天，中国官方新华社播发了两则比较引人注意的消息：一则是国家质检总局决定，自 7 月 20 日起允许患有麻风病的境外人员及其家属入境。质检总局表示，2008 年 6 月 18 日，联合国人权理事会议一致通过决议案，提出麻风病人应与普通人享有同等的基本权利，中国联署该决议。为了履行承诺，体现中国政府关爱麻风病人和消除歧视的实际行动，决定自 2008 年 7 月 20 日起，允许患有麻风病的境外人员及其家属入境。另一则是北京奥组委安保部部长刘绍武在北京奥运会主新闻中心 23 日举行的"平安奥运之北京奥运会安保工作"新闻发布会上表示，北京已经设置了专门供游行示威人员表达自己意愿的地点。刘绍武表示，中国的法律保证合法游行、示威、集会人员的合法权利。中国专门制订了《中华人民共和国集会游行示威法》，对集会游行的批准和实施做了明确的规定，只要是经过许可的游行示威，中国的警方会依法保护集会游行示威人员合法的权利。北京设置了几个专门的游行示威的场所，这就是保护集会游行示威权利的表现。但需要明确两点：第一，集会游行示威活动跟其他国家一样，首先要提出申请。第二，游行示威的地点是在申请中被规定了的。奥运会期间，要保证整个赛区的交通顺畅、环境优美、秩序良好，所以一般要请集会游行的人员到指定的几个公园进行。这也是其他有些国家通常的做法。[①]

六、中国发展迅速并继续保持平稳趋势；科学发展观引领中国走上建设和谐社会之路

国内社会和经济发展势头良好并基本保持平稳发展趋势。中国领导人邓小平 1992 年"视察中国南方的讲话"，起到了进一步解放思想并推动国内经济发展的作用。1997 年发生的亚洲金融危机虽然对中国的经济发展造成严重困难，但中国克服了这些困难，使经济继续保持较高速度发展。在亚洲金融危机中，中国在十分困难的情况下承诺人民币不贬值，对亚洲国家克服金融危机并对世界经济发展做出了重要贡献，同时也逐步确立了中国的经济大国地位。

中国的发展使本国的脱贫人数超过了任何其他国家，同时中国承诺一定要让目前依然贫穷落后的人能够从其高速发展的经济中受益。但是中国在建设一个充满活力的现代社会的道路上，不可避免地要面对许多历史遗留和新出现的众多问题。尤其是上世纪 90 年代

---

① 李宏伟：《欧洲委员会将就中国人权展开辩论，中方拒绝参加》，2008 年 4 月 12 日中国新闻网；熊争艳：《中国与西方数国重启人权对话以粉碎抹黑中国图谋》，《国际先驱导报》中国国情专题库；《透视中国的宗教与人权》中国网 2008 年 7 月 23 日；徐博：《我国允许麻风病患者入境》，新华社北京 7 月 23 日电；新华网消息：《北京设置专门供游行示威人员表达自己意愿的地点》，2008—07—2409：10：39；迈克尔·莫兰：《失去冷和平——中俄模式胜过"美国梦"》，中国网 2008 年 7 月 26 日。

后期，中国的社会发展也已经暴露出一系列问题：贫富差距拉大，区域发展不平衡，环境破坏严重，教育、医疗和社会保障等公共服务缺失；① 中国农民收入在呈现快速增长态势的同时，也于 2007 年达到了改革开放以来与城市居民收入差距最大的一年。② 因此中国领导人明确提出，要在科学发展观的指导下创建一个能满足全体人民物质和文化发展需要的和谐社会，为一个持续发展和更加公平的国际社会做出应有的贡献。

为实现这些目标，中国仍在实践走出一条拥有全新发展模式的、前所未有的道路，积极迎接未来时代的各种挑战：

1. 中国经济继续保持较快发展水平——2007 年的 GDP 增长 11.9%，连续 5 年增速保持在 10% 以上；2008 年一季度 GDP 同比增长 10.6%，虽然增长速度趋缓，但仍然高于 2003 年至 2005 年的平均增长率，也高于过去 30 年的平均增速；农业克服严重自然灾害的影响，夏粮连续 5 年实现增产；工业生产 1 月至 5 月全国规模以上工业企业增加值同比实际增长 16.3%；城乡居民收入继续提高，一季度城镇居民人均可支配收入、农村居民人均现金收入分别增长 11.5% 和 18.5%。

2. 拉动中国经济增长的动力仍然较强——2003 年至 2007 年，全社会固定资产投资名义增速均在 23% 以上，实际增速在 20% 以上；2008 年前 5 个月，城镇固定资产投资 40264 亿元，同比名义增长 25.6%，扣除价格因素，实际增速虽低于 20%，但仍处于较高水平；前 5 个月社会消费品零售总额达 42401 亿元，同比增长 21.1%，保持了快速增长势头；出口增速虽有所下降，但由于出口商品的整体竞争力较强，前 5 个月仍然增长 22.9%；进口受到国际初级商品价格快速上涨影响，增长 30.4%；贸易顺差 780 亿美元，同比减少 73 亿美元。

3. 中国的科技发展进入到一个重要跃升期——中国政府始终高度重视并积极推进科技事业，强调科学技术是第一生产力，制定科教兴国战略和人才强国战略，实施一系列推进科技发展的重大方针政策，不断推进科技体制改革，自主创新能力进一步提升。中国目前已经形成了比较完整的科学研究和技术开发体系，建立了较为完备的学科领域，形成了相当规模和一定水平的专业技术人才队伍；杂交水稻、高性能计算机、高温超导研究、人类基因组测序等基础研究方面取得了重大成果和突破；表面科学、非线性科学、认知科学以及地球系统科学等新兴交叉学科迅速发展；国家重点实验室、国家实验室以及北京正负电子对撞机、兰州重离子加速器、大天区面积多目标光纤光谱天文望远镜、超导托卡马克聚变实验装置、国家农作物基因资源工程等国家重大科学工程建设为我国基础科学研究取得重大进展创造了良好条件。

4. 2007 年底之后，国际国内形势相继出现了许多更加的复杂因素，中国政府面临新的严峻挑战——美国发生次贷危机，美元贬值，石油、粮食价格持续上涨，世界面临较大的通货膨胀压力，以及反华势力抵制北京奥运会；越南金融形势严峻，潜在金融风险加大；

---

① 舒泰峰：《离开邓小平的日子》，《瞭望东方周刊》2007 年第 9 期。
② 黄庆畅、毛磊：《我国农民收入呈现快速增长态势》，《人民日报》2008 年 8 月 29 日第 10 版。

中国国内发生"3·14 拉萨骚乱"并接连发生历史罕见的低温雨雪冰冻灾害、特大地震灾害和严重洪水灾害，价格上涨压力增大。但这些没有改变中国经济平稳较快发展的基本面，国民经济继续朝着宏观调控的预期方向发展，并保持了平稳和较快发展的良好态势，上半年的国内生产总值增长了 10.4%。

5. 国家领导人表示，中国将继续扩大社会主义民主，建设社会主义法治国家，加快行政管理体制改革，提高国家机关工作效率和服务水平，更好地保障人民各项权益，巩固和发展民主团结、生动活泼、安定和谐的政治局面。面对国际环境中不确定不稳定因素增多的局面，国内经济发展面临的挑战和困难增大。要深入贯彻落实科学发展观，把保持经济平稳较快发展、控制物价过快上涨作为宏观调控的首要任务。另外，将继续加强和改善宏观调控，着力解决经济运行中的突出矛盾和问题；深化改革开放，着力推进经济结构调整和发展方式转变，提高经济发展质量和效益；切实加强生态环境保护和节能减排；更加注重改善民生。[1]

2008 年是中国改革开放 30 周年，这 30 年是中华民族最辉煌、发展最好和最快的时期。30 年来，中国坚定不移地推进改革开放和现代化建设，成功实现了从高度集中的计划经济体制到充满活力的社会主义市场经济体制，从封闭半封闭到全方位开放的伟大历史转折，经济实力、综合国力、人民生活水平实现了历史性跨越。用几组数字就可以说明中国改革开放以来取得的成果：1978 年中国国内生产总值只有 1400 多亿美元，到 2007 年，已增加到 43，700 多亿美元，世界排名从第 15 位跃升至第 4 名；改革开放初期的进出口贸易只有 206 亿美元，2007 年已达到 21，700 多亿美元，世界排名从第 32 名上升至第 3 名；外汇贮备 2007 年达到 1.5 万亿美元，居世界第一；贫困人口从 1978 年的 2.5 亿多人减少到 2007 年的不到 1000 万人，中国还终结了几千年来农民种田交税的历史，农村全面实现免费义务教育。[2]

七、中国经济快速发展促进教育事业稳步建设并推动出国留学活动进入"繁荣发展期"

中共中央文献研究室第一、二编研部和科研管理部于 2008 年 7 月 24 日召开"毛泽东的探索与改革开放伟大事业"学术研讨会。中共中央文献研究室、中共中央党校、中共中央党史研究室、中国社会科学院的与会专家学者一致认为，改革开放伟大事业，是在以毛泽东为核心的党的第一代中央领导集体创立毛泽东思想，带领全党全国各族人民建立新中国、取得社会主义革命和建设伟大成就的基础上进行的，是在毛泽东等老一辈革命家艰辛

---

[1] 中国社会科学院经济学部"经济形势跟踪分析课题组"编写、陈佳贵总负责、李雪松执笔：《抑制价格过快上涨保持平稳较快发展》，《人民日报》2008 年 7 月 2 日第 7 版；李朝晨：《中国科技发展进入重要跃升期》；《人民日报海外版》2008 年 7 月 21 日第 3 版；《胡锦涛：中国将深化包括政治体制在内的全面改革》，2008 年 8 月 1 日中国新闻网。

[2] 《李海峰：改革开放三十年是中华民族最辉煌时期》，2008 年 9 月 17 日中国新闻网。

探索社会主义建设规律取得宝贵经验的基础上进行的。毛泽东领导党和人民取得的新民主主义革命的胜利和社会主义基本制度的建立，为当代中国一切发展进步，奠定了根本政治前提和制度基础。与会者同时指出，开创改革开放伟大事业，是以邓小平为核心的党的第二代中央领导集体作出的伟大贡献。中国特色社会主义理论体系，是对毛泽东思想的继承和发展，是马克思主义中国化的最新成果，是进行改革开放和社会主义现代化建设的指导思想。高举中国特色社会主义伟大旗帜，坚持中国特色社会主义理论体系，就是真正坚持马克思列宁主义、毛泽东思想。①

新中国建立60年来，已经从独立自主的社会主义国家发展成为"主要的全球化大国"；实行改革开放30年以来，中国享受着稳定和超越任何国家速度的经济增长。经济的快速发展促进了社会对人才的需求以及公民对高等教育的需求。大力发展高等教育，大力培养和吸收高层次人才，成为上个世纪90年代以来国家发展的重要政策之一。持续的对外开放政策和公民收入的持续增长以及快速增加的教育需求极大地促进了教育国际交流与合作政策的发展。

这一时期，国家在教育方面的立法工作取得重要发展。如1995年通过的《中华人民共和国教育法》和1998年通过的《中华人民共和国高等教育法》，不但为中国教育发展提供了法律依据，而且也对确立教育国际交流与合作的政策体系做出了法律规定。《中华人民共和国教育法》中有关"教育对外交流与合作"的一章明确规定："国家鼓励开展教育对外交流与合作；对外教育交流与合作坚持独立自主、平等互利、相互尊重的原则，不得违犯我国法律，不得损害国家主权、安全和社会公共利益；我国境内公民出国留学、研究、进行学术交流或任教，依照国家有关规定办理；境外个人符合国家规定的条件并办理有关手续后，可以进入我国境内学校及其他教育机构学习、研究、进行学术交流或任教，其合法权益受国家保护。"②《中华人民共和国高等教育法》还规定："高等学校按照国家有关规定，自主开展与境外高等学校之间的科学技术文化交流与合作。""国家对高等学校进口图书资料、教学科研设备……实行优惠政策。"③上述原则性的法律条款虽然还过于概念化，但却标志着中国教育对外交流与合作活动开始了从文件和政策管理形式逐渐向依法行政模式的过渡。

自1999年开始的国家行政审批制度改革，在大量削减行政审批项目、促进政府职能转变的同时，也推进了中国教育对外交流与合作政策体制的改革。如不断加强了中外高层对话磋商机制的建设；持续扩展了国际合作平台的深度与广度；连续推动了与国外的学历学位互认谈判，截至2006底已经与28个国家或地区签订了学历学位互认协议。

据中国教育部门的统计，从1978年到1989年底，中国大陆共约有9.6万多人出国留学；其中，国家公派留学约3万人，占31.25%，单位公派留学约4.3万人，占44.80%，

---

① 倪迅：《"毛泽东的探索与改革开放伟大事业"学术研讨会在京举行》，《光明日报》2008年7月25日。

② 《中华人民共和国教育法律集》第131页，外文出版社1999年版。

③ 《中华人民共和国教育法律集》第178、184页，外文出版社，1999年版。

自费留学约 2.3 万人，占 23.96%。其间学成回国的留学人员约有 3.9 万人，约占出国留学总人数的 40.63%。其中，国家公派留学的约 1.7 万人，约占回国总数的 43.59%，单位公派留学的约 2.1 万人，约占回国总数的 53.85%，自费留学的约 960 人，约占回国总数的 2.46%。[①] 尽管在出与回的数字比较和考量上需要研究多种关系和各种因素，但从上面的一组数字仍可看出尚未回国的留学人员大致比例和基本规模。即总体的回国比例虽然不高，主要是由自费留学人员的回国比例偏低所造成的，应该属于基本正常的现象。而国家公派和单位公派留学人员的回国比例明显处于较高位置，在此期间两类公派出国留学约 7.3 万人，两类公派留学后回国的约 3.8 万人，两类公派留学人员的"回归率"约为 52.05%。

另据教育部 2008 年 4 月公布的最新统计，在 1978—2007 年底的 29 年中，（1）中国大陆共约有 121.17 万人以国家公费、单位公费或自费的形式出国留学；其中约 85 多万人、即约 70% 的绝大多数是在 2000 年以后的 8 年内实现的；其中 2006 年各类留学人员总数为 14.4 万人，比上年增长 7.94%，仅自费留学人员就约有 12.9 万人，约占 90%，比上年增长 4.79%。（2）同期留学回国人员总数约有 31.97 万人；2007 年留学回国人员最多约为 4.4 万人，比 2006 年增长 4.79%，其中，自费留学回国人数约为 3.6 万人，比上年增长 7.48%，国家公派或单位公派的留学回国人数 8513 人，比上年增长 5.23%。（3）以留学身份出国、目前仍在外的留学人员约 89.2 万人，其中约 65.72 万人正在国外或进行本科、硕士、博士阶段的学习或从事博士后研究或学术访问。[②]

这一时期内，中国的出国留学活动又有了较大发展，并平稳地进入了一个"繁荣发展期"。跟进、配合并服务于出国留学活动进入"繁荣发展期"的趋势，中国领导人和中国政府先后发表讲话并制定了一系列新的政策方针。30 年改革开放的实践和成就充分证明，中国需要以更加开放的胸襟吸收借鉴一切人类文明的有益成果，但却不能盲目照搬西方国家的所有东西，应当坚持走符合中国国情的自己道路。

第二节 国家公派留学选派政策的改革与调整

一、国家教委呈报《关于留学工作中若干原则问题意见的请示》

1994 年 7 月 4 日，国家教委向国务院呈报了一份《关于留学工作中若干原则问题意见的请示》。[③]《请示》表示：基于对留学工作形势变化的分析，并征求了外交部、公安部等国内有关部委和我驻外使领馆的意见，对当前在外留学人员工作中的若干问题提

---

① 李滔：《中华留学教育史录—1949 年以后》第 691—692 页，高等教育出版社 2000 年版。
② 转引自 2008 年 4 月 3 日中国教育新闻网。
③ 国家教委外事司编著、陈可淼执笔：《教育外事工作历史沿革及现行政策》第 77 页，北京师范大学出版社 1998 年 1 月第 1 版。

出意见。其中，对我留学管理工作中几个问题的处理意见中指出：对公费派遣留学人员工作要优先考虑重点高校、科研单位和大中型骨干企业对学术带头人、业务骨干及管理人才的需要；密切结合社会主义市场经济的发展和改革对高层次人员的需要。把出国留学工作与培养跨世纪学术带头人以及有效地支持我国建设与改革结合起来。为此，要做到精选精派，由国家教委按国家和地方的需要统一制定"出国留学项目"。学科方面，优先考虑薄弱、边缘和新兴学科，重点支持与国民经济建设密切相关的高新技术领域并扩大到应用经济学科。层次方面，逐步增加派遣已取得博士学位的中、青年高级访问学者，少派或不派攻读学位的研究生。

上述《请示》中"关于争取留学人员回国服务"的意见表示：留学人员是国家的宝贵财富，要满腔热情地欢迎在外留学人员回国工作。要简化手续，创造条件，欢迎和支持更多的留学人员回国服务。具体建议是：凡已获博士学位的留学人员回国工作，凭学位证书、护照及国内接收单位公函，由国家教委留学服务中心办理派遣手续。未获博士学位人员调动工作，由人事部门切实按双向选择原则办理调动手续；公安部在入户方面提供方便；回国工作的留学人员，其国内配偶及未成年子女落户问题及留学人员在国外新生子女（包括超生子女）落户问题，各地户籍管理部门应按有关规定简化手续，热情服务，及时处理。各地政府部门不得增收城市建设费等专门针对留学人员的附加费；留学人员临时回国开会、合作研究等，应与国内人员一视同仁，不应按华侨和外国人标准收费；留学人员入境卫生检疫问题：对临时回国讲学、合作研究、开会、探亲等留学人员，凭证明验放，一律不作采血检验等。

国家留学基金委成立之前 1990—1995 年期间国家公派和政府组织选派出国留学人员以及同期留学回国人员统计表

年度	出国留学人员数	留学回国人员数
1990	2792	1320
1991	2440	1579
1992	2489	1601
1993	2398	1878
1994	2071	2196
1995	2054	2160
总计	14244	10714

据教育部门的不完全统计，中国自 1978 年至 1995 年期间，国家公费选派的留学人员约有 4 万多人，分布在世界 100 多个国家和地区，其中 32% 在美国、加拿大和澳大利亚，39% 在西欧和北欧，14% 在日本和其他亚洲国家，15% 在其他国家；单位公派的出国留学

人员约有 8 万多人，自费出国留学人员约有 12 万多人，总数近 25 万人。在此期间学成回国的留学人员总数约有 8 万多人，其中国家公费留学人员约有 3.4 万多人，单位公派的约有 4.6 万多人，属于自费留学的约有 3 千多人。截止 1995 年各类在外留学人员约有 15 万多人。①

另据统计，1990—1995 年单位公派派出人数为 23751 人；同期回国 8850 人；自费出国留学人数为 82760 人，同期回国人数为 2202 人。

二、国务院提出"要建立国家留学基金管理委员会，使出国留学生的招生、选拔和管理事务走上法制化的轨道"

根据中共中央和国务院于 1992—1993 年期间确定的出国留学"十二字方针"的政策原则，20 世纪 90 年代初期以后，国家公派留学人员的数量仍然保持在年均 2500—3000 人之间。可见即使在发生了 1989 年北京政治风波、西方国家大量截留中国在外公派留学人员的严峻形势下，仍然没有动摇中国政府坚持派遣公费留学人员的一贯政策。虽然 1992 年国务院办公厅公开发布的《关于在海外留学人员有关问题的通知》中的一项政策原则，是鼓励在外留学人员以不同的方式回国服务，但这个文件中最重要的政策原则，还是重申了公派留学人员有义务为国家服务的基本意见。由此可见，公派留学人员政策改革的关键环节，还是要研究在新形势下如何保证派出质量和学成后能够回国服务或履行赔偿的管理机制问题。

早在 1988 年 9 月，国家教委在上报中共中央《关于目前出国留学若干问题的意见》中，②在充分肯定 10 年来出国留学工作所取得的很大成绩的同时，针对 80 年代中、后期出国留学工作发展的情况以及面临相当一部分公派留学人员逾期不归、留学效益不高等问题，提出了"将国家拨款作为出国留学基金，建立奖学金、贷款制度，成立基金委员会，作为非赢利的法人组织，受国家教委的委托，组织公派出国人员的选拔"的意见，并得到了中央政府的原则同意。1994 年 7 月 11 日国务院印发了《关于（中国教育改革和发展纲要）的实施意见》，其中再次提出，要"建立国家留学基金管理委员会，使来华与出国留学生的招生、选拔和管理工作走上法制化的轨道。"③

经过近 10 年的设想、策划和多年的筹备，并依据中共中央和国务院的上述原则意见，国家教委于 1995 年组建了"国家留学基金管理委员会筹备组"。受国家教委的委托，国家留学基金委筹备组开始承担国家公费出国留学人员的选拔、派遣及有关的管理事务。1995 年 2 月在全国出国留学人员选派工作会议上，国家教委公布了《改革国家公费出国留学选派管理办法的方案》，④决定实行"公开选拔、平等竞争、专家评审、

---

① ② 国家教委外事司编著、陈可淼执笔：《教育外事工作历史沿革及现行政策》第 78—81 页，北京师范大学出版社 1998 年 1 月第 1 版。

③ 何东昌主编：《中华人民共和国重要教育文献》第 3662 页，海南出版社 1998 年版。

④ 国家教委外事司编著、陈可淼执笔：《教育外事工作历史沿革及现行政策》第 78 页，北京师范大学出版社 1998 年 1 月第 1 版。

择优录取、签约派出、违约赔偿"的办法，先期以"国家教委留学基金管理委员会秘书处筹备组"的名义负责实施，并首先在江苏、吉林两省进行试点，以取得经验，以便得到得到国内外的认可。

三、全面改革国家公费出国留学人员选派政策

在试点的基础上，经多方调查研究并广泛征求有关省、市、部委意见，国家教委经慎重研究决定于 1996 年全面试行国家公费出国留学选派新办法，并于 1996 年 1 月底召开了"96 年国家公费出国留学选派工作会议"，对全面开展此项业务进行了安排与说明。

国家教委于 1996 年 2 月 29 日印发了《关于做好 1996 年国家公费出国留学人员选派办法改革全面试行工作的通知》，[①] 决定全面试行国家公费出国留学选派新办法，从此迈出了中国国家公费出国留学人员选派管理体制改革的关键性一步。

1996 年试行选派新政策的主要内容有：

1. 选派办法所遵循的原则是：根据国家经济建设和社会发展的需要，在政府计划宏观指导下，实行个人申请、专家评审、平等竞争、择优录取、签约派出、违约赔偿的办法。基本条件符合的中国公民均可申请资助，以做到不拘一格发现人才，选拔人才。

2. 按照平等竞争的原则录取。录取工作由留学基金委聘请专家，对申请人的学术、工作和外语水平、国外进修计划、推荐人意见等情况进行评审，留学基金委按择优录取的原则确定录取名单，报国家教委审批。

3. 公开发布录取结果。留学基金委对录取者颁发《出国留学资格证书》，并在报纸上公布录取人员名单。

4. 签订协议派出。留学人员须与留学基金委签订资助留学协议书，规定双方的权利和义务。留学基金委保证向留学人员按规定标准提供国外留学所需的费用。留学人员要努力完成进修计划，按协议规定的期限回国工作，违约者必须赔偿全部资助费用和违约金。

5. 设立严格的留学管理制度。留学基金委和国家教委派驻国外的机构负责监督派出留学人员的进修计划和协议的履行。

1996 年国家公费留学人员的申报程序，原则上是按以下三个渠道进行的：1. 各部门、行业系统的申请人，按隶属关系，在本系统内向所属中央部委的专门受理机构办理申请手续；2. 各省、自治区、直辖市教育和人事主管部门分别确定专门受理机构，受理公费出国的申请事宜；3. 部分部委已将受理工作全部或部分委托地方进行，有的省市教育与人事主管部门联合设置受理机构；国家教委直属院校的申请也一律经过地方教育主管部门的受理机构申报。

其后于 1996 年 10 月 4 日，国家教委在《光明日报》公布了经过上述新设程序后从

---

① 国家教委外事司编著、陈可森执笔：《教育外事工作历史沿革及现行政策》第 78 页，北京师范大学出版社 1998 年 1 月第 1 版。

2441 名申请人中评审录取的 1996 年国家公费出国留学人员名单，共计 1399 人，分属全国 700 多个单位。录取人员中，高级访问学者占 28%，访问学者占 72%；具有副高职称以上人员占 67%，具有硕士以上学历者占 68%；派出国别达 53 个；在学科比例方面，人文、社会学科类占 19%，经济、管理类占 7%，理科类占 13%，工科类占 35%，医科类占 14%，农科类占 10%。

四、中央机构编制委员会办公室批复国家教委同意成立"国家留学基金管理委员会"

1996 年 6 月 20 日，中央机构编制委员会办公室以"中编办字〔1996〕92 号"文件，批复国家教委："你委《关于成立中国留学基金管理委员会的请示》（教人〔1994〕91 号）和《关于成立国家留学基金管理委员会的补充请示》（教人〔1994〕6 号）收悉。经研究，同意成立国家留学基金管理委员会，核批事业编制 40 名。在创办期间，经费暂实行差额补贴。"

此后 10 余年以来有关参加单位或名称不断变更，最终确定的国家留学基金管理委员会成员单位有：教育部、财政部、国家发展与改革委员会、外交部、人事部、公安部、中国科学院、中国工程院、中国社会科学院、国家自然科学基金管理委员会、教育部科学技术委员会、教育部高校社会科学与发展中心、出国留学教育管理分会、外国留学生教育管理学会、博鳌亚洲论坛等政府有关部门。留学基金委下设"秘书处"，负责日常事务性工作。留学基金委首任主任由国家教委副主任韦钰院士兼任；留学基金委秘书处首任秘书长为资深教育外事工作者解其钢先生。

国家留学基金主要来源于中国政府设立的国家留学基金计划的财政性拨款，同时也接受境内外各种善意捐赠与资助。国家留学基金管理委员会由"全体委员会议"和秘书处组成。国家留学基金委秘书处是教育部直属的事业性法人机构，作为一个法人实体，可以直接与出国留学人员签订协议书，以达到保证派出质量和学成后能够回国服务的目的。秘书处在出国留学方面的业务范围，主要是根据国家法律和有关方针政策，为中国公民申请公派留学提供组织、资助和管理等方面的服务事项。

1996 年 10 月 29 日，国家留学基金管理委员会举行了首次全体委员会议，原则通过了《国家留学基金管理委员会章程（草案）》；同月，国家留学基金委印制了《资助出国留学协议书》，并与司法部联合印发了《〈资助出国留学协议书〉公证的通知》；1999 年 5 月—2000 年 7 月，财政部和教育部先后调整、提高了 34 个中国公派留学目的国奖学金标准；2004 年 9 月 1 日，教育部批准留学基金委秘书处开始试行针对中国在外留学人员的"国家优秀自费留学生奖学金"项目。

自国家留学基金管理委员会成立以来，其各项事务均围绕着中国政府制定的科教兴国、人才强国等一系列战略决策，着眼于国家经济建设与社会发展对高层次人才的需求，从相关政策制订到服务机制创新，从扩大派出规模到提高选拔层次，从保证选派质量到突出重点建设，从完善管理体系到增加留学效益，从总结有益经验到汲取各类教训，进一步探索和提炼出适合中国国情的、有针对性地选拔和培养高层次人才的途径，为国家现代化建设和各项事业的发展培养了一大批急需的人才。在此期间选派并学成回国的数万名公派留学人员中，已经出现了一批在国内各个领域中的"领军人物"。①

五、国家公派留学选派政策的发展

1995 年国家教委提出的国家公派留学人员选派工作的方针是"个人申请，专家评议，平等竞争，择优录取，签约派出，违约赔偿"。与以往的政策相比，其变化之一是把"单位推荐"改为"个人申请"，突出了"机会均等、公平竞争、减少中间环节"的政策原则。变化之二是再度确定了"签约派出、违约赔偿"的政策原则，并建立起了新的执行和保障机制，即以"国家留学基金委"、而不再是由留学人员工作单位为一方与出国留学人员本人签订《出国留学协议书》。有一种观点认为，这种新的政策机制所以可能会奏效，是因为它使派遣单位的责任和义务一致起来了；即"国家留学基金委"既然担负或履行了向公派留学人员提供经费的责任，那么它就有权要求出国留学人员履行其规定的义务。这在中国的国情下显然是一种似是而非的逻辑和冠冕堂皇的道理，是生拉硬套的表面现象。而实际上，新的政策机制之所以能够从根本上解决公派留学者违约问题的真正原因，在于它最大限度地减少和割断了体制内强盛的人情关系链条和人际关系纽带。

在国家留学基金委正式成立和正常运作做之前，1995 年教育部先行在江苏、吉林两省进行了国家公派留学政策改革的试点活动。在取得经验并对各地工作人员进行培训之后，1996 年国家留学基金委正式成立之初即在全国正式实施。除了上述"个人申请"和"签约派出、违约赔偿"这两项新的政策特点之外，在重新确定的选派政策中，原有的"专家评议"制度也是保证"公平、公正、公开"的重要环节；另外国家留学基金委经多年积累已经建立起来一个涵盖各个专业领域、经常调整、并有 2000 多名教授或学者组成的专家库；同时此次改革后又增加了"经专家评议并报教育部审批后的录取名单要通过媒体向社会公布"这一新的环节，以增加当事人的荣誉感并含有社会监督的重要作用。

同时，国家留学基金委还根据国家经济和社会发展的实际需要，提前确定、公布并经常调整"优先资助"的领域或学科目录。上述各项政策措施不但保证了选派质量、提高了国家公派的留学效率，并且明显提升了"学成回国率"和"协议履约率"。

以下是根据国家留学基金管理委员会编辑的《培养英才的十年历程（1996—2006）——国家留学基金管理委员会十周年纪念画册》第 48—49 页提供的数据以及其后多家媒体公布的数据编制的表格。

---

① 国家留学基金管理委员会编辑：《培养英才的十年历程（1996—2006）——国家留学基金管理委员会十周年纪念画册》第 1—96 页；参见国家教委外事司编著、陈可淼执笔：《教育外事工作历史沿革及现行政策》第 78—81 页，北京师范大学出版社 1998 年 1 月第 1 版。

国家留学基金委成立之后 1996—2007 年期间国家公派
出国留学人数以及同期留学回国人数统计表

年度	录取/签约留学人员数	应回国人数	实际回国人数	回国率
1996	2044	/	/	/
1997	2383	142	131	92.25%
1998	2824	1407	1310	93.10%
1999	2772	2226	2090	93.89%
2000	3455	2119	2064	97.40%
2001	3028	2427	2329	95.69%
2002	3223	2760	2700	97.83%
2003	3276	2511	2468	98.29%
2004	3987	2929	2896	98.87%
2005	7245	3250	3189	97.00%
2006	5580	/	3716	/
96—06.9	26658	22984	22331	97.16%
2007	8853	/	4302	98.51%
96—07.9	38308	29889	29135	97.48%

根据国家留学基金委秘书处对 1996—2006 年 9 月底止的综合统计，按上述政策派出的国家公派各类留学人员总数达 26658 人，到期应回国 22984 人，实际回国 22331 人，到期回国率达 97.16%，未按协议到期回国者多数履行了赔偿手续，协议履约率达到 99% 以上。另据统计，截止 2007 年 9 月，派出 38308 人，到期应回国 29889 人，实际回国 29135 人，到期回国率达 97.48%，"履约率"接近百分之百。

另据新民网独家报道：2007 年 12 月，国家教育部网站发布消息称，截止到 2007 年 9 月，中国公派留学生回归率达 97.5%。12 月 14 日上午 10 点半，新民网连线教育部有关机构核实相关情况，该机构确认此情况属实并对新民网表示，国家留学基金管理委员会自 1996 年成立以来，按照国家公派出国留学选派方针，积极开创机制合理、渠道多样、规模大、层次高的新时期国家公派出国留学工作新局面。该机构还表示，截至 2007 年 9 月，共派出各类出国留学人员 34742 人，到期应回国 28230 人，实际回国 27524 人。根据数据显示，有 706 名公派留学生未能按期回国，回归率为 97.5%。[①]

---

① 孙宇星：《教育部：706 名公派留学生未按期回国回归率 97.5%》，《新民晚报》2007 年 12 月 14 日。

进入本世纪以来，国家留学基金委根据国家"科教兴国、人才强国"的战略意图和满足国家中长期发展对高端创新人才、学术骨干和学术带头人的需求，并依据教育部的具体政策要求，陆续采取了一系列新的政策措施：

1. 大幅度增加资助额度。教育部和财政部于 2002 年 12 月重新调整了《国家公派留学人员奖学金资助标准》，将原有标准平均提高了 44%；新标准已接近甚至超过当时国外的奖学金水平，实现了历史性的突破，彻底改变了过去"轮流调整、苦乐不均、增幅偏小、周期较长"的落后政策，是改革开放以来国家公派留学奖学金资助额度提高幅度最大、惠及留学国别最多的一次。

2. 不断调整选派结构。其主要表现是逐年增加攻读研究生、主要是博士生或博士后研究人员的数量和规模，如从 2005 年的约 400 人增加到 2006 年度的 1100 余人。从 2007 年开始设立"国家建设高水平大学公派研究生项目"，计划每年选派 5000 名研究生出国留学。

3. 充分发挥留学基金效益。2003 年教育部制定了"扩大规模、提高层次、保证重点、增强效益"的国家公派留学工作思路，并做出两项重要调整：一是为充分发挥国家留学基金效益，确定重点支持的七大领域；二是对留学人员类别进行了调整，设立"高级研究学者"，并将传统的"普通访问学者"和"高级访问学者"的留学项目合并为"访问学者"留学项目。

4. 不断扩大选派规模。自 2005 年初开始，进一步调整了选派方针和资助政策，将原来每年 3000 多人的选派计划扩大到每个年度的 7000 多人。

5. 提出并确定"三个一流"的选派政策原则。根据教育部于 2004—2005 年期间确定的"选派国内一流的学生、选择国外一流的专业、师从于国际一流的教授"、即"三个一流"的政策要求，逐步建立起"机制合理、渠道多样、规模扩大、层次提高"的工作格局。

6. 促进单位公派留学政策改革。国家公派留学人员选派政策的改革，带动、影响并促进了单位公派留学人员选派政策的改革。其中逐渐形成的最主要的一种政策模式是，由国家留学基金委与各省或各高校按双方协议的比例共同出资；由各地或各高校提出有指向性和倾斜性的原则要求；由国家留学基金委按照既定的政策模式遴选、签约并派出。如从 1997 年开始，国家留学基金委秘书处与河北、辽宁两省合作，1998 年扩展到与湖北、江苏、山东、北京 4 省、市合作。①

---

① 苗丹国：《中国出国留学政策的沿革与培养和吸引留学人才的政策取向》，《中国人才前沿 No2》第 48—50 页，社会科学文献出版社，2006 年 7 月第 1 版；于富增、江波、朱小玉：《教育国际交流与合作史》第 290 页，海南出版社 2001 年 8 月第 1 版；周一、谢建华：《加强高层次人才培养的国际合作，加快向人才资源强国迈进的步伐——国家留学基金委副秘书长李建民访谈》，《世界教育信息》2008 年第 7 期第 9—12 页；教育部：《2006 年出国留学人数增加 12.9%》，2007 年 3 月 6 日中国新闻网；教育部：《公布 2007 年度各类留学人员情况统计结果》，2008 年 4 月 3 日教育新闻网。

六、教育部和财政部设立"国家建设高水平大学公派研究生项目"并联合印发《国家公派出国留学研究生管理规定（试行）》

2007 年，在财政部的支持下，教育部设立了新中国成立以来最大规模的公派研究生项目——"国家建设高水平大学公派研究生项目"，计划于 2007—2011 年期间每年选派 5000 名研究生赴国外一流高等院校研究深造。

2007 年 9 月，为规范国家公派出国留学研究生派出、服务和管理事务，创新政策机制，提高国家公派出国留学的效益水平，教育部和财政部联合印发了《国家公派出国留学研究生管理规定（试行）》。其中借鉴了 1986 年国务院批转国家教委《关于出国留学人员工作的若干暂行规定（国发〔1986〕107 号）》及其 5 个《细则》中的相关内容以及印发 20 年以来的重要经验和教训。除了按照政府行文的模式与惯例必须对一些政策原则进行郑重地描述、重申和强调以外，《国家公派出国留学研究生管理规定（试行）》中留学人员比较关注的主要政策内容有：

1. 实行"回国休假制度"——公派留学研究生在规定的留学期限内可以自行安排回国休假事宜：留学期限在 12 个月至 24 个月（含）之间的，回国时间不超过 1 个月；留学期限在 24 个月（不含）以上的，回国时间不超过 2 个月或每年一次不超过 1 个月；回国休假期间，奖学金照发，但回国旅费需要自理；回国休假时间超过规定的次数和时间的，自超出之日起停发奖学金。

2. 实行"到第三国休假或考察制度"——即在同一年度内，公派留学研究生可以自由选择"回国休假"或"赴留学所在国以外国家休假或考察"其中的一项，但不能同时享受。赴留学所在国以外国家休假或考察，一次不超过 15 天的，奖学金照发；超过以上次数和时间的，自超出之日起停发奖学金。

3. 实行"学成后回国服务 2 年的制度"——规定公派出国的留学研究生学成并按期回国后应在国内连续服务不少于 2 年的时间。如果因某种原因不能遵守该项规定的，需要偿还全部的公派留学资助费用并支付 30% 的违约金。

4. 实行出国前"签订《留学协议书》的制度"——公派留学生选拔仍然按照"个人申请，单位推荐，专家评审，择优录取"的政策进行。录取后的公派留学研究生应于出国前与国家留学基金委签订《资助出国留学协议书》。同时如果认为有必要的话，即"原则上"规定，公派留学研究生也应在与推选单位签订《意（定）向就业协议》后才能派出。

5. "国家公派留学身份"的结束、放弃与取消——公派留学研究生提前取得学位回国视为提前完成留学计划、按期回国。留学研究生如于留学期间改变国籍，视为自行放弃国家公派留学的身份。公派留学研究生因病中途休学回国时间累计超过一年的，其"国家公派留学资格"将会被自动取消。

6. "全部违约行为"的界定与责任——公派留学研究生有下列行为者，将会被认定为"构成全部违约"：在留学期间擅自变更留学国别和留学身份；自行放弃国家留学基金资助和国家公派留学身份；单方面终止公派留学协议；未完成留学计划擅自提前回国；从事与学业无关活动而严重影响学习并表现极为恶劣；完成留学计划但逾期 3 个月（不含）以上才回国；未完成回国服务期等其他违反《公派留学协议书》约定的行为。违约人员应全额赔偿国家留学基金资助费用并支付相当于全部留学基金资助费用 30% 的违约金。

7. "部分违约行为"的界定与责任——未按规定的留学期限回国，逾期 3 个月（含）以内回国的行为，属于"部分违约"；违约人员应赔偿全部留学基金资助费用 20% 的违约金。但确因航班等特殊原因超出规定留学期限 1 个月（含）以内抵达国内的，不作违约处理。[①]

1996 年以后，教育部还批准国家留学基金委秘书处先后制定、印发或试行了一些管理性规定。如有关派出和管理若干问题的规定、有关回国报到和提取保证金办法、《资助出国留学协议书》签约和公证办法、交存保证金办法等。

第三节　公派留学效益评估的开展及其成果与留学政策研究

一、教育部策划并启动"改革开放以来公派出国留学效益评估"研究项目

为了对改革开放以来的公派出国留学效益进行全面评估和政策性研究，2001 年初，由教育部财务司建议，由国际司具体策划，启动了一个称之为"公派留学效益评估"的研究项目。在前期策划出来的"办法"被否定而搁浅的情况下，笔者接手了重新拟订"实施方案"的任务。在时任国际司司长李东翔先生、以及时任主管出国留学事务的国际司副司长王永达先生的领导下，并在时任教育部财务司外事财务处处长徐孝（后升任北京中医药大学副校长）的鼎立支持下，本书作者就该研究项目如何开展进行了比较深入的调查和研究，先后查阅了大量的文献和资料，并与国内有关教授进行反复探讨与磋商，最后形成一个向国内高等教育研究机构进行该项目招标的完整方案。经过招、投标的方式以及一定的评审程序和综合评估，教育部最终确定由北京大学教育学院和中山大学高等教育研究所共同承担此项课题。该课题主持人分别是国内高等教育研究领域的两位著名学者——陈学飞教授和陈昌贵教授。该课题是截止本书交稿时，中国国内首次开展的较大规模的"改革开放以来公派出国留学效益评估"研究项目；项目设计的成果目标是"总结改革开放以来公派留学的经验、教训、理论和效益；并为今后的公派留学政策提供决策和理论方面的依据"。

为此，教育部主管部门要希望研究单位和相关研究人员给予高度重视，做到公正调查、客观取样、材料翔实、全面表达、准确论证、科学评估。在教育部的协助与经费支持下，上述两位教授领导的课题组在国内外开展了大量的调查与研究活动，并于 2001 年秋

---

① 章新胜：《30 年留学的历程与成就》，《神州学人杂志》2008 年第 5 期第 4—8 页；周逸梅：《教育部：国家公派留学生学成后须回国服务两年》，2007 年 9 月 27 日人民网。

季提交了研究报告。其后于 2003 年 8 月，作为研究成果的结集，该研究报告以《留学教育的成本与效益：我国改革开放以来公派留学效益研究》的题目成书，并由教育科学出版社出版，全书约 35 万字。其中主报告《留学教育的成本与效益》分为绪论、成本、回国者收益、为国服务效益分析与评估、政策建议共 5 章，约 10 万多字；该书的附录部分有调查问卷、访谈提纲、问卷原始数据、对问卷的分析报告、个案分析报告以及国际比较等 6 个部分，约有 20 多万字。

这次由教育部策划并资助开展的《改革开放以来公派出国留学效益评估》研究课题，属于出国留学政策研究项目，为改革开放 20 年来首次进行，其研究成果具有多方面的重要意义。

1. 具有重要的政治意义。该研究不仅是对改革开放以来首次进行公派留学效益的大规模评估，而且通过课题组的专项调查所获得的大量实证性数据和第一手资料，证明了中国政府实施公派留学政策的远见性和正确性；证明了 20 年来较大规模的持续派遣留学人员，在一定程度上为国内培养了新一代的学术领导群体，缩短了中国高等教育和科学研究与世界先进水平的差距；证明了出国留学政策在推动中国改革开放和现代化事业中的重要作用。

2. 具有重要的学术价值。由于留学效益评估无论是在国内还是在国际上都属探索之中的领域，也还没有公认的理论和评价指标体系以及数据量化标准，因此该研究项目作为该项领域的一次有益尝试，也为其后的留学效益评估提供一个范例和有价值的参考体系。课题组采用定量研究与质的研究相结合的方法，在较大规模的问卷调查和专题调研的基础上，运用教育经济学和教育社会学的相关理论，得出了客观的、有说服力的结论，包括关于中国公派留学的成本分析、公派留学个人效益的分析、公派留学社会收益的分析以及公派留学个人收益与社会收益关系的分析，等等。其中关于新世纪中国公派留学的指导方针及政策建议，是在大量理论探讨和对现实调研的基础上提出的，对于当前和今后一个时期中国公派留学应当确立的基本价值取向和应当采取的政策具有重要的参考价值。

3. 具有政策研究方法的示范意义。一个时期以来，在相当一些部门，仅仅通过开几个小型座谈会并找几个只会编纂夸张性新闻报道的人东拼西凑出几条内容、几句口号，就敢拍拍脑袋"出政策"、"讲战略"的现象比较普遍。而公派留学效益评估课题组为了能够客观、全面、详实地反映改革开放 20 多年以来公派留学的成本与收益实况，以全面总结和探讨留学政策中的成就和问题，在文献检索和综合评价的基础上，运用了国际上规范的定量与定性相结合的方法。课题组设计了留学归国人员主问卷、院系领导人问卷、对照组问卷、百所高等院校留学事务管理者问卷以及海外学者问卷，同时还针对不同的访谈对象设计了多种访谈提纲。问卷调查的抽样既注重了规模的合理性，达到了 5 千个样本，约占改革开放 20 年中全部公派留学人员的 3%，又注重了样本的合理分布以及院校隶属关系和类型构成。访谈对象既包括从国家教育部到高等院校院系所的管理人员，也包括不同时期内出国留学和不同学科背景的教师或科研人员，另外还对中国驻日本和美国的 8 个使领馆教育处、组的管理干部和所属管区的在外留学人员进行了专题访谈与调研。课题组对所获的大量数据和资料进行了系统的分类与分析，先后完成的数据和访谈分析报告达 10 份之多。如此大规模的问卷与访谈调查在中国留学政策研究与发展的历史上是没有先例的。

4. 具有政策导向方面的意义。研究成果为以后的决策提供了帮助、借鉴和指导，从而对将来的公派留学政策的发展产生积极的影响和推动作用。有关专家学者认为，其研究成果将为公派留学的政策调整提供一些实践、数据与理论方面的依据。

当然，正如课题组专家自己认为的那样，这一研究课题也存在着一些缺憾：首先，由于调查活动主要集中在重点院校和科研机构，这种调查对象的局限性没能反映出政府机构和其他类企事业单位的留学效益，因此必然使研究结果的全面性受到一定的影响。其次，评估指标体系需要通过研究、开发与实践进一步系统化和科学化。对于公派留学的效益进行客观、全面、公正地评估是非常复杂的系统工程，不仅需要考虑如何测量显性效益，还要考虑如何评估隐性的和长期的效益。第三，科学的评估这不仅有赖于指标体系的完善和多学科技术的支持，也需要留学情报与资料的长期、持续的积累；而由于国内缺乏连续性的多种数据统计，甚至有些基础数据严重缺失，也对该项研究结果的质量造成了一定的影响。

二、陈学飞教授和陈昌贵教授主持完成的《"改革开放以来公派出国留学效益评估"研究报告》的主要内容

《"改革开放以来公派出国留学效益评估"研究报告》的主体内容包括以下 4 个方面：1. 新中国成立以后以及改革开放以来出国留学政策演变过程的一般性描述；2. 关于人才外流与回归的不同理论和观点的罗列与讨论；3. 探讨公派留学教育付出的成本及主要收益；4. 归纳出国留学教育发展的理论背景。

（一）新中国成立以后以及改革开放以来出国留学政策演变过程的一般性描述

公派留学政策是国家公共政策的一个重要组成部分，包括公派留学教育的基本原则、选派方针、年度计划、选拔条件、评审程序、派出方式以及服务与管理等基本内容。新中国的公派留学政策，始于 20 世纪 50 年代初期。当时处于冷战状态下的国际环境，为迅速培养工业化建设急需的各种专门人才，中国政府采取"一边倒"的外交政策，向前苏联及东欧国家大量派遣留学人员。从 1950 年到 1965 年，派出的人数总计达 10，698 人（此数字不含进修生和实习生）。1966 年 6 月，由于"文化大革命"运动，中国政府决定推迟选拔和派遣留学生，次年又要求在国外的留学生回国参加运动，致使自 1966—1971 年的 5 年中，停止了公派留学事务。由于中苏关系的恶化及中国与美、日、英、法等西方发达国家关系的改善，自 1972 年开始恢复派遣公派留学政策，是年向法国和英国分别派出了 20 名和 16 名学习语言的留学生。到 1978 年，共向 57 个国家和地区派出留学生 1416 人，平均每年大约 200 人。

70 年代后半期，中国结束了长达 10 年的"文化大革命"，开始了改革开放的新时期，

公派留学政策也发生了重大变化。20 余年期间，这种变化大体经历了五个阶段。

第一阶段，1978—1982 年。公派留学的总方针是"在确保质量的前提下，根据国家的需要和可能，广开渠道，力争多派"。到 1979 年 7 月，共计派出留学生 1277 人。在扩大国家公派留学人员规模的同时，1981 年 7 月，国务院批准"允许省、市、自治区政府和有条件的单位可以自行对外联系，广开渠道，加快派出速度"，开启了单位公派留学生的大门。自 1982 年开始，单位公派留学的人数迅速增加，到 1987 年底，其数量已远远超出了国家公派规模。是年，国家公派为 2980 人，单位公派达到了 6569 人。随着公派留学的发展，申请自费留学的人数也逐渐增多起来。1981 年 1 月国务院批转了教育部等七个部门"关于自费出国留学的请示"，首次明确提出"自费出国留学是国家培养人才的一条重要渠道，自费留学人员是我国留学人员的组成部分"。此后，在 1982 年、1984 年，国务院又做出了"关于自费出国留学若干问题的决定"和"关于自费出国留学的若干暂行规定"，于初期对公民自费留学虽然设置了种种限制，其后又逐步减少了一些限制，到 1993 年起，实行了"支持留学、鼓励回国、来去自由"的政策。由于出国渠道不断扩张和留学人数的迅速增加，也出现了出国留学人员文化教育水平参差不齐、逾期不归现象增多等问题。

第二阶段，1982—1985 年，基本方针是强调"解放思想"，"改革出国留学人员管理体制，增派留学人员，改进分配工作，开创留学工作的新局面"。在国家公派留学人员的类型上，由 1979 年规定的"以派出进修生和研究生为主"改为逐步以"派出国攻读学位的研究生为主"。但这一政策并未得到彻底执行。1985 年起又额外增加了由工商企业派出技术和管理人员到国外学习的名额，同时鼓励地方和单位增加派出留学人员。

第三阶段，1986—1989 年。从 1978 年扩大派遣留学生到 1986 年，中国先后公费派出 3 万多人出国留学，在留学教育和管理方面都积累了一定的经验，同时也面临着不断出现的新问题。1986 年 12 月，国务院转发了国家教育委员会"关于出国留学人员工作的若干暂行规定"。这是中国第一个公开发表的关于出国留学教育政策的法规性文件。文件明确了派遣留学生的政策不是一种权宜之计，而是对外开放基本国策的一部分，必须长期坚持。鉴于"广开渠道，力争多派"的目标已经达到，国家重新确定了新的留学方针，即"按需派遣，保证质量，学用一致"，并相应地将国家公派留学人员由以研究生为主转向着重派出进修人员、访问学者；决定建立公派出国留学人员与派出单位签订协议书的制度，以期尽可能保证公派留学人员能如期返回。

第四阶段，1989—1991 年。在这一阶段国际国内环境发生了重大变化。大量留学人员逾期不归，留学政策遇到了空前的挑战。在这种情况下，政府一方面仍然坚持派出工作，同时在政策上做了若干调整，如在原来的"按需派遣，保证质量，学用一致"的方针中，增加了对选派人员"德才兼备"的要求；在国家公派留学生的选拔方面，取消了将名额分配到具体单位的做法，实行"限额申报，专家评审，择优录取"，后来又实行了"按照项目确定人员，定向（项）派出"的方法；在留学生的类型方面，规定"今后除少数学科外，原则上不派出国攻读学位的人员"。

第五阶段，1992—2002 年。经过 1989 年北京政治风波之后两年多的徘徊、调整，到

1992 年，中共十四大首次提出中国经济体制改革的目标是建立社会主义市场经济体制，坚持对外开放。与此相适应，提出进一步放开留学教育，把"支持留学，鼓励回国，来去自由"作为留学工作的总方针。在国家公派留学方面，1996 年 6 月成立了国家留学基金管理委员会，开始对国家公派出国留学人员实行了新的选拔办法，即根据国家经济建设和社会发展的需要，在政府宏观指导下，实行个人申请，专家评审，平等竞争，择优录取，签约派出，违约赔偿的办法。新办法体现了公开、平等、竞争、择优的原则。这一阶段，鼓励留学人员回国或为国服务成为了留学政策的一个重点，政府制定了一系列计划，采取了不少具体措施，并且取得了较明显的成效。

（二）关于留学人才外流与回归不同理论和观点的罗列与讨论

从 1978 年到 1996 年，中国出国留学人员总计约 27 万余人，回国约 9 万人，回归率为 33%。其中：国家公派 4.4 万人，回国 3.7 万人，回归率 84%；单位公派 8.6 万人，回国 4.8 万人，回归率 56%（公派平均回归率为 70%）；自费留学 13.9 万人，回国 0.4 万人，回归率 3%。在上述三类人员中，国家公派留学人员的回归率是最高的，其次是单位公派，最低的是自费留学。自 1997 年以来，这三类人员的回归率均有提高，尤其是国家公派，回归率已达 95% 以上，自费留学的回国人数也以每年 13% 以上的速度递增。尽管如此，人才的外流（或国际流动）对于中国而言确是客观存在的事实。问题在于如何认识这种现象，怎样评价其利弊？其实，国家间的人才流动自古以来即已存在，只是到了近现代，特别是二次世界大战以后，随着国际交流的日益增加和留学教育的发展，这种流动也变得越来越普遍，并引起了社会上和学术界的广泛关注和讨论。然而对何为人才外流的解释却众说纷纭。如加拿大著名经济学家格鲁贝尔将人才外流定义为"在一国受训练，在另一国居住和工作的高技能者的迁移"；另一位学者格拉塞尔则认为人才外流是指"受过高级教育并具备高技能者的持久或暂时的国际流动"；美国经济学家鲁本斯把人才外流说成是"专业技术类人员（医生、护士、工程师、科学家、经理人员、演员、运动员、教师、工艺师等等）的国际流动。这些流动大多是从某些欠发达国家流向某些较发达国家，尽管每年有总流入的一部分被回归之流抵消。"中国台湾学者魏镛认为，"一个国家人才是否已经外流，是由两项条件来决定，第一是居留他国的事实，第二是继续居留他国的立意"。中国大陆学者陈昌贵教授认为"人才外流是指人才的国际流动，它不包括'非人才'或一般人的国际流动；人才是否外流应当以其是否在他国定居为判断依据，否则只能算是'外留'而并非是外流"。

对于人才外流所持的态度和看法，学者们以及官员们亦不尽相同，大体有以下四种：

一是国际主义的观点，认为世界是一个整体，高级专业人才向他国迁移只不过是人才资源在国际范围内的重新调整。高级专业人才在国际间的流动可以促进经济、科研、教育和文化上的交流，增进各国间的了解。这种迁移不仅促进了世界和平，而且推动了世界范围内的人类社会的发展。

二是互惠观点，认为人才外流是国与国之间的"互惠"，正如国际贸易一样，输入国因人才的流入而获益，但输出国不仅可获得大批侨汇的收入，同时亦可减少学非所用的问题。更重要的是，该国毋需负担大量经费，用以培养及雇用此等人才，而且这些人才和他们所拥有的知识必要时仍可为其母国所用。

三是动态平衡的观点，认为人才外流与回归是一个较长时期的动态平衡的过程。如果仅以 3—5 年的眼光来看，许多人才可能是流走了，但如果用 10 年甚至更长时段的眼光来看，大量的人才可能又会回归。印度、韩国以及中国台湾地区过去 50 多年的发展就是实证。像中国这样的发展中大国，迫切需要的是真正有用的人才，需要的是一批将帅人才，而这样的人才一般是要在获得博士学位以后，再经过十年左右的实践磨练才能成长出来。因此不应当用短视的眼光而是应当用长远的眼光来判断和看待人才的外流与回归问题。

四是民族主义的观点，认为人才外流对于发展中国家是一个严重的问题。人才外流只会对发达的富国有利，对于不发达的穷国则是无法估量的损失。它将削弱发展中国家发展的动力和潜力，使他们在国际间的竞争中长期处于劣势。

上述关于人才外流 4 个观点的启示是：

人才的国际性流动是一种历史现象，并且有不断增强的趋势。在中国逐渐融入国际社会的大潮中，政府采取"支持留学、鼓励回国、来去自由"的留学政策，是一项审时度势、与时俱进的明智之举。

人才外流是发展中国家在对外开放的过程中不可完全避免的现象。在当代它又呈现出更为复杂的状态。因为人才外流并不等同于人才流失。不少居留在外的学者又都在以各种方式为国服务，虽然这种服务一般都是间接的。就直接回祖国做贡献而言，国家公派留学人员的比例是最高的，而自费留学人员的比例一直比较低。在这种情况下，国家公派留学的独特作用就愈显突出。

促使人才外流的"推力"和"拉力"是在特定条件下形成的，随着条件的改变，推力和拉力也会相互转化。因此，要减少留学人才外流，吸引在外留学人员（主要是自费留学人员）回国和为国服务，最根本的是改善本国的条件和环境，使推力转变成拉力。李振平参赞认为，从根本上解决人才外流的问题，取决于中国经济实力的增长，综合国力的加强，社会平稳与和谐地发展，公民生活水平的不断提高，教育、科技与管理水平的优化，民主与法制环境的建设。

（三）探讨公派留学教育付出的成本及主要收益

如果仅从民族主义的眼光来看，改革开放以来中国确实存在相当数量的人才外流，但就公派留学而言，这种外流的比例并不高。而通过公派留学，给留学人员本人和社会带来的收益却是巨大和长远的。据 2001 年对国内 100 余所高等学校和科研机构中 5000 多人的问卷和访谈调查，作为国家和单位公派出国的留学人员，个人所付出的成本相对是非常低的，而收益则是全方位的，也是相当高的。如在内在形式的个人收益方面，54.4% 的人认为视野的开阔和观念更新方面的收益最为重要，其次是外语水平、学术发展方面、知识更新能力、学术水平、国际学术交流能力、信息获取和鉴别能力。在制度形式的个人收益方面，32.5% 的人认为职称晋升很快或较快，19.9% 的人认为行政职务晋升很快或较快，

34.1%的人认为学术职务晋升很快或较快。在物质形式的个人收益方面，28%的人认为回国后个人生活水平提高很快或较快，80.9%的人认为生活水平的提高幅度至少在一半以上。

公派留学人员的个人收益，都不属于完全的"私人收益"，而是一种具有"社会收益"性质的个人收益。出国留学人员视野的开阔和观念的更新，会直接影响到他们所从事的教学、科研和服务工作；留学人员知识和能力的提升，可以提高教学水平和产出更多的科研成果；留学人员职务职称的晋升可以使他们在学术和行政管理中发挥更大的作用；留学归国人员生活水平的提高可以使他们把更多的精力用于工作，从而产生更大的社会效益。

公派留学的社会收益远高于个人收益，这种社会收益主要表现在：

第一，为中国教育科技界培育了能够与国际学术界进行对话和交流的新一代学术领导群体。这一群体的形成虽然与众多的因素有关，但留学经历则是其中最重要的影响因素之一。截止本课题开始，在中国科学院院士中，改革开放以来的留学归国人员占大多数，在工程院院士中，其比例也超过了50%。在所调查的百所高校中，下述人员中具有出国留学经历的比重分别为：院士76%；博士生导师45岁以上为55%，45岁以下为58%；教授45岁以上为46%，45岁以下为34%；副教授45岁以上为24%，45岁以下为21%。在北大、清华这类著名大学中，留学归国人员在学术领导骨干中所占的比例明显高于一般重点大学。在北京大学，65%的教授，80%的博士生导师，79%的院士，90%的国家级有突出贡献的专家，95%的国家重点实验室主任都是留学归国人员。在清华大学，132位院、系、所、研究中心/国家重点实验室和开放实验室的主要负责人中，有出国留学经历的有102位，占77%。

第二，培养了一批具有国际经验的高等院校和科研机制的主要领导管理骨干。在所调查的百所高校中，校级领导51%，院系领导35%均有过留学经历。北京大学截至1999年底，75%的校级领导、74%的院系主任为留学归国人员。清华大学1998年在任的11名各级领导中有7人为留学人员，占64%，院系所正职领导中有77%都是留学归国人员。

第三，使中国几乎所有学科的知识，包括学术思想、理论和研究方法在很大程度上都得到了更新，创设了一大批曾经空白的学科，陆续引进了大批新教材以及新的教学方法，极大地提高了我国学科建设和高等教育的水平，对高等院校人才培养的质量产生了重大影响。高等学校中层管理人员对留学归国人员在本单位教学方面作用的评价为"很大"或"较大"的比例分别为：新专业的开设，占69.7%；教材更新，占62.5%；开设新课，占68.4%，硕士点的设立，占50%；博士点的设立，占48.8%。留学归国人员中有82.1%的人认为自己开设课程的水平达到了国内前沿或国际水平。

第四，使中国的科研水平有了显著提高，大大缩短了与国际水平的差距，一些学科已经达到国际领先水平。留学归国人员认为出国前的科研水平与国际同行相比领先的只有4.8%，持平的45.3%，而归国后科研水平与国际同行相比领先的已上升为8.7%，持平的上升为71.4%。

第五，留学归国人员通过承担国际合作和委托项目，通过科研成果转化，以及通过决策支持研究为国家创造了相当巨大的直接经济效益。44.9% 的留学归国人员认为自己的科研成果产生了直接的经济收益。全体留学归国人员人均创造直接经济收益为 144.2 万元。国家公派留学的经费投入与直接的经济收益比为 1：10 以上。在本次调查的教育和科研系统中，一致的看法是公派留学的非经济收益远高于经济收益，长远的隐性的收益远高于眼前的显性的收益。

第六，建立了广泛的国际学术交流网络，留学归国人员成为扩大本单位、国家与国际社会，尤其是国际学术界联系的桥梁和纽带。有 77.3% 的留学归国人员认为自己的留学经历对单位的国际交流与合作影响很大。

第七，在全世界传播中华民族的文化，开展民间外交，促进我国与不同国家之间人民有效的相互理解与沟通，提高中国国在国际社会中的地位等方面发挥了重大作用。

第八，为国家在海外储备了一大批高级专门人才。正如新加坡前总理李光耀先生所言："中国拥有一批懂得充分利用全球化和新经济的人才。目前在国外的留学人员对中国未来的发展有重要意义。这些年轻人在美国或欧盟国家工作时间越长，知识就越深，就越广，这些均是建立新工业不可缺少的重要支柱。"

第九，留居海外的公派留学人员（亦包括自费留学生）除极少数因政治、犯罪等原因流亡海外外，绝大多数都抱有强烈的爱国之心和报国之志。他们想方设法为国服务，仅以各种形式在国内创办的高新技术企业等就约 4000 家，年产值逾 100 亿元。他们在促进中国经济结构调整和产品的更新换代，引进和传播国外先进的管理理念和制度等方面发挥了国内人员无可替代的作用。

（四）归纳出影响留学教育发展的若干理论依据

公派留学政策在促进中国留学教育的制度化、法制化、正常化、平民化以及较快发展方面起到了一定的作用。留学活动较快发展的时期也正是中国和世界迅速跨入日益全球化和国际化的时期，留学活动的重要性也更加突显。但如何认识和解释这种重要性，尤其是中国作为一个发展中的大国，为什么一定要加快发展留学教育，它有哪些理论上的依据或合理性、必然性？对此，课题组归纳出以下六个理论：

● 现代化理论：这一理论肇始于 20 世纪 50 年代。该理论总体上可以分为二大流派，即经典现代化理论和新现代化理论。经典现代化理论的所谓现代化有两个维度，一是时间维度，一是价值维度。时间维度是指现代化是一个历史过程，即：①发达国家 16 世纪特别是工业革命以来发生的深刻变化；②发展中国家在不同领域追赶世界先进水平的发展过程。价值维度则是指对社会发展状态的价值评价，可以指发达国家已经达到的世界先进水平的状态，也可以指发展中国家赶上发达国家后（完成现代化进程后）所处的状态。新现代化理论主要包括后工业社会理论和第二次现代化理论等思想理论流派。新现代化理论认为 20 世纪 70 年代以来，发达国家的发展方向发生了根本性的转变，已经从现代化阶段进入到后现代化即第二次现代化阶段。所谓信息社会、知识经济时代、知识社会、知识文明等等，都可纳入这一理论的范畴。现代化不仅是 20 世纪国际学术界热烈探讨的一个主题，而且是世界众多国家和人们的伟大实践，也是近现代以来中华民族几代人的梦想和追求，特别是自 20 世纪 50 年代以来，实现现代化一直是我们国家的奋斗目标。在这一伟大的历史进程中，不断地派遣留学人员向西方发达国家学习即是其中的一个重要主题。历史证明，中国的现代化进程，离不开留学人员的推动。在未来的 50 年间，即到 2050 年前后，中国的战略目标是要达到世界中等发达国家的水平，即基本实现现代化。要基本实现现代化，除了一定的物质条件之外，最重要的是要有大量的具有国际视野和经验、能够为实现国家现代化而持续奋斗的领导管理人才和专业技术人才。而培养这类人才的一条重要渠道就是留学教育。因此只要国家的现代化目标不改变，就需要留学教育的发展。即使我国实现了第一次现代化，还必将向第二次现代化迈进，也仍然要向先进国家学习。可以断言，留学教育将随着中国现代化事业的发展而变得越来越重要，留学人员规模（包括自费留学）将会持续扩大。政府在留学教育中的规划、管理、协调和服务的责任也必将更加繁重和艰巨。

●世界体系理论：这一理论产生于 20 世纪 70 年代中期。它不像现代化理论那样只注重单个国家的现代化或是只以单个国家作为研究的单位，而是用体系观点来分析整个世界及其组成部分的发展与变化。该理论认为，当今世界经济体系只有一个，每一个国家都是这个体系的一个组成部分，都是组成世界体系的一个单元。只是不同国家在这个体系中所处的位置不同而已。历史经验充分证明，闭关锁国，拒绝融入国际社会，国家就将落后，而对外开放，融入世界体系，国家才会发展强大。只要中国改革开放的基本国策不变，不断地、更大量地向世界派遣留学人员就必将会是今后相当长的历史时期内的战略选择。

●经济全球化理论：进入 20 世纪 90 年代，世界的政治经济格局发生了急剧的变化。其中经济领域发展的最突出特征就是全球化趋势迅猛如潮。早在 1986 年，西方经济学家就曾富有远见地提出了"全球化"概念，到了 90 年代，全球化几乎成了家喻户晓的名词和口号了。联合国开发计划署在 1999 年的《人类发展报告》中称："经济全球化不仅意味着资本和商品在国际上的自由流动，它同时使各国人民生活在一个不断缩小的空间、不断缩小的世界里，使各国人民之间的相互依赖与日俱增。"我国的改革开放，正是适应了经济全球化的大趋势，其结果是使我国的经济开始深深地融合于全球经济之中。经济全球化不仅为我国的发展提供了无限广阔的空间和机遇，同时也使我们面对和必须接受重重挑战。在这些挑战中最严重的问题之一是国内现有人才储备不足，一些方面的人才奇缺。仅以反倾销人才为例，据了解，1999 年中国这方面的高级人才只有 6 人，而要应对加入 WTO 和经济全球化的大潮所带来的问题，中国需要的各类专业人才何止成千上万。这些人才的培养仅靠国内目前的教育和培训机构是远远不够的，还必须以前所未有的雄心、魄力和胆略，尽最大可能地利用国外的条件培养人才，同时还要想方设法积极地引进海外的留学人员和外国专家。人才培养和使用的国际化也必将是我国的一项长期的战略方针。

●开放理论：开放理论是邓小平在总结了近代中国长期停滞不前的重要原因是闭关自守的历史教训的基础上提出来的，这一理论明确地回答了中国的发展与向世界开放的关系问题。邓小平多次强调"关起门来搞建设是不能成功的，中国的发展离不开世界。"邓小平特别强调科技和教育也必须实行对外开放。早在 1978 年他指出："科学技术是人类共同创造的财富，任何一个民族、一个国家，都需要学习别的民族、别的国家的长处，学习人家的先进科学技术。我们不仅因为今天科学技术落后，需要努力向外国学习，即使我们科学技术赶上了世界先进水平，也还要学习人家的长处。""我们要积极开展国际交流活动，加强同世界各国科学界的友好往来和合作关系。"邓小平在反复强调对外开放的重要性时，一再提出要把派遣留学人员作为对外开放的一个有效手段，在 1992 年视察南方谈话中他再三强调"这个政策不能变"。因为只有派人出国留学，才能真正学到外国的先进科学技术和人类文明的共同成果。同时，邓小平积极倡导的对外开放，也包含了中国要对世界的和平与发展做出贡献的思想。他曾指出："吸收外国的资金和技术来帮助我们发展。这种帮助不是单方面的。中国取得了国际的特别是发达国家的资金和技术，中国对国际的经济也会做出较多的贡献。帮助是相互的，贡献也是相互的。中国学者、专家和留学生积极参加国际科技教育的交流与合作，也是对世界的贡献"。实践证明，邓小平的开放理论不仅已成为中国改革开放以来重大国策的理论基础，而且已经化为各条战线的实践活动。中国改革开放后 20 余年留学教育所取得的成就也正是实践开放理论的成果。在新的世纪里，这一理论仍将是制订留学政策的主要依据。

●人力资本理论：一国经济社会的发展，除了取决于土地、劳动力、经费投入等因素外，更有赖于通过教育培训等途径对人力资源的开发。在工业经济时代，物质资本是对经济社会发展具有决定意义的战略资源，而在知识经济迅速发展，人类日益走向全球化的时代，众多的掌握先进知识、技术、具有创新能力的人才已经成了制约整个社会发展的一种战略性资本。人才是科技进步和经济社会发展最重要的资源。而这些人才很重要的是要依靠留学教育才能培养出来的。事实证明，公派留学教育是一项有极高回报率的投资，是一项关系国家未来长远发展的战略性投资。适时地加大这一投资应当是我国融入国际社会，加快现代化步伐最明智的选择之一。

●推拉理论：对于人才在国际间流动或人才外流的现象，学者们曾尝试从国际的、社会的、民族的、个人的、或从政治的、经济的、文化的、心理的角度等加以诠释，其中所谓"推拉理论"是一个影响较大的理论。这种理论把人才流出国的各种不利因素统称为"推"的力量，而把人才接收国的各种有利因素统称为"拉"的力量。国际著名比较教育学家、推拉理论的首创者之一菲力普·阿尔特巴赫曾指出："从中世纪开始，一直存在着人才流动现象。由于种种原因，学者们到国外工作。国内机会少，条件差，加之种族的宗教的歧视，所有这些都是促使学者们到国外工作的"推动"因素；而较高的薪水、设备良好的实验室和图书馆、更令人满意的教学职责、学术自由，以及处于"中心"位置的感觉，所有这些则是促使学者们到国外工作的"拉动"因素。现在所谓的人才外流，是一个非常复杂的现象，因为在国外工作的学者们时常回国工作，或同国内的学术界保持着联系。"关于人才外流的理论观点对我们的启示是：人才的国际性流动是一种历史现象，并且有不断增强的趋势。在中国日益融入国际社会的大潮中，政府采取"支持留学、鼓励回国、来去自由"的留学政策，显然是一项审时度势、与时俱进的明智之举。

三、《"改革开放以来公派出国留学效益评估"研究报告》提出的政策性建议

《"改革开放以来公派出国留学效益评估"研究报告》从"改革国家公派留学办法"和"建立'鼓励回国'体系"两个方面提出了一系列政策性建议。

(一)改革国家公派留学办法的政策性建议

在新的世纪里,中国面临着全面实现现代化的宏伟而艰巨的历史任务。在这一过程中,经济全球化迅猛发展,科学技术突飞猛进,国家间的合作不断加强,国际竞争空前激烈。当今和未来世界的竞争,从根本上说是人才的竞争;要跟上世界科技进步的步伐,加快科技创新和知识创新,必须有一批又一批优秀年轻人才脱颖而出。改革开放后的实践证明,中国通过公派留学途径已经培养出了一大批各条战线的优秀人才。而要适应21世纪中国现代化建设的需要,国家公派留学教育将肩负起培养更多骨干人才的重大使命。为此,课题组建议加大公派留学的改革力度:

①提高国家公派留学人员的层次

一个时期以来已出现了"一流人才走自费,二流人才走单位公派,三流人才走国家公派"的现象,国家公派留学人员大半是来自二三流的院校和其他企事业单位。为这些院校和单位培养一些人才未尝不可,但却不应成为国家公派留学的目标。有人主张:"国家公派就是要支持国家发展最需要的方面。最需要的不一定是最优秀的。留学基金就是要用在国家最急需的人才身上。"课题组则认为,所谓国家需要分为"紧迫需要"和"一般需要"、"当前需要"与"长远需要",等等。尽管国家公派项目应当着眼长远,兼顾一般,但最重要的是要满足国家最紧迫的那些需要;尽管国家公派项目应当着眼全局,注重公平,但在相当长的时期内,则应当突出重点,坚持效益优先的原则。

②扩大国家公派出国留学人员规模

尽管中国留学教育的规模逐年扩大,留学教育的渠道、方式越来越多样化,但就国家留学教育直接的现实效益而论,还是主要体现在公派留学人员身上。他们的回归率较高。中国各条战线留学归国骨干人员中,绝大多数也都是过去20年间的公派出国人员。自费留学归国人员近年来虽然明显增加,但其比例依然很低。因此,要解决国家高级人才,尤其是具有国际知识和经验的高级人才紧缺的状况,在今后相当长的时期内,仍需主要依靠国家公派留学。应当说越是在自费留学人员归国比例低的情况下,越是应该加大公派出国留学人员的规模。因为只有政府具有这种能力,可以有计划地在全国选拔优秀人才出国学习,并规定留学人员依法回国服务,以解决国家紧缺人才的不足。同时公派留学归国人员也将对留居在外人才的回归起到巨大的示范作用。

③加大国家公派留学人员的资助水平

无论是从理论还是从实践,无论是从历史、现实还是从未来的角度来认识,留学教育对于我们国家的发展都具有全局性、长远性的意义,对于留学教育的投资是一项战略

性的投资，其作用是投资建设一条路、修一个广场或建设一座工厂所无法比拟的。因此，建议尽快切实加大对留学教育的财政拨款。根据对国内百所高校留学管理人员的调查，当问及国家公派留学哪些方面急需改进时，有 82% 的人首选是提高资助水平，其中 78% 以上的认为应适当提高，14% 的人主张应大幅度提高。如果国家不能增加派出经费总额，宁可减少派出总量，也应进一步提高公费留学人员、尤其是高访人员的生活费标准。为了尽可能地提高国家公派留学基金的效用，政府除了全额资助国家公派访问学者之外，还可运用市场手段，采用灵活方式，资助地方、单位以至个人以公派形式出国留学，以尽快扩大出国留学的规模，例如：（1）采用国家配套经费的方式，资助地方政府、单位增派出国留学人员；（2）非全额资助国有企、事业单位的青年管理和业务人员以自筹部分经费的方式出国进修；（3）设立政府攻读博士学位奖学金，资助在国外某些紧要学科攻读博士学位的中国公民。

④形成"国家队"的品牌

早在 1986 年国内就明确提出了"按需派遣、保证质量、学用一致"的公派出国留学选派方针。1996 年国家留学基金管理委员会成立之初，即把公派留学工作定位为建立一支高精尖的出国留学"国家队"。在目前公民出国留学渠道和方式已经多样化的情况下，国家公派留学尤其应当坚持上述方针。国家留学基金委在选派"国家队"，提高公派出国留学效益方面也积累了相当成功的经验。其中于 1999 年设立的以"成组配套方式资助出国留学人员项目"和"重点高校系主任和研究所/实验室骨干出国研修项目"得到了普遍的好评。这两个项目的共同特点是：适应国家和地方急需；派出的人员能够确保质量；研修的知识能够学以致用。因此建议我国的公派留学应当进一步坚持满足急需、突出重点，保证质量，注重实效的选派方针，逐步形成国家公派以项目派出为主的新格局。应当根据国家经济社会发展战略和规划的要求，坚持实事求是、量力而行、有所为有所不为的方略，设立国家公派留学项目，并能够根据形势的变化，对所设项目适时地予以调整。急需设立的项目有：WTO 项目，培养熟悉 WTO 规则，熟悉国际经济、法律、金融、财会、贸易和管理方面急需的高级人才；西部大开发项目，为国家的"西部大开发"战略提供急需的人才支持；重点学科项目，按国家重点学科制定选派规划，加速培养高层次技术创新和知识创新人才；俄罗斯、东欧项目，增加派往俄罗斯、东欧国家公派留学人员数量，以适应政治多极化的发展趋势；继续执行好重点大学系主任、实验室骨干研修项目，力争使本项目及上述项目成为国家的品牌项目；增加通过政府间协议出国攻读博士学位人员的数量。

（二）建立"鼓励回国"体系方面的政策性建议

2000 年前后居留在国外的中国留学人员大体占改革开放以来出国留学人员总数的 2/3。这些人员中的绝大多数是以各种渠道出国的自费留学人员。这些人才留居国外，有着复杂的历史和现实的原因，并不意味着他们就乐于扎根国外，因此不宜于简单、负面、短视地把他们评价为"滞留"。其实，随着我国加入 WTO，开放将全方位扩大，将在更广泛的领域里参与经济全球化的进程。由于科教兴国战略的实施，中国的人才环境与创业条件正在得到很大的改善。这对留学人员提供了千载难逢的机遇，对他们产生了巨大的吸引力，留学人员回归的黄金时代正在到来。因此，应当把吸引留学人员回国和为国服务列入国家的发展战略规划之中。为此建议积极积采取各种措施鼓励留学人员回国工作或以适当方式为国服务：

①设立国家留学人才战略规划与指导机构

该机构应依照国家经济社会发展的总体规划，制定国家的公派留学规划及海外留学人员开发计划。迄今，国内尚无一专门机构从战略上统筹规划和协调留学人员的派出与回归等工作。在派出方面，留学基金委只是国家公派留学的具体的管理部门，而不是战略规划部门；单位公派则由各省市自治区外办与各单位协调；自费则由各单位人事部门和公安部门办理手续。从回国后安置工作看，人事部门、组织部门、教育部门实际上是都可以管也都可以不管。至于海外留学人员回归和为国服务的组织与动员工作，目前更是处于无序状态。教育部门负责派遣工作，人事部负责回国招聘工作，科技部、国务院侨办以至团中央等也都参与其中。近年来，到海外招聘也接连不断，这种求才若渴的现象固然可喜，但也造成了信息混乱，政出多门的局面，影响了整体效益的提高。最好是设立一个专门机构，负责统筹所有留学人员的选派、回归动员和组织回国后安置等工作。对外国专家，国家设有专门的管理部门，对大量的留学人员，国家也应该有专门的机构归口管理。尽管国家公派留学的工作应当注重吸引大量在外的留学人员以各种方式为国服务，但在当前更应注重进一步创造条件，发挥已回国人员的作用。已归国人员有了施展才华的舞台，就会对海外人员产生一种示范和感召作用，从而形成滚雪球式的回归效应；反之，就会形成一种推力，甚至出现人才回归后再度外流的状况。应该说，中国为了有效地开发海外人才资源，也建立过有关机构，如原国家教委成立了中国留学服务中心。但是这些机构基本上属于服务性质的，很难承担起全国性战略的统筹、服务和管理方面的职能。

②建立留学人员交流网站

在外的留学人员普遍反映，他们对国内发展状况及对海外人才的需求状况缺乏了解，一些人甚至感叹"虽有报国之志，却无报国之门"，因此迫切要求在国家有关部门的支持下，建立一个面向全体海外留学人员的交流网站。这个网站既可以是展示国内改革开放进展实况以及政府有关方针政策的窗口，又可以是一个沟通国内外人才供求信息的平台。目前，国内的许多单位（包括一些驻外使领馆的教育处）都设有自己的"人才库"，但互不沟通；众多政府部门和企事业单位的主页也都有人才需求的内容，但信息零散且常常十分陈旧。因此，构建一个国内外相互联接的、权威性的海外留学人员网站，提供一个便捷的人才供求信息交流渠道，是提高海外留学人员回国与为国服务效益的一项迫在眉睫的任务。

③加大"春晖计划"等留学人员短期回国项目的资助力度

为吸引海外留学人员为国服务，国家自然科学基金委首先在国内推出了"资助留学人员短期回国工作讲学专项基金"，随后教育部的"春晖计划"、人事部的"留学人员短期回国基金"、中国科学院的"高级访问学者计划"等政策措施也纷纷出台。调研发现，这些政策、措施在海外广大留学人员中受到广泛欢迎并取得了较为明显的成效。但是，从总体来看，这些基金项目资助力度不大，受益面较窄，远远不能满足海外留学人员的实际需要。因此国家有关部门应继续增加已有项目的资助力度，还应鼓励有关地区、部门，设立相应的资助项目，以吸引更多的海外人员回国考察和交流。这些项目投入不多，但都能产生长期的、连带性的效应。

④充分发挥驻外使、领馆的作用，做好留学人员为国服务的动员和组织工作

在提高海外留学人员为国服务的效益方面，中国驻外使、领馆教育（组）的作用至关重要。调查显示，很多使领馆教育处（组）已在此方面积极、主动地做了大量工作，并取得了明显的成效。组织和动员海外留学人员为国服务是当前教育外事工作的重点之一，无论是从满足留学人员为国服务的需要，还是促进国内经济建设和科技发展的需要，均要求引起足够的重视。应将吸引和组织海外留学人才回国和为国服务作为一项长期的战略性的工作任务，适时提出明确要求并作为评价使、领馆教育处（组）工作的重要指标，要帮助他们解决工作中碰到的具体问题，包括在海外留学人员较为集中的部分地区适当增加人员编制、建立使领馆教育处（室）间的信息交流制度等。

⑤加强国际合作，采取联合行动

虽然减少人才外流和吸引人才回归和为国服务的主要工作在国内，但是国家间双边的合作和国际社会的联合行动也非常重要。人才外流与回归是一种国际现象，是内外因素综合作用的结果。因此只靠一国的工作是不够的，必须争取国际组织和人才接收国的合作。在国际贸易方面，WTO 制定有相应的规划，而在国际人才流动方面，也应要求和力争国际社会制定出相应的规则，以利于保护和提高发展中国家人力资源建设和开发的能力。同时要加强政府间双边合作，以保证中国公派留学人员的回归。此外，还应通过多种渠道，与国外人才培养和交流机构签订必要的协议或达成必要的谅解，以确保中国留学进修人员的质量和如期返国。

⑥加强留学效果的评估

建立公派出国留学评估机构或委托相关单位定期不定期地对我国公派留学效果进行评估，及时提出改进措施，以不断提高公派留学政策的科学性和留学效益。①

第四节　教育部提出"三个一流"的选派政策

2003 年 7 月 16 日，教育部提出的"三个一流"选派办法，可以说是为了落实国家"科教兴国"和"人才强国"战略，所采取的非常及时和重要的政策性措施。所谓"三个一

---

① 苗丹国、潘晓景：《教育部启动留学效益评估项目》，《神州学人》2001 年第 5 期；陈昌贵、陈学飞：《海外留学人员为国服务的效益与发展对策》，《高等教育研究》2003 年 3 月第 2 期；小英：《〈留学教育的成本与收益：我国改革开放以来公派出国留学效益研究〉一书出版》，《北京大学教育评论》2004 年第 2 期；陈学飞：《改革开放以来大陆公派留学教育政策的演变及成效》，《复旦教育论坛》2004 年第 2 卷第 3 期；陈学飞：《试论新世纪我国公派留学的指导方针及政策选择》，《北京大学教育评论》2003 年 1 月第 1 卷第 1 期；陈学飞等著：《留学教育的成本与效益：我国改革开放以来公派留学效益研究》，教育科学出版社出版 2003 年 8 月版。

流"，就是"选拔国内一流的学生，派到（海外）一流的大学和学科专业，师从一流的导师"。①为落实"三个一流"的选派政策，教育部于 2005—2006 年期间组织部分教授和中国驻外教育参赞进行了专题性研究与论证，并就"三个一流"政策所具有的现实意义、在外留学人才的基本状况、发达国家所能够提供的实施条件以及应当配套实施的相应政策措施等问题，形成了一些基本的思路。

一、"三个一流"选派政策的现实意义

（一）中国高水平人才仍然紧缺

1978 年中国实行改革开放以后，出国留学活动快速发展，相关政策法规日臻完善，逐步形成了公派和自费多种渠道并存，多层次、多学科、多领域出国留学的格局与学成后回国工作或以各种方式为国服务并举的局面。进入本世纪以后的几十年时间里，将是中国经济、科技、教育与社会发展的重要机遇期，也是进一步深化体制改革，推动出国留学活动，逐步优化国内用人环境的重要时期。但是近 30 年以来，中国高校的学科建设、学术水平与世界先进国家相比仍然还有比较大的差距，对经济建设、社会发展和科技进步等领域的知识贡献率还比较低，特别是高校教师队伍的整体素质和创新能力还不能完全适应新形势的要求。高水平、高层次人才紧缺，已经成为制约中国科技进一步发展，影响建设高水平大学的"瓶颈"。按照国际公认的世界一流大学标准衡量，即便是中国最好的大学在许多方面与世界著名大学相比也还存在很大的差距：如师资队伍中是否有一批世界大师级学者；是否拥有一批世界领先水平的学科并吸引大批国外留学生；科研能力是否引领世界潮流并产生划时代意义的成果；能否培养出有重大影响的杰出人才等等。而要在上述诸方面尽快缩小与发达国家的差距，就需要在高校和科研机构聚集一大批掌握国际先进知识和技能的、具有国际眼光和对话能力的高层次人才；这些人才应该是未来潜在的国际大师级学者，应该具有带领中国一批学科、领域和大学跻身于世界一流行列的能力。

（二）中国高层次人才流失严重

从人才流动的规律来看，中国作为发展中国家，一方面国内持续发展对高素质人才的需求旺盛；另一方面，与发达国家相比，在人才争夺上明显处于劣势地位，导致人才流失严重，高层次人才明显匮乏。在这样的形势下，"三个一流"政策的提出就显得更有必要、更为迫切和更加及时。在知识创新、科技创新、产业创新不断加速的时代背景下，综合国力的竞争就是对人才的竞争，特别是对掌握先进科学知识、尖端科学技术的高层次人才的竞争。凝聚和争夺大批优秀人才，以满足支持经济社会发展所必须的人才资源的需求，已成为世界各国发展的首要战略。要加快实现中国快速发展的中长期目

---

① 章新胜：《30 年留学的历程与成就》，《神州学人》2008 年第 5 期第 4 页。

标，就必须从战略高度大力培养造就能顺应时代发展要求，具有国际先进知识和广阔的国际视野，精通国际运行规则，具有与时俱进、开拓创新能力的高素质高层次优秀人才。国家公派出国留学政策承担着为国家培养高层次留学人才的战略任务，需要瞄准国际一流水平的目标。当今世界，在国际范围内围绕着人才的竞争日趋激烈；人才资源作为最重要的战略资源，在综合国力竞争中具有决定性的意义。然而，市场法则又决定了人才流动的非均衡性。由于世界各国经济社会发展的不平衡，发达国家利用其资金实力和科研环境的优势占据了主动地位。尽管如此，许多发达国家仍然在制定并不断修改着吸引人才的政策措施。几乎所有发达国家都制定并实施了为本国吸引高层次人才办理工作许可和加入国籍的优惠政策。

（三）中国优秀本科生人才遭遇争夺

需要特别关注的是，对人才的争夺，还体现在向前延伸到争夺优质本科生源，并在大学教育和研究生培养领域表现得也十分突出。如欧盟现在执行的"伊拉斯谟——蒙杜斯——中国窗口计划"，名为对中国开发人力资源的经济援助，实质上是在吸引中国优秀的本科毕业生到欧盟国家的大学学习；一是为了树立欧盟作为"世界教育中心"的形象，以抗衡美国；二是为欧盟国家培养优秀人才。再如建于 1425 年的一所比利时著名大学，于本世纪初就开始实施一个奖学金项目，即每年资助从北京大学、清华大学、复旦大学和浙江大学挑选的各 2 名社会科学和自然科学的优秀本科生到该校攻读博士学位，此举的目的显然是看重中国优秀本科毕业生的人才资源，旨在吸引和继续打造优秀人才，并扩大该校的影响。因此，在这场人才争夺战中，中国必须迅速采取强有力的措施，培养、吸引和拥有自己的高层次、创造型优秀尖子人才，成就中国的强国之梦。

（四）为中国培养一流人才的任务十分紧迫

进入 21 世纪，能否培养大批具有创新能力、具有良好的道德品质和社会适应能力的人才，成为国家未来竞争力的关键。21 世纪是知识经济蓬勃发展的世纪，经济增长的支撑点转移到信息、新材料、生物技术产业、新能源和环保产业、航空航天产业、海洋高技术产业等高科技产业，而中国在这些领域的高级人才明显不足。同时，加入 WTO 后，中国在国际贸易、金融保险、社会服务等领域熟悉国际运作规则的人才偏少，远不能满足需求。国内发展对各类高层次人才的强烈需求对新时期的出国留学政策提出了新的要求。这就要求一方面要立足本国，重点培养高素质的本土优秀人才，另一方面要加大优秀人才选派出国留学的力度。高层次人才是中国经济、社会持续发展的重要保证。正如温家宝总理在全国政协 2006 年主办的"21 世纪论坛"开幕式上所说，推动经济社会全面协调可持续发展，教育是根本，人才是决定性因素。改革开放以来的出国留学活动，在培养高素质人才方面作出了重要贡献；促进了中国的学科建设和高等教育水平的提高，提升了中国的整体科研实力，与国际科研、教育机构建立了广泛的联系，储备了一支能够为国家建设提供一定支持的海外人才队伍。因此，确定"三个一流"的公费留学选派政策是必要的，是对几十年来中国公派留学政策的经验与教训的总结；既适应了中国留学教育发展的实际需要，又符合国际留学教育的发展趋势，应该成为新时期中国公派出国留学事务的指导方针。"三个一流"政策的提出与确定，对于探索国家公派出国留学工作机制改革的新思路，为全面建设和谐小康社会提供各类高层次人才保障和智力支持具有重要意义；同时对于进一步做好国家公派出国留学事务的选派、服务和管理，不断提高国家公派出国留学的质量和效益，提出了新的要求。

（五）落实"三个一流"政策需要务实精神

中国曾经制订过很多人才培养的计划，虽然没有明确提出"三个一流"，但其中也不乏许多将优秀人才送到世界领先学科研修的项目，为国内培养了一批杰出人才。明确提出以"三个一流"指导留学生选派事务，与以往项目的最主要区别在于选派目标的全面提升。但是"一流的学科专业"不只局限于一流的大学和科研机构，有时准一流的、甚至二流的大学和科研机构也有位居世界前沿的一流的学科及其研究方向。在这类学科中，有传统的优势、深厚的积淀、优良的学风、精良的装备、健全的体制、有效的机制，更为主要的是有一流的学科带头人——一流的导师。这些导师一般都有广博的理论知识、深厚的专业知识、创新的思维理念、先进的管理经验，掌握了科学的研究方法、最先进的研究手段。真正一流的学生，即那些高品质、高智商、高情商的学生，能够在一流导师的指导下，少走弯路并避免低水平的重复性探索。虽然人才需要依靠内、外因的条件；科研成果的积累与突破更是需要具有"耐得住寂寞"、"坐得住冷板凳"的踏实刻苦和钻研精神，以及及时捕捉住灵感闪现的"顿悟"。但明确提出落实"三个一流"政策，至少可以提供现有情况下最佳的环境和人员条件。因此在同等条件下，落实"三个一流"政策可以使人才更快地成熟、成长，同时有助于中国的学术思想、基础理论和研究方法上的创新，提升学科建设和科研水平，使一些学科达到国际领先水平。

（六）落实"三个一流"政策所具备的国内条件

改革开放以来，中国在国家公派留学管理上取得了丰富的经验。从派出人员的选拔、培训，到派出后的管理和服务，建立了相应的机构和一整套比较成熟的服务程序和管理办法。此外，随着改革开放的深入、综合国力的增强、科教兴国战略和人才强国战略的实施，国内已经具备了以往不具备或不够充分的条件，主要表现在以下几个方面：一是随着改革开放的不断深入，国民经济持续健康稳步发展，综合国力空前提升，教育、科技取得了长足的进步，国家的竞争能力大大提高；国家财力增强能够支持并提供较好的条件，选派更多的优秀人员出国深造。二是改革开放以来，中国教育事业从规模到质量都发生了巨大的变化；随着义务教育的普及、整体基础教育水平的提高以及实施"211 工程"和"985 工程"以来高等教育质量的提升，使国家能从众多的优秀学生中，选拔出更为出色的学生，去国外接受高水平的教育。三是教育合作与交流的开展，使国外高水平的大学和研究机构愿意接受中国留学人员；随着中国与国外教育交流的深入，国内高校与国外很多高水平的大学建立了广泛的合作与交流关系；中国学生勤奋、聪明、吃苦、耐劳的品质以及各方面出色的表现，也给国外的学校留下了深刻的印象，国外很多学校都把中国学生作为重要的国际学生来源。

二、中国在主要发达国家留学人才的基本状况

1. 改革开放至2005年期间，中国赴美留学人员累计已超过30多万人，2005年在读的各类留学人员约8万余人，其中国家公派生占3%，单位公派生占26.6%，自费生为70.4%。在美留学人员已成为中国最大的海外人才库。进入21世纪以后，中国每年还选派数以千计的各级各类在职管理干部和专业人才赴美培训，其中哈佛大学、耶鲁大学、伯克利加州大学、洛杉矶加州大学、乔治城大学、马里兰大学、芝加哥大学等名校已成为中国管理人员研修培训的重要基地。以华盛顿馆区的知名院校约翰霍普金斯大学为例，该校已有中国留学人员900人就职，担任助理教授以上的中国学者超过50人，其中正教授近10人。在华盛顿馆区的优秀留学人才当中，有十几位中国科学院海外评审专家和国家自然科学基金委资助的一批海外学者，以"候鸟式"、"哑铃式"等多种方式为国内服务。另外，马里兰大学、约翰霍普金斯大学等高校成立了中国教授联谊会，国际货币基金组织、世界银行成立的中国职员协会开展各类学术交流活动，为推动与国内高校和科研单位的交流与合作发挥了积极作用。此外，一批优秀人才陆续回国工作：如内布拉斯加大学医学中心的一位教授，在上海合作创建了上海中信国际生物技术研究院及生物制药公司，融资11亿元人民币，使该领域的生物高新技术处于国际前沿；内布拉斯加大学计算机信息专业石勇教授近期回到中国科学院研究生院，在国内创办最新的信息挖掘技术实验室，为国内超大型信息处理、管理，国内银行信用系统的建立和管理提供最新的技术手段；陈十一教授是约翰霍普金斯大学工学院系主任，同时也是北京大学的"长江学者"，帮助北京大学筹建工学院并担任负责人；早年毕业于普林斯顿大学的纽约州病毒研究所首席科学家黄文林博士，自愿放弃在美国的高薪待遇，卖掉公司股份，带着潜心研究多年的技术成果和50多万美元的个人资金，于2001年回到国内并在广州留学人员创业园区创立了高技术公司——广州达博生物制品有限公司，同时兼任中山大学肿瘤防治中心教授；生物学家黄文林1996年在普林斯顿大学分子病毒学实验室工作时，首次证实了腺病毒早期基因可同时利用两种聚合酶合成，此结论推翻了一个病毒基因只能利用一种RNA聚合酶合成的传统学术观点，为开发抗病毒药物以及疾病的基因治疗提供了理论依据，该成果获得1996年美国微生物年会杰出成就奖，并促使黄博士进一步开展病毒基因的调控研究，在肝癌和肺癌的治疗方面取得重大成果，明显提高患者的生存率，其系列成果在美国和中国各获得三项专利，回国后获得科技部两个"973"项目，两个"863"以及广东省重大攻关项目，科研经费总额达1200万元人民币，研究项目"抗肿瘤血管生成内皮抑素腺病毒"作为国家生物制品一类新药获得国家临床试验批文，成为中山大学第一个自主知识产权的创新药物；早年毕业于美国伯克利加州大学，现任耶鲁大学分子、细胞和发育生物学系终身教授、著名生物学家邓兴旺先生，现为北京大学"长江学者奖励计划"特聘教授、北大—耶鲁联合植物分子遗传与农业技术中心主任、中国科学院海外评审专家，长期从事植物分子遗传及生理学方面的研究，多次在《细胞》、《科学》、《自然》等世界权威刊物上发表很

有影响的学术文章，并因在调控植物光形态建成的有关基因研究中取得杰出成绩，荣获美国"总统青年教师奖"，2003年获得世界植物分子生物学领域最重要的Kuhmo奖，他所领导的实验室所取得的成果处于世界领先水平，其研究成果已成为行业标准。

2. 从1978年至2005年期间，赴日各类留学人员近13万人，其中已有2万余人完成学业回国工作。在日本获得博士学位后回国工作的人数占中国在各国获得博士学位后回国工作人员总人数的50%左右。另据不完全统计，改革开放以来从日本留学回国后担任副部（省）级以上领导职务的有5人；担任大学正校长的有5人；被选为两院院士的有6人。另外，在日本留学后就职的中国各类留学人员有1万余人；其中获得博士学位后在日本就职者有3000人左右，在日本国公私立大学达到副教授及以上职位者达800余人；他们积极响应国家的号召，采取各种方式为国服务。

3. 进入本世纪以来，俄罗斯高校招收了越来越多的中国应届高中毕业生；仅2003—2005年期间，在俄罗斯全日制高等学校学习的中国留学生数量，已经从9千多人增加到1.25万多人；排名仅次于哈萨克斯坦，居第2位。作为高层次公派留学生，从2002年底至2003年，中国陆续派出了第一批音乐、美术和舞蹈等艺术类项目的留学人员近150人。其中，音乐类全部分布在莫斯科柴可夫斯基音乐学院、莫斯科格涅辛音乐学院、圣彼得堡音乐学院、莫斯科师范大学、圣彼得堡赫尔岑师范大学和莫斯科文化艺术大学等6所院校；美术类分布在圣彼得堡列宾美术学院、莫斯科苏里科夫美术学院和莫斯科师范大学；舞蹈类就读于莫斯科舞蹈学院。截止2005年，赴俄艺术类项目共计派出三批210余人，其中130余人已学成回国，绝大多数是中国高校的中青年骨干教师。如来自中央音乐学院的金京春在莫斯科格涅辛音乐学院攻读硕士学位期间，师从俄罗斯著名双簧管演奏家、教育家普谢契尼科夫院士，演奏水平提高得很快，在2005年4月俄罗斯圣彼得堡市举行的第一届里姆斯基科萨科夫国际管乐比赛中取得优异成绩，荣获双簧管专业第三名，是中国双簧管选手有史以来首次在欧洲顶级管乐比赛中获奖。也在上述学院攻读硕士学位的大提琴手刘蔓赴俄留学1年半后，专业演奏水平得到了较大的提高，在2005年8月奥地利举行的第12届勃拉姆斯国际音乐比赛大提琴专业组中，取得了第四名的好成绩，成为该奖项惟一获奖的亚洲选手，也是历届勃拉姆斯国际音乐比赛中第一位来自中国的大提琴获奖者。在国内已是山东艺术学院小提琴教授的刘玉霞老师，赴俄后师从俄罗斯著名小提琴家布拉多夫教授，并得到了专门为她设计的训练方法教学，演奏技能迅速提高，先后在莫斯科"舒瓦洛夫"音乐厅成功举办了3场独奏音乐会，受到俄罗斯有关专家的高度肯定。据不完全统计，2003—2005年期间，中国留俄艺术类学生在莫斯科和圣彼得堡举办画展、音乐会、作品演奏会近30场，普遍受到了好评。

4. 随着改革开放的推进，中法两国间教育交流取得丰硕成果，两国间高等文凭互认协议的签订，更为中国学生赴法学习提供了保障；中央学校的"4＋4"项目、巴黎高科的"9＋9"项目的成功实施，不仅使得两国大学的交流层次有了很大提高，更为中国留学生到法国优秀大学学习提供了很好的机会；2005年开始实施的"UT—INSA"项目第一批博士研究生已经开始在法国的学习，与法中基金会共同资助的赴法博士后项目也于去年正式启动；中法合作的人才培养已呈现出多渠道、多层次、多学科的良性发展势头。在驻法使馆教育处的倡议和推动下，留法学者于 1999 年成立了支持贵州建设服务团，通过实地考察后提出了"人才＋项目"的培养模式，在教育部及国家留学基金委的支持下，已先后有 30 多位贵州的科研骨干经留法学者推荐公派赴法进修并被派到了高水平的学校和科研单位，师从具有高水平学术造诣的导师，从事紧缺专业的学习和研究工作；其中有 15 人在进修期满后继续攻读博士学位，已有 4 位以优秀成绩通过博士论文答辩并回贵州工作；支持贵州建设服务团多年来的实践和创新，不仅取得了明显的成效，而且为探索和落实新的留学政策积累了宝贵经验。

5. 改革开放以后，留学德国群体也出现了一批"一流"人才：如现任全国人大常委会副委员长、中国科学院院长路甬祥院士，科技部部长万钢博士，教育部原副部长、中国工程院韦钰院士，北京理工大学校长匡镜明教授；西北大学早期生命研究所所长、"长江学者"舒德干教授，曾先后在德国波恩大学、维尔茨堡大学作博士后和洪堡学者，其研究成果荣获 2003 年度国家自然科学奖一等奖，第二届"长江学者成就奖"一等奖，并获得"全国杰出专业技术人才"、"全国优秀科技工作者"、"全国优秀留学回国人员"等称号；现在德国海德堡大学从事研究工作的潘建伟，因在量子信息领域的杰出贡献，2004 年连续获得欧盟的玛丽·居里奖、洪堡基金会索非亚奖和德意志研究联合会尼托奖，总奖金达 333 万欧元，还分别三次入选欧洲物理学会和美国物理学会评选的年度十大进展，1998 年其成果被《科学》杂志评为年度国际十大科技新闻，1999 年其论文与爱因斯坦等世界著名科学家的论文一道入选《自然》杂志的物理学百年经典；现任柏林德国心脏中心外科医院副院长的翁渝国教授，1987 年以来作为主刀在胸部和心血管外科方面完成了一万余例心内直视手术，其中心脏、肺及心肺移植手术达 1000 余例，是目前世界上做心脏辅助装置最多的心脏外科医生，也是世界上第一个成功使用小儿心脏辅助装置的外科医生，在给 600 余例因心脏衰竭而临终的病人安装心脏辅助装置方面，成功率在 80% 以上；在德国，还有张建伟、孟丽秋、辜学武等一批在大学任教、任职的华人终身教授，也都为中德教育交流和为国服务作出了积极贡献。中国留学人员是德国最大的外国留学生群体，也是在德国从事科研、攻读博士学位等高层次人才人数最多的群体。截止 2004 年的统计，在德国各类高等院校正式注册的中国学生，共有 25000 多人；加上在各大学和科研院所进修、合作科研的各类科研人员等，德国共有 3 万多名中国留学人员，其中 70% 以上为攻读硕士或博士学位者。近几年来，在中国驻德使馆教育处的支持和指导下，在德中国留学人员和华人学者相继成立了物理、化工、经济、计算机、生物医学、机电等专业学会，2002 年 10 月又成立了"中国留德学者学生团体联合会"；各专业学会和团体联合会集聚了各个领域的高层次人才，他们还与德国学者定期开展学术交流活动，研讨国际科技发展的最新动态，与国内同行进行多种形式的合作科研，采取多种形式为国服务。

6. 英国是中国留学人员的主要目的国之一，2005 年时英国有各类中国在读留学人员 8 万人左右。此外，已经有约 6000 名中国留学人才活跃在英国各行各业，他们获得博士或硕士学位后，经过长期的努力，不少人已经在英国高校、科研院所和大型企业成为骨干力量或领军人才；其中，有近 70 位留英学者取得了英国大学的教授席位，如布鲁内尔大学副校长宋永华教授、牛津大学崔占锋教授、剑桥大学杜明清教授等人；还有一些学者创立了自己的企业、公司，或成为跨国公司的高级管理和技术人员；这些留英学者有很高的学术水平，并且爱国热情很高，是留英学者以多种形式为国服务、加强中英教育交流与合作、培养高层次创新人才可以依靠的重要力量。英国在华签证处 2007 年发放了约 2.3 万份学生签证，学生签证申请人比 2006 年增加了 21%；2008 年一季度的学生签证申请人增长了 61% 以上。

7. 就人数而言，到瑞典的中国留学生是一个规模不大的群体：截止到 2005 年底在中国驻瑞典使馆教育处注册登记的各类留学人员累计数为 4500 多人，其中国家公派和单位公派人员约占 30%。但从质量上看，留瑞中国学生、学者具有以下特点：一是留学层次高——由于瑞典高等教育学制和语言限制等方面原因，来瑞典攻读本科学位比较困难，因此中国赴瑞留学生以攻读硕士和博士学位的人员为主，约占留学生总数的 95% 以上。二是留瑞学者素质高——在瑞已取得稳定职位的留瑞学者已超过 500 多人，并均在著名高校或大公司任职，具有较高的业务素质和科研能力；其中在著名高校中取得正教授职位的有 24 名，在高校及企业担任副教授、研究员、公司部门经理等人才约百余人，被中国科学院聘为"海外评审专家"的有 6 人，被教育部聘为"长江学者"教授的有 5 人，受聘人数占留学生总数比例高于其他国家。三是回国和为国服务的热情高——从 2000 年至 2005 年，瑞典留学生回国人数整体呈逐渐上升趋势，已连续五年出现当年回国人数超过赴瑞留学人数的现象。在留瑞学者群体中也有一些拔尖人才：曾任科技部部长的徐冠华于 1979—1981 年在瑞典斯德哥尔摩大学遥感专业进修，是中国改革开放初期最早一批公派出国的访问学者。1984 年 3 月—1985 年 6 月时任上海工业大学资深教授的徐匡迪应邀到瑞典著名的兰塞尔公司工作，由于其过人能力和出色成果，先后担任了该公司的总工程师和负责技术的副总经理，并带领和参与该公司击败了该领域内来自德国和日本的强劲对手，获得了北海石油的管理开发权，此后，他又拒绝了该公司的高薪挽留而如期回国，并先后担任上海市长、中国工程院院长和全国政协副主席。留瑞学者孙立成是大连理工大学培养的博士，其后曾在德国的大学和研究所作过博士后研究；1997 年开始先后在瑞典皇家工学院和斯德哥尔摩大学任教并从事研究工作，主要进行人工光合作用研究；经过严密论证，他提出了人工光合体系，对人类利用生物工程将太阳能直接转换成燃料有着重要的科学意义，该研究课题以其独特的新颖性获得国际科学界的重视；2002 年夏季，瑞典斯德哥尔摩大学化学系新设立了分子电子学首席教授席位，并组织了面向全世界的公开招聘；来自美、欧各国包括孙立成在内的 12 名竞争者参加了激烈的角逐；经过国际专家评审，孙立成在通过两轮筛选后战胜其他竞争者脱颖而出，以优异的学术成绩最终获得了终身首席教授职位。1988 年毕业于浙江大学的何赛灵，1991 年获瑞典皇家工学院工学博士学位，随后在该学院获聘副教授及终身职位；1992 年以来，何赛灵在国际一流期刊上共发表了 200 多篇文章和 1 部专著，并申请了约 20 项专利；1999 年 5 月，作为"长江计划"首批特聘教授，他应聘回到母校浙江大学，从零开始筹建"光及电磁波研究中心"，致力于光子晶体及其在光通信中的应用、纳米光集成、光电磁在生物医学中的应用等光与电磁波的高科技前沿研究；经过努力已经建立了一支有着浓厚学术气氛的、由包括硕士和博士研究生在内的 100 余人组成的科研队伍，和拥有价值数千万人民币实验设备的实验室；研究中心与瑞典皇家工学院联合举办了光子学硕士班，并以招收国外博士生、举办高水平国际研讨会、邀请海外知名学者来访交流、走出去做学术报告等多种形式，开展着活跃的国际交流与合作；该中心获得了科技部"973"重大基础研究项目"新型人工电磁介质的理论与应用研究"的资助，并在浙大信息学院 16 个研究单位中连续两年人均学术积分名列第一。

8. 中国每年派往比利时的公派留学生、学者并不多，从几名到十几名不等，但其中同样有不少杰出的留学人才。如，原中国最高人民法院副院长、审判委员会委员、一级大法官、现最高检察长曹建明，就曾以校际交流进修生身份到根特大学法学院学习国际经济法。1983 年公派赴比利时让布鲁农业学院攻读博士学位的章力建，1988 年回国到中国农科院任副院长，后担任生物技术研究中心博导、中国农科院研究生院常务副院长，还曾任国家"863"高技术攻关项目合作单位负责人，与清华大学合作，首次利用超声波原理把外源基因导入植物，获得了大批烟草转基因植株及其后代，为植物基因导入开辟了一条新途径；经专家鉴定，该项成果属世界首创，达到国际先进水平。曾在比利时蒙斯爱诺大学做过博士后研究的帅志刚和布鲁塞尔自由大学的高级研究员康顺都曾入选中国科学院"百人计划"；后者放弃国外大学资深科学家的待遇，回国工作、创业，担任了大连理工大学特聘教授和多所大学的兼职教授，并创建了尤迈克软件公司，被评为优秀回国创业人员。

三、为落实"三个一流"选派政策需要配套实施的若干措施

有关学者和驻外使、领馆参赞认为，根据通过公派留学方式为中国培养高层次人才的政策要求和借鉴几十年以来公派留学的经验与教训，并结合留学生活的特点以及国外优质教育资源状况，应在现有政策的基础上，进一步强化国家的宏观指导原则和项目单位的执行责任，并对加快高层次人才、即一流人才培养的目标与计划制定配套实施的相应措施。按照这一思路，需要审视现行的选派机制和办法，根据发展变化了的新形势，坚持被实践已经证明的正确的做法，改革不适宜的机制，以适应国家建设对培养高层次高素质优秀人才的需要，争取把握住优秀人才国际竞争的主动权。鉴于"三个一流"政策属于一个完整并复杂的体系，涉及到诸多方面的利益与关系，因此需要不断完善、调整和建立一些新的配套措施：

1. 优先扩大博士后选派规模。中国业已建立并完善了各领域的博士研究生培养体系，每年有大批的博士毕业生进入教学、科研队伍，并成为国家教育、科研领域的中坚力量。应根据国内外有关政策规定，有针对性地选择相关教学与科研项目，有目标地从事博士后教学与研究工作。博士后公费留学期限设定为 1—2 年，出国前安排好被派遣人的回国工作单位，确定工作领域和方向，双方签订协议；单位根据国家选派重点领域和人才培养规划，确定派遣方向和研究领域，并负责博士后派遣生在国外期间的业务指导和联系。

2. 适度选派并合作培养博士研究生。主要应采取三种模式，一是"强强合作"，二是

"强项合作"，三是"校研合作"，即同有相应学术资格的重要科研院所合作。

3. 设立一流研究型院校青年骨干教师培训项目。为保证派出一流人才的质量，建议设立"一流研究型院校青年骨干教师培训项目"，从国内一流研究型大学选派骨干青年教师到国外一流院校学习、合作科研，国家从资助经费和选派形式等方面予以重点支持与协助。

4. 设立"海外留学咨询专家系统"。聘请一批海外知名学府中原籍是中国的教授为咨询专家，请他们提供接受中国留学人员单位的优势专业和指导教授的水平和能力的咨询意见。生活在海外的原中国籍教授常年在教学和科研一线工作，熟悉本校以及自己研究领域的状况，他们提供的咨询意见会有比较可靠的参考价值。"海外留学咨询专家系统"可以按照不同国家或地区组成数个子系统，由各驻外使、领馆教育处、组推荐，模式可以参考中国科学院和国家自然科学基金委的"海外评审专家系统"。

5. 建立"优质留学资源信息库"。在设立"海外留学咨询专家系统"后，根据咨询专家提供的信息和其他信息，建立"优质留学资源信息库"，积累国外"一流学科专业"和"一流导师"的资料和数据，为留学当事人和改进留学管理与服务质量提供不断更新的信息服务。

6. 拓展与中外重点大学和知名学者在高层次人才培养和高水平科研领域的合作项目。尽量克服当前由于选派机制的原因，造成部分人员盲目对外联系，出现学习研究不够对口、留学效益不高的现象；求真务实，宁缺毋滥，使合作向深度和广度发展。按照已被审定批准的重点合作项目，将具体选派人员的责任和合作方式交给大学，在执行项目单位的管理下，增强合作教授的责任感，减少出国的盲目性，加强合作的针对性，进一步提高留学的质量和效益。

7. 追求国家效益的最大化。国家公派出国留学人员的实质是一种"精英教育"，是国家根据社会、经济、文化、教育、科技发展的需要培养国家急需的高层次人才。一般来说，国家需要分为紧迫需要和一般需要、当前需要与长远需要等等。尽管国家公派应当着眼长远，兼顾一般，但最重要的是要力求满足国家最紧迫的需要；应当着眼全局，注重公平，但在相当长的时期内，则应当突出重点，坚持效益优先的原则。面对激烈的国际人才竞争的严峻形势，国家公派出国留学项目应根据国家实施人才强国战略对重点学科领域高层次紧缺人才的需要，体现国家宏观重点建设项目对人才的需求；选派国家水平队，并充分利用国际上优质教育和科技资源的条件，为国家培养重点、急需、紧缺的高层次优秀人才服务。应体现当前和长远国家的重点需要，体现国家的最高水平，追求国家的最大效益。基于地区之间社会、经济、教育、科技、文化发展不平衡等现状，为实施国家总体发展战略，对西部等特殊地区实施特殊政策也是必要的。但是，在国家公派出国留学项目中，应必须坚持"精选精派"、"优中选优"、"学以致用"等原则，而不能再搞一般性的照顾。

8. 建立科学甄别和严格遴选公派出国留学人员的机制。贯彻"三个一流"，其中首要的问题是如何甄别和遴选一流人才。是不是一流大学和研究机构的就一定是一流人才，而二流的地区和单位就没有一流人才，一流人才和国家急需人才的标准是什么，又如何评定等等，需要建立起科学的甄别和遴选公派出国留学人员的机制。一方面要做好公派出国留学人员的计划工作，自下而上地广泛了解实际需求，并组织行内专家进行论证，确保在急需的专业和方向选择；另一方面，要严格实行和进一步完善匿名评审制度和专家组评审制度，制订科学的公派出国留学人员的学术评价指标体系，确保派出一流的人才。

9. 加强驻外教育处、组的服务与跟踪。做好为在外优秀留学人员的服务工作，始终应该是驻外教育处、组的"重中之重"。驻外使、领馆教育处、组身处高层次留学人才培养、跟踪与引进的前沿，对于实施"高层次创造性人才计划"，积极探索新思路，充分发挥所在国的资源优势，为培养高层次、高质量的创造性留学人才的计划提供条件，加快高层次人才培养，建设一批国际知名的高水平研究型大学，进而服务于国家科教兴国和人才强国战略负有重要的责任；认真研究和扎实落实"三个一流"的政策精神，充分利用国外优质教育资源，帮助培养一批高科技人才，是中国驻外教育处、组在一个较长时期内的重点工作和重要任务。要与留学人员保持经常联系，定期征求他们的意见和建议，登门拜访或邀请他们到教育处做客，协助他们与国内建立联系，为他们回国和为国服务创造条件、提供方便。要不断进行相关调研工活动，并根据近几年来各调查机构对国外高校、学科进行排名的情况，同时考虑各有关高校现状与发展潜力，进行了综合分析，以便为国家公派留学人员选择"一流专业"和师从"一流导师"提供准确信息。

10. 改革并制定选拔"一流学生"的程序、条件和方法。可研究考虑在现有工程院、科学院院士、教育部特聘教授、中科院"百人计划"入选人员所带的研究生中挑选"一流学生"，因为获得这类研究生资格实属不易，已经经过了激烈的竞争或严格的考核和筛选。

11. 提高派出学生和国内导师的积极性。院士、特聘教授、"百人计划"入选人员都承担着很多教学任务、科研课题和管理职能，他们所带的研究生都是其工作的骨干和助手，也担负着学习、研究和其他工作。作为学生，谁都渴望获得开阔视野思路、了解最新研究动态，进行高层次国际学术对话交流的"充电"和"加油"的机会，但问题是如何解决好"工作"和"研修"的矛盾。在这种情况下，能赢得导师的积极支持是关键。而要导师做出"割爱"与"牺牲"，一是要确保接收留学生导师的水准，尽量将国内的研究与国外的研修任务紧密结合，使国内导师在学生留学期间就可以受益；二是要确保学生在研修结束后回到导师身边，保证导师所带领队伍的合理梯队结构。由于研修单位由学生选择，经导师审定，前者的质量应该可以令导师满意，而后者则需要以项目管理制度措施予以保证了。

12. 提供优惠的待遇和优厚的研究条件。一流的人才应当拥有一流的待遇，在国家基金紧张和支持力度有限的情况下，也应当突破常规的管理方法，考虑较大幅度地提高"奖学金"的标准，用以吸引优秀人才加入这一项目。在科研收获上体现出"出国就是比不出国好"，而在其他待遇方面做到"出国不比不出国差"，这样将有利于有效调动派出学生和国内导师的积极性。

13. 完善人才工作的体制和机制。从大多数"一流"人才的成长周期来看，他们无不经过了几年、十几年甚至更长时间的奋斗与磨炼，才能脱颖而出。"三个一流"的政策目标，就是要将最好的预备人才置于适宜的环境中，使他们尽早成为可用之材。人才工作的活力取决于体制和机制，完善人才工作的体制和机制，对实施人才强国战略更能起到根本性、全局性、稳定性和长期性的作用。深化人才工作的体制改革，就要建立充满生机和活力的人才工作体制和机制。"三个一流"政策正是完善高层次人才培养体制和机制在公派出国留学事务中的具体体现。

14. 定期进行留学效益评估。对那些已经确立的合作培养项目要由国内外专家评审小组定期进行项目效益评估，以便能够根据国家需要，在专业、人员等各方面及时做出调整，真正使留学人员"来有所学，学有所悟，归有所用"；对接受项目派遣并学成回国人员也要加强跟踪调查，反馈学习效果和相关信息。①

第五节　公派留学附属事项审批制度的改革：公派出国留学人员改用因私普通护照及"JW系列出国留学行政审批表格"相继自动取消

一、公派出国留学人员改用因私普通护照

为了适应改革开放的新形势和出国留学工作发展的需要，理顺关系，并参照国际通常作法，国家教委、公安部、外交部联合下发了《关于公民出国留学持用因私普通护照的通知》（教留［1993］50号），决定自1993年11月1日起，国家公派和单位公派的出国留学人员，原则上均持用因私普通护照。

二、"JW系列出国留学行政审批表格"相继自动取消

实行改革开放并扩大派遣留学人员政策以后，随着留学人员的增加与留学形式的多样化，以及与留学相关行为的不断出现，国家教育部即原国家教委为了行政审批、提供服务、政策管理和调查统计的方便，或者说是为了"对留学活动管理的规范和有序"，曾先后于上世纪80—90年代期间，统一设计、印制和发放了一系列"留学管理类行政审批表格"。

显然是为了称谓和使用上的方便，当时的设计者也一定是预见到了将会不断出现新的"行政审批事项"，因此在每一类表格前都冠之以"教委"汉语拼音的第一个字母——JW，后面再加上按照一定规则排序的阿拉伯数字作为代号，从而形成了一个涉及到留学事务的"JW系列行政审批表格"。每种表格均设计为一式3—4联并具有复写功能，大致上是申请人单位、教育行政管理机构和国外使、领馆等部门先后分别审批并保留一份备查。

"JW系列行政审批表格"主要用于以公派出国留学及相关行为的行政审批事项，也有

---

① 本节参见《神州学人》2005年11期—2006年3期。

个别属于"申请来华留学"和"自费出国留学资格"的审批。

"JW 系列行政审批表格"的种类和用途如下：

1. JW—101 表——未见有文献记载，空出此号的原因不详。

2. JW—102 表——《单位公派出国留学人员登记表》，① 用于单位公派留学人员的申报、审批和统计。该表设计有统一编号序列，并按各单位申报以及教育部审核后的计划数量发送各省市、部委以及有出国任务审批权的单位。为控制赴美留学人员的增长，曾一度在该表上方加盖"美国"的油印标记章，并规定只有某一编号段内的表格为赴美留学登记表。单位公派出国留学人员由各部委自行审批后报教育部备案。实行"公派留学人员改持因私护照"等宽松政策以后，JW—102 表即停止使用，其原有功能改由 JW—108 表替代。

3. JW—103 表——未见有文献记载，空出此号的原因不详。

4. JW—104 表——《（公派留学人员）延长留学期限申请表》，②用于在外公派留学人员申请延长在外留学期限的申请与审批。由留学人员向中国驻外使、领馆领取并提出申请，使、领馆提出意见后转国内原派出单位的省部一级主管部门审批并回复。该表早已停用。

5. JW—105 表——《（公派留学博士研究生）从事国外博士后研究或实习申请表》，③用于公派留学并攻获取博士学位的留学生从事国外博士后研究的申请与审批。审批程序与 JW—104 表大致相同。该表早已停用。

6. JW—106 表——《公派出国研究生配偶申请由探亲转留学审批表》④是为解决具有一定学历层次和工作单位并以探亲名义出国的人员要求在国外转为自费或公派留学的申请和审批事宜所设计的表格，其领取、申请和审批程序也与 JW—104 表大致相同。该表早已停用。

7. JW—107 表——未见有文献记载，空出此号的原因不详。

8. JW—108 表——《公派留学人员申请护照登记表》，⑤ 用于公派留学人员申办《因私普通护照》时提交并查验，由教育部委托中国留学服务中心印制、管理和发放。该表已于本世纪以后逐渐停用，但截止本书交稿时，仍有极少部分省、市、单位或项目规定要求继续使用。

9. JW—109 表——《自费出国留学资格审核申请表（证明信）》，⑥已于 2003 年 2 月 12 日由教育部宣布正式停用。

上述表格，在以往的留学服务、统计和管理事务中曾发挥过一定的作用，除 JW—101. JW—103. JW—107 表空缺以及 JW—109 为自费留学审批事项表外，其余 5 个"JW—10×"类审批事项表均为与公派留学有关的审批表格。但随着留学活动的发展以及留学政策的逐步开放与宽松，上述表格已先后失去原有的功能而自动取消，这不能不说是一种进步，并且进步与发展的速度也是人们始料不及的。如 10 年前有人撰文介绍公派留学几种

---

① ② ③ ④ ⑥ 国家教委留学生司编：《出国留学工作文件汇编（1978—1991）》第 167—170 页、第 184—185 页、第 288 页、第 383、155、364、159、364、187—189、639—644 页，群众出版社 1992 年 6 月第 1 版。

⑤ 苗丹国主编：《出国留学工作手册（2001 年版）》第 106—108 页，北京语言文化大学出版社 2001 年 7 月版。

JW 类申请表时还曾经断言："有些仍在使用，有些现在可能遭冷遇，将来或许会重被重用。"①

第六节　改革对在美持 J—1 签证
留学人员的"豁免"政策

　　曾先后被中国教育部派往中国驻美国纽约总领馆教育组、中国驻美国旧金山总领馆教育组、中国驻美国大使馆教育处任职的陈跃先生，作为具有较长资历的教育外交官，长期从事中国赴美留学事务的管理与政策研究，并积累了丰富的体会与经验。根据这些体会与经验，陈跃撰写了一份专门的研究报告——《对中国在美 J—1 签证留学人员"豁免"政策演变之研究》，并发表在《世界教育信息》2007 年第 3 期上。征得陈跃的同意，笔者依据本书的体例将上述研究报告进行了适当的调整和修改，并将其设置为本章独立的一节——"改革对在美持 J—1 签证留学人员的"豁免"政策"。

一、研究中国政府对持"J—1 签证"留学人员"豁免"政策演变的意义

　　1978 年 12 月 26 日，中共第十一届三中全会闭幕的第四天，中国政府派遣 52 名持 J—1 签证的公派留学人员启程赴美，拉开了改革开放后向外大规模派遣留学人员的帷幕。30 年来，中国政府有关职能部门及地方政府在选拔派遣、国外管理服务、吸收和使用留学人员方面，逐步制定出了一系列政策，保证了中央政府确定的"支持留学，鼓励回国，来去自由"方针和"科教兴国"、"人才强国"战略的顺利实施。进入本世纪以后，中国领导人根据中国社会发展的需要和面临的形势，提出了树立科学发展观与构建和谐社会的目标，中国的出国留学政策必须与时俱进，为实现这个总目标服务。

　　美国是当代世界上头号科技与教育强国并实行灵活、开放的移民政策，导致中国对在美留学人员的政策性强，操作难度大。中国政府关于赴美留学人员的"国别政策"处于比较重要的地位，并始终影响甚至以此为基础来制定中国的宏观留学政策。因此，应当以中国政府对持 J—1 签证留学人员"豁免"政策的演变为切入点，研究每个时期的政策问题，以及政策的制订和实施与当时社会、政治、外交、经济和教育大背景的紧密关系，分析影响和制约政策制订和实施的因素，从而认识 1978 年以来中国出国留学政策发展演变的轨迹和规律，探索政府部门在出国留学事务中的社会管理和公共服务职能，并在此基础上提出对新形势下政策走向的思考和建议。

---

　　① 魏能涛：《公派留学几种常见 JW 表格》，《神州学人》杂志 1998 年第 8 期第 45 页。

二、"J—1 签证" 的基本内容与主要特征

1. J—1 签证是美国移民局发给外国人申请来美学习、进修或从事研究工作等的签证种类之一。美国政府规定，凡是持 J—1 签证来美的人员，在美停留期满后必须返回原所在国居住两年。由于某些原因在美停留期限需超过签证规定时间的人员，应向美国政府提出免除返回原所在国居住两年限制的豁免申请，但首先须得到原所在国政府的批准。

2. 发放 J—1 签证的对象一般系根据两国政府协议或双方校际（单位）交流协议互换的学生、学者或研究人员，资助来自双方（或一方）的政府或单位。申请签证时，须提交美方邀请单位签发的 IAP—66（DS2019）表。根据美国政府有关规定，凡是持 J—1 签证来美的上述人员，在美停留期满后必须返回原所在国，目前在美最长的停留期限为 5 年。上述人员如要在美转变身份或离开美国后再次申请进入美国，必须在原所在国居住满两年以上。申请 J—1 签证来美，即表明该签证申请人已承诺在美停留期满后，应当返回原所在国。这是 J—1 签证与其他签证的重要区别。

3. J—1 签证的限制是根据美国法律规定要求的。1948 年，美国通过了《信息和教育交流法案》（InformationandEducationExchangeAct），"旨在加强美国与其他国家人民之间的相互理解"。同年开始设立 J—1 签证。1952 年，美国通过了《移民及国籍法案》（ImmigrationandNationalityAct），后多次修订。其中 212（e）修正条款详细说明了有关"回国居住两年的限制"（twoyearhomecountryresidencerequirement）。1961 年，美国通过了《双向教育文化交流法案》（MutualEducationandCultureExchange，即 Fulbright—HaysActs），加强对外教育文化交流，目标是针对"从专制走向民主过程中的国家"。此后开始 J—1 签证的豁免。

4. 据美国政府规定，由于某些原因在美停留期限需超过签证规定时间的人员，可向美国国务院提出申请，要求免除对其回国居住两年的限制。申请豁免有 5 种方式，方式之一就是，由各国政府（或其驻外使馆）为豁免申请人向美国国务院出具"不持异议信"（No—objectionStatement），供申请人向美国务院办理豁免申请手续。

5. J—1 签证的发放范围十分广泛，并非只针对中国留学人员。美方定期修订和公布需要豁免的国家及人员的专业目录。最近一次修订是在 1997 年 3 月 17 日，涉及 102 个国家，中国列在其中。专业目录有 10 大类，中国属于将全部专业列入所需专业的 20 多个国家中的一个。一些工业发达国家虽未列入具体名单，但也需要办理豁免手续。

三、1978 年以来中国"豁免"政策演变的四个时期

1978 年以来中国"豁免"政策的演变过程大致可以分为四个时期。每个时期"豁免"政策的提出、制订和实施，都与当时社会、政治、外交、经济和教育的大背景紧密相联，都是根据中国改革开放的深入和社会主义现代化建设的需要，并伴随着中国宏观出国留学政策不断调整和发展而逐步完善的。

（一）第一个时期——1978—1984 年

1. 政策指导思想及特点

这一时期的中国出国留学政策主要是根据"广开渠道，择优选拔，保证质量，力求多派"的原则注重于迅速扩大派遣留学人员出国；在留学人员回国政策方面制订了有关留学人员回国工作分配的暂行办法，留学人员按期学成回到原派出单位工作；对在外留学人员管理中规定公派留学人员不能延长在外期限。在上述国家宏观留学政策的指导下，中国政府对赴美持 J—1 签证的中国留学人员（当时主要是公派留学人员）提出了必须按期回国服务的要求。同时，经过中美双方多次协商，中方向美方提供了对中国 J—1 签证留学人员的"所需技能一览表"，该表构成了持 J—1 签证留学人员必须回国的要求。

2. 政策出台的背景、主要内容及其影响

1978 年，中国共产党召开十一届三中全会，确立了以经济建设为中心，坚持四项基本原则和实行改革开放的政策。在开启改革开放事业的当时，人才匮乏成为制约经济社会发展的主要问题之一。教育部根据邓小平"向外扩大派遣留学人员"的指示精神，确定了"广开渠道，择优选拔，保证质量，力求多派"的出国留学选派政策。在留学人员回国政策方面，教育部于 1981 年初，向各有关部委和地方教育部门发出《关于做好留学人员回国工作的通知》，要求派出单位积极为留学人员创造回国后的工作条件，使他们能学以致用，充分发挥作用；还要求做好留学人员家属的工作，帮助解决他们的家庭困难，解除留学人员的后顾之忧。

这个时期的出国留学政策，无论从派出人数、派出渠道等方面都体现出较快发展的势头：出国留学从国家公派发展到单位公派和自费留学多种形式并举，留学生出国的渠道有所增加，出国留学生总体数量不断扩大。1978 年至 1984 年，持 J—1 签证的赴美公派留学人员有 1.2 万余人，同期约有 5700 多人陆续学成回国，并在科研、教育、生产等岗位上努力工作，成绩显著。

在这一时期，国际上以科技为先导，以综合国力为基础的国际竞争日趋激烈。作为科技载体的高层次人才成为各国争夺的对象，中国在外留学人员，尤其是学有成就的优秀人才，更是国外高校、科研机构、公司、企业和军工部门竞相追逐的目标。另一方面，由于"文革"10 年中，中国同西方的交流不多，对于国外学校的情况，以至如何派遣和管理留学生等事务，缺乏深入了解，对留学人员学成后按期回国中可能遇到的问题估计不足。一些公派（以持 J—1 签证学生为主）留学人员延长学习期限的现象开始出现。教育部在1981 年初印发的《关于做好留学人员回国工作的通知》中规定，公派出国进修人员的在外学习期限为 1 至 2 年，一般不攻读学位；不得改读研究生和延长年限；对极少数确因课题等需要延长在外学习时间的，经教育部批准同意后，可延长半年以内；学习期满后，不得申请留下工作。这些延期并滞留下来的公派留学人员由于持 J—1 签证，随即遇到了美方法律规定的"J—1 签证留学人员学成后必须回国服务两年"的约束。这种约束主要是针对受双方政府经费资助并列入在"所需技能一览表"上的留学人员。针对"所需技能一览表"应包括哪些专业的问题，经过中美双方多次协商，中方向美方提供了"所需技能一览表"，美国国务院于 1984 年 6 月，公布了用于中国交换学生学者的"所需技能一览表"并于 1984 年 7 月 12 日正式生效。自此，所学专业被列入在该"所需技能一览表"内以及受中美双方政府资助的中国 J—1 签证留学人员都需受到"返回中国服务两年"的约束。

（二）第二个时期——1985—1989 年

1. 政策指导思想及特点

中国政府于 1986 年出台了首个留学事务的纲领性文件，期望通过制定全面的政策来规范出国留学事务并解决留学人员回国工作中的问题：提出公派出国留学工作要"按需派遣，保证质量，学用一致"，提出对在外留学人员要做好"管理、教育、服务"，规定公派留学人员应与派出单位签订协议。这个时期"豁免"政策侧重在政策的适用性和实施办法方面做出规定，界定"政府资助"的定义并向美方提供了经过补充更新的"所需技能一览表"。

2. 政策出台的背景

经过第一个时期的管理出国留学事务的实践，中国政府在留学生的计划、选拔、派遣和管理、回收等方面逐渐积累了经验，同时也发现了一些问题，包括可能会有部分公派人员滞留国外或延期回国的问题。为此，根据国内高等教育水平逐步提高和部分留学人员学成后滞留国外的实际情况，1986 年 5 月 4 日，中共中央发布了《关于改进和加强出国留学人员工作若干问题的通知》，提出公派出国留学工作要"按需派遣，保证质量，学用一致"；加强对出国留学人员的"管理、教育、服务"工作；努力创造条件，充分发挥留学回国人员的作用。这一年 5 月 7 日到 12 日，国家教委召开留学生工作会议，研究调整留学生工作的方针和政策。同年 12 月国务院批转了国家教育委员会《关于出国留学人员工作的若干暂行规定》，提出了公派留学人员要与派出单位签定协议，并重申他们有学成回国服务的义务。为执行上述两个文件，1987 年，国家教委又印发了《关于发布若干出国留学人员工作管理细则的通知》，国家教委和国家科委联合印发了《回国留学人员工作安排暂行办法》，对各类留学人员的管理和回国工作，提出了具体的政策措施。

3. 政策的主要内容及执行情况

根据上述文件的精神和具体要求，这个时期"豁免"政策侧重在政策的适用性和实施办法方面做出规定，中方与美国新闻总署主要就以下几个方面的内容进行界定：

（1）"政府资助"与"政府公派"界定：

a、美方原先认为，"政府资助"必须是直接用于学生在美接受教育的费用或其他形式支付物，中国政府如仅向学生提供来美的旅费，则是"政府公派"，还不能构成要求学生学习结束后回国服务两年的条件。后来美方同意并接受了中国驻美大使馆的观点，即如中国政府为持"J—1"签证学生提供了来美旅费，即使学生退还了这笔旅费，该学生仍属于"政府资助"，因为中国政府并不是以贷款方式向来美学生提供旅费。

b、访问学者在美期间，其国内单位所发的工资是否可被认为是中国政府提供的直接资助？美方认为，这些工资并不认为是直接或间接的资助，因为这些工资没有直接用于该学生在美的学习。

c、美方认为，即便有些学生已被确认是由政府资助的，该学生也还是可以提出申请豁免回国服务两年，根据美国法律，美方有责任像对待其他申请一样，考虑他们的请求。

（2）对中美校际交流项目所派出的中国学生是否可被作为间接地接受了政府的资助派出的界定，中美双方又将其分为以下几类加以讨论：

a、在开展校际交流项目中，双方学校都没有使用政府的经费；

b、中方学校使用政府经费资助其学生来美，而美方学校没有使用政府的经费资助美国学生；

c、中方学校没有使用政府的经费资助美国学生，但美方学校使用政府的经费资助了中国学生；

d、中方学校使用政府经费资助美国学生，而美方学校使用非政府经费资助了中国学生；

e、在开展校际交流项目中，双方学校都使用了政府的经费。

美方认为，第b、c、e类的中国学生属于政府资助，受回国服务两年的限制，第a类很明显，没有涉及政府经费，中国学生不应受回国服务两年限制。第d类引起了大量的讨论。中方认为，由于中国资助了美国学生，才使中国学生有可能得到美方的资助。美方认为，中国政府没有为中国学生在美学习提供直接的经济资助，这类学生不能被视为"是受政府资助"的。

（3）接受了9年以上义务教育是否是"政府资助"的界定：

中方认为任何接受九年以上义务教育的中国人都有义务用他们的知识和技术为祖国服务，是中国政府资助的一种形式。美方认为，非义务教育、免费教育甚至出国前的准备都不能作为直接或间接的政府资助形式，不能作为必须回国服务的理由，政府资助只是保证学生在美学习的费用，如在美的交通费、食宿和学费等。

（4）"专业技能表"是否是"豁免"的充分条件的界定：

美方提出无论是否由美国或其本国政府资助，所有持J—1签证的交换学生，只要其专业是在"专业表"内，都受回国服务的限制。因此中方表示，中国方面将提出新的"所需技能一览表"，替换1984年向美方提供的"所需技能一览表"。

这个时期J—1签证豁免申请的审批处于个案办理阶段，极为严格。中国在美各领馆将其申请和全部必要的证件、资料及处理意见，报驻美使馆审核。每个案例都需要单独办理一个文件，并提出领馆对此案的明确处理意见，驻美使馆视情况再报国内审批。对可以批准人的"内部掌握"原则，重要是在一些大公司或关键部门工作并从事前沿领域研究的留学人员。

（三）第三个时期——1990—1995年

1. 政策指导思想及特点

中央政府提出"支持留学，鼓励回国，来去自由"的出国留学工作12字方针；国家出国留学政策更加开放，自费留学成为主要的留学形式；政府出台了各种配套政策，吸引留学人员回国服务。对在美留学人员政策以促进留学人员政治上稳定，增强留学人员对政府的向心力为主要目的，对J—1签证留学人员的豁免申请采取个案审批的办法，豁免申请的人数迅速增加。1995年，首个规范J—1签证豁免申请的文件，即教育部"281号文件"出台并对外发布。

2. 政策出台的背景、主要内容及其影响

随着前一个时期一系列法规性出国留学政策和具体措施的出台，留学工作的管理状况得到逐步改善，留学回国人数继续增长。但在中国出国留学进入"收获季节"的时候，北京1989年发生了春夏之交的政治风波。美国政府借机采取特殊政策，截留中国在外留学人员。美国众、参两院分别通过《中国公民紧急救援法案》，企图取消持J—1签证的中国留美人员在学业期满后必须回国服务两年的义务。1989年11月和1990年4月11日，美国总统两次颁布"总统行政命令"，所有从1989年6月5日至1990年4月11日期间来美的中国公民，包括此期间在美约4万名尚未取得永久居留权的中国留学人员中的绝大多数人都可以合法居住到1994年1月1日。中国政府根据当时的国内外形势，及时调整留学政策，对国家公费出国留学人员的选派进一步提出了"调整结构、精选精派、定人定向，力争保质保回"的原则。在单位公派方面强调要加强管理，克服盲目性。同时，根据中央政府的指示，国家教委要求单位公派的派出方针、选派条件、学科结构、人员层次和国别政策均应与国家公派保持一致。1990年2月，国家教委发布《关于大专以上学历人员自费出国留学补充规定》，对国家公费培养的大学生申请自费留学开始严格执行"国内服务期"的规定；在留学回国工作方面，要求国家和单位公费留学人员必须履行回国服务义务，同时采取特殊措施吸引优秀拔尖人才回国服务。国家教委每年从留学经费中拿出20%用于资助留学回国人员科研启动，对优秀拔尖人才给予重点资助，采取一系列具体措施来争取和吸引在外留学人员回国工作。

1992年初，邓小平发表讲话指出："希望所有出国留学的人回来。不管他们过去的政治态度怎么样，都可以回来。回来后要妥善安排。这个政策不能变。告诉他们，要做出贡献，还是回国好。"同年，中国共产党总书记江泽民在中国共产党第十四次全国代表大会上指出："我们热情欢迎出国学习人员通过多种形式关心、支持和参加祖国的现代化建设。不论他们过去的政治态度如何，都欢迎回来参加社会主义建设，给予妥善安排，并实行出入自由，来去方便的政策。"领导人的上述讲话促进了在美留学人员政治上的稳定。为了贯彻落实中国领导人指示精神，国务院办公厅于1992年8月发出了《关于在外留学人员有关问题的通知》（国办发［1992］44号文件），通知中明确"欢迎留学人员回国工作。公派在外学习人员有义务在学成之后回国服务。所有在外学习的人员，不论他们过去的政治态度如何，都欢迎他们回来"。这个通知对稳定在外留学人员局面起到积极作用。1993年2月，中共中央、国务院发布《中国教育改革和发展纲要》，首次正式提出，应"根据'支持留学，鼓励回国，来去自由'的方针，继续扩大派遣留学生"。这些方针、政策的实施，解决了多年以来，尤其是"六·四"之后，对在外留学人员管理工作中遇到的诸多问题，理顺并密切了广大留学人员与党和政府的关系，受到了在外留学人员的普遍欢迎，对稳定留学人员工作局面起到了决定性的作用。

在"豁免"政策上，为争取政治上的主动，中国政府批准的豁免申请数量逐渐增加。但到了 1992 年以后，那些不在美国"1992 年中国学生保护法"规定范围以内的 J—1 签证留学人员在美停留三年的期限临近，申请办理免除回国服务两年义务的人数激增，仅 1994 年一年间，驻美使馆教育处为 1317 人办理了豁免审批手续。申请者中多数为单位公派、自费留学人员和极个别的国家公派留学人员。美方每年受理世界各国人员的豁免申请案近 3000 件，中方申报的案件超过 40%，美国新闻署对此表示惊讶，并就此向中方提出交涉，使中方处于被动状态。产生这一问题的原因，当时分析认为主要有：国内一些部门或单位，对部分国家或单位公费派出、互换的访问学者缺乏必要的管理与指导；对 J—1 签证的有关规定和限制不甚了解，将一些自费留学人员纳入单位公派计划，使其盲目持 J—1 签证来美；也有少数留学人员明知申办 J—1 签证，意味着在美停留三年后，要承担回国服务两年的义务，先借 J—1 签证的获取之便，达到个人来美的目的后再说等等。为加强对留学人员申办豁免回国服务进行有序的管理和改进服务，并考虑到为了维护中国在美留学人员政治上的稳定，保持中国留学政策的连贯性等因素，在对申办豁免政策不宜做很大的改变的前提下，应采取提高审批层次，规范申办程序的办法，以便促使国内各部门、单位对其公派人员从严管理，引导自费留学人员办理 F、M 或 H 签证来美，并以期通过这种方式逐渐理顺公派留学与自费留学的关系，从而减少向美方提出要求豁免的人数。为此，教育部于 1995 年 6 月 2 日印发了《关于在美留学人员申办豁免有关问题的通知》，即"281 号文件"，这是首个对外公开发布的规范"J—1"签证豁免政策的文件。该文件对申请人的审批条件主要有以下两点原则：原则上不应再批准持 J—1 签证的公派访问学者的豁免申请，如有特殊理由，国家公派留学人员应由国家教委外事司审批，单位公派留学人员由其所在部、委和省、市、自治区主管出国留学事务的部门负责审批，审理工作要遵循谨慎、从严的原则；要求自费赴美攻读学位留学人员，应向美方申办 F 签证赴美，博士后研究人员应办理 H 签证赴美。提出第二点的部分依据是来源于 1988 年驻美使馆与美新署会谈纪要，相关条款为：美方理解中方立场，即如该学生来美学习，不属政府资助，中国政府将建议该学生申请 F 签证；中方也表明不反对美方建议美国大学为自费生发 F 签证。上述文件的发布，对于加强豁免申请与审批工作的有序管理，以及改进服务质量起到了很好的作用。

（四）第四个时期——1996 年以后

1. 政策指导思想及特点

出国留学活动进入了稳定发展的时期。1996 年中国全面试行国家公费出国留学人员选派新办法，即实行"个人申请、专家评审、平等竞争、择优录取、签约派出、违约赔偿"的 24 字方针；在外留学人员可以"回国服务或以适当方式为祖国服务"；改善留学人员回国工作的国内环境，切实吸引留学人员回国工作。这个时期的豁免政策经过了 6 次比较大的调整，逐步放宽，不断完善。

2. 政策出台的背景及其主要内容

国家教委于 1996 年全面试行国家公费出国留学人员选派新办法。新办法的主要内容是：实行个人申请、专家评审、平等竞争、择优录取、签约派出、违约赔偿。为适应出国留学管理工作的调整，1996 年 6 月，国家留学基金委管理委员会成立。国家公费留学人员选派和管理的重点是提高回归率和留学效益。2003 年初，随着中国改革开放步伐的加快，特别是为适应中国加入 WTO 的新形势和中国经济社会发展的新情况，教育部宣布不再对自费出国留学人员进行资格审核，取消了国内服务期和相关的 JW—109 表。在留学回国政策方面，国家教委为了全面贯彻中央制定的"支持留学，鼓励回国，来去自由"的留学工作方针，于 1996 年实施"春晖计划"，其宗旨是吸引和支持在外优秀尖子留学人员参与国家的教育、科技与经济建设，使留学工作更好的服务于科教兴国的伟大战略。该计划在广大在外留学人员中产生了积极的影响，为海外学子以多种方式报效祖国创造了有利的条件。2001 年，国家人事部、教育部等 5 个部委专门针对在海外学习或完成学业后在国外工作的留学人员的工作，印发了《关于鼓励海外留学人员以多种形式为国服务的若干意见》，为他们回国讲学、进行学术技术交流，在国内创办企业，从事考察咨询活动，开展中介服务等各种活动提出了 7 项具体政策支持和保障措施。

为适应形势的变化要求，配合中国出国留学政策的调整，从 1996 年以后的 10 年的时间里，"豁免"政策也进行了 6 次逐步放宽和具体申办程序的调整：

（1）1998 年 7 月教育部发布了《关于在美留学人员申办豁免有关问题的通知》，即 76 号文件，政策上的主要调整是放宽对 1996 年 1 月 1 日以后来美的留学人员的豁免申请，如符合条件者原则上仍可继续受理。驻美使馆教育处拟定了具体实施意见，主要采取个案来电、来函受理的办法，豁免的申请和审批程序基本不变。为防止大批申请涌入使、领馆教育处、组，采取的措施有：以来美先后顺序和有控制地发放《留学人员办理豁免事宜申请表》，并规定来美不满 1 年者不发表；中国驻美大使馆教育处采取"按月控制数量"的审批办法，每月对美新闻署出具"不持异议信"的数量控制在 100 份左右；原则上按申请人来美先后顺序审批，当月不能审批的顺延。同时，对中学生直接来美的申请豁免予以受理。这个时期申请豁免的人员多属单位公派（含公费、自费），也有部分自费留学人员和个别 1996 年前派出的国家公费留学人员。

（2）为贯彻落实国家机构改革的精神，简化审批程序、提高工作效率、方便在美留学人员，教育部国际司分别于 1999 年和 2000 年连续发文提出简化豁免审理程序。1999 年 10 月发出《关于简化部分单位公派和自费留学人员申请豁免审理程序的通知》，规定自 2000 年 1 月 1 日起，将原由教育部国际司负责审理的出国前已与原单位脱离关系的或原单位没有明确的上级主管部门的部分单位公派留学人员和自费留学人员的豁免申请审核工作交由驻美使领馆教育处、组直接审理；2000 年 4 月印发《关于进一步简化申请豁免审理程序的通知》，将教育部直属高校单位公派和自费留学人员的豁免申请由有关院校审核意见或人才交流中心在"派出单位意见"栏内加盖公章后，径报各驻外使、领馆审批，不再报教育部发展规划司和直属高校工作办公室审核。对已被开除、除名或转业到地方的原部队留学人员的豁免申请也做了规定，简化了审批手续。

（3）1999 年 10 月 1 日，原美方负责豁免事务的美新闻署并入国务院，2000 年 3 月，美国务院更改了部分豁免申请程序。结合美方新的程序要求并改进中方审批工作程序，驻美使馆教育处于 2000 年 8 月向教育部报回《关于豁免审批工作有关问题的请示》，教育部国际司做出了《关于豁免审批工作有关问题请示的批复》。根据国际司的批复精神，驻美使馆教育处于 2001 年 1 月发布了《J—1 签证豁免申请办法》的通知，增加了第三国来美留学人员的申请办法，对暂居加拿大且符合规定的资格和条件的留学人员的豁免申请明确由驻美大使馆教育处直接受理。对持 J—2 签证来美后转为 J—1 签证的人员，通知规定可视情况予以受理，但只在工作中内部掌握，在公布的《J—1 签证豁免申请办法》中不做说明。

（4）2002 年 4 月，驻美使馆教育处根据教育部国际司就豁免工作进行调研的要求，报回《关于豁免审批工作有关情况的报告》，教育部国际司于同年 6 月做了《关于对驻美使馆教育处"关于豁免审批工作有关情况的报告"的批复》，同意国家公派留学制度改革前的国家公派留学人员，在按照有关规定偿还费用并了结与国内关系后可予以受理；对持"因私护照"、B 签证因私赴美后转为 J—1 签证的人员也同意受理。

（5）2003 年初，教育部宣布不再对自费出国留学人员进行资格审核，同时取消 JW—109 表。驻美使馆教育处于 2003 年 9 月报回《关于建议进一步简化豁免审批工作的请示》。与原规定相比，建议简化和放宽的内容主要有以下几点：适当放宽对持"因公护照"B 类签证来美后转为 J—1 签证人员豁免申请的限制，对持"因私护照"其他签证（包括 F2. J2. H4. B1. B2 等）来美后通过合法途径转为 J—1 签证的，原则上均可受理其豁免申请；进一步简化豁免人员国内审批手续，原则上取消主管部门和人才交流中心的审批；对于由第三国（或地区）转来的留学人员，只要确认其在第一次出国留学时已经办理了 JW—109 表且留学经历保持连续者，则不再要求其出具第三国证明；申请人在国内高校毕业时间与出国时间相连续的无需报国内审批；港、澳地区申请人可不要求出具原单位证明。2003 年 11 月教育部国际司做出了《关于对驻美使馆教育处〈关于进一步简化豁免审批工作的请示〉的批复》，原则同意驻美使馆教育处的意见，驻美使馆教育处随即在网上正式公布简化方案，并于 2004 年 1 月 1 日起执行。

（6）2005 年 12 月教育部国际司批复同意驻美使馆教育处报回《关于修订〈J—1 签证豁免申请办法〉，进一步简化豁免审批工作的请示》，主要调整有：将 2001 年 3 月执行的《申请办法》和 2004 年 1 月《简化通知》进行整合、完善；不再强调申请者来美时身份必须是留学人员的要求；除国家公派留学人员（包括中科院公派）按有关规定不得办理豁免外，其他人员的豁免申请均可受理；最大幅度地简化有关国内审批的手续。该办法于 2006 年 1 月 1 日上网正式发布并执行。

经过上述 6 次调整，"豁免"政策呈现如下几个显著的特点：1. 始终跟随形势的变化，政策不断放宽，更加贴近实际，逐步公开透明；2. 内部掌握的原则不断减少，网站上公布的内容不断增加，审批的时间不断缩短；3. 制度规范化，手续简便化，服务人性化。上述变化受到了广大在美留学人员的欢迎，使得留学人员豁免申请的受理工作进展顺利平稳。

四、1978 年以来"豁免"政策演变过程中制约因素分析

1978 年以来，在中国"豁免"政策的制订、修改与实施过程中存在着许多制约因素。

（一）国际间人才竞争加剧的冲击

美国主要是通过修订其移民法来吸引各国人才包括中国在美优秀留学人才。1990 年美国政府制定了新的移民法，进一步强调了"人才优先"的移民体制，无论在移民类别上，还是在移民数量上，都采取了非常明显的"人才倾斜"特殊政策。J—1 签证人员在申请"豁免"获得批准之后，绝大部分转为 H—1 签证。1996 年前，H—1B 的签证名额是 6.5 万人，1999 年增加到 11.5 万人，2001.2002 年又增加到 19.5 万人，目前名额又已回落至 6.5 万人（不包括 2 万在美获硕士以上学位者的名额）。在近这十年中美国每年对各国人员所发放的 H—1B 签证总数中，中国在美毕业留学人员始终占 10% 左右，数量仅位于印度之后。

（二）国际政治斗争和美国国内政治斗争的冲击

1989 年，正当中国出国留学人才收获季节到来的时候，北京发生了春夏之交的政治风波，美国在政治上对中国施压。美国众、参两院分别通过《中国公民紧急救援法案》，拟取消持 J—1 签证的中国留美人员在学业期满后必须回国服务两年的义务。1990 年 4 月 11 日美国总统布什，以中国人回国会受到政治迫害为由，颁布"总统行政命令"，后又于 1992 年 10 月 9 日签署了"1992 年中国留学生保护法"，允许受"四项行政命令"保护的在美"积极"参加"民主运动"的中国公民申请在美永久居留权。1999 年 5 月 25 日，美国众议院特别委员会公布了所谓中国"窃取"美国核技术一事的报告（即考克斯报告），在美国民众最为关切的国内安全问题上捏造谎言，攻击中国，给中美关系造成了极大的伤害，给中美教育交流也带了不良影响。在美的台独势力、"民运"组织和西方国家里的反华势力这三股敌对势力也胶结在一起，特别是在 90 年代中期以前，利用大量的新闻、报刊、议会、宗教等活动手段，对中国形势和政策，特别是留学人员政策进行歪曲，离间留学人员和政府的关系，对中国留学政策形成巨大冲击。

（三）受中国政治环境、开放程度和经济状况的影响

一个国家的国内政治、经济环境、基本国策以及这个国家对开展国际教育交流的基本看法和态度，也对这个国家的教育交流包括出国留学政策的基本走向有决定性的影响。自 1978 年以来，中国经济总量持续增长，国家综合国力日益增强，法制建设不断完善，社会政治稳定，"科教兴国"、"人才强国"战略顺利实施，出国留学政策包括"豁免"政策的制订和实施也在实践中不断积累经验，也由此经历了一个不断调整并逐步走向完善的过程。

五、对新形势下赴美留学政策走向研究

在众多学科领域，美国依然保持着比较广泛的优势地位，尤其在强势学科和新兴领域，因此吸引世界众多优秀留学生不断流入的趋势在几十年内也难以改变。有文章介绍，2006—2007 年度全球共有留学生 270 多万人，其中美国就接收了 60 多万人，占总数的23% 左右；2005—2006 年度接收量虽少于 60 万，仅有 56 万 4，766 人，但却占世界留学生总人数 30% 以上；其中，印度、中国、韩国是美国留学生的主要来源国。另有 2003 年的数据显示，在非 OECD 国家中，中国是最大的留学生输出国，当年的留学生数量约占世界留学生总数的 12.8%，还不包括中国香港地区的 1.6%，其次才是印度，约为 5%。① 履新不久的美国驻华大使馆总领事唐雷慧娴女士 2009 年 1 月 14 日在北京接受美国《侨报》记者独家专访时表示，签发赴美留学签证的中国大陆留学生数量创下历史新高，美国驻华使领馆和各领事馆 2008 年共为学生、研究人员和交流学者签发了 77，909 个签证，比2007 年增加 46%，比 2006 年增加一倍多。据美国驻华使馆提供的资料，唐雷慧娴祖籍广东省台山市，曾任美国驻广州总领事馆副总领事等职，2008 年年底接替李启明，出任美国驻华使馆公使衔参赞总领事，负责签证事务。②

陈跃先生针对新形势下中国赴美留学的"豁免"政策提出以下几点建议：

1. 出国留学作为培养适应我国经济和社会发展需要的各类人才特别是高层次人才的重要渠道，在新形势下，面临更为艰巨的任务，也面临许多新的挑战。30 年来，中国出国留学政策趋于成熟，但也要不断完善并寻求新的发展。当前，中国社会发展面临一个好的历史机遇期，出国留学活动同样也处于 30 年来最好的时期。中国的"豁免"政策制定和实践要为这个机遇期服务，并用好这个机遇期。

2. "豁免"事务是中国驻美使、领馆教育处（组）特有的一项较为复杂和工作量大的工作，只要 J—1 签证存在，办理豁免事务就不可避免，这是一项重要的并将是长期的留学事务管理服务项目，涉及维护来美留学人员的切身利益，也是建立与留学人员沟通并体现祖国关怀的一个渠道，对稳定留学人员活动全局也有重要影响。

3. 要把"豁免"事务纳入吸引人才的战略全局。申请"豁免"的这部分人员总体层次较高，有较高学历及一技之长。他们在"豁免"获得批准之后，会留在美国学习、从事研究或受雇工作，但也可能工作一段时间后回到国内工作。虽然他们申请"豁免"时会有各自的情况和个人利益的考虑，但都热爱祖国，希望自己的祖国强大，并愿意以各种形式为国家服务。因此要继续做好这部分人的工作，维护和增强他们与原单位、与政府和国家的感情。

4. "豁免"事务政策性强，涉及面广，目前的状况是既不能取消，又不能完全放开。因此政策的延续要考虑把握好以下几个关系：

---

① 孙冬梅、柴小娜：《国际高等教育阶段留学生学科分布的中美比较》，《世界教育信息》2008 年第 1 期第 86 页。

② 孙延：《赴美留学签证创新高 金融危机不影响美签证政策》，2009 年 1 月 16 日中国新闻网。

（1）处理好"豁免"与回国的关系。对 J—1 签证的有关规定是美国国内立法明确的，因此"豁免"申请要符合中美双方法律和政策规定。中国政府制定了"支持留学，鼓励回国，来去自由"留学政策，该政策的核心是"鼓励回国"，因此"豁免"政策的制定始终要围绕这个核心，有利于鼓励回国。

（2）处理好自费留学和公派留学的关系。申请"豁免"的人员大多数是自费留学人员和单位公派留学人员（目前和将来实际上也大多数属于"自费公派"范畴）。对于国家公派留学人员是否可以申请"豁免"问题，一直有不同看法。一种意见认为，只要留学人员还清国家资助的经费，应该允许申请"豁免"。另一种意见认为，国家公派留学培养的是"国家队"，即便还清了国家资助的经费，也不应同意其申请"豁免"。从维护"国家队"声誉导向的角度看，目前仍应坚持维持国家公派留学人员不能申请"豁免"的政策。

（3）处理好个人利益与单位、国家利益的关系。"豁免"申请的办理，应遵循"国家利益和原单位集体利益不受损害"的前提，同时政策的制订应考虑在美留学人员的整体利益和个人利益。

（4）处理好个人行为和外交行为的关系。留学人员在美身份的转变在一定情况下是属个人或私人行为。根据美国国务院规定，对"豁免"不持异议信函的出具则是由驻美使馆教育处代表中国政府办理，因此出具信函本身是一种政府行为、外交行为。可见，为申请"豁免"者出具不持异议信函是一件政策性很强的管理事项，要认真审慎地办理，以维护国家外交政策的严肃性。①

① 陈跃：《对中国在美 J—1 签证留学人员"豁免"政策演变之研究》，《世界教育信息》2007 年第 3 期；原文主要参考文献：1. 国家教委留学生司编《出国留学工作文件汇编》，群众出版社出版；2. 国家教委外事司编《教育外事工作文件汇编》；3. 全国出国留学工作研究会刊《出国留学工作研究》；4. 教育部国际司等编《出国留学工作20 年》，高等教育出版社出版；5. 中国教育国际交流协会编《中华留学教育史录》，高教出版社；6. 苗丹国主编《出国留学工作手册》，北京语言文化大学出版社出版；7. 教育部国际司编《国外高等教育调研报告》；8. LEOAORLEANS 《CHINESESTUDENTSINAMERICA》NATIONALACADEMYPRESS，WASHINGTON，D. C. 1988；9. DAVIDZWEIGANDCHENCHANGGUI〈CHINA'SBRAINDRAINTOTHEUNITEDSTATES〉，UNIVERSITYOFCALIFOR-NIA，BERKELEY1995.；10. 中华美国学会等编《美国研究》；11. 中国社科院美国所编《美国年鉴》，美国教育统计资料；12. 丁晓禾主编《中国百年留学全记录》珠海出版社出版；13. 方晓主编《留学教育文集》，厦门大学出版社出版；14. 神州学人《1978—2003 出国留学工作大事记》。

第九章

1993—2008 年：规范化发展时期出国留学政策的演变（中）

——自费出国留学政策的调整、完善与发展

第一节 自费出国留学政策的最后调整与自费留学资格审批制度的终结

自 20 世纪 90 年代初、中期以后，自费留学人员就逐渐成为中国大陆出国留学群体的主要成分，进入本世纪以来这个特点更加突出。如据教育部留学管理机构统计和估算，仅 2000—2008 年期间就约有 100 多万人出国留学，其中自费留学人员占 90% 以上。随之而来的是，一系列相关的政策应运而生、相继出台，为蓬勃兴起的自费留学活动提供了支持、引导、保障和服务。

一、政策改革与调整的背景回顾：自费出国留学的定性、申请者的资格与准许

由于历史的原因，1978 年前只有极少量的自费出国留学申请者，尚不具备一定的规模，也就不可能形成具有实际意义的自费留学政策。因此可以说，新中国成立 60 年来，真正出现自费留学规模化行为并带动形成自费留学政策，应该是实行改革开放若干年以后的事情。经过申请自费出国人员的反映、呼吁以及国家领导人的关注，自费出国留学政策的形成和完善基本上是向着趋于合理和不断放宽的方向调整和变化的。为了应对各种所谓"问题"的不断出现，并通过政策管理层对这些问题的不同认识以及采取的不同解决方式，

使作为自费出国留学政策的载体——文件，在 80—90 年代呈现出一个"频繁多发"和"宽松——收紧——宽松——收紧"的往复循环的状态。

1981 年 1 月 14 日，国务院批转教育部、外交部、公安部、财政部、国家人事局、国务院科技干部局和国家劳动总局联合印发了《关于自费出国留学的暂行规定》；1982 年，中共中央印发《关于自费出国留学若干问题的决定》；1982 年 7 月 16 日，国务院批转了《教育部、公安部、外交部、劳动人事部关于自费出国留学的规定》；1984 年夏季，中共中央提出了"对自费留学，要坚决大胆放开"的要求；其后于 12 月 26 日，国务院印发了《关于自费出国留学的暂行规定》；1986 年 12 月 13 日，国务院批转了《国家教委关于出国留学人员工作的若干暂行规定》，其中单独设置了"自费出国留学"一节并有 11 条政策性规定；1990 年 1 月 25 日，国家教委发布《关于具有大学和大学以上学历人员自费出国留学的补充规定》及其《实施细则》，再度收紧了自费留学政策。虽然上述文件都明确表明"自费出国留学是国家培养人才的一条渠道，国家对自费出国留学人员在政治上与公费出国留学人员一视同仁"的政策原则，但政策管理部门出于现在看来过于保守的考虑，在"何为自费留学、何人能自费留学、何种手续才能实现自费留学"等政策问题上，人为地设置了很多限制性规定。相关的政策情况在 1993 年以后才逐步走向好转并最终彻底解决。

二、在坚持"服务期制度"的前提下取消"服务期"内不允许自费出国留学的政策性限制

1990 年 1 月 25 日以"014 号文件"开始实行的"自费出国留学服务期和培养费政策"从公布之日起就引发了各种矛盾、意见和争议，主要是公众要求一视同仁地使所有人都具有同等的、可以在返还高等教育培养费后申请自费出国留学的权利。据此，并根据国家新制定的出国留学"十二字方针"的政策原则，国务院批准国家教委于 1993 年 7 月 10 日印发了《关于自费出国留学有关问题的通知》。[①] 这一《通知》再度放宽了自费留学政策，取消和废止了"1990 年 014 号那个文件"中关于非华侨等六类人员以外的普通人员之子女，在接受高等教育后的"服务期"内不能申请自费出国留学的政策性限制。从政策体制上彻底解除了大部分中国青年人不能申请自费出国留学的制度障碍。此举不仅是一种人文关怀的体现，而是进一步肯定了留学人员的社会价值和未来的市场价值；同时也向世人表明，随着中国民主与法制建设向社会深层的不断掘进，任何一项政策的推行，其普适性和公平性是不能、也不应该有所或缺的。该《通知》的主要政策内容是：任何由公费培养的大专生、本科生、硕士研究生，都可以在服务期满或未满服务期但交纳了相应的"高等教育培养费"后申请自费留学；博士毕业生自费留学做博士后研究，不设服务期、不收取培养费。上述政策基本满足了国内公民自费留学的愿望，从而使 1993 年以后申请自费留学的人数急剧增加，在整体留学人员中的比例

---

① 《出国留学工作手册—2001 年版》第 115 页，北京语言文化大学出版社，2001 年 7 月第 1 版。

明显增大，报考"托福"的人数也逐年增长。如1993年以后，国内每年参加托福考试的人员均超过5万，1995年以后又增加每年到7万人以上；又如1993—1998年期间，北京市具有高等教育学历人员申请自费出国留学的人数依次为2801.3260、4065.4842.5492.5818人，平均年增速约为15%；另据对上述1998年5818申请人的学历状况进行分析，显示出申请人员学历层次较高：专科生9%、本科生50%、硕士生30%、博士生11%。①

上述文件全称为《国家教委关于自费出国留学有关问题的通知》，其标题存在瑕疵，明显缺少了"的通知"三个字。整个文件分为三个部分：1.《通知》正文，指出新的有关政策是"根据中央关于出国留学工作的指示精神制定"的；规定应作为内部文件掌握执行，不在报刊上公开刊登，并自8月10日起实施。2. 附件（1）《关于自费出国留学有关问题的通知》，共八条。主要是回答自费留学申请人是否应该交纳高等教育培养费、到哪里交费、出国与回国的手续和待遇等问题。3. 附件（2）《对执行〈关于自费出国留学有关问题的通知〉的说明》，共六条。主要是回答不同申请人的服务期与应交纳高等教育培养费之间的换算问题；特别值得注意的是，该《说明》的最后一条否定了1990年1月25日014号文件中"八年之内回国工作的退还所交培养费"的规定，表示"六、大专以上的公费在校学生和公费培养的具有大专以上学历人员在偿还高等教育自费出国留学后，按自费大学生出国留学对待。他们学成回国工作时，不再退还其偿还的高等教育培养费。"

其后，国家教委又陆续印发了三个涉及有关"自费出国留学收取培养费"政策的文件：1. 教留［1993］82号文《关于将自费出国留学人员偿还的高等教育培养费作为"留学回国基金"使用的通知》（30%留收费单位，70%上缴教育部）；2. 教外留［1996］31号文《关于自费出国留学人员交纳培养费的通知》（已交学费者可少交或不交自费留学培养费；并调整收费单位之间的矛盾）；3. 教财［1999］13号文（主要是向地方催要70%）。②

三、对服务期制度与培养费政策的研究与评估

经过较长时间的研究，从各种调研结果似乎已可以看出，随着各方面形势的变化，20世纪90年代中后期以来出现了许多不宜继续收取"自费出国留学高等教育培养费"的新情况。对此，政策管理部门应在适当的时候尽快取消有关自费出国留学收取培养费的制度，以进一步体现"支持留学"的政策原则。

（一）二次收费酿成两难局面

自1997年教育部正式推行高等教育收费制度改革以来，在校大学生已普遍开始交纳一定数量的学费，每年1000—6000元不等。但是随着高等教育投入的不断增大，高

---

① 于富增等：《教育国际交流与合作史》第286—287页，海南出版社2001年8月第1版。
② 《出国留学工作手册—2001年版》第119—128页，北京语言文化大学出版社，2001年7月第1版。

等教育总成本中仍然是以国家和学校为主体的，即约占总成本的 70% 左右。当时实行的高等教育收费制度，实际上是一种"以公费（国家和学校）投入为主、以学生个人交费为辅的'成本补偿'收费制度"。这也是国际比较通行的国立大学的财政预算体制和模式。据教育部 1999 年度"教育事业费预算安排的具体方案"提供的国家拨款标准，本专科生为 5000 元/人年、硕士生为 9800 元/人年、博士生为 11800 元/人年，分别高出于现行的自费出国留学收取培养费标准 3000 元、5800 元和 5800 元（1991 年确定的自费出国留学收取培养费标准为专科生 1500 元/年、本科生 2500 元/年、硕士研究生 4000 元/年、博士研究生 6000 元/年）。由上述两组统计数字可见，"交费"不是"自费"。从当时高等教育的成本构成来看，显然仍是"公费"占主体。以每年交了几千元学费就认定是"自费"、而非"公费"大学生，显然是不妥当、也是不确切的。但交纳学费后申请自费留学需要再交纳"培养费"，也的确令人不快，并在没有具体对策情况下，使进行所谓"资格审核"的收费单位面临着收与不收的两难局面。

（二）持有"因私普通护照"者增多，对收取培养费的管理工作有一定的影响

国家出入境管理部门为了方便公民出入境，参照国际惯例，不断放宽、简化各种条件和手续，先后出台实施了一系列申办因私普通护照方面的便民措施，普遍受到公民的欢迎。此举是一件利国利民的好事，无可非议，但也对自费出国留学人员偿还高等教育培养费的管理造成一些小的影响。据一些地方和高校反映，手持因私普通护照的大学生和未完成服务期的人员不断增多，而依据《中华人民共和国出入境管理法》，学校或单位又都无权收缴这些人的因私护照。一些人便有意无意地先申请一本因私普通护照，再考虑是否逃避缴纳自费留学培养费。根据对各地情况的综合分析和保守估计，近几年来，全国每年大约有千余人逃避此项管理，因此使国家、高校和地方教委少收千余万元的高等教育培养费。考虑到目前不断扩大的对外开放形势并就实际的可操作性而言，国家出入境管理部门和教育主管部门联手"加强自费留学资格审核管理"的难度较大。在国家出入境管理部门已经非常严格的审核之前，再加高、加宽一道审核的门槛，恐难得到社会及公民的认同、配合和支持，国家主管部门的声誉也很难保证不受到损害。

（三）高等教育学费标准不断提升，直接动摇了"对大专以上学历的自费出国留学人员收取高等教育培养费制度"的基本依据

90 年代初，教育部制定"对大专以上学历的自费出国留学人员收取高等教育培养费制度"的基本依据是当时"完全由国家财政支持的高等教育培养制度"。其收费标准为专科生：1500 元/年、本科生：2500 元/年、硕士生：4000 元/年、博士生 6000 元/年，且 10 多年来一直没变。不可否认，对大专以上学历的自费出国留学人员"实行服务期和收取高等教育培养费"的制度有其合理的一面，同时也必须承认，该规定出台伊始即受到来自上下内外各方面的批评。

1994 年以后，国家开始试行、继而于 1997 年全面实行了高等教育收费制度的改

革，随着此项改革的不断强化，收费标准也被不断提升。根据笔者的一项统计表明，全国普通高校 1998 年本科生的学费标准平均约为 2500—3000 元（当年平均培养成本约为 14000—16000 元）；1999 年约为 3000—3500 元（当年平均培养成本约为 15000—1700 元）；而 2000 年则约为 4200—6000 元（该年平均培养成本约为 16000—18000 元）。有学者认为，综合考虑到我国的国民经济发展水平、居民的收入状况、个人的承受能力和地区、学校、专业之间的差别，并参考预测将来个人收益程度等因素，中国高等教育成本分担的合理比例应该在 20—25% 之间。就全国而言，不断提升的高等教育的平均学费标准已逐渐接近、甚至已达到上述 25% 的比例。由此可见，"对大专以上学历的自费出国留学人员收取高等教育培养费制度"的基本依据已被动摇。与申请加入国际一体化组织 WTO 一样，在高等教育扩招和国际化的进程中，向享受和利用了国家高等教育资源的人员收取一定比例的教育成本费用即学费，是国际上通用的作法，无可非议。而在中国现行的高教收费状况下，如仍然坚持向自费出国留学的高等学校毕业生收取"未完成服务期"的"高等教育培养费"，在国际社会中就会受到非议。

（四）"对博士生出国做博士后研究不收取培养费"引发造假和一些人不满

为了鼓励研究生在国内读完博士学位，1993 年 7 月 10 日出台、8 月 10 日起实施的"关于自费出国留学有关问题的通知"规定，对博士毕业生自费出国进行博士后研究的人员，免收其 4 万元的高额高等教育培养费；而对其他的情况，如中途退学申请出国留学的在学博士生和到国外不是进行博士后研究的博士毕业生，则要酌情收取一定的培养费。显然，该项规定的初衷是有着积极意义的，体现了"支持留学"政策的基本精神，但在具体管理的操作上却很难制定一个比较过硬的鉴别、防范措施。各方面对此反映比较强烈，要求教育部取消"对博士毕业生出国进行博士后研究人员，免收其高额的高等教育培养费"的现行政策规定。而从国家的长远目标、根本利益和目前的各种状况分析，几乎不可能倒退到恢复对出国进行博士后研究的博士毕业生收取培养费的老路上去。

（五）对两个学历之间有工龄的人员如何计算培养费的收取标准多有争议

1990 年 1 月 25 日开始实行的"对具有大专以上学历的自费出国留学人员收取高等教育培养费"的文件曾规定，对在两个学历之间有工龄的人员可以进行"服务期"的折算，以酌情核减一定的培养费；而 1993 年 7 月 10 日公布、8 月 10 日起实施的"关于自费出国留学有关问题的通知"出于简便计算的考虑，对 1990 年关于"服务期折算"的规定没有再度确定，据教育部主管官员的政策解释，实际上是在培养成本不断增加、培养费保持不变，即绝对不侵害当事人经济利益的前提下，为了简便计算、简化手续而取消了这一规定。但是，随着前几年就职后再读更高一级学位人员的不断增加，以及管理者对政策的理解、掌握和解释的工作没有跟上，使得这些人对"在两个学历之间的较长工龄（如 5 年以上）不进行服务期折算"的规定表示了不满，认为不公平、欠公正、不合理、不科学。

（六）许多地方表示不再上缴 70% 的培养费

1999 年 7 月 15 日，教育部印发了"教财［1999］13 号《自费出国留学人员偿还高等教育培养费管理使用办法》"的文件，重申各地应将每年所收高等教育培养费的 70% 上交教育部。但是自 1996 年以来，除北京、山东和东北、西北等地区以外，许多地方并未上缴此项费用。全国各地、各高校近几年中每年大约可收取的培养费约在 8000 万元左右。应该说，就全国每年几万名自费出国留学的人员而言，这 8000 多万元实在是一笔不算太大的费用，而且 10 余年来始终没有、也不可能被集中使用。根据估算，实行收费十多年来，全国各主管部门（省市教委和各高校）共收取的培养费大体也就在几亿元人民币左右；而在至 1999 年底的近 10 个年度中，各地上缴国家的培养费仅为几千万元！与上述两个数字相对应的则是，1998 年全国普通高校共收取学费 70 多亿元，1999 年则超过了 100 亿元①。考虑到由于扩招和学费标准的提升等因素，笔者估计 2000 年全国普通高校共收取的学费应该达到 150 亿元。

（七）政策的出路：废止已丧失实际意义的"自费出国留学收取培养费政策"

如同评价任何政策一样，在收取自费留学培养费的问题上，也同样有各种各样的观点和意见。其中有一种由地方收费小官员提出的可称之为"要坚决彻底地管起来"的观点比较典型。而笔者却针锋相对地主张应当"应坚决彻底地放开去"。

中国高层次的优秀人才和在外留学人员一直是西方发达国家猎取的重要人才资源。随着知识经济时代的到来，全世界都出现了高科技人才紧缺的危机，由此引发并波及全球的人才争夺战愈演愈烈。在这场全球人才争夺战中，经济高度发达的西方国家、特别是美国，利用其资金和科研环境的绝对优势占据了强有力的主动地位和较强的优势。相形之下，由于众所周知的诸多原因，中国目前在保留和使用人才的能力上十分有限，明显处于非常被动的境地和不平等的地位。美、日、欧等西方国家加紧吸引中国优秀人才的形势严峻。与霸权主义和强权政治相抗衡，在国力和财力比较上严重失衡的情况下，就国家一级的出国留学政策而言，似应更注重对自费出国留学人员进行感情投资。当时的状况显然是"双输"：国家既没有收到钱，从某种意义上讲，似乎又输掉了人心。笔者曾算了一笔账，若按每年全国有 4 万名大学生自费出国留学、人均缴纳自费留学培养费 2000 元的话，国家、高校、地方教委全年共收取培养费约 8000 万元。而在当事人的高额留学经费是由本人或国外高等教育等机构提供的前提下，如果免收这笔培养费，也就相当于国家、高校和地方教委共同出资 8000 万元，资助了 4 万名大学生自费出国留学。如与国家每年出资 2 亿元人民币，仅资助 2300 多人公派出国留学（主要是进修）的情况相比，应当得出怎样的结论，相信读者和学者们自有公论。显而易见，适时调整、完善自费出国留学政策，及时废止和取消已丧失实际意义的自费出国留学收取培养

---

① 张保庆：《关于我国高等教育的收费改革工作》，《中国教育报》2000 年 6 月 9 日第 1 版。

费的制度，对国家来说，仅仅是以微不足道的支出或投入，资助了成千上万的青年自费留学。对自费出国留学人员来说，这无疑将是一笔感情投资，可以避免"双输"，赢得人心。此举在可以预见到的未来，有可能对出国留学活动和出国留学政策产生积极作用和正面影响。①

四、废止"服务期"及"因申请自费留学须交纳高等教育培养费"的政策

自上世纪 90 年代后期以来，主要由于国内大学逐渐实行了收取学费的制度，从而使所谓"服务期"以及"收取高等教育培养费"政策的执行陷入了极度混乱的状态，因此废除以服务期政策为依据的"高等教育培养费制度"的呼声越来越高。② 为了缓解社会矛盾并对自费出国留学人员进行鼓励并予以实际上的支持，国务院于 2002 年 11 月 1 日批复教育部，同意教育部关于"简化对自费出国留学人员审批手续"的意见，即不再对具有大学以上学历的自费出国留学人员收取高等教育培养费，从而彻底废止了这项执行了 12 年的规定。其后，教育部于 2003 年 2 月 12 日印发了《关于简化大专以上学历人员自费出国留学审批手续的通知（教外留［2003］1 号）》。③ 就全国范围内彻底废止向自费留学人员收取高教培养费的政策问题作出详尽安排。

《关于简化大专以上学历人员自费出国留学审批手续的通知》指出，我国从 1990 年开始实行"对具有大专以上学历的自费出国留学人员进行资格审核并收取高等教育培养费"的制度。12 年来，各地在执行方面基本上是正常和有序的，全国大约有 30 多万自费生出国留学，从一个侧面体现了国家支持留学方针的成效。加入世贸组织后，我国为落实对服务贸易作出的相关承诺，促进政府职能转变，加快了行政审批制度改革的力度。国务院于 2002 年 11 月 1 日颁布了《关于取消第一批行政审批项目的决定》（国发［2002］24 号）。根据上述《决定》中被取消的行政审批项目第 77 项，为进一步落实国家关于"支持留学、鼓励回国、来去自由"的出国留学工作方针，决定简化对大专以上学历人员自费出国留学的审批手续。《通知》要求：1. 自 2002 年 11 月 1 日起，不再向申请自费出国留学的高等学校在校生以及具有大专以上学历但尚未完成服务期年限的各类人员收取"高等教育培养费"，不再对上述人员进行"自费出国留学资格审核"工作，不再要求上述人员向各地出入境管理机关提交《自费出国留学资格审核证明信》。2. 根据《决定》的原则精神，各地及各高校应将自 2002 年 11 月 1 日以来收取的"自费留学高等教育培养费"退还当事人或其委托的合法代理人。3. 各地及各高校要本着对申请自费出国留学当事人负责的态度，科学、合理、公平、公正地做好相关的工作，以保证此项政策的平稳实施。4. 2002 年 11

① 苗丹国：《对我国自费出国留学收取培养费制度的对策研究》，《中国高教研究》2001 年第 5 期第 28 页。
② 《中国出国留学政策的沿革与培养和吸引留学人才的政策取向》，《中国人才前沿》第 51 页，社会科学文献出版社，2006 年 7 月第 1 版。
③ 中国教育和科研计算机网。

月 1 日前后涉及的相关事宜，应按照各自的政策界限分别掌握。对规定尚不明确的问题，可先向当事人做好解释工作，同时尽快请示我部，以便统一研究处理。5. 各地应妥善安排原自费出国留学资格审核办公室的工作人员。6. 各地和各高校要严格按照有关政策规定做好全部善后事宜和档案保存工作。

这是一个具有历史意义的文件，标志着自费出国留学政策的彻底放开；即经过广大留学人员的努力，以及具有改革精神的留学政策研究者和管理者们的协助，中国的自费出国留学政策进行了最后的调整和改革，并最终以国务院文件的形式宣告了中国自费留学资格审批制度的彻底终结！本书作者作为主要工作人员，有幸于数年间策划、参与、经历了其走向终结的全过程，并主笔完成了全部的调研报告和相关文件的起草事务。其中的苦乐年华、针对这场改革的阻力以及官场上的往事令人终身难忘，这将是本书作者一生最珍贵的精神财富。

第二节　中国政府实施"国家优秀自费留学生奖学金"政策

一、"国家优秀自费留学生奖学金"政策的基本内容与执行概况

为了体现国家对自费留学人员的关怀，适当资助其中的优秀者完成学业，奖励他们在学业上取得的优异成绩，以增强其回国服务或为国服务的"祖国意识"意识，教育部于 2003 年 10 月制定了针对在外自费留学人员的"国家优秀自费留学生奖学金"政策。实行此类政策在中国留学史上属于首创，具有积极的意义和导向作用。该项目规定，申请人原则上为 40 周岁以下、一年级以上的在读博士生，资助额度约为 5000 美元/人。其评选政策为"公开、公平、公正"和"个人申请、使（领）馆受理、资格审查、专家评议、择优推荐、网上公示和国内终审"。

1. 该项目设立初期于 2003 年率先在美国、日本、英国、法国和德国 5 国进行试点，设计规模为 100 人，实际完成 95 人。其中美国 30 人、日本 25 人、德国 14 人、英国和法国各 13 人。获奖者的研究领域涉及文、理、工、农、医、经管等学科，其中绝大多数人在国外重点留学，多人曾应邀在国际会议上做过学术报告，并发表多篇论文，有的还在研究中取得特别显著的成果。如法国尼斯大学的付保华同学单独发表 6 篇论文，4 次在国际学术会议上做报告，8 次被邀请赴他国演讲；吴森林同学的研究课题在国际上属于热点领域，研究水平处于世界领先地位；朱忻所同学从事国际上第一个系统研究双极晶体管高频、高功率放大特性的课题，对卫星通信、个人无线通信和各种导航系统产生重要影响；盲人学生李雁雁以其惊人的毅力和超乎寻常的努力，成为全美大学中惟一攻读博士学位的盲人学生；慕尼黑工业大学的徐曼同学曾获最佳外国学生奖；东京大学的王岳同学在西方肝癌学术界已是小有名气的青年学者；美国南加州大学的张进同学曾获该校优秀学生奖学金、杰出学术成就奖。

2. 2004 年 9 月，经过一年的试运行后将规模扩大到 200 人，实际资助 204 人，并将奖学金资助范围从 5 个留学目的国扩展到 28 个，增加了加拿大、澳大利亚、俄罗斯、新西兰、新加坡、爱尔兰、乌克兰、荷兰、韩国、南非、瑞典、芬兰、泰国、比利时、丹麦、奥地利、瑞士、白俄罗斯、挪威、以色列、罗马尼亚、波兰、墨西哥等 23 个自费留学生较集中的国家。

3. 2005 年度又将申请资助的留学国别扩展到 31 个，实际资助 202 人，但最终评选结果仅涉及到 23 个留学目的国。

4. 2006 年度的实际奖励规模为 30 个留学目的国，共资助 302 人。

5. 2007 年度的实际奖励规模为 31 个留学目的国，从被推荐的 427 名候选人中经评审确定资助 301 人；被资助者涉及各个学科的 40 多个专业方向。

6. 2003—2007 年期间，该项目实际资助 1104 人，涉及在 31 个国家的中国自费留学生。

7. 2008 年 8 月 5 日，国家留学基金委秘书处公布了该年度的项目概要：资助规模为 300 人；并将涉及 32 个留学目的国，即除上述 28 个以外，另有捷克、葡萄牙、西班牙、埃及、意大利，但不再有罗马尼亚。

二、2004 年度政策执行情况的专项报告

2005 年 3 月 11 日，留学基金委秘书处公布了《2004 年度的政策执行情况的报告》：按照 2004 年"国家优秀自费留学生奖学金"试点工作方案，奖学金评选采取了"国外限额推荐，国内差额评审"的办法，国内专家终审后，再进行"二次公示"，并实行了区别于 2003 年首批试点的"复议"程序。

1. 申请、评审与批准

各有关驻外使（领）馆教育处（组）按照要求组织了申报和初审、候选人公示，并从 1313 名申请人中筛选出 300 名奖学金候选人向国内推荐。由包括中科院院士在内的十余名各学科领域专家组成专家评审委员会，并实行封闭式评审。评审遵循"公平竞争、择优奖励"和"突出重点、有所侧重"的原则。所谓"侧重"是指在同等条件下，对发表论文多、成果突出的有所侧重，对国家目前急需、紧缺、薄弱、新兴学科领域或处于世界前沿领域的专业有所侧重，对在高科技领域有新突破、新成果的有所侧重，对正处于博士论文撰写阶段或即将毕业的有所侧重。经国内专家终审并提交教育部批准，确定 204 人为获奖人员。

2. 二次公示与复议

专家评审后在基金委网站对获奖人名单进行了为期 10 天的二次公示。其间，有的留学人员对个别获奖者的在校生资格、自费留学生身份等提出异议。组织者为此逐一核实，排除了关疑问。部分落选的留学人员和家长甚至其熟知的国内学术领域专家来信、来电询问原因，组织者对此给予了答复后，多数留学人员表示接受。其中中科院生物所国家重点实验室主任、973 项目首席科学家项程教授也表示同意评审专家意见；另有的

落选者能够回信表示接受和感谢。不过也有来自在德国和英国的两位留学人员表示不能接受基金委做出的落选解释；对此，基金委再度组织相关领域专家进行复议，并认定维持原评审结果。

3. 评审专家的意见和建议

（1）参加国内终审活动的专家对 2004 年奖学金评选给予肯定。认为国外限额推荐，国内差额评审办法进一步提高了该项政策体系的合理性、可操作性和可选性；各个政策环节比较规范有序，确保了人选者的质量和水平，体现了"公平、公正、公开"的原则。

（2）该项政策为中国驻外使（领）馆教育处（组）联系留学人员特别是优秀尖子人才拓宽和延伸了渠道，对吸引留学人员回国工作、为国服务有所促进。

（3）设立"国家优秀自费留学生奖学金"是科学决策、开创性举措，是对"支持留学，鼓励回国，来去自由"留学政方针的深化与落实，是对在外自费留学生的支持、肯定与鼓励。

（4）申请人的学术领域比较广泛，通过该项政策的实施了解到一批优秀尖子人才，有利于国内用人单位跟踪和吸引各方面人才。

（5）获奖者学术水平明显好于试点的第一年。特别是驻纽约、旧金山、休斯顿总领馆教育组、驻德国使馆教育处以及芬兰、瑞典等北欧国家推荐的人选中不乏尖子人才。如美国纽约馆区推荐人选梁文杰同学在《科学》、《自然》等刊物发表 8 篇论文，共被引用 321 次，其中发表在《自然》杂志上的两篇论文，一篇被引用 124 次，另一篇被引用 96 次，发表在《科学》杂志上的一篇论文被引用 60 次；华盛顿馆区的曹茹同学仅 2002 年在《科学》杂志上的论文就被引用了 121 次；英国王开友同学发表论文 5 篇，被引用 120 余次；洛杉矶的山璐同学在《科学》杂志以第一作者发表的文章被引用 57 次；瑞典李新军发表论文 52 篇，其中第一作者 8 篇；加拿大陈兵发表的环境工程论文 27 篇中，有 14 篇是第一作者，9 篇被 SCI 检索，参加国际学术会议 17 次。获奖者中研究成果已获或正在申请专利情况也明显好于 2003 年，如仅在驻美、日、英、法、德国 5 个国家，10 个馆区推荐的 157 人中，获得专利和申请专利的就有 36 项，占 23%。有评审专家表示："看了非常感动、受鼓舞"，"国内终审结果实在是因为受到名额限制不得不忍痛割爱"。

（6）评审专家还就今后进一步规范评选，进一步明确奖学金宗旨等方面提出了一些意见和建议。

4. 2004 年度申请者的基本特点——"五多"

（1）国内重点大学的毕业生多：如在驻华盛顿使馆教育处推荐的 10 人中，有 7 人是国内重点大学的本科毕业生，其中北京大学、清华大学、中国科技大学、山东大学、南京大学、浙江大学和哈尔滨工程大学各 1 人；其中 4 人还是硕士毕业生：中国科技大学 2 人、山东大学和浙江大学各 1 人。再如由驻洛杉矶总领馆教育组推荐的 10 人中，有 9 人是国内重点大学本科毕业生，其中有 7 人在国内获得硕士学位：清华大学 3 人、北京大学、复旦大学、南京大学和北京邮电大学各 1 人。

（2）原国内培养的优秀毕业生多：其中有辽宁省十佳大学生、上海市三好学生标兵、北京市优秀毕业生、上海市优秀毕业生、安徽省优秀毕业生以及优秀学生干部等等。如驻纽约总领馆教育组推荐的张帆同学，本科为中山大学的班级第一名，硕士为北京大学的年级的第一名；于江涛同学为清华大学的优秀本科毕业生，硕士为该校的专业第一名，并提前一年毕业。

（3）在国外名牌大学就读的学生多：如牛津大学和剑桥大学各 3 人；纽约馆区的 12 人中有 8 人在美国顶尖大学（全美排名前 25 名以内）攻读博士学位，其中哈佛 4 人、MIT2 人、宾大和康乃尔大学各 1 人；旧金山馆区的 10 人中，加州大学伯克利分校 4 人、斯坦福大学 2 人。

（4）发表论文多，论文被引用多，发表在《科学》和《自然》等国际知名杂志上的文章也较多：如华盛顿馆区的丁轶同学共发表论文 20 多篇，并被引用 400 多次；曹茹同学仅 2002 年在《科学》杂志上发表的论文就被引用了 121 次；留学英国的王开友同学的 5 篇论文，被引用了 120 次；洛杉矶馆区的山璐同学以第一作者在《科学》发表的文章被引用了 57 次；纽约馆区的梁文杰同学发表的 8 篇论文，共被引用 321 次，其中发表在《自然》上的两篇论文，一篇被引用 124 次，另一篇被引用了 96 次，发表在《科学》杂志上的一篇论文被引用了 60 次。

（5）申请的专利与获得的奖项多：仅对美、日、英、德、法 5 个国家共 10 个馆区推荐 157 人的统计，获得专利有 36 项，比 2003 年有所增加。获得各类奖励的留学生有，牛津大学的赖忠平同学于 2002 年 6 月被牛津大学基伯学院评选为四个优秀研究生之一，享有在学院高桌上免费就餐的荣誉；康乃尔大学的于江涛同学由于突出的研究贡献，其事迹被收录入学校研究生院宣传资料并授予"吴瑞"奖学金；又如洛杉矶的叶伟。

三、《国家优秀自费留学生奖学金实施细则》的主要内容

2004 年 8 月 26 日，国家留学基金管理委员会秘书处公布了《国家优秀自费留学生奖学金实施细则》，共 6 章 19 条。第一章为奖学金宗旨和评审原则：鼓励和帮助品学兼优的自费留学人员顺利完成学业，激励优秀自费留学人员回国工作和以多种形式为国服务；评审活动实行"公正、公开、公平"的原则。第二章为申请人基本条件：在国外攻读博士学位一年以上、持有中华人民共和国护照、年龄在 40 周岁以下的自费留学人员；获奖者原则上不能连年申报。第三章为申请和评审程序：个人申请、使（领）馆受理并进行资格审查、国外专家评议、择优推荐、上网公示和提交国内专家再审、第二次上网公示、提交教育部批准后颁发证书。第四章为奖学金的来源、数额与发放：该项奖学金由国家财政部单独设立专项资金，每位获奖者的金额为 5000 美元；每年评选一次，次年第一季度一次性发放。第五章为对获奖人员提供的服务性管理。第六章为附则。①

---

① 国家留学网和神州学人网站。

第三节　自费出国留学活动的发展与宏观政策研究

一、自费出国留学状况与若干政策的阶段性研究

中国的出国留学政策是由国家公派、单位公派、自费留学以及留学回国政策这四个系列的二级政策共同并交叉组成；上述四个系列的二级政策又是由若干具体的三级制度和规定分别或交叉组合构建而成。如果某项二级政策不切实际地过于狭窄或滞后，将无助于支持业已成熟的总体出国留学政策。虽然重要的出国留学政策不断出台，出国留学实践的发展和改革日益深化并不断成熟，但正如有学者所说，一项好的政策和制度可以在没有直接投资的情况下产生极大的社会效益和经济效益，而一项不好的政策和制度却可以使巨大的政府投资化为乌有，甚至产生负面效应。自费出国留学的情况与问题，正面临着"是"与"非"的评估，正处在"如何导向与对策"的十字路口上。种种迹象表明，对此问题进行政策性研究的重要性和紧迫性已不言自明。在上述背景的 2001 年前后，即 1993—2008 年期间的中段，本书作者在对当时国内自费出国留学情况进行综合性研究与考察的基础上，撰写并发表了《当前我国自费出国留学的基本状况、成因分析及对策研究》。①

（一）本世纪初自费留学活动的大致规模

据教育部不完全统计，自 1978 年到 2000 年底止，全国共约有 38 万多人出国学习或研究；学成后回国工作的留学人员约有十几万人；当时仍在国外的各类留学人员约有 20 多万，其中大约有 10 多万人在美国。

从 90 年代中期以后自费出国留学有关综合统计数据中可以看出，自费出国留学的活动具有"总量增幅较快、留美比例较大、国别选择多元化、低龄趋势渐盛、平均学历和层次较高、多为优秀学生"等特点。

虽增幅较快，但严格来说总量并不大。据美国国际教育研究中心公布的统计报告显示，1997 年中国大陆在美留学生数量仅次于日本、韩国且相差不大，约为 4 万 7 千人左右；访问学者数量则为日、韩的总和，名列前茅约为 1 万多人。而 2000 年度内在美国注册攻读学位的中国大陆留学生（不含访问学者）达到 54466 人，比 1999 年度的 51001 人增加了 3465 人，首次超过日本，居留美外籍学生的第一位。

据统计，2000 年中，中国大陆到国外留学的人员（含访问学者）约为 4 万多人，其中自费留学的约 3.3 万人；其中赴美的人数约为 9000 人左右；其中前 7 个主要留学目的国为：美国、日本、德国、澳大利亚、英国、加拿大、法国。有关数据显示，由于许多发

---

①　苗丹国：《当前我国自费出国留学的基本状况、成因分析及对策研究》，《清华大学教育研究（双月刊）》2001 年第 4 期。

达国家接受中国留学生的能力和数量的不断增加，使中国大陆青年在留学国别的选择上正逐步向多元化发展。

（二）影响自费留学活动的主要因素

（1）国际经济与国际教育发展的背景

经济的多元化必然要求教育实行多元化。随着国内经济的迅速发展以及全球经济一体化和高等教育国际化这一不可逆转的客观趋势和进程，世界各国高等教育的规模不断扩大，留学教育的发展速度也随之逐步加快，并成为社会发展的必然趋势。80年代初期，世界各国的留学生总数仅不到100万人，而90年代末则已超过200万人。此期间中国接收外国留学生的数量也不断上升至世界前十位之中。据美国一国际教育研究机构统计，2001年以来，在美的外国留学生人数已超过50万人。①

（2）国内对教育需求的迅速增加

如将中美两国高等教育状况相比：国土面积相近，人口却5倍于美国；1999年中国有1942所高等学校，在校生约为719万人，毛入学率约为10.5%；1997—1998年度美国有4064所高等学校，在校生约为1450万人，18—19岁年龄段的入学率约为62.2%；中国25岁以上每万人中接受大专以上教育的只有590人，而美国为4650人。②

中国加快了教育改革和高等教育大众化的进程，其发展进度之迅速是另人们始料不及的。尽管如此，90年代以后的中国的教育仍然存在着许多问题和困难：教育投入严重不足，国内大学和高中学校的数量仍然太少，办学条件和师资状况仅能满足最低标准；教育发展不平衡，教育资源不均等，优质教育资源奇缺；教育机构布局不尽合理，总体质量也偏低；应试教育盛行，中考、高考似独木桥人满为患，升学竞争比较激烈；几乎各个教育阶段都具有被迫交纳不断增长的、高额的所谓"捐资助学款"的现象；法律规定的受教育权利并没能使相当数量的受教育者得到同等、公平的教育机会和待遇等等、等等。2000年前后每年有近10%的小学毕业生、50%的初中毕业生、75%的高中毕业生不能升入高一级的学校学习；而90%的家长又迫切期望自己的孩子能够接受高等教育。③巨大的供求反差导致无数家长不惜血本地投资于子女教育。据国家统计局"经济景气监测中心"的抽样调查显示，中国家庭用于教育的投资平均约已占家庭总支出的10%，超出用于住房支出7.1%。④中国人民银行的一项统计则表明，至2001年7月底止，我国大陆居民存款余额约为7万亿元。由此可见，预期将有700亿元的资金用于教育投入。

普通教育（包括学前教育）和高等教育的整体规模均不能满足社会发展和公民个人的需求。公民个人需求方面主要的心理表现，就是由于独生子女现状而普遍存在于家长中的"望子成龙"和"望女成凤"的心态与期望，这种期望又不断地敲打着青少年人："人生

---

① 《中国教育报》2001年8月22日第7版。

② 2001年5月14日曾庆红在"全国干部教育培训工作会议"上的讲话。

③④ 《法制日报》2001年8月22日第7版。

的路只有一条，就是上大学"！而公民个人需求方面主要的物质准备，就是拟用于子女教育的储备资金在家庭支出中占有极大比例的现状，从而加大了消费者生活水平和质量提升的不确定性。家庭用于教育的投资逐年递增，教育消费越来越成为整体消费领域的热点。用于支持出国留学的英语教学越发具有魅力而出尽了风头：在市场普遍疲软的形势下，英语教学"产业"的年产值却突破百亿元！①

由居民巨额银行存款中拟用于高等教育的巨大潜力以及公民普遍对独生子女"成才期望"引发的激烈中考和高考竞争，使高等教育的供需矛盾十分突出且日益严重。因此不但时时冲击、激发着正常的出国留学的市场，并且使申请留学当事人的平均年龄不断下移，同时也严重影响了对子女接受基础教育和高等教育顾虑重重的在外留学人员回国工作的意愿和计划。例如仅英国驻中国大使馆就于 2000 年在大陆地区就签发了 12，426 份学生签证；其中赴英就读中小学者占有相当大的比例。

（3）国外大学为生存求生源

与上述情况相对应的则是，国外大学的生源不足。随着发达国家人口数量的不断减少，许多国外大学的生源不足问题已经严重影响到学校的生存，招收中国留学生也就成为这些学校摆脱困境的出路之一。随着各国大幅度调整接收外国留学生的制度，相继取消了一些政策性障碍，逐渐降低入境、入学的门槛，使中国自费出国留学的人数不断攀升。近几年在大陆举办的外国教育展络绎不绝且场面火爆，众多留学中介机构应运而生且层出不穷。德国驻华大使馆甚至自 2001 年 6 月 18 日开始，起动了一项"无需通过中介机构、无需交纳高额中介费用、可直接向德方提出留学申请、简化留学签证审批手续"的留德新程序。澳大利亚政府也于 2001 年 7 月 1 日对接受海外留学生的政策进行了重大调整。上述一切表明，发达国家对中国高等教育巨大潜在市场上的巨额资金和庞大"准人才"群体的"虎视眈眈"。

（4）国外优越政策条件对中国人才或准人才的吸引以及国外招生能力对中国出国留学总量的控制

国外名目繁多的各类奖、助学金对中国人才或准人才的吸引，以及国外比较宽松的教学环境、先进的仪器设备、现代化的教学手段、舒适的生活条件、活泼的教学手段和授课方式、整齐的师资力量和综合科研能力等等，普遍优于国内。

在社会不断进步和加快扩大对外开放战略的总体形势下，从申请自费出国留学人员家庭的支付能力和政治安定、社会稳定、公民权利以及国际惯例等方面来看，国家几乎没有任何理由限制公民申请自费出国留学。实际上真正对自费出国留学总量进行控制的是各国接收中国留学生的能力。一般来讲，受各国政治、经济、教育政策的制约，这种能力不可能是无限的，绝不会因为申请留学人员数量的大量增加而增加。问题在于，各国出于自己"国家利益"的种种考虑，最终受予奖学金或批准入学的外国留学生一般都是它们在一定的专业和层次上所需要的、相对优秀的尖子人才或准人才。这才是我们最不愿意看到、又不得不面对的现实，也是我们不情愿付出、又不得不付出的巨大代价。还是西方人自己的

---

① 《北京青年报》2001 年 11 月 2 日。

那句老生常谈：西方世界没有免费的午餐。

据 2001 年 9 月 10 日《纽约时报》报道，当天美国国务院发言人里克表示，美国根本没有改变有关中国学生申请签证的程序或政策。里克还介绍说，在 2000 财政年度，美国向中国发放了 21586 个学生签证，比 1999 财政年度的 16303 增加了 33%。2001 财政年度的初步统计数字显示，发放给中国学生的签证数量比 2000 财年还有所增长。"9·11"事件以后，美国一女议员范因斯坦曾以"缺乏管理"为由，向美国会提出"暂停六个月发放外籍学生入境签证，让移民局有足够的时间调查申请人的背景情况，以防止国际恐怖主义组织成员利用学生签证入境"的议案。但是美国驻华使馆签证处的有关官员 2001 年 10 月 11 日向《北京青年报》的记者表示："这只是一位国会议员的提案而已，截止目前驻华使馆尚未接到政府关于签证政策调整的任何消息，现在签证处仍然在正常工作。"毫无疑问，"9·11"事件必将对美国以至其他西方国家接受外国留学生的政策产生重要的影响。但其吸引（或者说"掠夺"）国外优秀尖子人才或准人才的政策绝对不会、也不可能改变。

2008 年伴随着美国"次贷危机"的发生，全球经济一下走软。但 2008 年各主要留学目的国先后颁布了一些新的政策吸引各国留学生，促使美国、澳大利亚、加拿大、英国、日本等国的留学申请人数和签证人数均有大幅增长，有文章认为其中以美、加相关政策的效果最具吸引力。

一是美国于 2008 年进一步放松签证政策，并从 4 月 4 日起延长理工科学生毕业后的实习期，从原来的 12 个月延长至 29 个月；美国颁布的新政为中国高中生赴美提供了更多机会，即美国公立高中不仅招收持有 J—1 签证学生，从 2008 年秋季开始，持 F—1 签证的中国学生允许进入波士顿、西雅图、芝加哥、凤凰城、犹他州等地区的 11 所美国公立高中就读，毕业后拿到美国高中毕业证的同时，还能直接进入美国的大学。面对金融危机，许多有意赴美留学的国际学生望而却步，而中国学生却似乎反其道行之。美国研究生院委员会 2009 年 4 月 7 日发布的初步统计报告显示，中国赴美攻读硕士和博士学位的学生数连续第四年出现两位数增长，2009 学年申请赴美攻读硕士以上学位的人数比上年猛增 16%，在主要生源输出国中一枝独秀。事隔 4 个半月后，中新网 2009 年 8 月 25 日据美国《中国日报》报道，美国研究所协会（Council of Graduate Schools）的一项调查同样显示，2009 年美国大学录取外国研究生人数首度下降，减少 3%，但是中国、中东地区赴美的研究生却逆势增加。中国学生申请人数增加了 14%，中东和土耳其增加 22%；录取人数方面，中国学生增加了 13%，连续四年呈两位数增长；中东和土耳其也增加了 10%。

二是澳大利亚移民局颁布最新签证规定，从 9 月 1 日起，调整留学签证风险类别，对中国的语言签证 570，研究类硕士、博士签证 574 以及预科类的非学历课程签证 575 从 Level4 降低到 Level3；读语言课程，无需雅思成绩，读如预科类的非学历课程，雅思只要 4.5 分，读研究类硕士和博士，雅思只要 6.0 分。有统计显示，自 2001 年起，中国就成为澳大利亚最大的海外生源国；2008 年在澳洲注册入学的海外留学生人数增加了 120%，达到 54.3898 万人，首次突破 50 万关口，并创下了自 2002 年以来最大的增幅纪录；亚洲学生入学率增长更快，达 121.5%，其中绝大多数来自中国，达 12.7 万多人，约占所有海外学生注册总数的 23%。

三是英国实行"计点积分制"签证体系，即从 6 月 30 日起，对获得毕业工作类别签证的国际学生，准予申请留在英国的时间从 1 年延长到 2 年，在一定程度上吸引了申请者。根据英国高等院校招生办公室的数据，申请赴英国留学的中国学生总数 2008 年增加了 20%，约有 0.8 万多名中国学生递交了入学申请。有统计显示，2008 年中国华南地区的赴英留学学生申请人数同比增长高达 30%，广东地区的学生签证通过率高达 90%，截止 2008 年末约有 7.5 万名中国学生在英国学习。

四是加拿大与美国类似，于 2008 年放宽了留学加拿大学生毕业后留加工作签证的年限，从以前的 2 年延长为 3 年，学生的工作领域也不局限于原来学的专业，毕业后在任何领域工作或者暂时找不到工作均可适用该政策；还实施了《加拿大移民和难民保护法》，增加了在加学习和工作的学生移民的配额，并且签证办理周期也缩短了；加拿大不仅接收中国优秀高中毕业生，而且吸引高中在读生。据加拿大《世界日报》2009 年初的报道，在加拿大的中国留学生已经超过韩国，成为加拿大最大的国际留学生群体。这不仅因为来自中国的申请人数大幅上升，也因为加拿大大使馆的签证率有所增加。

五是日本政府 2008 年提出至 2020 年"接收 30 万留学生计划"，要求相关部门通过简化入境审查手续，推动大学国际化，向留学生提供生活和就业支持等手段，争取到 2020 年，吸引 30 万留学生到日本学习。根据"30 计划"，日本安排 41 亿日元专项资金用于指定的 30 所大学作为重点接收高质量留学生的基地，增加英语授课的比例，开设一些主要通过英语授课取得学位的专业。中国留日学生到 2005 年时达到 80，592 人的峰值。1983 年时，中国留学生约占在日外国留学生总数的 20%，进入本世纪后几乎每年这一比例都超过 60%。2005 年后，中国留日学生总人数略有下降，2007 年为 71，277 人。但从具体结构来看，中国研究生的人数有所增长，2008 年达到 3 万人左右。根据日本入国管理局的统计，2009 年 4 月份新获得留学签证入境日本的中国学生人数达到 1.2 万多人，比 2008 年增加了 4 千多人。在日本大学攻读博士的学生中有 15.7% 是留学生，攻读硕士的学生中留学生占 9.6%。日本文部科学省负责留学生事务的官员坦诚，如果没有来自中国的留学生，日本的留学生事业就难以发展。英国《泰晤士报》2008 年世界大学排名中，在日本私立大学中排名第一的早稻田大学也仅仅排在第 180 名。其中外国人学生的入学比例也是该排名的评价标准之一。留学生人数可以提高排列名次。2009 年初早稻田大学拥有 3000 多名外国籍在校学生，在日本全国名列第 2 位，留学生占全体在校学生总人数的 5%。该校留学生中心白木所长表示，目前世界排名前 10 位的大学，留学生所占比率都超过 20%。因此早稻田大学也计划到 2012 年为止，将留学生的人数增加到 8000 人。除早稻田大学以外，东京大学、东北大学等 30 所日本大学都在中国大陆设立了办事处。办事处的主要工作是努力扩大自己大学在中国的知名度，以及负责与当地高校直接联络等。此外，包括短期大学、专门学校在内的 40 余所日本院校也已经开始在中国大陆举行入学考试。

六是即便在外国留学生总数和比例都偏少的意大利，中国大陆留学生也占有较大的比例。2003 年在意大利大学自费留学的中国学生人数仅约为 40 人，2004 年赴意中国学生也只约有 70 人。意大利大学校长联合会（CRUI）发起并从 2005 年底起实施的意大利留学马可波罗计划，大大密切了意大利与中国之间的学生交流。据中新网 2009 年 8 月 29 日原引意大利《欧联时报》报道，意大利大学和研究部日前在对 2007 年度、2008 年度全国各高等院校的学生调查中发现，2007 至 2008 学年意大利高等院校招收的外国学生约为 4.9 万人，占全国在校大学人数的 3.2%，不到经合组织（OECD）国家平均比例 7% 的一半。联合国教科文组织数据显示，早在 2007 年，法国吸引外国留学生人数就达到 24.6 万，德国 20.6 万人，英国 35 万人。意大利高等学府无法吸引外国学生的主要原因是语言不通和学校缺乏配套服务，如宿舍少，奖学金稀缺等。在上述 4.9 万名学生中，约有 5000 人是出生在意大利的第二代外国移民。因此，意大利高等学府实际上只有 4.3 万人是真正意义上的外国学生，其中有 4.1 万人是非欧盟或者新入欧盟国家的留学生。其中中国留学生有 3949 人，仅次于阿尔巴尼亚留学生数量，在意大利各国留学生中位居第 2 名。

七是欧盟委员会 2009 年 8 月 6 日宣布，2003 年由欧洲议会和欧盟理事会批准通过的伊拉斯谟世界教育计划的规模将得到扩充。伊拉斯谟世界教育计划是一项重要学术交流计划，旨在通过与欧盟以外的国家合作，提高欧洲高等教育质量并推动文化间的交流和理解，该计划的总体目标是在世界上众多尖端技术人才云集美国的局面下，将全世界最优秀的学生和学者吸引到欧洲。自 2004 年 1 月正式启动以来，为保证伊拉斯谟计划的有效实施，欧盟为该计划第一阶段项目投入了 2.3 亿欧元的预算，并且有针对性地精心挑选了目前的热门研究领域作为该计划的实施课程。根据扩充后的伊拉斯谟世界教育计划，在 2010 至 2011 学年中，一共将有 116 门硕士课程供学生注册，其中新增选的 50 门硕士课程将涉及 231 所欧洲大学以及 58 所世界其他地区的高等教育机构，具体专业涉及工程、信息技术以及数学农业和社会科学等。其中欧洲的大学主要分布在德国、法国、西班牙、意大利和瑞典，而其他地区的大学则主要位于印度、美国、加拿大和中国。此次新确定的 13 个联合博士学位将成为伊拉斯谟世界教育计划第二阶段的一个亮点。这些博士学位涵盖自然科学生命科学和人文科学等，共涉及 65 个欧洲大学和 12 所世界其他地区的大学，申请这些博士学位的学生将得到连续三年的奖学金。欧盟委员会在 2009 年 6 月刚刚公布了该计划 2009 至 2010 学年的奖学金名单，共有 8385 名获奖学生和学者将在欧洲学习或教学，另外 1561 名获奖的欧洲学生将在欧洲以外国家的合作学术机构进行学习或教学。获得奖学金的学生来自 105 个国家，其中中国最多，共有 188 人。学者共来自 75 个国家，其中美国最多，中国有 43 人，占第二位，接下来依次是印度、澳大利亚和加拿大。

当然，就中国大陆的不同地区而言，由于各种因素相互间交织发生影响和作用，申请出国留学者对各个国家的认同感也是不尽一致的。如广州市 2008 年的统计显示，该市各类出国留学人数约为 2 万人，占当年全国留学生总数的 11%，仅次于北京（20%）和上海（12%）；其主要留学目的地国家依次是英国（28%）、美国（16%）、澳大利亚（12%）、加拿大（4%）、法国（6%）、日本（4%）和新加坡（2%）。从回国情况来看，

2008 年在广州留学人员服务管理中心登记回国的留学生人数为 2130 人。①

（5）国内人事管理制度改革严重滞后

虽然改革开放以来，党中央、国务院和国内各级政府始终致力于消除体制因素对人才的制约，但是由于众所周知的诸多原因，国内目前显然尚未完全建立真正适合人才（特别是优秀人才）培养和发挥作用的体制以及公平竞争的机制。在培养人才、特别是在保留和使用人才的能力上还十分有限，在国际社会的竞争中明显处于非常被动的境地和不平等的地位。主要表现为传统的国家机关和企、事业单位内部人事管理制度改革严重滞后，国家机关和国有企事业单位的人才流失严重。下面三组数字似乎很能说明一些问题：

①据北京市人事局的统计，截止 2000 年底，在北京市市属的干部中，具有大学本科以上学历的人员仅仅占 28.7%！② ②有专家认为，根据对现代科技发展史的研究，只有当一个国家的科技人员的平均年龄接近 25—45 岁这一最佳年龄区时，该国的科技事业才会迅猛发展。而在中国国家重点基础研究计划的"八五"项目中，首席科学家年龄小于 50 岁的仅占 4%，小于 40 岁的仅占 2%！③ ③另据北京市人事局统计，截止 2001 年 6 月 26 日止，已有 516 名留学回国人员到北京注册登记创办高新企业。其中 77.7% 的人具有硕士学位，20% 的人具有博士学位，他们的平均年龄只有 35.5 岁！④

尽管几乎各个传统部门中都普遍存在着人才总量不足、知识和专业结构不合理、整体素质不高、平均学历和待遇偏低、收入两极分化、消极对待"简政放权"、不抓大事抓小事等一系列问题，但是许多优秀人员在正常求职、晋升、竞聘等过程中多因缺乏公平与公正而显得比较困难。据教育部一课题组的一项调查显示，国内毕业研究生中人才偏聘、低聘的现象"十分严重"。⑤ 各部门中的青年科技和专业人才的比例都明显偏低，降低了他们主动参与的积极性，使他们大量流向国外以及外资、合资、独资企业，造成了人才分布上的断层，严重影响了国内经济、教育和科技的创新和发展。⑥ 即便是国家公务员的队伍，由于其"入口"没有严格的资格限制，在现行体制下又缺乏对现职公务员能力、政绩、廉政和任免状况的严格考核与公正评估，以至造成某种程度上的无

---

① 卢亮：《经济走软留学火爆"逆市飘红"还是市场反常》，2009 年 1 月 22 日中国网、中国侨网；余东晖：《就业难国际学生望而却步 中国留美学生不降反升》，2009 年 4 月 9 日中国新闻网；《美大学录取外国研究生人数降，中国学生逆势增加》，2009 年 8 月 25 日中国新闻网；海内外传真：《10 万中国学生在澳留学 中国成澳最大海外生源国》，《人民日报海外版》2009 年 8 月 28 日；陈小方：《澳国际教育产业逆市繁荣》，《光明日报》2009 年 3 月 2 日；海内外传真：《加拿大：中国学子成最大留学生群体》，《人民日报海外版》2009 年 2 月 27 日；《日本教育界欢迎中国留学生》，《人民日报海外版》2008 年 12 月 12 日；《日本投资 41 亿扶持高校接受留学生》，2009 年 2 月 2 日科智留学网；荒井忠彦、香取启介：《中国留学生弥补日本人才不足 比例影响大学排名》，原载日本《朝日新闻》2009 年 3 月 11 日朝刊第 3 版，2009 年 3 月 17 日中国新闻网转载，中文翻译：孙盈；符祝慧：《中国学子掀"留日热"日本大开门户舆论敲警钟》，2009 年 8 月 13 日中国新闻网；博源：《意大利中国留学生近四千 位居各国留学生第二》，2009 年 8 月 29 日中国新闻网；王治明：《意大利"马可波罗"计划专为中国学生设计》，《新闻晨报》2004 年 11 月 19 日；许欣：《与美国抢人才欧盟扩充教育计划》，《北京日报》2009 年 8 月 16 日第 5 版；《广州出国留学人数全国第三近半"海归"进民企》，2009 年 3 月 5 日中国网。

② ③ 参见《北京青年报》2001 年 6 月 25 日第 34 版。

④ 张靖《北京日报》2001 年 6 月 26 日第 5 版。

⑤ 何连第《中国教育报》2001 年 6 月 27 日第 5 版。

⑥ 《中国青年报》2001 年 6 月 24 日第 1 版。

序、平庸和混乱状态，任人唯亲、平均主义、好处有人抢、责任没人负，从而影响了公务员队伍的整体素质。

另外，相当一部分人事管理人员自身的素质较低，思想观念陈旧，缺乏必要的现代知识和服务意识，循规蹈矩、墨守成规，却往往热衷于"管、卡、压、要（好处）"，"不给钱不办事、拿了钱乱办事"，使党中央三令五申严令禁止的"买官卖官"的腐败行为始终得不到根本遏止，从而自觉不自觉地把许多优秀的人才和准人才弃置于社会、或推向国外。

（6）国际间的人才争夺战进一步加剧

截止 2001 年底止，已有 45 家跨国公司在北京设立了 48 个研发中心，且在一年多内，这些跨国公司已为上述研发中心投入了 10 亿多元的研发资金，相当于 2001 年北京市财政投入科技研发的总和。与此同时，这些研发中心在 2001 年中还从国外引进了 8 亿多元的技术项目。实力雄厚的外资研发机构正用高额的报酬薪金、优良的工作条件、前瞻性的科研课题、灵活的创新机制来吸引中国最优秀的人才。某一跨国公司 1998 年在北京设立研发中心时确定的目标是，第一阶段用 2 至 3 年时间招揽 40 位中国优秀的青年人才，第二阶段扩大到 80 人。不到一年时间，这家研发中心就已发展到 40 多人，并且已经掌握了 2000 多份符合其条件的优秀人才的简历。另外，许多跨国公司的人力资源部还对中国高校的优秀学生进行跟踪调查并建有档案。

谁掌握了今天的人才，就意味着谁占领了明天的市场。为了应对加入 WTO 后越来越多的外资研发机构大举进驻中国，并因此对国内科技界带来新的挑战，国家科技部已于 2001 年底宣布实施"三大战略"，即人才战略、专利战略和技术标准战略。针对入世后中国科技人才流失的现象有可能进一步加剧，人才战略提出要加入国际人才争夺战，有针对性地加大对海外顶尖人才特别是高水平人才团队的引进力度，并为他们的研究工作提供一切可能的保障条件；国家科技计划和项目都将把"发现、培养和稳定青年人才，特别是青年尖子人才"作为重要考核指标；提高科研经费中人员费用的比例；研究探索高新技术企业利用期权、股权等多种形式的激励机制，充分体现科技人员和经营管理人员的创新价值等。[①]

（7）正面积极政策的负面消极作用

历史和经验告诉人们，没有一个政党或国家能够仅仅享受某种行为正面的功能、而避免其负面的结果。在对出国留学政策进行宣传，并对留学回国人员采取一系列特殊的优惠和鼓励政策的同时，也使得家长鼓动子女出国留学和青年人自身渴望出国留学的热情越来越高。越来越多的人已逐渐树立起这样一些观念、甚至可以说是信念：国外学位的含金量比国内的高；因此，要想立业必须先要留学。[②]

---

① 《北京晚报》2002 年 2 月 22 日第 10 版。

② 本小节参见苗丹国：《当前我国自费出国留学的基本状况、成因分析及对策研究》，《清华大学教育研究（双月刊）》2001 年第 4 期。

二、"出国留学低龄化"现象与政策选择

随着自费留学群体不断扩大，出国留学低龄化现象日渐突出，并引起了有关学者和专家的关注。教育部社科重点研究基地、北京师范大学比较教育研究中心、北京师范大学国际与比较教育研究所教授曲恒昌先生于 2002 年 12 月发表了《WTO 与我国的留学低龄化》。① 曲恒昌教授指出，随着经济全球化浪潮的汹涌到来，中国留学生出现了低龄化现象。据统计，1999 年以来，18 岁以下的少年留学生每年以 40% 的速度增长，其中甚至有 10 岁左右的"娃娃留学生"。仅北京自费低龄留学生就有 1000 人左右。② 另有文章提供的数据显示，在 2000 年前后广东省约 5—6 千人的自费出国留学群体中，其中约 50% 是中小学年龄段的低龄学生。③

毫无疑问，随着中国加入 WTO 和经济的全球化，这种现象将有增无减。对此，很多人表示担忧并提出了异议；政府有关部门甚至作出了禁止义务教育阶段学生出国留学的规定。那么，应当怎样认识和处理低龄学生的留学问题？西方人才国际流动经济学对成人留学和人才国际流动进行了较深入的分析；尽管少年留学与成人留学有许多不同之处，但并无本质的区别。

曲恒昌教授运用西方人才国际流动经济学的一些基本理论，在"中国出现低龄化出国留学现象的直接动因分析、低龄留学对经济产出的影响和效应、经济全球化对中国留学低龄化趋势的作用以及政策选择——顺其自然、适当指引、鼓励回国"等四个层面，从理论与实践的结合上对中国留学低龄化现象与问题进行了比较深入的考察、分析与研究：

（一）低龄出国留学现象的动因分析

西方专家们指出，普通移民、大学生出国留学和高级人才外流的动机是复杂的，多种多样的。然而最基本的出发点不外乎以下四个方面：更高的收入；更好、更多的学习和专业发展机会；更高的生活水平；更适宜的学习和工作条件。移民者将对不同国家中这四种因素中的每一个进行比较和分析，以便选择自己的外流地点。另外，个人爱好、环境状况以及迁移费和迁入国的生活、学习费用等，也对个人流向抉择有重要影响。

当然，不同学科的专家对影响人才流动因素分析的侧重点和结论并不相同。比如，社会学家在调查时发现，外流人员大都把寻求良好专业发展机会作为流动的首要目的，而认为生活条件好坏和收入多少相对说来并不那么重要。但经济学家认为，人才流出的首要动机是获取更多的收入，享受更美好的生活。④ 低龄者指未成年的孩子，他们出国留学与人才流出是有区别的，其动机与成人外流也并不完全相同。但是，据调查，低龄

---

① 曲恒昌：《WTO 与我国的留学低龄化》《比较教育研究》2002 年第 12 期第 48 页。
② 廖厚文，2001 年 11 月 15 日《北京晨报》。
③ 课题组：《自费出国留学及低龄化发展趋势研究》，《教育发展研究》2000 年第 2 期。
④ 曲恒昌、曾晓东：《西方教育经济学研究》，北京师范大学出版社 2000 版第 294—295 页。

留学的直接目的大多是为了数年后能在迁入国接受高等教育，即低龄留学是成人留学的准备阶段。

实践已经证明，发展中国家的青年学子自费到发达国家留学，其中的许多人，甚至大部分人是将其作为毕业后留在该国定居和工作的敲门砖或入门卡。因此，尽管不少低龄留学者的家长声称，他们的孩子出国是因为国内教育比较落后，想到国外接受更先进的教育，或者国内高校入学率太低，出国后将来会有更多的学习机会等等，但本质上都是为了将来能在国外大学学习做准备，进而为长期或永久定居和工作做好铺垫。因此，从本质上说，低龄者留学与青年人留学的动机并没有多大区别，依然受外迁四大因素的制约，只不过是目标期远些罢了。

（二）低龄留学活动对经济产出的影响

西方教育经济学家主要是通过人才外流所产生的福利效应（WelfareEffects），特别是长期福利效应来探讨这一问题。为此，他们创立了人力资本理论模型、民族主义理论模型和国际主义的理论模型。

（1）人力资本理论模型。由于人力资本理论分析的对象主要是已经具有了人力资本的成年人的国际流动，而低龄留学者本身尚未拥有人力资本，因此，这一理论难以直接运用。但是，该理论的某些观点，对探讨低龄留学的经济效应仍有启发意义。

人力资本理论认为，人才和劳动力的国际流动，实际上是在国际范围内人力资源的重新配置和优化过程，某些国家因经济总量不足或产业结构失调而形成的人力资本过剩（即受过教育者的大量失业），必然造成边际生产率下降，是人力资源的巨大浪费；如果这些教育失业者能适时迁往他国获得就业和更好的发展机会，那么将提高该国的边际生产力，从而促进经济增长。即是说，人才从人力资源相对过剩的国家迁往他国，对其本身并没有造成什么损害，相反，却增加了迁入国相对不足的人力资源，进而增加了该国的经济总量。这种跨国的人才流动是调节国际范围内人才余缺的重要途径，是增加世界经济总量或福利的重要手段。当然，如果一国外流的人才不是该国相对过剩的人力资源而恰恰是其急需的短缺人才，那么，这种人才外流无疑会对该国的经济增长造成危害。低龄留学者尚在求学阶段，尚未拥有多少人力资本，还算不上人才，他们的出国留学不会立即对迁出国和流入国的经济增长产生多少影响。由于这些留学者接受高等教育后很大一部分会滞留在求学国，因而会对该国的经济增长产生正效应。至于对流出国，基本上不会产生什么负面影响，因为这些低龄留学者是在国外接受的高等教育甚至是中等教育，他们的人力资本主要是在国外形成的。如果其中一部分人将来能返回故国，将会增加该国的人力资本，从而有利于其经济增长。当然，这种理论分析的一个假设前提是，低龄留学者的派出国是一个劳动力和人力资源极为丰富甚至过剩而不是短缺的国家。显而易见，按照人力资本理论的观点，低龄留学对流出国经济增长并无负面影响，从长远来看，还存在着产生正效应的极大可能。

（2）民族主义理论模型。持这种理论观点的人认为，目前的人才国际流动格局是不公平的，它有利于流入国而不利于流出国。他们指出，一个国家的纳税人资助高等教育机构的教学活动或资助公民到国外学习，指望由此带回国外的科学技术和先进管理经验，推动国家的工业化和现代化。然而，这些人却流往国外或滞留国外不归，在那里享受"奢侈"生活，并为发达国家锦上添花，而国内的工业化和现代化却因人才短缺而毫无起色。显而易见，人才外流对该国经济增长是负效应而对流入国却是正效应。

根据这一理论，如果低龄留学者是由公费派送的，而这些人学成后大部分滞留在流入国，那么，这对流出国显然是不公平的，必将损害流出国的利益。相反，如果低龄留学者是由家庭送出的，那么情况则有所不同。首先，家庭出资并不直接损害其他纳税人和公众的利益；第二，即使是这些低龄留学者将来学成后留在他国，也不会损害其故国公众的利益；第三，如果其中的部分人，那怕是小部分人将来学成回国或以其他各种形式为本国提供服务，将会对流出国产生积极效应。2000 年前后一个时间段内，中国低龄留学者的目的地主要是澳大利亚、新西兰和英、美、法等发达国家。这些国家都实施比较完善的真正意义上的义务教育，即上学者不仅不需支付学杂费和书籍费，而且还可能享受某些福利计划，如校车计划、免费午餐计划等。未成年人到这些国家求学，如果上私立学校或语言学校等特定学校，理所当然地需自付各项费用。但是，如果进入公立学校，那么，他们将与目的国的儿童一样免费享受义务教育的各种权利，从而由流入国而不是流出国为他们提供义务教育所需的经费和资源。即是说，无论低龄留学者是进入私立学校还是进入公立学校，他们的外流客观上都为中国节省了一笔教育经费开支。以 2001 年为例，当年全国普通小学生均预算内教育事业费开支 645 元、普通初中为 931 元、普通高中为 1471 元。① 假如同年全国分别有 1 万小学生、1 万初中生和 1 万高中生出国留学，那么一年中节省的预算内教育经费开支分别为 6450 万元、9310 万和 14710 万元，总计 3.05 亿元。考虑到低龄出国者大都来自大中城市，而城市的生均经费远远超过全国平均数，因而所节省的教育经费会更多。以北京为例，2001 年其普通小学、初中、高中的生均预算内教育事业费开支分别为 2437 元、3139 元和 3943 元。② 如果仍按各 1 万人出国留学计算，那么一年将为北京纳税人节省教育经费开支 9.5 亿元。上述统计分析表明，如果低龄留学者所需费用，是由其家庭负担，或者由流入国政府负担，而不是由中国纳税人负担，那么，从纯经济的角度考虑，对中国并无损害之处。

反对低龄出国留学的重要理由之一是，这些留学者将巨额的教育培养费从国内带到国外，削弱了国内的教育投资或需求能力。这种说法有一定道理，但并不全面，也不一定中肯。首先，这笔资金仅仅是潜在的教育投资而不是现实的教育投资，只有具备了一定的条件，它才可能变成现实的投资。其次，国内优质教育严重短缺，为数不多的最好的中小学，基本上都是选拔性最强的公立学校，最优秀的学生无须交纳巨额费用即可进入，而资质较差者，即使家财万贯，大多也难以享受优质的公立教育。再则，民办学校费用较高，但民办学校起步晚、起点低，真正优质的普通民办中小学实属凤毛麟角，难以满足众多的志向高远的学生家长的需求，因此，当今的民办学校无力大量吸纳这笔巨额教育资金。最后，国内高校入学率虽有大幅提高，但与发达国家相比仍有巨大差距，而且，优质高校十

---

① ② 教育部财务司：《2001 年全国教育经费统计》。

分有限，因此，高考竞争异常激烈。低龄留学者，通常并不是天资和能力具佳的学生，面对未来不确定的大学教育机会，他们才选择了出国留学的路径。上述分析表明，只有在国内兴办起大量可以满足"富人"教育需求的优质民办普通中小学，才能把这笔巨额教育资金留在国内，变成现实的教育投资。然而，这种条件短期内难以实现。

（3）国际主义的理论模型。这是某些西方教育经济学家根据广泛流行的要素收入边际生产力理论创立的一种模型。这一理论宣称，在现实世界中，所有的人所获得的收入均等于他们对国家或工厂企业产出所贡献的价值。因此，高科技人员也好，一般劳动者也罢，他们对整个社会所做贡献都恰恰等于社会付给他们的收入，除此而外，他们并未对社会提供更多的东西，即是说，人们的工作和生产并未产生外部效应。根据这一理论，一个人或少量高科技人员流往国外，既没有改变留在国内者的福利，也未使流入国居民的福利增加，因为迁往他国者获得的收入恰恰是他们贡献给社会的价值，拿回了他们增加的产出。然而，由于流入国的生产率通常高于流出国，因此，人才流动增加了整个世界的福利和财富，有利于整个人类。故此，某些人把这种从世界范围内审视人才流动效应的理论称作"国际主义理论"。这种理论否认劳动的外溢效应，无疑是错误的，然而，它的某些论断对分析低龄留学的经济效应仍有启发意义。

该理论模型的一个重要假定前提是人才培养所需费用由学生家长和私人承担。这一假设涉及到家庭和政府资助青少年教育的代际责任性质和目的问题。在西方国家，关于资助子女教育的代际责任性质，有两种截然相反的观点。一种观点认为，儿童及其教育，是一种投资行为；当孩子成年后为他们年老的父母提供服务和福利时，其父母便获得了收益或回报。如果这些孩子是依靠父母的资助在国外求学并最终留在国外，那么，他们既可能对父母不管不闻，抛弃自己对父母的责任，也可能更好地履行其责任，因为他们的收入比流出国更高。另一种观点则认为，儿童及其教育是一种消费行为，抚养和教育子女是每一代父母的道义责任；每一个生产代或每一代生产者的责任不是面向他们的父母而是面向他们的孩子。根据这种观点，如果移民国外的高学历者也将孩子带往国外，并在那里养育他们，或资助其子女在国外留学，那么，这些家长同样是在尽自己的代际责任。

在现实中，尽管教育主要是由政府而不是由家长资助的，但有关代际责任性质的观点同样是适用的。根据教育是投资的观点，如果受到留学资助的孩子成年后能回国服务或提供其他的有价值的服务，那么，他们便尽到了回报纳税人的责任。相反，如果他们只为流出国提供服务，那么，他们便放弃了自己对本国纳税人的回报责任，进而损害了他们的利益。根据儿童及其教育是消费的观点，留在国内的儿童的福利并未减少，因为移居国外者把他们的子女也带到国外，从而把资助子女教育的责任也带到了国外。不少专家指出，一般说来，儿童和教育是一种投资的观点，在发展中国家往往占主导地位；儿童及其教育是一种消费的观点，则在发达国家中占主导地位。

这种国际主义的理论观点在一定程度上，可以用来考察分析中国的低龄留学问题。在中国，儿童及其教育是投资的观点由来已久，所谓"养儿防老"即是这种观点的生动写照。无疑，家长资助的留学子女长大成人后通常可能有以下几种情况：①返回祖国工作，承担起赡养老人和回报纳税人的责任；②留在国外工作，但为留在国内的父母提供足够的赡养费；③将国内的父母接到国外，以尽赡养之义务；④将父母双亲留在国内，部分或完全放弃回报老人的责任。显而易见，从经济的角度看，前 3 种情况对中国经济没有什么负面影响，而第四种情况，不仅是不道德的，而且把赡养老人的责任推给他人，或是普通纳税人，有损于国内的经济福利。在现实中，由于低龄留学现象刚刚冒出，未见实例，但考察自费或公派成人留学者，以上四种情况均有所反映。

儿童和教育是消费的观点在中国传统中也有体现，随着"独生子女时代"的出现，很多家长更把培育子女"成龙成凤"视为自己的责任。按照这种观点，父母把孩子带到国外，在那里养育他们，资助他们求学，或是出钱送子女到国外留学，都是尽父母对孩子的代际责任。在这种情况下，对中国经济福利并无直接的不利影响。但是，在现实中，一些家长是用非法收入来资助孩子出国留学的，虽然他们尽了对子女的代际责任，但却应当受到谴责，因为它不仅败坏了社会风气而且有损于国内经济发展。

（三）经济全球化加剧中国留学低龄化的趋势

西方人才国际流动理论对人才跨国流动、对出国留学、甚至对低龄出国留学动机的研究和探析，其结论是可信的。毫无疑问，对良好物质和学习、工作条件的向往和追求是流往国外的主要动机。然而，这种动机并不是现在才有，而是早已存在。那么，为什么只是在最近几年才引发低龄留学的热潮呢？对此，西方人才国际流动理论未能给以科学的回答。

曲恒昌教授认为，留学低龄化的最深刻的根源在于经济全球化以及与之伴生的教育国际化。经济全球化将整个世界经济变成一个统一的大市场。设计、生产、经营、行销等整个经济运行过程，已经跨出地界和国界。几十家、几百家巨型跨国公司在很大程度上控制了世界各地的经济活动。与此相应，服务于这些经济活动的各种人才，特别是高级专门人才，更多更经常地进行跨国流动、跨国配置，从而出现了人、财、物和信息汹涌澎湃跨国流动的宏伟景观。

人才国际流动的洪流加速了教育国际化的步伐。所谓"教育国际化"就是"国际间相互交流、研讨、协作、解决教育上共同问题的发展趋势"，[1] 而教育国际化的最主要的内容和表现形式之一就是留学。留学，对留学者来说，是人力资本增值的最有效途径；对流入国来说，是积累高级人才，建立高级人才储备库，有效实施人才国际配置和优化的最有效手段和途径。因此，力图主宰和影响世界经济的发达国家，近些年来大力推进教育国际化，大力吸引国外留学生，甚至娃娃留学生。而发展中国家的一些"富户"，不仅把自己已进入成人行列的子女送到国外留学，而且为了抢占先机，及早与国际教育"接轨"，以至于把自己未成年的子女也送到国外学习，从而在国际教育市场上出现了大批娃娃留学生。这正是留学低龄化趋势最深刻的经济、政治和社会根源。

2001 年 12 月份，中国正式加入 WTO。尽管中国对义务阶段的教育没有作出开放的承诺，但是在"境外消费"方面也未做任何限制，即是说，中国的受教育者到另外的

---

① 顾明远主编：《教育大辞典（上）》，1997 版第 751 页。

WTO 成员国留学将不受限制，同样，WTO 其他成员国的公民到中国境内接受教育也不受限制。这意味着，中国居民不管其年纪是大是小、是男是女，均有权到 WTO 其他成员国中去接受教育。这是中国政府公开做出的承诺，是不得违背的。

加入 WTO 就意味着中国已经正式地、全面地、深深地卷进了经济全球化之中，成为世贸组织的真正一员。WTO 的最大特点之一，就是把教育作为服务贸易的重要组成部分而纳入整个世界经济贸易体系之中，从而使教育更深地打上了产业的烙印，受到市场经济规律的更大制约。毫无疑问，随着时间的推移，不仅中国的经济与其他国家，特别是发达国家更紧密地联系在一起，而且中国教育国际化的步伐也将大大加快。无庸讳言，在当今世界，所谓教育国际化，在很大程度上就是西方化、美国化。因此，在人们空前重视人力资本积累和人才竞争的时代，中国及其他发展中国家的大批年轻人，甚至未成年人纷纷踏上留学发达国家的路途，就是理所当然、不可逆转的潮流了。

（四）应对低龄留学现象的政策选择

按照西方人才国际流动的理论，政府出资派出低龄留学生必然对派出国产生消极的经济福利效应，而自费留学则有所不同。一般说来，自费低龄留学生对本国经济福利并未产生不利影响；从长期来看，还可能产生一定的积极作用，况且它也是经济全球化的必然产物。那么，对自费低龄留学就可以大力倡导、积极支持了吗？当然不可。因为低龄留学不仅会产生经济效应，还会产生社会政治文化效应，应当对此进行全面的考察和分析。

鉴于小小年纪就到国外生活、学习，因此与成人留学相比，低龄留学的非经济效应的负面影响可能更明显。首先，留学低龄化有可能对国民的民族自豪感、自信心产生消极影响，"外国的月亮比中国圆"一类的盲目崇外的思想有可能进一步增长。其次，留学低龄化有可能对中华民族优秀传统文化的继承和发扬产生不利影响，小小年纪就浸泡在国外文化的海洋中，不少人将来很可能成为"数典忘祖"的人。这些分析并不是纯粹逻辑推理，看一看 20 年来中国成人留学的轨迹，这一点就不难理解了。

尽管很难对这些消极影响进行量化，也很难对其综合作用进行准确判断，但对这些消极影响也不能估计过高。第一，不应低估中华民族传统文化强大的亲和力、凝聚力。历经千年沧桑和近百年深重民族苦难的中国仍能保持其文化的传统性、完整性，充分证明了这种文化的强大生命力。第二，坚信社会主义祖国强大的吸引力。中国现代化进程的巨大成就和光明前景是威力无比的磁石。游离海外、对祖国前途漠不关心者只会是极少数。散落在世界各地的 3500 多万华人、华侨心系祖国，通过各种途径为中国现代化添砖加瓦，成为"振兴中华"的一个重要方面军，证明了这一点；解放初期，大批留学者抛弃国外优越生活和工作条件回到新中国，在艰苦环境下为祖国做出卓绝贡献的行动，证明了这一点；改革开放后的出国留学者，近年来大批回国，纷纷建立回国人员创业园，成为知识经济时代先锋的行动，证明了这一点。据《北京青年报》2002 年 8 月 13 日报道，回国创业的海外留学人员已达 14 万人，留学生创业园已有 60 多个，创办的企业将近 4000 家。

尽管从经济效应看，低龄留学有积极作用，但从非经济效应看，与成人留学相比，其消极影响更明显，因此，政府对低龄留学的政策应当有别于一般留学政策，其基本指导思想应当是"顺其自然、适当指引、鼓励回国"。所谓顺其自然，就是既不要鼓励，也不要禁止。不鼓励，是因为其非经济的负面效应比较明显，未知因素较多；不应禁止，是因为小部分国民有这种需求，而政府无权剥夺，同时，禁止也将违反加入 WTO 政府所作的国际承诺。所谓"适当指引"，是政府不能放任自流，应当及时为国民提供有关留学的准确信息和各种背景资料，尽量减少低龄留学者所遇到的种种困难，防止上当受骗。"鼓励回国"则是中国政府的一贯政策。

无疑，增加政府教育投入，加大教育改革力度，为国民提供更多的优质公共教育资源，是缓解留学低龄化的重要途径。大力支持民办教育，创办更多的优质民办中小学，是大量吸收教育资金，减少低龄出国留学的重要手段。积极开展中外合作办学，把国外优秀的教育资源引进来，变"国外留学"为"国内留学"，也可以使一些人放弃出国留学的计划。[①]

第四节　自费留学中介市场的形成与教育涉外监管政策的逐步完善

随着对外开放程度的扩大，自费出国留学申请人也较快增加，申请和办理过程中"信息的不确定、手续繁杂、经验的不足"成为多数申请人都要面对的棘手问题，从而逐渐形成了为自费留学申请者提供全面或称综合性服务的较大市场需求。对此，原有获准承担此项业务的国有单位附设机构及其所提供的服务，虽然相对比较规范，但因为不是真正意义上的市场运营且数量有限，因此能够提供服务的范围和群体都很有限。

1994 年前后，起源于上海和北京地区的"出国留学热"带动了全国的自费留学市场。于是很多人意识到这是个赚钱的买卖，只要提供服务、收取费用并把申请"办理"出去，就可以有较大的经济利益，相应的留学中介组织不断出现。这些机构最初主要与加拿大，澳大利亚、新西兰，新加坡等国的学校联系，引进项目，规模逐渐扩大，其所获得的利润都十分可观，如当时的新西兰、澳大利亚这些项目收费都在 25000 元—30000 元之间。[②]而原有的政策性规定由于缺乏有效的法律约束和行业自律，使得一些非法中介机构的欺诈行为屡见不鲜，暴露出了一系列问题。从 1994 年下半年到 1997 年上半年，仅在北京地区就先后出现过上千家留学中介公司；甚至在几天内就能成立几十家这样的机构。一部电话、几张办公桌和椅子就可以开张营业，往往在一座写字楼里可以找到几十家公司声称他们能够把你办出国去。这种局面的后果是比较严重的：违法违规、蒙骗作假成了普遍现象；说是给你办理上大学，却去了个培训班；信誓旦旦保证"吃住行全包"，出国后变成"吃住行自理"；大包大揽地说可以办理异地护照并能对换外汇，实际上办的是假护照并在

---

① 曲恒昌：《WTO 与我国的留学低龄化》，《比较教育研究》2002 年第 12 期第 48—53 页。

② 周海珠：《留学中介机构发展状况记录》，摘自搜狐出国。

黑市上套汇；中介服务费少则三、四千，多则上万元，同时给国家的外汇市场带来了混乱。随之而来的便是留学申请人和家长大量的投诉，公众要求规范留学中介行业的呼声越来越高。而留学中介服务活动是连接政府与自费出国留学的学生和家长的桥梁、纽带，其作用不容忽视；上述混乱情形要求政府政策管理机构不断深化改革，加快出台相关政策，严格规范中介机构的行为，使自费留学活动能够有序和健康地发展。1999 年前后，中国政府再度强势介入对留学中介机构的调查和管理。①

一、公安部印发《关于不得为私自组织招收的自费留学人员签发护照的通知》

1992 年下半年以来，个别地方的一些部门未经教育主管部门批准，在国内擅自组织和招收到俄罗斯或其他独联体国家去的自费留学生，人数多达四五千人；主要是学习语言，也有以留学名义出境后去做生意的。组织者乱收费、乱许愿，并谎称可以上大学，可以获得大专文凭，可以业余打工挣钱，回国后还可以购买免税小汽车等等。组织者为了躲避监管，违规以成批办理"因公护照"的形式组织当事人出国。不少人赴俄后发现受骗上当并集体向中国驻俄罗斯大使馆情愿；有的人甚至扣留、殴打主办者，要求退还被骗钱财；在当地酿成了严重的治安问题，并引发了外交和司法交涉；且事态有进一步扩大的趋势。对此，国务院领导和有关部门非常重视，研究了加强管理采取的相应措施。据此，公安部于 1993 年 2 月 25 日印发了《关于不得为私自组织招收的自费留学人员签发护照的通知》。② 这份《通知》要求各地公安机关要坚决执行 1987 年 8 月 21 日由国家教委和公安部联合印发的《关于国内外组织和个人不得擅自在我国招收自费留学人员的通知》的规定，严格审批制度，对未经批准私自招收自费留学生的行为应予取缔，不得颁发护照。

二、国家教委、公安部和外交部联合印发《关于制止盲目组织自费生赴独联体国家学习问题的通知》

时隔不到两个月，1993 年 4 月 16 日，国家教委、公安部和外交部即联合印发了一份《关于制止盲目组织自费生赴独联体国家学习问题的通知》③ 这份《通知》改变了前次《通知》一味否定和全面禁止的口气，对自费留学活动给予了积极的肯定和正面引导。《通知》认定组织自费生赴独联体国家学习是培养人才和扩大就学的一个渠道；要求对在资格和程序方面不符合规定的"赴独联体国家招生机构"进行检查或取缔；强调获准赴独

① 李国胜：《我国自费留学中介机构存在的问题及对策研究》，华中理工大学行政管理专业硕士论文，指导教师：徐顽强教授，答辩日期：2006 年 10 月 29 日，[分类号] G648.9。

② 国家教委留学生司编、李振平执笔《出国留学工作大事记（1988.12—1993.7）》第 132 页，1993 年 8 月。

③ 国家教委留学生司编、李振平执笔《出国留学工作大事记（1988.12—1993.7）》第 142 页，1993 年 8 月。

联体国家的招生机构要严格按照有关规定的设置的条件（即有场所、不营利、不跨省、签协议等）开展咨询和招生事务。

三、教育部、公安部和国家工商管理总局印发《自费出国留学中介服务管理规定》及其《实施细则》

随着自费留学群体的不断增大，自费留学中介机构快速增加，相应的问题也大量出现。为进一步贯彻落实"支持留学"的政策方针，加强对出国留学中介服务活动的管理与指导，维护与保障自费出国留学当事人的合法权益，经报请国务院同意，教育部、公安部和国家工商管理总局于 1999 年 6 月 17 日印发了《关于发布〈自费出国留学中介服务管理规定〉的通知》。[①] 其后于 1999 年 8 月 24 日，以《教育部第 5 号令》的形式对外公布了《自费出国留学中介服务管理规定》，以《教育部第 6 号令》的形式对外公布了《自费出国留学中介服务管理规定实施细则（试行）》。[②] 前者共 16 条，涉及留学中介机构的基本定性、申办条件、审批程序与服务范围等政策原则；后者设有总则、申办、运营、备用金使用、监督管理与附则共 6 章 32 条。上述规定和实施细则为自费出国留学中介市场的有序开辟和规范管理奠定了一定的政策基础，并初步确立了相应的管理体系。

四、国务院印发《关于加强出入境中介活动管理的通知》

中国政府认为，随着对外开放的不断深入，公民因私出境探亲、留学、定居和从事商务等活动的人数逐年增多。与此同时，从事出入境中介活动的机构也越来越多。为了规范和加强出入境中介活动管理，有关部门对出入境中介机构进行了资格认定，批准了一些机构从事一定范围的出入境中介活动，总的情况是好的。但是，近几年来也出现了一些问题，突出表现在：有些单位及个人为牟取经济利益，非法设立出入境中介机构，非法从事出入境中介活动；有的采取弄虚作假的手段，编造、倒卖假证明材料，甚至与非法移民团伙勾结，变造、伪造、倒卖护照和签证等出入境证件，从事组织、运送他人偷越国（边）境等违法犯罪活动；有的发布虚假出境信息，骗取钱财；有的高额收费后不兑现承诺，严重侵害了公民合法权益。为了进一步加强出入境中介活动管理，规范出入境中介行为，维护出入境管理秩序，保障公民合法权益，国务院于 2000 年 9 月 11 日印发了《关于加强出入境中介活动管理的通知》；[③] 以更高级别和层次的文件形式，重申和强调了对自费留学中介机构的关注。《通知》就留学中介机构的资格审批、申办条件、分工管理、监督检查和清理整顿等事项进行了部署，并告诫出入境中介机构"要严格遵守国家法律、法规和有

---

① 苗丹国主编《出国留学工作手册（2001 年版）》第 129 页，北京语言文化大学出版社 2001 年 7 月版；或法易行网站。

② 法易行网站。

③ 中国政府网站。

关政策规定，不得超范围经营，不得委托其他机构或个人代理有关业务，不得为服务对象提供虚假材料骗取出境证件，不得以提供出入境中介服务为名从事组织偷渡等违法犯罪活动。如发生类似问题，公安机关和工商行政管理部门要根据各自职责依法严肃查处。同时，严禁任何机构或个人发布虚假出境信息。凡发布虚假信息欺骗群众的，工商行政管理部门要依照有关法律、法规从严处罚。"

五、自费出国留学中介服务机构存在的问题与部分研究者的讨论

从 1999 年开始，教育部和公安部先后对全国 270 家留学中介机构予以了资格认定，实际也是表明当时留学中介机构的混乱到了非整顿不可的程度。除了非法中介外，相当一部分被批准经营的中介也存在问题。一是本身就不具备太多的有利条件，比如与国外联络不畅，没签署协议，关系不稳定等等；二是当其经营不善时就会以寻租的方式接纳一些没有批准资质的中介机构挂靠，造成违规操作，也导致了问题频发。有人评价1999—2002 年是留学中介发展的最辉煌时期，实际上也达到了混乱的最高峰，对留学中介的投诉率居高不下，连续多次被国内媒体列为"暴利行业"。当时随便在网上查询留学中介，出现最多的字眼就是："暴利"，"黑中介"。众多媒体上的报道充斥的都是受害人对留学中介机构的血泪控诉，是留学中介机构以几块钱赚几万块钱的传言，更有报道业内人士细说赚取昧心钱的内幕，一时间，对留学中介的讨伐声四起，民众都视留学中介为洪水猛兽一般的害人之物。2002 年的辽宁可谓是中介违规的重灾区：辽宁省天诚文化教育发展有限公司、辽宁公民出国服务公司、辽宁省国际文化教育交流协会等自费出国留学中介机构，在办理赴南非留学项目中严重违规，侵害了申请人合法权益，该事件在当时引起了较大轰动；2002 年底，大连市 30 多名拟出国留学人员，在通过辽宁省人才国际交流服务有限公司办理自费出国留学手续时，损失数百万元人民币，给留学当事人及其家庭造成极大损失。通过留学中介出国的人群与留学中介之间的矛盾在这一时期达到了顶峰。[①]

留学中介组织问题最多、最复杂的时期，也是专家、学者和媒体最关注的时期。实行资质认证以来，留学中介市场逐步规范，申请人的权益保障率有所提高。然而，也有些政策缺陷和制度的弊端逐渐暴露出来，引起了各方面的议论。

1. 雅戈认为，经过资格认证后也存在一些问题：一是对认证的经营范围的限限制持有异议。即第二批认证的公司交的风险抵押金与第一批认证公司一样，但第一批认证公司却可在全国范围经营，第二批却经营范围受限。二是对认证保证金规定的公平性提出质疑。现在每个地方交的保证金数额都不一样，在北京的交 100 万，外地的有的交 50 万就行了，是否不公平呢？另外，到目前为止，又有哪几家中介运用了这笔保证金赔偿学生？这说明保证金并没有起到保障风险的作用，而这种先期缴纳巨额的保证金的政策却使中介机构的运作成本大大增加，所有这些增加最终都转嫁给了学生。三是对市场强制干预的结

---

① 周海珠：《留学中介机构发展状况记录》，摘自"搜狐出国"。

果，造成了竞争者的待遇和机会不平等，必然迫使那些没有入围者进行抵制和反抗，采取各种变通的方法挤进圈内，造成当前留学中介机构"挂靠"现象严重，出现了合法经营者不堪假冒伪劣之徒围追堵截的怪圈。

2. 曾明指出，近几年来对留学中介的投诉率让一些合法正规的留学中介机构也饱受其苦。由于黑中介过多，消费者对留学生中介的信任度降低，正规中介为了获取消费者信任，提供签订协议前的免费咨询，于是造就了目前相当一部分留学出国人员则先免费咨询，再跳过中介自行办理留学事宜，以避免在收费上被宰一刀。留学中介工作人员苦叹中介饭难吃。然从中介管理的角度来讲事实并不是如此简单。（1）实行资质认证以后少数合法中介成为了没有资质的中介的靠山，从中收取管理费或者是收入提成，至于管理层面，则是放任自流。非法中介利用借来的资质从事各种留学咨询与服务工作，如果出现问题就金蝉脱壳，而正规中介则找借口将责任推脱开来。（2）当前留学中介的从业人员尚未建立职业资格认证体制，对留学中介机构的审批，虽然有相应的规定，但是由于从业人员散漫无章，管理起来相当困难。（3）留学中介收费不规范。目前，我国物价部门对于留学中介的收费仍没有一个统一标准，收费主要靠市场调节，给不法中介留有生存空间。（4）我国目前管理出国留学中介的法规只有一个，法规的现状相比留学中介服务的发展远远滞后，导致了大量不法中介如雨后春笋般诞生，又在市场管理的空白点下扎根成长。（5）自费留学作为一种跨行业跨国界的行为，在管理上又涉及到工商、教育以及公安等多个行政部门，中间交叉重叠，配合难免出现失误，加之自费留学行为发生地多在境外，涉及面广、主体不一，这更加大了管理上的难度。

3. 《出国与就业》编者按认为：非法中介坑骗学生的事情，媒体经常报道。但是，在合法的留学中介公司，办理出国手续的学生却仍然遭遇了一些意想不到的欺骗、欺诈，这一点令许多人防不胜防。合法的留学中介公司如何规范自身的业务、妥善管理内部员工、更好地为学生服务，诚信是最关键、最基本的。如果连诚信都做不到的话，留学中介公司失去的将不仅仅是一个两个学生，而是公司的信誉和前途，以及人们对留学中介这个新兴行业的失望。

4. 盛冰表示，教育中介组织在促进高等教育革新、提供某些公共物品或服务方面，的确具有独特的作用。但是它发挥积极作用的前提条件是行为规范、独立自主、公平公正，否则，中介组织的负作用就会显现出来。因此，除了以立法形式明确中介组织的性质、地位、职能、分类、作用、权利与义务外，建立完备的监督机制也是必要的。监督既有政府监督、同行业的相互监督，还包括中介组织本身的自律，在人们的心目中，教育中介组织应是这样的一个组织：灵活、独立、公正，把信誉看作生命。

5. 唐兴霖在中介组织的发展及对策中指出：（1）制定关于社会中介组织的组织法规。内容包括社会中介组织的界定，管理体制，与政府、社会的关系，资格认定和资质评定，自律机制，法律责任等等，明确各类中介组织的性质、地位、功能以及资格确认的法律程序。（2）制定各类中介组织的职责规范和行业规则。内容包括：市场准入、交易规则、中介合同、中介范围核定、成本核算、利益分配、纠纷仲裁和破产管理办法等。加强对中介组织运作的法制化、制度化管理，促使中介组织及其人员严格按照有关法律和规章的要求执业，并加强工商行政管理和价格管理与监督，堵塞漏洞，对弄虚作假的要追究责任，依法惩处。（3）在法规体系的构建中要注意反不正当竞争和反垄断，尤其要注意遏制一些中介组织的垄断和不正当竞争行为。只有这样，才能为中介组织的发展创造一个公平、环境良好的竞争环境，真正做到客观、真实、公正，也才能使中介组织的发展尽快走上正轨。当公平竞争的环境形成之后，通过优胜劣汰，中介组织的质量能够在竞争中不断提高。

6. 何刚认为，留学中介机构大多以公司形式存在，作为公司其运作首先必须符合公司运作一般规律。能很好把握公司运作一般规律的留学中介公司并不多，所以多数留学中介公司最终还是躲不了被淘汰的命运。即使能很好地按公司运作一般规律去管理公司，甚至也能通过什么 ISO 标准，假如不能把握好留学行业的特殊规律，最终也可能前景不妙。可以这么说，一般规律是外壳，特殊规律是核心。

7. 逄丹认为，"黑中介"不是中介，而是违法组织。合法并合格的留学中介公司不应当只是简单的"签证公司"，而应把重点定位在"帮助留学申请人根据个人的具体情况，综合考虑多方面的因素，规划和设计人生的未来之路"上，以为留学申请人提供正确的导向。只有能为客户做好个人前景规划的公司才是真正以客户为中心的服务咨询机构，才会赢得更多的申请人并得到社会的承认。

8. 丁玉霞指出，按照市场经济的要求，市场中介组织不同于一般性的经营组织，它不以利润最大化为经营目标，而是以服务职能为主的特殊经济组织。它虽然也讲求经济核算，但本质是服务。所以，市场中介组织的根本是服务质量和服务信誉，服务质量和信誉提高了，业务量也自然会增加，收益也会随之提高。但是目前一些市场中介组织只把利润最大化作为唯一的经营目标，服务意识极为淡漠，常常是有利就干，无利不干，甚至见利忘义，违背市场中介组织"客观、公正"执业的原则。有的为了盈利，不惜降低执业标准，搞不正当竞争；有的为客户提供假材料、假证据；有的欺骗客户。

9. 逄丹和谢克民指出，通过综合研究各方面的情况和信息可以得出这样一个基本结论，近年来各地出国留学中介组织在执行国家上述规定方面基本上是正常和有序的；全国约有数十万人通过自费出国留学中介机构的中介活动达到了出国留学的目的。但是同时也必须注意到，自从国家核准的首批留学中介机构问世以来，有关留学中介活动的话题就没有中断过。近年来在留学中介领域频频发生的诚信失范事件，不仅侵犯了当事人的合法权利，并且损害了中介组织的声誉，降低了公众对留学中介行为的信任；个别机构的所作所为践踏了法律，丧失了诚信，败坏了风气，毒化了员工，影响了形象，并且严重危害着我国出国留学教育事业的建设与发展。因此，在充分肯定留学中介组织重要作用的同时，也必须注意到一些留学中介机构缺乏诚信、惟利是图、巧设骗局，通过违章、违规甚至违法的行为骗取当事人的信任和钱财。[①]

---

① 本小节参见长江、谢克民：《出国留学中介组织实施管理的基本状况及对策研究》，2005 年 10 月 23 日中国高等教育网；李国胜：《我国自费留学中介机构存在的问题及对策研究》，华中理工大学行政管理专业硕士论文，指导教师：徐顽强教授，答辩日期：2006 年 10 月 29 日，分类号：G648.9。

六、教育部国际司、公安部出入境管理局印发《关于暂缓受理、审批自费出国留学机构的通知》

正是由于上述留学中介活动的种种混乱状态，也鉴于除个别地区外，全国多数地区已经具有一定数量的合法留学中介机构，可以基本满足社会需求，教育部国际司和公安部出入境管理局于 2000 年 9 月 22 日印发了《关于暂缓受理、审批自费出国留学机构的通知》。① 决定在其后一段时间内，暂缓受理和审批新的机构，并将管理事务的重点转移到加强对自费出国留学中介市场的清理和整顿上面；要求继续采取有效措施坚决制止非法中介活动，并争取早日达到"开明渠、堵暗道"的政策目标。

七、公安部、教育部、劳动和社会保障部、国家工商行政管理局印发《关于清理整顿出入境中介机构的通知》

为了贯彻落实国务院上述《通知》的精神，打击非法出入境中介活动，维护正常的出入境管理秩序，公安部、教育部、劳动和社会保障部、国家工商行政管理局于 2000 年 11 月 27 日联合印发了《关于清理整顿出入境中介机构的通知》，并专门召开了全国性的电话会议实施部署② 据四部局的上述《通知》揭露，一些单位和个人为了牟取经济利益，非法设立出入境中介机构，并采取弄虚作假的手段，大量编造、倒卖假证明材料，有的甚至与非法移民团伙勾结，变造、伪造、倒卖护照、签证等各类出入境证件，从事组织、运送他人偷越国（边）境违法犯罪活动，扰乱了正常的出入境管理秩序。还有一些出入境中介机构骗取公民高额费用后，经营人员携款潜逃，严重侵害了公民合法权益，给社会稳定带来隐患。因此要根据国务院的要求集中对出入境中介机构进行全面清理整顿，重点清理未经批准的中介机构和无资金、无场所、无机构从事出入境中介活动的"三无"中介组织。已登记注册的中介机构，必须向主管部门申请经营许可并经重新登记注册后，方可继续从事经营活动。对于未经批准的中介机构和"三无"中介组织，一律依法予以取缔。对于以中介为名从事诈骗或组织、运送他人偷越国（边）境等犯罪活动的，依法予以查处。要通过清理整顿，有效遏制非法出入境中介活动。对玩忽职守，敷衍了事，造成工作疏漏的地区和部门要按照有关规定追究主管领导和有关责任人员的责任。

八、教育部建立"教育涉外监管机制"并着手筹建"教育涉外服务和监管信息网"

为了对国内各类教育涉外组织和活动加大实施政府方面的监管力度，指导并督促各

---

① ② 载苗丹国主编《出国留学工作手册（2001 年版）》第 132 页，北京语言文化大学出版社 2001 年 7 月版。

地教育行政部门对违法违规案件依法进行查处，遏止留学中介活动中秩序混乱的现象，教育部从 2002 年 10 月开始，着手组建并逐步完善了教育涉外监管机制与机构，以对已经审批的 290 多个留学中介组织（2004 年又批准增设 142 个）、52 所外籍人员子女学校和中外合办的教育考试等项目实施动态监督；同时逐步开展了建立"教育涉外服务和监管信息网"、认证并公布境外合法教育机构、组建留学中介行业协会并实行"优胜劣汰"等一系列监管活动。2003 年 6 月，"教育涉外服务和监管信息网"正式运行。教育涉外监管机构与机制的主要职责是：根据国家有关教育涉外管理的法律法规，对中国大陆各类教育涉外活动实施行政性监管；掌握和跟踪教育涉外服务市场出现的新情况、新问题，搜集相关信息，为制定相关政策提供依据；敦促和指导各地教育行政部门对重点违法、违规案件进行查处；建立案例与数据库；负责教育涉外管理的信息发布和情况通报等事务。① 其业务范围还涉及到出国考试、国际教育展览、中外合作办学、学历学位认证、开办外籍人员子女学校、境外机构通过各种方式在国内招生等几乎所有教育涉外活动。如 2004 年 8 月 11 日，教育部发布了关于中国教育部门从未同"美国全球远程教育网"进行过任何合作的声明。声明说，经查，"美国全球远程教育网"从 2001 年开始，通过某些媒体发布"同中国教育部门合作"的广告，在互联网上开展所谓的"网上教育活动"，实际上是在搞非法传销。为此，国家工商行政管理部门曾对此予以查处。其后，发现该网站仍假借与我国教育部门合作的名义在个别地区从事非法活动。教育部特此声明：中国教育部门从未同该网站进行过任何合作，该网站所提供的并非真正的网络教育，希望大家不要上当。②

九、教育部、公安部和国家工商管理总局联合印发《关于进一步规范自费出国留学中介活动秩序的通知》

《自费出国留学中介服务管理规定》及其实施细则于 1999 年发布以后，教育部和公安部先后对全国 246 家自费出国留学中介服务机构予以了资格认定。根据国务院关于整顿和规范市场经济秩序以及关于加强出入境中介活动管理的要求，教育部、公安部和国家工商行政管理总局于 2000 年底开始在全国范围内对自费出国留学中介活动进行了清理整顿。各地教育、公安和工商行政管理部门密切合作，取得了阶段性的成果，但仍存在诸多问题。如非法留学中介活动依然屡禁不止，严重扰乱了留学市场秩序；有些合法留学中介机构转借资质、编造假材料、擅自开展未经确认的出国留学项目、发布虚假广告等违法违规的问题仍比较突出；有关当事人合法权益遭受侵害的事件时有发生，在国内外造成了不良影响；一些地方行政部门重视不够，有法不依、执法不严的现象仍然存在。为了巩固前一阶段清理整顿工作的成果，适应新形势的要求，促进自费出国留学中介活动健康有序地发展，保护中国公民的合法权益，教育部、公安部和国家工商管理总局于 2002 年 10 月 25

① 教育部：教育涉外监管信息网。
② 徐妍：《教育涉外监管渐入佳境》，《神州学人》2005 年第 2 期。

日联合印发了《关于进一步规范自费出国留学中介活动秩序的通知》。① 就进一步规范自费出国留学中介活动秩序的有关问题进行了部署与安排：

1. 加强对自费出国留学中介活动的管理，是社会各界普遍关注的一件大事，也是一项长期而艰巨的任务。各地职能部门要按照国务院关于整顿和规范市场经济秩序的要求，认真执行国家有关法律、法规和规章，切实重视自费出国留学中介活动的监管工作，净化市场环境，逐步建立以培养人才为导向，公平竞争、优胜劣汰、健康有序的自费出国留学中介市场。

2. 各地要严格把好自费出国留学中介市场准入关。未经批准和登记注册，任何机构和个人不得以任何方式擅自从事留学中介活动。要特别加大对非法留学中介活动的查处力度，对各类非法从事留学中介活动的机构和个人坚决依法查处。

3. 各地教育行政部门要严格审核境外机构的资质情况。与留学中介机构合作的外国机构必须是经所在国家政府教育主管部门认可或其承认的权威机构认可的高等学校及实施与高等教育相衔接的大学预科或语言教育的教育机构，并经中国驻外使（领）馆教育（文化）处（组）认证。

4. 各地教育行政部门要责成留学中介机构完善内部管理，建立健全规章制度。要重点检查留学中介机构的服务对象是否主要为已完成高中教育的申请人；是否在法定住所和服务范围内开展业务，并在显著位置悬挂《资格认定书》和营业执照；是否以工商行政管理部门核定的企业名称对外签约，实行统一的行政、人事、财务管理和合同文本（特别要含如何处理出国后发生争端事宜的条款）；是否非法转借从业资质；如举办出国前培训，是否按国家有关规定办理审批手续。

5. 要加强对留学中介机构留学业务广告的监管。发布有关自费出国留学中介服务广告，必须经中介服务机构所在地工商行政管理部门批准，特别要查验经省级教育行政部门盖章的留学中介机构与境外高等学校、教育机构签订的合作协议。

6. 要建立自费出国留学中介活动的监督机制，向社会公布举报渠道。对举报的违法违规案件，各地教育、公安和工商行政管理部门要及时核查情况，依法处理。对典型案件可通过新闻媒体进行"曝光"，震慑非法经营者，教育广大群众。

7. 各地对留学中介机构开展一次全面检查，并将结果于 12 月 31 日前报教育部、公安部和国家工商行政管理总局。在此基础上，教育部拟于 2003 年上半年进行复审，并将通过复审的留学中介机构向社会公布。

十、教育部和国家工商管理总局审核、批准并公布自费留学中介服务机构名单

自费出国留学是我国培养人才的一条重要渠道，留学活动已经成为不可阻挡的世界

---

① 中国百科网。

潮流。这其中既有国际科技、经济和国际教育迅速发展的背景，也有个人寻求国外发展的原因和国家经济建设的需要，当然也有国内高教资源不足、一流高校匮乏、教育市场开发潜力巨大等方面的原因。如据一项研究报告显示：北大和清华也仅处在世界大学体系的 200—300 名之间。根据我国政府于 20 世纪 90 年代初确立的"支持留学"的政策原则，国家有关部委在上世纪末正式开辟了"全国自费留学中介服务市场"。伴随着近年来我国公民对留学教育需求的不断增长，在实际的年成行总量增幅并不明显的情况下，有出国留学意愿的群体不断增加，众多的出国留学中介机构也随之应运而生，并且在近几年里发展很快。1999—2000 年全国向教育部、公安部和国家工商管理总局申请开办留学中介机构的单位有 600 多家，经若干批次的审核，先后约有 240 多家留学中介机构获准经营此项业务。其后，截至 2004 年底止，教育部和国家工商管理总局又批准在全国增设 142 个自费留学中介服务机构；另外还多次公布调整后的各地数百家"已领取资格认定书的自费留学中介服务机构名单"；截止本书完稿的 2008 年 8 月，全国累计共审核批准并公布有 402 家。如果说自费留学是培养人才的一条渠道，那么全国数百家出国留学中介机构的作用功不可没，它无疑是中国国人才培养和国际间科技、教育以及文化交流的一座桥梁。①

十一、教育涉外监管信息网公布国外高等院校名录和国内自费留学中介服务机构名单

随着留学申请人者的增加，越来越多的人开始关注、重视甚至质疑国外院校的办学水平和资质。正是在这样的背景下，为了帮助自费留学人员选择国外适宜的学校和规范留学中介市场，教育部从 2003 年 6 月至 2008 年 2 月，通过新设立的中国教育涉外监管信息网和中国留学网，首次公布了美国、英国、丹麦、南非，挪威、马来西亚、爱尔兰、荷兰、希腊、塞浦路斯 10 个国家的部分高校名录；继而又于 2003 年 10 月公布了日本、新加坡、韩国、法国、德国、芬兰、瑞典、瑞士、加拿大、澳大利亚、新西兰 11 个国家的部分高校名录；其后又公布了意大利等 12 个国家的部分高校名录，涉及 33 个国家的约 1.5 万所高校，大致覆盖了中国留学人员的主要留学目的国。其间还对所公布的学校名单适时进行补充和调整。② 能够列入上述名单的学校，必须是所在国政府教育主管部门或其授权的认证机构认证的学校或是与中国签署互认学位两国协议中所覆盖的学校。这些学校的名单主要由所在国家驻华使领馆和中国驻外使领馆提供，并包括有关国家教育主管部门公布的学校名单。其中的学校资质是有保证的，不会有太多的风险。而以往一些资质很差的外国学校勾结国内外的"不法之徒"欺骗中国学生和家长的行为得到了有效地遏制。主管此项事务的教育部国际合作与交流司副司长岑建君曾经表示，公布国外学校名单并不代表官方承

---

① 长江、谢克民：《出国留学中介组织实施管理的基本状况及对策研究》，2005 年 10 月 23 日中国高等教育网；教育涉外监管网。

② 教育部教育涉外监管信息网。

认，只是把资质较好的国外学校，优先推荐给计划出国留学的学生和与国外开展合作的国内学校。[①]

十二、教育涉外监管信息网发布《留学预警》

同期，教育涉外监管信息网还先后发布了 2003 年度的 1—13 号、2004 年的 1—10 号、2005 年的 1—4 号、2006 年的 1—6 号、2007 年的 1—4 号、2008 年的 1—2 号《留学预警》；截止 2008 年 7 月底共发布了 39 期。所谓《留学预警》，实际上是对涉及自费留学活动中已经出现或已经发生的不利事件进行简单的案例分析，以"警示"申请人注意规避；其内容来源为各地职能部门、驻外使领馆和媒体提供的相关信息。上述 39 期"留学警示"涉及的内容比较广泛：既有国内的问题也有国外的情况，既有发达国家的也有发展中国家的，既有个体案例也有国别政策，既有国外学校倒闭的消息也有防止假文凭的提示，既有财产安全的问题也有涉及人身安全提醒。如经对前 35 期"留学预警"内容的粗略统计：涉及了国外院校资质、违规留学中介活动情况，外国留学政策新变化等内容；涉及到日本、德国、加拿大、新加坡、南非，挪威、澳大利亚、新西兰、丹麦、瑞士、瑞典、爱尔兰等 15 个国家的 148 个办学机构；公开曝光了国内 14 个留学中介机构的违规操作情形等等。教育部国际合作与交流司副司长岑建君曾经表示，在中外两国政府关于教育国际合作与交流磋商中，也经常会涉及到"留学预警"的相关内容。[②]

十三、教育部和国家工商总局联合制定《自费出国留学中介服务委托合同示范文本》

为保护自费出国留学中介机构和自费出国留学当事人的合法权益，为了支持留学申请人有效地抵制一些留学中介公司在委托合同中设立的"霸王条款"，最大限度地遏制由于合同不规范而引发的各种问题和纠纷，支持自费留学活动的持续健康发展，根据《中华人民共和国合同法》等有关法律法规，教育部和国家工商行政管理总局于 2004 年 3 月 26 日发布了《关于印发〈自费出国留学中介服务委托合同（示范文本）〉的通知》，并公布了联合制定的《自费出国留学中介服务委托合同示范文本》。[③] 上述《通知》指出，虽然近年来自费出国留学中介机构在办理公民自费出国留学方面做了许多有益的工作，取得了一定的成绩，但是仍有部分自费出国留学中介机构存在缺乏诚信、欺骗欺诈消费者等方面的问题，包括使用不规范的留学合同，从而导致留学当事人对自费出国留学中介机构的投诉

---

① 徐妍：《教育涉外监管渐入佳境》，《神州学人》2005 年第 2 期。
② 徐妍：《教育涉外监管渐入佳境》，《神州学人》2005 年第 2 期；马越：《中国留学中介服务市场步入良性发展阶段》，《北京青年报》2007 年 11 月 20 日。
③ 2004 年《教育部公报》第 6 号，教育部网站。

增多。主要涉及的问题有：虚假广告、不如实介绍国外情况、不兑现承诺条件、收取不合理费用、使用"霸王"条款等。留学合同不规范所引发的这些问题，不仅严重损害了消费者的合法权益，而且也影响了自费出国留学中介机构的健康有序发展。推行《自费出国留学中介服务委托合同示范文本》，将有利于申请人依法保护自身合法权益，避免因合同缺款少项、意思表达不真实、不确切，导致留学当事人上当受骗。上述《合同示范文本》的实施，是规范自费出国留学中介市场、依法保护消费者合法权益的有效措施之一；既有利于留学中介服务的规范与透明，又有利于留学中介市场的净化与自律，是中国政府保护自费留学申请人正当权益的一项政策举措。《自费出国留学中介服务委托合同示范文本》共有 8 款 29 条，内容包括服务项目及费用、受托人义务与委托人的义务、违约责任等。其主要特点主要有，一是依据国家有关法律法规的基本原则，本着平等保护双方当事人各自合法权益的精神，导向是有利于当事人双方公平签约；二是针对不规范留学合同存在的缺少公平、不甚透明、暗藏陷阱和"霸王"条款等直接关系到申请人前途与经济利益的问题，《合同示范文本》在相关条款里都较为清楚地予以明确提示；三是比较注重了文本的实用性。[①]

2003 年与 2004 年分别被留学中介机构自称为"规范年"和"质量年"。在这段时期里，中国政府对留学中介机构继续保持着全面整顿的姿态。2003 年 6 月以后，教育涉外监管网开通，公布合法留学中介名录，介绍自费留学中介动态、建立留学警示制度等举措，在一定程度上提高了留学中介的透明度和公信力。在留学当事人、政府管理机构和媒体对留学中介机构持续保持关注与监督的同时，留学中介机构为了自身的生存也开展了一系列改善形象的活动。如从 2004 年 5 月 1 日起上海的自费出国留学中介从业人员都实行持证上岗，并要签订诚信服务承诺书；又如 2004 年 8 月 24 北京 33 家留学中介代表在中国国际展览中心广场举行"诚信公约"签约仪式；另外多家留学中介机构宣誓自愿使用《自费留学中介服务委托合同示范文本》；还有更多的中介机构宣称要在自身的服务项目和质量上下功夫，如提供语言培训服务、为申请人制定"出国生涯规划"等多元化、专业化服务。[②]

十四、教育部、公安部印发《关于恢复受理自费出国留学中介服务机构资格认定申请的通知》

教育部国际司、公安部出入境管理局《关于暂缓受理、审批自费出国留学中介机构的通知》于 2000 年 9 月 22 日印发之后，各地进一步加强了对自费出国留学中介服务市场的清理整顿工作。经过一年多的努力，取得了阶段性成果，获得资格认定的自费出国留学中介服务机构逐步成为公民自费出国留学的主要服务渠道，非法自费出国留学中介活动得到了一定遏制。鉴于近一段时期以来自费出国留学人员日益增多，不少省市区根据形势发展

① 徐妍：《教育涉外监管渐入佳境》，《神州学人》2005 年第 2 期。
② 周海珠：《留学中介机构发展状况记录》，摘自搜狐出国。

需要，提出增加合法自费出国留学中介服务机构的申请，经认真研究，教育部和公安部决定恢复受理各省、自治区、直辖市的自费出国留学中介服务机构资格认定的申请，并为此于 2002 年 7 月印发了《关于恢复受理自费出国留学中介服务机构资格认定申请的通知》。[1]

该《通知》的主要内容有：

1. 恢复受理自费出国留学中介服务机构资格认定的申请，是进一步规范自费出国留学中介服务市场秩序的需要，也是强化监管、运用市场调控手段引导自费出国留学中介服务健康发展的重要措施。增加合法自费出国留学中介服务机构的数量，应与自费出国留学中介服务市场秩序的清理整顿统筹考虑，真正做到一手抓发展，一手抓规范。

2. 既不能形成垄断，限制竞争，也不能一哄而上，盲目发展，恶性竞争。各地应依靠专家从本行政区内申请自费出国留学的公民人数、现有中介机构的服务能力以及政府职能部门的实际监管效能等方面，对本行政区内未来 3 年所需自费出国留学中介服务机构的数量进行充分论证，在征求同级公安、工商行政管理部门意见的基础上，并根据教育部商公安部核准的数额上报申请材料。

3. 要严格按照《自费出国留学中介服务管理规定》及《自费出国留学中介服务管理规定实施细则（试行）》（第 5.6 号令）规定的条件和程序，认真履行对申办机构的审核职责。要严把市场准入关，认真审查材料的真实性，通过各种渠道了解外国机构的资质情况，尤其要严格核查申办机构与外国高等教育机构，特别是与高等教育相衔接的大学预科或语言教育机构直接签署的合作协议书。对与信誉不佳、不具备优良办学条件的外国院校或机构签署的合作协议书应不予以确认。

4. 受理自费出国留学中介服务机构资格认定的申请工作，要在公开透明的基础上进行，各地要以适当方式向社会公开申报时限和审核结果以及举报途径，接受群众监督。在自费出国留学中介服务机构资格认定申请的受理过程中，严禁政府部门的相关工作人员从事任何违法活动，违者将依法处理。

5. 对自费出国留学中介服务市场秩序混乱、问题较多和对中介机构审核不严、监管不力的省、自治区、直辖市，教育部和公安部将暂不受理其自费出国留学中介服务机构资格认定的申请。

十五、教育部国际司允许留学中介机构跨地区经营

2004 年 10 月开始，相关的政策管理机构不再限制自费出国留学中介服务机构跨地区开展业务活动，这意味着留学中介机构跨区域经营的限制完全取消。正如教育部国际交流与合作司岑建君副司长所表示，教育部国际司对留学中介开始推行"控制规模、扶强扶优、特色经营"的指导思想。即要让好的做得更好，在全国的范围内进一步扩大。这在很

---

[1] 出国无忧 www.chuguo51.com2004 年 12 月 12 日。

大程度上打破了地方保护主义的障碍，而且对学生也比较有利，可以有更大的选择余地，可以选择到一些更好的优质教育资源。如贵州省仅有一家留学中介机构，当地出国的渠道也不多，外地中介机构的介入可丰富当地学生出国的渠道，而且可以降低费用。跨地区限制的取消，说明在经历了政府的严厉整顿后，留学中介活动已步入了一个相对稳定的规范期，所以政府才会放手让留学中介有更大的发展空间。这是国家行政许可法在行政区域管理上的一次改革，对有实力的中介机构来说是个好机会，加速了优质留学中介机构迈开了向更大地区发展的步伐。[1]

十六、成立地方性留学中介行业协会

继上海市留学中介行业协会成立之后，2004 年 12 月 16—17 日，北京市留学中介行业协会正式成立。教育部国际合作与交流司副司长岑建君在成立仪式上表示，推动行业协会的成立，加强行业自律，是教育部加强留学中介监管以至教育涉外监管工作的一个重要思路，今后这方面工作将不断得到加强和提高。谈到具体做法和工作思路时，岑建君表示，一是进一步办好教育涉外监管信息网，使之成为人民群众了解出国留学、中外合作办学等涉外教育信息的窗口和教育涉外监管领域的电子政务平台；二是加强留学预警制度建设，进一步提高"留学预警"作用的权威性和实效性，更好地关心和维护人民群众的切身利益；三是在教育涉外监管信息网上公布使用示范合同的留学中介机构名单基础上，对模范使用示范合同的中介机构通过适当方式予以表扬，同时，对仍继续通过不规范合同进行欺诈活动的，给予严厉打击；四是继续加强对国外教育机构资质的把关，如建立境外教育机构资质鉴定中心等，以便更加详尽、科学地搜集和整理各国优质教育资源；五是继续推动各地自费出国留学中介机构行业协会建设，加强行业自律，同时加大执法力度和建立长效管理机制。[2]

十七、中国教育发展战略学会下设"教育中介机构工作委员会"

2007 年夏季，中国教育发展战略学会下属的"教育中介机构工作委员会"在北京高调成立。有媒体报道，该工作委员会是经教育部批准，民政部审核注册登记的全国教育中介服务社团组织，其业务归口教育部，并隶属国家一级学会——中国教育发展战略学会；该工作委员会不仅是社会公益性、自治性、自律性的行业组织，也是政府行政职能转变的产物，工作委员会将接受政府行政部门委托，开展业务，完成政府和有关行政部门授权的职能及任务，并将自行发展全国会员和组织全国性的活动。该委员会下设 8 个部、室、中心，主要致力于教育中介活动的调研、咨询、协调、沟通、维权、审核、评估等项事务；并由约 200 多名政府机构、事业单位已退休或在职的司处级官员以及全国主要的留学中介

---

① 周海珠：《留学中介机构发展状况记录》，摘自搜狐出国。
② 徐妍：《教育涉外监管渐入佳境》，《神州学人》2005 年第 2 期。

公司的经营者任常务理事或理事。有报道称，2008 年 6 月 1 日，该工作委员会隆重举办了有其全体理事和工作人员 200 多人参加的"纪念邓小平同志关于扩大派遣出国留学人员重要谈话发表 30 周年高层论坛"。其上级机构中国教育发展战略学会经教育部、民政部批准于 2005 年 10 月 11 日正式成立，前身为中国高等教育学会教育发展战略研究会，由全国从事教育宏观研究的学者，以及经济、科技、文化等领域和教育管理部门的专家组成。作为一个从事教育发展全局性、战略性研究的学术团体，该学会主要致力于组织和推动我国教育发展战略和教育改革重大问题的学术研究与交流。全国人大常委会副委员长许嘉璐，国务委员陈至立，全国政协副主席李贵鲜、徐匡迪以及教育部部长周济，为学会成立发去贺信。陈至立在贺信中说，我国教育发展正面临着新的机遇和重大挑战，迫切需要从经济和社会发展的全局、从各级各类教育整体协调发展的角度，研究教育发展与改革的战略和重大问题。中国教育发展战略学会正是适应这样的客观需要应运而生的，它突破了教育学术团体按教育内部分级、分类组织的局限，将汇聚多领域、多学科、多部门专家学者和实际工作者的智慧，推动和加强教育发展全局性、战略性、前瞻性研究，为繁荣教育科学，促进教育事业的发展和教育决策的科学化、民主化，作出新的贡献。①

十八、1993 年以来留学中介管理政策的发展轨迹

综上所述，自 1993 年以来的十余年时间里，国家主管的多个职能部门针对以出国留学中介机构事务为主的教育涉外监管政策先后发布了十余个相关文件、并采取了多项政策措施：●1993 年 2 月 25 日，公安部印发《关于不得为私自组织招收的自费留学人员签发护照的通知》；●1993 年 4 月 16 日，国家教委、公安部和外交部印发《关于制止盲目组织自费生赴独联体国家学习问题的通知》；●1999 年 6 月 17 日，教育部、公安部和国家工商管理总局印发《关于发布〈自费出国留学中介服务管理规定〉的通知》；●1999 年 8 月 24 日，以《教育部第 5 号令》的形式对外公布了《自费出国留学中介服务管理规定》，以《教育部第 6 号令》的形式对外公布了《自费出国留学中介服务管理规定实施细则（试行）》；●2000 年 9 月 22 日，教育部国际司、公安部出入境管理局印发《关于暂缓受理、审批自费出国留学机构的通知》；●2000 年 9 月 11 日，国务院印发《关于加强出入境中介活动管理的通知》；●2000 年 11 月 27 日，公安部、教育部、劳动和社会保障部、国家工商行政管理局于印发《关于清理整顿出入境中介机构的通知》；●2002 年 7 月，教育部、公安部印发《关于恢复受理自费出国留学中介服务机构资格认定申请的通知》；●2002 年 10 月开始，教育部建立教育涉外监管机制，并着手筹建"教育涉外服务和监管信息网"；●2002 年 10 月 25 日，教育部、公安部和国家工商管理总局印发《关于进一步规范自费出国留学中介活动秩序的通知》；●2003 年 6 月，"教育涉外服务和监管信息网"正式运行；发布《留学预警》、国外学校名录和国

---

①　陈琳娜：《教育发展战略学会中介机构工作委员会成立》，《中国教育报》2007 年 8 月 30 日 1 版；中国教育发展战略学会网站；《中国教育发展战略学会成立　许嘉璐陈至立等祝贺》，2005 年 10 月 12 日教育部网站。

内机构名单；●2004 年 3 月 26 日，教育部和国家工商行政管理总局发布《关于印发〈自费出国留学中介服务委托合同（示范文本）〉的通知》；●2004 年 10 月，教育部国际司允许留学中介机构跨地区经营；●2004 年 12 月，北京市出国留学中介行业协会正式成立。●2007 年夏季，中国教育发展战略学会下属的"教育中介机构工作委员会"在北京成立。① 纵观这些政策和举措的发布和实施轨迹，可以看出自费留学的发展方向已从政府主导的计划经济秩序向市场秩序模式的适度转变，看出中国政府对此事的关注、重视以及保护自费留学申请人正当权益的决心，同时也不难看到对出国留学中介机构的规范和管理政策是一个比较复杂和棘手的问题。从上述文件的发展顺序来看，对留学中介组织的整顿是一个循序渐进的过程，并表明通过"资质把关、公开信息、留学预警、规范合同、全国运营、行业协会"等举措的发展轨迹。

有媒体记者大致梳理了 2003 年至 2008 年期间，教育涉外监管信息网发布 40 次留学预警的基本情况。从 2003 年一年发布 13 次留学预警，到 2007、2008 两年每年只有 4 或 5 次留学预警的情况来看，预警的次数逐渐减少，预警的内容不断更新。该记者从媒体人角度描述了留学监管与和留学预警的主要轨迹：●上世纪 90 年代初，自费留学较快发展，但有关管理措施建设滞后，市场秩序一度十分混乱。●2003 年初，教育涉外监管信息网第一次发布留学预警（留学预警 2003—1 号），曝光 5 起境内外留学市场的违法案件，揭露了违规跨地区进行留学中介活动、进行虚假宣传和承诺、非法招生等各种问题。●第二次留学预警（留学预警 2003—2 号）揭露某些留学中介服务机构片面追求经济利益，采取提供虚假或不完全信息、发布虚假广告、诱导订立不利于留学当事人的中介合同等方式，侵害留学当事人合法权益等问题，其中包括模糊国外学校性质和资质，推荐"野鸡学校"；巧取多收中介费用，使消费者白交了不少冤枉钱；虚假宣传误导当事人，作出种种国外情况的虚假承诺。●第 4 次预警（留学预警 2003—4 号）披露，法国东部某大学几百名中国留学生向当地政府和校方提出抗议，要求改善教学和生活条件。该大学名下的语言培训中心有 500 名中国留学生，但只有接收 350 名学生的能力，所以校方将略有法语基础的学生安排在租借的场地由临时教师授课。租来的场地没有图书馆，不能上网，没有食堂，学生生活不方便，临时教师没有受过正式训练，教学水平不能保证。●第 5 次留学预警（留学预警 2003—5 号）告知，新西兰一所最大的语言学校倒闭，造成中国留学生被迫离校。●第 14 次留学预警（留学预警 2004—1 号）提醒办理出国留学的人员，一些机构采取躲避行政部门监管的方法，在国际互联网上做虚假宣传，以价格低、项目好为诱饵，通过在网上公布账户等方式，骗取学生及家长高额学费和中介服务费。●第 22 次留学预警（留学预警 2004—9 号）提醒赴澳大利亚自费留学人员应注意选择合适途径达到所学课程对英语水平的要求。当时有部分在澳大利亚悉尼地区的中国自费留学人员反映，他们参加当地语言学校或预科学校的英语培训课程，在课程结束考核时却被学校故意判定为"未通过"而被"强留"在这些学校继续学习语言，延误了其后专业课程的学习。●第 24 次留学预警（留学预警 2005—1 号）揭露巴黎一私立语言学校涉嫌出具假证明材料被查处。该学校在

---

① 逢丹：《功过是非说"中介"》，《中国教育报》2003 年 3 月 26 日第 6 版；教育涉外监管网。

为学生出具注册和课时证明时放宽要求，如学生只须缴纳 3—6 个月的学费，学校就开具一年的注册和学时证明。这一违法行为引起法国警方注意，该校负责人被法国警方传讯，学校处于关闭状态，学生无法正常上课，500 名中国留学生受到影响。●第 30 次留学预警（留学预警 2006—3 号）提醒中国留学人员应注意防范外国假文凭。当时在德国、法国、新加坡等国家发现一些不法分子通过中文电子网络和其他方式兜售伪造的这些国家的高校文凭。●随着留学市场的不断整顿与良性发展，有关学校质量的留学警示呈下降趋势，但涉及留学生人身财产安全的问题不断涌现，从南非到英国，从俄罗斯到澳大利亚，火灾、坠楼、打架、绑架等事件时有发生。与此前数十次留学预警不同的是，第 39 次留学预警（留学预警 2008—2 号）主要是针对在外留学生人身财产安全提出警示。据英国警方提供的信息，当时针对在英中国学生的绑架案频发，犯罪分子常在社会交友网站或学生们常去的社交聚会地点寻找绑架对象，并实施绑架，胁迫学生本人或在中国的父母交付赎金。●由于各种各样的留学形式层出不穷，如联读课程、代理合作开设第三国课程并颁发文凭等，其中的一些问题也开始凸现，办学质量经常难以保障，盲目选择风险很大。2008 年10 月发布的第 40 次留学预警（留学预警 2008—4 号），提醒出国留学选择第三国课程务必慎重。该预警提示，新加坡赛思教育集团被新加坡教育部要求停止代理美国北弗吉尼亚大学（UNVA）的本科和硕士课程。根据新加坡教育部提供的信息，由于代理资格被取消，新加坡赛思教育集团不能再为这两类课程招收新生，也不能继续为此课程开展任何宣传活动。① 2008 年 10 月至 2009 年 8 月期间，第 41 至 44 次留学预警的主要内容分别是：新加坡赛思教育集团被新加坡教育部要求停止代理美国北弗吉尼亚大学的本科和硕士课程；新加坡两所私立学校因受生源不足倒闭，另有 16 所私立学校丧失招收国际学生的资格；又有 10 所新加坡私立学校丧失招收国际学生的资格；两名中国留学生因帮他人携带的行李中藏有毒品，入境时被我国海关查获并被刑事拘留。查阅 2003 年以来上述 44 期留学预警，其中有 10 次是涉及新加坡私立学校的变更情况，占 22.73%；问题主要集中在学校破产、被取消招收外国学校资格等。而查阅中国教育部认可的 33 个国家学校名单中，新加坡就有 3 所大学和 5 所理工学院上榜。由于新加坡制度的限制，私立学校不能单独颁发本科以上文凭，需要通过与第三方合作办学的方式才能颁发本科文凭。事实上，新加坡很多私立学校的质量是很不错的，尤其是获得了 SQC 和消协双认证的学校。因此赴新加坡留学，选择这类双认证的学校质量都是有保障的。另据悉，针对私立院校的种种违规行为，新加坡教育部也有所反思，决定专门设立私立教育临时理事会，并通过提高认证门槛和加重刑罚的双管齐下的方法来加强对私立院校的监管。新加坡教育部 2009 年 7 月向国会提交私校教育法案，法案通过后将成立私校理事会执行管制措施。在新管制框架下，违例的业者将面对更严厉的惩罚，包括罚款高达 5000 元，更严重的还会因此而入狱。其治理私校的决心可见一斑。②

另外，即便是十余年中上述一系列不断更新的自费出国留学政策和不断规范的行政管

---

① 王静菊：《盘点：十大留学预警这些风险你要学会规避》，2009 年 3 月 15 日中国网。
② 于冬雪：《新加坡留学遭红色预警教育部提示当下留学风险》，《南方日报》2009 年 4 月 23 日、中国网。

理，仍然没能阻止某些"疏漏"现象的出现。如在《中国国际教育信息年鉴2007》中，[①]仅在该书正文的第1页将早已明令废止的2个政策性文件收入到"中国公民出国留学相关政策法规"之内，即1984年发布的《自费出国留学暂行规定》和1990年的《自费出国留学审核程序》；而1993—2008年期间、特别是2000年以后国家各部委发布的涉及出国留学政策的数十份有效文件的全文或名录，却没有被编者收录进一份。

十九、2006年以前后留学中介活动的基本状况与主要问题

1. 北京市消费者协会调查留学中介公司的经营状况

本世纪以来，出国留学人员几乎以每年递增20%至30%的速度上升，随着自费留学市场的日益红火，各种留学陷阱不断使消费者的权益受到侵害，留学中介方面的纠纷也随之升温。为了进一步推动出国留学行业的健康发展，加强行业自律，了解广大消费者对于留学行业的看法和意见，并进一步切实保护消费者合法权益，，北京市消协联合有关媒体于2007年6月开展了一次"维权调查"，并提示消费者可登录网站或者写信投诉，将对留学行业的相关意见、看法通过填写问卷的形式表达出来。调查之前，北京市消协首先曝光了留学中介的六大陷阱：花言巧语、偷换概念、编造假材料、误导消费者、收费不透明、标准不统一；另外还有谋取不当利益、违规运营、信息不对称、不公开不使用规范合同范本、设置霸王条款，非中介服务机构在留学服务领域侵权等问题也时有发生。

比如有留学服务机构谎称到澳大利亚、新西兰、南非等地留学，只要在当地的一些培训机构学习满两年，取得证书后就"有机会"进入那些优秀高等学府深造。事实上正规的大学尤其是名牌大学都需要层层考核，并非读完语言学校就能直接升入高等学府编造假材料，为达到顺利签证的目的，为出国留学人员办理旅游护照、探亲护照；转借资质，将合法证明出租、转让或发布虚假广告。再如有些留学服务机构不如实向消费者介绍国外学校情况。同一目的地、同一专业，各机构收费项目不统一、收费标准相差很大，让消费者深感困惑。一些留学服务机构利用消费者对申请过程和相关法律不熟悉等弱点，不使用有关部门发布的标准化格式合同范本，或在合同书上加入一些不平等条款例如在留学考试培训班、留学金融服务、信息服务等多个领域，由于信息的不对称，经营者故意隐瞒相关服务信息，侵害消费者知情权。

2007年12月，北京市消协发布"出国留学行业服务"调查报告的结果显示，63.7%的被访者认为中介服务存在不同程度的对留学学校相关信息隐瞒或虚假的宣传行为。其表现主要有：中介公司说是"一流名校"，等留学者到了国外的学校才发现，实际上与名校有"一字之差"；合同中写明了拿到学校录取通知书再交费，可中介公司却不断要求消费者补交数万元学费，否则前期的费用和努力就"白搭"了。据介绍，这份报告历时近4个月时间，有7525名消费者参与。调查显示，36.5%的人对各类留学服务的宣传持警惕态

---

① 中国水利水电出版社2007年7月版。

度，而 60.9% 被访者认为留学行业现在缺乏有效的留学消费指导。调查结果还表明，消费者最需要的服务项目是考试培训服务和留学咨询，由于留学者以学生为主，因而大部分人选择网络作为获取留学信息的主要途径；约六成人对留学服务行业的基本印象一般；57.6% 的被访者认为国内大学提供的成绩单及其相关证明文件的收费"不合理"。据了解，留学者一般要同时申请十几个学校，而大多数学校每个信封、每次盖章都要收取费用，使留学费用水涨船高。

2008 年 9 月 2 日，北京市消费者协会发布出国留学消费警示：目前出国留学中介公司侵害消费者权益的事时有发生，主要有以下三种表现：一是模糊国外学校入学条件和资质。二是巧立名目多收中介费用。三是虚假宣传误导消费。针对以上问题，北京市消协近日发布消费警示，提醒消费者选择留学中介要注意三点：一是要了解其是否为教育行政部门批准的有资质的中介机构，并对留学中介宣传的招生简章和广告，通过有关行政部门进行核实。二是报名前应通过教育行政部门等渠道，获取该中介为消费者提供的外国留学学校的相关真实情况。三是签约时，消费者应与国外校方取得联系，并将对方的承诺写入合同，并约定违约责任。同时，要将有关中介费用和出国费用问清问细，在缴费时，要向中介公司索取正式发票和缴费清单。

2. "留学中介排名"实为虚假宣传、欺世盗名

部分留学中介机构为了吸引学生的眼球来抢占市场份额，曾经采取利用给国外院校"排名"的手段做虚假宣传。而现在，不少留学服务机构为了尽快扩大知名度，以某种原本自然的排名或在网上散发虚假排名等"新"手段为噱头，欺骗消费者。他们利用部分学生及家长对留学中介的认知度和信任度不高，达到夸大自我形象的目的。实际是通过移花接木的手法和欺骗的行为恶意引导消费者选择。如有一家网站上刊登过"只要××××元就能评上全国优秀中介"的广告语。不仅如此，有些中介居然利用网络技术以教育部的名义为留学中介排名。对此，教育部有关机构负责人表示，类似以上的案例非常多，有很多中介都是利用这样的手段对消费者进行误导；其实，广告公司或留学中介机构根本没有词类排名的资格；另外迄今为止教育部有关机构也从来没有对任何留学中介进行过排名和评比。

对此，一些合法留学中介公司的经营者表示，从这些中介招揽客户的方式上来看，显而易见的是用出钱的方式来宣传机构是否优秀，这种方式并不能公正、公平地体现留学服务机构的质量与水平；这种花钱"排名"的手段虽然在短时间内可能蒙蔽消费者，但终究会被揭穿的；一个留学中介公司的服务、口碑以及信誉是需要时间来积累的，而这种"自我排名"在留学市场上根本站不住脚跟；教育部推出的合格留学中介名单只是先后顺序的编号，但并不是给中介排名，因此序号的前后排列并不意味着中介质量的优差之分；质量能否保证，并不是中介机构自己说了算的，也是花钱买不来的；成熟的专家团队、雄厚的办理资质和长年积累的行业经验以及对学生充分的责任心是优秀的留学服务机构必不可少的条件，同时还需要有实在的办理业绩和良好的口碑以及权威部门的审核认证；留学中介根本没有排名也不需要排名，作为服务机构，如果希望得到更多消费者的认可，那么一定

要本着"以人为本"的服务理念，为客户提供诚信、满意的专业服务；"伪排名"不仅扰乱了整个留学行业的竞争秩序，更严重地侵害了消费者的知情权和利益，是一种欺骗消费者的行为；夸大或虚假的宣传信息，会侵害消费者的知情权，误导学生和家长，导致决策失误，劳民伤财，甚而影响到学生的前途。教育部有关机构负责人表示，所有的恶性竞争都只有两败俱伤的结果；留学市场会变得混乱，非法中介机构会很快地混进来，最终，坑害的还是消费者；这样的苗头一经出现，将扰乱了整个留学市场的正常秩序。

3. 有关机构不能要求所有消费者都成为"打假专家"；留学中介公司也要自强、自爱、自重

"打假、惩霸"是各级政府管理机关不可推卸的职责；"自我约束、合法经营"是留学中介公司的应尽的义务。只有在强调这两点的前提下，才能善意地提醒消费者在选择留学中介机构时，千万不要以各种排名、宣传、广告作为选择的标准，一定要多方面地切实了解该中介机构的资质、服务范围、服务水平等；在寻求留学中介帮助时，应当多走访几家，通过对比公司的工作环境、工作人员的专业素质以及服务态度等选择适合自己的留学服务机构；在获得各种留学相关信息时一定要注意这样的宣传模式，是否合理、合法；在宣传内容上，看是否切合实际，对夸大其词的不能相信；网络信息最繁多，也最难以分辨，千万不能轻信没有根据的排名、推荐；一些所谓的国外院校驻京代表和有着外国身份的华人，一旦被骗投诉程序比较复杂。

4. 地方媒体透露留学中介机构的经营之道

据南京市教育局 2006 年的统计，2005 年国外名校从南京市中学"网罗"走的优秀学生还在 100 名出头，而 2006 年已经增至 170 多名。加拿大是南京学生留学首选的国家之一。随着加拿大一批名校陆续到南京市招生，预计 2007 年被"卷"走的学生还会更多。同时，业内人士透露，国外名校每招走一名学生，留学中介都能拿到不菲的"好处费"。提起留学的花费，一位正在为儿子办理留学手续的陈先生感叹：学校还没见到，交钱倒像流水。据悉，由于申请国外学校的手续相当繁琐，申请所以出国留学的学生绝大多数只能求助于中介；并披露以下一些情况：

（1）办理去加拿大但最便宜的收费也要 1.5 万元——通过留学中介出国的学生每人都要交纳服务费数万元，尽管每家中介的收费都不一样。记者 2006 了年了解到四种完全不同的收费标准：A 公司一次可帮助申请 3 所加拿大大学，服务费为 1.9 万元；B 公司一次可代申请 2 所加拿大大学，服务费为 2 万元；C 公司一次可代申请 3 所加拿大的大学，服务费为 2 万元；D 公司一次可代申请 2 所加拿大大学，服务费为 1.5 万元。

（2）办理去美国留学的服务费则普遍不低于 2 万元——A 公司一次可帮助申请一所美国的高校，收费为 2.45 万元，如果想多申请学校，每增加一所，服务费则要多给 500 元。B 公司一次可帮助申请 2 所美国的大学，服务费为 2 万元。C 公司一次可帮助申请 2 所美国的大学，服务费则根据所申请学校的不同收取 2—3 万元不等。据介绍，中介收了"服务费"后会提供国外学校的信息、帮助分析能够申请什么样的学校、帮助准备留学材料，签证的费用、寄送申请材料的费用、申请学校的费用以及其他一些相关费用需要另外掏

钱。D 公司的工作人员告诉记者，办理去加拿大留学总共大概需花 3 万元左右，而去美国的则大概需花 4 万元左右。

（3）申请到的奖学金要给中介提成——"中介收取服务费尚可理解，但是我申请的奖学金竟然也要和他们分。"对于留学中介的这项收费，陈先生感到费解。据记者了解，留学加拿大，第一年基本申请不到奖学金，而由于美国高校奖学金的额度相对较大，申请相对容易。一家中介公司规定，不管申请到美国哪所大学的奖学金，他们都要提成 15%，作为"奖学金服务费"。而在另一家中介，他们的美国留学项目总称为"奖学金项目"，意思是保证第一年能帮助申请到美国高校的"奖学金"，而类似"奖学金服务费"的收费则叫"境外服务费"，这样的服务费则是根据学生第一年奖学金的多少来收取的。比如，学生第一年获奖学金 4000 美元，中介则向学生收取 5000 美元"境外服务费"。这样一来一去，学生留学第一年不仅没有拿到奖学金，反而要倒贴 1000 美元。据悉，由于"境外服务费"这个油水和"奖学金项目"这个美称，所以很多中介基本不做与"奖学金"无关的留学项目。即使帮助申请到了，从奖学金中提取的"提成"也在 30% 左右。一位熟悉留学行业的人士说，留学生的奖学金与中介"分成"，这在行业内似乎成了"行规"。其实真正的"行规"是，在学生自己申请不到奖学金的情况下，通过中介与国外学校的关系申请到奖学金后，中介才能拿提成。只不过现在很多中介将这一环节省略了。比如，一位雅思 6.5 分、平时成绩均分在 80 以上的学生，申请美国排名 100 名左右学校的奖学金，把握还是比较大的，中介就不该收钱，但是，他们会说，很难申请，要借助和国外学校的关系，所以你就要交"奖学金服务费"。

（4）外国学校还要给中介公司一笔钱——将国内学生送出国，中介公司赚了一笔，其实，他们是两头拿钱。在国外的学校那里，由于他们帮学校招到了学生，还可以拿到一笔"佣金"。据介绍，很多国外高校对国内的情况并不熟悉，他们想要"网罗"到好的学生，也必须借助国内的留学中介公司。以加拿大的学校为例，一般本科类大学给中介公司的佣金为每生三四千元，而好一点的私立学院的佣金为每生七八千元，差一点的则更多。①

即使到了 2009 年上半年，国内仍有媒体坦言，虽然国内合法的留学中介机构不少，但仍无法避免"黑中介"以及合法中介违规行为的存在，并描述了以下五类"留学陷阱"的基本特征：一是"花言巧语、偷换概念"——少数不规范留学服务机构谎称到澳大利亚、新西兰、南非等地留学，只要在当地一些培训机构学习满两年，取得证书后就"有机会"进入优秀高等学府，拿到国际承认的大学毕业证书。事实上，正规的大学尤其是名牌大学都需层层考核，并非读完语言学校就能直接升入高等学府。二是"违规运营、材料造

---

① 本小节参见刘伟：《北京曝光留学中介六大陷阱进名牌大学都要考核》，《法制晚报》2007 年 6 月 5 日；窦红梅：《留学中介存在虚假宣传》，《北京日报》2007 年 12 月 19 日；张明浩：《留学中介何时不再恶性竞争新兴案例如何提防》，2007 年 4 月 24 日中国新闻网；谈洁、李海燕：《留学热，中介推波助澜》，2006 年 10 月 18 日南京报业网—南京日报；李欢欢：《北京消协发布出国留学消费警示：部分中介多收费》，2008 年 9 月 3 日中国网；《北京市消协提醒：选择留学中介应防三大陷阱》，2008 年 9 月 13 日中国网。

假"——少数具备资格的留学服务机构违规运营，编造假材料，为出国留学人员办理旅游护照、探亲护照；还有的转借资质，将合法证明转让或发布虚假广告。三是"虚假宣传误导消费者"——有些留学服务机构不如实介绍情况，把代理学校说得天花乱坠，而对教学质量、生活费用、生活保障、学历文凭认可程度等信息不全面告知。四是"服务收费不透明、不公开"——同一目的地、同一专业，各机构收费项目不统一、收费标准相差很大。消费者出国前一般需交两笔费用：中介服务费和境外服务费。前者一般是明码标价，但后者经常出现事前不透明、事后说不清的侵权现象，清单上除学费外还会罗列出事先未告知的服务费。五是"设置不公平合同条款"——一些留学黑中介利用消费者对申请过程和相关法律不熟悉等弱点，不使用有关部门发布的标准化格式合同范本，或在合同书上加入一些不平等条款。如少数中介方在合同中规定只负责申请国外大学的录取通知书，申请人如未获得签证，则概不退款，并以支付押金、提前交学费、预付生活费等种种借口收取费用。①

---

① 《五类"留学陷阱"大曝光》，《武汉晚报》2009年3月13日。

第十章

1993—2008 年：规范化发展时期
出国留学政策演变（下）

——吸引在外留学人员政策的完善与发展

随着出国留学人员不断增加以及人才外流形势越发严峻，1993—2008 年期间，中国国家领导人和中国政府及其相关职能部门在关于吸引在外留学人员回国工作或为国服务的政策方面，发表了一系列导向性讲话、提出并确定了若干项重大战略或原则、出台了一大批政策性文件，举办了一整套示范性活动；对于适应、跟踪、调整、和完善整体吸引在外留学人才的管理事务起到了积极的作用。1993 年以来的政策导向，主要是不断完善和持续改进既有的工作思路及有关政策措施；一方面重点吸引留学人员中的高层次人才和紧缺人才回国工作或为国服务，另一方面进一步加大支持和鼓励留学人员回国创业的政策力度。尤为重要并令世人关注的是，在涉及到留学人才的政策方面，中共中央和中国政府先后提出并确定了若干项"重大战略或原则"，即 1995 年首次提出在全国实施"科教兴国战略"；2002 年首次提出实施"人才强国战略"；2002 年底首次提出"党管人才原则"。

一般而言，中国的留学生政策是一个有机的整体，相互交织、影响和作用，很难将其割裂开来。如果以世纪之交为界限，并暂且将 2000 年前后涉及出国留学政策和留学回国政策的文件区分为两个部分并做一个简单的数量变化比较的话，就不难发现，有关出国留学的文件逐渐减少，相反有关留学回国政策的文件越来越多。研究留学政策的专家指出，"文件多"说明需要解决的问题多，并且也不排除有职能部门管理水平低下的问题；而"文件少"显然是社会进步的标志。也就是说，仅从文件数量的不断减少这一现象，也可以判断出涉及出国留学的政策体系已经基本完善、成熟和规范；但从涉及留学回国事务政策的有关文件逐渐增加来看，中国面临的困难和问题似乎还是比较艰巨的。仅在本节的描述中我们就可以清晰地看到，2000 年以后涉及留学回国事务的政策性文件可以说是"层出不穷"的。

恰恰是在对上述有关文件数量变化的评价和认知上，有文章将这些文件的大量出台视为一种显赫的业绩，并作为一种成就来进行宣扬，称"400 多份文件出台创造宽松环境：如今某某部牵头与有关部门制定了几乎各个方面的政策性文件 400 多件，（才）使留学工作更为平稳、宽松和合理，支持留学取得长足进展。"[1] 这段不足百字的内容至少有三处失实或称为"不准确"。暂且不说上述描述是否实事求是，首先可以肯定的是盲目表扬出国留学工作的成就和业绩却用错了素材。由于记者本身并不是某项政策的研究者，不可能对其核心状况予以十分准确地描述，因此本书作者在这里并没有责怪上述撰稿记者的意图，社会批评一般也是坚持"不知者不为罪"的宽容态度。问题是上述这段百余字的内容是谁向记者们提供和"宣扬"的，并且提供者是否承担起了为向社会和读者负责而必须履行的审核义务。

本节的宗旨和目的就是要尽可能完整、清晰并客观地向读者描述 1993 年以来中国政府吸引在外留学人员政策的变革过程与核心内容。其中还将一些比较典型的地区性政策、行业性政策、部门性政策各自设为一节专门加以介绍与研究，如教育部"留学回国人员科研启动基金"政策，中科院吸引留学人才政策，留学人员创业园政策，涉及留学回国政策的四次工作性会议，"长江学者奖励计划"政策，上海市制定与实施的相关政策等等。本章前三节分别为"高层导向"、"政策文件"和"相关项目"，三节之间的基本内容可能会有简单交叉或重复，但在研究和表述的侧重点上是不尽一致的。

第一节　中国领导人发表一系列导向性讲话以及中共中央、中国政府提出若干项重要战略原则

中国的出国留学政策经历了 1989—1991 年期间的徘徊与众中多人的思考。1992 年 1 月 25 日上午，中国国家领导人邓小平在视察广东珠海留学人员高科技企业——亚洲仿真系统工程有限公司时表示，"希望所有出国学习的人回来。不管他们过去政治态度怎么样，都可以回来，回来后妥善安排。这个政策不能变。告诉他们（指中国在外留学人员），要做出贡献，还是回国好。希望大家通力合作，为加快发展我国科技和教育事业多做实事。"[2] 根据邓小平的上述意见，中国政府最高决策层在争取留学人员学成后回国工作或为国服务的政策导向方面加大了工作力度。

1. 中国领导人提出并被中共中央文件确认：支持留学、鼓励回国、来去自由

1992 年 3 月 14 日，国务院李鹏总理在"全国科技工作会议"上表示，对近年出国

---

①　陈芳、李柯勇、万一：《出国留学 30 年：与改革开放同步从精英走向大众》，2008 年 6 月 25 日中国网。
②　梁广大：《牢记小平同志的嘱托》，《回忆邓小平（下）》，中央文献出版社 1998 年 2 月版。

的留学人员，国家从政策上保证他们来去自由。1992 年 8 月，国务委员兼国家教委主任李铁映两次提出留学生工作和出国留学总的指导思想是"支持留学、鼓励回国、来去自由"。1992 年 10 月 12 日，江泽民总书记在中国共产党第十四次全国代表大会工作报告中表示，"热情欢迎出国学习人员通过多种形式关心、支持和参加祖国的现代化建设。不论他们过去的政治态度如何，都欢迎回来参加社会主义建设，给予妥善安排，并实行出入自由，来去方便的政策。"1993 年 3 月 15 日，李鹏总理在第八届全国人民代表大会政府工作报告中明确提出，对出国留学人员要实行"支持留学，鼓励回国，来去自由"的政策，欢迎他们采取多种方式参加祖国建设。1993 年 11 月 14 日，在中国共产党第十四届三中全会通过的《关于建立社会主义市场经济体制若干问题的决定》中，首次以中共中央文件的形式确认了"支持留学、鼓励回国、来去自由"的出国留学工作方针。对此，该《决定》第八节"进一步改革科技体制和教育体制"中第 43 条是这样表述的："实行'支持留学、鼓励回国、来去自由'的方针，采取多种形式，鼓励海外人才为国服务。"这一政策方针既适应了改革开放形势下发展和建立社会主义市场的需要，又理顺了为公民出国留学提供方便和学有所成后为国家作出贡献之间的关系，代表了中国留学活动的基本方向，使出国留学活动进入了一个趋于正常和快速发展的轨道，并逐渐产生了巨大影响，特别是对在外留学人员回国工作和为国服务的政策导向上起到全面地推动作用。①

2. 江泽民表示：欢迎更多的留学生学成归国

邓小平发表上述讲话不到一年，国家教委即于 1993 年 1 月 17 日举办"回国留学人员新春联欢会"，国家领导人江泽民、胡锦涛、李铁映出席，李铁映致辞；江泽民主席即席发表谈话时表示，"欢迎更多的留学生学成归国"。②

3. 江泽民再次表示：热忱欢迎更多的留学人员回国服务

1993 年 10 月 23 日，江泽民主席在出席"欧美同学会"成立 80 周年庆典活动时再次表示，欢迎更多的留学人员回国服务。江泽民主席对 80 年来留学回国人员为祖国所做的工作表示敬意，并说："许多仍在海外的留学人员时刻关心祖国的建设和改革，在勤奋攻读的同时，也在通过各种方式为祖国的发展做着有益的工作。我们要继续执行'支持留学，鼓励回国，来去自由'的方针，把各项留学工作做得更好。党和人民热忱欢迎更多的留学人员回国服务。"③

4. 中共中央、国务院首次提出：实施"科教兴国的战略"

1995 年 5 月 6 日，中共中央、国务院颁布了《关于加速科学技术进步的决定》，首次提出在全国实施科教兴国的战略。科教兴国，即发展科技和教育事业以振兴国家。科教兴国战略的目标是，全面落实"科技是第一生产力"的思想，坚持教育为本，把科

---

① 详见本书六章五节第三小节。

② 《江泽民与留学》，国家留学网，2001 年 7 月 17 日；《十年教育大事记》，《李岚清教育访谈录》，人民教育出版社 2003 年 11 月版。

③ 《江泽民与留学》，国家留学网，2001 年 7 月 17 日。

技和教育摆在经济、社会发展的重要位置，增强国家的科技实力，提高全民族的科技文化素质，把经济建设转移到依靠科技进步和提高劳动者素质的轨道上来，加速实现国家的繁荣强盛。中国科学技术界认为，科教兴国战略的提出和实施，是继 1956 年党中央号召"向科学进军"、1978 年全国科学大会召开之后，中国科技事业发展进程中的第三个重要里程碑。同年，中国共产党第十四届五中全会在关于国民经济和社会发展"九五"计划和 2010 年远景目标的建设中把实施科教兴国战略列为今后 15 年直至 21 世纪加速我国社会主义现代化建设的重要方针之一。1996 年，八届全国人大四次会议正式提出了国民经济和社会发展"九五"计划和 2010 年远景目标，"科教兴国"成为中国的基本国策。①

5. 李贵鲜指出：要从战略高度认识留学人员工作的重要性

1995 年 11 月 14—16 日，人事部在北京召开"全国人事系统留学回国人员工作会议"，国务委员李贵鲜发表指出，出国留学政策是我国改革开放总方针、总政策的重要组成部分；要从战略高度认识做好留学人员这项工作的重要性；出国留学是学习、借鉴世界先进科学技术、现代化管理经验和有益文化，加速建设有中国特色社会主义的重要措施之一，是培养现代化建设急需人才和促进国际交流合作的一个重要途径；做好留学人员工作，对改革开放和现代化建设事业的发展乃至整个中华民族的富强振兴都将产生深远影响。②

6. 李鹏表示：国家将继续执行中央制定的留学政策

1996 年 2 月 6 日，国教委和人事部召开在北京清华大学召开"全国留学回国人员代表成果汇报暨慰问活动"。2 月 7 日，国务院李鹏总理代表党中央、国务院和江泽民主席接见会议全体代表并发表讲话。他说，改革开放以来，党和政府坚持实行向外派遣留学生的政策。实践证明，这个政策取得了很大的成功。"支持留学、鼓励回国、来去自由"的政策是完全正确的。国家将继续执行中央制定的留学政策，欢迎学有所长的留学人员回国服务。有些留学人员由于这样或那样的原因，需要在国外继续求学，或在国外有了适当工作，这些也都可以理解。③

7. 李岚清强调：鼓励留学人员回国建功立业

1997 年 1 月 23 日，国家教委和人事部联合召开"全国留学回国工作会议"。国务院副总理李岚清会见会议代表时强调，我们热情欢迎更多的在外留学人员回国工作或以多种方式为祖国的现代化建设做贡献。国家各项建设事业的日益兴旺发达，不仅为广大留学人员创造了良好的机遇，也为留学人员发挥聪明才智和施展才华报效祖国提供了更加广阔的天地。④

---

① 《党中央国务院提出科教兴国战略》，中国科协网站，2008 年 7 月 30 日。

② 丁杨东：《全国人事系统留学人员工作会议综述》，《中国人才》1996 年第 1 期。

③ 李涛、朱幼棣：《李鹏会见优秀留学回国人员》，《人民日报》1996 年 2 月 8 日第 1 版；王焕现：《200 学子汇京城——全国留学回国人员代表成果汇报暨慰问活动侧记》，《神州学人》1996 年第 4 期。

④ 尹鸿祝、毕全忠：《李岚清会见留学回国工作会议代表强调鼓励留学人员回国建功立业》，《人民日报》1997 年 1 月 24 日。

8. 江泽民表示：鼓励留学人员回国工作或以适当方式为祖国服务

1997 年 9 月 12 日，中共中央总书记江泽民在中国共产党十五大报告中表示："人才是科技进步和经济社会发展最重要的资源。要建立一套有利于人才培养和使用的激励机制。积极引进国外智力。鼓励留学人员回国工作或以适当方式为祖国服务。"吸引留学人员"回国工作"和"为国服务"并举的政策思路由此得以固定与确立；同时，十五大报告提出的"生产要素应参与分配"的原则，也为留学人员以技术、专利、资本等多种形式参与入股、回国创业，或到多种所有制形式的单位工作提供了良好的契机。①

9. 李岚清表示：采取措施鼓励更多的在外留学人员回国工作和以适当的方式为祖国服务

教育部于 1999 年 2 月 3—4 日单独召开"全国留学回国成果汇报会"。李岚清副总理于 4 日听取与会代表成果汇报后表示，广大在外留学人员是我们国家宝贵的财富和重要的人才资源，我们已经并将继续采取措施，鼓励更多的在外留学人员回国工作和以适当的方式为祖国服务。②

10. 《中共中央关于制定国民经济和社会发展第十个五年计划的建议》提出：采取多种措施吸引和聘用海外高层次人才

2000 年 10 月 11 日，中国共产党十五届五中全会通过的《中共中央关于制定国民经济和社会发展第十个五年计划的建议》提出，要采取多种措施吸引和聘用海外高层次人才；继续实行"支持留学，鼓励回国，来去自由"的方针，鼓励留学人员回国工作或以适当方式为祖国服务。③

11. 朱镕基表示：特别希望在海外留学的学子回到国内来发展

2001 年 9 月 19 日，国务院总理朱镕基在第六届世界华商大会举行的"中国经济论坛"发表演讲时表示，中国今后改革开放的重点不是吸引资金，而是吸引人才和技术，中国将"广纳天下贤才"。朱镕基说，现代科技的竞争是人才的竞争，我们现在并不是十分缺乏资金，截至 9 月 15 日，我国外汇储备达到 1935 亿美元，到今年年底将达到 2000 多亿美元，我们还有 3000 多亿美元的外汇购买了国外的金融资产，我们所缺乏的是先进的技术、现代化的管理，特别是人才。他说，我们有很多人才被送到美国去了，到国外去了。他笑称，不过，这些人才不是我送去的，后来他们中的一些人学成又回来了，但是不是回到我这儿来，而是回到外国公司在中国的办事处。他说，特别希望国内国外的华人同胞，在海外留学的学子回到国内来发展；现在也有相当一部分在海外的人，还有一些人也已经打起包袱回家了，已经回到国内来发展了；他们回国后将有广大的发展空间；中国政府将广纳天下贤才，培养和造就大批适应时代发展需要的新型人才。他动情地对这些海外同胞发出呼唤："请你们回来！"④

---

① 《江泽民与留学》，国家留学网，2001 年 7 月 17 日。
② 胡晓梦：《李岚清会见出席全国留学回国成果汇报会代表时强调出国留学政策要长期坚持不变》，新华社北京1999 年 2 月 4 日电。
③ 新华社 2000 年 10 月 18 日电。
④ 植万禄：《朱镕基总理：海外学子，你们回来吧》，《北京青年报》2001 年 9 月 20 日。

12. 中共中央、国务院首次提出：实施"人才强国战略"

2002 年 5 月 7 日，中共中央办公厅和国务院办公厅印发了《2002—2005 全国人才队伍建设规划纲要》，其中首次提出实施"人才强国战略"。所谓人才强国战略，就是要从全球一体化经济竞争的角度，从提升国家竞争力的高度来认识人才资源的开发与管理问题。根据"人才强国战略"的要求，《纲要》专设"七、海外和留学人才的吸引与使用"一节：（十四）鼓励留学人员回国工作或以其他方式为国服务。积极倡导留学人员长期或短期回国工作，鼓励他们通过项目合作、兼职、考察讲学、学术休假、担任业务顾问等多种形式为国服务。进一步加强和改进留学人员创业园区建设工作，为留学人员回国工作或为国服务提供发展空间。按照充分信任、放手使用的原则，抓紧研究制定选拔优秀留学回国人员担任领导职务的具体办法，将符合条件的留学回国人员选拔到各级领导岗位，特别优秀的，可以破格任用。选拔德才素质好、有发展潜力的留学回国人员列入后备干部名单，进行重点培养。完善住房、医疗、社会保险、子女入学和家属就业政策，研究制定薪酬、户籍、投资创业政策，尽快形成有利于留学人员回国工作的政策环境。（十五）吸引和聘用海外高级人才。制定和实施国家紧缺人才引进计划，重点引进信息技术、生物技术、新材料技术、先进制造技术、航空航天技术等方面具有世界一流水平的专家，以及金融、法律、国际贸易和科技管理方面的高级专门人才。通过给予优厚的薪酬、提供重点实验室和科研基地等措施，吸引海外高级人才。建立海外高级人才信息网络，研究制定聘用海外高级人才从事公务工作的具体办法。发展和规范引进海外高级人才中介组织。对引进的外国高级专门人才实行在华长期居留或永久居留制度。加强与旅居海外的华人华侨专家的联系，研究制定鼓励和吸引他们回国工作或为国服务的政策。对吸引和聘用海外高级人才工作，国家给予专项资金支持。修改完善有关法律法规，研究制定投资移民和技术移民法，为吸引和聘用海外高级人才提供法律保证。2003 年 11 月 24 日，中共中央再次召开政治局会议，研究人才工作，强调要大力实施"人才强国战略"。2003 年 12 月召开的全国人才工作会议再次强调，人才问题是关系党和国家事业发展的关键问题，新世纪新阶段人才工作的根本任务是实施"人才强国战略"。①

13. 曾庆红首次提出：实行"党管人才"的原则；中共中央、国务院文件予以确定

在 2002 年底召开的"全国组织工作会议"上，中央政治局常委曾庆红在其讲话中首次提出"党管人才"的原则。2003 年 12 月 26 日，中共中央、国务院"中发［2003］16 号文件"，即《关于进一步加强人才工作的决定》中明确提出：大力实施人才强国战略，必须坚持党管人才原则。2003 年 12 月 19—20 日全国人才工作会议上，中共中央总书记、国家主席胡锦涛强调要坚持"党管人才原则"。从"党管干部"到"党管人才"，这是中国共产党适应全面建设小康社会的新任务，按照完善社会主义市场经济体制的新要求，根据党所处的历史方位的新变化作出的一项重大决策，对于保证人才强国战略的

---

① 以上参见张炳升：《人才强国之路是必然选择——访国家行政学院教授竹立家》，《光明日报》2005 年 12 月 4 日；法律之星——中国法律信息网；中国教育和科研计算机网。

实施，巩固党的执政基础，提高党的执政能力，具有重大的现实意义和深远的历史意义。①

14. 国务院同意：12 个部委联合制订《留学人员回国服务工作部际联席会议制度》

2003 年 2 月 27 日，国务院办公厅转发已经国务院同意的由 12 个部委于 2 月 19 日联合制订的《留学人员回国服务工作部际联席会议制度》的文件。《制度》规定，联席会议由人事部、教育部、科技部、财政部、外交部、公安部、国家计委、国家经贸委、外经贸部、中国人民银行、中国科学院、国家外国专家局共 12 个部门作为成员单位组成。《制度》中还规定了联席会议的职责、成员单位、工作规则和工作要求；联席会议原则上每半年召开一次例会，也可根据需要临时召集会议。这一联席会议制度的建立，主要是为了在加入世界贸易组织的新形势下，进一步加强各有关部门的协调配合，提高效率，更好地开展吸引海外留学人员回国的服务工作。2003 年 12 月 1 日，经国务院批准，国务院侨办也成为该联席会议组成的成员单位，中国侨联则为列席会议的单位。②

15. 中共中央政治局会议批准：成立"中央人才工作协调小组"

中共中央在历来坚持党管干部原则的基础上，进一步提出党管人才原则，这是党的组织工作适应形势发展，与时俱进的必然要求。把人才置于党的统一领导之中，有利于把各类人才集聚起来。坚持党管人才原则，不是改变人事部门的职能，更不是弱化人事部门的工作，而是为人事人才工作创造新的环境、新的机遇。为了有效管理各类人才，从中央到地方都陆续建立了专门管理机构，许多省市区则分别成立了人才工作处、人才工作领导小组办公室等机构。2003 年 5 月 23 日，中共中央政治局会议进一步做出加强党管人才工作的决定，并于 2003 年 6 月 9 日批准成立"中央人才工作协调小组"，以统一指导协调全国的人才工作和人才队伍建设，党中央和国务院 20 余个部委作为成员单位参加。"协调小组"的职责包括：（1）对全国人才工作和人才队伍建设进行宏观指导和综合协调；（2）了解和掌握全国人才工作和人才队伍建设的情况，根据经济社会发展对人才的需求，向中央提出人才工作的政策性建议；（3）审议并协调落实全国人才队伍建设规划；（4）协调、指导全国人才工作有关政策、制度和法律、法规的研究、制定与完善工作；（5）对人才培养、吸引、使用，以及人才流动、人才激励和人才安全等有关工作进行协调、指导；（6）负责专项重点人才工作的落实；（7）完成中央交办的其他工作任务。6 月 12 日，中央人才工作协调小组召开第一次会议，决定成立全国人才工作会议筹备组并着手起草《进一步加强人才工作决定》。③

16. 胡锦涛强调：要充分发挥广大留学人员的积极性和创造性

---

① 《坚持党管人才原则的实践与思考》，杭州党建网；《中央关于进一步加强人才工作决定起草工作纪实》2004 年 2 月 29 日新华网；孙承斌：《胡锦涛：实施人才强国战略坚持党管人才原则》，新华社北京 2003 年 12 月 20 日电。

② 国务院办公厅国办发［2003］11 号文件，人事部网站；程希：《体制外的增长与体制内的导向：改革开放 30 年中国留学生回国政策评估》。

③ 《培养造就大批高素质创新型科技人才工作纪实》，科技部门户网站，2006 年 9 月 21 日；潘晨光、娄伟、王力：《中国人才政策的新进展》，《中国人才发展报告 NO2》，社会科学文献出版社 2005 年 6 月版。

2003 年 9 月 30 日，经中共中央、国务院批准，中组部、中宣部、统战部、人事部、教育部和科技部联合召开"全国留学回国人员先进个人和先进工作单位表彰大会"。中共中央总书记、国家主席胡锦涛以及温家宝、贾庆林、曾庆红、李长春会见会议代表；曾庆红副主席以及贺国强、刘云山、王刚、华建敏、陈至立、刘延东参加会见代表活动并出席表彰大会。这是继 1991 年和 1997 年之后，中国政府对留学回国人员先进个人和先进工作单位进行的又一次重大表彰活动，也是在新世纪新阶段召开的第一次有关留学工作的重要会议。会议对留学人员在祖国社会主义经济建设中发挥的独特作用给予了前所未有的高度评价。胡锦涛主席在会见会议代表时强调，广大留学人员要继承老一辈留学人员的优良传统，发扬爱国奉献、拼搏进取精神，把个人的理想抱负同祖国的前途命运紧密结合起来，在实现全面建设小康社会的伟大实践中实现自己的人生价值，谱写无愧于时代的壮丽篇章。各级党委和政府要把吸引和用好留学人员作为实施人才战略的一项重要任务抓紧抓好。要适应新形势，研究新情况，解决新问题，不断完善政策措施，不断提高服务水平，积极营造留学人员回国工作、创业、发展的良好环境，形成鼓励干事业、支持干成事业的社会氛围，充分发挥广大留学人员的积极性和创造性。曾庆红在表彰会上发表了题为《充分发挥广大留学人才在全面建设小康社会中的独特历史作用》的重要讲话，提出要在全社会进一步营造"尊重劳动、尊重知识、尊重人才、尊重创造"的良好氛围，最广泛、最充分地调动广大留学人员回国工作或为国服务的积极性，充分发挥这些宝贵人才在全面建设小康社会、加快推进我国社会主义现代化中的独特作用。①

17. 胡锦涛指出：实施人才强国战略为广大留学人员实现理想、施展才华，创造了新的机遇，开辟了更加广阔的天地

2003 年 10 月 8 日，"欧美同学会成立 90 周年庆祝大会"在北京召开，中共中央总书记、国家主席胡锦涛出席大会并发表重要讲话。他强调，广大留学人员要把自己的前途命运同党和国家的前途命运紧紧联系在一起，与时俱进、发愤学习，为国服务、建功立业，心系祖国、热爱祖国，积极为全面建设小康社会贡献智慧和力量。胡锦涛在讲话中首先代表党中央、国务院向大会的召开表示热烈祝贺，向辛勤工作在祖国各条战线上的归国留学人员和远在国外学习工作的留学人员表示诚挚的问候和良好的祝愿。胡锦涛指出，鼓励出国留学，学习国外先进的科技文化知识，是国家培养人才的重要途径。现在，我国进入了全面建设小康社会、加快推进社会主义现代化的新的发展阶段。为了更好地给全面建设小康社会提供人才保证，中央决定进一步实施人才强国战略。这为广大留学人员实现理想、施展才华，创造了新的机遇，开辟了更加广阔的天地。胡锦涛说，欧美同学会是具有光荣传统的我国留学人员团体。要继续坚持以邓小平理论和"三个代表"重要思想为指导，全面贯彻十六大精神，高举留学报国的爱国主义旗帜，进一步做好广大留学人员的工作，努力成为党联系广大留学人员的桥梁和纽带，成为党和政府做好留学人员工作的助手。中共

---

① 孙承斌、朱玉：《胡锦涛会见留学回国先进个人和先进工作单位代表》，新华社北京 2003 年 9 月 30 日电；孙承斌、邹声：《曾庆红在全国留学回国人员先进个人和先进工作单位表彰大会上强调统筹国内培养的人才与留学回国人才的作用共同为国效力为民造福为民族复兴建功立业》，新华社北京 2003 年 9 月 30 日电。

中央政治局常委贾庆林、曾庆红、黄菊等到会祝贺。①

18. 胡锦涛强调：实施"人才强国战略"并坚持"党管人才原则"

2003 年 12 月 19—20 日，中共中央、国务院在北京召开全国人才工作会议。中共中央总书记、国家主席胡锦涛在会上发表重要讲话，强调实施"人才强国战略"、坚持"党管人才原则"。他强调指出，人才问题是关系党和国家事业发展的关键问题。全党同志必须从全局和战略的高度，以高度的政治责任感和历史使命感，把实施人才强国战略作为党和国家一项重大而紧迫的任务抓紧抓好，努力造就数以亿计的高素质劳动者、数以千万计的专门人才和一大批拔尖创新人才，建设规模宏大、结构合理、素质较高的人才队伍，充分发挥各类人才的积极性、主动性和创造性，开创人才辈出、人尽其才的新局面，大力提升国家核心竞争力和综合国力，为全面建设小康社会和实现中华民族的伟大复兴提供重要保证。胡锦涛强调，要坚持党管人才原则，坚持以人为本，坚持尊重劳动、尊重知识、尊重人才、尊重创造的方针，把促进发展作为人才工作的根本出发点，紧紧抓住培养、吸引、用好人才三个环节，加强人才资源能力建设，深化人才工作体制改革，大力培养各类人才，加快人才结构调整，优化人才资源配置，促进人才合理分布，充分开发国内国际两种人才资源，努力把各类优秀人才集聚到党和国家的各项事业中来，使我国由人口大国转化为人才资源强国，为全面建设小康社会提供坚强的人才保证和智力支持。胡锦涛指出，要站在战略的高度，制定符合我国国情的高层次人才培养规划，形成各类高层次人才脱颖而出、健康成长、发挥才干的良好机制和环境。要善于利用国际国内两种人才资源，做到自主培养开发人才和引进海外人才并重，重点吸引高层次人才和紧缺人才。温家宝总理在讲话中指出，国家兴盛，人才为本；人才培养，教育为本。要坚持培养和引进并举，加大引进海外智力和人才的工作力度，吸引海外留学人员回国创业和为国服务。要改革人才工作体制，创新人才工作机制。曾庆红副主席在总结讲话中强调，各级党委和政府要认真贯彻这次会议精神，把人才工作摆到战略位置、提上重要议程、作为大事来抓。要从实际出发，积极制定人才工作规划和措施，千方百计做好发现、培养、凝聚人才的工作。要加快人才工作改革创新的力度。②

19. 《中共中央、国务院关于进一步加强人才工作的决定》提出：实施人才强国战略是党和国家一项重大而紧迫的根本任务

2003 年 12 月 26 日，《中共中央、国务院关于进一步加强人才工作的决定》正式出台，其中明确提出，实施人才强国战略是党和国家一项重大而紧迫的任务；新世纪新阶段人才工作的根本任务是实施人才强国战略。《决定》阐述了实施人才强国战略的指导思想、基本要求和重点任务；提出了实施人才强国战略的战略抓手和主要任务，就解决人才培养、吸引、使用、激励、安全和高层次人才队伍建设等方面存在的突出问题提出了指导性意见；提出了实施人才强国战略的组织领导保证。《决定》在进一步加强人才工作问题上

---

① 吴黎明：《胡锦涛在欧美同学会成立 90 周年庆祝大会上强调发扬爱国奉献拼搏进取精神为祖国和人民贡献智慧力量》，新华社北京 10 月 8 日电。

② 孙承斌：《胡锦涛：实施人才强国战略坚持党管人才原则》，新华社北京 2003 年 12 月 20 日电。

提出了一系列新思想、新观点、新论断、新措施，并首次把人才强国战略上升到国家战略层面，提出实施人才强国战略的基本任务是：建设规模宏大、结构合理、素质较高的人才队伍，把我国由人口大国转化为人才资源强国。中国人才工作还存在不少不容忽视、亟待解决的问题：人才总量不足，人才的结构和布局不尽合理，高层次和复合型、创新型人才短缺；人才的不合理流动和流失日益严重；人才工作的科学机制尚未建立，人才管理工作力量分散……。《决定》提出，要"加大吸引留学和海外高层次人才工作力度。继续贯彻支持留学、鼓励回国、来去自由的方针，鼓励留学人员以不同方式为祖国服务。按照拓宽留学渠道、吸引人才回国、支持创新创业、鼓励为国服务的要求，制定和实施留学人才回归计划，重点吸引高层次人才和紧缺人才。采取团队引进、核心人才带动引进、高新技术项目开发引进等方式，建立符合留学人员特点的引才机制。建立全国统一的留学人才信息系统和留学人才库，完善留学人才的评价认定制度，提高吸引高层次留学人才工作的针对性和实效性。加大对高层次留学人才的回国资助力度，切实解决留学回国人员的实际困难和问题。制定鼓励和支持留学人员回国创业政策，大力加强留学人员创业基地建设。健全留学人才为国服务的政策措施，鼓励他们以多种形式为国家建设作贡献。"特别是随着全球范围内人才争夺战日益加剧，人才流失的风险也大幅度增加，如果缺乏人才安全意识，将使国家等利益主体遭受重大损失。在这种环境下，人才安全及其风险防范，已成为各个国家和地区共同面临的世界性课题，世界各国尤其是发达国家从保护自身利益和长远安全出发，研究人才安全问题，纷纷制定了人才战略及人才安全的法律与制度保障体系。经过多年的改革与建设，中国人才安全环境有了一定的改善。中国政府不仅在观念上已经认识到人才安全的重要性，并将持续采取一些政策措施，以降低人才流失的风险。对此，《决定》明确提出：加强和改进国家重要人才安全工作。高度重视和充分信任国家重要人才。通过立法维护国家重要人才安全，有效防止重要人才流失。制定政策法规，提高重要人才待遇，保障重要人才权益，规范重要人才流动。建立国家重要人才的信息档案，实施动态管理。[①]

20. 中共第十六届四中全会提出：把各方面优秀人才聚集到党和国家的各项事业中来

2004 年 9 月 19 日，中国共产党第十六届中央委员会第四次全体会议通过了《中共中央关于加强党的执政能力建设的决定》，在重申实施人才强国战略的同时，提出要把各方面优秀人才聚集到党和国家的各项事业中来，强调既要依靠和开发国内人力资源，又要借助和引进国外智力。

21. 陈至立指出：实施"长江学者奖励计划"是我国高校高层次人才工作一个成功的制度创新，在吸引海外优秀人才、孕育创新研究群体和创新团队等方面发挥了重要作用

2005 年 3 月 28 日，教育部在北京举行了 2004 年度长江学者特聘教授、讲座教授受聘仪式"和部分长江学者座谈会，国务委员陈至立出席受聘仪式，并与部分长江学者座

---

① 《中央关于进一步加强人才工作决定起草工作纪实》2004 年 2 月 29 日新华网；《中共中央国务院关于进一步加强人才工作的决定》，2003 年 12 月 31 日新华网；潘晨光、娄伟、王力：《中国人才政策的新进展》，《中国人才发展报告》，社会科学文献出版社 2005 年 6 月版。

谈。"长江学者奖励计划"于 1998 年启动，此前已有五批共 537 位学者受聘，2004 年度新增 111 位特聘教授和 79 位讲座教授受聘。陈至立说，实施"长江学者奖励计划"是我国高校高层次人才工作一个成功的制度创新，在吸引海外优秀人才、孕育创新研究群体和创新团队等方面发挥了重要作用，在培养和造就世界科学前沿和关键领域优秀学术带头人方面取得了显著成绩，得到社会的广泛关注和好评。陈至立指出，加强高校高层次人才队伍建设意义重大。要加快建设一支富有创新能力的高校高层次人才队伍。一要以实施"高层次创造性人才计划"为抓手，努力吸引、培养和造就一批具有国际水平的科学家和学科带头人。二要大力建设创新平台，加强创新团队建设。三要培养和造就一批哲学社会科学家和优秀群体。四要抓紧培养和造就一批具有创新能力和发展潜力的中青年学术带头人和学术骨干，形成可持续发展的优秀人才梯队。陈至立强调，各级政府要进一步加强对高校高层次人才队伍建设的领导，要进一步完善机制、体制和政策，形成完整的创新链，使高层次人才更好地发挥作用；高校要将高层次人才队伍建设摆在学校工作的重要位置，充分发挥高校知名专家、长江学者等领军人物的作用。陈至立同时希望长江学者和全国高校教师坚持自主创新，勇于开拓，勇攀高峰；发扬"两弹一星"精神和"载人航天"精神，团结协作，群策群力，拼搏奉献；作言传身教、率先垂范、教书育人的模范。[①]

22.《中央人才工作协调小组 2005 年工作要点》提出：要加大吸引留学和海外高层次人才工作力度

截止 2005 年，中国高层次人才队伍状况可以从以下几组数据显示出来：已有两院院士 1543 人，有突出贡献中青年专家 5206 人，享受政府特殊津贴专家 14.5 万人，具有高级专业技术职务人员 192 万人；"百千万人才工程"培养第一、二层次人选 2200 多名，"长江学者奖励计划"聘任了 900 多位特聘教授和讲座教授，"百人计划"引进和支持了 1500 多名科技尖子人才。专家指出，尽管中国高层次人才队伍建设已取得一定成效，但全国人才队伍依然在总量、质量、年龄结构、区域分布等方面存在不足。为加强高层次人才队伍建设，在今后一段时间内，国家将继续以提高创新能力和弘扬科学精神为核心，培养造就一批具有世界前沿水平的高级专家。国家将继续贯彻支持留学、鼓励回国、来去自由的方针，鼓励留学人员以不同的方式为祖国效力。同时，也将按照国际惯例和市场规则，坚持以我为主、按需引进、突出重点、讲究实效的方针，积极引进海外科技人才和智力。《中央人才工作协调小组 2005 年工作要点》提出，要"加大吸引留学和海外高层次人才工作力度。开展调查研究，提出对策措施，制定出台选拔优秀留学回国人员担任领导职务的意见、国有企事业单位和国家机关选聘外籍高层次人才有关问题的意见，研究制定引进海外杰出人才暂行办法，加强海外引才引智工作"。[②]

---

① 吕诺：《长江学者受聘仪式举行 国务委员陈至立出席并讲话》，新华社北京 2005 年 3 月 28 日电，《中国教育报》2005 年 3 月 29 日。

② 《培养造就大批高素质创新型科技人才工作纪实》，科技部门户网站，2006 年 9 月 21 日；潘晨光、娄伟、王力：《中国人才政策的新进展》，《中国人才发展报告》，社会科学文献出版社 2005 年 6 月版。

23. 韩启德说：留学人员作为重要的人才资源日益受到全社会的重视；留学人员团体作为重要的人才载体越来越显现其独特的优势。

2005 年 7 月 3 日，中央统战部与欧美同学会·中国留学人员联谊会在福建省联合召开了全国留学人员团体工作研讨会；全国人大常委会副委员长、欧美同学会·中国留学人员联谊会会长韩启德韩启德在开幕式作了讲话。他说，留学人员作为重要的人才资源日益受到全社会的重视；留学人员团体作为重要的人才载体越来越显现其独特的优势。当前，留学人员团体也面临一个全面加强自身建设和留学人员工作全面发展的战略机遇期。他要求大家要加强学习，统一思想，用"三个代表"重要思想统领留学人员工作，要认清形势，明确新时期、新阶段留学人员工作的任务，积极探索开展留学人员工作的新思路。要着重把握留学人员的地位作用、留学人员队伍建设、留学人员工作方针、留学人员工作政策、留学人员统战工作、留学人员社团作用这六个方面的工作。各从事留学人员工作的机构，要把留学人员工作放到党和国家工作大局中去考虑，放到实施人才强国战略和全面建设小康社会的大目标中去谋划。要坚持"团结立会，民主办会，依章办会，实干兴会"的原则，切实加强自身建设，不断开创留学人员工作的新局面。[①]

24. 贾庆林表示：广大留学人员是国家重要的人才资源和宝贵财富，是国家发展和民族振兴的重要力量；韩启德指出：海外学人团体要通过多种渠道，为祖国经济发展和社会进步贡献力量；刘延东认为：海外留学人员团体逐步发展成为团结和凝聚海外留学人员的有效载体，成为海外留学人员为国服务的组织者和推动者

2005 年 8 月 19 日，中华海外联谊会和欧美同学会·中国留学人员联谊会在北京共同召开了"第二届海外留学人员团体负责人代表座谈会"；这是继 2002 年 9 月在北京举行"第一届海外留学人员团体负责人代表座谈会"之后的第二次会议，90 多位来自海外留学人员社团的负责人和海外优秀专家学者应邀与会。中共中央政治局常委、全国政协主席贾庆林于当日下午在北京人民大会堂会见与会全体代表。贾庆林代表中共中央，向海外留学人员团体负责人代表及在国外学习和工作的留学人员致以诚挚问候和良好祝愿，号召广大留学人员为祖国完全统一和中华民族伟大复兴贡献力量。贾庆林指出，一百多年来一批又一批莘莘学子出国学习，以各种方式报效祖国，在实现民族独立和祖国富强中建立了历史功勋。新中国成立以来、特别是改革开放以来成长起来的新一代留学人员，为祖国统一和民族振兴做出了卓越贡献。历史充分证明，广大留学人员有着为祖国、为民族建功立业的崇高志向和学识本领，是国家重要的人才资源和宝贵财富，是国家发展和民族振兴的重要力量。当前广大留学人员又迎来了报效祖国、创业发展的大好机遇。中国已经顺利完成了现代化建设第一和第二步战略目标，正在全面建设小康社会，为实现中华民族伟大复兴而不懈努力。贾庆林希望，广大留学人员要弘扬老一辈留学人员执著的爱国主义精神，自觉把个人的事业与祖国和民族的前途命运结合起来，围绕中国经济社会发展的重大问题积极建言出力，为祖国完全统一和中华民族伟大复兴贡献力量；要努力学习现代科技知识，勇于攀登科学高峰，大力培养科技人才，为提高中

---

① 《全国留学人员团体工作研讨会议在福建召开》，湖北省知识分子联谊会网站。

国科技创新能力和国际竞争力发挥积极作用；要积极推动中国与世界各国的交往与合作，使世界更好地了解中国，中国更好地了解世界。贾庆林强调，海外留学人员团体是团结海外留学人员的重要载体，是党和政府联系海外留学人员的桥梁纽带。要注意加强自身建设，增强凝聚力和影响力，联系和动员更多的留学人员为国服务。各级党委、政府要加强对留学人员工作的领导，制定和完善相关政策，为海外留学人员回国工作和为国服务创造更好的条件。全国人大常委会副委员长、欧美同学会·中国留学人员联谊会会长韩启德，全国政协副主席、中共中央统战部部长、中华海外联谊会会长刘延东，以及全国政协、中共中央统战部、外交部、教育部、科技部、人事部等有关方面负责人出席了座谈会。韩启德在讲话中指出，本次会议将要回顾、总结近几年来海外留学人员团体的留学报国实践经验，交流留学人员工作的经验，学习、了解祖国的留学政策，促进海内外留学人员工作的深入开展。他说，留学报国是广大留学人员的神圣使命，为国服务是各留学人员团体的基本任务，海外学人团体要通过多种渠道，为祖国经济发展和社会进步贡献力量。刘延东在讲话中表示，海外留学人员以各种方式为祖国的发展、民族的振兴建言出力，充分体现了广大留学人员的一片赤子之心、爱国之情。她指出，多年以来，海外留学人员在世界各地成立了许多组织。这些留学人员团体逐步发展成为团结和凝聚海外留学人员的有效载体，成为海外留学人员为国服务的组织者和推动者。在新世纪新阶段，希望海外留学人员团体能够不断加强自身建设，增强凝聚力，联系和团结更多的海外留学人员；经常了解和反映广大海外留学人员的意见和要求，介绍中国政府关于留学人员的方针政策，介绍祖国改革发展的伟大成就和美好前景；加强与国内有关部门和团体的联系，协助政府做好留学人员工作，组织和推动更多的优秀留学人才回国工作和为国服务；加强海外留学人员团体之间的团结协作，相互支持，相互配合，形成合力。①

25. 陈至立指出：必须清醒地认识到，高校人才队伍的整体素质和创新能力还不适应建设创新型国家和构建社会主义和谐社会的要求，具有世界一流水平的拔尖人才和创新团队数量不多，支撑人才成长的基础性条件还比较薄弱，促进优秀人才脱颖而出和发挥聪明才智的制度尚不完善

2007 年 3 月 28 日，教育部在北京举行"2006 年度长江学者特聘教授、讲座教授受聘仪式暨长江学者成就奖颁奖典礼"，国务委员陈至立出席并讲话。陈至立指出，我们必须清醒地认识到，高校人才队伍的整体素质和创新能力还不适应建设创新型国家和构建社会主义和谐社会的要求，特别是具有世界一流水平的拔尖人才和创新团队数量不多，支撑人才成长的基础性条件还比较薄弱，促进优秀人才脱颖而出和发挥聪明才智的制度尚不完善。她强调，大力培养造就一批杰出科学家和科技人才群体，建设一支宏大的创新型人才队伍，大幅度提

---

① 《第二届海外留学人员团体负责人代表座谈会召开》，2005 年 8 月 20 日中国新闻网；《贾庆林会见"第二届海外留学人员团体负责人代表座谈会暨为国服务团东北、西部行活动"全体人员》，2005 年 8 月 19 日新华网；《贾庆林同志亲切会见参加"第二届海外留学人员团体负责人代表座谈会暨为国服务团东北、西部行活动"的全体代表》，欧美同学会·中国留学人员联谊会网站。

高国家的自主创新能力，是我们当前面临的一项十分紧迫的战略任务；要研究新形势下吸引留学人员和海外高层次人才的新思路和新办法，引进一批年富力强、世界一流的学者和科技尖子人才到高校任教和从事科研工作；要依托重大科研和建设项目以及国际学术交流与合作项目，培养和会聚高层次创新人才。①

26. 韩启德认为：最大限度地发挥留学人员的优势和作用，是留学人员工作面临的新任务新课题；刘延东指出：积极创造留学人才脱颖而出的环境条件，不断加大对广大留学人员的服务力度，确保留学人才真正从中受益

2007 年 4 月 9 日，"中国留学人才发展基金会"成立大会在北京举行，全国人大常委会副委员长、欧美同学会·中国留学人员联谊会会长韩启德致辞时表示，如何为广大留学回国人员创造有利于创业发展、施展才华的良好环境，最大限度地发挥留学人员的优势和作用，是留学人员工作面临的新任务新课题。目前，留学人员回国创业发展，遇到的最大问题是创业资金困难。中国留学人才发展基金会的成立，可谓顺应了广大留学人员回国创业、为国服务的需求，必将发挥优势、大有可为。全国政协副主席、中央统战部部长刘延东出席了成立大会并发表重要讲话。刘延东表示，新世纪新阶段，我国综合国力不断增强、国内投资环境不断改善、各项政策不断完善、市场潜力不断扩大，为广大留学人员回国创业提供了良好的发展空间；科教兴国和人才强国战略的实施，科技实力的增强、科研条件的改善，为留学人员从事科学研究、攀登科学高峰创造了有利的条件；我国经济的快速增长、人民生活水平的提高和生活条件的改善，为留学人员回国工作提供了可靠的物质保障；不断扩大的对外开放、日益频繁的国际交往、快捷畅通的信息交流，为留学人员以多种方式为国服务创造了更多的机会。刘延东指出，广大留学人员风华正茂，事业有成，凭着真才实学顽强拼搏，取得了令人瞩目的成就，为国家的政治、经济、文化和社会建设做出了重要贡献。为了集聚更多的优秀留学人才，党和国家特别强调要用好国际国内两种人才资源，在"支持留学、鼓励回国、来去自由"方针的基础上，建立符合留学人员特点的引才、用才机制，完善有关政策，吸引、鼓励和支持留学人才回国创业或以多种形式为国服务。②

27. 韩启德希望：广大海外留学人员认清形势、把握机遇，进一步增强报效祖国的使命感、责任感和紧迫感；刘延东表示：充分肯定广大留学人员的赤子之心和爱国之情

2007 年 8 月 20 日，欧美同学会·中国留学人员联谊会在北京召开"第三届海外留学人员团体负责人代表座谈会"。来自 14 个中国留学人员比较集中国家的 40 多个海外留学人员团体负责人代表，以及部分省市留学人员组织的代表应邀参加座谈会。全国人大常委会副委员长、欧美同学会·中国留学人员联谊会会长韩启德在会议致辞中指出，随着留学事业的发展，海外留学人员团体也在不断壮大。他们高举留学报国的爱国主义旗帜，在组织引导广大海外留学人员回国服务的工作中做出了显著成绩。他说，当前，我国面临着难

---

① 《中国教育报》2007 年 4 月 9 日。
② 《中国留学人才发展基金会成立》，2007 年 4 月 10 日新华网；《中国留学人才发展基金会在京揭牌成立》，2008 年 3 月 31 日"全球留学人才网"。

得的发展机遇，同时也为广大留学人员施展聪明才智、实现报国之志提供了大好时机。希望广大海外留学人员认清形势、把握机遇，进一步增强报效祖国的使命感、责任感和紧迫感，努力在全面建设小康社会的进程中创造新的业绩。韩启德介绍说，据统计，目前国家重点项目学科带头人，72% 是留学人员；国家自然科学奖获奖项目第一批完成人，66.67% 是留学人员；81% 的中国科学院院士，54% 的中国工程院院士是留学人员；教育部直属高校在岗校长中，80% 是留学人员，全国高校博士生导师，近三分之二是留学人员。全国政协副主席、中央统战部部长刘延东在讲话中说，海外留学人员不远万里回到祖国，为祖国发展献计献策，为民族振兴贡献力量，充分体现了广大留学人员的一片赤子之心和爱国之情。希望广大留学人员认清中国特色社会主义是实现中华民族伟大复兴的必由之路，以多种形式积极参与到国家的社会主义现代化建设和实现民族复兴的伟大实践中，在祖国这片热土上施展建国之才，创出兴国之业；希望广大留学人员继续高举爱国主义旗帜，深化和拓展与港澳台海外各界人士的联系与沟通，广泛宣传"一国两制"方针和"一个中国"原则，多做有利于祖国和平统一的事，多做争取国际认同和支持的事，为维护港澳长期繁荣稳定，为发展壮大反"独"促统力量、促进祖国完全统一作出贡献；希望广大留学人员继续发挥桥梁和纽带作用，积极开展海内外民间交往，弘扬中华优秀文化，促进中国与世界各国在政治上相互尊重、共同协商，经济上相互促进、共同发展，文化上相互借鉴、共同繁荣，在增进中国人民与各国人民的友谊、营造我们国家发展的良好环境中有所作为。[①]

28.《中央人才工作协调小组 2008 年工作要点》提出：加强吸引凝聚海外高层次人才和创新团队工作，完善关于引进海外人才和智力的政策措施，实施吸收凝聚海外高层次科技人才专项工程

2008 年 2 月 14 日印发的《中央人才工作协调小组 2008 年工作要点》提出：在关系国家竞争力和安全的若干战略科技领域，面向海内外选拔一批优秀中青年科技人才，重点支持，大胆使用，努力培养和造就战略科学家和科技领军人才；继续实施"新世纪百千万人才工程""长江学者奖励计划"、"百人计划"、"中国青年科技奖"等高层次人才培养项目；加强吸引凝聚海外高层次人才和创新团队工作，完善关于引进海外人才和智力的政策措施，实施吸收凝聚海外高层次科技人才专项工程，年内引进 1—2 名战略科学家、几十名科技领军人才和数百名高层次紧缺人才；继续实施"海外留学人员归国创业工程"、"创新团队合作伙伴计划"和"海外智力为国服务计划"。[②]

29. 李源潮指出：海外留学人员是中国重要的人才资源，是国家现代化建设的重要力量

2008 年 7 月 20 日，中共中央政治局委员、中央书记处书记、中央组织部部长李源潮，国务委员兼国务院秘书长马凯，代表党中央、国务院，到北戴河看望参加暑期休假活动的

① 木佳：《海外留学人员团体负责人代表座谈会在京举行》，《中华工商时报》2007 年 8 月 21 日第 1 版；蒋志臻：《第三届海外留学人员团体负责人代表座谈会在京举行韩启德刘延东出席》，《人民政协报》2007 年 8 月 21 日。

② 中国农业人才网。

60 名海外留学回国创新创业专家，并听取专家们对人才工作的意见。李源潮充分肯定海外留学回国人员在我国改革开放和现代化建设中发挥的重要作用。他说，海外留学人员是我国重要的人才资源，是国家现代化建设的重要力量。各位专家学者是留学回国人员的杰出代表，心系祖国、报效祖国，在关键核心技术攻关、创办高新技术企业、培养人才等方面创造了优异成绩，为我国科技事业的进步和经济社会事业的发展作出了重要贡献。李源潮说，中国的繁荣发展，科学技术是龙头；科学技术的发展，人才是关键；人才队伍的建设，杰出人才起着先导作用、示范作用、带领作用。我国正处在全面小康和现代化建设的关键时期，需要千千万万的人才，特别是需要各方面的领军人才。希望留学回国专家学者一如既往地站在科技创新创业的前列，为建设创新国家，为培养更多的人才作出新的贡献。李源潮指出，各级党委、政府和组织人事部门，要深入贯彻党的十七大精神和胡锦涛同志在两院院士大会上的重要讲话精神，大力实施科教兴国、人才强国战略，认真落实国家有关鼓励海外留学人员回国工作、吸引他们以多种形式为国服务的政策，加大吸引海外留学人员回国工作的力度，为他们创新创业提供良好环境和条件。[1]

30. 李源潮指出：要进一步解放思想、创新机制，积极引进海外高层次人才，为建设创新型国家、实现全面建设小康社会奋斗目标提供人才支持

2008 年 12 月 25 日和 28 日，中央人才工作协调小组在北京召开"海外高层次人才引进工作会议"。中共中央政治局委员、中央书记处书记、中央组织部部长李源潮出席会议并指出，要进一步解放思想、创新机制，积极引进海外高层次人才，为建设创新型国家、实现全面建设小康社会奋斗目标提供人才支持。李源潮指出，海外留学人才是国家现代化建设的特需资源；大力引进海外高层次人才，是建立建设创新型国家领军人才队伍的急迫任务，是提升和优化我国人才结构的特殊需要，是参与经济全球化和国际人才竞争的战略举措，也是应对当前国际金融危机、化危为机的积极对策。要围绕国家和地区发展战略，抓紧引进一批能够突破关键技术、发展高新技术产业、带动新兴学科的科技创新创业领军人才。李源潮强调，要进一步解放思想、深化改革、创新机制，探索建立与国际接轨的吸引和利用海外高层次人才模式。要完善准入政策，为海外高层次人才回国或来华工作开辟通畅的渠道；制定优待政策，努力为引进人才提供良好的工作条件生活条件；实行重用政策，充分信任、放手使用，把引进的人才放在重要岗位上，满足他们立业报国的愿望；坚持来去自由，营造宽松、宽容、宽厚的引才用才环境。要积极拓展引才渠道，设立服务窗口。要建立海外高层次人才创新创业基地，为他们提供干事创业的平台。中央组织部副部长李智勇主持会议；教育部、科技部、人力资源和社会保障部、人民银行、国资委等部门负责同志出席会议并发言。全国各省（区、市）组织、人事、教育、科技部门和各副省级城市、国家级高新技术开发区所在城市党委组织部负责同志参加了 25 日的会议。中央国家机关有关部门、部分高等学校、国有重要骨干企业、金融机构、科研机构等部门和单位负责同志参加了 28 日的会议。会议指出，改革开放以来，在党和国家"支持留学，鼓励回国，来去自由"方针指引下，中国先后有 120 多万人出国求学，其中回国工作的已有 30

---

[1] 谭浩：《党中央国务院邀请海外留学回国创新创业专家到北戴河暑期休假》，2008 年 7 月 22 日新华网。

多万人，他们积极投身国家改革和建设，发挥了不可替代的重要作用；随着社会主义现代化建设事业蓬勃发展，越来越多的海外留学人员希望回国创新创业，新一轮海外留学人才回国工作和创业的热潮正在兴起。[①]

31. 李源潮指出：要用国际通行科研机制引进用好海外高层次人才

2008 年 1 月 15 日，中共中央政治局委员、中央书记处书记、中央组织部部长李源潮到"北京生命科学研究所"调研，看望科研人员。中组部、国家发展改革委、科技部、财政部和北京市有关负责人一并参加调研。创办"北京生命科学研究所"是中央创新科研体制机制、吸引海外优秀人才回国工作的重要举措。"生命所"创办 5 年来，已建立 23 个实验室，取得 7 项专利，在国际生命科学领域权威杂志《自然》《科学》《细胞》上发表 9 篇论文，不少科研成果填补了国际空白。李源潮参观了实验室，与科研人员进行交谈，召开了座谈会听取有关部门负责人员的介绍。李源潮在北京生命科学研究所调研时指出，推动科学发展、建设创新型国家，为海外人才回国创新创业提供了广阔发展空间。要认真落实引进海外高层次人才的"千人计划"，创新有利于引进和用好海外人才的体制机制，为他们施展才华提供机会和舞台。李源潮说，"生命所"创办以来，用全球视野、国际化方法招聘尖端人才，建立符合国际惯例、具有中国特色的科研管理新体制，探索了一条引进海外高层次人才、推动科技自主创新的新路。这充分说明把中国特色社会主义制度优势与国际先进科研管理经验相结合，探索建立新的引才模式和科研体制的改革方向是完全正确的。李源潮指出，科学发展要靠科技，科技发展要靠人才，人才发挥作用要靠充满活力和效率的体制机制。引进海外高层次人才，是国家现代化建设的需要，也是海外人才寻求发展机遇、实现理想抱负的需要。要把这两种需要结合起来，以更宽的眼界、更宽的思路、更宽的胸襟吸引海外人才，把对外开放提升到新水平、新层次。要遵循科研规律，借鉴国际经验，实行国际通行的科学研究和科技开发、科技创业机制，使留学回国人才不仅能够继续像在海外一样发挥聪明才智，而且能够干得更好。李源潮希望，"生命所"要按照出人才、出机制、出成果的要求，制定好整体发展规划，进一步创新体制机制，大力吸引和凝聚国际尖端人才，更多地关注国家发展的需求，不仅在生命科学基础研究领域多出原创性成果，而且向科技研发、科研成果转化方面延伸，努力建设成为国际一流的科研机构，为引进海外高层次人才、建设创新型国家作出特殊贡献。有关部门要继续关心、支持生命所的发展，帮助科研人员解决工作、生活中的困难。[②]

32. 李源潮指出：要抓紧推进"千人计划"，加快引进海外高层次人才

2009 年 4 月 6 日，上海召开吸引海外高层次人才工作座谈会。中共中央政治局委员、书记处书记、中组部部长李源潮主持座谈会并指出，人才资源是科学发展的第一资源，要抓紧推进"千人计划"，加快引进海外高层次人才，为应对国际金融危机、推动科学发展提供人才保证。李源潮指出，高层次人才是实现科学发展、建设创新型国家的关键资源和

---

① 谭浩、李亚杰：《李源潮：解放思想创新机制积极引进海外高层次人才》，2008 年 12 月 29 日新华网。
② 《李源潮在北京生命科学研究所调研时指出用国际通行科研机制引进用好海外高层次人才》，《光明日报》2009 年 1 月 16 日。

紧缺资源。推进吸引海外高层次人才'千人计划'，力度要加大、速度要加快、范围要放宽。要有计划、有目的地引进国民经济主战场急需的人才，国家重点产业科技研发领军人才，建设创新型国家重点领域的创新团队，符合科学发展方向、有切实创业计划的创业人才，以及各类高层次管理人才。李源潮指出，要进一步解放思想，以更宽的眼界、更宽的思路和更宽的胸襟做好海外高层次人才引进工作。要以创新精神完善政策，创造更加有利于海外高层次人才回国创新创业的环境。要以心引心，激发海外高层次人才的爱国心、事业心。要加快海外高层次人才创新创业基地的建设，为他们提供干事创业的平台。①

33. 李源潮指出：要把引进海外高层次人才作为提升企业核心竞争力的紧迫战略任务来抓

2009年6月5日，中央企业引进海外高层次人才工作会议在北京召开。中共中央政治局委员、中央书记处书记、中组部部长李源潮指出，中央企业要进一步解放思想、抢抓机遇，把实施"千人计划"、引进海外高层次人才，作为提升企业核心竞争力的紧迫战略任务来抓，努力为企业发展、国家富强广揽天下英才。李源潮指出，人才是科学发展的第一资源，是增强企业核心竞争力的第一要素。千方百计吸引优秀人才，是著名跨国公司国际竞争的主要战略之一。面对国际金融危机带来的严峻挑战，中央企业要增强竞争力、提高科学发展水平，必须把企业的发展加快转到依靠科技创新、管理创新上来，以时不我待、求才若渴的精神，大力引进企业当前发展急需和未来发展必需的海外高层次人才。李源潮指出，加快建设创新型国家，就要优先壮大企业高层次创新创业人才队伍。中央企业基础条件好、实力强、舞台大，要充分发挥优势，做引进海外高层次人才的主力军。要紧紧围绕企业发展战略，着眼参与全球竞争，引进能够带来核心技术、帮助企业实现转型升级的关键人才，引进具有先进管理理念、能够组织大规模科技攻关和进行集成创新的科研管理人才，引进具有国际视野、国际经验、世界一流的领军人才。李源潮指出，引才是为了用才。要坚持以用为本，创新人才政策和科研机制，建设与国际接轨的中央企业人才基地，创造有利于人才充分发挥作用的条件和环境。人才基地要实行与国际接轨的科研、管理机制、以市场为导向，坚持走产学研相结合的路子。要与高校、科研机构等密切合作，实现优势互补、资源共享，充分发挥企业在技术创新体系中的主体作用。②

34. 李源潮指出：要抓紧实施"千人计划"，加快引进海外高层次人才

2009年6月6日，中共中央政治局委员、中央书记处书记、中组部部长李源潮在北京市调研引进海外高层次人才工作。李源潮指出，要进一步解放思想、抢抓机遇，放开眼界、放开思路、放开胸襟，加快推进"千人计划"，为实施人才强国战略、建设创新型国家引进更多更好的海外高层次人才。李源潮深入北京市留学归国人员创办的企业了解情况，并召开座谈会，听取北京市和回国海外高层次人才代表的意见。他充分肯定北京市引进海外高层次人才工作取得的成绩。他说，人才是一种战略性资源，引进人才是战略投

① 《李源潮在沪主持召开吸引海外高层次人才工作座谈会》，2009年4月8日新华网。
② 《李源潮在中央企业引进海外高层次人才工作会议上指出，要把引进海外高层次人才作为提升企业核心竞争力的紧迫战略任务来抓》，《光明日报》2009年6月6日。

资。要树立战略眼光，增强风险投资意识，抓住当前有利时机，加紧实施"千人计划"，更多更快地引进海外高层次人才。李源潮指出，要加大政策创新和落实力度，注意借鉴国际经验，解决引才用才中遇到的新问题，使海外高层次人才引得进、用得好、留得住。要集中资源、优化政策，加快推进海外高层次人才创新创业基地建设，积极探索建立与国际接轨的科研、管理和创业机制，创造有利于人才充分施展才华的工作环境。要探索建立特聘专家制度，形成高层次人才的新型使用和激励制度。要充分调动用人单位等各方面的引才积极性，为引进人才创造更好的创新创业范围。要加强与海外高层次人才的情感沟通，尊重他们的爱国心、事业心和自尊心，切实做到引才引心。中共中央政治局委员、北京市委书记刘淇参加调研座谈会并指出，要牢固树立人才资源是第一资源的观念，紧紧抓住培养、吸引、使用三个关键环节，不断加强人才资源能力建设，深化人才工作体制改革，优化人才资源配置，充分发挥人才在经济社会发展中的基础性、战略性、决定性作用。要按照中央实施"千人计划"要求，紧紧抓住国际高端人才加速流动的难得机遇，加快实施北京海外人才聚集工程，进一步加大吸引人才工作力度，拓宽工作思路，加强政策引导，健全体制机制，做好服务保障，积极营造尊重、关心、支持人才的环境，吸引更多的海外高层次人才为推动首都经济社会发展贡献力量。①

35. 李源潮指出：让回国创新创业的海外人才发展得更好

2009 年 7 月 6 日，北京生命科学研究所理事会为王晓东博士发放第二任所长聘书。中共中央政治局委员、中央书记处书记、中组部部长、中央人才工作协调小组组长李源潮会见王晓东博士时指出，要加快实施引进海外高层次人才"千人计划"，为回国创新创业的海外留学人员提供更好的环境，努力让他们发展得更好。北京生命科学研究所由科技部、北京市等有关部门共同组建。王晓东博士是改革开放后出国留学人员中第一位当选美国科学院院士的科学家，2004 年曾受聘担任北京生命科学研究所第一任所长，最近通过引进海外高层次人才"千人计划"全时回国工作。李源潮对王晓东博士报效祖国的赤子情怀给予充分肯定。他说，建设创新型国家，实现现代化目标，核心在科技，关键在人才。我国现已成为世界上创新创业热情高涨的地方，这为各类人才施展才华提供了难得机遇和广阔舞台。我们要加快实施"千人计划"，吸引更多的海外高层次人才回国工作。各有关部门要当好"后勤部长"，为回国留学人员发挥聪明才智、实现事业发展和报效祖国的抱负，创造更好的环境和条件。李源潮听取了王晓东博士对发展北京生命科学研究所的工作设想。他希望北京生命科学研究所通过二期建设，进一步探索科技人员更加自由、更加宽松，更能聚精会神搞科学研究的体制机制，为深化我国科研体制改革积累经验。更多地引进海外人才、培养人才，成为储备高层次科研人才的重要平台。适应国家经济社会发展的迫切需要，在搞好基础理论研究的同时，积极探索科技成果转化机制，在基础研究、应用研究两方面都不断取得丰硕成果。②

---

① 《李源潮在北京市调研引进海外高层次人才工作时指出，要抓紧实施"千人计划"，加快引进海外高层次人才》，《人民日报》2009 年 6 月 7 日。

② 《李源潮会见美国科学院院士王晓东时指出，让回国创新创业的海外人才发展得更好》，《人民日报》2009 年 7 月 8 日。

36. 李源潮指出：更好实施人才强国战略，为建设创新型国家提供有力人才支撑

2009 年 7 月 17 日，中国科学院党组组织集体学习，中共中央政治局委员、中央书记处书记、中组部部长李源潮到会作更好实施人才强国战略专题报告。李源潮指出，创新型科技人才是科学发展第一资源，实施人才强国战略、建设创新型国家，必须加快建设一支宏大的创新型科技人才队伍。李源潮指出，人才是一种可持续开发的资源，也是一种越用越多的资源。我国人力资源丰富，人才优势是科学发展最需培育、最可依靠的优势。要树立人才优先发展的理念，确立人才在国家和地区经济社会发展中优先发展的战略布局，努力做到人才资源优先开发、人才结构优先调整、人才资本优先积累、人才制度优先创新，以人才优先发展推动经济社会又好又快发展。李源潮指出，创新型科技人才是新知识的创造者、新技术的发明者、新学科的创建者、新产业的开拓者。要把培养造就创新型科技人才作为人才队伍建设的重点来抓，创新人才培养模式，健全有利于科技人才创新创业的评价、使用、激励机制，加强产学研结合，大力弘扬创新文化，努力造就世界一流的科学家、科技领军人才和高水平创新团队，建设宏大的创新型科技人才队伍。要进一步解放思想，开阔眼界、开阔思路、开阔胸襟，大力引进海外高层次创新型科技人才。李源潮指出，人才只有使用才能创造价值。科学发展以人为本，人才发展以用为本。要把以用为本贯穿于人才培养、引进和使用各个环节，以用好用活人才为核心推进人才工作体制机制创新和人才发展政策创新，着力解决当前人才工作中存在的人才"不够用"、"不适用"、"不被用"等问题，努力使各类人才各得其所、用当其时、各展所长。①

37. 李源潮指出：要为海外留学回国人才创造更有活力更能聚精会神创业机制

2009 年 7 月 17 日，中共中央政治局委员、中央书记处书记、中组部部长李源潮会见北京低碳清洁能源研究所学术技术委员会顾问和首批通过"千人计划"引进的海外专家，并与他们座谈。李源潮指出，要充分发挥国有重要骨干企业的优势，积极引进海外高层次人才，为他们创造更有活力、更能聚精会神进行科技研发的体制机制，努力形成一流的研发团队，创造一流的研发成果，促进企业真正成为技术创新的主体，在建设创新型国家中发挥主力军作用。李源潮指出，北京低碳清洁能源研究所这种由企业主办、企校共建的办所模式，是科研体制改革的一个创新，体现了企业要成为我国技术创新主体的要求。企业要有一流的研发机构，出一流的科技成果，就要引进和集聚一流的科技人才和科研团队。实施"千人计划"，为希望回国（来华）创新创业的海外高层次人才实现报国理想和人生抱负创造了机遇和平台，也为企业引进高层次人才提供了有力支持。国有骨干企业要积极创新体制机制，为引进人才充分施展才能提供良好的工作条件，最大限度地激发科技人员的创新活力和创造潜能。②

---

① 《李源潮在中国科学院作人才工作报告时指出，更好实施人才强国战略，为建设创新型国家提供有力人才支撑》，2009 年 7 月 17 日新华网。

② 《李源潮指出，要为海外留学回国人才创造更有活力更能聚精会神创业机制》，《人民日报》2009 年 7 月 19 日。

38. 李源潮指出：抓住机遇加大力度引进海外高层次人才

2009年7月22日，中组部和科技部召开依托国家科技重大专项引进海外高层次人才工作会议。中共中央政治局委员、中央书记处书记、中组部部长李源潮指出，要抓住当前有利时机，加大力度、加快进度、加紧实施引进海外高层次人才"千人计划"，为国家科技重大专项提供人才支持，推动我国科学技术和生产力跨越发展。李源潮指出，实施国家科技重大专项，加快建设创新型国家，关键靠人才尤其是高层次科技创新创业人才。关起门来搞建设不行，关起门来搞创新更不行。我们要充分认识科学技术是第一生产力、人才是第一资源、是科学发展的第一要素，把引进海外高层次人才摆上突出位置，围绕国家科技重大专项等国家重点创新项目，以求贤若渴、只争朝夕的精神，抢抓机遇，更好更快地引进海外高层次人才。李源潮指出，海外高层次人才最看重的是事业发展空间，要坚持以用为本，充分发挥重大专项对海外高层次人才的吸引力，围绕专项引进人才、依托专项用好人才。要进一步解放思想，开阔眼界、开阔思路、开阔胸襟，拿出重大专项中的重要项目和岗位面向全球招聘人才，尤其是一流科研团队。对引进的人才要充分信任、放手使用，最大限度发挥他们的作用。要落实好"特聘专家"制度，加快建设海外高层次人才创新创业基地，建立健全重大专项人才引进、项目实施、基地建设有机结合的新机制，形成对引进高层次人才的一种特殊使用和激励制度。重大专项的组织实施，涉及部门多、层次多，要加强统筹协调，形成引进海外人才工作合力。①

39. 李源潮：要进一步放开视野、广揽人才；韩启德：积极营造留学报国、回国工作、创业、发展的良好环境；杜青林：海外留学人员是国家现代化建设的特需资源，是祖国的宝贵财富

2009年8月17日，欧美同学会·中国留学人员联谊会海外留学人员座谈会在北京召开。来自美、英、法等10多个国家和地区的海外留学人员与国内部分省区市留学人员团体负责人，中组部、中央统战部、教育部、科技部、中科院、中国工程院负责人约110人参加会议。中组部副部长李智勇向与会人员作关于"国家人才引进计划"进展情况的报告。座谈会气氛热烈，海外留学人员代表踊跃发言、建言献策。他们说，"千人计划"在海外留学人员中产生了积极反响。希望国家和有关部门把好政策制度化、常态化，不拘一格揽人才，不仅引进高水平专家学者、高层次管理人才，而且引进高层次创新创业团队；建立健全人才市场，促进人才合理流动，形成竞争择优的人才使用机制；重视非公有制经济组织引才工作，注意发挥外资企业中回国留学人员的作用；鼓励干中学，在实践中培养人才；鼓励海外留学人员以多种方式为国服务。中共中央政治局委员、中央书记处书记、中组部部长李源潮参加座谈会并听取他们对人才工作的意见。李源潮说，希望更多海外留学人员响应祖国召唤，抓住国家建设快速发展的机遇，回国创新创业创优，实现报国之志和人生理想。李源潮指出，海外留学人员是我国现代化建设的特需资源。要进一步放开视野、广揽人才。对回国创新创业的海外留学人员特别是高层次人才，要一视同仁、充分信

---

① 《李源潮在中组部和科技部召开引进海外高层次人才工作会议上指出，抓住机遇加大力度引进海外高层次人才》，《人民日报》2009年7月23日。

任、放手使用、有所优待。要进一步完善政策和配套措施，妥善解决引进人才在工作和生活中遇到的困难。引才关键是引心。要加强情感沟通，为海外留学人员成就事业、报效国家、实现理想搭建舞台。希望欧美同学会 o 中国留学人员联谊会加强对"千人计划"的介绍，广泛联络、积极引荐海外留学人员，更好地发挥桥梁和纽带作用。全国人大常委会副委员长、欧美同学会·中国留学人员联谊会会长韩启德在致辞中说，新世纪新阶段，欧美同学会·中国留学人员联谊会将和海内外留学人员组织一道，高举留学报国的爱国主义旗帜，大力弘扬留学报国的光荣传统，广泛团结和凝聚广大留学人员，宣传党和政府关于留学人员的方针政策，关心留学人员的工作、学习和生活，维护留学人员的合法权益，为留学人员回国工作牵线搭桥，积极营造留学报国、回国工作、创业、发展的良好环境。全国政协副主席、中共中央统战部部长杜青林在讲话中指出，海外留学人员是国家现代化建设的特需资源，是祖国的宝贵财富。希望广大留学人员把握机遇，进一步增强回国服务、报效祖国的使命感、责任感和紧迫感，继承优良传统，做甘于奉献的爱国者；深入了解国情，做埋头实干的创业者；勇于开拓进取，做自主创新的实践者；加强国际交流，做人类优秀文明成果的传播者。[①]

第二节　鼓励在外留学人员回国工作或为国服务政策的变革与完善

　　1993 年以后，根据国家经济与社会发展的需要以及中国政府最高层的上述决策，国内有关政府职能部门先后制定了一系列旨在吸引在外留学人员回国服务或为国服务的政策措施，针对鼓励在外留学人员回国工作与服务的相关事务，陆续研究、制定并出台了大量政策性文件，从而形成了一个比较庞大的、涉及留学回国事物的政策体系。本书作者曾于 2002—2003 年期间，受命收集、整理和编辑了国内第一本《留学回国工作（政策）文件汇编 1986—2003》，并分别于 2002 年 11 月 9 日和 2003 年 4 月 10 日两次以教育部国际司的名义印刷成书后在教育系统内发送，用于留学事务管理单位、管理者以及研究者参照使用。《留学回国工作（政策）文件汇编 1986—2003 年》汇集了全国 180 多篇针对留学人员回国工作、为国服务方面的政策性文件，约 70 余万字。计有"国务院以及部委综合类文件" 8 篇；"地方政府综合类文件" 90 篇；"留学人员创业园类文件" 34 篇；"涉及留学人员子女入学类文件" 7 篇；"有关个人物质待遇以及科研费资助类文件类" 28 篇，其中包括出入境便利、短期回国为国服务、中长期奖励计划、提供科研经费资助；"留学人员证明以及海关监管类文件" 14 篇。

　　就是上述这样一本以官方名义组编的《留学回国工作（政策）文件汇编 1986—2003》也未能收齐所有的相关文件，收录量约占当时文件实际出台量的 70%；有些文件因各种各

---

① 潘跃：《欧美同学会·中国留学人员联谊会海外留学人员座谈会在京召开》，《人民日报》2009 年 8 月 18 日第 4 版；谭浩：《李源潮：希望更多海外留学人员回国创新创业》，2009 年 8 月 18 日新华网。

446

样的原因未能收录其中，包括某些纯属个人行为的不正常因素或非正当因素。而2003—2008年期间又有很多新的文件先后出台，大大充实和丰富了上述《文件汇编》已有的政策体系和相关内容。

本节将按照文件出台的时间先后、大致分类和繁简结合的原则，比较宏观地介绍1993—2008年期间中国政府及相关职能部门制定和出台的"鼓励在外留学人员回国工作与服务"的政策性文件。对先后印发、但确有关联的政策群组，尽可能一并介绍。由于本书篇幅的限制与立意的设计，对一般的地方性政策文件就不予介绍了。其实多数地方性政策文件也都是国家和各部委文件的延伸、扩展与具体化。另外在本书有关章节内专门详细介绍的政策体系和政策群组，也不再过多地描述，而是尽可能简述，如留美人员的豁免回国服务政策、留学人员创业园政策、长江学者奖励计划政策等，在本节内将一笔带过。

一、综合类政策性文件

●1993年1月19日，司法部以"司发通〔1993〕011号文"印发了《关于鼓励留学归国人员从事律师工作的通知》，指出根据国务院办公厅《关于在外留学人员有关问题的通知》（国办发（1992）44号）的精神，为进一步贯彻本部《关于律师工作进一步改革的意见》，尽快解决国内律师队伍中专业法律人才和外语人才缺乏的问题，决定对归国留学人员从事专职律师工作采取特别优惠的待遇。①

●1993年10月8日，为了贯彻"国办发〔1992〕44号文件"的精神，为了解决留学回国人员联系工作中具体手续方面存在的问题，简化手续、规范程序、提高效率，国家教委留学服务中心"教留服〔1993〕105号文"印发了《留学人员回国工作和办理有关派遣手续的实施办法》。全文共14条分为三个部分：1. 有关留学人员回国工作的服务范围；2. 协助留学人员联系落实国内工作单位的基本程序；3. 留学回国人员办理有关派遣手续的具体办法。②

●1993年11月14日，中国共产党第十四届三中全会通过了《关于建立社会主义市场经济体制若干问题的决定》，首次以中共中央文件的形式确立了"支持留学、鼓励回国、来去自由"的出国留学工作方针。③

●1994年7月由国家人事部提出，1995年底，由人事部、科技部、教育部、财政部、原国家计委、中国科协、国家自然科学基金委等七部委联合发文，决定实施培养造就年轻学术技术带头人的专项计划——"百千万人才工程"。根据中共中央办公厅、国务院办公厅以"中办发〔2001〕14号"文印发的《关于加强专业技术人才队伍建设的若干意见》，为继续做好年轻一代学术技术带头人培养工作，为深入实施人才战略，加速培养造就年轻一代学术技术带头人，人事部、科技部、教育部、财政部、国家发展计划委员会、国家自

---

① 法律教育网。
② 嘉华世达留学网。
③ 详见本章第一节。

然科学基金委员会、中国科学技术协会于 2002 年 5 月 23 日以"人发［2002］55 号"文联合制定并印发了《新世纪百千万人才工程实施方案》，决定在 2002—2010 年期间实施"新世纪百千万人才工程"。其后，人事部又以"人发［2002］101 号文"印发了《关于做好"新世纪百千万人才工程"国家级人选推荐工作的通知》，就"新世纪百千万人才工程"国家级人选的推荐事项进行了部署。①

●1996 年 6 月 13 日，文化部以"文人发［1996］58 号通知"印发了《文化部优秀海外留学归国人才专项专业技术职务岗位限额管理办法》，其中规定，文化部在国家下达的高级专业技术职务职数内，按一定比例设置专项专业技术职务岗位限额，用以优秀海外留学归国人才聘任高级专业技术职务。②

●1996 年 8 月 21 日，人事部以"人发［1996］75 号文"印发了《"九五"期间人事系统留学人员工作规划》，《规划》在肯定了成就后指出，人事系统留学人员工作在全国开展得还不平衡，有的地方和部门还比较薄弱；留学人才资源还没有得到充分开发和利用，特别是吸引在外优秀留学人才回国工作或为国服务方面还缺乏有效措施；留学人员管理机构和管理手段有待完善和提高等；留学人员工作面临的任务还十分艰巨。并据此提出"九五"期间的主要目标是：初步建立起一套与社会主义市场经济体制相适应的科学的留学人员工作制度；培养造就一批掌握国际先进科学技术，适合我国经济建设和社会发展需要的各类留学人才；建设一支具有高度责任感和事业心，有较高业务能力和工作能力的留学人员工作队伍。积极创造条件，鼓励和吸引留学人员以多种方式为国服务。提出"九五"期间的具体任务是：建立完善留学人员工作制度和配套的政策法规；培养造就跨世纪留学人才队伍；建立留学人才智力信息市场；支持建立和发展高科技留学人员创业园区；支持建立多渠道集资的留学人员科技活动基金；支持引导留学人员联谊会及学术组织开展活动。③

●1998 年 7 月 3 日，人事部办公厅以"人办发［1998］44 号"印发了《关于印发〈留学回国人员工作站联谊会纪要〉的通知》。《通知》指出，留学人员是中国人才资源的重要组成部分；合理使用、充分开发这部分人才资源、研究拟定政策、采取积极措施、创造条件吸引留学人员回国工作或以适当方式为祖国服务，是各级人事部门一项义不容辞的职责；国务院领导曾于此前指示，人事部要牵头做好这项工作；各地要结合实际，积极探索，促进留学人员工作再上新台阶。④

●2000 年 6 月 8 日，人事部以"人发［2000］63 号文"印发了《关于鼓励海外高层次留学人才回国的意见》，对高层次留学人才回国在任职条件、工资津贴水平、科研经费资助以及住房、保险、探亲、家属就业、子女入学等方面，提出了比较原则性的一些意见，较过去有大的突破。其中较为引人注目的是对于留学人员回国工作影响较大的子女入

---

① 百度百科网、北京人事人才信息网。
② 海外人才网。
③ 智联招聘网。
④ 详见本章第五节第二小节。

学问题提出了相应的政策性意见：留学人员子女在国内上初中、小学的，由工作单位所在地的教育行政部门就近安排到条件较好的学校或"双语学校"、"双语班级"，报考高中、大学的，可酌情给予适当照顾。①

●2000 年 12 月 31 日，中共中央以"中发〔2000〕19 号文"印发了《关于加强统一战线工作的决定》，其中将出国和归国留学人员明确为新世纪新阶段的统战工作对象；其后中央统战部加强了对欧美同学会的指导，成立了欧美同学会·中国留学人员联谊会党组。②

●2001 年 5 月 14 日，人事部、教育部、科技部、公安部和财政部在汇总原有政策的基础上，以"人发〔2001〕49 号文"联合印发了《关于鼓励海外留学人员以多种形式为国服务的若干意见》，站在中央政府的角度把业已发布的有关吸引留学人才的政策进行了集中地表述，强调"在鼓励海外留学人员回国工作的同时，吸引他们以多种形式为国服务"。这是中国在鼓励留学人员为国服务方面出台的第一个比较全面、系统的宏观指导性文件，对海外留学人员为国服务的形式和国家提供的保障政策进行了综合性归纳；政策管理者认为该《意见》标志着吸引海外留学人员为国服务活动进入了一个空间和领域更为宽阔的新阶段。同年 8 月 1 日，《中国人事报》刊发了《关于鼓励海外高层次留学人才回国工作的意见》的全部内容。③

●2002 年 5 月 7 日，为加强人才队伍建设，做好中国加入世界贸易组织后的各项应对工作，中共中央办公厅和国务院办公厅发出《通知》并印发了《2002—2005 年全国人才队伍建设规划纲要》。《通知》指出，这是中国第一个综合性的人才队伍建设规划，是大力实施人才强国战略的指导性文件，对于实现"十五"计划确定的目标具有十分重要的意义。各地区、各部门要从战略和全局的高度，深刻认识人才在经济和社会发展中的基础性、战略性、决定性作用，深刻认识实施"人才强国"战略，做好人才工作的极端重要性和紧迫性，把人才队伍建设工作摆上重要日程，切实加强领导；要按照《纲要》的要求，结合本地区、本部门实际，研究制定具体政策措施，把这项工作切实抓紧抓好，抓出成效。《纲要》中设专门一节论述了"海外和留学人才的吸引与使用"，其中除重申了已有的工作内容和有关政策原则之外，特别强调要"按照充分信任、放手使用的原则，抓紧研究制定选拔优秀留学回国人员担任领导职务的具体办法"。④

●2003 年 2 月 27 日，国务院办公厅以"国办发〔2003〕11 号文"转发了人事部等 12 个部委于 2 月 19 日联合制订的《留学人员回国服务工作部际联席会议制度》。规定联席会议由人事部、教育部、科技部、财政部、外交部、公安部、国家计委、国家经贸委、外经贸部、中国人民银行、中国科学院、国家外国专家局共 12 个部门组成成员单位。该《制度》中规定了联席会议的职责、成员单位、工作规则和工作要求。联席

---

① 塞迪网。
② 《全国留学人员团体工作研讨会议在福建召开》，湖北省知识分子联谊会网站；《中国共产党大事记·2000 年》，人民网；新疆留学人员联谊会网站。
③ 沈讯，《神州学人》2002 年第 3 期第 45 页。
④ 新华社北京 2002 年 6 月 11 日电。

会议原则上每半年召开一次例会，也可根据需要临时召集会议。这一联席会议制度的建立，主要是为了在加入世界贸易组织的新形势下，进一步加强各有关部门的协调配合，提高效率，更好地开展吸引海外留学人员回国的服务工作。2003 年 12 月 1 日，经国务院批准，国务院侨办也成为该联席会议组成成员单位，中国侨联则为列席该联席会议的成员单位。①

●2003 年 12 月 26 日，中共中央、国务院以"中发〔2003〕16 号文"印发了《关于进一步加强人才工作的决定》，并于其后公开发表。《决定》第 14 条专门设置了"加大吸引留学和海外高层次人才工作力度"一节。②

●2004 年，根据中共中央 2000 年 12 月 31 日制定并印发的《关于加强统一战线工作的决定》中的原则精神，中央统战部印发了《关于做好留学人员统战工作的意见》，明确要求各地根据工作需要建立留学人员组织，并对加强留学人员组织建设提出了具体要求，为推进留学人员组织建设提供了重要依据。③

●2005 年 3 月 22 日，人事部、教育部、科技部和财政部以"国人部发〔2005〕25 号文的通知"联合印发了四部委会同全国留学人员回国服务工作部际联席会议成员单位共同制定的《关于在留学人才引进工作中界定海外高层次留学人才的指导意见》。该《指导意见》是为贯彻落实党中央、国务院"支持留学、鼓励回国、来去自由"的方针和"拓宽留学渠道、吸引人才回国、支持创新创业、鼓励为国服务"的要求，进一步做好留学人员回国服务工作，提高留学人才引进工作的针对性、实效性；是为了进一步落实 2000 年 6 月 8 日人事部印发的《关于鼓励海外高层次留学人才回国的意见（人发〔2000〕63 号）》，提高留学人才引进工作的针对性和实效性而提出的。《指导意见》指出，做好海外高层次留学人才的界定工作，政策性强，影响面大，在留学人才引进工作中具有重要意义；因此需要认真掌握原则，严格把握条件，突出引进重点，因地制宜并主动积极地吸引海外高层次留学人才回国工作或为国服务。《指导意见》规定了"海外高层次留学人才"的一般范围，以及界定"海外高层次留学人才"的五个原则和八项条件。1. 人员范围：出国留学人员学成后，在海外从事科研、教学、工程技术、金融、管理等工作并取得显著成绩。2. 界定原则：坚持以科学人才观为指导；坚持德才兼备原则；尊重人才成长规律，把人才的学识、业绩和贡献与其发展潜能相结合；通过实践检验人才，注重业内认可；坚持尊重人才的多样性、层次性和相对性。3. 基本要求：热爱祖国，愿意为祖国发展和现代化建设贡献力量；具有良好的专业素养，具备较强的创新意识和创新精神；在本行业或本领域有所作为、有所建树。4. 界定条件：（1）在国际学术技术界享有一定声望，是某一领域的开拓人、奠基人或对某一领域的发展有过重大贡献的著名科学家；（2）在国外著名高校、科研院所担任相当于副教授、副研究员及以上职务的专家、学者；（3）在世界五百强企业中担任高级管理职务的经营管理专家，或在著名跨国公司、金融机构担任高级技术职务，

---

① 参见人事部网站。
② 详见本章第一节。
③ 《全国留学人员团体工作研讨会议在福建召开》，湖北省知识分子联谊会网站。

在知名律师（会计、审计）事务所担任高级技术职务，熟悉相关领域业务和国际规则，有较丰富实践经验的管理人员或技术人员；（4）在国外政府机构、政府间国际组织、著名非政府机构中担任中高层管理职务的专家、学者；（5）学术造诣高深，对某一专业或领域的发展有过重大贡献，在国家著名的学术刊物发表过有影响的学术论文，或获过有国际影响的学术奖励，其成果处于本行业或本领域学术前沿，为业内普遍认可的专家、学者；（6）主持过国际大型科研或工程项目，有较丰富的科研、工程技术经验的专家、学者、技术人员；（7）拥有重大技术发明、专利等自主知识产权或专有技术的专业技术人员；（8）具有特殊专长并为国内急需的特殊人才。①

●2006 年 11 月 15 日，国家人事部以"国人部发〔2006〕123 号文"印发了《留学人员回国工作"十一五"规划》，提出了要在 5 年内"使留学回国人员新增数达到 15—20 万，争取吸引留学人员回国服务 20 万人次"的目标，以应对中国人才、特别是高端人才严重不足的局面。同时向全国的人事管理部门提出了"拓宽留学渠道、吸引人才回国、支持创新创业、鼓励为国服务"的工作要求。②

●2007 年 2 月 15 日，人事部、教育部、科技部、财政部、外交部、国家发改委、公安部、商务部、人民银行、国资委、国务院侨办、中科院、国家外专局、海关总署、税务总局、工商总局等 16 个部委以"国人部发〔2007〕26 号文"联合印发了《关于建立海外高层次留学人才回国工作绿色通道的意见》，提出要把吸引海外高层次留学人才作为开展留学人员回国服务事务的重中之重。该《意见》的部分内容是对原有政策进一步明确和重申，如对高层次留学人才回国工作在出入境、居留以及配偶就业和子女就学方面提供便利和适当照顾的规定；另一部分内容，在涉及高层次留学人才回国工作的报酬、申报项目、职称和职业资格等方面，对原有规定又有所调整和突破，如明确提出"海外高层次留学人才回国工作不受用人单位编制、增人指标、工资总额和出国前户籍所在地限制"。以上综合表述为，回国工作的高层次留学人才经批准可以不受编制数额、增人指标、工资总额和原户籍地的限制；其在工作报酬、申报项目、科研资助、职称评定、专利保护、配偶就业、子女入学、以及出入境和居留等方面将享受多种优惠政策和一系列便利条件。③

●2007 年 3 月 2 日，在上述文件印发后不到 1 个月，教育部也以"教外留〔2007〕8 号文"单独印发了一份基本适用于本系统的《关于进一步加强引进海外优秀留学人才工作的若干意见》。其中提出，要"建立海外留学人才回国工作的快速通道"；要进一步完善服务职能，强化服务意识，提高服务效率。与上述"26 号文件"进行简单比较的话，不难发现两个文件在各自的文字表达上各具特色、各有千秋：前者是"意见"，后者是"若干意见"；前者称文件的主体为"海外高层次留学人才"，后者叫"海外优秀留学人才"；前者说要"建立绿色通道"，后者讲应"建立快速通道"。④

---

① 2008 年 2 月 25 日交通部网站。

② 2007 年 1 月 8 日中国网。

③ 2007 年 3 月 29 日中央政府门户网站。

④ 国家发改委网站。

●2008 年 2 月 5 日，中共中央组织部办公厅以"中组发［2008］4 号文"发布了《关于印发〈中央人才工作协调小组 2008 年工作要点〉的通知》。这份于 2 月 14 日印发的《中央人才工作协调小组 2008 年工作要点》的主要内容有：（1）研究制定《全国人才队伍建设中长期规划纲要（2008—2020 年）》；（2）筹备召开第二次全国人才工作会议；（3）贯彻落实《国家中长期科学和技术发展规划纲要（2006—2020 年）》，组织实施国家高层次科技创新人才培养工程，在关系国家竞争力和安全的若干战略科技领域，面向海内外选拔一批优秀中青年科技人才，重点支持，大胆使用，努力培养和造就战略科学家和科技领军人才；（4）继续实施"新世纪百千万人才工程"、"长江学者奖励计划"、"百人计划"、"中国青年科技奖"等高层次人才培养项目；（5）加强吸引凝聚海外高层次人才和创新团队工作，完善关于引进海外人才和智力的政策措施，实施吸收凝聚海外高层次科技人才专项工程，年内引进 1—2 名战略科学家、几十名科技领军人才和数百名高层次紧缺人才；（6）制定《外国专家来华工作条例》；（7）继续实施"海外留学人员归国创业工程"、"创新团队合作伙伴计划"和"海外智力为国服务计划"；（7）加强国防科技高层次人才队伍建设，继续落实《关于加强国防科技高层次人才队伍建设有关问题的意见》，进一步完善配套政策措施，加强国防科技领军人才和创新团队建设工作，组织实施国防科技紧缺人才建设计划，培养和吸引紧缺人才和特需人才。①

●2008 年 7 月 1 日，修订后的《中华人民共和国科学技术进步法》正式施行。这部法律的实施，以法律形式明确了新时期国家发展科学技术的目标、方针和战略，强化了激励自主创新的措施，为新时期科技事业发展和全社会科技进步奠定了重要的法治基石，为中国推进全社会科技进步提供了坚实的法律保障和制度基础。其中新增加并涉及鼓励留学人才回国的主要内容有：（1）宽容失败——修订后的《科技进步法》既强调科研诚信建设，又倡导宽容失败，从科技活动的规范和保护两个方面为科技人员的自主创新创造良好的制度环境。（2）防止学术不端——针对学术浮躁等现象，新修订的《科技进步法》明确从建立诚信档案、对科研不端行为予以查处两个方面，对参与国家科技计划和基金项目的科技人员的诚信状况进行监督；同时还进一步规定了违反诚信的法律责任。（3）优厚待遇吸引海外人才——留学人才是中国人才资源的重要组成部分，新修订的《科技进步法》进一步以法律的形式确立了国家鼓励在海外工作的科学技术人员回国从事科学研究工作的政策，指出"利用财政性资金设立的科学技术研究开发机构、高等学校聘用在国外工作的杰出科学技术人员回国从事科学技术研究开发工作的，应当为其工作和生活提供方便。"②

●2008 年 12 月 23 日，中共中央办公厅转发了《中央人才工作协调小组关于实施海外高层次人才引进计划的意见》，要求各地区、各部门进一步解放思想，完善体制机制，健全政策措施，以更宽的眼界、更宽的思路和更宽的胸襟做好海外高层次人才引进工作。上

---

① 中国农业人才网。

② 陶世安：《新〈科技进步法〉既宽容失败又防学术不端》，《人民日报海外版》2008 年 7 月 4 日第 15 版；施芳：《新修订的〈科技进步法〉倡导宽容失败鼓励大胆创新》，《人民日报》2008 年 7 月 4 日第 2 版。

述《意见》指出，人才资源是第一资源，在当今科技进步日新月异、经济全球化日趋深入的情况下，站在世界科技前沿和产业高端的海外高层次人才越来越成为我国参与国际竞争、实现经济社会全面协调可持续发展的特需资源；大力引进海外高层次人才，是进一步扩大对外开放、提高国际竞争力的迫切需要，是深入贯彻科学发展观、建设创新型国家、实现全面建设小康社会奋斗目标的重大举措。《意见》提出，要分层次组织实施海外高层次人才引进计划：1. 围绕国家发展战略目标，重点引进一批能够突破关键技术、发展高新产业、带动新兴学科的战略科学家和科技领军人才；2. 在国家重点创新项目、重点学科和重点实验室、中央企业和国有商业金融机构、以高新技术产业开发区为主的各类园区等，引进并有重点地支持一批海外高层次人才回国（来华）创新创业；3. 在符合条件的中央企业、高等院校和科研机构以及部分国家级高新技术产业开发区，建立一批海外高层次人才创新创业基地，推进产学研紧密结合，探索实行国际通行的科学研究和科技研发、创业机制，集聚一批海外高层次创新创业人才和团队；4. 国家有关部门继续做好做强"长江学者奖励计划"、"百人计划"、"国家杰出青年科学基金"等人才项目，同时，制定实施专项计划，重点引进本行业本领域发展急需和紧缺的海外高层次人才；5. 各省（自治区、直辖市）结合经济社会发展和产业结构调整的需要，研究制定实施本地区海外高层次人才引进计划，有针对性地引进一批海外高层次人才；6. 有条件的地方特别是东部沿海地区和中心城市，要依托经济技术开发区、高新技术产业开发区、留学人员创业园、大学科技园等，推出一批特色项目，吸引海外高层次人才回国（来华）创新创业。《意见》强调，要坚持重在使用，切实为海外高层次人才充分发挥作用提供良好条件；要进一步解放思想，大胆破除不合时宜的条条框框，完善配套政策措施；要充分理解、充分信任、热情关怀、放手使用引进的海外高层次人才，积极营造尊重、关心、支持海外高层次人才的环境和氛围；要努力做到待遇招人、事业留人、情谊感人、服务到人，使他们能够全力以赴地进行创新创业活动，为建设创新型国家贡献智慧、做出成绩。《意见》提出，要切实加强领导，建立健全海外高层次人才引进工作体制机制。各地区各部门要指定专门机构，负责海外高层次人才引进工作。[①]

●2008 年 12 月，中共中央组织部等多个联合部门印发《引进海外高层次人才暂行办法》、《关于为海外高层次人才提供相应工作条件的若干规定》和《关于海外高层次引进人才享受特定生活待遇的若干规定》。[②]

●2009 年 1 月 7 日，中共中央组织部负责人就《中央人才工作协调小组关于实施海外高层次人才引进计划的意见》中的有关问题回答了新华社记者的提问：1. 关于中央这次出台《意见》的考虑和意义——以留学人才为主体的海外人才是我国高层次人才队伍的重要来源，在社会主义现代化建设进程中发挥了积极作用。建国之初，以钱学

① 《中共中央办公厅转发〈意见〉大力引进海外高层次人才以更宽的眼界、更宽的思路和更宽的胸襟做好引进工作》，《人民日报》2009 年 1 月 8 日。

② 《宁夏回族自治区引进海外高层次科技人才创新创业暂行办法》，2009 年 3 月 13 日宁夏新闻网；2009 年 5 月 25 日四川省委省政府多单位印发的《四川省"百人计划"引进人才享受特定生活及工作待遇的若干政策规定（川组通〔2009〕57 号）》，www. sc—overseasinfo. net/News/UploadFiles_ . . .31K2009—6—1。

森、李四光、邓稼先、吴文俊等杰出科学家为代表的海外留学人才回到祖国，为发展新中国的工业、科研、教育和国防建设事业建立了卓越功勋。目前，国家重点项目学科带头人中的72%是"海归"，81%的中科院院士、54%的工程院院士也是"海归"。在全国创办的60多个留学人员创业园中，留学人员创办企业5000多家，年产值逾100亿元。2006年，国家自然科学奖获奖项目的第一完成人中的67%、国家技术发明奖第一完成人中的40%、国家科技进步奖项目第一完成人中的30%是留学回国人员。采取积极措施吸引海外人才是世界主要发达国家和新兴发展中国家壮大本国人才队伍的通行做法，也是在较短时间内突破技术瓶颈，提升科研水平的一条宝贵经验。改革开放以来，我国出国留学人数不断增多。据有关方面统计，我国在主要发达国家约有20多万人学成后留在海外工作，其中45岁以下、具有助理教授或相当职务以上的约6.7万人；就职于国际知名企业、高水平大学和科研机构，具有副教授或相当职务以上的高层次留学人才约1.5万人。这些留学人员虽然长期在海外工作、生活，但其中许多人始终心系祖国，有回国工作和为国服务的愿望。随着改革开放的深入推进，我国各项事业蓬勃发展，为各方面优秀人才提供了前所未有的发展空间和广阔舞台，吸引大批海外高层次人才的时机已经到来。因此，中央提出要统筹资源、完善政策、健全机制，组织实施海外高层次人才引进计划，大力引进海外高层次人才回国（来华）创新创业。2. 近年来各地各部门引进海外人才工作的大致情况——近年来，在中央的高度重视和直接关心下，国内从海外引进了一批国际一流人才。比如，清华大学、北京大学引进了诺贝尔物理学奖获得者杨振宁教授，世界著名应用数学家林家翘教授，世界著名计算机科学家、"图灵奖"获得者姚期智教授，著名数学家田刚教授，以及生命科学领域著名学者施一公教授等。各地各部门也十分重视引进海外人才工作。江苏省实施了"高层次创新创业人才引进计划"，提出"十一五"期间，引进500名左右高层次人才和若干人才团队，省财政每年拿出1亿元以上资金，对每位引进人才或团队一次性给予不低于100万元的资金支持；2008年，将人才引进专项资金增加到2个亿，提出每年引进150名左右高层次创新创业人才。无锡市实施了"530计划"，提出用5年时间引进30名海外领军型创业人才；截至2007年底，引进海外高层次创业人才项目68个，去年又有203个项目正式落户。北京市制定了《鼓励留学人员来京创业工作的若干规定》和《关于进一步鼓励海外高层次留学人才来京创业工作的意见》等文件，并于2008年12月正式成立了北京海外学人中心，全方位为吸引海外人才提供专业化、国际化的服务。上海市制定了《鼓励留学人员来上海工作和创业的若干规定》，先后实施了"万名海外留学人才集聚工程"、"浦江人才计划"等专项引才工程。广西等西部省区还实施了创新创业人才小高地计划，努力创造条件吸引海外人才归国或以多种方式为国服务。教育部实施了"长江学者奖励计划"，10年来，共有115所高等学校聘任了长江学者1308人，其中特聘教授905人，讲座教授403人；特聘教授中，90%以上具有海外留学或工作经历，讲座教授全部从海外招聘。中国科学院自1994年实施"百人计划"以来，入选者共计1569人，其中有20人当选为中国科学院院士；93人走上了局级以上领导岗位；40余人成为973计划首席科学家；250余人作为负责人承担了国家863项目等。总的来看，近年来，海外人才归国数量快速增加，归国人才层次不断提高，为国服务活动日趋活跃，在我国科技创新和高新技术产业发展中发挥了重要作用。但是，与建设创新型国家对各类高层次人才的迫切需求相比，我国的人才引进工作力量不够集中、力度不够大、政策不够完善，引进人才的数量和质量都有待提高，特别是要引进一批国际一流的战略科学家和科技领军人才。这都需要我们解放思想，抓住机遇，提出更有力的政策措施，加大海外高层次人才的引进力度。3.《意见》提出要实施海外高层次人才引进计划的基本内容——《意见》提出，（1）要凝聚共识，充分调动各地各部门的积极性，采取有效得力措施，建立高效工作机制，在中央、国家有关部门、地方分层次组织实施海外高层次人才引进计划（简称"千人计划"）。（2）主要围绕国家发展战略目标，从 2008 年开始，用 5 到10 年，在国家重点创新项目、重点学科和重点实验室、中央企业和国有商业金融机构、以高新技术产业开发区为主的各类园区等，引进并有重点地支持一批能够突破关键技术、发展高新产业、带动新兴学科的战略科学家和领军人才回国（来华）创新创业。（3）要在符合条件的中央企业、大学和科研机构以及部分国家级高新技术产业开发区，建立海外高层次人才创新创业基地，推进产学研紧密结合，探索实行国际通行的科学研究和科技开发、创业机制，集聚一批海外高层次创新创业人才和团队。（4）国家有关部门要继续做好做强"长江学者奖励计划"、"百人计划"、"国家杰出青年科学基金"等人才引进项目。同时，要制定实施专项计划，重点引进推进本行业本领域发展急需和紧缺的高层次人才。（5）各省（区、市）要结合本地区经济社会发展和产业结构调整的需要，有针对性地引进一批海外高层次人才。有条件的地方特别是东部沿海地区和中心城市，要依托经济技术开发区、高新技术产业开发区、留学人员创业园、大学科技园等，推出一批特色项目，大力吸引海外高层次人才回国（来华）创业。（6）国家支持、鼓励非公有制企业和民办非企业单位开展引进海外高层次人才工作。4. 许多人认为，引进人才特别是高层次人才，关键是要有事业平台。《意见》在如何用好人才方面提出了新的政策措施——科学发展要以人为本，引进人才要重在使用。海外留学高层次人才回国的目的和动力，主要是国内有更多的发展机遇和更大的发展空间。引进来是第一步，使用好才是关键。因此，《意见》明确提出：第一，要充分发挥高等院校、科研机构、企业、商业金融机构等用人单位的主体作用，将海外高层次人才吸纳到能够充分发挥其专业和特长的岗位，为他们提供干事创业的舞台。符合条件的高层次引进人才，可以担任高等院校、科研院所、企业和商业金融机构的领导职务和高级专业技术职务，领衔重大科研和工程项目，申请政府部门的科技资金和产业发展扶持资金，参与重大项目咨询论证、重大科研计划和国家标准制订、重点工程建设，参加国内各种学术组织等。第二，要大力推动科研工作机制创新，积极探索建立与国际接轨、符合国情的科研和管理机制，给予引进人才相应的科研自主权、人事管理权和经费支配权。根据引进人才的工作领域和工作性质，实行弹性考核制度，避免多头评价、重复评价。对引进人才可以实行协议薪酬制，有条件的用人单位还可实行期权、股权和企业年金等中长期激励措施。5.《意见》为解决海外高层次人才回来后可能会遇到的"子女入学、住房、医疗"等方面的问题提出了具体举措——为大力引进海外人才，特别是急需紧缺的高层次人才,《意见》提出,各地区各部门要制定完善有关政策措施,妥善解决海外高层次引进人才在居留和出入境、落户、医疗、保险、住房、子女入学等方面的困难和问题,并建立专门服务窗口,解除他们工作、生活的后顾之忧。对"千人计划"中引进的海外高层次人才,国家有关部门要研究制定专门政策,采取特殊措施,为他们提供相应工作条件和生活待遇。《意见》强调,要不断完善配套政策,为海外高层次人才充分发挥作用提供良好的工作环境和生活条件,努力做到待遇招人、事业留人、情谊感人、服务到人,使他们能够全力以赴地进行创新创业活动,为建设创新型国家贡献智慧、做出成绩。6. 海外留学人才参与到"海外高层次人才引进计划"的渠道和途径——为了加强对引进海外人才工作的领导,进一步营造尊重劳动、尊重知识、尊重人才、尊重创造的良好社会氛围,《意见》提出要建立健全海外高层次人才引进工作体制机制。为了便于广大海外留学人员了解相关信息,与国内用人单位联系,人力资源和社会保障部、国家外专局、全国青联、中国科协、欧美同学会设立了专门窗口,开展咨询和联络工作;海外留学人员可以登陆上述单位的网站。各地区各部门也将指定专门机构,负责本地本部门的海外人才引进工作,为希望回国发展的海外人才提供服务。①

●2009 年 2 月 23 日,中国科学技术协会印发《关于贯彻落实海外高层次人才引进工作,深入实施海智计划的指导意见》,要求中国科协及所属全国学会和各地科协,应在以往工作的基础上,把中国科协海外智力为国服务行动计划("海智计划")工作的重点,聚焦到引进海外高层次人才工作上来。一是要充分认识引进海外高层次人才工作的战略意义——在当今科技进步日新月异、经济全球化日趋深入的情况下,站在世界科技前沿和产业高端的海外高层次人才越来越成为我国参与国际竞争、实现经济社会全面协调可持续发展的特需资源。特别是在当前国际金融危机对世界和我国经济造成冲击的形势下,发现人才、举荐人才、用好人才是应对危机的重要措施。要抓住机遇,转"危"为"机",为国家社会和经济建设引进海外智力和人才。大力引进海外高层次人才,是进一步扩大对外开放、提高国际竞争力的迫切需要,是深入贯彻科学发展观、建设创新型国家、实现全面建设小康社会奋斗目标的重大举措。各全国学会和地方科协要按照中央的要求,提高认识,高度重视,加强领导,把联系和举荐海外高层次人才工作作为重点任务列入海智工作计划,把引进海外高层次人才工作作为一项长期的重大任务抓紧抓好。二是要加强服务,做好引进海外高层次人才窗口工作——中国科协启动海智计划五年来,各级科协和全国学会积极响应,在地方党委和政府及有关部门的大力支持下,围绕中心,服务大局,以改革创新的精神,积极落实人才强国战略,搭建海外智力为国服务平台,发挥桥梁纽带作用,团结和密切联系广大海外科技工作者,在决策咨询、科技教育、科研和技术项目合作等领域做了大量工作,为科技进步和创新型国家建设,为国家和地方的经济社会发展作出了重要贡献。中国科协作为引进海外高层次人才工作窗口单位,要依托海智计划,搭建好联系沟通和信息服务平台,调整海智计划网站

---

① 《就〈中央人才工作协调小组关于实施海外高层次人才引进计划的意见〉中组部负责人答记者问》,新华社2009 年 1 月 7 日电,《人民日报》2009 年 1 月 8 日。

内容，突出"海外高层次人才联系窗口"功能，开辟政策咨询、人才推荐、自荐等信息双向发布和互动通道，为海外高层次人才引进提供便利高效的服务。要在海智专家数据库基础上，进一步充实海外高层次人才数据库，及时维护和更新信息。按照中央要求，有效沟通海外科技工作者信息，密切联系海外科技工作者，及时反映海外科技工作者的意见和建议，协助做好人才引进服务工作。三是要发挥团体优势，为引进海外高层次人才工作服务——各全国学会要充分发挥自身优势和特点，利用组织国内和国际会议等平台，邀请海外科技工作者积极参与，在开展学术交流的过程中发现和举荐海外高层次人才；各地科协要在以往实施海智计划工作基础上，积极参与当地引进海外高层次人才工作，在继续做好咨询服务和项目合作的过程中发现和举荐人才。中国科协海智计划是在全国学会、地方科协以及 60 多家海外团体的不断探索和创新中发展起来的，在开展海外高层次人才引进工作过程中，要注意求真务实，创造性地开展工作，发挥团体优势，按照大协作、大联合和搭建平台、提供服务的工作要求，不断总结和交流经验，努力提高发现和举荐人才的命中率，真正把开展海外高层次人才引进工作落到实处。中国科协将对开展海外高层次人才工作取得成果的学会和地方科协，通过项目奖励方式进行表彰和鼓励。四是要加强领导，建立健全海外高层次人才引进工作体制机制——前和今后一个时期，是我们抓紧实施海外高层次人才引进工作的有利时机。各全国学会和地方科协要高度重视这项工作，加强领导，结合工作实际，充分发挥团体优势，采取切实有效的措施，为引进海外高层次人才工作服好务。为此，经中国科协书记处研究决定，调整中国科协海智计划领导小组，由中国科协书记处领导担任领导小组组长，科协机关有关部门和有关事业单位领导担任小组成员。各全国学会和地方科协可根据工作实际，建立健全高效的工作体制机制，采取切实有效措施，以高度的责任心和使命感扎实开展海外高层次人才引进工作。①

●2009 年 6 月 16 日，教育部公开宣布组织制订了《教育部贯彻落实海外高层次人才引进计划工作方案》。《方案》要求各地教育行政部门和高等学校要充分认识中央实施"千人计划"的重要意义，进一步解放思想，提高认识，把做好海外高层次人才引进工作作为建设高等教育强国的战略举措，摆在更加突出的位置，切实抓紧、抓实、抓好。要按照中央的统一部署，创新思路，精心组织，广揽海外高层次人才。要科学谋划，结合高校自身的学科优势和特色，在统筹制订本校人才队伍建设总体规划的基础上，提出海外高层次人才的引进计划，确定引才的重点领域和优先次序；要广泛联络，充分发挥知名专家学者、校友会、驻外使领馆教育处（组）、专业学术团体、留学人员联谊会等各方面的作用，以及通过国际学术合作与交流等途径，放开视野，广泛物色海外高层次人才；要重点突破，对重要引进人选进行逐一摸排梳理，制订因人而异的引才方案，增强引才的针对性和实效性；要加强统筹，充分发挥各类人才计划对海外人才的吸引作用，形成定位明确、层次清晰、衔接紧密的高等学校引进海外优秀人才体系，加

---

① 中国科学技术协会 2009 年 2 月 23 日印发《关于贯彻落实海外高层次人才引进工作，深入实施海智计划的指导意见》，中国科学技术协会网站。

强"千人计划"各平台渠道的统筹协调，把引进人才与培养人才有效结合起来，全面提高高校人才队伍的整体水平。根据该《方案》，教育部组织召开 2009 年度"千人计划"重点学科平台首批人选同行评议会议，对首批候选人进行了分组同行评议。"千人计划"实施以来，2008 年共有 33 所高校通过有关平台申报了约 150 名人选，2009 年有 116 所高校共申报了近 400 名人选。经中央人才工作协调小组审议批准，2008 年在四个引才平台共引进 122 名海外高层次人才，其中直接引进到高校工作的有 56 人，占总数的 45.9%。[①]

●2009 年 9 月 1 日，中国科学院宣布全面启动实施"中国科学院人才培养引进系统工程"。作为国家自然科学的最高学术机构、高层次创新型人才的高地，中国科学院计划在未来 5 年里，引进海外高层次人才和支持领军人才 600 名，引进培养学术技术带头人 600 名，培养造就优秀支撑和管理人才 600 名，培养支持青年创新人才 6000 名，吸引和资助 1500 名海外优秀学者和外国科学家到中科院工作。自 1998 年实施知识创新工程以来，中国科学院始终把建设一流的科技创新人才队伍作为主要任务，以人事制度改革为突破口，积极探索灵活有效的用人制度、公平合理的分配制度，极大地调动了科技人员的创新动力。中科院通过实施"百人计划"和"西部之光"人才计划等一系列培养和凝聚人才的政策措施，在公平竞争中识别人才，在创新实践中培育人才，在事业发展中凝聚人才，在工作生活中关爱人才，顺利完成了科技创新队伍的代际转移，形成了一支能面向国家战略需求和世界科技前沿、规模适当、结构合理、素质良好且富有创新活力的科技国家队。截止到 2008 年底，中科院所属事业单位共有职工 5.8 万人，其中在编职工 4.5 万人，项目聘用和博士后等流动人员 1.3 万人。与 1998 年相比，人才队伍结构得到显著优化。在编职工减少了 2 万人，专业技术人员增加了 8.0%，高级专业技术人员增加了 5.4%，具有研究生学历的人员比例提高了 24.2%，具有博士学位的人员比例提高了 18%。一大批年富力强的中青年科技骨干全面担当重任，十年间，研究员的平均年龄从 50 岁降到 45 岁。中科院还凝聚、培养和造就了一批杰出人才和科技领军人物。据统计，目前在中科院工作的两院院士共有 328 位，有 6 人先后获得国家最高科技奖，150 人担任"973"首席科学家，703 人获得"国家杰出青年科学基金"支持，8156 人享受政府特殊津贴，还有国家"百千万人才工程"入选者 450 人，国家突出贡献中青年专家 300 人，中国青年科技奖获得者 141 人。中国科学院面对挑战，及时抓住机遇，总结经验，谋划未来，全面落实人才强国战略，实行有利于人才成长的政策措施，营造有利于人才发挥作用的体制机制和环境。全面启动实施"人才培养引进系统工程"，就是中科院尊重科技活动客观规律、遵循科技人才成长规律，努力构建独具特色的人才工作体系，为实现创新跨越的发展目标而适时推出的战略举措。"人才系统工程"将全面带动"高层次人才培养引进计划"、"优秀青年人才培育计划"、"支撑与管理人才培养计划"和"海外智力引进与人才国际交流培养计划"的成功实施。1. 实施"高层次人才培养引进计划"——将配合国家"千人计划"的实施，引进在国外著名高校、科研机构或企业担任教授或相当职位的海外高层次人才；

---

① 《教育部召开高等学校实施"千人计划"视频会议》，《中国教育报》2009 年 6 月 16 日。

支持具有战略视野、能敏锐把握本学科领域国家战略需求和世界科技前沿发展态势的领军人才；培养和引进青年学术技术带头人。2. 实施"优秀青年人才培育计划"——将进一步加大对 35 岁以下优秀青年创新人才的支持，通过多项资助计划和激励措施，为有潜质的青年人才成长创造条件，持续提高其创新能力。激励优秀青年人才不断挑战自我、脱颖而出，推动中科院优秀青年人才尽快跻身国际科技领域前沿，在国家经济社会发展实践中发现和解决科学问题，全面提升综合素质，成为国家科技创新体系的生力军。3. 实施"支撑与管理人才培养计划"——将结合中科院公共支撑体系建设，吸引和培养优秀技术支撑人才，激励优秀高技能人才提高技术水平，对知识传播、科学普及和技术成果转移转化人才提供培训机会，不断培养和向社会输送懂科技、会经营、擅管理的科技企业家，培养具有国际视野的高级科技管理人才。4、实施"海外智力引进与人才国际交流培养计划"——将强化海外引智工作，分层次有重点地吸引和资助活跃在国际前沿的海外优秀学者和外国科学家到中科院访问和工作，建设国际化的科技创新人才队伍。鼓励中青年科技人才积极参与国际交流与合作，支持优秀青年科技人才、支撑人才、骨干管理人才和转移转化人才的国际化培养。①

二、资助留学人员短期回国服务的政策性文件

●继 1992 年 8 月中国国家自然科学基金委在国内第一个出台了资助留学人员短期回国工作讲学的专项基金后，又推出海外青年学者合作研究基金，并颁布了《资助留学人员短期回国工作讲学专项基金的施行办法》和《海外青年学者合作研究基金管理办法》，其中对基金申请的对象、范围、条件，申请、评审与审批程序，财务管理等，都做了详细规定。

●1994 年 10 月 14 日，人事部为鼓励在外留学人员以多种方式"为国服务"，以"人调发［1994］10 号文"印发了《关于下发〈资助留学人员短期回国到非教育系统工作暂行办法〉的通知》。该《资助留学人员短期回国到非教育系统工作暂行办法》明确规定的资助对象为短期（一年以内）回国到非教育系统工作的在外公费和自费留学人员。资助的条件限定为：1. 本人有突出的学术成就，获得过有影响的自然科学、社会科学奖励或在有影响的学术刊物上发表过高水平的学术论文；2. 有重大的发明创造或获得过专利；3. 掌握国内急需先进技术，拟回国进行合作研究、开发交流。资助的范围包括：1. 参加国家、部委、省市重大科研课题的攻关研究工作；2. 帮助国内有关单位解决急需的科研难题；3. 回国开展合作研究、讲演、培训、项目开发、技术转让、技术交流；4. 参加国内举办的重要国际会议或全国重要学术会议，并有大会专题报告；5. 人事部认定的其他学术技术交流等活动。

●1996 年 4 月 25 日，教育部发布实施"春晖计划"的有关文件，提出择优资助已获得博士学位并在本专业领域取得突出成就的优秀留学人员短期回国工作；同期公布了《资

① 《中国科学院全面启动实施人才培养引进系统工程》，2009 年 9 月 2 日中科院网站。

助海外留学人员短期回国工作专项经费实施办法》。

●1998年8月，教育部启动"长江学者奖励计划"，并发布的《高等学校特聘教授岗位制度实施办法》，资助海外优秀留学人员回国短期工作或竞聘高等学校特聘教授岗位，参与中国的高等院校建设。

●2000年1月13日，教育部办公厅以"教外厅〔2000〕19号文"印发了《关于进一步加强"长江学者奖励计划"海外宣传力度及协助做好有关特聘教授授聘后管理工作的通知》。《通知》指出，个别特聘的教授未能履行本人承诺，造成负面影响，因此要监督检查相关情况。

●2000年11月13日，教育部以"教外留〔2000〕81号文"印发了《关于设立"春晖计划"海外留学人才学术休假回国工作项目的通知》；同文印发了《教育部"春晖计划"海外留学人才学术休假回国工作项目实施办法》。请有关高校根据上述"办法"向教育部申请聘用高层次留学人才短期回国工作的专项经费。

●2002年8月8日，公布了国家自然科学基金管理委员会制定的《留学人员短期回国工作讲学专项基金实施办法》。①

●2002年10月17日，教育部办公厅以"教外厅〔2002〕17号文"印发了《关于吸引国外留学人员为西部服务、支持西部建设有关工作的函》。提出为贯彻国家西部大开发战略，推动在海外留学人员特别是尖子人才参加西部大开发，鼓励和支持他们短期到西部工作或为西部建设和发展服务，教育部将组织实施"春晖计划"的西部支持项目。请西部有关省、自治区和直辖市有关职能部门向教育部提供需求信息和意见。

●2004年和2005年，人事部和教育部分别组织在外留学人员短期回国服务团赴东北，为振兴东北老工业基地献计献策并进行技术项目的洽谈。

三、资助已回国工作留学人员科研费的政策性文件

●1993年9月2日，国家教委留学生司以"教留司研〔1993〕360号文"印发了《关于使用"留学回国人员科研资助费"有关问题的通知》。《通知》指出，留学回国人员科研资助费属国家专项经费，应专款专用，各单位不得提取管理费。资助费只能用于购买教学科研工作中所需的专用仪器、零部件、试剂、图书资料和支付调研、参加国内学术会议等开支。资助费是在国家财政开支比较紧张的情况下，为留学回国人员顺利从事科学研究，改善科研工作条件，更好地发挥作用而设立的。获得资助者应本着厉行节约的精神，自觉遵守有关规定，提高使用效益。获得资助费的留学人员所在单位，应在经费开支完毕和科研工作结束后，向国家教委上报经费结算和科研报告；获得资助的人员如脱离工作岗位半年以上或调离现工作岗位，其所在单位应向国家教委书面报告。对违反上述规定的人员和单位，国家教委将追回全部或剩余经费，并影响该单位今后的申请。留学回国人员使用资助费取得科研成果、发表论文、参加成果鉴定及转让技术和申请国内外专利时，应注

① 《人民日报海外版》2002年8月8日第2版。

明"获得国家教育委员会留学回国人员资助费支持项目"。

●1998 年 9 月 16 日，教育部公布了《留学回国人员科研启动基金管理规定》；并于 2002 年 5 月 15 日开始执行重新修订的《留学回国人员科研启动基金管理规定》。

●2002 年 1 月 21 日，教育部国际司以"教外司留〔2002〕38 号文"印发了《关于进一步加强留学回国人员科研基金管理的通知》。该《通知》认为，教育部"留学回国人员科研基金"自 1990 年设立以来，促进了留学回国人员的教学与科研活动，受到欢迎。但为了加强管理和提高效益，需要重申有关原则性规定：原则上仅资助一次；仅资助 45 岁以下的有博士学历者；申请材料须经专家评审；国际司负责监管。

●2001 年 4 月 6 日，人事部以"人发〔2001〕33 号文"印发了《留学人员科技活动项目择优资助经费申请与管理办法》。并宣布此前陆续印发的《关于非教育系统留学回国人员科技活动择优资助经费管理办法（人调发〔1990〕6 号）》、《非教育系统留学回国人员择优资助经费有偿使用暂行办法（人调发〔1992〕12 号）》、《资助留学人员短期回国到非教育系统工作暂行办法（人调发〔1994〕10 号）》、《关于重点资助优秀留学回国人员开展科技活动的通知（人调发〔1995〕114 号）》等 4 个文件同时废止。新《办法》的主要内容在为回国工作的留学人员提供科研经费资助方面，本着更科学、合理地审批和使用经费的原则，将这一时期的原有规定作了规范性的调整。2002 年，在财政部的支持下，人事部增设吸引海外高层次人才专项经费，每年 300 万。人事部的上述做法值得研究与提倡。即随着社会的进步与发展，事过境迁，有些原有的政策性文件可能会过时，这是十分正常并符合客观规律的现象。因此及时调整、更新并集中公开宣布废止过时文件的做法，也是一件方便当事人的重要作为，以免留学人员和各个单位的管理人员雾里看花、莫衷一是、不知所措，分辨不清某些部门的某些文件失效与否。

●2003 年 11 月，人事部以"国人部发〔2003〕45 号文"印发了《关于开展高层次留学人才回国资助试点工作的意见》；决定在财政部支持下，设立了"海外高层次留学人才引进专项经费"，重点引进海外高层次留学人才和急需紧缺人才；2005 年，人事部办公厅又以"国人厅发〔2005〕12 号文"印发了《关于继续开展高层次留学人才回国资助试点工作的通知》。该项目经费根据"突出重点、优先支持"的原则，重点资助国内急需发展的信息科学、生命科学、新材料、新能源、先进制造业、航空航天等领域，以及关系国计民生或有重要影响的行业从海外引进的高级专业技术或管理人才。[①]

四、扶持、建立和发展留学人员创业园的政策性文件

●2000 年 6 月 21 日，科技部、人事部和教育部以"国科发火字〔2000〕257 号文"联合印发了《关于组织开展国家留学人员创业园示范建设试点工作的通知》。《通知》指出，几年来各地先后创办了 30 多家留学人员创业园，为留学人员归国创业创造了良好的环境和条件；为了加快留学人员创业园的建设步伐，决定在现有留学人员创业园基础上，

---

① 沈仁：《吸引海外高层次留学人才回国工作的一次尝试》，《神州学人》2004 年第 11 期。

联合批准建立一批国家留学人员创业园示范基地，以引导全国留学人员创业园的发展，为留学人员回国创业营造更为有利的条件。

●2000年10月26日，科技部、人事部和教育部以"国科发火字［2000］468号文"联合印发了《关于确定北京、上海等留学人员创业园为国家留学人员创业园示范建设试点的通知》。该《通知》根据此前257号《通知》的要求，在有关省市政府推荐的留学人员创业园名单中，研究和确定了北京市留学人员海淀创业园、上海留学人员创业园（包括嘉定创业园和张江创业园）、成都留学人员创业园、大连留学人员创业园、西安留学人员创业园、宁波保税区留学人员创业园、苏州留学人员创业园（含昆山创业园）、福建留学人员创业园和济南留学人员创业园为"国家留学人员创业园示范建设试点"单位。同时确定了天津新技术产业园区留学生创业园、沈阳海外学子创业园、长春海外学人创业园、武汉海外学子创业园、杭州市留学人员高新区创业园、合肥留学人员创业园和烟台留学人员创业园也初步具备了"国家留学人员创业园"的条件，将于2001年内通过考核验收后，再正式将其确定为"国家留学人员创业园示范建设试点"单位。

●2001年1月15日，人事部以"人发［2001］7号文"单独印发了《留学人员创业园管理办法》，在"留创园"的创办原则、建设条件、入园留学人员的资格与认定、服务与管理的运作等方面提出了初步的指导性意见，全文共七条。据该《管理办法》透露，当时全国已建成创业园40多个，入园留学人员企业1500多家，形成了一批留学人员创业群体；留学人员创业园的建立，对开发留学人员资源，吸引海外留学人员回国创业，促进高新技术产业化，推动科技经济发展发挥了积极作用。

●2001年6月8日，科技部、人事部、教育部和国家外国专家局以"国科发火字［2001］186号文"联合印发了《关于确定天津、沈阳等留学人员创业园为国家留学人员创业园示范建设试点的通知》。经考核验收，三部一局认为天津新技术产业园区留学生创业园、沈阳海外学子创业园、长春海外学人创业园、武汉海外学子创业园、杭州市留学人员高新区创业园、合肥留学人员创业园、烟台留学人员创业园、厦门留学人员创业园、留学人员广州创业园和哈尔滨海外学子创业园已具备试点条件，同意将其确定为"国家留学人员创业园示范建设试点"单位。至此，上述三部一局与14个省、市政府共建的留学人员创业园已达到21个。

●2002年8月26日，人事部以"人发［2002］84号文"单独印发了《人事部与地方人民政府共建留学人员创业园的意见》。该《意见》认为，与地方人民政府共建留学人员创业园，对加快开发留学人才资源，促进国内高新技术产业发展，推动留学人员创业园的建设，具有重要意义。为进一步完善与地方共建留学人员创业园工作，在总结经验的基础上，人事部提出了与地方人民政府共建留学人员创业园的四项意见：一、共建留学人员创业园的目标与三个原则（统筹布局，稳步发展；分类指导，整体推进；科学管理，注重实效）。二、申请共建的留学人员创业园应具备的五个基本条件。三、申请共建留学人员创业园程序。四、共建留学人员创业园的运作与管理。

五、关于购买免税汽车和《留学回国人员证明》的政策性文件

●继 1992 年 10 月 12 日海关总署等七部委为贯彻落实"国办发［1992］44 号文件"精神，以"署监二［1992］1600 号文"联合印发了《关于回国服务的在外留学人员用现汇购买个人自用（免税）国产小汽车有关问题的通知》，海关总署于 1992 年 10 月 27 日以"署监二［1992］1678 号文的通知"单独印发了《海关对回国服务的在外留学人员购买免税国产小汽车管理办法》之后①，1993 年 2 月 19 日，国家教委留学生司和海关总署监管二司又以"教留司研［1993］17 号文"共同印发了《关于赴港留学人员返内地购买国产汽车问题的批复》，规定回国服务的在外留学人员用现汇购买免税个人自用国产小汽车的政策，同样适用于从内地及国外（地区）转赴香港留学返内地的人员。

●1993 年 8 月 11 日，作为"留学回国人员购买免税国产小汽车"政策的辅助性规定，国家教委留学生司以"教留司研［1993］336 号文"向驻外使（领）馆教育（文化）处（组）下发了《关于启用〈留学回国人员证明〉的通知》。规定由国家教委印制的《留学回国人员证明》系留学回国人员购买免税国产小汽车的必备证明；经商海关总署，此《证明》从 1993 年 10 月 1 日起正式启用；而 1989 年印制的《自费留学人员证明》及现行其他格式的留学人员证明均同时停止使用。

●1993 年 12 月 4 日，国家教委留学生司以"教留司研［1993］457 号文"向驻外使（领）馆教育（文化）处（组）下发了《关于发放〈留学回国人员证明〉的通知》。主要内容有：1. 指出有个别工作人员为出国探亲人员发放该《证明》的情况不符合有关规定；2. 重申该《证明》仅限于发给回国工作的留学人员；3. 决定根据"有偿使用、自行周转"的原则，从 1994 年 1 月开始应向领取该《证明》的留学人员收取相当于 2 美元的当地货币，并单独设账管理该项费用。

●1994 年 7 月 18 日，海关总署以"署监［1994］459 号文"印发了《关于对留学回国人员携带进境行李物品管理问题的通知》。《通知》说，为了适应改革开放的新形势和出国留学工作发展的需要，理顺关系，并参照国际通常作法，国家教委、公安部、外交部决定自 1993 年 11 月 1 日起，国家公派和单位公派的出国留学人员，原则上均持用因私普通护照。上述变动后，海关对留学人员携带进境行李物品的管理进行了如下规定，并自 1994 年 9 月 10 日起执行：一、本通知中所述"留学人员"系指以学习和进修为主要目的，到境外正规高等院校、科研机构求学、攻读学位、进修业务或从事科学研究及进行学术交流，连续居留在六个月以上的人员。不包括在境外公司、企业工作的"研修生"和学习语言的"就读生"。二、留学人员在院校或科研机构报到注册后，应持本人护照、正式入学通知等有效证件，就近向我驻外使领馆登记注册。三、对留学人员携带进境的行李物品，海关验凭我驻外使领馆开具的《留学回国人员证明》、留学人员本人的护照、毕（结）业证书或有关的学历证明，比照因公出国人员的有关规定办理验放手续。四、海关

---

① 详见本书第六章第五节。

对留学回国人员携带行李物品比照因公出国人员规定办理时，按其实际在外学习时间（从注册入学之日起至毕结业之日止）予以验放。但对于在国外学习期间曾经临时进出境者，其携带进境行李物品计算时间应自最近一次出境之日计算起，至毕业之日止。五、对在外学习、进修一年以上（含一年）学成回国申请购买免税国产小汽车的留学回国人员，按本通知第一条所述范围掌握；不足一年者，海关不接受其购买免税国产小汽车的申请。全文共八条。

●1995 年 1 月 26 日，国家教委外事司以"教外司留［1995］42 号文"向驻外使（领）馆教育（文化）处（组）下发了《关于加强〈留学回国人员证明〉管理有关问题的通知》。该《通知》根据上述"教留司研［1993］457 号"和"署监［1994］459 号"文件的原则，汇总、归纳并重申了《留学回国人员证明》制度的一些规定：1. 除个别情况且符合有关规定并手续齐备者可由外事司出具《证明》外，原则上还是要由驻外使（领）馆教育（文化）处（组）出具。2. 开具《证明》时，必须认真填写有关内容，不得留有空白栏或提供空白表。3.《证明》仅限发给在国（境）外正规高等院校、科研机构进修、学术访问、攻读学位，连续在外居住六个月以上的留学回国工作人员。4.《证明》每份按 2 美元的当地货币收取；收取的费用单独设账管理并报财务司。

●1999 年 12 月 13 日，海关总署以"署监［1999］819 号文"印发了《关于对留学回国人员携带行李物品验放问题的通知》。该《通知》坦承，随着对外开放和对外交往的不断扩大，现行对留学回国人员携带行李物品验放有关规定与形势发展不相适应的问题日益突出。为充分体现国家对留学回国人员的优惠政策，从而吸引更多的在外留学人员回国工作，决定对现行留学回国人员携带进境行李物品的验放规定及购买免税国产汽车审批办法等予以调整：一、对留学回国人员，包括在国外学习期间曾经临时进出境的留学回国人员携运进境的行李物品，海关均按其实际在外学习时间（从注册入学之日起至毕结业之日止）予以验放，连续在外每满 180 天可免税购买《旅客行李物品分类表》第三类物品一件。对临时进出境留学回国人员，其在境内停留时间不超过 30 天的，按连续在境外计算验放时间。对上述人员学成回国时最后半年不满 180 天但超过 150 天的，也可按 180 天验放。二、留学回国人员在外学习、进修一学年以上（含一学年）的，仍可在其免税限量内购买免税国产轿车 1 辆。海关在审批留学回国人员购车申请时，可不再审核其"聘用单位上级主管部门出具的证明"及其携带外汇情况。三、上述留学人员、进修人员应在其入境之日起 6 个月内向海关提出购买免税国产汽车的申请，超过此期限的，海关可不予受理。四、鉴于目前国产轿车的国产化率不断提高、留学回国人员工作流动性较大以及车辆牌照均按国内普通车辆办理等因素，对留学人员购买的免税国产汽车，海关不再进行年审和后续监管。

●2002 年 9 月 1 日，教育部国际司以"教外司留便［2002］015 号文"印发《关于启用教育部〈留学回国人员证明〉专用印章的通知》，一是注销了原"国家教委留学人员认证明专用章"，并通知启用"中华人民共和国教育部留学人员认证明专用章"。二是间接表明，1995 年 1 月 26 日国家教委外事司"教外司留［1995］42 号文"规定的属于"个别情况且符合有关规定并手续齐备者可由国际司出具《留学回国人员证明》"之内容仍然有效。

●2003 年 4 月 1 日，海关总署监管司以"监管函［2003］38 号文"印发了《关于启用"中华人民共和国教育部留学人员认证明专用章"的通知》

●2004 年 10 月 9 日，海关总署根据在外留学人员的实际情况和教育部的建议，发布了以"变更留学回国人员购买免税汽车时限"为主要内容的"通知"，延长了留学人员购买免税汽车的"待购期"。即从原来的留学人员学成后在外停留时间不超过 1 年延长为 2 年内可有效购车；从原来的留学人员自回国的入境之日起应在 6 个月之内向海关提出购车申请延长为可在 1 年之内提出。同文还通报了教育部将从 2005 年 7 月 1 日起启用"2004 年版《留学回国人员证明》"等事项。

自 1992 年在出国留学政策的体系内第一次引入"留学回国人员可以免税购买国产小轿车"的内容，并随之全面规范了《留学回国人员证明》制度之后，十多年来，这项政策的意义已经大大超出了原有的设计思路和本来的政策目的。若干年以后，由于外汇比率的变化，"免税购买国产小轿车"的政策已经从比较"实惠"的实际利益逐渐转变为更具象征意义的制度；同时《留学回国人员证明》则从"免税购买国产小轿车"政策的附属制度，逐渐演变成为证明留学回国活动的重要文件，并先后分别附加了多达 10 项的基本功能。即这项原本为方便留学回国人员免税购买国产合资品牌汽车的单一功能证明文件，最后逐渐发展成为使留学回国人员在创办企业、安排工作、落实户口、子女就学、购置住房、报考公务员、报考研究生、申请晋称职称、学历学位认证和申请国内各类基金等方面，都可能会被要求提供才可享受某些优惠政策的综合性证明文件。以至本来附属于"购买免税汽车政策"的《留学回国人员证明》甚至发展成为一项相对独立的制度与政策了。这也许是"购买免税汽车政策制度"的设计者和制定者们当初可能没有预料到的。应该说，该项政策已经通过留学回国活动与相关服务性事务的实践，逐渐演变成为一项涉及到几乎所有留学回国人员的普适性与普惠性政策。但从该项政策文件的上述变化介绍以及留学人员的反映来看，需要研究和改革空间还是很大的。如怎样申领《留学回国人员证明》、如何保证留学人员的"申领权"、是否可以补发、如何办理补发、是否收费、收费多少、应该打印还是继续手写、该《证明》与《国外学历学位证明》的关系、是否可以《国外学历学位认证》部分替代《留学回国人员证明》等等。浏览上述文件可以轻易地发现一个现象：在留学回国人员相对较少的若干年前，有关政策性文件频频出台；而在近年来留学回国人员大量增加、各种问题不断出现的情况下，却几乎不见了相关文件的踪影。也许正如 2007 年 3 月 2 日教育部在《关于进一步加强引进海外优秀留学人才工作的若干意见》中所明确表示的那样，需要建立海外留学人才回国工作的快速通道；需要进一步完善服务职能，强化服务意识，提高服务效率。

即便是办理买车手续，留学回国人员也曾遇到一些困难。有记者曾于 2004 年通过一些调查了解到，虽然为鼓励留学人员回国工作，国家出台了购买免税汽车的优惠措施。但是留学人员却抱怨："海归"免税汽车不好买。案例 1——原有购车计划因手续复杂而放弃购车打算："没想到买辆免税车手续这么复杂"，张同学叹了一口气。按规定，买免税车需要先到海关申请购买指标，张同学带着护照、户口本、身份证和在国外获得的毕业证书来到海关，本以为这些材料足可证明自己的"海归"身份，不料百密一疏，海关人员检视之后告诉她：还缺一张《留学回国人员证明》。这张证明上哪儿去开呢？中国驻澳大利亚使馆教育处！这让张小姐挺郁闷：难道为买辆免税车，还得再跑一趟澳大利亚？申请到购买指标的严先生也有点儿郁闷。案例2——李同学想买辆宝来车，北京海关的工作人员告诉他，如果不找中介机构代劳，他还得跑一趟长春海关。原因是留学生每买一辆免税车，海关就得给这辆车的生产厂家退一辆车的进口零部件关税，为此严先生既需要拿到北京海关的指标，又要到一汽大众所在的长春海关办理审批手续。由于同样的原因，免税车不能在汽车专卖店买，而要到厂家购买——这就是说，买宝来就得到长春找一汽大众，买凯越就得去上海找上海通用！不想跑腿也行，可以找中介机构代买，但需要支付一笔费用：代办费2000元，运杂费2000元至2600元不等。这2000元至4600元的中介费用，在因车而异的总数至多3万元的免税额中，不是个可忽略不计的小数目。案例3——也有不少"海归"认为免税的车型太少。记者从北京海关非贸物品监管中心外商科获悉，当时共有18款汽车可以对留学生免税，这个数量只占市场上销售的国产汽车的十分之一，选择的范围实在有限。此外，这些车绝大部分是2002年年底前投产的车型，在此后近一年半的时间，国内有新雅阁、威驰等30多款新车上市，但均不在免税范围之内。为了给上门购买免税车的留学生服务，免税名单上18款汽车的生产厂家就需要设立相应的服务机构。但出售免税车既需要履行相当复杂的手续，又不能因此而赚取比非免税车更多的利润，因而厂家的积极性并不高。从日本回国的周同学想买辆免税的索纳塔，但当他打电话到厂家询问时，总机却告诉他：目前公司尚未就留学生购车一事作出规定，请他等一等。买不了索纳塔，那就来辆帕萨特吧，周先生又把电话打到了上海大众，总机给了他一个电话号码，说是专门负责留学生买车的，但是周先生打了一下午，那个电话始终没人接。案例4——记者还发现，有些免税车的价格比市场上不免税的车还要贵！如一汽大众的高尔夫1.6升手动标准型，免税后的价格是14.33万元，而眼下北京市场上这款车的售价是13.68万元。这是什么原故？一汽大众有关部门的解释是：年初高尔夫刚刚降价，厂家还没来得及对免税车的售价进行调整。如果哪个留学生在此期间买高尔夫，可就亏了。①

六、简化出入境和落实户口等手续、提供出入境便利的政策性文件

●1994年1月4日，国家卫生检疫总局以"卫检总空字〔1994〕1号文"印发了《关于进一步贯彻国办〔1992〕44号文件的通知》，指出：对留学人员临时回国，与外国人、外籍华人、华侨和港澳同胞入境时一视同仁，不宜有不同的做法。

●1993年7月8日，显然是考虑到原公派留学人员情况变化所带来的各种影响，以及随着公派留学人数的明显增加，为了适应改革开放的新形势和出国留学工作发展的需要，理顺关系，并参照国际通常作法，国家教委、公安部、外交部以"教留〔1993〕50号文"联合印发了《关于公民出国留学持用因私普通护照的通知》，决定自1993年11月1日起，

---

① 王刘芳：《"海归"免税汽车不好买》，《北京日报》2004年2月28日。

国家公派和单位公派的出国留学人员，原则上均持用因私普通护照，而不再为各类公派留学人员核发"因公护照"。①

●1994 年 3 月 12 日，公安部以"公通字［1994］17 号文"印发了《关于办理出国留学人员户口登记问题的通知》，指出为广泛吸引人才，鼓励人才合理流动，在办理出国留学人员户口登记工作中要简化手续，方便群众，遇到个别登记项目不清的，可先行受理，再通过公务函查加以解决。②

●1994 年 11 月 21 日，为便于已加入外国籍或取得国外永久居留权的海外高层次留学人才回国工作，国务院办公厅以"国办发［1994］102 号文"转发了人事部、财政部印发的《关于来华定居工作专家工作安排及待遇等问题的规定》；1995 年，人事部、国家教委、外交部又以"人专发［1995］36 号文"印发了《关于回国（来华）定居专家工作有关问题的通知》。这两个文件要求对旅居国外的华侨、华人和台湾、港澳同胞中的科技专家回祖国大陆或来华定居工作，应予以安排，保证他们工作的条件，并对有关待遇、探亲和休假、医疗和交通、住宿、购物、住房、子女上学、就业、退休等方面，均做了规定。该通知将新中国成立以来，特别是 1966 年以后，从中国大陆去国（境）外留学（包括公费、自费）、现留居国（境）外已取得居住证件或加入外籍的科技专家纳入了可以享受"国办发［1994］102 号文件"所规定的回国（来华）定居工作专家待遇的范围。此前，国务院办公厅以"国办发［1994］102 号文"先行转发了人事部、财政部《关于来华定居工作专家工作安排及待遇问题的通知》，适当提高了来华定居工作专家的生活待遇。1988 年 1 月，根据《国务院关于引进国外人才工作的暂行规定》（国发［1983］152 号），并经国务院同意，以"国办发［1988］6 号文"转发了国家科委、财政部、国家外汇管理局《关于来华定居专家工作待遇等若干问题的规定》，该规定自 2 月 1 日起施行，1984 年国务院以"国办发［1988］6 号文"批转国家科委《关于来华定居专家工作待遇等若干问题的暂行规定》同时废止。其后，国务院又根据国家科委、财政部和国家外汇管理局的修订、补充意见，以"国办发［1988］47 号文"下发了《关于来华定居专家工作待遇等若干问题规定的补充通知》，自 8 月 1 日起施行。但 1966 年以后从中国大陆去国外留学（包括公费、自费）、探亲、旅游等，留居国外再回来的人员，不在 1988 年的这两个文件的适用范围之内。③

●1997 年 1 月 8 日，国家教育委员会、公安部和外交部以"教外留［1997］1 号文"印发了《关于公派留学人员出国留学统一持用因私普通护照的通知》。《通知》指出，根据国家教委、公安部、外交部《关于公民出国留学持用因私普通护照的通知》（教留［1993］50 号）规定，从 1993 年 11 月起，凡在境外停留六个月（含六个月）以上的公派留学人员，原则上均持用因私普通护照。经过三年来的实践，这项工作已走上正规。随着留学选派工作改革的进行，今后留学工作将全面实行基金管理，根据选派计划和实际需要

---

① 中国留学网。
② 法律教育网。
③ 程希：《体制外的增长与体制内的导向：改革开放 30 年中国留学生回国政策评估》，中国留学网。

增加在境外停留六个月以下留学人员的选派比例。考虑到国家对出国留学人员的政策趋于宽松，出国留学人员无论时间长短均可视为个人行为，且国际上留学人员多持用因私护照的情况，现决定从 1997 年 3 月 1 日起，公派留学人员出国留学，不论在境外停留的时间长短，原则上均持用因私普通护照，护照申请程序不变。①

●1997 年 5 月 8 日，民政部和外交部以"民事发［1997］14 号通知"发布了《出国人员婚姻登记管理办法》，其目的在于加强出国人员的婚姻登记管理，保护婚姻当事人的合法权益。

●1997 年 6 月 6 日，公安部六局以"公境会［1997］24 号文"印发了《关于留学人员在国外所生子女回国后办理户口登记等手续事》。② 这一文件的主要内容有：①为方便我留学人员在国外所生子女回国后办理户口登记等手续，我局曾与我部治安管理局联合发出《关于我国留学人员在国外所生子女回国落户有关手续的通知》（公境会［1991］36 号）。③ ②此前，我局还曾下发《关于受理、审批寄养外籍儿童问题的通知》（［88］公六［1］第 821 号），分别就有关问题作出明确规定。③近年来，越来越多的我留学人员为集中精力学习而将其在国外所生子女送回国内亲属处抚养或寄养，有的留学人员完成学业后回国参加社会主义现代化建设，将子女一并带回，共同生活。但据一些学成回国人员反映，他们在国外时并不了解上述规定，导致回国后子女落户时遇上困难。④现将上述两个文件重新印发，供工作中参考。⑤经商我部户政管理局同意，我留学人员在国外所生子女回国后申报常住户口时提交的在国外的出生证明，可不经过我驻该国使、领馆认证。

●1997 年 12 月 9 日，公安部六局以"公境外［1997］1020 号文"印发《关于办理退籍手续有关问题的复函》。该函指出，根据国务院办公厅《关于在外留学人员有关问题的通知》（国办发［1992］44 号）、公安部《关于执行国务院办公厅〈关于在外留学人员有关问题的通知〉应注意事项的通知》（公通字［1992］104 号）和《中华人民共和国国籍法》的有关规定，持因公护照的留学人员，定居在国外并取得或加入外国国籍的，须履行退籍手续，但无需提交其与原公派单位无经济等未了事宜的证明。

●为配合吸引人才政策的落实，有关留学人员出入境和居留便利的措施也相应出台。2000 年，公安部以"公境外字［2000］1302 号文"印发了《关于为高科技人才、投资者等外籍人员提供入境、居留便利的通知》；外交部制定了《关于为来华外籍专业人才提供入出境方便的暂行办法》；其后外交部又下发了《关于进一步简化外籍专业人才来华手续的规定》。对回国服务的留学人员中的外籍高科技、高层次管理人才提供入出境便利做出了规定，主要是可申办五年长期居留和多次往返签证。④

●2002 年 1 月 4 日，教育部国际司以"教外司留［2002］1 号文"印发了《关于办

---

① 中国留学网。
② 中国沈阳政府门户网。
③ 沈阳市公安局信息公开网站。
④ 《神州学人》2000 年 11 期。

理高层次海外留学人才身份证明的通知》。①

●2002 年 4 月 24 日，国家计生委以"国计生发〔2002〕34 号通知"印发了《出国留学人员生育问题规定》。该《规定》指出，为适应我国扩大对外开放的新形势，做好出国留学人员的计划生育工作，经教育部同意，现对出国留学人员生育问题规定如下：一、出国留学的中国内地居民（以下简称留学人员），在国外留学期间应自觉遵守《中华人民共和国人口与计划生育法》及有关的法律、法规。中国内地有关单位在办理有关手续时，应向留学人员做好宣传教育工作。二、夫妻双方在国外连续居住一年以上的留学人员，不符合国家有关计划生育法律、法规的规定，在国外生育或者怀孕后回中国内地生育第二个子女的，回中国内地后不予处理。三、留学人员在国外生育的子女不回中国内地定居的，在执行国家有关生育政策的规定时，不计算该子女数。四、留学人员在国外留学期间生育或者怀孕后回中国内地生育，不纳入中国内地各级各部门和有关单位人口与计划生育工作考核。②

●2002 年 4 月 29 日，国务院办公厅以"国办发〔2002〕32 号文"转发了公安部、外交部、教育部、科技部、人事部、劳动保障部、外经贸部、国务院侨办、国家外国专家局等部门共同制定的《关于为外国籍高层次人才和投资者提供入境及居留便利的规定》，为外国籍高层次人才和投资者提供入境及居留便利，已加入外籍的海外高层次留学人才回国工作或为国服务据此可获批 2—5 年长期多次签证或居留证件。③

●2003 年 3 月 21 日，国家人口和计划生育委员会办公厅以"计生厅函〔2003〕43 号文"对大连市计生委《关于出国留学人员、华侨身份界定及相关问题的请示》予以批复：一、关于出国留学人员的界定：关于出国留学人员生育政策问题，我委经与教育部协调，于 2002 年 4 月 24 日下发了《国家计生委关于印发〈出国留学人员生育问题规定〉的通知》（国计生发〔2002〕34 号），其中界定了出国留学人员是指出国留学的中国内地居民。为便于基层更好地界定出国留学人员，现就有关问题进一步说明如下：

根据海关总署 1994 年 7 月 18 日下发的署监〔1994〕459 号文件，留学人员是指以学习和进修为主要目的，到境外正式高等院校、科研机构求学、攻读学位、进修业务或从事科学研究及进行学术交流，连续居留 6 个月以上的人员，不包括在境外公、私企业工作的研修生，不包括学习语言的就读生。根据教育部国际司留学生工作处的解释，在境外高等教学机构正规学习语言的学生属于留学生，不属于就读生。《留学人员生育规定》第二、三、四项规定中的"留学人员"指夫妻双方同时在国外连续居住一年以上的出国留学人员。④

---

① 人民网。

② 转引自 http：//iask. sina. com. cn/b/13660929. html 网站。

③ 程希：《体制外的增长与体制内的导向：改革开放 30 年中国留学生回国政策评估》。

④ http：//www. pyda. gov. cn/dangan/media/MediaTMP/200602/602161442110004912/A2—037—2003—004. txt。

七、解决留学人员子女入学问题的政策性文件

●2000 年 1 月 3 日，为了落实国务院领导人关于解决留学人员子女入学的实际困难和问题，教育部以"教外留〔2000〕1 号文"印发了《关于妥善解决优秀留学回国人员子女入学问题的意见》，对解决留学人员子女入学问题进行了细化，提出了"适当照顾、特事特办"的原则，规定不得收取国家规定以外的费用，建议指定专门学校安排留学人员子女，并酌情开办"双语班"，对优秀留学人员的子女入学可实行"一事一议，特别审批"的办法。该《意见》为此项事务的逐步拓展和具体操作奠定了政策基础，具有比较明确的导向作用。

●实际上在教育部上述"1 号文件"印发之前，上海市教委已先于 1986 年 8 月 30 日印发了《关于来上海工作的出国留学人员子女入学问题有关规定的通知》及相关的辅助性政策文件；辽宁省教委也于 1998 年 8 月 15 日印发了《关于妥善解决留学回国人员子女入学问题的通知》。

●在教育部上述"1 号文件"印发之后，北京市教委、河北省教育厅和辽宁省教育厅等地方教育行政管理机构，先后印发了解决本地区优秀留学回国人员子女入学问题的《通知》。另据有消息报道，厦门、桂林、广州和武汉等城市的地方政府也在教育部上述"1 号文件"之后，也做出了相应的政策性规定。[①] 另外，在各地政府有关吸引留学人员的综合性文件中，一般也都有涉及留学回国人员子女入学问题的优惠政策与内容。

八、开展"国外学历学位证书认证制度"的政策

2000 年 1 月 17 日，国务院学位委员会和教育部以"学位〔2000〕2 号"文件，向教育部留学服务中心和全国学位与研究生教育发展中心印发了《关于同意"教育部留学服务中心"和"全国学位与研究生教育发展中心"开展外国学位证书认证咨询工作的通知》。《通知》指出，为进一步落实国家留学政策，促进教育国际交流，切实履行我国在有关国际公约和双边协议中应承担的义务，满足广大留学回国人员及其他外国学位获得者在我国升学、就业等需要，同时为我国招生和用人单位鉴别外国学位证书及高等教育文凭、证书提供咨询意见，经研究，同意由你们合作开展外国学位证书及高等教育文凭、证书的认证咨询工作。《通知》提出的外国学位证书认证工作的主要内容包括：鉴别颁发学位证书或高等教育文凭机构的合法性；甄别外国高等教育机构颁发的学位证书，或具有学位效用的高等教育文凭、证书的真实性；对外国学位与我国学位的对应关系提出认证咨询意见；为经认证的外国学位或高等教育文凭出具认证证明。《通知》要求，外国学位证书认证咨询工作主要由"教育部留学服务中心"承担；涉及外

---

① 白瑜、段风华：《理性面对留学人员子女上学问题》，《神州学人》2003 年第 10 期。

国学位与我国学位对应关系问题时，"教育部留学服务中心"应及时与"全国学位与研究生教育发展中心"协商，并由"全国学位与研究生教育发展中心"组织评估后提出咨询意见；认证咨询工作应有关单位、学位获得者的要求和申请进行。《通知》还要求上述两个执行部门，要认真制定有关实施办法，科学、认真地做好外国学位证书的认证咨询工作并定期将工作情况和结果报国务院学位委员会办公室和教育部国际合作与交流司。①

自1991年试行、2000年正式实行上述政策以来，总的情况是比较正常和有序的，充分发挥和体现了该项制度的积极作用和社会效果（参见本章第三节第25小节）。但是随着留学回国人员的增加，假文凭的问题也不断被揭露出来，学历造假案例开始增多。本书作者于2006年到几个中国留学人员较集中的国家进行调研时，就从德国一家餐馆带回来一份2006年10月25日国外某中文报纸刊登的广告，其中在大标题中赤裸裸地写明："为没学成的留学人员提供全套服务"；"您将在本公司全力协助下，成功获得德、奥、瑞、比等国家的高校毕业证书及全套有效认证，实现您留学海外未完成的梦想。价格优惠，质量第一，隐私保密！"这类报纸在欧洲国家的餐馆、宾馆等公共场所，随手可得。在2006年教育部所属留学服务中心受理的约3万件"国外学历学位认证"申请中，假洋文凭的比例较前几年又有所上升。仅在深圳市，两年中就发现了近百个证书、文凭不属于认证范围。其中有人甚至凭借假洋文凭进入了科研单位和高校，如毕业于西北师大的陈某某伪造哈佛大学博士文凭，被浙江大学数学中心聘为研究员，经发现被请退。以往假文凭的现象还只仅限于个别国家。随着出国留学人数的不断提高，一些在国内学习基础不好、外语基础差、自制能力差，但家庭经济条件好的大中学生，也选择了出国留学。这些人在国外的学习中，会遇到比国内更大的困难，往往很难完成学业。为了回国后能向投入了巨资的父母有个交代，并能找份好工作，最简单的办法就是想法儿弄个假洋文凭。有了市场需求，国内外制造假文凭的不法分子，便把生意做到了国外，做到中国留学生比较集中的国家。假洋文凭的圈套价格一般在100英镑左右，约合人民币1.5万元。且各种证明一应俱全，从国外学位证书到成绩单；从驻外使（领）馆教育处（组）出具的留学回国人员证明到教育部留学服务中心的学历学位认证；从钢印到签字笔迹，全都可以伪造。至于出国前的学历，造假者更是驾轻就熟：哪年到哪年学历学位证书是何版型，哪年到哪年某高校校长姓氏名字，甚至签名笔迹都是信手拈来。其仿真度很高，一般人很难辨别真假。一些留学生，特别是一些富家子弟，不爱读书学习，但在家长的逼迫之下不得不挤上念书的独木桥。于是他们也有现成的对策——找"枪手"做作业、应付考试，直到最后混到文凭。即便是"真文凭"也有灌水的可能性。由于一流的高等学府往往录取要求很高，申请者不容易成功。于是，许多学子便采用"曲线救国"的方式。他们首先在非一流学府念上两年，将考试成绩保持在一定的水平之上，然后再转学到心仪的一流学校（这样比直接申请容

---

① 中华人民共和国教育部网站。

易得多），最后得到的毕业文凭自然就是该一流学府的，过去的"历史"便一笔勾销。而这在美国完全合法合理，无可厚非。还有一种"真的"假洋文凭现象也确实存在。所谓"真"，是指学校确实发过此文凭，文凭的获得者、学历学位、成绩等，校方也是承认的；所谓"假"，是指文凭和持证人的学习过程和实际水平完全不符。调查发现，有的国家由于经济不景气，教育经费不足，需要中国留学生的学费支持。为了招揽更多的中国留学生，个别学校就有意帮助学业不合格的学生作假。出人意料的是，在这些高校中，不仅有当地教育部门承认的正规大学，甚至也有世界名校！为此，中国教育部门曾专门出面交涉，请其珍惜本国大学的声誉。为了阻止假洋文凭扰乱国内就业秩序，从 2000 年起，国家一些部门先后作出规定：申请参加公务员考试、司法考试、海关报关员考试、卫生部职业医师资格考试等的留学人员所获得的海外学历学位证书，需经教育部留学服务中心认证。一些大专院校、企事业单位、科研机构等用人单位对应聘的留学回国人员，也提出了这一要求。这些规定的出台，起到了一定的震慑作用。进入认证程序后，教育部留学服务中心采取的主要是向就读学校核查等一系列办法。绝大部分假文凭、假成绩单都会在核查程序中逐渐暴露的。2007 年 7 月 2 日，从英国回来的王某在北京市公安局办理落户手续时被怀疑其所提供的学位证书系伪造，相关人员在英国驻华大使馆的协助下到王某就读的单位调查其人事档案、考试成绩等，证实了王某所持的包括考试成绩单、学位证书等证件全部是伪造的。为了从各个环节杜绝国外学历学位造假现象，教育部留学服务中心又于 2007 年开发了网上查询服务，以供聘用留学回国人员的单位核查。就一般情况而言，培养一名出国留学生，少则二、三十万元人民币，多则上百万元，是国内高等教育成本的数十倍。而那些留学生花费重金获取假文凭，既学习不到国外的先进经验，也没有接受异域先进文化的熏陶，于国于民于家于己无有裨益。假文凭之所以屡禁不绝，是因为国内仍有假文凭存在的灰色市场，还有走后门的不正之风在推波助澜。[①]

九、改革在美留学人员申办豁免的政策性文件[②]

---

① 宋晓梦：《警惕假洋文凭扰乱国内就业秩序》，《光明日报》2007 年 6 月 19 日第 5 版；王湛：《中国加强归国学子国外学历学位认证——假洋文凭已成过街老鼠》，《人民日报海外版》2007 年 7 月 12 日第 6 版。

② 详见本书第七章第六节：改革对在美持 J—1 签证留学人员的"豁免"政策；本节除已经注明出处者外均参见教育部国际司 2003 年 4 月 10 日编印的《留学回国工作政策文件汇编 [1986—2003]》；苗丹国主编的《出国留学工作手册（2001 年版）》，北京语言文化大学出版社 2001 年 7 月版。

第三节　各级各地政府职能部门举办或设立多种支持和鼓励留学人员回国工作或为国服务的示范性活动、服务项目与科研基金

　　1993 年以来，根据国家的总政策以及各个部、委、局、办的部门政策，各地政府也相继出台引进海外人才政策，且内容不断丰富，引才方式不断创新，从而表明了中国引进海外人才的步伐正在加快。特别是在 2000 年以后，与以往某些部门、某段时期"拣到碗里都是菜"的盲目引才模式不同的是，高层次与实用性人才正在成为各地人才引进重点；各地人才计划中的引进目标，都无一例外地指向在海外学有所成，并在国际某一学科、技术领域内的学术技术带头人，尤其是那些拥有高技术含量科研成果、市场开发前景广阔的领军人才；以计划经济思维来吸引人才的旧模式正在改变，管理多头、职责不清、都管都不管，与国际经验和模式"脱轨"的状况正被打破；各地开始越来越多地强调引进人才的专业结构是否与国家和本地经济与产业发展的战略重点相吻合。

　　1993 年以后另一个主要特点是，各部门与各地都逐渐注重打造为留学人才提供全方位服务的工作平台。随着中国经济飞速发展和国际地位的显著提升，越来越多的留学人员选择回国发展，但是，由于服务体系尚不完善以及留学回国人员心态等因素，海外人才回国仍面临一系列的障碍。而在国内近年出台的海外人才引进政策中，"优化人才竞争与人才服务软环境"成为关键内容。许多部门和地方制定政策时特别突出了专家选拔、项目资助、职称评定、继续教育实施，强化公平竞争、优胜劣汰、绩效优先激励机制，并对高层次人才提供各个方面的后续服务与保障。根据教育部留学服务中心调查，海外留学人员普遍对国内情况缺乏了解，为此设立了专业化服务机构——中国留学人才市场，为留学回国人员和用人单位提供人才测评、职业规划、优秀人才推荐、档案保管、学历学位认证、就业落户、科研启动基金申请、科技项目合作、远程面试、远程小型海外专题招聘会、专家咨询会议、网上视频测试等服务项目。与此同时，面向留学人才的各种基金协助政府有关部门开发和利用海内外人才与人才市场，吸引中国留学人员回国服务，支持留学人员自主创业，为引进海外人才后提供更加完善的配套服务。①

　　1993 年以后，在举办或设立各种支持和鼓励留学人员回国工作或为国服务的示范性活动、服务项目与科研基金方面，从中央到地方的各级政府中众多职能部门在继承此前已有多种服务形式的基础上，又创造性地提出了一些新的方式、方法、活动、项目或计划，并且其中的特点与形式之间都存在着相互的关联、交织与影响。针对留学人员的支持项目归纳起来大致可以分为以下几种类型：表彰奖励、支持创业、信息服务、慰问活动、资助短期回国服务、科研基金、各类招聘、成果展览、人才与科技成果交流展会等等，如果细分的话还会有一些。比如，"支持留学创业活动"又可以细分为：普适性

---

　　①　杨晓冬：《中国引进海外人才步伐加快》，《中国人事报》2007 年 8 月 29 日。

创业活动、留学人员创业园建设和以创业为目的的留学人才技术交流展会等。以下摘要描述的仅仅是上述各种活动中一些比较典型或具有代表性的工作方式、服务项目和资助计划。比较遗憾的是，截止本书交稿时，我们还很少能够看到对上述全国性"鼓励回国"活动分别给予深度研究的高质量学术性报告，因此十分期待着有关机构以及学者和专家们的关注。

1. 1993 年以后继续执行此前已经设立的各类涉及留学人员的"科研启动金"项目

在为已回国工作的留学人员提供科研经费资助方面，为了更加科学、合理、方便地申请、审批和使用这类经费，1993 年后，在继续扩大执行此前已经设立的各类"留学科研启动金"项目的同时，国内各主管部门和所属机构对原有的一些规定进行了不断的规范和调整。

●教育部留学回国人员科研启动基金自 1990 年设立以来，在对留学人员回国工作后的科研支持方面，起到了一定的作用，在教学科研领域为留学人员提供了适当资助。

●国家人事部于 1992 年实行"非教育系统留学回国人员择优资助经费"项目以后，又于 1994 年实行了"资助留学人员短期回国到非教育系统工作暂行办法"，于 1995 年实施了"重点资助优秀留学回国人员开展科技活动"的项目。

●科技部国家自然科学基金于 1992 年 8 月在国内首次出台了资助留学人员短期回国工作讲学的专项基金，其后又推出海外青年学者合作研究基金等资助项目。

2. 建立留学人员回国信息网站

1993 年 6 月，中国留学服务中心创办了首家专门的"留学人才、技术、项目供需信息网"，并于 1997 年更名为"中国留学网"；2003 年 7 月将其拓展为由"留学政策、出国留学、留学回国和来华留学"四个子网组成的网站群；2004 年时的日均访问量已经超过了 8 万人次。该网站已成为在外留学人员了解国家"鼓励回国"系列政策和国内用人信息的知名品牌和比较重要的窗口。其后，各地各级政府和各有关单位先后建立起许多此类涉及留学人才创业、就业、流动的网站。①

3. 组织在外留学人员回国服务团和出国招聘留学人员工作团组

上世纪末以后，人事部、教育部、团中央、欧美同学会等许多国家机关以及数以百计的各地各级政府、各个单位，分别组织在外留学人员回国服务团、咨询团、考察团到全国各地开展技术项目交流活动，如赴东北为振兴东北老工业基地献计献策和进行项目洽谈。同期，全国各个部门还组织了数以百计的"出国招聘留学人员工作团组"。

4. 设立"国家杰出青年科学基金"

1994 年 3 月 14 日批准设立，并由国家自然科学基金委员会负责管理。该项目坚持以人为本、以创新为准绳支持高水平的科研队伍，不断发展与完善人才资助体系，努力营造有利于创新人才成长的良好环境，使该项基金在凝聚国内队伍、吸引海外学人、造就学术带头人、培育创新团队等方面发挥了重要作用。据统计，截止 2004 年国家杰出青年科学基金十年来累计资助 1174 人，他们已经和正在成为中国基础研究创新的中坚力量；先后

① 《中国留学服务中心介绍》，中国驻奥地利使馆网站。

有 30 位国家杰出青年科学基金获得者当选为中国科学院或中国工程院院士，从近几届中科院院士增选情况来看，50 岁以下的内地新增院士全部为国家杰出青年科学基金获得者；在国家自然科学基金近年资助的 76 个"创新研究群体"中，有 67 个群体的学术带头人是国家杰出青年科学基金获资助者；近 4 年，共有 15 位国家杰出青年科学基金获得者作为第一获奖者获国家自然科学奖二等奖 15 项，有相当一批获资助者在国家重大研究项目或重大计划中担任首席科学家或学术带头人，还有一些正在科技领导岗位发挥重要作用。[①]

5. 建设留学人员创业园

●1994 年国内首个留学人员创业园——南京金陵海外学子科技工业园诞生。也有文章称，1996 年挂牌的"苏州留学人员创业园"是国内成立最早的首个国家级"留创园"。此后，作为专门为回国留学人员创业服务的孵化器，中国的留学人员创业园纷纷建立，并发展迅速、成效显著。为了加快留学人员创业园的建设，为留学人员回国创业营造有利的条件，2000 年 6 月至 2001 年 6 月，科技部、教育部、人事部组织开展了"国家留学人员创业园示范建设试点"活动，并在全国范围先后确定了 21 个试点单位——国家留学人员创业园示范园区。据不完全统计，截止 2007 年全国各地共创建留学人员创业园 130 多家，入园在孵的留学人员企业近 8000 余家；全国范围内留学人员创办的企业数量已达 1 万多家，年产值逾数百亿元人民币。另数据显示，截至 2006 年底，各类留创园中毕业的留学人员企业中有十余家成功上市，收入过亿元的达到 60 多家，相当一批企业经营状况非常好，为国内经济发展注入了强大的活力。留学人员创业园在全国范围内方兴未艾，已经成为各地经济、科技创新的源泉，成为各地经济发展的充满活力的增长点。其间，从 1999 年 7 月开始，科学技术部火炬高技术产业开发中心与人事部专业技术人员管理司共同主办了"海外学人科技创业园工作座谈会"，并将其确定为每年举办一次的"全国留学人员创业园网络年会"。截止 2007 年该年会已经连续举办了 8 届，对于增进创业园之间的交流与合作，推动为留学人员回国创业的服务活动深入发展起到了积极作用。

●为了总结北京市 8 年期间留学人员创业园建设的基本经验，进一步推动首都留学人员创业园建设和发展，在"北京留学人员创业园"评价、命名各项活动的基础上，北京市政府相关职能部门于 2006 年 6 月编写并发布了《北京市留学人员创业园发展报告》。作为全国首个地区性留学人员创业园发展报告，对北京市留学人员创业园 8 年的发展轨迹进行了归纳、总结，对存在问题进行了疏理、剖析，对未来发展前景进行了预测和展望。《报告》总结了北京市留学人员创业园所具有的"政府主导建设、以孵化器类型为主、创办主体多元、运营机制多样、区域分布合理、行业结构适宜"等 6 个特点；肯定了创业园的政策宣传和示范、人才吸引和聚集、人才培养和辐射、科技成果转化和产业化 4 个作用。该《报告》既是对此前北京市留学人员创业园工作的回顾和总结，也是其后北京市留学人员创业园建设与发展的参考和依据。据相关报告显示，自 1997 年开始并截止 2006 年底：（1）创业园大致经历了"启动建设、快速发展和规范提高"三个阶段；（2）已经了建立

---

① 张蕾、田雅婷：《纪念国家杰出青年科学基金实施十周年》，《光明日报》2004 年 10 月 20 日（中科院系统的资助项目详见本章第四节）。

23 家留学人员创业园；（3）累计吸引 2135 名留学人员，其中 2006 年当年在园有 1780 人；（4）累计吸引 1641 家留学人员企业入园，其中尚有 940 家在园，先后有 502 家企业正常毕业，约占离园总数的 72%，另有 199 家因创业失败或其他原因离园，占 28%；（5）2000—2006 年累计实现技工贸总收入约 110 亿元，累计实现利润约 5.95 亿元，累计上缴税费约 4.53 亿元。北京市通过调查研究编写一部《留学人员创业园发展报告》的做法，不仅对全国其他地区留学人员创业园具有借鉴和导向的意义，而且对全国类似的留学展会、创业大会、交流大会也具有同样的指导作用。

●2007 年 12 月，教育部留学服务中心与《中国留学生创业》杂志等单位共同编辑并由中国财政出版社出版了《2007 年中国留学人员创业年鉴》。该年鉴分为综合信息、政策文献、总结报告、园区展示、企业名录、人物介绍、相关数据及附录等篇目。作为国内第一部介绍改革开放以来中国留学人员回国创办高新技术企业整体状况的文献资料汇集，该年鉴比较客观地记录和反映中国留学人员在回国创业过程中对科技创新做出的贡献及其对中国社会进步产生的一些影响。[①]

6. 实施"百千万人才工程"和"新世纪百千万人才工程"

"百千万人才工程"是根据国家科技发展规划和经济社会发展需要制定，旨在加强中国跨世纪优秀青年人才培养的一项较大项目。1994 年 7 月由国家人事部提出，1995 年底由人事部、科技部、教育部、财政部、原国家计委、中国科协、国家自然科学基金委员会等七个部门联合在全国范围内组织实施。"百千万人才工程"坚持以培养造就年轻学术技术带头人为主的原则，取得了比较显著的成效。"百千万人才工程"共分三个层次：第一层次，到 2000 年，造就上百名 45 岁左右，能进入世界科技前沿，在世界科技界享有盛誉的学术和技术带头人；第二层次，造就上千名 45 岁以下具有国内先进水平，保持学科优势的学术和技术带头人；第三层次，培养出上万名 30 至 45 岁在各学科领域里有较高学术造诣、成绩显著、起骨干或核心作用的学术和技术带头人后备人选。百千万人才工程分两个阶段实施：第一个阶段，到 1997 年遴选和掌握五六千名或更多 30 至 40 岁左右的优秀人才，作为重点培养对象；第二阶段，到 2000 年，在国民经济和社会发展影响重大的 50 个左右的一级学科和 500 个左右的二级学科门类中，造就一批国内一流或具有世界水平的专家、学者，使他们成长为各个学科领域跨世纪的学术和技术带头人，从而改善中国专业技术带头人队伍的结构，全面推动中国专业技术队伍建设工程。截止 2000 年，入选该项目的各类人才近万名，形成了分层次、多渠道培养造就优秀年轻人才的工作体系，有力地推动了全国高层次专业技术人才队伍建设。

根据中共中央办公厅、国务院办公厅《关于加强专业技术人才队伍建设的若干意见》（2001），为继续做好年轻一代学术技术带头人培养工作，为深入实施人才战略，加速培养造就年轻一代学术技术带头人，人事部、科技部、教育部、财政部、国家发展计划委员

---

① 田间、刘俊：《首个国家留学人员创业园创建始末》，2004 年 2 月 15 日神州学人网站；徐泓：《北京发布全国首个留学人员创业园发展报告》，2006 年 6 月 16 日《华声报》；赵峰、崔巍微：《北京市留学人员创业园十年发展概述》，《中国人才发展报告》，社会科学文献出版社 2008 年 7 月版。

会、国家自然科学基金委员会、中国科学技术协会于 2002 年决定，在 2002—2010 年期间实施"新世纪百千万人才工程"。"新世纪百千万人才工程"是为深入贯彻"全国人才工作会议"精神，进一步加强高层次专业技术人才队伍建设，促进优秀中青年学术技术带头人的成长。国家级人选每两年选拔一次，每次选拔 500 名左右，在各地、各部门推荐的基础上，经专家评审，并报"工程"领导小组批准产生。该"工程"的目标是，到 2010 年，培养造就数百名具有世界科技前沿水平的杰出科学家、工程技术专家和理论家；数千名具有国内领先水平，在各学科、各技术领域有较高学术技术造诣的带头人；数万名在各学科领域里成绩显著、起骨干作用、具有发展潜能的优秀年轻人才。[1]

7. 举办"慰问留学回国人员'95 新春音乐会"

1995 年 1 月 20 日，国家教委在人民大会堂举办了慰问留学回国人员的"'95 新春音乐会"，数千名留学回国人员的代表及其家属应邀观看了富有民族特色的精彩演出。[2]

8. 连续召开专门研究留学回国管理事务与相关政策的四次会议

1995 年、1997 年、1998 年和 1999 年，国家人事部和国家教育部或联合或单独性连续召开了四个专门研究留学回国管理事务与相关政策的重要会议。[3]

9. 召开"全国留学回国人员代表成果汇报暨慰问活动"

1996 年 2 月 6—8 日，国教委和人事部召开"全国留学回国人员代表成果汇报暨慰问活动"，表彰先进个人和单位，并邀请全国各地、各学科领域 170 多个单位的 202 位代表与会。2 月 7 日，李鹏总理代表党中央、国务院和江泽民主席会见出席成果会的全体代表并发表讲话；李岚清副总理出席接见活动。2 月 8 日晚，国家教委、人事部、广电部、文化部、煤炭部、解放军总政治部和北京市政府在人民大会堂联合举办了慰问留学回国人员的"'96 新春文艺晚会"，202 名会议代表和 6000 多名在京各界回国人员观看演出；与会代表发出了"海内外学子携手再创辉煌"的倡议。[4]

10. 实施"春晖计划"

为了加大支持在外留学人员为国服务的力度，国家教委于 1996 年 4 月启动实施"春晖计划"，旨在吸引和支持在外优秀留学人员回国或以多种方式参与国家的教育、科技与经济建设。4 月 25 日，教育部发布择优资助已获得博士学位并在本专业领域取得突出成就的优秀留学人员短期回国工作方案，并制定出《资助海外留学人员短期回国工作专项经费实施办法》。1997 年"春晖计划"支持了留法学人支持甘肃建设服务团，1998 年"春晖计划"支持三峡库区环境治理的项目，2000 年增设了"春晖计划"海外留学人才学术休假回国项目，2002 年组织留学人员到西部任职或者挂职，2006 年组织了"春晖杯"中国留学人员创新创业大赛。据不完全统计，截至 2006 年"春晖计划"实施十年来，大致资

---

① 百度百科网、北京人事人才信息网。

② 中国教育新闻网和《神州学人》1995 年第 3 期。

③ 详见本章第六节。

④ 李涛、朱幼棣：《李鹏会见优秀留学回国人员》，《人民日报》1996 年 2 月 8 日第 1 版；《留学回国人员成果汇报会代表倡议，海内外学子携手再创辉煌》，《人民日报》1996 年 2 月 9 日第 5 版；王焕现：《200 学子汇京城——全国留学回国人员代表成果汇报暨慰问活动侧记》，《神州学人》1996 年第 4 期。

助了 200 多个留学人员短期回国服务的团队，大致有 1 万 2 千人次在外留学人员短期回国服务，先后设立"春晖计划"合作项目有 797 个。

11. 举办"慰问留学回国人员新春文艺晚会"

为鼓励留学人员回国工作，国家教委、人事部、解放军总政治部、广播电影电视部 1998 年 1 月 2 日在中国剧院联合举办新春文艺演出活动，慰问几年来在国内各条战线上的优秀留学回国人员。据教育部当时统计，1978—1997 年中国各类出国留学人员近 30 万人，其中有 10 万名留学人员已学成回国工作，成为社会主义建设的一支重要力量，在各行各业发挥着积极作用。他们中有的献身于国家的教育事业，创建了新学科、新专业，使国内的一些学科领域和人才培养水平达到了国际水平；有的在科研领域获得国内或国际一流的研究成果，成为学术学科带头人；有的投身到大中型企业，创办实业，组建公司，把在国外所学的知识和经验运用到实际工作之中去，产生了很好的经济效益和社会效益。①

12. 实施"长江学者奖励计划"

出于延揽海内外科技英才，吸引和稳定一批海外杰出拔尖人才到国内高校从事科研和教学工作的目标与导向，教育部于 1998 年 8 月设立并实施了这项计划。作为《面向 21 世纪教育振兴行动计划》的首个实施项目，"长江学者奖励计划"有效地凝聚了一批高层次人才在高校从事科研、教学工作，特别是吸引了一批学术上卓有建树的海外优秀学者回国工作或为国服务。1998 年至 2006 年共有 97 所高校分八批聘任了 799 位特聘教授、308 位讲座教授，14 位优秀学者荣获"长江学者成就奖"。1107 位长江学者特聘教授、讲座教授中，98% 的具有博士学位；94% 的具有在国外留学或工作的经历；上岗时平均年龄 42 岁，最小的 30 岁；特聘教授中，直接从海外应聘或近三年回国工作的 231 人，讲座教授全部从海外应聘。在"长江学者奖励计划"的支持和激励下，一批长江学者已经成长为许多学科领域的领军人物，取得了一系列重要研究成果。②

13. 举办"中国留学人员广州科技交流会"

从 1998 年 12 月开始，教育部、科技部和人事部等政府机构连续每年参与举办一年一度由广州市政府策划和主办的"中国留学人员广州科技交流大会"。截至 2007 年，先后举办的 10 届"广州留交会"共吸引来自世界各地的 1 万多名（次）高层次海外留学人才及一批具有一定影响力的海外社团带来高科技项目 8000 多项参会交流，一大批留学人员通过留交会走上回国创业之路，取得了良好的经济和社会效益。此后，全国各地也先后有数十个针对留学人才和技术项目的类似活动相继举办。

第 11 届中国留学人员广州科技交流会于 2008 年 12 月 26—28 日在广州白云国际会议中心举行。本届留交会围绕现阶段国内亟需解决的关乎核心竞争力的重点关键领域来展开海外揽才工作，目标是吸引 60 名海外华人科技领军人才和 100 个在相关专业领域

① 温红彦、尹鸿祝：《首都慰问留学回国人员》，新华社北京 1998 年 1 月 21 日电。
② 《长江学者奖励计划》，百度百科网站；《"长江学者奖励计划"实施的战略意义及其启示》，2007 年 3 月 31 日中国教师人才网；详见本章之五节。

处于国际领先地位的创新科技团队到留交会上交流；并将重点吸引一大批电子信息、生物医药、先进制造、新能源新材料技术、环保与新农业技术以及金融与管理领域等现代服务业发展亟需的高层次专门人才。广州 2008 年年底出台吸引海归的新政策，在 11 届留交会对海内外发布。主要是对 1999 年颁布《关于鼓励留学人员来穗创业工作的规定》进行较大幅度的修改和完善，着重在资金扶持和科技创业投融资体系构建、创新创业环境培育、服务管理支撑体系培育以及留学人员生活保障和留学人员子女入学优惠等方面出台更具吸引力的延揽海外留学高层次人才政策。新政策出台以后，海外留学人员子女入学将享受比广州居民更优惠的条件，而医疗卫生也将有特别优惠的政策。新政策一方面给予海归专项资金支持，另一方面营造留学人员在广州创业的环境，包括他们在广州的生活保障。针对广东省出台政策重奖高层次人才，最高奖 3000 万元，广州招揽海归的新政策更重要体现在对重大专项、重点资金支持上，拿出高于 3000 万元的资金，来扶持海归的发展项目。广州市政府在本届留交会上首次聘任 28 位海外高端人才作为广州市政府留学人员专家顾问团。这些高端人才主要分布在科技领域、园艺及现代农业领域、公共卫生及医疗保障领域、现代服务业领域和世界经济与国际政治领域。其中，科技领域重点包括电子信息制造及信息服务业、生物技术与生命科学、装备制造等，而现代服务业领域重点包括金融、建筑、会展等。智囊团成员每两年一聘。成为政府专家顾问团的海归要在所在地区、单位有一定影响，创造一定的社会价值，更重要的是实实在在地把从海外学到的知识在国内得以发挥。在留交会 10 周年之际，广州市还对 10 年来为广州经济社会发展作出重要贡献的 10 位优秀留学人员进行评选和表彰。除了组织第三届"春晖杯"留学人员项目对接、企业科技难题招贤外，本届留交会还着力组织广东创新型中小城市及其新兴产业园区，组织广东创新大中企业搞"广东创造专展"，组织一批现代产业体系及现代服务企业开辟"现代产业人才配置专场"。主办方将组织"海外高端留学人才与现代产业体系构建"论坛、"海外高端留学人才与广东创造"论坛、"海外高端留学人才与中国现代服务业发展"论坛等。[1]

14. 举办"第一届上海留学人员成果展"

上海市政府于 1999 年 11 月 30 日在上海市图书馆举办首次"上海留学人员成果展"，集中展示了上海市 220 名留学人员所取得的重大成果，其后于 2001 年出版了介绍这些留学人员回国工作或创业情况的画册———《上海留学人员成果集（一）》。据"成果展"介绍，自改革开放以来，上海已吸纳了约 1.7 万多名归国留学生汇入本地的"人才高地"，他们在上海创业的同时，也为上海的经济发展和社会进步作出突出贡献。上海吸纳的留学生人数，约占全国学成归国留学生总数的 1/6。据当时的统计，他们在上海创办的企业有 750 家，许多人成为上海高新技术领域的"台柱"人物。一些留学生认为，他们之所以选择上海，是因为"上海较好地执行了国家支持留学、鼓励归国、来去自由的留学生政策"。另据展览会介绍，当时在上海获得"政府特殊津贴"的归国留

---

① 郑佳欣、刘辉军、陈玉、穗外宣：《广州：海归子女入学享受比居民更优惠政策，招揽海归新政策拟年内出台，"海归子女入学就医将比居民更优惠"》，2008 年 9 月 18 日中青在线。

479

学生有 1920 人，占上海获此津贴人数的 1/4；获得"国家级突出贡献中青年专家"称号的归国留学生有 125 人，占上海此项称号人数的 1/3 强；上海地区任中科院院士、工程院院士的归国留学生有 68 人，超过上海地区两院院士的一半。上海市政府为归国留学生提供了宽松的立业政策和较好的生存环境；为归国留学生兴建了 5 个创业园，着重吸收高新技术和能填补国内市场空白的研究和发展项目；在用人政策方面，对留学人才做到"用人不疑"，有 2980 人担任国家级项目主要负责人，有 4171 人担任部级或上海市一级项目主要负责人；在上海的归国留学生中，获得国家级奖励的有 711 人，获得部级或上海市一级奖励的有 3195 人。①

15. 举办"中国海外学子辽宁（大连）创业周"活动

自 2000 年夏季开始，以吸引海外学子归国创业为核心宗旨、连续举办八届并历经 8 年经验和积累的"中国海外学子辽宁（大连）创业周"活动，已成为面向全国并具有较强影响力和吸引力的科技人才的国际化交流活动，成为世界各地海外学子、企业家及各界朋友交流合作的重要平台。截止 2007 年的 8 年中，通过八届该"创业周"及其辐射的活动，共吸引了 50 多个国家和地区的 7000 多人次的海外学子及 400 余位国外客商来辽宁，与 3000 多家企业、科研院所、大专院校等单位进行项目合作洽谈，共有 2300 多名学子携带技术或资金归国创业或开展合作；共签订各类合同 2000 多项，创办或合办企业 1500 多家，累计创造产值 140 多亿元。

2007 年第八届"创业周"由科技部、教育部、人事部、共青团中央、国务院侨办、中国科学院及辽宁省政府联合主办。其间举办了"火炬计划推动海归创业"政策说明会、"春晖杯"中国留学人员创新创业大赛启动仪式暨海外学子项目对接洽谈会、国际高端人才交流会、全国青联留学人员联谊会理事会、辽宁省海外学子创业工程十佳人物评选颁奖活动、辽宁省区域发展战略推介、国际生物技术研讨会、辽宁沿海经济带开发开放战略展、全国留学人员创业环境展、国际创意博览会、中国国际青年设计创新高峰论坛等十余项主体活动。第八届"创业周"吸引了 519 名携带高科技项目的海外留学人员，500 名参加国际高端人才交流会的海外高级人才，18 个海外留学人员及华人学术团体、高校及科研部门、企业、国内外投融资机构、国家级高新区、科技企业孵化器等代表参会。其中，294 名海外学子携带涉及电子信息、生物医药、先进制造、新材料、节能环保、现代农业等领域的 370 多个高科技项目，与辽宁省 1550 家企业、科研院所、大专院校等单位进行项目对接洽谈，共签订合同 176 项，合同金额 13.8 亿元。

第九届海外学子创业周于 2008 年 9 月举行，并由国家科技部、教育部、人力资源和社会保障部、国务院侨办、中国科学院、欧美同学会·中国留学人员联谊会和辽宁省人民政府联合主办。来自世界各地 600 多位海外留学人员、30 个海外留学人员及华人学术团体、近 200 位海创周各论坛与会者、55 家全国留学人员创业园代表、100 多家投资机构代表、近百家高等院校和科研院所代表，以及辽宁省内外各地近千位参会政府和企业代表出

---

① 袁梦德：《1.7 万名留学生上海显风流第三代归国留学生 1/6 在沪立业》，《中国青年报》上海 1999 年 12 月 1 日电；上海市人事局：《加大力度吸引海外高层次留学人才》，上海市普陀区人事局网站。

席相关活动。其中，316 名海外学子携带电子信息、生物医药、先进制造等领域的 369 个高科技项目，与辽宁省 3000 余家企业、科研院所、大专院校等到单位进行了项目对接洽谈，共签订意向合同 202 项，合同金额 14.5 亿元。55 家海外学子创业园的 150 名代表参加了全国留学人员创业环境展；280 家跨国公司、国内大中型企业、大专院校参加了国际人才交流会，达成用人意向 620 个，其中 62% 是软件和信息服务业人才。前 8 届共吸引了50 多个国家和地区的 7000 多人次的海外学子、500 余位国外客商先后到辽宁考察，已有2200 多名海外学子携带技术或资金归国创业或开展合作，累计创造产值 160 多亿元，海创周成为中国留学人员智力交流和科技项目洽谈的重要平台、海外学子学成报国的桥梁和纽带。第九届海创周以"吸引海外学子归国创业，助推辽宁沿海经济带快速发展"为主题，主体活动包括"两会、三展、四论坛"，即海外学子项目对接洽谈会暨"春晖杯"中国留学人员创新创业大赛项目洽谈会和国际人才交流洽谈会；辽宁省重点发展产业推介展、全国留学人员创业环境展和国际设计博览会；中国火炬创业导师论坛、海创周风险投资论坛、国际设计创新高峰论坛和国际人才发展论坛，通过对接洽谈、展览展示、主题论坛等多种形式，充分发挥项目对接、人才对接、资本对接、信息对接四大平台的功能作用，全方位构筑海外留学人员归国创业和就业的桥梁。海创周举办期间，大连市委、市政府宣布2008 年 1 月正式启动吸引海外学子尖端人才归国创业工程——"海创工程"。其总体目标是，在未来 5 年内，经严格筛选，有计划地按照每年 10 人的目标，累计引进 50 位海外学子尖端人才来连兴办高新技术企业，大连市将通过资金政策体系、环境配套体系和平台服务体系等手段，为回来创业的海归提供全方位支持。这些支持可概括为"三个二"和"三个一"：一次性给予创业企业 200 万元创业启动资金；给予不低于 200 万元的创业投资；需要银行贷款的，给予不低于 200 万元的资金担保，并给予年利息额 50% 的贷款贴息。经论证评审的企业可连续三年获得免租金的不低于 100 平方米的办公场地；需要进行小规模生产的，可优惠获得不低于 1000 平方米标准厂房；需购置土地实施产业化的，可享受 30% 的土地出让价格补贴。在生活配套方面，为海外学子尖端人才提供三年免租金不低于 100 平方米的生活公寓。[①]

16. 举行"海内外高端人才交流暨经贸项目洽谈会"

自 2001 年 4 月开始，山东省定期举办"海内外高端人才交流暨经贸项目洽谈会"。1—4 届"山东海洽会"在海内外产生了一定影响，提高了山东省对外的影响力和知名度，宣传了山东投资兴业的良好环境，成为全国性海内外高端人才与技术项目交流的主要品牌之一。1—4 届"山东海洽会"共直接引进 2000 多名海外留学人员回国创业，直

① 王笑梅、杨丽娟：《2007 中国海外学子辽宁（大连）创业周隆重开幕》，2007 年 6 月 30 日北国网；《2007 中国海外学子辽宁（大连）创业周活动即将举行》，2007 年 4 月 8 日新华网；王金海、段朝华：《2007 中国海外学子辽宁创业周将在大连举行》，2007 年 4 月 6 日人民网大连视窗；《2007 中国海外学子辽宁（大连）创业周在大连世界博览广场开幕大连求贤若渴市长发出召唤》，《大连晚报》2007 年 6 月 30 日；辽宁省科技厅：《2007 中国海外学子辽宁（大连）创业周取得圆满成功》，科技部门户网站 2007 年 7 月 9 日；杨丽娟：《2008 年中国海外学子辽宁省（大连）创业周将举行》，《辽宁日报》2008 年 7 月 31 日；宋太盛：《冀海外学子融入归国创业大潮》，2008 年 9 月 24 日中国新闻网；曹喆：《2008 大连"海创周"成功举办》，2008 年 9 月 27 日神州学人。

接引进海外高层次留学人员的高新技术项目超过 1000 个，引进留学生创办企业 200 多家，每年以各种方式到山东开展经贸或技术服务的留学人员超过千人。海外高层次人才以投资创业、经贸合作、科技服务、合作研究等多种形式，为山东省创造了较大的经济和社会效益。2008 年 9 月 11 日，山东省政府宣布，"山东第五届海内外高端人才交流暨经贸项目洽谈会"将于 11 月 17 日至 19 日在济南举行，标志着山东省将再度加速吸引海内外高端人才的步伐与速度。①

17. 举办"中国海外留学人员及国际科技项目交流会等系列创业"活动

北京市人事局和中国北京国际科技产业博览会从 2001 年开始，每年举办一次"中国海外留学人员及国际科技项目交流会"系列活动。国家人事部、教育部以及国家发改委的有关司局为支持单位。截止 2006 年，共有来自美国、英国、法国、德国、加拿大、日本、澳大利亚等国家的 600 多名留学人员参会，携带近 700 个代表国际领先或先进水平的科技项目，累计超过 1000 多家国内外风险投资公司、国有大中型企业、高新技术企业代表参会，历年洽谈会现场就签订近 200 份《合作意向书》，累计金额 160 多亿元人民币。"北京留学人才招聘会"自 2002 年举办以来，共有获得国外学士以上学位的 5000 多名留学人员和 200 多家用人单位参会，所达成意向大大超过普通人才招聘会。此项系列活动受到留学人员和各类企业、风险投资机构、用人单位的广泛好评，被国家人事部誉为"在组织留学人员以多种方式为国服务方面的名牌产品"。

18. 举办"中国国际人才交流大会"

经国务院批准，由国家外国专家局于 2001 年在深圳市创办。大会以"融全球智力，促共同发展"为主题，以"招才引智，招商合作"为目标。在理念上突出国家化、高端化、专业化和精品化的思路；设有外国专家展区、出国境培训机构展区、引智成果展区、留学人员项目推介、国际文化产业人才智力、国际职业教育、培训人才和海外人才招聘会等五个板块以及国际人才论坛。深圳市是个典型的移民城市，海纳百川的移民文化让"海归"们宾至如归，很快适应当地的文化氛围。深圳市政府曾多次组织团队前往海外招揽人才，为前往深圳创业的海归提供足够的空间施展才能，实现回国抱负。深圳海归创业发展局面可以说是"深圳速度"的又一佐证。它已经形成了一整套行之有效的机制，为海归创业提供资金、住房、家属调动、子女入学等一系列优惠政策。截止 2007 年 11 月 30 日到 12 月 1 日已经联系举办了六届。②

19. 召开"全国留学回国人员先进个人和先进工作单位表彰大会"

2003 年 9 月 30 日，中共中央总书记、国家主席胡锦涛，以及中共中央政治局常委温家宝、贾庆林、曾庆红、李长春，在人民大会堂会见了出席"全国留学回国人员先进个人和先进工作单位表彰大会"的代表并合影留念。胡锦涛即席发表重要讲话；中共中央政治局常委、国家副主席曾庆红等领导人为代表们颁奖；曾庆红在表彰大会上发表了《充分发挥广大留学人才在全面建设小康社会中的独特历史作用》的重要讲话。此前，中组部、中

---

① 参见本书第九章第十节。
② 《2007 年 9 月到 12 月：还有哪些大事值得海归关注》，《人民日报海外版》2007 年 8 月 25 日。

宣部、中央统战部、人事部、教育部和科技部于 2003 年 9 月 23 日做出《关于表彰全国留学回国人员先进个人和先进工作单位的决定》，授予 311 人"留学回国人员先进个人"荣誉称号，颁发"留学回国人员成就奖"；授予 22 个集体"留学回国人员先进工作单位"荣誉称号，颁发"留学回国人员先进工作单位奖"。[①]

20. 设立"海外高层次留学人才引进专项经费"

2003 年 11 月，人事部在财政部支持下，设立了"海外高层次留学人才引进专项经费"，重点引进海外高层次留学人才和急需紧缺人才；并确定北京、上海、天津、黑龙江、辽宁、河南、山东、江苏、浙江、福建、陕西、四川、广东等 13 个省、直辖市，以及国防科工委、信息产业部、农业部、卫生部、国家环保总局、国家地震局、中国气象局等 7 个部门，共 20 个单位，为开展海外高层次留学人才回国资助试点工作的单位。根据突出重点、优先支持的原则，重点资助急需发展的信息科学、生命科学、新材料、新能源、先进制造业、航空航天等领域，以及关系国计民生或有重要影响的行业从海外引进的高级专业技术或管理人才。这是人事部首次专门针对回国工作的高层次留学人才进行资助。人事部对各试点单位推荐的高层次留学人才进行了资格审核，并邀请中科院、农科院、中国医学科学院等单位的院士、专家组成高层次留学人才回国工作资助专家评审组，对各有关地区和部门推荐的申请人的资格条件、学术技术水平、工作业绩和综合能力等进行综合评估，提出拟资助人员名单。每一个项目都经过 3 位专家评议并签署意见，评审程序严密。通过条件控制、数量控制和程序控制相结合的方式，严格把关，确保评审结果的公平、公正和权威性。对确定的高层次留学人才资助人选，一次性提供资助金 30 万元。同时，由有关地区或部门进行至少 1：1 比例的资金配套后，一起拨付给人才引进单位。获得资助的高层次留学人才主要有以下几个特点：1. 综合素质普遍较高 2. 与经济科技发展结合密切 3. 重点学科领域突出。入选人员主要集中在农业、医药和生命科学、信息技术等国家重点学科领域。[②]

21. 启动"海外智力为国服务行动计划"

2004 年 2 月 9 日，中国科学技术协会宣布，为进一步加强与旅居海外的华人科技团体和科技人员的联系，启动"海外智力为国服务行动计划"。该计划旨在通过专题研讨、短期兼职、项目合作和技术服务以及联系海外科技团体，吸引和组织海外科技工作者以多种方式为国服务等方式，为旅居海外的华人科技人员为祖（籍）国服务搭建平台，发挥海外人才在中国现代化建设中的作用。同时成立"中国科协海外智力为国服务行动计划领导小组办公室（简称"海智办"）"，设在中促会，负责海智计划的具体组织实施。截止 2005 年底，已先后有主要留学国家的 41 个科技团体、38 个省市科协、全国性学会及相关单位参与了海智计划。2003 年 12 月初，由中国科协在北京组织召开的"海外智力为国服务"研讨会，来自世界各地 36 个海外华人和留学生科技团体的代表与会，并集中探讨了新形势下发挥海外智力优势为中国服务的途径与方法。正是次研讨会为启动和实施"海外智力

---

① 参见本节"一"之 15；国人部发［2003］25 号文，人事部网站信息浏览。
② 沈仁：《吸引海外高层次留学人才回国工作的一次尝试》，《神州学人》2004 年第 11 期；法律教育网。

为国服务行动计划"奠定了基础。"海智计划"启动以来取得了积极进展，截止 2006 年已先后开展项目申报和对接，申报需求项目 122 个；以项目对接、学术交流、技术培训等多种形式为国服务，与国内对接项目 56 个，为国服务人数达 200 多人次；为地方经济发展服务；海外专家学者回国参加咨询建议，提出咨询建议 42 项，其中有 10 余项利用中国科协渠道，反映给中央和国家有关领导人。[①]

22. 举办"中国留学人员回国创业成就展"

2004 年 2 月 29 日，由中宣部、人事部、教育部和科技部联合组织的"中国留学人员回国创业成就展"在北京展览馆开幕。这是继 1990 年 11 月 16—22 日在北京农业展览馆举办了"首届全国留学回人员科技成就展"13 年半之后，新中国成立以来规模最大、范围最广的一次留学人员回国创业成就展示活动。全国 31 个省、自治区、直辖市，人事部、教育部、科技部、中科院等部门和部分企业以及解放军系统共 40 多个单位参加展览。参展的优秀成果 1100 多项，涉及航空航天、信息技术、生物制药、医疗器械、新能源、新材料等高新技术领域，获国家或省部级奖的超过 200 项，一些成果填补了国内空白，达到国际先进水平。中共中央政治局委员、书记处书记、中宣部部长刘云山，全国人大常委会副委员长韩启德，国务委员华建敏、陈至立，全国政协副主席王忠禹、徐匡迪观看了展览。看到广大留学人员回国创业的累累硕果，刘云山说，这是一个非常好的展览，他希望各地区、各部门要认真贯彻全国人才工作会议精神，大力实施人才强国战略，进一步加大留学人员回国工作的力度，开创留学人员回国工作的新局面。中国人事部部长张柏林表示，中国政府还将出台一系列措施，继续吸引、鼓励留学人员回国创业和以多种形式为国服务。据此次展览会公布的有关部门统计，1978 至 2003 年底，中国出国留学人员总数已经超过 70 万人，留学回国人员总数达 17.28 万人。[②]

23. 召开"全国留学人员团体工作研讨会"

2005 年 7 月 3 日，为贯彻落实 2004 年由中央统战部印发的《关于做好留学人员统战工作的意见》，促进各留学人员团体之间的交流与协作，共同推进新世纪新阶段全国留学人员工作的深入开展，中央统战部与欧美同学会·中国留学人员联谊会在福建省联合召开了全国留学人员团体工作研讨会。全国各省市区统战部门负责留学人员工作的业务处室负责人、已成立的留学人员工作团体的负责人共 230 多人出席了会议；主要是就在全国建立健全留学人员组织问题，沟通情况，交流经验，研究措施，布置任务。会议认为，中共中央 2000 年 12 月 31 日制定印发的《关于加强统一战线工作的决定》将出国和归国留学人员明确为新世纪新阶段的统战工作对象。其后中央统战部加强了对欧美同学会的指导，成立了欧美同学会·中国留学人员联谊会党组，并制定下发了《关于开展留学人员统战工作的意见》，明确要求各地根据工作需要建立留学人员组织，为推进留学人员组织建设提供

---

① 宗新：《海外智力为国服务行动计划将启动》，《人民日报海外版》2004 年 2 月 19 日第 6 版；《海外智力为国服务行动计划简介》，2006 年 5 月 19 日新浪科技网；李斌、吴晶晶：《海外智力为国服务行动计划两年"引智"近百项》，2005 年 9 月 28 日新华网。

② 张军勇：《中国留学人员回国创业成就展展示优秀成果》，据国际在线消息；王黎：《中国留学人员回国创业成就展 29 日在北京展览馆开幕》，2004 年 3 月 1 日新华网。

了重要依据。会议强调，留学人员作为重要的人才资源日益受到全社会的重视；留学人员团体作为重要的人才载体越来越显现其独特的优势；留学人员团体面临着一个全面加强自身建设和全面发展的战略机遇期。会议指出，要充分认识加强留学人员组织建设的重要性和紧迫性；《关于开展留学人员统战工作的意见》明确要求各地根据工作需要建立留学人员组织，这既为各地建立健全留学人员组织提供了依据，也提出了一项重要任务；各地留学人员组织建设发展很不平衡，是十分紧迫的课题；当时在全国各省市区、大城市以上成立了留学人员团体组织 19 个，大部分省区市、副省级市和省会城市尚未成立留学人员组织，留学人员统战工作任务十分繁重。①

24. 资助并重点奖励留学尖子人才

有数据显示，截至 2006 年，有 24 位长江学者、特聘教授当选为中国科学院院士、中国工程院院士；有 57 位长江学者、特聘教授担任"973"计划首席科学家；有 30 位长江学者、特聘教授取得的 39 项重大成果分别入选"中国十大科技进展新闻"、"中国基础研究十大新闻"以及"中国高校十大科技进展"；有 175 项由长江学者、特聘教授主持或作为主要完成人参加的科研成果获得了国家三大科技奖；70 位长江学者指导的 88 名博士研究生获得了"全国百篇优秀博士论文奖"。在 2006 年新受聘的长江学者中，具有在海外留学或工作经历的为 192 人；特聘教授中直接从海外应聘回国工作或近 3 年回国工作的有 32 人 99 位讲座教授全部从海外聘请。1998 年至 2006 年共有 97 所高校分八批聘任了 799 位特聘教授、308 位讲座教授，14 位优秀学者荣获"长江学者成就奖"。1107 位长江学者特聘教授、讲座教授中，98% 的具有博士学位；94% 的具有在国外留学或工作的经历；上岗时平均年龄 42 岁，最小的 30 岁；特聘教授中，直接从海外应聘或近三年回国工作的 231 人，讲座教授全部从海外应聘。2006 年度国家科技奖中，一批海外留学回国人员摘得多项大奖，国家自然科学奖、国家技术发明奖和国家科技进步奖获奖项目第一完成人中有 36.58% 是留学回国人员，其中国家自然科学奖获奖项目的第一完成人中有 66.67% 是留学回国人员，国家技术发明奖第一完成人中 40% 以上是留学回国人员，国家科技进步奖项目第一完成人中 30% 以上是留学回国人员。

25. 为留学回国人员进行国外学历学位认证服务和安置就业服务

教育部所属中国留学服务中心通过与全国各地近 30 家留学人员服务中心以及国内外相关机构建立的业务合作关系，初步形成了辐射海内外的留学服务工作网络，提供多项服务性事务。①作为一项主要的服务性业务，针对留学回国人员的"国外（境外）学历学位认证制度"大致是从 1991 年开展起来的，到 1997 年的认证总数约为 1000 多份。经过近 10 年的试运行，国务院学位委员会和教育部于 2000 年正式批准教育部留学服务中心在全国范围开展此项业务。2000—2005 年的 8 月，该中心总共受理 38600 多份认证申请，准予认证 36630 份，实际认证率约为 94.90%；其中 2000 年认证 879 份，2001 年认证 1572 份（增加 1.79%），2002 年认证 3170 份（增加 2.01%），2003 年认证 6364 份（增加 2.00%），2004 年认证 11843 份（增加 1.86%），2005 年认证 19208 份（增加 1.62%），

---

① 《全国留学人员团体工作研讨会议在福建召开》，湖北省知识分子联谊会网站。

2006 年认证 27128 份（增加 1.41%），2007 年认证 37113 份（增加 1.37%）。认证数量逐年增长，1991—2008 年 7 月，共受理并认证了近 13 万份认证申请，至少涉及到 70 多个国家和地区的文凭认证。该项业务已经得到了社会的广泛认同，其中中组部、教育部、人事部、司法部对此给予积极评价和充分肯定。作为方便申请人的服务措施，教育部留学服务中心于 2003 年修订了《教育部留学服务中心国外（境外）学历学位认证须知》。在国务院学位委员会和教育部国际司以及其他相关司局的指导和支持下，通过十几年的工作，该中心已经建立起了一支专业和学历结构合理、具有较高专业素养的认证队伍和一个比较完备的认证、鉴别体系。认证体系包括内部质量管理和监督体系，上千个国外学位和文凭样本的数据库，驻外使领馆教育处、组、文化处和各国驻华使领馆以及相关专业机构组成的专家咨询队伍，有关国家和专业机构、院校业务合作关系，20 多年来积累的国外教育机构资料等等。随着中外合作办学的出现，一些并没有到过"海外"的学生取得的国外文凭也成为国外学历学位认证的对象。认证也从一个侧面反映了留学回国的状况，据不完全统计，2002 年以前，排在认证第一的是留日回国人员，2003 年后则为留英回国人员；其他认证较多的是留学俄罗斯及独联体国家，留学美国、德国、法国和澳大利亚等国的回国人员；其中 70% 以上为硕士、博士学位；而相关数据表明，在新西兰的 3 万多中国留学生，完成学位的不到 20%。②在回国就业安置服务方面，2001 年落实就业安置工作 440 人次，2002 年 769 人次，2003 年 1411 人次，2004 年 2310 人次，2005 年 4114 人次，2006 年 4812 人次，增幅同样明显。③在上述时间段即 2001—2006 年期间，共经手安排 13856 人，其中博士占 13.08%，硕士占 75.5%。①

26. 召开"2005 年度全法中国留学人员工作会议"

2005 年 12 月 17—18 日在中国驻法使馆教育处召开"2005 年度全法中国留学人员工作会议"。会议表彰了 2005 年做出突出成绩的分学联，通报了中法教育交流和留学工作的情况，充分肯定了留法学人在学习、科研、为国服务方面取得的成就；会议号召大家进一步努力学习专业知识，加强自我规范与道德修养，德才兼备，报效祖国。据法国《欧洲时报》报道，这次大会由驻法使馆教育处一等秘书安少康主持，教育处公使衔参赞白章德在会上作《2005 年在法留学工作情况报告》，中国驻法大使馆曾宪柒临时代办和吴泽宪参赞出席会议并讲话；来自全法中国学联、各留学人员专业协会和法国各地 42 个分学联的约 100 位中国留学人员代表出席了会议。曾宪柒代办代表赵进军大使向留法学者、学生表示问候和感谢。他回顾了留法学人在各个历史时期对中国革命和建设事业所作出的杰出贡献，高度评价了当今留法学人在"留学报国"方面取得的业绩。他指出，广大留学人员是国家宝贵的人才资源，是祖国实现全面建设小康社会奋斗目标不可或缺的力量。中法关系目前正处于历史上最好的发展时期，这给留法学人提供了巨大的机遇。他提出四点希望：1. 志存高远，心向祖国。他号召留法学人以为中国的革命和建设建立特殊功勋的前辈为

---

① 姜乃强、刘宁：《海外学历如何认证》，《中国教育报》2005 年 11 月 16 日第 9 版；《归国第一站：认证你的洋文凭》，2004 年 3 月号《21 世纪》杂志；徐妍：《国外（境外）学历学位认证释疑》，2005 年 11 月 4 日《神州学人》网站；于淑霞、靳秒：《海外学子回国就业，我们帮助你!》，《人民日报海外版》2007 年 4 月 27 日第 8 版。

榜样，将自己的学习和祖国的需要结合起来，并为之不懈奋斗。2. 继承和发扬几代留法学人的光荣传统和良好学风，勤奋学习，勇攀高峰。3. 尽早学成回国，报效祖国。4. 希望学联干部在应对中国学生遭遇突发事件中发挥更大的作用，同时不断加强自身修养，提高自身的综合素质，自强、自尊、自爱，以身作则，做品学兼优的模范。白章德公参在报告中总结了 2005 年的留学工作、优秀人才工作、留法学者支援西部建设工作、学联和协会工作等的情况，提出了 2006 年的工作要点。他指出，当前留法学生数量大，涉及面宽，教育处当年完成了由人工填表注册到上网登记注册的跨越，提高了学生的注册率。2005 年堪称中国留学生遭遇突发事件的多事之年。其特点是频率高、密度大、种类多、突发性强、牵涉人众、影响面广，对此，教育处和学联组织做到了有求必应、高度重视，热情接待、认真对待、及时处理、尽早解决。人才工作取得突出成绩，留学回国人员又创新高。留法优秀人才支援西部建设的工作继续取得实效，有关项目继续得以实施，工作不断深化，有的取得突破性进展，新的合作项目也应运而生。全法学联和地方学联以及留学人员专业协会组织了丰富多采的活动，团结凝聚了广大留学人员，促进了留学人员之间的交流。白公参最后勉励广大在法留学人员珍惜时光，不畏艰辛，潜心学习，立志成才，早日学成，报效祖国。同时希望广大留法学人，发扬中华民族的优良传统，严于律己，以自己的言行、举止树立起良好的学人形象，多做有利于中法友好和交流的工作，增进两国人民互相了解和友谊。吴泽宪参赞向与会代表报告了中法关系的历史和现状，鼓励留法学人在中法关系的友好使者。此次会议还表彰了 2005 年做出突出成绩的学联：贝藏松学联、昂热学联、图卢兹学联、巴黎学联宣传部和巴黎学联体育部。会议期间，还举行了"全法中国学者学生联合会第二十届代表大会"；上届全法学联主席陈鹏博士向大会作了工作报告。大会充分肯定了一年来全法中国学者学生联合会和各留法人员专业协会、学会的工作，他们牢记"代表学人、服务学人、激励学人"的宗旨，与时俱进，忠实履责，无私奉献，积极弘扬"自强不息、留学报国"的传统，广泛团结在法留学人员，为促进留学生学有所成，激励留学人员自主自强，帮助留学人员排忧解难，支持留学人员回国创业，组织了一系列有影响的活动，做了很多有意义的工作，使全法学联成为祖国联系广大留法学人的桥梁和纽带，成为驻法使馆教育处服务于学人的好助手。大会最后选举产生了新一届全法学联的领导班子，新当选的巴黎学联主席、巴黎 7 大在读医学博士生龚笃晟被选为第二十届全法学联主席。①

27. 成立"中国留学人才发展基金会"

2007 年 4 月 9 日，中国留学人才发展基金会成立大会在北京举行。全国人大常委会副委员长何鲁丽、成思危、乌云其木格出席成立大会；全国人大常委会副委员长、欧美同学会·中国留学人员联谊会会长韩启德致辞；全国政协副主席、中央统战部部长刘延东发表重要讲话。该机构是经国务院批准，由教育部、人事部、科技部共同支持，并由欧美同学会·中国留学人员联谊会发起的、面向海内外留学人才的全国性公募基金会；2007 年 1 月 25 日由民政部正式登记注册，业务主管单位是中央统战部。该机构的宗旨是：遵守中国

---

① 《展留法学人成绩——全法中国留学人员工作会议召开》，2005 年 12 月 26 日浙江在线新闻网站。

宪法、法律、法规和国家有关规定，接受业务主管单位的指导监督；争取海内外企业、团体和人士的支持，组织募捐，接受捐赠，促进留学人员事业健康发展；协助政府有关部门开发和利用海内外人才与人才市场，积极吸引中国留学人员回国服务，支持留学人员自主创业，发挥桥梁纽带作用，为积极推进实施人才强国战略和留学人员事业健康发展服务。该机构的业务范围是：为中国留学人才回国创业、报效祖国提供多种形式的资助与服务；鼓励支持留学人才为中国贫困地区的发展服务；吸引和推荐留学人才为国内企事业单位、团体和相关部门服务；加强与海内外留学人员、留学人员团体和国际相关非营利组织的交流与合作；利用海内外资源，以多种形式，促进国内所需人才的培养与交流；开展符合本基金会宗旨的各项活动。①

28. 举办"第二届上海市留学回国成果展览"

上海早已成为海外学子归国创业的首选城市之一。为了进一步吸引海外留学人员回国创业，增进交流，2007 年 11 月 20—25 日上海市政府在上海展览中心举办"第二届上海留学人员成果展"，并于展会期间举办了上海留学人员创业论坛、上海留学人员创业项目交流洽谈会、上海留学人员政策咨询暨招聘洽谈会。这是继举办"第一届上海留学人员成果展"之后，又一次集中展示上海市留学人员回国工作和为国服务成就的活动。展会后于2008 年编辑出版了介绍参展留学人员回国工作与创业情况的画册——《上海留学人员成果集（二）》。"第二届上海留学人员成果展"通过荟萃近 5 年来留学人员在上海工作和创业的突出贡献和最新成果，展示留学回国人员爱国奉献、艰苦创业、勇攀高峰的精神风貌。"成果展"内容包括在上海市各行各业工作、创业的留学人员近 5 年来取得的突出成就和最新成果，分别从创新成果、杰出科研成果、主持国家及本市重点攻关项目等方面展开。创新成果包括拥有重大技术发明、专利等自主知识产权或专有技术，或为国家带来巨大经济效益的项目；杰出科研成果，包括自然科学、社会科学、文化艺术等研究、学术成果等。主持国家及上海市重点攻关项目，包括主持国家 863 计划、973 计划、科技攻关计划项目及本市重点攻关项目并取得的突出成果。"成果展"以集中宣传、展示上海市留学人员的成果和风采为主，总结留学人员归国对上海市经济社会发展做出的贡献，激励更多的海外留学人员为该市加快建设创新型城市做出新的贡献。此次"成果展"集中展出在沪7 万留学人员中 338 名高层次、关键性、创新型人才代表。他们中近七成年龄在 30—50岁，最年轻的出生在上世纪 80 年代。在 338 人中，有中国科学院院士 7 人、中国工程院院士 2 人、国家 973 项目首席科学家 15 人、教育部"长江奖励计划"特聘教授 41 人、中科院"百人计划"入选者 17 人，还有一大批上海市"浦江人才计划"入选者、外资企业首席代表等。此次展览涉及生命科学、信息技术、现代农业、现代服务业、先进制造业、新材料新能源、城市规划与管理、文化艺术、人文科学等 9 大领域，共有 313 个成果项目。截至 2007 年 8 月底，到上海工作和创业的留学人员在沪创办企业 3800 余家，总投资

---

① 《中国留学人才发展基金会成立》，中央政府门户网站 2007 年 4 月 10 日；《中国留学人才发展基金会在京揭牌成立》，2008 年 3 月 31 日全球留学人才网。

额超过 4.7 亿美元，居全国首位。上海海归人才中"两院"院士 99 人，占全市"两院"院士 60% 以上；上海的国家"973"项目首席科学家 55 人全部为留学人员；一大批留学人员在跨国公司和著名国际机构中担任高级管理职务。留学人员在沪创办的企业中，已涌现出了一批具有自主知识产权的高新技术企业。①

29. 上海和青岛两市建立留学人才合作平台

作为一种跨地区间的正式协作关系和一种新的尝试，上海和青岛两地留学回国人员服务机构 2008 年 3 月底在青岛市签署协议，正式建立两地留学人员服务工作交流制度，采取政策措施鼓励在上海的留学回国人才积极到青岛创业。根据协议，上海市积极推荐和引导上海的海外留学回国人员来青岛市创业发展，创业可通过创办企业、技术入股等形式进行；青岛市则根据青岛留学人员服务工作的特点和留学人员创业园区的优势，积极创造条件，选择和承接上海推介的人才和技术项目来青岛创业和孵化，开展实际对接合作，在办公、生产用房等方面提供优惠。双方还将在留学人才和项目引进、技术成果转化、部分创业项目产业化、投融资及产品推介等领域开展合作，并利用各自的优势，探索共享人才、技术、科研、投融资等方面的优势资源，取长补短，促进共同发展。上海市已经聚集了近 7 万多名留学回国人员，约占全国的 1/4，很多海外留学生都把上海作为回国工作创业的首选地；而青岛市在加快国际化现代城市建设的进程中，急需更多的海外留学人才加入；因此形成了上述"间接引进"留学人才的政策模式，对于中等城市有一定的借鉴意义。②

30. 邀请留学回国专家代表到避暑胜地北戴河休假

2008 年 7 月 20—26 日，60 位建国以后特别是改革开放以来留学回国创新创业的专家代表被党中央、国务院专门邀请到避暑胜地北戴河休假。其中有李南方、邓中翰、陈星弼、周云帆、严望佳、仓决卓玛、尹卓远、张玉卓、格日力、李德毅、常文瑞、游景玉、邓国顺、施正荣、侯洵深、朱高峰、张春霆、郝吉明、赵彤、尹同耀、张志忠、许祖彦、陈泽辉、赵平、高松、张会轩等。这些专家代表来自全国 31 个省区市和教育部、科技部、中科院等部门，他们在关键核心技术攻关、创办高新技术企业、培养人才等方面创造了突出和优异成绩，是留学回国人员的杰出代表，为中国科技事业的进步和经济社会事业的发展作出了独特的重要贡献。中共中央政治局委员、书记处书记、中央组织部部长李源潮，国务委员、国务院秘书长马凯代表党中央、国务院看望休假的专家并听取了对编制"全国人才队伍建设中长期规划纲要"等人才工作的意见和建议。③

31. 举办"世界中国留学人员南京交流会"

"世界中国留学人员南京交流会筹委会" 2008 年 7 月 17 日对外宣布，于 2008 年 10 月 16—17 日在南京市举办"世界中国留学人员南京交流会"。通过本次交流会，集中展示留

①　《上海留学人员成果展开幕涉及 9 大领域》，《解放日报》2007 年 11 月 23 日；汤向阳、周玮、王春丽：《上海：借"成果展"激励海归多做贡献》，《人民日报海外版》2007 年 8 月 25 日。

②　孙军：《鼓励上海的"海归"到青岛创业》，《中国教育报》2008 年 3 月 28 日第 2 版。

③　谭浩：《党中央国务院邀请海外留学回国创新创业专家到北戴河暑期休假》，2008 年 7 月 22 日新华网；谭浩、李章军：《勇立潮头创伟业——党中央、国务院邀请创新创业专家代表北戴河休假纪实》，2008 年 7 月 27 日新华网。

学人员创新创业成果，宣传南京人文环境，延揽全球高层高端人才，促进人才创新创业。大会主要突出以下几个方面的内容：1. 对接交流——留学人员交流及其项目对接洽谈活动；高层论坛——以"创业南京"为主题，邀请国内外政要、著名专家学者及留学人员创业成功人士发表主旨演讲；3. 专题研讨——新药研发国际研讨会；4. 创业园峰会——全国留学人员创业园'2008 网络年会。"南京留交会"期间，南京市政府推出新近成立的国内第一支以留学人员创业中小项目为主要对象的风险投资基金——"南京海融留学人员创业风险投资基金"，基金总额为 2 亿元人民币。该基金与"南京留交会"联手，针对留学人员创业项目进行评估和投资。①

32. "南粤功勋奖"设巨额奖金构筑"人才高地"

2008 年 8 月 21 日，以"敢为天下先"著称的广东省公布了《广东省加快吸引培养高层次人才的实施意见（征求意见稿）》，其中提出：汇聚天下精英，构筑人才高地，用世界眼光谋划吸引培养高层次人才；每两年评选一次"南粤功勋奖"2 名，分别给予 3000 万元奖励，"南粤创新奖"5 名，分别给予 500 万元奖励。为加快创新型广东建设，广东省政府以前所未有的奖励力度，出台上述"引才引智"政策，拟用 8000 万至 1 亿元的工作经费，引进广东省优先发展产业急需的国际一流创新和科研团队；用 3000 万至 5000 万元的经费引进国内顶尖水平、国际先进水平的创新和科研团队；用 1000 万至 2000 万元的经费引进国内先进水平的创新和科研团队；同时重点引进两院院士和相同等级担任省级重大科技项目首席科学家、重大工程项目首席工程技术专家、管理专家，每人一次性提供 500 万元专项工作经费和 100 万元（税后）住房补贴。《实施意见》在吸引高层次人才方面，将实施包括"人才引进计划"、"实施创新和科研团队引进计划"、"领军人才引进计划"、"留学人员来粤创业服务计划"、"现代生产性服务业人才集聚计划"以及"先进制造业和高新技术产业创业精英引进计划"等。同时建立完善"引才引智"机制，搭建高层次人才成长的新平台，并实施百名南粤杰出人才、博士后、现代生产性服务业人才、企业家四项培养工程。为了能将人才引进来、留得住、干下去，广东还将"吸引培养高层次人才工作列入主要领导年度工作目标考核"，建立领导问责制度，定期组织高层次人才满意度调查和工作评估，切实做到"一把手"抓"第一资源"。为了充分发挥高层次人才的智慧和作用，广东还将建立各级领导听取高层次人才意见的直通车制度，保护他们参政议政的积极性，使广东成为他们实现人生价值的大舞台。②

33. 启动并实施"万名海外高层次人才引进计划"

为健全人才队伍结构，引进高素质创新创业人才，2008 年 9 月 17 日江苏省正式启动了首轮人才引进五年计划——"万名海外高层次人才引进计划"；并为有针对性地安排海

---

① 出国留学联展网 2008 年 8 月 15 日消息。

② 张景华：《广东"大手笔"构筑"人才高地"，"南粤功勋奖"每人奖励三千万元》，《光明日报》2008 年 8 月 23 日；本节除已注明出处的以外，参见苗丹国、杨晓京：《中国出国留学政策的沿革与培养和吸引留学人才的政策取向》，潘晨光主编《中国人才前沿》，社会科学文献出版社 2006 年 7 月第 1 版；教育部留学服务中心：《围绕创新型国家建设引领留学人员回国创新创业》，《2007 年中国留学人员创业年鉴》，中国财经出版社 2007 年 12 月出版。

外高层次人才与各地开展交流对接活动，江苏省人事厅设立了"万名海外高层次人才引进工作办公室"和"海外回国人才信息库"；以便进一步完善海外回国人才动态管理和服务机制，在全省形成内外协调、上下联动的海外高层次人才引进工作网络体系，促进海外回国人才合理流动和优化配置。启动仪式上，来自美、英、日和中国香港、中国台湾等地的8家知名人力资源机构与江苏省人事部门签订了《人力资源战略合作协议书》。江苏正处于加快转变经济发展方式的重要时期，最可依赖的竞争优势仍然是科教人才优势，最为短缺的资源就是人才资源，尤其是高层次创新创业人才和领军人才。针对此，正式出台实施《"江苏省万名海外高层次人才引进计划"实施意见》。

该计划设计在2008—2012年的5年间，引进万名以上海外高层次人才；其中集聚50名左右具有世界领先水平的科学家和科技领军人才，500名左右创新创业拔尖人才，5000名以上拥有一定自主知识产权和科技成果的高科技人才，5000名以上具有博士学位或高级专业技术职称的高素质人才；初步计划2008年内年引进海外人才2000人左右，以后每年递增7%；在每年引进海外人才中，创新创业人才100人以上，具有世界领先水平的科学家和科技领军人才10人以上。省直单位引进海外人才总数同比不低于全省计划数的10%，苏南五市引进海外人才总数同比不低于全省计划数的60%，苏中三市引进海外人才总数同比不低于全省计划数的15—20%，苏北五市引进海外人才总数同比力争达到全省计划数的10—15%。

为了吸引人才，江苏省提出了实实在在的优惠政策，在家属安置、子女入学、户口、职称、职业资格等方面为每个海外高层次人才准备了9套优惠政策：1. 事业单位引进硕士、博士和具有副高职称以上的专业技术人员，不受编制和专业技术职务结构比例的限制。经公开招考引进到国家机关的，允许先进后出。2. 对到企业从事技术开发或以技术入股取得明显经济效益的，按合同规定给予一定比例的提成奖励。股份制企业可从其净资产增值部分中划出一块，以股份或期权形式奖励在技术创新中有突出贡献的专业技术人才和经营管理人才。3. 凡获得国家最高科学技术奖、自然科学奖、技术发明奖、科技进步奖及与之相当的其他国家级奖项的人才，省里按国家颁发的奖金同等标准给予奖励。属于集体成果的，主要完成人获得的奖金额不低于奖金总额的50%。4. 留学人员回国后需要评聘专业技术职务的，不受原有专业技术职务和任职年限的限制，根据本人条件直接参加相应级别专业技术资格的评审，聘任不受职数的限制。5. 凡引进的海外人才，优先推荐申报"江苏省高层次创新创业人才引进计划"，优先推荐申报"六大人才高峰"项目资助。各地实施的科技（人才）资助项目，向引进的海外人才倾斜。6. 引进海外人才创办企业，放宽对注册资金的要求，并按照相关政策享受税收优惠。7. 依法保护引进海外人才的知识产权，鼓励他们将取得的成果申请国内外专利，支持他们通过专利转让、技术入股等形式，加快高新技术成果产业化。8. 引进海外人才的报酬与本人能力、业绩、贡献挂钩。以本人的专利、专有技术等无形资产参股的，经投资各方约定，可适当提高技术入股分红比例。9. 对作出突出贡献的海外人才，优先申报国务院政府特殊津贴，优先推荐申报国家或省有突出贡献中青年专家。引进海外人才取得的发明专利和科研成果，优先推荐参评国家和省级有关科技奖项。作出特大贡献的海外高层次人才，由各级人民政府给予表彰和奖励。

江苏省的统计显示，2003 至 2008 年期间，江苏省累计引进海外高层次人才 10500 多人，各类人才已达 670 万人，其中高层次人才 30 万人，人才总量和质量在全国处于领先地位。但人事部门分析认为，人才的结构尚不合理，传统人才、一般科技人才多，高素质创业人才、各类特色人才、企业特别是高新企业集聚人才相对缺乏。对此，江苏省委书记梁保华认为，"江苏要实现科学发展，迫切需要更多的创新创业人才"，要"以更宽的视野、下更大的工夫、花更大的本钱，大力引进高素质创新创业人才，尤其是拥有创新成果、通晓国际先进管理、善于运作资源的创新创业人才"。江苏省省长罗志军也认为，要"像招商引资那样抓招才引智，像承接国际资本转移那样承接海外人才转移"，"要充分认识引进海外高层次人才在推进江苏又好又快发展中的重要支持和保障作用，像抓招商引资那样抓招才引智，像承接国际资本转移那样承接海外人才转移。要采取积极务实的措施，不断创新工作机制，加快引进创新创业拔尖人才。要进一步健全完善各项配套政策，营造良好的创新创业环境，真正使江苏成为海外高层次人才向往和创业的首选之地"。①

第四节　教育部"留学回国人员科研启动基金"的基本内容与主要成效

一、"留学回国人员科研启动基金"的执行情况

1. 1990 年 1 月 17 日，中共中央有关部门向国家教委下发了关于留学工作的通知，通知要求"要热情做好学成回国人员的安置工作，为他们回国后的工作和生活创造必要条件，充分发挥他们的作用。要制定特殊的政策。吸引更多的优秀拔尖人才回国服务。国家教委可在每年留学人员总经费中安排的经费用于做好留学人员回国的安置工作解决其科研和住房问题。"据此，国家教委于 1990 年设立了"回国留学人员科研资助费"，1997 年更名为教育部"留学回国人员科研启动基金"。

2. 1998 年 9 月 16 日，教育部留学服务中心修订并公布了"（教育系统）留学回国人员科研启动基金管理规定"。

---

① 戴袁支：《从投资拉动向创新驱动转变——江苏启动"万名海外高层次人才引进计划"》，《中国青年报》2008 年 9 月 23 日第 4 版；郑晋鸣、沈兰：《江苏启动"万名海外高层次人才引进计划"》，《光明日报》2008 年 9 月 18 日；xinxibu：《江苏启动"万名海外高层次人才引进计划"》，《金陵晚报》2008 年 9 月 24 日。

本节除已注明出处的以外，参见苗丹国、杨晓京：《中国出国留学政策的沿革与培养和吸引留学人才的政策取向》，潘晨光主编《中国人才前沿》，社会科学文献出版社 2006 年 7 月第 1 版；教育部留学服务中心：《围绕创新型国家建设引领留学人员回国创新创业》，《2007 年中国留学人员创业年鉴》，中国财经出版社 2007 年 12 月出版。

3. 2001 年 5—12 月，教育部委托并资助北京师范大学有关专家和学者完成了《留学回国人员科研启动基金项目评估报告》，为不断完善留学回国人员科研启动基金项目的开展提供了一定的政策依据。

4. 2002 年 1 月 21 日，教育部国际司印发了《关于进一步加强留学回国人员科研基金管理的通知》。该《通知》认为，教育部"留学回国人员科研基金"自 1990 年设立以来，促进了留学回国人员的教学与科研活动，受到欢迎。

5. 据阶段性统计，1990—2005 年期间，"留学回国人员科研启动基金"共资助 28 批，13572 人，资助经费总额达 4 亿多元。年度资助经费为 3400 万元，每年资助的人数由 1990 年的 81 人增加到 2001 年的 1041 人。

6. 其后 2002 年资助 1125 人，2003 年资助 1014 人，2004 年资助 1425 人，2005 年资助 1221 人，2006 年资助的 1180 人，六年期间资助的人数占 1990—2006 年期间获资助人数的 47.5%；六年资助额达 2 亿余元，占基金创立以来资助总额的 44.4%。

7. 自 2001 年以来每年资助的人数均保持在 1000 人以上，申请人员继续保持增加。资助人员涉及到 922 个高校和科研单位，其中中央部属院校 175 所，地方院校 316 所；中国科学院所属研究所 97 个，中央部属研究单位 190 个，地方研究单位 144 个。1996 年前资助人员中，90% 以上具有博士学位，1996 年后资助人员均具有博士学位。

8. 根据 2008 年夏季的最新统计，"留学回国人员科研启动基金"自 1990 年来创立以来，共分 33 批资助了 17654 名留学回国人员，资助总额为 5.2161 亿元人民币；人均资助额度约为 29546.28 元。

二、"留学回国人员科研启动基金"的主要特点和作用

从留学回国人员科研启动基金实施近 20 年的情况来看，其在留学回国人员科研工作中所发挥了一定的作用并具有以下主要特点：

1. 资助范围广、资助学科全面——自 1997 年后回国，并到教学、科研单位工作的博士申请人员，大多数都获得过该基金的资助。

2. 投入较少，见效较快——有利于稳定留学回国人员和吸引更多的留学人员回国工作；有利于解决留学人员回国后的最基本工作条件。

3. 申请手续简便，审批周期较短——实行随时申请，一年资助两批；从提出申请到获得资助的时间一般都在半年左右；从 2002 年 6 月起，通过进一步简化手续，实行了网上申请、网络评审。

4. 重点资助了一批高层次的留学回国人员——获得 30—100 万元的资助的留学人员有 30 多名，如中国工程院院士郑南宁、中科院院士饶子和、青海大学校长李建保、北京大学教授刘忠范等。获得 10 万元以上资助的留学人员有 20 多名，如中山大学副校长许宁生、中国农业大学教授李赞东等。

三、"留学回国人员科研启动基金"的主要成效

"留学回国人员科研基金"在促进高校学科发展和充分发挥留学回国人员的作用方面促使优秀的年轻学子脱颖而出,对其成为学术骨干和学术带头人等方面起到了一定的推动作用。

1. 促进了高校和科研单位学科带头人队伍的建设

1993 年,曾对获得"留学回国人员科研基金"资助的 588 名留学回国人员进行过抽样调查。在抽查的 308 人中,有 54 名已晋升高级职称,203 人已晋升副高级职称;已成为学术带头人的有 172 人,担任国际学术团体职务 119 个,国内学术团体职务 177 个,校、所级学术团体职务 108 个。

对 2000 年以前获得过资助的 1975 名在高校工作的留学人员问卷调查显示:担任教研室主任级的有 523 人,占 26.5%;系主任级的有 374 人,占 18.9%;院长级的有 173 人,占 8.8%;处级的有 97 人,占 4.9%;校级的有 31 人,占 1.6%。

对 2000 年以前获得过资助的 158 名在科研单位工作的留学人员问卷调查中显示:担任所长的占 3.8%,担任副所长的占 7.6%,担任研究室主任的占 12.7%,担任研究室副主任的占 14.6%,担任课题组长占 17%。

2. 取得一些科研成果

对 2000 年前获得"留学回国人员科研基金"资助的 2133 名资助人员的调查结果中表明:

50% 以上的人在国内、外核心期刊上有 3 篇以上的文章,10% 左右的人员多达 10 篇以上。尤其被 SCI 收录的论文的人数比例超过了 55%。

15% 以上的人员有中文专著,5% 的人员有外文专著。

20% 以上的人员撰写了中文研究报告,9% 的人员撰写过外文研究报告。

25% 以上的研究成果获得过奖励,其中获得国家级奖励的人员有 5%,省部级奖励的有 26%。

10% 左右的人员其科研成果申请了专利。

8.7% 的成果带来了效益,其中 1/3 有的项目带来的效益超过了 100 万。

一部分科研成果填补了国内空白如 1991 年获得"留学回国人员科研基金"资助的中国农业大学留日博士李赞东开展的"鸭胚胎壳外孵化"、"鸡胚胎壳外孵化"获得成功,成果属世界首例。

四、留学人员的体会和存在的问题

"留学回国人员科研基金"受到留学人员和高校、科研单位的称赞,被称为"雪中送炭"和"及时雨"。很多获得资助的留学人员还形象地把"留学回国人员科研基金"比喻为"第一个烧饼"。

北京林业大学博士生导师赵广杰说："留学回国人员非常重视留学回国人员科研基金，它确实解了近渴。我深深地感到了国家对留学回国人员关合和照顾的温暖。"

1988 年从法国回国到北京航空航天大学工作的李琳博士曾说："俗话说'万事开头难'，留学回国人员科研基金主要作用之一是帮助留学回国人员渡过'开头难'的时期，有别于其他的科研基金，它的作用不能仅用几个成果或几篇论文来衡量。"

1991 年获得第二批资助的东南大学留法博士袁春伟也说："少量的资助费能给有巧妙构思且花钱不多的研究项目帮上大忙，希望教育部继续坚持。"

华南农业大学从日本回国的杨跃生博士说："这是我回国后获得的第一笔科研经费，对科研工作的启动起到了决定作用。"

中国建筑科学研究院的张君新博士说："'锦上添花'固然好，但'雪中送炭'更重要。"

很多回国留学人员正是在"留学回国人员科研基金"的支持下逐步争取到其他项目和经费取得了一批国家省部级科技成果奖实现了多项技术突破，获得了多项国家发明专利；出版了一批高水平的专著和论文；很多人成为"973"项目首席科学家、"863"专家或许多学科的专家、著名学者和学术带头人。

留学人员所在的单位科研部门认为，一般情况下"留学回国人员科研基金"是留学人员回国后拿到的第一笔科研经费，给留学人员留下的印象最深其投入与产出比也是很高的。北京大学第三附属医院常务副院长兼科研处长段丽萍表示，"留学回国人员科研基金"对该院的科研工作有很大的帮助，1999—2003 年期间，共有 20 位留学人员获得启动基金资助；2005 年时，获得资助的 20 人中有 7 人已是科主任，其余都是是科研骨干。

"留学回国人员科研基金"作为国家鼓励留学人员的一项具体措施，已经很好地发挥了应有的作用，其经济效益和社会影响是明显的。但随着留学工作的迅速发展，与上世纪90 年代相比，出国留学和留学回国人数出现了大幅度的增长，而"留学回国人员科研基金"并没有随着留学回国人数的增长而相应增加，再加上物价指数上涨等因素实际上等于该项基金的资助力度下降了。为吸引更多的留学人员回国工作，并适应留学人员回国科研启动工作的需要，各有关方面还应该大幅度增加"留学回国人员科研基金"的总额。[①]

第五节　中国科学院吸引留学人才政策的稳步发展和主要内容

一、多种派出政策培养大批留学人才

改革开放以后，中国科学院作为国家最高学术机构和自然科学与高技术研究发展中

---

① 程家财：《留学回国人员科研启动基金 15 年回眸》，《神州学人》2005 年第 12 期；姜莹：《留学归国人员科研启动基金介绍》，《科学中国人》2007 年第 4 期。

心，本着"认真遴选，确保质量；广开渠道，力争资助；争取多派，加强管理"等原则，利用国家财政每年下拨 300 万美元的外汇额度自主使用派遣科研人员出国留学。截止 2003 年，已经向美英德法日等 40 多个国家和地区派出留学人员 1.6 万余人。其中 1978 年 9 月至 1979 年期间向 17 个国家和地区派出留学人员 595 名（访问学者 325 人，进修人员 169 人，研究生 101 人）；1980 年增加到 651 人；1981 年增至 725 人；1986 年高峰时达 919 人。随着形势的发展，为了加速培养科学研究人才，中科院率先提出关于充分利用民间渠道选派留学人员的举措，鼓励科研人员通过正当途径争取国外资助。到 1980 年 12 月底，已有 481 名科研人员得到总共 390 万美元的国外资助，占派往国外总数的 38.6%。随后，中科院又提出"关于访问学者、进修人员和研究生所得奖学金和资助经费全部交由本人支配"的建议，并采取了一些有利于留学活动发展的一系列具体措施，都及时得到了邓小平同志和党中央的重视和支持。因此，短短几年，我院出国留学工作就打开了局面。

二、吸引人才政策聚集大量留学人才

截止 2003 年，中科院已有 1 万余留学人员学成回国，并在国家的建设事业和科学技术事业发展中发挥着中坚作用。其中有路甬祥、洪国藩、马颂德、白春礼、陈竺、马志明、郭雷、武向平、卢柯等一批朝气蓬勃、锐意创新的中青年科学家，建立了一支充满活力的国内一流科技队伍；担任院长和研究所长职务的，95% 以上都是优秀留学回国人员。体现出"政策开放、管理规范、环境宽松、勇于创新"等基本特点。

1987 年，中科院曾对 1016 名留学回国人员做过一次抽样调查：其中 203 人回国后取得了重大成果，711 人取得了显著成绩，32 个科研项目荣获国家级科研成果奖，260 项获省部级科研成果奖。同时，在 1016 人中，有 256 人被提升为研究室正副主任，近百人担任研究所、分院一级的领导职务，854 人提升了专业技术职称，32 人由实习研究员直接晋升为研究员。在这些留学回国人员中，有的是国际国内知名的科学家，有的成为国家科技事业的中坚，为推动中国科技事业发展起到重要作用。其中有几位比较典型的代表：

1. 洪国藩研究员在生物固氮研究中获得重大进展，在国内外首次发现 D 基因和 DNA 控制区结合的新机制。这一重大发现将为生物固氮研究引出新的理论课题，为实现人工生物固氮开辟了道路。他的高水平的研究成就，普遍获得国内外同行的承认和赞誉，使中国的生物固氮研究工作跃居世界先进行列。

2. 陈竺研究员 1984 年 10 月至 1989 年 7 月在法国巴黎第七大学附属圣·路易医院中心实验室留学，获得博士学位，并作博士后研究。他谢绝了法国方面的高薪聘请，1989 年携妻毅然回国工作，1996 年 1 月开始任上海第二医科大学附属瑞金医院上海血液研究所所长、研究员，在血液学研究及相关领域获多项重要成就，曾获得"长江学者成就奖"，法国卢瓦兹癌症研究大奖，法国政府颁发的"法兰西总统骑士荣誉勋章"，国家科技进步二等奖，卫生部科技进步一等奖，1996 年获何梁何利基金科技进步奖。2000 年，陈竺还用"长江学者成就奖"所获 100 万奖金设立了"瑞金红烛奖"，1995 年当选为中国科学院院士，1999 年当选为第三科学院院士，2000 年 10 月至 2007 年 6 月任中国科学院副院长。

2007 年 6 月 29 日，在十届全国人大常委会第二十八次会议上被任命为卫生部部长。

3. 郭雷研究员 1987 年 6 月应澳大利亚国立大学邀请，赴澳作博士后研究。在澳期间，他刻苦工作，其研究成果得到了同行们的高度评价，澳大利亚科学院院士穆尔教授认为他"是随机适应控制方面的国际上的 6 个学术带头人之一，他与 6 人中其他任何一个相比都不逊色。"美国伊利诺斯库马教授认为他的研究工作"绝对是世界级的"，他是世界辨识适应控制领域中最优秀的研究工作者，他的声誉已远扬四方。加拿大麦吉尔大学凯纳斯教授也认为，郭雷是随机系统领域内现实多产的青年研究人才。郭雷在澳的研究工作于 1989 年年底结束。由于他的杰出工作，澳方多次高薪邀请他留下继续工作，美国伊利诺斯大学也几次邀请郭雷赴美工作，但他婉言谢绝了国外朋友的好意，1989 年 6 月 14 日回到北京。郭雷在国家遇到严重困难的时刻，依然按期回国，充分表明了他的强烈的爱国之情。1998 年，郭雷因对随机系统自适应控制和系统辨识领域的几个关键理论问题作出了突破性贡献而当选为美国电子与电器工程师学会（IEEE）会员（Fellow）。1999 年起，郭雷任中科院系统科学研究所所长、中科院数学与系统科学研究院院长。在国内郭雷先后获得中科院自然科学一等奖、两次国家自然科学奖三等奖，中国十大杰出青年（1993 年），中国科学院青年科学家奖（1991 年），中国科学院青年科学家奖（1994 年）等，2001 年，他当选为中国科学院院士。

4. 在 1997 年 1 月下旬教育部和人事部召开的全国留学回国工作会议上，中科院有何岩、包信和、杨长春、詹文龙、孙方臻等 20 位优秀回国留学人员受到表彰，大会还授予中科院教育局和中科院大连化学物理研究所为"全国留学先进工作单位"称号。

从 20 世纪 90 年代中期起到 2008 年，在国家有关部门的支持下，中科院"百人计划"项目累计引进和支持了优秀人才 1200 多人；组建"创新团队国际合作伙伴计划"35 个，共聘"海外知名学者"224 人；实施知识创新工程以来的 10 年间，向美英德法日等 40 多个国家和地区派出各类留学人员 3491 人，其中 2887 人学成回国。多年来，通过这些人才项目的实施，取得了一批重要的科研成果，促进了科技布局的调整和学科发展，提高了中科院人才队伍整体科技创新能力，培养造就了一批领衔的学科带头人和战略科学家。①

三、创新政策措施支持留学人才

1. 20 世纪 90 年代以后，中科院不断扩大对外开放，积极参与国际科技竞争，高度重视吸引高层次人才，获得了快速发展的机会。1990 年初，中科院针对新时期出国留学工作的特点，结合留学人员的实际情况，适应扩大开放的新形势，在认真总结经验和深入调查的基础上，提出了"继续开放，择优支持，来去自由，双向选择，鼓励留学人员以多种形式为国家做贡献"的留学工作方针。在此基础上，围绕院总体发展目标，在留学工作中实施了一系列创新举措。1992 年春，中科院出国留学工作研究会应运而生，并借在贵阳召开"中国科学院出国留学工作研究会"成立之机，通过新闻媒体宣传了中科院新出台的留学

---

① 白春礼：《纪念关于扩大派遣留学生 30 年关于人才的若干思考》，2008 年 9 月 12 日神州学人网。

工作方针和颇具特色的留学工作，在国内外引起积极反响。社会和海外留学人员普遍认为，中科院的留学政策开放，提出的方针政策符合当前的实际，显示出中科院留学政策的灵活性和务实态度。同时，也是对1992年8月国务院办公厅《关于在外留学人员有关问题的通知》的出台和国家制定的"支持留学、鼓励回国、来去自由"的留学工作十二字方针的积极响应。中科院作为中国的科技国家队，进一步敞开大门，将自己定位于全中国科技人员的科学院，努力探索多种行之有效的方法和途径鼓励海外学子回国工作和为国服务，千方百计创造符合人才成长特点的环境和必要条件，热忱欢迎海外留学人才加入到中国科学院的科研行列之中。

2. ●1990年7月在中科院公费出国留学计划中首先推出"留学基金奖学金项目"，采取公平竞争，择优选人，加大支持强度的办法，奖学金资助标准比国家公费标准提高1倍。选派了一批年龄在30到45岁之间，具有博士学位或高级专业技术职务的中青年业务骨干出国深造。●1990年8月"中国科学院优秀拔尖留学人员管理暂行办法"出台，对优秀拔尖留学人员进行了动态跟踪服务，使这项工作逐渐正规化、条理化、制度化，为学有所成的留学人员"以多种形式为国服务"创造了良好的工作和生活条件。●1991年开始，设立了"中国科学院王宽诚科研奖金"项目，为海外华人、华裔学者提供了一个短期回国合作研究的渠道；2003年，该项目资助增至193人/月，资助额为12万美元，54万人民币。●1991年起，中科院自筹留学经费中的一部分（每年相当于50万—60万美金的人民币），设立了"中国科学院留学经费择优支持回国工作基金"。回国工作启动费资助金额每人2万—8万元人民币，短期回国海外学者每月可提供8000元人民币的生活费补贴，为留学人员做了一件解决燃眉之急的实事。●为增强科研骨干人员的可持续竞争能力，中科院于1994年8月设立了"中国科学院公费出国留学短期项目"，旨在对学术带头人和业务骨干进行衔接培养，通过进修、讲学、合作研究等形式，补充、更新、拓宽知识，体现了人才培养与学科建设发展相结合的思路。

3. 中科院的留学工作促进了重大任务、重大项目的完成。大科学工程是一个国家科学水平的重要标志，中科院历来是主持和承担国家重大科技攻关任务的主力军，始终注重通过留学人才与围绕学科发展，促进国家、院重大科技项目的完成相结合，培养骨干队伍发挥重要作用。中科院成组配套项目主要支持大科学工程骨干队伍建设：北京正负电子对撞机、兰州重离子加速器、合肥研究院托克马克、科大同步辐射等大科学工程，都以其独特的科学特点在世界科学领域占有重要位置。众多科学家正是通过成组配套项目出国留学，学习关键技术，进行提炼和再创造，取得了举世瞩目的科学成就。如兰州近代物理研究所围绕大科学工程项目，每年都以团队方式派出大科学工程项目的骨干赴法国、德国、日本及俄罗斯等国短期工作，开展全面和系统的交流与合作；由于目标明确，准备充分，专业对口，瞄准前沿，取得了显著的效果，极大地促进了工程项目的完成，对解决关键技术问题和培养整体攻关能力起到了关键作用。

4. 1991年起，中科院建立了不同专业的年度"中国科学院青年学者学术讨论会"制度并获得成功，深受海内外学者欢迎。此项活动的宗旨是通过对世界性热点和难点问题的研讨，促进海内外中国青年学者之间的学术交流与了解，增进海外学者与国内学者之间在学术上和思想上的沟通，为海外学子提供在国内寻求合作伙伴和适合个人位置的机会，并使他们实地了解中国的变化，以吸引优秀的留学人才为中国的科技事业发展多做贡献。截止 2003 年共举办了近百个学术研讨会，涉及生命科学、基础科学、信息自动化、资源环境和材料科学等各个领域；有 6000 余位青年学者与会，其中来自海外的华裔学者和留学人员 1500 余人，在海外产生了强烈反响，引起了学术界的广泛重视。通过接触交流，由陌生到熟悉，相互切磋学术，启迪思想，交流体会，以致开展深层次的合作。在 1992 年举办的"中国科学院中国青年学者电子显微学讨论会"上，通过交流，留学英国剑桥大学的中国青年学者彭练矛博士，与北京电镜实验室建立了合作关系，联合培养研究生。经过几年的合作交流，彭博士于 1994 年底回国定居，到电镜室工作，并先后出任中科院物理研究所研究员，北京大学电子系兼职教授并入选该校"长江学者计划"。

5. 1994 年，中科院决定在数年内筹集数亿元人民币，提供数百个高级研究岗位，在国内外招聘数百位优秀年轻人才，以加快造就跨世纪学术技术带头人的步伐，简称"百人计划"。该计划的出台在国内外引起较大反响。经过 1997 至 2006 年的多次调整，该计划已经发展成为"招聘范围最广（国内外、院内外），选人标准最高（博士、学术技术已达到较高水平、综合能力强），用人机制最新（设岗招聘、公开竞争），资助强度最大（入选者平均每人 200 万人民币），培养目标最明确（新一代的科技将帅才）"的重大项目；并陆续含盖了"国家杰出青年科学基金"、"引进国外杰出人才计划"、"海外知名学者计划"、"国内百人计划"等多项子计划。截止到 2002 年 9 月，先后有 2000 余位国内外优秀学者报名，入选者共计 839 人，95% 以上有在国外留学经历，海外学者有 621 人。"百人计划"取得的成就，促进了中科院跨世纪人才队伍的建设。该计划的执行进展情况为社会、尤为科技界、教育界所关注。经过坚持不懈的努力，涌现出一大批优秀的中青年科学家，对跨世纪人才队伍建设注入了生机。例如：地球化学家郑永飞博士，地球物理学家朱日祥博士，化工、能源专家陈勇博士，自动化专家谭铁牛博士，物理学家王恩哥博士等。多数人经过短期工作已成为所在学科领域和研究方向的带头人，做出了有影响的高水平成果；有的担任了研究所所长、副所长职务，有的成为国家重大项目的首席科学家。该计划已成为中科院吸引和选拔海内外优秀年轻人才的一项卓有成效的举措 2006—2010 年度，"百人计划"总共有 547 个岗位面向海内外公开招聘，并欢迎在外留学人员积极应聘加盟。每位入选者将获得不低于 200 万元科研经费支持及科研、办公用房等条件，除享受国家规定的工资、福利、医疗等待遇外，还享受岗位津贴、住房补助等待遇。

6. 2007 年，是王宽诚教育基金会与中国科学院合作 20 周年。20 年来，王宽诚教育基金会在中科院设立的"中国科学院王宽诚教育基金会奖贷学金"、"中国科学院王宽诚科研奖金"、"卢嘉锡学术交流基金"、"中国科学院王宽诚博士后工作奖励基金"、中国科技大学"王宽诚育才奖"、紫金山天文台"王宽诚行星科学人才培养基金"等项目，使近 2500 名科技人员得到资助，这些项目已经成为中科院培养和吸引人才的重要手段。王宽诚教育基金会各种项目，对中科院人才队伍的建设给予了巨大支持，为培养创新科技人才、引进海外高层次人才发挥了积极的推动作用。这些支持使受益人提高了学术水平，更使受益单位开拓了国际合作渠道，不仅有助于增强现有科技人才的创新能力，还极大地促进了未来科技人才的茁壮成长。

（1）在王宽诚国际会议项目：资助了中科院共有 600 余位科学家赴海外进行学术交流。这些科学家在国际舞台上展示了自己最新的研究进展，获取了领域前沿发展的最新信息，提升了科技战略眼光，增强了科技创新能力。他们与国外同行建立了更加密切的合作关系，达成了进一步的合作研究共识。这样的学术交流有力地促进了创新思想的产生，加快了科研成果产出和科学家成长的步伐。

（2）王宽诚高级访问学者项目：已资助中科院 200 余位中青年科技骨干赴海外进修，旨在加强中科院对优秀人才的培养力度，引进前瞻科学思想和开拓新兴学科领域。该项目的特点就是结合研究课题需求出访，有的合作研究甚至与研究所承担的国家"973 计划"项目、国家重大基础研究项目等重大研究课题相结合。

（3）王宽诚博士后工作奖励基金：用于奖励在中科院博士后流动站的优秀博士后进行科学研究工作。基金设立以来，共有 450 位博士后获得奖励，他们把这一资助看作自己走上科研舞台的"第一缕阳光"，更加坚定了献身科学、奉献社会的信念。

（4）王宽诚科研奖金项目：获得者绝大多数是我国改革开放初期派出的留学人员。他们长期在海外留学，大多经历了艰苦的奋斗，学有所成，在各自的工作岗位中作出了卓越的成就，不少已成为海外著名的教授或科学家。他们心系祖国，愿将自己的所学贡献给祖国，努力寻找各种能够报效祖国的机会。目前，已有 700 余位海外学子获得王宽诚科研奖金资助，为这些海外学子提供了与中国科学院交流、合作的途径，并已成为中科院吸引海外人才的有效手段之一。

7. 为鼓励和吸引海外优秀尖子留学人员为国服务，充分利用海外智力资源，改革和调整国内评审工作，使之进一步科学化、规范化、公正化，从 1999 年 1 月开始，中科院开始建立和推出利用海外智力资源的"海外评审专家系统"，选聘海外专家参与中科院学科发展和科研项目立项、公正评价科研成果、人才引进、研究所评估、基金以及各种奖项的评审活动。经严格评审，首次评选出 33 名海外优秀尖子留学人员作为中科院首批"海外评审专家"。经过第二次评审，中科院评出"海外评审专家" 44 名。2003 年中科院第三批海外评审专家遴选出 39 名杰出的海外学者入选。入选的海外评审专家中，相当一部分为中科院历年来派出的留学人员。截止到 2005 年 12 月，在全世界范围内已有 200 名海外优秀留学人员成为中科院海外评审专家。"海外评审专家系统"的推出，受到驻外使（领）馆的高度重视和好评，在海外留学人员中引起热烈响应，认为这是一种很高的荣誉，是以多种形式为国服务的最佳形式之一。旅居海外的中国学者还认为，中科院开创了海外学者参与国内各种项目评审的先河，并通过海外专家的评审推进吸引大批优秀的海外学者参与中科院的科技建设和发展。

8. 为进一步吸引海外评审专家以及国家自然科学基金委杰出青年基金 B 类获得者与中科院合作，2000 年 9 月设立了"中国科学院海外杰出学者基金"。此基金为每位申请者提供为期三年共计 50 万元人民币的资助，支持他们每年到我院工作不少于 3 个月。海外评审专家和杰出基金 B 类获得者对此给予了较高评价。

9. 自 1998 年开始，中科院开始按照国家的战略部署，开展知识创新试点工作。知识创新的关键是人才，一流的创新目标，只能够依靠一流的创新人才、吸引优秀的高级科研和管理人才来实现。进入 2002 年，根据新时期的办院方针精神，本着适应新的战略定位需求和服务于国家经济建设、服务于知识创新工程、服务于人才工作的原则，中科院实行了更加开放、务实的政策。积极引进国外智力，鼓励留学人员回国工作或以适当方式为祖国服务；针对科技全球化的趋势，根据国家的战略需求，进一步加快本土人才的国际化和国际化人才的本土化进程，加大吸引海外杰出科技人才回国和为国服务的力度，造就一支德才兼备、层次结构合理、综合素质良好和有持续创新能力的精干的人才队伍，将中科院建成具有国际竞争力的自然科学与高技术研究发展中心。

10. 中科院自 2004 年以来，结合国家前沿科技领域和战略需求，发挥自身在国家创新体系中的作用，与地方省市共建了宁波材料技术与工程研究所、深圳先进技术研究院、苏州纳米技术与纳米仿生研究所、青岛生物能源与过程研究所、烟台海岸带可持续发展研究所以及城市环境研究所等 6 个研究机构。由于这些新建的研究机构急需大量各类人才加盟，特别是急需一批高层次或紧缺的海外留学人才的加盟。并且在科技发展规划、园区建设、国内外人才引进、机制体制建设等方面的工作已同步开展工作。

11. 为推动相关的重点或优势学科、交叉学科的发展，促进国际科技合作与学术交流，培养和凝聚一批优秀的高层次人才队伍，不断提升中国科学院新一代骨干人才在国际上的学术地位和竞争实力，中科院于 2001 年启动了"创新团队国际合作伙伴计划"，依托具有良好工作基础和实验条件的国家或院重点实验室，组建和支持一批创新团队。创新团队核心成员由国内优秀科学家和在海外工作的知名学者组成，国内科学家要求为"百人计划"入选者、"长江学者奖励计划"入选者、获国家杰出青年科学基金等科研人员。海外成员为在著名高校或科研机构具有（或相当于）副教授以上职务的优秀华人学者。截至 2005 年，中科院在有关领域中共组建了 35 个创新团队，共引进海外知名学者 224 人，他们在相关学科领域具有相当高的学术水平和科研创新活力。同时凝聚国内相关科学研究领域的优秀学者 362 人。创新团队建设将围绕中科院"1＋10"科技创新基地建设开展，结合中科院科技布局和学科发展的需求，按照"依托基地，先行启动，择优支持"的原则组建，由中科院和国家外国专家局共同支持。创新团队一般由 5—8 位国内相关领域的优秀中青年学者，和 5—8 位在国外著名高校或科研机构具有副教授或相当于副教授及以上职位的优秀学者组成。海外成员中华裔学者所占比例不少于 2/3。团队成员应具有合理的专业结构和年龄结构。团队工作期一般为 4—5 年。对招聘的"海外知名学者"，按照每人 100 万元的强度予以支持，经费用于团队；每个团队的资助总额不超过 600 万元。创新团队的组建和运行营造了良好的科研环境与创新氛围，团队经费在较长时间里稳定地支持了某一重点学科领域的发展，为海外优秀华人学者为国服务提供了理想的舞台，为提升国内相应领域的学术研究国际竞争力探索了一条新路。中科院创新团队工作的开展，进一步以多种方式加强了对国内外开放和学术交流，在积极参与国际前沿、新型科学领域科研工作的过程中不断提高国际竞争力和国内人才的科研国际化水平，促进学术交流，充分发挥对全国科学发展的带动和辐射作用。其主要意义和作用有以下几个方面：凝聚了一批科学家培养了一批青年科技人才；成为培养和促进领衔式科技人才成长的手段；提高了领域内国际国内学术合作与交流的水平；为海外优秀学者为国或回国服务提供了舞台；发挥了对相关学科发展的带动和辐射作用。到 2007 年为止，团队组织了各种形式的、有实效的、大中型前沿研究讲习班和研讨会共 15 次，各有关单位参加的专家学者和青年学生超过 1000 人次，对培养国内青年学者，提高研究水平和推动合作研究发挥了很好的作用。中科院"创新团队国际合作伙伴计划"在吸引海外优秀专家和学者为国服务方面进行了成功实践。一大批海外杰出学者、外籍专家通过参加团队的合作，在学科发展、科技原始创新、青年人才培养、科技体制改革等多方面贡献了他们的才智。创新团队取得了显著成效，获得评估专家的高度评价，一些团队在社会上也产生了较大反响。海内外学者不仅充分肯定了这种形式，还希望中科院能和国家有关部门一起继续对计划的实施给予更多的支持，扩大支持领域范围，增加支持数量，进一步加强海内外学者的合作，吸引更多的海外优秀科技人才为国服务。[①]

第六节　留学人员创业园政策的形成与发展

随着"鼓励回国"政策的实行与扩展，留学人员创业园政策自上世纪末开始逐渐浮出水面。留学人员创业园政策是中国政府根据相关科技政策为鼓励在外留学人员回国创业而创建的一整套制度体系；对吸引和鼓励海外留学人员回国创办科技企业，造就具有国际竞争能力的高新技术企业和国际化高素质的科技型企业家，促进产业结构升级和区域经济的可持续发展具有重要的意义和作用。留学人员创业园从创建开始大致经历了三个发展阶段，各级各地政府在其成长过程中给予了全方位的政策性支持。留学人员创业园的在其发展过程中取得了一些的成果，但也存在着不少发展中的政策问题，需要在国家人才与科技政策指导下逐一加以解决。

一、留学人员创业园政策的基本内容

留学人员创业园是近十余年发展起来的从事培育和扶植留学回国人员创业企业的一种专门社会经济组织。它是中国各地各级政府根据相关科技政策为鼓励在外留学人员回国创业而专门创建的一种企业孵化器；其基本功能在于借鉴与吸收国际先进技术、增强自主创新能力、培育具有国际竞争能力的高新技术企业和具有国际视野的企业家。留学人员创业

①　颜永平：《中科院留学工作 20 年》，《神州学人》1998 年第 8 期；李泽：《中国科学院 25 年留学工作回眸》，《神州学人》2003 年第 5 期；庞维：《中科院吸引优秀留学人员之举措》，《神州学人》2005 年第 12 期；中科院人教局：《中科院回国服务项目总览》，《神州学人》2006 年第 10—11 期；白瑜：《宽以济世诚以育人》，《神州学人》2007 年第 7 期；中科院人事教育局：《中科院"百人计划"五百余岗位虚席以待》，《神州学人》2007 第 1 期；中科院人事教育局：《中科院新建研究机构召唤海外学子》，《神州学人》2007 年第 3 期；黄慧靖：《中科院"创新团队国际合作伙伴计划"》，《神州学人》2007 年第 2 期。

园政策在于向留学人员创业企业提供经营场地、基础设施、政策咨询、工商税务代理、管理咨询与培训、技术顾问、投融资服务、法律指导与市场推广等全方位的支持，以降低留学回国人员的创业风险和创业成本，加速留学人员创业企业的成长。留学人员创业园已经成为贯彻实施国家人才强国战略、推进和实现科技自主创新能力、突破发达国家及跨国公司技术垄断、建设创新型国家的重要基地。

1978 年至 2008 年，中国各类出国留学人员已接近 150 万人，其中相当一些人经过多年的努力，掌握了许多先进的科学技术、管理经验和前沿科技信息。国家鼓励和吸引留学人员回国工作或创业，使其成为提高中国自主创新能力的重要骨干力量。经过广大留学人员以及各级管理者的共同努力和实践，为不断完善中国的留学政策奠定了坚实的基础，从而共同创造出中国历史上出国留学活动发展最快、最有活力、最光彩的一个时期。改革开放 30 年来，先后学成后回国工作的留学人员已接近 40 万人，并已成为中国人才队伍的重要组成部分，成为科教文卫领域对外交流的桥梁，也成为留学人员创业园的人才基础。

"海归企业家"突出的优势是国际化视角的项目选择能力，世界级水平的技术研发决策能力，全球范围资源整合的参与能力。众多回国创业的"海归"，成为缩短中外先进技术差距、实现原始性创新的重要力量。"海归创业"发挥其机制灵活、决策快、效率高、资源整合能力强、产业化速度快的特点，主动开发原始创新项目。经过多年积累，留学人员创业园先后开发出一批世界领先、具有自主知识产权的技术与产品，培育了视野开阔的高素质企业家群体和一批高新技术企业。

二、留学人员回国创业的贡献和作用

2006 年 6 月 12 日，中国欧美同学会副会长、欧美同学会商会会长王辉耀教授应邀参加了由国务院侨办在山东省会济南舜耕山庄举办的"第二期华侨华人专业人士回国创业研习班"。作为国侨办为回国创业的华侨华人平稳着陆而搭建的一个新平台，比起很多地方邀请海归回来走马观花来说，王辉耀教授觉得这样的创业研讨班比较有针对性，效果不太一样。来自美国、加拿大、德国、澳大利亚等 8 个国家和地区的 50 多位海外博士、硕士，不远万里专程自己承担国际机票到济南接受创业辅导，研习创业政策，考察发展机遇和投资环境，洽谈对接项目，反映了海归回国创业热在广大海归中间仍然普遍存在。

针对在外留学人员的回国创业活动对中国国内各个方面的促进作用，王辉耀教授进行了专门的研究，并从 10 个方面概括了中国当代留学人员回国创业的贡献和作用：

1. 在 1992 年邓小平视察南方谈话以后的 10 多年中，海归们踊跃回国创业推动了国内在新经济、新技术、互联网、IT、通讯、传媒等诸多领域的发展，甚至包括传统产业的发展。著名的留学生企业如 UT 斯达康、搜狐、新浪、亚信、中星微电子、当当、e 龙、携程、百度、盛大、物美等都是在这个时期成长起来的。

2. 大批的留学人员回国创业，给国内带回了风险投资的机制。当时国内几乎所有国际风险投资公司的掌门人都是清一色的海归。大部分风险投资都是通过海归或海归工作的外企带进国内的。这些投资促进了国内对创业的热情，促进了一大批海归企业和国内企业的发展。

3. 风险投资的理念和新经济的模式引进，带来了一系列的现代企业管理概念，如创业一定要先有创业计划书，要重视创业团队的组建，重视职业经理人作用，要有一个激励的机制，包括期权和股份等，还要有其他一系列的管理机制，如人力资源管理、营销管理、公关等等。这些新观念的引进，使海归和跨国公司一道，对中国企业的管理进行革新和推进。

4. 海归在中国对外开放中，除了中国传统的吸引外商直接投资外，还带回了新的融资方式，引进了新的国际资本，创造了新时期利用外资的新方式。如不少海归精英回国创办的企业在海外上市，已为国内从国际资本和股票市场上融资上百亿美元，用于海归在中国创办企业的发展，创造了企业在中国发展，在海外融资的新模式。是新时期中国利用外资的新方式。

5. 海归回国创业还为国内带回了先进的技术。海归创办企业大多属高技术，服务领域，包括掌握最新科技成果的高科技人才，其中不少人拥有专利。他们也与欧美大跨国公司联系密切，并有先进的管理经验和较多的人际关系，成为沟通国内企业与国际市场的桥梁。留学人员创办企业对国内高新技术产业和服务业的发展、提高我国民族企业的国际竞争力有较大的促进作用。

6. 大批回国的海归精英已成为跨国公司在华的领头人。差不多所有在华的跨国公司都有海归精英的参与，有的海归还成为世界跨国公司500强在中国公司的CEO。他们对推动跨国公司在华投资、加速中国和国际经济接轨，起到了举足轻重的作用。

7. 还有大量的海归精英活跃在中国经济快速增长的领域，成为中国第三产业的领跑者。他们中包括了创业型人才、职业经理人、金融财务人才、咨询人才、法律人才、经纪代理人才、IT、网络人才、传媒、出版人才、公关、广告人才、旅游、会展、教育人才等各界人士。海归人士在这些领域中的创业大量涌现，加快了中国第三产业和服务业的发展。

8. 不少海归精英在创业立业中和中国国有与民营企业结合，带动了国有和传统经济效率的提高，提高这些企业的管理水平，有的已成为中国大型国有企业和民营企业的掌门人。

9. 海归精英给国内创业大潮带来各种人才，推动国内各行各业创业的发展。人才优势是海归回国创业的一大特点。一些留学人员回国创业选择了团队形式，往往是各有所长的几个人一起回国创业，并在创业过程中不断从国外引进企业所需的留学人才，这也是留学生创业在引进人才方面的优势之一，发挥国内国外团队和群体作用。部分成员在国内创办企业，部分成员在国外搞研发，既可以跟上国际科技发展的最新进展，又可以利用国内的市场、资金和廉价劳动力。与国外保持着密切的联系，便于及时跟踪世界高新技术发展，并有利于开展国际合作；而且相当一部分人在国外也有企业，可利用国内外有利条件，研发新产品和开拓市场。

10. 海归回国创业对推动中国当代兴起的创业大潮和全社会重视创业文化氛围的形成，特别是对于中国从计划经济向市场经济过渡过程中的塑造新的创业文化，起到了积极的带头作用。

三、留学人员创业园政策与自主创新能力建设

1. 留学人员创业园的内涵

留学人员创业园是从企业孵化器演绎而来。"孵化器"一词来源于生物学，原指为处于发育初期的待出生动物提供一定温控环境的专门设施。而企业孵化器则是支持处于创业初期、具有发展潜力的企业，向它们提供必要的政策、知识、技术、资本等资源的支持，从而为它们创造良好的成长环境，将其转化成具有竞争力的、成熟的、能够自我发展的企业，并尽量减少那些优势突出但在某一方面又有缺陷企业遭遇失败的可能性。鉴于企业孵化器在促进中小企业，特别是高技术创业企业方面的重要作用，许多国家都把企业孵化器作为产学研结合促进科技成果的转化、培育自主知识产权、发展高新技术产业的重要工具。

广义上的企业孵化器主要是面对科研院所的科技人员，帮助他们创办高新技术企业，实现科技成果向商品转化。因此，一般企业孵化器的工作对象要比留学人员创业园更加广泛。与一般企业孵化器相比，留学人员创业园具有其自身的特殊性，它是针对留学回国人员这一个特殊群体所建立的企业孵化器。中国相关科技政策所赋予它的主要功能，就在于吸引那些掌握国外先进科学技术、管理经验和前沿科技信息的留学人员回国服务，以发展国内的高技术产业、提高自主创新能力、传播国际先进管理经验。因此，留学人员创业园具有国际化特点和技术先进性特征。

概括地说，中国留学人员创业园具备以下五项功能：一是利用国家科技政策孵化高新技术企业的功能；二是利用国家人才政策培育成熟企业家的功能；三是利用国家吸引留学人才政策提供后勤服务与综合保障的功能；四是利用媒体和行业信息系统宣传与示范的功能；五是政策效果评估、经验教训借鉴与信息反馈的功能。

2. 留学人员创业园在提高中国自主创新能力中的作用

中国共产党十六届五中全会提出，要把提高自主创新能力作为调整经济结构、转变经济增长方式的中心环节；同时，形成一批拥有自主知识产权和知名品牌、国际竞争力较强的优势企业，也被纳入"十一五"时期经济社会发展的重要目标。这是根据中国社会经济发展的阶段性特征提出的一项重要战略任务，也是一个指导性很强的方针。而留学人员创业园对贯彻落实上述战略具有重要的作用，因为它不仅是吸引和培育高层次、创新型留学人才的重要基地，而且也是推进和实现科技自主创新的重要基地。

留学人员创业园在提高中国自主创新能力方面的重要作用，主要体现在以下三个方面：

（1）留学人员创业园是国家人才强国战略的有机组成部分，是充分发挥留学回国人员智力资源、改造传统产业和发展高新技术产业的一条有效途径。留学人员创业园的出现，得以在科研院所、高等院校传统的体制之外，为留学回国人员特别是有志于在经济建设领域施展才华、创业报国的留学人员，搭建了一个新的舞台，提供了科技政策的新机制，使

留学人员的个人价值得到充分体现。留学人员创业园具有单项政策无法比拟的优势，并以此为依托把留学人员拥有的技术资源与其他社会资源有效地结合起来，充分发挥留学人员的特有优势和才能，加速国内高新技术产业化，促进地方产业结构升级和经济社会持续的发展。

（2）留学人员创业园是对国家科技政策与创新体系的完善。它是实施国家自主创新战略的一个重要载体，它的建立与发展对完善国家创新体系具有积极的促进作用。国家创新体系是由企业、科研机构、政府和中介组织共同组成的一个网络机制，这些机构的活动和相互影响导致新技术的开发、引进、创新和扩散。留学人员创业园作为重要的中介组织形式，其主要作用是为留学人员创业企业、政府、投资机构、科研机构、大学等不同社会主体之间的相互交流和相互影响搭建一个平台，使不同机构之间的各种信息、人才、技术、资本等资源得到有效地配置。

（3）留学人员创业园的建设与发展有利于应对经济全球化带来的挑战。伴随着2002年加入了WTO，中国经济已全面融入经济全球化之中，国内企业面对全球化市场的程度越来越高。但是国内多数企业管理队伍的知识结构距参与全球化竞争的要求还有相当大的距离。如有资料表明，本世纪初时，中国至少缺少15万名高级职业经理人，缺少具有领导力的企业领袖；另有专家认为，未来的中国企业需要75，000名具有国际化经验和领导力的管理人才，但本世纪初国内只有5000名左右；而传统型经理人苦于不了解国际惯例、国外的政治、经济、文化、社会和法律环境，使所辖企业很难走出国门去开拓并利用国际市场和资源。再如，正是由于国内企业外向型高级管理人才的严重匮乏，致使中国生产的"问题产品"以及一系列被召回事件频发并已引起西方国家的严重关切；继宠物食品配料和牙膏之后，美国食品药品管理（EDA）于2007年6月28日宣布，禁止中国5种人工养殖的水产品进口美国；并且这股禁止中国商品的"安全风波"继续蔓延，已经被欧盟和一些亚洲国家所效仿。仅2007年上半年就有180多家生产劣质产品的生产厂家被中国国内有关部门责令关闭。诚然，西方舆论认为，美国掀起的"中国食品威胁论"是怀有打压"中国制造"狭隘心理的别有用心者的夸大其词，并正在被贸易保护主义者借题发挥、无限放大，是一种不公平、不公正、不道德的行为。但不可否认的是，中国的部分食品、药品类商品确实出现了问题因而授人以柄。而留学人员在外语外贸与国际文化、国际市场规则与前沿信息、尖端技术与先进管理经验、自有资金与引资能力等方面的优势和特色，使其管理的创业企业便于参与全球化竞争，提升国内企业在国际市场上的竞争力。

四、中国政府对发展留学人员创业园的政策性支持

改革开放以后，特别是上世纪90年代初期国家确立"支持留学、鼓励回国、来去自由"的留学工作方针以来，从各级政府到各企、事业单位，都相继制定和出台了一系列旨在支持和吸引在外留学人员回国工作或以多种方式为国服务的政策性规定。进入本世纪之后，国家明显加大了吸引、支持和鼓励留学人员回国工作或为国服务的政策力度，进一步制定了一系列有关留学人员回国创业的优惠政策和鼓励办法。如由国家人事

部、教育部、科技部、公安部、财政部等相关部委建立了"留学人员回国服务工作部际联席会议"制度，并先后汇集、编制和印发了一系列政策性文件：1.《教育部关于妥善解决优秀留学回国人员子女入学问题的意见》（2000 年）；2.《关于鼓励海外高层次留学人才回国工作的意见》（2000 年）；3.《关于鼓励海外留学人员以多种形式为国服务的若干意见》（2001 年）；4.《关于在留学人才引进工作中界定海外高层次留学人才的指导意见》（2005 年）等等；对鼓励留学回国人员的政策规定，较过去有较大的突破。

2000 年 6 月至 2002 年 8 月，科技部、人事部、教育部和国家外专局组织实施了"国家留学人员创业园示范建设试点"工作，在全国先后确定 21 个试点单位，并针对留学人员创业园有关问题相继印发了五个政策性文件：1.《关于组织开展国家留学人员创业园示范建设试点工作的通知》（2000 年）；2.《关于确定北京、上海等留学人员创业园为国家留学人员创业园示范建设试点的通知》（2000 年）；3.《留学人员创业园管理办法》（2001 年）；4.《关于确定天津、沈阳等留学人员创业园为国家留学人员创业园示范建设试点的通知》（2001 年）；5.《人事部与地方人民政府共建留学人员创业园的意见》（2002 年）。

2006 年 11 月 15 日，人事部单独印发了《留学人员回国工作"十一五规划"》，提出了"拓宽留学渠道、吸引人才回国、支持创新创业、鼓励为国服务"的工作要求。提出要不断创新政策，完善体制，积极构建企业为主体、市场为导向、产学研相结合的留学人员创新创业体系，逐步发展一批具有核心竞争力的留学人员高新技术企业、一批集聚效应突出的留学人员创业基地；要着力提高孵化能力，提升办园质量，优化创业环境，力争全国各级各类留学人员创业园达到 150 家左右，留学人员入园企业达到 10000 家；要研究制定鼓励留学人员创办企业的政策措施，支持他们以专利、专有技术、科研成果等在国内进行转化、入股，创办企业，对留学人员创办的高新技术企业在税收、融资、劳动人事等方面提供便利；要建立健全回国创业或从事高新技术转化需要的投融资机制，探索建立国家留学人员回国创业基金，鼓励和支持有条件的创业园引进或设立专业化的风险投资基金或创业基金，为留学人员回国创业提供资金支持或融资担保；要加强对留学人员创业园的引导和管理，探索建立国家留学人员创业园评估体系，加强创业园管理人员培训力度，提升办园质量，提高服务水平；要继续开展与地方人民政府共建留学人员创业园工作，鼓励创业园协助留学人员按程序申报各类政府资助项目，支持创业园面向海内外公开招聘高级人才和实施项目对接。

2007 年 2 月 15 日，国家人事部、教育部、科技部、财政部、外交部、国家发改委、公安部、商务部、人民银行、国资委、国侨办、中科院、国家外专局、海关总署、税务总局、工商总局等 16 个国务院直属部委办局，联合出台了一份《关于建立海外高层次留学人才回国工作绿色通道的意见》。提出高层次留学人才回国创办企业，可以享受更多的优惠政策；留学人员创业园区要继续大力引进海外高层次留学人才回国创业；要继续发挥国家级留学人员创业园的示范引导作用；等等。

2007 年 3 月 2 日，教育部也单独印发了一份《关于进一步加强引进海外优秀留学人才工作的若干意见》。其中也提出，要为海外优秀留学人才回国工作和创业服务；要充分利用国家科技、教育、人才资助项目，引导海外优秀人才回国创业；要切实解决海外优秀留学人才回国创业的后顾之忧；要加强留学人员创业园、大学科技园、创业基地和相关服务机构的建设。

有关专家和学者认为，尽管对于上述诸多政策性文件不论从纵向或横向的比较上来看，都有不少重复的内容，且从总体上看也显得过于笼统，还有待于细化和落实，但仍不难看出国家在总体科技政策方面不断加强、加大、加快对留学人员创业园建设的支持力度与决心。

五、中国留学人员创业园的发展历程

国内留学人员创业园的发展大致经历了以下三个阶段。

1. 初始创建阶段（1994—1997年）：这一时期，中国市场经济建设开始起步，受此大环境影响，已有少数地区开始意识到培育留学人员创业企业对本地科技和经济发展的促进作用。这些地区借鉴比较成熟的发展高新技术服务中心的经验与模式，开始尝试建立留学人员创业园。

1998年5月26—27日，由人事部流动调配司和山东省人事厅在烟台举办的留学回国人员工作站首届联谊会透露，自1994年南京市在全国率先创办了"金陵海外学子科技工业园"以后，上海北京、天津、河南、烟台、苏州、淄博、佛山等地相继创办了留学人员高科技创业园区，湖北、海南、福建、青岛等地也正在积极筹办中；预计1998年底在全国将建成近20个留学人员创业园区；园区借鉴发达国家的科学管理办法，以社会需求、服务到位、科技开发，为留学人员提供了良好创业环境；留学人员创业园区工作将成为留学人员工作新的增长点；园区内，没有专门的管理机构或依托开发区创业服务中心，建有一定面积的厂房和公寓，制定了为留学回国人员办理企业注册、启动资金、租房办厂、居住等一系列优惠政策。有的还在高新技术开发区内创办实行特殊政策的"园中园"，针对在外留学人员掌握先进科学技术但缺少投资资金的特点，提供特殊的创业基础，吸引大批留学人员把在国外学到的知识、掌握的技术、积累的经验和研究的成果带回来进行开发，缩短了某些高新技术项目与发达国家的差距；如上海市四个留学人员创业园区中的留学人员企业总数已超过500多家，形成了集约型、产业化的留学人员企业群体，在海内外引起良好的影响；烟台留学人员创业园，已有20多名留学人员在园区创办高科技项目23个，累计创产值1亿元、利税1000多万元，将液晶材料、金属表面处理等10多个项目的科研和生产技术提高到国际先进水平，产品已远销到欧美等国；青岛市政府将创办留学人员科技园区列入1998年的政府工作主要项目，投资3000多万元，并计划年内建成。

2. 快速发展阶段（1999年—2002年）：在此阶段，中国留学人员创业园数量和规模在国家科技政策的支持下呈现迅速扩张的趋势。留学人员创业园数量1997年底时尚不足10家，而至2002年底时已达到近100家。为吸引更多留学人员入住创业，这些新建创业园在建园初期就已达到比较庞大的规模，而且原有的创业园也在不断扩张。由于在数量和规模上发展比较迅速，许多创业园缺乏孵化留学人员创业企业的经验。这一时期，除少数几家创业园开始与大学、科研机构、管理咨询公司、风险投资机构建立关系，初步搭建起孵化服务平台以外，总体上的孵化服务水平仍然处于比较低端的位置。

3. 功能提升阶段（2003—2006 年底）：从 2003 年开始，全国留学人员创业园数量与规模增加的速度有所减缓，有关各方面开始总结经验和教训，并把更多的注意力转移到如何有效地发挥创业园的功能上。

经过十几年的探索与发展，留学人员创业园吸引了大批高层次、高素质的留学人员到创业园创业。据国家科技部统计，至 2006 年底，到创业园内的创业留学人员已累计达到 13，338 人，其中博士 5074 人，硕士 4929 人。创业园所孵化的企业涉及电子信息、生物工程与生物医药、光机电一体化、新材料与新能源、环境保护等各个高新技术产业领域。这些企业大多具有国内或世界领先的技术，成长迅速，有很强的竞争优势和良好的发展前景。另有统计显示，至 2007 年，全国共建有 130 多家留学人员创业园，入园企业 8000 余家。

六、留学生创业园的辐射功能：海外华侨华人科技人才创业基地

海外华侨华人专业人士也是中国人才资源的重要组成部分。20 世纪 90 年代中后期以来，随着中国改革开放和现代化建设事业的发展，他们运用在海外学到的高新技术和管理知识，纷纷回国创业或多形式为国服务，取得了一些经验和成就。随着经济全球化背景下资本和人才的跨国流动更加频繁，"留创园"一直是中国经济发展较快的领域之一。而经济的持续、健康、快速发展，对海外各类人才产生了强大的吸引力，也为旅居世界各地的华侨华人专业人士创业发展提供了广阔的空间。

上个世纪末以来，国务院侨办先后选择了一批高新技术产业开发区、留学人员创业园作为"引智引资重点联系单位"。如在国务院侨办的支持下，于 1998 年创建的湖北省武汉市东湖高新技术开发区——"武汉留学生创业园"，于 2000 年被确定为国务院侨办"引智引资重点联系单位"。武汉"留创园"成立十年来，在为海外华侨华人和留学人员优化创业环境，催化创业成果，提供全方位的孵化服务等方面做了大量的探索和有益的工作，孵化培育了一大批成功企业。截止 2008 年上半年已经吸引了 1200 多位回国创业的海外留学人员，创办了 480 多家高新技术企业，工业产值超过 100 亿元人民币，成为推动区域科技创新与产业发展的新兴力量，成为武汉海归学子的创业基地。

武汉"留创园"注重"科技创新"的原则，充分利用已有的人才资源基础，发挥了示范、带动作用，吸引了海外华侨华人和留学人员回国创业，为湖北的经济科技发展作出新的更大贡献。如作为芯片领域的专家，靳彩霞留学国外多年，2006 年，她在武汉留学生创业园里开始了自己的事业。由她和她的团队主持的武汉迪源光电科技有限公司作为国内唯一专业大功率 LED 芯片厂家，产品性能目前居于国内、国际领先水平；随着中国建设资源节约型和环境友好型社会的展开，迪源所提供的节能、环保、高亮度产品已广泛应用

于路灯等照明领域。

七、留学人员创业园发展面临的主要问题

中国留学人员创业园在健康有序地发展的同时，存在的问题也不断显现，面临一些困难与挑战。创业企业在起步期，往往因为启动资金不足，管理团队不力，对市场把握不准确等，容易夭折。就全国而言，留学人员企业能成功度过孵化期的仅有 1/3 左右。在各地留学人员创业园的积极引导和政策扶持下，部分创业企业经过平稳发展而进入发展轨道，又将面临管理理念和发展模式的更新，以及后续融资的问题，造成企业不能及时完成升级转型。这些问题既有来自于创业园外部政策环境的，也有来自于创业园管理体制和方式上的。其中资金、管理团队建设和市场变化一直是国内留学人员创业的"软肋"：

1. 政府管理创业园的体制和方式有待深化改革与不断完善；否则将不可避免地会重蹈计划体制下国有企业种种弊端的覆辙，如政企不分、行政干预、责权不清等。

2. 整体服务质量还有待于进一步提升；否则将不能使在园企业尽快达到参与国际化激烈竞争的水平。

3. 孵化队伍的素质需要大幅度提高；否则将导致创业园很难根据企业的具体特点和需要，持续提供管理咨询、技术指导和投融资等对企业有重要影响的深层次服务。

4. 投融资环境仍需不断改善；否则国内风险投资的机制和规模就无法满足创业企业对资本不断增长的需求。

八、促进留学人员创业园发展的对策研究

1. 全方位深入落实国家吸引留学人才政策①

2. 不断完善留学人员创业园的治理机制——按照现代企业制度原则，改革创业园内部的治理模式，实现创业园所有权与经营权的分离问题。这是理顺政府和创业园关系的基础，也是留学人员创业园功能有效发挥的保证。同时，鼓励社会资本以参股、控股和独资方式经营创业园，形成"国有民营"、或者"公私合营"、或者"民有民营"等多元化的创业园模式，政府对民营资本进入创业园要在土地、税收和金融上给予支持。

3. 进一步改进政府对留学人员创业园的管理方式——逐步改变政府在支持留学人员创业园方面的基本策略，即政府由直接资助转向信息和网络的支持，从政府主导转向政府、创业园和研究机构的全面合作。同时，强化对创业园的规范化管理。制定留学人员创业园评价指标体系，定期组织对创业园进行评估，再以评估结果作为对创业园支持的标准。中央政府职能部门应制定相对应的公平、公正、公开的规范性管理办法，以免部分留学人员创业园为争夺人才，不顾自身的资源条件盲目竞争而导致最终人走楼空。要整合全国留学人员创业园的资源，建立健全留学人员创业园的信息中心，加强留学人员创业园协

---

① 此处略，详见第十二章。

会建设。

4. 继续加强内部管理队伍建设以提高孵化队伍素质——依据国家的相关法律、政策，结合各自的特点，制定相应的规章制度和科学的管理办法，包括留学人员身份的认定和留学人员在园区创办科研和生产结合型企业的认定等，以形成法制化、规范化的运行环境和管理体制。要运用现代管理理论认真分析和优化自己的业务流程，并把优化的流程制度化，做到组织结构合理、责任明确。同时，创业园要建设自己的信息服务平台，利用现代科技手段提高为创业企业服务的效率。健全创业园内部的激励和监督机制，积极创造条件吸引和留住人才，建立知人善用、人尽其才、任人唯贤、优胜劣汰的用人制度，全面提高孵化队伍的整体素质。

5. 加快改善创业园核心孵化服务体系——精心构建核心孵化服务网络体系并向创业企业提供使其成为一个成功企业家所必需的技能和手段。把外部和内部各种资源整合到科研成果转化、企业发展的过程中来，并使自己成为这些资源相互联系的结点，使在孵企业可以获得到各种所需要的资源。留学人员创业孵化服务体系的构建是一个长期的、动态的过程。创业园应根据自身的特点和条件，建立有特色的创业服务体系，搭建好投融资服务平台、管理咨询与培训服务平台和科研技术服务平台，并且应根据外界环境的变化，不断地调整和完善。

6. 稳步完善风险投资机制——发展风险投资，首先要推进战略重心的转移，立足调动民间资本参与风险投资的积极性，建立多元化的风险投资体系。一方面要启动民间个人投资，另一方面要大力培育保险公司、养老基金和投资银行等机构投资者。根据美国安永会计师事务所 2007 年 6 月 28 日公布的数据显示，中国已经超过美国成为"对投资者最有吸引力的国家"。但是目前国内投融资环境还不完善，特别是缺乏促进高新技术发展的、有效的风险投资机制。留学人员在国内创业最薄弱的环节是如何把好的项目和技术从实验室推向市场。要实现科技成果的商品化和产业化，首先需要有一个健康活跃的资本市场，一个良好的融资体制，特别是需要健康规范的风险投资机制，以确保企业可以获得迅速扩张的资本，为企业的发展提供物质保障。所谓风险投资，是指把资金投向蕴藏着较大失败危险的高新技术开发领域，以期成功后取得高资本收益的一种商业投资行为。通俗地讲，风险投资是在市场经济体制下支持科技成果转化的一种重要手段，其实质是通过投资于一个高风险、高回报的项目群，将其中成功的项目进行出售或上市，以实现所有者权益的变现，这时不仅能弥补失败项目的损失，而且还可使投资者获得高额回报，因此风险投资对发展高新技术产业具有十分重要的意义。

7. 有条件地倡导"宽容失败"、"允许失败"的原则——2007 年 8 月，江苏省政府向 44 位海外人才每人提供百万创业资金。根据"江苏省高层次创业创新人才引进计划"，这只是首批资助的海外高端人才。到 2010 年底，江苏计划引进的该类人才将达到 500 名，每人都将获得不低于 100 万元的自主创业资金。这意味着江苏总共将投入 5 亿元，以鼓励优秀海外人才投身科技创业创新的主战场。江苏省人事厅有关负责人员明确表示：这 100 万元，全部给个人；即便创业创新失败，100 万元打了'水漂'，也在所不惜；江苏省"容许科技创新失败"、"宽容失败"，是因为高科技就是高投入、高回报、高风险的创新活动。①

第七节　人事部和教育部连续召开专门研究留学
回国管理事务与相关政策的四次会议

一、人事部召开"全国人事系统留学回国人员工作会议"

1995 年 11 月 14—16 日，人事部在北京召开"全国人事系统留学回国人员工作会议"，约有全国各个省市、自治区和有关部委的 60 多名主管留学回国人员事务的负责人，以及 20 名受到重点资助的优秀留学回国人员代表出席了会议。此次会议的主要内容有：1. 交流了留学回国人员工作的基本经验，研讨了解决留学回国事务中存在问题的办法，明确了留学回国人员工作的目标和任务；2. 宣布了《人事部重点资助优秀留学人员科技活动的通知》，决定对 20 名具有跨世纪学术和技术带头人能力和培养前途的优秀留学回国人员每人资助 10 万元人民币，并向他们颁发了证书；3. 邀请部分早期回国的知名留学人员与人事部重点资助留学回国人员进行了座谈；4. 与会留学人员向海内外中华学人发出了《为祖国做一件事、尽一份力的倡议书》；5. 讨论了李贵鲜国务委员和宋德福部长的讲话。这次会议对进一步做好留学回国人员的工作起到一定的促进作用。

国务委员李贵鲜接见了全体与会人员并发表了重要讲话。他指出，要从战略高度认识留学人员工作的重要性。出国留学政策是我国改革开放总方针、总政策的重要组成部分。出国留学工作是学习、借鉴世界先进科学技术、现代化管理经验和有益文化，加速建设有中国特色社会主义的重要措施之一，是培养现代化建设急需人才和促进国际交流合作的一个重要途径。做好留学人员工作，对改革开放和现代化建设事业的发展乃至整个中华民族的富强振兴都将产生深远影响。对于如何进一步抓好留学人员工作，李贵鲜国务委员强调了三点意见：1. 要大力弘扬爱国主义精神。中国目前还处在社会主义初级阶段，各方面的条件有限，在激烈的国际人才竞争中，既要创造优惠条件，提供优惠待遇吸引留学人员为国服务，又要做好思想政治工作，大力弘扬爱国主义精神，这是做好留学人员工作一个法宝。2. 要继续贯彻执行"支持留学、鼓励回国、来去自由"的留学工作方针。3. 要充分开发利用好留学人才资源。留学人才资源是人才资源中较为优秀的部分，要发挥人事部门管理专家、博士后、人才流动、职称等各项工作的综合优势，统筹规划，开创性地开展工作，切实把留学人才资源充分开发利用起来。

人事部部长宋德福在会上作了题为《充分开发利用留学人才资源》的讲话。他说，改

---

① 苗丹国、李布：《我国留学人员创业园发展的对策研究》，《中国教育政策评论—2007 年卷》第 91—101 页，教育科学出版社 2007 年 10 月出版；张景华：《中国留学人员创业园喜中有忧——企业能成功度过孵化期的仅有三分之一》，《光明日报》2006 年 10 月 21 日第 2 版；《留学回国人员工作站首届烟台联谊会纪要》，国家人事部网站；王辉耀：《谈海归创业的贡献》，《人民日报海外版》2006 年 6 月 27 日；《留学生创业园成为海外华侨华人专业人士创业热土》，2008 年 6 月 30 日中国侨网；杨晓冬：《中国引进海外人才步伐加快》，《中国人事报》2007 年 8 月 29 日。

革开放 17 年来，中国先后向世界 100 多个国家和地区派出了 23 万留学人员，其中已有近 8 万人学成回国，他们在改革开放中做出了突出贡献。留学回国人员中有近 80% 的人承担了国家"八五"攻关项目、国家"863"高科技项目和国家自然科学基金项目等重大课题的研究，有 4 万多人受聘担任高级专业技术职务，2 万多人获得了各种科技成果奖，成为学术带头人和业务骨干，有些已成为国际知名专家、学者。宋德福部长充分肯定了留学回国人员工作取得的成绩：1. 加强了政策法规建设，先后下发了五个有关留学回国人员事务的法规性文件；2. 重视建立留学服务机构，先后在上海、西安、大连、海南、宁波等地创建了 17 个留学回国人员工作站，较好地解决了部分留学人员回国后在短时间内找不到合适工作岗位的问题，通过工作站的联系已经为 200 多名留学人员找到了能发挥专长的工作；3. 加强了工作调整安置手段，人事部门分配、调整的留学人员已达 9000 多人；4. 加大了留学回国人员科研经费资助力度，专门设立了择优资助留学人员回国开展科技活动经费，财政拨款累计达 5000 多万元，择优资助 2200 多人次；5. 开拓了创业范围和领域，南京市创建了金陵海外学于创业园区，山东烟台正在筹建留学人员科技园区，为留学人员创业提供了良好的环境；6. 1994 年人事部开始进行资助留学人员短期回国工作，仅一年时间资助了 100 名留学人员短期回国开展讲学、进行技术交流；7. 宣传优秀留学人员事迹，1990 年与各部委联合举办了首届全国留学人员科技成果展览会，1992 年同国家教委共同组织表彰了 310 名优秀留学人员。

针对此次会议后的留学人员工作要点，宋德福部长提出要把留学人员工作重点调整到充分开发利用留学人才资源上来，并布署了"九五"期间全国人事系统留学回国人员工作的主要内容：1. 培育发展留学人才智力市场。2. 创办高科技留学人员创业园区。3. 争取设立留学人员科研基金。4. 积极指导留学人员联谊组织的活动。5. 建立优秀留学人才培养制度，建立海内外优秀留学人才库，制定培养计划，给予政策倾斜，分期分批选拔 100 名符合"百千万人才工程"的优秀留学人才，并给予定向投入，重点支持。6. 建立现代化管理手段。7. 深入开展爱国主义教育。[1]

二、国家教委和人事部联合召开"全国留学回国工作会议"

1997 年 1 月 21—23 日，国家教委和人事部联合召开"全国留学回国工作会议"。这是改革开放以来召开的第一次全国性留学回国工作会议。国务院有关部委、各地和高等院校以及留学回国服务部门的有关负责人、部分优秀留学回国人员代表出席会议。会议表彰了 318 位优秀留学回国人员和 25 个全国留学工作先进单位，并表扬了 19 个留学工作先进单位。会议充分肯定了改革开放年来我国留学工作的成绩，同时研究了"九五"期间留学回国工作的若干意见、规划和措置，提出要抓住时机，开创留学回国工作的新局面。国务院副总理李岚清于会议最后一天即 23 日会见了会议代表，强调要鼓励留学人员回国建功

---

[1] 丁杨东：《全国人事系统留学人员工作会议综述》，《中国人才》1996 年第 1 期。

立业。①

1. 教育部韦钰副部长对进一步落实"鼓励回国"政策提出若干具体意见并论述需要处理好的几个关系

韦钰副部长在《工作报告》中谈到会议召开的背景时指出，这次会议是 1978 年改革开放以来召开的第一次全国性留学会议；是在中央制定了国民经济和社会发展"九五"计划及 2010 年远景目标纲要，确定了可持续发展和科教兴国两大战略的背景下召开的；是在中共十四届六中全会刚刚通过了关于加强社会主义精神文明建设若干重要问题决议的背景下召开的；是在香港即将回归祖国，中共十五大即将举行的重要时刻召开的；因此意义重大。会议的任务是，以十四届五中、六中全会的精神为指导，以"支持留学，鼓励回国，来去自由"的方针为依据，总结工作，交流经验，表彰先进，明确重点，研究"九五"期间留学回国工作若干意见，进一步开创新形势下留学回国工作的新局面，使留学回国工作更好地为科教兴国战略服务，为国家经济建设和社会发展服务。

韦钰副部长总结成就时表示，改革开放 18 年来，中国的出国留学人数接近 27 万人，其中，国家公派留学人员 4.4 万人，单位公派留学人员 8.6 万人，自费出国留学的有 13.9 万人。这些留学人员分布在 100 多个国家和地区。在中国出国留学史上，这一时期出国留学的人员数量之多，分布之广，是前所未有的。表明改革开放以来的出国留学工作收到了显著成果。但是在看到留学工作取得成绩的同时，还应一分为二地看待以往的工作，因为今后在留学回国人员的数量和质量上都需要有大的发展。

韦钰副部长在工作报告中对做好新形势下的留学回国工作提出了六条意见：（1）认清形势，增强使命感——要站在世界性争夺人才的战略高度，做好留学人员回国的工作。将整个留学回国工作放在国际形势的广阔背景下，加以认识，这样才能在激烈的人才竞争中取得战略主动地位。从国内形势看，为了实现科教兴国和可持续发展的战略，实现两个经济增长方式的根本转变，实现物质文明和精神文明两个建设任务，要下大力气做好留学人员回国，特别是优秀尖子人才回国和为国服务的工作。（2）明确方针，把"鼓励回国，报效国家"作为一项主要工作来抓——要做好今后的留学回国工作，有必要继续加强对中央关于"支持留学，鼓励回国，来去自由"的出国留学工作方针的进一步认识。三句话、十二个字的方针是一个整体，核心是"鼓励回国"。对公派留学人员而言，他们有学成回国服务的责任和义务。公派留学人员是国家根据需要和计划派出的，而且由国家或单位支付他们赴国外学习、研究的费用，按照要求他们完成国外的学习、研究任务后，理应按期回国服务。是公派留学人员，就要自觉地承担起自己的责任和义务。对留学人员整体而言，我们总的政策是，鼓励所有在外留学人员回国参加社会主义建设。总之，要把着眼点和落脚点放在"鼓励回国"上。（3）多办实事，力求实效，为留学回国人员创造必要的工作和生活条件——留学人员回国工作以后，为了鼓励和支持他们开展工作，各级政府部门和单位应该给予他们应有重视，热情地欢迎他

---

① 尹鸿祝、毕全忠：《李岚清会见留学回国工作会议代表强调鼓励留学人员回国建功立业》，《人民日报》1997年 1 月 24 日。

们，要努力为他们创造必要的工作和生活条件。为支持优秀拔尖留学人员回国开展工作，要发动国家、地方、单位三方力量，加大资金投入，在提供科研经费、配备科研助手、购进现代化先进科研设备、开展国际合作等方面给予必要的支持。（4）继续完善留学回国的政策、规定，优化人才管理机制，提高留学回国工作的效益——在留学回国工作中，政策指导尤为重要。我们工作的目标是，要针对留学回国工作的特点和规律，深入研究工作中出现的新情况、新问题，逐步建立起完善的、适合社会主义市场经济体制的留学回国工作政策法规体系。进一步优化和改革人才管理机制，搞好人才的合理流动和优化配置。同时，切实合理解决好留学回国人员的诸如住房、职务和职称评聘等具体问题。国家教委将全面实施"春晖计划"，人事部也将继续落实《"九五"期间人事系统留学人员工作规划》，配套实施留学回国工作的措施和办法。（5）突出重点，做好优秀人才的回收工作——在留学回国工作中，要突出做好优秀人才回收这项重点工作，在"重点"和"急需"上下功夫，通过努力，真正把目前国家急需的人才动员回来。（6）加大宣传力度，弘扬爱祖国爱家乡，与祖国人民一道艰苦创业的精神——大力提倡广大留学人员要把个人的价值取向与国家的利益和发展紧密地联系在一起，与祖国同呼吸，共命运，并把爱国主义精神变成自己投身国家建设的伟大实践之中的实际行动；要通过宣传工作，使广大留学人员认识到，我们正处在社会主义初级阶段，处在创业时期；伟大的创业，需要广大留学回国人员有伟大的创业精神。

韦钰副部长指出，留学回国工作的任务是艰巨的，同时也是十分光荣的，因此要明确目标，把握时机，开拓进取，振奋精神，求是务实，开创留学回国工作新局面。在谈到留学回国工作要处理好的几个关系问题时，韦钰副部长强调：（1）要处理好鼓励回国工作和欢迎以各种方式为国做贡献的关系——在留学回国工作中，要处理好鼓励回国服务和欢迎为国服务的关系，要把二者看成一个整体工作的两个方面：用做好回国服务工作所取得的成绩，带动在外留学人员为国服务工作的开展；在外留学人员以各种形式为国服务的不断增多，将促进他们对国内的了解和认识，这将有利于更多人学成回国工作和为国服务。（2）要处理好为留学回国人员创造必要的工作、生活条件和鼓励留学人员回国以实力参与竞争、创业、立业的关系——回国工作的人应有艰苦创业的思想准备，树立以自己的实力去参与竞争的强烈意识，并要通过脚踏实地的工作，得到身边同行的承认。从另一个角度讲，留学人员刚回国工作时，的确有这样或那样一些困难和问题，这些困难和问题如果解决不好，他们也很难全身心地投入到工作中去。所以，接收留学回国人员的部门、单位应该努力帮助他们，为他们尽可能地创造必要的工作和生活条件。这其中应该注意的问题是，要处理好鼓励留学人员与国内同行一样以实力竞争和给予必要的扶持的关系，一定的扶持是为了使留学人员在平等、公平的基础上参与竞争，并在竞争中显示其真正的实力。（3）要处理好各部门重视留学回国工作与加强通力协作的关系——这里重要的是要全面、正确理解和贯彻国家的方针政策，从全局和国家整体利益的高度来处理留学回国工作中的问题，协调一致，有序地进一步做好留学回国工作。留学回国工作是一项系统社会工程，涉及到方方面面，只有上下一致，统一政策，齐心协力，相互支持，才能使留学回国工作迈上一个新的台阶。①

2. 会议回顾了留学活动成果，交流了落实"鼓励回国"政策方面的经验，研究和讨论了相关的工作措施

会议反映的情况表明，一个有时代特色并有利于留学人员回国发挥作用的政策氛围已经初步形成并正在逐步扩大。

（1）留学回国政策取得了可喜成果并在各地受到普遍重视

此次会议提供的数据显示，18 年中已有近 9 万人先后学成回国，近几年留学回国总人数以 13% 的速度逐年递增，他们在各自的工作岗位上做出了突出的贡献。许多留学回国人员在科研领域做出了一流的科研成果，成为学科学术带头人。据统计，在中国工程院院士中，有 51.6% 即 157 人是近十几年回国的留学人员在经过专家严格评审，跻身"国家教委跨世纪优秀人才计划"的人选中，有 2/3 以上是近几年学成回国的留学人员在国家人事部的"百千万工程"、团中央的"中国青年科学家奖"、国家科委的国家重大科技攻关项目等工程和计划中，近年来学成回国人员均占半数以上。许多留学回国人员把自己在国外学习和掌握的先进管理知识运用到教学、科研和行政管理上，许多人已走上高校、科研和各级政府部门的领导岗位，给这些部门的行政管理带来了观念上的变化和改进。还有一些留学回国人员投身大中型企业，创办实业，组建公司，把在国外所学的金融、期货、证券、工商管理等方面的知识和实践经验运用到国内，取得了很好的经济与社会效益。新时期的出国留学工作，作为中国改革开放总政策的重要组成部分，为中国的现代化建设培养了一大批骨干，增强了中国自己培养高级专门人才的能力缩短了中国与世界发达国家在教育、科技和管理等方面的差距扩大了中国与国外在科技、教育、文化、经贸等领域的交往与合作留学回国人员已成为促进改革开放和社会经济发展的一支重要力量。

会议认为，1992 年中央提出"支持留学，鼓励回国，来去自由"的留学工作方针，邓小平对留学人员说"要做出贡献，还是回国好"，并要求有关部门对留学人员"回来后要妥善安排"，等等，都体现了党和国家对广大在外留学人员的信任和关怀，对推动整个留学回国工作产生了重大而深远的影响。中国改革开放事业的不断深化，为广大留学人员回国服务提供了艰苦创业，报效国家的广阔天地；18 年来改革开放事业所取得的举世瞩目的伟大成就，对在外留学人员产生了极大的凝聚力和感召力许多单位和部门为留学人员回国服务创造了有利的条件和环境因此，会议指出，广大留学回国人员和在外留学人员是国家的宝贵财富，是重要的人才资源。他们是实施科教兴国和可持续发展战略、实现"九五"计划和 2010 年远景目标的一支重要力量，也是发达国家同中国争夺人才的重要对象。中国政府珍惜人才，尊重人才，需要人才，提出要站在世界性争夺人才的战略高度，下大力气做好留学人员回国特别是优秀尖子人才回国和为国服务的工作。

不少省市的主要领导人亲自阅批留学人员来信、关照留学回国人员的工作生活条件，有的还率团组出国招聘留学人员。山东省把留学工作作为扩大对外开放和引进国外智力的一条重要渠道，给予极大关心；省领导多次指示省有关部门要为留学人员回国工作创造良

---

① 韦钰：《再创新局》，《神州学人》1997 年第 3 期。

好的环境和条件，使留学回国人员真正感受到了各级领导对留学人员的重视和关怀。大连市领导提出，要把大连建成"北方香港"，需要一大批人才做保障；留学人员是高层次的复合型人才，要在学习、工作和生活等方面关心和爱护他们，要吸纳尽可能多的高层次留学人才到大连工作；大连越发展，越感到人才不足，因此大连要主动出击，引进高层次的留学人才。随着国内改革开放和各项建设事业的不断发展，国内对留学人员的需求日渐升温。在这种形势下，大多数部门、地方和单位的领导都比较重视留学回国的政策与相关事务，因而为顺利开展留学回国工作提供了保证。

（2）优惠留学人员的政策陆续出台并稳步实施

1988 年深圳市政府制定了《深圳市鼓励出国留学生来深圳工作暂行规定》，1989 年又制定了相应的"实施细则"。深圳市等少数几个地方较早注意到留学人员的特殊价值，用改革的办法吸纳留学回国人员。大批吸引留学人员回国工作的优惠政策，则是制定于 1992 年邓小平南方讲话和中央提出"支持留学，鼓励回国，来去自由"的留学工作十二字方针之后，这些政策适应了加速建立社会主义市场经济体制的需要，配合了科教兴国战略，成为各地区、部门、单位吸引留学人员回国工作的关键措施。1992 年 11 月，江苏省制定了《江苏省鼓励留学回国人员来苏工作的若干规定》，该规定对留学人员在来去自由、工作安置、生活安置、科技开发、投资办厂等方面拟定了九条优惠政策。这个《规定》出台后，江苏省 13 个市相继予以转发，有的市还制定了更加优惠的引进人才政策，一些用人单位还根据这个《规定》的精神，制定了具体的实施意见。南京师范大学、苏州大学等高校制定回国了引进高层次人才政策规定，在住房、职称、科研启动资金等方面推出了许多新举措，吸引了一批有影响的学术带头人和年轻的博士回国服务。上海是出国留学人数较多的城市，随着 90 年代初浦东的开发开放，上海在制定了《鼓励出国留学人员来上海工作的若干规定》之后，市人事局又会同各有关部门制定下发了有关配套政策，包括解决原从外省市出国留学、学成来上海工作的人员及其随归配偶、子女的落户问题；鼓励学成留学人员创办享有外商投资企业同等待遇的留学人员企业；留学回国人员科研经费资助管理暂行办法等。1993 年 3 月，上海市人事局、市外资委、市工商局、市财政局、市税务局联合颁发了《关于出国留学人员来上海投资兴办企业的有关规定》。这个规定对留学人员极具吸引力。上海从制定地方性法规得到的回报中高度认识到做好留学人员工作的重要性，从实施"科教兴市"和"九五"计划及 2010 年远景目标出发，提出了构筑上海人才资源高地的战略，留学人才被视为重中之重，因此要加大吸引海外高层次留学人才力度方面的政策措施。

（3）相关政策不断完善为留学人员提供施展才能的舞台

清华大学的基本经验表明，有意愿长期回国工作的留学人员，大多是放弃了在国外优厚的生活环境和较好的工作条件，回国开创事业，是为了寻求个人事业的发展和报效祖国。因此，最能吸引他们的是国内的事业舞台和良好的工作环境条件。据此，清华大学对一些需要扶植的留学人员，从校、系两级给予重点支持，从落实实验室或工作用房，到科研经费，到帮助申请项目和资助，配备助手和研究生等，都得到特别关照。中科院大连化物所在工作中形成对优秀留学回国人员"五给"的做法：即在职务结构上给位子；在人员配备上给权力；在仪器购置上给政策；在用房分配上给优惠；在经费使用上给支持。这些做法使留学人员切实感到，只要是人才，只要努力工作，就会脱颖而出。浙江省农科院信任和大胆使用留学回国人员，一批留学回国人员成为重点学科的带头人或院、所领导。该院的人才工程共确定十名重点培养的学术技术带头人，九名是留学回国人员，这既表明该院对留学回国人员的重视和信任，也表明留学回国人员已经成为该院跨世纪人才培养和学术、科研、领导岗位的重要人才资源。

重视发挥留学回国人员的作用，是留学回国政策的中心任务，国内用人单位对这一问题认识的加深和工作的落实，将有利于留学回国工作的深化发展。建立一支热爱留学人员工作、事业心强的高素质工作队伍和较完善的工作机构，是做好留学回国工作的重要条件。会议召开之际，全国已逐步建立起一套有效的工作机构和运行机制，从中央到地方，工作网络已基本形成，高等院校和科研单位的工作机构中有专人负责留学工作。国家教委和国家人事部的服务机构和服务机制不断完善，为留学回国工作提供了后续服务上的保证。

（4）继续落实鼓励留学人员回国政策的基本思路

韦钰副部长代表教育部在会议中提出的"要处理好三方面关系"的新观点，表明留学政策在一些基本问题上认识的深化，反映出一种求真务实的科学态度，预示着留学回国事务将会有更好的局面。此次会议上还首次提出了《关于加强"九五"期间留学回国工作的若干意见》的讨论稿，并经过与会代表的讨论和研究。有关管理机构希望在此基础上形成一份正式文件，以便对其后一段时间内继续落实国家关于鼓励留学人员回国政策的留学回国事务提供一个基本的工作思路。

另外，这次会议还明确提出了在贯彻执行留学政策方面临的一些困难和问题：中国作为发展中国家，经济发展还比较落后，因而在与西方发达国家竞争人才方面处于不利的地位；中国的留学回国政策还不够完善，在落实留学回国人员的工作条件、人才流动及发挥其作用方面还存在一些障碍，还有许多工作要做；公费出国留学选派办法的改革虽迈出了关键性的一步，但要确保改革后各类出国留学人员都能学成按时回国，在国外管理办法上尚需进一步完善；留学回国工作发展还很不平衡，已回国的留学人员主要集中在北京及一些沿海大中城市的教育、科研机构，到欠发达的中西部地区创业的还为数甚少，参与国有大中型企业的发展与改造的人员还相当有限；特别是为实施"两个战略"，需要更多的优秀人才、高层次管理人才，需要更多的活跃在科技前沿的帅才、将才、干才，需要更多的能创办科技企业，创办新产业生长点的人才。这些问题的提出，为会议之后对其进一步加以研究并寻求解决的政策和措施提供了基本依据和基本思路。[①]

3. 对此次会议基本成果的评价与总结

国家人事部出席会议的代表、流动调配司袁文成副司长就会议取得的基本成果进行了总结。他指出，这次会议是改革开放以来国家教委和人事部第一次联合召开的全国留学回

---

① 刘微、郜云雁：《开创留学回国、工作新局面——全国留学回国工作会议综述》，《中国人才》1997年第4期；王焕现：《且看回国大气候——写在全国留学回国工作会议之后》，《神州学人》1997年第3期。

国工作会议，也是全国第一次表彰全国留学工作先进单位。会议共收到 98 个单位的经验材料。通过总结这些材料提供的做法和经验，可以达成四点共识：一是领导、各级政府、有关部门和留学工作部门重视和支持，是搞好留学回国工作的保证；二是紧密结合各地区、各部门、各单位的实际，立足为经济建设服务，制定具有吸引力的优惠政策，是吸引更多的留学人员回国工作的重要措施；三是努力创造留学回国人员工作环境和必要的生活条件，以充分发挥他们的作用，是留学回国工作的目标；四是建立一支热爱留学工作、事业心强的高素质工作队伍和较完善的工作机构，是做好留学回国工作的重要条件。

袁文成副司长还归纳了这次"全国留学回国工作会议"的几个主要特点：（1）召开的时机好——会议是在"九五"计划开局之后召开的；国家政治稳定，经济发展，留学人员回国与为国服务的形势越来越好，这是一次务实会和落实会。（2）主题明确突出——会议总结交流了改革开放以来留学回国工作经验，进一步确定了新形势下留学回国工作的指导思想和工作思路；表彰了"八五"以来在科研、教学、生产等各行各业做出突出成绩的优秀留学回国人员和留学工作先进单位，为深化发展留学工作开了一个好局。（3）参会的积极性高，气氛好——各地区、各部门积极踊跃参加会议，把本地区、本部门留学工作搞得更好的愿望很浓。（4）会议有新意——一是提出了要处理好三个关系的新观点，即要处理好鼓励回国工作和欢迎以各种方式为国做贡献的关系；要处理好为留学回国人员创造必要的工作、生活条件和鼓励留学人员回国以实力参与竞争、创业、立业的关系；要处理好各部门重视留学回国工作与加强通力协作的关系。二是在新形势下首次提出《关于加强"九五"期间留学回国工作的若干意见（讨论稿）》，为指导开展留学工作开阔了思路，提供了条件，打下了基础。（5）体现了合作精神——国家教委和人事部联合召开工作会议，体现了全国留学回国工作的密切配合、通力协作，给各地区、各部门开展留学工作起到示范作用。（6）强调了工作重点——充分开发和利用留学人员资源是历史赋予留学管理工作者的重任；要继续贯彻"支持留学，鼓励回国，来去自由"的方针和邓小平"要做出贡献，还是回国好"的讲话精神，把认识和工作重点放在"鼓励回国"上来。①

4. 李岚清副总理对留学人员寄予厚望

中共中央政治局委员、国务院副总理李岚清等领导人于 1 月 23 日在会议即将结束时会见全体与会人员、即席发表讲话并同大家合影留念。李岚清副总理在讲话中表示，出国留学工作作为我国改革开放的重要组成部分，对我国经济建设、教育、科技进步和社会发展发挥了积极作用。自 1978 年以来，近 9 万多回国的留学人员在各自岗位上勤奋工作，为我国的社会主义现代化建设发挥了重要作用，做出了突出贡献，受到全社会的尊重和肯定；仍在海外的广大留学人员热爱祖国，关心祖国的建设和发展，以多种形式为国服务，他们刻苦学习，为国争光，祖国和人民对大家所做的一切深表感谢！李岚清副总理指出，党和政府历来把留学人员视为国家的宝贵财富。国家一贯鼓励和支持留学人员回国建功立业，同时也热情欢迎和支持留学人员以多种形式为国服务。今后，我们将继续执行"支持留学，鼓励回国，来去自由"的方针，为留学人员回国工作创造良好的环境。李岚清副总

---

① 袁文成：《携手并进》，《神州学人》1997 年第 3 期。

理在强调全国政治稳定，民族团结，人民安居乐业的同时表示，当然，无论在经济还是社会生活中，都还存在不少问题，这些问题主要是改革过程中的问题，也只有主要通过深化改革来解决，这些问题能否解决好，关键也还是在于人才。广大留学人员具有掌握高新技术知识的优势和国际交流的经验，是实施科教兴国和可持续发展战略，是实现"九五"计划和2010年远景目标的一支重要力量，在实现跨世纪宏伟目标的进程中肩负着重大而光荣的历史使命，祖国和人民期望着你们再接再厉，不断做出新贡献。李岚清副总理衷心希望广大留学回国人员继承和发扬老一辈科学家爱国、敬业、无私奉献的精神，矢志报国，顽强拼搏，为中华民族的振兴与腾飞再创辉煌。他表示，我们热情欢迎更多的在外留学人员回国工作或以多种方式为祖国的社会主义现代化建设做贡献；国家各项建设事业的日益兴旺发达，不仅为广大留学人员学成回国工作或为国服务创造了良好的机遇，也为留学人员发挥聪明才智和施展才华，报效祖国提供了更加广阔的天地。①

三、人事部召开全国"留学回国人员工作站联谊会"

1998年5月26—27日，人事部所属的全国"留学回国人员工作站首届联谊会"在烟台召开。上海、湖北、西安、电子部等17个工作站负责人和筹备建站的北京、浙江、江苏3个省市人事厅负责留学工作的处长参加会议；人事部流动调配司和山东省人事厅的负责人出席了会议。会后，7月3日人事部办公厅以"人办发［1998］44号"印发了《关于印发〈留学回国人员工作站联谊会纪要〉的通知》。

留学回国人员工作站联谊会主要有四项议程：一是交流了各工作站开展留学人员工作的经验，13个工作站在会上作了重点发言；二是请科技部火炬办同志介绍了高科技园区发展情况，实地考察了烟台留学人员创业园区，研讨了留学人员创业园区发展模式方向；三是分析了世纪之交留学人员工作面临形势和今后工作重点；四是讨论了草拟的《吸引高层次留学人员的办法》，提了许多修改建议。与会人员认为，这次会议主题突出，总结交流各地开展留学工作的经验，有利于互相借鉴，取长补短；研究探讨了留学工作站发展中遇到的问题和解决办法；分析了做好留学人员工作的有利形势，进一步明确了留学人员工作深化改革、持续发展、扩大成果的工作思路，是一次比较成功的会议。从有关文献的记载来看，这次会议是人事部系统内部的一次会议，基本没有人事系统以外的单位和人员参加；不过从会议的整体内容来看，应该是一次比较典型的工作性质会议，但却不知在当时为何被定名为"联谊会"了。

1. 全国"留学回国人员工作站"的基本情况及相继开展的有关工作

改革开放后，回国工作的留学人员逐年增加，工作安排问题比较突出。为对回国后一时找不到工作的留学人员能相对集中管理，帮助解决他们工作、生活中遇到的实际问题。经反复论证，人事部从1990年开始有重点地选择沿海开放城市、内地中心城市、国有大

---

① 尹鸿祝、毕全忠：《李岚清会见留学回国工作会议代表强调鼓励留学人员回国建功立业》，《人民日报》1997年1月24日；李岚清：《寄厚望于留学人员》，《神州学人》1997年第3期。

型企业和骨干科研单位建立"留学人员回国工作站"。截止 1997 年底，共成立留学人员工作站 20 个，其中省市 6 个，部委 1 个，副省级城市 6 个，地级市 5 个，企业、事业单位各 1 个。各地工作站均为人事部门所属全额拨款的事业单位，有专门的管理人员编制和接收留学人员的流动编制。选配了事业心强，热爱留学人员工作，有开拓精神的同志负责工作站工作，在工作实践锻炼中成长了一批懂管理熟悉留学人员工作的业务骨干。各地工作站都建立了留学回国人员"进、管、出"的配套服务制度。工作站的任务随着留学回国人员工作的发展，也由原来初期的只限于工作安置调整逐步扩大到为留学回国人员进行科技开发、投资办企业等提供全面服务。

各地工作站成立几年来，各地留学回国人员工作站在吸引留学人才工作上，坚持人才和技术、管理和服务、成果和效益并重，为当地经济建设服务，成效显著，受到地方党委和政府的高度重视和支持，用人单位的青睐，社会各界的关注。留学回国人员工作站的相关事务在以下几个方面逐步取得一些进展：

（1）摆到党委政府工作的重要位置——上海市委、市政府把留学人才开发作为整体性人才资源开发的重中之重。从跨世纪战略考虑制定了吸引留学人员回国、为国服务的长期规划和不同层次留学人才到上海工作的优惠政策，增大了吸引力。每年到上海的留学人员以 28% 的速度上升，截止 1997 年底累计已达 1.6 万人。烟台市领导提出发展经济"人才先行"战略，市领导在对外交往、出国访问、经贸合作、建立友好城市等工作中，把吸引留学人员作为一项重要内容结合进行；市委书记还专程到市留学人员创业园区调查研究，要求各部门支持园区工作并现场办公解决实际问题。

（2）找准工作的立足点和着眼点——各地工作站在吸引留学人才上紧紧以当地经济建设服务为中心，一方面深入科研、企业、国家重点产业、工程项目等单位调查了解急需留学人才情况，有针对性地做好吸引工作。另一方面，因地制宜，根据当地经济发展的不同情况，采取不同策略进行吸引。上海、江苏等东部经济发达地区，由开始的普遍吸引转为重点吸引，由重数量转为重质量；湖北等中部经济较发达地区，坚持普通与重点并列、数量和质量并重；西安等西部经济欠发达地区，则仍以数量为主，以急需为重。这些有效做法取得较好效果。在重点科研项目、重点建设工程、搞活国有大中型企业、进行产业结构调整和发展高新技术产业等工作中，留学回国人员发挥了骨干作用。

（3）增大引进留学人才技术含量——各地工作站在协助引进留学人才中，加大技术引进和项目引进，形成人才、技术、资金、成果开发的系统工程。南京、上海、珠海、烟台等地，制定吸引留学人员回国创办企业和创办高新技术产业的优惠政策。引进的留学人才和技术注入国家重点企业和高新技术产业，提高了产品质量和竞争能力、产生了良好经济效益。

（4）完善服务功能，扩大服务领域——经过几年的探索实践，各地工作站相继建立了规范化服务制度；服务内容逐步增多，工作领域不断扩大。归纳起来主要是：调整安排工作，提供充分发挥留学人员作用的合适岗位；加大经费投入，提供留学人员开展科技活动的基础条件；帮助解决住房、家属安置、子女上学入托，解除留学人员的后顾之忧；为留学回国人员在引资办企业中，协商有关部门从项目立项、注册登记、用地租房、海关商检、税务保险、建设环保、贷款融资等方面提供一条龙服务。上海、江苏、湖北、福建、青岛、南京、烟台、淄博等留学人员工作站建立留学人才信息库，将留学人才信息上国际互联网，提供信息服务。服务工作也由原来坐等服务变为"走出去，请进来"主动服务。组织国内用人单位赴国外招聘人才，邀请在外留学人员组团回国考察，了解国内情况或短期回国工作。在充分发挥留学回国人员作用上，各地都有自己的独特做法。烟台提出的为留学人员"解难题，找题目，展才能"；秦皇岛根据留学人员工作"外向性、灵活性、信息性"特点，提出为留学人员当"红娘"；青岛提出的"特事特办"；珠海提出的对有突出贡献的留学人员进行重奖等，这些有效做法充分说明留学人员服务工作在实践中发展、扩大、提高，走向规范化、制度化。

（5）是适应市场经济需要，留学人员工作逐步向集约化产业化发展——留学人员工作要适应社会进步，经济发展需要，逐步由管理、服务、开发科技成果，向社会化、产业化的高新技术密集型发展，由粗放型向集约型发展。自 1994 年南京市在全国率先创办了"金陵海外学子科技工业园"以后，上海、北京、天津、河南、烟台、苏州、淄博、佛山等地相继创办了留学人员高科技创业园区，湖北、海南、福建、青岛等地也正在积极筹办中。预计 1998 年底在全国将建成近 20 个留学人员创业园区。园区借鉴发达国家的科学管理办法，以社会需求、服务到位、科技开发，为留学人员提供了良好创业环境。留学人员创业园区工作将成为留学人员工作新的增长点。园区内，设有专门的管理机构或依托开发区创业服务中心，建有一定面积的厂房和公寓，制定了为留学回国人员办理企业注册、启动资金、租房办厂、居住等一系列优惠政策。有的还在高新技术开发区内创办实行特殊政策的"园中园"，针对在外留学人员掌握先进科学技术但缺少投资资金的特点，提供特殊的创业基础，吸引大批留学人员把在国外学到的知识、掌握的技术、积累的经验和研究的成果带回来进行开发，缩短了某些高新技术项目与发达国家的差距。如上海市四个留学人员创业园区中的留学人员企业总数已超过 500 多家，形成了集约型、产业化的留学人员企业群体，在海内外引起良好的影响。烟台留学人员创业园，己有 20 多名留学人员在园区创办高科技项目 23 个，累计创产值 1 亿元、利税 1000 多万元，将液晶材料、金属表面处理等 10 多个项目的科研和生产技术提高到国际先进水平，产品已远销到欧美等国。青岛市政府将创办留学人员科技园区列入今年的政府工作主要项目，投资 3000 多方元，计划年内建成。

2. "留学回国人员工作站"面临的形势和做好工作的有利条件

"留学回国人员工作站首届联谊会"的举办，就世纪之交留学工作面临国际人才竞争的挑战、我在外留学人员的心态、做好留学人员的有利因素等进行了认真分析。1998 年前后，已有约 17 万留学人员在国外学习或工作。各地与会代表认为，他们中有一部分是拨尖的优秀人才，已成为所在国的科研、教学骨干。对这部分人才发达国家已开始瞄准他们，采取移民、高薪收买或提供优越科研条件等进行争夺。这是部分留学人员滞留不归的一个重要原因。但他们中的绝大多数留学人员热爱祖国，希望为国家做点事；虽立足于"留"，但长远考虑还是放眼于"归"。在异国奋斗的历程使他们深深地感到，自身理想价值的实现最终应基于自己的祖国。他们希望祖国强大，希望通过多种方式报效祖国。祖国"母亲"这个强有力的爱是我们做好吸引留学人员回国工作或以适当方式为国服务的基础。虽然中国与发达国家相比在经济、科研、工作、生活条件还存在较大差距，但国内经济的高速发展给留学人员回国创业提供了发展机遇，各地留学回国人员工作站应抓住机遇做好相关各项工作。

（1）抓住市场经济为留学回国人员提供了参与竞争的机遇，鼓励留学人员回国参与竞争——会议认为，留学人员是在国外竞争环境中成长起来的，他们在国外学有所成，事业上做出成就都是通过竞争而得到的。留学人员掌握现代科学知识，有竞争的优势。为留学人员创造公开、平等的竞争机遇和环境，让其回国参与重大科研或工程项目、技术难点攻关竞争，包括聘任职务、提供工作、生活优惠待遇都可以进行竞争。这是吸引留学人员回国工作深化发展的必然趋势和有效方法，应大胆探索实践。

（2）抓住知识经济的到来，为留学人员提供了施展才华的机遇，鼓励留学人员回国创业——会议指出，知识经济时代已经到来，谁掌握现代高科技，谁就掌握未来，人才成为科技进步和经济社会发展最重要的资源，随着中国经济和社会发展宏伟目标的实施，需要吸引大量掌握现代高新技术和管理经验的高层次留学人才，参与国民经济建设的各个行业，这为广大留学人员施展才华提供了新的机遇。应充分利用这一机遇，沟通信息，牵线搭桥，为留学人员回国参与国内高科技产业、重大科学技术的研究、新兴行业的启动发展，创办实业、合作研究、讲学等提供高质量、高水平的全面服务。

（3）抓住多种所有制经济结构并存和产业结构重新组合，给留学人员回国创业提供了新领域的机遇，鼓励留学人员回国投资办企业——会议提出，中国共产党的"十五大"以后，国内经济结构调整，走向市场化的步伐加快，从单一的所有制发展为多种所有制经济结构并存，股份制企业、"三资"企业、民营企业等各种经济成分的发展，为广大留学人员回国参与国内经济建设，建功立业提供了新的广阔领域和天地。多种分配方式并存和生产要素参与分配的确定，也给留学人员开辟用自己的知识产权，创办高新技术企业，以专利、技术入股参与分配等提供了发挥自己实力的优势。因此要充分利用各种新闻媒体扩大宣传，使在外留学人员了解国内情况，支持鼓励留学人员回国发展自己的事业。

3. 做好留学回国人员工作的若干政策性思考

与会代表感到，针对留学回国人员的工作经过十几年的探索实践，从管理、服务、科技开发已形成体系，展望未来有广阔的发展空间。与会代表认为在今后应重点抓好以下几个方面的工作：

（1）尽快制定全国统一的留学人员回国鼓励政策——随着国内经济建设的发展，对留学工作的要求越来越高，在实际工作中出现了许多新情况、新问题，需要研究，出台新的政策加以明确。目前的有关政策规定单一、不配套、不完善，涉及留学人员回国工作的择业、流动及编制、职称、住房、工资、以及家属子女安置等问题，缺少相对统一的政策保障。有些规定不尽合理，对留学人员缺乏科学的分类管理，不分层次一律享受同等优惠和待遇，缺少激励作用，尤其不利于吸引高层次留学人才。大家建议，人事部作为主管留学工作部门之一，应抓紧与有关部门协调，尽快研究制定配套的留学人员回国工作的统一政策和制定吸引海外高层次留学人才的特殊政策。指导地方和部门根据当地经济发展的实际和本部门情况，制定针对不同层次、不同专业，一般留学人员和高层次留学人员的不同政策。

（2）不断加强对各地留学回国人员工作站的领导和业务指导——加强留学工作理论研究，指导解决工作中遇到的新情况、新问题；了解外国吸引留学人才的有效做法，结合中国国情借鉴应用。各地留学人员工作站管理人员，要更新观念，适应随着机构改革后，逐步走上自收自支的变化，要研究工作站自身和工作持续发展的有效措施，使留学人员工作站以良好服务的出色成绩赢得自我壮大、自我发展。

（3）持续支持各地留学人员高科技创业园区的建设与发展——1998 年前后，留学人员高科技创业园区的试点工作已经结束，要抓紧总结推广试点经验，指导、支持有条件的地区，继续创建留学人员高科技园区。研究园区发展方向，协助解决建园工作中的实际问题。按照"九五规划"争取 2000 年在全国范围内建成一批有一定规模具有雄厚技术和实力的留学人员创业园群体，成为吸引留学人员回国、为国服务的基地。

（4）适当加快人事系统留学人员统一信息系统建设——各地工作站已初步建立起本地区的留学人员信息系统，有的已上国际互联网。但由于都是独立上网，没有形成整体效应，发挥作用受到制约。因此拟在近两年内尽快与各工作站联网，在国际互联网上建成中国人事系统留学人员信息网，并完成高层次留学人才信息库建设和国内需求信息的采集、整理、发布等工作。①

四、教育部召开"全国留学回国成果汇报会"

作为展示留学成就、研究留学回国事务与政策的一次重要活动，教育部于 1999 年 2 月 3—4 日单独召开"全国留学回国成果汇报会"。会议期间，受教育部邀请并于 1995 年前后陆续回国的 105 名优秀留学回国人员交流了回国后工作或创业的经验；韦钰副部长于 3 日做了《做好留学工作为科教兴国服务》的会议主题报告；李岚清副总理于 4 日听取了 6 位代表的成果汇报后表示，广大在外留学人员是我们国家宝贵的财富和重要的人才资源，我们已经并将继续采取措施，鼓励更多的在外留学人员回国工作和以适当的方式为祖国服务；陈至立部长向海内外全体中国留学人员发表了热情洋溢的《一九九九年新春贺辞———团结奋进 共创未来》；国务院副秘书长徐荣凯和科技部部长朱丽兰等参加了 4 日的会议；教育部国际司李东翔司长是这次会议的主要组织者和领导者。

所谓"汇报成果"实际上只是这次会议的一个形式，而交流、讨论、研究和展示留学回国政策才是本次会议的主要内容。这次会议由于其举办的时间较早而具有的一定的探索意义，由于其形式活泼而具有一定的示范作用，由于会议的发言、报告和讲话内容丰富无疑具有比较重要的历史地位和政策导向作用。本书作者于 1998 年从日本留学回国不久，即有幸作为这次会议有关报告的起草者和主要会务人员参与了该项活动的全部过程，并感

---

① "留学回国人员"，2008 年 8 月 14 日百度快照。

受了优秀留学回国者工作与创业的成就与艰辛，聆听了韦钰副部长、陈至立部长并李岚清副总理的政策工作报告或讲话，从而领悟了中国留学政策研究与发展的精髓和思想。此次会议虽然没有出台任何新的文件或新的政策，但会议的主要内容对其后中国留学政策的完善与发展具有重要的参考价值、指导作用和借鉴意义。即便是 10 年后的今天来研读这次会议期间与会优秀留学人员的发言和相关领导人的讲话，其中有关留学政策的许多内容仍然是今天的政策管理者们应当认真考虑地加以继承、研究、贯彻和落实的；其中"为国家战略服务"的原则仍然应当成为 10 后我们留学工作管理者最重要的基本工作守则。

一个时期以来，相当一些基层业务部门的管理者们也已经越来越多地开展起"出国留学的战略性研究"，进行着"出国留学的战略性思考"，举办了"出国留学的战略性论坛"，而且越是中低层官员的会议性活动就越要冠名为什么"高层论坛"，并热衷于各种各种各样的所谓"工程"、"计划"和"大赛"；而在留学管理与服务工作的范畴和领域内，一些十分具体细微的基本管理、基础研究和人性化服务类事务却往往被束之高阁。曾有学者针对本世纪以来在基层部门、服务机构也普遍进行着"战略研究、战略论坛、战略思考、高层论坛"这些浮躁、浮夸的现象不无忧虑地表示，约 200 万出国留学和留学回国人员最缺少的恐怕还是众多"有作为办实事的服务者"，而不是"夸夸其谈的战略研究者"；当科教兴国、人才强国、党管人才等国家战略已被中共中央和中国政府确定下来后，作为留学事务的各级管理者应该做、能够做、也必须做的，只有三件事：第一是服务、第二也是服务、第三还是服务！对此，重温 10 年前韦钰院士关于应该"研究如何更好地为国家实施'科教兴国'战略服务的问题"这段话时（2002 年 5 月中共中央又提出了"人才强国"战略），也许会更增加有一层比较深重的危机感、责任感和负疚感。

1. 韦钰副部长回顾留学回国政策的主要成就并阐述相关政策目标

教育部韦钰副部长于 2 月 3 日在全国留学回国成果汇报会上做了《做好留学工作为科教兴国服务》主题报告。

韦钰副部长在谈到会议的目的时指出，这次成果汇报会，一是要展示留学回国人员在我国现代化建设的各个领域做出的成绩，弘扬他们强烈的爱国主义精神；二是要回顾改革开放 20 年出国留学工作的进程，进一步总结经验；三是要面向新世纪，面向日益激烈的国际范围内的科技竞争与挑战，研究如何更好地为国家实施"科教兴国"战略服务的问题，研究如何为实施《面向 21 世纪教育振兴行动计划》服务的问题。

（1）韦钰副部长在总结留学回国人员在中国现代化建设各个领域做出的成绩时，首先分析并概括了汇报会代表组成的主要特点：

一是成就突出，层次高，充分展示了留学回国人员在各个领域发挥作用，有所作为的英姿和精神风貌。从代表的构成看，这次会议的代表是通过全国各有关单位推荐选拔出来的优秀留学回国人员，平均年龄不到 45 岁。与会代表中，两院院士有 7 人，大学副校长有 6 人。具有博士学位的有 77 人，教授或研究员 64 人，副教授或高工、副研 11 人。与会代表中不仅有多名系主任、院长、所长，而且还有留学人员创办企业的总裁、总经理等。参加会议的代表既有国家公派、单位公派留学的，也有自费留学的。从代表的层次看，与会代表有的是国家自然科学基金委"国家杰出青年科学基金"、教育部"跨世纪优秀人才计划"基金获得者；有的是人事部等部委的"百千万人才计划"入选者；有的是国家"863"高技术项目、"九五"攻关项目、中科院"百人计划"、国家自然科学基金及各种国际合作项目承担者；有的是国家及省部级各类科技奖项的获得者。有的献身于教育事业，创建新学科、新专业，填补了国内不少学科和专业的空白，增强了我国培养高级人才和创新人才的能力；有的工作在国家科技领域的前沿，为推进我国的科技水平做出了重要的贡献；有的投身到大中型企业，有的创办实业、组建公司，把在国外所学的金融、贸易、工商管理等知识运用到国内，产生了很好的经济效益和社会效益。透过这个群体，可以清晰地看到广大留学回国人员在各个领域发挥作用，有所作为的英姿和精神风貌。

二是会议代表中大部分是 1995 年以后回国的，说明在外留学人员回国报效的态势越来越好，回国人数越来越多，留学回国人员素质和水平越来越高，学成回国服务已经成为留学人员报效祖国的主流。几年来留学人员回国工作的人数越来越多，每年以13% 以上的速度递增。从英、法、日等一些发达国家回国的留学人员数超过了当年去这些国家留学的公派留学人员数。从这几年回国工作的留学人员的情况看，已经长期在国外工作或获得永久居留许可的留学人员人数的比例在增长。据不完全统计，这几年回国工作的留学人员中每年约有 1000 多人是在国外获得博士学位后在科研、教学、政府、银行、大公司等任职平均长达 7 年以上，约有 400 多名是在外已获得永久居留权的，并有多名是已加入外国国籍的留学人员。

三是会议代表具有广泛的代表性，反映出留学人员回国服务的天地越来越广阔。代表们有在沿海发达地区工作的，也有在中西部相对发展比较慢做好留学工作为科教兴国服务的地区，还有少数民族地区工作的；有从事教学、科研工作的，也有回国办企业或在企业、公司工作的。会议还邀请了北京、上海、广州、苏州、西安、烟台等 6 个留学生创业园的代表与会，从一个侧面反映了国家在落实"科教兴国"战略的进程中，留学人员回国服务，施展才能的天地将更加广阔。留学人员可以在各条战线，各种岗位，各个地区找到报效祖国的良好机遇。

四是与会人员中还有参加教育部"春晖计划"为国服务团组的代表，他们的行动表明，留学人员为国服务热情很高，为国服务对促成留学人员回国服务起到了重要的桥梁作用。在外留学人员也是中国宝贵的人才资源，在他们身上蕴藏着巨大的为国服务的热情。为了加大支持留学人员为国服务的力度，教育部 1996 年设立了"春晖计划"，资助在外优秀尖子留学人才开展多种形式的为国服务活动。

（2）韦钰副部长在回顾出国留学工作和政策发展历程时指出，改革开放 20 年的出国和留学回国工作，从理论和实践两个方面，验证了邓小平同志大力倡导的向国外派遣留学人员的决断高瞻远瞩，是完全正确的。20 年间，出国留学工作不断发展，并已有 10 万多人先后学成回国工作，成为中国国民经济和社会发展的一支重要力量。1993 年，中央提出了"支持留学，鼓励回国，来去自由"的十二字出国留学工作方针，出国留学工作步入了新的发展时期。从政策上讲，思路更加成熟了：1993 年，教育部发布了《关于自费出国留学有关问题的通知》，自费出国留学的渠道更加规范，促进了自费留学工作的开展；1996 年，根据《中国教育改革和发展纲要》提出的要求，成立了国家留学基金管理委员会，国家公派出国留学政策、选派和管理办法进一步法制化、规范化，留学效益进一步提高，同时，也带动了单位公派出国留学工作的开展。在出国留学工作的实践中，一套与留学工作发展相适应的管理机构已经形成。教育部自 20 世纪 80 年代起，开始在驻美国、英国、法国、德国、日本等国使（领）馆建立了教育处（组），到 1998 年时已达到 50 个。

与此同时，国内各有关方面制定了一系列吸引在外留学人员回国工作或以适当方式为国服务的政策、规定、措施和办法。1987 年教育部设立了旨在吸引留学人员回国服务和加快培养学术带头人的"资助优秀年轻教师基金"；1990 年设立了留学回国人员科研启动基金；1993 年启动了"跨世纪优秀人才计划"；1996 年启动了"春晖计划"；1998 年又推出了"长江学者奖励计划"。其他有关部委、省、市及科研机构根据实际情况，也制定了相应的吸引留学人员回国服务或为国服务的措施和办法。例如人事部等部委推出了"百千万人才工程"和"国家博士后科学基金"，中科院出台了"百人计划"，国家自然科学基金委设立了"海外青年学者合作研究基金"。上海市最早制定并实施了鼓励在外留学人员到沪工作的若干规定及留学人员在沪投资办企业的有关政策。其他省市也相继出台了吸引在外留学人员回国服务或为国服务的政策和措施。北京、上海、南京、苏州、大连、烟台、广州等城市还成立了十几个留学人员创业园。在出国留学工作的实践中，一个较完善的吸引在外留学人员报效祖国的服务、宣传机构和工作网络也已形成：1989 年 4 月，教育部成立了"中国留学服务中心"，在全国设立了 23 个分支机构，并在柏林、旧金山、纽约设立了留学服务分中心，形成了比较完善的为留学人员服务网络。1987 年创立的《神州学人》杂志，是国内第一本面向留学人员和留学工作界的综合性刊物，邓小平同志题写刊名；1995 年 1 月 9 日创办了国内首家电子刊物———《神州学人》电子版，每周五出版并通过国际计算机网络向海外传递信息，受到留学人员的欢迎。

（3）韦钰副部长在谈到"研究如何更好地为国家实施科教兴国战略服务的问题，研究如何为实施《面向 21 世纪教育振兴行动计划》服务的问题"时特别强调，在人类即将跨入 21 世纪的时候，出国留学工作面临着新的历史使命。因此出国留学工作必须适应新形势和新任务的需要，坚持为国家"科教兴国"战略服务。首先，要下大力气做好留学回国工作：出国留学工作方针的核心是"鼓励回国"。要加强鼓励留学人员回国工作的力度；要把鼓励留学人员回国工作或以适当方式为祖国服务作为出国留学工作的中心工作；要认真总结做好鼓励不同类型（教学、科研、管理、高新技术产业、留学人员创业园等）的优秀留学人员回国工作的事例经验，加强政策研究，建立和完善一整套有利于吸引和使用人才的激励机制。第二，要进一步鼓励和支持在外留学人员以多种方式为国服务：在外留学人员是国家的宝贵财富，是重要的人才资源。要采取有力措施，积极开展鼓励和动员在外留学人员以多种方式为国服务的工作；要在注重实效的前提下，并在现有工作的基础上，进一步加大"春晖计划"的工作力度。第三，要处理好部门之间通力协作的关系：做好留学回国工作，全国是一盘棋，各部门、地方和单位要加强相互间的协商，通力合作，形成合力，协调有序地做好留学回国工作；要齐心协力、统一政策、相互支持，使出国留学工作迈上一个新台阶。①

2. 与会优秀留学回国人员成绩突出并对相关政策给予积极评价与更多的期望

参加这次由教育部举办的"全国留学回国成果汇报会"的代表都是在国内科研、教学、产业、管理等方面作出成绩的优秀留学回国人员；他们在享受到留学政策的利益和优惠的同时，也比较关注留学政策的变革、发展与问题；这次会议不仅是留学回国人员成果的汇报会，也是留学成就的经验交流会，更是留学政策的研讨会。

会议代表的构成表明，一个新的留学回国人员群体正在形成：饶子和教授 1996 年 9 月自英国牛津大学回国后，在艾滋病病毒研究中取得重大突破，有多篇论文发表在国际权威学术刊物《自然》、《细胞》等杂志上，国际同行专家对他的评价是"开辟了抗艾滋病病毒研究的新途径"；颜光美教授 1996 年 2 月与十几位留学人员一起回到中山医科大学后，科研、教学、管理一肩多挑，并均做出突出成绩，担任了中山医科大学副校长，并是国家杰出青年科学基金等多项国家级课题的主持人；陈勇研究员 1996 年 10 月自日本回国后，他与他的课题组已发表了 28 篇高水平的学术论文，申请专利 8 项，同时在能源综合利用和环境保护领域进行了成功的科技成果转化，成为中科院"百人计划"入选者；杨海成教授 1996 年 5 月由美国康乃尔大学回国后，主持了多项国家科技部、教育部、国家自然科学基金委的重大课题；温浩教授 1995 年从法国回国后先后主持了 2 项国家"九五"科技攻关项目和 3 项国家自然科学基金项目，为发展新疆的医学事业做出了突出贡献；黄季研究员 1995 年底辞去国际食物政策研究所研究员之职回国后，在中国的粮食政策研究领域取得了重要研究成果，1998 年获第四届"中国青年科学家奖"提名奖；田溯宁博士 1995 年自美国回国后创立的亚信公司 1998 年的营业额达到 6 亿元；刘悦伦博士于 1993 年应聘回国后为引进外资做出了突出贡献，仅 1997 年就为该区引资达 7.2 亿美元；李勇杰博士 1998 年 5 月自美国回国后，引进了"细胞刀"手术治疗帕金森病患者的新技术，不仅为医院带来了可观的经济效益，更带来了较好的社会效益。

近年来，众多的各种层次的鼓励留学人员回国工作和为国服务的政策频频出台，适应了国内形势的需要，成为实施科教兴国战略的一系列必要举措。会议期间，北京、上海、苏州、烟台、西安等留学人员创业园的代表交流了建立留学人员创业园的经验，显示了地方在制定政策发挥留学人员作用方面的潜力。而教育部"春晖计划"甘肃、辽宁、重庆三个基地的代表的情况介绍，也使人们看到了充分开发利用在外留学人员人才资源的必要性，看到了推进留学人员为国服务对最终促成留学人员回国服务的桥梁作用。代表们还对继中科院"百人计划"后由教育部推出的"长江学者奖励计划"进行了热烈讨论，认为这两个计划的意义在于它是一个有力的刺激因子，将对普遍改善知识分子待遇开一个好头，但同时希望这些政策不仅要考虑到改善知识分子待遇，而且要向着有利于形成人才培养和使用的良性机制方向发展；希望随着科教兴国战略的推进，一个以鼓励留学人员回国工作为核心，充分发挥留学人员作用的留学政策体系更加完善。

面对前所未有的机遇和挑战，与会代表们的思考更加活跃。活跃的思考，带来的是

---

① 韦钰：《做好留学工作为科教兴国服务》，《神州学人》1999 年第 3 期第 6—7 页。

留学人员更加清醒和自觉的机遇意识、责任意识、奋斗意识。与会代表表示，国内政策为年轻的科技工作者和管理工作者提供了全面施展才华的大舞台，但同时也是一个压力与动力、困难与机遇并存的舞台；面对新的国内国际形势，留学人员的选择不能仅仅局限于科研院所和高校，留学人员要投身到广阔的经济建设领域，这是众多留学人员施展才华的一个广阔空间；每一代留学生都有自己的历史使命，这一代留学生的使命是发展民族经济，重振民族雄风，这就要求新一代留学生积极投身科技创业的洪流，在中国的土地上创出国际一流的高科技企业；在看到机遇，迎接挑战的同时，留学回国人员反观自身，提出了提高自身素质的问题；新的任务要求留学人员具备更高的素质：牺牲精神、艰苦奋斗和博大胸怀。①

3. 李岚清副总理充分肯定留学回国政策的成就并提出政策发展方向

2 月 4 日下午，李岚清副总理在听取与会优秀留学回国人员代表的发言后，称赞留学人员以实际行动报效祖国的精神。他说，20 年前，在邓小平同志的大力倡导下，使得我国向外大量派遣留学人员的工作与改革开放同时起步，并随着改革开放的深入而发展；20 年来，我国出国留学的人已有 10 多万名留学人员学成回国，成为我国社会主义现代化建设的一支重要力量，在不同岗位上作出了贡献。李岚清副总理在谈到留学政策的使命时指出，我们正处在世纪相交之时，新世纪将是一个科学技术更加突飞猛进的世纪。我们一定要认识新形势，迎接新世纪的挑战。挑战、竞争，归根到底都是围绕人才展开的，谁能培养和吸收足够的优秀人才，谁就能在激烈的竞争中占据优势，控制科技前沿的制高点。在新的历史时期，出国留学工作要力争为创新人才的培养作出新贡献；为培育高新技术产业，孕育和开拓新的经济增长点，促进国家产业结构调整方面作出新的知识和科技贡献。李岚清副总理在谈到留学回国政策时强调，各部门、各地方、各级政府要从战略的高度和尊重知识、尊重人才的高度充分重视做好留学回国人员的工作，要努力创造对留学回国人员在政治上爱护，生活上关心，工作上充分发挥他们的作用的良好氛围。在我国现在尚不富裕的条件下，我们要从实际出发，继续采取切实措施，认真解决好留学回国人员在工作和生活上遇到的困难。李岚清副总理表示，广大在外留学人员是我们国家宝贵的财富和重要的人才资源，他们中绝大多数人都怀有爱国报国的赤子之心。我们已经并将继续采取措施，鼓励更多的在外留学人员回国工作和以适当的方式为祖国服务。教育部实施的"春晖计划"以及科研等其他部门吸引留学人员的计划，为在外留学人员为国服务创造了有利条件。各部门、地方、单位都要在中央确定的留学工作方针的指导下，加强相互间的协商，形成合力，协调有序地做好留学人员回国工作。希望各部门、各地方政府要积极主动地为适应我国社会主义初级阶段经济建设和社会发展对各类高级专门人才的需求，创造性地开展工作，使出国留学工作为实施"科教兴国"战略做出新的贡献。②

4. 陈至立部长提示海内外留学人员，崭新的 21 世纪带来的不仅是严峻的挑战，而且

---

① 王焕现：《"群英会"显示新动向——全国留学回国成果汇报会综述》，《神州学人》1999 年第 3 期。

② 胡晓梦：《李岚清会见出席全国留学回国成果汇报会代表时强调出国留学政策要长期坚持不变》，新华社北京1999 年 2 月 4 日电。

将提供知识创新的舞台和难得的历史机遇

2月4日晚，教育部部长陈至立于会议期间代表教育部向在祖国各地辛勤耕耘的十余万留学回国人员和仍在国外留学的20多万中国留学人员及其家属，表达了诚挚的问候和新春的祝愿。陈至立部长在这篇题为《团结奋进 共创未来——一九九九年新春贺辞》中指出，1978年我国实行改革开放政策以后，在邓小平同志的大力倡导下，我国实施了扩大向外派遣留学人员的战略决策，向国外学习先进的科学技术、适用的管理经验和有益的文化，为国家经济建设服务。出国留学工作伴随着我国改革开放的深入而不断发展，截止1998年底，我国有近32万人到103个国家和地区留学或从事研究工作，其中国家公派留学人员近5万人，单位公派留学人员近10万人，自费留学人员16万多人，留学攻读的专业几乎涵盖了全部学科门类。其中有十余万留学回国人员和仍在国外留学的20多万中国留学人员。在中国历史上，这一时期的出国留学规模是前所未有的。我们十分高兴地看到，20年来已有10多万留学人员学成回国服务，正在我国社会主义建设的各条战线上发挥着积极作用。他们有的献身于教育事业，创建新学科、新专业，开设新课程，编写新教材，填补了国内不少学科和专业的空白，使我国的一些学科和人才培养水平接近或达到了国际水平，增强了我国培养高级人才和创新人才的能力；他们有的是国家发明奖、国家科技进步奖和国家自然科学基金的获得者，有的是国家"863"计划、国家攀登计划、各类跨世纪人才计划等项目的参与者，成为名副其实的学术带头人，在科研上取得了国内或国际一流的研究成果，缩短了我国与世界发达国家的差距；他们有的投身到大中型企业，有的创办实业、组建公司，把在国外所学的金融、贸易、工商管理等知识运用到国内，产生了很好的经济效益和社会效益。与此同时，我们还高兴地看到，在外留学人员以多种形式为国服务，通过短期回国讲学、学术交流、合作科研、引进项目和资金、提供信息和技术咨询服务等方式为祖国作贡献已蔚然成风，形成了在外留学人员为国服务的群体。如"春晖计划"组织的留法学者支援甘肃的开发建设、在外留学人员参加"辽宁大中型企业技术改造"、"重庆市环境保护与治理项目"等，都取得了积极的进展和可喜的成果。20年来，从各级政府到大学、科研机构、企、事业单位，都相继制定和出台了一系列旨在支持和吸引在外留学人员回国工作或以多种方式为国服务的政策、规定、措施和办法。国家改革开放和建设有中国特色的社会主义伟大事业为广大留学人员提供了施展自己聪明才智的广阔天地，留学回国人员胸怀报国之情在各条战线上谱写着振兴中华的新篇章。20世纪即将结束，崭新的21世纪正向我们走来，与之同行的是一个新的知识经济时代。它给中华民族发展带来的不仅是严峻的挑战，而且提供了知识创新的广阔空间和舞台，也提供了难得的历史机遇，实施科教兴国已成为我国经济发展战略的必然选择。我们将继续坚定不移地执行"支持留学、鼓励回国、来去自由"的留学工作方针。我们殷切希望广大留学人员继承老一辈科学家坚贞的爱国主义热情，发扬中华民族顽强拼搏、矢志报国的优秀品质，在为建设有中国特色的社会主义伟大事业中建功立业，创造出不平凡的业绩。①

---

① 陈至立：《团结奋进 共创未来》，《人民日报海外版》1999年2月15日第3版。

第八节 教育部实施"长江学者奖励计划"的政策内容、基本特点和主要意义

为了落实国家"科教兴国"战略，1998年8月教育部设立并实施了"长江学者奖励计划"。该计划也是贯彻国务院批转的教育部《面向21世纪教育振兴行动计划》，配合"211工程"、"985工程"建设，吸引和培养杰出人才，加速高校中青年学科带头人队伍建设的一项重大举措。目的在于通过特聘教授岗位制度的实施和对优秀专家学者的认可与奖励，延揽大批海内外中青年科技界精英参与中国高等学校建设，吸引和稳定一批海外杰出拔尖人才到国内高校从事科研和教学工作，带动国家重点建设学科赶超或保持国际先进水平，并在若干年内培养、造就一批具有国际领先水平的学术带头人，以较大幅度提高中国高校在世界范围内的学术地位和竞争实力。作为《面向21世纪教育振兴行动计划》的首个实施项目，"长江学者奖励计划"10年中有效地凝聚了一批高层次人才在高校从事科研、教学工作，特别是吸引了一批学术上卓有建树的海外优秀学者回国工作或为国服务。1998年至2006年共有97所高校分八批聘任了799位特聘教授、308位讲座教授，14位优秀学者荣获"长江学者成就奖"。1107位长江学者特聘教授、讲座教授中，98%的具有博士学位；94%的具有在国外留学或工作的经历；上岗时平均年龄42岁，最小的30岁；特聘教授中，直接从海外应聘或近三年回国工作的231人，讲座教授全部从海外应聘。在"长江学者奖励计划"的支持和激励下，一批长江学者已经成长为许多学科领域的领军人物，取得了一系列重要研究成果。据2008年7月24日印发的《教育部公报》显示，教育部于2008年6月4日公布了"2007年度长江学者特聘教授、讲座教授和长江学者成就奖获奖者"名单。其中特聘教授108人，讲座教授95人；2007年度长江学者成就奖获奖者为香港中文大学的陈小章（生命科学奖），哈尔滨工业大学的马军（工程科学奖），中国科学院生态环境研究中心的江桂斌（环境科学奖）。至此，共有100多所国内高校聘任了1310位长江学者，17位专家学者获得"长江学者成就奖"。

截至2006年度的统计情况，已有24位长江学者特聘教授当选为中国科学院院士、中国工程院院士；有57位长江学者特聘教授担任"973"计划首席科学家；有30位长江学者特聘教授取得的39项重大成果分别入选"中国十大科技进展新闻"、"中国基础研究十大新闻"以及"中国高校十大科技进展"；有175项由长江学者特聘教授主持或作为主要完成人参加的科研成果获得了国家三大科技奖；70位长江学者指导的88名博士研究生获得了"全国百篇优秀博士论文奖"。"长江学者奖励计划"的实施，有力地推动了高校人事制度改革，促进了高校国际合作与交流，带动了地方和高校高层次人才队伍建设。其制度内涵包括的"按需设岗、公开招聘、竞争上岗、合同管理"和"以岗定薪、优劳优酬"的理念，已经成为高校用人和分配制度改革的基本思路。长江学者充分发挥与海外学术界联系广泛的优势，通过主持或参加国际学术会议、参与国际科技合作、联合培养青年教师与学生等多种方式，积极拓展国内高校参与国际合作与交流的空间和渠道。

更为重要的是，通过约 10 年的实施，"长江学者奖励计划"不仅吸引了大批海外学者回国工作，而且在人事、薪酬、队伍建设、平台管理等方面有很多创新之处，为国内高校吸引高端人才、师资队伍发展、科研团队建设等起到了推动作用，也为人事制度改革、全员聘任制度的实施提供了借鉴。"长江学者奖励计划"的实施，得到了社会各界尤其是学术界、高教界的积极评价。诺贝尔物理学奖获得者、著名华裔科学家杨振宁先生认为"长江学者奖励计划"是中国为实现"科教兴国"的一个非常重要的环节，是一个非常了不起的壮举；中国工程院外籍院士、著名分子生物学家吴瑞先生认为该计划对推动中国在不少领域赶上世界水平方面会起不小的作用；许多大学校长评价这个计划开辟了人才使用的新模式，是集"选才、引才、奖励、支持"四位一体的高层次人才计划。之所以这样说，就在于这项计划的宗旨是延揽大批海内外中青年学界精英参与我国高等学校建设，带动国家重点建设学科赶超或保持国际先进水平，并在若干年内培养、造就一批具有国际领先水平的学术带头人，从而在根本上提高中国高校在世界范围内的学术地位和竞争实力。

在"长江学者奖励计划"的带动下，广东、福建、四川、湖南、湖北、河北等省分别在省内高校实施的"珠江学者计划"、"闽江学者计划"、"天府学者计划"、"芙蓉学者计划"、"楚天学者计划"、"燕赵学者计划"等一批地方性人才计划相继实施，许多高校也实施了一批相应的人才计划。如北京、天津、黑龙江、吉林、河南、浙江等相继建立了省内特聘教授制度，许多高校则建立了校内特聘教授制度，并制定实施了一系列高层次人才选拔和引进办法，如清华大学的"百名人才引进计划"、上海交大的"辉煌工程"、复旦大学的"世纪之星计划"等。一个有利于优秀人才脱颖而出和充分发挥作用的政策氛围在高校逐渐形成。

一、"长江学者奖励计划"的策划与设立

"长江学者奖励计划"由教育部与香港爱国实业家李嘉诚先生于 1998 年共同筹资设立。它以振兴中国高等教育事业、提高中国高教学术和科研地位并发挥其在国家建设中的领军作用为目的（科教兴国、人才强校、带动国家重点建设学科赶超或保持国际先进水平），以调集海内外科研和学术领域里高层次力量为手段，是一个带有创新性的发展计划。其宗旨就是要延揽学界精英，造就学术大师，带动学科建设，赶超国际水平。为贯彻中国共产党第十六大精神和全国人才工作会议精神，大力实施科教兴国和人才强国战略，教育部又于 2004 年在统筹规划、整合资源、继承创新的基础上，制定了"高层次创新性人才工程"。自此，"长江学者奖励计划"被列为该工程首先实施的重要项目。该计划包括"特聘教授岗位制度"和"长江学者成就奖"两项内容。为此，李嘉诚先生的长江基建（集团）有限公司第一期投入港币 6000 万元，与教育部筹集的资金相配套，用于在高等学校实行"特聘教授岗位制度"。李嘉诚先生还另行捐赠港币 1000 万元，设立"长江学者成就奖"。教育部为此制定了《高等学校特聘教授岗位制度实施办法（试行）》和《"长江学者成就奖"实施办法（试行）》，并聘请国际著名学者组成"长江学者奖励计划"专家评审委员会，负责评审有关高等学校设置的特聘教授岗位制度，评审该制度下遴选推荐的特

聘教授、讲座教授候选人及"长江学者成就奖"候选人等。

二、"长江学者奖励计划"的调整与基本特点

在实施的过程中，"长江学者奖励计划"被不断改进和完善。根据调查研究以及从受聘专家的反馈意见，教育部于 2004 年制定了新的《长江学者聘任办法》，并进行了一些调整。如将人文社会科学领域纳入到长江学者聘任范围；将讲座教授招聘名额由原每年 10 名扩大到 100 名；将聘期由 5 年缩短为 3 年；明确高校须为长江学者提供科研配套经费；取消教育部的中期考核和届满评估，变更为届满评估由设岗高校进行、续聘由设岗高校决定；将设岗学科由教育部组织专家评审确定，变更为由高校根据"长江学者奖励计划"提出的设岗学科原则自主确定。经过不断改进和完善的"长江学者奖励计划"形成了一些主要特点：1. 与国家科学研究规划相结合；2. 与"985 工程"科技创新平台和哲学社会科学创新基地建设相结合；3. 与高等学校重点学科和新兴交叉学科建设相结合。从而使该计划在招揽人才，鼓励、激励和奖励优秀专家上以及充分发挥高校在长江学者聘任、管理、考核的自主性上具有一定的优势。教育部在总结以往工作的基础上，对 2006 年度"长江学者奖励计划"实施工作进行了改进和完善。进一步强调对不同学科尤其是工程学科进行分类评价的导向，同时要求高校和候选人根据学科领域特点自行选择同行专家评审学科分组；进一步促进长江学者岗位与科技创新平台、科研基地、重点学科的紧密结合，对依托高校建设的国家实验室单列申报名额。

三、"长江学者奖励计划"的运行模式

"长江学者奖励计划"在聘任与管理上，设有以下基本程序和严格要求：1. 学校遴选、推荐特聘教授候选人；2. 教育部组织专家评审；3. 经"长江学者奖励计划"专家评审委员会评审确定最后人选；4. 通过评审的长江学者由学校与之签订聘约，规定聘期及聘任双方的权利和义务；5. 聘期结束后，由设岗学校对长江学者进行考核并决定是否续聘；6. 特聘教授岗位可以招聘特聘教授或讲座教授，特聘教授要求每年在岗工作时间不能少于 9 个月，讲座教授要求每年在岗工作时间不少于 2 个月。在奖励标准方面明确规定：1. 受聘特聘教授享受教育部提供的人民币 10 万元的特聘教授奖金；2. 受聘特聘教授享受学校按照国家有关规定提供的工资、保险、福利等待遇；3. 受聘讲座教授享受教育部提供的人民币 1.5 万元/月的讲座教授津贴；4. 对于任职期间取得重大学术成就、做出杰出贡献的人员，颁发"长江学者成就奖"（该奖项每年一次，一等奖一名，奖励人民币 100 万元；二等奖三名，每人奖励人民币 50 万元）。科学严密的聘任管理机制保证了"长江学者奖励计划"的高层次、高水准，并在很大程度上成为配合"211"工程建设，为国家重点建设的大学和重点学科解决"见物不见人"问题的关键措施。为保证特聘教授的高质量和遴选制度的客观公正，"长江学者奖励计划"采取了非常严格的高层次专家评审制度。据介绍，截止 2003 年，同行专家评审会议对特聘教授候选人的通过率一般为 40% 左

右，而对这 40%，由杨振宁、朱光亚等国际著名专家组成的专家委员会还要再淘汰 1/3 左右。

四、"长江学者奖励计划"的主要成果

"长江学者奖励计划"通过科学规范的管理来实现不断的改进与完善，其成果主要体现在"延揽高端人才与激励人才创新"两个方面。

1. 延揽高端人才——"长江学者奖励计划"实施以来，无论是特聘教授或讲座教授，还是参与此计划的高等院校，在数量上都有明显增加。截止 2006 年度，已经有 88 所高校聘任了 727 位长江学者，其中特聘教授 605 位、讲座教授 122 位，先后有 6 位优秀学者荣获"长江学者成就奖"。上述被聘请的专家具有以下特点：727 位长江学者中有 714 位具有博士学位，占总数的 98%；94% 的长江学者具有在海外留学或工作的经历；上岗时平均年龄 42 岁，最小的 30 岁；中国国籍的 587 位，外国国籍的 140 位；特聘教授中，直接从海外应聘的 175 人；讲座教授全部为海外应聘；长江学者的学科分布在数学力学 90 位、物理 54 位、化学 56 位、地学 34 位、生命科学 179 位、信息科学 63 位、工程技术科学 224 位、人文社会科学 27 位。

2. 激励人才创新——"长江学者奖励计划"的实施，激励和支持一批长江学者在聘任岗位上取得了一系列重大科研成果，有效地促进了高校科技创新和学科建设。比较令人瞩目的科研成果和学术地位主要表现在以下几个方面：其一，在科研成果方面，从 1999 年到 2004 年，在长江学者主持或作为主要完成人参加的科研项目中，共有 67 项获得了国家自然科学奖、国家技术发明奖、国家科技进步奖；其中一等奖 3 项，二等奖 64 项。共有 18 位特聘教授的 21 项重大突破性科技成果入选"中国十大科技进展新闻"、"中国基础研究十大新闻"、"中国高校十大科技进展"；其间，共有 9 位长江学者作为第一作者在《自然》或《科学》上发表论文 16 篇，占高校总量的 2/3 左右。其二，在学术地位方面，共有 31 位长江学者被聘为"973"计划首席科学家，占首席科学家总数的 19.6%；另有 33 个以长江学者为学术带头人的科研集体获得国家自然科学基金"创新研究群体科学基金"项目资助，占全部 95 个群体的 34.7%。另有 6 位长江学者作为首席科学家承担了国家自然科学基金重大项目，占全部 65 个项目的 9.2%；许多长江学者还承担了大量"863"项目、国家科技攻关计划项目等。其三，在主管项目方面，有 34 位长江学者担任了国家重点实验室、国家工程（技术）研究中心主任；有 27 位长江学者担任了"十五"、"863"计划专家。其四，在培育年轻学者队伍方面，有 32 位长江学者指导的 39 位博士研究生，获得了"全国百篇优秀博士论文奖"；在"长江学者奖励计划"的激励和支持下，一批优秀学者已经成长为中国高校和科学界的新一代泰斗；1999—2003 年，共有 12 位长江学者当选中国科学院、中国工程院院士；一批长江学者已经成为学科领域的领军人物。

五、实施"长江学者奖励计划"的主要意义

1. 具有人才强校的导向作用——首先，长江学者奖励计划的实施，在较短时间里吸引、挑选并汇集了一批具有国际水平的科学家和学科带头人；其次，在高精尖科研项目开发和高校学术和学科发展上，取得令人瞩目的成果；其三，与其他发达国家相比相对投入的财力而言，在吸引人才数量和所创收的成果上，都达到了较好的规模效益；其四，长江学者奖励计划不仅聚集了中国自己的优秀人才，而且成功吸引了海外精英，使后者不仅利用其自身特长为中国科教事业躬亲，而且随之引进了世界科教领域发展的理念、方法和手段，使国内掌握了解了世界高尖端发展的方向，达到了与国际先进部分接轨的目的。

2. 对现行人力资源管理模式具有一定的突破——首先，长江学者奖励计划通过科学管理和不断调整，把所招揽人才的自身专业特长和优势与中国科技、教育和学术的高层次发展通过国家项目有机结合起来；其次，把人才招聘与拟定中的发展目标和方向紧密结合，建立一支振兴科技、发展高教的人才队伍；其三，依靠团队模式，培养和造就了一批具有创新能力和发展潜力的中青年学术带头人和学术骨干，形成可持续发展的优秀人才梯队。

3. 推动传统人事制度改革，促进人才队伍建设——观念更新带动了制度创新，绝大多数高校都已按照特聘教授岗位制度的思路进行了校内人事分配制度改革，高校教师的整体收入水平有了大幅提高。"长江学者奖励计划"参照国际通行做法，针对解决高校存在的人才单位所有制和职务终身制以及分配中的"大锅饭"等现象进行了挑战，克服了长期困扰高校人才成长的人事制度的弊端，其制度内涵包括了"按需设岗、公开招聘、竞争上岗、合同管理"的用人机制和"以岗定薪、优劳优酬"的分配机制，从而对高等学校解放思想、转变观念、进一步深化用人制度和分配制度改革起到了推动作用。这一制度内涵已在中组部、人事部、教育部 2000 年发布的《关于深化高等学校人事制度改革的实施意见》中得到了进一步明确，并逐步成为高校人事制度改革的基本思路。在"长江学者奖励计划"的示范与带动下，大部分省、市和高校都相继建立了省内、校内特聘教授制度。

4. 不断创新运行机制，持续改进管理模式——"长江学者"的聘任在用人机制与分配机制上都与原有高校教师的聘用与管理模式不同，表现为能上能下、能进能出，聘任双方明确责、权、利，完全按合同的内容办事。其灵活独特的运行机制、科学的管理模式对中国各高校发展自己的人才开发与管理战略起到了推动作用。一些大学通过总结特聘教授岗位的设置、招聘、管理、考核等等一些成功经验，将"按需设岗、公开招聘、竞争上岗、合同管理"的用人机制运用到教师的专业技术职务聘任上，实行教师专业技术职务岗位聘任制，并在教师专业技术职务聘任过程中采取按需设岗、校内外公开招聘，通过公开、公正、严格的评审，学校与竞聘上岗教师签署《教师职务岗位聘任合同书》，明确岗位工作目标与任务，实行了合同管理、目标考核。

5. 建立学术团队，运用灵活的科研项目模式——根据要求，高等学校需要为上岗的长江学者配备学术梯队人员，提供科研配套经费。长江学者学术团队在运行和管理上都采取了国际通用做法，即以长江学者作为带头人，以项目牵引的形式，组建团队，集体攻关。在学术团队建设过程中，既没有编制的限制，也无学科的限制，并通过自愿的原则，采取双方互相选择的方式。这种科学研究的模式改善了传统的教师科研模式，促进了不同学科的交叉，促进了原创成果和重大成果的产生。同时，这种团队和项目模式对各个高校的科研发展、人才培养也起到了积极的促进作用。如一些大学对于长江学者招收研究生、博士后给予了很大的支持，长江学者可以跨学科招收免试生，而且从名额上给予政策倾斜与人员的优先选择权，并在访问学者、外聘教师的聘请上没有指标限制。包括教授、副教授、讲师、博士后、研究生，形成的长江学者学术团队是固定人员与流动人员相结合、知识结构、年龄结构合理的学术队伍。而且在用人与经费的使用上，在团队人员的分配与管理上，都给予长江学者很大的自主权，使之形成充分合作与有序竞争的良好氛围。这种灵活的体系与模式有利于学科发展，有利于梯队建设，也有利于人才培养。

六、"长江学者奖励计划"对国内高等院校建设的影响

1. 挑战传统的思维与观念——如平均主义、嫉贤妒能、枪打出头鸟、四平八稳、个人得失等阻碍发展的现象在高校仍有市场，创新意识仍然会在理念和具体运行上遇到各方面的阻力和各种势力的挑战。2. 协调引进高端人才与高校自身发展条件之间的关系——高校之间各有长短、各具优劣，发展的条件与机遇也常常会在不同时期有不同的表现，因此盲目引进、追求功名、不顾实际等现象是在人才强校过程中必须防止的另一个极端。3. 处理好引进人才与搭建平台之间的关系——是否具备良好的硬件条件、结构合理的梯队等平台做支持，是长江学者当选的一个很重要的参考因素。高校应把引进人才与学科发展相接合，引进人才与平台搭架相接合，做到既有利于人才引进又有利于平台搭架与学科发展。4. 促进学校管理的科学化——教育部在 2004 年出台了《"长江学者和创新团队发展计划"长江学者聘任办法》与原有的《高等学校长江学者特聘教授岗位制度》相比，在吸引、激励人才和发挥高校主动性方面提出了许多具体化、规范化、可操行性强的措施。高校在政策的制定以及日常管理上要更加科学化、规范化；要采取措施使学校的各教学、科研单位更能发挥积极主动性，使教师在教学科研方面做出更有创造性的工作，使职工在各自岗位上更加认真、负责、尽心、尽力。5. 加大专家意见的影响力——对现有制度、措施需要运用科学的理论和科学的方法进行分析，而且为了保证制度制定的科学性、可操作性，在制定制度的过程中要听取各个方面的意见和建议，尤其是专家的意见。高校在专家资源方面有好的优势，任何发挥专家的优势，形成制度化、程序化、规范化的专家决策制度是重要的环节。因此要使专家、学者有归属感、主人翁责任感，才能保证决策更具科

学性、前瞻性和务实性。[1]

七、中国共产党和中国政府领导人对"长江学者奖励计划"的重视、支持与指导

"长江学者奖励计划"启动实施以来，受到了党和国家领导人的高度重视，先后发表讲话、谈话和意见，并出席了有关活动。

1. 江泽民总书记就实施该计划做过多次指示，并亲切会见过北京大学特聘教授田刚等学者和专家。[2]

2. 李岚清副总理于 2000—2003 年期间，先后多次出席长江学者奖励计划受聘仪式或接见与会代表，并发表重要讲话：

（1）2000 年 9 月 21 日，李岚清在接见"长江学者奖励计划"第二、三批特聘教授、讲座教授和"长江学者成就奖"获奖者时，对由教育部和香港李嘉诚基金会共同设立的"长江学者奖励计划"实施两年来在延揽海内外科技英才、培养造就高层次创造性人才方面发挥的作用给予高度评价。李岚清认为，该计划对于加快高等学校高层次创造性人才队伍建设发挥了重要的示范和龙头作用；他要求各级政府、各有关部门、高等学校不遗余力地在体制、政策、环境等诸方面为特聘教授、讲座教授的成长和脱颖而出创造更好的工作和生活条件。[3]

（2）2001 年 10 月 18 日，"长江学者奖励计划"第四批特聘教授、讲座教授受聘仪式暨第三届"长江学者成就奖"颁奖典礼在北京举行，李岚清会见与会学者并向他们表示祝贺。李岚清希望受聘教授、获奖者和广大中青年学者坚持创新，勇于开拓，努力攀登科学高峰，在科学研究上多出优秀成果，在教学上培养更多优秀人才。[4]

（3）2003 年 2 月 20 日，李岚清在人民大会堂会见"长江学者奖励计划"第五批 84 名特聘教授、10 名讲座教授的代表并发表讲话。李岚清强调，要全面建设小康社会，就必须牢固树立人才资源是第一资源的思想，大力实施人才战略；高等学校要深入学习贯彻党的十六大精神，全面贯彻"三个代表"重要思想，大力推进教育创新和科技创新，为全面建设小康社会提供人才支持和知识贡献；高等学校要进一步深化人事制度改革，努力形成广纳群贤、人尽其才、能上能下、充满活力的用人机制，积极营造有利于优秀年轻人才

---

① 《长江学者奖励计划》，百度百科网站；《"长江学者奖励计划"实施的战略意义及其启示》，2007 年 3 月 31 日中国教师人才网；丰捷：《点燃科教腾飞的星星之火——长江学者奖励计划综述》，《光明日报》2003 年 5 月 13 日第 1版；《教育部公报》2007 年第七期；《孔雀东归硕果纷呈："长江学者奖励计划"成效显著》，2005 年 3 月 29 日新华网；《陈至立出席 2006 年度长江学者受聘仪式暨颁奖典礼》，2007 年 3 月 28 日中国政府网；《陈至立在 2006 年度长江学者受聘仪式暨颁奖典礼上的讲话》，《中国教育报》2007 年 4 月 9 日。

② 郭扶庚：《长江学者奖励计划》，《光明日报》2002 年 11 月 6 日。

③ 《李岚清强调为高层次创造性人才提供保障》，2000 年 9 月 22 日 15：16 中新社网站；《孔雀东归硕果纷呈："长江学者奖励计划"成效显著》，2005 年 3 月 29 日新华网。

④ 尹鸿祝：《长江学者奖励计划教授受聘暨成就奖颁奖会举行李岚清会见受聘教授和获奖者记者》，新华社北京 10 月 18 日电，《人民日报海外版》2001 年 10 月 19 日第 4 版。

脱颖而出的良好环境。①

3. 陈至立国务委员在 2005—2007 年期间，三次出席"长江学者特聘教授、讲座教授受聘仪式暨长江学者成就奖颁奖典礼"并发表重要讲话：

（1）2005 年 3 月 28 日，教育部在北京举行"2004 年度长江学者特聘教授、讲座教授受聘仪式和部分长江学者座谈会"，国务委员陈至立出席受聘仪式，并与部分长江学者座谈。陈至立说，实施"长江学者奖励计划"是我国高校高层次人才工作一个成功的制度创新，在吸引海外优秀人才、孕育创新研究群体和创新团队等方面发挥了重要作用，在培养和造就世界科学前沿和关键领域优秀学术带头人方面取得了显著成绩，得到社会的广泛关注和好评。陈至立指出，加强高校高层次人才队伍建设意义重大。要加快建设一支富有创新能力的高校高层次人才队伍。一要以实施"高层次创造性人才计划"为抓手，努力吸引、培养和造就一批具有国际水平的科学家和学科带头人。二要大力建设创新平台，加强创新团队建设。三要培养和造就一批哲学社会科学家和优秀群体。四要抓紧培养和造就一批具有创新能力和发展潜力的中青年学术带头人和学术骨干，形成可持续发展的优秀人才梯队。陈至立强调，各级政府要进一步加强对高校高层次人才队伍建设的领导，要进一步完善机制、体制和政策，形成完整的创新链，使高层次人才更好地发挥作用；高校要将高层次人才队伍建设摆在学校工作的重要位置，充分发挥高校知名专家、长江学者等领军人物的作用。陈至立希望长江学者和全国高校教师坚持自主创新，勇于开拓，勇攀高峰；发扬"两弹一星"精神和"载人航天"精神，团结协作，群策群力，拼搏奉献；作言传身教、率先垂范、教书育人的模范。②

（2）2006 年 3 月 29 日，教育部在北京举行"2005 年度长江学者特聘教授、讲座教授受聘仪式暨长江学者成就奖颁奖典礼"，国务委员陈至立出席受聘仪式并颁奖。102 位教授获选长江学者特聘教授、89 位教授受聘长江学者讲座教授。在上述 191 位新受聘的长江学者中，自然科学领域 161 人，人文社会科学领域 30 人；具有博士学位的 188 人；具有在海外留学或工作经历的 182 人；特聘教授中直接从海外应聘回国工作的 25 人；89 位讲座教授全部从海外应聘，其中包括 3 名诺贝尔经济学奖获得者。长江学者成就奖的奖励范围从本年度开始，首次由内地高校扩大到港澳地区高校和中国科学院所属研究机构。中国农业大学教授李宁获 2005 年度长江学者成就奖一等奖，中国科学院遗传与发育生物学研究所研究员李家洋、第二军医大学教授曹雪涛、香港中文大学教授沈祖尧荣获获 2005 年度长江学者成就奖二等奖。会上，2000 年受聘为"长江学者特聘教授"的清华大学教授、中科院院士饶子和代表部分长江学者倡议长江学者"严谨治学立身、自主创新报国"并宣读了倡议书。倡议全体长江学者在培养创新人才和推动科技进步的过程中，心系祖国、自觉奉献，求真务实、严谨治学，勇于创新、追求卓越，

① 《2003 年教育大事记》，中国教育和科研计算机网；仇方迎：《"长江学者"成为我国人才品牌李岚清会见受聘教授和获奖者代表并讲话》，《科技日报》2003 年 2 月 21 日。

② 吕诺：《长江学者受聘仪式举行国务委员陈至立出席并讲话》，新华社北京 3 月 28 日电，《中国教育报》2005 年 3 月 29 日。

为人师表、教书育人，团结协作、共同发展，努力铸就引领时代风范的"长江精神"，为实现中华民族的伟大复兴贡献出自己的全部力量。教育部部长周济出席会议并讲话，要求高校要紧紧围绕提高自主创新能力，在建设创新型国家的伟大实践中培养和造就高层次人才；鼓励长江学者们大力发扬爱国精神、科学精神、探索精神和团队精神，在建设创新型国家的伟大实践中，做自主创新的先锋、拼搏奉献的榜样、教书育人的楷模。1998 年至 2004 年，共有 727 位长江学者特聘教授、讲座教授受聘，6 位优秀学者获得长江学者成就奖。截至 2005 年底，有 24 位长江学者当选为中国科学院、中国工程院院士；有 46 位长江学者担任"973"计划首席科学家。[①]

（3）2007 年 3 月 28 日，教育部在北京举行"2006 年度长江学者特聘教授、讲座教授受聘仪式暨长江学者成就奖颁奖典礼"，国务委员陈至立出席受聘仪式和颁奖典礼并发表讲话。2006 年度共评选出 103 位长江学者特聘教授、99 位讲座教授；中国科学院昆明动物研究所张亚平研究员、西南交通大学翟婉明教授、香港中文大学卢煜明教授、北京大学方精云教授获得"长江学者成就奖"。这些新聘长江学者是从 123 所高校推荐的 595 名候选人中产生的。其中，自然科学领域 170 人，人文社会科学领域 32 人；具有在海外留学或工作经历的 192 人，占总数的 95% 以上。特聘教授中，直接从海外应聘回国工作或近 3 年回国工作的 32 人；99 名讲座教授全部从海外聘用。陈至立指出，大力培养造就一批杰出科学家和科技人才群体，建设一支宏大的创新型人才队伍，大幅度提高国家的自主创新能力，是我们当前面临的一项十分紧迫的战略任务。高等教育承担着培养高素质人才和杰出人才的重要任务。改革开放特别是 20 世纪 90 年代以来，国家采取了一系列重大举措，加快高水平大学和重点学科建设步伐。先后实施了"211 工程"、"985 工程"和"高等学校教学质量和教学改革工程"，有力地促进了高校人才队伍建设，使高校人才队伍整体素质不断提高，科技创新水平不断提升。高校教师获得国家三大科技奖励的数量均超过授奖总数的半数，全国 80% 以上的哲学社会科学研究成果来自高校。高校教师队伍已经成为国家科技创新和繁荣哲学社会科学的重要方面军、科技成果转化及产业化的强大的生力军。同时，我们必须清醒地认识到，高校人才队伍的整体素质和创新能力还不适应建设创新型国家和构建社会主义和谐社会的要求，特别是具有世界一流水平的拔尖人才和创新团队数量不多，支撑人才成长的基础性条件还比较薄弱，促进优秀人才脱颖而出和发挥聪明才智的制度尚不完善。我们要进一步提高认识，把加强高等学校人才队伍建设作为重大基础性工程，摆在更加突出的位置，切实抓紧抓好。陈至立强调，要加快建设一支富有创新精神和创新能力、高素质的高校人才队伍。一要以培养优秀教师和科技尖子人才为重点，加强高校高层次人才队伍建设。依托重大科研和建设项目以及国际学术交流与合作项目，培养和汇聚高层次创新人才；鼓励高校引进一批年富力强、世界一流的学者和科技尖子人才。二要大力推进高校中青年人

---

① 贺霞：《191 位教授受聘 2005 年度长江学者陈至立颁奖》，人民网 2006 年 3 月 31 日；袁新：《长江学者成就奖在京颁发陈至立出席受聘仪式并颁奖》；《人民日报》2006 年 3 月 30 日；吕诺、吴晶：《陈至立出席长江学者教授受聘仪式并为获奖者颁奖》，新华社北京 2006 年 3 月 29 日电。

才队伍建设。选派优秀研究生和青年教师到世界知名大学或一流学科专业学习深造、参与前沿项目研究；依托高水平大学和科研院所建立一批教师培训基地，大规模培训中青年骨干教师。三要加强高校科研平台建设，鼓励高校与国内外高水平大学、科研机构和企业建立联合实验室或研发中心，促进科学研究与高等教育的紧密结合，创新学科队伍和学科基地建设的机制，形成一批多学科交叉集成的创新团队。四要加强制度创新，努力形成有利于高校人才队伍建设的制度和文化环境。陈至立勉励长江学者爱岗敬业、为人师表，做教书育人的楷模；锐意进取、追求卓越，做自主创新的先锋；求真务实、严谨治学，做高尚学术道德的榜样。[①]

第九节　上海市政府制定并实施吸引留学人才政策的基本思路与主要经验

　　作为中国最大的城市和最发达的地区，上海市吸引留学人才的政策经常保持着一定的超前性和示范性。1993 年以后，上海进入了新一次的吸引海外留学人员的高潮。其相关政策的发展也已具备了相当的规模和程度，这无疑对各地制定和实施吸引留学人才政策具有积极的影响和借鉴作用。在这一阶段，上海政府将吸引海外留学人员的政策转变为结合上海的城市定位和发展需求，有重点地、自主地吸引海外留学人员。尤其是在进入 21 世纪以后，围绕建设国际性大都市和国际经济、金融、贸易、航运中心之一的目标，上海市政府提出，要实现新一轮的发展，就必须走"科教兴市"、"人才强市"的路子，这条路的核心是创新，关键是人才。上海政府认为，人才是实现上海持续快速健康发展的最强大、最重要的资本，而其中，吸引海外留学人员是增强上海人才队伍的整体实力，加快上海人才国际化步伐的重要内容。

一、上海市实施吸引留学人才政策的"三个步骤"

　　为了吸引海外留学人员来沪工作和创业，发挥留学归国人员的科学技术专长和对外联系的桥梁作用，上海政府从吸引海外留学人员、用好留学归国人员和留住留学归国人员三个步骤入手，进行了相关政策的有益尝试。

　　第一步：吸引海外留学人员——上海市于 1992 年在全国率先颁布了《上海市鼓励出国留学人员来上海工作的若干规定》，提出要"鼓励出国留学人员来上海参加经济建设，发挥出国留学人员的科学技术专长和对外联系的桥梁作用，促进上海的经济发展"等政策意见。此后，上海又颁布了《上海市引进海外高层次留学人员若干规定》等一系列优惠政策，鼓励海外留学人员以各种方式参与上海的发展。同时，市人事局还主动走出上海设立

　　[①]　《陈至立出席 2006 年度长江学者受聘仪式暨颁奖典礼》，2007 年 3 月 28 日中国政府网；《陈至立在 2006 年度长江学者受聘仪式暨颁奖典礼上的讲话》，《中国教育报》2007 年 4 月 9 日。

海外人才联络处，在全球范围内招聘上海紧缺的优秀人才，开中国省级政府人事部门在海外设立专门机构引进海外人才之先河。尤其是从 2003 年 8 月起，上海启动了"万名海外留学人才集聚工程"，提出在 2 至 3 年内招聘 1 万名中高层次海外留学人才参与上海的社会经济发展，至 2005 年 7 月 31 日，上海已集聚高层次海外留学人员 8085 人。

第二步：用好留学归国人员——对于在沪创办企业的留学归国人员，上海不仅召集相关政府部门建立了留学归国人员申办企业"一门式"、"一条龙"服务，还从 1996 年起在张江和嘉定建立留学人员创业园区。同时，对于在高校和科研院所从事科研工作的留学归国人员，上海设立了"白玉兰基金"、"上海市青年启明星计划"等专项资金，为留学归国人员开展科研活动提供专项经费资助。尤其从 2005 年 7 月 1 日起，上海开始实施"浦江人才计划"，由市财政每年拨款 4000 万元，主要用于资助新近回国工作和创业的海外留学人才及团队从事科学研究、技术创新与开发、科技成果产业化、教学和文化艺术创作等，在海外留学人员中产生了较大影响。

第三步：留住留学归国人员——对留学归国人员，不仅要吸引、用好人才，更要留住人才。为解决留学归国人员的后顾之忧，上海推出了《上海市居住证》B 证制度，并颁布了《关于出国留学人员来上海工作申报户口的实施办法》、《关于出国留学人员及其家属来沪工作办理户口的通知》等相关政策，从社会保障、家属安置、子女教育等方面为留学归国人员提供便利。

二、能够表明上海市吸引留学人才状况的几组数据

1. 上海是中国出国留学人数最多的地区之一，也是海外留学人员回国工作或服务的首选城市之一。仅在 1999 年内采取走出去、请进来，组织各种联谊活动和举办留学人员成果展等办法，共引进海外回国留学人员 315 人，其中博士 131 人，硕士 127 人，学士 33 人，进修等其他人员 24 人；办理申办留学人员企业资格认定 146 人，注册留学人员企业 132 家，注册资金 674.6 万美元；审批办理国家公派留学人员项目 48 个、173 人，申报国家留学基金资助人数 83 人，办理留学人员短期工作证 18 人。上海市政府于 1999 年 11 月 30 日举办的首次留学人员成果展显示，自改革开放以来，上海已吸纳 1.7 万多名归国留学生汇入本地的"人才高地"，他们在上海创业的同时，也为上海的经济发展和社会进步作出突出贡献。据统计，他们在上海创办的企业有 750 家，许多人成为上海高新技术领域的"台柱"人物。一些留学生认为，他们之所以选择上海，是因为"上海较好地执行了国家支持留学、鼓励归国、来去自由的留学生政策"。上海市有关方面为归国留学生提供了宽松的立业政策和较好的生存环境。如在用人政策方面，上海坚决做到"用人不疑"。截止 2000 年前后，担任国家级项目主要负责人的有 2980 人，担任部级或上海市一级项目主要负责人的有 4171 人；在上海的归国留学生中，获得国家级奖励的有 711 人，获得部级或上海市一级奖励的有 3195 人；在沪工作的留学人员当中有两院院士 73 人，占全市两院院士总人数的 1/2 强；担任国家首席科学家的有 7 人；获国家级有突出贡献的中青年专家称号的有 125 人，占全市同类称号中中青年专家

总人数的 1/3 强；获政府特殊津贴的有 1920 人，约占全市获得同类津贴总人数的 1/4；担任博士生导师的有 1192 人；入选长江计划特聘教授的有 37 人，获得长江计划奖的有 2 人。海外留学人员在上海的经济建设和社会发展中起到了越来越重要的作用；留学归国人员已经成为推动上海社会经济发展的重要智力支持。

2. 截至 2005 年底，到上海工作和创业的留学归国人员已达 5.6 万人，约占全国学成归国留学人员总数的 1/3；据上海市人事局消息，截止 2007 年上海市留学人员为 6.8 万余人；其中愈来愈多的人愿意长留在上海贡献自己的智慧；上海已成为留学归国人员回国创业的首选城市，也是中国留学生企业最多的城市。近年来，在沪留学归国人员呈现出以下两个特点：一是到沪的留学归国人员增长迅速——2000 年由上海市人事局引进的海外留学人员 337 人，2001 年为 975 人（不包括随归、随迁、随调配偶及子女），2002 年，由上海市人事局直接办理引进和以"柔性流动"方式到沪工作、创业的留学归国人员 1916 人，2003 年为 1777 人，2004 年为 2428 人。二是高层次人才不断增多——截止 2005 年到上海工作和创业的留学归国人员中 90% 以上获得了博士或硕士学位，其中博士占 22.8%，硕士占 69.8%。留学归国人员中 70% 来自美国、日本、英国、德国、法国、澳大利亚等发达国家。50% 以上的年龄在 30—40 岁之间；他们所学的信息技术、现代生物与医药、新材料、国际金融、计算机、汽车制造等专业多是上海紧缺、急需的，在回国后的择业趋向上，也由原单一去学校、科研院所转向高新技术企业和服务贸易机构等多方向。

3. 在留学人员当中涌现出了一批学科带头人，他们在各个领域的关键岗位上，发挥重要作用。如在重要工程、重大建设项目的技术管理岗位上，留日博士刘武君和陈刚到上海后，两人同时被任命为上海浦东国际机场建设指挥部副总工程师，受命全权负责整个机场的计算机信息网络管理系统建设和机场全套设备的国际采购及安装调试，成为机场的主要技术骨干。又如留英博士吴建中，到上海后即被提拔为上海图书馆副馆长，为图书馆新馆的建设作出了积极贡献。在科研方面，上海引进了留法博士陈竺，他从事人类基因组研究的水平，居世界领先地位，并已成为中科院副院长、中科院院士。上海还引进了曾在英国爱西堡多利实验室（克隆多利羊）工作多年的留英博士罗泽伟，到复旦大学遗传所国家重点实验室从事基因研究工作，1997 年他以在上海期间的研究成果，在美国《科学》杂志上发表了相关论文，是该所在国外发表档次最高的论文。又如从事人类器官再生研究的留美博士曹谊林，1998 年获国际整形外科学最高荣誉奖（是获该奖的第一位亚裔人士），被引进与上海第二医科大学长期合作研究，并担任了上海市第九人民医院副院长，还被评选为国家首席科学家，承担国家"973"项目负责人。再如从事人类基因组研究的留法博士陈国强，2000 年时仅 35 岁却已在该领域有所建树，被引进到国家人类基因组南方研究中心，承担起国家杰出青年科学基金项目、国家自然科学基金重点项目、上海市青年科技启明星计划项目。上海还根据需要引进了各有所长的留美博士叶其壮、留英博士伍登熙、留日博士朱自强等，他们到上海后分别被列入中科院"百人计划"或承担国家知识创新工程、国家 863 高科技重点项目、国家一类新药开发项目等等。

4. 上海市留学人员企业和园区建设平稳发展。截止 2000 年，上海市留学人员创办企业已达 1000 家，总投资额超过 2 亿美元；其中享受外商投资企业待遇的有 940 家，享受民营企业待遇的有 60 家。在生产型的留学人员企业中，从事信息技术的有 200 家，生物工程的有 70 家，新材料的有 25 家；其中一批留学人员企业经市科委认定已加入了上海高新技术企业的行列；此外，还有 8 家留学人员合伙创办的律师事务所等。到 2005 年 6 月时统计，在沪的留学归国人员共创办企业 3000 多家，投资总额超过 4.4 亿美元。在上海留学生企业群体中已涌现出一批具有自主知识产权和专利技术，填补国内空白，实现良好社会效益和经济效益的佼佼者，成为上海发展高新技术产业的重要组成部分。留学人员创业园区建设也有了新的发展，截止 2005 年底的统计，在原有嘉定、漕河泾、张江、松江四个留学人员创业园区的基础上，又新建了虹桥凌空、宝山、莘闵、杨浦、徐汇留学人员创业园区和留学人员科技创业孵化基地，国家 863 软件专业孵化基地，共计有 11 个留学人员创业园区；其中张江和嘉定 2 个留学人员创业园区还被认定为国家级留学人员创业示范园区。同期，留学人员创业园区共拥有留学生企业约 1200 余家，总投资额近 3 亿元，为留学归国人员创业发挥了孵化器的作用。上海留学人员企业群体，已开始成为上海对外开放和经济建设的"新增长点"，发挥出其他企业不可替代的独特作用和优势。

5. 开始越来越多地强调引进人才的专业结构是否与国家和本地产业发展的战略重点相吻合。以上海为例，2003 年 8 月至 2007 年 2 月底，上海通过实施"海外人才集聚工程"，成功引进 21944 名海外人才。第一轮人才集聚工程主要是集聚和吸引留学人员，营造上海吸引集聚海外人才的良好氛围。而第二轮集聚工程则突出对高层次、重量级、关键性的领军人才的集聚。比如能引领上海新能源和自主品牌汽车研发的汽车领军人才。而受上海建设国际航运中心的影响，第二轮引进的港航类人才比上一轮明显增加，约占总数的 1.2%。

三、上海市为留学人员创业提供多项优惠政策和各种服务的基本经验

作为国际大都市并面对人才竞争的新局面，上海市政府以创新政策机制、营造优异环境为抓手，提出在政策层面要遵循"用事业吸引人，用感情留住人，用待遇激发人"的理念，突出人才引进的重点，不断加大引进高层次留学人员的力度，为上海经济建设和社会发展提供有力的人才支撑政策；不断改革人事机制，营造优良政策环境，吸引海外留学生回国参与充满生机的城市建设；在人才的选拔上，推行"柔性流动"政策以集聚人才，加大对人才流动的宏观调控；建立网络，加强宣传，以营造良好的社会舆论和政策氛围。留学回国人员在上海的政策体系内得到了用武之地，上海的相关政策则为留学人员提供了比较宽阔的科研或创业舞台。

1. 建立机构、完善政策，加强对留学人员服务事项的领导——1997 年 4 月，上海市在人事局内专门设立了"上海市留学人员工作处"，并与上海市留学人员服务中心合署办公，同时承担国家人事部上海留学人员工作站和国家教育部留学服务中心上海分中心的工作职能，以加强对上海地区留学回国人员事务的领导。具体负责研究制定留学回国人员的有关政策、规定；建立留学人员综合信息库；组织协调出国招聘留学人员事

务；筹措和管理引进海外高层次留学人员专项资金及其他有关资助经费；审批来沪定居工作的留学人员及其家属的入户手续；承办留学人员企业申办人员的资格认定；联络中国驻外使馆、海内外留学人员组织等工作。为便于开展相关活动，上海市还成立了"留学人员联谊会"，以团结、沟通、服务为宗旨，与海内外广大留学人员及组织建立了广泛的联系。联谊会按行业分为 10 个分会，如政府机关分会、科研院所分会、高等院校会分、医疗卫生分会、国有企业分会、三资企业分会和留学人员企业家分会等。现联谊会已拥有一大批个人会员，包括一部分海外会员，并与美、英、德、澳、日等十余个国家的中国留学人员组织建立了经常性的联系，每年都接待数批海外留学人员来上海交流访问。

在建立完善组织领导机构的同时，上海市先后制定了一系列留学人员政策及实施细则。如 1997 年以市政府名义发布《上海市引进海外高层次留学人员的若干规定》，为解决留学人员，特别是高层次留学人员回国工作后顾之忧、简化创业手续、提供优质服务方面发挥了积极作用。同时，人事局还会同市公安局、市教委等部门，研究制定了对海外高层次留学人员及家属户口办理、外籍配偶签证延长、子女升学加分、专项经费资助等实施细则。通过建立机构、完善政策，使上海的留学人员回国安置政策得以顺利实施。

2. 建立网络、加强宣传、以营造良好的社会舆论氛围——为营造良好的留学人员工作氛围，人事局与广播电台、电视台、报刊杂志等新闻媒体相互合作，以多种形式宣传上海吸引海外高层次留学人员回国工作和为国服务的政策以及留学人员报效祖国的业绩，以期吸引更多的海外留学人员来上海创业。如 1999 年，在上海图书馆举办了留学人员成果展活动，集中展示了 220 名留学人员所取得的重大成果，市委、市政府领导、国家有关部委领导和我市各系统的有关人员，以及广大市民观看了展览，在社会上产生了很好的反响。此外，为加大宣传力度，上海市与人事部开设的中国留学人才信息网实现了衔接，成立了《神州学人》杂志全国首个记者站，在"上海热线"建立《留学人员在上海》主页，在国际互联网上发布留学人员工作的有关信息。另外，还开通了传真宝、语音信箱，设置触摸式多媒体电脑查询台，建立了留学人员信息库，以多种方法向海内外留学人员宣传和提供信息服务。与此同时，上海市还与一些中国驻外使馆建立了密切的网络联系，与美国、澳大利亚、新西兰等国家的留学人员组织了在信息、政策、项目和人才等各方面的合作关系，让海外高层次留学人员多方面的了解上海的政策，多途径的为上海的经济建设服务。

3. 拓宽渠道，不拘一格，吸引更多海外高层次留学人员到上海创业——在充分调研的基础上，90 年代来，上海市采取了"走出去、请进来"的办法，积极拓宽引进海外留学人员渠道；每年都带着上海地区紧缺、急需的招聘岗位，先后赴北美、欧洲、澳洲慰问招聘高层次留学人员；通过在海外直接接触了 2000 多名留学人员，有 30% 以上的人员当场表达了回国服务意向，其中有 70% 是博士（含博士后人员）。已有不少留学人员陆续回国到上海工作。在引进的高层次留学人员中，有长期回国定居工作的，也有保留在国外的工作，同时在国内设立研究室，形成哑铃模式的；有先期回国已做出成绩的，也有近期回国和即将回国形成梯队的；有回国后开辟出一个领域带动一个学科的，也有采用不同协作方式合作攻关的。

另外，在中国驻外使领馆的帮助下，每年上海市都要组织接待海外留学人员团体来沪交流考察。如 1997 年 6 月接待了"留英学者回国考察团"；1998 年 5 月接待了华盛顿和旧金山的博士、企业家访问团，共谈成了 64 个高科技合作项目的意向和协议；1998 年 8 月接待了旅美科学家工程师专业人士访沪团；2000 年接待了世纪乡情 2000 留日学生访沪团一行 58 人，举办了艺术画展、文艺汇演等活动；还邀请了美国、加拿大、英国、法国、德国、澳大利亚、新西兰、日本共 100 名海外留学人员（其中 90% 是博士）相聚在浦东国际会展中心，举行"新世纪上海人才国际化论坛"会议。这些团组在来沪考察交流期间，市领导都非常重视，每次都要接见代表团成员，并召开座谈会听取意见和建议，给予留学人员鼓励和支持。

4. 筹措资金，重点资助，以帮助高层次留学人员开展科研活动——从 1997 年开始，上海市利用多种渠道筹措资金，协同国家人事部、国家部和市科委，积极资助高层次留学人员从事科研与应用研究项目，全年累计资助约 90 余万元。1998 年，上海市按照重点资助的原则，精心组织了"引进海外高层次留学人员专项经费"的资助工作，资助金额达 300 多万元。1999 年高层次留学人员的资助项目审定 164 个，资助总额将达到 400 万元。除此之外，还专门设立了引进海人人才专项资金，资金由市财政首年拨 500 万元专款，其后每年拨款不少于 300 万元，主要资助在沪的机关事业单位引进海外高层次留学人员，97 年起该资金已正式启动使用，相继资助了美国威斯康星大学教授马晓云来交大讲学，合作研究；浦东国际机场建设指导部副总工程师陈刚开展的应用研究；中科院上海有机所重点科研项目等。

5. 转变观念，增加意识，以优质、高效、便捷的服务帮助留学人员创业——根据上海市政府提出的人事人才工作要主动服务于经济建设的要求，针对留学人员反应来沪办企业难的问题，经过深入的调查研究，上海市在协调市外资委、工商局、外汇管理局、技术监督局、财税局、海关等部门同意的基础上，于 1999 年 6 月组建了为留学人员申办企业的"一条龙"服务机构，方便了申办企业的留学人员。此外，为帮助留学人员来上海从事科研工作，人事局留学人员工作处的工作人员还主动担任了曹谊林等八位关键岗位留学人员科学家的行政助理，帮助他们协调与职能部门的关系，处理行政事务，提供政策咨询，以解除这些顶尖留学人员的后顾之忧，确保他们聚精会神地投入到科研攻关工作中去。

6. 不断完善政策措施，持续开创留学人员工作新局面——上海市政府不停顿地研究本地区人才国际化的问题，其中特别提出对吸引和集聚海外高层次留学人才到上海服务的系列政策要不断地加以研究和创新。如提出抓住三个"进一步"，即为留学人员服务的思路还需要进一步拓宽；针对留学人员的有关政策还需要进一步制定和完善；支持留学人员到上海创办企业的力度还需要进一步加强。

7. 启动新一轮"海外人才引进工程"——2008 年 2 月 28 日上海市"人事人才工作会议"透露，自 2003 年实施"海外人才集聚工程"成功引进 2.2 万名海外人才之后，上海将从 2008 年起启动新一轮"海外人才引进工程",重点引进一批具有国际竞争力的高层次人才,以加快上海人才国际化进程。这项名为"3100 工程"的人才引进计划,准备在上海国际经济、航运、贸易、金融中心建设过程中所急需的紧缺人才领域,用三年时间引进一批处于国际前沿、具有影响力的科学家、技术专家、企业家等领军人才。为了将真正高水平的人才引进国内,上海将继续在海外增设联络处,依托海外工作网络,聚焦全球排名前 100 位的世界知名大学和全球 500 强企业,跟踪 100 名最优秀的海外留学生和在跨国公司中担任中高级职位的优秀留学人才,掌握信息、建立联系、将他们纳入高层次人才引进储备库,实现引智工作"关口"前移。对于引进回国的高层次人才,上海将进一步集成和拓展海外人才服务。以留学人员创业园为载体,启动 1 到 2 个创业园区示范点建设,集成政府服务、社会服务的各种资源,使留学创业人员在园区内享有子女入托入学、学术交流、技术公共平台共享等"一条龙"配套服务;通过第四期"浦江人才计划",探索引入社会资金,加大对紧缺急需、重点关键领域的创业人才的经费资助力度。①

第十节　山东省实施加速招揽海内外高端留学人才政策的主要举措

一、实施招揽海内外高端留学人才政策的主要成果

山东省委、省政府历来比较重视人才工作。2008 年夏季召开的山东省委工作会议强调,人才兴则山东兴,人才强则山东强。多年来,全省各级各部门深入实施科教兴鲁和人才强省战略,牢固树立科学的人才观和人才资源是第一资源的观念,在高层次人才队伍建设方面采取一系列政策措施,促进了全省经济与社会的较好发展。其中还强调要充分利用国内国际两个人才市场,开发国内国际两种人才资源,引进国内外高端人才和高新技术项目,为建设经济文化强省提供有力的人才智力支撑。

山东是中国东部沿海重要省份。本世纪以来,全省经济社会保持着良好发展势头,经济总量和位次相继实现跃升,综合实力迈上新台阶。在推进改革开放和现代化建设的进程中,省委、省政府重视人才资源开发工作,实施科教兴鲁和人才强省战略,制定出台了一

① 袁梦德:《1.7 万名留学生上海显风流第三代归国留学生 1/6 在沪立业》,《中国青年报》上海 1999 年 12 月 1 日电;紫苑:《千方百计创优势满怀深情盼归来——来自上海市人事局留学人员工作处的报告》,《人民日报海外版》2001 年 7 月 27 日第 16 版;上海市人事局:《加大力度吸引海外高层次留学人才》,上海市普陀区人事局网站;上海市人事局网站;张励:《建国以来上海吸引留学归国人员工作的历史回顾及其现实意义》;《上海党史与党建》2007 年 1 月号;《上海年鉴 2002》第 537 页;《上海年鉴 2003》第 486 页;《上海年鉴 2004》第 487 页;《上海年鉴 2005》第 464 页;杨晓冬:《中国引进海外人才步伐加快》,《中国人事报》2007 年 8 月 29 日;季明:《上海将启动新一轮海外人才引进工程》,2008 年 2 月 28 日新华网。

系列加强人才培养、引进和使用的政策规定，创新人才工作机制，优化人才成长环境，使人才总量不断扩大，队伍结构明显改善，整体素质不断提高。特别是高层次创新型人才队伍不断发展壮大，截止 2008 年达到 4000 多人。其中，两院院士 36 人，百千万人才工程国家级人选 99 人，"泰山学者" 111 人，享受国务院颁发政府特殊津贴专家 2670 人，国家有突出贡献的中青年专家 122 人，省有突出贡献的中青年专家 500 名。积极开展博士后工作，设立博士后科研创新经费，培养造就了一批拔尖人才和领军人物，全省博士后站总数达到 191 个，累计招收博士后研究人员 1184 人，在站博士后 657 人。认真贯彻"拓宽留学渠道、吸引人才回国、支持创新创业、鼓励回国服务"方针，不断提升理念，创新机制，完善政策，吸引留学人员回国创业、为国服务，做好引进外国专家工作。根据不完全统计，近 5 年来共引进各类外国专家 8.2 万人次，引进海外高层次留学人才 2 万多名；截止 2008 年全省 17 个留学人员创业园，入园企业达 1040 个。

近年来，山东省烟台市留学人员创业园区对高科技项目及高素质人才的引进工作取得了良好的成效。2008 年以来，烟台留学人员创业园区加大招才引智力度，人才和项目引进保持了良好的发展势头，在引进高科技项目、强化经济功能建设的同时，突出重点引进孵化节能环保项目，在资金、税收、用地、厂房、企业注册等方面给予最大限度的优惠和扶持，为节能环保项目开通"一站式"绿色服务通道。凡符合入园条件的，只要把所办项目的材料交给中心，就会享受从项目立项、注册登记、用地用房、企业培训、银行融资等全方位一条龙服务。同时，对"海归"人员实行住房、配偶就业、子女入学等方面的优惠政策，从而形成了对节能环保项目的"磁场效应"。仅 2008 年上半年，留学人员创业园区共创办高科技项目 15 个，其中留学生项目 8 个，软件项目 5 个，高新技术类项目 2 个。这些项目大都具有较高的技术含量，并拥有专业的研发团队，尤其是留学生项目，均由博士以上学位的留学人员牵头创办或参与创办。截至 2008 年 8 月底，园区已从美国、日本、德国等 22 个国家和地区引进了近 300 名留学归国人员，创办留学人员企业 319 家，开发新产品 356 项，填补国内空白 76 项；其中引进了 16 家节能环保项目入园，占所有在孵企业的近 10%，开发新技术及新产品 20 多项，多数产品产业化后拥有广阔的市场前景和巨大的节能空间。

二、举办"海内外高端人才交流暨经贸项目洽谈会"

山东省自 2001 年 4 月开始定期举办"海内外高端人才交流暨经贸项目洽谈会"。1—4 届"山东海洽会"在海内外产生了一定影响，提高了山东省对外的影响力和知名度，成为全国性海内外高端人才与技术项目交流的知名品牌；展示了全省经济社会发展取得的成就，宣传了山东投资兴业的良好环境，树立了山东人民和各级各部门求贤若渴、尊重人才、尊重劳动、尊重创造的良好形象。通过"海洽会"，国内许多单位找到了需要的人才，获得了项目合作的机会；一批海内外高端人才陆续到山东省工作、创业。

●第 1 届"中国山东—海外百名博士创新周"是"山东海洽会"的创始活动；由省政府主办，山东省人事厅、青岛市政府、威海市政府、中国留日同学总会承办，并于 2001 年 4 月 26 日在青岛开幕，29 日在威海结束。来自五大洲、26 个国家的 120 名在各领域取得杰出成就的海外博士和留学生组织负责人，带着项目参会，有 610 项达成合作协议，正式签约 49 项，共建海外学人创新基地 263 个，聘请客座教授、研究员 258 人次，顾问 23人，招商代理 15 人。

●第 2 届"山东海洽会"由人事部和省政府联合主办、省人事厅和济南市政府具体承办，并于 2002 年 12 月 18 日在山东大厦开幕。共有 18 个国家、20 多个留学生组织、320 名海外留学人员和企业家应邀参加大会，省内 1250 家企事业单位近 2 万人到会进行项目对接，达成合作意向 695 项，签订正式合同 141 项，协议引进资金 7000 万元，聘请客座教授、研究员、顾问 200 多人。

●第 3 届"山东海洽会"由人事部和省政府联合主办，省人事厅和济南市政府具体承办，并于 2004 年 11 月 14 日至 16 日在济南舜耕国际会展中心举行。共有 18 个国家、近30 个留学生组织、280 多位海外留学人员和境外企业家应邀参会。共达成经济技术合作意向 358 项，签订正式合作协议 58 项，签约标的额达 20 亿元，聘请海外人才担任顾问、客座教授达成意向 171 项，签订协议 31 项，招商引资达成合作意向 71 项，签订协议 18 项。大会期间，同时举办了山东省留学人员回国创业和引进国外智力成果展，向 20 名外国专家颁发了 2004 年度"齐鲁友谊奖"。

●2006 年 11 月 17 日至 19 日举办的第 4 届"山东海洽会"邀请 150 多名掌握资金、技术和专利项目的高层次海外留学人员与山东需求单位进行对接或洽谈，有重点组织省内经济开发区、留学人员创业园区、高新技术产业园及科研单位到会，与海外留学人员进行洽谈，集中引进高新技术合作项目和高层次人才。第 4 届"山东海洽会"以建设胶东半岛制造业基地、发展高新技术项目为重点，邀请国外机械制造、生物制药和 IT 领域的高层次专家向山东企业推介技术项目，并组织山东高等院校、科研机构和国有大中型企业到会，召开针对具有硕士以上学位人员的人才招聘会，组织部分驻鲁博士后科研流动站、工作站设站单位到会设立展位，招收进站博士。还邀请周边江苏、安徽、河北等 6 省组团到会进行人才项目洽谈。

前四届"海洽会"为国内高层次人才及海外留学人员来山东创业打造一个平台，建立一个通畅的人才、智力回归渠道；其间共直接引进 2000 多名海外留学人员回国创业，直接引进海外高层次留学人员的高新技术项目超过 1000 个，引进留学生创办企业 200 多家，每年以各种方式到山东开展经贸或技术服务的留学人员超过千人。海外高层次人才以投资创业、经贸合作、科技服务、合作研究等多种形式，为山东省创造了较大的经济和社会效益。

2008 年 9 月 11 日，山东省政府表示，中国山东第五届海内外高端人才交流暨经贸项目洽谈会将于 11 月 17 日至 19 日在济南举行；标志着山东省将再度加速吸引海内外高端人才的步伐与速度。中国山东第五届海内外高端人才交流暨技术项目洽谈会由人力资源和社会保障部、国家外国专家局、山东省人民政府联合举办。第 5 届"海洽会"继续把海外人才与国内人才两个资源结合起来，坚持并重并举，以"交流、合作、创新、发展"为主题，融海外人才交流、国内高端人才招聘、技术项目洽谈、创业成果展示与表彰奖励为一体，致力于为海内外各类高端人才来鲁创业和推介高科技项目、专利技术牵线搭桥，旨在引进一批海内外高端人才和高新技术项目，为建设经济文化强省提供坚强有力的人才和智力支撑。具体内容分为七个部分：一是组织海外留学人员交流暨技术项目洽谈。二是组织"外国专家山东行"活动。三是组织博士后项目洽谈活动。四是组织国内高层次人才招聘与技术项目交流。五是举办"引进国外智力与留学人员回国创业成果展"。六是召开全省留学人员回国创业先进个人先进单位表彰大会。七是举办齐鲁友谊奖颁奖仪式。第 5 届洽谈会围绕建设经济文化强省对高端人才和高新技术项目的需求，特别是针对全省重点行业和重点领域，加大对紧缺产业高端人才和项目的引进力度。重点向自主创新节能降耗环境保护领域倾斜，向推动县域经济、高新技术产业、重大装备、先进制造业倾斜，向现代农业、现代服务业和社会事业倾斜；扩大海洽会在海内外的影响力，营造"尊重劳动、尊重知识、尊重人才、尊重创造"的良好氛围。

三、山东省在"十一五"期间开展留学人员回国工作的总体规划与设想

山东省人民政府办公厅于 2007 年 9 月 7 日以"鲁政办发〔2007〕69 号通知"印发了《山东省"十一五"留学人员回国工作规划》。其中提出，为了进一步实施科教兴鲁和人才强省战略，加快高层次人才资源开发，加大吸引海外留学人才的工作力度，根据《山东省国民经济和社会发展第十一个五年规划纲要》、《山东省"十一五"人才队伍建设总体思路及实施意见》，并结合全省实际提出和制定了"山东省"十一五"留学人员回国工作规划与设想"。

（一）山东省开展留学人员回国工作的总体情况

全省留学人员回国工作坚持"支持留学，鼓励回国，来去自由"的工作方针，按照"拓宽留学渠道，吸引人才回国，支持创新创业，鼓励为国服务"的工作要求，紧密结合实际，积极探索，创新工作，在政策措施、工作机制、交流平台、创业服务体系建设等方面取得较大进展。中共山东省委和省政府先后出台印发了《山东省招聘引进人才的政策规定》、《山东省引进海外人才智力和国外留学人员的政策规定》、《山东省重奖有突出贡献科技人员的政策规定》（1992）、《关于加强高层次人才培养引进和使用工作的通知》（1998）、《山东省引进海外高层次留学人员若干规定》（1998）、《山东省人才柔性流动若干规定》（2002）、《山东省人民政府办公厅关于促进留学人员创业园加快发展的意见》（2005）等一系列引进海外留学人才的政策规定，形成了比较完备的政策体

系；建立了留学人员回国工作联席会议制度，健全了留学人员回国工作机制，完善了留学人员回国服务体系；连续举办5届"中国山东海内外高端人才交流暨技术项目洽谈会"，建立了海内外高层次人才与技术项目的交流平台；建立留学人员创业园区17家，为留学人员来我省创业提供了优质服务，入园企业已超过1000家；成立了山东省留学人员协会，搭建了党和政府联系留学人员的桥梁。工作在全省各行各业的广大留学回国人员充分发扬爱国、奉献、拼搏、进取的精神，为山东省经济社会发展做出了突出贡献。

山东省政府认为，"十一五"时期是全省经济实力、整体素质、发展地位跃升的关键时期，要全面实现"十一五"经济社会发展目标，实现富民强省新跨越，人才是关键。广大留学人员热爱祖国，眼界开阔，具有多元化的教育文化背景，是增强自主创新能力、推进结构优化升级、促进增长方式转变和建设社会主义和谐社会的重要力量。做好吸引海外留学人员回国工作，是实施人才强省战略的重要内容，也是推动山东省经济社会又好又快发展的必然要求。但是 山东省政府认识到，随着新技术革命的迅猛发展，经济全球化趋势不断增强，人才国际竞争越来越激烈。从当前面临的形势和发展的情况看，山东省留学人员回国工作还无法完全适应提高自主创新能力和全面建设小康社会的要求，海外高层次留学人才资源还没有得到充分开发和利用，特别是吸引顶尖海外留学人员回国工作的力度还不够，有些政策落实还不到位，经费支持力度还需加大，留学人员服务机构的服务功能和服务水平也有待完善和提高。

（二）山东省提出"十一五"时期开展留学人员回国工作的"指导思想、基本原则和目标任务"

1. 指导思想：坚持以邓小平理论、"三个代表"重要思想为指导，坚持以科学发展观为统领，深入实施人才强省战略，坚持党管人才原则，继续贯彻"支持留学、鼓励回国、来去自由"的方针，按照拓宽留学渠道、吸引人才回国、支持创新创业、鼓励为国服务的要求，完善政策措施，创新工作机制，提高服务水平，以高层次创新人才为重点，以创业园区建设为载体，以团队引进、核心人才带动引进、高新技术项目开发引进等为主要方式，加大高层次留学人才引进工作力度，为山东省实现富民强省新跨越的宏伟目标提供坚实的人才智力支持。2. 基本原则：开发利用国际国内两个人才市场、两种人才资源，坚持回国工作与为国服务相结合，全面吸引与重点引进相结合，政策支持与市场配置相结合，政府主导与社会参与相结合，加强引进与培养使用相结合，进一步健全政府主导、市场配置、重点突出、服务完善的留学人员回国工作新格局。

3. 目标任务：根据山东省"十一五"时期经济社会发展需要，创新政策，完善措施，构建全方位、多渠道、多层次、符合留学人员特点的工作机制；完善留学人员回国创业平台建设，建立健全便捷、协调的留学人员回国工作服务体系，为留学人员发挥才智、实现价值提供保障；完善海内外人才交流平台，拓宽海外留学人员引进渠道，建立快捷、高效的留学人员引进机制；建设一支具有高度责任感和事业心，有较高业务能力和服务水平的留学人员回国工作队伍，为新时期开展好留学人员回国工作奠定坚实的基础。"十一五"时期全省新增留学回国人员总数不少于 1 万人。

（三）"十一五"时期做好山东省留学人员回国事务的若干重点工作

1. 大力引进高层次留学人才

高层次人才是提高国际竞争力和科技创新水平的重要保障。根据"十一五"时期山东省经济社会的总体发展战略和任务目标，重点围绕提高自主创新能力和建设创新型省份的要求，围绕实现可持续发展和构建和谐社会的要求，围绕扩大对外开放和提升国际竞争力的要求，大力引进海外高层次留学人才。

●以重点科研院所为依托，引进一批掌握核心技术的领军人才，努力提高山东省的自主创新能力。鼓励将重点实验室负责人、学科带头人或其他高级科研岗位面向海内外公开招聘，重点引进世界一流的科技带头人和战略科学家；充分发挥重大项目集聚人才的作用，结合山东省重大科技项目和重点创新项目，积极引进海外高层次留学人才和科研团队；围绕机械制造、能源材料、环境保护、新型农业、生物医药、信息技术、海洋开发等重点发展领域和前沿技术，引进拥有自主知识产权、掌握核心技术的创新人才。

●以大中型企业为依托，引进一批高层次留学人才，提高山东省企业参与国际竞争的能力。鼓励各领域骨干企业结合提高自主创新能力，重点引进拥有自主知识产权、具有较好发展潜力的创新型、实用型科研人才；鼓励企业结合开拓国际市场的需要，积极开展面向海外公开招聘中、高层管理人员工作，大力引进金融、法律、贸易等领域高级经营管理人才。

●以省地县政府机关为依托，按照公开、平等、竞争、择优的原则，积极为海外高层次留学人员参加山东省公务员招考和事业单位公开招聘创造条件，吸引部分高层次、专业型的留学人才进入省内各级机关和事业单位工作，提高机关事业单位人员素质，增强机关事业单位活力。

2. 加强留学人员回国创业载体建设

支持留学人员回国创业发展是跟踪世界最新科技成果、实现科技成果转化的重要渠道。积极探索，加快构建以企业为主体、市场为导向、产学研相结合的留学人员创新创业体系，逐步发展一批具有核心竞争力的留学人员高新技术企业、一批集聚效应突出的留学人员创业基地。

●加快园区建设，提高规模层次——鼓励部门依托经济技术开发区、高新技术产业开发区、科研孵化基地等，建设高标准的留学人员创业园区，市一级要全部建立起留学人员创业园，鼓励有条件的县、市、区建立创业园区；继续加大对创业园区的资金投入力度，加强基础设施建设，完善服务功能和领域，积极建设创业服务中心，努力提高创业园区的规模和层次；组织留学人员创业园区建设交流活动，推动山东省创业园区的均衡快速发展；到"十一五"末全省建成留学人员创业园20家。

●完善政策措施，鼓励入园创业——研究制定鼓励留学人员创办企业的政策措施，支持他们以专利、专有技术、科研成果等在园区内进行转化入股，创办高新技术企业；建立健全回国创业或从事高新技术转化需要的投融资机制，探索建立留学人员回国创业基金，鼓励和支持有条件的创业园引进或设立专业化的风险投资基金或创业基金，支持留学人员来鲁创业和发展；制定完善针对入园创业留学人员在申报项目、职称评审、激励表彰等方面的优惠政策，激发留学人员的创业热情；充分发挥创业园作为吸引海外人才的聚集器、科技成果的转化器、带动当地发展的辐射器的作用；到"十一五"末全省留学人员创业园区吸引入园企业达到2000家。

●加大扶持力度，促进快速发展——围绕各地区、各部门和各单位高新技术产业发展的需要，突出重点，落实措施，逐步培育和发展一批具有核心竞争力的留学人员高新技术企业；加大对留学人员企业的扶持力度，鼓励企业自主技术创新，积极拓展国内外市场；发挥留学人员科技创新活动择优资助项目经费的引导和带动作用，落实择优资助经费的配套政策；建立留学人员科技创新活动择优资助项目跟踪服务机制，及时帮助解决项目执行过程中遇到的问题；加强对择优资助项目取得成果的宣传和推广工作，鼓励留学人员把项目做大做强，发挥更大的经济和社会效益；"十一五"期间力争资助100名高层次留学人员开展科技创新活动，开展重点科技创新活动的专项资助工作。

●加强引导管理，提高服务水平——组织开展留学人员创业园区评估活动，建立量化考核目标体系，强化考核结果的使用，促进创业园区管理水平的提高；加强创业园区管理人员培训力度，提高服务质量，探索留学人员参与园区管理的新模式；开展省人事厅与市政府共建留学人员创业园区工作，到"十一五"末省人事厅与市政府共建5家留学人员创业园。

3. 积极吸引留学人员到山东省服务。

支持海外留学人员开展为国服务是加强国际交流，引进国外资金、技术、管理经验的重要措施。要围绕经济社会战略发展目标，做到"不求所在，但求所用"，在更大范围、更广领域、更高层次上吸引海外留学人员及留学人员团队到山东省服务。"十一五"期间，吸引海外留学人员到山东省服务达1万人次。

●充分发挥"中国山东海内外高端人才交流暨技术项目洽谈会"的品牌优势，广泛吸引海外留学人员来鲁服务——"十一五"期间继续扩大洽谈会的覆盖面和影响力，提升洽谈会的服务功能，发挥这一平台的辐射带动优势；鼓励各部门结合对人才和高新技术的实际需求，组织举办规模性海外人才引进活动；贯彻"走出去、请进来"的方针，加大面向海外宣传山东省吸引人才优惠政策和投资创业良好环境的工作力度，积极组织开展赴海外招聘高层次留学人才活动。

●积极做好留学人员短期回国服务工作——支持海外高层次留学人才通过兼职、合作研究、回国讲学、学术交流、技术咨询、中介服务等各种形式参与我省经济和社会建设。

鼓励各地结合区域经济建设、重点产业发展，积极吸引海外留学人员以专业团队、综合团队方式为当地经济社会发展服务；支持留学人员开展国内外经贸技术交流活动，联系外国专家、企业家携带技术、资金到山东省进行技术咨询、投资创办企业或帮助省内企业拓展国际市场。

●不断创新留学人员回国服务形式，提高留学人员回国服务的质量和效益——积极探索任期聘任、项目承包等符合留学人员特点的服务形式，支持留学人员结合山东省重点发展领域和行业的需求开展专项为国服务活动；鼓励海外留学人员团体到山东建立服务基地，领办服务机构或集中创业发展。

4. 建立高效的人才技术交流平台。

广泛交流、双向推介、充分接洽是成功引进留学人才和高新技术的基础工作。要高度重视人才引进的平台建设，加强对外宣传，努力扩大山东省留学人员回国工作在海内外的影响力。

●积极加强与经济发达国家会员数量大、层次高的海外留学生组织或专业人士协会的联系沟通，建立长期合作关系。加强与中国驻外使领馆、商务机构和海外华侨华人团体的联系，不断拓宽对外联系的渠道；通过构建多渠道交流网络，为实现经常化、专业化、高效率的海外留学人员引进工作奠定良好基础。

●加强中国山东海外人才项目信息网的建设，完善相关服务功能、扩展服务领域，使其成为全省留学回国工作对外宣传的窗口、招才引才的窗口、引进高新技术的窗口。充实完善海外人才信息库、海外项目信息库，建立省内人才技术需求项目信息库，加强维护管理工作，实现海内外双向信息交流。积极研究探讨留学人员信息资源共享机制，充分发挥网络优势，延伸服务功能，形成人才技术项目供需信息动态发布、长期洽谈的网上交流平台。

●加强山东省留学人员协会等民间组织的建设，发挥其联系海内外广大留学人员的桥梁纽带作用。鼓励有条件的市建立留学人员协会，不断丰富服务内容，创新服务手段，维护留学人员合法权益，调动广大留学人员参与我省经济和社会建设的积极性。

（四）组织实施和保障措施

1. 切实加强领导——要从实施人才强省战略的高度，充分认识做好留学人员回国工作的重要意义，加强领导、明确责任、抓好落实。要充分发挥留学人员回国工作联席会议制度的作用，探索建立联席会议年会制度，发挥各部门的职能优势，形成工作合力，推动工作整体发展。加强留学人员回国工作的调查研究，建立全省留学人员回国工作定期交流制度，总结经验，开拓创新，提高做好留学回国工作的能力和水平。

2. 完善政策体系——加强对留学人员回国工作相关政策的研究，制定和完善符合我省实际、体现山东省特色的政策规定，建立适应市场经济和人才社会化、国际化发展要求的政府引导、市场调节、来去自由的引智引才方式，努力打造留学人员来鲁创业的"绿色通道"。完善人才流动政策，对海外留学人员的落户、居留、出入境提供便捷服务；完善来鲁创业政策，在劳动人事、企业注册、银行信贷、科研立项、项目资助及扶持奖励等方面提供优惠；完善公平待遇政策，使留学回国人员在购房购车、子女就读、职称晋升、创办企业等方面享受当地居民同等待遇。

3. 健全服务体系——加强各级留学人员服务中心、留学人员工作站建设，丰富服务功能，提高服务水平。加强服务工作的制度建设，规范办事程序，提高服务效率，努力构建无障碍、一站式、个性化、全方位的服务工作体系。加快构建留学人员回国工作服务网络，以各级留学人员服务机构为主体，发挥海内外各类留学人员组织、社会团体的积极作用，探索建立海内外留学人员组织合作机制，实现资源共享，形成服务合力。加强留学人员回国工作队伍建设，积极借鉴国际人才资源开发的先进经验，不断提高工作效率和服务水平，培养建设一支具有高度责任感和事业心、有较高业务能力和服务水平的留学人员工作队伍。

4. 营造良好环境——加大留学人员回国工作相关政策的宣传力度，扩大宣传范围，提高宣传层次，增强全省对海外留学人员的吸引力。加强工作督导，严格督促检查，确保留学回国工作的各项政策落到实处。建立激励表彰机制，定期组织留学回国工作先进表彰活动，弘扬广大留学人员爱国奉献、拼搏进取的精神风貌，营造"尊重劳动、尊重知识、尊重人才、尊重创造"的良好氛围，用良好的工作环境、和谐融洽的人文环境、民主活泼的学术环境和尊重理解的社会环境，吸引和集聚更多的留学人员到中国山东工作、创业、服务。①

---

① 刘宝森：《山东加速招揽海内外高端人才》，2006 年 8 月 30 日新华网山东频道；《第五届海内外高端人才交流会新闻发布会》，2008 年 9 月 4 日广视网；《中国山东第五届"海洽会"将于今年 11 月在济南举行》，2008 年 9 月 11 日中新山东网；《山东第四届海内外高端人才交流暨经贸洽谈会将开》，2006 年 8 月 30 日新华网；《中国山东第五届海洽会 11 月在济南举行》，《人民日报海外版》2008 年 9 月 12 日；《热烈祝贺第四届海洽会隆重开幕》，《大众日报》2006 年 11 月 17 日；方春明、毕玉、纪华芹等文：《烟台留创园：引进 300 名留学人员，创办企业 319 家》，《烟台日报》2008 年 8 月 26 日；柴叶、绍丁、贾磊、双军等文：《前景广阔：16 个节能环保项目栖身烟台"海归园"》，《齐鲁晚报》2008 年 9 月 4 日。

第十一章

有关专家、学者和研究人员对当代出国留学政策的研究

第一节　有关专家、学者和研究人员对中国出国留学政策开展的相关研究情况综述

　　对出国留学问题和现象的研究可以有很多不同的角度或侧重面，就同一时间的同一事件可以有不同研究方法的诠释和解读：如留学历史、留学活动、留学教育、留学文化、留学工作、留学政策、甚至还有专门研究留学战略的。随着出国留学人员不断增加以及人才外流形势严峻，20 个世纪 90 年代以来，国内研究中国留学生政策问题的一些专家、学者和研究人员从各个层面、多种角度、正反方向和经验教训出发，开展了一系列研究性项目。本章主要侧重于回顾、介绍、分析和讨论国内部分专家和学者对出国留学政策研究、特别是对留学回国政策研究的一些基本线索、主要成果和部分观点。在此需要说明的是，本章广泛介绍研究者们的意见，并不意味着本书就完全或局部赞同每一位学者的观点或主张。本书作者所希望的，就是要在出国留学与留学回国政策研究领域，创建一个"百家争鸣、百花齐放、百舸争游、百家讲坛"的局面。

　　1993 年以后，随着中国留学活动的较快发展与出国留学政策的不断进步，与当代出国留学政策相关联的调查活动与研究项目相继开展起来，有关专著和论文也不断出版或发表，呈现出一个百花齐放和百家争鸣的可喜景象。其中比较而言具有一定代表性的研究者和主要研究成果有：

　　一、作为中国教育外事战线中出国留学政策的资深研究者，李振平参赞早在担任国家

教委留学生司政策研究处处长期间，就于 1993 年 8 月执笔完成了《出国留学工作大事记（1988.12—1993.7）》①。这本小册子为小 32 开本，全书约为 10 万多字，全书详细记录了 1988 年 12 月—1993 年 7 月约 5 年期间出国留学活动与政策发展的基本情况，堪称新中国成立以来唯一一本以"大事记"形式撰写的出国留学政策文献，于 1949—2008 年期间恐怕都是绝无仅有的。在出国留学政策研究的工作岗位上，李振平参赞先后参与调研、起草并完成了十几篇比较重要的编号文件，如 1986—107 文件号和 1992—44 号等；积极支持本书作者的提议，主持完成了第一部正式出版的《出国留学工作文件汇编（1978—1991）》；从上述工作岗位到后来调任《神州学人》总编辑岗位期间，还先后撰写并发表了大量涉及出国留学政策的文章；并于 1995 年夏主持创建了中国第一份电子网络刊物——《神州学人电子周刊》；从而为中国出国留学政策的发展做出了积极并重要的贡献。

二、作为国内较早研究中国留学政策问题的学者之一，黄新宪教授于 1995 年主编了《中国留学教育问题》。② 黄新宪教授认为，当代留学活动持续时间长、介入人数多、产生影响大、留下印象深。但国内对留学问题的研究却远远落后于丰富多彩的留学实践，因此在很大程度上妨碍了对留学规律的认识，也影响了留学政策的制定与实施。《中国留学教育问题》一书从留学政策的演变及其法制化趋势、对留学活动施以影响的社会学因素和经济学分析、留学活动中存在的问题等角度进行了多方面的宏观分析，并通过对留学生的适应性、"学而不归"现象的发生、学科带头人的培养以及中西方文化的碰撞等问题的分析，进行了"探讨原因、理顺关系、寻求对策"的研究。该书在对留学生"学而不归"原因进行探究的基础上，提出了对这一现象的基本认识以及解决问题的思路；在分析留学政策演变过程、主要特点和存在问题的基础上，提出了调整留学政策的基本原则和法制化构想。

三、作为国内较早研究留学人才流失问题的学者之一，陈昌贵教授于 1995 年底完成了国内第一部研究中国人才外流现象与问题的学术专著——《人才外流与回归》。③ 陈昌贵教授在美国福特基金会的资助下，于 1991 年 3 月至 7 月和 1992 年 8 月至 1993 年 10 月，两度前往美国，就《中国大陆人才外流的调查与分所》课题与美国 FIetcher 法律与外交学院的 David Zweig 教授进行合作研究。其间，个别访问了 273 位中国赴美留学人员，并对调查结果运用双重变量和多重变量分析法，进行了数据处理。陈昌贵教授通过调查数据和有关资料的分析认为，中国人才外流的现状极为严峻，并显现出以下几个特点：1. 人才外流规模较大；2. 外流人才的学历层次较高；3. 人才外流的主要去向是美国；4. 外流人才的原居地主要是北京、上海和广州等大中城市；5. 外流人才的原工作单位主要是高等院校和国家级科学院所。据此，陈昌贵教授提出了九项吸引留学人才回归的对策选择与基本思路：要信任和理解留学生、要用发展的环境吸引在外留学生、要充分发挥已回国留学生的作用、要帮助解决留学生的实际问题、要利用亲友做好在外留学生的动员工作、要加

---

① 详见本书第六章第二节之四。

② 黄新宪主编：《中国留学教育问题》，湖南教育出版社 1995 年 11 月版。

③ 陈昌贵：《人才外流与回归》，湖北教育出版社 1996 年 2 月版。

强原工作单位与在外留学人员的联系、要保持留学政策的稳定性、要遏制"出国热"肆意蔓延、要注意国内社会舆论的正确引导。

四、作为中国资深教育外事工作者，陈可森参赞执笔于 1997 年完成了《教育外事工作历史沿革及现行政策》的编写工作。[①] 全书约 25 万字，其中约 1/4 的篇幅即约 6 万多字的内容是用以描写当代出国留学政策沿革的；时间跨度从 1949 年至 1996 年，并划分为"文革"前、"文革"中、"文革"后和"六四"后四个阶段；从政策内容上又划分为留学生派出政策、留学工作管理政策和留学回国政策三个方面。应该说，这是第一本以官方名义编辑并公开出版的研究中国留学政策的专著。尽管实际内容仅仅有 6 万多字，但就当时的政策开放程度、文献收集难度和保密管理制度而言，编辑和出版这样一本书确实是一件非常不容易的事情。其中的很多史料比较珍贵，因此被本书广泛引用。

五、2001 年 3—10 月，教育部委托北京大学和中山大学的专家和学者开展了中国留学教育研究史上规模最大的"公派出国留学效益评估"；该课题属于留学工作重大政策研究项目，其研究成果为其后的中国留学政策提供了重要的事实与理论依据。作为国内高等教育研究领域的著名学者，陈学飞教授和陈昌贵教授领衔完成了上述课题，并于研究报告中首次归纳出影响留学教育发展的若干理论依据，即现代化理论、世界体系理论、经济全球化理论、开放理论、人力资本理论和推拉理论。作为研究成果的结集，该研究报告以《留学教育的成本与效益：我国改革开放以来公派留学效益研究》的题目成书并出版。[②]

六、2001 年 5—12 月，教育部委托并资助北京师范大学有关专家和学者完成了《留学回国人员科研启动基金项目评估报告》，为不断完善留学回国人员科研启动基金项目的开展提供了一定的政策依据。另人惋惜的是，因某种原因，该报告未能成书出版。

七、作为先后升任至正司局级职务的三位中国资深教育外事工作者，于富增局长、江波秘书长和朱小玉公使参赞共同执笔于 2001 年完成了《教育国际交流与合作史》的编著工作。[③] 全书约 28 万多字，其中约 1/3 的篇幅即约 9 万多字的内容是研究当代出国留学历史和相关政策的；时间跨度从 1949 年至 1998 年，并划分为"文革"前 2 段、"文革"中 1 段、"文革"后 1 段以及"六四"后 2 段，共五个阶段；从史料内容上来看涉及比较广泛：吸引在外留学生、大量派遣留学生、向美国派遣留学生、改进公派留学生工作、加强管理自费留学生、大力争取留学生回国工作、介绍"支持留学、鼓励回国、来去自由"方针等。大致划分为留学生派出政策、留学工作管理政策和留学回国政策三个方面。应该说，这是第一本以政府官员个人名义撰写并公开出版的研究中国留学政策的专著。尽管实际内容仅约有 9 万多字，但就资料和数据的来源而言，由于编著者作为官员身份所具有的便利条件以及资深教育外事工作者所具备的丰富经验和工作手段，该书提供史料与数据的

---

① 国家教育委员会外事司编著：《教育外事工作历史沿革及现行政策》，北京师范大学出版社 1998 年 1 月版。

② 陈学飞等：《留学教育的成本与效益：我国改革开放以来公派留学效益研究》，教育科学出版社 2003 年 8 月版；详见本书第七章第三节。

③ 于富增、江波、朱小玉：《教育国际交流与合作史》，海南出版社 2001 年 8 月版。

可靠性、可信度应该是比较高的，因此其中的很多史实、数据被本书引用。

八、作为教育部社科重点研究基地、北京师范大学比较教育研究中心、北京师范大学国际与比较教育研究所教授，曲恒昌先生于 2002 年 12 月在《比较教育研究》上发表了《WTO 与我国的留学低龄化》。曲恒昌教授指出，随着自费留学群体不断扩大，出国留学低龄化现象日渐突出，应当引起了有关学者和专家的关注。曲教授运用西方人才国际流动经济学的一些基本理论，在"中国出现低龄化出国留学现象的直接动因分析、低龄留学对经济产出的影响和效应、经济全球化对中国留学低龄化趋势的作用以及政策选择——顺其自然、适当指引、鼓励回国"等四个层面，从理论与实践的结合上对中国留学低龄化现象与问题进行了比较深入的考察、分析与研究。①

九、作为第一作者，陈昌贵教授又于 2003 年完成了另第一本研究中国人才流动问题的学术专著——《人才回归与使用》。② 陈昌贵教授从对留学活动基本事实的分析入手，剖析门户开放后留学人才国际流动面临的新问题，对留学人员所起的网络节点作用进行了讨论，并对留学人员使用作用状况进行了具体分析。

十、长期从事中国侨务政策研究、较早涉足出国留学政策研究领域并成果颇丰的中国华侨华人历史研究所程希研究员，于 2003 年 12 月将其多年来研究中国留学生问题的 20 余篇文稿汇集成专著——《当代中国留学生研究》。③ 其中的论文有的在研究类期刊上发表，受到学术界的注意；有的在国际学术会议上宣读，受到与会者的好评；还有的被翻译成外文出版。论文涉及的范围十分广泛，如留学历史、留学政策、留学生地位与作用、优秀留学生分析、留学生的滞留与流失等等。其后，程希研究员又先后撰写并发表了《"体制外"的增长与"体制内"的导向：从身份认定看中国留学生政策与侨务政策的关系》④以及《体制外的增长与体制内的导向：改革开放 30 年中国留学生回国政策评估》。这两篇新发表文章的主要内容均已被本书采纳。

十一、作为在日本研究当代中国留学政策的青年学者，王雪萍讲师 2006 年 2 月完成了其在日本庆应义塾大学"政策与媒体研究科"的博士论文——《改革开放时期中国的留学生派遣政策：以派遣赴日国家公费本科留学生为中心》，2009 年 7 月由世界知识出版社出版了其专著——《当代中国留学政策研究——1980—1984 年赴日国家公派本科留学生政策始末》。文章通过对中国政府派遣留学生政策相关文献和资料的分析，研究了中国派遣本科生赴日留学的过程和停止派遣的原因；并着重对 1980—1984 年期间中国向日本派遣的 379 名国家公费本科留学生进行了跟踪调查。王雪萍博士还在日本富士—施乐财团和庆应义塾大学森基金的资助下开展了一些个案调查，于 2002—2005 年期间个别访问了居住在中日美三国的 100 名原中国派遣赴日公费本科留学生。王雪萍完成的上述调查显示：中国改革开放后向西方国家大批派遣公费留学生的目的是学习先进技术和尽快培养建

---

① 详见本书第八章第三节。
② 陈昌贵、刘昌明：《人才回归与使用》，广东人民出版社 2003 年 10 月版。
③ 程希：《当代中国留学生研究》，香港社会科学出版社有限公司 2003 年 12 月版。
④ 《东南亚研究》2008 年第 3 期。

设中国的人才；中国以公费形式向日本派遣的本科留学生数量多于其他国家，持续时间也较长；向日本派遣本科留学生的直接目的是学习汽车制造与航空科学；从学业情况看多数人超过了中国政府原定的学位计划，有 93% 的人取得了硕士学位，58% 的人最终取得了博士学位；从回国率上来看有 64% 的留学生在学习结束或工作一段后回国工作，11% 的人虽然没有回国服务，但按照规定返还了培养费，只有 25% 的人既没有尽到回国服务的义务，也没有返还培养费。王雪萍博士的研究成果表明：1. 多数中国留学生比较成功的发展路径是在取得博士或硕士学位并在国外工作一段时间后再回到中国；因此作为一种速成的科技人才培养方式，派遣本科留学生的政策并不合适，所以该项政策也就没有生命力。2. 从中国政府同时希望培养有国际交流能力人才的政策目标审视，可以认定通过留学生派遣政策基本达到了这一目的；大批中国留学生通过与日本社会的广泛交流及毕业后的就职实践，逐渐成为出熟悉中日两国情况，精通两国语言和文化的各类专业人才；并且有 64% 的原中国留学生还在继续进行着中日间的各种交流工作。

十二、作为教育部机关资深调研员、并长期在中国驻美国使领、馆教育处、组工作的一等秘书，陈跃先生于 2007 年撰写了《对中国在美 J—1 签证留学人员"豁免"政策演变之研究》一文，并发表在《世界教育信息》2007 年第 3 期上。该篇文章第一次全面回顾了 1978 年以来中国赴美留学生"豁免"政策的演变过程，进行了相关制约因素的综合性分析，并对新形势下中国赴美留学政策的走向进行了一定的研究。①

十三、作为欧美同学会副会长兼商会创始会长，以及《中国投资》的首届"中华海归十大创业人物"与《中关村》杂志的"中国最受尊重的十大海归"之一，王辉耀教授不仅是著名的"海归代言人"，对于国际人才流动与竞争、中国留学史与政策演变、当代中国海归发展与现状也有比较广泛的研究。王辉耀教授的研究不仅基于政策资料和调查统计的层面，而且还注重日常接触、座谈咨询、问卷调查、案例分析等一线经验，因此具有一定的前瞻性、实践性以及现实指导意义。其出版的《海归时代》和《当代中国海归》，均是研究中国留学与海归领域问题的专著。其中，《当代中国海归》是 2007 年通过对国内政、经、科、教、文、卫等各领域 200 多位最有代表性的海归进行直接或书面访谈而后完成的，是国内规模最大一次对高层次归国留学人才进行全方位调查分析的研究报告。王辉耀教授主张在全球化以及国际人才竞争的背景下评估中国的留学政策，并在国内首次区分了人才外流、滞留、环流、流失、回流、回归等概念与内涵。王辉耀教授认为：一、落后国家需要向先进国家"外流"留学生来获得巨大帮助，也需要保留滞留海外进行人才环流的空间；二、留学生滞留海外工作 5 到 10 年时间后归国更能发挥作用；滞留时间过短意味着海外工作与实践经验的缺乏，这正是归国留学生目前成为"海待"的重要因素之一；三、外流与滞留是否会演变成人才流失，取决于各国自身的发展情况以及政府的相关机制政策；四、大量派出留学生却少量回归是中国、印度、巴西等新兴发展中国家的共同难题，日本、韩国、中国台湾也曾有过这样的遭遇，后来则成功地实施了海外留学人才回归的战略。王辉耀通过比较分析认为：政府必须开放性地看待人才外流，鼓励留学，支持来

---

① 详见本书第七章第六节。

去自由；而要从留学政策中获益最大化，让滞留一段时间的留学人才带着技术、经验、资金回归，就不能采取保守政策，必须出台更利于吸引、使用、评估留学人才的机制与政策，例如出台国家人才回归计划、创建高科技园与国家风险基金、扶持留学生机构、开放双重国籍、改革绿卡与签证制度等，才能促成海外留学人才大量回归。

十四、作为长期研究中国留学历史和留学文化的著名学者，南开大学历史学院教授、中国留学教育研究中心主任李喜所先生曾经出版或主编了《近代中国的留美教育》、《近代中国的留学生》、《留学生与中外文化》、《近代留学生与中外文化》和《中国留学史论稿》等专著。在纪念改革开放 30 周年的一次小型座谈会上，李喜所教授表示，正是改革开放拉开了中国历史上第三次留学潮的序幕，并迎来了中国乃至世界历史上从未有过的留学大潮。改革开放之初，许多家长节衣缩食、东借西凑，千方百计送子女出国留学，这在客观上弥补了国家扩大留学教育经费的不足。在晚清和民国时代，也有一些自费留学生，但与改革开放后的自费留学生相比，只不过是九牛一毛。李喜所教授指出，在近代中国社会方方面面的变革中，留学生都是"弄潮儿"。凡是中国留学生高潮的时期，都是中国现代化进展的高峰期。留学生与中国现代化的关系，是一种无法剥离的鱼水关系。当代留学生与中国社会文化的联系比以往任何一个时期都更为紧密，他们在中国社会进步中的作用也比以往任何一个时期都更为突出。李喜所教授认为，30 年来的留学潮不仅大大超越了 20 世纪的前两次，还呈现出三大新特点：1. 拓宽了留学渠道——政府以前所未有的开放姿态鼓励出国留学。2. 中国人的留学意识空前提高——改革开放之前，对绝大多数民众来讲，出国留学是不可思议和十分遥远的事；但如今想办法让子女到国外留学，则变为街谈巷议中的一个重要话题；这在中国历史上是破天荒的，是中国人渴望走向世界和留学意识高涨的显著标志。3. 留学潮产生了全方位和划时代的社会影响——30 年来的留学潮时间长、人数多，留学生真正成了中国和世界联结的纽带；中国文化的世界化从来没有像今天这样广泛而深入，中国人对世界的了解和认知也从来没有像今天这样深入和准确。此外，李喜所教授还强调，改革开放后的留学生对中国社会文化的影响具有多元的开放色彩；他们不局限于单一的归国服务的传统模式，还创立了中外结合或来去自由的国际合作新方式。①

十五、作为中国留学史研究的著名学者和专家，徐州师范大学留学生与近代中国研究中心主任周棉教授先后出版了《留学生与中国的社会发展》（一、二）、《中国留学生大辞典》和《留学生与中外文化交流》等著作，发表了《留学生与中国留学教育的发生》等系列文章。关于改革开放后留学活动的发展趋势，周教授曾于 1996 年撰文指出，随着改革开放的发展和国际接轨的需要，中国的留学大潮将再度"卷起千堆雪"，到 21 世纪中期或 20 世纪末达到顶峰，即当中国的科学、技术、文化、教育、经济的总体水平与世界水平接近或持平以后，才会慢慢回落。对于未来留学生群体的作用与影响，周教授认为，根据 70 年代中期之前留学生对中国社会发展的影响之认识可以预测：20 世纪 70 年代中期以后的留学生，将在很大程度上决定或影响 21 世纪中国的现代化走向，

---

① 张国：《改革开放三十年：留学潮涌的三十年》，《中国青年报》2008 年 9 月 23 日。

影响中华民族发展的前途；因为要治理和建设中国这样一个具有 5000 年文明历史和 12 亿以上人口的国家，必须有一个为人民大众真正从心底拥戴的、具有现代知识结构的、不断发展和壮大的精英集团，这不仅需要掌握中国传统文化之精华，了解中国的历史和现实，而且还需要掌握世界上能反映和代表人类先进水平的思想和文化，甚至还要从以往批判的思想体系中择取其有益部分，并从宏观上了解世界大势，从而立足于中国的现实，认真总结中国近百年来现代化进程中的经验教训；而中西合璧的留学生群体无疑具有比其他群体更多、更合理的客观条件；所以需要以前所未有的气魄和胆略，集思广益，革故鼎新，励精图治，加大改革开放的力度，加快改革开放的速度，在继续改革经济体制的同时，加速政治民主化和法制化的进程，更加重视留学生问题，更合理、科学、配套地制定留学生政策，更进一步加强对留学生的派出、教育、管理、培养、宣传和使用。①

十六、孟虹副教授可谓是留学教育的亲历者。她曾长期留学德国，获教育学硕士和哲学博士学位，并在柏林洪堡大学等德国高校和政府机构任教和科研工作多年。回国工作后任中国人民大学德语系副教授、华人文化研究中心副主任。自 20 世纪 90 年代中旬对留德教育进行系统研究以来，孟虹副教授先后发表了《中国留学生在德国 120 年》（主编，2000，德国学术交流中心出版）、《中国人留学德国教育（1861—2001）》（专著，2005，德国比特朗欧洲科学出版社出版）、《归去来兮——中国派遣学生赴德国学习 130 周年纪念》（主要撰稿人，CD，2007，欧美同学会德奥分会出版）专著论文等。在《中国人留学德国教育（1861—2001）》一书中，孟虹对自 1861 年中德建交以来中国留德教育的四大发展阶段进行了纵向的历史回顾，并对中国学子留学异域的三大不同适应阶段进行了横向的社会文化分析，在此基础上就如何系统化管理留学这一特殊跨国界、具有跨文化性的教育形式提出了一套新的管理模式。在她看来，在全球化的今天，随着中国经济、文化和社会的发展，出国留学将成为现代年轻中国知识青年人士履历中一段不可或缺的历程，目前留学人员在中国社会已构成了一个特殊的社会阶层和团体。为了推动中国留学教育事业的积极发展，在留学教育政策和思路方面应注重以下八大方面：1. 留学教育旨在推动中国的现代化发展，为中国走向世界、让世界了解中国培养跨文化、跨学科、善长外语、具有自主性学习研究能力的合格专业人才；2. 留学教育应更加注重采取"短、频、快"的方式，以提高效率；3. 加强留学教育的规范化组织和管理，增加透明度；4. 针对启动博洛尼亚进程后欧洲高教一体化的发展趋势，应重新确定和协调我国与欧洲地区留学国之间的学历互认内容和条件；5. 加强中外高校之间学生的交流，并建立互认学历和课程的有效机制；6. 留学生出国前应加强系统的跨文化语言培养及留学规划指导；7. 对于留学人员成效的评定应超越单纯的学历标准；8. 建立有效机制和平台，为留学人员回国重新适用变化中的本土文化，快速有效地发挥作用提供良好的环境。

十七、如果将上述学者和专家的研究成果比喻成一艘艘"集装箱货轮"的话，那么本书作者的研究内容就象是一条"散装货轮"了。就是说直至本书出版之前，本书作

---

① 周棉：《近代中国留学生群体的形成、发展、影响之分析和今后趋势之展望》，《河北学刊》1996 年第 5 期。

者研究活动的表现形式，还只是发表一些政策研究类文章而尚无专著发表。即便是有书出版也是些文件、文献、资料类的主编或参编。不过也正是这些出国留学政策研究类文章的写作与发表所形成的点滴积累，为本书的撰写与最终完成奠定了比较扎实的基础。一个时期以来，本书作者独立或与其他研究者合作，先后撰写了一些文章：《自费出国留学高等教育培养费问题研究》、《自费出国留学的基本状况成因分析及对策研究》、《中国吸引在外留学人才的基本状况及对策研究》、《鼓励优秀留学人才回国任职和挂职问题研究》、《留学人才的积极使用与客观评估》、《对出国留学中介组织实施管理的基本状况及对策研究》、《中国出国留学政策的沿革与培养和吸引留学人才的政策取向》、《人才国际化与中国留学人才安全》、《中国留学创业园的发展及对策研究》、《出国留学活动进入繁荣发展期》、《改革开放以来中国留日回国人才现状研究》、《对改革开放初期中国出国留学政策形成与调整过程的研究——纪念邓小平关于扩大派遣留学生讲话发表 30 年》；并陆续在《中国教育报》、《中国高等教育》、《中国高教研究》、《清华大学教育研究》、《中国青年报》、《中国高教研究》、《中国高等教育》、《中国教育政策评论》、《中国人才前沿》、《中国人才发展报告》、《世界教育信息》、《广东社会科学》等报纸、刊物或文集上发表；上述文章中的内容和观点，还先后被中山大学、北京大学、中国人民大学、南开大学、清华大学、华中理工大学、全国妇联、教育部、中国社会科学院、北京联合大学、北京行政学院、《中国日报》、《环球时报》、英国《卫报》、《瞭望东方周刊》、《经济》等单位的学者或刊物转载、摘录或引用。在上述文章中，本书作者先后以第一作者的身份提出了"取消自费留学高教培养费"、"为自费留学活动开辟'绿色通道'"、"党管留学人才"、"留学人才安全"和"留学活动进入繁荣发展期"等涉及中国留学政策的一些观点、概念或意见。

第二节　陈昌贵教授对中国留美学者回国意向的调查与分析

一、调查概况

当人才外流成为中国高教界普遍关注的重要问题之后，陈昌贵教授曾两次赴美，对中国留美学者进行了调查研究。陈教授认为，从 20 世纪 70 年代期末开始，中国把恢复向国外派遣出国留学人员作为教育对外开放的主要政策，其目的在于弥补"十年文革"造成的损失，使中国尽快达到世界科技发展的先进水平。在实施教育开放政策初期，主要是派遣为期两年的中年访问学者，这些人大都能按期回国，回国后在我国的科学研究和高校教学改革等方面发挥了重要作用。80 年代中期，一些出国攻读硕士和博士学位的留学人员先后完成学业，但不少人因一些原因，有意在国外继续逗留。由于签证时间的限制，他们中只有少数人通过一些途径改变了原来的留学身份，大部分人仍然做了回国的准备。1989 年，中国出现"六四"政治风波，美国等西方国家调整了对中国留学生的政策，允许我国留学人员延期居留国外，并先后同意发给这些人永久居留的"绿卡"，使得很多原来准备回国的留学人员改变了主意，导致中国大陆人才外流呈现出前所未有的巅峰状态。

自 1989 年以后，美国、加拿大等国的报刊上发表了数十篇关于中国留学人员滞留不归的原因分析和对中国留学政策评价的文章。其作者主要是美国、加拿大以及台湾地区的研究人员和一些在西方的中国留学人员。这些调查报告和文章中虽然不乏一些客观观察和善意评价，但不少论点出于自身的角度、方法和文化背景，往往把中国留学人员滞留不归的原因主要归结于政治因素。这些报告和文章尽管存在样本不足、以偏概全、缺乏理论分析、带有明显的政治和主观情绪色彩等毛病，其观点在海外却影响较大，宣传性很强。

陈昌贵教授指出，从学术的角度看，上述调查报告与文章之所以存在着以偏概全的缺陷，主要是调查时机的局限和调查者本人角色的局限。这些调查大都是在 1990 年进行的，当时距离"六四"太近，由于不明真情和受到海外舆论片面宣传的影响，很多被调查者都处于情绪激烈的状态之中，因此，他们当时的选择难免带有片面性。至于调查者的角色局限，主要表现在政治立场文化偏见，甚至个人的利害选择等方面。这些情况都可能导致调查者产生先入为主的观念，从而在调查分析中过于强调政治因素而忽视其他因素。为了使国内外的读者对此有一个全面和准确的认识，中国的学术机构和研究人员，有责任以充分的事实和科学的研究，对种种不实之辞和偏颇之见予以匡正。

人才外流，由来已久，问题的研究和解决也不可能一蹴而就。从国际层面看，这一种复杂的社会现象，反映了人才流出国与接收国之间外交关系的变化；从社会层面看，它暴露了流出国在经济、科技以及政治环境方面由于长期形成的社会矛盾，与接收国相比存在的一些差距；从个人层面看，人才外流事实上是由个别的选择行为所形成的社会现象，涉及众多的社会原因和复杂的心理原因。因此，无论是调查分析，还是对策研究，都不能只从教育制度或教育政策上着眼，而需要多层面、多角度地进行分析，用现代社会科学的理论与方法予以解释。在人才流动的方向上，教育的、经济的、社会的、政治的和文化的因素，都将会对选择者产生程度不同的影响，这些因素在实际选择行为中所占的比重，非经直接调查是无法获知的。而对于父母的期望、朋友或同事的鼓励、大众传播媒介的诱导以及个人生活中的遭遇等心理因素在个人选择中的影响，也只有通过对当事人的直接调查，才能得到可靠的资料。

为弄清中国留美人员的回国意向及其真实原因，找到正确解决问题的途径，陈昌贵教授得到美国福特基金会的资助，曾于 1991 年 3 月至 7 月和 1992 年 8 月至 1993 年 10 月，两度前往美国，就《中国大陆人才外流的调查与分所》课题与美国 FIetcher 法律与外交学院的 David Zweig 教授进行合作研究。其间，又得到加拿大国际开发总署（CIDA）的资助，在安大略教育研究院高等教育系 Ruth Hayhoe 教授的指导和帮助下，在多伦多、蒙特利尔、伦敦（加）等城市进行了预研究。在美国期间。我与一些研究伙伴，在美国波士顿、纽约、布法罗、洛杉矶、旧金山、圣地亚哥、阿巴克佑契（Albuqurque）等城市，个别访问了 273 位我国赴美留学人员（不含在加拿大预研究时访问的 40 多人）。调查结束后，我们运用双重变量和多重变量分析法，进行了数据处理，据此提出了一份长达 119 页的研究报告（英文）。本文即为该报告浓缩节选的中文本。

在这项为期近两年的专题研究中，陈昌贵教授与共同研究者力图克服前述有关研究的局限性，侧重了解新形势下留美学者回国意向的新变化。因为是由民间基金会资助的国际合作研究课题，不带明显的官方色彩，陈教授与 DavidZweig 教授分属两个不同的国家，都希望以学者的身份进行真正的学术研究，开始调查时均无预先的结论，应该说个人感情色彩较少。另外，研究者采用的是个别访谈的方式，很少涉及政治敏感问题，也比较注意调查样本的代表性，所以容易得到被调查者的理解，可以说。我们获得的是较为真实可靠的第一手资料。

开展上述调查之际，北京政治风波已事过境迁，中美两国的情况也发生了很大变化。一方面，邓小平南方谈话发表以后，国内改革开放步伐加快，经济发展水平提高，中国共产党十四大的召开，标志着中国近期发展规划已经形成，中国政府实行了更加开放的新的留学工作政策——"支持留学，鼓励回国，来去自由"，这对出国留学人员无疑是一个好消息。另一方面，几年来美国经济不够景气，失业人数增加，就业机会减少，这对一些意欲留下的出国人员来说，无疑会增加就业和生活上的困难。在此背景下，出国留学人员的回国意向是否会发生新的变化，值得注意。

另外，在这次赴美加之前，陈昌贵教授还与 DavidZweig 教授在江苏、福建、湖北、四川的 8 所不同类型的高等学校访问了 48 位已回国的留学人员，与 RLIth｝ tayhoe 教授在河南、湖北、湖南、广东等省的 20 所高等学校访问了 50 位已回国的留学人员，了解到他们的一些实际感受和看法。将上述两部分人的情况进行综合比较分析，从中获得较全面的认识。

二、观点述要

人才外流是一种世界性现象。只要打开了国门，实行对外开放，只要国家间或地区间存在着经济、政治、文化和生活水平的差异，人才外流就不可避免。陈昌贵教授收集、整理并归纳了人才外流的变化过程和此前相关研究人员的主要观点。

第二次世界大战以后，国际科技、经济、政治的发展极不平衡。美国、西欧和日本的科技和经济取得了长足进步，从而具备了吸引人才的优越条件。而多数亚、非、拉国家由于种种原因，却依然处于贫困落后状态，再加上有些国家，高等教育发展速度过快并与经济脱节，或者国内政局动荡，致使大批留学生学成不归，高级劳动力外流，形成所谓"技术逆转移"（reverse transfer oftechnology），和富国更富、穷国更穷的马太效应。据苏联 1977 年出版的《美国的科学潜力》统计，1972 年—1977 年，美国共吸引国外专家 22 万人，节省教育投资和有关开支达 150—200 亿美元之上。1962 年，在美国全部 42 名诺贝尔物理、化学奖得主中，外国血统和获奖后移居美国的占 35.7%。1961 年，在美国国家科学院 631 名院士中，出生在外国或在外国接受高等教育的占 42.2%。与此同时，一些发展中国家却大量出现人才在外滞留不归的现象。据统计，1967 年，发展中国家移民中没有回国的占 48%，其中南朝鲜则高达 80%，印度占 78%，伊朗占 71%。南朝鲜 14 年内留美专家中回国者仅占 6%。

　　与二战前相比，战后人才外流更趋严重。首先，在规模上要大得多，很多发展中国家都形成了"出国热"。其次，在人才流向上主要是从发展中国家向发达国家流动，外流的人才几乎涵盖了所有行业。对发展中国家造成了很大的整体冲击。人才外流给发展中国家带来日益严重的问题，早在60年代就已引起国际社会的关注。1967年联大做出决定，要求对人才外流的规模、原因及后果进行调查。从那时以来，许多国际组织，如世界卫生组织（WHV）、教科文组织（WN：ESCO）、国际劳工组织（ILO）、贸易与发展组织、联合国训练与研究所（UNITAR）等多次对国际和区域间的人才外流做过调查，并提出了不少减少人才外流的建议。

　　不少学者曾对不同国家的人才外流问题进行过深入研究，他们的注意力大都集中在讨论接受国的"吸力"效应和流出国的"斥力"效应，几乎一致认为第三世界国家在经济和政治上的低度水准是促使学者和其他专业人员离开本国的主要原因。而工业发达国的吸引力则在可能为流入人才提供较高的待遇，包括事业发展的机会、生活和工作条件，以及政治上的自由等。ReoLakshmane 在他的论文中指出："潜在移民在其自己国家的地位和条件与移民国家同类人的地位与条件的比较，对于潜在移民的决定至关重要。"他认为，潜在移民主要考虑的因素是薪水、物质条件、政治稳定和升迁机会。这一研究揭示了专业人员从发展中国家流向发达国家的最常见因素。

　　一些理论家曾试图用世界体系理论来探讨这一问题。这一理论的倡导者指出："第三世界处在世界教育和学术体系的外围而工业国家构成其中心"处在中心的大学和研究机构提供被广为接受的理论模式和研究方法。外围大学因资源匮乏，则被迫接受指导以进行能为中心接受的研究。在这种状况下，学者和学生势必会被吸向中心。从而不仅剥夺了第三世界国家所必需的劳动力，而且也导致了一种向中心国家的资本外流。据一个衡量此类人力资本和教育培训这些外流人员所需费用的报告称，仅印度一国在1976年至1985年间向美国所输送的人力资本就达510亿美元。

　　70年代后期联合国培训研究所进行的一项关于知识分子移民的比较调查中指出，除了经济上的"斥力"与"吸力"以外，还应包括社会背景、阶级和适应外国社会条件的能力等因素，他们认为"收入水平不是决定回归故国还是长居国外的主要因素，而且经济的更高发展事实上并不能减缓人才外流。"

　　一些研究还着重调查了世界一些具体地区人才外流的原因和条件。这些研究全面地探讨了导致人才外流的一系列因素和第三世界国家所能采用的对策。例如 IshurniAbe丨列举了非洲人才外流的四大原因：专业人员在国内外所学专业不符；回国的技术环境、工作条件不同；各国间的经济待遇不同和国内政治上的不稳定。A. B. HOlrues 指出，移民是很多人对待不满现状窘境的方法之一，而这一点，就东非而言，有比亚洲更多的人移民，可以把这看作是这些国家70年代以来实行"非洲化"政策的结果，尽管这以前已有一些人因为收入悬殊而移民。

　　研究中东人才外流的学者也把人才外流看成是政治、经济、文化畸形发展的症状。SamiaEI—Saati 认为，埃及的人才外流反映了三大因素："反感因素"、"诱惑因素"和"移民自身的因素"。反感因素包括很多其他部门的分离状况和复杂家庭关系的负担等等。

高工资、工作评价系统和同国际上的联系都被看作是诱惑因素。SamiaEI—Saati 指出，人才外流起源于与个人有关的一些因素，包括缺乏政治觉悟，大多数研究人员往往专注于自己的科学工作而置本人生存其问的社会、政治环境于不顾，甚至不把工作中的障碍视为经济发展水平不高的症状，看成是社会对自己人身攻击或政治歧视。

一些研究印度状况的作者也集中研究了人才外流背后的政治及社会因素。人们通常认为，印度与工业国家之间巨大的收入差距是造成印度人才外流的重要原因。但 S. K. Chpra 指出，人才外流的最基本原因之一是，印度的高等教育体系并不是独立发展起来的，而是英国人强加的。其结果是毕业生脱离了印度生活的主流而更适应国外生活。这一一点在医药界尤为突出，其教育体系植根于英国体系而完全忽视当地的医学体系、生活方式、卫生保险机构和体现印度人民需求的风俗习惯。

Ha—JuongSong 在讨论韩国的情况时指出，尽管早期人才外流的最重要因素是经济问题，但随着韩国的发展，心理和感情上的因素成了外流最重要的原因。有一项调查涉及 432 个自然科学和工程学博士生，问及他们留在美国的最重要原因是什么时，还在攻读学位的学生中，65% 的人提到"需要更多的培训教育机会"，45% 的人认为"美国是成就事业的最好处所"，47% 的人认为"美国有个好工作"。已经毕业的学生中，55% 的人认为"家庭情况导致很难回国"，47% 的人认为"美国有个好工作"，37% 的人认为美国是成就事业的最好地方。两个阶段学生的回答不同，主要是因为大部分已毕业的受访者的孩子已在美国长大，他们担心孩子无法适应韩国社会。Song 还问到，他们如果回国，其主要动机是什么？67% 的人的回答是发展韩国的科学和技术；54% 的人说是回国后能够获得事业的成功；41% 的人是想回报"祖国"，尽一个国民的义务。

ParrisChang 和邓志端研究中国大陆人才外流时，同样采取了很多"斥"与"吸"的概念。他们通过对 10 所美国大学的 568 位中国大陆留学生的调查，具体分析了被视为导致人才外流的政治与经济因素。在调查中，72.6% 的人回答说最担心的是国内的政治稳定；71.3% 的人认为回国后在生活上可能难以适应；61.3% 的人对回国后职业前景不太乐观。他们认为对留学生去留决定最具影响的因素：一是他们的家庭，62.6% 的学生说他们的家庭支持他们留在国外；第二，外国文化的熏陶，学生久居国外已愈来愈趋向个人主义，有可能接受中国大陆社会现状不能容许的、大相径庭的社会和政治价值标准；第三，中国大陆不能提供足够的物质激励，虽然近年中国经济成长迅速，但是大多数单位财源有限，必须满足自己培养的博士的需要，这就决定了经济上的无能为力；第四，政府对在国外的学生鞭长莫及。最后，中国与大多数西方国家关系冷漠，无法向外国政府施加压力。

加拿大安大略教育研究院一位博士生曾于 1990 年 10 月对加拿大 20 所大学 500 位中国留学生进行调查，发现导致大部分留学生滞留不归的主要原因是中加之间现存的巨大差别、"北京政治风波"以后的政治形势、加拿大物质方面的吸引力、职业与学术的考虑，留学生价值观念的变化等等。

也有一些台湾学者对中国大陆人才外流的状况进行过分析。刘胜骥在其论文中认为，大陆留学人员滞留海外不归的原因主要有四：第一是工作环境与工资待遇；第二是为了学业，不但希望留学期限延长至获得博士学位，更要求能做几年博士后研究，以积蓄返国置产的财富；第三是政治原因，一些学者存在着信心危机；第四是感情问题，有的留学人员因在海外演出恋情，产生了新的感情寄托。

人才外流有共性，也有个性。虽然上述观点。无论从学术性还是政策性的眼光来看，均有一定的启示作用，但由于国情不同，历史各异，在研究中国人才外流时，既要从共性问题的分析出发，又要抓住不同时期的个性特点，从中获得较为全面的认识。耐人寻味的是，国外研究人才外流的文章在分析其他国家的情况时，一般都能综合考虑，尽量使论点持平，唯独提到中国，就对政治因素大加强调。看来，这种立论方式本身就值得分析。研究时间距离"六四"太近，当时留学人员中情绪化倾向太重，去留选择难以反映真实状况。陈昌贵教授指出，大部分中国留学人员都是来西方学习自然科学和应用自然科学的，他们在国内一般都较受器重，具有较好的发展前途，回国后不可能受到政治上的歧视；他们更关心的可能是工作条件和工作环境，以及自己事业的发展前途。因此，陈教授宁愿认为一些中国大陆留学人员滞留不归的主要原因是经济和工作条件方面的因素，而不是政治因素。

陈昌贵教授认为，对大批留学人员滞留不归的利弊也要全面分析。这些人数量太大、在国外呆得太久，当然会给中国特别是给原单位带来一些损害，但如果这批人毕业后在国外多工作几年，把书本知识与实践工作经验结合起来，待羽毛丰满以后再回国工作，还可带回一些新的科学技术和研究方法，这不是对国内更有用吗？即使有一部分人长居国外，如果他们能够始终保持与国内的联系，能够经常帮助国内单位安排一些人到国外进行交流，向国内同事提供国外研究的最新资料和信息，真正成为不需中国大陆支付工资的"大陆驻海外办事处"和中外学术交流的桥梁，这种"人才外流"也许反而是件好事。所以，实地调查留学人员在国外实际工作和学习的情况，了解他们中间有多少人准备回国工作，有多少人一直与国内保持着密切联系，有多少人已经或正在准备为国内做些经济、咨询或跨国创业工作等等，有利于国内从更宽广的角度看待留学人员的归国问题。

三、因素分析

陈昌贵教授认为，决定留学人员是否回国，是多种因素综合作用的结果，不能简单地得出主要是政治原因或主要是经济原因的结论。而且由于时间的推移和形势的变化，各种因素的影响程度也会随着变化。因此应当用综合和发展的观点来评价和分析。陈昌贵教授根据调查的结果将影响在外留学人员回国与否抉择的主要因素分成五个方面，从定性的角度进行深入讨论。

1. 对个人发展前途的考虑——在对本课题研究之前，陈昌贵教授等研究者曾假设影响留学人员回国意向的主要因素是经济而不是政治。调查的结果却显示对个人发展前途的考虑是更为重要的因素。对个人发展前途的考虑大致体现在以下几个方面：首先表现在对未来个人社会地位的比较。倾向于回国的多数人，都认为国内吸引人回国的主要因素是"在国内社会地位较高"，"对事业发展更有利一些"；而倾向于不回国者的认识则相反。其次，是工作条件和工作环境的比较。国内较高的社会地位确实会对出国留学人员产生一些吸引力，但由于国内工作条件的限制，很多留学人员宁愿留在国外，利用国外较优越的条件，争取做出一些成绩。第三，不利于个人发展的另一重要因素是国内人事关系复杂，内耗较多。一些在外留学人员谈起此类事情都感触极深。

2. 对经济因素方面的权衡——中国历来有"君子不言利"的传统，因此，在开始谈论为什么不愿回国的问题时，很多人都回避说主要是对经济方面的考虑。但深入交谈下去就会发现，很多人滞留国外的第二个重要原因正是对经济因素的考虑。首先，美国与中国的经济水平差距太大。其次，一些人担心回国后在生活上很难适应。第三，两国经济生活水平的差距，不但表现在硬件上，也表现在软件、即整体服务质量与水平上。第四，也有与上述一些观点不同的意见，认为国内经济发展较快、机会很多，现在国内赚钱要比在国外容易得多。

3. 政治因素方面的疑虑——很多留学人员会拒绝回答敏感的政治问题。但在访谈的过程中相互之间建立了信任感以后，留学人员也能就社会政治制度，政策和政治文化等方面的有关问题谈了自己的看法。（1）所有被访问的留学人员都把国内政治不稳定作为影响其决定的首要因素。（2）留学人员对过去整知识分子的一套至今仍心有余悸，希望国内能创造一个聚集人才的环境；而要有这样一个环境，关键在于要真正做到尊重知识，尊重人才。（3）对"来去自由"的留学生政策存在着一些怀疑。完全相信的占 10.8%；基本相信的占 32.4%；没把握的占 32.9%；不太相信的占 11.2%；一点也不相信的占 4.0%。问及不相信的原因，很多人认为，中央的政策和具体单位的执行有很大差距；国内政策有变来变去的习惯，一些单位并没有改变与国家政策相违背的土政策等等。一些人表示，为了真正做到来去自由，唯一的办法就是拿到绿卡以后再回国，可以经常短期回去，或者是两边跑；也可以先在中国工作一段时间，如果觉得完全放心了，可以考虑放弃绿卡。

4. 对子女教育的考虑和家庭的纽带作用——一般来说，中国人的家庭观念比较浓厚，对其作为配偶或父母的责任都看得很重。因此，对子女教育和发展前途的考虑以及配偶意向和家庭的纽带作用，必然成为留学人员决定是否回国的一个重要因素，对其中一些人来说，甚至是决定性的因素。

5. 社会文化适应的因素——与上述几个因素相比，社会文化适应不是影响留学人员做出回国决定的关键因素，因此我们在考虑不同回国意向的人的外语水平、性别状况、年龄状况、身体状况和对异国社会的感受等方面的差别时，并未发现它们在数据统计上有明显的不同。但是这并不是说这些因素对他们做出回国决定就没有影响。实际上，对于某些个人来说，也许会由于其中某种因素的作用而做出回国的决定。

四、对策研究

陈昌贵教授指出，研究人才外流的目的之一是控制人才外流，包括控制人才继续外流、尽量减低人才外流造成的损失和有效地吸引留学人员回国效力。在所接触的留美学人中，除有 9% 的人肯定回国和 8.8% 的人肯定不回国以外，有 82.2% 的人尚处在犹豫不决的状况，而其中倾向于回国者占 40.6% 。这说明，吸引留学人员回归有着很大的工作余地。如果们能有针对性地采取一些有效措施，制定出相应的政策，将会对他们的回国决定产生重要的影响。即使对一些肯定不回国和倾向于不回国的人员，也可采取有效的措施，充分发挥他们在海外的作用，使他们能够通过不同途径为祖国建设做出贡献。

陈昌贵教授认为，在制定留学生政策的时候，有两种极端现象是应该防止的。一是简单地采取控制政策，对出国人员进行诸多限制。实践证明，这种办法造成的詹果只能是消极的，它不但不能控制人才的继续外流，反而会激发一些青年知识分子的逆反心理。导致出国热的大幅度升温，而且将会把大部分已出国的留学人员关在国门之外。二是放任自流，实行无为而治，这是一种没有办法的办法。一方面它会影响国家政府在留学人员心目中的形象，产生一种离心力；另一方面，它将会挫伤一些回国人员的积极性。之所以会出现上述两种极端现象，很重要的一点就是缺乏对人才外流的正确认识。因此，首先，要承认人才大量的外流对国家的损失不可低估，它严重影响了中国高级专门人才的培养计划，造成了有限的人力资源的流失。但是，也要看到，人才外流这是国际间人才交流的正常现象。只要打开了国门，开展了科技交流和学术交流，人才外流就不可避免。所以要敢于承认问题，面对现实。其次，应该认识到这种出国人员大规模滞留不归的现象仅仅是一个特殊阶段的特殊产物，是一种较为偶然的现象。如无特殊情况的出现，这种现象是不可能极度发生的。实际上，美国社会需要的人才数量也是有一定限度的，虽然大规模的中国大陆人才的涌入。可以满足美国社会对人才的一些需求，但由此而产生的一些社会冲击也是不可低估的。有一部分中国大陆学者，毕业后无法找到合适的和稳定的工作。目前主要是等待美国经济尽快复苏，如果复苏过迟，中国大陆的发展机会又非常诱人，估计这些人还是会做出回国决定的。第三，即使有些留学人员长期留在国外，也不能说这些人对中国就没有一点好处。"留学生留在美国，但他仍是中国人，仍会为中国着想并做事。"调查发现，几乎所有的中国学者都愿意作为中美合作的桥梁，尽一切可能，利用不同渠道。为中国的社会进步和经济建设做出贡献。

影响留学人员做出回国决定的因素是多方面入手。要吸引这些人回国，必须针对这些因素，从多方面入手，采取相应的对策。根据一些国家的经验，吸引人才回归主要应从三个方面入手：一是通过外交努力协调与人才接收国的关系，争取得到配合；二是加快国家经济建设步伐，逐步缩小工资待遇和生活水平的差距，进一步完善社会民主与法制，努力改善工作条件，创造更多的发展机会，建设适宜于人才成长的学术环境等；三是要采取政治信任、精神鼓励、利益驱动、文化吸引、亲情联络等措施，对留学人员进行深入细致的工作。而在这诸多措施中，最根本的、起决定作用的因素还是发展经济，提高国家的综合实力。这当然需要较长的时间，但不能因此而无所作为。只要工作扎实、措施得力，并且持之以恒，相信是会收到一定成效的。

陈昌贵教授还结合调查的情况，以及一些国家或地区在这方面的经验教训，提出了九条有关吸引中国留学人员回归的基本思路：1. 要对出国留学人员要持信任和理解的态度；2. 要用事业发展的机遇和成才的环境来吸引他们；3. 要做好已回国人员的安置工作，充分发挥他们的作用；4. 要兼顾国家与个人需要，帮助解决留学人员回国后碰到的实际问题；5. 要做好出国留学人员国内亲友的工作，利用他们的力量做好宣传动员工作；6. 要加强原单位与出国人员的联系工作；7. 要保持留学政策的相对稳定性和上下一致性，真正实行"来去自由"；8. 要有效地遏制国内"出国热"的肆意蔓延；9. 要注意国内社会舆论的正确引导。①

第三节 叶隽、安延对中国留法政策的概述与分析

青年学者叶隽和安延 2003 年发表了《当代中国大陆的留法教育之概述与基本分析（1979—1999）》，② 其中对 1978 年中国改革开放以后出国留学政策影响下的"留法教育"进行了系统梳理。

一、1979—1999 年中国留法学人概况

就整体而言，虽然邓小平提出"扩大派遣留学"是 1977 年的事，但距离落实到第一批留学生派出美国已经是 1978 年 12 月底了。所以从严格意义上讲，留学法国的筹备工作虽早在进行，但留法学人之来到法国还要到 1979 年。留法学人由 1979 年正式派出，直到 1999 年，其总量为 9823 人。叶隽、安延认为此数字亦相当可观，并通过他们汇总的统计数据描述了 20 年中中国人留学法国的基本情况。

1978—1999 年留法学人总体情况简表

年度	国家公派	单位公派	自费留学	合计
1979	216	0	0	216
1980	94	4	2	100
1981	248	0	24	272
1982	289	4	5	298
1983	29538	24	357	
1984	244	66	39	349
1985	295244	93	632	
1986	252	190	168	610
1987	228	309	233	770

① 陈昌贵：《人才外流与回归》，湖北教育出版社 1996 年 2 月版；陈昌贵：《我国留美学者回国意向的调查与分析》，《高等教育研究》1994 年第 12 期—1995 年第 1 期。

② 《全球教育展望》2003 年第 12 期。

续表

年度	国家公派	单位公派	自费留学	合计
1988	246	313	269	828
1989	201	253	534	988
1990	142	150	396	688
1991	164	155	216	535
1992	124	171	1	296
1993	145	103	72	320
1994	137	158	108	403
1995	110	114	110	334
1996	67	121	66	254
1997	131	101	123	355
1998	102	174	218	494
1999	15257	515	724	
总计	3882	2725	3216	9823

从此表看出，就 20 年留法学人的总体态势而言，从 1979 年正式启动的当代留法教育，除了 1980 年略有回落外，基本保持着平稳增长。1985 年为一转折点，人数成倍增长，达到 600 人以上，此后直到 1990 年，都保持在 600 人以上的数量，是留法的鼎盛时期。从 1991 年开始，留法人数开始逐渐下跌，到 1992 年跌破 300 人大关，期间虽略有回升如 1994 年，但基本保持在 300 人左右的格局，1997 年此一势头开始回升，到 1999 年达到了高峰的 724 人，比起鼎盛时期的 1987—1989 年虽有不如，但仍相当可观。

就类别来看，国家公派、单位公派和自费留学基本上三分天下，其中国家公派以 3882 人略占上风；其次为 3216 人的自费留学；单位公派为 2725 人。但就发展态势来说，自费留学明显是处于上生的势头，从 1996 年的 66 人递增到 1999 年的 515 人，基本每年都是在成倍地增长，而且还继续保持着增长势头，这与中国人留学需求增长、法国政府积极采取吸引中国留学生来法留学的措施有直接关系。而国家公派虽然从 1979—1986 年一直保持主导地位，但随着对单位公派、自费留学的政策放开，1987 年之后首次在人数上不再处于第一位；从 1988 年开始到 1996 年，国家公派人数更是基本逐年递减的态势，1996 年甚至跌破 100 人。国家公派留学改革之后，1997 年人数又开始回升，但始终未超过 200 人。单位公派则除 1985—1989 为高潮期，一般都在 200 人以上外，之后比较平稳，为 100 余人的规模，但 1999 年已跌破 100 人大关。

二、留法活动的大致分期

根据中国留学政策之不断调整和法国对国际留学教育市场政策的变化,叶隽、安延将 1977 年以后的留法活动大致划分为四大阶段。即:1979—1986;1987—1991;1992— 1997;1998—2001。

第一阶段的特点是起步,国家公派基本占据主导地位。从 1979—1986 年间,中国留学政策为"突出重点、统筹兼顾、保证质量、力争多派",以 1983 年为界限,前期主要以派出进修生、研究生为主,兼顾大学生;后期则着重增选研究生,以攻读国外学位为目的,并加快派出速度。留学法国的实践基本上贯彻了这一政策,这一阶段留法特点是国家公派占据主导地位,但单位公派、自费留学已经起步。从 1979 年 216 人全是国家公派生,到 1983 年单位公派、自费留学均首次突破 10 人,国家公派具有明显优势;但 1984 年单位公派、自费留学均比上年增长近一倍;1985 年单位公派人数 244 人已基本接近国家公派的 295 人;1986 年,三者 252:190:168 的比例显示出,后者的"赶超之势"虽然逼人,但国家公派仍然维持首席地位。

第二阶段是 1987—1991 年间,其特点是单位公派、自费留学人数相继增加,且自费留学急剧增多。这一点由于北京政治风波的刺激,显得日愈严重,自费留学人数在 1989 年达到 534 人的极高数字。

作为第三阶段的 1992—1997 年,显然由于政府政策的调控产生了很大变化。从 1991 到 1992 年,自费留学由 216 人变成为 1 人,这个差距非常之明显;1993 年回升为 72 人,开始逐渐进入一个平稳期。国家公派、单位公派则相对比较平稳。总体看,直到 1997 年,这段时期的年留法人数在 300 人左右,相对于上个时期通常超过 600 人的数字,明显不足。

一直延续至今的第四阶段,即 1998 年至 2001 年。中国人留学法国活动显然再度进入了一个增长期,从 1997 年的 355 人,到 1998 年的 494 人,再到 1999 年的 724 人,增长势头比较可观,而其主力显然是自费留学,由 1997 年 123 人到 1998 年的 218 人,再到 1999 年的 515 人,自费留学的兴起,促成了再次留法高潮的到来。而这是与中国国内留学外国的需求不断升温与法国谋求国际留学教育市场两相呼应、不可分割的。

三、留法学人分类概述

1. 国家公派——就政府而言,"派遣留学"自然有其明确的目的。1977 年以后的中国留学事业形成新一轮"前无古人"的高潮,与邓小平"务实致用"的"改革开放"思想大有关系,其核心在于"国家利益"。所以,相对于后起的"单位公派"、"自费留学"两种渠道,"国家公派"显然是贯彻"国家利益"的主力军。1979—1999 年间国家公派赴法留学生共 3882 人,占 1/3 强的比例,高于"自费留学"、"单位公派"。而且其特点为:相对后两者的大起大落,显得比较有计划性,人数上也比较平均,80 年代规模一般为 200 人以上/年，90年代规模一般为100人以上/年。应该说"国家公派"表现了政府派遣留学的规律性与计划性。且从归国留学生人数来看，截至1999年，留法学人归国数为4462人，其中自费留学生为332人，只占到7.4%，远比不上占据92.6%比例的"公派"生。

2. 单位公派——作为"公派"的另一种重要形式，"单位公派"虽然后来才逐渐兴起，但其作为一种对"国家公派"形式的补充，也是为国家培养人才的重要方式。不同的是，"单位公派"由部门、地方、单位自行按须派遣，这就意味着其资金承担方式、选拔方式都不必由国家统一进行，而是给了"单位"以更多的自主权。从留法教育的实践来看，"单位公派"比"国家公派"兴起稍晚，到1983年开始逐步形成一定规模，1985年后达到相当高的数量，基本与"国家公派"并驾齐驱，有时甚至超过"国家公派"。进入90年代以后基本保持在100人以上/年的规模，只有1999年跌破了100人的大关。

3. 自费留学——如果说作为"公派"形式的"国家公派"与"单位公派"只是出资方式不同与选拔模式有所区别的话，那么"自费留学"则除了以出资方式与前两者有根本的不同外，更重要的差异性是在留学的目的性上。应该说"公派"的目的从根本上说是一致的，都是为国家培养人才，只不过"单位公派"目的性更明确，就是为本单位或部门、地位直接培养的人才；但"自费留学"则不同，其中除了"自筹经费"的因素外，更多的是考虑个人的发展，而不是直接以国家、单位的需要为出发点。虽然不乏自费留学生学成归来，但这与政府、单位有计划的派遣与回收还是大不一样。这一点从20年间自费留法学生数量的大起大落可以得到印证，与"国家公派"的计划性、"单位公派"的相对平稳比较，"自费留学"显然是规律性不强、随意性较大，从最初的零出国到1989年的534人，相当于当年"国家公派"与"单位公派"人数的总和；再到1992年的1人，再到1999年的515人，是当年"国家公派"与"单位公派"人数之和的两倍多。当然，究其原因，其中不乏国家留学政策、法国吸引外国留学生措施的导向性因素影响，由此亦可见"自费留学"的不规律性。

四、留法学人的学习状况

早在1978年11月，中国就派出了一批语言留学生赴法学习法语，其中汉纳二大（Rennes）就有19名。这些语言生因为其专业就是法语，在国内已有相当基础，故此相对较好。而去法国学习，非法语专业的学生毕竟占到多数，对他们的安排则要相对细致周密得多。1978年共选拔了100名本科大学生准备赴法留学。由于中法两国学制不同，这批学生法语又无基础，仅是高中毕业生的水平，赴法学习理工科，任务相当艰巨。故此，他们在出国前在北京语言学院出国人员集训部进行了集训。但由于时间仓促并未集中培训法语，于是经中国驻法使馆与法国外交部交涉，他们先在法国里昂（Lyon），BORDEAUX，PAU，TENNES，COMPIEGNE，DIJON，LILLE等地的大学强化学习一年法语，随后再进入法国大学或工程师大学校学习。这批学生的专业情况如下表主要有：数学、生物、化学、化工、物理、冶金、采矿、农业、畜牧、航空、铁道、空间、建筑、地质、土木建筑、无线电电子学、机械工程、材料科学、医学以及社会科学等。

该批学生抵法后基本上按照其所学专业被分到七个城市的八所学校中培训语言。根据课程安排，他们应在当年 3—10 月的七个月内完成语言强化训练，课程每周 30 小时，使用以视听为重点的教学法。其后，法国外交部召集法国大学部、教育部、大学事务中心（CNOUS）有关负责人、担负培训外语任务的八大学代表及中国驻法国使馆官员讨论了 100 名本科生今后专业方向和学习安排的问题。经统一各方意见，最后采取方案为：大部分学生继续在原综合性大学学习专业，2 年后从中选拔一部分成绩优异的学生直接转入有关工科大学校学习，他们在大学学习的第一年，除了上满规定课程外，每星期还需另外补课（法语、数学、物理）7 小时；100 名学生中挑选 15 名参加教育部办的专门补习班，然后进入工科学院预科，2—3 年之后升入有关工科学院，法国外交部额外提供 15 名奖学金，以支持这批学生。

后来的运作基本照此进行，但稍有调整。就整体情况看，其中大部分学生勤奋学习，成绩合格，顺利升入更高年级。少数学生成绩优异，名列前茅，考试中甚至得到本专业最好的评语，如巴黎六大的缪兴、林雪云，巴黎十一大的周建农等。由于法国的医科学生淘汰率非常高，在里昂一大医学院的三名同学，则克服了比其他同学更多的困难，均以中上等的成绩顺利升学。应该说，这种域外留学的艰辛确实非常不容易，尤其是当时处于特殊的时代背景之下，就中国政府而言，"派遣留学"虽然不乏历史，在新形势下却"经验不足"，所以出现"少数学生成绩较差，需补考，留级甚至淘汰回国"的现象也就也不足为怪。所以到 1979 年、1980 年两年就调整了计划，适当调整派出学科比例，并以进修人员和研究生为主，从 1981 年起更逐步加大研究生的派出人数。本科生也派了一些，主要学习中国空白、薄弱的学科和法语。

五、政治风波与经济崛起

1989 年的北京政治风波对于留法学人来说显然亦有重大转折意义，此年前后留法人数急剧变化，从 1988 到 1991 年间每年不断递增的在法人数已可以看出此点。但显然，政治因素的影响虽然曾经重要，而经济崛起的诱惑却远远超越其他。此点从后来兴起的归国创业潮中可见一斑。这当然与中国国内经济的迅速发展与国内主管部门的引导不可分割，而作为中国政府代表的驻法使馆教育处"加大了引导留法学者回国创办企业的力度，利用各种机会，广泛宣传国内高新技术开发区和留学人员创业园的政策，推荐优秀留学人员回国参加各种项目洽谈和交流会，举办形式多样的活动让回国考察过的人员现身说法讲述现在回国发展的大好时机"，这样就使得留法学人之"归国创业"亦形成一定的"热潮"，其表现则为"一批在法工作了十多年的留法人员已经或正在国内注册企业"，其种类则既有信息公司，也有高技术公司；既有律师事务所，也有建筑设计事务所；其地点从首都北京到上海浦东，从新直辖市重庆到苏州的留学人员创业园；其创业人则多半拥有博士学位，属于"高知阶层"。在法国成功创办了网络公司，并曾为法国总理府等政府部门设计管理系统的王博士 2000 年回国后颇有感慨，认为祖国经济发展为海外学子回国创业提供了良好机遇，各种优惠政策也只有在这样的时期才能出台，如果这时不回国，待各方面人才都到位，就不一定再有如此好的机遇了。由此可以看到，这种选择不是单方面的，而是"双向"，对于留法学人而言，这也是一种连他们自己都承认的"机遇"，而能否把握，则就看个人自己了。

由此比较北京政治风波与中国经济崛起两个时代的差异，当时是愿意归国者甚少，而当前的情况则是"越来越多的留法学者短期回国支援西部建设、参加各种交流洽谈、短期工作、进行项目合作、创办企业"，据不完全统计，仅2000年就有留法学人归国创办高新技术企业近10家、律师事务所3家，由此，亦可见中国经济崛起之引凤还巢的效应。

六、政府作用与学生组织

就1977年以来，中国新一波的留学潮兴起来看，政府作用实在不可小视。但应该说，就留法的实践而言，通过一种形式可以将"自费留学"生也较好地团结起来，那就是"学生组织"。所以，从这个角度来讲，作为中国政府驻外管理留学生的行政机构，中国驻法国使馆教育处的重点工作之一就是联系"留学生组织"。其中，最主要的学生组织是"全法中国学者学生联合会"。全法中国学者学生联合会于1986年12月在巴黎成立，是中国留法学者学生所组成的群众团体。该联合会宗旨是为在法中国学者、学生服务，促进留法学人之间学习，思想和感情交流，协助他们解决学习生活中遇到的问题，以便于他们完成留学和工作任务。该联合会组织的活动包括诸如"组织或联络法国各地中国学者，学生联谊会（简称分学联），共同组织由在法中国学者、学生参加的文体活动和节假日活动"，"组织学术讨论会，座谈会，开展学术交流"、"为来法中国留学人员提供学习生活方面的咨询"、"出版会刊《留法学人》和工作简报"、"与中法及其他国家学术团体及学生团体的联系"等。

除了这一联合体性质的组织外，还有一些专业性的学生组织。其核心组织则为中国科技工作者协会（简称全法科协，外文缩写ASICEF），这是旅法中国科技人员的学术性组织，于1992年12月12日正式成立。协会的宗旨是"增强科技人员之间的联系和友谊"、"促进和支持会员与国内同行进行各种不同形式的合作研究和学术交流，并为此提供必要的信息和便利条件"、"在中法两国科技界之间起到联络和桥梁的作用"。该协会目前有注册会员400多人，其中绝大多数人具有博士文凭或出自著名工程师院校，在法国已经工作和生活了10年以上，并已成为法国国家科学研究中心和其他科研机构或企业的骨干科研人员。他们当中，已有7人被中国科学院聘任为海外评审专家。目前有以下十大分会在科协的领导下开展学术活动：农业科学、生物与医学、化学、法律与经济、计算机信息、数学、力学与材料、光学、物理、高精科技。可以说，基本涵盖了留法学人的各个专业领域，全法科协每年发表其年度报告，详细说明协会当年开展的各项工作，以及来年的工作展望。全法中国科技工作者协会现任理事长为王肇中博士。1997年以来颇为轰动的留法学者"支援甘肃建设服务团"和"支援贵州建设服务团"多次回国服务，与"全法中国科技工作者协会"的组织推动工作亦密不可分。

应该说，通过"学生组织"的形式，"政府作用"得以彰显。作为"政府代表"的中国驻法使馆教育处人力本就有限，而且其工作范围远不仅限于留法学生，故此大力加强"学生组织"建设，发挥"学生组织"作用，凝聚留法学人的集体力量，以为国服务，其实确实是一条"行之有效"的途径。

七、对留法回国人员的基本分析

虽然与"留美"相比，留法学人无论是在人数、还是规模上都显得不足道，但通过下表，仍然可以看出这 20 年中留法回国人员并非一个小数字。

1978—1999 年留法学人归国情况简表

年度归国人数	在法人数	合计	
1979	27	189	
1980	35	254	
1981	126	400	
1982	157	541	
1983	147	751	
1984	207	893	
1985	175	1350	
1986	228	1732	
1987	295	2207	
1988	251	2784	
1989	236	3536	
1990	244	3980	
1991	200	4315	
1992	268	4343	
1993	355	4308	
1994	238	4473	
1995	300	4507	
1996	270	4491	
1997	255	4591	
1998	245	4840	
1999	203	5361	
总计	4462	5361	9823

从上表可以看出，留法学人回国之比例并不算高，截止 1999 年，其总数 9823 人，归国者为 4462 人，大约占到 45%，而有 55% 的人尚在法国。很显然，不可能有这么多人仍在继续学业。有相当一部分人已经留在法国生活、工作，这种现象并不奇怪，相比留美、留澳等国留学生相比，留法生的滞留现象相对还算较少，这可能与当代留法教育的规模有关。尽管如此，到 2001 年为止，"仍在法国并具有博士学位的中国留学人员有 1000 多人，他们中的不少人已在法具有稳定的工作职位，有的在大学担任教授、副教授，有的在法研究机构担任主任研究员、研究员，有的在企业担任某一方面的主管经理，还有的开办了公司"，如此规模实在非同小可。故此，如何处理"留学人"与"学留人"两者的关系，也实在值得思量。就此点而言，中国驻法使馆教育处的经验颇值得介绍，"加强了与这些优秀留学人员的联系，适时帮助和推荐他们为祖国建设做实事"。

根据 2000 年初对国内 13 个留学人员创业园提交的资料进行的统计，留法学人占总数的 3.8%，排第六位。具体情况参见下表：

留学人员创业园各国学人比例

留美学人	留日学人	留澳学人	留德学人	留加学人	留法学人	留英学人
40.1%	22.5%	5.8%	5.3%	4.0%	3.8%	1.8%

从上表不难看出，留美学人、留日学人以大比例的领先远远领先于后者，这与改革开放以来的留学潮规模基本相符合。在后面的座次中，留澳、留加亦规模庞大，其他名次则为留欧学人所占。其中留法学人略低于留德，而高于留英一倍多。应该承认，在改革开放以来，中国出国留学人员的庞大规模下，留法学人几万人左右，能在归国创业中占到这样的比例和位置，应属不错之列。留在国外其中原因诸多，但就事实而言，很难改变。尤其是身处异国，不受遥控，根本就不可能强求其"归国服务"；而从另一个角度来说，个体的选择和自由还是应当得到尊重。所以从这个角度来说，中国政府提出"支持留学、鼓励回国、来去自由"的政策相当明智，而就总体效果而言，又配合以多种多样的吸引留学人员归国的措施，则尤其能得到较好的效果。目前将吸引留学人员归国创业放在大背景下考虑，可谓"远见"，所谓"进入 21 世纪，我国迫切需要提高民族企业的竞争力。引进留学人员回国创业以发展具有国际竞争力的高新技术产业，已经为一些国家和地区证明是一条有效途径"。而驻法使馆教育处提出"以组织、支持、鼓励留学人员回国和为国服务、促进中法交流为目的，以联络、凝聚留法学者、学生开展热爱祖国、心向祖国的活动为手段"的举措，则可谓脚踏实地、呼应政策的切实行为，其或召开座谈会、报告会，或积极推荐留法学人回国参与交流、或引导留法学人归国创办企业，而最为出彩而又具备实效、影响深远的行动则为组织留法学人、参与西部建设，甘肃、贵州之建设小组相继成立，其效果甚宏，于国家经济建设、社会发展尤其能探索出一条新路。

第四节　中国留学人才安全的现状与政策分析

一、留学政策研究者于 2006 年夏天首次提出"留学人才安全"的概念

首次提出"留学人才安全"的概念是在 2006 年夏天。《中国教育报》于 8 月 30 日第 8 版刊登了本书作者与赵莉教授合作撰写的文章《人才国际化与中国留学人才安全》。所谓"留学人才安全"可以理解为，在不威胁、不损害本国经济发展和社会进步的前提下，留学人员适度跨国流动的状态。与此相关联的"留学人才安全问题"，则是指因留学人才大规模跨国流动而对流出国经济发展和社会稳定产生的不良影响及其防范。新中国成立以来，中国政府在留学人才安全的制度建设和政策配置方面陆续建立起一些行之有效的保障体系。但是在世界经济一体化和人才国际化不断加快的进程中，无论是从中国留学人才安全的现状来看，还是就安全保障机制的状态而言，都存在着一些非常值得认真研究的问题。

二、全球人才争夺的态势

中共中央对外联络部的陶涛先生于 2001 年发表文章指出，进入 21 世纪后新一轮高科技人才争夺战正在全球范围内展开，而且愈演愈烈。人才由发展中国家向发达国家单向流动，是这一过程中的突出特点。世界各国竞相制定争夺人才的计划，努力培养人才，吸引人才，留住人才。中国已经成为人才争夺的重要目标。

随着经济全球化和知识经济的发展，世界范围的一个共同问题是高科技人才严重告急。美国的一项研究表明，2000 年，美国 80% 的工作岗位本质上是脑力劳动，目前，高素质劳动力短缺约 30 万，预计到 2006 年缺口将达 67 万，今后每年至少需要 9.5 万名电脑专家，而其国内培养只能满足需求的 1/3 左右。日本信息工程方面的熟练技术人员缺口也高达 20 万。欧盟国家的失业率虽然高达 10% 左右，但专业人才却严重供不应求。欧盟的一项报告指出，西欧地区 2000 年仅信息技术人才就缺员 123 万，其中德国的计算机和电信部门有 7.5 万岗位空缺，法国信息产业方面缺少 1 万名工程师，英国 2000 年对高级专门人才的需求达 24 万人，而其国内每年只能培养 1.6 万人。

发展中国家的人才状况更加窘迫，印度 2001 年对软件专业人员的需求在 18 万以上，但其国内最多只能提供 12 万。一些发展中国家自己培养的人才本来就少，却大量外流，严重影响着本国的经济发展。高科技人才的短缺已成为世界各国特别是发展中国家的普遍现象，如不得到根本解决，将严重阻碍本国经济发展，影响其国际竞争力。因此，世界各国都把争夺人才、尤其是高科技人才置于重要的战略地位。

发展中国家为促进本国的经济发展，适应国际竞争形势，多年来一直注意增加投入，培养自己的尖端人才。但发达国家为了满足自己对高技术人才的需要，凭借雄厚的国家财

力、财团资本和优越的科研条件，诱使发展中国家的人才资源向发达国家流动，导致发展中国家人才的严重流失。跨国公司也以优厚的工资待遇、住房、出国旅游和培训为诱饵，吸引发展中国家的人才在国内"出国"，成为外国公司的本土雇员。

保加利亚 1995 年就有近万名科研人员出国谋生。印度大学毕业生中的 40%—50% 在外国工作，今后 5 年外流软件技术人员有可能高达 10 万人。据国际移民组织统计，非洲有 10 万名大学毕业生在发达国家工作；80 年代非洲每年有 1.5 万人才外流，1999 年外流人才超过 2.1 万人。

二战以来，美国从世界各国吸纳高级专门人才超过 50 万人；美国硅谷 20 万名工程技术人员中，有 6 万名是中国人；硅谷 2000 多家高科技企业中 40% 的企业领导人是印度人。人才流向发达国家的趋势增强了发达国家的竞争力，削弱了发展中国家的发展潜力。美国近年来的"经济奇迹"，就得益于从其他国家吸引人才。据估计，美国每年因人才流入获得的效益达 60 亿美元，而发展中国家因人才流失造成的损失每年则高达 80 亿美元。哥伦比亚由于受过 3 年以上高等教育的人才大量外流，损失高达 20 亿美元；古巴因为美国 1962 年以来实行经济封锁导致人才外流，损失高达 32 亿美元。近年来，发达国家不断推出吸引人才的优惠政策，提供优厚的工作条件，以争夺高级人才，导致发展中国家的人才外流现象正在进一步加剧，并有可能成为未来南北关系中的冲突焦点之一。

改革开放以来，中国为推进现代化建设培养了大量优秀人才，却成为世界各国、尤其是发达国家的重点争夺对象：中国出国留学人员学成回国的不到 1/3；1985 年以来，清华大学涉及高科技专业的毕业生 82% 去了美国，北京大学的比例为 76%；外资企业和国外研发机构还在国内大肆延揽人才，1998 年美国英特尔公司斥资 5 千万美元成立了英特尔中国研究中心，同年底美国微软公司投资 8 千万美元在北京建立微软中国研究院，其他外国大公司，如朗讯、IBM、摩托罗拉等也纷纷在中国设立研发机构，利用中国的高科技人才为其服务，仅朗讯所属的贝尔实验室就在中国招了 300 人；1999 年，美国签发的 H—IB 签证达 11.5 万，而中国大陆就占 10%。一方面是中国的发展需要大批人才，另一方面是大量人才源源不断地流向国外或在外企工作。陶涛先生强调，如何防止人才流失并引进人才，已经成为中国现代化建设进程中的重大课题。①

三、全球化规则失衡危及发展中国家留学人才安全

从经济全球化的演变中可以看到，其发展的历程就是一个市场经济不断发展、生产要素（劳动力、资本、技术、管理等）不断突破国界的过程。这种全球化对生产要素自由流动的客观要求，推动了科技人才的跨国流动。自 20 世纪 80 年代以来的全球化趋势，已经并仍在深刻地影响着发展中国家留学人才的跨国流动及其规模、方向和流量。经济全球化的发展推动了留学人才在全球范围内的流动；人才国际化的加速使留学人才的流动成为一种最庞大、最便捷、最优化、最具活力的人力资本流动。

①　陶涛：《21 世纪全球人才争夺及其思考》，《求是》2001 年第 8 期。

长期以来，在西方发达国家的规则体系中，全球化就是以西方为圆心的全球资本主义化，要别国服从发达国家的意志和制度安排；就是要保持西方始终处于技术、信仰和制度的中心，要依从他们所设定好的秩序和模式。这是一种利己的、非均衡的全球化。正是由于全球化规则的这种"非均衡性"，使得发展中国家的留学人才流失严重，加剧了国际化人才流向的失衡，并且危及着发展中国家的人力资本与经济发展的安全。

据总部设在法国的欧洲商业管理学院最近发布的一项研究结果表明，美国仍是目前全球最具有创新能力的国家。其在提出创意、迅速应用创意并从中获取利润的"全球创新指数"方面，遥遥领先于其他国家和地区。这项创新能力评估主要涉及 8 个因素：制度和政策、基础设施、人的能力、技术水平、商业市场和资本、知识、竞争力、财富。该学院根据各国和地区针对创新挑战如何作出反应设计出了"全球创新指数"评估体系，满分为 7 分。在得分方面，居第一位的美国为 5.80 分，居第二位的德国为 4.89 分，居第三位的英国为 4.81 分，居第四至第十位的依次为：日本、法国、瑞士、新加坡、加拿大、荷兰和中国香港特别行政区。[①]

随着高新技术产业的飞速发展，西方发达国家要保持住自己的领先地位，也同样面临着人才资源的短缺。如据美国科学基金会统计，1996 年美国的科技人才缺口为 5 万人，2000 年上升到 45 万人，2006 年则达到 65 万人；另据有关资料显示，欧洲各国仅因信息人才短缺所造成的经济损失就高达上千亿欧元。在严格控制发展中国家一般劳动力流入，以保护本国劳动者经济利益的原则下，发达国家无一例外地不断修改着高端人才引进计划。其宗旨就是要在最小人力资本投资规模的前提下，争取最大限度地增加本国人力资本的有效存量。

发展中国家留学人才大量流失的引致因素虽然有许多，但以收入水平、就业机会、工作条件、研究设施和生存环境为主要内容的经济和社会发展水平的巨大落差是其最关键原因。正是凭借于此，发达国家实际完全控制着国际学生和留学人才流动的主动权。

面对人才的日益短缺，在改革教育、加大投入、培养本土人才的同时，世界各发达国家从国家战略高度出发十分重视对发展中国家留学人才的培养、吸引和使用。其典型做法主要有：1. 设立各种大型基金并提供高额奖学金和充足科技研发经费，吸引优秀留学生；2. 利用高薪体制，延揽留学人才；3. 修改移民法规、法案，在降低留学人才准入障碍的同时，严格限制低层次人员的进入；4. 跨国公司实行人才本土化，猎取已回国的留学人才。

据联合国教科文组织的统计资料显示，到 2004 年时，全世界流动学生——即"在外国学习且没有取得该国永久居留身份的学生"已达到约 250 万人，美英德法澳日 6 个最发达国家占 68%，其中仅美国就占到 23%，约 1/4。另外美国政府为了吸引全球高科技人才以加强和保持住本国争夺高科技人才的优势地位，及时调整相关政策与战略措施，并不断加大对研发经费的投入。如"发展与研究经费"2002 年时达到 1030 亿美元，首次突破千亿大关；2003 年增加到 1120 亿，增幅 8.7%；占全球比例的 44%，并相当于日、德、英、

---

① 《新华每日电讯》2007 年 1 月 23 日 6 版。

法、加、意 6 国的总和。针对"9·11"事件以后赴美留学生不断减少的状况，为吸引优秀人才来美学习与就职，美国国务院和教育部于 2006 年 1 月召开了有 100 多名美国大学校长和科教界专家参加的"国际教育高峰会议"，研究和讨论了美国面临的全球性人才竞争与威胁，提出了加强政府间协调、扩大留学签证机会的政策措施。

如果说由于某种因素制约使得国家经济在某一时期尚处于闭塞的发展缓慢或停滞阶段，那么留学人才的大量流出而流失可能还无关紧要；那么当国家在经济崛起时期，在特别需要高端人才却储量不足的状态下，发生留学人才流出、流失量明显大于回流量的现象，则必然会削弱国内经济发展的动力基础，甚至危及国家经济安全。考虑到流出的留学人才会通过各种途径对母国的经济和社会发展产生一定的积极作用；另外，若在国际化形势下采取严格限制人才外流政策可能引发的负面作用，因此，如果发展中国家留学人才的净流出、流失量不大，则对国家的经济的和社会影响尚不至造成明显损失。据对韩国和中国台湾地区的数据分析，发展中国家或地区在经济快速增长阶段，若人才流失率不高于10%，留学人员回归率不低于70%，则该国或地区的留学人才尚属于安全状态；相反，则处于留学人才的非安全或亚安全状态。

因此，面对全球化和国际化，发展中国家需要审时度势、规避风险，把可能的损失降到最低，并谋求利益的最大化，否则久而久之，损失的就不再只是国家的经济利益与安全，危及的将可能会是整个国家与民族的安全。

四、中国留学人才安全的现状及其面临的威胁

20 世纪 80 年代以来，中国政府和学者们就已开始密切关注留学人才流失问题，并着手采取种种措施控制外流局面、抑制外流事态、争取回流形势。面对人才流出量快速增加、人才安全遭遇威胁和挑战的复杂形势，我国政府于 2002 年又进一步提出了"人才安全"的问题。

改革开放以来，特别是随着世界经济一体化和科学技术发展速度的明显加快，中国的经济结构、社会结构、思想文化乃至意识形态领域、公民与国家的关系、中国与世界的关系都处在深刻的历史变革之中。在这个背景下，中国的出国留学事业与相应的留学活动所面临的国际状况和政策环境就显得越来越复杂与多变。尤其是中国的科技创新能力在世界主要国家中还处于中等偏下水平。而原因之一就是尖子人才匮乏，缺乏跻身于世界一流行列的科学大师和国际级的科技领军人物，难以在激烈的国际科技竞争中把握重大发展方向。如据 2007 年 1 月召开的中国科协七届二次会议透露，中国科技人力资源总量约有 4000 万人，居世界前列。而据商务部统计，2006 年内中国的技术引进却是又创新高：合同总金额达到 220.2 亿美元，较 2005 年同比增长 15.6%；其中的技术费为 147.6 亿美元，占合同总金额的 67%。因此，在充分肯定"改革开放 30 年来已约有 30 多万留学人员回国工作"这一成绩的同时，还是要保持清醒的认识，即在科技和经济迅猛发展的今天，中国高端人才的数量和质量仍然严重不足，严重制约着当前乃至未来社会经济的可持续协调发展；且由于各国高科技后备人才紧缺的危机引发并波及全球

的人才争夺战愈演愈烈；中国留学人才、特别是高端留学人才始终是西方发达国家猎取的重要对象。

在经济全球化背景下，人才流失过度，必然危及中国人力资本安全，从而危及国家和民族的经济与社会安全。为此，国家人事部在 2006 年 11 月制定的《留学人员回国工作"十一五"规划》中，提出了要在 5 年内"使留学回国人员新增数达到 15—20 万，争取吸引留学人员回国服务 20 万人次"的目标，以应对中国人才、特别是高端人才的严重不足。其后，人事部、教育部、科技部等 16 个部委于 2007 年 2 月 15 日联合印发了《关于建立海外高层次留学人才回国工作绿色通道的意见》；提出要把吸引海外高层次留学人才作为开展留学人员回国服务工作的重点；其回国工作的经批准可不受编制数额、增人指标、工资总额和原户籍地的限制；其在工作报酬、申报项目、科研资助、职称评定、专利保护、配偶就业、子女入学、以及出入境和居留等方面将享受多种优惠政策和一系列便利条件。另外，教育部也于 2007 年 3 月 2 日印发了一份《关于进一步加强引进海外优秀留学人才工作的若干意见》。

（一）中国高层次人才严重短缺

●根据《中国教育与人力资源问题报告》统计，至 2000 年时，中国 15 岁以上人口中接受过高等教育的人口比例仅为 4.6%，相当于 1970 年前世界各国的平均水平，与发达国家平均水平相差约 50 年左右，比发展中国家平均水平还要滞后约 10 年。

●根据联合国开发计划署"2001 年人文发展报告"，1987—1997 年间，中国每十万人口 R&D 科学家和工程师人数只有 454 人；而日本为 4904 人，美国为 3676 人，俄罗斯为 3587 人，韩国为 2193 人，中国与上述国家相差 5—10 倍。

●2003 年前后就有记者呼吁：中国一般性人才短缺的状况已得到有效缓解，一些地方和行业甚至出现了暂时过剩的现象，但高层次人才仍然十分短缺，且流失严重、青黄不接，难以满足实际需求；而 3 万高层次人才难以支撑 13 亿人口大国，将才帅才短缺已成为制约中国经济和社会发展的瓶颈。人事部人事与人才研究所所长、著名人才问题专家王通讯说："无论是国内还是国外，高层次人才都是'最稀缺'的资源，所有的人才争夺战都是围绕争夺高层次人才展开的。虽然我国的人才总体规模已超过 6 千万，但高层次人才仍然十分短缺，且老化现象严重，后继乏人问题突出。"以专业技术高层次人才为例，尽管其范围广泛、类型复杂、互有交叉，难以统计，但这些人大多是享受政府特殊津贴的专家，所以还是可以作出比较准确的估计。截至 2001 年，全国享受政府特殊津贴的专家共有 14.3 万人，但近 11 万人已到退休年龄，真正还能有所贡献的也就 3 万多人。即使采取措施让部分知名专家延缓退休，中国目前在岗的高层次人才总数也不到 5 万人。王通讯表示，这个数字得到学术界的普遍认可。"相对于 13 亿的人口数量来说，三五万高层次人才确实太少。"中国能跻身国际前沿、参与国际竞争的战略科学家、首席科学家可谓凤毛麟角，就是一流的专门家也十分缺少。著名超导专家、中科院院士赵忠贤说，20 世纪 50 年代，中国拥有一批在科研上独当一面、在世界上都响当当的将帅之才和专门家。"尽管不能说目前中国就没有这样的人，但至少可以说确实太少。"[1]

●虽然中国科技人力资源的总量约为 4000 万人，研发人员的总数约有 130 万人，分别居世界第一位和第二位；但据中科院院士王天然透露，中国的科技成果目前正面临着严重的无奈与尴尬：至少有八成左右的成果没有转化。另据教育部的一项调查结果表明，中国高校虽然每年取得的科技成果在 6000 至 8000 项之间，但真正实现成果转化与产业化的还不到十分之一。

●据财政部有关专家在 2006 年 7 月间表示，由于高端人才的短缺，目前在国际会计界，中国的注册会计师几乎没有发言权；在相关的国际性杂志上，也看不到中国注册会计师的名字；在与国际会计准则并轨的过程中，中国因不掌握话语权而只能被动地趋同于别人；国际投资者根本就不认同国内事务所的报告，要想在海外上市必须找国外的事务所。

●根据教育部历年公布的统计数据，从改革开放至 2007 年底长达 29 年的时间里，陆续回国工作的留学人员总数约有 31.97 万人。但有关学者和研究人员在根据各种资料、信息和数据对上述留学回国人员的结构状况加以分析和评估后认为，虽号称 31.97 万留学回国大军，且不说其在我国庞大人口总量中的比例是多么微小，即便是在约 4000 万科技人员总量中的比例也是微乎其微、还不足 0.008%；且其整体的结构状况也不容乐观：（1）其中已经或快将要退休的人员约占 10—20%；（2）其中的访问学者（即未获得国外学位者）约占 40—50%；（3）其中的文科类人员约占 20—30%；（4）其中在国外获硕士和博士学位或做博士后研究的人员仅约占 30—40%。

●中国科学院地理科学与资源所全球变化信息研究中心研究员、北京师范大学资源学院世界资源研究所所长刘闯通过调查发现，与其他国家相比，中国人在国际科技学术组织中任职的比例很低，担任主席的更少。她认为，在国际学术界和科学界，国际组织对学术的发展方向有很大影响，但是，中国人在导向性、起主导作用的国际科技计划中的影响很小。[2]

（二）中国第一份科技人力资源发展研究报告显示中国科技人才流失严重

中国第一份《科技人力资源发展研究报告》于 2008 年 5 月由中国科协发布。报告显示，改革开放以来，中国出国留学人数除少数年份稍有回落外，一直呈持续上升趋势，尤其是进入新世纪后，迅速攀升至 10 万人以上；总数累计已达 120 多万人，分布在全球 100 多个国家和地区，攻读的专业几乎涵盖了全部现有的学科门类。赴美留学的人数一直居于首位并且保持连续增长，占出国留学人员总数的一半以上；据不完全统计，毕业后在海外谋求发展的也多数选择了美国。在出国留学的学生中，名牌大学的优秀学生所占比例最高。有关调查显示，1985 年以来，清华大学涉及高科技专业的毕业生 80% 去了美国，北京大学这一比例为 76%。以 2000 年北京大学毕业生为例，直接出

---

① 张景勇、邹声文、刘茁卉：《将才帅才十分短缺 13 亿人口大国仅 3 万高层次人才》，新华网北京 2003 年 12 月 17 日电。

② 王卉：《我国应增强国际科技话语权》，《科学时报》2008 年 8 月 8A2 版。

国留学的有 751 人，占毕业生总数的 20%，其中有 587 人选择了美国，比例高达 78%。2000 年清华大学毕业生直接申请出国的更是突破千人大关，以后每年都是持续增长。

从总体上看，除个别年份外，中国留学归国人员的数量在逐年增加，2003 年首次突破两万人，2005 年学成归国的人数已经达到 3.5 万余人。然而，在庞大的留学群体中，学成归国的人员不到三分之一，三分之二以上的人选择在国外发展。调查显示，2000—2003 年，在美国获得自然科学和工程博士学位的中国学生有 10089 人，有留美工作意图的比例达 92.5%。据报道，美国硅谷 20 万名工程技术人员中中国人就有 6 万多名。在硅谷软件公司的技术主管和实验室主任中 35% 是华人。IBM 公司的 11 个研究所里的研究工作人员近 50% 是华人。2001 年美国从海外引进的 11.5 万名高级科技人才中中国人占 10%。中国也因此成为美国雇用的外国出生的科学家工程师最多的 6 个东方国家之一。同时，20 多年来，中国向欧美各国的移民数量持续增长。据不完全统计，截至 2003 年，在中国出生而移居美国的人数多达 29.48 万人。专家预计，在今后一段时期内，中国仍将扮演科技人力资源输出大国的角色。[①]

（三）中国留学人才的流动、流向与流失

据媒体消息，自 1978 年中国实行改革开放到 2007 年底的 29 年间，中国大陆已有超过 121.17 万的留学人员通过国家公派、单位公派或自费留学三条渠道，前往 109 个国家或地区留学；留学攻读的专业几乎涵盖了全部现有的学科门类，留学目的国主要集中在各个发达国家。2007 年各类出国留学人员总数为 14.4 万人，增加 1.06 万人，比上年增长 7.94%，其中国家公派 8853 人，增加了 58.66%，单位公派 6957 人，分别约占 6.15% 和 4.83%；自费留学 12.9 万人，约占 89.58%，比上年增了 6.58%。[②] 教育部官员还表示，中国政府将从 2007 年开始持续加大公派留学生、特别是研究生和博士后研究人员的派遣，并将继续支持和激励自费出国留学。这种非常规性地加大派遣高层次人员出国攻读学位的做法具有里程碑式的重要意义，其必要性、迫切性和战略性是不言而喻的。近 30 年期间如此大的出国留学规模和政策强度不仅在中国历史上，即使在世界范围内也是前所未有的。

另据教育部对外公布的统计数据，2007 年各类留学回国人员总数约 4.4 万人，留学回国人数增加 2030 人，比 2006 年增长 4.79%；其中国家公派 4302 人，单位公派 4211 人，合计 8513 人，比上年增长 5.23%；自费留学 3.6 万人，比上年增长 7.48%。1978 年到 2007 年底止，学成后回国工作的留学人员约有 31.97 万余人，仍在外的留学人员约有 89.20 万人。其中 65.72 万人正在国外进行本科、硕士、博士阶段的学习及从事博士后研究或学术访问，[③] 约有 20 余万人在国外工作并已获外国永久居留权或已加入外国国籍；另

---

① 周欣宇：《我国第一份科技人力资源发展研究报告发布——中国科技人才流失严重，仍扮演人才输出大国角色》，2008 年 5 月 7 日新华网。

② 2008 年 4 月 3 日教育新闻网。

③ 2008 年 4 月 3 日教育新闻网。

外还有因配偶、子女探亲或移民等事由出境并在国外接受高等教育后留在当地工作的约30多万人。

传统意义上的"留学人才流失"是指在留学人员的跨国流动中，一国的留学人员流出量大于回流量的现象；既包括高层次留学人才的跨国流动，又包括一般留学人员的跨国流动；既表现为留学人员移居国外或身体在国内头脑在国外，又可指留学人员流向本国外企的现象。另一些观点则认为：一、滞留不归不是流失，可以视之为"储才于海外"；二、在全球化趋势下"留学人才流失"，往往更多的表现为"留学人才的智力流失"。发达国家除不断本国改革教育和培训体制、制定优惠吸纳人才政策、实施高科技移民和高层次人才绿卡政策之外，也有如日本实施"借脑工程"那样，利用国际项目高薪聘请人才，出资雇用人才在国外进行研究。①

由于人才的概念含盖的范围宽泛、复杂而不易确定，加之数据统计方面的技术难度，长期以来各国学者多是以"留学人员回归率"或高层次人才的移民总量作为衡量和判断人才流失程度的指标。尽管因有"延期回国"或"为国服务"等现象的存在，尚不能轻率地将"未回归率"等同于"流失率"；但又不得不承认，在中国高层次人才紧缺的情况下，留学人员无论长期或短期滞留他国而不归，毕竟意味着国家实际损失了大量的留学人才，或可表述为损失着可观的人力资本。

有几组数据比较引人注目：●中国科学院某研究所所长表示，该所吸引到的通常属于海外中国学者里的"中流人才"，排名前20%的人才大多仍会选择留在海外。●美国伊利诺伊州西北大学的神经学家饶毅认为，在美国有800—1000名来自中国的顶尖科学家拥有自己独立的实验室，这些人不太可能回国。●香港科技大学跨国关系研究中心主任崔大伟教授表示，他有数据证明中国留学人才中最优秀的20%还在国外。②　●据中国驻日使馆教育处统计，截至2006年初，仅在日本获得博士学位的中国留学生累计已有9000多人，其中3000多人即约33.3%已留在日本就职，他们或者取得了永久居住权，或者加入了日本国籍，其中在日本国立、公立和私立大学里被聘为副教授以上职位的已有800多人。③

从严格意义上讲，由于留学人员出国前的状态（年龄、学历、经费来源、学业目标、人生价值取向、有无回国服务法定义务等）各不相同，同时还要考虑到人力资本升值预期和实际留学后成才年限的不确定性，以及留学接受国的政策各异等一系列复杂因素，如果把每一年度内的出国留学人数与当年学成回国人数之比作为"回归率"来考量，既不严谨，也欠科学的。而若以一个相对较长的时间段来作为计算回归率的背景因素，则可能更接近事实本身。基于这一观点，有学者认为，把1978年至2007年底的留学人员总量与回国总量之比作为一般意义上的"回归率"来讨论、研究和使用，相对而言可能会更接近客观的真实性并具有研究价值。那么是否可以说，据次此计算出改革开放近30年来出国留学人员的回归率约为26.38%，即略高于1/4。

---

① 陶涛：《21世纪全球人才争夺及其思考》，《求是》2001年第8期。
② 舒泰峰、陈琛：《人事部力促高端"海归"回国》，《瞭望东方周刊》2007年2月第6期第22—23页。
③ 欧美同学会编辑：《中国留学生留日110周年纪念会文集》第64—66页，2006年4月。

（四）留学人才安全现状对中国社会与经济造成的危害

有关研究者认为，发展中国家在经济起飞阶段，2/3 留学生归国工作，1/3 留学生在国外工作和沟通信息，回归率与滞留率保持在 2∶1 是较合理和有利的，而目前中国却呈现 1∶3 的倒差比现象。这个数据从一个侧面表明，当前中国留学人才外流即留学人才安全的状况已经对国内经济发展和社会进步产生了不良影响，形成了一定的风险和隐患。其主要表现集中在以下几个方面：●人力资源结构失调；●国民经济可持续增长的动力缺失；●国际竞争力受损；●国际分工地位的提升受到制约；●政府的投资收益失衡；●国有企业多层面受损等等。

五、中国留学人才流失的主要原因分析

在人才流动和流向的基础理论研究中，一些学者和专家相继以不同的视角提出了许多颇具价值的理论观点，针对中国人才外流问题和"滞留不归"原因进行了各种各样的调查、分析和研究，并提出了各自的见解，引起了学术界、政策层和留学人员的关注。最早涉足该研究领域的陈昌贵教授于 1992 年在美国和加拿大开展了比较深入、且更为细化的调查访问和分析研究；对中国留学人才外流的原因分别进行了个人层面、社会层面、政策层面以及外交层面的立体分析；主要论证了"对个人发展前途的考虑"是影响中国留学人员决策"外流或回归"众多因素中最为重要的原因。本章第二节对陈昌贵教授的上述研究进行了详细地介绍。

留学人才在选择是否外流、滞留时是以人力资本收益最大化为目标的；而能够影响这一目标的因素是多种类、多元化的；所以，导致中国留学人才流失的原因也必定是多方面的；它既涉及到国与国之间的政治、外交、经济、科技、文化、政策等社会因素，又关联到当事人个人与家庭的生存状况、心理预期、价值观念和文化背景等个人因素；这些因素的影响不是独立地发挥着各自的作用，而是相互交织、影响、作用、制约和渗透，并且在不同时期各自作用力的大小也是不一样的。

根据有关人力资本的研究成果、理论和观点，并在研究中国留学人才的流动规律和流向特点后分析其流失的原因，大致可以勾勒并归纳为以下几个具体的方面：●经济因素：工作环境，就业选择、晋升机会、薪酬收入、预期收入和竞争压力等；●生存因素：居住状况、生活条件、生态环境、舒适程度、服务设施、户籍制度和迁徙自由等；●家庭因素：子女的教育与成长环境、配偶与前辈的态度等；●学术因素：科研氛围、学术水平、创新条件、经费支持、预期成果和学术腐败等；●政策因素：外交战略、国家安全、留学生事务、侨务方针、少数民族政策、移民及出入境制度等；●管理因素：民主决策、社会和谐、用人制度、公共管理、教育体制、教育公平、教育收费、官员腐败、办事效率等。

六、保障中国留学人才安全的对策研究[①]

中国留学人才参与国际流动的趋势是不可逆转的。但在全球化规则的非均衡状态下，如何才能减少留学人才的流失，使中国的留学人才在国际流动中既能实现资源的最佳配置，又能增进国家和社会的发展，这是一个需要经常加以研究的重要课题。根据各国与国内的经验和教训，既不能因留学人才流动所带来的负面影响而试图阻止其流动，因噎废食；又不能因其所具有的正面效果而忽视其不利影响，任其自由发展。国内有关部门在保障中国留学人才安全的制度建设方面，应该、能够、也必须有所作为：1. 牢固树立人力资本是第一资本的观念；2. 尽快构建留学人才安全监测预警系统；3. 不断创新留学人才安全的管理制度；4. 稳步建立留学人才可持续良性流动的国际协调机制；5. 真正落实各项吸引在外优秀留学人员的政策措施；6. 持续深化人事分配体制的改革；7. 正确评价留学人才的能力和业绩。[②]

第五节　王辉耀教授关于留学人才回国发展与
国籍、签证、绿卡制度之间关系的研究

王辉耀教授介绍，目前世界上有 70 多个国家承认或默许双重国籍。曾有过人才大量流失、目前对外籍人才缺乏吸引力的新兴发展中国家，如印度、菲律宾、巴西、墨西哥，还都把明确承认双重国籍视为将已成事实的人才流失转变为人才共享的主要对策。中国也属于新兴发展中国家，双重国籍以及绿卡签证的问题，多年来一直在社会各界中争论不休。但不可否认的一个事实是：希望回国发展的留学人员，普遍受到双重国籍、签证和绿卡问题的困扰。因此，王辉耀教授多次建议中国需要改革目前国籍、签证、绿卡制度，以便更好地适应全球化国际人才流动与竞争的大趋势。

一、双重国籍问题及对策建议

国际上的研究普遍认为：双重国籍对于正在高速增长、曾有过人才大量流失的发展中国家利大于害，实施得当，可以促成大量的"人才回流"，或把曾经流失的人才转化为"共享"。2006 年联合国秘书长报告指出："如果能够保证再度移民海外，有权在目的地国长期居留的移徙者可能更愿意返回家园尝试新生活。因此，在目的地国居住的保障可能促

---

① 具体内容在此省略，详见本书第九章。
② 苗丹国、赵莉：《人才国际化与中国留学人才安全》，《中国教育报》2006 年 8 月 30 日第 8 版；逄丹、杨晓京：《中国留学人才安全的现状与政策分析》，《中国人才蓝皮书》第 208—220 页，社会科学文献出版社 2007 年 5 月版；陶涛：《21 世纪全球人才争夺及其思考》，《求是》2001 年第 8 期；张景勇、邹声文、刘茁卉：《将才帅才十分短缺 13 亿人口大国仅 3 万高层次人才》，新华网北京 2003 年 12 月 17 日电。

成回移或循环流动。同样，给予双重国籍身份可能有助于回移。"大多数研究都认为"人才回流"是一种经济学现象，当一个国家人均国民生产总值达到 4000 美元以上、产业技术资本密集达到 60% 以上、第三产业贡献率达到 64% 以上的时候，人才将大幅度回归。另外还有一些指标调查显示：当教育经费占国民生产总值 5% 以上、研究开发经费占国民生产总值 1.9% 以上、科学家工程师人均研究开发经费每年 6 万美元以上、从事研究开发的科学家每百万人口有 1500 人以上时，归国的海外人才也会大幅度增加。但是王辉耀教授指出：不应该忽略政府机制与政策的主导性作用，例如尽管印度的教育体系、科研基础、人才待遇、社会环境等各项指标都远不如中国，但高层次人才回归率却高于中国。在 1990 至 1999 年，大约 47% 外国出生的博士选择留在美国，其中各国发展最急需的科学和工程领域，中国博士生滞留率是 87%，而印度只有 82%。这当然不是因为印度留学生更爱国，而是因为印度对等承认双重国籍，降低了留学生回国创业所承担放弃海外家庭、事业、地位的风险。因此，具有双重国籍两边跑的海外印度人迅速为印度带来了计算机外包业务，信息产业获得了奇迹般的增长

双重国籍影响高层次留学人才的回归，也由高层次海外人才的特点所决定。对于刚刚毕业或在国外并不如意的留学生来说，放弃外国籍回到祖国是并不艰难的选择，但对于那些在海外工作数年以上、已经成家、专业性质决定必须全职的移民，特别是通过多年努力已经在海外取得很好成就与地位的高端人才，如果要完全放弃这一切回到发展环境更逊色的祖国重新开始，并且回去以后就出不来了，将是非常艰难的考量。因此，实施双重国籍，才能做到真正对留学人才的"不求所在，但求所用"。

目前，世界上最主要的国家：美国、英国、法国、加拿大、澳大利亚、俄罗斯、日本、印度、巴西、以色列，都承认或者默认双重国籍，德国从 2000 年开始有条件地承认双重国籍，概括地说只有中国明确不承认双重国籍。这与世界大趋势是相违背的，全球化必然导致世界形成一个整体人才市场。因此，欧盟致力于拥有 27 个成员国任何一个国籍，就可以在其他成员国内自由通行，不办任何手续。对于有着庞大海外本族裔人才资源的新兴发展中国家来说，也把双重国籍视为将人才流失转化为人才共享的办法。王辉耀教授归纳了各国实施双重国籍的几种主要类型：1. 承认双重国籍，并给予一切国民权益。2. 承认双重国籍，双重国籍持有者居住在海外不具有政治选举与被选举权，居住在国内则允许，以出入境来决定其相关政治权益。3. 采取默认双重国籍的方式；默认等于承认，只是保留了灵活操作的空间。

改革开放 30 年，中国出国留学人员总数已经超过 140 万，还有 5000 万海外华人。中国国务院侨办前主任陈玉杰 2003 年 10 月 31 日至 11 月 3 日访问加拿大时，加拿大许多华人侨领都纷纷反映该问题。据加拿大媒体报道，加拿大普通话华人会还做了一个关于双重国籍民意调查情况的报告，报告进行的双重国籍大型网上民意调查共有 1800 多人参加。92.6% 参与调查的中国移民认为，中国政府应该允许中国移民在承认双重国籍的国家入籍后保留中国国籍，即对应承认双重国籍。这一调查结果，反映出海外华人对同时保留中国国籍的强烈关注和深切期盼。

在 1955 年以前，中国承认双重国籍，孙中山先生就职中华民国总统时，还拥有美国

国籍。后来政策的改变跟冷战时代的历史背景有很大关系。但是冷战已经结束，中国的国籍法却没有因为新形势而发生改变。美国政府甚至保留不批准高层次人才放弃美国国籍的"政策空间"，规定放弃国籍自愿且明确还必须由国务院核准。中国却规定："定居外国的中国公民，自愿取得外国国籍的，即自动丧失中国国籍。"主动放弃庞大的海外人才资源、技术资源和经济资源，实为不智之举。

王辉耀教授认为中国政府应该考虑灵活地承认双重国籍：

1. 可以采用香港模式。国籍法在香港的执行状况可作借鉴，原则是国籍身份应以出境与否为决定因素。目前居住在香港的中国公民可以持有外国护照，可以作为旅行证件出入香港。也就是说，持有外国国籍无妨，但在香港特区内，可以申请中国特区护照，完全以中国人的姿态出现，受中国法律的管辖。实际上这是承认了双重国籍，这种办法其实可以推扩到整个中国地区。

2. 可以采用印度、墨西哥、菲律宾模式。一是可对等承认，如法国、英国、加拿大、澳大利亚等承认双重国籍，才与之对等；东南亚华侨集中的国家多数不愿意承认双重国籍，也就不给予承认，由于我国出生的高层次人才主要集中在发达国家，所以这一做法既不让东南亚国家担心华侨问题，也能收获人才环流的巨大效益。二是可放宽申请对象，非中国出生但父亲或者爷爷是中国出生可以对等申请中国的国籍。

3. 可以采取美国的默认模式，不再取消中国国籍。放弃国籍需在自愿的情况下，在大使馆或领事馆一位领务官面前签署一份放弃国籍声明（可考虑如美国一般规定放弃国籍需多交 1 到 5 年个人所得税，抵消增加的工作成本）。但这一措施只能方便以前中国出生的海外华裔人才，因此还可以考虑为海外出生的华裔人才设立专门的"绿卡直通车"。

二、回国签证问题及对策建议

在双重国籍问题没有解决之前，困扰许多海外留学人员最大问题是回国往返签证问题。中国在海外的留学人员以及华人成千上万，但海外使领馆却寥寥无几，有的国家只有一个使馆，即使在美国这样的大国，留学人员分布在美国各地，要想回国，还得抽时间和精力长途跋涉专门去办签证。搜狐教育频道 2002 年底曾报道留学人员为何不回国的原因，其中之一就是"留学生们不敢回来创业，不少是怕回国之后实事还没做，办手续就累死了"。接受采访的高坤岳博士说："在美国，人除了工作压力之外，生活非常简单而且轻松。办公司，个人不需要提供资本，27 美金就能办成。就是要成立个有限责任公司，自己去办，800 美元加两个星期，手续就全齐了。可是我们回国还要签证，进门都这么难，更不要说干点儿实事儿了。没有健全的管理系统和真正的平等竞争机制，我想大多数留学生不会选择马上回国创业。"

2001 年 5 月 14 日，国务院教育部、科技部、财政部、人事部和公安部等有关部门联合出台了《关于鼓励海外留学人员以多种形式为国服务的若干意见》。其中规定对在华任职的留学归来人员中的外籍高科技、高层次管理人才可以提供入出境便利。对需多次临时入境人员，可根据实际需要发给"F"签证或者"Z"签证；对申请在华定居

（包括其配偶、未成年子女），可批准同意发给永久有效的外国人居留证。王辉耀教授认为，这项规定立意非常好，但实施起来难度却非常大。第一个问题是如何对高科技和高层次管理人才进行界定；其二忽略了私有企业招聘引进海外留学人才回国工作的人才需求。中国对高层次人才身份的确认，由教育部的中国留学服务中心承办，主要承认六类高层次外籍留学人才：1. 被国内高校或科研院所聘为校级或院所领导职务，被聘为正副教授或正副研究员的留学人才；2. 与国内高校或研究单位签有 1 年以上执行其教学、科研、学术活动合作协议需要经常回国的留学人才；3. 在国内企业或在国内本人创办的公司担任高级管理（副总经理以上职位）的留学人才；4. 执行中央和地方政府与国外签署的国家级科研项目、重点工程协议的留学人才；5. 来华投资数额为本地投资数额中上线的留学人才；6. 赴西部地区从事教学、科研和创办企业等为国家西部开发战略服务的留学人才。

但是，任何一个国家人才竞争的主体都有两个，一个是政府，一个是企业等民间组织，其中尤其大型私营企业也需要高层次的科研人才，但因为这类人才不是副总经理以上高级管理人才，也与国内高校无任何关系，就完全可能被拒办。而且为了办一个长期回国签证，就要先找到接受单位，还要符合规定的高层次，再跑到留学中心服务进行资历认证，手续也比较繁琐。

王辉耀教授进行比较分析后指出：美国规定任职于高等教育机构、非赢利性研究机构、政府研究机构以及获得美国高等教育机构硕士以上学历的外国公民都可以不受 H1B 签证名额限制。而中国则规定被国内高校或科研院所聘为校级或院所领导职务，被聘为正副教授或正副研究员的留学人才，或与国内高校或研究单位签有 1 年以上执行其教学、科研、学术活动合作协议需要经常回国的留学人才，才能发放签证。中国比更具有接触人才吸引力的美国的条件限制还要苛刻十倍，显然门槛过高。

美国对移民加拿大的中国护照持有者都可以给予 10 年期的多次往返签证；马来西亚政府政策规定凡申请回国服务的留学生，均可在半年内获得永久居留证，不用再签证，还对其配偶及子女发放永久居留证。王辉耀教授认为中国应该考虑对原籍中国的留学人员采取直接简化的签证政策，凡申请回国的留学人员，均可获得长期居留和多次往返签证。

三、绿卡问题及对策建议

永久居留资格是一国政府根据本国法律规定给予符合一定条件外国人在本国居留而不受期限限制的一种资格。外国人在居留国享受永久居留资格的合法身份证件，就是人们通常所说的"绿卡"。随着经济全球化的进一步发展，以及中国改革开放进一步深入和社会主义市场经济体制的建立与完善，中国也迫切需要外籍高层次人才来中国投资经商，从事科技文化事业。同时，一些外国籍高级人才也迫切要求在中国永久居留，从事他们所热爱的事业，享受他们所喜爱的居住环境。

2004 年 8 月，中国出台了正式的绿卡制度，经中国国务院批准，8 月 15 日，公安部部长周永康、外交部部长李肇星联合签署第 74 号令，正式发布施行《外国人在中国永久居留审批管理办法》。公安部新闻发言人郝赤勇表示，《外国人在中国永久居留审批管理办法》的发布施行，是中国政府适应全球化的形势，规范外国人在中国永久居留制度的一项重大措施。其中资格要求有：1. 在中国直接投资、连续三年投资情况稳定且纳税记录良好的；2. 在中国担任副总经理、副厂长等职务以上或者具有副教授、副研究员等副高级职称以上以及享受同等待遇，已连续任职满4年、4年内在中国居留累计不少于3年且纳税记录良好的；3. 对中国有重大、突出贡献以及国家特别需要的人才。

从申请绿卡规定来看，条件还是相当高，北京出入境管理处的外国人签证处副处长沈顺今曾分析过申请的难度：第一，如律师事务所不属于企业范畴，难以申请；第二，企业在华办事处、代理处的首席代表，不属于独立企业的高级管理人员。即使既在工商局注册的企业任职，又是总裁、副总裁职务，但企业的类型，如果不属于高新技术企业、《外商投资产业指导目录》规定的鼓励类外商投资企业、外商投资先进技术企业、外商投资产品出口企业这四种类型之一，或任职不满4年的，仍不能申请绿卡。同时，投资类绿卡的门槛过高，以北京为例，鼓励类企业的投资额要求在50万美元以上；证明属于鼓励类企业，还需要有国家发展和改革委员会出具的证书；其他类投资额要求在200万美元以上。而且，投资额不能是所在企业的注册资金，必须是申请人的个人投资。

王辉耀教授认为这虽是一个空前开放的突破，但不仅条件太高，还忽略了一些重要群体。绿卡制度并没有为原籍中国的海外留学生或移民制定特别方案，没有考虑到在国外工作很多年、具有高专业技能、但在国内工作4年以下的留学人员如何更方便申请绿卡。另外，对于在中国学习的外国留学生也没有特别规定。国外一般要求直接投资或创造10个就业岗位即可居留，新加坡的商业入境证甚至可以凭商业计划申请居留两年，一般都是先认证，再发绿卡，最后经营企业。而中国则要求连续三年投资情况稳定且纳税记录良好，这意味着外国人先认证，并经营三年企业，才可能发绿卡。因此，四年来只有极少数外国人获得绿卡，没有起到吸引国际人才的作用。

同时，因为中国不承认双重国籍，相关政策没有为原籍中国的海外留学生或移民制定特别方案，没有考虑到在国外工作很多年、具有高专业技能、但在国内工作4年以下的留学人员如何更方便申请绿卡。2008年6月5日，美国民主党和共和党两名参议员联合提出"绿卡直通车"草案，就表示"要确保美国在科技产业方面的竞争力，就需要确保未来的创意工作者能在美国学以致用，而不是在海外与美国竞争"，要达成这个目的，最好的方法就是向有机会在美国开展事业的外国人才包括留学生直接授予绿卡。

王辉耀教授指出，在全球化时代，世界各国都在争夺高层次人才，其他国家或地区的绿卡制度无形中与中国也处于竞争状态。政策越是合理，才能越多地引进人才。中国需要改善一些绿卡规定，以便在全球人才市场争夺自己需要的人才。为此，王辉耀教授建议：1. 绿卡制度采取更为开放的政策，采取积分制，不一定申请前就已在申请国工作过。在中国工作过可以加分，有工作聘请可以加分，国外相关工作经验也可以加分，不能"一刀切"地限定必须在中国工作4年以上居留且累计不少于3年。2. 在目前没有双重国籍的政策之下，针对原籍中国的留学生与华人应该开通"绿色通道"，凡是曾拥有过中国国籍、各项记录良好的华人都简化认证与审批等手续，可以发放永久居留证，或者发放与港澳通行证和台胞证类似的旅行证件，而不需要进行繁琐的身份认证和收取各种手续费。3. 开放中国国籍给愿意申请来华定居或工作的外籍人才。移民和给予所在国国籍是当今世界各国用来吸引人才的普通手段。中国经济实力增强，各方面条件日益改善，开放外籍人才移民和国籍可以逐步成为吸引国际人才的重要人才战略，也只要开放移民，才能真正实现全世界人才"为我所用"。[1]

第六节　程希研究员对留学政策与侨务政策相互关系与比较的研究

按照国际惯例，"移民"主要分为家庭团聚移民、留学移民、技术移民、投资移民、劳务移民、政治移民6种。中国社会科学院发布的"2007年全球政治与安全报告"显示，中国大陆海外移民人数已经达到3500万人，成为全球最大的移民群体。[2]

在中国的国际移民中断二十余年后，1978年以后留学生的大量派出使中国得以与国际移民链的续接成为可能，留学活动成为中国人大规模走出国门的主要渠道，留学生也成为中国新一轮国际移民的先行者。其后，才有"连锁"或"滚雪球"式的依据移民配额优先和计分制等常规或传统移民方式更大规模出国定居的中国大陆移民。也正是在中国政府于1992年宣布实行"支持留学，鼓励回国，来去自由"的出国留学新方针后，通过留学途径定居国外的新移民被纳入了中国侨务部门的视野。此后，基于侨务资源可持续发展的认识，侨务工作的重点也不断转向以留学人员为主体的新移民。然而，留学人员是传统侨务工作对象的扩展和延续吗？留学政策和侨务政策又有着怎样的关联与不同？这种关联与不同又意味着什么？等等。对此，长期从事中国侨务政策研究、较早涉足出国留学政策研究领域并成果颇丰的中国华侨华人历史研究所程希研究员，在《东南亚研究》2008年第3期上发表了《"体制外"的增长与"体制内"的导向：从身份认定看中国留学生政策与侨务政策的关系》。文章在概述和评估有关中国改革开放以来留学生派出及回国政策的同时，以"身份认定"作为探讨政策导向及其预期目标和影响所在的基本出发点，对出国留学生政策与侨务政策之间的关系进行了深入和严谨地考察：

一、出国留学生政策对侨务政策产生重要影响

中国赴海外留学生的规模是引人注目的，中国的侨务政策是独特的。留学人员作为有着较强跨国"流动性"和"新一代海外关系"的群体，以及潜在或可能的移民，对侨务

---

[1] 王辉耀：《当代中国海归》，发展出版社2007年版；王辉耀：《海归时代》，中央编译出版社2005年版。
[2] 姜智鹏：《中国大陆海外移民人数达到3500万人，成为全球最大的移民群体》，《新华每日电讯》2008年7月13日第6版。

政策产生了重要影响。传统侨务政策的对象是华侨和华人，以及归侨、侨眷。其中华侨华人属于对外侨务工作范围，归侨、侨眷属于国内侨务政策范围。据中国侨联主席林兆枢2005 年接受记者专访时称，中国现有归侨侨眷总数达 3400 多万人，其中归侨有 106 多万人，在这 106 多万归侨中又约有 16 万人是改革开放后出国侨居又归来的"新归侨"。此外，2008 年在海外的华侨华人总数约有 3750 万，以其中 80% 的人已取得或加入外籍来估算，那么华侨人数约有 700 多万。如果上述数字基本可靠的话，那么就意味着国内侨务政策的覆盖面约有 4000 多万人，即归侨侨眷 3400 多万人与华侨 700 多万人之和在中国总人口中的比例约为 3%。

另据教育部 2008 年 4 月初公布的统计显示，从 1978 年到 2007 年底，中国各类出国留学人员总数达 121.17 万人，留学回国人员总数达 31.97 万人。以留学身份出国，目前在外的留学人员有 89.20 万人。其中 65.72 万人正在国外进行本科、硕士、博士阶段的学习以及从事博士后研究或学术访问等。

身份认定是评估政策导向及其预期目标和影响所在的基本出发点。从具体政策的实施对象来看，留学人员与华侨，留学回国人员与归侨，以及侨眷的概念，在法律定义与政策定义两个方面既有着交叉重叠，又有着分歧差异。

二、"华侨"的法律定义与政策定义

从法律定义来看，华侨是指定居在国外的中国公民；归侨是指回国定居的华侨。从政策定义来看，根据 1984 年修订的《关于华侨、归侨、华侨学生、归侨学生、侨眷、外籍华人身份的解释（试行）》，华侨在国外定居是指已取得所在国的居留权，或虽未取得所在国的居留权而事实上已在当地居住谋生。[①] 同样，根据国务院侨办 2005 年 11 月发布的《关于对华侨定义中"定居"的解释（试行）》，[②] 华侨有两类人，一是取得国外长期或永久居留权的中国公民，二是虽未取得长期或永久居留权，但已取得住在国连续 5 年（含 5 年）以上合法居留资格，并在国外居住的中国公民。

根据政策定义，出国留学生，无论公派还是自费，在外学习期间均不被视为华侨，因公出国人员（包括劳务人员）在外工作期间，也不被视为华侨。但"出国留学生，如已在国外定居或毕业后就业的是华侨，他们回国后可享受归国华侨待遇。"[③] 其实，从法律定义的要求来看，留学生，特别是自费留学生，似乎应该更符合"华侨"的条件。许多自费留学生在国外多是半工半读，特别是在 1980 年代下半期至 1990 年代上半期赴美国、日本、澳大利亚的"留学热"中出国的自费留学生，他们拿到硕士、博士学位都需要少则三

---

① 《国务院侨办印发〈关于华侨、归侨、华侨学生、归侨学生、侨眷等身份解释（试行）〉的通知》，《侨务法规文件汇编（1955—1999）》第 153 页。

② 《国务院侨办印发〈关于对华侨定义中"定居"的解释（试行）〉的通知》，2005 年 11 月 8 日，《侨务法规文件汇编（1999—2006）》第 10—11 页。

③ 《国务院侨办侨政司复关于自费留学人员归国后是否享受归侨待遇的问题》，《侨务法规文件汇编（1955—1999）》第 154 页。

五年，多则七八年的时间。因而，关于"华侨"的政策定义实际上比"华侨"的法律定义缩小了。

然而，对于老归侨的政策定义却又是与关于华侨的法律定义精神趋同的。根据国务院侨办1992年的认定，具备下列条件之一者，即是华侨：（1）本人档案中有1949年前在国外工作（国民党政府外派人员除外）一年以上的记录；（2）1949年前出国的留学生，本人档案中有在国外从事研究、教学、半工半读连续工作一年以上的记录；（3）本人档案中有1949年以前在国外（不包括港澳）从事海员一年以上的记录。① 如果第二条也适用于1949年以后，特别是改革开放以后出国的留学人员的话，那么，无庸置疑，应该有更多的留学生，特别是自费留学生，回国以后可以享受归国华侨待遇。但我们现在看到的，有相当一部分留学生回国后享受的是对于归国留学人员的优惠政策。

那么归侨政策与归国留学人员政策之间究竟有什么样的差异呢？总体来说，归侨政策主要是基于这一群体在国内的竞争劣势或原有的政策思维而给予的"照顾"政策，即主要是在"一视同仁，不得歧视；根据特点，适当照顾"的方针下，国家根据"特殊需要"（如在国际处境不利的情况下，国家需要通过侨务工作作为外交和外贸活动的必要补充）给予特定群体"特殊待遇"；是特殊利益的扶持，其主要特征是"照顾（弱点）"。而归国留学人员政策则是着眼于他们的竞争优势或对这一优势的期待，引导他们以在"体制外"的增长所获得的优势，服从于国家发展的优先需要，更多地体现了一种希望他们以"体制外"的增长报效国家和（基于市场经济基础）公平竞争的导向，即以"利用（优势）"为主。

三、"侨眷"的法律定义与政策定义

关于"侨眷"的定义也同样有着法律定义和政策定义的差异。根据《中华人民共和国归侨侨眷权益保护法》，"侨眷"是指华侨、归侨在国内的眷属，包括：华侨、归侨的配偶，父母，子女及其配偶，兄弟姐妹，祖父母、外祖父母，孙子女，外孙子女，以及同华侨、归侨有长期抚养关系的其他亲属。该法于1990年9月7日由第七届全国人民代表大会常务委员会第十五次会议通过，后又于2000年10月31日由第九届全国人民代表大会常务委员会第十八次会议修正，但关于"归侨"、"华侨"、"侨眷"的定义并未有变化。

然而，在具体政策中可以看到，"侨眷"的定义又有所扩大了。如，1988年7月5日，国务院侨办教育司、国家教委外事司联合印发的《关于自费出国留学有关问题的补充通知中"对象问题"的解释》中，② "侨眷"的范围扩展至孙子女和外孙子女的"配偶"，兄弟姐妹的"配偶"，乃至兄弟姐妹的"子女及其配偶"。据此，1989年2月15日，国务

---

① 《国务院侨办关于确认归国华侨身份的复函》1992年8月28日，《侨务法规文件汇编（1955—1999）》第154页。

② 国家教委留学生司编：《出国留学工作文件汇编（1978—1991）》第619、626页，群众出版社1992年6月第1版。

院侨办和国家教委又联合印发了《关于对申请自费出国留学的归侨、侨眷不收培养费等问题的通知》，①《003 号通知》称，根据国家对归侨、侨眷适当照顾的政策，对属于［87］侨教字第 08 号文件、即 1987 年 6 月 6 日国务院侨办和国家教委联合印发的《关于归侨、侨眷自费出国有关问题的补充通知》中规定的归侨、侨眷照顾范围的人员，各高等院校不收取"培养费"或"教育费"。《08 号通知》将"归国华侨、国外华侨、香港、澳门、台湾同胞和外籍华人"（六类人员）在国内或内地的子女、亲兄弟姐妹及其子女（含配偶）列为照顾对象；照顾的原则是：属上列对象，不论是在校本专科学生、应届毕业班学生或在校研究生（研究生招生时，有关学校规定不能中途自费出国者除外），只要取得正当可靠的经济担保书和入学许可证书，均可申请自费出国留学。

1990 年 1 月 25 日，国家教委印发并于 2 月 10 日起施行了《关于具有大学和大学以上学历人员自费出国留学的补充规定》及其《暂行实施细则》，② 规定上述六类人员的直系眷属，即配偶及子女、孙子女和外孙子女（均含配偶），自费出国留学可免除服务期并免交培养费；非直系亲属，即亲兄弟姐妹及其子女（均含配偶），在偿还学习期间国家负担的培养费后免除服务期，可申请自费出国留学。

同历史上的情形一样，侨务政策在中国国际处境不利时，其作用尤为突显。"六·四"风波以后，侨眷规模的扩大从这一意义说，是侨务政策在中国改革开放进程遭遇困难曲折时，再一次起到了缓和中国国内外矛盾的积极作用。

四、"侨眷"的法律定义及其由来

其实，1990 年才开始出现的"侨眷"的法律定义本身，已经是将具体历史条件下侨务政策的实施对象，也即政策定义予以扩大了。

1957 年 12 月中侨委颁发的《关于华侨、侨眷、归侨、归国华侨身份的解释》规定，有下列情形之一者为侨眷：（1）华侨在国内的配偶和直系亲属；（2）华侨在国内的旁系亲属和义父、母、子、女，其生活来源经常依靠华侨接济者；（3）华侨在国内的旁系亲属，虽不依靠华侨的接济为其生活主要来源，但与华侨未分家者。

特别值得注意的是，该解释对侨眷身份的消失进行了规定：原为侨眷，如因华侨在外死亡或已归国而失去上述三项构成侨眷身份条件的，原则上其侨眷身份即已消失。该解释还对归侨的配偶及亲属是否算侨眷做了严格的限定。

根据该解释，归侨在国内结婚的配偶，只有具备下列条件之一者，才算侨眷：（1）配偶本人具有上述构成侨眷身份的条件之一者；（2）归侨再出国者；（3）归侨的直系亲属仍侨居国外者。此外，归侨从国外带回的配偶及其他亲属，如果是中国人，应当是归侨；

---

① 国家教委留学生司编：《出国留学工作文件汇编（1978—1991）》第 619、626 页，群众出版社 1992 年 6 月第 1 版。

② 国家教委留学生司编：《出国留学工作文件汇编（1978—1991）》第 633—639 页，群众出版社 1992 年 6 月第 1 版。

如果是外国人或无国籍人，只有在加入中国籍后，归侨再出国或归侨的直系亲属仍侨居国外的情况下，才算侨眷。

1957 年规定具有侨眷身份者，只限于华侨在国内的配偶及其直系亲属，其他人要取得侨眷身份必须有赡养和抚养的条件。显然，侨务政策中对于侨眷的最初定义，完全是着眼于具有实质性联系、特别在经济方面的"海外关系"，并以此为根本认定标准的。这在中国建国初期，外交和外贸因遭遇封锁而打不开局面的历史条件下，可以说是有其现实合理依据的，那就是（1）中国需要保持与海外华侨华人的联系，来维系当时不多的对外沟通和交流的渠道；（2）需要争取海外华侨华人的向心力，来树立良好的国家形象，证明新政权建立的合法性和正义性；（3）需要稳定和增长的侨汇，来支持国内的经济建设。

目前侨眷法律定义的扩大，源于国务院侨办 1984 年 6 月 23 日印发的《关于华侨、归侨、华侨学生、归侨学生、侨眷、外籍华人身份的解释（试行）》。[1] 该文件修订了原中侨委于 1957 年对侨眷的认定规定，将侨眷的范围定义为华侨在国内的配偶、父母、子女（含儿媳、女婿）、兄弟姐妹、祖父母、外祖父母、孙儿孙女、外孙儿外孙女、抚养人和生活主要来源依靠华侨的其他亲属，也就是在 1957 年规定的侨眷范围外，增加了华侨在国内的儿媳妇、女婿、兄弟姐妹、祖父母、外祖父母、孙儿孙女、外孙儿外孙女，而且华侨回国后上述亲属依其取得的侨眷身份也不丧失。外籍华人在华的具有中国国籍的眷属，与侨眷范围相等同（享受侨眷待遇）。

应该说，上述修订从当时所面临的国内政治形势和海外侨情来看，也是情有可原的。从国内来看，当时正值中国拨乱反正之际，一大批并非华侨的直系亲属却因有海外关系而在"文革"十年动乱中遭受迫害的人，亟待落实侨务政策，而这些人并不都是 1957 年规定的侨眷范围，因而按 1957 年规定的对象去落实侨务政策就很难进行。另外，在中国推出改革开放政策的形势下，中国也亟需借助这些血缘或亲情关系远近疏密不等，但确实有着各种各样"海外关系"的侨眷重新建立和扩大"海外关系"，将四个著名的经济特区深圳、珠海、汕头、厦门均设在原来的重点侨乡广东和福建两省，其主要意图也在于此。

从海外来看，自 1955 年中国宣布不承认"双重国籍"后，随着海外华侨社会"落地生根"的变化发展，绝大多数华侨已加入或自动获得所在国国籍，而在改革开放后出国的"新移民"又尚未形成规模。因而，这一时期扩大侨眷范围有其必要性，符合中国改革开放对于侨务工作的现实需要。如留学生的扩大派遣，需要早年归国的老留学生（归侨）帮助联系派遣渠道，需要在国外的老留学生（华侨华人）招收中国留学生或提供经费资助。这已成了中国留学教育史在改革开放初期独具特色的景观。[2] 又如，中国在改革开放初期的招商引资，即开创以出口为导向的工业化和以外资带动经济增长，需要侨乡的"示范作用"，需要利用海外华商已形成的国际商业网络，作为中国融入全球

---

① 《侨务法规文件汇编（1955—1999）》第 153—154 页。

② 程希：《当代中国留学生研究》第 36 页，香港社会科学出版社有限公司 2003 年版。

化的捷径。①

五、新的历史条件下侨务政策对自费出国留学政策的影响

1984 年在侨务政策的具体实践中被扩大的侨眷定义，最终成为了侨眷身份的法律定义。这一定义中最为引人注目和存在争议的一点，就是不仅华侨在国内的眷属是侨眷，归侨在国内的眷属也是侨眷。这一点不仅有悖于侨务工作着眼于这一群体"海外关系"的初衷，随着拨乱反正工作的结束，也越来越丧失其现实合理依据，并且在新的历史条件下，对社会发展显示出一定的负面影响。

如 1989 年 2 月，国侨办和国家教委联合印发《关于对申请自费留学的归侨、侨眷不收培养费等问题的通知》后，由于采取各种手段获得侨眷身份的人员鱼目混珠，国家教委不得不于次年 1 月印发的《关于具有大学和大学以上学历人员自费出国留学的补充规定》及其《暂行实施细则》、即 014 号文件中，在重申对归侨、侨眷等"六类人员"给予"照顾"的同时，强调对其身份要进行核实，须提交六类人员在境内、外定居的有效证件的复印件和直接负担申请人全额经济资助的证明，由所在地的省、自治区、直辖市一级侨务部门或台办对其侨眷身份按有关要求进行核实。尽管如此，仍然有采取不正当手段办理上述六类人员的"直系眷属关系证明信"以逃避服务期限制，或采取不正当手段办理上述六类人员的"非直系眷属关系证明信"以逃避交纳"自费留学培养费"的现象出现，致使"六类人员"数量不正常增加，影响了相关政策的正常执行，同时也侵犯了"六类人员"的正当权益。

上述被称为 014 号文件的《补充规定》及其《暂行实施细则》在实行了两年半后，国家教委于 1993 年 7 月 10 日印发了《关于自费出国留学有关问题的通知》和对执行该《通知》的"说明"，自 1993 年 8 月 10 日起施行；并明确表示"过去发布的文件与本通知不一致的，以本通知为准。"实际上是废止了 014 号文件。该通知对归国华侨、国外华侨、香港、澳门、台湾同胞和外籍华人的直系亲属与非直系亲属的照顾全部取消。

六、留学生政策对侨务政策合理理念的继承

随着中国整体国力的迅速提升和社会进步的日益明显，在科学发展观和构建"和谐社会"理念的推动下，侨务政策越来越倾向于"一视同仁"而非强调"特殊"和"照顾"，侨务工作也越来越顺应公平、平等的社会发展趋势而非导致或服务于"特殊利益"集团。这是宏观发展形势使然，也是政策本身不断调整、完善的结果。

1993 年 7 月国家教委经国务院批准取消了自费出国留学政策中对侨眷的照顾后，曾引起国内外侨胞较大反响。2003 年初，教育部经国务院批准就简化大专以上学历人员自费出

---

① 程希：《侨务与外交关系研究——中国放弃"双重国籍"的回顾与反思》第 293—294 页，中国华侨出版社 2005 年版。

国留学审批手续印发了最后一份通知，① 完全取消了自费留学的服务期和培养费政策，就是从原来的一律要交"培养费"，变成一律都不用交"培养费"了。这是中国为履行入世后在教育领域实现"自然人流动"，推进国际间教育贸易往来，鼓励公民自主选择教育而采取的举措之一。

又如，《中华人民共和国归侨侨眷权益保护法》经修改后，虽然在原第十一条新增了"各级人民政府应当对归侨、侨眷就业给予照顾，提供必要的指导和服务"（该条修改后为第十四条），但其修改后的实施办法却去掉了原办法中第十五条所表述的内容，即"国家机关、社会团体和国有企业事业单位招用职工时，在同等条件下，应当优先录用归侨学生、归侨子女和华侨在国内的子女。"类似这种对归侨侨眷照顾性规定的不断取消，说明传统的侨务政策正越来越向着"一视同仁"的趋势发展。

程希研究员认为，中国加入世界贸易组织的努力和这一目标的实现，一方面是在"国民待遇"的理念下促使侨务政策日趋"一视同仁"的外部动因，另一方面也是中国留学生大规模增长的动因之一。入世意味着中国更大规模和更深层次上的与国际接轨，意味着中国需要熟悉"游戏规则"和参与游戏规则的制定，意味着中国因这一契机而处于大规模"用人之际"。为满足这一需求，在政策的引导下，中国留学生的派出与回归都在努力向"高端人才效应"发展。如在派出方面，2004 年启动了"高层次创造性人才计划"，2005年提出了公派留学工作"三个一流"的指导原则，即"选拔一流的人员，派到一流的院校、专业，师从一流的导师"；在回国政策方面，先后发布了《关于鼓励海外高层次留学人才回国工作的意见》（2000 年）、《关于在留学人才引进工作中界定海外高层次留学人才的指导意见》（2005 年）、《关于建立海外高层次留学人才回国工作绿色通道的意见》（2007 年）等等。

目前，中国侨务工作仍然有着两个层面的目标，其一是为了有利于华侨华人在当地（归侨在国内）更好地发展，其二是为了更有效地利用这一因"跨国经历"而具有特殊价值的群体。从这两个目标来看，留学人员政策在一定程度上体现了原有侨务政策思路的延续及其在新的历史条件下的发展，那就是在政策层面上尽可能地缩小"照顾"的范围，和尽可能地在"体制内"利用和发挥其在"体制外"获得的优势。虽然从中央到地方，各种针对归国留学人员的优惠政策五花八门，不胜枚举，但实际上基本是大同小异，主要在于引导和鼓励创业，促进跨部门、跨机构和跨地域流动；对于在"体制内"的就业竞争，则力图导向公平的竞争，虽也有倾斜，但强调的是有着突出"体制外"资源和优势的"高层次海外人才"或"优秀归国留学人员"，即能给"体制内"带来利益和推动"体制内"发展的精英。应该说，这一政策理念是符合中国国家发展需要和有利于平衡"体制内"各社会群体利益（社会心理需求）的。

现有留学人员政策最大的现实依据是：（1）引导和培育创新能力，为发展市场经济注入新的动力；（2）尽可能地、尽快地与世界先进水平、高新技术接轨。这是民众社会心理

---

① 2003 年 2 月 12 日印发的《关于简化大专以上学历人员自费出国留学审批手续的通知（教外留［2003］1号）》，中国教育和科研计算机网。

普遍都能认同和接受的。但鉴于留学人员是精英群体，本身（或被认为）具有"体制外"的优势，故政策不能过于倾斜，因而，对于他们更多的是"贡献"和"服务"的期待。

中国于 2004 年 8 月 15 日发布的《外国人在中国永久居留审批管理办法》，主要是以引进国家特需人才以及引导外资流向国家鼓励产业和开发中西部地区为原则的，对已加入外籍的中国留学人员回国定居并无特别优待。正因如此，在人事部等 16 个部门于 2007 年 3 月 30 日联合印发的《关于建立海外高层次留学人才回国工作绿色通道的意见》中，对此采取了相对更灵活的办法："需长期居留的，可申请办理 2 至 5 年的《外国人居留许可》；需多次临时入境的，可申请办理 2 至 5 年长期多次 F 字签证。"获得在华居留权的这一高门槛，一是与关于"华人"的法律定义相一致的，二来也不无对留学"精英"以其在"体制外"获得的优势做出贡献的期待。当然，这显然也具有促进他们跨国"流动"的政策用意。有关留学人员回国政策的不断调整实际反映出了使留学人员回国由"难"到"易"的过程，以及中国政府在人才流动的"准入"许可方面，不断削弱"体制内"的"排异反应"（或"排斥因素"、"推力"）和增强留学人员发挥精英作用"便利性"的变化。虽然有关留学人员的特殊政策在短期内有可能也会成为加剧中国社会不公的因素之一，但从长远来看，这是顺应知识经济时代的发展，为培养精英，并希望通过精英的引领来带动社会和人的全面发展而必须付出的代价或社会投资。

"支持留学，鼓励回国，来去自由"的留学政策十二字方针，也有相当部分是与侨务政策的精神一脉相承的。新中国成立后，大量华侨学生回国求学，当时有关侨务政策的规定是：华侨学生在各级各类学校学习期满后，根据"来去自由"的政策和本人的志愿和条件，可以返回原侨居地，也可以留在国内继续升学，或者区别不同情况安排适当工作。1962 年之前，侨务政策中还一直有"欢迎华侨回国定居"的提法，而留学政策十二字方针中的"鼓励回国"与这一提法可谓是异曲同工。

在 1994 年之前，留学人员临时回国入境时，需要验血检疫，被称为"临门一针"。1994 年卫生检疫总局发出《关于进一步贯彻国办［1992］44 号文件的通知》，指出"对留学人员临时回国，与外国人、外籍华人、华侨和港澳同胞入境时一视同仁，不宜有不同的做法。而从 2007 年 1 月 1 日起，中国公民回国已可免填"入境卡"。从"临门一针"到中国公民回国免填"入境卡"，是顺应中国人口国际流动发展形势的明智之举，是中国日益融入世界和与国际接轨的可喜现象，也意味着彻底打破了传统侨务政策中对"化外之民"另眼相待的潜意识。

侨务政策的发展趋势及留学生政策对侨务政策合理理念的继承，反映出中国一方面应对新的侨情发展形势（侨务资源迅速膨胀的形势），以"归国留学人员政策"和"回国（来华）定居工作专家政策"延续和发展原有侨务政策的思路，另一方面，不断缩小原有侨务政策的"照顾"范围，又反映出政策寻求现实合理依据和力图导向社会公平的努力。为了继续吸引中国留学生和帮助他们就业，特别是使他们能够符合享受中国有关吸引留学人员回国的政策和归侨的政策所需要的条件，目前中国留学生的主要目的国都推出或放宽了打工许可以及毕业后带薪实习的规定。如英国自 2007 年 5 月 1 日起针对中国留学生推出了"国际毕业生计划"，规定取得任意专业学士或学士以上学位的留学生毕业后可在英国工作一年，留学生打工时间也由原来的 15 个小时提高到 20 个小时。其他国家也有一些类似的政策：美国于 2008 年 4 月 4 日发布新规定，允许持有科学、技术、工程学及数学四类学位的外国留学生，将实习期（OPT）从原来的 12 个月延长至 29 个月。[1] 法国于 2007 年 8 月 26 日实施的新移民法规定，赴法攻读硕士及以上学位的留学生第二年起可获得多年居留证，留学生毕业后可在法国多停留 6 个月用来找工作，而且在读留学生无需申请工作许可即可从事每周不超过 21 个小时的工作；在此之前，则是留学生未经许可不得打工，毕业后必须回国。[2] 这是值得注意的动态。

七、留学生政策与侨务政策的基本走向与趋势

无论对于留学生还是华侨，以及"海归"或归侨、侨眷，当代中国的留学生政策和侨务政策都体现了尽可能发挥这两类人员作用的意图和一种负责的态度。中国现有的留学政策传承了传统侨务工作的合理理念，那就是将"体制外"的增长和优势，转化为"体制内"的积极因素和推动力，它们都将是一定历史阶段的产物，将不断走向和为最终实现社会公平和公正而努力。留学，是中国改革开放进程的见证，是中国改革开放最需要和最能接受的组成部分，人们也更期待它最终将会是使中国改革开放出现更深刻变化的力量。如留学回国人员万钢和陈竺在 2007 年分别出任科技部部长和卫生部部长，在中国引起广泛关注，或许就是这一期待的最新反映。

中国的留学生政策基本是从国家利益出发的，但兼顾了精英群体发展的需求。从国家利益着眼，这是中国争夺人才的战略举措，与目前国际上主要西方发达国家吸引人才的通行做法在本质上是一致的。从全球化背景下人力资源的配置调整来看，中国是以"体制内"有限的"特权"——主要是加速这一群体在"体制内"社会地位的提升为吸引，来参与国际人力市场的竞争，增加了国际人力资源流动的机会选择。这对于中国、人才流动的目标国以及留学人员这一群体来说，都是无可厚非，并且有其积极意义的。最显著的意义是迎合了精英人才跨国流动的需求，与"体制内"温和渐进的改革进程大体相符，同时又反过来促进了人才的跨国、跨体制、跨地域流动。中国留学生政策所以能取得成效，从宏观上说是得益于全球化的发展和中国的开放，以及中国因此而获得的经济增长和国力提升。从留学政策的演变来看，这一政策秉承了侨务政策"不得歧视"、"适当照顾"所体现出的自由和宽容的精神，基于国家"特殊需要"而给予群体"特殊待遇"的原则，在一定历史条件下，这一待遇的给予是为了国家利益的获得和惠及其他群体；并且，这一政策也进一步增强了侨务政策"一视同仁"方针所体现出的公平和公正导向。

政策都是着眼于宏观和长期的考虑，但其影响往往是局部的、一定时间内的，因而它常常又是易变的。然而，只要有政策倾斜，就会有社会（心理）不平衡。虽然对留学回国

① 《美国利好新规：留学生实习期延长至 29 个月》，http://ielts.hjenglish.com/page/35587/。
② 《留学新风向：海外高校打"就业牌"吸引中国生源》，http://news.xinhuanet.com/overseas/2007—07/18/content_639157.htm。

人员政策的导向是创业和专家级人才，但还是因此而形成了一定的群体分野和出现了一些政策漏洞。如"绿色通道"的政策考虑，显然暗示了"体制内"仍存在一定吸纳和安置回国留学人员的障碍。国内有关媒体在报道有关人事部发布《留学人员回国工作"十一五"规划》的消息时，突出的也是"中国将建立海外高层次留学人才回国工作绿色通道，旨在畅通渠道，重点引进急需紧缺人才。"① 从"绿色通道"、"畅通渠道"这样的用语，不难体会出中国在吸引留学人员回国工作方面仍有"阻力"、"阻碍"或者说是"排异反应"存在。近年来，一些留学人员被高薪和其他优厚待遇聘请任职后，又很快被解聘，也不无"排异反应"的因素。特别是当作为人才引进的留学人员没有给"体制内"带来所期待的利益时。

适当的"特殊优惠"和激励措施是必要的，但对于吸引留学生回国，未必就是最重要的因素。至少同样重要的是大学、科研机构、企业的软环境。换言之，优秀的制度比优惠的政策重要得多。但从中国现实的情况来看，优秀的制度又需要优异的人才来设计、推动和实现。中国培养人才的机制已经没有太大的问题了，但传统的人事制度在相当程度上束缚了人才的使用，一些不合理的体制也制约了人的创造性的发挥。从历史发展观来看，中国一代又一代派出留学生的过程，是中国不断地从封闭、半封闭走向对外开放的过程；中国一代又一代的"海归"们，架起了中国与世界发达国家沟通和联系的重要桥梁，筑成了引进西方先进科学技术和学术思想的快速通道。从经济的角度来看，"海归"们大大优化了中国的人力资本和人才市场结构，促进了中国市场与世界市场的融通，归根到底促进了中国生产力的发展。② 2006 年 12 月 25 日，《社会蓝皮书》的主编李培林教授在 2007 年中国社会形势分析暨《社会蓝皮书》发布会上说，"在中国分配制度快速变化，从比较平均的状况到收入差距拉开的情况下，很多人对于制度的公允性产生了疑虑。"因而，"不仅要注重分配结果的调整，也要建立一个机会公平、权力公平的制度。如果不能保证机会公平的话，你再去调整结果，使这个结果平均化，也不可能完全消除人民群众的不满。首先要建立起一个让大家觉得建立一个合理公正的制度才是最重要的。"③

第七节　王雪萍博士与本书作者关于中国
留学日本人才状况的研究

日本关西学院大学讲师王雪萍博士与本书作者合作研究，2008 年 6 月发表了《改革开放以来中国留日回国人才现状研究》的调查报告。④ 通过对相关文献和资料的分析与研

---

① http：//news3. xinhuanet. com/edu/2007—01/05/content_ 5567317. htm。

② 王辉耀：《海归时代》第 259 页，中央编译出版社 2005 年 1 月版。

③ http：//news. online. sh. cn/news/gb/node/node_ 12832. htm）（本节全部引自程希：《"体制外"的增长与"体制内"的导向：从身份认定看中国留学生政策与侨务政策的关系》，《东南亚研究》2008 年第 3 期。

④ 《世界教育信息》2008 年第 6 期第 88—91 页。

究，试图从宏观角度并在整体的把握上，就"改革开放以来中国留日回国人员发挥作用的状况"进行系统性考察。这份报告认为，中国政府吸引本国在外留学人员的政策是中国政府公共政策的重要内容之一，是国家决策层根据一定时期的价值标准与合理性原则，对本国在外留学人员实施服务、吸引、开发和使用的制度性规定。留日回国人才是整体留学回国人才群体中的重要组成部分；观察并研究留日回国人才的现状，对于考量和评价留学回国人才的群体状况与留学回国政策的综合效果具有重要的意义和作用。

一、1978—2006 年期间中国赴日留学人员的大致数据

据中国驻日使馆教育处透露，自 1978—2006 年初，从中国大陆到日本的各类留学生累计约有 15 万人，而完成学业后在日就职的约有 1 万多人，回国工作的约有 3 万多人；在日 12 万多外国留学生中约有 9 万多是中国留学生。另据统计，此期间内在全部出国留学人员中，赴日留学人员比例约为 16%；在全部留学回国人员中，留日回国人员比例约为 13%。

中国人赴日留学方式早已从改革开放之初的单一国家公派形式发展成为国家公费派遣、单位公费派遣、自费留学、日方经费等各类渠道留学的多样化格局。中国人赴日留学的学历层次，也从改革开放之初以进修生为主，逐渐形成进修生、本科生、硕士生、博士生、普通或高级访问学者等多层次的留学模式。赴日留学的学科领域从改革开放之初的工科类为主（约占 85% 以上），发展到理工、农林、医学、人文社会科学等各个领域；目前，学习人文社会科学学科的留学生已占在日中国留学生总数的 50% 以上。

二、中国留日回国人才基本数据

1978—2005 年期间，在日本完成学业且已回国工作的各类留学人员总量已有 3 万人左右，其中获得博士学位后回国工作的约有 6000 多人；他们工作在国家建设的各个领域，为促进中日间的理解、交流和合作发挥了桥梁作用。如教育部原副部长周远清从大阪留学后回国；青海省副省长马培华博士从日本理化所博士毕业后回国。

研究者根据有关文献资料记录和显示的数据综合统计，改革开放以来至 2005 年底期间，留日回国人员在全部留学回国人员中的比例约为 13%，列留美回国与留英回国数量之后；留日回国人员数量约占全部赴日留学人员总数的 20%（即所谓的留日"回归率"），低于同期从各国回国人数的总比例即回归率（25.77%），也明显低于 2003 年时的回归率（38.77%）；留日回国人员中具有博士学位者，约占全部留日回国人员的 27%。

三、留日回国人员社团组织现状

一个时期以来，在各级政府的积极推动与支持下，以聚集留学回国人员为基本功能的"留学人员联谊会"等半官方的社团组织或企业大量涌现；至 2007 年底时全国已大致建立

了约 60 个留学人员联谊机构和近 120 家"留学人员创业园"。

南开大学"中国留学教育研究中心"曾于 2007 年 3 月就"留日回国人员社团组织现状"进行过一次小规模的抽样调查。该项调查显示，此类社团组织主要集中在大城市。如在被抽样调查的 23 个社团组织中，北京市有 12 个，天津市有 7 个，山东省仅有 4 个。根据管理体制和经费来源区分，留日回国人员社团组织大致可以分为以下三种类型。

1. 具有事业单位性质的半官方、半民间社团有 9 个，占被抽查数的 39.13%。主要有欧美同学会留日分会、北京留学归国人员联谊会留日分会。其主要目的都是为了增进留日回国人员的联络和友情，为我国的现代化建设招商引资，并希望通过留学生社团为国内带来国外先进技术和科学管理经验以及为吸引国外资金创造有利的条件。这种类型的留学生社团人数较多。因有稳定的政府经费支持，社团能够经常开展各种社会活动，其影响面也较大。

2. 国内大学内的留学生联谊会共有 5 个，占被抽查数的 21.74%。如天津大学留学归国人员联谊会和中国政法大学留学归国人员联谊会较为典型。这种联谊会由同一学校的留学回国人员组成，其作用主要是支持这些留学回国人员的联络和交流以及开展与国外各高校的联系和交流。在这种社团中，留日回国人员的人数较多，力量也较为庞大，许多留日学者还成为这个组织的主要骨干。

3. 以日本各大学名义建立的各种同学会、同窗会、校友会共有 9 个，占被抽查数的 39.13%。如爱知大学同窗会、东北大学同窗会、中国九州大学同窗会、名古屋大学北京（中国北方）校友会等。这种同学会、同窗会和校友会主要由毕业于日本各大学的留学生组成，其人数相对较少，成员也不局限于一校或一地。其建立的目的主要是为了开展与原就读日本高校的联系与合作。另外，这种社团还得到日本高校的财政支持，如爱知大学同窗会天津支部，就曾得到日本爱知大学的经费支持。

四、中国留日人才在日就职与入籍现状

国际经济的快速发展，使世界各国都出现了对高层次人才的大量需求。日本在外国人接受政策方面也由原来的限制和排斥逐渐转变为积极地引进和吸收，并鼓励外国留学生毕业后在日本就职。日本政府为了促进本国企业与经济的发展，调整了外国人雇佣条件，使签证范围由原来的 12 种专业内容扩展到 26 种，从而更加强调为高新技术人才提供就职机会。日本政府于 2005 年 3 月 29 日发表的《第三次出入国管理基本计划案》则更加强调：要创造吸引外国优秀人才在日本定居的有魅力的生活环境和雇佣条件，一次性给予长期的在留资格，并促进他们定居、永住。

据中国驻日使馆教育处统计，截至 2006 年初，仅在日本获得博士学位的中国留学生累计已有 9000 多人，其中约 33.3% 已在日本就职。当时完成学业并已在日本就职的中国留学人员总数约有 1 万多人。2006 年，到日本企业就业的中国留学生比 2005 年有大幅度增加，达到约 8000 人。日本语教育振兴协会理事长佐藤次郎在"2007 年日语教学研讨会"上表示，日本将加大吸引中国留学生的力度，鼓励和支持在日本的中国留学生到日本

企业就业。

日本的经济近年来虽然逐渐复苏，但随着"少子化"及"老龄化"现象的日益严重，日本已经进入了大量引进海外人才的时代。据日本入（境）管协会 2007 年 8 月发布的《平成 19 年版在留外国人统计》显示，日本再度加大了吸引中国优秀人才的力度：在 2006 年度内被批准就职的外国留学生当中，中国留学生首次突破 5000 人，达到 6000人，创历史最高纪录；比 2005 年增加 1814 人，增长 43.3%；就职率占外国留学生就职总数的 72.5%，排名第一。另外，2006 年从中国直接到日本就职，并持有"人文知识、国际业务"及"技术"签证的中国人达到 4853 人，比前年增加 2161 人，激增了80.3%，也排名居首并创历史最高纪录。中国人于 2006 年在日就职者高达 10，853 人，首次单年就职人数突破 1 万人大关。上述两组数据在显示中日经济交流扩大现状、突现中国人才受到日本企业青睐的同时，无疑也加大了中国对留学人才外流的顾虑。有关专家分析称，中国的 IT 从业人员已经从美国或中国流向日本，今后还将有大批中国 IT 人才到日本创业；有关专家呼吁，"中国留学人才安全"面临的形势令人担忧。另据日本厚生省 2008 年 9 月 8 日公布的数据，由于调查方法有较大变动，截止 2008 年 6 月 31 日的统计显示，日本企业雇佣的外籍人员已经到达 338，813 人，其中中国人最多为149876 人，占 42.24%。[①]

在日就职的中国留学人员，相继在日本创立了学术团体和研究机构，并通过它们在科技、经济、教育和文化等领域为祖国服务。如：留日博士专家支援青海服务团、中国留日同学总会、全日本中国人博士协会、日本华人教授会议、在日中国科学技术者联盟、全日本华人汽车工程师协会、《留学生新闻》等华文媒体、全日本中国留学人员友好联谊会及各地区各大学的 110 多个学友会，都在为祖国建设和发展、为促进中日友好发挥着积极作用。

值得一提的是，2007 年 12 月 27 日，日本首相福田康夫在访华启程三个小时之前，特意于首相官邸接见了上述"日本华人教授会议"代表、知名学者、东洋学园大学教授朱建荣等 12 名在日就职的中国留学人员。这是日本首相第一次接见"华人教授会议"成员。福田首相向华人教授会议的会员表示："我对今后的中日关系感到放心。"华人教授会议代表向福田首相提交了一份《中日间"战略互惠关系"发展建议书》。内容包括：中日应深化和扩大政府间的交流，加强两国首脑的互访频率，促进政府间各种级别的交流，消除相互之间的威胁感，加强解放军和自卫队的交流；应设立共同基金，促进中国的环境、新农村计划以及食品安全；应促进研究、教育领域的共同发展；应扩大民间交流等五大方面的12 点建议。另外 2008 年在日本长野的北京奥运火炬传递活动中，在日中国留学生群起声援，其间所表现出来的道德素质也给日本人一个重新认识中国的机会。

据日本官方统计，在 1952—1989 年的 38 年里，加入日本国籍的中国人有 37，883 人，而在 1990—2005 年的 16 年里，加入日本国籍的人数高达 58，879 人，这些 1990 年以后加入日本国籍的人有很多是以留学生的身份进入日本的。虽然上述 58879 名加入日本国籍的

---

① 《在日外籍就业人员已逾 33 万中国人近 15 万居首》，2008 年 9 月 9 日中新网。

华人中，应该有留学人员的配偶和子女，但也可据此估算其中大约应有 1/3 即约 1—2 万人原来是具有"中国留学生"身份的。

1990 年曾有一项针对在日留学生的问卷调查显示，有 74.0% 的中国留学生表示毕业后不想立即回国，但最终会回国；14.4% 的留学生表示未做出决定；5.9% 的留学生则表示不会回去。这个结果在当时曾令人非常担心中国人才的流失。然而近年来，许多在日留学人员表示"回国发展"是他们的选择。中国的留学政策显示，要做好留学人才的工作，除了为留学生提供包括优惠政策、人才需求信息等方面的服务外，还要积极发挥牵线搭桥的作用，推荐留学生回国工作或为国服务。在推荐人才上要坚持实事求是的原则，避免盲目性，不搞轰动效应，最终目的是使人才能真正发挥作用。暂未回国的留学人员在日本也可以利用自己的优势，为中日间的友好、合作与交流发挥重要的作用。所以中国政府鼓励留学人员根据国家、单位的实际需要以及自身专业情况与生涯设计，审慎地进行双向选择，决定去留。从多年的政策效果来分析，留学人才在选择去向的时候，都会有各自的意愿和想法，但最终都会做出真正能够发挥自身专业优势，并且对国家、社会和个人都有利的最佳选择。

五、中国留日人才中形成用日文著书的作家群

在日本，以当代留学生群体为主的新华人作家和学者正在逐步形成一个用日文著书的作家群，有人估计该群体在日本出版的日文著作已超过 2500 种。

1. "亚洲太平洋奖"华人获奖作家群

"亚洲太平洋奖"是奖励研究亚洲太平洋地区政治、经济、外交、文化等方面优秀著作的一个奖项，在日本学术界和出版界具有重要的影响。到 2008 年为止，日本"亚洲太平洋奖"中已有 82 部著作获奖，其中有留日背景的中国人屡屡榜上有名，已有 8 部著作获奖：王曙光的《荣家的血脉——疾走于激动大陆的红色资本家的誓言》，樊纲的《中国未完成的改革》、苏晓康等的《卢山会议》、严安生的《日本留学精神史》、朱建荣的《毛泽东的朝鲜战争》、何博云的《中国未来的选择》、关志雄的《元圈的经济学》，刘香织的《断发》。

2. 带给日本文坛"拼命活着"气息的杨逸

2008 年发生了一件震动日本华人社会和日本文学界的事情，就是中国留日学者、新华人女作家杨逸获得日本第 139 届芥川文学奖——日本纯文学的最高奖项；日本《每日新闻》称这是"日本文学史上的事件"。杨逸的这两篇作品之所以得到日本文坛的赞赏，主要是因为她把一股新鲜的风吹入了日本文坛，那就是"拼命活着"的气息，已经在日本文坛上消失，而这种"拼命活着"的精神，在杨逸本人的生活中也得到了充分的体现。2007年在《文艺春秋》杂志社主办的第 105 届日本文学界"新人奖"的评选中，杨逸的《小王》获得了该奖项。《文学界》的主编说，《小王》在 1700 篇的应募作品中脱颖而出，作品很有深度，也很有意思，在日语表现上也很有特色。一般日语的表现比较委婉，而杨逸的日语表现比较直接，这样反而更有力度。2008 年 7 月 15 日，杨逸以另一篇小说《浸透

时光的早晨》摘取了"芥川奖"桂冠。评选委员们认为："这部作品可读性强，很吸引人。作者清楚地知道她要写什么，作品中存在着不超越国境就无法写出的内容。"杨逸的获奖，是她个人奋斗和努力的结果，同时也标志着留日新华人作家的日语创作达到了一个高峰。杨逸于 1987 年从中国哈尔滨市到日本留学，在日语学校学习，后入御茶水女子大学专攻地理学，毕业后，曾为《中文导报》文学栏撰写诗歌等文学作品，后成为《中文导报》母体中文产业株式会社社员。

3. 双语作家毛丹青

毛丹青是目前在日本和中国都蜚声文坛的双语作家，1962 年生于北京，1985 年大学毕业后进入中国社会科学院哲学研究所，做著名美学家李泽厚先生的学生，1987 年到日本后，走上了一条奇诡而壮丽的人生之路，勇敢和拼博精神使他取得了成功。毛丹青毕业于北京大学东语系，有良好的日文基础和中文基础，到日本后，他并没有像普通的留学生那样"十年寒窗"，以萤雪之功"攻博"，而是在一家公司里做中日贸易，从鸡鸭鱼肉到木材商品无所不做，也算一个"有了稳固生活基础"的在日华人。1999 年，他写了一本书叫做《观察日本虫》，一举获日本第 28 届"海燕文学奖"。以此为契机，毛丹青辞去了工作，开始了双语写作的作家生涯。毛丹青最近几年的日文写作主要集中于报刊上的连载，其中《佛教时代》周刊上近 100 回的连载已经成为他在立命馆大学文学部的讲课教材。对此，毛丹青表示："当时大学方面希望我担任一门人与宗教的课程，一开始我担心日本人只觉得中国有共产党，肯定不谈什么宗教，结果上课以后我让学生写选修这门课程的理由，其中大部分人说，正因为先生是中国人，而且是改革开放后移居日本的中国人，所以才想听。据说，以往这门课程都是由不同宗派的僧侣或者教堂的牧师，还有学者教授担任的。"

4. 获得"开高健奖"的华人作家唐亚明

唐亚明 1953 年生于北京，曾从事新闻工作，任职中国音乐家协会翻译日本歌词。1983 年赴日留学并毕业于早稻田大学文学部，东京大学大学院修了。后就职于福音馆书店，是活跃在日本文学出版界的资深华人。1999 年 2 月，唐亚明以长篇小说《翡翠露》从众多作品中脱颖而出，获得了在日本文学界享有盛誉的第 8 届"开高健奖"的"奖励奖"。小说描写了在中华料理店做厨师的中国留学生胡来来和年轻的已婚日本女性的恋情，胡来来在给日本女性的信中介绍中国的饮食文化，通过饮食文化接触到中日文化的差异。最后这段爱情没有结果，小说以悲剧结局。唐亚明表示：他们的悲剧也体现了中日文化的差异。唐亚明为了避免日语表现方面的弱点，选择了用第一人称写信的形式来完成这篇小说。这篇小说也受到了芥川奖评选委员，作家高木信子的高度赞扬。开高健是日本著名小说家；"开高健奖"是为了继承开高健的遗志，鼓励文学形式新颖，能对人类富有创造性的洞察并富于冒险精神、幽默感的作品。①

---

① 张石：《在日华人获奖作家群剪影：著书是送出礼物的手段》，2008 年 9 月 5 日中国新闻网。

六、中国人留学日本规模的预期与展望

虽然在日中国留学生人数于 2005 年和 2006 年连续递减，但在经历了 2007 年初的签证冰冻期后，7—10 月的签证率创出新高。有资料显示，日本高校仍视中国为海外最大生源地。截止 2007 年底，在日外国留学生总数 114150 人，其中，中国留学生 73795 人，约占留学生总数的 64.6%。2007 年赴日留学的中国人 19259 人。另外，在日本语言学校就读的就学生有 47198 人，其中中国就学生 35450 人，占就学生总数的 75.1%。以上合计在日中国留学生、就学生总数超过 10 万，为 109245 人。2007 年以来日本政府出台了一系列政策，以加大对国际生源特别是亚洲生源的争夺，如加强对中国留学生的吸引力度，放宽政策以鼓励中国优秀学生赴日留学和就业。随着人民币的升值，到日本留学的费用已经降低了约 30%。根据日本首相福田康夫在 2008 年 1 月施政方针演说中提出的 "2025 年接收 30 万外国留学生" 的计划，将达到目前 10 万人的 3 倍；同比计算，届时中国留学生将有望突破 20 万人。

近年来，日本政府在外交、产业、教育等方面，非常重视培养和引进国外年轻力量；未来日本引入中国等周边国家的留学生数量将有增无减。而根据日本法务省入国管理局提供的数据，中国是日本留学市场的最大生源国；在日本语言学校就读的中国学生中，有 84% 升入大学、研究生院和专门机构，升学率明显高于其他国家的留学生。

2007 年 6 月 1 日，日本政府下设的 "教育再生会议" 向日本首相安倍晋三提出第二次报告。其中强调，由于 18 岁人口持续减少，"国际化" 成为日本大学教育今后改革的重点之一。报告提出，要增加国际交流项目，扩大外国教员的雇佣比例，并为吸引留学生完善居住等方面的生活条件。因学制不同，日本每年 4 月和 9 月都有新生入学，报告提出将大幅增加 9 月入学的学生数量，也是考虑到外国留学生的习惯与需要。在日本教育政策的制定和实施中，已经增加了对留学生的考虑，因为留学生已成为很多日本大学赖以存续的重要生源。据报道，教育再生会议上，甚至有人提出应以引入 100 万留学生为目标。报告还进一步明确要 "推进作为国家战略的留学生政策"，指出新的留学生政策不仅是教育政策，也是与产业政策、外交政策相关的国家战略的一部分，应予以大力推进。日本政府认为，青少年交流和增加留学生，有助于提升日本文化影响力，培养各国对日好感，同时为日本拓展国际市场提供条件。

另据中国国内 "2006 年日语教学研讨会" 上传出的消息，当时全国已大约有 30 万人在学习日语；据美国《纽约时报》2008 年 5 月 17 日的消息，在高技术的日本，工程师资源告急，并由于生育率的低下，工程师短缺的问题很可能进一步恶化。可见不论是过去、现在还是将来，中国都将是 "留学日本" 的最大生源国和人才输出国。由此可以预见，中日双方在争取中国留学人才的观念创新、政策导向和作为程度等诸多方面，将面临新一轮的合作与较量。

第八节　程希研究员对中国吸引在
外留学人员政策的评估

　　就在本书写作过程中，中国华侨华人历史研究所程希研究员撰写了《体制外的增长与体制内的导向：改革开放30年中国留学生回国政策评估》。文章通过对中国吸引留学人员回国政策的分析，认为现有政策反映了中国"体制内"改革的力度和发展方向，它一方面顺应了经济全球化必然加速人才流动的客观需求，另一方面又反过来促进了人才的跨国、跨体制、跨地域流动，当然也出现了一些负面效应。但从总体上说，中国吸引留学生回国的政策，既显示出通过"精英群体"带动经济增长和国力提升的导向，又体现了中国对跨国流动人口负责的态度，以及倡导社会公平、和谐发展的不断努力。

　　程希研究员认为，留学在本质上意味着落后，对中国而言，留学生的派遣曾经肩负着"师夷长技以制夷"的历史重任，与"振兴中华"的近现代化进程密切相关，但人们看到的是，改革开放近30年来，随着中国经济的发展、国力的提升，中国赴海外留学的人数却不降反增，而且是大规模的增长。与中国出国留学生规模同样引人注目的是，中国从中央到地方出台了各种各样对归国留学人员的优惠政策和鼓励措施：（1）专门针对留学人员的服务和优惠政策；（2）表彰宣传，树立典型；（3）慰问看望，感情联络；（4）赴外招聘，邀请回国考察；（5）开辟各种旨在帮助留学人员与国内企事业单位建立直接联系的交流会、洽谈会。上述政策措施的工作思路是为留学人员长期或永久性的归国定居任职、流动性的回国工作、临时或兼职性的为国服务提供帮助，目标则是吸引人才、技术和资金并举。

　　程希研究员指出，有的人为这些政策所鼓舞，并且确实得到了一定的支持或优惠；有的人对这些政策无所谓，甚至是嗤之以鼻；有的人主张还应该加大现有政策的力度或推出更多的优惠政策，以吸引更多的留学人员，特别是优秀留学人员回国；有的人则对一些政策有助于加剧社会不公和导致"特殊利益集团"的出现而提出了质疑和批评。对此，程希研究员从中国的角度，对有关留学人员回国工作情况与现行政策进行了全面和系统的评估。其中有些意见是比较实际、中肯和精彩的，甚至是尖锐和切中要害的，也是我们这些"体制内"的留学政策管理者和研究人员无法发现或难以表达的。常言说的"灯下黑"也许就是这个道理。

　　程希研究员对留学人员回国工作情况与现行政策的评估，主要是从以下几个方面展开的：

一、对现行留学人员回国政策体系的基本认识与大致分类

　　各种鼓励留学人员回国工作和为国服务的举措，特别是针对高层次留学人员的回国政策和措施，表明了中国通过"精英群体"带动经济增长和国力提升的总体导向。正如人事

部 2007 年 1 月 4 日发布的《留学人员回国工作"十一五"规划》所提出的，"国家将围绕全面建设小康社会的发展重点和提高自主创新能力的特殊需要，实施高层次留学人才集聚计划，重点引进一批掌握核心技术、具有自主创新能力的学术技术领军人才，熟悉国际惯例、具有国际运作能力的高级经营管理人才和具有特定专业技能、为我国经济建设和社会发展急需紧缺的专门人才"，"推动我国国民经济和社会发展的重点领域、重大专项、重大关键技术等实现跨越式发展。"

在各种鼓励留学人员回国工作和为国服务的举措中，有关留学人员回国的政策是最为人所关注的。如上所述，从政策的部门分管来看，有关留学人员的政策主要由教育部、人事部、公安部三个部门制定和执行，其他相关部门予以配合；从政策的发布层次来看，分为中央和地方两个层次；从政策的性质来看，分为"一般服务性"和"特殊优惠性"的两类；从政策的目标预期来看，分为"回国工作"（即长期）和"为国服务"（即短期）两种；从政策的适用对象来看，分为高层次人才和一般留学人员两个层面。

从现行留学人员回国政策的实际情况看，的确有一部分是国家针对留学回国人员的一些"优惠"或"特殊"政策，还有是涉及到一些留学人员在回国工作中遇到具体问题和困难时的"特事特办"，但也有一部分只是为留学人员回国工作的派遣和落户手续提供一般性服务和便利的。之所以有关留学人员回国的政策往往都被视为"特殊优惠"政策，或者说是呈现出"特殊优惠"的特征，一方面是因为强调了政策的适用对象，比如，"双向选择"的原则和所谓"在国外获得学士以上学位的留学人员可以享受跨地区派遣落户的优惠政策"，其实现在国内任何人才的流动和大学毕业生择业都是如此。这说明有关留学人员政策本身的演变，也在不断趋于社会公平和平等。另一方面，从体制外的角度，从中国与国际接轨的角度，有些政策谈不上是"优惠"，只是目前在体制内，其他群体还无法享受到，比如，较高的生活及工资、福利待遇，入出境及居留便利，以及超生子女等，因而也就成了所谓的"特殊"。也有个别是留学人员在体制外都不可能得到的"特殊优惠"，比如，家属的工作安置。

但不管怎么样，吸引留学人员回国的政策的确使得留学人员回国后在就业、升职和享受体制内资源等方面有着一定优势。这是目前中国在总体发展水平上仍处于落后态势的客观条件所决定的。

二、现行留学人员回国政策中两个主要层面的导向

（一）导向一：针对高层次留学人员的"特殊优惠政策"

所谓的"特殊优惠政策"其实主要是针对留学人员中的高层次人才或紧缺人才的，从更好地发挥他们的作用来考虑，这些政策应该是"物有所值"的。这些政策在落实时，由于具体的人才引进都是有针对性的，因而许多待遇和支持及相应的要求和条件都是在"双向选择"过程中，具体商议，因人、因事或因时、因地而异的。也就是说，"特殊优惠政策"虽然号召力大，但覆盖面不大。为此，人事部等四部委会同全国留学人员回国服务工

作部际联席会议成员单位共同专门制定了《关于在留学人才引进工作中界定海外高层次留学人才的指导意见》，教育部国际合作与交流司也印发了《关于办理高层次海外留学人才身份证明的通知》，由中国留学服务中心承办具体确认工作。

在上述人事部的《留学人员回国工作"十一五"规划》中，强调的也是"要根据少而精的原则，采取灵活多样的方式和特事特办的方法，为海外高层次留学人才回国工作开辟绿色通道"。而此后刚一出台便招至非议的《关于建立海外高层次留学人才回国工作绿色通道的意见》，其实主要是为解决高层次留学人才回国进入"体制内"遇到的突出问题，完善既有政策，将原有政策规定进一步系统化和明确化而已。新华网自该《意见》出台第二天便出现了《"讨好"海归也要有原则》、《吸引"海龟"归巢公平比特权更重要》、《吸引海归的优惠政策应慎重》等批评文章。《意见》再次强调了对高层次留学人员回归"体制内"的"特殊优惠"支持，反映出中国希望通过留学人员这一载体，引进"体制外"优势，同时协调"体制内"现有关系的努力。显然，在"物有所值"的政策倾斜之外，社会的公平、平等也不无考虑。

概括而言，国家对一般留学回国人员的特殊政策仅有：（1）获得留学回国人员证明的留学人员，在一些地方的高科技园区创业，可以享受一些减免税的政策、创业经费资助或提供前期贷款等。（2）在国外留学一年以上的留学人员，在回国工作时，还可以通过海关购买一辆免税轿车。而随着中国汽车工业的发展和人们生活水平的提高，这一政策其实现已无太大实效，且办理手续麻烦。（3）可以不受国家计划生育政策的约束，并且子女上学可得到一定照顾。

（二）导向二：鼓励"创业"的"特殊优惠"政策

不难发现，国内似乎更欢迎"海归"回来创业，从中央到地方各种优惠政策的导向都是鼓励留学人员回国创业。如在教育部国际司编印的一部《1986—2003年留学回国工作文件汇编》中，关于留学人员回国工作和为国服务的政策总计约有180项，其中有34项是涉及留学生创业园区的。这些政策大致包括：支持他们以专利、专有技术、科研成果等在国内进行转化、入股，创办企业，对留学人员创办的高新技术企业在税收、融资、劳动人事等方面提供便利；建立健全回国创业或从事高新技术转化需要的投融资机制，探索建立国家留学人员回国创业基金，鼓励和支持有条件的创业园引进或设立专业化的风险投资基金或创业基金，为留学人员回国创业提供资金支持或融资担保等。

鼓励留学人员回国创业，一方面不会导致加剧体制内的就业竞争，使"海归"们抢了现在已经很紧张的"饭碗"；另一方面还能通过海归创业提供更多"吃饭"的机会。正因如此，鉴于出现了一定数量"海归"变"海待"的状况，有人认为，"主要靠外企（体制外）吸纳是不够的，中国的国有企业、民营企业、私营企业、政府部门、民间机构都还有巨大的吸收海归人才的空间。这特别需要在思想上的解放。国有企业要打破论资排辈的现象，民营和私营企业要破除任人唯亲的习俗，政府部门要排除海归不可靠的旧观念。"因为，"在一个全球经济一体化的大背景下，中国在世界中崛起，没有一大批海归优秀人士的参与是不可想象的。"

其实，政策从一开始就是对所实施对象有一定认识和把握的。"海归"确实分几种不同的情况。第一种是在国内有经验、有较高学历背景的，他们在国外获得了更高的学历或更好的专业训练，而且在国外有着较为丰富的工作经历或与其专业领域相关的社会资源，也就是真正"镀金回来"的，他们很受科研院所、外资公司、民营、国营企业青睐，往往能受到高薪聘请。第二种是在国外留学，但没有专业工作经历或者在海外获得相关社会资源较少的"海归"们，他们对一些发达国家的文化、经营管理、电子商务方面比较了解，但他们通常的想法是想快速把出国留学的"投资"收回来，因而对回国工作的薪酬期望值比较大。他们往往会遇到高不成、低不就的情况。另外一种就是本身并非同龄人中的佼佼者，只是由于家庭条件比较好，有钱、有机会，能出国混个洋文凭回来，更有甚者是在国外瞎混的。

因而，从政策上鼓励留学人员回国创业，在一定程度上既可以使中国实现"智力回流"，又可以使中国实现"资金回流"，也可以起到吸引留学人员"为国服务"和回国创业的双重功效。创业过程中，留学人员不仅将自己的学识、技术、资金、对外信息渠道、国外客户等引进中国，而且可以直接创造财富、增加税收、提供就业岗位等。在这一过程中，他们作为群体的崛起，不仅会推动中国高科技产业同国际市场的接轨，而且有助于促进中国民营企业向多元化、高层次发展。这是中国发展社会主义市场经济所需，也正是政策的又一导向所在。

三、政策促进"流动"的意义

为吸引人才回国，中国政府从中央到地方都出台了各种大同小异的针对留学人员（及已入外籍的华人专家）的优惠（特殊）政策和配套措施。从国家利益着眼，这是中国争夺人才的战略举措，与目前国际上各国（主要是西方发达国家）招徕人才的通行做法在本质上是一致的。从全球化背景下人力资源的配置调整来看，中国是以体制内有限的"特权"——主要是加速这一群体在体制内社会地位的提升为吸引，来参与国际人力市场的竞争，增加了国际人力资源流动的机会选择。对这一群体来说，中国政府也体现了尽可能发挥其作用的意图和一种负责任的态度。对于中国、人才流动的目标国（全球人才市场的资源优化配置）以及这一群体来说，都是无可厚非，并且有其积极意义的。

对于中国来说，有关留学人员的政策最显著的意义是迎合了精英人才跨国流动的需求，与"体制内"温和渐进的改革进程大体相符，同时又反过来促进了人才的跨国、跨体制、跨地域流动。如，从人事部最早制定颁布《关于调整使用不当，不能充分发挥专长的留学回国人员工作的办法》，到各种资助留学人员短期回国工作的项目，以及各地方、各部门，乃至各单位根据不同需要推出的不同政策，以及"绿色通道"中诸如2—5年居留许可和相同期限的多次往返签证的规定，都不难理解政策所起到的提供更多机会选择和促进"流动"的作用。

此外，留学生回国后，无论就业（于原留学国的跨国公司），还是再申请移民定居于原留学国，曾经的留学生，都会因留学的经历与原留学国形成一种"亲近感"而具有优先的契机。因而，一旦留学，特别是在"体制外"增长优势明显（包括个人学识学历、专业技能以及人脉关系、相关信息等社会资源的获得方面）的情况下，就有可能意味着永远的流动。在全球化的背景下，中国的政策不仅从根本上迎合了这一流动的需求，而且反过来促进了这一流动的趋势。

四、政策的负面影响

其负面影响主要在于，短期内它是加剧中国社会不公的因素之一。近年来，各大学、科研机构、企业及各级政府期望借助各类激励政策措施营造吸引留学人员的小环境、大环境。如，若干大学、科研单位都出台了年薪数十万，乃至百万的聘请归国专家的计划，政府及有关部门也积极地为留学归国人员的子女上学、家属就业提供便利。但这些措施似乎存在三大偏颇，以至"我在不少海归那里看见的是取利之勇，而不是羞耻之心"[1]。第一，对于吸引留学人员回国过于急切，所采取的措施过于优惠，人为地在机构内部造成了留学人员与本土学者之间的不平等。过于优惠的激励政策也诱导相当严重的寻租行为，也即，有些学者主要是为了这些优惠政策而回国。近年来国内大学不时爆出归国者假造学位、科研成果的新闻，就与过于优惠的吸引政策有关。2005 年，所谓"胡晖现象"也在中国引起了激烈争论。2002 年，胡晖博士从美国回国，在北京中关村科技园区投资 15 万美元创办了一家公司，并根据有关留学人员的政策获得了大笔资助。当他的公司一度陷入困境时，他又获得了由有关部门出面组织的后续资金支持。仅仅两年的时间，胡晖的公司便大幅度升值。但他却将公司连同他所拥有的医学诊断技术，以 1800 万美元的价格卖给了一家美资企业。第二个偏颇是，各大学、科研机构、企业和政府热衷于出台物质性激励措施，但原制度却无实质性变化，回来者或者被原体制消化吸收（成为优惠政策的受益者、既得利益的捍卫者和现有制度的维护者），或者受到原体制的"排异反应"。如一些留学人员被国内一些单位以高薪或优厚的待遇聘请任职，但是一段时间后又被解聘（特别是当作为人才引进的留学人员没有给"体制内"带来所期待的利益时）。第三，体制内外勾结，利用现有对于留学人员的政策，不合理地占有体制内的资源，形成某种"特殊利益集团"，为本部门、本单位或其中的某一群体寻求体制内的发展或竞争优势。2006 年丘成桐"炮轰北大"事件，实质上针对的就是这种情形。

此外，政策给予留学人员的期待也是双重的：既要以其在体制外获得的先进优势推动中国体制内的发展（给体制内带来利益），但又要成为能够被吸收和融合于体制内的一分子（即又要不损害体制内的利益）。因而，到目前为止，留学人员回国后仍主要是在宏观发展的"技术业务"层面和"执行操作层面"，如陈丹青所说，"主要是理工、科技、管理、贸易、金融、外交这类专业的海归。这类海归在今天基本上是工具作用与工具人格。在人文艺术领域，海归派只是摆设。政府对艺术的理解，就是唱歌跳舞之类，而不是真正的思想、精神与价值观。因此，即便是人文艺术类的海归派，一旦进入体制也沦为工具，

---

① 陈丹青：《海归派的羞耻与责任》，http://finance.sina.com.cn/leadership/crz/20051209/21512187425.shtml。

甚至自甘于工具。据我所知，个别体制外的海归真正带来了西方当代艺术的文化理念与创作活力。"①

五、体制内的"排异反应"

由于"物以稀为贵"的缘故，在体制内，基本上是回国越早的留学人员职位越高。20年前出国是稀罕的机会，10年前留学学位是光环，而今天，在国人对西方愈来愈了解的时代，在愈来愈多的对海归亲身体验之后，神秘感和优越感愈来愈淡化了。所谓"海龟"与"土鳖"之争，以及"海龟"变"海待"的现象，从根本上说，是体制内外在总体发展水平上差距缩小的反映，也是对体制内外的差距在主观认识上趋于理性和理智的体现。既有"海龟"与"土鳖"之间在任用升职、获得科研经费和社会资源方面的"人事斗争"，也有在思想理论、学术主张、管理理念等方面的所谓"路线斗争"。近年来，"路线斗争"尤为突出。不知何故，一些著名的海归人物，如陈丹青、王辉耀等都认为，如何把国外的理论和经验成功地用于中国，"本土派"往往更胜一筹。历史上一代一代"海归"对中国经济社会发展都有卓越贡献者，但有趣的是，对东西方思想文化关系的创造性思考，对如何把国外的理论和经验成功地用于中国的创造性探索，却往往出自"本土派"之手。其实，所谓国际化人才、有全球视野的人才，可以指有海外求学背景、有国外管理经验的人才，也可以指有先进的管理思想、管理理念，并能结合中国实际将其发扬光大的本土人才。

当然，体制内本身也存在基于就业、升职、待遇等方面竞争而出现的对归国留学人员的"排异反应"，以及基于市场供需双向选择而导致的"海归"变"海待"现象。所谓"绿色通道"的政策考虑，显然也暗示了体制内仍存在一定吸纳和安置回国留学人员的障碍。国内有关媒体在报道有关人事部发布《留学人员回国工作"十一五"规划》的消息时，突出的就是"中国将建立海外高层次留学人才回国工作绿色通道，旨在畅通渠道，重点引进急需紧缺人才"②。从"绿色通道"、"畅通渠道"这样的用语，不难体会出中国在吸引留学人员回国工作方面仍有"阻力"、"阻碍"或者说是"排异反应"存在。

如上所述，近年来，一些留学人员被高薪和其他优厚待遇聘请任职后，又很快被解聘，也不无"排异反应"的因素。而出现"排异反应"情形无非是未能给体制内带来"物有所值"的利益，或对原体制内利益冲击太大。

应该说，适当的"特殊优惠"和激励措施是必要的，但对于吸引留学生回国，未必就是最重要的因素。至少同样重要的是大学、科研机构、企业的软环境。换言之，优秀的制度比优惠的政策重要得多。但从中国现实的情况来看，优秀的制度又需要优异的人才来设计、推动和实现。从历史发展观来看，中国一代又一代派出留学生的过程，是中国不断地从封闭、半封闭走向对外开放的过程；中国一代又一代的"海归"们，架起了中国与世界

---

① 陈丹青：《海归派的羞耻与责任》，http：//finance. sina. com. cn/leadership/crz/20051209/21512187425. shtml。

② http：//news3. xinhuanet. com/edu/2007—01/05/content_ 5567317. htm。

发达国家沟通和联系的重要桥梁，筑成了引进西方先进科学技术和学术思想的快速通道。从经济的角度来看，"海归"们大大优化了中国的人力资本和人才市场结构，促进了中国市场与世界市场的融通，归根到底促进了中国生产力的发展。[①]

六、政策的有限性

有研究认为，发展中国家在经济起飞阶段，有 2/3 留学生归国效劳，有 1/3 滞留海外，是留学效益最为合适的比例，被称为"黄金比例"。中国留学生的情形却正相反。在上个世纪整个 90 年代，归国留学生一直占出国留学生总数的 30% 左右。如果考虑到中国经济本身在快速增长、提供的机会并不算少，则这种反差就更醒目。从 1978 年到 2007 年底，中国各类出国留学人员总数为 121.17 万人，留学回国人员总数为 31.97 万人，占出国留学总人数的 1/4 左右。而且，这一比例至少已持续 5 年，在留学人员回国总数比例最高的 2000 年也就是将近 40%。可以说，中国培养人才的机制已经没有太大的问题了，但传统的人事制度在相当程度上束缚了人才的使用，一些不合理的体制也制约了人的创造性的发挥。

或许，在一个社会中，更应该被给予优惠政策的群体是弱势群体。而留学人员凭借在"体制外"的增长和跨国的经历，无论在知识结构、信息水平以及获得资金支持的渠道方面，相对来说都有具有一定的优势。优惠政策的给予表明中国政府对于留学人员更多的是期待，即期待留学人员以其精英的力量和在体制外获得的增长来带动中国的发展。因而，也正是这一期待，使其不能给予留学人员以过多的优惠政策，除非这一政策对于发挥或更好地发挥精英的作用确有必要。从另一方面说，真正的精英也并不需要特殊的优惠政策，特别是长期的优惠。他们应该是更有能力创造财富、带来财富，而非只是更多分享财富（包括资源、机会）的人，特别是分享体制内的财富。实际上，许多留学人员虽然获知关于"优惠政策"宣传信息不少，其实他们对具体政策并没有太多了解。只是当他们有具体的需求或切实的机会时，他们才会深入了解和实际接触相关政策。换言之，吸引他们回国的首先是他们切身的需求或他们认可的机会。因而，从宏观来看，与其说是政策吸引留学人员回国，不如说是中国的发展正在"用人之际"。留学人员回国的主要流向集中于东部沿海发达地区，近年来，互联网淘金热和国内艺术品市场升温所催生的这两波留学人员回国热潮，[②] 都说明了发展机遇的吸引要大于政策。当然，政策首先是吸引他们回来的号召和保障。

七、政策的前景与趋势

在全球化背景下，留学对于个人来说，是一种自身发展道路的选择，是一种生活阅历

---

① 王辉耀：《海归时代》第 259 页，中央编译出版社 2005 年 1 月版。

② 《互联网淘金热造成留学生归国热》，http：//tech.sina.com.cn/path/2000—06—01/336.shtml；《海外画家掀归国潮》，http：//www.csc—studyabroad.net/life_1_1_1.asp? sortid=33&id=753。

的获得，是一种就业升职竞争优势的积累，而对于国家来说，留学政策更多地体现了对这一群体的做出贡献的期待和一种应有的负责任态度。

有关留学人员回国政策的调整实际反映出了使留学人员回国由"难"到"易"的过程，以及中国政府在人才流动的"准入"许可方面，不断削弱体制内"排异反应"（或"排斥力"）和增强留学人员发挥精英作用"便利性"的变化。有关留学人员的特殊政策的负面影响主要在于，短期内它是加剧中国社会不公的因素之一。从长远来看，这是顺应知识经济时代的发展，为培养精英，并希望通过精英的引领来带动社会和人的全面发展而必须付出的代价或社会投资。

中国公费和自费出国留学的规模仍在扩大。但与其说是派出政策的宽松刺激了自费留学的规模，不如说是吸引回国的政策推动了自费留学的持续发展。而有关留学人员回国的政策之所以具有吸引力（社会效应），一是反映出民众心理对现阶段中国社会发展仍处于落后水平的认同，二是反映出民众心理对于中国今后发展方向和前景的看好。基于这两种心理态势，将子女教育投资于体制外，意味着有可能在体制内外都会获得收益回报，至少是多了一条个人发展之路和扩大社会资源的渠道。

特别值得一提的是，中国加入世界贸易组织的努力和这一目标的实现，是中国留学生大规模增长的动因之一。入世意味着中国与国际接轨，意味着中国需要熟悉"游戏规则"和参与游戏规则的制定，意味着中国因这一契机而将处于大规模"用人之际"。在政策的引导下，中国留学生的派出与回归都在努力向"高端人才效应"发展。

正如中国一直以来坚持的留学方针"支持留学，鼓励回国，来去自由"所表露的那样，中国现行的留学人员政策，特别是吸引他们回国的政策，实际上是促进了基于市场经济原则的人才流动，或者说是以促进高技能劳动力的"流动"为特征的。从总体上说，改革开放以来中国的留学生政策有三个层面的意义：第一，它反映了中国力图通过向西方学习获得"后发优势"，实现"跨越式"发展的战略目标；第二，它一方面顺应了经济全球化必然加速人才流动的客观需求，另一方面又反过来促进了人才的跨国、跨体制、跨地域流动，并通过这种流动扩大和深化体制内的改革，以及进一步推动中国融入全球化发展的进程；第三，它既有通过"精英群体"带动经济增长和国力提升的导向，又有倡导社会公平、和谐发展的不断努力。

中国的留学政策基本是从国家利益出发的，但兼顾了精英群体发展的需求，同时基于对精英群体能够使中国获得"后发优势"的期待，通过政策的导向，努力使其为体制内所用，并充分给予其在体制外发展的自由，最大程度地使他们得以以体制外的优势为体制内带来利益，或推动体制内与体制外的接轨。这一政策所以能取得成效，从宏观上说是得益于全球化的发展和中国的开放，以及中国因此而获得的经济增长和国力提升。

第九节　刘国福教授对中国出国留学政策的研究

刘国福教授是汕头大学法学院副院长、悉尼科技大学哲学博士，主要从事移民法研究；曾任教于澳大利亚达尔文大学和中国矿业大学（北京），以及任中国远洋运输（集团）总公司法律顾问，北京澳美万博咨询有限公司董事经理等。作为法律学者，刘国福教授在深入研究并充分肯定我国留学政策取得主要成就的同时，也冷静和客观地分析了其中一些需要进一步改革、完善和创新的问题。他以回顾出国留学政策 30 年的历史发展为基础，透视停滞不前甚至下降的一些出国留学质量性数据，分析了出国留学政策存在的问题，探究如何完善出国留学政策和法律制度，以及推动出国留学工作取得更好成绩的可能方法。

刘国福教授认为，出国留学政策既可能推动，又可能阻碍出国留学事业的发展。因此需要以出国留学管理文件颁布先后为线索，分类别梳理 1978 年以来中国出国留学政策的历史发展，以客观认识其在出国留学事业发展中所起的作用，为深入分析中国出国留学政策的法律问题奠定基础。

一、出国留学人员数量变化反映的成就和问题

"30 年来，出国留学事业成就显著。"[①] 一个全方位、多层次、宽领域的教育对外开放格局已经基本形成。刘国福教授认为，仔细分析增长的出国留学人员数量变化，却发现，与出国留学事业有关的一些质量性数据，出现了停滞甚至下降。

（一）中国出国留学人员数增长，但是占世界出国留学人员总数比例下降

2003—2007 年，中国出国留学人员数在增长，人均出国留学率有起伏。根据教育部数据，每年出国留学人员数是 11.72 万、11.46 万、11.86 万、13.36 万和 14.45 万。根据国家统计局数据，同期中国人口分别是 12.8453 亿、12.9988 亿、13.0756 亿、13.1448 亿、13.2129 亿，平均占世界人口 20%。据此计算出该时期中国人均出国留学的比例分别是 0.00912%，0.00882%，0.00907%，0.01016%，0.01094%。但是，占世界出国留学人员总数比例在下降。根据联合国教科文组织的 2003—2007 年的《全球教育要览：全球教育统计数据比较》，同一时期，全世界留学生总数是 181.07 万、200.85 万、228.02 万、245.53 万和 272.28 万。所以，2003—2007 年中国出国留学人员数占世界出国留学人员总数的比例呈下降趋势，分别是 6.47%、5.70%、5.20%、5.44% 和 5.30%。中国出国留学人员数占世界出国留学人员总数比例下降现象值得反思。

（二）出国留学人员数增长和高校师生出国率下降

中国出国留学人员从 1978 年的 860 人增长到了 2000 年的 11.8 万人、2004 年的 11.86 万人和 2007 年的 14.45 万人。出国留学人员数量占在校大学生、研究生、专任教师总数

---

① 徐妍：《改革开放 30 年：中国教育对外开放格局已形成》，2008 年 10 月 9 日神州学人网。

的比例从 2000 年的 1.87%，下降到了 2004 年 0.55% 和 2007 年 0.51%。^① 中国出国留学人员最主要的来源是高校师生。他们出国留学率的下降说明，中国出国留学最主流群体人均获得出国留学的机会，没有因"支持留学"方针增加，相反在下降。遗憾的是，由于缺少留学人员构成情况的数据，例如离校大学生或研究生和已经就业人员的出国数量，计算高校师生出国率存在着一些误差。

（三）留学回国人员数增长但是其占出国留学人员数比例下降

研究国际学生流动问题的学者在若干年前提出的一种计算方法认为，发展中国家在经济起飞阶段，留学回国人员数占出国留学人员数 2/3 最佳。^② 但是，中国目前各类留学回国人员数占出国留学人员数的比例徘徊在 1/4 左右，并出现了下降。从 1978—2007 年，中国各类出国留学人员数 121.17 万人，留学回国人员数 31.97 万人，平均回国比例 26.4%。1988 年中国留学人员回国数占出国留学人员数的 43%，2000 年是 38.2%，2003—2007 年的回国比例分别是 24.7%、24.3%、25.0%、25.8% 和 26.45%。^③ 留学回国人员数占出国留学人员数比例下降的现象，使我们反思在"鼓励回国"方针下，频频出台和力度不断加大的鼓励留学人员回国政策，为什么没有能够在个人发展空间改善、人民收入增长的有利环境中，使留学人员回国比例上升？遗憾的是，由于缺少出国留学人员构成情况的数据，例如普通、中层、高层留学人员的比例，无法计算和分析各层次留学人员回国率的变化情况。

（四）政府财政对公派留学人员和自费留学人员的投入失衡

国家财政对自费留学人员的投入约为对国家公派留学人员投入的 3.89%，教育部国际合作与交流司司长张秀琴坦诚，"对自费生，我们的投入和关心远远不够。"^④ 1978 年至今中国累计公派出国留学人员 94，170 人，2008 年 1.2 万人。^⑤ 按国家对每位公派留学生平均投入 15，000 美元计算，总计 14.1255 亿美元。从国家 2003 年设立"国家优秀自费留学生奖学金"至 2008 年，共计奖励优秀自费留学生 1100 多人，每人的奖学金为 5，000 美元，总计 5，500 万美元。^⑥ 一方面，政府给予自费留学人员的财政支持，与自费留学人员数占各类留学生总数的高比例，以及国家财政收入和国家 GDP 快速增长的状况不协调。根据国家统计局数据，1996—2007 年，连续 12 年，国家财政收入年均增速 19.27%，GDP 平均增速 13.02%。另一方面，根据教育部数据，中国自费留学人员数量始终占各类留学生总数的 90% 左右，2005 年是 89.9%，2006 年是 89.7%，2007 年 89.6%。自费在国外

---

① 根据教育部网站数据，2000 年在校大学生研究生 586 万、专任教师 46 万；2004 年在校大学生研究生 1415 万、专任教师 97 万；2007 年在校大学生研究生 2700 万、专任教师 116 万；参见 www.moe.edu.cn，2008 年 12 月 4 日。
② 《中国留学生仅四分之一回国效力人数上升比率低》，《华声报》2006 年 3 月 17 日。
③ 程希：《体制外的增长与体制内的导向：改革开放 30 年中国留学生回国政策评估》。
④ 刘大家：《教育部官员在汉检讨对自费留学生关心不够》，《楚天金报》2008 年 11 月 14 日。
⑤ 王晖余、李楠：《30 年来公派留学人员成重要人才资源》，《人民日报（海外版）》2008 年 12 月 2 日。
⑥ 江丽萍、王春丽："国家优秀自费留学生奖学金新变化"，《人民日报（海外版）》2007 年 9 月 29 日。

一流大学一流专业学习以及攻读博士学位的人数远超过公费攻读人数。国家对同样优秀甚至更优秀的自费留学生予以资助，不仅可以更大限度地发挥留学资金的效用，而且可以增强祖国与自费留学生这一留学生最大群体的联系。国家财政投入自费、公费留学人员的比例应该提高至 10%。除奖学金外，还应针对优秀自费留学生给予更多扶持，例如提供留学费用贷款和留学中后期资助等。

（五）留学回国人员在教育科研领域取得成就和在政府部门表现平平

2007 年，77.61% 的教育部直属高校校长、84% 的中国科学院院士、75% 的中国工程院院士和 71% 的国家级教学科研基地主任有出国留学经历。[①] 2005 年，中国副部级以上官员 581 名，其中有海归背景的 48 名，占 8.2%。中共十六届中央委员和候补委员 356 名，其中有海归背景的 22 名，占 6.2%。[②] 以上数据说明，中国留学回国人员主要在教育科研而不是政府部门取得成就。留学回国人员在中国 20 世纪 30—50 年代政府担任副部级以上行政职务的比例曾经接近 70%，而在发达国家和地区政府的比例在 80% 以上。中国第一届中央人民政府主席、副主席、政府委员共 63 人，有国外学习或者工作经历的 42 人，占 66.7%。在台湾地区的重要政治人物中，80% 以上有留学海外经历。[③] 可以说，建国以来，留学回国人员在政府部门的地位不升反降。根据"充分信任、放手使用"原则，各地制定了一些选拔优秀留学回国人员担任领导职务的具体办法，为什么留学回国人员没有因此而在政府部门取得更高成就？

二、出国留学政策的法律思考

出国留学人员数量变化反映出，出国留学政策存在着问题。因此刘国福教授认为，从法律角度进行思考，出国留学政策的指导思想、主管部门、立法技术、法学基础、政策层次、制度性建设、政策实施、政策公开等方面，都存在着不足。

（一）以批示和讲话而不是法推动出国留学工作

前教育部留学生司司长何晋秋认为，"2008 年中央领导对国外人员有关情况做了大量批示，这必将推动出国留学工作向正常方向发展。"[④] 无疑，中央领导人的批示和讲话，对推动出国留学工作起着重要作用。但是，根据我国《宪法》（2004 年修订）第 5（1）（2）条"中华人民共和国实行依法治国，建设社会主义法治国家。国家维护社会主义法制的统一和尊严"，和国务院在 2005 年《全面推进依法行政实施纲要》中提出的建设法治政府和推进依法行政的要求，出国留学工作应该主要通过法治来推动。所以，中央领导人

---

① 《中国出国留学人员和来华留学生均突破 120 万人》，中国新闻网 2008 年 10 月 7 日。

② Li Cheng：The Status and Characteristics of Foreign —Educated Returnees in the Chinese Leadership，China Leadership Monitor，Fall 2005，No. 16，p. 4.

③ 《留学生经验改变台湾》，《亚洲周刊》，2002 年 1 月 14 日—20 日。

④ 何晋秋：《新时期的出国留学大潮》，"亲历开放 30 年中国外交官论坛" 2008 年 9 月 22 日演讲稿。

关于出国留学工作的批示和讲话，需要通过法制体现，法治贯彻落实。否则，就会影响政府部门建设出国留学法律制度的积极性和迫切性，就会降低现有出国留学管理文件的权威。

（二）　出国留学工作的主管部门不甚明确

1987 年，中央确定由国家教委统一管理全国出国留学工作。但是，人事部、科技部、财政部、外交部、国家计委、国家发展改革委、国家经贸委、公安部、商务部、中国人民银行、国有资产管理委员会、国务院侨办、中国科学院、国家外专局、海关总署、国家税务总局、国家工商总局等 17 个部门都曾单独或者参与联合发布出国留学方面的政策。没有这些部门的配合，教育部发布的出国留学政策，例如 2007 年《教育部关于进一步加强引进海外优秀留学人才工作的若干意见》就很难实施。并且，出现了人事部而非教育部牵头与其他部门联合发布出国留学政策的情况，例如 2007 年《关于建立海外高层次留学人才回国工作绿色通道的意见》。由于教育部与其他部门同级，只能协调有关部门为海外留学人员回国工作或为国服务提供出入境和在华长期居留便利，简化审批手续，提高服务质量。实际上造成教育部只是出国留学工作的管理部门之一，而不是唯一主管部门的现象，这不利于有效管理出国留学工作。2003 年，国务院建立了留学人员回国服务工作部际联席会议制度。联席会议制度增加了各部门之间沟通协商的固定渠道，但是没有从根本上解决出国留学政策政出多门和权威性不够的问题。

（三）　出国留学管理文件技术性不强

出国留学政策的立法技术亟需提高，内容不明确、语言非法律化等问题普遍存在。按照中共十七大报告的精神，出国留学工作应着力解决制约出国留学工作发展的突出矛盾和问题，着力解决留学人员最关心、最直接、最现实的利益问题。但是，鲜见"突出矛盾和问题"、"最关心、最直接、最现实的利益问题"的技术性阐述。如何认定归国人员在国外发表的论文、著作？出国留学政策件经常使用不应该使用的政治和宣传语言。2007 年教育部《国家公派出国留学研究生管理规定（试行）》第 3（4）条规定，"负责向留学基金委推荐品学兼优的人选，指导联系国外高水平学校，对公派研究生在国外留学期间的业务学习进行必要指导。""品学兼优""高水平""必要指导"不是法律语言。在出国留学政策中使用政治和宣传语言，冲淡了政策的法律含义，也不适当地扩大了执行人员的自由裁量权。

（四）　出国留学政策的法学基础非常薄弱

缺少法学理论支持的出国留学政策会直接影响其质量。出国留学权、出国权、出国受教育权、受教育权之间的关系如何？出国留学法、教育法、涉外教育法、行政法、国际法、国际移民法之间的关系怎样？如何确立国家公派、单位公派和自费留学人员的定义？什么是"出国留学人员的权益"？"第一位"在法律上如何界定？如何救济出国留学人员权利？出国留学人员对中国应该承担什么义务？国家吸引出国留学人员回国政策的法律性质如何表述？等等。

（五）出国留学法律文件层次低和混乱

出国留学政策以部门政策，而不是全国性法律、行政法规和部门规章的形式出现。18个中央政府部门均出台有关出国留学的政策，而且名称繁杂，出国留学人员甚至政府官员都很难从政策的名称上辨明各种出国留学管理文件的层级和关系。30年来仅教育部及其所属部门颁布和印发的出国留学管理文件有上千个，只有《自费出国留学中介服务管理规定》及其《实施细则（试行）》以教育部令的部门规章形式发布，其他均是以"意见"、"实施意见"，"若干意见"，"指导意见"，"计划"，"报告"，"简章"，"通知"，"方案"，"实施方案"，"实施办法"，"管理办法"，"管理细则"，"若干规定"和"补充规定"等近20种部门政策的形式存在。① 出国留学政策立法层次低和混乱，经常引起各文件间的法律冲突。

（六）出国留学政策的制度性内容有待充实

没有制度建设内容的管理文件会流于泛泛的宏观指导，出国留学管理文件因为其制度性内容不足，使其成为政策性指导文件，而不是具有法律依据的操作性实施文件，影响了其实施效果。（1）国家公派出国留学制度是出国留学制度中相对比较完善的，但是，公派出国留学人员效益评估办法没有建立起来。没有效益评估的数据，对国家公派出国留学制度的改革，就失去了科学、客观的定量分析基础，致使效益评估与派遣出国联动机制无法运作。（2）单位公派出国留学是公派出国留学的重要组成部分，不适宜完全交由市场调节，国家予以指导是必要的。然而，目前没有一个全国性的单位公派出国留学制度，而是由各地区、各部门、各单位自行制定单位公派出国留学措施。由于缺少全国性制度的指导，各单位公派出国留学措施的有效性及其与国家出国留学政策的一致性始终是一个问题。（3）要充分发挥市场机制的作用，减少行政干预。2007年《国家公派出国留学研究生管理规定（试行）》第3（3）条规定，"教育部留学服务中心、教育部出国留学人员上海集训部、广州留学人员服务管理中心等部门负责为公派研究生出国留学办理签证、购买出国机票等提供服务。"由公派研究生自行办理不仅可以提高其独立办事能力，而且可以使其行为的效益最大化。（4）自费留学中介机构存在着收费过高、服务不够专业、诚信缺失的问题。自费留学中介机构作为市场主体，应该通过市场手段而不是政府手段调整其不规范的行为。

（七）缺少监督检查出国留学政策的实施机制

如果各地方政府、有关单位不全面贯彻和落实国家出国留学政策，国家出国留学政策的统一和尊严就会受到威胁，出国留学人员的权利就会受到侵害。教育部2007年《关于进一步加强引进海外优秀留学人才工作的若干意见》提出，"建立海外留学人才回国工作

---

① 教育部网站"政策法规"栏目"中华人民共和国教育部令"子栏目，www. moe. edu. cn，2008年12月6日。

快速通道，切实解决海外优秀留学人才回国创业的后顾之忧"。各地方政府、有关单位对"回国工作快速通道"，"回国创业的后顾之忧"理解不同，具体落实措施会差异很大。由于体制内利益集团对体制外海归人才的排异，以及对特事特办等新型办事程序的抵触，一些地区和单位设置官僚障碍，不作为或者不认真贯彻落实国家吸引留学人员回国政策。

（八）缺少通畅的出国留学人员权利救济渠道

教育部将"侵权须赔偿"列为依法治教的要求之一，但是，出国留学人员没有一个通畅的权利救济渠道。如果某一出国留学人员认为当地政府或者所在单位的出国留学工作具体措施，与中央政府某部门的出国留学政策例如教育部 2007 年《关于进一步加强引进海外优秀留学人才工作的若干意见》抵触，侵犯了其权益，根据中国现行制度，他不能要求相关部门宣布当地政府或者所在单位的具体措施无效，只能根据 1990 年《行政诉讼法》第 11 条和 1999 年《行政复议法》第 6 条规定，就政府部门的具体行政行为提起行政诉讼或者行政复议。出国留学人员权利侵权者往往是其所在单位，其做出的决定是内部行为，不属于具体行政行为。因而，出国留学人员权利被侵犯者既无法申请宣布做出侵权决定所依据的法律文件无效，也不能对所在单位的侵权决定提起行政诉讼或者行政复议。

（九）出国留学管理文件不公开或无从查找

目前，由于行政管理体制、公务员人事制度、政府运作理念等方面的痼疾，政府部门并没有向公众全面公开出国留学政策。在主管出国留学工作的教育部国际合作与交流司官方网站，"教育外事法规"栏目部门只列出了 15 部政策法规，其中包括《教育部、公安部、外交部关于在校学生短期出国持用因私护照有关事项的通知》等 5 个涉及出国留学政策的教育部文件，其他出国留学的政策性文件几乎均未列入。其他部门的官方网站，虽然有关于出国留学人员工作法律文件的栏目，但是只收录了很少一部分。例如，人力资源与社会保障部官方网站内，"最新文件"、"公告公示"栏目没有一部出国留学管理文件，"政府信息公开—留学回国人员"栏目也只收录了 5 部出国留学管理文件。另外，每年国家投入资金对出国留学项目立项研究，并有若干科研课题结项。但是，已经结项的科研课题报告并不公开。出国留学人员和出国留学政策研究人员为了获取出国留学法律文件信息，只能通过搜索引擎或者一些留学工作文件汇编进行查找，查找的结果很有可能是不全面和不客观，或不被用人单位承认。由于不能获取系统和客观的出国留学政策，出国留学人员就很难获知和维护自己的权益。不公开的出国留学政策和科研报告使出国留学工作处于不透明的状态。

三、解决出国留学政策立法问题的可能方法

针对上述问题与现象刘国福教授认为，解决出国留学政策存在的问题，要靠法治和依法行政。2005 年《教育部关于全面推进依法行政工作的实施意见》提出，"解决当前制约

教育改革与发展的体制性、制度性问题，从根本上要靠法治，要靠依法行政。"

（一）加大出国留学工作的法学研究

政府部门组织科研力量对出国留学政策进行深度的法学研究，澄清出国人员权利、出国留学法律体系等基础性法律问题，例如支持在科研院所设立出国留学政策研究机构。① 与出国留学工作有关的部门和省份每年在教育类科研项目招标中，拿出 10% 的比例，对出国留学工作的法学研究进行立项。对结项研究成果予以公开，并转化和应用其研究成果。

（二）建立以《国际教育法》为核心的出国留学法律体系

在出国留学工作法学理论研究成果的基础上，借鉴其他国家留学法制建设的经验，将出国留学放在国际移民的大背景下考虑，由教育部牵头起草《国际教育法》及其实施细则。同时，规范中央政府各部门出国留学政策的名称。《国际教育法》的内容包括中国公民出国留学、外国公民来华留学、国际教育交流与合作、罚则和救济。其中的中国公民出国留学部分包括国家公派出国留学、单位公派出国留学、自费出国留学、出国留学人员在国外、出国留学人员回国和自费出国留学中介机构。有计划和步骤地建立以《国际教育法》为核心的出国留学法律体系，可以实现多部门在出国留学工作方面的一致性，依法管理"出国留学"，从根本上解决出国留学管理文件出自不同部门，出国留学政策层次低和混乱，以批示和讲话推动出国留学工作等问题。

（三）制定出国留学法律文件要注重制度化、技术化以及法律语言

为解决目前的出国留学政策缺少完善制度和操作细节，流于宏观架构和泛泛指导的问题，制订出国留学政策时，树立制度精巧化、法律技术化的理念，行文避免使用非法律语言。同时，对立法人员进行立法理论与实践培训，提高其法学素养和立法技能。② 完善国家公派出国留学效益评估、单位公派出国留学管理、监督检查出国留学政策实施、出国留学人员权利救济等制度，建立起出国留学效益与出国留学派出互动，规范单位公派出国留学行为、检查和奖惩执行出国留学政策的单位和个人、尊重和保障出国留学人员权利等机制。

（四）发挥市场作用

能够由市场调节出国留学事务的，就交由市场调解，只有在市场调节失灵时，政府才介入。1. 自费出国留学中介机构完全交由市场调节，政府履行市场监督职责，例如，降低市场准入标准，扩大经营范围，经常性审批设立申请，从业人员强制性培训和职业保险以及惩戒监督机制等。2. 在留学人员回国方面，主要由市场调节，政府适当介入。

---

① 刘国福：《移民法：出入境权研究》，中国经济出版社 2006 年版。
② 安·赛德曼〔美〕等：《立法学：理论与实践》，刘国福等翻译，中国经济出版社 2008 年版。

尽管出国留学人员在国外学习时间越长，获得的国外知识和经验就越多，但是与国内体制的隔阂也越大。此时，政府在就业推荐、职称评定、职务晋升、工龄计算等方面适当介入是必要的。3. 在国家建设高水平大学公派研究生项目等方面，更多引入市场调节。根据量化标准测算出一、二和三流大学学生成为一流留学生源的比例，该比例定期调整，然后根据测算的比例在一、二和三流大学之间分配国家公派研究生的名额。此种市场调节机制，有利于形成一、二和三流大学之间相互竞争的格局，选拔出更优秀的一流留学生源。这种市场手段的方法可以运用到缩小一、二和三流大学之间的差距方面，解决"国家重点建设的高水平大学"的进入和退出机制问题，全面提高中国高等教育的质量。

（五）公开出国留学管理文件和相关科研成果

通过功能齐全、内容丰富的出国留学政策网站和资料档案室等方式，向公众公开出国留学政策和相关科研成果，并逐步降低公众查阅的成本。该建议与 2005 年《教育部关于全面推进依法行政工作的实施意见》以及 2007 年《政府信息公开条例》相吻合。在发达国家，政府部门的政策和资助的科研项目结项报告，除涉及国家秘密外，均向社会随时公开。并且，政府部门以醒目方式，通过各种的途径提醒公众获取其政策文件和科研报告的方法。公开出国留学政策和相关科研成果有助于公众了解出国留学方面的权利，监督政府部门依法行政。

（六）出国留学管理改革的规划

就目前国家行政管理和法制建设的状况而言，出国留学政策的改革和完善在短时间内、或相当长的一个时间之内（5—10 年）很难完全达到上述设想的目标，但是发挥市场作用和公开出国管理文件方面的改革可以先行。随着中国政治、经济环境的逐渐改善，向宪政和法治过渡的时机基本成熟。若干年后，中国是否会富强到不需要专门的出国留学政策，而将出国留学完全视为个人行为呢？这是一个需要比较研究发达国家出国留学政策的课题。同样需要进一步研究的是，在目前出国留学政策不发达至出国留学政策将来可能淡出的阶段，是小修小补，按照现有的政策、文件体制继续运转下去，还是有必要进行大幅度的改革？刘国福教授希望在以后的科研工作中，给出上述问题的一己之见。①

---

① 本节中的部分内容发表在《上海商学院学报》2009 年第 1 期。

第十二章

出国留学活动进入"繁荣发展期"

第一节　出国留学活动进入"繁荣发展期"的时代背景

一、新中国对外关系发展历程的回顾

中国对外关系的现状与发展，是确定国家总体出国留学政策中"数量政策"、"层次政策"和"国别政策"的基本要素之一，且对整体出国留学政策的形成、变化和调整具有十分重要的影响。作为出国留学政策变革的背景研究，在本书各章中对应不同历史时期的我国国家之对外关系，作者已经分别进行了简明扼要的叙述。当需要我们综观、总结并审视、评估新中国成立 60 年来出国留学政策全部内容的时候，全面回顾和系统总结新中国成立 60 年间我国对外关系的总体脉络、重要事件和基本经验，应该说是十分必要的。至此，我们将不难发现并再度确认中国与世界的关系在 60 年间发生着深刻历史性演变的同时，与之相对应的、密不可分的中国出国留学政策变革与发展的历史轨迹。

●新中国成立是 20 世纪重大事件之一。1949 年 10 月 1 日中华人民共和国成立前后，面对东西方冷战格局，毛泽东主席提出了"一边倒"、"另起炉灶"、"打扫干净屋子再请客"三大政策，在清理旧制度的基础上，构筑起新中国对外关系新格局和战略框架。回顾中国对外关系的发展历程，20 世纪大致经历了三次"集中建交期"。继开国大典第二天苏联成为第一个与新中国建交的国家之后，中国政府决定凡是承认新中国并与国民党政府断绝关系的社会主义国家，无需谈判即可建交。其后，社会主义阵营国家先后承认新中国政府。截至 1950 年 11 月，已有 6 个亚洲国家和 12 个欧洲国家与新中国建立外交关系，这是第一次比较集中的建交期。第二次"集中建交期"出现在 50 年代

前期到 60 年代末。二战后，亚非拉越来越多的国家在取得独立后走上了中立的道路，加强同这些国家的团结合作，成为新中国对外政策的重要组成部分。新中国先后与埃及等民族独立国家，及瑞典、挪威、芬兰、瑞士、丹麦等资本主义国家建交。进入 70 年代后，随着中美对话、中日邦交正常化，中国在联合国合法席位得到恢复、中美建交，中国的国际地位进一步提高，促使许多第三世界国家以及西方国家陆续与中国建立外交关系，此为第三次"集中建交期"。

●在万隆会议上中国倡导"和平共处五项原则"，形成了亚非各国团结一致、反对帝国主义、争取和维护民族独立、增强各国人民友谊的万隆精神。1955 年 4 月，亚非会议在印度尼西亚万隆举行。会议公报中《关于促进世界和平与合作的宣言》强调，中国倡导的"互相尊重主权和领土完整、互不侵犯、互不干涉内政、平等互利、和平共处"五项原则，是亚非国家对国际关系准则的重要贡献。毛泽东主席 1957 年在莫斯科再次重申，中国主张一切国家实行和平共处五项原则。1964 年，中国与法国建交，从而打开了中国与西方大国关系的一个缺口。这一时期，中国的国际影响不断扩大，到 1969 年同中国建交的国家已达 50 个。

●毛泽东主席提出"三个世界"战略思想，其中关于划分"三个世界"的理论突出了发展中国家的重要作用。1970 年，毛泽东主席在会见非洲客人时指出，亚非拉是第三世界，第一次明确表示中国属于第三世界。1974 年 2 月，毛泽东在会见赞比亚总统卡翁达时再次明确提出划分"三个世界"的战略思想。同年 4 月，邓小平率中国代表团出席联合国大会期间，第一次向世界全面阐述了毛泽东主席划分"三个世界"的战略思想。中国政府把加强同第三世界的团结与合作作为自己外交政策的重要内容，站在第三世界一边结成反对超级大国霸权主义的统一战线。

●中国重返联合国并成为安理会常任理事国成员，是联合国历史上的重大事件，对整个世界格局的形成产生重大影响。1971 年 10 月 25 日，联合国第 26 届大会表决通过恢复中华人民共和国在联合国一切合法权利的提案。再次成为联合国大家庭一员后，中国的国际地位获得很大提高，在深度和广度上的影响也有所增加。

●毛泽东主席果断决定打开中美关系。中美谈判并建交打破了西方对新中国的长期封锁，确立了以中国为一极的大国外交关系新格局，迎来了世界各国与新中国建交的热潮，进一步改善了中国的国际环境，新中国外交展现全新局面，为中国后来的改革开放奠定了基础。20 世纪 70 年代初，毛泽东主席和周恩来总理从调整中、美、苏大三角关系的外交战略需要出发，通过请美国作家斯诺传话、邀请美国乒乓球队访华等方式，发出愿与美方接触的信号，使中美关系乃至中国同西方外交关系解冻。1972 年 2 月 21 日，美国总统尼克松对中国进行为期 7 天的历史性访问，被历史学家称为"改变世界的一周"。双方就国际形势和中美关系交换了意见，着重讨论了印支问题和台湾问题。2 月 28 日，中美双方经过反复磋商，在上海发表《联合公报》。《中美联合公报》的发表标志着中美两国关系正常化的开始，为以后中美关系的进一步改善和发展打下了基础。中美两国正式建立外交关系，结束了长达 30 年之久的不正常状态。这是在美国政府接受中方提出的"断交、废约和撤军"建交三原则情况下取得的成果，是两国关系史上具有里程碑意义的大事，不仅揭开了两国关系的新篇章，而且对国际形势和世界格局产生了重大而又深远的影响。学者王缉思教授指出，中美关系的突破引发了一连串的国内政治变化和人们思想观念的变化；假设没有毛主席这一外交战略决策，中国的改革开放进程会从何时开始，是很难想象的。30 年来，中美关系取得了历史性的进展，中美关系的战略意义和全球影响更加突出。在尼克松总统访华的影响下，西方国家陆续与中国建交，先是中英关系由代办级升格为大使级，而后中日实现邦交正常化，中国还与荷兰、希腊、联邦德国、澳大利亚等建交。1972 年成为新中国成立以后同外国建交最多的一年。中国外交以大国关系为突破口，先后同美国和苏联对话、建交或实现关系正常化。1979 年 1 月 1 日，中美正式建立大使级外交关系。10 年后，戈尔巴乔夫总统访华，实现中苏关系正常化。与大国关系的改善，不仅为中国的改革开放营造了良好的外部环境，也为世界和平与稳定作出了积极贡献。

●80 年代末 90 年代初，面临冷战结束、苏联解体、东欧剧变、西方国家制裁等复杂多变的国际关系局势，按照邓小平"冷静观察、稳住阵脚、沉着应付、韬光养晦、有所作为"的方针，中国成功渡过国际体系转型冲击的危机，巩固了国家稳定和安全，赢得了发展机遇。钱其琛副总理在其回忆录《外交十记》中表示，在他担任中国外长的 10 年期间，中国外交所经历的最艰难时期，莫过于 20 世纪 80 年代末到 90 年代初的那段时间。

●中国实行改革开放使中国经济迅猛发展，成为世界第三大经济体，在世界经济中扮演越来越重要的角色。1978 年 12 月 18 日至 22 日，中国共产党第十一届中央委员会第三次全体会议提出把全党的工作重点转移到社会主义现代化建设上来。到 2008 年 7 月底，中国实际利用外资金额逾 8000 亿美元。30 年来，中国 GDP 始终保持年均 9% 以上的高增长，迄今，经济总量跃至世界第四位，成为世界第三大贸易国。中国的改革开放政策在各个领域影响了世界发展进程。作为中国留学政策的参与者和研究者，本书作者曾于 1996 至 1998 年期间在日本留学，成为中国留学政策名副其实的实践者，因此对中日之间的外交关系与比较研究更多一些兴趣与关注。如我们注意到旅日华人学者关志雄教授对"中国第一"的一些研究：中国 60 年的发展突飞猛进，中国经济已望日本项背，中国对日本曾经发生的一切不再看作"经验"，而视为"教训"。60 年前，主要的经济指标中中国只有人口数量是世界第一；10 年前，中国的钢铁产量达到世界第一；如今，除了人口和钢铁以外，在以贸易为主的经常收支盈余、外汇储备、美国国债持有量、主力银行的时价总值等各方面，中国都位居世界第一。值得期待的是，中国的出口总额 2008 年位居第二，2009 年将超过德国，成为世界第一；中国的汽车生产台数将超过日本，而销售台数也将超过美国，成为世界第一。在各项经济指标陆续跃居世界第一的形势下，中国的经济总量 GDP 将在 2010 年超过日本，居世界第二。有分析认为，2010 年，中国经济总量超过日本不成问题，日本将让出自 1968 年以来持续 40 多年的"世界第二经济大国"

的地位。博鳌亚洲论坛秘书长龙永图先生也于 2009 年 10 月 17 日在一次研讨会上公开表示，中国经济还可以保持几十年高速发展，中国正面临难得发展机遇；中国GDP 超过日本也就是一两年的事情，超过美国仅是时间问题。与此同时，自从日本民主党 2009 年 8 月 30 日大选获胜以来，中日关系缓和的步伐明显加快。国内媒体援引英国《每日电讯报》2009 年 10 月 5 日的文章称，东京和北京正在讨论创建"东亚共同体"的计划，这个共同体类似于欧盟，可以改善该地区经济和政治关系；从而可能使它们成为世界上最强大的力量；这一行动可能会震动全世界。这一建议仍处于非常初期的阶段，但是合作领域可能包括免签证旅游、公共保健、能源和环境，然后逐渐扩大到比较棘手的政治问题和有关农业或国防的公共政策。中国外交学院国际关系研究所周永生教授认为，日本一开始对这一计划不感兴趣，但全球金融危机之后，日本意识到，日本经济的活力取决于中国和该地区一些新兴国家。

●中国政府关于国际政治多极化、国际关系民主化的倡议对国际关系产生了深远影响。20 世纪 90 年代，针对冷战后国际力量对比严重失衡的形势，中国提出以合作为基础的新思维应对过时的冷战思维。中国通过亚太经合作组织、"上海 5 国"、亚欧会议、"入关"、中国—东盟自贸区在多边舞台上发挥作用；香港和澳门的先后回归，标志着中国人民在完成祖国统一大业的道路上迈出了重大步伐；中国在亚洲金融危机中的良好表现，体现了负责任大国的风范。在 2000 年 9 月召开的由 150 多个国家元首或政府首脑出席的联合国"千年首脑会议"上，江泽民主席系统地阐述了我国关于建立公正合理的国际政治经济新秩序的主张，倡导国际政治多极化、国际关系民主化。中国加入世贸组织，标志着对外开放进入一个新阶段。中国在经济、政治、文化、安全等方面逐步同国际社会形成了前所未有的密切联系。中美关系从"竞争者"到"利益攸关方"，中日从"破冰"、"融冰"、"迎春"、到"暖春"，中欧关系"处在历史上最活跃、最富有成果的时期"，中俄战略协作关系"正处在新的历史起点上"。

●相对于政府间的"第一轨外交"，"二轨外交"是一种特殊的非官方外交，通常是透过学者、退休官员的交流，以民间形式进行，由于方式较灵活、广泛，常可起到官方渠道难以起到的作用。如在美国总统奥巴马首度访华前一个月，美国负责东亚及太平洋事务的助理国务卿坎贝尔在北京分别与副外交部长何亚非和武大伟会面的同一期间，以前美国国务卿基辛格为首的美国退休高官团队在北京出席两国"二轨"对话。相对"一轨"的官式会面，"二轨"会晤所受的待遇似乎高得多，"二轨"的中方主席是退休的国务委员唐家璇，在北京分别与现任国务委员戴秉国和国务院总理温家宝相见。据报道，会面时温总理不仅用英文和美国来宾逐一打招呼，还引述李白《下终南山过斛斯山人宿置酒》诗句"却顾所来径，苍苍横翠微"回顾中美关系。会面后，温家宝出门送客时，还撑起一把大大的雨伞为基辛格遮雨，礼待有加。来华出席中美"二轨"对话者，除基辛格外，还有里根时代的国务卿舒尔茨、克林顿时代的国防部长佩里和财政部长鲁宾等人，涵盖民主、共和两党，可谓粒粒巨星。难怪中方格外重视。

●胡锦涛主席提出的"和谐世界"理念，正在逐渐成为世界各国"正确处理国际事务和国际关系的广泛共识"。2005 年 4 月，胡锦涛主席在参加雅加达亚非峰会时提出，亚非国家应"推动不同文明友好相处、平等对话、发展繁荣，共同构建一个和谐世界"。同年 7 月，胡锦涛主席出访俄罗斯期间发表的《中俄关于 21 世纪国际秩序的联合声明》中，"和谐世界"这一全新理念第一次成为国与国之间的共识。同年 9 月，胡锦涛主席在联合国总部发表演讲，全面阐述了"和谐世界"的深刻内涵。2007 年 10 月，胡锦涛主席在中国共产党第十七次代表大会上的报告中指出：我们主张，各国人民携手努力，推动建设持久和平、共同繁荣的和谐世界。为此，应该遵循联合国宪章宗旨和原则，恪守国际法和公认的国际关系准则，在国际关系中弘扬民主、和睦、协作、共赢精神。政治上相互尊重、平等协商，共同推进国际关系民主化；经济上相互合作、优势互补，共同推动经济全球化朝着均衡、普惠、共赢方向发展；文化上相互借鉴、求同存异，尊重世界多样性，共同促进人类文明繁荣进步；安全上相互信任、加强合作，坚持用和平方式而不是战争手段解决国际争端，共同维护世界和平稳定；环保上相互帮助、协力推进，共同呵护人类赖以生存的地球家园。中国以前所未有的速度和广度融入世界。中国积极参与国际事务、化解危机，派出了中东、苏丹、朝鲜半岛问题、气候变化问题等特使，设置边界与海洋事务司、领事保护中心，直接服务于国家和人民的利益。经济外交、公共外交、民间交往等领域外交的内涵不断延伸，焕发出新的生命力。中国前驻法国大使吴建民说："中国外交已经由小外交走向大外交，由小合作走向大合作，由小舞台走向大舞台。"在这一时期，中国开始尝试着在国际体系转型的过程中，提出具有深厚中国文化背景的理念、观念和发展模式。2005 年 9 月 15 日，国家主席胡锦涛在联合国成立 60 周年首脑会议时发表了题为《努力建设持久和平、共同繁荣的和谐世界》的讲话，提出建设和谐世界的理念。有专家指出，"和谐世界理念强调国与国之间的和平、人与人之间的和睦以及人与自然的和谐，阐明了中国对世界发展前途的构想和主张，为国际规范的发展注入了更多的中国元素。"

●2009 年 9 月 23 日，国家主席胡锦涛在纽约出席第 64 届联合国大会一般性辩论，并发表题为《同舟共济共创未来》的演讲，阐述了"互信、互利、平等、协作"的新安全观，既要维护本国安全，又尊重别国安全关切，促进人类共同安全。安全不是孤立的、零和的、绝对的，没有世界和地区和平稳定，就没有一国安全稳定。要用更广阔的视野审视安全，维护世界和平稳定。60 年的中国对外关系史，是一部从努力突破封锁到全方位对外开放的历史。新中国成立 60 年来，同世界各国的友好合作全面发展，建交国已由新中国成立初期的 18 个增加到 171 个；中国已经参加了 130 个多个政府间国际组织，缔结了 300 多项国际条约，积极推进经济、安全、人文等各领域外交。在新的历史阶段，紧紧围绕科学发展与和平发展的目标，中国积极倡导推动建设持久和平、共同繁荣的和谐世界，展现了负责任大国的良好形象。在政治影响力增强的同时，中国经济、文化日益走向世界。

法国前总统希拉克认为，"今天的世界格局已发生了改变，无论是金融危机、气候变化还是能源资源等全球性问题，没有中国参与都无从谈起。"学者阎学通先生指出，随着中国崛起速度加快，有关中国发展模式的议论越来越多。虽然有关中国发展经验是否适用于广大发展中国家还需要时间来证明，但中国经济成功和发展模式对世界发展思想的影响和贡献是明显的。例如，几年前"北京共识"的概念曾在国际媒体上非常流行；2008 年在欧洲非常畅销的一本书《中国在想什么》认为，随着中国物质力量的强大，中国的思想必然会影响世界。最近一期《外交季刊》发表的首篇文章《全球化消退》认为，中国的崛起将改变人们对世界发展模式的信仰，对美国的自由主义、私有化和自由市场经济模式的信仰将随着中国的崛起而衰退。不过，作为最大的发展中国家，中国经济发展仍不平衡，在国际机构中的代表权和话语权依然有限，中国的"软实力"亟待提高。对此有学者指出，今后一段时间，中国外交面临的很大任务是如何有效参与到新的国际体系建设当中，在这个新体系中有效地保护中国不断增加和扩展的国家利益。学者郭春菊认为，全球化时代，对任何国家而言，外交战略和政策制定的难度都大大增加了，任何国家的对外战略都处在不断调整和完善之中。如何抓住机会趋利避害，最大限度地增进自己的国家利益是每个主权国家所关注的核心。从适应全球化时代世界秩序深刻变革的角度来看，中国对外战略宜从几个方面进一步完善：一是进一步明确国家利益的内容与层次，树立全球化时代的国家利益观，更多地把客观上存在于国际社会中的国家利益作为制定对外战略的重要出发点。二是进一步明确国际定位，树立有世界影响的负责任的大国意识。三是进一步拓宽对外战略的范畴与领域，积极地参与构建全球化的国际秩序，即更加积极主动地参与国际组织的活动，争取在其中发挥"主导"作用；积极参与和推动全球问题的解决；拓展外交领域，展开多种形式的国际交往。学者梁凯音指出，西方国家在现存的国际秩序领域里依然有巨大的传统影响力，包括在国际话语权方面的优势，其表现在他们拥有话题设定优势、制定评判标准优势以及评议、裁决优势，反映了西方对国际话语权的掌控和对国际事务的主导地位。随着中国综合国力的提升和在国际事务上的影响力日益增强，中国作为责任大国走上了国际舞台，扩大国际话语权是中国应对当前由西方国家主导的国际体系的一种诉求，也是与中国的国家利益及其在国际事务中所承担的责任相适应的。如何正确的定义国际话语权、运用有效途径获得在国际话语权竞争中的主动权，是中国在建构责任大国身份中迫切需要解决的重要问题。世界关注中国，中国需要世界理解，中国必须积极参与国际事务，让世界听懂中国的话语。外交部长杨洁篪在回顾和总结中国外交工作 60 年经验时指出，新中国外交是人民的外交，始终坚持为广大人民群众的根本利益服务，得到了广大人民群众的大力支持。外交工作所取得的成就是党中央、国务院坚强领导的结果，是各地区、各部门共同努力的结果，是人民群众大力支持的结果，是广大专家学者辛勤努力的结果，也是国际友人支持帮助的结果。同样，中国的出国留学政策其发生、发展和变革，也始终应该坚持为公众服务、为广大留学人员服务的基本原则，也需要得到群众的广泛支持和理解。①

二、进入 21 世纪以后中国对外关系的基本状况

本世纪以来国际形势继续发生复杂并深刻的变化，中国正处在应对国际金融危机冲击、保持国际关系平稳较快发展的关键时刻，国际政治面临新的重要机遇和严峻挑战。进入新世纪新阶段以来，国际上发生一系列具有全局性和战略性影响的重大事件，对国际政治经济格局产生了重大而深远的影响。中国政府高度重视和深入研究国际形势出现的新特点新趋势，开拓视野，审时度势，趋利避害，不断提高新形势下应对国际局势和处理国际事务的能力和水平。中国外交进一步增强机遇意识，加强和改进外交运筹，善于从变化的形势中把握和运用机遇，善于在严峻的挑战中捕捉和运用机遇，不断增强工作的前瞻性和主动性。中国共产党十七大以后，中国外交深入贯彻落实科学发展观，高举和平、发展、合作旗帜，奉行独立自主的和平外交政策，始终不渝走和平发展道路，始终不渝奉行互利共赢的开放战略，坚持在和平共处五项原则的基础上同所有国家发展友好合作，为推动建设持久和平、共同繁荣的和谐世界作出新的贡献。

亚洲开发银行的一篇研究报告提供的数据显示，从 2000 年开始，中国占美国、日本、德国、英国、法国、加拿大和意大利七大工业国出口市场的份额近年来显著增长，已由最初的 2% 上升至 2007 年的 5%。该报告指出，中国需求的进一步提升将有助于改变亚洲发展中经济体对欧美消费市场的单向依赖，形成贸易双向平衡流动的新格局。分析人士认为，一个时期以来中国在全球贸易中扮演"世界加工厂"的角色，主要从区域内其他经济体进口零部件和原材料，加工为成品后再成批出口欧美。但是，金融危机暴露出亚洲发展中经济体过分依赖欧美市场的缺陷后，中国在全球贸易中的角色转换步伐可能进一步加快。亚行首席经济学家李钟和认为，虽然中国需求对全球经济增长的拉动还很有限，但不容忽视的是，中国市场有很大的潜力有待挖掘，他相信未来中国不仅是全球货物主要的供应方，也能成长为世界重要的消费市场。

---

① 本小节参见《经典中国辉煌 60 年——全方位外交篇——新中国影响世界的十件大事》，《光明日报》2009 年 9 月 21 日；王宇丹：《从 18 个到 171 个看新中国建交高潮》，2009 年 9 月 22 日新华网；李诗佳、熊争艳、廖雷：《从"一边倒"到"建设和谐世界"——新中国 60 年，外交战略不断调整，但"独立自主和平发展"信念始终不变》，《新华每日电讯》2009 年 9 月 23 日第 4 版；《英报称中日关系缓和步伐"令人吃惊"》，《参考消息》2009 年 10 月 6 日，朱莉安·赖亚尔、马尔科姆·穆尔：《中日开始讨论建立联盟》，英国《每日电讯报》2009 年 10 月 5 日；杨文凯：《旅日华人经济学家学者关志雄出版日文专著谈"中国第一"》，2009 年 10 月 6 日中国新闻网；车玉明、钱彤、李诗佳、韩洁、刘铮、熊争艳、廖雷、夏文辉、郭春菊：《中国方位——在世界发展的坐标上》，2009 年 9 月 24 日新华网；王宇丹：《新中国 60 年外交理论研讨会在京举行》，2009 年 9 月 19 日新华网；孙嘉业：《明报：中国"二轨外交"的玄机》，2009 年 10 月 14 日中国新闻网；《胡锦涛在联大阐述中国新安全观》，2009 年 9 月 24 日中国新闻网；阎学通：《中国 60 年来对世界的思想贡献》，《环球时报》2009 年 10 月 1 日第 14 版；王缉思：《中国外交 60 年，决定因素何在》，《环球时报》2009 年 10 月 10 日第 14 版；安秀伟：《全球化与中国的对外战略调整》，《当代世界与社会主义》2009 年第 2 期；梁凯音：《论中国拓展国际话语权的新思路》，《国际论坛》2009 年 5 月第 11 卷第 3 期；《龙永图称中国 GDP 两年内将超过日本》，2009 年 10 月 18 日中国新闻网。

2008 年对中国的国际关系来讲，是不平凡的一年。外交部部长杨洁篪将其比喻为"闯关之年"、"开拓之年"、"丰收之年"。所谓"闯关之年"，就是从抗击汶川大地震等自然灾害到排除各种国际干扰，举办奥运会，再来应对国际金融危机的冲击。中国对外关系所受到的挑战之多、冲击之大、程度之重是多年罕见的。在闯过许多难关的同时，中国对外关系取得重大成绩。比如中国特色的外交理论得到丰富和发展，统筹兼顾这个外交工作的根本原则得到贯彻和执行，其中包括统筹国内和国际两个大局以及统筹好双边和多边两类关系。一年多来中国努力统筹地理区域外交如说大国外交、周边外交，与广大发展中国家外交，乃至于相当程度的多边外交；但在具体领域的外交给予更大重视，如像经济外交、安全外交、人文外交、公共外交等等。所谓"开拓之年"、"丰收之年"是指中国的国际地位、作用、影响显著提高，并为世界和地区的和平、稳定和发展作出了重要贡献。2008 年有多达 180 多位国家元首、政府首脑和其他政要到中国进行正式访问，或者参加奥运会、残奥会的开闭幕式和其他活动，或者参加亚欧首脑会议。各国政要人数之多、之重要，在中国外交史上是空前的。

杨洁篪外长于 2009 年 3 月指出，当今世界正在发生着冷战结束以来最深刻的、最复杂的国际形势变化，国际金融危机还没有见底，中国的外部环境更趋复杂。对此中国外交有四个方面的主要任务：一是抓住"一条主线"，即全力为确保国内经济平稳较快发展服务。二是抓好"两大重点"工作，即积极应对国际金融危机，为"保增长、保民生、保稳定"服务，以及通过安排好中国国家领导人参加重大的国际多边会议活动，推动国际秩序朝着更加公正合理的方向发展。三是抓好安全外交、人文外交和领事保护"三项工作"。四是做好"四个方向"的工作，即促进同大国的关系稳定发展、进一步搞好同周边国家的睦邻友好关系、进一步加强同广大发展中国家的团结与合作、要更加积极地参加有关全球性的和地区热点问题的妥善解决。针对新形势下国际政治与国际关系，中国国家主席胡锦涛指出，外交工作同国家发展的关系更加紧密，必须依靠发展、服务发展、促进发展；外交工作在党和国家工作全局中的地位和作用更加重要，必须更好地为巩固和发展改革发展稳定大局服务，为维护国家主权、安全、发展利益服务；要进一步增强忧患意识，始终居安思危，切实提高抓住机遇、化解挑战、驾驭复杂局面的能力，不断开创外交工作新局面；要把有效应对国际金融危机冲击、保持经济平稳较快发展，为保增长、保民生、保稳定服务作为重要任务，积极参与应对国际金融危机冲击、推动恢复世界经济增长的国际合作，积极推进我国同各国的务实合作；要适应世界格局变化，全方位、多层次地推进外交工作，重点是要运筹好大国关系；要做实做深构筑周边地缘战略依托工作，巩固发展中国家在我国外交全局中的基础地位，积极开展多边外交，大力加强各领域外交工作；要坚持以人为本，依法维护我国公民和法人海外合法权益，维护侨胞及香港特别行政区同胞、澳门特别行政区同胞、台湾同胞正当权益；要同世界各国一道推动建设和谐世界，致力于同世界各国相互尊重、扩大共识、和谐相处，致力于同世界各国深化合作、共同发展、互利共赢；要不断提高统筹国内国际两个大局的能力，科学把握当今世界的深刻变化及其特点，深刻认识国内大局和国际大局、内政和外交的紧密联系，把国内发展和对外开放更好统一起来，更好为推动科学发展、促进社会和谐服务。[①]2009 年版《中国外交》白皮书分别从八大方面对 2008 年中国外交进行全面总结：中国外交"全力配合抗震救灾和举办北京奥运会、残奥委会，成功主办亚欧首脑会议"；"大力开展经济外交，应对国际金融危机"；"发展同世界主要大国关系"；"深化我国与周边和发展中国家友好合作"；"在全球性和地区热点问题上发挥建设性作用"；"维护国家主权、安全利益"；"营造客观友善的国际舆论环境"；"维护我海外公民权益及财产安全"。白皮书指出，2008 年是近年来国际形势变化最为剧烈的一年，国际形势总体稳定，但挑战日益增多；世界加速进入经济动荡、格局调整、体系变革的新阶段。书中说，美国次贷危机最终演变为"百年一遇"的全球性金融危机，世界经济体系受到严重冲击，全球经济面临衰退，国际贸易和全球外国直接投资明显下滑，贸易保护主义再次抬头。白皮书又指出，百年一遇的金融危机的爆发，各大国普遍认识到加强合作、共渡时艰是唯一的共同选择，大国合作乃大势所趋。白皮书认为，尽管美、欧、日、中、俄等多国政府纷纷出台财政和货币政策刺激经济增长，国际社会也表达出加强政策协调、共同应对金融危机的强烈意愿，但国际金融危机尚未见底，对世界经济的影响在不断加深，其对国际体系及格局演变的影响值得高度重视。盘点地缘政治和大国合作，白皮书认为，地缘战略竞争激烈，大国合作大势所趋。书中说，大国在政治、经济、军事、安全乃至软实力方面的较量依然存在，围绕深海、极地和太空的争夺正在逐步展开，战略利益竞争日益突出。但金融危机的爆发客观上缓和了大国关系。面对严峻的世界经济形势，各大国普遍认识到加强合作、共渡时艰是唯一的共同选择。此外，白皮书对包括中国在内的新兴大国在国际舞台上崭露头角也给予高度评价。白皮书称，新兴发展中大国日益成为世界经济增长和国际格局演变的重要推手；新兴大国群体性崛起为国际关系注入新的活力，世界多极化趋势日益明显。大国关系方面，白皮书归纳指出，中美关系在美国大选年保持平稳发展，其全球影响和战略意义更加突出；中俄战略协作伙伴关系在高水平上持续健康稳定发展，两国政治互信、务实合作、人文合作、战略协作达到新水平；中欧关系在曲折中发展，政治对话走向深入，各领域务实合作持续发展；中日关系开创新局面，政治、经济、人文和防务等各领域交流合作全面推进。[②]

三、中国教育对外合作与交流的基本现状与主要特点

2008 年 8 月 15 日，时任教育部副部长章新胜在谈及中国教育对外合作与交流的现状时，曾于用"形成一个架构，搭建两个平台，打通三个渠道"三句话加以概括。教育部国

---

① 《外交部部长杨洁篪就外交政策和对外关系答记者问》，2009 年 3 月 7 日中国新闻网；冯悦：《第 11 次驻外使节会议召开胡锦涛发表重要讲话》，2009 年 7 月 20 日中国广播网；许林贵：《中国需求正在改变世界贸易格局》，2009 年 8 月 7 日《新华每日电讯》第 4 版。

② 葛冲：《2009 年中国外交白皮书将出炉新增军控章节》，2009 年 10 月 21 日人民网。

际司司长张秀琴女士也于 2009 年 3 月 25 日，向国内媒体介绍了中国教育对外开放的总体情况。

章新胜副部长指出，所谓"一个架构"，就是教育合作协议的签署，中国双边和多边合作交流内容不断扩大。而"两个平台"则是指，一方面，设立了多边和双边的政府间以及高校间的磋商机制，同时，还构建了若干区域性的教育合作和交流的平台。"三个渠道"，一是进一步加强了高层之间的互访和交流合作，互办教育展览，向广大的学生和学生的家长提供更加公开和透明的信息服务；二是学历和学位的互认，已与几十个国家和地区签订了学历学位互认的协议；三是在高层次人才培养的方面，已经与主要留学目的地国和来华留学的国家建立了机制性的合作，比如中法联合研究生院，中俄研究生院，中日、中美、以及中英奖学金计划，等等，进一步推动了高层次人才交流的互惠合作与发展。与此同时，汉语国际推广有新突破，汉语教学已经成为世界上最热门的外语教学之一。汉语国际推广取得新突破，"汉语热"不断升温。汉语作为中华文化的载体，作为世界了解中国、与中国交往的重要工具越来越受到重视。

关于中国教育对外合作与交流的特点，章新胜副部长表示，经过改革开放 30 年的发展，并通过教育改革开放，中国学习借鉴了各国发展教育的成功经验，实现了教育观念的转变和教育体制的创新，教育面貌焕然一新。中国教育对外开放已呈现出一些新特点：一是教育面向世界已经成为中国城市、农村各级各类学校以及课程改革的一个重要方面；二是中国同国外的合作与交流，已经由 30 年前改革开放之初，主要向国外学习和借鉴国外经验的单向需求，逐步转向双向需求，世界各国对中国在教育合作方面的需求现在发生了非常大的变化；三是教育开放的战略格局基本形成，已经形成了一个"大国是重点、周边是首要、发展中国家是基础、多边国际组织是重要舞台"这样一个全方位、多层次、有重点、分步骤的官民并举、双边多边互动的开放格局；四是中外政府的教育部门已经建立起了相对稳定的教育磋商机制，教育合作和交流正朝着制度化和机制化的方向持续发展；五是在各国留学生的比重中，中国基本都名列前茅，成为世界各国非常欢迎的、努力争取的一个主要生源输出国；六是中国同时成为一个新兴的留学目的地国家，越来越受到海外留学生的普遍青睐，使得来华留学人数一直持续稳步增长。

教育部国际司司长张秀琴女士在介绍中国教育对外开放的总体情况时指出，改革开放 30 年来，中国教育对外开放的总体发展良好，规模不断扩大，形式日益多元，内涵不断深化，质量稳步提升。其总体情况主要表现在以下几个方面：一是与国外的合作与交流不断深入，对外教育合作与交流由改革开放之初的中国向国外学习和借鉴经验的单向需求，逐步转向双向需求合作共赢。世界各国对中国教育合作的需求也从学习语言转向学生交流、科研合作等更加多元化和愈加深入的层面上。二是教育对外开放的战略格局已经基本形成。形成了"大国是重点，周边是首要、发展中国家是基础、多边国际组织是重要舞台"这样一个全方位、多层次、有重点、分步骤的官民并举、双边多边互动的开放的大格局。三是制度化、机制化进程持续推进。截止 2008 年 3 月，中国与世界上 188 个国家和地区建立了合作与交流的关系，设立了 18 个双边教育高层工作磋商机制，构建了若干双边及区域性教育合作与交流平台，签署并尚在执行的教育合作协议达 154 个，正在实施的政府间合作的教育项目共有 77 项。另外，中国还与 35 个国家和地区签订了学历学位互认的协议；与联合国教科文组织、联合国儿童基金会、开发计划署、世界银行等 40 多个重要的国际组织建立了教育合作与交流的关系，开展了大量的合作项目。四是学生交流渠道畅通，数量稳步增长。截止 2008 年 3 月，中国留学生在各国留学生中的比例都名列前茅，受到世界各国大学和研究机构的欢迎。同时，中国作为一个新兴的留学目的国，也受到了海外留学生的普遍青睐；来华留学人数一直持续稳步增长。五是汉语国际推广取得新突破，"汉语热"不断升温。截至 2008 年底，中国已在 78 个国家和地区建立了 305 所孔子学院和孔子课堂；汉语作为中华文化的载体，作为世界了解中国、与中国交往的重要工具越来越受到重视。据不完全统计，目前国外有超过 4000 万人在学习汉语，"汉语热"还在不断升温。六是涉外政策法规和监管机制不断完善，中外合作办学与高等学校境外办学稳步发展。为确保人民群众利益，促进国际合作与交流健康有序发展，教育部进一步加大了对教育涉外活动的监管力度。《中外合作举办教育考试暂行管理办法》、《高等学校境外办学暂行管理办法》、《中外合作办学条例》及其实施办法等一系列教育涉外法规先后出台，涉外办学不断规范。截止 2008 年 3 月，依法获得批准的中外合作办学机构和项目已经达到 1100 多个。同时，国内高校也积极地"走出去"，截止 2008 年 12 月，全国 24 所高等学校共设立海外分校或举办境外办学项目达到 42 个。七是教育对外援助成效显著。2000 年到 2007 年，我国共接收非洲留学生 19948 人次，建立了 10 个教育援外基地，在 10 所高校成立非洲研究中心，实施了"非洲高等教育国别研究工程"并开始选派涉非专业研究生赴非留学深造。近年来，我国教育援外工作对象还由非洲拓展到包括东盟、阿拉伯国家等在内的发展中国家，覆盖面越来越广。2000 年以来，教育部共举办 54 期研修班，接收了 1039 名来自发展中国家的教育官员、校长参加学习，为包括非洲在内的发展中国家培养了大量高级管理人才。

教育部副部长郝平于 2009 年 7 月 6 日在新加坡出席国际教育圆桌会议之际接受新华社记者采访时，重申了中国教育对外开放"总体发展良好，规模不断扩大，形式日益多元，内涵不断深化，质量稳步提升"的基本特征，以及六个方面的主要表现，即：中国与国外的合作与交流不断深入；中国教育对外开放的战略格局已经基本形成；制度化、机制化进程持续推进；国际学生交流渠道畅通，数量稳步增长；汉语国际推广取得新突破，"汉语热"不断升温；涉外政策法规和监管机制不断完善，中外合作办学与高等学校境外办学稳步发展。[①]

---

① 姜乃强、冯华：《教育对外开放新格局显现活力》，2006 年 10 月 25 日《中国教育报》；翟帆：《我国教育全方位多层次对外开放》，《中国教育报》2008 年 8 月 16 日第 1 版；李婧：《教育部：30 年我国送出留学生约 139 万；百万仍在外》，2009 年 3 月 25 日人民网—教育频道；教育部：《教育部新闻发布会实录》，2009 年 3 月 25 日人民网；张永兴：《教育部副部长郝平表示：中国教育发展成效显著》，2009 年 7 月 7 日新华网；教育部国际合作与交流司：《全方位开展教育国际合作与交流》，《中国教育报》2009 年 9 月 25 日。

四、中国教育对外开放新格局与出国留学活动的相互影响与促进

教育是中国最早实行对外开放的领域之一，而教育的对外开放又首先始于出国留学活动。因此教育对外开放在中国教育改革与发展以及国家对外开放和经济社会发展中占有重要地位，如积极建立和有效利用与外国政府和国际组织的教育高层工作磋商机制，构建区域性教育合作与交流平台，推动教育国际合作与交流的全方位、多层次、宽领域发展，同时也促进了留学活动的发展。随着中国改革开放的深入和发展，特别是中国加入世界贸易组织以来，中国教育对外开放的水平在不断提高，并在一些关键领域取得了突破性进展。多种形式活动促进区域教育合作与交流。如近年来在"中非教育部长论坛"、"中欧（盟）高等教育论坛"、"亚洲教育北京论坛"等活动上，各国教育官员及专家学者共话教育改革发展大计，表达了加强区域内教育合作与交流的愿望。通过这些区域教育合作与交流，中外教育各有关方面建立了"官民互动"、定期交流的有效机制。这些教育对外合作与交流活动涉及中外双方各级各类人才的交流，初步形成了中国教育对外开放的"互利、共赢、共享"局面。中外教育界的合作交流日益加强，与国外的合作与交流不断深入，对外教育合作与交流由改革开放之初的向国外学习和借鉴经验的单向需求，逐步转向双向需求合作共赢。世界各国对中国教育合作的需求也从学习语言转向学生交流、科研合作等更加多元化和愈加深入的层面上。中国教育对外开放的新格局为进一步推动教育事业改革和留学活动发展奠定了良好的基础，也为出国留学活动搭建了更加宽广的舞台。

伴随着中国教育对外开放脚步的加快，中外教育的交流合作同步加快。中国 1988 年与斯里兰卡就互相承认学位签订协议，于 1990 年与保加利亚签订相互承认学位协议。此后，中国已先后与数十个国家和地区签订了政府间学历学位互认协议，包括美国、德国、英国、法国、澳大利亚、新西兰等。标志着中国的学历学位教育获得了国际社会的公认，使中国教育在开展对外交往中获益，促进出国留学活动顺利发展。开展学历互认的直接成果使中国本科生可以直接进入对方国家进入硕士阶段学习，硕士生可以进入博士阶段学习。"中外学历学位互认"等教育合作协议制度体系促进了出国留学活动的发展。

中外合作办学同样是中国教育对外开放的重要组成部分，也是中国教育面向世界，扩大教育国际合作与交流，以及出国留学活动的重要组成部分。中国教育机构在选择外国优质教育资源和强项学科专业开展中外合作办学等方面进行了积极探索。为积极引进优质教育资源，中国稳步推进中外合作办学，大力引进国外优质教育资源，提升中国教育机构的办学水平和质量。通过加强对中外合作办学的发展规划和政策引导，鼓励和支持中国教育机构与外国知名教育机构在高等教育和职业教育领域开展合作办学，推动国家发展急需的尖端、短缺及空白学科专业的中外合作办学，推动中国高校与世界知名大学和科研机构"强强合作"，提高中国高校的教学及科研水平。为确保人民群众利益，

促进国际合作与交流健康有序发展，教育部进一步加大了对教育涉外活动的监管力度。教育涉外政策法规和监管机制不断完善，中外合作办学与高等学校境外办学稳步发展。

第二节　出国留学活动进入"繁荣发展期"的主要特征

一、出国留学政策日臻完善

20 世纪 50—60 年代中国政府实行向苏联大量派遣出国留学人员的政策，为后来的出国留学管理事务奠定了基础，为留学活动的发展积累了经验。并且在 60 年代初期，中国也已经开始试行向西方发达的资本主义国家派遣出国留学人员政策。虽然到 70 年代初时，中国向发达资本主义国家派遣出国留学人员的规模有所扩大，但派遣数量仍十分有限。中国自 1978 年实行"改革开放"方针以来，制定并实施了新的、更大规模地派遣出国留学人员的政策。出国留学新的派遣政策除了继承有新中国建立之初的"大量"和"集中"两个主要特点之外，在留学目的国选择和导向上则主要是面向科技发达的西方资本主义国家。这是中国新的历史时期内出国留学政策的核心特征。虽然改革开放初期的出国留学人员政策还明显带有试探与摸索的性质，还需要在出国留学活动实践中形成新的经验并不断调整相关政策，但在国家领导人的关注和指导下，在相关职能部门的组织下，特别是经过广大留学人员自身的留学活动与实践，逐步克服了留学事务中遇到的各种政策性障碍，最终开启了大量派遣出国留学人员的新局面，并且为以后政策的成熟与发展积累了经验、奠定了基础。

新中国成立 60 年、以及改革开放 30 多年以来，中国的出国留学活动走过了辉煌并和坎坷的历程；出国留学政策日臻完善，并始终与社会的进步、公民的意愿、经济的发展和政治的成熟紧密关联。改革开放以来，中国政府采取了不断扩大派遣公费留学人员和不断放宽自费留学限制的政策；从国家到地方，从高等院校到科研院所，已逐步建立起一整套与国家、社会和个人发展相适应的出国留学政策运行机制；国家公派、单位公派、自筹经费三条留学渠道优势互补，出国留学与留学回国两组政策体系相得益彰。不论是站在留学政策、留学现象、留学活动或留学文化的哪个角度来考察，出国留学的进程无疑都表明了这样一个事实，出国留学政策是改革开放体系的重要内容和组成部分，出国留学活动是留学政策的源泉，出国留学实践是对留学政策的体现和检验，出国留学活动已经进入了一个"繁荣发展期"。

一个时期以来，中国政府在不断促使出国留学政策更加宽松、和谐而富有人性化的同时，对留学人才更多采取的是理解、宽容、支持和鼓励的抚慰性政策，反映出中国对其越来越强大的实力以及在国际事务中影响力的不断提高更加自信。如在 2007 年 7 月由教育部与财政部共同制定的《国家公派出国留学研究生管理规定（试行）》中首次规定，受国家资助的留学人员均应履行学成后按期回国服务 2 年的义务。虽然出国留学管理部门早就定有 2 年服务期的规定，虽然新的规定中也有"公派留学生原则上应与推选单位签订意

（定）向就业协议后才能派出"的要求，但就国家政策层面仅有"2 年服务期"的限制而言，其象征意义明显大于实际效果。这是继 20 世纪 90 年代中期中国政府关于"国内公费培养的博士生申请自费出国留学可免交培养费"的政策之后，又一项对高层次留学人才流动"不予限制"政策的确认。

对此，有关部门负责人曾扼要地表示，既然国家在留学人员的派出方面要加大力度，就不担心派出去的人都回不来；从目前的情况看，中国经济发展、社会稳定以及建设世界一流大学，都为留学人员回国工作提供了很好的机遇；派出去的留学人员大多数是会回国工作的，至少是可以为国家做许多事情的，而更深层的意义和可能产生的影响还远不限于此。

二、出国留学活动进入"繁荣发展期"的基本特征

经过长期的考察，即通过对出国留学数据、对留学活动规律、对留学政策演变的研究，通过对留学事件中整体与个案的观察，以及对中国政府管理留学事务变革与现状的分析，我们基本可以得出"中国的出国留学活动自本世纪以来已经进入了一个繁荣发展期"这样一个论断。

当前约有数百万计的中国青年希望或准备出国留学，每年又约有十几万人实际成行出国留学，表明出国留学已经成为中国青年重要的学业选择和生涯之旅。中国当代的出国留学活动经历了从少数人留学、"特权"留学到盲目留学，再到理智留学的变化；中国的出国留学政策从绝密、秘密、保密到现在公开、公正、公平的演变；等等，这些都是国家发展与社会进步的成果，都是中国留学活动逐渐走向成熟的体现，印证并表明中国的留学活动大致从本世纪以来，已经进入了一个"繁荣发展期"。

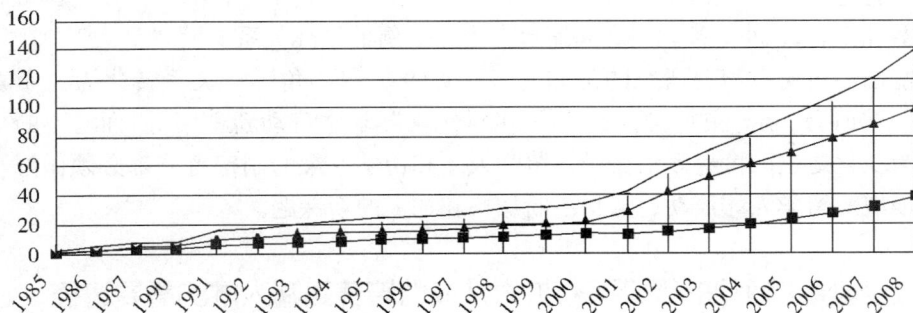

单位：横坐标（年），纵坐标（万人）
历年出国留学（上行曲线）、留学后回国（下行曲线）
和尚在海外的留学人员（中间曲线）
累计数据示意图
（晓萌根据教育部历年陆续公布的相关数据制图）

作为"出国留学活动进入繁荣发展期"的主要特点和重要标志,大致有以下五个方面,或称为"五种状态":

一是,国家以及部委、司局级有关留学政策性文本文件的制定和发布,已经呈现少而稳定的状态,即不再频繁发布文件,也不再有诸多不合理的限制性政策;

二是,2000 年以后出国留学与留学回国人员的数量呈现适度并稳步增长的形态,如 2008 年的"四大数据"——即整体出国留学、国家公派留学、自费留学和留学回国的人数,全部开创了历史新高;

三是,国内留学预备人员基本上呈现出一种比较理性和理智的心态,跟风追跑、盲目趋从的不正常现象已经很少发生;

四是,绝大多数在外留学人员的学习、生活、就职以及参与社会活动表现出稳定和谐的势态;

五是,各级各地的留学人员管理机构和部门从原来强调"管理"、"集中",已经逐步向"服务"、向尊重留学人员的价值和自由选择、向以留学人员为本转变,并逐步表现为出留学人员与为其服务的管理者之间和谐关系的常态。

中国推动和完善的改革开放进程已有 30 多年,并显然已经进入了"全球经营的新时代"。上述迹象表明,经过 30 年时而犹豫彷徨,时而风驰电掣,中国出国留学政策的改革,已经进入平稳持续的精细化轨道。① 若干年以来,"中国留学生"已经逐渐成为中国教育对外开放和中国人才国际间流动的同义词;已经成为逐渐融入全球的一代,并在加强国际秩序方面发挥着一定的作用。

中国在政治、经济领域的影响力日益增强,为形成一个由中国参与的"新的大国合唱的多极世界"创造了条件。一些国际著名政治家出于对世界形势走向的判断与分析以及国际关系政策的一些基本理念和战略考量,认为"超级大国"一词业已过时,未来 30—40 年内,世界将进入一个"相对大国"的新时代。与此同时,全球化的发展使各国教育相互依存度日益加大,21 世纪各大国之间需要考虑建立新的国际关系。而"敌人"和"对手"等概念可能已经过时,需要研究的是如何将"竞争"和"角逐"关系转化为"负责任的伙伴关系"、如何建立"更加符合实际的 21 世纪国际学生流动新秩序"。面对不断更新的国际关系与变化之中的世界政治格局,留学人才和留学政策的制定者们都必须做好自己的新功课,以应对留学人才流动趋势将不断加快和加大的新课题。

三、出国留学活动的规模不断扩大并成为培养高端人才的重要途径

进入新世纪以后,中国每年都有十几万人走出国门到世界各地留学。数量之多在世界各发展中国家,特别是在人口大国中,无论是绝对数还是百分比都位居前茅,并受到世界各国大学和研究机构的欢迎。通过与国外开展的教育国际合作,促进了中国高层次创新人才的培养。如"中法联合博士生学院项目",中法两国重点高校分别成立联合体合作培养

---

① 吴稼祥:《中国改革进入精细化轨道》,《中国青年报》2009 年 1 月 7 日。

博士生，以进一步促进中法教育交流与合作，培养高层次创新人才；根据"中英卓越奖学金计划"，中英双方启动了联合培养博士生工作；中国与英国签署的千人培训计划开始实施，中英双方将资助千名中国大学应届本科毕业生或在校研究生赴英国实习；同时，中国与德国、意大利、奥地利等国联合培养高层次人才计划不断有新进展。这些教育对外开放的活动增进了世界各国对我国教育的了解，促进了中外教育的国际合作乃至经济合作。中国把出国留学作为国家培养高层次创新人才的重要途径，创新和完善国家公派出国留学工作的管理体制与运行机制，不断扩大出国留学工作的规模；力争到 2010 年当年出国留学人员总数能够达到 20 万人，其中国家公派出国留学人数达到 1 万人；预计到 2020 年，当年出国留学人员总数达到 30 万人，其中国家公派出国留学人数达到 2 万人。

2009 年 3 月 25 日，教育部国际合作与交流司司长张秀琴女士向新闻媒体介绍了中国出国留学工作呈现的"五大亮点"：第一，2008 年时回顾总结 30 年来出国留学实践，教育部国际司归纳并形成了四条基本经验——1、改革开放和现代化建设伟大事业，是出国留学工作充满生机和活力的重要源泉；2、解放思想，改革创新，是出国留学不断向前推进的强大动力；3、坚持以人为本，维护和发挥出国留学人员的积极性、创造性，是出国留学工作的重要落脚点；4、努力营造既有利于出国留学，又有利于留学回国的良好环境，是做好出国留学工作的重要保障。第二，出国留学规模创历史新高，留学市场进一步规范——2008 年全年出国留学人数达 17.98 万人，比上一年度增加 3.52 万人，同比增长了 24.43%；其中自费出国留学人数达 16.16 万人，占当年出国留学人员总数的 90%，比上一年度增加 3.26 万人，同比增长了 25.27%；从 1978 年到 2008 年底，中国各类出国留学人员总数达 139.15 万人。在出国留学迅猛发展的同时，政府进一步加强了对国内 401 家出国留学中介机构的引导与监督，促进了留学市场的进一步规范与繁荣。第三，管理服务体系不断完善，留学人员爱国热情高涨——截至 2008 年底，中国以留学身份出国仍然在外的人员近 100 余万。在中国举办第 29 届奥运会、神舟七号科学飞行任务、抗击南方冰雪灾害和四川特大地震灾害等关键时刻，这些海外留学生身在海外，心系祖国，自发抵抗藏独分子的破坏，保护奥运圣火境外传递，踊跃为国内灾区捐款捐物，表现出强烈的爱国热情，发挥了重要而独特的作用。此外，留学人员通过广泛参与国际交流与合作，也为提升国家软实力、传播中华文化、增进世界各国人民对中国的了解和友谊发挥着不可替代的重要作用。第四，政府搭台项目牵引，留学人员回国热情持续升温——2008 年，各类留学回国人员总数达 6.93 万人，比上一年度增加 2.49 万人，同比增长 55.95%；自改革开放到 2008 年底，中国各类留学回国人员已近 39 万人，广大留学回国人员在教育、科技、经济、国防、社会发展等领域发挥着重要的作用。第五，推行"春晖计划"，为留学人员回国工作提供"软着陆"——"春晖计划"项目通过鼓励支持优秀留学人员，通过短期回国开展科研合作、信息交流以及利用学术休假回国进行人才培养、教学活动等方式，引导支持他们以多种形式为国服务，为出国留学人员长期回国工作提供"软着陆"。

2010 年春节前夕，教育部副部长郝平就近年来大量留学回国人员在祖国经济和社会发展中起到的重要作用，进一步贯彻"支持留学，鼓励回国，来去自由"的留学方针，不断完善政策措施，提高服务水平，营造留学人员回国工作、创业、发展的良好环境，加快引进海外高层次留学人才等问题发表谈话时指出，留学回国人员规模的扩大和层次的提高，得益于我国综合实力不断增强和国内科研环境、工作环境的持续改善，也得益于国家鼓励回国和吸引人才的政策不断完善。近年来，教育部积极发展出国留学事业，努力为建设创新型国家提供智力支持，主要表现在几个方面：一是公派留学规模扩大，层次提高。2008年向海外派出公费留学人员近1.3万人，是2002年的4倍。近年来根据国家发展战略以及重大战略的需求，设定了"国家建设高水平大学公派研究生项目"、"青年骨干教师出国研究项目"、"西部地区人才培养特别项目"、"航空工程技术骨干人才培养项目"、"地震科技青年骨干人才培养项目"等一批公派留学项目。此外，国家留学基金委还与国外高水平院校及研究机构建立了77个高素质人才培养合作项目，如"哈佛大学项目"、"耶鲁大学生物医学世界学者项目"等。二是鼓励支持留学人员回国工作和为国服务。教育部设立了"留学回国人员科研启动基金"、"高等学校优秀青年教师教学科研奖励计划"、"春晖计划"、"长江学者奖励计划"等，与有关部委联合建立21个国家留学人员创业示范基地，与科技部联合举办"春晖杯"中国留学人员创新创业大赛，与地方政府携手搭建北京科博会、中国留学人员广州科技交流会和中国海外学子辽宁创业周等创业科技交流平台，对鼓励和吸引留学人员回国工作和为国服务发挥了重要作用。三是重视对自费留学人员的服务和培养。自费出国留学人员是我国留学队伍的主体。教育部自2003年起，设立"国家优秀自费留学生奖学金"，其中有1140名自费留学生获奖，体现了国家对自费留学生的关怀，有力地激励他们勤奋学习、报效祖国。2009年，留学工作还大致呈现出以下几个特点：第一，留学工作受到中央领导的高度重视。一年来，留学工作越来越受到中央领导的高度重视，并多次得到中央领导在不同场合以不同形式的直接指导。例如温家宝总理与我留德学生举行春节联欢，并同台歌唱。另外还通过手机与在西班牙的留学生对话，激励同学们的报国之志。刘延东国务委员考察美国、新加坡20余所学校，并且与留美的专家学者座谈。2009年，刘延东国务委员还多次在驻外使领馆教育处组报回的有关留学人员问题的材料上作出重要批示。第二，不断完善和提高在外留学人员的管理和服务工作的水平，切实维护在外留学人员合法权益，始终把加强在外留学人员服务工作和安全保障作为工作重点。坚持以人为本，创新工作方法，提高服务质量。例如深入开展庆祝中华人民共和国成立60周年的主题爱国主义教育活动。各驻外使领馆教育处组积极地宣传、精心地组织，引导广大在外留学人员开展了一系列主题鲜明、内容丰富、形式多样的与国同庆活动，极大地鼓舞了广大留学人员的爱国热情，激发了他们的报国之志，为今后的留学工作，尤其是留学回国工作提供了新动力。另外，面对甲型H1N1流感疫情扩散的情况，各教育处组对留学人员的健康和安全极为关注，体现了党和国家对留学人员的关心和爱护。第三，积极鼓励和组织在外留学人员回国工作和为国服务，充分发挥人才信息和管理的独特优势，全力配合服务中央实施的海外高层次人才引进计划，在举荐海外高层次留学人才方面取得了较大的进展，并就新形势下做好人才工作提出了许多建设性的意见和建议。例如驻瑞典使馆教育处提交的如何实施好"千人计划"的调研报告，受到了中组部领导的重视，并指示转发有关驻外使领馆参考，另外各教育处组还积极地配合国内开展"春晖计划"实施工作，截止 2009 年 10 月底，当年通过"春晖计划"共组织 16 个留学人员服务团组开展回国服务活动。

针对留学工作面临的新形势和新使命，郝平副部长指出，目前，发达国家在经济、科技领域占据优势地位的事实没有改变，在国际体系中的主导地位也没有根本改变。我国作为国际舞台上一支更有影响的新兴力量，在国际地位上升的过程中，必然面临着更大的压力和制肘。当今中国已经站在一个新的发展起点上，正处于加速发展、由大国向强国迈进的关键性阶段，经济建设、政治建设、文化建设、社会建设以及生态文明建设全面推进，工业化、信息化、城镇化、市场化、国际化深入发展。建设一个现代化强国，既需要经济、政治、军事等硬实力的准备，也需要精神文化软实力的支撑。因此，从国际国内形势发展来看，教育与科技事业在国家发展大格局中承担着更重要的使命，在促进国家现代化建设和改革开放中的作用日益凸显，在增强综合国力中的作用处在更加关键的位置。教育和科技创新越来越成为推动经济发展和人类社会进步的决定性因素。发展靠科技，科技靠创新，创新靠人才。全球范围高素质人才争夺日趋白热化。为尽快走出危机，并考虑后危机时代抢占经济发展的制高点，发达国家全力开发新能源、新材料、生物技术、信息技术等，加大人才争夺的力度。在经济全球化深入发展，科技革命日新月异的背景下，世界教育改革已经进入了一个全新时代。据统计，在公认的 20 个创新型国家和地区，聚集了全球 95% 以上最有创新性活力的高素质人才。世界各大国纷纷着眼危机过后的繁荣，强有力地推出引才新政，投入巨资优先发展教育和科技，出台各种优惠政策，吸引优秀的高技术人才和高级管理人才，加紧了对高端人才的争夺，努力占据未来发展的制高点。我国也必须瞄准国际发展前沿，培养和凝聚高端人才，突破核心技术，加快发展新兴战略产业。如今，广大留学人员已成为我国人才资源的重要组成部分，是国家的宝贵财富。他们的巨大潜力还将得到更大发挥。我们一定要坚决贯彻中央的人才大政方针，统筹国内、国际两个大局，积极发展出国留学事业，为建设创新型国家提供智力支持。

在谈及 2010 年里教育部在留学工作上的新举措以及我国留学工作在开拓新局面上还需要做哪些方面努力时，郝平副部长指出，在新的形势下，留学工作在国家建设和社会发展中的地位和作用日益重要。我们必须认清形势、迎接挑战、增强做好留学工作的紧迫感。当前和今后一个时期，要重点抓好以下几项工作：●完善出国留学机制，提高服务和管理水平。坚持"支持留学、鼓励回国，来去自由"的方针。按照拓宽出国留学渠道、吸引人才回国、支持创新创业、鼓励为国服务的要求，切实做好出国留学工作，要制定好国家公派留学中长期发展规划，动员和吸纳各类社会资源，扩大选派规模，形成中央政府为主导，地方政府与行业、企业积极参与的留学事业新格局，实现国家公派留学事业的新发展，力争公派留学规模增加 50%。●加强对自费留学政策的引导，加大对自费留学人员择优资助和奖励的力度，加强对留学人员群体特别是自费留学人员的思想教育，积极关心和帮助他们，主动关心港澳台地区和少数民族留学人员的学习和生活。发挥留学生联合会的功能，扩大留学生社团和学者社团的团结面。●充分利用"千人计划"等国家项目和平台，加大引进海外高层次人才的力度，推荐海外留学人员回国工作。要适应国家经济社会发展和对外开放的要求，面向国际国内两个市场，培养和吸引大批具有国际视野、通晓国际规则、能够参与国际事务的国际化人才，瞄准世界教育改革发展前沿，借鉴先进的教育理念和经验，引进优质教育质量，加强和境外知名学校和教育机构合作，来努力满足人民群众高质量、多样化的教育需求。要加强海外学者的联络工作，善于和他们交朋友；疏通他们与国内有关部门的联系，为优秀人才回国创业、为国服务创造条件。为高校引进海外高端人才和学术团队牵线搭桥，推动更多世界一流的领军人物和专家学者来华从事教育、科研和管理工作，提升我国高等教育学科建设和人才培养的水平。●强化留学机构的管理，规范体制机制，全面考核资质。现在留学已经成为一个产业，留学的管理工作总体是好的，但是也存在一些不规范的问题。在自费出国留学中介机构管理方面，推动审批和管理制度的改革，进一步加强教育部和省级教育行政部门对自费出国留学中介机构的管理。同时教育部有关部门还在积极酝酿相关法规的修改，尽早明确跨地区经营等政策性问题，促进自费出国留学中介机构、留学中介服务工作健康发展。郝平副部长强调指出，留学工作任务艰巨，责任重大。面对新形势、新任务，我们要全面贯彻党的十七大和十七届四中全会精神，进一步增强责任感、使命感和紧迫感，锐意进取，扎实工作，开创留学工作新局面，为促进我国教育改革发展，建设创新型国家和人力资源强国，构建和谐世界作出新的更大的贡献。

谈到对广大海外留学人员的希望和期待时郝平副部长指出，我们所处的时代是一个科技日新月异、经济快速发展的时代，是一个崇尚和鼓励创新创业的时代，祖国现代化建设的各个领域，到处都是成就事业的沃土，到处都是大显身手的舞台。实践证明，只要我们自觉把个人的追求和祖国的发展有机统一起来，脚踏实地，艰苦奋斗，就一定能够取得不凡业绩，实现人生价值。众多的归国留学人员虽然从不同的国家留学归来，但报国的心愿和行动是一致的。现在大到国家，小到一个单位，各个领域都在创造条件吸引和鼓励海外留学人才回国。在这里，我希望广大的海外留学人员能够珍惜出国留学的机会，充分利用国外的有利条件，在学习和工作实践中加强锻炼，不断用先进的科技文化知识充实和丰富自己，不断提高自己的知识水平、思想水平和创新能力；希望他们继承优良传统，心系祖国，热爱祖国，立足中国国情，融入中国社会，自觉把个人的命运与祖国的命运结合起来，把个人的才智与祖国现代化建设的需要结合起来，把个人的事业追求与亿万人民全面建设小康社会的宏伟事业结合起来，努力学习，立志成才，报效祖国，造福人民，在实现自己人生价值的过程中谱写爱国主义的新篇章；希望他们能够站在国家发展的新起点上，抓住新的发展机遇，思国家之需，展所学之才，努力在回国创业、为国服务和传扬中华文化中开创新事业，在追求个人事业发展中为全面建设小康社会，为中华民族的全面复兴创造新的业绩。①

2010年春节过后，教育部国际合作与交流司司长张秀琴女士在介绍2009年教育部国际合作与交流司的主要工作成绩时表示，在出国留学工作方面，我们加强了政策研究，不断提高对在外留学人员的管理和服务水平。在留学人员管理和服务工作上，我们更加注重与驻外使领馆教育处组密切配合，内外联动，酝酿并起草了《教育部关于进一步做好新形

---

① 曹喆：《教育部副部长郝平：要增强做好留学工作的紧迫感》，2010年2月12日神州学人网。

势下在外留学人员工作的意见》。我们深入开展了庆祝新中国成立60周年的主题爱国主义教育，切实维护在外留学人员的合法权益，积极鼓励和组织在外留学人员回国工作或为国服务，发挥广大留学人员在国家外宣工作中的重要而独特的作用。

在谈及"引进海外高层次人才和鼓励留学人员回国工作与为国服务方面，国际司有哪些具体举措"时，张秀琴司长介绍，近年来，随着我国留学回国政策不断完善，留学回国环境不断优化，越来越多的出国留学人员选择学成后回国工作或以各种方式为国服务。作为国外优质教育资源的直接受益者和国外先进创新理念的传播者，广大留学人员在我国社会主义现代化建设中发挥了不可替代的重要作用。合理利用好留学人员这一重要人才资源，是进一步扩大对外开放，提高国际竞争力的迫切需要，对加快推进"科教兴国"战略和"人才强国"战略具有重要意义。作为我国留学工作的主管部门和教育部海外高层次人才引进工作小组成员司局，国际司围绕国家战略需求和经济社会发展需要，多渠道、多角度、全方位做好海外高层次人才引进工作，鼓励留学人员回国工作或为国服务。●加大引进力度，积极配合中央实施海外高层次人才引进计划。教育部坚持"突出高端、分层引进、全面参与、强化支持"的引才工作思路，配合中央实施"千人计划"，构建并不断完善引进海外高层次人才工作体系，为建设创新型国家吸引和凝聚了一大批掌握核心技术、具有自主创新能力的学术技术领军人才和熟悉国际惯例、具有国际运作能力的高级经营管理人才。●制定特殊政策，营造有利于留学人员回国工作和创业的政策环境。为加大海外优秀留学人才的引进力度，鼓励和吸引留学人员回国创新创业，教育部研究制定了《教育部关于进一步加强引进海外优秀留学人才工作的若干意见》等一系列在全国具有指导意义的政策、规定和措施，并商相关部委，制定了《关于建立海外高层次留学人才回国工作绿色通道的意见》等政策文件，为切实解决和落实好留学回国人员申报科研基金、享受社会保险、子女回国入学等关系切身利益的问题提供政策支持。特别对于国家急需的海外高层次人才回国创业工作，我们采取特殊政策，特事特办，为海外高层次人才回国开展教学和科研工作提供便利。●设立示范性项目，开辟在外优秀留学人员回国工作或为国服务渠道。自教育部"留学回国人员科研启动基金"设立以来，共有19201位留学回国人员享受了基金资助，资助总金额达5.7亿元。此外，"春晖计划"实施10余年来，共资助近250余个留学人员团组、约12500余人次短期回国工作或为国服务。目前，"春晖计划"已成为留学人员为国服务的项目品牌，为高层次留学人员回国工作或以多种方式为国服务实现软着陆。●搭建互动平台，为在外留学人员和国内用人单位进行对接交流提供便利。教育部与相关部委和地方政府合作，已连续12年举办中国留学人员广州科技交流会，连续4年举办"春晖杯"中国留学人员创新创业大赛，连续10年举办中国海外学子辽宁（大连）创业周活动，这些活动均以其响亮的品牌和成功的效应吸引了大量海外优秀留学人员回国工作或为国服务。●整合有效资源，密切掌握国内外高层次人才供需信息。为更高效、更具针对性地为国内高校引荐人才，我们建立了高校引进优秀留学人才岗位需求信息库。该信息库规模庞大，针对性强，实效明显，截至目前，共有100余所高校登记入库，需求岗位涉及理、工、文、体、农等各个领域共计1万多个，为国内高校的学科建设和人才培养吸纳了大量优秀人才。此外，为有效掌握在外优秀留学人才资源，特别是国内急需领域和关键学科紧缺的高层次人才，我们还建立了海外高层次人才信息库。●培养人才和引进人才历来是留学工作的重要任务。我们将继续贯彻落实留学工作方针，以更加宽广的国际视野，更加务实的思想观念和更加灵活的政策措施，统筹做好人才工作，在培养人才、吸引人才和留住人才方面发挥更大功效。

针对 2010 年工作的主要举措，张秀琴司长指出，2010 年是中国实施"十一五"规划的最后一年，是承上启下的关键一年。党的十六大提出，本世纪头 20 年是我国现代化建设的重要战略机遇期。第一个 10 年已转瞬即逝，站在下一个 10 年起点上，教育外事工作在国家发展大格局和外交大战略中将承载更重要的使命，我们肩负的责任更加重大。面对国际国内新形势，我们认识到教育外事工作与蓬勃发展的国际交流合作事业的要求存在较大差距，因此要不断强化战略谋划和政策研究，创新工作思路和载体方法，加强资源整合和部门协调。在出国留学工作方面，筹备召开全国出国留学工作会议，完善出国留学政策，用科学发展观指导新时期出国留学工作。继续贯彻落实"支持留学、鼓励回国、来去自由"的出国留学方针，努力拓宽留学渠道，提高留学效益，吸引人才回国，支持创新创业，鼓励为国服务。统筹两个出国留学渠道，积极推进公派和自费留学协调发展。公派留学要提高选派质量和留学效益；自费留学方面，要通过信息服务，完善配套措施，改善服务体制，健全市场监管等措施，引导自费留学向健康持续方向发展。加强出国留学人员服务和管理工作，维护在外留学人员的合法权益，保护他们的切身利益。尽快出台《教育部关于进一步做好新形势下在外留学人员工作的意见》。[①]

四、中国政府"鼓励留学回国政策"为留学回国人员铺设"绿色通道"

针对中国采取哪些措施吸引留学人员回国的问题，中国教育部副部长章新胜先生在 2008 年 8 月 15 日新闻发布会上表示，中国政府所确定的"支持留学、鼓励回国、来去自由"这三句话的方针中，核心是鼓励回国。这也是绝大多数留学生出国留学的目的，最后是要服务和报效祖国。留学回国已经有 32 万人了，有很多在高校、科研院校、政府部门、企业，以及各级各类的机构和组织来发挥着骨干、中坚力量。对此，章新胜副部长解释说，事实上中国留学人员通过在国外的学习，最后回国来服务，他们也是搭建了一条世界友谊的桥梁。不仅是促进了他们留学所在国家和院校与中国的相互了解、友谊和文化上的沟通，而且也在学术领域里，在科研领域里，建起了一个互利共赢的桥梁。有大量的例子能够说明，不论是在美国的一流院校，哈佛、耶鲁，还是在德国的亚琛，法国的高等学校，他们都非常乐意通过留学生回国以后，和中国的院校搭建起一个共同进行学术研究、科学研究的通道。根据美国一些一流院校的统计，在中国研究的成本约为美国的十分之一，所以说这是互利共赢的。章新胜副部长还介绍说，就教育部本身而言，支持鼓励留学人员回国有很多政策措施，如留学人员科研启动基金、春晖计划、长江学者奖励计划等，在"211"、"985"高校进行讲学和科研，还有跨世纪优秀人才的培训计划。根本一条还

---

① 曹喆：《教育部国际司司长：留学工作要发挥更大功效》，2010 年 3 月 11 日神州学人网站。

是吸引优秀人才回国工作或为国服务。同时，教育部还和其他部委联合批准了21家留学人员创业示范基地，定期举办春晖杯中国留学人员创新创业大赛，为他们回国提供更好的平台。除此之外，还有信息库，为了方便留学人员回国，教育部的国际合作交流司和留学服务中心还通过网络的形式，用实时网络电话的形式，来满足留学人员对国内各个就业用人单位的需要，在电话中就可以洽谈。其中很重要的一个方面，中国已在驻外使领馆设立了56个教育处、组，长期和留学人员联系，了解他们的需求。同时也组织他们回国访问，了解用人的需求，并向用人单位进行推介。另一方面，全国各个高校、用人单位积极创造一个用人的小环境，能使更多的留学人才回国发挥作用。近年来教育部还先后出台了关于建立海外高层次留学人员回国的绿色通道的文件，以及进一步加强引进海外优秀人才工作的若干意见，从政策层面，确实为海外留学人员提供出入境、在华长期居留便利，以及回国以后在薪酬、户籍、医疗、社保、子女就学、家属就业方面的切身利益，解决他们的一些后顾之忧。章新胜副部长还表示，这些都是有文件可查，都在一个贯彻实施的过程中。[①]

2009年3月31日是教育部（中国）留学服务中心成立20年的日子，教育部为此进行了全面总结：1989年3月31日，中国留学服务中心在原国家教委出国人员北京集训部的基础上创建以来，已由原来成立之处5个部门，初步发展为13个业务部门，120多名员工，两个直属企业，国内外31个分中心，并与国内外相关机构建立了密切的业务合作关系，形成了一个辐射海内外的留学服务工作网络，并成为国家级留学服务机构。中国留学服务中心以及前身单位于1978至2008年期间，共为赴103个国家和地区近14万名各类公派留学人员办理出国手续；1989年中心成立时，办理总人数为2900多人，2008年达到8800多人，增长三倍多；办理各类出国签证累计达到42万人次；1991年至2008年期间共为约15万名获得国（境）外学位的留学人员进行学历学位认证；1989年至2008年期间为2.9万多名留学回国人员办理了全国范围内的派遣落户手续；2005年4月到2008年12月31日期间为1.1万多名留学人员办理了留学人员集体户口转入手续；1990年到2008年期间共受理17975名科研人员留学基金申请，资助总金额为5.2亿元；1997年至2008年期间，为4.5万多名出国和回国留学人员提供了人事档案存档服务。[②]

五、国外经济衰退促成部分中国留学人员回国发展

据张秀琴女士2009年3月25日介绍，2008年内中国大陆的各类留学回国人员总数达到了创记录的6.93万人，比2007年增加了2.49万人，同比增长55.95%。国外的种种迹象也证实，2008年开始的金融危机已经蔓延到美国经济实体，极大冲击了美国的就业市

---

① 唐佳蕾：《中国网教育部：驻外使领馆设56个点长期和留学人员联系》，2008年8月15日中国网。
② 姜乃强：《中国留学服务中心成立20年 周济部长发贺信》，《中国教育报》2009年4月1日；《中国留学服务中心成立二十周年茶话会实录》，2009年4月1日搜狐新闻；中国留学服务中心新闻稿：《改革开放以来中国留学服务事业的开拓与创新——纪念中国留学服务中心成立二十周年》。

场，大批人员失业，同时也造成了许多在北美的中国留学人员就业困难。"北美洲中国学人国际交流中心"主任尤伟顺先生认为，这将有助于加速中国在海外的高科技专业人才归国进程，是引进人才的良好时机。总部设在美国的"北美洲中国学人国际交流中心"2009年10月在美国首都华盛顿举办第八届"北美中国留学人员高科技项目与人才交流大会"——北美留交会，为在北美的中国留学人员以及有意回国发展的高科技专业人才与中国相关部门搭建一个相互交流的平台。"北美洲中国学人国际交流中心"是由旅居北美的留学人员自己创办的一个非赢利的公益性组织，其宗旨是帮助在北美留学的中国学生与中国政府和中国企业进行沟通，为有意回国创业的留学人员提供机会。美国是中国留学人员人数最多，人才层次较高的国家。中国记者获悉，截止2008年底已有近30万中国留学人员在获得硕士、博士学位后留在北美地区工作与生活，他们不仅具有专业理论知识，也有丰富的实际工作经验。"北美留交会"自2000年首次举办后，引起旅居北美地区的中国留学人员和中国各级政府的极大兴趣。在过去的七届中，共吸引了13,000多人与会。有近千名杰出的高科技专业人才由此回国工作或创业，使低温超导、生物工程、医药、电子通讯、信息技术等一大批高新技术项目落户中国，为中国的经济与高科技发展做出了贡献。尤伟顺主任认为，2009年的"北美留交会"与往届有很大的不同，由于美国金融危机与经济衰退，在美就业更加困难，使许多中国留学生更加迫切希望能在国内找到合适的工作岗位。有关会议的消息刚传出后，仅纽约市就有数百人报名参加。另外，与过去不同是，本届大会将分别举办"人才招聘视频会议"和"高科技项目推介视频会议"，通过视频与中国各省市直接连线，让中国的招聘部门与对项目感兴趣的企业家、投资人直接收看视频会议，并在网上进行交流。本届大会还引起了中国内地各省市的高度关注与重视。北京、上海、天津、重庆、福建、吉林等13个省市的相关部门出席2009年的"北美留交会"，并带来近万个工作岗位。参会的人数超过3000人，为历届参加人数之最。他们大多来自金融业、生物医药、IT、机电一体化、环境保护、新材料、新能源、传统产业技术改造等领域。①

为了更好、更有效把海外优秀人才向中国各地方政府、金融业、大型国营企业、大型民营企业、高等院校、科研院所等进行推荐，"第八届北美留交会组委会"还整理编辑出《200名海外优秀人才信息》并印刷3000册，在大会召开前向中国3000家用人单位发放。加入《200名海外优秀人才信息》的途径也是很新颖的，即只要符合"是在海外留学、工作并尚未回国工作或创业的海外中国学人"和"必须具备硕士以上学位，并在各自领域取得较高成就的海外学人"两项条件就可报名加入。2009年9月初在上海举行的新闻发布会上，主办方北美洲中国学人国际交流中心透露，在已报名的约3000名中国留学生中，希望回国就业者占90%，和往年相比，留学生的回国意愿明显变强据分析，除了中国良好的发展势头因素外，金融危机也进一步推动了留学生"洄游"的意愿。尽管大部分高层次理工科人才目前在北美的失业情况并不明显，但频繁的裁员、减薪让他们不得不早作打算，选择回国发展由此顺理成章。统计显示，报名者中，在北美高校就读的应届毕业留学

① 徐启生：《美国经济衰退就业困难 许多中国留学人员拟回国发展》，《光明日报》2009年3月3日。

生仅占25%，大部分是在当地拥有5—15年，甚至20年以上从业经历的资深专业人员。从学历层次和研究领域看，分别有52%和44%的报名者拥有博士和硕士学位，56%毕业于美国排名前30位的大学，68%的报名者从事的是理工科、医科和IT领域。而这些高端人才以往是在北美最容易找工作的群体之一，现在已成为回国的主力。对于准备到海外人才"抄底"的国内企业来说，如何招到"海归"、用好"海归"仍是需要研究的课题。不少国内企业简单认为，只需"高薪"就能招到好"海归"，但此次调查显示，大多数"海归"对于回国工作的年薪期望值比往年缩水近一半。相反，"软"待遇更为"海归"们看重，如工作内容是否合适、发展空间是否广阔等。有专家指出，部分国内用人单位抱着给回国留学生一个下马威的心态与"海归"谈合作和招聘，不利于人才引进。因此不少留学生提议，如由同样具有海外工作经历的人员担任国内用人单位招聘"海归"的工作，将有助于双方更好沟通。① 北美洲中国学人国际交流中心还于2009年9月18日公布了一份针对中国留学人员的调查报告。报告认为，美国已不再是理想的工作与居住之地，近七成受访留学生希望回国工作和长期居住。清华大学深圳研究生院、哈工大深圳研究生院、中科院深圳先进技术研究院三所高校与科研单位2009年8月29日至9月5日分别在多伦多、纽约、波士顿、旧金山进行了4场海外高层次人才招聘面试活动，共面试170名博士。承办这次招聘活动的北美洲中国学人国际交流中心对参加招聘并接受面试的北美中国留学人员做了问卷调查。通过这次调查可以看出，美国经济危机对北美海外学人产生了巨大的影响，美国现在寻找工作的压力很大，就业市场更不景气，美国已不再是海外中国学人的理想工作与居住之地。中国经济的高速发展，对海外中国留学人员的回归，产生越来越大的吸引力。此次调查数据显示，上海是所有留学归国人员最为理想的工作地点选择，杭州、北京以及深圳也受到了青睐，这些城市恰恰是中国经济发展最快速、对海外人才引入政策优厚的地区。这说明，海外中国留学人员在选择工作地时，城市的经济发展水平成为首要衡量因素。这次招聘活动让北美中国留学人员非常满意，超九成人表示在招聘会上有所收获。之所以产生如此好的效果，从调查数据中不难看出原因，海外中国留学人员的"回归"目前已成为趋势，现在是中国凝聚海外人才的最好时机。②

第三节　国家公派留学政策取得积极进展

1996年国家留学基金委的成立，使中国国家公派留学的选拔和管理程序更加趋向公开、公正和公平。"个人申请、专家评审、平等竞争、择优录取、签约派出、违约赔偿"24字方针的实施，使得国家公派留学的选派质量得到保证，留学效益进一步提高。经过十余年来的经验积累和政策演变，中国政府公派留学项目取得了积极的进展。尤其是中国"国家建设高水平大学公派研究生项目"的设立与推动，为中国公派留学政策的持续发展、

① 章迪思、王燕文：《看好国内发展势头 北美"准海归"回国意愿强烈》，2009年9月2日新华网。
② 《近七成北美受访博士愿当海归》，《法制晚报》2009年9月18日。

不断成熟和日益完善提供了重要的支持。该项目是为贯彻落实 2003 年"中央人才工作会议"精神,实现科教兴国和人才强国战略,满足建设创新型国家对人才的战略需求,培养若干年后国家建设所需各行各业拔尖创新人才,经国务院批准,由财政部和教育部共同设立并于 2007 年 1 月正式开始实施的;该项目的国内参与单位主要包括北京大学、中山大学、山东大学和浙江大学等 49 所高等院校;该项目与国外签署"合作培养博士生协议"的高校或研究机构主要有美国的哈佛大学、耶鲁大学和密西根大学等。

一、实施"国家建设高水平大学公派研究生项目"的政策意图

2006 年 8 月 31 日,胡锦涛总书记在全国优秀教师代表座谈会上发表了重要讲话,阐述了教育在实现国家未来发展、中华民族伟大复兴中的重要地位和作用,对加强教师队伍建设提出了要求,对全体教师提出了希望。中国的高等教育在过去 10 年取得了巨大的发展,实现了历史性的跨越。一个重大突破就是,高等教育进入了国际公认的大众化发展阶段。在规模增长的过程中,国家还集中优势力量,全力推进世界一流大学和高水平大学的建设,启动实施了"211 工程"和"985 工程",高等教育的水平大大提高,高等学校的办学面貌发生了根本变化。胡锦涛总书记讲话中明确提出,"推动教育事业又好又快发展,培养高素质人才,教师是关键。没有高水平的教师队伍,就没有高质量的教育。"在充分肯定中国高等教育成就的同时,也必须清醒地看到高水平大学建设中面临的严峻挑战,关键问题是人才,是高素质的教师队伍,是拔尖创新人才,这个问题始终应该成为我们高水平大学建设的核心问题和头等大事。必须清醒地认识到,中国高等学校和世界一流大学的差距表现在多个方面,但最为根本的一条就是教师队伍的差距,特别是教师队伍的质量。因此必须把"人才强校"摆在一个更加重要的位置上,必须把工作重点放在教师队伍的建设上。提高高等教育质量的重点在于教师队伍的建设,建设高水平大学的重点更是在教师队伍的建设。教育部、财政部联合启动实施"国家建设高水平大学公派研究生项目",实际上就是实施人才强校战略、加强教师队伍建设的一个重要举措。

二、执行"国家建设高水平大学公派研究生项目"政策的时代背景

1. 人才强国战略的需要:2003 年全国人才工作会议上关于人才强国战略的提出,进一步明确了出国留学工作的任务。在这次会议上发布了《关于进一步加强人才工作的决定》,决定中指出实施"科教兴国"和"人才强国"战略是党和国家事业发展的关键问题,人才工作的根本问题是实施"人才强国"战略,应该着眼于国家发展战略需要,培养一批各行各业的骨干和拔尖创新人才。

2. 建设创新型国家的需要:建设创新型国家,关键在人才,尤其在创新型科技人才。没有一支宏大的创新型科技人才队伍作支撑,要实现建设创新型国家的目标是不可能的。"高层次科技人才是国家发展的重要战略资源。到 2020 年使我国的自主创新能力

显著增强，科技促进社会发展和保障国家安全的能力显著增强，基础科学和前沿技术研究综合实力显著增强，取得一批在世界具有重大影响的科学技术成果，进入创新型国家行列，为全面建设小康社会提供强有力的支撑。在我国科研整体水平落后于西方主要发达国家的情况下，大规模派遣研究生到国外一流大学留学是培养高层次人才的重要和有效的途径。

3. 提高研究生培养水平的需要：《中国学位与研究生教育发展报告（1978—2003）》对中国研究生教育的现状和存在的问题进行了分析。报告指出，经过近30年的努力，中国的研究生教育取得了巨大成就，研究生规模从小到大，培养能力从弱到强，目前在校生规模已经超过100万人，已经成为研究生教育大国。研究生教育也是中国高层次人才自主培养的主要渠道，为我国培养了大批教学和科学研究骨干、党政领导和企业管理人才，提升了我国高等教育的整体水平和研究型大学的形成。促进了教学和科研水平的极大提高。研究生教育的质量也得到了国际上的认可。目前已有英国、德国、法国、澳大利亚等32个国家与中国签署了学历学位互认协议。报告同时也强调了我国研究生教育面临的许多问题与挑战，如研究生的培养数量还是比较少、学科和导师水平不高、经费投入不足、扩招带来的质量下降以及培养创新型人才的能力弱等问题。高等院校承担着培养创新型人才的艰巨任务。要培养具有国际竞争力的拔尖创新人才，不断拓宽高校培养人才的国际视野，就要求高等院校不断扩大开放，提高对外交流水平，要与国外高水平大学强强合作，强项合作，有针对性的向世界各国的名校和优秀的学科专业派出留学人员，并力争使留学人员的派出与科研工作及国家重要科研项目和重大专项紧密结合。通过学生的派出，不仅提高了研究生的培养质量，而且促进了导师之间、校际之间的交流与合作。目前的选派规模是每年国内招收博士生的十分之一，如果十分之一的博士生有海外留学的经历，对拓宽研究生国际视野，对研究生培养质量的提高必将产生积极的影响。

三、完成"国家建设高水平大学公派研究生项目"可借鉴的成功经验

北京大学、中山大学、山东大学和浙江大学等高校都在研究生的国际培养方面做过很多有益的尝试，在提升研究生培养质量方面取得了非常显著的成效。

1. 山东大学提出研究生培养"一个学生、两个导师、三种经历"的模式，即每一个学生有两个指导教师，其第二个导师可以是本校不同学科的，可以是国内合作院校或企业、政府的，也可以是国外合作院校的，"三种经历"为第二校园经历、海外学习经历、社会实践经历"。这样的模式使研究生的培养能够在一种开放的环境下进行，不但增强了学生的经历，同时对资源共享、学科交叉、推动学者建立广泛的对外合作关系等方面有很大促进作用，推动了山东大学整体学术水平的提升。

2. 中山大学利用多种渠道选派研究生出国学习，并将这种做法作为提高研究生培养质量的一项重要措施。2004—2006年3年间就派出了701名研究生，到国外大学和科研机构从事科研工作。由于坚持派出的学生必须是高水平的，派出的性质属于科研合作的，这些学生有机会直接进入国外较高水平的实验室，既为接受方提供了训练有素的科研助手，

也使学生在科研实践中接受新的科研思维训练，提高了科研能力，并直接较大幅度地提高了博士论文的水平。中山大学理科和医科的"全国百篇优秀博士论文"中，有海外学术研究经历的，占2/3以上。同时，借助在国外的研究，中山大学的博士生也产出了一批具有该校知识产权的高影响因子的学术论文。借助高素质的学生派出，加强和巩固了中山大学与国外高水平大学的学术交流平台。认识一所大学最直观和最生动的途径，无过于认识她的学生，学生因此而成为学校表达实力的使者。一些国外大学正是在接受了中山大学的学生以后，不断加大了与之的学术交流与合作。

3. 南开大学结合自身发展需要，设立了"百人计划"，每年从优秀的本科毕业生中选拔100人作为未来的师资，利用"国家建设高水平大学公派研究生项目"，结合学校的学科发展需要，选派到国外一流大学攻读博士学位。派出前这些学生与学校签订培养协议，希望学成后作为南开大学的师资充实到教学科研岗位。南开大学校长饶子和坦言，如果若干年后每年有几十名国外名校培养出来的博士回到南开大学充实到师资队伍当中，南开大学的教师队伍水平将有大幅度的提高。在校长的亲自努力下，南开大学已经与牛津大学、普林斯顿大学、墨尔本大学等世界名校签订了研究生培养协议。这样的派出不但结合了科研合作，而且与未来学校的发展和师资队伍紧密结合，是实现人才培养和科研合作双赢的保证。

四、"国家建设高水平大学公派研究生项目"总体规划与分阶段实施的政策性方案

1. 指导思想：以邓小平理论、"三个代表"重要思想为指导，以科学发展观统领工作全局，以国家战略、国家重大工程、重大项目对人才的需求为导向，以培养一批能够提升自主创新能力、具有国际视野的拔尖创新型人才为目标，紧密配合国家中长期科学和技术发展规划纲要的实施，加速高水平大学和重大学科建设，遵循"公正、公平、公开"的原则，在重点建设的高水平大学中选拔一流的学生，到国外一流的院校、专业，师从一流的导师，培养一批若干年后国家建设所需各行各业拔尖创新人才。通过学生交流带动科研合作，建立稳定的国际学术交流渠道，提升我国在国际事务中的影响力。

2. 选派计划：2007—2011计划每年选派5000名研究生出国留学，其中博士研究生2500人，联合培养博士生2500人。

3. 选派范围与专业领域：重点依靠"985工程"、"211工程"建设高校进行选拔。重点支持能源、资源、环境、农业、制造、信息等关键领域及生命、空间、海洋、纳米及新材料等战略领域和人文及应用社会科学。

4. 选拔办法：按照"公开、公正、公平"的原则，采取"个人申请、单位推荐、专家评审、平等竞争、则有录取"的方式进行选拔。选拔对象主要为高等院校在读全日制优秀学生。高等院校根据国家战略、国家重大工程、重大专项等的需要，结合本单位重要科研项目制定选派计划，由派出院系提名，学校组织初审，在落实国外接收院校后报国家留学基金委，留学基金委组织专家评审后确定录取名单，经教育部审核批准后予以公布。

5. 派出渠道：按照面向学校的需要；依靠学校的工作和服务学校今后发展的原则，

依托高校创新团队、创新基地和平台、重大科研项目以及博士生导师与国外高水平教育机构的合作渠道派出；同时利用教育部/留学基金委现有与国外大学/科研机构合作项目渠道派出。

6. 管理与回国：坚持"签约派出、违约赔偿"的管理办法。为了达到项目立项时确定的目标，规范选派和管理，为留学人员的成长和成才提供有利的政策环境，并为留学人员提供全方位多层次的服务，确保学有所成，学成回国，教育部和财政部于联合制定了《国家公派出国研究生管理规定（试行）》，明确了选拔、录取、派出、回国等有关管理规定。留学人员与留学基金委签订《资助出国留学协议书》、交存保证金后派出。驻外使（领）馆教育处（组）负责留学人员在外管理工作。派出学校指定专门机构和人员负责留学人员的国外管理工作，并创造各种有利条件，吸引留学人员回国服务。

五、"国家建设高水平大学公派研究生项目" 2007 年度的试运行状况分析

作为项目试行的第一年，2007 年共录取 3952 人，其中联合培养博士研究生 3549 人；攻读博士学位研究生 403 人。留学国别涉及 34 个教育、科技发达的国家，主要集中在美国、英国、德国、加拿大、日本、法国、澳大利亚、新加坡等国家。（2007 年国家建设高水平大学公派研究生项目录取人员主要留学国家见表一）

留学专业：录取人员中属于《国家中长期科技发展规划纲要（2006—2020）》确定的重点领域及其优先主题、前沿技术、基础研究的录取人员 3135 人，占总录取人数的 80%，人文及应用社会科学约占 16%。来自"985 工程"二期基地和平台的录取人员 3282 人，占项目总录取人数的 83%。（2007 年国家建设高水平大学公派研究生项目留学专业情况统计见表二）

留学院校：留学人员的留学院校大多为世界知名大学和研究机构。国外导师很多是在本领域有影响的学者。（参考上海交通大学、英国泰晤士报及美国新闻与世界报道所做的大学排名，2007 年度选派研究生留学院校情况见表三）

表 1：2007 年国家建设高水平大学公派研究生项目录取人员留学国别一览表

序号	录取国别	录取人数	其中攻读博士学位人数
1	美国	1977	144
2	英国	358	34
3	德国	295	63
4	加拿大	286	22
5	日本	181	22
6	法国	176	26
7	澳大利亚	172	14
8	新加坡	110	3

续表

序号	录取国别	录取人数	其中攻读博士学位人数
9	瑞典	61	12
10	荷兰	60	12
11	瑞士	46	7
12	意大利	41	6
13	韩国	28	9
14	比利时	25	6
15	丹麦	20	4
16	芬兰	18	5
17	西班牙	18	4
18	挪威	16	1
19	奥地利	14	3
20	爱尔兰	13	4
21	新西兰	12	0
22	以色列	5	1
23	俄罗斯	4	0
24	南非	4	0
25	葡萄牙	2	0
26	希腊	2	0
27	波兰	1	0
28	克罗地亚	1	0
29	马来西亚	1	0
30	蒙古	1	1
31	斯洛文尼亚	1	1
32	泰国	1	0
33	匈牙利	1	0
34	印度	1	0
	总计数	3952	403

表2：2007年国家建设高水平大学公派研究生项目留学专业情况统计表

领域名称	人数	比例
重点领域及其优先主题		
能源	160	4.05%
水和矿产资源	61	1.54%
环境	191	4.83%
农业	167	4.23%
制造业	50	1.27%
交通运输业	64	1.62%
信息产业及现代服务业	42	1.06%
人口与健康	151	3.82%
城镇化与城市发展	56	1.42%
公共安全	8	0.20%
国防	142	3.59%
小计	1092	27.63%
前沿技术		
生物技术	277	7.01%
信息技术	497	12.58%
新材料技术	284	7.19%
先进制造技术	84	2.13%
先进能源技术	34	0.86%
海洋技术	30	0.76%
激光技术	29	0.73%
空天技术	44	1.11%
小计	1279	32.36%
基础研究		
学科发展	236	5.97%
科学前沿问题	351	8.88%
面向国家重大战略需求的基础研究	99	2.51%
重大科学研究计划	78	1.97%
小计	764	19.33%
人文及应用社会科学		
小计	621	15.71%
总计	3756	95.04%

表 3：留学院校世界排名情况

世界高校排名	前 100 名	前 200 名	前 300 名	前 400 名
英国泰晤士报	38%	61%	78%	85%
上海交通大学	40%	62%	76%	84%
新闻与世界报道	30%			

六、"国家建设高水平大学公派研究生项目"政策的主要特点

1. 规模大，层次高，周期长

"国家建设高水平大学公派研究生项目"与以往国家公派留学项目有所不同，主要体现在规模大、层次高、培养周期长。从 1978 年开始实施国家公派出国留学计划到 2005 年，每年的选拔规模一直保持在 3000 名左右，而且以选派访问学者为主，在外留学时间一般为 3—12 个月。"国家建设高水平大学公派研究生项目"计划每年选拔 5000 名研究生出国留学，选派类别为攻读学位博士研究生（2500 名）和联合培养博士生（2500 名）两类。如果按攻读博士学位在外停留期限平均 4 年、联合培养博士生在外停留期限平均 1 年计算，加上每年大约 5000 名访问学者在外留学，在外国家公派留学人员的总人数最多可达到 17，500 人，这在国家公派留学工作的历史上是空前的。"国家建设高水平大学公派研究生项目"的选派类别确定为博士层次，目标是选派一流的学生送到国外一流的学科专业师从一流的导师，因此派出人员的层次、国外留学院校的层次和导师的层次也是国家公派留学项目中最高的。此外，由于攻读博士学位需要的时间长，同时有规定取得博士学位后可以申请从事博士后研究，就使得国家公派研究生的培养周期相对延长。总之，研究生选派规模的扩大，派出人员年龄的减小，在外留学年限的延长，必定会给国家公派留学人员的在外管理和鼓励留学人员学成回国工作提出新的挑战。

2. 目标明确，重点突出，计划周到

"国家建设高水平大学公派研究生项目"在立项时就确定了明确的目标，就是要通过国家公派的渠道，为实现"科教兴国"和"人才强国"战略，满足建设创新性国家对人才的战略需求，培养若干年后国家建设所需各行各业拔尖创新人才。这样的计划不能短期内见效，这样的项目更应该尊重人才培养和人才成长的客观规律，立足长远，立足于培养能够提升我国自主创新能力，具有国际视野和国际交往能力的拔尖创新人才。按照《国家中长期科学技术发展规划纲要（2006—2020）》的要求，"国家建设高水平大学公派研究生项目"制定了详细的重点资助领域，并要求派出院校紧密结合"985 工程"建设、国家重大工程、重大专项及空白学科发展需要选拔优秀青年学生出国留学，目的是为创新型国家的建设提供有利的人才支撑。

3. 改革选派管理办法，突出"三个一流"的政策原则

与其他国家公派出国留学项目的选拔办法不同，"国家建设高水平大学公派研究生项

目"采取了推选单位、国外导师和院校、留学基金委三级审核的选拔方式,以保证选派的针对性、人选质量和留学院校水平。

——推选单位:国内推荐院校采取导师推荐、各院系进行审核后上报学校、学校专家评审委员会评审的办法确定初步推荐人选,经学校公示后确定正式推荐人选。

——国外导师和高校:审核申请人的入学资格。申请人在向留学基金委提交申请材料时必须已获得国外院校的正式并提供邀请信或入学通知书,并同意提供学费资助。

——留学基金委专家评审:按照确定的重点资助领域和"三个一流"的原则对申请人进行审核,确定拟录取人员名单。

经过这样的选拔程序,派出单位和接受院校都对申请人进行了审核,国外院校还需要给留学人员提供学费资助,确保了选拔的是非常优秀的学生,留学基金委评审专家再根据对申请人留学的学科、国外单位及导师情况进行审核,保证了选派的质量和国家发展战略的需要。

4. 以科研合作带动人才培养合作,实现科研合作与人才培养双赢

"国家建设高水平大学公派研究生项目"的实施另一个目的是通过学生交流,带动中外高校、研究机构之间、导师之间的交流与合作,打造国际人才培养及交流平台,建立国内外稳定持久的学术交流渠道,促进科研合作的持续性,使我国高校的国际合作与交流工作上升到一个新的高度。这个项目的实施受到了国内众多高校的欢迎,也受到了国外高校的极大关注。国内高校普遍认为,"国家建设高水平大学公派研究生项目"对于高水平大学建设,对于高校未来的师资队伍建设有着重要的意义和深远的影响,是利于学校长远发展的战略举措。各校对项目的实施高度重视,作为"一把手工程"由主要领导亲自负责,结合各校创新团队、基地平台及重点科研项目、重点学科建设制定实施办法,主动与国外一流大学联系,开辟派出渠道,开展人才培养方面的合作。国外高校历来青睐中国优秀的学生质量,很多知名大学主动与留学基金委和国内高校联系,愿以多种形式与中国高校开展合作,并欢迎中国学生前去学习。

5. 以风险投资的方式推动中国高层次人才的国际性流动

政府大规模资助研究生出国留学是培养具有国际视野的创新型人才的重要战略举措,同时也有着很大的人才流失的风险。但在经济全球化的今天,人才的流动是不可逆转的。国家公派留学立足长远,是国家发展战略的需求,是建设创新型国家的需要,不可能短期内见效,但从长远看必将对科教兴国、人才强国战略的实施以及创新型国家的建设产生深远的影响。

七、"国家建设高水平大学公派研究生项目"政策的阶段性总结

根据项目实施方案,2007—2011 年计划每年选派 5000 名研究生出国留学;即在该计划实施期间将选派 25,000 名留学研究生。截至 2009 年 7 月,该项目共计录取 13,570 人。2009 年 10 月 12 日,教育部召开国家建设高水平大学公派留学研究生项目工作会议,邀请实施"985 工程"、"211 工程"高校的主要负责人参加;对该计划 3 年来实施中的相

关工作进行总结，并就该项目 2010 年具体实施事项进行部署。教育部周济部长在本次会议上强调，建设世界一流大学和世界知名的高水平大学，推动高等教育事业科学发展，培养高素质人才特别是创新型人才，教师是决定性因素；国家建设高水平大学公派研究生项目是实施人才强校战略、加强师资队伍建设的重大举措；实践证明，有计划、成建制、有针对性地连续选派研究生出国留学，实行开放式培养是加快造就国际一流创新人才快捷有效的途径；国家建设高水平大学公派研究生项目实施 3 年来，项目取得重大进展，政策措施日益完善，选派质量不断提高，已成为中国高校与国外大学和科研机构加深合作的重要渠道。周济部长指出，国家建设高水平大学公派研究生项目应该继续坚持"三个一流"的选派目标不动摇；各项目高校要站在国家利益的战略高度，高度重视，胸怀长远，把项目作为学校发展的百年大计，切实抓紧、抓好，要把实施项目与学校各项工作紧密结合起来统筹考虑，特别是与学校发展战略规划和人才队伍建设规划紧密结合起来，切实提高选派质量，舍得选派最优秀和最有培养潜力的学生出国攻读博士学位。教育部郝平副部长对下一阶段国家建设高水平大学公派研究生项目的总体实施工作进行了部署，要求各项目高校要把握国际新形势，抓住发展新机遇，总结经验，根据各校实际情况研究制定工作规划和具体措施。就在本次会议期间，国家留学基金管理委员会又与内地 11 所高校签署了实施相关留学研究生项目的协议，从而使实施该项目的内地高校达到 60 所。①

第四节　从人口大国向人力资源大国转化中的中国将为世界输送更多留学人员——出国留学活动的基本形势

2008 年 8 月 15 日，教育部副部长章新胜向中外媒体介绍说，中国改革开放 30 年来，经济社会的发展发生了巨大的变化，人民生活也不断提高。中国也越来越深的广度地融入世界，世界也越来越多地了解中国。中国的发展已经为世界所瞩目。能取得这些成绩有众多的原因，但是其中一条重要的原因，就是中国政府确立了科教兴国和人才强国这两大战略，以及确立了教育优先发展的政策、举措。而新中国建立之前，教育底子还是很薄的，那时候小学的普及率只有 20%，文盲程度是 80%。改革开放之初，在 1977 年全国高校招生数是 27 万人，但是 2007 年达到了 570 万人，是 1977 年的 21 倍。1998 年中国在校生 688 万，略低于印度，现在已经跃居世界第一。研究生也是这样，1978 年研究生一年是 1 万人，现在是 42 万人，在校的全日制的研究生也达到了 120 万人，年均增长 9.8%。

章新胜副部长认为，中国正在成为人力资源强国主要标志是"两个跨越，一个突破和

---

① 本节参见《教育部召开 2009 年第六次新闻发布会，教育部国际司司长张秀琴女士和国家留学基金委秘书长刘京辉女士介绍我国出国留学事业发展等情况》，2009 年 3 月 25 日人民网；国家留学基金委副秘书长杨新育文：《国家公派留学与创新型人才培养》，《人才蓝皮书——中国人才发展报告 NO5》2008 年卷第 216—244 页；姜乃强：《加快造就国际一流创新人才国家建设高水平大学公派研究生项目工作会议举行》，《中国教育报》2009 年 10 月 13 日。

一个重大步伐"。两个跨越，第一个跨越是全面普及九年义务教育，特别是实现农村免费义务教育，这是一个历史性的成就；第二个跨越是高等教育进入了大众化的阶段，主要标志是 2007 年的中国高校招生数达到 570 万人，毛入学率达 23%，在校生总数达到 2700 万，位居世界第一。一个突破，是指职业技术教育已经突破性步入"以就业为导向、工学结合发展"的快车道；2007 年中等职业教育招生数达到 800 万人，职业教育与普通教育协同发展的局面初步构成；高中阶段的中职生占招生数的 50%，高等教育阶段的高职生占招生数的 50%。一个重大步伐，是指在中共中央和国务院的领导下，教育公平迈出了重大的步伐；农村义务教育阶段学生全部免除学杂费，全部免费提供教科书，并对家庭困难的学生提供生活补助，使 1.5 亿学生和 780 万名家庭经济困难寄宿生都普遍受益；同时健全了国家奖学金制度，普通高校资助面超过 20%，中等职业学校资助面超过 90%。章新胜副部长指出，教育的发展将使中国从 13 亿人口大国转化为人力资源强国；他同时表示，1978 年到 2007 年，各类出国留学人员总数已达到 121 万多人，并保持持续稳定发展态势；中国已经成为受世界各国欢迎的生源输出国。[①]

几乎所有的文献和信息都显示出，进入本世纪以后，中国每年都有超过 10 万人出国留学，且逐年平稳增加。2008 年内，中国出国留学总数更是达到 28 万人，创历史新高。有人曾预测，2010 年中国的出国留学人数将达到 20 万，2020 年将达到 30 万。对此，有研究留学问题的资深专家则认为，在上述两个时间段内，中国出国留学群体的年度流量届时突破 20 或 30 万人的可能性是非常大的，并将是一个不以个人意志为转移的基本趋势。如日本政府提出希望从 2007 年在籍 12 万留学生的现状增加到 2020 年时在籍 30 万的计划目标，13 年内争取增加 1.5 倍。又如英国文化委员会预计 2020 年在英中国留学生将达到 22.5 万人。再如澳大利亚招募留学生机构 2003 年时预计到 2025 年中国留学生将达到 20.5 万人。王辉耀教授甚至认为，这几年出国留学人数激增，2009 年就有可能突破 30 万人。[②]

2008 年伴随着美国"次贷危机"的发生，全球经济一下走软。但 2008 年各主要留学目的国先后颁布了一些新的政策吸引各国留学生，促使美国、澳大利亚、加拿大、英国、日本等国的留学申请人数和签证人数均有大幅增长，有文章认为其中以美、加相关政策的效果最具吸引力。

一是美国于 2008 年进一步放松签证政策，并从 4 月 4 日起延长理工科学生毕业后的实习期，从原来的 12 个月延长至 29 个月；美国颁布的新政为中国高中生赴美提供了更多机会，即美国公立高中不仅招收持有 J—1 签证学生，从 2008 年秋季开始，持 F—1 签证的中国学生允许进入波士顿、西雅图、芝加哥、凤凰城、犹他州等地区的 11 所美国公立

---

① 吴月辉：《教育部副部长：中国从人口大国成为人力资源强国》，《人民日报海外版》2008 年 8 月 17 日；张欣、王晶晶：《教育部副部长章新胜向中外媒体介绍——中国教育近年有两大突破，5.3 万名大学生参与奥运会赛会志愿服务》，《中国青年报》2008 年 8 月 16 日；《教育发展将使中国从人口大国转化为人力资源强国》，2008 年 8 月 15 日新华网。

② 李颖：《中国成人才流失数量最大国，百万精英滞留海外；出国留学人员越来越年轻，如何留住青年一代精英，事关民族未来》，《广州日报》2009 年 7 月 21 日。

高中就读，毕业后拿到美国高中毕业证的同时，还能直接进入美国的大学。

二是澳大利亚移民局颁布最新签证规定，从9月1日起，调整留学签证风险类别，对中国的语言签证570，研究类硕士、博士签证574以及预科类的非学历课程签证575从Level4降低到Level3；读语言课程，无需雅思成绩，读如预科类的非学历课程，雅思只要4.5分，读研究类硕士和博士，雅思只要6.0分。有统计显示，自2001年起，中国就成为澳大利亚最大的海外生源国；2008年在澳洲注册入学的海外留学生人数增加了120%，达到54.3898万人，首次突破50万关口，并创下了自2002年以来最大的增幅纪录；亚洲学生入学率增长更快，达121.5%，其中绝大多数来自中国，达12.7万多人，约占所有海外学生注册总数的23%。

三是英国实行"计点积分制"签证体系，即从6月30日起，对获得毕业工作类别签证的国际学生，准予申请留在英国的时间从1年延长到2年，在一定程度上吸引了申请者。根据英国高等院校招生办公室的数据，申请赴英国留学的中国学生总数2008年增加了20%，约有0.8万多名中国学生递交了入学申请。有统计显示，2008年中国华南地区的赴英留学学生申请人数同比增长高达30%，广东地区的学生签证通过率高达90%，截止2008年末约有7.5万名中国学生在英国学习。

四是加拿大与美国类似，于2008年放宽了留学加拿大大学生毕业后留加工作签证的年限，从以前的2年延长为3年，学生的工作领域也不局限于原来学的专业，毕业后在任何领域工作或者暂时找不到工作均可适用该政策；还实施了《加拿大移民和难民保护法》，增加了在加学习和工作的学生移民的配额，并且签证办理周期也缩短了；加拿大不仅接收中国优秀高中毕业生，而且吸引高中在读生。据加拿大《世界日报》2009年初的报道，在加拿大的中国留学生已经超过韩国，成为加拿大最大的国际留学生群体。这不仅因为来自中国的申请人数大幅上升，也因为加拿大大使馆的签证率有所增加。

五是日本政府2008年提出至2020年"接收30万留学生计划"，要求相关部门通过简化入境审查手续，推动大学国际化，向留学生提供生活和就业支持等手段，争取到2020年，吸引30万留学生到日本学习。根据"30计划"，日本安排41亿日元专项资金用于指定的30所大学作为重点接收高质量留学生的基地，增加英语授课的比例，开设一些主要通过英语授课取得学位的专业。中国留日学生到2005年时达到80,592人的峰值。1983年时，中国留学生约占在日外国留学生总数的20%，进入本世纪后几乎每年这一比例都超过60%。2005年后，中国留日学生总人数略有下降，2007年为71,277人。但从具体结构来看，中国研究生的人数有所增长，2008年达到3万人左右。在日本大学攻读博士的学生中有15.7%是留学生，攻读硕士的学生中留学生占9.6%。日本文部科学省负责留学生事务的官员坦诚，如果没有来自中国的留学生，日本的留学生事业就难以发展。

即便是在外国留学生总数较少的意大利，中国大陆留学生也占较大比例。据中新网2009年8月29日原引意大利《欧联时报》报道，意大利大学和研究部目前在对2007年度、2008年度全国各高等院校的学生调查中发现，2007至2008学年意大利高等院校招收的外国学生约为4.9万人，占全国在校大学人数的3.2%，不到经合组织（OECD）国家平均比例7%的一半。联合国教科文组织数据显示，早在2007年，法国吸引外国留学生人数就达到24.6万，德国 20.6 万人，英国 35 万人。意大利高等学府无法吸引外国学生的主要原因是语言不通和学校缺乏配套服务，如宿舍少，奖学金稀缺等。在上述 4.9 万名学生中，约有 5000 人是出生在意大利的第二代外国移民。因此，意大利高等学府实际上只有 4.3 万人是真正意义上的外国学生，其中有 4.1 万人是非欧盟或者新入欧盟国家的留学生。其中中国留学生有 3949 人，仅次于阿尔巴尼亚留学生数量，在意大利各国留学生中位居第 2 名。[①]由于篇幅的限制，不要说描述近十多年来各国接受外国留学生政策的发展和中国留学生活动的状况，就是近一年内、甚至几十天里能够阅读的信息和资料就足已令人目不暇接并有日新月异的感觉了。其中 2007 年以来中国出国留学活动的基本形势与状况，大致呈现或保持以下几个主要特征。

一、中国内地留学考试的规模不断扩大

1981 年 12 月 11 日首次在北京、上海和广州三地同时举办了"托福"考试。这次考试创下了内地考试的诸多第一：第一次将美国标准化考试引入中国、第一次使用机读答题卡、英语考试第一次考听力、托福考试模式第一次为中国高考改革提供了参考。作为目前世界上最广为认可的英语测试——托福考试，有全世界 110 个国家和地区的超过 6000 所大专院校承认其成绩，这其中包括众多英国、欧洲以及其他地区的世界著名高校，同时也包括美国全部 4300 所高等院校。美国教育考试服务中心（ETS）发布的《托福考试及成绩数据汇总报告》显示，2007 年中国考生平均成绩达到 78 分，比 2006 年提高了两分，已经与全球托福平均成绩持平。该中心的官员 2008 年 5 月 7 日在会见记者时说，这一数据表明中国学生在掌握英语交际能力方面正在取得巨大进步。美国教育考试服务中心高级副总裁保罗·拉姆齐说，这证明中国考生为学习和掌握英语而付出的巨大努力取得了积极的成果；而且，这说明中国学生不仅能够向世人证明他们具有出色的学习能力，他们也具备在高校学习生活中用英语自如交流的能力；中国的托福考生人数当时在全世界名列第二，2008 年报考托福的考生人数仍在强劲增长。

美国教育考试服务中心 2009 年 3 月 2 日透露，通过中国教育部考试中心长期的考点网络建设和优化，托福网考在中国大陆地区的考试网络规模，已经拓展到全国 38 个城市 142 个考场；2009 年全年托福网考总考位量自 2008 年的 13 万个已增长至近 20 万，进一步缓解了早期考位紧缺的难题，为队伍日益壮大的中国托福考生带来方便。美国教育考试服务中心和中国教育部考试中心表示，托福网考考位充足，考生们可以根据自己的考试计划，从容、合理地选择考点和考试时间，积极备考以争取在考试中发挥出色的表现。考试

---

① 以上参见卢亮：《经济走软留学火爆"逆市飘红"还是市场反常》，2009 年 1 月 22 日中国网、中国侨网；海内外传真：《10 万中国学生在澳留学 中国成澳最大海外生源国》，《人民日报海外版》2009 年 8 月 28 日；陈小方：《澳国际教育产业逆市繁荣》，《光明日报》2009 年 3 月 2 日；海内外传真：《加拿大：中国学子成最大留学生群体》，《人民日报海外版》2009 年 2 月 27 日；《日本教育界欢迎中国留学生》，《人民日报海外版》2008 年 12 月 12 日；《日本投资 41 亿扶持高校接受留学生》，2009 年 2 月 2 日科智留学网；博源文：《意大利中国留学生近四千位居各国留学生第二》，2009 年 8 月 29 日中国新闻网。

管理机构还将持续关注各地区的考生需求变化，继续协调增加考试次数并深化网络建设，最大程度上为托福考生报考、备考和参考提供便捷条件。托福考试的人性化服务、现代化管理、平民化意识之一流的地位是世人众所共知、有目共睹的。据 2009 年 10 月 6 日有媒体播报，托福考试的研发和主办机构，美国教育考试服务中心已于今年推出一项全新的"考生口语录音剪辑在线查询"服务。即全球 7000 余所使用托福成绩的高等院校招生人员，都可以通过互联网获取向他们提交托福网考成绩申请者的口语录音剪辑。这是全球第一个推出口语录音剪辑在线查询服务的考试。据介绍，口语录音剪辑长度为 60 秒，从托福网考四道综合型试题之一编辑而来。如需获取某位申请者的口语录音剪辑，只需登录相关网页，输入申请者的托福考试注册号和出生日期即可。并且 2009 年 6 月 12 日当日及之后举行的托福考试口语录音剪辑已经可以通过互联网进行查询。综合型试题要求考生在作答时综合运用各项英语技能，因而可以全面展示考生在学术环境中使用英语进行有效沟通的能力。美国教育考试服务中心的有关负责人表示：良好的口语技能对在高校中取得学术成功至关重要；这项全新服务将为商学院和招收国际学生为助教的院系在录取决策中增加一个有价值的依据。① 雅思考试则由英国文化协会、澳大利亚教育国际开发署和剑桥大学考试委员会共同开发，并于 1989 年正式推出的。雅思考试通过提供权威的英语水平测试，衡量考生在真实场景中的英语沟通能力，得到了众多考生和教育机构的信任。2007 年中国为雅思考试输送了 21 万考生，甚至一度使提前报名预定考位成为了"一票难求"的事情。2008 年中国成为雅思第一大国。中国是雅思考试最大的人群，占亚洲地区的考试份额的 50%，其中又以北京是最大的考场，从 2007 年开始，北京和上海已经各增加了一个考场。主要原因有几个方面，首先，英联邦国家留学政策不断开放，雅思自然成为更多学生的选择。其次，雅思考试被越来越多的承认，从前普遍认为留学北美考托福，留学英联邦考雅思。但近年来英联邦国家以外的许多国家都承认雅思成绩，在美国有上千所大学认可雅思。再次，选择雅思考试不一定用于出国，国内的一些外资银行已经把雅思作为职业培训，所以学生不出国，也可以用雅思提高英语水平，这已成为不少学生求职中的一大优势。近年来雅思考试成绩得到英国、美国、加拿大、澳大利亚等多个国家众多院校的广泛认可，中国有越来越多人采用雅思考试，在英国大使馆文化教育处的一组数据中，2006 年的考生数量比 2005 年增长近 40%。据英国驻华使馆文化教育处透露，2008 年中国雅思考生总数超过 26 万，再创历史新高。作为英语交流能力的有效证明，雅思考试目前已得到全球 6000 多家教育机构的认可，2008 年全球有 120 万名考生参加了雅思考试。在中国，雅思考试在 29 个城市设有 31 个考试中心。在 2008 年的 26 万多名考生中，有 60% 的年龄在 19 岁到 22 岁之间；且大部分考生是准备出国学习硕士课程的学生。近几年进入中国内地的海外"高考"项目已经越来越多。

---

① 李雪林：《托福网考总考位从去年的 13 万增至 20 万考位充足》，2009 年 3 月 3 日中国网；王倩：《网络规模覆盖全国 38 个城市托福网考考位今年增至 20 万》，2009 年 3 月 4 日金羊网—羊城晚报；《中国学生托福成绩提高 与全球平均成绩持平》，《钱江晚报》2008 年 5 月 9 日；《历史回顾：托福进入中国的 30 年历程》，2008 年 12 月 18 日新浪网；吴晶：《托福考试开通全新口语录音剪辑在线查询》，2009 年 10 月 6 日新华网。

美国高考主要有 ACT 和 SAT 两种考试，到英国读本科则可先读 A—level。2009 年 4 月 20 日，素有"澳大利亚高考"之称的 WACE 考试正式落户广州，成为继北京、成都等城市后中国第四个开办此项考试的城市。有媒体刊载的统计数据显示，2008 年报考美国高考的中国高中生超过 1 万人，报考英国高考的考生人数也在逐年增加；2009 年由于金融危机影响，欧美高校由于经费困难纷纷主动来华并扩大招生；2009 年低龄学生出国留学人数达到近年来的最高峰，赴海外读高中的学生比往年增加两到三成，高中毕业参加"洋高考"赴海外上大学的学生比往年增加一成多。内地某自费留学中介公司的数据表明，以 2009 年 6 月为例，咨询留学的高中一到三年级学生占 20%，总体同比增长 10% 左右；英国、加拿大的预科及文凭课程项目、美国的 ELS 项目及社区大学等的咨询量增长较快，与同期比上涨 10%；尤其是新加坡、韩国、日本、法国都有较好的上升势头，增长量达 10%，而已经确定出国的高中毕业生较往年同期约增长一成。①

据中国教育部留学服务中心"2009 年中国国际教育巡回展"的主办者预测，中国学生对优质中学及高等教育的需求非常大，预计 2009 年前往海外就读高中、本科的人数将增加；以往赴海外读高中的学生只占办理出国总人数的 10% 左右，从 2008 年开始，出国的初中生、高中生明显增长，预计 2009 年这类小留学生的增幅也不会低。② 另据中国教育部留学服务中心自费留学中介机构的工作人员介绍，2009 年上半年，该机构已受理约 1500 名学生赴美留学的申请，较 2008 年同期增长 50%。在申请到美国就读本科的学生中，超过 60% 的申请者是国内成绩拔尖的高中生。为了吸引更多外国留学生，美国东北部最著名的 8 所常青藤盟校不仅开设了更多的专业，供学生根据各自需求和条件进行选择，而且还适当提高了助学金和奖学金项目的预算。其中，哈佛大学向新入学学生提供的各项资助总额创历史新高，仅奖学金总额一项就高达 14.7 亿元人民币。有统计资料显示，2008 年 10 月至 2009 年 6 月，中国内地参加美国高考的考生人数较上一年度翻了一番，达到 1.5 万多人。其中，包括耶鲁、普林斯顿、宾夕法尼亚、哥伦比亚等在内的美国高校，2003 年以来 5 年内招收中国学生的人数持续增长。据哈佛大学国际事务办公室公布的数据显示，该校 2007 至 2008 学年共有来自中国大陆的留学生约 400 名，占总人数的 10.22%，这个数字比 16 年前增加 81.8%。综合各方面的分析认为，教育国际化程度不断加深、签证政策逐步宽松、媒体传播作用加大、金融危机影响以及国内优质高等教育资源相对短缺等诸多因素，促成了上述现象的形成。教育部 2009 年 6 月间公布的数据显示，当年有 834 万应届高中毕业生，其中报名参加高考的只有 750 万人，另有 84 万人未报名参加高考。有人据此担忧该现象与出国留学的某种关联。③ 其实，稍微研究一下我国留学活动的发展规律以及各种影响因素之间的相互关系就不难发现，上述 84 万高考"弃考生"与出国留学的多寡并没有太多直接的关系。且

---

① 姜乃强：《去年中国雅思考生突破 26 万》，2009 年 4 月 8 日《中国教育报》第 7 版；《高中生抢滩"洋高考"调查》，《广州日报》2009 年 7 月 10 日。

② 《海内外传真》，《人民日报海外版》2009 年 2 月 27 日第 6 版。

③ 柯进：《参加"海外高考"的高中生剧增激励中国高校变革》，《中国教育报》2009 年 7 月 24 日第 2 版。

不说 2009 年 10 月以后，国家还会提供 200.7 万个成人高等教育考试后的招生名额，其中仅成人本科（含高中起点本科和专科起点本科）招生计划就达到 99 万人。[①] 我们既不说上述某些担忧过于多虑，也不说其对有关留学问题的研究略显不足，但如果能够站在 13 亿人、超过 1 亿人的留学适龄人员（假设为 18 岁至 28 岁之间的群体）、数千万在校大学生和每年 500 万新大学生这样几个数据的基础上，来看待当前的自费出国留学问题，也许会有另外一种心态和胸怀。至于那种认为出国留学生的增加会激励中国高校变革的想法，至少在现阶段还是显得比较天真和幼稚的主观愿望。

二、美国仍是中国学生留学热点国家的趋势没有根本性改变

在中国学生、学者留学地域的分布上，传统的留学目的国——美国，仍是热点地区；美国作为中国学生留学第一首选目的国的地位没有改变。自 1978 年中国开放海外留学以来，留学不仅在人数，而且在结构上也发生重大改变，近几年许多中国留学生开始出国读大学本科，而非以往的研究所。美国德州基督教大学（TCU）留学生服务处主任辛格顿 2009 年 10 月 18 日表示："中国留学生在本校外国留学生中人数最大，而且现在突然读大学本科人数剧增，这是与过去 10 多年不同的。"面临金融危机压力，美国大学当然张开双臂欢迎国际学生。面对从中国不断涌入的入学申请，学校的录取主管们喜形于色，但面对这么多高水平的申请者，他们都不知道要录取谁。这些录取主管惊讶地发现，中国许多高中的平均 SAT 考试水平为 2100，远高于美国学生，而且数学部分大多数获 800 分满分。据美国国际教育协会（IIE）统计资料显示，中国赴美读大学本科人数多年来维持在每年 9000 人左右，2007 年增加到 1.6 万人。另据统计，2008 年中国出国留学生超过 15 万人，赴美国留学人数就占三分之一。2009 年初，时任美国驻华大使雷德先生表示，1979 年，美国在华发放了 4079 个签证，其中 700 个是给学生的；2008 年在华发放签证 50 万个，其中有 7 万个是给学生的，后一数字 30 年间增加了 100 倍以上；30 年来，中国赴美留学生总数已达 40 万人；2007 年至 2008 年，在美就读的中国留学生 81127 人。大使先生的提供的上述数据只是向人们展示了一个概况；美国驻华大使馆总领事唐雷慧娴女士提供的数据更精确一些。唐雷慧娴女士于 2009 年 1 月 14 日表示，2008 年美国驻华使领馆向中国公民发放签证共计 46.2962 万个，其中留学签证创历史新高，2008 年共为学生、研究人员和交流学者签发了 77909 个签证，比 2007 年增加 46%，比 2006 年增加一倍多。

据 2008 年夏季公布的一项调查显示，被录取的各国赴美研究生人数连续第三年呈增长势头，其中中国赴美留学人数增幅最大。据美国国务院信息局网站消息，这项由美国研究生院理事会主持的调查结果显示，被美国高等院校录取的攻读硕士和博士学位的国际学生人数连续第三年增加，其中被录取的中国学生人数上升了 16%，中国留学生居各国留美学生人数的首位。据了解，印度、中国和韩国是美国高等学府研究生院传统

---

① 教育部 2009 年 7 月 8 日印发《关于编报 2009 年全国成人高等教育招生计划的通知》，青年人网站。

的最大三个国际学生来源，来自上述三国的留学生约占国际学生总数的一半。然而，与中国的留学生人数大幅增加的趋势不同，美国国际学生传统上的最大来源国印度，2008年的申请和被录取人数均仅增加2%。而被录取的韩国学生则较2007年减少了3%。从世界各国赴美留学的总趋势来看，三年来的留美读研的国际学生增幅逐步降低。2007至2008年这一年美国录取国际学生的人数上升幅度只有百分之四，低于前一个年度的8%和更早一个前年度的12%。另据美国媒体2008年8月22日的一篇报道，全美大学排行榜于当天公布了最新排名座次，美国名校哈佛大学独占鳌头，普林斯顿居次，耶鲁第三，麻省理工学院和斯坦福大学并列第四。加州大学伯克利分校排名公立大学第一，阿默斯特学院与威廉斯学院并列文科院校状元。据美国国际教育协会2007年发布的统计报告显示，2007年中国赴美留学生总人数为67,723人，较2006年增长了8%，为赴美留学生人数第二多的国家，仅次于印度的赴美留学生人数。

另据中新网2008年10月2日转引自美国《明报》的报道，虽然正值中国留学生申请赴美留学的高峰期，纽约华尔街却接连爆发金融地震，美国的经济持续低迷，有人对2008年中国赴美留学生的数量表示担忧。但纽约华人留学中介从业者却对此表示乐观，认为美国经济走低不仅不会对中国留学生总体数量造成太大影响，同时预测2009年到纽约留学的中国学生不仅不会减少，并且会因美国经济低迷而超过上一年。根据这一判断，纽约各高校针对中国留学生的2009年招生大战如火如荼、各显神通：有的到中国来开招生说明会，有的在学费方面实施优惠政策。人民币兑美元汇率上升，使留学成本降低，成为中国留学生赴美的动力之一。而且虽然目前美国经济低迷，但根据市场规律，3—4年后很可能会迎来经济复苏期，中国留学生对此也会有一个基本的判断：在经济低迷时入学，复苏时刚好找工作，是一个可以预见到的乐观前景。此外，也是由于美国整体经济放缓的原因，今年美国大学对自费留学生一定持更欢迎的态度；签证政策也会放宽。这些都会促进中国学生到美国留学。据美国研究生院理事会主持的一项调查结果显示，中国留学生连续三年保持增长，居各国留学生首位。与此同时，国际留学生赴美的人数逐步减少，中国学生已经成为全美各高校重点争取的对象。

据美国国际教育研究院2008年11月发布的年度报告显示，2007至2008学年，美国高等院校中的外国学生总数增加了7%，超过62.38万人，创历史新高，其中中国留学生人数增长最快，总数超过8.1万人，增幅接近20%。这份标题为《在美国的留学生和在海外的美国学生数量》的年度报告指出，尽管受金融危机影响，美国仍是外国留学生的首选国；2008年来自亚洲的留美学生人数增长10%，从而使得亚洲学生数量占到留美学生总数的61%，其中中国学生占留美学生总数的13%。该报告提供的另外一系列数据显示，按照国家和地区留美学生人数排序，印度连续7年居首位，达9.4万多人，其次才分别是中国、韩国、日本和加拿大；加利福尼亚、纽约和得克萨斯是美国吸引外国学生最多的三个州，纽约市和洛杉矶市是留学生最多的两个城市；商业管理依然是外国留学生的首选专业，其次是工程，但是2008年选择农业专业的留学生数量比上一年增长20%；2007至2008学年外国学生为美国经济贡献了大约155亿美元，比上一学年增加10亿美元。根据美国国际教育协会2008年11月的统计显示，2008年中国留美学生的人数比2007年增加了 13，404 人。2007—2008 学年，中国在美国高等教育阶段留学的总人数为 81，127 人，较上一年度增长了 19.8%，远远高于上一年度较前一年度 8.2% 的增长幅度，个中原因主要是美国签证政策的放宽。美国国际教育协会的统计还表明，2007—2008 年度留学生为美国带来了巨大的学费及生活费收益，招收留学生已经成为美国经济的一个重要补充。因此有业内人士表示，在金融危机的大背景下，美国政府将会继续鼓励各国学生赴美留学。而中国留学生也将会继续成为美国大学的吸引对象，因此学生签证政策仍将保持平稳宽松。相关统计显示，中国赴美攻读研究生的学生专业选择主要是商科，而商科又以金融硕士和会计硕士为主，原因是这两个专业的研究生录取对申请者的工作经验没有太高的要求，因此这两个专业也成为中国应届毕业生的首选。有媒体认为，金融危机对留学市场既带来"利好"，也有"利空"，因为留学生有可能面临更为激烈的竞争。有人以美国为例分析并指出，高校不会因为经济不好就增加招生人数，相反，许多失业人员也会借此机会读书充电。而对于美国高校来说，同样是招生，当然优先录取有过两三年工作经验的人。因此，对于中国本科毕业生来说，选择去美国攻读研究生，也不是一件很容易的事情，竞争仍将比较激烈。①

中新网 2009 年 10 月 3 日转引美国《侨报》的报道称，近年来，美国南加州大学的中国留学生大量增加；大量中国高中生开始来美读本科，使南加州大学 2009 年秋季入学的中国本科留学生急剧增多，以至校方担心中国的留学中介过度包装不合格者，向美输出以次充好的留学生。据南加大本科生录取主任布兰诺德（Timothy Brunold）先生介绍，南加大研究生中的中国留学生一直很多，但是来读本科的中国留学生并不多。这种情况 2009 年秋季开始发生了变化。布兰诺德说，"这个学期我们一共录取了 60 名来自中国的本科新生，相当于过去 5 年的总和。"随着中国本科生数量的急剧增加，校方也有不少担心和疑惑。布兰诺德说，"我现在每周都会接到教授的电话，他们大都有相似的疑虑，我怎么知道这些中国学生提供的申请材料都是真实的，而不是经过留学中介过度参与和加工过的？"布兰诺德说由此担心的美国大学绝对不止南加大一家，就他所知，许多美国大学，尤其是对中国学生不大了解的私立大学都有相同的担心。美国著名的卡里顿（Carleton College）学院，2009 年秋季中国本科新生共有 300 人申请，而往年只有 50—60 个人，他们学校录取了 18 人。杜克大学 2009 年有 500 个中国学生申请本科，而三年前只有 175 人；该校录取中国高中生的人数也从往年的 8 人上升到这个学期的 30 人。为了回答这些质疑，布兰诺德特地对近年来录取的中国高中生做了表现跟踪调查。结果发现，存留比率（retention rate）和毕业率都在 85% 左右。他表示，"这个数字是令人满意的，我们现在还不用过度担心。"但是布兰诺德也同时强调，录取中国高中生确实要承担一定的风险，因为中国的留学中介机构已经产业化，他们从培训学生考托福、考 SAT 开始，到成绩单的制作、推荐

---

① 孙延：《赴美留学签证创新高 金融危机不影响美签证政策》，2009 年 1 月 16 日中国新闻网；温宪、吴绮敏、李锋、韦冬泽：《让历史昭示未来》，《人民日报》2009 年 1 月 13 日；邱江波：《调查显示：赴美读研的中国学生增幅居各国之首》，中国新闻网 2008 年 8 月 24 日中新社华盛顿 8 月 22 日电；戴长澜：《中美互派本科生开展暑期交流活动》，《中国青年报》2008 年 9 月 21 日；刘真：《景气差美高校抢招中国学生留美人数将再创高峰》，2008 年 10 月 2 日中国新闻网；《08 年我赴美留学增 19.8%》，《人民日报海外版》2008 年 12 月 12 日。

信的写作以及申请信都大包大揽，有的甚至还弄虚作假。他说，"我们的确要对一些宣称保证录取的中介有所警惕，但是同时也要张开怀抱欢迎来自中国的高中生。"他建议美国大学的正确做法就是通过仔细查看每个申请材料来看申请人的本质。①

据美国媒体 2009 年底的一则报道称，由于加州财政预算赤字增加，压迫教育经费大幅削减，公立学校面临前所未有的财政困境；与此景况相比，私立教育机构却发现"钱"景无限的新生资源。大约从 2007 年开始，年仅 14、15 岁，一脸稚气的中国小留学生数量在美国私立高中迅速增加。这些青涩的中国小留学生不仅成为私立高中的新面孔，而且因为每人能够带来每年 2 万多美元的现金学费，被称为美国私立高中趋之若鹜的"金矿"。佛蒙特预科学院（Fairmont Preparatory Academy）首席执行长常德勒（Robertson Chandler）先生坦承，中国留学生已占该校留学生总数的 45%，在过去两年内超过韩国留学生人数，成为该校第一大留学生群体。佛蒙特预科学院曾入选《橙县纪事报》11 所优秀私立高中评选；2008 年在校 555 人中，中国留学生就已超过 200 人。近两年美国签证政策也在不断放宽并向中国大陆高中生倾斜，小留学生的签证通过率超过预期，甚至短期到美的夏令营学生的签证率也达到 80% 以上。申请佛蒙特预科学院 2008 年签证的 90 名学生中，仅有一人被拒签。校方表示 2009 年的签证通过率超过 95%；如果小留学生不与家人共同签证，成功率会更高。有移民律师证实，2009 年内 10 多岁的学生拿 F1 的签证者大幅增加，而过去中国大陆到美国的中学生多拿 J1 签证，说明美国移民官对中国大陆到美国的中学生限制条件减少很多。据悉，可以颁发 1—20 申请表的私立高中在大洛杉矶地区不下几十所，从 2007 年至 2009 年上半年的两年半内，中国小留学生如雨后春笋般增多；有的学校中国学生过多，教室墙上甚至贴出"请说英文"（English Only）的字样。美国私立学校又称贵族学校，虽然学费高昂也未能阻止中国小留学生的不断增加。全美国属加州私立高中最多，共有 1391 所。其中南加州的私立高中学费，从 8000 多到近 3 万美元不等；宗教团体主办的私立高中学费相对便宜，大约也要在 1 万美元左右，但宗教内容是必修课。以学术为主的私立高中则学费较高，其中圣人山私立高中（Sage Hill）2008 年学费就达到 2.7 万美元。佛蒙特预科学院的学费，则已从 2008 年的 16,870 美元已调升至 2009 年的 2.3 万美元。另外还有一笔必需的支出，即根据美国法律要求，14—16 岁的学生必须选择监护家庭。不少私立学校周围的美国家庭，因此开发出一项可观的收入来源。小留学生住宿加三餐月收费约 1000 美元，如果作为监护人参加学校的活动，一次至少要再交 100 美元。学费、生活费用以及书本费加在一起，中国小留学生的年消费额至少为 3.5 万美元。并且私立高中对于中国小留学生不发放贷款，所有留学生都要以现金缴纳私立高中的各种费用。

---

① 本小节参见孙延：《赴美留学签证创新高　金融危机不影响美签证政策》，2009 年 1 月 16 日中国新闻网；温宪、吴绮敏、李锋、韦冬泽：《让历史昭示未来》，《人民日报》2009 年 1 月 13 日；邱江波：《调查显示：赴美读研的中国学生增幅居各国之首》，中国新闻网 2008 年 8 月 24 日中新社华盛顿 8 月 22 日电；戴长澜：《中美互派本科生开展暑期交流活动》，《中国青年报》2008 年 9 月 21 日；刘真：《景气差美高校抢招中国学生留美人数将再创高峰》，2008 年 10 月 2 日中国新闻网；《08 年我赴美留学增 19.8%》，《人民日报海外版》2008 年 12 月 12 日；刘景胜：《留学生结构悄生变中国赴美读本科学生人数增》，2009 年 10 月 22 日中国新闻网；吴健：《美南加州大学中国留学生激增校方担心良莠不齐》，2009 年 10 月 3 日中国新闻网；《美报告显示 2007 至 2008 年我国在美留学生增长最快》，2008 年 11 月 19 日新华网。

据粗略统计，各国留学生因此为美国每年带来 140 多亿美元的教育利润。中国家长在孩子教育上的消费远超奢侈品的消费，因此招收更多中国小留学生，甚至到中国去招生，寻找中国能够提供小留学生生源的合作伙伴，已成为许多美国私立中学看好的重要战略。① 中国国内有媒体刊文指出，自 2002 年中国出国留学人数突破 10 万后，在不断增长的留学群体中，低龄留学生增长最快；越来越多的中国学生希望去海外接受本科甚至高中的教育。据北京几大外语培训机构统计，2009 年暑假，高中生参加外语培训所占比例达 60%，往年这一群体的比例在三成左右。另据天津市多家留学培训机构统计，2009 年，自费出国留学的"90 后"占了暑期出国留学生总数的 60—70%。这部分低龄留学生中，除小部分能申请到国外学校的奖学金，大部分学生的费用由家长提供。语言考试一直是留学欧美名牌大学的主要障碍。申请英国高校的学生，雅思（IELTS）成绩要至少达到 6 分，申请读研更要求达到 6.5 分。为了鼓励中国学生报考，大多数英国高校不再要求雅思成绩，只要通过他们在中国地区组织的小测试就可以。按照中国留学生相对集中的主要国家平均费用计算，仅出国留学，中国提供的市场总值就有约 400 亿元人民币，而且每年还以 20—30% 的幅度递增。据北京四中一位班主任介绍，近年来北京四中最优秀的学生已经不仅仅满足于考上清华、北大，而是去申请世界上最顶尖大学，如哈佛、耶鲁、剑桥，很多孩子是拿全额奖学金出去念本科的。另据北京师范大学实验中学国际交流部提供的数字，2008 年该学校近 500 名高中毕业生中，有 100 多人被国外大学录取，国外大学录取率达 1/5。② 国内有媒体报道甚至称，2009 年赴美读高中的国内学生人数出现了"井喷"现象——从 2008 年的几百人骤增至两三千人，且相当一部分学生来自四中、101 中和景山学校等北京一流名校。弃读国内重点高中的学生将美国高中视为"跳板"，其目标为美国常青藤名校。因入读常青藤名校竞争激烈，像耶鲁、哈佛等顶尖名校，每年在中国录取的人数通常只有五六个，而 2008 年在美国一所不错的高中校，120 名毕业生中就有 8 人被常青藤名校录取，比例高达 7%。由于美国排在前 10% 的高中学校，每年只提供一成的名额用来招收国际学生，而中国学生申请人数却激增数倍，因此美国"重点高中"的门槛也水涨船高。据介绍，目前中国学生想插班美国重点高中的 11 年级（相当于国内高二），托福至少需要 85 分，而且还要参加美国中考（SSAT），成绩至少要达到 2000 至 2100 分（满分 2400 分）。因此，越来越多有经济实力的家长，开始倾向于在初中阶段就把孩子送出国门，而有些孩子更是从小学五六年级开始，就已开始为留学进行准备。据有人预测，2010 年赴美读高中的中国小留学生人数将在 2009 年基础上翻番，而赴美留学低龄化也是个大势所趋。③

据多家媒体报道称，2009 年底时学校期末将近，各主要大城市中不少本该是临考最辛苦的初三、高三毕业班里，空位子却越来越多，个别学校甚至出现所谓的"空巢班"，如某些学校一个年级里各个班加起来，总有几十人缺席开始准备提前留学。提前留学已经是

① 田霞：《签证放宽小留学生激增美国私校争挖中国"金矿"》，2009 年 12 月 28 日中国新闻网据美国《星岛日报》报道。
② 杨日炎、曹蓉、冯兰珍：《国际名校放下身段，来中国淘金》，《新华每日电讯》2009 年 11 月 1 日第 7 版。
③ 徐虹：《出国读高中人数"井喷"多数为踏名校申请跳板》，《羊城晚报》2009 年 11 月 24 日。

"空巢班"里比较普遍的一种现象。国内有很多家长不想让孩子为应付中、高考太辛苦，因而失去对学习的兴趣，而国外学得比较轻松，家长普遍认为孩子出国后机会多，成功的可能性更大。另外在美国学校的社交活动多了，放学和周末会去做零工，体验生活，假期还有义工，平时放学会有社团活动。当地人对于社会活动的成绩是非常重视，因为社会活动使生活变得很丰富，学校里学到的课本知识更加社会化。① 更有甚者，有媒体记者 2009 年底从北京市的四中、八中、师大实验中学等名牌中学获悉，为了满足学生的需求，本学期这些名校已陆续为小留学预备生们开设了"出国留学预备班"，为部分放弃准备国内高考的考生提供量身订做的课程。在部分中学负责人眼中，设置出国留学预备班，一方面是顺势而为，另一方面也是"无奈之举"。一位北京中学名校负责人坦言，目前高中阶段申请出国的学生越来越多，学校没必要阻止，而应是设法为他们提供最有效的帮助，设置出国班，因材施教，让这些不打算高考的孩子别浪费高三的时间。截至 2009 年底，北京八中出国班已有 30 余名学生，北京师大实验中学从高一到高三都开设了"出国留学班"，已有超过 50 人参加，北京四中出国班称为"13 班"，也有了二三十名学生，预计下学期人数还可能增加。北京八中校长助理马一平老师表示，"八中 2009 年第一次开设出国班，主要是根据学生和家长需求，开展分层教学。"出国班的同学大多数都是成绩排名靠前的学生，在国内考名校都很有竞争力，不过他们依据个人兴趣和目标、家庭的经济实力等因素选择海外留学。新设的出国班都是单独分班并设置课程，而参加出国班的高三学生基本都放弃国内高考，他们只需参加会考、无需高考成绩，便可申请国外高校。据北京四中有关负责人介绍，近年来该校申请出国留学的学生不断增多。为帮助这些学生更好发展，避免他们在高三不准备高考而荒废学业，2009 年内，北京四中在高三上学期期中考试后组建了出国学生班，探索出国学生准备班的建立和课程设置；集中起来相互交流信息，参加各种考试，既为这些学生出国学习和生活打下基础，也有利于对其他学生的管理。此前由于申请留学的学生频频外出香港等地参加各种学习和考试，备考美国高考，因此高三不少班级的教室经常出现四五个空座，而且多数是成绩优秀的学生。这种"空巢"现象给任课教师的教学、班主任的管理和其他同学的学习，不可避免地带来一些影响。一位中学负责人坦言，"设出国班，是应对学生自动分流的办法，对学校其他高考生的利益也是一种保护。"有媒体披露，北京四中出国班的班主任李周老师是曾在海外待了 10 多年的"老海归"，2009 年他还专门开设了"留学生活 101"课程，以研究性学习的方式，探索美国留学生活的方方面面，除了了解学校、奖学金申请、转校等学习话题，还广泛囊括购置生活用品、买药、网上购物、四中校友助学等很实际的内容。北京八中的课程也为出国学生量身订做，考虑到申请留学需要会考和期末考试成绩，因此设置了有关课程的学习，同时请美国外教教授英语口语和写作，另外还为同学特地"补课"——专门学习"世界文化艺术欣赏"和"中国历史和地理"等课程。有关负责人表示，出国学生不仅要了解世界文化艺术的基本常识，更不要忘记中国的历史地理的基本知识。另据悉，出国班的学生学习成绩在年级是靠前的，还有的担任团委书记、学生会主席等。据不完全统计，2010 年来自北师

---

① 《提前留学、急补特长杭州中学毕业班现"空巢"》，《钱江晚报》2009 年 12 月 31 日。

大附属实验中学、人大附中、北京四中、北京八中、北京 101 中学、北京二中等放弃高考直接出国的人数比 2009 年增加了一倍。但由于国外大学的招生名额没有增加,与 2009 年相比,2010 年遭拒签的申请者将会增加特别多。北京师范大学、北京大学等多名不愿透露姓名的教育专家担忧地指出,"从中学生自己参加美国高考到学校主办出国留学班,已经到了警惕优秀高中毕业生流到海外的现象了。这些学生一旦比较早地流走到海外,势必对我国的人才储备产生巨大的影响。"①

三、英国高校对中国学生的吸引力有增无减

2008 年夏季,中国教育涉外监管信息网发布 2008 年第 2 号留学预警,提醒赴英中国留学生注意人身安全。公告称,据英国警方提供的信息,最近针对在英中国学生的绑架案频发。犯罪分子常在社会交友网站或学生们常去的社交聚会地点寻找绑架对象,并实施绑架,胁迫学生本人或在中国的父母交付赎金。尽管如此,赴英留学仍然是中国留学生的首选留学目的地之一,据英国内政部的统计显示,到英国求学的外国留学生每年为英国创造了 85 亿英镑的收入。据英国 BBC 英伦网 10 月 19 日报道,当前经济低迷、财政吃紧,但浩浩荡荡的留学生大军俨然成了英国高校产业的重要"财源"。英国驻华使馆文化教育处教育推广助理主任姚威女士 2009 年 10 月 21 日介绍说,由于汇率下降使得留英费用下降至原来的三分之二,本科生一年所需费用降至 15 至 18 万元人民币,2008 年留英本科生净增 20%;2009 年 1 至 7 月,中国申请留学英国人数从去年同期的 2 万人增加到 2.5 万人;同期,由于签证实行改革,签过率达到 80%。据英国大使馆文化教育处统计,中国学生去海外最热门的专业也已不再是商科。2008 年入学的中国留学生有 44% 选择了商科,而金融危机发生之前选择商科的中国留学生高达 70%。此外,12% 的人选了工程类专业,而艺术设计、传媒和物流专业的就读人数大幅攀升。留学生的选择可能受到金融危机影响,也和中国国内创意产业的发展有关。②

据英国广播公司报道,2008 年 9 月新公布数字再次证实英国大学对中国学生的吸引力有增无减。远赴英国留学的中国学生一年内增加了 15%。与此同时,美国留学生一年内却减少 13%。一份由英国高等院校招生办公室的统计数据显示,2008 年秋天有 4976 名中国留学生在英国开始接受高等教育。2007 年,来自中国的新留学生有 4337 人,2008 年增加了 14.7%,增加幅度是近年来最高的一次。总体来说,留学英国的中国学生总数大约为 75000 人。上述数据也显示,2008 年来自其他亚洲国家的留学生人数也大幅上升;新加坡留学生增加 30%(965 人),印度学生增加 18%(1581 人),香港留学生增加 4%(2525 人)。不过,在亚洲留学生增加的同时,到英国留学的美国学生人数也逐渐下降。2008 年

---

① 罗德宏:《高中生弃高考留学成规模北京高中首开"出国班"》,《北京晨报》2010 年 1 月 6 日;邓兴军、李瑶琴:《北京知名中学办"留学班"引关注业界忧人才流失》,《北京青年报》2010 年 1 月 12 日。
② 《经济低迷财政吃紧留学生成英国高校重要"财源"》,2009 年 10 月 19 日中国新闻网;朱玲:《费用下降签证改革去年赴英中国留学生增长两成》,2009 年 10 月 22 荆楚新闻网。

来英国留学的美国学生比 2007 年减少 13%，只有 1009 人。总体来说，英国高等教育院校今年接受的海外留学生人数仍然上涨 4%，一共有 47802 人。英国大学不但欢迎海外留学生，有些大学还积极招收海外留学生。这是因为海外留学生为英国大学带来可观的财政收入。以每个学生带来的财政收入来说，英国本国学生对大学的财政价值大约为每人每年 7000 英镑，这已经包括了学生负担的 3000 英镑学费。但是，海外学生的财政价值就更大，每人每年大约是 15000 英镑。对此，伦敦霍尔本学院院长戴维·吉林厄姆曾经警告说，一些英国院校从单一国家招收太多学生的做法是"危险的赌注"。他警告说，一旦政策有变，这些大学的市场就会消失。① 稍后的数据则显示，上述增长率被明显低估了。英国驻华大使馆文化教育处姚威女士于 2008 年 10 月 15 日公开表示，我们非常欣喜看到一个很大的增长，2007 年从中国拿到留学英国签证的，大概是 2.3 万多人，比 2006 年增长了 19%；因为 2008 年还没有结束，没有具体的数据，但我们受理学生数比 2007 年增长了 30%，是一个比较大的飞跃。英国还于 2008 年 6 月 30 日起，推出了一个新的签证政策——记点积分制，解决了留学生毕业后工作签证的问题；即凡是在英国学习并取得学位毕业后，都可以申请继续留在英国两年寻找工作，争取有一些实习的机会，在英国国际化、多元化的环境下工作，对留学生回国后在国内的就业竞争力有很大的增强。②

英国讲授式硕士学习时间为 1 年，研究式硕士为 2 年。研究生授课方式有小组讨论、全班集体讲授课以及案例研究等多种方式。据英国大使馆文化教育处相关负责人介绍，商业管理、工程技术和生物科学、社会科学、医学相关专业及计算机是英国高等教育的五大热门专业。近年来，赴英攻读硕士学位的学生在专业的选择上，也呈现出多样化的趋势，体育管理、国际传媒、物流、酒店管理、机场管理、会展管理、房地产管理、汽车设计专业等一些新专业开始崛起并迅速升温。英国的硕士学费水平较高，但学费因专业不同而有较大差别。平均看，文科学费较低，为 6750—8200 英镑/年；商科为 7000 英镑/年；理科较高，为 6500—9500 英镑/年；医科则更贵些，约 6200—17000 英镑/年；英国的 MBA 学费最高，一般在 15000 英镑以上，一些著名学校的 MBA 学费可达到 25000 英镑。生活费用方面，根据不同地区和个人情况的不同，略有差异。综合来讲，在英国的生活费平均 8000 英镑/年。英国奖学金类别有很多种，最常见的是英国 Chevening 奖学金，它帮助国际学生在英国完成硕士课程学习，目前每年向来自 150 多个国家的留学生提供 2200 种新的奖学金，并且计划进一步增加该奖学金；此外，海外研究学生奖学金是为全日制硕士研究生提供的一种奖学金，为期 1 年，为学生补贴留学期间的花销。③

从近两年的留学政策看，英国对中国学生签证申请者实施了就业的鼓励政策，学生去英国读完书后可以在那里工作两年。学生在熟悉了当地环境后，完全可以自己创业。有位前些年去英国曼彻斯特大学读 MBA 的学生，毕业后看到国内去英国旅游的人数很多，就自己注册了一个旅游公司。几年过后业绩可观，目前他正准备进一步拓展其他领域的业

---

① 《数据显示：英国对中国学生的吸引力有增无减》，2008 年 9 月 12 日中国侨网。
② 《英国大使馆文化教育处姚威女士访谈》，2008 年 10 月 15 日中国教育在线留学频道。
③ 《英国留学读硕呈多样化趋势 物流等专业升温》，2008 年 9 月 9 日浙江在线。

务。为提高学生的就业能力，许多英国高校帮助学生在学习期间与相关企业进行接触，从而提高工作能力，为日后的求职就业打下良好基础。他们还通过与行业协会合作，改进教学大纲，使教学内容更符合行业的需求，从而提高毕业生的就业竞争力。鼓励创业，奖励和支持创新，使英国在获得丰厚经济收益的同时，也获得了有价值的社会效应。英国许多高校通过参与教育和就业能力的有关课题，使学生在全球化的职场竞争中处于寻找职业的有利位置，并使学生积累了至关重要的工作经验，从而使留英毕业生在职场上更加受到青睐。①

也有报道称，一位中国家长抱怨，他儿子在英国私立学校，他的指导老师一共有 6 个学生，其中 5 个是中国学生。可见，中国学生在英国私立学校已有越来越多的态势。英国的部分私立学校已经开始限制招收中国学生，其中原因之一是为了保证他们的教学质量，担心大量国际学生的涌入，对英国传统文化形成冲击。试想，在英国，我们照样能听到北京话、上海话、四川话，在学生宿舍里多是我们讲国语的同胞，我们肯定不愿意讲英语，而用中文。我一个朋友的女儿来自北京，刚到英国，她住进了学校安排的宿舍，2 个月以后，她已经和 4 名中国女生在外合租了一套公寓，合用厨房，合用洗手间，天天可以做中国菜，说中国话，当然比和老外学生在一起舒服多了。老外学生可能会讨厌你烧中国菜产生的油烟，可能会反感你们叽叽喳喳在一起说他们听不懂的语言造成的噪音污染，但是我们无形之中也失去了留学的真正目的。②

有在读第二个硕士学位的中国学生表示，之所以选择继续读书却没有工作，是因为一年的研究生课程很难让人真正融入到英国的社会中，感觉自己也没有完全攻破语言关，单凭一个研究生学位几乎没有可能在这里找到满意的工作。"英国高等院校的文凭越来越不'值钱'了，"一位正在找工作的中国留学生不无感慨的说："花几百镑签证费留下来后，发现能找到的工作还是在餐馆和超市。其实，英国政府就是让我们留下来继续'消费'的。"自 2008 年 6 月 30 日起，英国院校研究生毕业的海外留学生可以申请在英国居留两年。此项政策的本意是让更多的留学生在完成学业后能够有时间在英国寻找工作，积累经验。但大部分中国学生在找工作时都感到困难重重。而这一次英国内政部在新出台的规定中又提到，政府将大幅提高对海外实习学生的要求，以保证英国劳工市场。9 月份，又将有许多像 Karen 和 Steve 一样怀着梦想的中国留学生出现在英国的各大校园中。Karen 说，如果能顺利拿到学位，一年后她也希望可以先留在英国积累一些工作经验。也许，这正是大多数留英中国学生的心愿。但事实是，在读书时缴了相当于欧盟学生两倍左右学费的中国留学生们，在毕业后，可能将面临着更为严峻的求职考验。③

据英国媒体报道，英国商务部长曼德尔森先生 2009 年 12 月突然宣布，把大学教育预算削减 1.35 亿英镑（约合 14.7 亿元人民币）。此举可能将迫使英国大学瘦身，一些学系和某些学位课程也会停办。而更受关注的是，学生须支付更高的学费。记者也从英国几所

① 徐挺：《2008 留学新政策带给你更多选择》，2008 年 9 月 17 日中国教育新闻网。
② 倪端：《英国部分私立学校中国学生太多》，2008 年 9 月 19 日中国网。
③ 李呐：《在为英国的教育"买单"后，谁来为中国留学生的愿望"买单"呢》，2008 年 9 月 7 日中国新闻网。

大学获悉，赴英留学学费将上涨。曼德尔森部长指出，经过多次调整后，高等教育的总拨款将下降5亿英镑。他呼吁各所大学设法缓解该措施对教学和学生的冲击。他表示，英国大学必须做出调整，从三年全职本科生模式，转为"提供多样化的课程"。比如，开办基础和快捷学位课程。他也指出，英国大学必须着重教导雇主所需的技能和知识，而非集中给学生传输学术知识。他警告，对于不照办而在今年秋季招收太多学生的大学，当局将扣除明年的拨款；多收一名全职学生，就扣除3700英镑。《泰晤士报》2009年12月初报道，英国一些大学为应付预算缩减，已裁减数以千计的教职员工，停办某些课程。英国校长组织"英国大学协会"表示，学费津贴减少，将危害学生的教育素质，警告这将损害"英国大学的长期竞争力和国际竞争力"。"大专院校联合会"秘书长亨特先生指出："我们将看到许多教师失业、课室挤满学生，以及高等教育无法对经济或生活作出更大的贡献。"从2009年行情来看，英国学生学费为一年3225英镑（约合3.5万元人民币），而包括中国留学生在内的非欧盟国际学生学费平均在1.3万英镑（约合14万元人民币）。英国利兹大学新闻官凡尼莎·布雷兹公开表示：虽然国际学生学费已按市场价格收取，他们不享有英国政府的补贴，但大学必须在今后两年节省3400万英镑开支，受此影响国际学生学费也将会作调整；政府将在2010年开始减少拨款，2011年的拨款将大幅减少；因此国际学生的学费在2010年会保持相对稳定，但在2011年将会提高。利兹大学官方网站显示，国际学生一年学费分科目从1—2.6万英镑不等，学习艺术、社会、教育等专业为10900英镑（约合11.9万元人民币），全日制MBA则为20,500英镑（约合22.3万元人民币），医科最贵，达到2.6万英镑（约合28.3万元人民币）。英国国立米德萨斯大学驻北京办事处首席代表王晓惠女士表示，校方通知2010年的学费将上涨500英镑（约合5400元人民币），平均达到9900英镑（约合10.8万元人民币）；校方的答复是受到通货膨胀的影响。但王晓惠女士表示，2010年仍然是中国学生赴英留学的好时机，即使学费上涨也对中国学生影响不大；因为英镑兑换人民币一直在贬值，从1∶14降到1∶10.9，因此实际支出的学费反而会下降；同时，近年英国生活费也没有增长；还有一个现象是一些英国大学逐渐增加了国际学生奖学金的数额。[①]

四、中国已成为澳大利亚最大生源国

有报道称，2006年到澳大利亚留学的外国学生有17万人，其中中国内地学生最多，有7万人，占41%，中国已成为澳大利亚最大的教育出口来源国。截至2007年12月，赴澳留学的中国学生人数已达到8万多人，与2006年同比增长18.9%；根据当年学生签证签发的数量来看，广东省和北京、上海同为中国学生赴澳留学的三大生源地。与全国的情况类似，近年来华南地区赴澳留学人数保持了较好的增长势头。如有统计数据显示，2007—2008学年中国各省市赴澳留学生数量排名前六位是：福建、广东、上海、江苏、山东和北京。在高等教育类别，有超过半数的中国学生选择就读工商管理类课程，其次，经

---

① 杨晓：《政府教育预算削减赴英高校留学学费将上涨》，《北京青年报》2009年12月25日。

济学、IT、工程学等专业也是留学热门专业。选择护理、科学、教育、艺术、人文科学、社会科学等专业的学生比例也有增长。澳大利亚在继承其医学、法律等传统学科优势的同时，在一些新兴专业领域同样很有优势，如艺术与设计、体育与赛事管理、环境保护、人力资源管理、旅游酒店管理和农业与园艺等。选择就读新兴专业已经成为 2009 年以后赴澳留学的中国学生明智之举。截至 2009 年上半年的统计显示，在澳中国留学生约有 13 万余人，占留学生总数的 24%。

因为职业教育贴近市场，更易找工和移民，因此中国的中等收入家庭对澳大利亚的技术与继续教育学院（TAFE）越来越感兴趣呢。目前澳大利亚面临着严重的技术劳工短缺问题。澳大利亚政府公布了一份移民紧缺职业清单（MODL），该清单列举了一百多个紧缺职业，不仅有要求专业资格的职业，如会计师、建筑师等，同时还有大量技术性工种，如厨师、发型师、建筑工人等等。澳大利亚职业教育与培训体系以行业为主导，课程设置、职业资格与行业需求紧密相连，贴近市场和雇主需求。选读紧缺专业，更有利于在澳找工作和移民。此外，澳大利亚职业教育学历与高等教育学历有衔接和转换机制。而且，职业教育与培训类的课程的费用一般来说比较便宜，这也是吸引中国部分中等收入家庭的地方。

据调查，澳大利亚国际学生数量也已经超过英国。相对于英美竞争对手，澳大利亚大学教育的吸引力主要体现在拥有一流教育质量，留学费用相对低廉等方面。作为拥有着世界一流的教育质量和高水准的生活质量的留学目的地，澳大利亚的留学优势主要体现在以下几个方面：

1. 各院校的课程具有较高的学术水平，培养出了许多成绩优异的学生。迄今为止，澳大利亚在医学、工业和文学领域共有 8 项、12 位诺贝尔奖金获得者。

2. 澳大利亚以其完善的教育体系和创新的教育政策闻名于世，比如澳大利亚课程设置非常灵活，海外学生就读的课程都包含在澳大利亚学历资格框架（简称 AQF）之下。该框架使学生可以在不同层次的学习和不同院校间方便地转换，以往学习所获学分得到认可。澳大利亚学历资格框架（AQF）所包含的学历还可以方便地与其他国家颁发的学历进行比较和互认，确保了学生在澳大利亚获得的学历资格世界通行。

3. 澳大利亚是世界上第一个以立法形式保障海外学生权益的国家。2000 年颁布的《海外学生教育服务法案》（ESOS 法案），该法案为持学生签证赴澳留学的海外学生提供了最全面的消费者权益保护措施。该法案规定所有澳大利亚院校必须在澳大利亚联邦政府申请注册并符合注册条件后才能招收海外学生。近年，ESOS 法案得到了进一步的完善，新修订的 ESOS 法案于 2007 年 7 月 1 日生效。这些规范就为在澳的海外学生包括中国学生提供了更多的保障、更为清晰的指导并更具灵活性。

4. 低廉的留学费用、低犯罪率、严格的枪支管理以及包容和谐的多元文化，都是吸引外国留学生的重要因素。为加强澳大利亚与亚太各国的教育合作关系、提高亚太地区的教育发展水平，澳大利亚政府自 2006 年起实施为期 5 年资助总额达 14 亿澳元的澳大利亚奖学金计划，其中包括由澳大利亚教育就业和劳动关系部直接管理的"奋进奖学金"。

5. 从 2007 年 9 月 1 日开始生效的澳大利亚一般技术移民改革计划，推出了 485 类临时工作签证和 476 类临时签证。新政策的颁布不仅将更加有助技术移民申请人，也有助于赴澳留学生提高英语语言能力和专业技能，提高他们在国际就业市场上的竞争力。①

6. 2008 年日 9 月 17，澳大利亚联邦移民部长伊文斯在公民入籍仪式上透露，自 1949 年以来，已有 400 多万人加入了澳大利亚国籍。其中 2007 年 7 月至 2008 年 6 月的这一财政年度内，有 107，647 人成为澳大利亚公民。他们来自 130 多个国家，其中人数最多的前三个国家为英国、印度和中国。澳大利亚国籍政府呼吁所有符合条件者申请入籍，成为澳大利亚大家庭的正式成员。②

7. 放宽语言要求澳洲吸引中国学生。从 2008 年 9 月 1 日开始，澳大利亚移民局调整了现有的学生签证申请风险级别。中国学生申请语言类 570 类签证、研究型硕士和博士 574 类签证及预科等非学历课程 575 类签证，从原来 Level4 的极高风险级别调整为 Level3。这一变化意味着从 9 月 1 日起，中国学生申请此三类课程赴澳留学将更加简单便利。具体地说，中国学生不需要雅思成绩和其他任何考试成绩，就可以直接去澳洲学习语言课程。高中学生去澳洲读预科和参加本科学习，雅思成绩达到 4.5 分就可以了。在降低语言要求的同时，澳大利亚也降低了对学生家庭经济条件的要求，使得语言水平不高和工薪阶层家庭的学生也能够去澳洲读书。

从上述诸多政策变化可以看出，澳大利亚政府非常鼓励中国学生前往澳大利亚留学。同时，这次签证政策调整也顺应了各国留学签证政策相继放宽的趋势，给了中国学生更多赴澳洲留学的机会。③

受到 2008 年以来国际金融危机的冲击，近年来对澳洲经济贡献最大的两个产业煤矿和铁矿都陷入了困境。相比之下，澳洲的国际教育产业则持续呈繁荣局面，截至 2008 年 6 月 30 日的财政年度，对澳洲经济的贡献度跃升到第三位。有分析人士认为，金融危机尚未冲击澳洲的国际教育产业，海外留学生人数在未来两至三年内仍将不会减少。据最近公布的有关统计数字，2008 年在澳洲注册入学的海外留学生人数增加了 120%，达到 54.3898 万人，首次突破 50 万关口，并创下了自 2002 年以来最大的增幅纪录。亚洲学生入学率增长更快，达 121.5%，其中绝大多数来自中国，达 12.7 万多人。大多数海外留学生都进入澳洲大学或技校学习。澳洲国际教育协会的统计数字显示，澳洲大专教育去年增长 4.7%，创收 142 亿澳元，是澳洲的第三大外汇来源。澳副总理兼联邦教育部长吉拉德 2009 年 2 月 26 日表示，留学生人数大涨体现了澳洲在国际教育行业中的声誉，体现了澳洲与亚洲邻国之间的睦邻友好关系，也体现了他们对澳洲教育品质的认可。澳洲很多学校都表示，海外留学生对它们的兴趣非常浓厚。新南威尔士州大学副校长詹妮·郎指出，澳洲国际教育产业的需求目前还没有出现萎缩的迹象，新州大学的海外留学生人数比例在全州是最高的，达到 23%。商业和工程学继续走俏，各科系都得到了新的发展，研究生数量

---

① 吴润洲、余琴：《中国已成澳大利亚最大生源国——澳大利亚驻广州总领事馆教育处高级主管杨建辉先生的专访》，《广州日报》2008 年 9 月 19 日。

② 《一年逾十万人加入澳大利亚国籍原籍中国列第三》，2008 年 9 月 17 日中国新闻网。

③ 徐挺：《2008 留学新政策带给你更多选择》，2008 年 9 月 17 日中国教育新闻网。

也迅速增加。她说："留学产业还没有出现下滑的征兆，留学生背景也呈多样化发展，亚洲一些传统留学生输出国势头不减，来自欧洲、中东及美国的留学生人数也增长很快。"根据有关报道，在过去5年里，蓬勃的留学行业也带动了澳洲旅游业的发展。澳旅游及交通论坛首席执行官沃斯表示，从以往经验看，学生市场往往成为经济萧条时期旅游市场的缓冲器。他说，教育游客一般会在澳洲停留4个月的时间，每日的开支在100澳元左右。不过，沃斯同时指出，金融危机对海外生来源国经济的冲击将使来澳的教育游客资源受到影响。他说，在今后一段时间里，来澳看望海外生的亲朋好友人数将会减少。有关预测认为，受金融危机影响，澳洲的国际游客数量将下跌4%。①

就在中澳关系因力拓案、热比亚窜访等所引发的紧张局面下，中国外交部2009年8月19日证实了何亚非副外长取消访澳计划的消息，紧接着澳大利亚驻华大使芮捷锐8月20日被急召回国。有中国媒体就此分析称，陆克文政府在处理中澳关系上已经"乱了阵脚"，澳自由党指责陆克文"正在毁掉澳中关系"，反对党领导人之一朱莉·毕晓普8月20日说："总理现在该采取行动恢复损害严重的对华关系；中国是我们最重要的贸易伙伴，关系恶化会影响我们的国际利益。"朱莉·毕晓普还指责陆克文政府在给热比亚发签证这一事件上"有欠妥当"。有专家分析认为，陆克文在中澳关系可以说是平安无事的情况下，冒冒失失地发一个渲染中国军事威胁的国防白皮书、让力拓案无限上纲到政治高度、蔑视中方关切为'疆独'张目，确实"有欠妥当"。分析人士认为，中澳关系正处于10多年来的最低点。② 据澳大利亚国际教育司统计的数据显示，尽管受到金融危机的影响，但留学市场仍在不断发展，赴澳留学的人数仍呈增长趋势。结合此前陆续出现的金融危机、在澳留学生安全状况恶化以及一个时期以来迅速发展的澳大利亚留学市场不断暴露出来的各种问题（如一些学校倒闭，致使留学生陷入困境；为招收更多海外学生，各教育机构甚至使用"传销"方式，设重奖鼓励本校学生招募留学生；一些中介更通过"留学＋移民"诱惑从中"剥削"留学生；没有为留学生提供准确的学习和生活方面的信息；住宿条件恶劣，学费增长过快，政府对私立学校监管不严；一些私人教育机构教学质量低下，有的甚至因管理不善而倒闭；留学生打工时受到剥削和歧视等问题），加之接踵而来的中澳政治上的纠纷与摩擦，国内有关媒体已经开始关注和讨论，中国留学生赴澳大利亚留学的规模必将受到一定的影响。正是在此背景下，第23届"澳大利亚国际教育大会"于2009年10月13日至16日在悉尼会展中心举行，世界各国约1300多名从事教育事业及相关产业的代表参加了这次会议，并就留学生的安全、教育、就业和国际教育对澳大学教育的影响等一系列问题进行探讨。同时兼任教育部长和就业部长的澳大利亚副总理朱莉娅·吉拉德女士在15日的会议发言中表示，澳大利亚政府对海外留学生的权益问题极为关注，并承诺要改善教育环境、提高教学质量，确保留学生在澳大利亚学有所成；澳大利亚政府在提供高质量的教育方面，在保护和提高我们的声誉方面将不遗余力，并将继续改善和提高我们的教育体制，为国际学生

---

① 陈小方：《澳国际教育产业逆市繁荣》，《光明日报》2009年3月2日。
② 《澳总理陆克文回应热比娅访问事件称有权让谁入境》，《环球时报》2009年8月22日。

提供世界一流的教育。吉拉德副总理还承诺要重新评估教育产业，创建网上留学咨询手册，为留学生在澳生活和学习提供准确及时的信息。此外，澳政府最近决定，所有从事国际教育业务的机构都必须在 2010 年底之前重新登记注册，不符合规定和要求的机构将遭到淘汰，对违法乱纪、扰乱留学生教育市场的人将严加惩处。①

五、调整签证政策使得加拿大再次成为留学热点国家

1. 中国学生成为加拿大最大留学生群体

加拿大移民局 2008 年 4 月宣布，将留学生的工作签证期限从之前的 1 年延长到 3 年。相对于以前的工作签证，新的政策规定留学生毕业后无需找到对口专业工作，即可直接获得 3 年的工作签证。加拿大是移民速度相对较快的国家之一。对于 2008 年即将毕业的加拿大中国留学生来说，除了归国之外又多了一些选择。以往，加拿大的留学生要想成为加拿大公民，不仅在资产、技能、职业等方面要具备相应条件，而且通常要等待 3 到 4 年的时间。2008 年，随着加拿大 PNP 计划实施范围的扩大，在加拿大的留学生享有了新的待遇。PNP 是由加拿大各省级政府制定的政策。由于 PNP 计划的实施不需要接受加拿大移民局（CIC）的评估，申请人仅需参加体检、提供无犯罪证明和足够的资金证明即可，因此其在申请标准和申请周期方面难度要小于 CIC。作为移民国家的加拿大近来发现，其原有的移民政策对于吸引国际学生存在着一些漏洞，如签证审理周期较长使很多在加拿大的国际学生最后选择了去美国、澳大利亚或新西兰等国家。因此，加拿大政府对 PNP 移民政策进行了改革，给予了国际学生非常优厚的待遇，希望通过这一新政策吸引更多的优秀人才到加拿大学习工作。加拿大安大略省是首个试行 PNP 计划的省份，目前已经接受了第一批留学生 PNP 申请。安大略移民部主管 PNP 计划的经理丹拿表示，对申请 PNP 的人数是没有限制的，这项计划的主旨是帮助海外学生更好地在安大略省发挥专长。在扩大了 PNP 留学生资格范围的同时，为了提高留学生就业的成功率，PNP 计划还对"合格的雇主"门槛进行了调整，合格雇主的资格范围扩大至全国各地区的中小企业。这一举措为留学生申请 PNP 提供了更加"平民化"的机会。而由省移民部提名的申请人，其个案到达联邦移民部之后，不必像一般技术移民那样经过资格评估及分数计算，而只是经过文件确认等程序，所以审批过程只需 6 到 8 个月。加拿大签证政策的进一步放宽，使加拿大再度成为中国学生留学的热选国家。另据加拿大《世界日报》2009 年初的消息：在加拿大的中国留学生已经超过韩国，成为加拿大最大的国际留学生群体；这不仅因为来自中国的申请人数大幅上升，也因为加拿大大使馆的签证率有所增加。2009 年初，加拿大更是派出由 56 个教育机构组成的代表团，参加中国留学服务中心在中国举办的"2009 年中国国际教育巡回展"。加拿大驻中

---

① 陈小方：《澳国际教育产业面临全面整顿》，《光明日报》2009 年 8 月 21 日；宋佳德、李虹：《中澳摩擦考验赴澳留学》，《环球时报》2009 年 8 月 21 日；《留学服务·留学澳大利亚专题》，《世界教育信息》2009 年第 8 期；江亚平：《澳副总理承诺加强维护来澳留学生权益》，《新华每日电讯》2009 年 10 月 16 日。

国大使馆有关负责人表示，过去留学生所感兴趣的是高科技、商业专业。近年来中国学生的兴趣和选择趋于多元化，如酒店、旅游管理、体育管理、休闲项目管理等都有人报名。

中新网 2009 年 9 月 25 日转载加拿大《星岛日报》的报道，根据联邦公民及移民部统计，2008 年加拿大入读国际学生总共有 95，414 人，是 10 年前的一倍。其中，来自中国大陆和中国香港的学生最多，印度则紧随其后。据统计，在 2008 年内有多达一万多名中国留学生到加拿大留学，这一数字已创近年的最高纪录。加拿大大学因其学费较美国、英国和澳洲都相对便宜，教育质量受国际认可而广受留学生青睐。这些留学生多半住在加拿大各大城市，温哥华及多伦多各有 20%，满地可占 12%，渥太华、爱民顿、卡加利各有 3%。加拿大统计局指出，在 1992 至 2007 年间，加拿大本国学生获颁授的学位、文凭、证书总数增长 186%，而向国际学生所颁授的上述证书增长 343%。在渥太华卡尔顿大学（Carleton University），外国留学生每年学费在 1.5 万至 1.7 万加元之间。在新学期，每 10 个大学部新生中就有一个来自海外；研究生比例更高，占五分之一。中新网援引加拿大《环球华报》的报道，2009 年 10 月，加拿大卑诗大学又接受了一批来自中国的 39 位攻读博士的新留学生。这批博士留学生均获由中国国家留学基金管理委员会与卑诗大学共同提供的全额奖学金资助；其中有 17 位是获得博士期间全额奖学金，经过四年左右的学习后，将从卑诗大学获得博士学位；其他博士生则属于中国多所高校与卑诗大学联合培养，将在卑大做 1 至 2 年的研究后，再回中国的学校取得博士学位。博士生们获得的奖学金包括：中国国家留学基金管理委员会提供每人每年 1.5 万加元，卑诗大学提供 5000 加元，合计每年 2 万加元的奖学金，卑诗大学减免全部学费。博士生来自包括中国科学院、浙江大学、上海交大等院校在内的中国 25 所大学，涉及文、理等多个科系，其中理工科学生人数较多。据卑大校长中国事务特别顾问宋伟宏博士介绍，卑大与中国国家留学基金管理委员会于 2007 年签署此项合作计划；2008 年第一批已有 32 位受项目资助的博士生到达卑诗大学，其中有 5 位在卑诗大学攻读博士学位。由于受到全球经济危机的影响，北美各大学都明显减少了奖学金的发放。但由于中国国家留学基金管理委员会和卑诗大学同时提供的这个奖学金项目，使得许多中国博士能够在世界一流的大学从事心仪的博士专业学习。据介绍，卑诗大学目前每年平均会招收 400 多位来自中国的博士研究生，专业门类主要集中在理工医类科目；目前在卑诗大学招收的国际学生中，约有 23% 来自中国，比例仅次于排名第一的美国。①

2. 加拿大放宽留学签证政策引发"是否被滥用和欺诈"的讨论与争议

中国新闻网 2008 年 10 月 4 日源引加拿大《环球华报》报道，《温哥华太阳报》获得的一份政府内部报告显示，加拿大对外国留学生及其所在学校缺乏约束，以致"学生签证

---

① 徐挺文：《2008 留学新政策带给你更多选择》，2008 年 9 月 17 日中国教育新闻网 – 中国教育报；《中国学子成加拿大最大留学生群体》，《人民日报海外版》2009 年 2 月 27 日第 6 版；《加拿大外国学生人数 10 年间翻倍中国学生最多》，2009 年 9 月 25 日中国新闻网；《去年逾万中国学生赴加拿大留学创近年最高纪录》，2009 年 9 月 19 日中国新闻网；《加拿大卑诗大学 39 位中国博士留学生获得国家资助》，2009 年 10 月 15 日中国新闻网。

系统"实际上为"普遍的滥用和欺诈等不法行为"打开了大门。报告指出,自 2002 年以来,加拿大采取了对留学生极为宽松的政策:留学生们不再需要到课堂上课、更容易延长学习签证以及获许在完成学业后留在加拿大工作两年。但该报告却指出加拿大有关留学签证的政策规定"过于宽松",使得有些留学生即使从未到学校或课堂现身,也不会面临被驱逐出境的危险;尽管他们当初申请签证时表示是为了学习,但政府对他们抵加后是否实际去上课并无具体要求;他们只须表现出在加国学习的"意愿"即可。该报告还指在,在过去的 10 年里,生活在加拿大的留学生人数增加了一倍多,即从 1997 年的 7.1 万多人已经增加到 2006 年的 15.7 万多人;卑诗省 2006 年就有留学生 44799 人,居加拿大第二,仅次于安河的 58308 人。

上述报告的结论认为,就近年来的总体情况评估,在申请加拿大留学签证的学生群体中,80% 都能得到批准;其中韩国申请者 93% 得到批准,中国台湾地区申请者 99% 得到批准;中国大陆和印度两地申请留学者获签率虽然较前两者低,却仍占到加拿大接受留学生总数的约 3/4。但过于宽松的签证政策使有人得以借留学之名出走。即签证政策的变化使得学校的项目对那些真正想学习的学生更具有吸引力;同时也为那些并不愿学习,但却想通过"留学签证"获得在加拿大"放心大胆"工作的人创造了机会;同时,更为那些以常规途径进入加拿大后申请学生签证,以此为伪装并得以延期滞留的人提供一条捷径。如就在 2008 年夏天,四名到加拿大参加温哥华名为 BCC Academy 英语学习项目的中国学生离开他们寄宿的家庭后失去了踪影。此案原由警方负责调查,之后,因怀疑该四人系通过学习签证以欺骗性的方式进入加拿大而转交由加拿大边境服务署(CBSA)进行处理。

根据政府上述报告的披露,宽松的学生签证系统同时被那些没有学习意愿的"假"学生和实际上以"狡猾的签证申办公司"运营的"假"学校利用来"混水摸鱼",使加拿大当局苦恼不堪。两方面的欺骗行为通常都由那些与移民公司和学校有联系的、经常提供伪造的相关资料的所谓招聘人员和咨询顾问操作,从而使得这种欺诈行为轻而易举得逞。一些案例表明,外国学生真的相信这些签证公司是合法的学校,直到他们抵达时,才意识到被骗了。因为许多私立学校,尤其是那些语言学习项目不受各个省政府管制,那些被骗的学生无从求助。对此,加拿大自由党国会议员杜新志(Ujjal Dosanjh)先生指出,必须对留学生签证系统进行改革,而且应从要求留学生上课开始;省政府也需要在管理和监控那些招收留学生的学校方面多做工作。新民主党国会议员苗锡诚(Bill Siksay)先生则表示,加拿大边境服务署(CBSA)需增设人手,专门调查学生签证欺诈案子;加拿大移民系统最基本的要求是诚实,因此要确认学生的申请是否真实与合法的。

当然,对于上述这份政府的内部报告,加拿大的移民及教育业部门也都有自己不同的看法。如"诚意教育中心"的学生顾问李俊逸先生表示,此报告观点片面。按照他的经验,留学生如果不上课,想办理延期签证是不可能的,因为政府签证部门在审理是否给予延期签证问题上有清楚且严格的要求,比如,需要有在校学习记录,有学校的成绩单,成绩太差还不行,起码得过得去,如果转学,还要有新学校的接收函;另外,要有资金证明,像"诚意教育中心"就要求学生出具至少 6000 元的存款证明,并要注明学生经济来源系由父母支持,这样标注的目的是让签证官知道,6000 元用完以后,父母方面还会有后续的汇款，由此说明学生的生活不成问题。所以李俊逸先生认为，学生签证如果说有欺诈的现象，应该是教育部门的问题，是研究政府监管学校是否有漏洞以及政府部门如何监管教育系统尤其是私立学校的问题；而移民机构签证部门的审查实际上是很严格的，问题肯定不是出在政府签证部门。加拿大"海外移民服务中心"总经理、注册移民顾问梅娟女士明确表示，该中心处理留学签证申请时，主要是看该申请人是否符合移民局签证部门的要求；应该说，加拿大政府在审批签证问题上有清楚的条例规定，无论在境外首次申办签证，还是在境内申请签证延期，留学签证审批都很严格并有规可依，从来都不是很容易的。她表示加拿大在留学生签证审查上的要求谈不上"宽松"，而是要求境外申请人有明确的学习目的，有充足的资金，录取学校不管是公立还是私立的，都必须是政府认可的。如果申请学习签证延期，则必须要在以下方面让签证官满意：必须满足该申请人在以学生身份居留加拿大期间确实是在学习的评估；必须使签证官确信申请人留在加拿大继续学习对完成其整体学业计划是合理的、可信的；如在完成两年的证书（Diploma）学习后，希望继续完成相关专业的学位（Degree）课程，还要有足够的资金支持等等。因此，涉及"学生签证欺诈"的事件，应是加拿大政府检讨教育体制是否健全、对各级各类学校监管是否得力问题。①

六、日本政府提出至 2020 年"接收 30 万留学生计划"

据新华网报道，日本文部科学省负责留学生事务的织田雄一先生于 2008 年底接受记者采访时曾经表示，"中国留学生中优秀人才很多"。身为日本文部省高等教育局留学生交流室室长助理的织田雄一先生介绍说，中国留日学生从 1979 年开始逐年增多，到 2005 年时达到 80592 人的峰值。中国留日学生攻读社会科学专业的人最多，共有近 3.5 万人。其次是人文科学专业，大约有 1.6 万人。再次是工程学类专业，约有 8600 多人。1983 年时，中国留学生仅约占在日外国留学生总数的 20%，现在每年这一比例都超过 60%。织田雄一先生说，2005 年后，中国留日学生总人数略有下降，2007 年为 71277 人；但从学历层次的具体结构来看，中国研究生的人数有所增长，现在已经达到 3 万人左右。在日本大学攻读博士的学生中有 15.7% 是留学生，攻读硕士的学生中留学生占 9.6%，在这些留学生中，中国留学生的比例很大。织田雄一先生表示有不少机会到各所大学去了解中国留学生的情况，并经常听到校方评价中国留学生基础比较扎实，理论水平高，人品也好。日本教育界人士不止一次表示倾向优先招收中国留学生。所以可以说，如果没有来自中国的留学生，日本的留学生事业就难以发展。2009 年 8 月 16 日上午，中国赴日本国留学生预备学校 30 周年校庆活动在东北师范大学举行。教育部副部长郝平出席并致词，与日本文部科学省文部科学审议官森口泰孝共同为留日预校 30 周年校庆中日友谊树纪念石揭幕。日本国驻华大使馆宫本雄二大使签发贺信。中日双方有关人士及校友近 300 人出席了该项活动。郝平副部长在致词中高度评价了留日预校建校 30 年来取得的丰硕成果，指出在培训

---

① 熊文：《为不法行为打开大门加留学签证政策宽松引争议》，2008 年 10 月 4 日中国新闻网。

的赴日留学人员中，很多人已经学成回国，遍布我国政治、经济、科技、文化、教育等各个领域，成为中坚力量和骨干，为推进国家的改革开放、经济发展、社会进步和中日文化教育交流事业发挥着越来越重要的作用。郝平副部长希望留日预校以建校 30 周年庆典为契机，继续推进教学改革，不断提高教学质量，重视学术研究，把语言教学与对日本社会的研究结合起来，开拓进取，不断创新，使留日预校成为青年学生学习日本语言与文化的重要基地，成为中日文化与学术交流的重要平台，成为中日两国青年学生增进友谊的重要桥梁，为培养更多留日人才，为增进中日两国人民的友谊作出更大的贡献。中国赴日本国留学生预备学校是 1979 年 3 月根据中日两国政府间教育交流协议在东北师范大学创办的，专为赴日留学预备人员进行日语强化培训，是中日邦交正常化后，两国教育合作交流的最大项目。建校 30 年来，留日预校在中日双方政府部门和社会各界人士的大力支持下，形成了独特的办学模式和管理机制，受到了国内外的广泛认可。截止 2009 年 8 月，学校已经培训了 10102 名学生，其中国家公派赴日留学生 3600 多人。在中日教育交流历史上成为一个成功合作的典范，也成为了赴日留学生的摇篮。日本前相福田康夫在 2008 年执政时开始推行"30 万人留学生政策"，其主要目的是为了填补日本人口减少所带来的"人力不足"，希望借吸引外来人才提升日本在国际上的竞争力。此外，日本的年轻人口减少，成功引进外国留学生，也可挽救日本大学学生减少的危机。日本文部科学省、外务省、法务省等 6 部门于 2008 年 7 月公布了"留学生 30 万人计划"，今后相关部门将通过简化入境审查手续，进一步推动大学国际化，采取更多的向留学生提供生活和就业支持等手段，争取到 2020 年，能够吸引 30 万留学生到日本学习。织田雄一先生表示，日本热情欢迎中国留学生，希望这项计划能吸引更多的中国留学生。据悉，在日本政府公布的 2009 年政府财政预算中，用于国立、公立、私立大学教育改革方面的资金比前一年度增加了 705 亿日元，增幅达 3.7%。其中首次安排了 41 亿日元，专门用于一个名为"30 计划"的项目，该项目即是日本"接收 30 万留学生计划"的配套措施。根据这份计划，日本方面指定 30 所大学作为重点接收高质量留学生的基地。据了解，"30 计划"的出台是日本为了加速本国高等教育与世界接轨而设立的。如此前去日本留学的一个先决条件就是要过日语关，这让很多以英语为第一外语的中国留学生望而却步。根据"30 计划"，日本将在上述 30 所"全球化试点大学"增加英语授课的比例，并考虑增加开设一些专业，主要通过英语授课，使得留学生只会英语也能取得学位。①

2009 年 10 月 14 日《上海侨报》的一则消息称，日本东京入国管理局日前发布通告，日本政府公布了《出入国管理及难民认定法》以及《基于同日本国的和平条约脱离日本国籍者的出入国管理相关特例法》的部分修改（法案）等法律（2009 年法律第 79 号）。根据修改后的法律，废除针对在日本接受教育的外国人所给予的"就学"在留资格，统一给予"留学"在留资格。该消息称，此项修改法案将在公布之日起 1 年之内

---

① 《日本教育界欢迎中国留学生》，《人民日报海外版》2008 年 12 月 12 日；焦新：《郝平：留日预校成中日文化与学术交流的重要平台》，《中国教育报》2009 年 8 月 18 日；《日本投资 41 亿扶持高校接受留学生》，2009 年 2 月 2 日科智留学网。

予以落实执行。长期以来，日本对于在日接受教育的外国人，根据教育机构性质的不同而将在留资格划分为"留学"资格和"就学"资格，对在大学等高等教育机构接受教育的给予"留学"资格，而对在高中、职高、语言学校等教育机构接受教育的给予"就学"资格。这种"一国两制"的管理体系已明显不能适应日本政府对于外籍学生增长的期望，改革也就势在必行。基于上述情况，日本政府决定对原有法律进行修改。通过统一"就学"和"留学"的在留资格，那些从高中、职高以及日语教育机构升入大学的学生，将不必再提交将"就学"变更为"留学"的资格变更申请，外国留学生的求学之路将有望变得更加顺畅。日本东京入国管理局的上述通告指出，修改后持有"留学"在留资格的人，在日本被许可进行的活动为"在日本的大学、高等专门学校、高中（含中等教育学校的后期课程）或特殊教育学校的高等部、专修学校或各种学校以及在设备编制上与这些相当的机构里接受教育之活动"。而原有规定对于在留期间的划分是这样规定的："留学"资格分为"2 年 3 个月、2 年、1 年 3 个月、1 年"；"就学"资格分为"1 年 3 个月、1 年和 6 个月"。随着修改法的实行，规定上述在留期间的入国管理法实施细则也将得到修改。修改法公布后 3 年以内，将有新的在留管理制度得以实施，而"留学"资格的在留期间也将随之有所变动。比如针对新设以 4 年的本科在校时间作为在留期间的方案已经展开了讨论。对于目前持"就学"资格的人员，随着修改法的实施，他们在在留资格期满之前将被自动视为"留学"资格，因而无需另外提交"在留资格"变更申请。若干年前中国人留学日本的统计数据显示，中国在日留学生从2004 年到 2007 年曾呈现连续减少趋势，如 2004 年为 90，746 人，2005 年下降为 89，374 人，2006 年为 88，074 人，2007 年为 85，950 人。而从 2008 年开始，又呈现出大幅回升趋势。据日本法务省的最新资料显示，2008 年的留学签证认定书交付状况是，留学为 33，043 人，比上一年增加了 5513 人；就学为 29，626 人，增加 5150 人，其中中国留学生为 14，160 人，比上一年增加 3939 人；就学生 13，311 人，比上一年增加3769 人。而 2009 年 4 月的留学签证取得率比去年同期增加了 12.5％，报名留学人数也增加了 20％。吉林省某日本留学代办处，不但报名读日语的学生增加 2 倍，连日本大使馆的签证率，也从 50％上升到 100％。有分析认为，中国再掀留日热首先与中国大学生就职难有关。近几年，中西部应届毕业生不断增加，并以越来越大的规模涌向北京和东南沿海大城市。严峻的就业形势让不断走出大学校门的年轻人感受到前所未有的压力，因此出国留学再次成中国高中毕业生和大学毕业生的选项之一。另一方面，日本政府30 万留学生的优惠计划刺激了中国再掀留学热，在日本，对日本人的奖学金，一般只有具备返还义务的"借与型"，但是针对日本政府国费留学生的则是没有返还义务的"供给型"。留学生中约有 10％的人能够得到此类奖学金，其中中国的留学生占据 18％，为首位。同时学生宿舍补助等待遇也提高了，大学借用的民间宿舍，单身的留学生 2 年可获得 8 万日元的补助，带家属的可获得 13 万日元的补助。其次，日本正在采取措施促进优秀留学生在日本就职。日本文部科学省和经济产业省曾决定，在 2007 年的预算中申请 60 亿日元，作为以中韩为主的亚洲留学生的奖学金，以推动外国留学生在日本就职。鉴于留学生就职瓶颈是日语能力不足和不了解日本企业的特征与文化，文科省和经产省将和有采用留学生愿望的企业一起合作，进行对口培养，设立面向留学生的专门讲座和商业日语讲座，并根据企业的需要设立专门性强的讲座。该讲座为期 2 年，参加讲座的留学生为 2000 人，被选拔参加讲座的留学生每月将获得 20—30 万日元的高额奖学金。据 2009 年 8 月 13 日新加坡《联合早报》报道，上述"留学生 30 万人计划"公布一年以来，日本为引进外来人才而推行的"30 万留学生政策"出炉后，最早有热烈反应的是中国。按照日本入国管理局的统计，2009 年 4 月份新获得留学准证入境日本的中国学生人数达 1.2 万余人，比去年增加了 4 千多人。这不仅反映出中国学生对日本有浓厚兴趣，也显示中国赴日留学管道通畅。有业者指出，以往向日本大使馆递交签证申请，有一半会被退回；但这一年来却是有求必应，几乎每位申请者都顺利过关。有中国学者认为，日本当局所以会改变之前不开放的态度，让较多中国留学生能获得留学签证，与中国家庭近期的经济能力提升有关。日本对外国学生实施开放门户政策已经是第二次。上个世纪 80 年代初期，为向欧美各先进国看齐，它曾实施"10 万留学生政策"，但有关指标实际上在 2003 年才勉强完成。当然，这一波中国留日热尚未获得日本舆论的正面评价。有媒体指出，中国留学生的大量涌入，将可能引发若干年前类似的一些社会问题。日本媒体 2009 年 8 月 12 日引述一名教育界人士的谈话指出，日本当局虽表示要大量引进留学生，但对于留学生的起居，心理辅导方面却无丝毫改善，这让人不能不担心外国留学生人数增加后，会越来越难管理，引发新的社会问题。再者，由于世界各地经济走下坡，日元高涨，有不少留学生已经面对学费昂贵而拖欠学费的问题。另外，有日本评论员注意到，日本经济走下坡也已经成为日本当局推行外来人口政策的绊脚石。[①] 其实日本社会的上述消极反映，显然忽视了日本前领导人等政治家和日本政府加快日本国际化进程的长远考虑；另外，进入 21 世纪的日本社会和教育机构，其接收、容纳、教育和管理外国留学生的能力与经验，已与上世纪 80—90 年代完全不可同日而语；再有，中国赴日留学生的整体素质、心理素质和经济地位，也已经有了较大幅度的提升。其实真正应该引起担心、隐忧、顾虑和警觉的到是中国方面，即随着较大量中国留学生赴日本留学，其中必然再度"夹带"着一批中端和高端留学人才，并必将会成为日本移民政策和"永住"制度猎物。

据日本法务省入管局 2009 年 12 月提供的信息，随着日本新入管法的实施，在日本的中国人最为关心的"就学"和"留学"这两种在留资格，将合二为一，"就学生"这一名词也将成为历史，符合日本政府规定条件的留学生，读完语言学校后在日就职，也可望获得就职签证。为了在 2020 年达成接收外国留学生 30 万人的目标，日本政府于 2008 年 7 月制定了"30 万留学生计划"，并积极着手改进和完善有关留学生和就学生的相关制度，随着日本逐步放宽对赴日留学审核的限制和规定，"赴日留学"再次在中国内地掀起一股热

---

① 符祝慧：《中国学子掀"留日热"日本大开门户舆论敲警钟》，2009 年 8 月 13 日中国新闻网；景宇：《日本统一"就学"与"留学"在留资格》，2009 年 10 月 14 日《上海侨报》；《"30 万留学生接收计划"利好引发赴日留学热潮》，2009 年 9 月 29 日人民网；张石：《中国再掀"留日热"源于国内就职难及日本政策》，2009 年 10 月 16 日中国新闻网。

潮。一个时期以来，申请赴日"就学"和"留学"的中国留学生有较多增加，在日本东京、大阪等大都会街头，到处可以看到中国 80 后，甚至 90 后年轻学生的身影。对于广大中国留学生、就学生，以及希望来日就读的学生及家人来说，非常关注 30 万留学生计划的具体实施和支援政策，以及 2009 年在国会通过的新入管法中，有关"就学"与"留学"签证一体化这一新规定。2009 年 12 月 9 日，日本法务省入国管理局总务课官员表示，"留学"与"就学"签证一体化这个制度，是于 2009 年 7 月 15 日被修改和编入《入管法》的，虽然具体何时施行还没有定案，但是预计从颁布起一年之内开始实行，应该是可以肯定的。"留学生"是指就读于日本的大学、大学院和专门学校的外国学生；"就学生"是指为了今后升学而在语言学校学习日语的外国学生。据法务省入管局统计，2008 年，在日本的留学生总人数为 13 万 8514 人、就学生人数为 4 万 1313 人，其中，中国留学生有 8 万 8812 人，就学生为 2 万 5043 人。"留学"这一在留资格（即签证种类）由来已久，而随着上世纪 80 年代日语学校的兴起，为学习日语而来日本的外国人大量增多，于是在 1989 年，日本入管法经过修订后，新设计了"就学"这一在留资格种类。关于事隔 20 年后再次统合"留学"与"就学"签证的原因，入管局总务课担当指出：一个时期以来，外国人以"就学"名义来日后，由"白"转"黑"，非法滞在的人数开始大幅减少，而通过"就学"签证来日，继而升学后申请"留学"签证的人数不断增多；大部分就学生，毕业后继续考入日本的大学深造，已成为主流群体；根据这样的趋势和背景，为了减少申请者负担，入管局经过慎重研究和判断，最终决定将"留学"和"就学"签证一体化。日本入管局官员还明确表示，两类签证一体化后，"留学生"在读完日语学校或大学后在日就职，并申请在留资格变更，转为"就职"（工作）签证时，其申请的条件和手续，即申请"就劳"签证的判断基准没有发生变化。比如说，申请者在中国国内读完大学，以"就学"名义来到日本，在语言学校学习日语，毕业后希望在日就职，并到入管局申请就职签证。遇到这样的情况，只要申请者在大学期间的专业，符合日本政府公布的"人文知识·国际业务"或"技术"等在留资格的范畴，就可被认定为满足和符合申请签证变更的条件，既从"留学"变更为"就职"。据日本入管局公布的数据显示，2008 年内以就职为目的申请在留资格变更的外国人有 11，789 人，其中 11，040 人获得许可，通过率约为 93.65%，比 2007 年增加 778 人，这也是自 1988 年有统计以来的最高记录；而获得许可的中国人申请者占 69.30%，达到了 7651 人。[①]

七、出国留学国别选择呈现多元化趋势

不过，除了美国、英国、澳大利亚、加拿大、日本等传统的留学目的地国家外，意大利、爱尔兰、荷兰、韩国、西班牙、阿根廷等国家以及东盟地区也逐渐展现出了较大的市场空间并且呈现出一种留学市场彰显多元化。据悉，保加利亚、波兰等国家的驻沪领馆官员，也曾于 2008 年底在上海表示，在签证和奖学金方面将更多地向中国学生倾斜。

---

① 远藤英湖、阿牧日：《日本就学留学一体化语言学校毕业也能获就职签证》，2009 年 12 月 24 日中国新闻网。

例如来自"荷兰高等教育国际交流协会中国办公室"的信息表明，截至 2008 年 8 月底，申请赴荷兰留学的中国学生人数大约为 2500 人，与上一年度相比有了 30% 的增长。该办公室总代表雅克·方复礼先生表示，这一数字变化意味着中国学生目前已成为仅次于德国学生的第二大在荷留学生群体。他认为，荷兰受到越来越多中国学生青睐，其主要原因包括以下方面：荷兰高等教育凭其在教学和研究领域的卓越成就在世界上享有盛誉；在 2007 年的泰晤士世界大学排名榜中，荷兰共有 11 所大学名列世界 200 强；近 1400 种可供中国学生选择的全英文授课课程，使荷兰成为非英语国家中开设英文课程最多的国家；加上几乎所有的荷兰人都能讲流利的英语，因此中国学生不需要学习荷兰语就可以在荷兰很方便地学习和生活；根据 2007 年底实施的最新移民政策，中国学生从荷兰高校毕业后，可以有 1 年时间在当地找工作，如果找到工作并与雇主签署长期合同，学生就可以得到当地的工作许可，以积累宝贵的海外工作经验。另据来自荷兰方面的反馈表明，目前中国留学生已成为荷兰劳动力市场上最具竞争力的群体之一。[①]

据意大利《欧华联合时报》报道，4000 多位留学生的先后到来，正在使旅意华人的组成结构发生变化，这种变化直接导致华人群体素质的提升，华人的形象也将得到进一步的改善。在罗马地区学习的中国留学生，2008 年先后自发组织了"为四川地震灾区遇难同胞烛光守夜"和"北京奥运会闭幕当日走上街头进行宣传"等活动。他们的行动受到了侨胞们的一致好评。罗马华侨华人联合总会会长廖宗林先生表示，留学生们用自己的爱国热情和新的思想影响并感染着以经商能力强而著称的旅意侨胞，他们将使旅意华人这个群体更加具有活力和时代特征，"希望中国政府和大使馆领导能够注意到这一变化，给予他们更多的支持和帮助，侨界也应该以自己的方式接纳他们，他们的加入与参与，更有利于我们为增强中意两国人民的友谊，为两国的民间交流做一些更实际、更有意义的事情。"据了解，中意两国政府针对中国学生的合作项目"马可波罗计划"在中国各地的影响力与日俱增，因为大家都意识到，意大利的公立大学不需要学费（每学年只需注册费）可以大大降低留学成本，使工薪阶层的家庭也能承受得起。所以，今后每年都将会有一批新的学生来到意大利。大部分留学生都表示，学成后将回国报效祖国，但如果能从事与两国经贸文化交流有关的工作，那是最好不过的了。也有少数学生表示，学成后的去向现在还无法确定，如果能够合法地在意大利工作和生活，那也是一种选择。如果能够有一些留学生留下来，那么华人企业人才短缺的矛盾也将在一定程度上得到缓解。据悉，意大利政府内务部 2009 年颁布的一项新的通告表示，外国留学生在进修课结束后也可转换工作居留。该政策规定，凡是参加进修课程的人，在课程结束后，如果找到工作也可以将学习居留转换为工作居留，无需等待劳工输入争取名额。直到 2009 年春季时，外国学生只有在意大利毕业后以及在意大利境内合法居住直到成年才有可能不通过劳工输入转换工作居留，其他情况下，都要等到劳工输入法令公布后才能递交申请，还要争先恐后地争取限定的名额。自 2009 年 3 月起，学士毕业、

---

① 严勇兵：《赴荷兰留学人数增长 30%》，《中国教育报》2008 年 9 月 17 日第 7 版。

研究生和毕业后专业培训都成为有效的可以"快速"转换居留的方式。①

与此同时，赴东盟各国留学也逐渐成为中国留学生新的增长点。据国内关有部门统计，2006 年时中国在东盟各国学习的各类留学生总数就已经达到 6 万多人，其中新加坡约有 3.45 万，泰国约有 1.6 万，马来西亚约有 0.65 万；2007 年前往东盟各国新入学的中国留学生约有 1.24 万人。随着中国与东盟国家的交往日益加深，东盟小语种的需求不断增加，目前仅广西民族大学就已开设齐全东盟 10 国语种人才培养课程，其中越南语、老挝语、泰语、柬埔寨语专业本科毕业生的就业率达到 100%。据广西民族大学外国语学院院长黄秀莲教授介绍，该校从 1964 年就开始开设东南亚语种专业，当时只有越南语、老挝语、泰语。近年来，随着社会对东盟小语种人才的需求不断加大，广西民族大学也扩大了东盟语种课程范围。2008 年，广西民族大学马来语专业开课，至此，东盟 10 国的官方语言英语、印尼语、马来语、泰语、越南语、老挝语、柬埔寨语、缅甸语在广西民族大学已开设齐全，在校学生人数达到 1000 多人；2009 年广西民族大学向东南亚各国派出留学生超过 1900 人。另据广西民族大学提供的数据显示，截至 2009 年 5 月，广西民族大学明确到东盟国家就业或继续深造的毕业生就达到 551 人，其中越南语、老挝语、泰语、柬埔寨语专业本科毕业生就业率达到 100%。再看看泰国教育部 2009 年 10 月的发布的统计数字，显示当年就读于泰国高等学校国际教育项目的中国留学生已达 7300 多人，成为泰国高校国际教育项目的最大生源；泰国有 96 所高校提供国际教育项目，就读于高校国际教育项目的外国留学生达 16,000 多人，其中中国留学生占 45%。外国留学生就读人数最多的前三所泰国高校依次为易三仓大学、玛哈朱拉隆功佛教大学和玛希隆大学。就读人数最多的专业前三位分别为泰语、工商管理和英语。另外泰国还有 117 所国际学校，招收从幼儿园到高中的学生；187 所学校提供英语授课；还有 11 所职业教育学校招收外国学生。在泰外国学生来自于 120 多个国家，总人数超过 30,000 人。泰国教育部甚至认为，由于泰国地处亚洲心脏的战略位置，拥有现代化的设施，生活费用合理，加之社会和自然环境有利，泰国完全具备成为"亚洲国际教育中心"的条件。就 2009 年前后的计算的汇率而言，如果以平均每名外国学生每年费用 60 万泰铢（约合人民币 12 万元）估算，外国学生每年可为泰国带来高达 185 亿铢的收入。另据马来西亚《南洋商报》报道，在该国政府积极努力下，在马来西亚求学的中国学生大增，从 2008 年 3 月的 7 千多人增至同年 12 月的 1.4 万多人，首次超越印尼，成为大马最主要的学生来源国；同时在大马求学的印尼学生人数约为 1 万人。大马高教部副长何国忠博士说，虽然几年前曾有小部分到大马求学的中国留学生被骗，但随着高教部大刀阔斧进行改革后，目前有关不好的印象已逐渐淡化，大马已成为许多中国学生首选的国家；中国目前已成为大马的重点招生国家，政府接下来会通过各种方式招收中国留学生。马来西亚目前有 465 所私立学院、44 所私立大学，以及 20 所国立大学，

---

① 《旅意华人结构发生变化 中国留学生正成为生力军》，2008 年 8 月 30 日中国新闻网；《意大利出台居留新政吸引留学生》，2009 年 10 月 15 日中国新闻网。

并在世界 4 个国家的首都北京、胡志明市、雅加达及迪拜设立生收中心。[①]

20 世纪改革开放之初，中苏两国间的教育交流尚未恢复正常。直到 1982 年 2 月 9 日，苏联高等和中等专业教育部副部长索芬斯基约见中国驻苏联大使，提出了恢复两国教育交流的建议，作为第一步，苏方建议双方每年互换为期 10 个月的语言进修生 10 名。1984 年，中苏两国教育部签署了 1984/85 学年合作议定书，确定双方互换留学人员 70 名。在后来签定的 85/86 学年议定书中，双方把互换留学生名额提高到 200 名。其后在《中苏 1988—1990 年教育合作计划》中规定，除双方每年互换 150 名留学人员外，苏方还将单方面接受中方留学人员 550 名（1988 年 150 名，1989 和 1990 年各 200 名）。1989 年 5 月，中苏两国关系恢复正常化。1990 年，中苏两国教委在苏联签署了《中苏 1991—1995 年教育合作计划》，其中规定每年中方派出 500 名留学人员，苏方派出 300 名留学人员。1991 年，双方签署了互相承认学历和学位证书的协议。据统计，与前苏联恢复教育交流以后，1983—1991 年底，中国向前苏联共派遣留学人员 2475 名，与 20 世纪五十、六十年代相比已经大大减少。如 1987 年底时，中国在外的各类公派留学人员约有 2.4 万余人，其中在原苏联只有 338 人，仅占当时在外各类公派留学人员总数的 1.4%。到 2004 年时，在中国驻俄罗斯使馆教育处注册的各类留学人员共 9399 人，其中国家公派 257 人；在 2008—2009 年期间，中国在俄罗斯的各类留学人员已经达到 1.5 万余人，相当于 20 世纪 50—60 代期间中国赴苏联留学、进修或实习的各类留学人员总合。

据中国驻印度大使馆教育处负责人黄志刚先生介绍，自 2005 年起，中国到印度留学的人数出现显著增长的现象，截止 2009 年底，在印中国学生人数约有 1200 人，主要集中在印度南部的韦洛尔、金奈、班加罗尔、海德拉巴等著名学府，而在北部则人数不多，譬如，首都新德里的中国留学生仅有 200 人。黄志刚还介绍说，中国留印学生大多以国家或单位公派为主，其中 80% 学习的课程都是软件工程类，此外还包括医学教育、数学、哲学及社会科学等。如中国教育部每年组织派遣 8 所著名高校的百名大学生前来印度学习交流 1—2 年，参与学生普遍反映效果不错。2009 年，88 岁高龄的杨振宁教授曾到访印度，并与中国留学生座谈，临别前，杨教授为在印度的中国留学生们写下了这样的话："希望各位中国同学努力学习。印度与中国前途需要很多沟通工作！"《人民日报海外版》记者廖政军先生于 2010 年初采访过几位"80 后"在印中国留学生，请他们谈了在印度留学生活的一些感受，讲述他们与印度同龄人交往的情况，内容十分生动和感人：

●获得清华大学建筑学与法学双学士学位的马宇歌同学是一位有独立见解的"80 后"女孩。原本，她可以像其他同学一样选择赴美深造。她说，是自己主动选择了印度，没有什么特别的原因，如果非要说一个的话，那就是一种缘分。马宇歌说，她打小就受到喜欢研究宗教文化的父亲的耳濡目染，一直对印度很向往。2009 年 2 月，马宇歌受朋友之邀，

---

①　管倩、鲜晓荻：《机遇是一面镜子——首届"中国与东盟教育交流周"引发的思考》，2008 年 7 月 31 日《贵阳日报》；高靓：《搭建中国和东盟教育交流新平台》，《中国教育报》2008 年 8 月 5 日第 3 版；《马来西亚中国留学生增至逾万人首次超越印尼》，2009 年 5 月 8 日中国网、中国侨网；张莺：《广西东盟国小语种人才受热捧高校积极派出留学生》，2009 年 10 月 16 日新华网；张冬梅：《泰国教育部：中国学生已成泰国高校最大留学生源》，2009 年 10 月 12 日国际在线。

第一次随父亲来到印度游玩，顺道考察学习环境。当她来到印度国内知名学府尼赫鲁大学，信步于这座仿佛坐落在原始生态林中的校园里，一种求知的欲望顿然而生。她深信，与中国一样拥有如此悠久历史和多元文化的印度，将成为一个激发青年人的创造力及想象力的国度。于是，当年夏天，马宇歌顺利进入尼赫鲁大学研究生一年级，就读的专业是印度的区域发展。不过，该专业涉及到的知识面很广，因而鲜有外国留学生选读，更别说能够坚持读完的。但马宇歌相信自己能够应付学业，而这离不开许多印度同学的无私帮助。虽然学校里基本上都是英文授课，但若要学好这门专业，学习印地语也是必要的。于是，马宇歌的一名印度同学主动要求每周陪她练习印地语，有时，还有同学主动帮助她复印教学资料。正因如此特别的专业学习，才让马宇歌开始更深入印度社会、更广泛地接触印度民众。然而，当课程需要做乡野调查时，马宇歌开始为难了，因为班上的印度同学可以选择自己的家乡作为调查地点，但像她这样一名留学生却不知所措。这时，授课老师主动提出要帮助马宇歌安排"下乡"做调研，于是，她顺利地来到了印度东北部阿萨姆邦的农村，进行了一周的乡野调查，走访了农家，令她获益匪浅。●德里大学是另一所知名大学，其商学院更是数一数二。来自安徽的张良同学自2009年7月起就读于该校商学院本科一年级。谈起近一年的学习，张良肯定地说，"这是一个能够锻炼人的意志的平台！"虽然还不到一年时间，但张良已经成为商学院里的"名人"。原来，按照学院的传统，每学年开始总会安排一次"新生会"，同时也是学生们先声夺人的机会。以往，总是印度学生比较积极，这一次，张良心里想着，中国学生也该上台发言。于是，张良成为多年来首位在新生会上发言的中国学生。无疑，这也引起了不小的轰动。张良用流利的英语就中印关系话题发表了简短的演讲。他在演讲中说，中印自古就是友好邻邦，这是不变的事实。如今虽然中印关系遇到一些波折，但应该看到前景是美好的。他还说，中印两国存在许多互补性，因此我们应当更多地看看"两国能够在一起做些什么"。最后，张良还应师生要求演唱了一首中文歌，博得在场印度朋友的热烈掌声。或许正是因为这位刚刚20岁出头的中国小伙子的出色表现，德里大学商学院似乎有许多人开始更加关注中国，也时常向张良请教有关中国的事情。张良深切感受到，两国民众之间有深厚的友谊，但互相了解仍然不够，他期待更多的交流能够为两国关系夯实基础。张良还说，他愿意尽自己的微薄之力为两国民间交流多做贡献。现在，他有计划趁着暑假时，组织一些印度朋友到中国走走看看，因为只有亲身体会才有真正的了解。同时，他也希望更多中国朋友能够到印度来眼见为实，相互之间多交朋友。●2009年7月，来自西安外国语大学印地语专业本科三年级的刘志鹏同学与北京大学南亚学系印度宗教文化专业研究生二年级的姜磊同学连同其他20位大学生抵达新德里，开始为期一年的交流学习。其中，刘志鹏等人进入了印度人力资源部下属的中央印地语研究院学习。在这里，他们接受纯正的印地语教育，同时还学习印度文学、历史等。但语言首先是要学以致用，因此平日空闲时，刘志鹏总是会深入印度社会，结交印度朋友。他探访过学校附近的贫民窟，和印度各阶层的人交谈，以学习地道的现代印地语。近半年来，刘志鹏见证了一些印度媒体对于中印关系的"炒作"，而如今，他深刻感受到，印度媒体上出现了越来越多有关中国积极的消息。特别是面对最广大印度民众的印地语媒体，也在近期大赞中国开通"和谐号"高速铁路一事，甚至刘志鹏在孟买遇见的一位老人也拿着一份刊登"和谐号"大幅照片的印地语报纸对他说："简直太神奇了！"语言是沟通的工具，这也是刘志鹏立志学好印地语的初衷。不过，姜磊在印度多次旅行时却发现，原来有许多地方没办法使用印地语交流。的确，印度民族众多，语言复杂，据有关资料统计，印度共有1652种语言和方言，其中使用人数超过百万的达33种，如北印度语言主要包括印地语和乌尔都语等，南印度语言主要有泰米尔语、泰卢固语等。姜磊提出，加强文化交流，首先要加强双方语言的学习。他希望看到双方政府对各自语言教育的更多重视与投入。①

2010年3月，虽距当年高考还有近3个月时间，但北京全市已有数千高三毕业生离开课堂，转投SAT（美国高考）或A-LEVEL（英国高考）等海外考试，准备直接到欧美读本科。据香港SAT考务部门统计，与2009年相比，2010年参加美国高考的北京考生增加20%，全国考生的增幅则达到23%。据预计，2010年参加"洋高考"的北京市考生近4000人。2009年高考以后陆续参加SAT培训的中学生明显增加，而且不仅集中在4中、人大附、8中等少数名校，越来越多的普通高中校里成绩一般的学生也逐渐加入到海外高考的群体中。据了解，北京东直门中学高三学生中SAT考生达到15人，北师大附中达到20人左右，8中更是达到30人，师大实验中学甚至达到50人。"洋高考"考生的迅速增加，也促使8中、4中、师大实验中学首次办起了"出国班"，既帮孩子们准备"洋高考"，又避免了与备战统考的学生相互干扰。除了SAT炙手可热，以前不为国内学生熟知的A-LEVEL2010年也开始升温，仅在北京某民办语言培训学校参加相关培训的学生就达近百人。由于A-LEVEL的成绩不仅是英国高校的首选，香港、新加坡的高校也承认，因此A-LEVEL的内地考生中也有不少是冲着香港高校去的。除了部分希望考取哈佛、牛津等世界一流名校的"尖子生"外，"洋高考"对很多考生来说只是个"备选"，多一条上大学的路而已。北京市某示范高中有关负责人告诉表示，考生当中很多是因为考北大、清华等国内一流名校没把握，才把目光转向海外。还有一些成绩较差的孩子，由于在国内考本科很困难，也参加SAT考试申请学校，高考后直接"海外升学"。② 另外有记者发现，在越来越多的考生和家长眼中，港澳高校已成为出国留学的"跳板"。2010年3月初6所澳门高校举行的招生说明会，吸引了近200多位考生家长。2010年，澳门大学、澳门理工大学等6所高校一共在内地计划招生1594人，最被内地考生看重的澳门大学在北京共投放40多个招生名额。据澳门大学有关负责人介绍，2010年说明会比往年早，是为了让北京考生能提前了解我们。2009年北京有300多名考生报考澳门大学，最终录取了60多人，预计2010年北京考生仍会增加。香港高校2010年也不约而同地提前公布招生计划，吸引优秀考生报考。2010年香港城市大学计划在京招生22人，最高奖学金达到48万元。香港中文大学计划在京招生19人，"国际贸易及中国企业"及"生物医学工程学"两个新专业均在内地招生；香港大学2010年学费增至每年11.9万元，共计划在内地招生250—300人，该校2010年还首次与北大、北航等在京高校联合自主招生，奖学金总额2010年有

---

① 廖政军：《中印青年交流走向深化 80后留学生成友好新使者》，《人民日报海外版》2010年2月5日。

② 刘昊：《美国高考北京考生增两成 考生不都是"尖子生"》，《北京日报》2010年3月11日第6版。

900 万元。与动辄每年 20 万元以上的留学花费相比，一年花费几万至十几万元的港澳高校就像是家长为考生选择的"留学预备班"。有学生家长认为，"那边的高校全部英文授课，同学哪个国家的都有，国际化氛围比内地高校更好；与欧洲、美国相比，香港澳门毕竟离家近，更放心一点。"到港澳读大学，大二以后就会有很多到国外名校交流的机会，这也是被家长看重的重要原因；港澳高校与国外高等教育机构联系得更紧密，以后去欧美深造也更方便；据两特区政府有关统计显示，内地考生毕业后，选择到国外继续深造的比例最高。①

据中国驻英使馆教育处田小刚公参 2010 年 2 月 6 日介绍，在英国的中国留学生已经有 75，000 人；另据英国驻华大使馆方面的材料，英国 2009 年在中国发放有大约 3.5 万个留学签证。据意大利罗马中国学联主席钱仲慧 2010 年 2 月 6 日介绍，罗马市目前有中国留学生 500 多人。受英镑兑人民币汇率下跌影响，2009 年起，英国各校申请人数大幅增长。据统计，中国赴英国留学生数量仅次于赴美国人数，居第二位。但中国学生申请英国院校"扎堆"现象严重，商科、金融类、社会类等专业仍然火爆。随着申请人数增多，部分英国院校悄然提高入学门槛，比如，杜伦大学的商科申请对学生本科的平均分要求从去年的 80 分提高到了 85 分。不少学校除了对学生的雅思总分有要求外，还对雅思考试中的写作、口语等单项作出规定。有媒体记者从第 15 届"中国国际教育巡回展"信息发布会上获悉，英国牛津、剑桥 2010 年的入学申请已分别于 2009 年 10 月和 11 月截止；2010 年初英国帝国理工等校的部分专业也陆续发出满位信息。随着国内需求的增加，小语种国家留学也渐受追捧。为吸引国际学生，各小语种国家打出"奖学金牌"，比如，荷兰不仅学费较低，允许留学生打工，奖学金名类也非常繁多，其中还包括只针对中国学生开设的总值达 400 多万人民币的橙色郁金香奖学金。② 2010 年 3 月 13—28 日，由教育部中国留学服务中心组织的第 15 届"中国国际教育巡回展"先后在中国内地 5 个出国留学生较多的城市（北京、重庆、上海、青岛、广州）举办；邀请 33 个国家和地区的近 500 所高校和教育机构参展。第 15 次巡回展除美国、加拿大、英国、澳大利亚等传统留学目的地国家外，还有波兰、斯洛伐克、土耳其、保加利亚、埃及、立陶宛、爱沙尼亚、墨西哥、塞浦路斯、泰国等相对冷门国家的高校参展，墨西哥的高校是首次来华参展。自 1999 年中国（教育部）留学服务中心举办首届"中国国际教育巡回展"以来，已连续 11 年在国内 20 多个城市成功地举办了 15 届，先后有 30 多个国家和地区的 1500 多所院校先后参展；经过多年经验积累与不断总结，此项教育展已逐渐发展成为一个规模较大、内容较多、形式多样、展会结合的年度性展会。根据 15 次巡回展新闻发布会上提供的《2009 中国留学人才发展报告》称，进入本世纪后至 2008 年底，中国各类出国留学人员超过 100 万人，其中自费留学生占 90% 以上；留学回国人员中 30 岁以下者占 60%，其中就读经济、管理类

---

① 刘昊：《港澳高校纷纷赴京招生成考生眼中海外留学"跳板"》，《北京日报》2010 年 3 月 11 日。

② 《留英学子在剑桥共庆虎年新春》，2010 年 2 月 7 日中新网；高延晶：《赴英留学生超六成读"一年硕"理工金融易就业》，《广州日报》2010 年 2 月 8 日；《留意中国学子在罗马举行春节联欢会喜迎新春》，2010 年 2 月 8 日新华网；马丹：《申请满额英国名校提高"门槛"》，2010 年 3 月 11 日《新民晚报》。

专业者超过 50%；中国留学留学生留学目的国有 109 个国家或地区，所学专业覆盖当代大部分学科；据联合国教科文组织统计资料显示，中国出国留学人数居世界首位，占 14%；回国平均比例为 28%；另据上海海外人才服务中心的统计数据显示，2009 年受理 7200 多份留学人员学历认证申请，比上一年增加近 15%；其中，来自英澳美日法德等 6 国的留学回国人员总数的 73.5%，从英澳回上海的留学人员均在千人以上；在学位层次上，从美国学成归来的博士最多，从英国归来的硕士最多。仅据 15 届巡回展北京现场观察到的情况来看，大致呈现以下几个比较显著的特点和情况：●33 个国家和地区 400 多所学校的招生活动覆盖了初中、高中、预科、本科、研究生等各个学业阶段。●除海外高等院校以外，很多海外私立高中也参展招生。如有来自英国、美国、德国、新加坡等多个国家的私立中学。美国俄勒冈州玛利亚高级私立中学承诺"优秀学生可以保送上大学"，该校校长还亲自面试学生，合格者只要通过一个学前测试就可以直接入学。新加坡的圣法兰西斯卫理公会教会学校计划与北京知名中学建立长期合作，以便持续吸引中国的"小留学生"。●香港城市大学等高校根据内地大学毕业生就业压力大、研究生不断扩招的信息，并借鉴英国的模式，在教育展中推出一年期硕士课程，"留学一年就能拿到学位、既省时间又省学费"的愿望可以在香港实现。部分港校打出"就业牌"，吸引内地考生报考。如 2010 年计划在内地招生 230 人的香港理工大学不仅公布了内地生留港就业的去向，还公布了平均月薪。2008 年该校的内地毕业生有不少留港就业，分布在商业地产、工程、建筑、电信、制造业、金融等多个行业，本科生平均月薪超过 1.2 万港币；研究生则近 1.4 万港币。香港城市大学近几年留港就业的学生比例也有所上升，达到了 37%，此外还有 60% 的内地学生到海外继续深造。不仅如此，香港高校还依据内地经济发展的走势以及市场需求调整专业，如港理大、港城大等相继开办了涉及城市可持续发展、低碳经济、环境保护等领域的新专业。●美国、加拿大、英国以及澳大利亚、新西兰等留学热门地的热情不减，咨询现场十分火爆，很多展台被围得水泄不通。如美国着重强调其丰厚的奖学金、自由宽松的学习气氛和可移民的政策；新西兰在资金证明方面为留学生提供更宽松的政策，新西兰移民局设有一个留学专门账户，学生申请时把留学相关费用存入专用账户，就可以作为资金证明，有无存款历史并不重要；新加坡则重推其中西合璧的教育、华人众多的人口环境特点、丰厚的政府助学金以及跨国企业多，可为留学生提供实习机会的优势；英国强调其免费医疗以及毕业后可在英居留两年的签证政策；澳大利亚重点提到了其是唯一一个为保障留学生安全而立法的国家。美国 Stenvens – Henager 学院的校方代表史密斯是第一次来北京参展，他对展会当天的情况很满意，认为前来咨询的学生超过他的预期，美国一直是中国学生最主要的留学目标国，美国和加拿大的参展学校较占据了一大部分展位，除高等院校外，也有中学、预备学校等参展。多明尼克大学、美国东北大学等在现场安排面试官对申请学生进行测试、考察和评估。●欧洲院校参展规模比往年大得多，一些国家还首次以国家展团的形式参展。法国教育服务中心率领由 28 所法国高等院校组成的庞大展团来参展。荷兰高等教育国际交流协会也率 15 所荷兰高校前来参展。英国高校也在展区内占据了数排展位，70 多所英国知名院校组成的超强阵容展团参加了巡展。据介绍，2010 年英国展团的最大亮点是，有众多艺术、设计与传媒领域的专业和院校参加本次巡展，而且多所传媒类、艺术设计及旅游管理类的专业院校和继续教育院校参展，为有工作需要赴英留学的人员，提供了短期继续教育留学的多种选择。●不仅美英澳等热门留学目的国对中国学生来说是热情不减，而且波兰、斯洛伐克、土耳其、保加利亚、埃及、立陶宛、爱沙尼亚、墨西哥、塞浦路斯、泰国、墨西哥等相对冷门国家的高校积极参展，并且以适当降低入学条件等来吸引中国留学生。非英语国家的展台规模虽然很小，但这些国家在学费、教学质量方面也都具有自己的优势。如波兰华沙经济与信息技术大学只要求申请者参加学校的英语测试，对雅思、托福没有要求。首次到中国招生的斯洛伐克保罗约瑟夫沙法里克大学医学院、土耳其萨班哲大学不仅雅思分数要求远远低于英美高校，且国内高考 500 分就可以申请，这样的分数在国内一般也只能上个二本院校。墨西哥蒙特雷科技大学的招生人员表示，该学校亚裔留学生只占总人数的 5％，中国留学生更是凤毛麟角；但该学校在 2008 年THE－QS 世界大学的排名中居 38 位，曾被《华尔街日报》评为拉美第一。泰国易三仓大学招生人员表示，在泰国上学每年包括学费、生活费等，总开销不过五六万元人民币，而且学校实行宽进严出，教学质量高，对很多在国内高考成绩不理想的学生很有吸引力。●据对展会期间相关信息的综合性监测，目前在英国读本科每年的花费在 20 万元人民币左右，在美国读本科的花费每年需要 20 万—40 万元人民币之间，到澳门或香港高校去读书，每年的花费约在 10 万元上下。①

第五节　国外机构 2008 年夏季以来陆续发布的中国留学生状况调查报告

与中国内地较少开展并公开发表"中国留学生综合状况调查与研究"所不同的是，国外研究机构一般会经常开展一些有关中国留学生状况的调查和相关研究。仅从 2008 年夏季以后陆续公布的有关中国留学生状况的 7 份调查报告，就可显示其所受到的关注程度与已经达到的规模。

一、调查报告之一：中国留学生选择留学国别呈现多样性

据英国广播公司报道的一项 2008 年度的调查结果显示，中国留学生选择某一国家出国的原因呈现多样性，其中，留学国的"教学、科研质量"以及"学位的认可程度"成为广大中国出国留学生选择某一国家的最重要的原因。美国依然是中国学生的首选留学目的地。超过半数的留学生将美国作为出国留学的"第一选择"（占 51.8％），这一比例大

---

① 曹喆、郭京杰：《教育部留学服务中心将举办第 15 届国际教育巡回展》，2010 年 3 月 8 日《神州学人》；姜泓冰：《新世纪以来中国留学生过百万 6 成"海归"未满 30 岁》，2010 年 3 月 11 日人民网；刘昊、骆倩雯：《教育展 400 余海外学校抢生源留学"冷门"自降门槛》，《北京日报》2010 年 3 月 15 日；赵卓、郝羿：《国际教育巡回展：非英语国家留学人气冷暖不均》，《北京青年报》2010 年 3 月 15 日；《国际教育展：现场尽显留学热参展院校"很满意"》，2010 年 3 月 16 日中国日报网。

大高于英国(占 10.4%)、加拿大(占 6.8%)、澳大利亚(占 6.8%)和德国(占 6.6%)。此外,在"第一选择"中排名前5的国家中,母语为英语的国家占了四席。出国留学目的地"第二选择"中,加拿大、英国受到了留学生的广泛青睐。出国前,留学生最担心"语言"、"融入国外当地的文化"和"与外国学生的沟通"中可能遇到的困难。

而在出国后的学习方面,中国留学生在海外就读的高校类型较广,涉及各类学校,但综合性大学依然是中国留学生就读的主要类型。绝大多数参与调查的留学生就读于综合性大学(占 79%),另有部分就读于各国的特色型高等院校,如德国的应用技术大学(占 4%)、美国的社区大学(占 2%)等。参与调查的留学生的专业以"社会科学、商学与法学"、"工程、制造与结构"以及"科学"为主。留学生对自身"听"和"读"作出积极评价(即"很好"或"较好")的比例分别为 43% 和 52%,而对"说"和"写"作出积极评价的比例分别为 35% 和 37%。由此可见,留学生对"阅读"和"听写"的外语理解能力评价相对较高,而对口头表达的"说"和书面表达的"写"评价略低。多数留学生完成当前学习后计划在国外就业。调查显示,打算"在留学国就业"、"回国就业"或"去其他国家就业"的留学生占总人数的 68%。其中,接近半数的学生更青睐于在留学国就业(占 45%)。同时,随着国内经济的飞速发展,许多留学生把"回国就业"(占 19%)作为完成学业后的计划。同时,多数有意继续深造的留学生将留学目标国定在海外。

针对海外学子生活状况的调查显示,表示在"经济"方面"很困难"或"困难"的留学生人数比例为 19.2%。当留学生被询问"现有的经费来源能否维持基本生活?"时,几乎所有的学生都表示能维持,只有 2.5% 的留学生表示"不能维持"。在表示能维持的留学生中,59.8% 的留学生不仅能维持,还"尚有盈余",另有 37.7% 的留学生表示"基本能维持"。由于调查中多数留学生的学费和生活费用依靠家人,而往往这部分经济来源比较稳定,能保障留学生在国外的基本生存需要。中国留学生在国外的学习和生活中以中国朋友居多。表示朋友圈中有中国朋友的留学生人数占 76.8%。其中,留学生表示朋友圈中以中国人为主的人数比例高达 39.7%,其次为"朋友来自中国和留学所在国",人数比例为 23.1%。留学生出国后碰到的主要困难为"融入国外当地的文化"、"语言"和"远离家人、朋友",这与留学生出国留学前的担忧情况略有不同,困难程度也有所变化。

中国留学生在"语言能力"、"生活自理"和"心理调节和承受能力"对自身取得的进步和成长评价较高。除语言方面取得进步以外,留学生在异乡必须独立照顾自己的生活起居,在这个过程中逐渐学会了基本的生活技能,因而在调查中表示"进步很大"的留学生人数比例超过 54%。相对而言,在"人际交流"和"学业学术"两个方面,留学生表示"没有进步"或"进步很小"的人数比例略高。[1]

---

[1] 《中国留学生调查:首选是美国海外生活较有保障》,2008 年 7 月 17 日中国新闻网。

二、调查报告之二：中国已成美国头号博士预备学校

2008 年 8 月公布的一项调查显示，被录取的各国赴美研究生人数连续第三年呈增长势头，其中中国赴美留学人数增幅最大。据美国国务院信息局网站消息，这项由美国研究生院理事会主持的调查结果显示，被美国高等院校录取的攻读硕士和博士学位的国际学生人数连续第三年增加，其中被录取的中国学生人数上升了 16%，中国留学生居各国留美学生人数首位。据了解，印度、中国和韩国是美国高等学府研究生院传统的最大三个国际学生来源，来自上述三国的留学生约占国际学生总数的一半。然而，与中国的留学生人数大幅增加的趋势不同，美国国际学生传统上的最大来源国印度，今年的申请和被录取人数均仅增加 2%。而被录取的韩国学生则较去年减少了3%。不过，从世界各国赴美留学的总趋势来看，三年来的留美读研的国际学生增幅逐步降低。2007—2008 年年度美国录取国际学生的人数上升幅度只有 4%，低于去年的 8% 和前年的 12%。另据美国媒体报道，全美大学排行榜公布的最新排名座次显示，美国名校哈佛大学独居鳌头，普林斯顿居次，耶鲁第三，麻省理工学院和斯坦福大学并列第四；加州大学伯克利分校排名公立大学第一，阿默斯特学院与威廉斯学院并列文科院校状元。

《美国大学博士学位获得者综合报告》显示，中国已成美国头号博士预备学校，而尤以清华大学、北京大学最为典型。该消息使很多人怅然若失，感慨于中国一流大学竟是如此为他国作嫁衣。对此，旅美学者薛涌的看法是："既然美国能够接纳这么多中国博士生，中国的许多博士课程就没有必要……博士的培养，还是搭美国的便车为好"；"真需要博士，大可以到国际市场上购买"，"美国在 19 世纪开始赶超欧洲时，并没有什么自己培养的博士。大多数技术发明也都属于欧洲。但是，欧洲发明的技术纷纷服务于美国。"立国时间短暂的美国之所以很快赶超过了欧洲，"外脑"的确功不可没。但之所以能够如此，是两次世界大战所形成的特殊历史条件使然，是战争将大批的专家教授"赶"往了美国。换言之，为美国崛起立下汗马功劳的那些欧洲的博士级人才，很难说是"买"去的。而美国对欧洲的赶超，恰恰是从高等教育方面的赶超开始的。从 1860 年开始，美国开始突破英国的高等教育传统理念，师法当时的世界高等教育水平第一的德国，以德国的"洪堡思想"为圭臬，加强教学与研究的结合，各研究型大学从那时开始纷纷成立了研究生院。也正是从那时开始，美国用优秀的大学吸引了各国的大批人才，并用优良的学术制度等留住了人才，使得美国的大学研究机构成为世界高等教育成果的收割机。这种局面，既成就了美国的高等教育，同时也成就了美国经济。

具体到中国而言，很难想象，如果大学停掉了大部分博士课程，什么时候才能从学术和科技劣势中抽身？当然，这样说并不认为目前中国的高等教育体系应该得到全盘保护。有人甚至认为，目前中国的博士教育的确很差。但对这种低水平的博士教育当予以改造提高，而决不能一停了之。中国的博士教育水平差，与本科教育的水平差，二者是同一个问题的两面。看当前的中国大学，本科教育与硕博教育具有十分相似的弊端，即

无论招收选拔的内容方式还是评价和使用制度，都不够客观公允。而且，中国的大学多数存在着图书资料不足、教学实验设备落后、导师水平偏低等实际困难。可以说，二者的"差"主要是由于学术制度的落后甚至扭曲，然后是受限于客观条件。如此背景下，假如学术制度得不到真正有效的改革，砍掉大多数博士课程，于提高本科的教育水平而言，可能并无特别的裨益。美国为什么愿意拿出奖学金为别国培养博士？除了能更好地借助这些"外脑"较快地促进科研水平外，对这些精英的种种潜在影响，恐怕也是重要的考虑内容。有人认为，对于中国的博士教育问题，可以尽情批评，但在高等教育领域竞争越来越激烈的情况下，中国却要自己停下来放弃竞争，这种态度委实不可取。①

三、调查报告之三：中国学生赴英留学热潮一浪高过一浪

英国面临严峻的经济不景压力，高等教育界也不例外。在这种大气候底下，不少英国高校都努力开源节流，务求不陷于经济困境。据英国广播公司报道，最新调查显示，外国留学生已经成为英国高校财政收入的"中流砥柱"，提供了重要的财政来源。这份由"英国大学"组织公布的报告指出，自2000—2001年度以来，英国高校平均年收入增加50%，其中大部分增幅得益于海外学生。在过去10年中，赴英深造的海外学生总数翻了一番，海外学生所缴纳的学费总额也高达17亿英镑，较2002－2003年度增长了58%。报告还说，随着各国对海外留学生"争夺战"的加剧，英国高校财政收入见长的势头恐怕难以持续。2008年已是该组织连续第八年推出"英国高校模式"报告（Patterns of Higher Education Institutions in the UK）。新报告还指出，来自非欧洲联盟国家的海外学生总数增多了105%。对于不少英国高校而言，海外学生所缴纳的学费总额已超过这些学校从政府获得的科研经费，并成为这些高校收入的主要来源。

而在留学大军中，中国留学生多。2006—2007年度赴英国学习的欧盟其他国家学生总数的增幅，要高于英国本土学生数量的增幅。同期，英国高校中平均每十名学生中就有一人来自非欧盟国家。其中，中国已经成向英国各个教育阶段输送生源最多的国家。仅2006—2007年度，到英国接受本科教育的中国学生就有18410名，而接受研究生教育的中国学生总数更是高达21620名。

除中国之外，来自印度和美国的学生也是英国海外学生群体的主要组成部分。就学校本身而言，在2001—2002年度只有三所英国高校的海外学生人数超过5000名，而如今这样的高校则多达14所。英国大学校长协会主席杰弗里·克罗辛克（Geoffrey Crossick）说，这份报告的结论再次显示，英国大学的生源变得越来越多样化，学校对公共资金的依赖也越来越小。②

英国广播公司有关中国留学生状态的调查显然是一项持续性的活动。据英国广播公司

---

① 郭之纯：《中国的博士不能都贴美国标签》，2008年9月18日中青在线；邱江波：《调查显示：赴美读研的中国学生增幅居各国之首》，2008年8月24日中国新闻网。

② 《留学生成英高校财政"中流砥柱"中国学生最多》，2008年9月17日中国新闻网。

2009 年的一项研究显示，在英国高校的外国留学生中，中国留学生人数居首，中国仍是英国高等教育"最重要"的生源国家。根据这项研究，2007—2008 学年中，在英国攻读本科的中国学生总人数为 19，385 人次，攻读研究生的中国学生为 21，990 人次。该学年中，非欧盟国家的在英留学生人数达到 229，640 人次，几乎是 9 年前的两倍。其中，中国仍然是英国高等教育"最重要"的学生来源国。外国留学生已经成为英国大学的重要财源。根据英国有关法规，比起英国本国和其他欧盟国家的学生，非欧盟国家的学生向英国大学缴纳的学费通常是前者的 3 倍。根据这项研究，在 2007—2008 学年中，英国高校从非欧盟国家学生身上赚取了 18.8 亿英镑，而同期英国政府对大学的研究拨款只有 17.6 亿英镑。大量外国留学生在英国有着衣食住行等方面的消费需求对英国经济的贡献不容忽视。由于招收留学生获利颇丰，英国很多大学都对能招来留学生的中介予以丰厚奖励，这进一步推动了留学热潮。除了英语的语言优势和英国的教育质量，本科三年、研究生一年的短学制也是英国高校对外国留学生的一大吸引力。不过有专家认为，很难说一年的留学能保证每个留学生在语言和专业知识方面都取得令人满意的成绩。据悉，目前英国大学在读研究生主要都是外国留学生。①

四、调查报告之四：中国人成为日本首都圈无法忽视的重要社会存在

日本厚生劳动省 2008 年 9 月 8 日公布的在日外国人就业情况（快报）数据显示，截止至今年 6 月底，日本企业雇用的外籍人员已达 338，813 人，其中中国人为最多，达 149，876 人。② 另据世界级大都市东京都日前公布的最新外国人登录统计显示，在 1288 万 6838 人的东京都都民中，外国人总数首次突破 40 万大关，达 40 万 1919 人，占 3.12%。其中，中国人都民登录人数为 14 万 0105 人，比 2007 年同期增加 1 万多人，大幅超过在日朝鲜、韩国人，居各国之首，成为无法忽视的重要社会存在。同时，从中国人的分布来看，由中央都心向适合居住的地区转移明显，呈现出与日俱增的定居倾向。

8 月 27 日，东京都总务局统计部人口课公布了最新的"东京都人口（推算值）"概要。统计显示，尽管日本受到老龄少子化影响，整体人口处下降趋势，但由于各地人口涌入东京等因素，截止 2008 年 7 月 1 日，东京都人口比去年同期增加了 11 万 1048 人，达到历史性的 1288 万 6838 人。自 1996 年以来，东京都人口连续 12 年持续更新，突显人口回归都心倾向。

东京都的外国人也持续增加。1989 年，外国人登录总数为 20 万人；2008 年 7 月 1 日，外国人口达 40 万 1919 人，首次突破 40 万人，而且 20 年来外国人都民实现翻倍。受人口回归都心的影响，中国人都民 2008 年首次突破 14 万人，达 14 万 0105 人，同比增加了 1 万 0082 人。早在 2007 年，每 100 位东京都民中就有 1 名中国人了。在同期增加的 2 万 0248 名新增外国人中，约有一半是中国人。目前，东京都内外国人口排序，二位以下

---

① 郭林：《中国留学生数量在英国居首位》，《光明日报》2009 年 9 月 27 日。
② 《在日外籍就业人员已逾 33 万中国人近 15 万居首位》，2008 年 9 月 9 日中国新闻网。

依次为朝鲜、韩国人，11 万 8056 人；菲律宾人，3 万 2132 人；美国人，1 万 9257 人；印度人达 9184 人。

20 世纪 80 年代中后期新华人开始东渡，东京都内的中国人出现急遽膨胀，可以说新华侨华人构成了 14 万中国人都民的主体。2004 年中国人都民首次突破 12 万，中国人分布区域前六位是新宿区（9762 人）、丰岛区（9405 人）、江户川区（8443 人）、板桥区（7830 人）、北区（7336 人）、江东区（5940 人）；而 5 年后的 2008 年则明显不同，中国人分布区域排名变为江户川区（9972 人）、新宿区（9589 人）、丰岛区（8986 人）、板桥区（8684 人）、江东区（8314 人）、北区（7925 人）。

在商业繁华的新宿、丰岛两区定居的中国人明显回落，而适合居住的江户川区、板桥区、江东区则明显上升，揭示出中国人由初来乍到时匆忙寻找落脚地转向周边区域安定分流已成既定倾向。20 年是一段艰辛漫长的路程，但 20 年也意味着安居乐业不再是理想，已成为现实。目前在东京都中国人里面，安定型永居型中国人占相当大比例，为 9 万 4490 人，占整体的 67.44%。

20 年前，上海人和福建人率先涌入东京，改写了东京华人社区的历史。2000 年以后，大批来自东北的华人又在东京寻找生活新据点。随着日本劳动力短缺，上海等地 IT 从业人员纷纷进入东京。上海人重新回流日本，而且以首都圈为据点，呈现明显增长之势。1989 年，东京的中国人前三位是上海人第一，福建人第二，北京人第三。2008 年，东京都内的上海人为 2 万 0789 人，居首位；辽宁人为 1 万 7393 人，次之；福建人为 1 万 6597 人，第三。

伴随着中国人不断聚集东京，几大面向中国人的商业网点和中国人居住区正在形成，如池袋车站、新宿车站、大久保车站、新大久保车站、北区赤羽车站附近等周边区域，逐渐形成了一定规模的中国人"购物中心"。在江户川区、江东区、足立区等周边区域买房的中国人不断增多，催生了许多中国人自办的学习塾，如中文塾、音乐塾、钢琴塾等。在新宿区大久保一带，出现了为中国人服务的餐馆、美容店、谈话室、网吧等，中国人商业形成配套。另据不完全统计，东京都有中国人投资经营者 772 人，各种中国料理店数百家，大大小小中国物产店 200 余家，中国人理发美容店 50 多家，中文报纸 10 余家，4 家中文电视台开播 5 个频道，环球网络电视（IPTV）也于今年应运而生。

在生存样式和生活品质多元化的日本，中国人有"灰领"（就学生和留学生）、"黑领"（签证过期仍然滞留在日本的"黑户口"），也有"蓝领"（研修生）、"粉领"（日本人配偶），更有"白领"、"金领"等相继出现。目前，中国人占东京都外国人口的 38.86%，再加上千叶县中国人 3 万 6724 人、奇玉县中国人 3 万 9202 人、神奈川县中国人 4 万 6750 人，仅首都圈的中国人就高达 26 万 2781 人，占在日中国人总数的 43.30%。若再加上取得日本国籍、中日混血儿童、早期归化日本的老华人，还有超期滞在者和偷渡人口，首都圈的华人总数可能已超过 35 万人，接近全体在日华人的一半。首都圈可谓是日本最大规模的"唐人街"。[①]

---

① 周宏：《华人或超 35 万日本首都圈成最大规模"唐人街"》，2008 年 9 月 17 日中国新闻网。

五、调查报告之五："全球华人学生理想雇主排行榜"清晰展示华人学生择业观

伴随着全球化的浪潮，中国与世界的交融日益深入，海外华人学生群体也不断壮大。在与瑞典 Universum 公司合作并连续三年受权发布其推出的《全球大学生理想雇主排行榜》后，中国《环球》杂志与 Universum 联合发布的"2008 年最新排行榜单"，将调查对象定位在包括海外华人学生群体在内的全球华人大学生身上。作为 2008 年的重要特色，除了公布中国国内大学生理想雇主排名，Universum 调查将全球华人学生作为独立的目标群体加以调研，生成一份独特的《全球华人学生理想雇主排行榜》。这份独家授权《环球》杂志发布的最新调查榜单，清晰直观地为世人展示了当代海内外华人学生的择业观。

1. 《全球华人学生理想雇主排行榜》充分体现中国特色

作为全球理想雇主榜的一项传统特色，榜单运作仍将调查对象锁定为两年内即将毕业的本科生和研究生。2008 年的调研在全球 30 多个国家、逾 20 多万毕业生中进行，调查的中国内地部分，涉及 70 所重点高校的 16815 位学生。与 2007 年一样，中国内地的排行榜体现了较好的稳定性，上榜企业大起大落的现象不多。相比 2007 年过半的比例，2008 年国内理想雇主的调研中首选外资企业的学生总数明显下降，而选择国有企业和政府部门的学生数量都有较大增幅，分别排在学生最向往雇主的第二和第三位。在国内理想雇主排行榜中，内资企业走强形势依旧，占据了前二十位的半壁江山，除了中国移动连续第四年拔得头筹外，中石油和中国电信再次稳居前十，而中国银行和百度蹿升迅速，首次进入前十，分列第四和第八。此外，榜单前百名中逾七成的上榜内资企业都有幅度不一的增长。

一个值得注意的现象是，尽管国有为主的内资企业在国内的认同度在不断上升，但在榜单上仍然没能"走出"国门。在其他国家的排行榜上，许多跨国公司的名字反复出现，如 Google 在各国前十名的综合榜单和华人榜单中都出现过 6 次，其世界范围的影响力可见一斑。相比之下，中国前十名中的 5 家本土企业没有一家出现在其他任何一个国家或地区榜单的前十名中。对此，Google 大中国区人力资源总监邓涛表示，一个理想雇主应该具备三个方面的因素：提供一个和谐宽松的企业环境和人才培养机制、有较稳定和强凝聚力的企业文化和良好的创新机制；但中国企业可以资本国际化、市场国际化，却依然没能够切实吸引到外国人才，这说明还有较长的一段路要走。而 Universum 中国区首席雇主品牌管理咨询顾问高颖介绍，在其他国家进行调研的过程中，还是有许多华人学生表露了对国内企业的向往，虽然属意于一些知名跨国外企，但也并不妨碍一些大型国有企业成为他们未来就业的首选；邓涛认为这是由于大多数学生认为他们在外企中只能升职到一定的层次，不能进入管理层，跨国公司存在"玻璃屋顶"，也就是说高级管理层的职务，比如首席执行官、首席财务官和副总裁，只会由西方人担任，而国内企业的成长空间却相对要广阔许多。近年来许多大型国企业绩持续向好，企业品牌知名度和形象都得到了明显提升。其行业垄断色彩、较高的利润率和工作稳定性等优势也为他们在吸引人才方面构建了相当的竞争力。但对于那些更有勇气，不怕在一个充满竞争的环境中长时间工作的大学生来说，大

型跨国公司仍是他们证明自己、开拓国际化视野的好地方。这或许可以解释为什么接受调查的华人学生在被问到"毕业后最希望去哪种类型的公司工作"时,仍有42%的人选择了"外企"。

2. 美国"次贷危机"无碍华人学生青睐金融企业

在2008年首次亮相的全球华人学生理想雇主榜上,一个引人注意的现象是,尽管身处世界不同角落,各国华人学生的选择还是趋于一致。在欧美和新加坡等5个国家的华人商科学生榜单中,摩根士丹利、摩根大通出现5次,高盛和麦肯锡出现了4次,而在另一份华人工科学生榜单中,宝马出现4次,IBM、微软各出现3次。这一趋势更集中地体现在行业性的选择上,银行和金融服务业则尤为突出。华人学生选择的银行和金融服务业的上榜公司数量总会高于同一国家的综合排名,如在英法两国的综合榜单前十名中几乎没有一家银行,而这两个国家的华裔学生却分别选择了5家或以上银行和投行上榜。

在国内榜单的调研中,商业银行和金融服务机构也位列商科学生最理想行业的前两名,显然,美国"次贷危机"和国内金融市场的疲软并没有影响到它们在中国大学生心目中的理想地位。高颖认为,行业波动不大可能迅速影响学生对于企业的认知,这一传导过程至少需要2—3年的时间。多年来,商业银行和金融服务类公司一直走在吸引高端人才的最前沿,其富有挑战性的工作和所提供的高回报率仍是感召华人毕业生的根本所在。在2008年各国华人学生的综合榜单上,与IT企业普遍的下降趋势相比,互联网企业全线飘红。除了Google等作为领军角色的互联网企业,国内新兴网络公司如阿里巴巴和盛大,凭借其令人瞩目的上升势头,也迅速得到国内学生的热捧,创造了2008年榜单的最大涨幅。对于这两个关联紧密的行业在榜单上所呈现出的差异,邓涛认为,虽然二者竞争的人才和技术平台并没有实质区别,但互联网作为一个新兴行业,技术瞬息万变,创新空间较大,发展潜力无可估量,更容易吸引年轻人的眼球;而IT行业的创新多在于硬件,难出成果,要取得突破性的进展难度更大。

在2008年的国内综合榜单上,曾在2007年大热的消费类电子产品企业,也因其业绩在严酷的市场竞争下正经受巨大考验,吸引力大打折扣。三星、LG、摩托罗拉和诺基亚的排名都有明显回落。此外,快速消费品企业和制造企业表现平平,而管理咨询企业却有不俗的表现。对此,邓涛解释说,许多曾经热门的行业在发展一段时间后会进入一个比较平稳的时期,虽然不像那些刚兴起的行业风光无限,但仍是值得考虑和选择的;当前的华人就业市场仍比较浮躁,跟风现象严重、不够理性,其实像化工和快速消费品等相对成熟的行业应仍不失为上乘之选。

3. "稳定感"成为华人学生择业的重点考量因素

在这次全球理想雇主调查中,华人学生们不仅选出了他们心目中最理想的公司和行业,还回答了诸如职业目标、理想部门、雇主吸引力的驱动因素等一些问题,而身处海外的华裔学生和国内学生的回答也不尽相同。海外华人学生普遍看重"获得国际化的职业生涯",法国和德国的华人学生更将其视为自己的首要职业目标;但该选项在国内学生群体中却没有赢得足够的认可度,被排在五名之外。高颖认为,这些中国留学生对自己未来的发展会有一个更高的期望值，而无论是他们本人还是家庭方面所做出的较大投入都促使他们寻求一个高回报的工作，跨文化的教育经历、开放的国际视野更强化了这种选择。而一个更普遍的现象是，许多海外华人学生开始将"国际化的职业生涯"作为自己回国就业的一大跳板。他们意识到，发展机会最大、上升潜力最快的职位可能是在国内，在他们眼里，若要在国内获得成功，海外的工作经历必不可少。

在职业目标的综合排名中，"工作和生活的平衡"仍然作为一项国际化的共识排在全球华人榜和欧美榜的首位，而"获得安全感和稳定感"首次进入前三甲，成为今年 Universum 公司中国区调研的一项重要发现。高颖分析，相比他们的师兄师姐们，生于社会转型期的"85 后"和"90 后"对安全感和生活稳定的渴望更甚前者；这也许可以解释在中国学生"理想工作行业"的选项中，政府机构/公共服务、学术研究为何能受到空前的追捧。

4. 对"奉献社会服务人类"的认同率华人学生排在榜末

"奉献社会服务人类"成为今年职业目标中华人学生与国外学生反差最大的一项，华人学生对该目标的认同率排在榜末，而欧美学生则继续将其视作重要的价值选择之一。高颖认为，实际上没有人会否认这个目标的重要性，但对于一些华人学生而言，这并不是放在首要位置去考虑的事情；有待完善的慈善机制以及中国学生所面临的生活和就业压力，使这项目标变得有些遥远。此外，外国学生对于"接受竞争性或脑力上的挑战"的认同，也大大高于华人学生，该选项在各个国家的得票率均超过 40%，而国内得票率尚不到20%。显然，欧美的年轻人更期待在工作中寻找乐趣。对于"雇主吸引力的驱动因素"，海内外华人学生的选择趋于一致，都认为"专业的培训和发展"最有吸引力，在人才国际化的时代，华人学生在对第一次就业充满期待的同时，也开始注重个人职业生涯的长远发展规划。[①]

六、调查报告之六：移民策略损害美国经济，高科技移民纷纷海归

据中新网 2009 年 4 月 4 日转引美国《侨报》的报道称，美国移民局从 2008 年开始变更了 H1B 签证抽签的顺序：如果是 2 万个拥有美国硕士以上名额的申请在开放后 5 天内额满的话，移民局会将 2 万个拥有拥有美国硕士以上名额的申请人优先抽签；如果是这些拥有美国硕士以上学位者没有被抽中的话，会将再放入 6.5 万个名额一起抽签；这就等于拥有美国硕士以上学位的申请人在 5 天内送件者可以有两次抽签的机会。[②] 一方面是有大量报道或各国学者普遍认为，美国通过优惠与灵活的移民政策吸引了大量国外科技人才；另一方面则是有美国自己的学者却坚持认为，美国现有的移民政策仍显保守与固执，从而失去了中国和印度的技术人才。

---

① 邓喻静、赵娜：《2008 全球华人学生理想雇主调查》，2008 年第 18 期《环球》；《华人学生追求"稳定"欧美学生期待"找乐"》，《新华每日电讯》2008 年 9 月 21 日第 8 版。

② 吴健：《中印申请人数下降 美 H1B 签证申请案现减少迹象》，2009 年 4 月 4 日中国新闻网。

据美国《星岛日报》报道，美国考夫曼基金会（Kauffman Foundation）与新美国传媒（NAM）合作，于 2009 年 3 月 2 日公布了一份研究报告，指出美国正在失去越来越多的高科技移民，而限制外国技术人才不是解决美国失业率的答案，并可能伤害美国的技术创新和经济发展。这项研究由哈佛大学教授瓦德瓦（Vivek Wadhwa）主持，项目名称为《美国损失，世界获得：美国的新移民企业家》。在为期两年的调查和研究中，研究者访问了 1203 名印度人和中国人；这些返回自己国家的受访者们，曾经在美国学习或工作一年以上。考夫曼基金会主管研究和政策的副总裁李坦（Robert Litan）指出，近年来，大量高技术移民开始返回自己的母国，美国正在流失知识和创新的重要资源。然而，移民却是美国重要的竞争优势。从 1990 年至 2007 年，移民劳力在美国的比例从 9.3% 上升到 15.7%，他们带来了高层次的教育和技术。在高科技产业，有许多移民共同创办的重要公司，如谷歌（Google）、英特尔（Intel）、eBay 和雅虎（Yahoo）等。美国在全球的专利申请中，移民发明者超过了四分之一。2006 年时，由移民创办、总部设在美国的公司，雇用了 45 万名工人，创造了 520 亿美元的收入。瓦德瓦（Wadhwa）教授指出，最近几年，经济停滞困扰着美国，有人就试图将其归咎于外国工人，但研究数据证明正好相反；如果美国政府和商界能够为移民人才提供良好的就业机会，实行限制较少的签证政策，鼓励人才移民，美国或许能够夺回高科技的移民资源，帮助美国发展经济。

上述研究小组自称有几项重要的发现并表明：1. 大部分回国发展的中国和印度移民都比较年轻，男性，已婚，没有子女；他们主要持有管理、技术或科学等学位，多数是硕士和博士。2. 大多数回国者最初来美国是为寻求专业教育的机会，其中有多数人表示，职业和生活品质是回国的主要原因；86.8% 的中国人和 79% 的印度人表示，因为自己国家的市场对他们的专业需求日益增长，可以为他们提供比美国更好的工作机会。3. 此外，家庭也是一块强有力的磁铁，拉动移民返乡回国；89.4% 的印度人和 79.1% 中国人表示，接近自己的家人和朋友是一个重要的回国因素，在国内照顾年迈的父母要好得多。4. 还有 56.6% 的印度人和 50.2% 的中国人表示，他们可能在未来五年内创业，而最好的创业机会还是在自己的祖国；53.5% 的印度和 60.7% 的中国受访者表示，在自己的国家能够更好地开创自己的事业。①

另据中国网 2009 年 9 月 21 日转载美国《今日美国报》网站 20 日的报道，许多前往美国寻梦的外国技术人员开始选择回国发展自己的事业；随着技术移民外流趋势的加剧，人们日益担心美国可能因此丧失其在科学技术等领域的优势。美国杜克大学研究反向移民问题的维韦克—瓦德瓦（Vivek Wadhwa）指出，"原本的涓涓细流已经形成洪水之势"，未来 5 年里，返回中国和印度这两大经济快速发展国家的移民将分别有 10 万人，两者相加将达到 20 万之众；"美国将经历历史上首次人才流失，这是其他国家曾经经历过的"。全球人才网络企业 TiE Global 首席执行官苏伦—杜蒂亚（Suren Dutia）表示，缺少了这些技术人员，美国经济将遭受打击，"如果美国要保持多年来的良好经济表现，就需要留住这些令人难以置信的天才，他们是我们教育和培养出来的。"瓦德瓦

① 丁曙：《移民策略损害美国经济中国高科技移民纷纷海归》，2009 年 3 月 4 日中国网、中新网。

对 1203 名在美国工作或接受教育后回国的印度和中国移民进行调查，发现除了美国经济低迷外，技术移民出走另有三大原因：受就业机会、生活质量和移民入籍等问题的影响。首先是就业机会。NIIT 是位于印度新德里的一家信息科技公司，该企业首席执行官维吉—塔塔尼（Vijay Thadani）表示，目前印度大约有 10% 的经理人是海归人员，其中大多数是从美国回来的。他指出，大多数归国人员加入企业的中、高级管理层，成为"优秀员工"，"他们是印度人，了解印度，并且拥有国外生活经历。"中国政府正通过经济资助和住房奖励等措施吸引技术移民回国，中国驻美使馆新闻发言人王保东就指出，在金融和信息技术等领域，"中国需要大量训练有素的人才"。其次是生活质量和家庭关系。苏伦—杜蒂亚表示，移民返回印度也是为了重新融入家人和本国文化氛围，"在那里，他们有家人和朋友的支持"。他同时指出，购买力水平也是一个重要因素，归国移民能够拥有比在美国时更多的奢侈品。在印度班加罗尔一家俱乐部里，"美国人、欧洲人和归国人士一道在跑步机上拿着 iPhone 手机，收看 CNN，BBC 等。一切都改变了。"最后是移民入籍问题。美国国际员工协会（ACIP）执行主任林恩—肖特韦尔（Lynn Shotwell）表示，不少跨国公司向她抱怨说技术移民对美国移民入籍程序的繁琐冗长感到失望，有些人要等上 10 年才能获得永久居留权，"他们因为不确定的移民身份而感到沮丧，很多人正在放弃。"①

七、调查报告之七：中国成澳洲海外留学生第一大来源国并导致移民数量持续增加

2009 年 9 月 24 日，澳洲国家统计局的季刊《澳洲社会趋势》上发表的一篇调查报告指出，许多中国人和印度人都把赴澳洲留学当作获取居留资格的捷径。"2007—2008 年度，共有 4.4 万名中国人和印度人获得了澳洲永久居留权，其中 36% 是在澳洲本土递交申请的，且大多是学生。"中国和印度分别是澳洲海外留学生的第一大和第二大来源国，两国留学生总计为澳洲的国际教育产业贡献了 51 亿澳元，超过产业总值的三分之一；而该年度澳洲国际教育部门总价值为 137 亿元澳元。该报告还指出，来自中国和印度的技术移民数量也有显著增长，这与两国各自人口的迅速增加不无关系。"2008 年，在中国出生的澳洲人达到 31 万，约是 20 年前的 6 倍，而印度人的数量达到 24 万，约是 20 年前的 4 倍。目前在澳洲居住的中国人和印度人中约五分之二是在 2006 年人口普查的前 5 年中来到澳洲的。"报告的数据显示，移居澳洲的中国人呈现出女多男少的现象，男女比例为 85∶100；而印度移民正好相反，男多于女，男女比例为 137∶100。报告还指出，和其他澳洲人相比，中印两国移民的受教育程度更高。印度移民拥有学士学位的比例是其他澳洲人的 3 倍，而中国移民拥有学士学位的比例是其他澳洲人的 2 倍。上述报告还归纳了中印两国移民所具备的共同特

---

①　雅龙：《10 万技术精英移民将回流中印美国恐遭遇人才荒》，2009 年 9 月 21 日中国网。

征：他们大多生活在大都市，年龄低于 39 岁，已经成家立业，且膝下儿女承欢。① 澳大利亚统计局表示，至 2009 年 6 月份，入学的中国学生人数是 146，000，在过去 6 年中平均每年增长 16%。而印度学生人数的增长率则更大。2009 年 6 月为止印度学生人数是 121，000，在过去的 6 年中年平均增长达到 46%，成为澳洲国际教育市场的重要支柱。②

另据《澳洲日报》2009 年 10 月 22 日报道，澳洲最大的调查机构之一 Hobsons A-sia—Pacific 公司新近完成的一份新调查报告显示，由于澳元大涨导致在澳留学成本剧增，加上印度学生对赴澳留学心存阴影，2010 年来澳洲读大学的海外学子可能剧减 10%。报告负责人表示，这一预测是基于 2009 年三季度澳洲国际教育产业反映出的趋势作出的。近来，申请来澳洲留学的人数大为减少，但这一趋势需要一年时间才能在实际入学人数上体现出来。因此，下一学年上学期的留学生入学人数不会出现明显减少。大部分留学生也都会在上学期入学。往年每个三季度中，各大学都在疲于应付大量的留学申请。而 2009 年 Hobsons 公司调查了八大盟校的其中 3 所大学和其他 11 所大学后发现，海外留学申请减少了 15%。公司目前仍在继续跟进调查，公司发言人表示，没有奖学金可拿的自费研究生受影响最大。调查还发现，上月四名印度裔男子在墨尔本一家酒吧门外遭围殴一案遭媒体曝光后，来自印度的留学申请数量直线下降。此外，印度留学生向来以精打细算闻名，昂贵的澳元也会阻止他们来澳留学。不过，报告负责人表示，澳洲的高等教育对海外学生仍有很大的吸引力。而印度市场的低迷也不太可能导致整体需求的下降，尤其是在中国留学生市场崛起之后，调查显示，来自中国的留学申请增长了 15%。澳洲最大的留学生招生机构 IDP 执行长波洛克（Pollock）预计，2010 年来澳接受高等教育和职业教育的海外学生总数仍将有小幅增长，但印度留学生所占的比例将缩小。波洛克表示，那些以帮助留学生获取永居资格为"唯一目的"的学校将受到最为沉重的打击，因为它们的生源大都来自印度。波洛克还表示，印度留学生大都集中于澳洲低端的私立职业教育市场，这类学生减少，反而有利于提高整个产业的素质。经济机构 Access Economics 首席经济学家理查森（Chris Richardson）也相信，短期的外汇币值波动不会对澳洲的国际教育产业造成长期负面影响。"澳元上涨不会把国际教育产业逼到存亡边缘。"理查森认为，海外国家的中产阶级正在迅速扩大，将为澳洲提供大量的海外生源。澳洲流失的海外生源大都来自那些在次贷危机中衰退严重的国家和地区，如美国、加拿大、日本，尤其是香港。不过，来自英国、马来西亚、泰国、台湾和新加坡的留学生则有所增长。③

---

① 《中国成澳洲海外留学生第一大来源国移民数量增》，2009 年 9 月 27 日中新网。
② 《中印两国留澳学生激增支撑澳洲教育出口市场》，2009 年 9 月 25 日中国新闻网。
③ 《澳元涨导致成本增加明年赴澳留学生或减一成》，2009 年 10 月 22 日中国新闻网。

第六节　从"留学军团"到"留学使团"的"职能转变"使中国留学生成为中国国家利益的捍卫者和中外科学文化交流的友好使者

一、中国在外留学生和华裔学者心系"5·12 大地震"灾区民众

2008 年 5 月 12 日中国四川汶川破坏性 8 级大地震给祖国同胞带来巨大的生命和财产损失，灾情牵动着百余万在外中国留学人员的心，并引起极大关注；广大在外中国学生学者饱含对祖国和灾区民众的同情和关爱，迅速组织起来并投入到抗震救灾的紧急行动中去。5 月 12 日当晚和 5 月 13 日，从北美洲到欧洲，从亚洲到澳洲、非洲，从各国的全国性学联——"中国学生、学者联合会"到各地区、各学校学联、专业人士社团，如在美国、加拿大、德国、奥地利、瑞士、瑞典、挪威、葡萄牙、西班牙、澳大利亚、新西兰、韩国、保加利亚、古巴等国的中国留学人员联谊组织和专业人士团体，各个大学、学院的中国留学生联谊团体，特别是全英中国学联、全日本中国学友会、全法中国学联、全意中国学联、新加坡中国留学生总会、全以中国学联、中国留俄学生总会等在外中国留学生社团，都几乎是在第一时间发出倡议并紧急行动起来，号召中国在外学生学者迅速组织和动员起来，以各种方式支援国内抗震救灾。留学英国的中国学生号召：我们留英学子远在他乡，心系祖国；让我们立刻行动起来，捐出一英镑，送去一片情，帮助灾区群众，缓解燃眉之急，重建美好家园！我们的爱心将温暖一个家庭，凝聚一个民族！留学日本的中国学生呼吁：地震无情人有情，再猛烈的地震也震不断中华儿女的血脉相连；为什么我们眼里含有泪水，因为我们对这土地爱得深沉；我们的亲人，朋友，老师，同学，他们正面对着伤亡的恐惧，忍受着断水断电食品短缺疾病蔓延的威胁；留日学友们行动起来，尽我们的所能，为我们受灾的父老乡亲们重建家园，尽我们的一份心意吧！在意大利的中国留学生表示：我们求学亚平宁半岛，离祖国有万里之遥，但我们的心却从来没有像现在这样和祖国贴得这么近，从来没有像现在这样如此迫切地关注灾区的同胞。成千上万的在外中国留学生和学者，让中国人民，特别是外国朋友直接感性地看到，不仅这个国家的传统了不起，这个国家的留学生同样了不起，这个国家的未来充满了希望；面对危难，中国留学生的凝聚力是强大的，也是充满爱心、自信，表现是那样优异，能够在关键时刻为祖国分忧，用真挚的爱心回报祖国。

世界各地的中国学生学者有组织或自发的捐款等援助活动很快开展起来：许多平日里靠打工维持生活和学费的中国留学生都省吃俭用，为了祖国地震灾区的同胞也慷慨捐助；中国在澳大利亚的学生学者紧急提交了第一批 5000 美元捐款后，紧接着从 14 日开始又组织了连续 3 天的募捐活动，筹得捐款 47938.8 澳元和 6836.8 元人民币；截至 5 月 23 日，新加坡中国留学生总会向灾区捐赠 25 万余新元；全日本中国留学人员友好联谊会在震后第一时间即捐出 100 万日元后，于 16 日又将第二批赈灾款 200 万日元送到中国驻日本大

使馆教育处；全英中国学生学者联谊会在伦敦政治经济学院主办了以"同舟共济、共渡难关——帮助灾区孩子重建美好家园"为主题的大型义演，350 多位留英学生学者、旅英华人华侨、驻英中资机构代表、英国友人参加活动并现场捐款 15000 余英镑；总部在旧金山的中国留学人员创业协会，在第一时间发出捐款和义卖倡议，尽己所能、踊跃捐献，或安排研究地震预报的专家与国内有关部门联系，提供技术专业援助；拥有众多医学界高端人才的"留日中国人生命科学协会"将募集到的 72.2 万日元交到中国驻大阪总领事馆教育组，并为四川大学华西医院翻译有关震后救护的日语资料；500 多名波士顿地区的华人学生学者 5 月 18 日在哈佛纪念堂举行烛光晚会，沉痛悼念大地震中失去生命的同胞并成立了由近 30 名志愿者组成的募捐委员会，举办了一次甚至可以载入哈佛大学的校史大型募捐活动，先后共向当地社会募集到 1.5 万和 3.1 万美元；由耶鲁大学中国学生学者联合会发起的为四川地震灾区捐款活动 17 日晚在耶鲁大学工程系礼堂以放映新闻纪录片和图片展览等方式，向在场的学生学者和当地居民介绍地震灾情和中国政府的救援行动并募得善款近 6000 美元；在古巴留学的中国西部奖学金项目的一千余名留学生听到灾情后，感同身受、心系灾区，克服家乡被毁坏和家庭联系不上的痛苦，捐出手中不多的钱款，截至 15 日捐款已有 11 万多元人民币，令人十分感动；在澳大利亚，在挪威，在瑞典，在以色列，在葡萄牙，在西班牙，在新西兰，在韩国，在保加利亚，在世界各地……，截至 6 月 13 日，仅据中国驻 30 多个国家使领馆教育处、组和文化处、组的不完全统计，到账捐款折合人民币约 1800 多万元人民币；另据外交部统计，截至 6 月 27 日，外交部及驻外使领馆、使团共收到外国政府、团体、个人以及华侨华人和海外中国留学生的捐资 15.98 亿元人民币；截至 8 月 27 日，外交部及驻外使领馆、使团共收到境外捐款 19.19 亿元人民币，其中民间团体、企业以及华侨华人、海外留学生和中资机构等捐款 11.23 亿元人民币。

美国硅谷的华裔学者也立即行动起来，并成立"四川地震海外华人募捐会"，使善款源源而至。截至 20 日中午，募捐会已经收到来自 20 多个国家和地区超过 6000 笔、总计 110 余万美元的捐款。募捐会在其英文网站上发出了情真意切的募捐倡议：我们的同胞正经历着无法想象的灾难与痛苦。我们无法为他们分担这一切，但有能力给他们一些帮助……同胞们！网友们！让我们伸出双手，与灾区人民共同度过这暗夜吧！"募捐会的倡议立即受到网友的热烈响应。许多华侨华人、中国留学生利用自己所在公司、学校等的内部网络转发募捐呼吁。"四川地震海外华人募捐会"由硅谷清华联网（校友会）发起并成立，成员来自 18 家专业华人社团的志愿者。募捐会承诺所有捐款都将直接转交中国红十字会，并保证捐款程序的充分透明。募捐会于 16 日和 19 日向中国红十字会分别汇了 21 万美元善款。募捐会的志愿者大多为在硅谷高技术公司工作的华裔科技人员，他们借助自身专业知识和对互联网的熟悉，在各大中文门户网站推出了方便、快捷的在线捐款服务，呼吁全球华人及关心中国的国际友好人士为中国地震灾区慷慨解囊。在募捐会努力下，处理网上支付的 PayPal 和谷歌网站已同意免去在线捐款的手续费。微软、谷歌、雅虎、高通、甲骨文等近 30 家知名高科技公司还将硅谷清华联网

（校友会）列为非营利组织，从而提高了这一募捐活动的影响力。①

二、"为祖国呐喊的留学生都是火炬手"

第29届奥运会2008年8月8日在北京如期举行，中国人无不为之兴奋。世界各地的中国留学生和华裔学者自发地以各种形式开展了迎奥运的活动，并且发挥了在国内难以发挥的"中国友好使者"的作用，为中国留学活动的历史增添了光彩的一页。在北京奥运会倒计时100天之际，旅居英国、法国、美国、俄罗斯、日本、加拿大、澳大利亚、新西兰等各个国家中国留学生都纷纷举行活动或发表感想，表达对奥运会的良好祝愿。令人愤怒的是，北京申办奥运会成功以来，"抵制北京奥运"的杂音从未消停过；令人振奋的是，海内外中华儿女和留学人员空前团结地谴责"藏独"分子的暴力行径、抗议一些西方媒体的不公正报道，表明任何阻挠北京奥运会的图谋都不会得逞。中国政府和中国民众认为，世界上任何国家在处理对华关系当中，不允许分裂分子窜访，不允许分裂分子利用这些国家的国土从事分裂中国的活动，这是国际关系准则的应有之意；这并不是对中国的什么照顾，中国人民也只不过是希望各国都能够按照自己对外宣称的标准来行事，那就是尊重国际关系准则，尊重国际法，尊重中国宪法，尊重中国民族区域自治法。西方媒体对北京奥运的质疑甚至谩骂震惊了所有中国人，也以极端的方式磨炼了这个国家。而北京奥运会无可辩驳的成功也反过来震动了世界。中国学者宿景祥认为，奥运会虽然使中国经历了与西方的很大冲突，但中国是这场冲突的赢家：西方肯定中国的部分增加了，而西方却没能通过奥运会强加给中国其所希望的政治改变；中国保持了在改革速度和方向上的主权。北京时间2008年8月8日晚，当象征第29届奥林匹克开幕的巨大火炬开始熊熊燃烧在中国国家体育场"鸟巢"上空时，全世界的目光都聚焦在北京。远在海外各国的上百万中国留学生、学者和他们的家人，与祖国人民同时感受到浓浓的奥运氛围，全球华人共同享受着这份诱人的奥运盛宴。

1. 支持祖国举办2008北京奥林匹克运动会

中国驻美国大使馆馆区大学中国学联会以开展万人签名征集活动来表达中国留学生和学者对北京奥运的支持和祝福。从2008年4月15日—7月26日，馆区高校中国学联会举办了"祝福北京2008奥运——万人签名征集活动"。此活动以传递北京奥运图标横幅征集签名为主线，配以展示奥运主体展板、奥运宣传等活动，并以此为窗口让美国朋友们了解真实的中国、真实的北京奥运。在签名活动中，不仅中国学生积极踊跃签名，还吸引了美国学生签名，如弗吉尼亚大学就有200多名美国学生签名支持北京奥运会。横幅从美首都

---

① 《外交部接收捐款总体情况—截至8月27日》，中国驻韩国大使馆网站；潭晶晶：《外交部及驻外使领馆共接收国外捐款15.98亿元》，《人民日报》2008年7月3日第5—6版；《新闻动态：华侨华人继续为灾区捐款》，2008年5月16日《财经网》；《中国西部留古巴学生为汶川地震灾区同胞捐款》，2008年5月29日教育部网站；新华网北京5月19日综合新华社驻外记者报道：《海外华侨华人、中国留学生等捐款赈灾共襄义举》；王焕现：《与祖国同舟共济和灾区心手相牵海外留学生支援抗震救灾纪事》，《中国教育报》2008年7月2日第3版；曹卫国：《美国硅谷华人为中国地震灾区网上募捐》，新华网洛杉矶5月20日电。

华盛顿特区到特拉华州、从马里兰州到弗吉尼亚州、从田纳西州到犹他州，传递了 26 所大学，有万余名中国学生、学者和美国学生在横幅上签名。

全法中国留学生联合会于 2008 年 3 月初就开始组织一个万人签名传递活动。他们制作写有"同一个世界，同一个梦想"和"全法学子心系祖国，心系奥运"字样的两条横幅，在签名活动结束后将赠送给北京奥组委，以表达留法中国学子对奥运的衷心祝福。全法学联副主席柳青还作为火炬手参加了奥运火炬在巴黎的传递活动。

2008 年 3 月 7 日，在澳大利亚巴拉瑞特大学学习的中国内地和中国香港留学生，应邀参加了当天在这里举行的巴拉瑞特市秋海棠节庆祝游行活动，并在游行活动中展示中国传统文化，宣传北京奥运。参加游行活动的巴拉瑞特大学中国留学生，穿着具有浓郁中国文化特色的 T 恤衫，举着五星红旗、印有"Welcome to Beijing Olympic Game"字样的条幅和北京奥运"福娃"形象的图板，并向路人发放具有中国文化特色的小纪念品，在这座只有 9 万人的小城引起关注。组织和参加这次活动的巴拉瑞特大学中国留学生王子说，组织和参加这次活动虽然付出了大量的时间和精力，但对自己是一次很好的展示中国、宣传中国的锻炼，也给自己留下了美好的回忆。这次活动不仅为北京奥运作出了贡献，更增进了中国留学生与当地澳洲人间的了解和友谊。

2008 年 3 月 22 至 30 日，堪培拉中国学生学者联谊会举办了 2008 迎奥运体育节活动。为期两周的运动会涵盖了足球、篮球、网球、羽毛球和乒乓球 5 大类项目。共计有 200 余位留学生选手和外籍选手参加比赛，观众 600 余人次参与。自奥运火炬在希腊奥林匹亚山点燃的那刻起，传递的圣火便时刻牵动着中华儿女的心。在堪培拉的中国留学人员得知 4 月 24 日奥运火炬即将传递到堪培拉后，千万颗跳动的心满怀期待。一位在澳洲国立大学的留学生说，奥运能够申办成功，在一定程度上反映了祖国综合国力的增强和国际地位的提升。奥运是一个让世界了解中国，让中国走向世界的好机会。运动是一个永恒的主题，举办奥运会更是中国几代人的梦想。现在梦想即将实现，让身在异国他乡的我们，尽情挥洒汗水，燃烧青春，为北京奥运会送上我们最美好的祝福。

2008 年 4 月 1 日，由加拿大多伦多大学中国学生学者联谊会等多个中国留学生组织所共同发起的"心系祖国，支持北京奥运"签名活动在多大校园正式展开。多伦多大学的中国留学生们自己动手制作了一个长 15 米、宽 1.5 米，绘有北京奥运会会徽和奥林匹克五环的白色横幅，并写上醒目的"我们支持北京奥运会"的中英文字样。联谊会的同学还带来了由中国国家旅游局驻多伦多办事处提供的具有中国特色的手工饰品、国画书法、自然风光、京剧脸谱等展品，让多伦多大学来自不同国家和地区、不同族裔的同学们近距离体验中国风情，感受中国文化。"加油北京"、"祝福奥运"、"心系祖国"，活动组织者在短短一天的时间收集了上千个签名。多伦多大学中国学生学者联谊会主席吴刚表示，奥林匹克精神强调的是对文化差异的包容与理解，希望通过支持北京奥运签名活动来呼吁世界各国政府和人民弘扬奥林匹克精神，尊重奥运健儿们的辛苦努力，并呼吁各国政府及奥委会，北京奥运会是一次全人类和平友谊的盛会，是一次中西文化交流的契机，应为人类的和平发展贡献自己的力量，反对将体育政治化，反对任何抵制奥运会的行为。

2008 年 4 月 8 日，瑞典林雪平大学国际学生联合会举办了一年一度的"国际日"活动，该校来自包括中国在内的 24 个国家和地区的国际学生参加了此次"国际日"活动。约 200 名中国留学生利用"国际日"这个平台，声援北京奥运会，积极推介中国文化，吸引了众多目光，成为整个活动中一道最亮丽的风景线。"国际日"活动开幕式在象征性的 2008 北京奥运会火炬接力活动中开始。接力火炬是由心灵手巧的中国同学按照祥云火炬的图案仿制的，现代奥林匹克运动的发祥地——希腊的同学作为第一棒火炬手，共有来自 23 个国家的 30 多名留学生代表参加了火炬接力，火炬最后传递到中国同学的手中。当火炬抵达终点时，开始了全校范围内"征集签名、支持北京奥运"活动。北京奥运海外志愿者组织的志愿者们特地从国内邮购了一个长 5 米、宽 1 米，绘有北京奥运会徽、中国印、奥林匹克五环、北京奥运海外志愿者组织标识、林雪平大学校徽及校名的横幅，3 名身穿旗袍的女生手持横幅号召大家签名，在签名的同时也展现了中国的传统服装。仅上午两三个小时的时间内，条幅上就布满了来自不同国家上百名同学老师的签名和祝福。"国际日"活动中展出了具有中国特色的纸雕灯笼、同学们自己搜集的国画、书法、自然风光、京剧脸谱等，播放了介绍北京 2008 奥运会会徽、主题口号、吉祥物、残奥会吉祥物、奥运会火炬传递和志愿者宣传片，还举行了学写毛笔字的比赛和舞狮表演等。

美国伊利诺伊大学芝加哥分校的中国学生学者联谊会和中国 MBA 培训班举行活动，喜迎奥运会倒计时 100 天。数十张介绍北京风光和奥运场馆的大幅图片、滚动播放的北京奥运会纪录片让路过的学生驻足观望。同一天，近百名俄罗斯华侨华人和留学生代表举行聚会，庆祝北京奥运会倒计时 100 天。聚会场所洋溢着节日般的喜庆气氛，每个到场的人手持小国旗，表达着一个共同的心愿：今天，我们海外华侨华人的激动心情难以言表；大家欢聚一堂，就是为了分享喜悦，共抒自豪。①

2. 保护 2008 北京奥林匹克运动会火炬传递活动

2008 年 4 月以后，北京 2008 奥运会火炬相继在世界各地传递；奥运会火炬所到之处，无不点燃了当地众多海外留学人员心中的激情。大大小小的五星红旗在圣火传递队伍旁不断挥舞，嘹亮的国歌也在人群中反复地唱响。这段时间，世界各地的中国留学生都在举办支持奥运的活动。在英国伦敦、法国巴黎、美国旧金山，在日本、韩国和澳洲等地传递过程中，奥运火炬传递都不同程度受到了干扰，海外的华人华侨和留学生用前所未有的团结向世界人民展示了中国人的谦逊友善，展现了中华民族的空前凝聚力。传递路线上一幕又一幕感动世人的画面，让人难以忘怀。

2008 年 4 月 6 日，来自伦敦各个中国学联会的留学生参加了北京奥运会火炬传递活动。当天早上伦敦飘起了雪花，天气格外冷，但中国留学生在各个地点一呆就是好几个小时。上午 10 时 32 分，获得过 5 枚奥运金牌的英国划艇名将史蒂夫·瑞格夫手持祥云火炬稳步跑出伦敦西北的温布利体育场，北京奥运圣火传递"和谐之旅"第四站随之吹响号

---

① 《外交部部长杨洁篪就外交政策和对外关系答记者问》，2009 年 3 月 7 日中国新闻网；中国驻美使馆教育处文：《留美中国学人迎奥运万人签名活动结束》，2008 年 9 月 23 日《神州学人》；新华社北京 5 月 1 日电综合新华社驻外记者报道综合消息：《海外华侨华人和中国留学生举行活动迎接北京奥运会》，2008 年 5 月 1 日新华网；《奥运圣火在海外中国学子心中永恒传递》，2008 年 6 月 6 日《神州学人》网站；《北京奥运一周年世界正视中国新崛起》，《环球时报》2009 年 8 月 8 日。

角。众多的中国留学生在温布利体育场外为奥运圣火助威。几周前，伦敦大学学院中国学联为响应北京奥运海外志愿者组织的号召，在伦敦大学学院发起"海外祝福"活动，祝福奥运、祝福北京、祝福中国。作为北京奥运海外志愿者组织发起的全球海外中国学生支持北京、支持奥运系列活动的一部分，中国学子们把所有的祝福与期望写在了一条长 10 米宽 1.5 米的白色帆布上。条幅采用桔黄色作为标志，大小不一的橙色手印以及签名随机分布于帆布之上。学生们在布条上留下了"我爱北京"、"北京加油啊"、"华人万岁"等留言。

2008 年 4 月 7 日早晨，刚刚下过一场大雪的巴黎还有些寒冷，但各地的留法学生早已陆续地从四面八方赶到巴黎的埃菲尔铁塔，准备为奥运圣火在巴黎的传递加油助威。所有学生有秩序地集合在铁塔下面的空地和铁塔对面的广场，埃菲尔铁塔瞬时被红色的五星红旗和奥运五环旗衬托得格外喜庆。其中有一面巨大的五星红旗被展开在铁塔下，拿着奥运旗帜的同学纷纷站在国旗周围，仿佛在向世人宣布：我们为五星红旗而骄傲！埃菲尔铁塔对面的广场，同学们将一条红色横幅举起，上面用金黄的大字书写着"为北京 2008 奥运加油"，此外还有其他横幅分别用中、英、法三种语言书写的北京奥运口号"同一个世界，同一个梦想"。学子们的欢呼声连成了一片，此起彼伏。同学们还为周围的巴黎市民分发由学联同学撰写和翻译的北京奥运宣传单。很多在等待观看奥运火炬传递的法国民众也被中国留学生的热情所感染，不仅纷纷投来尊重的目光，还用掌声为同学们加油，更有法国人加入到学子的队伍中一起为北京奥运助威。中午 12 点 30 分，当法国著名田径运动员史蒂芬·迪亚加纳在铁塔二层的埃菲尔厅，从巴黎市政府代表手中接过第一只火炬跑下埃菲尔铁塔时，在铁塔下面等待良久的同学们一起高昂起头，激动地见证这神圣的一刻。大家忘情地挥动着手中的国旗与奥运旗，大声地呼喊着，高唱着国歌，埃菲尔铁塔下是一片红色的海洋。那一刻，同学们的眼眶是湿润的。这一刻，多少留法学子将美好的希望寄情于这熊熊燃烧的奥运圣火之上；这一刻，多少留法学子用坚定的声音与手中的旗帜捍卫着祖国的尊严；这一刻，巴黎与祖国是如此地接近！

奥运火炬圣火从巴黎安全抵达旧金山，并于当地时间 2008 年 4 月 9 日下午 1 点开启了它的北美之旅。火炬传递现场气氛热烈，2 万多名当地华人华侨和留学生手举奥运五环旗以及中美国旗分布在火炬传递路线。在迎接圣火的华人队伍中，海外留学生格外引人注目。清华大学、复旦大学、南开大学、东南大学等国内高校的海外留学生校友会都纷纷打出"百年奥运，千秋中华"、"支持北京奥运"等各种醒目的横幅。同时，加州大学、旧金山州立大学、奥利佛大学等美国本地高校的中国留学生们也高举 2008 奥运主题的中英文横幅，表达对奥林匹克精神的支持以及对和平的美好期盼。成百上千的中国国旗和奥运旗帜在加州的阳光下更是显得格外艳丽。据一路跟随火炬传递的工作人员回忆，奥运圣火一路传递过程中，中国留学生的热情似与奥运火炬一同炽热燃烧。

2008 年 4 月 8 日，由中国留学生志愿者组织发起的迎奥运海外祝福签名活动在美国加州大学伯克利分校校园内进行，吸引了众多参与者。这项活动从 2 月份在伯克利大学开展以来，已征集到了校园内近千人对北京奥运的祝福和支持签名，在 4 月 9 日的圣火传递现场，还取得了更多奥运支持者的签名。4 月 13 日，日本筑波大学中国留学人员友好联谊会举办座谈会，强烈谴责干扰奥运火炬传递的丑行。

2008 年 4 月 26 日，踏着中国领导人的"和谐之旅"，奥运火炬在日本长野进行传递。其间，全日本各大学的数千名中国留学人员，相约共赴长野迎接奥运火炬传递，该活动的总指挥刘学军会长详细介绍了目前各项工作的筹备状况，并呼吁大家携手共赴长野，为圣火护航，为中国加油，以实际行动向世界展示中国人爱国、团结、友好的形象。留学生们纷纷表示，要"与奥运同行、为中国加油"，从圣火传递的起点到终点，让我们一同挥舞起五星红旗，为圣火传递筑起一条红色的移动长城。

2008 年 4 月 27 日，奥运火炬在韩国首尔传递活动受到在韩国的华侨华人和留学生的热情欢迎，他们表达了支持奥运，期盼奥运的热情。一些团体企图对火炬传递活动进行干扰破坏，同中国留学生发生了一些摩擦，中国外交部表示中方已对韩方个别警员和记者在此过程中受伤表示慰问。而奥运火炬在首尔传递活动中涉嫌有暴力行为的两名中国留学生被韩国警方立案调查并被韩国司法当局起诉。时隔一个多月后，此事引起的两国民众情绪对立依然存在，韩国网民反对"宽大处理中国留学生"，而中国留学生还是认为"韩国社会对这件事情的报道不真实，所以也会导致处理不公平"。对于案情进展情况，中国留学生的辩护律师任统一表示，中国留学生的行为触犯法律程度较轻，不会有太严厉的判罚，而且中国留学生的认错态度较好，估计是几个月的拘役或缴纳一定罚金即可。但是，一些右翼的市民团体一直咬着中国留学生打人的事不放，成立了所谓"'4·27 事件'调查真相委员会"，一些偏右的媒体也一直跟着炒作这件事。韩国官方针对中国留学生的行动也多了起来，警方不仅全力调查具有施暴嫌疑的留学生，而且开始大规模调查留学生的档案。对于此次事件的影响，韩国外国语大学国际地域学院中国学科康俊荣教授表示：韩国是小国，可能在中国人眼里，这件事只是小事，但在韩国人眼里就是一件大事。①

3. "4·19 演讲"使李洹同学成为百多万中国留学生的"火炬手"

2008 年 4 月 19 日，法国的中国学侨界在巴黎共和国广场举行了主题为"支持北京奥运，反对媒体不公"的游行示威集会，集会形式包括万人签名、合唱爱国歌曲，华人、华侨、学生代表演讲等。其间精彩的一幕莫过于中国留法学生李洹发表的长篇法文演讲，引起法国民众和舆论的关注。李洹同学富有哲理和逻辑思辨的行文，地道的法语，播音员般圆润、激昂、优美的嗓音，流畅而又连珠炮般的语速，使得在场的中国留学生和华人为之欢呼，让法国人听得震惊和入神；他们甚至怀疑这是中国人吗？然而，他确实就是来自中国西安的一名留学生。作为就读于里尔第二大学高等商学院的一名硕士生、法国北方—加莱大区大学生创业联合会主席，李洹同学曾前往法国电视二台，与该台驻北京记者就有关中国问题进行过针尖对麦芒的辩论，他的语言和学识功底赢得了对方的尊敬，为中国人守住了尊严，在留学生中引起了轰动，并被北京奥组委选为代表留学生的奥运火炬手回祖国传递火炬。李洹同学的上述演讲使他再度成为明星，中国人和法国人争相与他拍照。在谈

---

① 《奥运圣火，在海外中国学子心中永恒传递》，2008 年 6 月 6 日《神州学人》网站；莽九晨、詹德斌、程刚：《韩各界激辩是否起诉中国留学生：考验韩国人胸怀》，《环球时报》2008 年 6 月 17 日；《奥运火炬首尔传递时被捕的中国留学生或将被起诉》，2008 年 6 月 16 日中新网。

到演讲稿的跨度和深度时，李洹同学表示，生活在这么一种舆论状态下，一有时间就去研读大量中外文资料，差不多都成了西藏问题研究专家了；其动力和激情皆来自于：自己是个中国人，在国外更爱国；宁可让自己受委屈，也不能让祖国受委屈。

下面就是李洹同学法文演讲稿主要内容的译文：

我想首先感谢巴黎人民和巴黎市警察局给了我们今天这次机会让我们聚集于此。这是罕见的一次，也是欧洲和法国历史上最大的华人集会。我想代表从别的城市，乘坐大巴、火车和汽车，从几百公里以外自费赶来的朋友们说几句话。很多朋友没有能与我们相聚于此，但是我想替他们表达他们与我们一样的对中国、对法国、对法国人民，以及对中法友谊的关注。

在这次对中国的妖魔化的扭曲报道事件中，我们，全世界的中国留学生，我们感觉很痛，我们的感情受到了伤害，但是我们不怪法国人民，因为造成这样结果的责任人不是你们，而是一些不负责任的媒体和职业煽动家。像所有行业一样，记者和媒体有自己要遵守的职业道德。媒体要求公正，客观，对所报道内容的核实，以及评论的适中。无论如何，也不能诽谤和诬蔑，没有证据地责难，扭曲事实。在对最近发生的事情报道中，一些记者超出了他们原本的报道角色，完全变成了自认为拥有绝对真理的批判家，甚至把事件可笑地简单化。一个弱小而善良的受害者和一个巨大而残忍的暴徒。他们的角色从一开始就这样人为地被分配好了。然后，记者们找寻各种方式和手段来证明这两个角色。比如说，选择性的阐述历史，认为中国的革命对中国不可分割的一部分是"侵略"，而故意不说95%受煎熬的藏人的黑暗的政教合一，把尼泊尔的警察当成是中国警察，用几十年前的照片来说今天的事情，传播根本没有验证的信息，比如根本没有可信度的所谓死亡人数，以及选用一些别有用心的人的口述。那些外国游客的描述，和他们拍到的视频让我们看到暴徒对无故路人进行令人发指的暴力，没有一个媒体说这是对无辜者的施暴。更有甚者，一些不负责任的媒体制造并强迫人们接受一个根本没有任何可信和公正证据的"血腥镇压"的假设。媒体很少邀请中国人在节目中阐述他们的观点，即使有也是把他放在被告的位置上，而另一方的则是在数量上几倍于他的"法官"。是，你可以批评中国政府在一段时间里不允许记者入藏，但是不能捏造不知道的事情。这种处理西藏暴乱信息的方式，是一种媒体暴力，一种意识形态的欺骗行为，一种话语权的霸权，一种扭曲事实的宣传，一种无耻的欺骗。首先受害者是法国人民，他们是多么的具有怜悯心和博爱，他们相信媒体，可不幸的是，他们被操纵和欺骗了。西方的信息模式本来还是人们的一种效仿模式，它现在不再是了。没人有权力操纵大众舆论，不能在中国，也不能在世界上任何地方。这是在所谓言论自由模式中的另一种压制言论自由的方式。

还有一些作为法国精英的政客的思维惰性，让我们无比震惊。所谓人权，对某些人来说是圣战的号角，和一切有政治目的不负责任的煽动的盾牌，比如说对于罗伯特·梅纳尔（"无疆界记者"组织主席）。为什么此人在官塔那摩监狱里的酷刑不断重复，在伊拉克人被美军士兵侮辱的时候消失了？这是不是一种选择性的失明呢？联合国教科文组织终止了对"无疆界记者"的支持，在一份公告中，联合国教科文组织解释说，无疆界记者多次在无客观所言地报道某些国家的过程中丧失了记者职业道德。为什么呢？从互联网上，同时也是我们的罗伯特先生承认的信息中，我们了解到"无疆界记者"的财政支持是源于一些与美国中央情报关系密切的组织。

我们，海外的中国学生，我们很心痛，我们的感情受到了伤害，但是我们并不怨恨法国人。我们是两个截然不同的世界之间经验与信息交换的桥梁，我们也是这场文化、思想，尤其是政治冲突最先的受害者。在国内的中国人非常相信我们这些留学生对国外的见解。他们对于国外的认识和印象取决于这个留学生群体的感觉。面对捏造或者说传递虚假消息的西方媒体的指责，我们这些学生中的很多人开始反击，在互联网上辩论并呼唤报道的真实性。我们都注意到，被某些媒体"喂饱了"的有些法国人对于中国有着很深的偏见。在抵制奥运，抵制中国，所谓自由西藏的叫喊声中，中国人民对西方世界的审视和不信任正在增长。中国政府的努力还远没有达到尽善尽美的地步，说它是世界上最完善的和说它是世界上最差的同样可笑。但我们这一代，我们这些20岁到30岁的年轻人，从我们年幼时起，我们就一直生活在中国生活水平不断提高及自由度不断开放的环境中。我们很惊讶，在这一切都向好的方面发展的时刻，在这个我们生活比以前更好的时候，国外才有越来越多的人想把我们从所谓的"世界上最大的独裁"中"拯救"出来！我想问，你们以前在哪儿？我们这些在西方求学的中国人，我们对未来充满了自信。的确，中国还有很多事情要做，而我们中国人，更是对这些进步的实现有着前所未有的信心。

中国有另一种文化，另一种历史，另一个体积。社会学不是一种像数学精确的科学。在这方面，要成为一种"普遍的典范"有太多的变数。来中国吧！来看看一个真实的，完整的中国，一个很多西方媒体不会展现给你们的中国，来西藏吧！用你们的眼睛来见证那个所谓的"文化灭绝"，是否这种灭绝真的存在，是否藏语正在"消失"，那些喇嘛们是不是可以自由的信仰他们的宗教，西藏人是不是比在达赖的神权统治下过得更好！和那些上了年纪的西藏人聊聊，谈谈他们永远无法忘记的"佛教天堂"。我们需要直接的交流，更多的知识交换，我们会继续对此作出贡献！

我们中国留学生支持奥运，支持奥运在中国举行，这个占人类五分之一人口的国家有资格承办奥运会。奥运是属于谁的？奥运是属于您的，属于我的，属于我们的，属于我们大家，属于全世界的人民。这不是一场政治游戏。亲爱的政客们，反对中国的那些政治势力的走卒们，请停止你们对于奥运的污染。中国作为东道主国家，想为全世界人民送上一份最好的礼物。成千上万的中国人呕心沥血多年，就是为了这一天。他们正敞开怀抱欢迎世界各国的人们。当奥运圣火在世界各地传递的时候，所传达的是同一条信息，那就是欢迎你们的到来，中国人民期待和你们一起庆祝这个充满人性关爱的盛会。当有些媒体提到，这次圣火传递失败是给中国的一记耳光。当代表着爱与和平的圣火，受到一些专门抗议者的侮辱行径时，我认为这确实是一记耳光，但不是给中国的，而是给中国人民的，给法国人民的，给全世界所有热爱奥运的人民的。

很多法国人似乎对中国有一种恐惧，这种恐惧来自于对中国的无知。这也是为什么我们希望你们可以直接和我们沟通，通过我们，热爱并希望巩固中法友谊的桥梁，来进一步了解中国。中国和她的文化注定了我们爱好和平的本质。自秦朝统一六国后，中国从此结束了原来分裂的状态，成为一个完整独立的国家。我们便属于一个大家庭。我认为这是一个具有 5000 年历史的文化的高度。这会令人担忧？但是文化是鲜活的具有生命力的。当你们在中国饭店使用筷子的时候，中国文化正向你们充分地展开它的怀抱。妖魔化中国只会让中国人愈发远离西方世界，只会加剧人民间的距离。请让我们好好沟通！

我们想给你们其他一个信息。我们中国留学生，非常诚恳地希望中法人民之间不要有敌对情绪，因为不管怎样这都是不理性的，也是没用的。了解两种不同文化的我们，希望成为这两国人民的一座桥梁，一个信息沟通点。我们向你们诉说的是中国人民的真实想法和感受，我们同时也会传达法国人民对中国善意的关注。请相信我，这座桥，将会前所未有的坚固，特别是在这种极度令人遗憾的现状下。我亲爱的法国朋友们，我们热烈欢迎你们所有人的到来，甚至那些想"在北京制造混乱"（一个欧洲议会议员的言论）的人。我们将会帮助他们找到一个好的保险公司，为他们提供一种包括所有民事责任的保险。

让我们在北京相见吧，亲爱的朋友们！

在回忆上述演讲及其策划过程，李洹同学表示，我也面临毕业，当然不会不考虑自己的前途，但更会把国家、民族的前途放在首要位置。这就是"草根爱国"吧，虽然这样做在海外也会有风险吧。在当时的环境下组织游行集会，我们不是没有一点顾虑，也想到了可能会有意外发生，但没有一个人后退。有祖国人民撑腰，我们不怕！为准备在巴黎的游行集会和演讲，李洹同学的一门课考试成绩得了 6 分（满分 20 分），李洹同学说，因为实在没有时间做这门课所需的企业调查。好在我其他的成绩很好，不会影响毕业；人除了物质生活外，还会需要什么。在国外，找一份不错的工作，有个好的生活环境，不是什么难事。但对于我不是终极目的。我是高中毕业就到法国留学，在国外，想家的感觉时时包围着我。我们"80 后"认知世界的时候，正是中国开放变化、飞速发展时期。在海外，我们感受到了祖国的强大和国际地位的提升，也看到了国外一些东西不像我们想象的那么美好。在了解了别的国家真实情况之后，我们更爱祖国了。中国在经济上曾出现过衰退，但我们的历史是悠久的，文化一直是伟大的，人民是善良的。中国人集体主义意识强一些，一般是牺牲自己成就别人；而西方是个人英雄主义多一些，打败别人成就自己。这是两种完全不同的思维方式和文化习惯。作为留学生，我们有责任充当桥梁，使两种文化能很好沟通。

2008 年从 2 月起，在电视上看到被包装得有亲和力的达赖喇嘛侃侃而谈；5 个所谓中国问题专家质问一名中国人，甚至不让她开口。十分清楚祖国情况的李洹同学坐不住了，他的父亲是警察，母亲是教师，爷爷奶奶是工人，外公外婆是农民，他深感到自己的家庭和很多"草根"亲属的生活水平越来越高，深深感受到这届政府努力亲民为民，知道中国军队对西藏暴徒镇压的假设是站不住脚的。李洹同学试图去和法国的老百姓、媒体交流，告诉他们事实是怎样的。他也深深地知道，法国民族的优越感、高傲性格和"中国威胁论"等因素的影响有多大。李洹同学在法国多个大型网站反驳攻击中国和抵制北京奥运的言论；拉萨 3·14 暴乱事件后，他又和留学生们一起制作、印发传单，向民众揭露西方一些媒体的谎言；3 月 29 日，李洹被邀请到法国国家电视台，用法语与该台驻华记者和主持人进行了有理有据的辩论，"让世界终于听到了中国人的声音"。

李洹同学认为，其实西方一些国家很不公平、并不民主。藏独分子被批准在巴黎游行的是最繁华最有影响的地方；批准我们留学生"集会"，地点在共和国广场，虽然是名胜，但人流相对较少，而且只能占用一半广场，周边全是全副武装的警察。李洹同学和他的万余名同伴们从法国各地赶来，举着"支持北京奥运，反对媒体不公"的横幅，打出法国国旗、中国国旗和奥运旗帜，身穿印有"一个中国一个家"和"把奥运当作桥梁，不要当成一堵墙"的白色 T 恤。中国留学生们传递着这样的信息：法国部分媒体对于中国的报道不公正，使中国人受到了伤害，我们要与法国人做朋友，要和平友好地相处；做这些事时，留学生都认为国就是家，是所有人的家；西藏暴乱，就相当于自己家出事了，面对法国媒体的不公，他们要用中国人真诚、友善、包容、大度的品格，来感动法国，感动世界。

那段时间里，李洹同学的业余时间都坐在电脑前打着"信息战"。他表示"我不是惟一的，我们这些留学生的心中都装着国家，组成了一个中国留学生'组织核心'，讨论万人集会游行事宜。"2008 年 4 月 10 日到 19 日，短短 9 天时间里，他们动用各种力量，找华侨募捐，筹到了 30 多万人民币。他们废寝忘食，很多人每天只吃一顿饭，睡 3 个小时。他们工作有序，分成了不同小组。有印制大量传单、宣传牌、T 恤的宣传组，有负责安全的保安组，有以防万一发生流血事件的医疗组，还有负责采购、分发宣传品的后勤组等。李洹同学所在的是负责新闻发言工作的新闻组，专门接受记者的采访。他们还给法国总统萨科奇先生写信，表达着中国受到伤害的事实，向他解释西藏的真实历史。李洹同学把一起游行、工作的同伴称为"战友"，他们打的是一场"荣誉之仗"、"尊严之仗"。"仗"打起来的时候，没有人会注意自己的利益，甚至生活。中国青年政治学院（中央团校）一位同学送给李洹同学一句话："爱国，就是你在国外，心还想着祖国；你在国外，祖国人民还惦记着你。"李洹同学说，他曾经在法国接受媒体采访的时候，发自内心地说"我们宁愿自己受委屈，也不让祖国受一点点委屈。"这句感人致深的话来自于温家宝总理接见华人华侨留学生时说的"你们在国外想着祖国，祖国也想着你们！"说到这里，李洹同学流下了眼泪，说我们都是这样想的；我们知道，为了祖国，应该这样做；我没想到会被选做留学生代表传递火炬，我们成千上万为祖国呐喊的留学生都是火炬手。

对一个热爱和平的中国，对一个正在崛起的中国，对一个有巨大市场，与法国密切合作的中国，法国近期好象得了健忘症或软骨症，言论不友好，行为不友好，特别是奥运圣火传递过程中，法国人丢脸的表现让中国人心寒！中国人的爱国情怀、民族尊严岂能让人侮辱，国人愤然而起是情理之中！法国人开始意识到问题的严重后果，2008 年 4 月 21 日，法国总统萨科齐让正在中国访问的法参议院议长克里斯蒂安·蓬斯莱转递他对中国残疾人击剑运动员金晶的亲笔慰问信，并以他"个人"和法国人民的名义，并邀请金晶到法国作客。伤害已经造成，法国人应接受教训，修补伤痕还有一个过程。当承载着炎黄子孙百年梦想的奥运圣火在伦敦、巴黎的传递遭到"藏独"等反华势力的野蛮阻挠时，全世界的人们见证了以"80 后"为主体的中国留学生的力量：圣火所过之地，留学生们自发地组织起来为祖国加油、保卫奥运圣火，和企图捣乱的反华势力进行针锋相对的斗争；互联网上，他们用事实和证据批驳和揭露一些西方媒体的谎言，形成一股正义的声浪……。和历史上许多危难时刻一样，中国"80 后"的青年一如先辈们为国挺身而出，"中国"二字成为他们心中的最重。中国留学生的爱国心和爱国情是炽热的，这种炽热让世人感受到新一代中国青年巨大的力量和一个国家无比深厚的凝聚力和向心力；而同时，"80后"的中国留学生在爱国心的强大引领下，又体现出了时代所特有的理性和理智。爱国需要理智地思考；作为一名留学生这个群体，身后需要有一个强大的国家。中国还是发展中国家，需要看清自己的大方向，脚踏实地地做自己的事情；应该把生气转化为一种动力，投入到我们以后的生活中去，抓紧每一分钟时间，来建设一个越来越强大的祖国。①

4. 从留学军团到留学使团，从抗议示威到对话交流

随着各国公众对中国留学生是和平、和解、和谐的文化交流使者的认识逐步加深，以及从"留学军团"到"留学使团"的"职能转变"，中国在外留学生群体作为中国国家利益的捍卫者和中外科学文化交流的友好使者，其影响和经验已越发显得成熟并具有张力。2008年7、8月以来，从保护北京奥运火炬，到2009年的法国圆明园兽首拍卖、剑桥大学"掷鞋事件"、与"7·5"乌鲁木齐暴力事件相关的国际性事端中，中国留学生的爱国热情得以张扬，他们的对外交往之道也不断积累、日趋成熟。有报道分析认为，在一年多的历练后，中国在外留学生关于"爱国"的想法和行动也在渐渐改变；从抗议示威到对话交流，在外留学生在这一年中不断思考并逐渐成长、成熟；许多中国在外留学生也开始认识到，示威不是唯一的爱国方式。

堪培拉大学中国学联主席谢清风对于"疆独"头目热比娅在澳大利亚墨尔本国际电影节上的活动表示，你越搭理热比娅，她就越闹腾。在得知热比娅获得赴澳签证后，留学生之间就商议好"集体不行动"，用沉默对抗热比娅。2009年8月8日晚，热比娅出现在纪录片《爱的十个条件》的放映现场。据法新社报道，会场外，一些以中国留学生为主的反分裂者挥舞条幅，期间有一名示威者与"疆独"分子发生冲突。路透社的报道称，当日有为数不多的在澳留学生来到《爱的十个条件》放映厅外安静地抗议。针对热比娅在澳大利亚的作秀表演，澳大利亚的中国留学生普遍认为，这是热比娅利用一部分澳大利亚人对中国不了解的心理，借机进行的炒作。所以，留学生们也商定，不搞大规模的抗议以免沦为热比娅的话柄，反而助长了她的声势和气焰。

有文章简要回顾了2008年以来在外留学人员几次"激情四溢"的重大活动的效果与得失，认为"爱国不是一锤子买卖"。

作为北京奥运火炬堪培拉传递保卫活动的主要组织人之一，堪培拉大学中国学联主席谢清风每每谈起这件事情都无比自豪。这座坐落于格里芬湖岸边，四周森林环绕、优雅秀气的年轻都市在2008年4月24日这一天充满激情。当时他负责的区域是火炬传递的终点站，区域不大却挤满了2.5万到3万人。"堪培拉一长途汽车公司的汽车全部被我们包光，长途休息站的麦当劳也被一扫而空。"谢清风谈起当时场面时如此形容。

2008年4月的圣火传递事件某种程度上也让在法国的中国留学生空前团结，他们组织

---

① 《留法学生李洹在集会上精彩演讲：不能让祖国受委屈》，2008年4月21日人民网；纪涛、段文若：《李洹：为祖国呐喊的留学生都是火炬手》，2008年7月2日京报网；张庆华：《感受留法大学生李洹：草根情与爱国心》，《北京日报》2008年7月2日；万一：《不能让祖国受委屈》，2008年5月4日新华社网。

了游行以抗议那些干扰圣火传递的势力和行为。在法国攻读传播学硕士学位的学生、"四月之友"协会秘书长蔡印同还清楚地记得，有些热血青年忍不住冲上去跟"藏独"分子扭成一团。蔡印同事后分析认为，激烈的行为只是特殊形势下的需要，毕竟这不是中国人的处事风格，而且也容易给反对势力留下把柄。经历这一年多，对于如何表达爱国情怀，蔡印同认为最重要的转变是寻求如何长期有效地影响当地人，而不仅仅是抗议游行这类短暂的"一锤子买卖"；我们并不指望能够一下子说服别人，而是要通过对话、沟通给他们多提供一个观察角度，告诉他们真实中国的模样。

2009 年初，温家宝总理在剑桥演讲时遭遇不愉快的"掷鞋事件"时，英国剑桥大学政治与国际研究系的研究生常非凡也是目击者之一。"掷鞋事件"最初也点燃了他和其他一些中国留英学生的愤怒，但在那位肇事的德国学生认错道歉后，华人学生原定在庭审当天的请愿活动也就此取消。留学生的冷静没有让事态扩大化，也让清者自清，浊者自浊。

2009 年 9 月 24—25 日，美国宾夕法尼亚州匹兹堡市召开举世瞩目的 20 国集团首脑会议。为迎接中国国家主席胡锦涛出席此次会议，匹兹堡市的数千名中国留学生以及华人、华侨们很早就开始着手准备各种欢迎活动。在各项筹备活动中，匹兹堡市内几所大学的中国留学生成为主力军。当地的各大媒体，包括国家公众电台等西方媒体对中国学生学者联谊会积极筹备欢迎胡主席访问一事也是惊叹不已。首先，经过两个多月的积极准备和一个多月的努力，中国留学生终于拿到了市政府和本地警察局的批文，申请到他们最想要的几个地点欢迎胡主席。与此同时，中国学生会还帮助中国大使馆，在距离市区很近的地方租到一个停车场，以方便留学生和使馆车辆在峰会期间进出市区。当地市政负责人表示，中国学生会是最积极、最有诚意的，他们早在 6 月份就来商谈这些事情，而即便是以敏感迅速著称的美国媒体，诸如美国有线新闻网、福克斯新闻网都因为来得太晚而未能得到最佳的停车地点。组织者是杨滢同学是匹兹堡大学卫生和康复科学学院三年级的博士生。她表示："我们有强大的队伍来迎接胡主席，不仅可以让美国人民看到我们的凝聚力和团结，我们也可以向国内的亲人们展示一下我们留学生积极向上的生活态度。同时也可以给他们宣传一下这座美丽的城市。"每一个匹兹堡大学中国学生会的成员都有着自己紧张的学业和科研任务，然而在整个组织安排过程中，大家都保持着高度的团结和积极态度，把迎接胡主席的到来作为一件关系国家荣誉的大事来做。杨滢同学说："很多时候，我们都要赶在别人上班前等着他们办事。如果别人早上 8 点钟上班，我们就 7 点出发，8 点前一定要赶到他办公室门口，让他们无法拒绝我们的请求。所以很多次以后，我们给与我们联系的匹兹堡市的各个部门人员都留下了非常好的印象，很多人还成为了我们的朋友。同时，我们的目标就是在不影响大家学业的情况下，把这件事做到最好。"在美国要申请集会游行，繁文缛节纷繁复杂；仅申请在该市游行集会的主要文件大概就有 29 页之多；除此之外，还要画出详细的示意图，说明你们想要如何利用这些地区，还要说明是否需要气球、明火、警察、消防设备等；然后还要说明这样的集会如何能够保障残障人士参与，以及集会后垃圾如何处理等琐事。这些事情都需大量的时间和精力来完成。对此，杨滢同学和她的中国学生会团队毫无怨言，成功地完成了任务。其实早在 2008 年，匹兹堡大学的中国学生会就举办了迎奥运的活动。随后，针对当时发生的藏独猖獗的活动，这里的中国留学生又自发组织，开展了大型的西藏历史文化宣传展览活动。那时候就让本地媒体见识到了中国学生的团结力量。随后，"5·12"四川大地震，这边的同学也都为灾区献上了自己微薄的力量，共集资数千美金，并通过使馆捐给了灾区。杨滢同学说："在举办诸多活动中，我最担心的还是同学们的安全问题。例如上次的反藏独大型宣传活动，我们决定一定要按照当地法律来办好这件事。最后整个活动是在和平友好的气氛下圆满完成，因为当时我们申请了警察保护，所以在整个活动过程中，都有安全人员来回走动，确保同学们的平安。"对于此次20国集团首脑会议，杨滢同学也将同学们的安全事宜放在了首位。在申请游行集会通行证的同时，她也申请了警察保护和医疗救护，以确保同学们的整个活动顺利安全。另外，这次活动由于太特殊，杨滢同学还要求参加欢迎胡主席的所有同学都必须是身份获得确认的匹大的中国留学生。每一个学生会的干部都需要负责联系一定数量的同学，以确保所有参加活动同学的身份和安全。本来还有许多华人组织也想要参与他们的欢迎活动，可是由于这些人的身份太复杂，杨滢同学决定还是只把活动限制在留学生中，以期让活动更加安全可靠。杨滢同学代表当地留学人员指出："虽然风吹日晒雨淋的都不一定能见到胡主席，但我们所有的学生都希望领导人能看到我们的心意。虽然我们与祖国远隔重洋，但我们的赤子之心一样的火热。"[①]

2009年10月3日下午，加拿大蒙特利尔约数十名中国留学生和当地华人在达赖喇嘛举行所谓公众见面会的贝尔中心外和平示威，抗议达赖喇嘛以"宗教"之名，行"分裂祖国"之实，并试图用"过滤了历史真相的"说法继续误导包括蒙特利尔人在内的加拿大民众。参加和平示威的中国留学生和当地华人在贝尔中心对面的人行道上一字排开，他们有的高举五星红旗，有的手持用中、英和法文书写的标语牌："达赖，谎言家！""达赖虚伪！""别闹了，快回家吧！——我爱中国！"还有的向来往行人发放《西藏今昔》《3·14暴乱真相》书籍和DVD等资料文献。他们还齐声高唱国歌，向"藏独"分子表示抗议。蒙特利尔一华人团体负责人梁鸣在接受新华社记者采访时说，他们想让蒙特利尔人知道，"达赖经常说谎话，说大话，说一些模棱两可的话来迷惑人"。蒙特利尔乃至加拿大很多人根本不了解西藏的实际情况，对于达赖喇嘛和上层僧侣集团统治的"政教合一"的旧西藏，更是知之甚少。在蒙特利尔一家华文媒体任职的刘铮说，"达赖并非加拿大人想像的那样，他并没有把真相告诉人们"，"达赖现在到处大谈'和平与同情心'的话题，却绝口不提他（在旧西藏）做农奴主时何以对广大农奴没有同情心"。孟凡、任兆凯和乔伊同学是来自蒙特利尔康考迪亚大学的中国留学生，他们在网上得知达赖在蒙特利尔窜访消息后决定一同前来参加抗议示威活动。正在读大三的孟凡同学说："加拿大人不能只听达赖一面之词。我们热爱自己的祖国，我们坚决支持祖国统一。"来自浙江、正在攻读电子工程博士后的顾宇杰同学说，现在正值新中国60华诞之际，"我们都希望达赖喇嘛以祖国统一大业为重，立即停止一切伤害祖国人民感情的行径"。能讲一口流利法语的西尔薇·杨同学说，她发现不少听达赖演讲的人纯粹出于好奇，"加拿大人关于西藏、关于中国的知识都来自当地媒体。而当地媒体在报道这些话题时是否掩盖了一些东西，他们根本不知

---

① 赵永飞：《胡锦涛将出席G20峰会留美学生积极筹备欢迎活动》，《中国日报》2009年9月24日。

道"，"我们在中国生活过，我们应该让当地人了解真正的中国，我们有权告诉他们达赖喇嘛的另一面"。蒙特利尔的中国留学生和当地华人举行的示威活动也引起了一些过路者的兴趣。一位法裔青年在听了西尔薇关于西藏史实的简要介绍后，特地索要了一套有关西藏的书籍和音像资料。①

达赖喇嘛过去是酷爱人皮饰品的西藏僧俗农奴主总代表，在反华势力的扶持下成了"西藏流亡政府"的首领，从事的是赤裸裸的政治活动，但是一些西方媒体却把他塑造成一个"宗教人士"和爱好和平的"非暴力主义者"，还要为其戴上"人权捍卫者"的桂冠；热比娅则是借中国改革开放政策经商致富并有了点小名气，后因出卖国家秘密沦为阶下囚的普通妇女，就因其投靠西方反华势力、从事民族分裂活动，一些西方媒体居然要把她包装成维吾尔人的"精神母亲"。达赖、热比娅在13亿中国人当中是极为不得人心的，但是在西方国家却颇有市场，这种巨大的反差，正是西方媒体的宣传炒作造成的。经历了几桩大事件，在外留学生仍然澎湃着爱国激情，不同的是应对策略的调整。"7·5"事件之后，中法民间青年交流组织"四月之友"协会主办了一次主题为"新疆骚乱与中国少数民族政策"的沙龙，并邀请了法国各界人士以及媒体参加，有助于加深对相关事件的认识程度，扩大中法民间的相互理解。该协会秘书长蔡印同认为，中法真正了解对方的人很少；在他看来中法矛盾的产生并非由于根本利益冲突，而是更多源自双方沟通和互信不足。2008年年4月19日在巴黎共和国广场发表《不能让祖国受委屈》的演讲者李洹，其后作为"四月之友"的主席。也在协会成立后表示，我们需要滴水穿石地消融中西方民间隔阂。他们的行动也引起了法国方面的注意，蔡印同和协会另一名成员接受邀请，于2009年4月底以个人身份前往法国国会，为法国国防部、亚洲中心等机构的专家学者，就中国外交和中法关系做了主题报告。蔡印同认为，我想法国智库会乐意听到这么直接的、来自中国民间的声音，而我们也希望能影响到这些对法国决策有影响的"意见领袖"。谢清风和常非凡所在的澳大利亚和英国的中国留学生组织也在做着同样的事情。如举办多场"剑桥中国高端论坛"；国庆60周年之际，举办相关的展览以及辩论会。常非凡认为，随着新的全球格局逐步形成和依旧风云变化的国际形势和环境，中国还是会面临难以避免的冲突和挑战；时代要求我们不止于做爱国留学生，更应投入到增进中西方沟通理解的工作中去。②

作为中外文化交流的使者，一个时期以来，中国在外留学人员越来越多地利用人们乐于接受的方式友善与平和地传播中国文化、介绍中国人的生活。据中新网援引意大利《欧联时报》的一篇报道，由意大利佛罗伦萨中国学生学者联谊会发起组织的"佛罗伦萨中华文化节"和"庆祝中华人民共和国六十华诞图片展"，于2009年10月4日在佛罗伦萨共和广场举行。佛罗伦萨政界、文化界人士、旅意各国留学生代表、托斯卡纳地区华侨华人代表、侨团负责人，以及当地民众、游客等近3000人观看图片展，并观赏文化演出活动

---

① 赵青、杨士龙：《加拿大蒙特利尔华人和留学生示威抗议达赖窜访》，2009年10月4日新华网。

② 漆菲：《中国海外留学生的爱国路：从抗议示威到对话交流》，《国际先驱导报》2009年8月14日；郭纪：《新闻自由与媒体责任——当今国际新闻传播秩序透视》，《光明日报》2009年8月17日。

和品尝了具有传统风味的中华小吃。新闻图片展内容主要包括中意交流、中国建筑、文化、旅游、体育、环保、经济发展、人民日常生活等方面。在 16 个展览棚中，100 多幅新闻图片从各个角度反映了新中国成立 60 年来在政治、经济、科技、文化各方面所取得的重大成就；反映了中意两国人民的友好交流和在各领域合作中所取得的成绩。新闻图片配有意大利文和英文解说，使观众能够更加直觉地认识中国，了解中国。文化节上，由当地华人华侨表演的老年太极拳、儿童民族舞蹈、中国功夫和留学生的民乐演奏，在传统中华民乐的烘托下，引来了大批的游客驻足观看。佛罗伦萨共和国广场到处是一片节日的欢乐，中国成就、中华文化在古老的广场上与西方文明的交融，让人们再一次领略了来自中华的文明，看到了东方巨龙的崛起。活动期间，佛罗伦萨大学的 100 多位中国留学生和一些来自托斯卡纳大区其他院校的中国留学生身着统一国庆文化衫，用流利的意大利语、英语或中文热情地回答着客人们的每一个问题，向游人介绍中国的历史变革，分别向客人赠送了中国结、剪纸、书法作品等中国传统礼品，并请游客品尝了中国传统小吃。据佛罗伦萨中国学生学者联谊会主席张浩介绍，本次活动经过了近 3 个月的筹备，在佛罗伦萨中国留学生的共同努力下，这次由留学生主办的"文化节"和"新中国图片展"获得了极大的成功。活动还得到了中国驻意大利大使馆、佛罗伦萨总领馆、全意学联的热心支持和当地政府、文化界人士的帮助，同时也得到了佛罗伦萨当地华人华侨、社团组织的赞助。①

三、美国民主基金会资助境外反华势力内幕

实际上，中国在外留学人员面对的并不是一个个孤立的反华势力小团体，而是一支由西方国家持续经费支持的反华集团。美国著名经济学家、地缘政治学家威廉·恩道尔在其所著《霸权背后》一书中，详细描述了美国怎样运用从秘密经济战争、人权"武器化"所演化出来的各种方法来弱化和孤立他国尤其是中国。恩道尔 2009 年 7 月 28 日撰文称，乌鲁木齐"7·5"事件发生后，人们有必要看清美国"独立的"非政府组织"美国民主基金会"的实质。所有迹象显示，美国政府又一次通过民主基金会大肆干涉中国内政。恩道尔明确指出，民主基金会资助过很多国家的众多组织，并为近年来塞尔维亚、格鲁吉亚、乌克兰、吉尔吉斯斯坦等国的政权更替，以及德黑兰 2009 年的大选风波提供资金援助。美国民主基金会并不隐瞒其所资助的各种项目和所属国家。2009 年 8 月 20 日，美国民主基金会项目主任萨利·布莱尔向全球"民主团体"发出邀请，希望它们竞争 2010 年至 2011 年的"民主促进"项目与培训机会。以往这种民间组织发出的邀请常常会被国际社会忽略，然而今年却大不相同。因为自 2008 年拉萨的"3·14"事件、2009 年乌鲁木齐的"7·5"事件、伊朗因选举引发的大规模冲突，其背后都有美国民主基金会的影子。中国《环球时报》记者通过其官方网站调查发现，美国民主基金会所资助的亚洲国家项目有 15 个，包括菲律宾、印尼、越南、泰国、斯里兰卡、蒙古、巴基斯坦、中国等，但其对中国极为重视、高度关注，投入的血本也最大，其资助的中国项目多达 50 项，仅次于

① 博源：《旅意学子举办文化节图片展宣传祖国》，2009 年 10 月 6 日中国新闻网。

伊拉克的 52 项，排名世界第二，远远超过俄罗斯。

《环球时报》记者于 2009 年夏季撰文介绍了上述 50 个项目中包括的五种主要类型。

●一是重点支持"藏独"、"疆独"等分裂势力。此类活动是美国民主基金会最愿意下力气支持的。仅在其官方网站上，《环球时报》记者就找到了它所资助的 11 个"藏独"项目。澳大利亚格里菲斯大学博士米切尔·贝克尔 2009 年 8 月 17 日在加拿大智库"全球研究"的官方网站上撰文称，以 1988 年成立的"西藏国际运动"组织为例，它现在已经初具国际影响力，并在华盛顿、阿姆斯特丹、柏林和布鲁塞尔开设分部。这一切"拜美国民主基金会所赐"，因为"西藏国际运动"1994 年获得了美国民主基金会拨的第一笔资助金，从那之后，它分别于 1997 年、1998 年、2000 年、2001 年、2002 年和 2003 年获得了民主基金会数额不等的资助。这让"西藏国际运动"组织不但闯过了"初创难关"，还迅速地发展起来。有钱、有人、有实力的"西藏国际运动"频频进行"藏独"活动，奥运圣火在法国和英国传递期间，"西藏国际运动"组织就发动"藏独"分子抢夺奥运火炬。贝克尔一针见血地指出："美国民主基金会其实是达赖与支持西藏独立的美国政治人物之间的一座桥梁。"美国民主基金会对"疆独"的支持也在乌鲁木齐"7·5"事件发生后遭媒体全面曝光。有资料显示，自 2004 年起，美国民主基金会就已经开始对中国境外的"东突"组织提供资助。截止 2009 年，民主基金会资助的主要"东突"组织有："世界维吾尔大会"、"美国维吾尔协会"、"国际维吾尔人权与民主基金会"、"国际维吾尔笔会"。截至 2009 年 6 月，美国民主基金会累计向上述境外"东突"组织提供经费近 224 万美元。其中，2004 年度资助近 8 万美元，约占涉华项目资金的 2%。到 2008 年度，资助近 60 万美元，较 2007 年度增加了 14%，约占涉华项目资金的 13%；2009 年度，已确定提供资金 50 余万美元，约占涉华项目资金的 15%。这些钱的具体用处基本都与"疆独"分裂活动有关。以"世维会"为例，2006 年度，该组织获 9 万美元，用于在荷兰海牙和比利时布鲁塞尔举办"第一届维吾尔骨干培训班"；2007 年度，获得 14 万美元，用于再次举办"维吾尔骨干培训班"及撰写《维吾尔人权状况报告》；2008 年度，获 15 万美元，用于开展"维吾尔人权宣传"；2009 年上半年，获 19 万美元，主要用于对"世维会"骨干的培训。"美国维吾尔协会"2004 年至 2008 年，以调查和改善"维吾尔人权"项目先后获得 8 万、13 万、21 万、24 万、27 万美元的资助；2009 年度上半年，"美国维吾尔协会"拟对"维吾尔人权"项目进行人事变动，因此所得资助缩减为 25 万美元。"国际维吾尔人权与民主基金会"2006 年度，以"维吾尔人权"项目获得 9 万美元；2007 年度，以"对维吾尔妇女进行人权宣传和民主教育"项目获得 13 万美元；2008 年度，再次以 2007 年度项目为名获得近 16 万美元。"国际维吾尔笔会"2007 年度以开展"维吾尔人言论自由"项目获得两万多美元；2008 年度，再次以上述项目获得两万多美元资助；2009 年度上半年，以开展"维吾尔人言论自由"项目和举办"突厥语系国际笔会团结网络大会"为由获得近 7 万美元资助。加拿大智囊机构"全球研究"2009 年夏季发表学者威廉·英达尔的文章认为，所有迹象都表明美国政府企图通过民主基金会干扰中国的内部政治。文章一针见血地指出，华盛顿对中国新疆事务的干预其实与人权问题无关，其真实意图是影响新疆在欧亚大陆地缘政治版图中的战略位置，影响新疆在中国与上海合作组织国家经济与能源合作中的战略地位。中国从中亚进口石油、天然气的重要管道都经过新疆，这些进口将使中国减少对海上进口石油的依赖，后者很容易受到美中关系恶化的影响。"骚乱事件发生在上合组织历史性会议（指 2009 年 6 月的上合组织峰会）后不久，这并不是偶然的"。

●美国民主基金会重点支持的第二类对象就是"民运"势力。如它为"民运"色彩浓厚的"香港人权观察"组织提供 17 万美元，为"公民交流"组织提供 59，967 美元。"民运"出版物更是美国民主基金会支持的重点，如自称以"鼓动国内和海外的中国民主运动"为目的的《北京之春》，它 2008 年至 2009 年获得的资助是 18 万美元。"中国信息中心"则获得了 41 万美元的资助。"中国信息中心"号称提供"独立的新闻与观点"，但打开该中心网站，2009 年 8 月 18 日首页上的内容都是煽动民众或者反政府的。

●美国民主基金会愿意资助的第三类组织是各种"民权"团体。如它为"国际劳工协会美国中心"拨款 29 万美元，为"中国援助协会"提供 7.5 万美元。这些团体打着"促进中国民众的法律、人权、环境等民生意识"的旗号，以"唤起共鸣"的方式煽动中国民众与政府对抗。一位从事国家安全领域研究的专家 2009 年 8 月 18 日在接受《环球时报》记者采访时表示："这种方式很有迷惑性，普通民众感觉相关组织这样做是为大家好，是为民众利益考虑。一旦这种所谓的'民权'团体在民主基金会的资助下壮大并按民主基金会的指示行动，那么它会制造出许多让政府难以处理的群体性事件。"

●国际学术界的"中国项目"是美国民主基金会资助的第四类目标。如"普林斯顿中国倡议"项目号称"召集互联网技术专家，为中国普通民众、记者和社会活动家创造更便于交流与沟通的互联网工具"。美国民主基金会资助该项目 11.5 万美元，前提是该项目创造的互联网工具必须"以公众为主导"，还要让中国政府无法控制。

●美国民主基金会赞助的第五类目标是所谓的"纯文化与技术"团体。如民主基金会拨款 3.65 万美元资助"北京东增纳兰文化传播公司"。该项目对外宣称是"资助中国少数民族文化研究与保护"，但了解情况的相关人士称，此项目实际上是在"训练"民间团体，让参训人员对"人权基本概念"和组织发展形式有基本的了解与掌握。

值得注意的是，2008 年拉萨"3·14"暴力犯罪事件后，达赖集团同海外"民运"动乱分子的关系突然红火起来。其后又传出消息，达赖同这些人联手在欧洲某国召开了"全球藏汉大会"，并在印度达兰萨拉召开"2009 中国民运全球代表大会"。达赖集团宣称召开"藏汉大会"是讨论"西藏前途、中国民主化等重大议题"。而动乱分子则联合"达赖私人秘书处"、"西藏流亡政府外交部"宣布，这次大会后还"根据达赖喇嘛尊者的时间"在印度达兰萨拉召开"2009 中国民运全球代表大会"，"正式确认达赖喇嘛尊者为中国民运的精神领袖地位"，"产生统一的领袖和领导集体"，"为回国执政做好充分准备"。表面上的相互推崇，难掩背后蝇营狗苟的考量。一位老牌动乱分子公开表示，"达赖只不过是一个到处化缘的和尚而已，若不是诺贝尔奖光环，恐怕他只有整天坐在庙里守着那几盏酥油灯了，民运也要学习西方，需要的时候就哄哄他，平时不必对他太认真"。达赖在国际上混了几十年，对这些动乱分子的家底多少有些了解，当然也会留着一手。2009 年 3 月 10 日，尽管达赖与动乱分子代表团举行了正式会面，但事后达赖集团一再表示，这是在对方"要求下"举行的，也并没有答应他们提出达赖喇嘛出任海外"民运"精神领袖的要求。正如有海外评论指出，"达赖将民运视作一堆臭泥，他与民运人士虚与委蛇，不是因为后者有什么力量，而是为了造成'汉族人民也支持藏独'的假象。民运一方面被达赖蔑视，一方面又被达赖利用，真是又可怜又可悲。"

美国民主基金会对外往往强调其"民间机构"的身份，但只要了解它的经费来源和组织架构就知道，美国民主基金会其实就是披着"民间"外衣的美国政府部门，是一个纯粹由美国国会拨款的所谓"民间机构"。其以隐蔽的方式促进"美国式民主"传播的做法源于二战结束后。当时为了阻止共产党的影响力在欧洲扩大，美国决策者们开始以秘密输送顾问、装备和资金等形式，资助亲西方的媒体和政党。到了上世纪60年代末，一些美国"私人团体"开始从美国中央情报局接受秘密资金，同样用于削弱共产党的影响。这些"私人团体"后来成长为"美国政治基金会"，也就是美国民主基金会的前身。1983年11月，美国总统里根下令成立美国民主基金会，并要求国会在1984至1985财年拨款6500万美元，用于"促进全球民主"。除要国会拨款外，美国民主基金会的董事会结构更让这个"民间机构"显得怪异，因为其成员包括两名国会议员，美国劳工、商务和教育机构官员，外交政策专家、共和党和民主党代表。民主基金会首任"永久主席"约翰·理查逊是前助理国务卿。现任主席卡尔·杰什曼曾是美国常驻联合国代表的资深顾问。美国国会对民主基金会的拨款数额实际上在不断增加：由最初3300万美元的"定额"增至2004年的4000万美元，再跳到2006财年的6000万美元；到了2008财年，美国民主基金会所获得的年度拨款是1亿美元。与此同时，美国民主基金会很擅长将西方国家各种"民主基金会"拉到一起做工作。比如在对付中国、朝鲜等亚洲国家时，美国民主基金会主要是拉日本、意大利和葡萄牙的"民主基金会"。美国外交与国防政策研究中心副总裁金·A·霍尔姆斯、美国传统基金会国际关系研究所所长谢比·库罗姆披露说，1996年8月1日，美国参议院拨款委员会曾试图取消当年对民主基金会3000万美元的拨款，理由是尽管民主基金会在苏联、中国、古巴、伊朗、伊拉克、尼加拉瓜、越南等国的"民主促进"中发挥了重大作用，但冷战毕竟已经结束，且苏联已经解体，所以不必再花如此大的费用。然而，支持对民主基金会继续拨款的美国议员们表示，尽管苏联解体了，但共产党在中国、古巴、朝鲜和越南继续执政，原苏联加盟共和国内的共产党的影响力仍然不小，不能小看共产党在全球的力量；所以加强推广民主，如投资美国民主基金会，比起与一个"不民主国家"发生战争，代价要小得多，这最符合美国的国家利益。

美国著名经济学家、地缘政治学家威廉·恩道尔先生从事国际政治、国际经济及世界新秩序研究30多年，曾先后发表《石油战争》和《粮食战争》等代表作。2009年，威廉·恩道尔先生的新作《霸权背后》出版，其中揭露美国对中国的谋略部分尤其引人注目。《霸权背后》援引美国国会一份官方报告统计，1999—2006年期间，美国使用或划拨了约1.1亿美元用于在中国实施与"民主"相关的项目，使得受到美国"全国维护民主捐赠基金会"资助的涉华机构和中国机构日益增多。2008年初，美国政府机构认定该是加大对中国施加压力的时候了，于是在中国的西藏自治区挑起重大动乱。这是美国对中国逐步升级施压战略的一部分。这个战略在苏丹，在缅甸，尤其是美国与印度签署特别军事协定对付中国之际，就已实际启动起来。威廉·恩道尔先生指出，除非在未来数十年里中国能够解决两大战略性弱点：不断增长的经济对进口能源的依赖以及对美国首次核打击构成可靠的核威慑，否则中国不可能崛起成为一个真正的世界强国。书作者认为，为了达到全方位主导世界的目的，美国不仅需要在欧亚大陆包围俄罗斯，还需要牢固地控制中国这个崛起中的巨人。这项任务需要使用打着"人权"和"民主"战斗口号幌子之下的各种手段。从1945年到2008年，美国对中国的基本军事战略和地缘政治战略从来没有偏离其核心战略。然而，美国的战术，从"大棒"外交到"胡萝卜加大棒"外交，则有相当大的改变。在任何时候，美国都保持着"分而治之"的整体战略。其目标始终是维持欧亚大陆和整个亚洲的紧张战略，不论是逼迫日本出于对失去美国保护的担心而追随美国的政策，还是通过全球化和外包将美国制造企业转到中国，为正在破产的美国制造商提供巨额利益。尽管华盛顿政策的根基仍然是美国的军事霸权，美国的全方位主导战略却日益转向使用"人权"和"民主"问题作为心理战和经济战的武器，图谋遏制和控制中国。美国对华政策的最终目的，是保持对这个亚洲潜在的经济巨人的控制——控制中国的能源发展、经济发展及国防政策。《霸权背后》的作者强调，今天，近50年来第一次，美国处于取得核主导地位的边缘。可能很快，美国就能够在首次打击中摧毁俄罗斯和中国的远程核武库。核力量对比的这个惊人变化，源自美国核武库的一系列提高，俄罗斯核实力的急剧下降以及中国核力量现代化步伐的冻结。除非华盛顿改变政策，或莫斯科和北京采取行动增加其核力量的规模和戒备程度，俄罗斯和中国以及整个世界，都将在未来很长时间内生活在美国的核阴影之中。①

四、所谓中国留学生"间谍案"的闹剧和"中国间谍"的无稽之谈

2005年2月，来自武汉并毕业于法国贡比涅科技大学的中国女留学生李李进入法雷奥汽车零配件公司空调部门实习，但不久却被公司高级职员指控"盗取电脑资料"。2005年4月26日，瓦雷奥公司以盗窃电脑资料罪递交了一份诉状，使李李受到司法审查，罪名是"背信"和"以舞弊手段进入电脑系统"。李李被指涉嫌在法国伊夫林省拉维里埃尔市的瓦雷奥汽车零配件公司实习期间，从事工业间谍活动。2005年4月29日，法新社一则短消息很快成为法国几乎所有报刊、电台、电视台等媒体的头条新闻：法国汽车集团公司法雷奥公司发现来自中国的间谍——中国实习生李李·黄涉嫌工业间谍罪被法国警方逮捕。李李被法国媒体描述成"精通法、英、德、西等语言"甚至"会说阿拉伯语"的语言天才；拥有数学、机械、实用物理等多项专业学位；精通电脑网络安全突破技术；拥有最尖端的设备：法国警方从其住处搜查出六台"功能强大"的电脑，以及"容量惊人"的移动硬盘；法国警方在搜查其住处的电脑时发现了有关法雷奥公司进入中国市场以及宝马、

---

① 以上参见邱永峥、陈一美：《民主基金会资助50个中国项目为反华势力撑腰》，《环球时报》2009年8月22日；邱永峥、丰帆、于夫、陈一：《美国民主基金会扶植热比娅进行反华活动》，《环球时报》2009年8月10日；金丰：《警惕达赖与海外"民运"牵手》，《环球时报》2009年8月24日；益多：《看达赖和海外动乱分子的新勾结》，《北京青年报》2009年8月6日；《美学者新书揭露美对华遏制战略》，《参考消息》2009年9月26日。

雷诺汽车公司的一些资料。连续几周，几乎法国所有报刊、电台和电视台都连篇累牍大幅报道此事，纷纷以耸人听闻的标题大肆渲染李李案，并异口同声将此案列为"重大间谍事件"。法雷奥领导层也似乎抓住了一条"大鱼"，毫不犹豫地认为这是一场"经济战"。当地警方更是以为抓到了"世纪大案"，忙不迭地派出"重案组"四出调查。法国媒体还曾编造称，武汉是中国汽车工业的重要基地，李李从法雷奥公司获取相关技术和机密，可以在其家乡轻松找到"买主"。对于法国媒体将李李家乡作为论据的做法，李李的同学都觉得很可笑。

但是经过整整两年的全面调查，包括对硬盘的全面检查、对李李在公司活动的模拟重建、对李李所有银行、住处、所上过的网站，特别是对来自中国与李李进行对话或联系的所有信息也都进行全面调查，法国审判长宣布："没有发现你将任何下载的资料传送到任何外国……"。法雷奥总裁莫兰也亲自出面试图淡化这件事情的影响，指责"工业间谍的用词"，自称"并不了解"有"绝密"信息失窃。而且，据多方面的资料显示，李李其实是个很普通的留学生，间谍案存在多个事实漏洞。此刻法国所有传媒报道的李李，却已经是连法语都说得结结巴巴的另一个人了，英语考了三次才通过，其他德、西、阿拉伯更更是天方夜谭；六台电脑为一台李李自用的笔记本，一台与法国男友共用的台式机，两台从法国男友父母家搜出的老掉牙的286、386之类的电脑；而所谓"容量惊人"的硬盘也只有40G；至于精通网络安全突破技术，当警方押送李李回到法雷奥公司，看着李李根本没有用任何密码或网络突破技术，就轻而易举地将所谓的"机密资料"下载到自己的移动硬盘上。有知情者说，当时法国地方警察当局曾将此案郑重其事地"移送"法国反间谍机构"领土监视局"，后者却将厚厚的卷宗很快退了回去，并告之"不感兴趣"。

即便如此，法国司法机构的"公正"、"公平"的程度还是令人目瞪口呆。早在此案正式开庭之前，很多法国网友就已经准确预测了最终的判决结果。一位网友说，这几乎已经成为法国司法界的惯用手法了：在一个大得吓人的罪名下起诉某人，当最终发现是子虚乌有时，往往会以一个小小的罪名判罪。李李自2005年4月29日起被关进凡尔赛女子看守所，在女子监狱度过53天后，于同年6月被假释出狱，并被准予暂时回校学习。在遭到"工业间谍"指控、背负被法国司法起诉的重负两年后，2007年11月23日，24岁的李李被法国凡尔赛轻罪法庭判处一年监禁，其中10个月是缓刑，"滥用信任"、"间谍罪"等指控已不复存在。李李被判二个月实刑，实际只需再坐几天监狱即可获自由。检察官博巴女士认为，"我们虽然面对的不是一个女间谍，但我们面对的是一位出身富有家庭的年轻女子。她有学历，她的知识水平使她完全能够理解一家企业的保密规定。"分析人士称，从检方的求刑与李李被羁押期"巧合"这一细节看，检方已经放弃了对李李的实际指控，只是以此保全"司法公正"面子而已。正如很多法国网友在各个网站上所指出的那样，这显然是一个"面子刑期"：李李在被控"工业间谍罪"时已经被关押了53天。这一判决的目的在于既能够使李李不再入此冤狱，同时法国司法机构也不用为关押李李53天道歉、赔偿。人们再次领教了法国司法的所谓"公正"，即尽管事实总归是事实，但污水却仍然会一直泼下去。李李案发生前不久，德国、英国均曾爆发过诬陷中国的所谓"间谍案"；就在李李案发生的同时，比利时也曾出现过"数百人"的鲁汶大学"间谍案"。

回过头再来回忆一下法国某些媒体当初的嘴脸就不难发现，这样一个荒唐"间谍案"的最终判决结果再好不过地证明，法国相当一些媒体道听途说、捕风捉影、信口雌黄、胡说八道、职业道德低下的程度确已达到惊人的地步。除极少数严肃认真的记者曾去采访李李及其律师，或自己亲自调查一下，其他几乎都是人云亦云。更令人耻笑的是，第一个发出上述所谓"间谍案"新闻的法新社记者犯下了一个明显和低级的错误：她没有理解 Wuhan 是武汉的意思，即李李来自武汉；李李因父母均姓李，故取名李李。这位法新社记者自作聪明，认为李李是名，那么应该有一个姓，于是 Wuhan 就变成了李李的姓。但在拼写上又说不通，于是就变成了 LiliWhuang，即李李·黄；而这个低级错误也被几乎所有法国报刊广泛转载。①

从 2007 年年初开始，一场恶意炒作的"中国间谍"风波，悄悄地在德国积聚力量，并从年初一直炒到了岁末。德国媒体于 2007 年 2 月 6 日报道称，自当年 1 月以来，德国"马克思主义在线文库"网站经常遭到"不明身份者"的恶意攻击，网站无法正常运转。该网站的工作人员布莱恩·培根在接受"德国之声"记者采访时说，"99% 的袭击来自中国"，但不清楚此类"互联网恐怖活动"的背后"是否有政府撑腰"。工作人员的上述说法，依据只有一个：受到黑客袭击的只有中文文库。不过，就连采访培根的记者也不禁要问：马克思主义网站遇到的敌人，怎么会"偏偏来自同属共产主义阵营的中国"。"中国黑客攻击马克思主义在线文库"的说法，引爆了所谓的"中国网络攻击"潮。两天后，德国联邦宪法保护局副局长雷姆贝格，在接受德国《金融时报》采访时表示："最近一段时间，我们发现来自中国的黑客袭击在加强。"他说，其他西方国家也有类似的记录，证明"中国经济间谍"的数量在增加。"有迹象表明"，俄罗斯和中国在德国发展技术间谍的情况最甚，而这两个国家是德国政府最重要的合作伙伴，德国公司对这两国的技术间谍防不胜防。"俄罗斯人多半用传统的间谍方式，从我们收集到的情报看，中国人多采取电子攻击的方式。"德国 IT 安全系统提供商 Wubi 的主管随即附和说，他们开办了一个黑客大赛网站。"每天，从中国来的黑客多达 1000 人次。"这名主管说，中国黑客有着良好素质，数学和密码知识都掌握得很好。

真正引起轰动的是 2007 年 8 月 26 日出版的德国《明镜》周刊，它抢在德国总理默克尔访问中国之前刊登了封面文章《黄色间谍》。该期刊封面上有一个黄色面孔的人从幕后向外窥探，封面故事标题颇为抢眼："黄色间谍"。这篇文章详细介绍了"中国黑客"对德国总理府、外交部、经济部和科研部电脑系统的全面攻击。报道说，德国宪法保护部门早在今年 5 月就通知政府，"中国人民解放军的黑客"绕道韩国，把"木马"安插在德国政府的电脑系统中。专家们进行了一场德意志联邦共和国建国以来最大的"电脑防御战"，阻止了大量敏感信息被人窃取。而此前，有多少数据、什么数据已被人获取，"无法知

---

① 郑若麟：《解读中国女留学生间谍案排外气氛弥漫法国社会》，《文汇报》2007 年 12 月 21 日；《中国女留学生洗脱间谍罪》，2007 年 11 月 25 日四川在线；《法国检方放弃实际指控轻罪法庭作出轻判中国女留学生法国洗脱间谍罪》，《中国日报》2007 年 11 月 24 日。

道"。此后,来华访问的德国总理默克尔,在北京"间接地"提到了这个"棘手的话题","提醒"东道主注意"遵守共同的准则和互相尊重"。

面对铺天盖地的"中国间谍"风潮,德国不乏理智的声音。德国计算机专业杂志《CT》的副总编约尔根·库里在接受"德国之声"记者采访时认为,"德国情报机关关于黑客是来自中国军方的攻击这一说法站不住脚。如果计算机专家追踪到了木马程序的源头,可能可以确定攻击来自中国的一些城市。但前提是,这些黑客头脑不够聪明,手脚不够干净,留下了一些蛛丝马迹。然后人们看到这些城市有一些部队的驻地,因此估计这些攻击者来自军方。然而,这些情报的说服力有限,人们无法拿出能被法院认可的证据,除非追查到黑客的电脑。"库里指出,"有人据此质疑中国伦理道德有问题,这本身就很矛盾,因为德国也有这样的行为。我估计,德国联邦情报局也使用类似的手段。我们也知道,美国国家安全局内有部门专门从事工业间谍活动。德国下萨克森州有一家风力发电设备厂的情报遭窃,后来的调查显示,美国情报机关参与了此事。在西方社会,人们并不把这种行为看成是道德败坏,单单指责中国人是不合适的。"

对所谓"中国间谍"的荒唐指责,引起了在德中国留学生和中国学者的强烈愤怒。2007 年 10 月 20 日,一些社团组织召开"反击明镜"维权讨论会。与会者认为,《黄色间谍》这篇文章已经远远超出德国法律对言论自由、新闻自由的保护范围,是对中国、中国文化以及华人的侮辱,并决定通过"舆论反击、示威抗议、法律诉讼" 3 个步骤开展维权活动,维护尊严。11 月 10 日,150 多名中国留学生及在德华人,前往位于汉堡的《明镜》周刊总部大楼举行示威活动,并递交了抗议书,要求杂志社在 11 月 19 日出版的最新一期周刊上刊登道歉声明。德国汉诺威的中国学生学者联谊会还在网站上公布了中国学者拟定的刑事举报、刑事处罚申请和附带民事赔偿申请书的草稿。当然,维权并不容易。事实上,由于经费的限制,想找到合适的律师都非常困难。全德范围内也只有 4 位华人拥有律师执照,可方向不对口,没有办法直接参与诉讼的准备过程。随着德国主流媒体加入炒作,在德华人的形象和生活受到了极大影响。2007 年 11 月 29 日,中国外交部发言人刘建超在例行记者会上表示,所谓中国在海外从事间谍活动的言论已经不是一次两次出现了。德国联邦某部门官员捕风捉影,一再对中国政府和中国在德人员进行无端指责,中方对这种不负责任的做法表示强烈不满。中方已向德方再次提出严正交涉,要求德国相关官员停止一再损害中国形象和中德关系以及中德两国人民感情的做法。①

据 2009 年 7 月 27 日出版的《环球时报》报道,最近两个月内,德国媒体纷纷抛出数起有关"中国间谍"的"重大新闻"。这些报道援引的所谓"根据"几乎都来自德国联邦宪法保卫局(BFV)的年度报告,报道中采访的德国官员也大多是该局的官员。然而,轰炸式的"中国间谍"报道在谈及证据时却总是语焉不详。美国《基督教科学箴言报》2009 年 7 月 18 日报道,代表美国联邦调查局和军火商发言的布雷特·金斯顿称:"有 3500 多名中国特工伪装成学生或持特殊人才工作签证在美国活动,他们惟一目的是在美国制造或军工企业谋一份工作,以便为中国政府窃取机密"。有分析指出,德、

---

① 《解读德国恶炒"中国网络间谍"真相》,2007 年 12 月 6 日 news.csdn.net 网站。

美等西方国家媒体及官员越来越离谱地炒作"中国间谍"、"中国特工",除了迎合西方部分民众的"中国威胁论"心理外,还可能有一种"扩展业务或增加经费"的自我需要。德、美等国有着世界上最强大的情报部门,但他们似乎并不满足于此,通过编造离奇的谎言使本国纳税人真假难辨,当然就可以达到增加人员编制和经费开支的目的。试想,德国安全机构要对付"中国上百万间谍",当然需要不断扩编自己的反间谍队伍,经费也需要不断增长。美国也是如此,五角大楼每年在间谍卫星、无线电监听等领域投入的经费甚至超过很多国家的全部军费预算。据美国《防务新闻》报道,美国共有 18 个情报部门,仅五角大楼就管辖着其中 10 个。美军的这些情报单位依照各自的搜集手段,已经构筑了包括陆、海、空、天、电磁和信号情报在内的庞大情报网。过于强大的情报收集能力,导致美国情报处理严重滞后。尽管如此,他们仍然不断夸大自己的"假想敌"或"对手",目的同样是为了获取更多的经费预算。另一方面,美、德等西方国家近年来大肆鼓噪"中国间谍"论,也是要找借口来要挟和钳制中国,其最终目的,是要防止中国获得经济崛起的必然要素,这背后仍未摆脱中国威胁论的影子。近年来,中国以一种跟他们不同的社会制度和价值观迅速崛起,这令一些发达国家感到不安,不习惯也不情愿去面对。此外,在世界发达经济体普遍遭受金融危机重创的时刻,中国等新兴市场依然能保持稳定增长,这也让西方一些心态不正的政客和媒体大受刺激。①2009 年 8 月,又有德国当地华人向《环球时报》记者透露,德国联邦宪法保卫局不但在一份年度报告中炮制"中国间谍",甚至还给各大公司发文件,诬称中国来德学者、学生有间谍嫌疑,要求各公司加强防范。一位在德国一家著名高科技公司工作的华人学者 21 日给《环球时报》记者发来邮件称,宪法保卫局的两个官员几天前到公司给高层经理们讲安全问题,重点提到防范中国来的学者、学生。这份报告上写道,"日益密切的德中科技、经济交流所导致的专业人士的往来,有助于(中国)情报机关搜集(德国)经济和科技情报的努力";"中国学生是在德国最多的外国留学生,也情愿听命于中国(情报)机构"。在德华人团体研究对策。一是以公开信的形式指出其中之荒谬和不公,希望得到有正义感的德国公众和部分媒体的理解和支持。这种官方机构不负责任的态度将全部华人置于间谍嫌疑之下,这是对华人工作、生活的无端阻碍,也是对全体华人公民权利和声誉的整体侵害。二是向德国政界发出抗议,甚至通过法律手段解决。② 德国《世界报》2009 年 9 月 21 日援引汉堡宪法保卫局女主管贝尔奈的话称,中国国家安全部在其他国家安插的间谍多达 60 万人。为了表明该报道的"真实性",《世界报》竟然列举了两个"无名无姓"的例子。其中一个例子称,"中国代表团像升起的太阳一样备受尊敬,却在卫生间举行会议。在一个报告会上,一名中国听众肆无忌惮地试图把一个 U 盘插入演讲者的手提电脑,以获取技术资料"。该报还描述了中国间谍打入德国的方法。报道称,中国官方或半官方的中介机构紧盯德国企业的招聘广告,然后

---

　　① 《德国有个"中国间谍"炮制中心使劲手段诋毁中国》,2009 年 7 月 27 日中国网;《德国有个中国间谍论炮制中心西方国家贼喊捉贼大肆渲染中国间谍论》,《世界商业报道》2009 年 7 月 27 日。
　　② 肖木:《德全国搜寻"中国间谍"华人留学生成关注对象》,《环球时报》2009 年 8 月 24 日。

派人去参加考试。另外，中国在德的 3.2 万名留学生和学者也值得怀疑，他们上面都有组织领导。中国学者和专家则认为，中国 60 万经济间谍的报道不仅是无中生有，简直是天方夜谭；德国媒体的做法是惟恐天下不乱，其炒作手法具有延续性，明显违背媒体的职业操守，动机复杂；他们捏造出一个庞大的数字，首先寻求的是市场效应、吸引读者眼球，另外也有刻意抹黑中国的意图。①

五、警惕西方间谍机构对中国留学生的诱惑与欺骗

实际上恰恰是境外情报机构从来没有放松过对中国各个领域、包括在外中国留学人员的渗透。如据 1981 年 5 月 13 日美国《国际先驱论坛报》披露，美国联邦调查局对中国留美学生、学者进行审查、以搜集有关情报并实施策反活动；报道说，联邦调查局以中国自费留学生为工作重点，并派该局特工直接到学校与管理人员联系，搜集中国留学生的简历、家庭出身、社会关系、籍贯和学习科目等情报资料，有时还直接了解中国留学生是否有叛逃倾向；报道还说，美国联邦调查局还利用各种各样的人与中国留学生接触，并建立关系；他们让中国留学生看色情电影、去教堂做礼拜、座谈讨论《圣经》，以及免费邀请中国留学生游览等，妄图进行思想腐蚀，以达到策反的目的。另据美国媒体报道，从 2002 年开始，美国中情局和联邦调查局显著加强了监控和争取中国在外留学生的工作，力图从中招募合适人员作为间谍。②

2004 年 9、10 月间，香港《广角镜》月刊刊发相关文章，系统介绍了美国利用其庞大的情报网络系统加紧对华情报渗透，指出美国对华情战一直方兴未艾，可以说是无孔不入，中国已成为美国情报部门日常工作的重点。首先，美国拥有庞大的情报系统，其中最重要的是中央情报局。中央情报局是美国庞大情报系统的"统帅机关"，它工作的重点在于获取外国情报和在海外进行秘密活动。此外，美国还有十多个情报搜集机构，安插在政府各部门之中，其中包括国防部情报局、国家安全局、联邦安全局、国家侦察局等。就连国务院、财政部、能源部等部门也都有自己庞大的情报机构，其中较重要的有国务院情报与政策研究司、司法部的联邦调查局和缉毒局、财政部的秘密勤务局等。苏联解体后，时任美国总统老布什认为，"中国是最令美国感到不安的国家"，"中国应该成为中央情报局日常工作的重点"。正是基于这种认识，包括中央情报局在内的整个情报体系都日益重视并不断加强对中国的情报工作，使情报渗透无孔不入。

美国作家马克·佩里透露美国对华情报渗透一直没有停止，即使是在"文革"时期也一样并且中情局还利用那个特殊的时期使情报工作取得了进展。据马克·佩里介绍，美国在"文革"期间及以后在中国进行了范围广泛的招募活动，主要是从中间派和在"文革"中受到伤害的人中物色，然后进行招募。在"文革"期间招募的间谍中，最有价值的目标

① 《德媒热炒"中国间谍门"称 3.2 万留德学生有组织》，《环球时报》2009 年 9 月 23 日。

② 饶榕：《谁最有可能是间谍——揭开间谍的隐身面纱》，《国际展望》杂志 2004 年 10 期；《我们的党政军应该大力打击美帝特务内奸，中国应更多曝光境外间谍》，《环球时报》2009 年 5 月 18 日。

是在中国有声望的科学家、作家和外交界人士等，"因为可以从他们那里得到最有价值的情报信息，包括中国秘密的科技规划的详细情报。"据《广角镜》披露，改革开放后，美国情报机构开始利用青年及知识分子中出现的所谓"意识形态真空"、"信仰危机"，在中国的一些高校和学术研究机构加紧间谍组织的发展工作。他们通过多种渠道拓宽间谍网络，一方面大力推动在中国各大学建立传播美国思想文化的研究机构，提供大量图书资料，并且有计划地每年在中国党政机关、经济、文教、宣传等部门邀请一些对国家决策有影响力或潜在影响力的人士访美或赴美学习考察，从中发现和挑选亲美派并招募间谍。另一方面还充分利用高校各种学生社团组织，在传播西方价值观念和各种理论观点的同时，以基金会的方式向他们提供活动经费，进而在背后进行操纵。

　　此外，美国情报部门在中国以外的招募活动主要针对大陆留学生和访问学者。从2002年开始联邦调查局和中央情报局都明显增强了监控和争取中国留学生的工作，力图从中招募合适的人员作为间谍。据联邦调查局官员称，希望通过这些人了解到中国政府到底对什么具体的科技情报最感兴趣，并且能够"告诉我们，中国努力的焦点在什么地方"。目前，联邦调查局跟踪的学生大都是核子物理、空气动力学、导弹和空间卫星相关工程、纳米和加密技术专业。因为这些技术可以用来改善军事通信、导弹跟踪和战场指挥控制能力。为了跟这些专业的中国留学生挂上钩，联邦调查局以招聘中文翻译为由，通过中国学生团体举办一些座谈会，进行摸底。据《纽约时报》透露美国情报机构不但在美国大学中招募中国大陆留学生做谍报人员，甚至公开在华人人中密集的美国各大城市刊登广告，招募华裔美国人做谍报人员。①

---

① 《美国对华情报战无孔不入》，安全保密新干线网站（河南）2004年10月13日。

出国留学政策改革与发展的若干问题研究

新中国成立 60 年以及改革开放 30 多年来，中国的出国留学政策之所以能够取得较大发展和显著成就，关键在于我们选择了符合自身国情、发展水平、历史文化和国际环境的基本制度，并根据国内外综合条件和国际环境的改变，通过改革和创新不断推进政策与制度创新，在变与不变中保持政策的连续性和调整制度的适宜性。虽然已有专家和学者在若干年前就已经预见，随着中国社会与经济的快速发展并最终进入科技大国、经济强国，现行的出国留学政策也终将会完成自己的历史使命而逐渐退出历史舞台，代之以侨民政策或制度来调整相应的关系。2007 年底又陆续有研究者提出此类观点。如北大国际 MBA 美方院长、英国 FORDHAM 大学商学院副院长杨壮教授在 2007 北京论坛暨第四届中国留学人员回国创业发展与交流大会上表示，再过 20 年，相信中国就没有"海归"了；香港科技大学中国跨国关系研究中心主任崔大伟教授认为，"海归"人群是落后国家在经济不断发展强大时期对人才的需要而产生的现象，但只是特定时期的特定群体，如在美国、加拿大和欧洲（应该还有日本）就没有海归这个称呼。[①] 也有学者指出，"20 年期限"的估计也许过于乐观，但正是为了没有"海归"这一天的早日到来，我们仍然需要不断深化出国留学政策的改革与创新，继续加大力度切实落实业已出台的各项吸引和联络在外优秀留学人才的政策措施。

历经多年研究与考虑，本书作者认为，为了进一步推动中国留学活动健康有序地全面发展，在当前以至今后一个比较长的时间内，我们大致需要在以下一些政策的实施与执行方面，力求有所作为、有所创新、有所发展、有所突破。

---

① 高林：《再过 20 年中国将没有海归了!?》，2007 年 11 月 12 日美国中文网。

第一节　实施"科教兴国"和"人才强国"战略，
必须坚持"党管留学人才"的原则

研究各个发达国家吸纳世界高端人才的政策体制，基本上不存在我们目前这种"文件、意见、通知、讲话、会议、大赛、计划、展会、招聘"等轰轰烈烈的状况，大致是一部"移民法"或"出入境管理法"再加上一部"科技进步法"等法规就基本上可以解决全部问题了。因此在目前国内各个部门自成体系、各自为政、多头管理、都想牵头的现行体制下，坚持"党管留学人才"的原则越发显得十分迫切和尤为重要。中国共产党第十六次代表大会相关文件提出，为了实现全面建设小康社会的宏伟目标，必须坚持把发展作为中国共产党执政兴国的第一要务，必须坚持实施"科教兴国"战略，必须坚持人才资源是第一资源的思想，必须坚持把尊重劳动、尊重知识、尊重人才、尊重创新作为党和国家的一项重大方针，必须营造鼓励人们干事业、支持人们干成事业的社会氛围。为了更好地给全面建设小康社会提供人才保证，必须进一步实施"人才强国"战略。在我们党的文件中首次把人才提到前所未有的高度；而留学人才也是我们党和政府极为重视的一部分。在将"科教兴国"和"人才强国"战略具体运用到留学政策以及处理和调整留学人才的具体事务中，坚持"党管人才（包括留学人才）"是一个非常重要的基本原则。

新世纪、新阶段、新形势下，中国人才队伍的结构发生了重大变化，支撑中国共产党各项事业的人才之内涵得到了极大丰富；人才的范围也从过去中共党内干部扩展到代表不同经济成分的、处于国民经济各个领域的、不同层次的社会财富创造者与贡献者。因此，在传统的干部队伍之外，已经有越来越多的社会各方面人才，需要我们党和政府给予必要的关心、培养、服务和管理。同时，党对原来的干部队伍实施分级分类管理，专业技术人才和企业经营管理人才的干部身份在行政体制改革过程中逐渐淡化，党已不再以管理党政干部的方式对他们进行直接管理，而是需要采取新的路径和方式组织发挥好他们的作用。显然，在这一系列背景下，仅靠传统意义上的干部管理已经很难适应新时期经济社会发展对各类人才的迫切需要。"党管干部"的概念已难以涵盖党对人才宏观管理工作所应承担的职责。于是，"党管人才"呼之即出。而作为"党管留学人才"的概念虽然在关于留学人才的调研报告中先于"党管人才"的原则被提出来，但正是"党管人才"原则在中国最高决策层得以确认后，"党管留学人才"才能够得到根本保证并可能实现。

党管人才是中国共产党在进入新世纪后提出的新课题、新原则，正确理解、准确把握和坚持实施党管人才原则对于出国留学工作具有重要的现实意义。第一次全国人才工作会议提出："党管人才，主要是管宏观、管政策、管协调、管服务。"这是在新形势下对中国共产党人才管理工作改革提出的新要求。胡锦涛总书记在会上明确提出了当前和今后一段时期加强和改进人才工作的四个重点：第一，着眼于人才总量的增长和人才

素质的提高，大力加强人才资源能力建设；第二，坚持改革创新，完善人才工作的体制和机制；第三，以培养造就高层次人才带动整个人才队伍建设，促进各级各类人才协调发展；第四，紧密配合国家重大发展战略的实施开发和人才资源配置，促进人才资源和经济社会发展相协调。这不仅是中国当前和今后一段时期加强和改进人才工作的重点，也是党管人才工作的主要任务，更是出国留学工作必须坚持的重要原则。

党管人才是党管干部原则的深化和延伸，充分体现了党的干部工作与人才工作的有机统一。同党管干部原则相比，党管人才原则具有自身的显著特点：1. 管理的范围更加宽泛——"党管干部"的主旨指向党内，其管理的对象主体是党的各级干部；"党管人才"的对象则是为中国全面建设小康社会、促进经济协调发展做出贡献的所有人才。2. 管理的内涵更加深刻——"党管干部"主要侧重于政治和思想两个方面；"党管人才"则要求党组织及各级领导干部变"管人"观念为服务观念，"管"的出发点不是去禁锢人、约束人、折腾人，而是以人为本，创造条件让人发展，既要继续注重对各类人才的思想政治教育，又要特别注重为人才的成长和发展一共服务。3. 管理对象的社会化要求管理方式更加多样化——从管理的对象上来讲，应变单一管理为分类管理；在管理的内容上，应变微观管理为宏观管理；在人才资源配置的方式上，应变封闭管理为开放管理；从管理所应遵循的原则上来讲，应变静态管理为动态管理。

党管人才的基本实现形式主要应该是"制度创新"。即应遵循党管人才的原则，推进包括出国留学工作体制在内的各项体制改革，遵循人才资源开发规律，坚持市场配置人才资源的改革取向。实现制度创新，就需要不断改革、健全、完善和深化有关制度体系：1. 健全完善公务员制度；2. 加快推进事业单位人事制度改革；3. 加强对企业人事制度改革的指导；4. 深化收入分配制度改革；5. 创新人才评价、选拔和使用机制；6. 注重多元化的人才资源开发投资；7. 建立人才资源开放与合理有序的流动机制；8. 构建国内外人才双向互动机制；9. 建立知识型人才资源的激励机制和约束机制；10. 构筑"人才安全"机制和体系，用法律的、行政的和道德的手段设置人才安全防护网。11. 建立以人才资源的法律保障、政策保障、社会保障和安全保障为主要内容的人才保障机制。[①]

第二节　以科学发展观为指导、以"支持留学、鼓励回国、来去自由"为政策依据，适时制定并颁布《出国留学工作纲要》或《出国留学工作条例》

　　1978 年的那次思想解放冲破"两个凡是"的束缚，推动了改革开放以及留学政策的发展；30 年后新一轮的思想解放，需要坚持科学发展观，确立科学态度，推进留学

---

① 王少雄：《党管人才的实现形式与运行机制》，《长江论坛》2005 年第 3 期总第 72 期。

政策科学发展。在新一轮思想解放中，我们需要遵循科学发展的本质规律，思考我们的作为是否真正有利于推进留学政策科学发展。事实上，中共中央的要求是十分明确的，即新的历史条件下解放思想，要采取各种有效措施，着力解决阻碍科学发展的思想问题，着力解决影响和制约科学发展的突出问题，着力建立符合科学发展的体制机制。我们需要清醒地看到，这次思想解放相比于 1978 年那一次，情况已经发生了很大变化。30 年的成就确实带来一些光环，于是一些人志得意满，自我陶醉在已经取得的成就之中，不正视现状，不反思问题；只看到快速发展，看不到发展过程中出现的困难。有文章指出，虽然绝大多数干部仍然是改革的积极推动者，但也有一些领导干部不能正确对待改革，不能正确对待自己，自觉不自觉地成了思想解放的阻力。一些领导干部在有利于自己的时候，思想要多解放有多解放；不利于自己的时候，口头上也会高呼思想解放，但实际上却想尽办法使思想解放进入他自己设计的轨道。同时，我们也不能为了解放思想而解放思想，不能让解放思想仅仅成为口号、成了标签，应该有针对性、操作性、实效性。解放思想的本质是实事求是，外在表现是创造性实践，根本目的是解决留学活动的实际问题、推进社会发展。要围绕科学发展，找准解放思想与留学实际的结合点，努力突破，务求实效。科学发展观的核心是以人为本，我们需要深刻理解留学人员的全面发展与社会发展进步的辩证统一。学习实践科学发展观，需要解决好"发展为了谁、发展依靠谁"的问题，改变"见物不见人"的思维，更加重视保障和改善留学环境，促进社会和谐，让留学政策发展的成果惠及全体留学人员。[①]

科学发展观主体所处的位置及承担的责任决定了科学发展观可以通过价值观的引导和政策资源调配的杠杆作用，成为出国留学活动向"以人为本"方向发展的导航标，成为实现出国留学活动全面、均衡发展的纽带，成为促进出国留学活动依据"人才强国"战略实现可持续发展的助推力，承担留学人才培养和全面发展主要载体的使命。"以人为本"作为科学发展观的核心，其哲学范畴的理论依据就是肯定人是社会发展主体，肯定人是社会发展的根本目的。促进留学政策发展归根到底是为了满足留学人员的需要、利益，愿望和诉求。仅以留学人员的需要来说，它是多方面多层次的：不仅有发展需要，还有社会需要；不仅有个体需要，还有群体与总体需要；每个个体不仅有自身需要，还有相互交往需要；不仅有物质需要，还有精神需要、政治需要等等。因此，确立科学发展观，就要求我们在制定相应的政策规划时，注意全面性与系统性，注意满足留学人才的多方面需要。例如在解决了基本政策之后，即基本的留学权实现后，就要千方百计保证实现留学人员的其他发展权。[②] 在中国社会主义市场经济不断走向成熟、教育需求不断加大的情况下，传统的公民"义务本位"正在向"权利本位"转变；与此同时，政府的"权力本位"和"官本位"也正在向"责任本位"和"服务本位"转变。政策管理部门在出国留学活动中践行科学发展观，就应当用科学的态度和方法解决

---

① 张洪水：《以科学发展为主旋律推进思想解放》，《光明日报》2008 年 7 月 26 日；刘奇葆：《不能让解放思想成口号标签，须有实效性》，2008 年 9 月 16 日中国新闻网。

② 余少波：《如何理解"以人为本"》，《光明日报》2009 年 1 月 18 日。

留学实践中出现的各种问题和矛盾，促进留学行为、留学活动与国际社会的结合；就必须通过留学政策和制度的不断完善、留学教育活动的不断丰富以及留学人才质量的不断提高，完成其作为管理者向服务者的转变。

有人认为，我们的出国留学政策已经尽善尽美、无事可做，可以停滞不前了，应当"无为而治"了。这种看法是荒谬和无知的。针对出国留学政策存在的问题，刘国福教授认为，从法律角度进行思考，我国出国留学政策的指导思想、主管部门、立法技术、法学基础、政策层次、制度性建设、政策实施、政策公开等方面，都存在着不足。如出国留学管理文件技术性不强；出国留学政策的法学基础非常薄弱；出国留学法律文件层次低和混乱；出国留学政策的制度性内容有待充实；缺少监督检查出国留学政策的实施机制。① 不可否认，新中国建立60年以及改革开放30年来，中国政府根据出国留学活动的态势，见微知著、适时适度、区别对待、标本兼治地进行了一系列宏观政策的调整并取得了积极成效，逐步消除了出国留学发展中的不稳定因素，避免出现大的波动，保持了社会的稳定和留学活动的平稳发运行；全方位、多层次、宽领域的出国留学格局已基本形成，出国留学的政策体系也日益完善。但是中国经济和教育的快速发展仍在不断为全球的留学教育提供着新的巨大市场，随之而来的新情况和新问题正在并仍将不断出现；出国留学活动的一些深层次问题还没有完全解决，结构调整、体制改革和增长方式转变的任务仍然比较突出。当我们依靠留学政策管理上的"后发优势"取得一定成就时，就忽略背后的制度基础，而自以为现有的体系已经很好了，从而将未来的留学活动锁定在一个低效率的制度当中，这就必将导致制度上的"后发劣势"。为了实现新时期出国留学政策的目标和任务，就应当以科学发展观为理论基础和指导思想，打破习惯势力和主观偏见的束缚，研究新情况，解决新问题，大胆探索和创新，不断探索发展的新路径、新方法、新措施；就要深入贯彻落实科学发展观，通过解放思想，增强贯彻落实科学发展观的自觉性和坚定性，着力转变不适应不符合科学发展观的思想观念，着力解决影响和制约科学发展的突出问题，把科学发展观贯彻落实到出国留学政策的各个方面，努力实现出国留学又好又快发展。②

1986年12月13日，国务院批转原国家教委《关于出国留学人员工作的若干暂行规定》，并于1987年6月11日在《人民日报》全文刊出。20多年来，虽然其中的某些条款已经过时、失效，进而被新的政策所替代，但该《规定》毕竟是中国现存级别最高的全面论述、详细描述中国出国留学事务的政策性、纲领性文件，在当代中国留学政策发展史上具有比较重要的地位。留学的活动以及随之衍生的方针政策是持续发展和不断更新的，因此我们需要在思想上不断有新解放、理论上不断有新发展，实践上不断有新创造，服务上不断有新手段，从而使出国留学政策始终与时代发展同步伐，与出国留学人员共命运。即应当用发展并源于留学活动的留学政策去指导不断创新的留学实践。20多年来，留学活

---

① 本书第十章第九节。

② 辛向阳：《在新的发展阶段继续解放思想——"纪念真理标准问题讨论30周年研讨会"述要》，《人民日报》2008年7月2日第7版。

动的快速发展使留学工作的情况发生了很大变化，上述《关于出国留学人员工作的若干暂行规定》显然已经不适应快速发展着的形势。留学活动是中国人才强国战略的组成部分，对于培养、造就和吸引留学人才具有重要的作用和意义。为此，就需要策划并制定出科学的、系统的《出国留学纲要》或《出国留学工作条例》，以不断调整各种关系，有效地配置资源，实现留学活动、留学人员、留学服务、留学管理与全社会共同、协调、全面发展。另外，中国不断成熟和自信的出国留学政策也应当更加积极地参与国际事务，主动向世界回应自己的责任和角色，提出自己明确的主张，发挥更大的牵制作用。这就需要把对留学活动的政策性管理逐步转变为在法律框架下的制度性管理。因此，应当在现有的经验教训和创新政策、完善体制的基础上，研究并制定《出国留学工作纲要》，从而将留学活动导入法制建设的轨道。以"纲要"形式出台、相对固定并稳定的政策规章体系，可以在"支持留学、鼓励回国、来去自由"的基本政策框架内，缓和许多留学政策执行中的矛盾并为最终改善各方面的关系提供依据和创造条件。

要实现留学政策与制度的创新，有赖于涉及出国留学活动和留学人才方面一些基础性研究课题或研究项目的开展、创新、完善与支撑。如"公派留学选派政策与效益评估"、"留学回国人才数据库"、"留学人员统计系统"、"在外留学人才库"、"出国留学网络信息系统"、"吸引和使用留学人才比较政策与制度的研究"、"全国性出国留学意向调查"、"自费出国留学效益评价"以及"海外接纳中国留学生的政策取向与能力趋势"等等。

第三节　少搞一些"战略研究"，多做一些以人为本的服务性和保障性事务

一个时期以来，少数基层业务部门的管理者越来越多地热衷于所谓的"出国留学战略性研究"，进行"出国留学战略性思考"，举办"出国留学战略论坛"，召开"出国留学战略研讨会"；而且越是中低层官员的某些会议性活动就越要冠名什么"高层论坛"、"战略研究"，生怕别人把他们看低了，并且往往热衷于各种各样的所谓"工程"、"项目"、"计划"和"大赛"。但是在出国留学正常管理与服务性事务的诸多范畴和领域内，一些十分具体细微的基本条件、基础研究和人性化服务项目或内容被束之高阁的现象还是存在着的。有一篇系统批评此类现象的文章指出，不知起于何日，"工程"时髦神州，急流般涌动着一股"工程"热。"希望工程"为解决贫困地区儿童失学问题，社会各界的爱心人士捐钱助学，兴办"希望小学"，功德无量；诸如葛洲坝水利工程，南水北调工程等国家大型建设项目，也是人所共知，名副其实的。但近些年来的"工程"热，简直是五花八门，充斥媒体，多得叫人目不暇接，弄得人晕头转向。某些地方推出的"民心工程"、"惠民工程"变味走样，成了"伤心工程"、"形象工程"、"政绩工程"，乃至是狸猫换太子的"敛财工程"、"腐败工程"。这类劳民伤财的"工程"搞得越多，祸害越大，不搞也罢。最令人费解的是，在思想文化、教育和学术领域勃兴的"工程"热，是否也烛照着急功近利的浮躁心态，以至流于简单化、形式化呢。教育、

理论和学术文化建设搞"工程"化，是我们的一个"创造"。只可惜，短期化、功利化的"工程"热，并没有带来教育、理论、学术研究的真正繁荣，出现的反倒是大学教育质量下滑，学术研究的泡沫化。文化教育、理论学术的创新和繁荣，需要长期的积累，艰巨的劳动，绝不像干工程项目那样，按预定计划如期施工所能成功的。这些依靠人的自由发展和自主创新实现的软实力建设工作，"短平快"的"工程"热，除了制造些文化垃圾、学术泡沫，出现一些令人啼笑皆非的"学术明星"，还能有什么成效呢。四面八方"工程"热，成败得失寸心知。该干什么就干什么，该叫什么就叫什么，脚踏实地，苦干实干，我们的事业才能兴旺；滥用"工程"，迷信"工程"，多半是做无用功。①

笔者随手查阅一下 2008 年 7 月 1 日的中国政府第一大报——《人民日报》，会搜索到这样一些重要会议或文件的标题：中共中央在中南海怀仁堂召开抗震救灾先进代表座谈会；胡锦涛积极评价第四次中美战略经济对话；徐才厚会见中美安全问题研讨会美方代表；亚欧首脑会议网站开通；全国政协召开迎接奥运座谈会；张德江主持地震灾区恢复生产和扩大就业座谈会；四部委组织法学家百场报告会；非盟首脑会议开幕；世界石油大会开幕；中英可持续发展研讨会举行等等，其中很少能看到"战略、研究、论坛或大赛"一类明显浮躁、浮夸的字句。还有这样一条会议消息，中共中央政治局委员、国务委员刘延东于 2008 年 9 月 22 日出席"国务院文物普查领导小组会议"并发表讲话；同时注意到在这次会议的讲话中，刘延东国务委员没有用过一次"战略"之类的词句；并且其讲话的一些原则精神对出国留学事务管理的改革同样具有针对性和指导意义：要巩固已有成果，周密精心部署，加强薄弱环节，解决突出问题；要心系基层，落实责任制，加强协调，整合力量。②

经过上述简单对比，我们似乎可以发现这样一个规律：即越是"中低层次"的会议、书籍、文章、活动、比赛，就越喜欢使用"高层次"的字眼；越不属于战略问题的问题，就越要挂上"战略研究"的招牌；越是尚不具备必要资格和资历研究所谓战略问题的人员，就越要自诩为搞出来的东西为"战略研究"或"战略思考"。非常遗憾的是，我本人也没能逃脱"战略"等上述俗套的诱惑，也曾于 2003 年在《清华大学教育研究》上发表过一篇研究当代中国留学政策文章的时候，并使用了一个《留学政策战略研究》题目。现在看来，这实际上就是一种"拉大旗做虎皮"的心理在作怪，就是惟恐自己写的东西被读者轻视了，无非是想显示一下个人的政策水平和研究能力有多么高深。这其实不过都是些自欺欺人、华而不实的典型表现，当然经不起时间和社会的检验。现在看来、读来、思来、想来，无不为之深感内疚、自责和不安，并希望通过这种方式向读者、向广大的留学人员、也向留学政策的研究者们表示由衷地歉意。

不搞"战略性研究"并不是无事可做。有研究者针对本世纪以来在基层部门、服务

---

① 乐朋：《冷对"工程"热》，《北京日报》2009 年 7 月 27 日第 15 版。
② 《刘延东在国务院文物普查领导小组会议上强调加强薄弱环节解决突出问题》，《人民日报》2008 年 9 月 23 日第 4 版。

机构也普遍进行着"战略研究、战略论坛、战略思考、高层论坛"这种浮躁、浮夸的现象不无忧虑地表示，约 200 万出国留学和留学回国人员最缺少的恐怕还是众多"有作为、办实事的服务者"，而不是"夸夸其谈的战略研究者"；当科教兴国、人才强国、党管人才等国家战略和原则已被中共中央和中国政府及其领导人确定下来之后，作为出国留学事务与留学回国事务的各级管理者和政策执行者们应该做、能够做、也必须做到的，只有三件事：第一是服务、第二也是服务、第三还是服务！否则就是失职、就是渎职、就是怠懈。对此，当我们重温原教育部副部长韦钰院士 10 余年前关于应该"研究如何更好地为国家实施'科教兴国'战略服务的问题"这段话时（2002 年 5 月中共中央又提出了"人才强国"战略），除了上述那种忧虑以外，还感到一种危机感、责任感和忧患意识。① 难怪有高层领导干部对当前的服务性工作深感不满，大声疾呼：为老百姓办事尽心一点，真的很难吗？并表示，不能对机关作风建设效果估计过高；进行问卷调查，群众满意率总是上不来，不是没有原因的，决不能小看作风问题；党风政风行风搞不好，会把党的形象搞坏、把党群关系搞僵、把软环境搞糟、把民心搞散；机关作风存在的问题非抓不可、非改不可；要拿出实际行动，坚决反对官老爷作风，反对衙门习气，反对效率低下，反对不正之风；必须着力在制度、体制、机制上杜绝损害群众利益的不正之风；必须认真办一批人民群众看得见、摸得着的实事好事，让群众看到成效、得到实惠、感到温暖。②

　　不搞"战略性研究"，并非不需要开展相关的问题讨论与政策研究，当前恰恰十分并迫切地需要加强对出国留学政策与留学回国政策的调查与研究。在这方面的欠账是相当严重的，特别是在基础性研究方面更是几乎无人问津。有研究者认为，截止本书出版前后，就全国范围而言，尚未完全形成一个比较核心的国家级研究团队，一个相对科学、规范、独立、严谨的出国留学政策与留学回国政策的研究体制尚未真正建立起来。国内各个部门自成体系、各自为政，基本是一种多中心、多体制、多部门制度下松散性研究活动。2008年 7 月 31 日，全国人大常委会副委员长、中科院院长路甬祥在"中科院领导干部视频会议"上表示，作为国家战略科技力量，中国科学院就是要致力解决关系国家全局和长远发展的基础性、先导性和系统性的重大科技问题；努力做大学很难做、企业又不愿意做的研发工作。③ 那么，是否可以想象有一个类似于"中科院"的机构也能来出面承担"致力解决关系国家全局和长远发展的基础性、先导性和系统性的出国留学政策与留学回国政策问题；努力做大学很难做、政府又不方便做的政策研究工作"呢？我们欣喜地看到，2004年以来并截至 2008 年，由中国社会科学院人事局副局长潘晨光教授领衔并主编的《中国人才蓝皮书 NO1—NO4》和《中国人才发展报告 NO1—NO5》已经进行了这方面的尝试。在上述 5 年期间内编辑出版的 9 本《人才蓝皮书》中，潘晨光、娄伟、逢丹、杨晓京、苗

---

① 参见本书第九章第七节第三小节。

② 《广东省委常委、广州市委书记朱小丹近日在市委深入学习实践科学发展观活动领导小组第二次会议上说"为老百姓办事尽心一点，真的很难吗？"》，《人民日报》2008 年 12 月 15 日。

③ 齐芳：《路甬祥要求中科院做大学难做、企业不做的科研》，《光明日报》2008 年 8 月 1 日第 2 版。

丹国、杨新育、曹国兴、赵峰等作者先后发表了6篇关于出国留学政策与留学回国政策的文章。另外，中共中央组织部继本世纪初完成全国人才（包括留学人才）状况研究课题之后，在2008年又启动了新一轮的上述研究课题。

同样欣喜的是，由本书作者提议和策划，并由王辉耀、苗丹国和程希共同主编的《中国留学人才发展报告（2007年卷）》，已于中华人民共和国成立60年之际问世。

同时我们相信，致力于研究当代留学问题的民间智库也将会于不久的将来组建起来。建立这样一个智库的目的，就是要系统地研究关系到国家全局和长远发展的基础性和先导性出国留学政策，注重研究留学活动面临的实际问题，长期开展大学难做、机关单位又不愿意做的上述政策研究活动。2009年是新中国实行全新留学政策60周年，也是改革开放后实行"扩大派遣留学人员政策"刚刚过去30周年。经过60年的努力和探索，出国留学与留学回国的政策体系，初步走上了一条适合中国国情、符合当代留学活动和培养科技创新人才规律、建设现代留学政策体系的新路子；实现了创新能力的历史性跨越，发挥了多数留学人员特别是高层次留学人才的骨干引领作用，对教育科技体制改革也起到了一定的推动作用。60年以来的留学活动与留学实践，深化和丰富了对留学人才群体的定位和作用的认识。而在其后的政策研究方面，必须聚焦于能够带动和促进出国留学活动健康发展的重大问题，聚焦于前沿交叉综合性的重大科学问题和重要新兴学科方向，建设以"科教兴国"、"人才强国"战略和"党管人才"原则为指导、以整体出国留学与留学回国活动为研究背景、以全体留学人才的真实状况与数据为研究基础、以专家学者和研究人员的已有研究成果为依托、开放共享并不断创新的出国留学政策研究平台；为提高留学人员的成才率、回国率和为国服务的水平，提供新知识、新方法和新手段；为解决政策、服务、管理等制约出国留学活动可持续发展的重大问题，提供系统的科学认知、数据积累和解决方案。①

《中国留学人才发展报告》和"出国留学研究智库"对于最大限度地汇集学者、专家和研究人员的意见，并积极推动和发展出国留学政策的研究活动提供了一个较高层次的平台。有关当代中国出国留学问题与出国留学政策、留学回国政策的研究活动，将会有一个全新的局面。作为思想库，上述一书一库将以"通过促进中国学生学者的国际间流动和提升流动后的社会作用"为宗旨，开展广泛的基础性研究，并追求研究的实际结果；作为民间的研究组织，它将以"独立研究，注重质量和影响力"为口号，即通过高质量的独立研究，为建设一个更加开放、安全、繁荣与和谐的中国学生学者国际间流动体系，向政府、社会和公民提供有新意且注重实效的政策性建议；作为有较高学术与政策研究能力和广泛实际工作经验的研究者团队，应当摈弃"愿望很高、收效甚微"的所谓战略性研究，而是倾向于具有更为前瞻性和更具实质性的政策与制度研究。②

进入本世纪以来，随着中国各类留学人员的不断增加以及各种恶性事件的不断发生，在外留学人员人身和财产安全的问题已经越来越引起各方面的关注。由于受全书篇幅的限

① 齐芳：《路甬祥要求中科院做大学难做、企业不做的科研》，《光明日报》2008年8月1日第2版。
② "卡内基国际和平基金会"、"布鲁金斯学会"、"大西洋理事会"网站。

制，本书未能充分展开谈论和研究在外留学人员的安全状况与相关政策的问题。其实，中国内地每年资助进行的社科类大大小小的研究课题没有上百万个，也有数万甚至数十万个吧；不管是哪个单位、哪个机构、哪个项目、哪个课题或者哪位专家、哪位学者、哪位管理者，针对留学人员安全问题专门搞一个全面的、客观的、实用的、并且是可以公开发表的研究报告，应该不是一件很困难的事情吧。遗憾的是，至今我们还没能够看到谁在做这类研究并有基本像样的报告发表。大概只有当把中国在外留学人员的安全问题作为"战略"来对待的时候，才会有人去"研究"并发表"在外留学人员安全战略研究报告"。随本书首次发表的《出国留学六十年大事概览》系统记录了近期一些留学安全方面的情况以及中国官方的政策措施，同时也不难看出中国在外留学人员安全形势的大致状况。

2008 年 6 月 17 日，国家留学基金管理委员会印发《关于加强国家公派留学人员在外安全教育的通知》，这份《通知》要求各驻外使（领）馆教育（文化）处（组）应高度重视国家公派留学人员的在外人身安全问题，将此项工作作为日常工作的重要组成部分，保证广大国家公派留学人员在外期间学有所成、学成回国；并要根据所在国的具体情况，有针对性地加强安全教育工作，及时、妥善地处理突发意外事件。《通知》指出，随着"国家建设高水平大学公派研究生项目"的实施，国家公派留学人员在外人数大规模增加，国外管理工作面临严峻考验。近来，在外连续发生多起国家公派留学人员重大交通事故，造成 4 人身亡，1 人重伤。他们都是经过层层选拔出来的优秀人才，尤其是两名"国家建设高水平大学公派研究生项目"学生，在外期间各方面表现非常优秀，受到大家好评。他们在留学期间发生不幸，不仅给其家人带来巨大悲痛，而且也给国家造成无可挽回的损失。上述惨剧应引起我们对在外留学人员安全问题的高度重视和警惕，采取有效措施，进一步加强国家公派留学人员在外安全教育，提高风险防范意识，防患于未然。《通知》还明确提出了四点具体要求：1. 本着对国家、对人才高度负责的态度，扎实、深入、细致地开展日常管理工作。要利用留学人员报到、注册、参加活动、访问、座谈会、使（领）馆网站等形式和机会，尤其是要结合"国家建设高水平大学公派研究生项目"学生年龄较小、生活常识欠缺、社会经验和应急能力不足、好奇心强等特点，有针对性、因地制宜地开展安全教育工作，及时向学生宣传所在国法律、法规、风俗习惯等知识，普及交通法规等生活常识，提醒他们按所在国要求尽快办理各种保险，特别强调节假日期间外出一定要结伴而行，尽量采用公共交通工具，注意安全；2. 组织各种安全留学和心理健康咨询活动，对学生进行驻在国安全形势、安全事故防范等方面的教育，提高学生自我保护意识和自我调节能力，避免恶性事故的发生；3. 充分调动和发挥中国学生学者联谊会的作用，并与校方和当地有关部门保持密切联系，建立广泛、畅通的联络渠道；4、在得知意外事故发生后，应按照我国领事保护与协助程序，按使（领）馆的统一部署，立即采取行动，并将有关情况及时反馈国内有关方面。

2008 年 6 月 22 日，即上述《通知》发布后第 5 天，中国驻澳大利亚使馆教育处迅速作出反应，很快印发了《关于提请国家公派留学人员务必注意在外留学安全的通知》，特别提请本馆区内旅澳公派留学人员高度重视在外安全，提高风险防范意识，防患于未然。其中结合当地情况提出了 8 条基本注意事项：1. 仔细了解有关澳大利亚的概况和安全留学注意事项；2. 充分了解留学所在地交通情况，深入了解交通法规，避免因交通情况不熟而发生事故；3. 尽快了解留学地区的生活习俗、治安情况，掌握生活常识、丰富社会经验和提高应急能力；4. 尽快办理有关医疗和意外等各种保险，以备万一；5. 外出一定要结伴同行，尽量采用公共交通工具，注意安全；6. 注重安全留学和心理健康，提高自身自我保护意识和自我调节能力，在有需要的情况下相互帮助；7. 积极参加所在高校、城市中国学生学者联谊会组织，与导师、校方和当地有关部门保持联系；8. 在遇到有关安全事项时，尽快向所在地区中国使、领馆和当地警察局报告情况，寻求帮助。

2009 年 1 月 10 日，中国留学生在莫斯科大学校内被当地"光头党"成员连捅 18 刀，这一血腥消息让国人震惊于俄极端排外团体的残忍与嚣张。据报道，近几年，对赴俄留学生威胁最大的就是"光头党"。远赴异国求学却要时刻为安全担忧，这是所有留俄中国学生心头的痛。甚至走在大街上谁都不招惹，也会遭到残忍的突袭，这种恐惧加重了留学生对安全的担忧。往年到了 4 月，学校会让一些低年级的中国留学生放假，以防止在这段时间内出现安全问题。2008 年 3 月，数个中国留学生使用的 QQ 群上，都出现了"最近光头党可能对中国留学生发动大规模袭击，希望注意安全"的信息。信息最后还有这样的提醒：如有摩擦，能忍则忍！据中国留学生介绍，作为世界知名学府的莫大，校园内设有警察局，在莫斯科的大学中，莫大的安保措施是相对较好的，但这也不能保证留学生的绝对安全，毕竟极端排外思潮的影响极大。虽然莫大主楼门口有警卫端着卡拉什尼科夫冲锋枪站岗，这里的安全还是有保障的。但其他寝室楼的安全级别就低了许多。"1 月事件"发生后，中国驻莫斯科外交机构和莫大领导层都对中国留学生的安全问题予以关注。学校方面在该事件发生后召开了专门的安全会议，各国留学生代表均与会，事件发生后采取了诸如增加巡逻警力等安全措施，不过这些措施的效果还不是十分明显。"光头党"的猖獗同俄政府打击不力有关，因此"光头党"的作案手法更加残忍和肆无忌惮。过去很少出现的砍头、泼硫酸和围攻群体目标，现在开始多见。

2009 年 4 月中旬，中国外交部连续发布三条安全警示，提请在外留学人员注意人身安全。起因是泰国、澳大利亚和尼日利亚相继出现中国公民人身安全事件。如 4 月 6 日，就读澳大利亚昆士兰州布里斯班市某学校的一名中国留学生与同伴在黄金海岸冲浪者天堂游泳时失踪。

2009 年 7 月 22 日，一名就读于韩国培材大学的中国留学生在韩国大田市宿舍中遇害身亡。中国驻韩国使馆要求韩方加快案件审理，依法严惩凶手，并采取有效措施加强对在韩中国留学生的保护，避免类似事件再次发生。中国外交部领事司指出，近年来，澳大利亚、英国、加拿大、韩国等国发生多起中国留学生遇害事件，因此再次提醒海外中国留学生提高安全防范意识，增强自我保护能力；遇紧急情况及时报警并与中国驻外使领馆及时联系求助。

2009 年 7 月 30 日，中国外交部再次对在澳洲中国留学生安全形势提出重大警告。起因是中国 4 名留学生在澳大利亚昆士兰州黄金海岸遭 3 名不明身份的当地人殴打，造成一名留学生面部骨折，其余三名留学生受轻伤。因澳大利亚连续发生多起中国留学生人身受伤害案件，外交部和中国驻澳使领馆已就相关案件多次向澳方提出交涉。同时，外交部领事司和中国驻澳使领馆再次提醒中国在澳留学生务必加强安全防范，提高自我保护能力；遇紧急情况及时报警并与中国驻澳大利亚使领馆联系求助。

2009 年 8 月 10 日，教育部网站发布消息称，针对近期中国个别在外留学人员遭遇被杀、车祸、受骗等人身伤亡和财产损失的情况，教育部有关负责人提醒广大在外留学人员注意人身财产安全；要求出国留学相关机构要以高度责任感，扎实、深入、细致地开展安全教育工作；要求中国驻外使（领）馆教育处（组）切实维护中国在外留学人员的权益。教育部有关负责人指出，出国留学安全，一直以来是学生和家长们始终关注的话题。"留学安全"不仅仅指人身安全，还包括留学生心理及学习安全等范畴。出国留学要树立"安全第一"的观念，应以笃学、谨言、慎行为要，乐观开朗，为人友善，提高自我保护意识，时刻注意人身安全，防患于未然，避免给犯罪分子可乘之机。出国留学相关机构要以高度的责任感，扎实、深入、细致地开展安全教育工作。对留学人员的安全教育工作应从出国培训抓起，派出机构、出国培训部门、留学中介机构等应进一步加强安全教育工作，把安全教育纳入出国培训教育体系，提醒每一位留学人员树立安全防范意识，提高自我保护能力。中国驻外使（领）馆教育处（组）应充分认识对在外留学人员安全教育工作的重要性，增强服务意识，提高管理效率，多渠道、多形式地开展安全教育活动，建立和健全安全预警机制，制订和完善突发事件应急预案，同时要加强与驻在国当地有关部门的联系和沟通，及时、妥善处理我在外留学人员安全事件，切实维护我在外留学人员的权益。该负责人希望每一位留学人员在海外学习期间一定要从自身做起，注意安全，让国内的家人朋友放心；更要珍惜来之不易的留学机会，努力学习，勤奋钻研，发扬中华民族的传统美德，尊重当地人的风俗和生活习惯，遵守法律，友好相处，安全完成学业报效祖国。

2009 年 9 月 22 日，中国驻温哥华总领事馆教育组召开当地华文媒体记者招待会，通过媒体向中国留学生传达祖国的关爱和期待，呼吁中国留学生遵守当地法规，注意自身安全，不要让留学生变成的"流血生"。这则消息是中新网根据加拿大《明报》和《环球华报》的报道提供的。加西两省总共聚集 3 万名中国留学生，中国驻温哥华总领事馆教育组教育参赞薛亚霏先生表示，教育组连他在内只有 3 个工作人员，等于 1 人管 1 万名学生，学生多，问题也多：学生被诈骗集团骗去万元、女学生涉打男友被警察拉走、学生醉酒驾车回国后被禁止入境，还有学生因大雪被困温哥华机场，打电话求助，一查之下学生有吃有住，但心里闷，只是想找人谈谈话。薛亚霏参赞说，那些还未上大学的"准留学生"，其实是问题最多的一类留学生，他们年纪半大不小，无家人陪在身边，无成熟处事经验，又因为本来在中国可能连中文都学习不好，现在换了环境以英文学习，学生一下难适应，或是对读书没兴趣，各种接踵而来的问题即不少。薛亚霏参赞说，留学生协助工作非常多元，只要是找到教育组要求协助，教育组均会尽量给予协助；从事协助留学生工作，最紧张的莫过于接到家长来电，要求协寻不知下落的孩子，家长通常把事情说的很严重，例如会说，"参赞，我想我孩子可能死了，否则怎么没有下落？"来引起领馆注意；当他透过各种管道找到孩子后，才发现孩子不念书，又没跟家里联络，害家里以为他遭到不测，也有令人生气的是，明明已帮家长找到孩子，但孩子却不跟家里联络，害家里全家上下着急生病，这种情况也发生过。薛亚霏参赞表示，留学生出门在外，首重的是自身安全，再则是建立团队精神，能够在群体中与人和睦相处，他认为，这两点比学习更为重要；留学生要好好想想，在中国担心他们平安的父母，以及筹借他们学费的七姑八姨，要像样，才能对得起在中国的家人们。就在中华人民共和国成立60周年纪念日即将来临，中国驻温哥华总领事馆教育组于22日召开当地华文媒体记者招待会，希望通过媒体，向中国留学生传达祖国的关爱和期待，祝愿留学生们在加拿大健康成长，顺利完成学业，度过安全、愉快的留学生活。薛亚霏参赞表示，青年是祖国的未来、家庭的希望，特别是来自中国大陆的留学生多系独生子女，他们人在加国，万里之外的家人和祖国时时刻刻把他们牵挂在心里。他指出，留学生们务必要认识到留学生活的"三要素"：在外留学，首要任务是安全，父母家人最大的希望是自己的孩子平平安安；其次是要培养团队精神，注意心理健康；第三，才是学习。薛参赞指出，通常一提起留学生生活，大家第一反映就是要刻苦学习，其实，大家不应总是强调学习的"苦"，而应寻找学习的规律，须知学习是有窍门的，更是有乐趣的；并且，在整个留学生涯中，学生们必须始终把安全问题放在头等重要的地位上，要不断增强自我防护能力，提高自我保护意识，以保障自身安全，防患于未然。薛参赞说，试想一下，如果连性命都不保，谈何学习、谈何发展、谈何报效祖国呢。薛参赞结合自己多年从事留学生管理工作的经验，总结了留学生活中危及身心安全的17大隐忧：1. 不遵守当地法律法规：譬如就读维多利亚大学的一位中国留学生，大学期间曾因醉酒开车被拘留，四年后回中国过春节，返加时被边检拦下，因其当年的醉酒驾车事件留下了犯罪记录，最终被拒入境加国。2. 交通事故：留学生因交通事故致死率最高。3. 户外活动事故：溺水事故是导致出人命恶果第二位高的，此外，滑雪撞树致重伤致残的事件也不少。4. 疾病危害：奉劝所有留学生都要按规定买医疗保险，以备万全。5. 日常家居生活灾害：较多发生的包括火灾、触电、食物中毒等恶性事件。6. 欺诈罪案：有一个真实的事例：一位在温哥华的女留学生接到香港打来的电话，恭喜她中了15万美元，不过要先给抽奖活动举办方寄去4000加元，才能得到奖金。该女生信以为真，如约寄去钱。对方又称发现她不是活动举办方会员，要求再寄4000加元入会费。接下来的一个电话就完全变成了威胁口气，称之前与其联系的两人已确认犯罪，问要公了还是私了，女生不得已又寄去3800加元，共被骗走11800加元。她后来报了警，可是因为其行为全属自愿，警方不予立案。7. 抢劫乃至劫持：这类案件多因当事人疏忽大意，或者过分炫富所致。8. 偷窃：常见的手法之一是假装不小心往你身上倒洒了番茄酱，然后殷勤地帮你清洁，同时顺手牵羊盗走你身上的钱财。9. 恐怖分子蓄意闹事：针对中国留学生的这类案件尚未出现，但一出就不得了，需多加小心。10. 自然危害和野生动物：在加国这样地广人稀的地方，一个闪电、大雷都会致人于死地。野生动物例如鹿，看似温顺，其实对人有攻击性；小浣熊样子可爱，但多带有狂犬病菌。11. 同居关系：薛参赞认为留学生同居的根源在于心理上的孤独感，他劝谕青年学生避免仓促同居。12. 性侵甚至强奸：女孩子们该拒绝时要坚决拒绝，要注意保留犯罪证据。13. 小留学生出走：薛参赞诘问道，那些在幕后策划和指使的人有没有站在孩子的角度认真地想一想，孩子今后漫长的人生道路怎么走。14. 恋爱问题：留学生们要懂得西方习俗，要清楚知道男孩请你喝咖啡、出外吃饭意味着什么，不要一直态度含糊不清，模棱两可，弄到以后发展到遭人跟踪、威胁、报复这类的事态。15. 住宅安全：要养成注意安全细节的好习惯，譬如要随手关门、关好暖气、煤气和水电开关，有人敲门时要透过门孔观察，确定无危险才开门，等等。16. 心理健康：要注意培养自己的心理承受力和适应性，塑造自己开朗豁达的性格。17. 虚惊：曾有一家长与领馆教育组联系，称自己儿子在卑诗大学念书，已3个月没跟家里联系了，恐怕已被杀了。教育组一查，那孩子以前给家里提供的 UBC 校内的住址根本就不存在，再查，原来孩子住在温东，而且3年来根本没有去上大学。这样刻意隐瞒、疏离家人的做法，不但让别人担惊受怕，其实也易使自己陷入孤立无援的境地。

2009 年 10 月 1 日，在中国驻多伦多总领事馆教育组的提议、支持和资助下，加拿大多伦多大学中国留学生社团编印的《（中国）留学生应急实用手册》在当地各大专院校分批免费摆放和发放。这条消息是由中新网根据加拿大《世界日报》报道提供的。多伦多大学中国留学生社团编印《留学生应急实用手册》，是为了帮助中国留学生应对生活和学习中发生的突发事件。报道称，近些年来，中国留学生在海外接连发生了多起意外事故，引起了中国驻多伦多总事领馆的高度关注。为了帮助和保护在加拿大留学的学子，多伦多大学中国学生社团"多大前线"杂志社，为留学生编印这本《加拿大留学生应急实用手册》。该手册主编、"多大前线"社长沈达明同学表示，这本手册以实用信息为主，旨在向广大中国留学生提供应急技巧，传播校园知识和生活技能。①

第四节 以"改革创新"精神推动出国留学活动与出国留学政策继续发展

中国的改革开放已进入一个全面协调可持续发展的阶段，中国的依法治国已进入一个"全面落实"和"加快建设"的阶段，中国社会正在进入一个崇尚法治和实行法治的时代。法治时代要求出国留学的法规和制度在未来中国改革开放和科学发展过程中发挥更大的引导和保障作用。在中国特色社会主义法律体系已基本形成以后，出国留学活动的法制建设，应当顺应法治时代到来这个大趋势，加快从政策和规定体系向法律和法规制度的转变。留学政策的管理机构要切实坚持科学立法、民主立法，努力从制度上消除部门立法的弊端；要坚持国家利益至上，同时要依法行事，充分保障留学当事人的合法权益；要依法设立一套服务、廉价、透明、高效的新型留学事务管理机构；要提高立法质量，完善立法程序，改进立法技术，优化立法结构，进一步完善中国留学政策的法律法规体系。

2008 年 9 月 19 日，胡锦涛总书记在"全党深入学习实践科学发展观活动动员大会暨省部级主要领导干部专题研讨班开班式"上强调指出，改革开放以来，我们党高度重视自身建设，坚持党要管党、从严治党，全面推进党的建设新的伟大工程，推动党的建设在不

---

① 以上参见中国留学网、国家留学网、中国新闻网、中国外交部网站、中国教育部网站。

断改进中得到加强。同时，我们必须清醒地看到，随着改革开放和社会主义市场经济不断发展，随着党执政时间的增加和党的队伍的变化，党的自身建设面临许多新课题新考验，党面临的执政考验、改革开放考验、发展社会主义市场经济考验将是长期的、复杂的，管党治党的任务比过去任何时候都更为繁重。当前，党的执政能力与新形势新任务的要求还不完全适应、不完全符合，一些党员、干部的思想观念、能力素质与党的先进性要求还不完全适应、不完全符合，一些基层党组织的管理手段和创新能力与经济社会发展任务还不完全适应、不完全符合，一些地方的党组织、领导班子、领导干部党性党风党纪方面还存在这样那样的问题。今年以来，一些地方发生重大生产安全事故和食品安全事故给人民群众生命财产造成重大损失。从这些事件中反映出，一些干部缺乏宗旨意识、大局意识、忧患意识、责任意识、作风飘浮、管理松弛、工作不扎实，有的甚至对群众呼声和疾苦置若罔闻，对关系群众生命安全这样的重大问题麻木不仁。我们对这些事件及其后果的严重性必须充分估计，对其中的惨痛教训必须牢牢记取。这些事件再一次告诫我们，只有抓紧解决党员干部队伍中存在的突出问题，使全党同志始终坚持立党为公、执政为民，始终坚持以人为本，始终把人民群众安危冷暖放在心上，我们党才能更好地带领广大人民群众为夺取全面建设小康社会新胜利而奋斗。[①] 胡锦涛总书记的上述讲话对出国留学政策与留学回国政策的管理和服务具有十分重要的指导意义。因此在出国留学工作领域，必须紧紧围绕服务者与管理者受教育、科学发展上水平、留学人员得实惠，进一步解放思想、实事求是、改革创新，切实增强贯彻落实科学发展观的自觉性和坚定性，着力转变不适应、不符合科学发展要求的思想观念，着力解决影响和制约科学发展的突出问题以及各级管理者在党性党风党纪方面留学人员反映强烈的问题，着力构建有利于科学发展的体制机制，提高领导科学发展、促进社会和谐的能力，使出国留学活动、政策建设更加符合科学发展观的要求，把出国留学活动的发展积极性进一步引导到科学发展上来，把科学发展观贯彻落实到出国留学政策发展各个方面。[②]

1992 年邓小平在上海提出"思想更解放一点，胆子更大一点，步子更快一点"，"要克服一个怕字，要有勇气。什么事情总要有人试第一个，才能开拓新路。"而今，依然需要这种勇气和智慧，来推动思想的新解放、改革的新突破。30 年改革开放的一条基本经验就是，解放思想是改革发展的火车头。每次思想的新解放，都推动了改革开放新突破，促进了经济社会的新发展。历史经验表明，坚持思想解放，中国就改革就进步；反之，就停滞就落后。有学者认为，与 1978 年由北京发起的真理检验标准的讨论、1990 年代初由上海发起的姓社姓资讨论不同的是，2008 年前后由广东发起的思想大解放的目标是要树立以人为本标准的权威，还权于民，调整现有利益格局，实现公共品的公平有效分配。前两次思想解放出现在改革开放之初，意识形态的束缚较重，解放思想的目标很明确，就是要破除这种束缚。但是，这一次要注重于利益格局的调整和还权于民，把知情权、表达权、参与权、监督权还给公民，对社会公共品进行公平有效的分配，最终达到还财于民。体制

---

① 《胡锦涛：一些干部对百姓生命安全问题麻木不仁》，2008 年 9 月 20 日新华网。
② 《人民日报》社论：《发展中国特色社会主义重大战略部署》，2008 年 9 月 21 日人民网。

改革就是调整利益格局，使资源的分配不能再按照权力和关系的原则来进行。当前首先是要推进政管理体制改革，政府公共权力不能形成特殊的利益集团。第二要从党内民主做起，逐步从体制上和组织上形成监督，不让"一把手"变成"一霸手"，要防止出现特殊利益集团。第三是民意机关改革，主要是指人大的改革，利益格局的调整是一个复杂的过程，目前尚未对此形成共识；但是中共十七大已经提出了以民生为重点的社会建设，这就是要增加对公共品的投入，实现发展成果的公平分配。①

我们已经站在留学历史的新起点上；新起点的一个基本涵义，就是把以往的留学历史、留学经验、留学活动作为基础、作为前提、作为新的起点。因此，在留学历史新起点上强调解放思想和改革创新，也就自然反映了对待以往留学活动的清醒意识和科学态度。也就是要辩证和清醒地看待以往的历史成就、历史经验以及历史进程中流行的一些观念。历史成就的取得源于历史的成功经验。但如果不能正确对待历史经验，把历史经验神圣化、绝对化、简单化，看不到实践的发展，条件的变化，不能用发展的历史的眼光看待历史经验，不能结合发展了的实践，变化了的条件，创造性地、具体地、灵活地运用历史经验，就很容易形成新的思维定势。面对历史经验，需要继续解放思想，始终保持清醒的辩证思维的科学态度，让思想跟上发展的实践和变化了的环境，防止坠入思想僵化的窠臼。而解放思想又有两个显著特征，一是要有所遵循，是以实事求是为前提和基础的，不是胡思乱想，随心所欲；二是要有所指向，是以推动现实发展为目的，不是为了解放思想而解放思想，不能滞留在观念王国，总在战略思考和思想领域绕圈子、打转转。②

第五节　不断完善国家公派留学人员选派政策

国家公派留学人员主要包括由国家提供全额或部分资助并由国家安排享受政府间互换奖学金的大学生、研究生、进修人员、访问学者和高级研究学者；是根据国家建设需要和国家计划，面向全国统一选拔，并按照国家留学基金资助方式签约派出，执行国家统一经费开支规定的出国留学人员。国家公派出国留学工作是围绕建设人力资源强国和创新型国家建设，根据全面建设小康社会的需要，密切配合国家"第十一个五年规划纲要"和"国家中长期科学和技术发展纲要"对留学人才的需求，重点考虑国家战略、重点工程和重大项目需要，并由国家统筹计划、选派、管理和服务等各个环节的一项系统工程。③ 中国政府大规模资助研究生出国留学是培养具有国际视野的创新型人才的重要战略举措，同时也有很大的人才流失的风险。但在经济全球化的今天，人才的流动是不可逆转的。国家公派留学立足长远，是国家发展战略的需求，是建设创新型国家的需

---

① 《人民日报原副总编周瑞金：解放思想要克服怕字》，《南方日报》2008年9月21日。
② 张晓林：《在历史新起点上继续解放思想》，《文汇报》2008年3月24日。
③ 张秀琴：《坚持改革开放，努力实现留学工作大发展》，《神州学人》2008年第3期。

要，不可能短期内见效，但从长远看必将对"科教兴国"、"人才强国"战略的实施以及创新型国家的建设产生深远的影响。[①] 中国国家留学基金管理委员会秘书长刘京辉女士在 2009 年 3 月 25 日举行的教育部新闻发布会上指出，国家留学基金的出国留学人员选拔工作，始终坚持"个人申请、专家评审、平等竞争、择优录取、签约派出、违约赔偿"的 24 字方针；坚持创新机制，形成资源，突出重点，跨越发展的原则；坚持着眼于国家重大发展战略、国家经济建设和社会发展对高层次人才的需求，并不断创造"规模大、层次高、渠道多、效率显著"的成果。刘京辉秘书长表示，根据上述原则，国家留学基金委将进一步解放思想，与时俱进，全力推进高层次、创新型人才的培养，继续实施以下出国留学选派项目：国家建设高水平大学公派留学生项目、国家优秀自费留学生奖学金项目、国家重点行业和特殊人才需求项目、西部地区人才培养特别项目和地方合作项目、为四川抗震救灾特别设立的美国留学项目、青年骨干教师项目、中外政府互换奖学金项目、古巴政府奖学金项目等。[②]

科学的公派留学选派政策作为在出国留学活动实行人才强国战略和科学发展观的载体，其本质就是要通过留学教育资源与各个主体之间权利和责任的合理配置，促使出国留学活动的全面、协调、可持续地发展，实现留学人员全面发展的目的。在知识经济时代，面对日新月异、复杂多变的国际形势和社会环境，出国留学活动领域永远都在面临着为一个未知世界培养国际化人才的挑战。个人发展是社会发展的基础，社会发展是个人发展的保证，两者密不可分、互为动力。科学的公派留学政策在强调个人为国家做贡献的同时，也应注重个人能动性的发挥，优先培养受教育者可持续发展的能力；既要致力于国家目标的和任务的实现，又要注重促进留学人员个体的全面发展和个性培养，并引导个人的发展寓于国家和派出单位的发展之中，理性地实现个人与社会的有机结合。

科学的公派留学政策的主题不应仅限于善后型的"管理办法"和"追究违约责任"，而必须具有创新性和前瞻性，并应将其提升为高瞻远瞩、未雨绸缪的具体举措。因此，配合国家人才战略的实施，必须不断扩大留学教育的对外开放、深化公派留学工作机制的改革和创新，在公派留学的派出结构、派出层次、派出质量和派出规模上不断进行调整。即要以实施国家人才战略为契机，以培养世界一流人才为目标，以世界上一流的教育机构为留学接收单位，以一流的青年教师和研究生为主要选派对象，并争取在派出数量上有实质性的突破；在争取国家财政支持的同时，还应不断拓宽筹集资金的思路和渠道，增强"国家留学基金"吸纳社会资金的能力；在现有资助标准的基础上，不断将国家资助出国留学人员的水平安排到更高档次。

一是要按照"落实三个一流、培养高端人才、创新管理机制、扩大派遣规模"的基本原则，稳定、完善并创新国家公派留学人员派遣制度；在选派工作中，坚持改革开放的方

① 杨新育：《国家公派留学与创新型人才培养》，《中国人才发展报告 NO5》，社会科学文献出版社 2008 年 7 月出版。

② 刘京辉：《教育部新闻发布会实录》，2009 年 3 月 25 日人民网。

针不动摇，坚持培养高端人才的方向不动摇，坚持宁缺毋滥的原则不动摇，坚持择优录取的原则不动摇；不断开拓创新，提高层次，优化结构，形成一个机制合理、渠道多样、规模更大、层次更高、服务周到的新时期国家公派出国留学工作新格局。

二是要进一步扩大国家公派出国留学的整体规模，进一步提高派出层次和选派质量，进一步完善各项服务保障机制，争取国家留学基金项目的更大发展。紧密配合国家人才战略的实施，不断扩大国家公派留学教育的对外开放水平，不断深化公派留学工作机制的改革，在派出结构、派出层次、派出质量、派出规模、学科比例和服务水平上不断进行调整和创新。

三是要在国家重点建设的高水平大学中选拔一流学生，派往国外一流院校、专业，师从一流导师，重点实施"国家建设高水平大学公派研究生项目"，加快创建一流大学和高水平大学的建设，培养一大批能够提升自主创新能力、具有国际视野的新一代领军人物和拔尖创新人才。同时要进一步完善配套措施，支持开展学术交流活动；建立专业学术交流平台，加强派出单位和中外导师之间在培养高层次人才工作中的紧密合作关系；活跃学生学者及留学生联谊组织间的交流活动，促进留学回国人员与在外留学人员间的互动与合作，开辟共同进行学术、科学研究通道，展开对创新团队、核心人才或高新技术项目的开发与引进等，提高追踪了解世界前沿学科动态的服务能力。

四是要遵循"公正、公平、公开"原则，完善选派办法，坚持专家评审制度，创新选拔模式，确保上述人员的选派质量；拓宽留学渠道，提高奖学金资助力度，加大公派留学对高层次人才的吸引力，建立稳定持久的学术合作和出国留学渠道，保证留学效益。同时要不断健全和完善各级各类公派留学选拔专家库制度，不断调整和规范专家的准入门槛和责任制度，不断加强各类国家公派留学项目审批的科学性；坚持实行受理、审查、审批"三分离"，审批的条件、过程、结果"三公开"。

五是要进一步加强机构建设，健全工作机制，强化服务意识，简化审批手续，发挥出国留学主管部门、教育部驻外机构、国内选派单位、留学生导师和在外留学生社团组织等各方面的积极作用，齐抓共管，形成合力，构建多层次的服务机制和管理体系，逐步建立起出国留学研究生培养的长期合作伙伴关系。同时要不断改进和完善管理手段，提高服务水平，建立、健全国内外统一完整的国家公派出国留学信息管理与服务系统；要充分开发利用国内外优质教育资源，建立优质留学资源信息库；要设立海外留学专家咨询系统，完善重大项目专家评议论证制度要制定科学规范的评价标准，建立留学效益评估体系要发挥考核评价在提高留学质量和效益中的作用，不断提高公派出国留学管理工作的科学性、实效性和前瞻性。在争取国家财政支持的同时，不断拓宽筹集资金的思路和渠道，增强"国家留学基金"吸纳社会资金的能力；即在现有资助标准的基础上，不断将国家资助出国留学人员的水平安排到更高档次；建立、健全因各国政局和物价变化而能够做出较快反映或变动的"中国政府奖学金调整机制"。

第六节　检讨并不断完善适合中国国情的
人才培养、人才吸引和人才使用
的政策机制,加快教育体制改革

　　改革开放十年之际,邓小平曾发表过一段著名的意见:"十年改革最大的失误在教育!"新中国成立60年以及实行改革开放30年后,在中国所有领域中,教育体制的改革、创新与发展的难度也最大。国内有学者通过研究认为,在20世纪末至21世纪初的若干年里,中国教育的改革和发展过程中出现了一个十分值得关注和研究的现象:一方面,从不同的方面看,中国的教育事业取得了十分明显的进步和发展,包括义务教育的基本普及、基础教育的扩大与发展、高等教育的大众化以及教育结构的调整和教育法制的建设等等;但另一方面,这种非常明显的教育发展和成绩却并没有如人们所期望的那样带来教育公平和教育素质的提高,整个社会对教育改革和发展的批评仍然不绝于耳,特别是对于教育公平的批评和指责,更是成为社会、公民、新闻媒体甚至理论界和各级政府等各个方面越来越关注的话题。有国内学者指出,改革30来,膨胀最猛的是教育,全民最重视的是教育,问题最大的是教育,变化最小的还是教育。教育已经走到了荒诞的地步。① 作为已经在国家教育部履职20余年的公务员,我们自己最不愿意看到的就是教育战线不断发生的问题;我们自己最不情愿听到的就是民众对教育工作不间断的批评;但是我们又不能不正视某些确确实实存在的现象。2009年10月12日,《人民日报》全文刊登了温家宝总理在2009年教师节前夕考察北京35中时所作的讲话。字里行间,语重心长,相信大家都能真切体会到温总理对中国教育现存问题的沉思。温总理指出:"新中国成立60年来我国教育事业有了很大发展,无论是在学生的就学率还是在教育质量上,都取得了巨大成绩,这些成绩是不可磨灭的。但是,为什么社会上还有那么多人对教育有许多担心和意见? ⋯⋯任继愈老先生90岁生日时,我给他送了一个花篮祝寿,他给我回了一封信,这不是感谢信,而是对教育的建议信。我坦率告诉大家,他对我国教育的现状有一种危机感,他尖锐地指出了教育存在的一些问题。⋯⋯我们这些年甚至建国以来培养的人才尤其是杰出人才,确实不能满足国家的需要,还不能说在世界上占到应有的地位。⋯⋯我们出去这么多留学生,也成长了一批人才,充实了各行各业,但确实很少有像李四光、钱学森、钱三强那样的世界著名人才。"首位担任英国名校之长的中国校长杨福家院士是这样解读这段话的——这是温总理一再问:60年过去了,为什么我们培养不出像钱学森那样的杰出人才? 对此,一些教育界的前辈们对中国教育现状的危机感,油然而生。②

　　来自各有关方面的数据显示:

　　1. 中国是一个发展中的人口大国,仅受教育人口就有3亿多人。如不将沉重的人口压

---

　　① 郑也夫:《教育部该当中国第一大部》,2009年3月26日《南方周末》。

　　② 《教育界回应总理意见中国教育如何摆脱"危机"》,2009年10月19日《人民日报》。

力转化为巨大的人力资源，国家就难以持续发展。

2. 1978 年亚洲金融危机爆发后，中国政府采取了积极扩大内需的政策，成果之一是实现了国内教育的跨越式发展。其中近十年的高等教育规模扩张，使得 2007 年各类高校在校生达到 2700 万人，高等教育毛入学率从 9.8% 提高到 23.0%，增加了 13.2 个百分点；大学基础设施明显改善，校舍面积由 1 亿平方米上升为 7 亿平方米。但是有学者认为，中国高等教育财政体制和机制没有根本改变，财政投入也没有得到相应的增加。①

3. 另外中国具有博士授予权的高校已超过 310 所，而美国只有 253 所；年培养博士生数量已经超过美国居世界第一；有学者质疑：中国的教育有这样强大了吗？抑或是"大而不强"？②

4. 通过对 1975—2007 年期间中国大陆 SSCI（汤姆森路透集团建立的社会科学引文索引）论文的科学计量与分析发现——论文总量逐年上升（6543 篇），但明显少于日本（28972 篇），甚至少于中国台湾（8870 篇），仅稍高于韩国（6369 篇）；且研究主题多限于关注国内问题。③

针对中国高等教育体制存在的各种弊端和问题，湖南师范大学文学院教授张良田先生在于 2009 年初发给《人民日报》编辑部的电子邮件中，讲述了发生在他身边的三件事情，看后令人十分感慨。他的观点和反映的现象也许未必全面，但也不失为一种有益的思考和重要的警示。张良田教授认为，中国有最勤奋的学生，有最勤劳的教师，却办不出最好的大学，原因究竟在什么地方。那么张良田教授讲述的三个哭笑不得的真实故事也许能给出一些答案。

1. 湖南某大学，各专业开设的课程大体分为公共课与专业课两大块，两大块所占课时及学分比大致为 4.5∶5.5。这一比例分配，削弱了专业课的分量。对此，各个专业颇有意见，想要提高专业课的比重，纷纷向教务处提交课程结构调整报告。教务处被迫召集各专业负责人与教师代表开会，专门讨论课程结构调整问题。大家提出了"政治理论课门类太多，可以整合"、"公共外语课课时太多，需要压缩"、"专业课是大学教育的基石，必须加强"等建议。教务处长说："我的想法跟大家的差不多，但我做不了主，还是请主管校长来吧。"主管校长听取意见以后明确表示："大家的意见都很好，我也是这么想的。不过，公共课的开设是教育部定的，各个高校都这样，我们不能动，也不敢动!"于是，大家白白忙活了一场。

2. 国家课题是衡量大学办学水平的一个指标，大学特别注重申报国家课题，大学教师也以拥有国家课题为荣。每到申报国家课题的时候，主管科研的校长和处长们就开始忙碌起来，又是号召大家申报，又是四处打听评委信息，还拎着土特产乘飞机去送礼。几个

① 赵黎娜：《关于高等教育公共财政政策的思考》，《光明日报》2008 年 9 月 24 日第 9 版。
② 张志坤：《从博士生数量世界第一说起》，《光明日报》2008 年 9 月 24 日第 1 版。
③ 刘莉、刘少雪、刘念才：《关于我国大陆 SSCI 论文的趋势与政策建议》，《教育部科技委专家建议》2008 年 9 月 18 日第 9 期。

回合下来，虽然花费不小，但也能拿回若干个课题，于是皆大欢喜。张良田教授的一位邻居因为申报成功了两个国家课题，大家就请他喝酒，叫他介绍经验。酒过三巡之后，他说："能否拿到国家课题，关键看两点，要么有自己人当评委，要么舍得掏钱送礼。有自己人当评委的，几乎人人都可以拿到；舍得掏钱送礼的，自然也可以拿到。一个 10 万元的课题，你拿出 8 万元去送礼，肯定可以成功！跑课题也好，跑奖项也好，必须坚信的真理是'舍不得孩子套不到狼'。你一拿到课题，得到奖项，不仅名利双收，学校在向教育部报告科研成果时，也有东西可填了。至于你的课题到底有没有价值，有没有成果，没有人关心的。"

3. 若干年前，为了迎接上级的"本科教学评估"大检查，某大学可以说是全力动员——花血本装饰校园、添置教学设备，把近 3 年的考试试卷与毕业论文翻出来重新评阅，让每一个学生都停课突击复习英语，请来已经接受过评估的高校校长作报告……把大家折腾得够呛。一些老教授向校长提意见，说没必要搞这样的形式主义。校长回答："我也不想这么搞，但是，我们不得不按照评估指标来搞，'胳膊拗不过大腿'，别的高校也一样，就算是搞形式主义，也拜托各位配合一下。"最终，学校获得到了"优秀"的评估结论，不过，本来不欠一分钱外债的学校也因此欠下了许多外债。

张良田教授表示，上述三个故事只是冰山一角。表面看来所呈现的基本事实是：一所大学到底开设怎样的课程，校长老师居然做不了主；一个靠人脉与送礼得来的国家课题，居然可以没有价值与成果；一次本科教学评估，居然可以让被评估的大学欠下一屁股债。但这三个事实背后的实质是：各大学并没有获得真正的办学自主权。这是中国很多大学科研水平不高、甚至多年来"原地踏步"的重要原因。《人民日报》编辑部同时刊录了此前温家宝总理在国家科教领导小组会议上发表的意见："教育方针、教育体制、教育布局和教育投入，属于国家行为，应该由国家负责。具体到每个学校如何办好，还是应该由学校负责、校长负责。不同类型学校的领导体制和办学模式应有所不同，要尊重学校的办学自主权。教育事业还是应该由懂教育的人办。"①

针对中国高等教育的问现状，著名教育家刘道玉先生于 2009 年初公开发表了《彻底整顿高等教育十意见书》。其中指出：乱，包括大学生在内的社会各界都看到了，就是教育领导当局看不到。这验证了一句古谚："旁观者清，当事者迷"。作为一个旁观者，我愿为教育领导当局解迷，希望他们听进些逆耳忠言，并付诸整改行动。20 世纪 90 年代初大学合并，揭开了我国高等教育大操大办的序幕。近 20 年内，高教领域里发生了太多事件，例如大学合并，教育产业化，建设一流大学，本科高速扩招，研究生数量急剧膨胀，专升本，学院改名，学术造假，教学假评估，建大学城运动，大学圈地远动和建设豪华校园等。值得肯定的是，高等教育在数量上取得了进步，教育经费有所增加，办学条件也有改善。到 2007 年，大学生在校生已达 2700 万，世界第一。高等教育毛入学率已达 23%，实现了高等教育的大众化，部分省市已步入普及化的阶段。但是，片面追求高速度，也带来

---

① 伍修琼整理：《一位大学教授给本报来信呼吁：办学自主权要交给大学》，《人民日报》2009 年 2 月 5 日第 11 版。

了一系列严重的问题，如教学质量严重下降，大学毕业生就业困难，研究生泡沫化，学风浮夸和学术造假，教授和博士生导师素质严重下滑，教育产业化或变相产业化越演越烈，大学中的铺张浪费严重，债务累累，官本位越来越严重……。历史经验表明，凡是一次高速大发展或大破坏之后，一般需要进行一段时间的调整，这符合事物螺旋式发展的规律。可是，近20年的高等教育一直以火箭的速度上升，从没有进行过调整或整顿，根本谈不上巩固和提高。经过长期的观察和思考，我提出整顿高等教育的十意见书，真诚希望国家高层做出决定，对高等教育进行一次彻底整顿：1. 废除自学考试制度；2. 取消不合格的在职研究生学位；3. 砍掉一半大学的博士授予资格；4. 大学必须与所谓"独立学院"脱离关系；5. 让成人教育回归职业教育；6. 停止大学办分校；7. 整顿大学的科技开发园和研究院；8. 实行教授定编制；9. 砍掉三分之二的大学出版社和学报，剽窃抄袭见光死；10. 整顿（高校各级领导的）大少爷作风，严查大学财务支出。①

在斯文的全国人大、政协"两会"上，大家早已习惯了许多代表和委员们的温良恭俭。而率真委员黄因慧跟教育部直接"叫板"，也许是人们在2009年"两会"期间听到的最激烈、最口无遮拦的精彩发言。2009年3月10日，在政协致公党分组讨论上，江苏省政协副主席黄因慧指出："搞大学教学质量评估，管到大学课件、教案是否规范，劳民伤财，鸡飞狗跳。你管大学校长的事干什么啊？你吃饱了撑的。那大学校长干什么呀？""教育部把我们高校都害惨了，把我们分三六九等，制约学校去跟别人竞争。你再有本事，要想从这个层次跳到那个层次，想也不要想。其实这不仅害了排名靠后的学校，也害了清华、北大。它们就是吃老本，仍然全国排名第一，但在国际上排名还是那么靠后。"这样的"粗话"似乎不符合一个政协副主席的口吻；但黄因慧批评教育部的大白话，赢得在座委员一片喝彩和热烈响应。② 作为某种对比，有文章介绍了美国教育部的职能和管理工作：职能简单而有限，主要就是提供一些联邦资助，收集和传播关于学校和教育的信息，以及确保教育机会的平等。很显然，与其说美国教育部是一个"管理"机构，不如说它是一个"服务"机构，因为它既无权任命一个学校的校长，也无权规定教师的职称和薪水，更无权过问学校的课程和老师的教案。尽管美国各州和地方政府对教育（尤其是中小学教育）有着不小的管理权，它们也不像我们的教育部一样管得事无巨细，连教师的教案都不放过。并且，美国各州和县市的教育行政机关一般只能管理公立学校，而对私立学校基本上没什么管理权；别以为这些私立学校不成气候，实际上，各种各样的私立学校在美国有4万所左右，大学阶段的私立学校就有4000余所，是公立大学的一倍还多，全美最好大学如哈佛、耶鲁等都是私立的。相比较而言，当前中国教育的最大问题之一是，教育行政部门对学校的管理事无巨细、整齐划一。整个教育僵化沉闷，学生有知识而无能力，教师有文凭而无思想。③

在《国家中长期教育改革和发展规划纲要》广泛征求意见的过程中，国内基础教育的

---

①　刘道玉：《彻底整顿高等教育十意见书》，《南方周末》2009年2月26日。

②　李梁：《2009年"两会"十大言者》，《南方周末》2009年3月18日。

③　王建勋：《美国的教育部"管"些什么？》，《南方都市报》2009年3月16日。

现状和改革方向成了人们争论最为激烈的话题之一。北京理工大学教科所所长、21 世纪教育发展研究院院长杨东平教授说，我国城市基础教育出现了畸形化，严重背离了义务教育的教育目标，尤其是将考试压力下放到小学阶段，这种摧残更加令人不能容忍；基础教育需要进行从教育观念到教育过程的彻底改革。杨东平认为基础教育的问题可以归结为两个最为突出的问题：愈演愈烈的择校热和严重的应试教育；这两者之间是有紧密联系的，择校竞争是以应试教育的成就作为筹码的，学校为了提高自己的择校竞争力会不断提高自己的升学率，不断增加学生的应试压力。对于择校竞争和应试教育愈演愈烈的原因，社会有一个比较典型的解释：人民群众日益增长的教育需求与短缺的优质教育资源之间的矛盾。杨东平并不认可这种说法，他认为"我们的优质教育资源与 5 年、10 年前相比增加了很多，而我们的学龄人口却在大幅下降。目前基础教育阶段的这种乱相不能用供求关系的矛盾来解释，它是由一些更为具体的教育政策造成的。其中一个重要的因素就是重点学校制度。"一名家长曾说，"如果有一天我看到领导的孩子也在普通学校上学了，我才能相信真正的义务教育来了。"①

由北京理工大学教科所硕士生邓宇虹、北京师范大学经济与工商管理学院博士生宗晓华和北京师范大学首都基础教育研究院讲师成刚博士等人参与的"中国中西部地区农村寄宿制中小学调研课题组"，于 2008 年 9 月前往山西、河南、江西、四川、云南、广西等地调查。他们通过实地调查发现：1. 中国农村寄宿制学校在投入、管理、师资、办学条件等方面困难重重，生存状况非常艰难；各地大多数农村寄宿制学校的条件太差了，差到如果不是亲临现场根本无法想象的地步。2. 河南省某县级市的一所寄宿制中学的奢华景象却令人震惊、惊呆，因为这所初中的宿舍全部配有冷暖空调和淋浴，室内窗明几净，楼下配有洗衣房；而相距不太远的一所乡镇寄宿制学校，简直可以用残破不堪形容：一个女生宿舍的窗户只有窗纱没有玻璃，另一个窗户用塑料布蒙着；男生宿舍楼的墙壁白灰已经斑驳脱落，全是 30 个人以上的大通铺，有些床板凸凹不平；没有专门的盥洗室，只有楼下的几个露天水龙头。3. 大部分乡镇学校教师缺编，教师严重超负荷工作；老师们的流动性非常大，尤其是年轻老师，经常经过一个假期就会有很多教师不来了；教师的时间和精力投入到了很多琐事上，不少寄宿制学校的教育质量很难保证，使得一些学生开始向私立学校分流。②

针对中国义务教育体制存在的各种弊端和问题，华中师范大学教育学院院长、博士生导师范先佐教授于 2009 年初指出，由于经济发展的差距和历史形成的体制、机制等原因，加之"后普九"阶段也是中国经济、社会和教育加速发展的时期，人均收入水平的提高和差距的拉大加速了社会的分层与分化；人们对教育的需求也越来越迫切，要求也越来越高，已不再简单地满足于"有学上"，而是对"上好学"提出了新的要求。但与此同时，城乡之间、地区之间、校际之间的办学条件和师资队伍差距依然存在，甚至在某些方面仍有被拉大的趋势，社会弱势阶层子女的教育公平问题仍然十分突出，义务教育仍然处在非

---

① 樊未晨：《杨东平把脉基础教育畸形化——别再把优质资源短缺当借口》，《中国青年报》2009 年 2 月 24 日。

② 樊未晨：《"一刀切"拉大农村寄宿学校贫富差距》，《中国青年报》2009 年 3 月 20 日第 6 版。

均衡发展状态，危及或影响到教育公平与社会公平。范先佐教授的研究显示，在当前中国义务教育阶段这一层面上，中国所面临的问题主要表现在以下三个方面：

1. 教育资源的相对差距仍然广泛存在。随着"普九"硬件达标任务的完成，学校基本办学条件得到了改善，绝对差距正在逐步缩小。但由于受历史条件的制约，中国"普九"带有较强的突击性，办学条件整体上仍是低水平，特别是城乡、地区之间在办学基本条件方面仍然存在较大差距。许多农村学校实验仪器和图书严重匮乏，开不齐国家规定的课程；许多学校防火等安全设施达不到国家规定标准，存在比较严重的安全、卫生隐患；农村初中大班额现象相当普遍，严重影响学生身心健康和教学活动的开展。除了城乡和地区之间办学条件的差距之外，校际之间的差距也使择校热愈演愈烈，择校费愈收愈高，大大超过了一般学生家庭的经济承受能力；择校竞争使义务教育公共性面临严峻考验，并严重危及义务教育公平和社会公平，引起了广大人民群众的强烈不满。

2. 师资队伍的差距日益凸显。这主要表现在以下三个方面：一是数量差距。不少县由于财力不足，难以支付教师工资，长期处于"有编不补"的状态，导致教师年龄老化、知识机构老化以及造成大量使用代课教师的现象十分严重。二是质量差距。农村教师待遇和生活水平仍然偏低，校际之间教师收入差距很大，使优秀教师集中于少数学校，导致"强校更强，弱校更弱"，加剧了校际间的不平衡。三是结构差距。突出表现在城乡教师的专业结构上，特别是与素质教育密切相关的许多学科领域，诸如音乐、美术、体育、外语、信息技术等专业教师，农村学校普遍较缺，导致农村学校的教育质量远远低于城市学校。

3. 弱势阶层子女教育公平问题突出。进城务工就业农民的规模日益庞大，由此引发的"流动儿童"和"留守儿童"两大弱势群体的教育问题，使"后普九"阶段义务教育的公平问题变得更加突出和复杂。虽然目前政府规定对"流动儿童"教育实行"两为主"的政策，但不少学校却仍然通过加收借读费或者规定入学考试等手段提高其入学门槛，实行有选择的接纳。与此同时，大批"留守儿童"、城乡贫困家庭子女、残障儿童等特殊儿童在接受义务教育的过程中也面临着许多新的问题，给义务教育公平带来新的挑战和考验。①

相比国内教授或调查者的意见，国外学者的意见可能更尖锐一些。即便是国内敢于刊登这些批评性观点的少数报刊，也专门声明表示：某某文章仅代表个人观点。新加坡国立大学东亚研究所所长郑永年先生在《联合早报》发表文章指出，教育不改革，国家就毫无希望。从民国时代的"教育救国"到改革开放以后的"科教兴国"的种种口号都说明了这个道理。但严酷的现实是，差不多已经过了一个世纪，中国的教育还是远离人们的期待。郑永年先生认为，中国的教育部门也一直在追求 GDP 主义。GDP 主义处处可见，大学升级（从各类中等技术学校、学院升级为大学）、大量扩大招生、大学合并、大举兴建大学城、重量不重质的教师业绩评估、孔子学院的大跃进等等。如同经济部门一样，GDP 主义使得教育方方面面的"产值"上去了，但也产生了无穷的恶果。

---

① 范先佐：《当前基础教育重心仍应是"普九"》，《中国教育报》2009 年 2 月 9 日第 2 版。

这些恶果不仅制约着教育部门本身的进步，而且也制约着中国人才的质量。因为和其他部门不一样，教育部门关乎于百年人才大计，不当的教育制度自然影响其所培养的人才的质量。这些恶果不仅制约着中国社会经济的发展，而且也制约着中国的国际软力量的发展。①

有文章指出，中国还是一个13亿人口且并不发达的世界最大发展中国家，这是一个短期内谁也不可能改变的基本事实。如按人均计算，我国GDP还不到全球人均8000美元的一半，排世界百名之外；按人均日消费1美元的联合国标准计算，我国尚有1.5亿属于相对贫困人口；按一二三产业排名，我国第三产业比重仅42%，比世界平均水平少10个百分点。② 在2010年1月11日到2月6日的一段时间，不到一个月的时间里在中南海连续召开了五次座谈会，所有的主题都是一个，就是教育，而主持者是国务院总理温家宝。五次座谈会的内容涵盖了各级各类教育，受邀人包括有学校、家长和学生代表。其间温家宝总理表示，研究制定《国家中长期教育改革和发展规划纲要》是本届政府必须着力做好的一件大事。一年多以来，已经数十次改稿，形成了纲要初稿。之所以如此重视，正如温家宝总理在第五次座谈会上的讲话中进行的解释："教育是一个国家发展的基石，教育改革和发展是关系国家和民族未来的大事，也是每个家庭和学生关心的大事"。③

面对日趋激烈的全球人才竞争，面对新世纪中国现代化建设对人才的迫切需求，需要进一步提高认识，深化改革；要采取措施，培养人才，用好人才，吸引人才，留住人才，在全球人才争夺中争取主动，以保证中国现代化建设对人才的需求。对此，有学者曾经提出过以下四个方面政策性意见与建议：

首先，要树立人力资本是第一资本的观念。人力资源丰富而高层人才稀缺是当前乃至未来几十年内中国经济可持续发展的基本矛盾之一。其根本出路只有在树立人力资本是第一资本这一观念的基础上实施人才强国战略。当前科技创新成为经济增长的不竭动力，而人力资本作为知识的拥有者、传播者和创造者，正在成为生产力发展的核心要素。人力资本具有的、物质资本所无法超越的属性，正随着时代的发展而不断显现出来，并已形成广泛共识：人力资本开发是其他一切资源开发的决定性因素；人力资本是经济和社会发展的动力源泉；人力资本具有自我增殖的潜力；人力资本开发是经济社会可持续发展的最终基础；人力资本的开发程度是衡量社会进步的重要标志。牢固树立人力资本是第一资本的观念，充分发挥其在经济社会发展中的基础性、战略性决定性作用，也是科学发展观的最基本内容。因此必须把人力资本作为推进社会经济发展的关键因素，在全社会形成重视人力资本投资、尊重人才的社会风气，努力造就高素质劳动者、各类专门人才和拔尖人才，建设一支规模宏大、结构合理、素质较高的人才队伍，开创人才辈出、人尽其才的新局面，

---

① 杨桂青：《谢维和教授谈中国的教育公平及其新的理论假设》，2009年1月17日《中国教育报》；郑永年：《中国教育部门的 GDP 主义及其后果》，《参考消息》2009年1月22日第16版。

② 石川人：《别人赞扬中国 咱得心中有数》，《人民日报海外版》2010年1月30日。

③ 《温家宝一月连开五次座谈会探讨教育改革引关注》，2010年2月9日中央电视台《新闻1+1》。

把人力资源大国转化为人力资本强国，在不断提升人力资本存量的基础上大力提升国家核心竞争力和综合国力。

其次，需要充分认识人才问题的紧迫性，把培养、吸引和用好人才作为一项战略任务抓紧抓好。人才是国家社会和经济发展最重要的战略资源，关系到企业的兴衰，更关系到国家的兴衰存亡。随着经济全球化进程加快和知识经济的发展，特别是我国即将加入世界贸易组织，其作用显得越来越明显。落实科教兴国战略，大力开发人才资源，是实现中国快速发展的重要保证。因此一定要认识到在知识经济日益发展，全球化进程加快的形势下，培养人才，用好人才，留住人才，吸引人才，对实现国家现代化建设目标的重要意义，认识到当前全球人才争夺的严重形势，从实现国家民族振兴的高度，以对人民和事业负责的态度，切实重视人才问题，制定人才培养计划，加大人才培养力度，增加投入，制定并切实落实各种政策，发挥人才的作用，用待遇吸引人，用政策留住人，用感情温暖人。要采取吸引人才的灵活措施，有效利用国外人才资源。要进一步解放思想、更新观念，采取更加灵活的措施，如提供更加优惠的政策，鼓励留学人员回国创办企业；继续坚持回国服务与为国工作并举的方针，开展合作研究、委托项目、学术交流、咨询考察等多种形式吸引人才，最大限度地利用国外人才资源，为国内经济建设服务。

第三，应加快科技体制和教育体制改革步伐，进一步促进科技、教育与经济的紧密结合。国外经验表明，企业完全可以成为技术进步和创新的主体。在加强国家创新体系建设的时候，需要鼓励技术开发类科研院所进入企业或改制为企业。要进一步发展社会化的科技中介服务业，完善风险投资机制，支持中小企业技术创新。加大国家和社会对科技的投入。教育改革也是中国人才供应的关键。正如艺珂人力资源管理学院的主席沃尔夫冈·克莱门特所言"如果中国能够给予提高高校教学质量和扩大教学规模同等的重视，中国高校毕业生就业能力将会获得更快提高。政府、学校、大学以及企业应该开始着手为学生们建立一座从学校通往职业世界的桥梁"。[①] 还要坚持教育适度超前发展。中国要在未来的国际竞争中立于不败之地，最根本的还要靠各级各类初、中、高等教育的可持续发展；在深化教育体制改革的时候，要特别注意培养中国学生的科学精神和创新能力。因此，中国必须不断采取新的改革措施，加大对各级教育的投入，以提高教育的供给能力，满足公民日益增长的教育需求。作为各地各级教育管理机构，需要在不断加快国内基础教育和高等教育建设、发展与改革步伐的同时，实行引资与引智并举；应当引进国外优质教育资源，积极稳妥地推进多种类、多形式、多层次的中外合作办学；应当立足国内，培养国家需要的各类人才，进开展行不出国门的"出国留学教育"；应当通过各种形式的合作办学、合资办学，引进国外资金来发展国内短缺、薄弱的院系或专业学科；应当通过引进先进的教育技术、教学手段、教育设施设备、教学的方式方法及组织形式，学习国外先进的教育观念、办学理念、管理体制，促进国内教育改革、提高教师水平、改善办学条件、优化办学模式，以达到加快各类人才的培养的目标。

---

① 谢黎：《中国众多领域人才匮乏供应不足还是流失太快?》，2008 年 7 月 2 日《环球》杂志。

第四，要破除陈腐观念，为高级人才提供良好的工作环境与生活条件。能否发挥人才作用，关键在于是否合理使用人才。因此必须改变选拔和使用人才的观念，坚决破除论资排辈、求全责备、任人唯亲等陈旧落后观念，为人才发挥作用提供良好的保障机制。必须进一步解决科技人员的待遇问题，将其报酬与本人的能力水平、对国家贡献大小和所创造经济社会效益多少挂钩，对高科技人才的任职条件、工资津贴标准、科研经费资助以及住房、保险、家属就业、子女入学等方面实行优惠政策，使他们没有后顾之忧，专心致志地搞科研和创新，为国家和社会贡献自己的聪明才智。要落实科教兴国和人才强国的战略，必须切实把培养人才、吸引人才、善待人才作为一项战略任务，在全社会营造尊重知识、尊重人才的浓厚氛围，努力开创人才辈出、百舸争流的新局面。① 第十一届全国人大代表、南京大学校长陈骏教授认为，中国内地与国外境外的待遇差异，也已经成为内地博士生去留的重要因素之一；中国博士生滞留国外成为中国高层次人才大量流失的主要渠道。因此应当进一步加大对国内博士生教育投入的力度，给予特殊的政策支持和专项经费支持，提高博士生待遇以防止人才流失。如可通过增加配套经费、设立基金、提高奖学金和助学金奖励额度等方式，大力改善中国内地博士生的教育环境。②

第十一届全国人大代表、南京大学校长陈骏教授认为，中国内地与国外境外的待遇差异，也已经成为内地博士生去留的重要因素之一；中国博士生滞留国外成为中国高层次人才大量流失的主要渠道。因此应当进一步加大对国内博士生教育投入的力度，给予特殊的政策支持和专项经费支持，提高博士生待遇以防止人才流失。如可通过增加配套经费、设立基金、提高奖学金和助学金奖励额度等方式，大力改善中国内地博士生的教育环境。③

第七节　加快培养、吸引科学大师和领军人才，并为其成长和生存创造有利条件

随着中国国力的不断提高、经济的持续发展，留学人员即"海归"回国效力成为一股"潮流"，一批"海归"在国内找到了发展的机会。但国际问题学者刘道衡先生指出：不太合拍的是，高科技人才却似乎是这股"海归潮"的游离者。如改革开放以来，高科技人才出国深造后学成归国者不到1/3；即使"海归"了，也有不少人归而复去；或"人归脑不归"，仍在为海外公司的研发体系效力。可见国内对高科技人才的需要和相关鼓励政策都形成不了吸引力。追根溯源，问题在于国内短视的市场投机心理和某些政策行为扼杀了高科技"海归"施展才华的能力。表面上看，留不住高科技研发人才的原因是缺乏软、硬件的一系列扶持和配合，本来这些都是发展中的问题，可以随着发展而解决，但时下盛

① 陶涛：《21 世纪全球人才争夺及其思考》，《求是》2001 年第 8 期。
② 陈骏文：《提高博士生待遇防止人才流失》，《中国教育报》2009 年 3 月 6 日第 1 版。
③ 陈骏：《提高博士生待遇防止人才流失》，《中国教育报》2009 年 3 月 6 日第 1 版。

行的急功近利之心，却让这些问题随着时间的推移变得更加严峻。国内许多决策者、投资者，一方面希望高科技"海归"可以为他们快速带来政绩和效益，另一方面又不愿在那些固本培元的基础性项目上下本，一味要求高科技"海归"们少投入、快产出，把基础和长线投入看作"赔钱货"、"傻子投资"，把高科技人才必要的充电看作浪费时间，把科研过程中正常的反复、失败看作劳民伤财，单纯希望"短平快"，立竿见影地收到投入回报，结果迫使这些高科技"海归"或违背自己心愿、违背科技规律，最终难有成就，或被逼得拂袖而去，甚至重返海外。而"海归"们的或无功、或走人，又让决策者、投资者产生"海归不行"的念头，陷入"双输"的恶性循环。

在国外，对高科技的评估和研判高度专业化，许多决策投资者即使本人是门外汉，也可循这些成熟、完善的渠道，获得准确可靠的评估。而在国内，不少决策投资者自身缺乏高科技知识，整个社会又不存在完善的高科技评估体系，结果一些诸如"水变油"之类的假冒伪劣高科技受到重视，而许多"中用不中看"的真正高科技却被冷落。许多高科技"海归"正是因为缺乏伯乐的慧眼，更缺乏让真正高科技脱颖而出的机制，而黯然告退的。高科技的核心是专利，是创意。对专利、创意的尊重和保护，是高科技产业得以生存、发展和壮大的基础。而在这方面，中国的差距仍然相当大，知识产权意识淡薄，"山寨"行为大行其道，对这些侵权行为的惩处、打击却缺乏震慑力，这些足以让满怀热情的高科技"海归"望而却步。国外十分盛行的"点子公司"在国内举步维艰，也正是出于同样的原因。

对于已经选好创业地点，带有先进技术，准备回国一试身手的海归人员来说，除去资金、实验室等硬件支持，还需要一个安心的创业环境。一位新近入选国家"千人计划"的海归，问及他入选千人计划前后的最大变化，他说接受媒体采访已经成为他工作的一部分。不仅如此，媒体和各级领导的参观、来访也让这个还处在创业阶段的公司应接不暇。无独有偶，从美国归来的陈博士也受到了这样的"礼遇"。陈博士在国内创业不到两年，公司业绩不俗，他本人又入选了当地的领军人才计划。回国才两个星期，他几乎每隔两三天就要接待一批参观者。许多准备到高新区落户的创业者经常被政府部门安排前来考察、学习创业经验。就一些普遍关心的问题，陈博士编成了文字材料，但是很多来访者还是希望当面交流。陈博士坦言：在国外创业不会得到政府支持，也不会有政府参观。自己在国内创业成功除了自身准备充分之外，就是得到了政府的大力支持。政府希望把好的企业当典型宣传，自己已经适应了。但已经适应的陈博士还是有些担心。因为他的企业是做化学合成的，一方面试验具有危险性，若要接待参观，就必须推迟试验的时间。另一方面，实验室经常进行试验，一般不会太整洁。若接待领导，员工必须得提前一天打扫实验室卫生。为了保持形象，当天工作一般不能正常进行，需要停掉一天。政府关心海归企业的发展，媒体希望报道成功的创业典型，毫无疑问，出发点都是好的。但凡事超出限度，好事也许就成了坏事。海归回国创办的企业多属于科技型中小企业。这些处于初创阶段的企业，需要把更多的精力放在研发、生产、产品质量管控、市场销售上面，才能在市场上站稳脚跟。因为，与其把聚光灯对准回国创业的海归，倒不如给他们营造一个安心创业的环境，让创业者把有限的精力多放到企业上。刘道衡先生认为，本意是表现对高科技人才重视的《关于鼓励海外留学人员以多种形式为国服务的若干意见》，也体现了对科技开发人员的"错位理解"。这项鼓励政策把"在国内科研机构受聘兼任专业技术职务、顾问或名誉职务"放在第一位；许多地方对高科技"海归"盛情相邀，却一味用"高官厚禄"表现自己的重视、重用。高科技人才最关注的，是学有所用，才有所施，而不仅仅是职位和待遇，因为对他们而言，专长才是自己最可宝贵的财富。有关方面在吸引、挽留高科技"海归"时，必须彻底打破官本位思想，千里马就该得到驰骋的疆场，而非一个雕栏玉砌的高级马厩。官本位思想、急功近利、"山寨"横行……这一切综合作用的结果，便是在高科技产业领域，市场投机大行其道，技术开发举步维艰。科技立国是事关中国复兴的千秋大业，需要包括高科技"海归"在内的大量海内外人才群策群力，更需要一套鼓励创新、鼓励技术进步、保护知识产权、遵循科学规律的完善体系和良好的产业创新、开发土壤。如何从体制上根本杜绝市场投机者打败技术开发者，改变高科技"海归"无用武之地的现象，关乎中国社会可持续发展能力，关乎中华民族的未来，有关方面不能不重视，不能不慎重。当前国际经济形势十分严峻，中国再不能依靠低水平的"世界工厂"模式持续发展，能否抓住这一时机，创造一个让包括高科技"海归"在内的高科技人才可以充分发挥，让高科技能力得以稳步发展并迅速转化为生产力的良好机制和氛围，对于中国而言，既是最大的挑战，也是最大的机遇。[①]

对于培养高层次人才，朱清时教授认为，要尊重教育与科研的规律，为他们创造一个长时间稳定的工作环境，让他们能够静下心来埋头苦干，不折腾、不干预。现在很多高校在评价人才时喜欢评论文篇数、论文影响因子，科研经费与待遇跟评审挂钩，几年评审不合格就不支持了。无论是国内培养的人才，还是国外引进的人才，在这种浮躁的评审制度面前，就很快沉不住气了，因为每年都要出成果，自己需要、学生和助手也需要，无法做需要投入长时间、花费巨大精力的科研工作。中国的科研院所和高校都存在这种现象，就是过分注重评价的指标化，以前把这些看作是管理的创新，现在看来，是好心办了坏事，这种做法亟待改变。国家要对高层次人才给予稳定的支持，让他们安心工作，要用平和的心态对待他们。对于工作难度很大、不是很容易出成果的学者，应当重点支持，使其没有后顾之忧。针对从国外引进高层次人才的做法，朱清时教授表示，目前国内高校面临的最大问题是高层次人才的缺乏，对此，大家比较关注的途径是直接从国外引进高层次人才。国家和各部、省也制定了相关的人才引进计划。但是，光靠从国外引进人才来补充高校高层次教师队伍，有利有弊。不可否认，从国外引进的高层次人才一来就是骨干，很快就可以"上手"。但也存在两大弊端：一是如果国内师资水平提不上去，没有好的团队，真正优秀的人才回来很难开展工作。优秀人才选择去处时，首先关注的是工作梯队。二是在目前这种情况下，高校只有靠加大力度提高物质条件，比如，百万年薪、上千万的启动经费来吸引国外人才，这种待遇差别有可能造成"招来一个女婿，气走几个儿子"的后果，导致本土青年人才流失。因此，要根本解决高校教师队伍高层次人才缺乏的问题，还是要立

① 刘道衡：《"海归"中为何少见高科技人才》，《环球时报》2008年12月17日第11版；刘静：《如此"礼遇"不要也罢（我看海归）》，2009年9月26日《人民日报海外版》第5版。

足自己培养，这是任何一个国家解决高层次人才缺乏问题都要走的路子，中国也不例外。[①]
据新加坡《联合早报》2009 年 3 月 3 日发表的题为《中国官僚化教育评审制度的恶果》
的文章介绍，中国工程院院士李国杰教授曾经很形象地把"科学引文索引"（SCI, science
citation index）称之为"愚蠢的中国式观念"（stupid Chinese idea）。SCI 的原意是要帮助
科研人员有效获取文献信息，但引入到中国之后逐渐演变和异化，到今天已经成为学校排
名、科研项目评审、科研申报、科研人员评介奖励等几乎是覆盖所有科研领域最重要甚至
是唯一的评价标准。文章指出，实际上，情况要比李教授所言严重得多。考虑到类似的评
审制度已经渗透到包括人文社会科学在内的所有教育活动领域，如果各种异化了的官僚化
评审制度得不到纠正，长此以往，就会使得中国人变得愚蠢，永远培养不出一流的人才，
国家也永远成不了一流的强国；如果不能对中国教育科研官僚主导的评审制度进行深刻的
改革，中国永远会处于贫于创新和贫于思想的状态。[②]

　　也许是基于同样的忧虑和思考，有研究者于 2009 年初提出了"留学生创业园在进入
一个新的发展时期的同时，伴随着越来越激烈的竞争，如何继续保持其良性发展态势的各
种困难已经显现出来"。主要是发展模式"同质化"严重以及发展模式的"刻板效应"，
会使留学生创业园面临失去发展活力的危险。回顾以往的发展模式，政策、资金和技术，
这是曾被公认为各地留学生创业园发展的"三驾马车"。如今，现有的"三驾马车"则开
始面临动力不足的困境：首先是政策和资金的扶持总是有一定限度，而由于多方面的原因
导致创业难度逐渐加大，留学生创业园所能给予创业海归的扶持力度也会经受更大的考
验；其次是各地留学生创业园发展的模式同质化十分严重。如在资金支持方面，无锡市对
创业海归提供的条件是 100 万元创业启动资金、100 平方米工作场所、100 平方米住宅公
寓以及提供不低于 300 万元风险投资和不低于 300 万元的商业担保等。而广州则设立了 2
亿元人民币的高层次人才专项扶持资金，并对高层次人才给予最高奖 3000 万元的奖励。
对于人才的竞争同样如此：江苏省正式启动了"江苏万名海外高层次人才引进计划"，计
划从 2008 年起到 2012 年，引进不少于 1 万名海外高层次人才、集聚不少于 50 名具有世界
领先水平的科学家和科技领军人才。浙江省则计划从 2009 年开始，用 5 年时间引进 1 万
名优秀海外创业创新人才和 10 万人次外籍专家等。相同的发展模式，在今后带来的将是
不断地重复建设和对资源更加激烈的争夺。[③]

　　在中国改革开放 30 年后，经济发展迅速，科技投入不断增加，如何才能出现和吸引
更多的科学大师和领军人才。对此，曾于 1985—1987 年在美国加州理工学院作博士后和
访问学者的中国科学院常务副院长、中国科协副主席、中国科学院院士、第三世界科学院
院士、美国国家科学院外籍院士白春礼教授认为：

　　第一，要尽快改进和完善科技评估体制。对科研项目执行情况进行监督和评估是完全

　　① 赵秀红、储召生：《朱清时委员：过早"分类"制约了拔尖人才成长——全国政协委员、中科大原校长朱清
时谈高校教师队伍建设》，2009 年 3 月 9 日《中国教育报》第 5 版。
　　② 《中国教育评审制度亟需改革》，《参考消息》2009 年 3 月 5 日。
　　③ 李万星：《数量激增同质化严重，留创园进入"竞合"时代》，《人民日报海外版》2009 年 2 月 7 日第 5 版。

必要的，但当前的一些评估由于其指标体系设计不合理，过多强调了成果的数量，忽视科研产出的质量和人才的培养，干扰了科研的秩序，其错误导向严重影响了重大科技成果的产出和杰出科学家的成长，所以一些专家甚至发出"与民休息三年，三年不评估，三年没有会"的呼声。要想成为大家，需要与不同学科的交流与合作。国内现在由于体制和评价方法的原因，真正促进多学科交叉合作的机制并未形成，科技资源在促进学科交叉方面的作用并没有真正显示出来。科技领军人才所起的作用不仅仅是攻克某个难关，获得某项创新成果，更重要的是他们的思想、智慧和方法对整个人类和科学发展的推动作用。目前，由于人事管理制度的制约，往往没有按照需求配置合理的科研团队，影响了科技目标的实现和杰出科学家的成长。

第二，要建设有利于科学大师成长的宽松环境。重大创新成果造就科学大师，而大成果产出必须要有一个学术气氛浓厚、宽松的环境，有一个静心搞学问的氛围，而不是急功近利、急于求成。科学大师的成才都有一个比较好的环境，他们经过长期潜心研究并获得重大成果的案例比比皆是。目前，中国学术界的浮躁风气虽然有所好转，但对那些具有创新潜质的科学家，仍难以提供宽松、相对自由的科研环境，而由于某些原因（如评院士、申请课题等）不敢挑战权威，在学术机构中也存在一言堂现象。

第三，研究并完善科技资源的分配机制。纵观近年来学术界科研经费争取情况，大体分为这么三类，一是直接参与经费竞争，真正围绕国家战略需求或国际科学前沿领域的科技目标开展科研工作；二是与他人合作或响应科研机构的部署，为学科发展和实现组织的科技发展目标争取项目经费；三是纯粹为了自己和同事们的生计，把争取经费作为一种生存的手段。第三种情况显然缺乏对申请项目所应承担的责任，也难以对开展的科研工作进行系统规划，其结果往往是以相同的科研成果向多个项目交账，既浪费科技资源，也不利于科学家的成长。目前，在科教界，属于第三种情况的不占少数。当然，这里面有经费管理、人力成本分摊和绩效奖励政策等管理方面的问题。

第四，尽快解决科技队伍结构的失衡。人才队伍结构有待进一步提升，能够引领科技创新的领军人才尤为缺乏。何谓科技创新领军人才？首先在学术水平上必须是本领域公认的、成绩卓著的专家学者；其次必须具有良好的"学术眼力、管理能力、人格魅力、胆识魄力"等综合素质，能够带领一支创新团队，不断取得创新突破，推动和引领该领域的发展。后者正是领军人才与高级专业技术人才的差别之处，也是成为一个团队的核心和灵魂的必要条件。

第五，加快科技领军人才的培养。纵观当今科学技术发展进程，一个杰出的领军人才，往往能够带动一项重大技术的突破，乃至一个学科、一个产业的兴起。胡锦涛总书记在十七大报告中明确指出："进一步营造鼓励创新的环境，努力造就世界一流科学家和科技领军人才。"中国要实现可持续、跨越式发展，必须贯彻落实党的十七大精神，转变经济增长方式，坚持走科技创新的道路，加快科技领军人才的培养。2005 年，胡锦涛在视察中科院时就作出重要指示：中科院作为国家战略科技力量，不仅要创造一流的成果、一流的效益、一流的管理，更要造就一流的人才。他在对中科院发展的要求中，把造就一流人才摆在了十分重要和突出的位置。科技创新领军人才往往是在实践中产生的。政府要进一步发挥引导作用，完善各类项目招标和评审制度，加快构建和完善科技创新公共服务平台，为更多创新人才提供公平的事业发展机会，为具有优秀潜质的科学家成长提供舞台和资源保障，使领军人才在竞争中脱颖而出。要提倡科学家追求科技创新的本来价值，探索未知，造福社会，加强他们的学术道德修养，逐步建立科研人员信用体系，营造一种有利于产生领军人才的道德风尚和学术环境。另外，中国的自然科学研究需要吸收西方文化有益的东西，所以扩大开放、鼓励留学、加强与国外的合作和支持人才的国际化培养，无疑有利于帮助我们克服民族文化中那些不适应的东西，提高中国的创新意识，使民族智慧在发明创造中得到更好的发挥。整个社会也要进一步认识科技发展的规律，改变急功近利的心态，为科技创新领军人才营造更加宽松的环境，给予他们持续的支持。领军人才是最为稀缺的资源之一，当前领军人才的短缺已成为制约中国经济和社会发展的瓶颈。国家对人才特别是领军人才的需求更为紧迫，人才特别是领军人才对于全面建设小康社会、建设创新型国家的作用日益重要。爱护人才，就是爱国；保护人才，就是护国；培养人才，就是养育国家和民族的未来。①

除上述五点意见外，作为某一类海归群体集合地的留学生创业园，在其的发展上需要创造新的发展模式。一是建立合理的竞争机制。通过制度的规范，引导留学生创业园在明确各自真正需求的前提下，开展有序的竞争，尽量避免资源的浪费和精力内耗，提高发展效益。二是进一步做好协调处理工商、税务、银行、海关、劳动人事等各方面事宜的全方位配套服务工作。三是进一步扩大国际视野，抓住有利时机引进高级海外人才，学习和借鉴国外的发展经验。四是充分开展跨城市、跨地区以及跨国合作。通过产业链的整合，同一地区或不同地区的留学生创业园便可进行产业承接；通过信息资源的整合，搭建公共信息发布平台，打破信息相互封闭的状态，推动各留学生创业园内的企业更好地交流和资源的充分流动，实现资源共享。五是关注、研究和评估留创园的作用对中国发展的特殊影响；留创园建设要因地制宜，不盲目投资建设、盲目争赶具体的数据和数量，要真正实现留创园的经济效益和社会效益的最大化。②

第八节　不断深化人事制度改革

改革开放以来，中国共产党和中国政府始终致力于消除体制因素对发现和使用人才的制约。同时我们也应该清醒地注意到，腐败现象在一些部门和领域仍然易发多发，反腐倡廉建设面临不少新情况新问题，反腐败斗争形势仍然严峻。中共中央总书记胡锦涛于2009年1月13日在中国共产党第十七届中央纪律检查委员会第三次全体会议上发表重要讲话时强调，要充分认识反腐败斗争的长期性、复杂性、艰巨性，毫不动摇地加强党风廉政建

---

① 白春礼：《纪念关于扩大派遣留学生30年，关于人才的若干思考》，《神州学人》2008年第9期。
② 李万星：《数量激增同质化严重，留创园进入"竞合"时代》，《人民日报海外版》2009年2月7日第5版；于跃飞、夏冰：《留创园，太多了吗？》，《人民日报海外版》2009年2月21日第5版。

设和反腐败斗争，坚持标本兼治、综合治理、惩防并举、注重预防的方针，以党风廉政建设和反腐败斗争的新成效取信于民，为改革发展稳定提供坚强保证；要加大查办案件工作力度，着力解决重点领域的腐败问题。决不让腐败分子逃脱党纪国法的惩处。[①]

腐败问题不是本书谈论和研究的主要内容。但不可否认的是，腐败现象对吸引在外优秀留学人员回国工作或为国服务政策的顺利实施，具有十分严重的威胁、巨大的杀伤力以及异常恶劣的影响。有中国内地有学者针对"社会剧变期"的中国腐败现象为什么这么严重，为什么会泛滥成灾，为什么反腐败呈现"长期、艰巨和复杂"的态势，为什么几任国家领导人都发出了不反腐败要亡党亡国的警告，曾分析和归纳出了当今腐败的"七个根源"：

1. 社会剧变期包括腐败在内的社会问题频发是发展中国家的"共性"。

2. 在这个剧烈的社会转型过程中，社会资源大规模变动，利益产生巨大的诱惑力，社会在发展的同时亦给腐败的滋生、蔓延、泛滥提供了土壤和空间。

3. 剧变的社会使原有的政治秩序失灵，而新的社会秩序却尚未及时建立健全起来，于是腐败便乘虚而入。

4. 抢占了获得利益的"制高点"的"有权人"和"有钱人"之间的"利益联盟"，是中国社会转型时期腐败泛滥的主体，是社会剧变时期的腐败源。在初级社会主义阶段和极不完善的市场经济条件下，在不可抗拒的高利益诱惑面前，社会中的"特殊人群"和少数权力者人数虽少，能量极大，然而就是这部分人彻底地扰乱了社会改革的进程，搅乱了社会利益的调整、分配的格局，使两极分化现象日趋严重，使中国的腐败屡禁不止，愈演愈烈。20世纪90年代出现的腐败高峰期就是在这样的背景下产生的。

5. 腐败高峰期的重要特点之一：位高权重的"一把手"成了腐败的重要成员，这不仅催化了腐败的发展、泛滥，而且大大地加重了反腐败的难度和艰巨度。全国性的统计数据表明，1998年在全国查处的地厅级干部中，"第一把手"占总数的42.1％。[②]

6. 与腐败现象挂钩的"既得利益集团"的出现与大量"窝案"、"串案"的出现，加剧了当今反腐败的难度，使反腐败的形势变得困难和严峻。腐败分子"扎堆"，相互"抱团"，构成了一种"势力"，形成了一种"气候"，若是这些"扎堆"的、"抱团"的人都是一个单位"举足轻重"的人物，或是"扎堆"、"抱团"的总头头是"第一把手"，那么问题就变得非常之严重。当今社会的反腐败，并不像开国初期那样，仅仅是和单个的、零星的腐败分子斗，而是在与"体制内的权力腐败团伙"斗，在与一个个"靠腐败获得利益的既得利益者的小集团"斗，反腐败的艰巨性、困难性也就在这里。

7. 腐败成本太低、反腐败成本太高、对腐败打击不力、法律惩罚失当是腐败泛滥的重要原因。惩罚是对付违法行为、犯罪行为、腐败行为的最重要的手段，对于某种"流行"的恶行，惩罚一定要及时将它"扼杀"于起始阶段。20世纪八九十年代对腐败打击

---

① 李亚杰：《在新的起点上扎实推进反腐倡廉建设——第十七届中央纪委第三次全会传递反腐倡廉新信号》，《光明日报》2009年1月15日。

② 李雪勤，《党员特刊》2000年第11期。

不力仍是主要倾向。为什么腐败会如此发展、泛滥？为什么一些官员会冒着坐牢、杀头的危险去腐败？为什么在一些地区、单位的领导会发生"前腐后继"现象？原因自然有很多，而腐败成本低、风险小、回报率高是最重要原因之一。易家言先生于 2000 年 4 月 24日在《检察日报》上指出："目前查处的各类腐败分子，真正判了实体刑的不足三分之一，三分之二以上的腐败分子都保住了工作，保住了饭碗。"清华大学国情研究中心胡鞍钢先生于 2001 年 3 月 22 日在《南方周末》指出："1993 年至 1998 年，每 100 名受党纪政纪处分的干部中，只有 42.7 人被立案侦查，最后被判刑的只有 6.6 人"，各种腐败活动因"低风险，高收益"而日益活跃、猖獗，因而腐败"出生率"大于"死亡率"。对此，邓小平也曾指出："这些年来在党内确实滋长了过分容忍、优柔寡断、畏难手软、息事宁人的情绪，这就放松了党的纪律，甚至保护了一些坏人。"①

　　早在 2001 年新华社就报道说，中国有超过 4000 名贪污、贿赂犯罪嫌疑人携带 50 多亿元人民币公款逃到国外，其中绝大多数是贪官。美国加州警方 2008 年 8 月曾透露，中国反贪局和公安部向美方列出中国贪官外逃名单有 1000 多人。中国的外逃贪官藏身于世界的各个角落，其中美国、加拿大和澳大利亚是中国外逃贪官最集中的地方。与中国台湾关系"友好"的国家和地区，例如中美洲一些国家和太平洋岛国，也被一些贪官看成是庇护所。此外，一些小贪官喜欢躲在生活成本较低的周边国家，比如泰国、缅甸、马来西亚、蒙古。还有一些腐败分子目前正藏身于非洲、南美和东欧国家，伺机向"安全的地点"转移。② 最高人民检察院检察长曹建明 2009 年 3 月 10 日在第十一届全国人民代表大会第二次会议上代表最高人民检察院向大会报告工作时透露，2008 年检察机关会同有关部门加强境内外追逃工作，抓获在逃职务犯罪嫌疑人 1200 名。曹建明说，2008 年检察机关全年共立案侦查贪污贿赂、渎职侵权犯罪案件 33546 件 41179 人，已侦结提起公诉 26684件 33953 人，人数分别比上年增加 1% 和 10.1%。曹建明透露，上述案件中，立案侦查贪污贿赂大案 17594 件，重特大渎职侵权案件 3211 件；查办涉嫌犯罪的县处级以上国家工作人员 2687 人，其中厅局级 181 人、省部级 4 人。会同有关部门加强境内外追逃工作，抓获在逃职务犯罪嫌疑人 1200 名。③ 国内外媒体接连爆料中国内地政府官员借考察之名行旅游之实的消息，揭露中国公务员公费出国一年耗资数以千亿计的官场丑闻，近年来是频频"扬名"海外。公费出国的幌子简直五花八门，已经成为许多外国导游的口中笑柄。④对此，全国政协委员、中共中央纪委常委、监察部副部长、国家预防腐败局副局长屈万祥2009 年 3 月 9 日表示，公款出国旅游现象目前非常严重，出国人数与前几年相比大量增加，有关人员大肆弄虚作假。屈万祥委员认为，公款出国旅游是"老大难问题"，抓了好多年还没有得到有效治理。"邀请函是假的，日程是假的，考察报告也是假的，都是网上抄来的，全套的弄虚作假，这种情况从省部级到县市级都有。"⑤ 全国人大常委会办公厅

①　邵道生：《直击当今腐败的七大根源》，2009 年 1 月 15 日《社会科学报》第 3 版。
②　《中国外逃贪官有 1000 多人扎堆美加澳》，《环球时报》2009 年 5 月 8 日。
③　《曹建明：去年抓获在逃职务犯罪嫌疑人 1200 名》，2009 年 3 月 10 日中新网。
④　刘俊、邓媛发：《中国公务考察团"名扬"世界，接连成为国际笑柄》，2008 年 12 月 19 日新华网。
⑤　《监察部副部长：公款出国旅游现象目前非常严重》，《广州日报》2009 年 3 月 10 日。

研究室特约研究员王锡锌曾经在央视《新闻 1 十 1》节目中透露了一个令人震惊的数据：内地政府官员的"三公"费用，即公车支出、公费出国和公款吃喝这三种公款消费一年高达 9000 亿元人民币。[①]

面对如此猖獗的腐败局面，中国青年报社调中心 2009 年初的一项调查显示，面对腐败行为，仅有 40.1% 的受调查者认为自己有举报义务，30.8% 的人认为自己没有举报义务，其余 29.1% 的人表示"不确定"。被调查者最担心的首先是举报得不到反馈（36.4%）；其次担心举报后遭到打击报复（34.9%）。中央编译局当代马克思主义研究所所长何增科说指出，"改革开放 30 年来，评出的 10 个反腐名人，其中 9 人都遭到过打击报复；现在的越级上访现象，也说明举报受理机制方面存在问题；很多举报得不到有效回应，甚至经过层层转批后回到被举报单位，出现被举报人拿着举报信找举报人谈话的尴尬局面。"[②]

众多优秀、高端、杰出、拔尖、高层次留学人才的事迹可以说是屡见报端。但也确有少数因腐败原因"出事"的原高层次留学人才被揭露出来，其疯狂敛财、腐化堕落的行为也称得上是"触目惊心"。如 1957 年出生的梁某就是比较典型的一位"海归"中的腐败分子。留学回国人员梁某毕业于重庆建筑工程学院土木系，获得本科和硕士学位，又公派出国到朝鲜留学并取得博士学位，回国后到大学任教；1995 年，梁某调离高校，踏上仕途并一帆风顺，在很短的时间内官升至重庆市规划局总规划师、副局长等要职，行政级别也上升为正厅级。2007 年以来，重庆相继揪出一系列震惊全国的地产腐败"窝案"，近 10 名厅级干部因收受开发商巨额贿赂而落马。其中，梁某受贿次数多、受贿金额超过 1589 万元，故于 2008 年 11 月 12 日，以犯受贿罪被判处死刑，缓期二年执行。应该说梁某的确不愧是"高层次人才"，就连犯罪后的教训也能被他总结的颇有一些深度。作为一名手握重权的正厅级干部，案发前的梁某似乎应是春风得意、意气风发。然而翻阅他"落马"后写下的《忏悔书》却发现，实情并非如此。梁某自己也承认，在房地产规划、开发领域中存在一种"潜规则"，让他感到"恐惧""非常惧怕""心理承受着巨大压力"。为摆脱这种恐慌，梁某甚至多次酝酿调离规划局副局长这一"肥缺"岗位。他在《忏悔书》里回忆，自己收的第一个红包只有 50 元，当时他四顾无人注意，匆匆把红包放进公文袋中。"那一刻稍有脸红，只是一瞬间。"随着地位不断上升，他的胃口越来越大。据检察机关调查，梁某收受的第一笔大额贿赂，是在 2003 年担任重庆市规划局总规划师期间，利用个人职务之便，为中石油天然气股份有限公司重庆销售分公司黄花园大桥北苑加油站的选址提供帮助，并收受好处费 25 万元。收到这笔钱时，梁某"心跳加剧，头脑中有瞬间空白，心里特别紧张，既有着强烈的震撼，又有着加倍的恐惧"。正是这一次次的"历练"，让梁某贪污腐败的胆量渐长，受贿额越来越大，终于从"小贪小腐"到"日进万金"，从最初拿红包时的"脸红心跳"到后来照单全收，很快蜕变成为"规划巨贪"。在担任重庆市规划局和重庆市江北嘴中央商务区开发投资有限公司主要负责人期间，他疯狂敛财，受贿

---

① 《遏制"三公消费"须改革财政体制》，《参考消息》2009 年 7 月 5 日。
② 《10 个反腐名人 9 个遭报复　专家吁立法保护举报人》，《中国青年报》2009 年 3 月 17 日。

上千万元，生活上也腐化堕落。梁某在《忏悔书》中总结道："对于红包、礼金之类，如果一开始不予拒绝，早晚都会突破防线。防线一旦突破，带来的必然只有贪婪的后果。"案发前的梁某，手握规划大权，有众多房地产开发商想方设法投其所好，似乎过得风光无比。但恐惧、担心和压力也始终纠缠着他。在重庆揪出的地产"窝案"中，开发商用钱财女色侵蚀干部，操纵其为自己牟取更多暴利，已经成为房地产业内"不成文的秘密"。领导干部一旦自我约束不严，便很容易被"拉下水"，被开发商们套牢、锁死。梁某和他在规划局的上司重庆市规划局原局长蒋某、曾经的下属沙坪坝区原副区长陈某等，都因此纷纷落马。在《忏悔书》里，梁某透露了规划腐败"潜规则"的冰山一角：每当有重大利益关系的"调整规划"，一些早已认识或经朋友介绍的开发商就会送上一大笔"感谢费"，而且大多数是逢年过节时送来，比平时的礼金数额要大，名义上是"感谢帮忙"，但梁某很清楚："每个表示拜节的背后都对应着相应的支持和关照。"面对开发商潮水般的攻势，梁某全盘照收。他交代："在我接受的贿赂次数中，2/3 以上是利用年节机会表示的。"这种"潜规则"让梁某感到恐惧，几次谋求脱身。2006 年以来，他多次酝酿调离外人眼中的"肥缺"——规划局副局长，最终来到江北嘴中央商务区开发投资有限公司担任董事长，希望能够远离是非，逃离组织的视线。他在《忏悔书》里交代："有人劝我留在规划局，不要脱离为官主战场。实际上，我心里非常惧怕留在那个岗位上。我很清楚按那种搞法早晚会出事。"然而，在无孔不入的"潜规则"下，履新后的梁某不但没能脱身，反而越陷越深。在担任江北嘴中央商务区开发投资有限公司董事长期间，梁某又迎来了一笔"大单"——陕西艺林公司为承揽重庆某剧场玻璃幕墙等生意，先后向其行贿共计700 余万元。综观梁某的堕落轨迹，不难发现，正是他在担任重庆规划系统主要负责人期间，权力过大、私欲过大，受监督过少、自律太少，思想上一味放纵、绝少反思，最终导致其很快蜕化成"规划巨贪"。在他与开发商的交往中，头脑里不断被灌输贪图享受、金钱至上等内容，思想逐渐发生变化。尤其是在成为厅级干部以后，梁某已过中年，感觉在政治上的上升空间有限，从而更加追求奢华生活。作为一名高层次"海归"、专家型官员，梁某很清楚为开发商利益"调整规划"的巨大危害，是以严重损害购房者利益和城市整体形象为代价的。但仅仅为了追求个人的奢华生活，梁某甘于沦为开发商的逐利工具，具有"海归"光环的学术人格和政治人格双双堕落。梁某还表示，近几年来有关部门出台了大量文件、规定，有些内容直指房地产开发中利益攸关的要害问题，但他总以为自己所进行的相关调整有自己暗箱操纵下的所谓"政府批准程序"，出不了大事；在平时的组织学习中，他对大部分内容"总是一目带过，应付走过场，觉得规定离自己很遥远，案件也不会发生在身边"。就是这种一厢情愿，让他个人和社会都付出了沉重的代价。[①]

　　综上所述，由于众所周知的人事腐败和传统势力的影响等诸多原因，中国目前尚未完全建立适合人才（特别是优秀人才）培养和发挥作用的体制以及公平竞争的机制；将"政府权利部门化、部门权利利益化、当前权力期权化、权力寻租经常化"和"需要人才

---

①　黄豁、王晓磊：《调查：让贪官都害怕的房地产"腐败潜规则"》，2009 年 2 月 14 日新华网。

的地方不需要人（没有编制）、而有编制的地方却没有用于支付工资的经费"的现象时有发生；培养人才、吸引人才、留住人才和使用人才的能力都还十分有限，在全球性的人才争夺战中明显处于非常被动的境地和不平等的地位。实干兴邦，空谈误国。注重留学人才科技创新能力的先进性，就必须形成一个鼓励务实的用人导向，不断趋同于"以贡献定取舍、凭实绩论功过"的价值取向；突出留学人才专业领域广泛的社会性，就需要具有广阔、扎实和宽松的人才工作视野，不断扩大国家建设的人才资源和人才基础；关注留学人才出国回归增长的持久性，就应当做到留学人员群体中的存量人才和增量人才并重、体制内和体制外人才并重、优秀人才和准优秀人才并重、已回国人才与尚未回国的人才并重、党内人才与党外人才并重、"显人才"与"潜人才"并重，以实现留学人才对社会各领域的全面覆盖。同时，还要注意留学人才引进工作中的职业道德与规范性，要通过立法防止部门之间对人才的"非理性竞争"。目前，要特别注意已经渐露苗头的"人才引进黑洞"现象。人才，尤其是留学人才引进的成本是比较高的，如果规划和运作不好，就会使大量资金与情感如同投入一个深不见底的黑洞而得不到应有的回报。另外，在招聘、引进和使用留学人才的活动中，一些单位为本部门或某些领导者个人的短期目标所驱动，缺乏战略规划地盲目引进留学人才，其结果往往是人才的闲置、浪费或再度流动，造成"人才泡沫"。因此，在留学人才引进、使用和留学人才项目的管理工作中，也必须树立科学发展观和正确的政绩观，注重求真务实之风；坚决刹住"面子工程"、"形象工程"、"亮点工程"、"政绩工程"屡禁不止的歪风；谨防任人唯"嘴"，对那种"能说会道唱高调、看风使舵骗领导"的嘴巴干部和风派人物要特别警惕，不能再让这种华而不实的人败坏人才队伍的作风；想问题、办事情、作决策，都要坚持一切从实际出发；讲实话，办实事，一切工作都要经得起历史的检验；不虚报浮夸，不盲目攀比，不急功近利；既要看"显绩"，又要看"潜绩"；既要看当前的进度，又要看发展的连续性。

第九节　揭露和制止学术腐败现象

每年的 12 月 10 日，在瑞典首都斯德哥尔摩都会举办一场全球科学界的颁奖仪式，其主角是自每年 10 月初以来陆续揭晓的"诺贝尔科学奖"得主。而 2008 年的颁奖典礼出现了一个难得的场景，即在总共 9 名获奖者中，竟然同时出现了 4 位日本人（其中 1 人为日裔美籍学者），2008 年的物理奖更为日本科学家所包揽，这在"诺奖"100 多年的历史上还是第一次。本世纪以来，已先后有 8 位日本人走上了"诺贝尔科学奖"的领奖台；日本科学家冲击"诺奖"的速度之快已是事实；日本科学家频频得奖，成为一个时期以来围绕"诺奖"的一个广受关注的话题。已经有许多人对上述现象的各种因素进行过广泛分析，但是日本科学家忘我工作的状态是其成功的主要原因，则是一个不争的事实。李水山先生在其题为《日本人何以频频获诺奖》的文章中列出六个方面的原因，其中"通宵达旦地工作"被列为首要原因："在日本学习生活多年最值得记忆的就是长年如一日灯火通明的研究室的夜晚，快到年终和放假，日本教授、学者经常是通宵达旦地默默工作，而不是考核、总结与表彰大会"。的确,日本学者受非学术干扰较少,有充分的时间能用在学术研究工作本身;日本教授很少有各种上级部门和本单位行政部门组织的总结、表彰、考核、考试、评比、评聘、学习、会议等干扰和折腾科学家的活动;日本的科学家基本能自己计划和支配工作、研究时间和空间,经费也有充分地保障,长此以往做出优异成绩是很正常的事情。[①]

2008 年 11 月 21 日,在山东经济学院举行的"山东省高校教师队伍建设论坛"上,山东省教育厅厅长齐涛痛斥了一个时期以来学术界存在的"包工头"现象。齐涛厅长指出,学术从业人员追逐职务、金钱、荣誉、地位,当包工头、当权威、当霸主的现象屡见不鲜;真正能把学术研究当成事业,"板凳宁做十年冷"的人已经越来越少了、非常少了,以学术为谋生目的的人就更少了,更多的人只是把学术当作谋生的手段。齐涛厅长所痛心的怪现象——"学术包工头",是近年来学界和社会舆论老生常谈的一个话题。所谓"学术包工头",就是指这么一批人:他们往往身居国家机关、高校行政机关或学术机构的要职,头衔一大堆,能够较为顺利地申请到各种研究项目;但他们大多不会亲自操刀,而是将项目任务分配给下级、学生或助手去完成,甚至再明码标价转包给第三方;项目完工之后,他们把自己的名字往上一贴,研究成果就最终出炉了。他们是"教授",是"博士生导师",是"学术带头人",是"专家",但更是十足的生意人;他们的能量就是将严肃的学术研究做成买卖,一头揽活,一头卖出,赚个比例绝对不小的中间差价。对于这样一批人,"学术包工头"的称谓十分形象地概括了他们的所作所为。中国内地由于近几年研究生大幅度扩招,导致部分导师所带的硕士、博士研究生数量空前增加,在一些高校中,名气大、社会知名度高的部分研究生导师最多要带二三十名硕士和博士研究生。部分研究生导师频繁与企业接触,从而能够招揽到越来越多的工程项目,导师拿到工程后,便将工程分解成若干份,分配给相关研究生去完成。项目结束后,导师能够得到不菲的"工程款",而硕士、博士研究生则从这些费用中获得一点"辛苦费"。部分研究生认为自己获得的酬金与付出不成比例,于是有些硕士、博士研究生调侃研究生导师为"老板"甚至是"包工头"。由于社会对高校科研学术人员的诱惑越来越大,"耐不住寂寞"的专家教授也越来越多。教授为了出名、造影响,每个月都安排大量的讲学、论坛甚至一些公司的产品发布会,这样做不仅能够使自己的社会知名度越来越大,还可以从中获得丰厚的专家出场费、劳务费或其他各种赞助。部分新入学的硕士研究生见自己的导师一面"很困难",部分研究生导师为参加各种应酬,行程安排得非常满,出国、讲学、洽谈合作等占用绝大多数时间,而研究生的课程一般安排博士研究生或者研二研三的学生进行业务指导。有学生无奈地表示,"我们的导师太忙了,一个月也很难见他一面,学习上的事情,一般由导师指定的高年级学生负责,重要的事只能电话联系。"有文章指出,上述所谓"学术包工头"能够混迹于学术圈,乃至左右逢源、游刃有余,是与当前学术体制的某些缺陷密切相关的。比如,在现行的高校

---

① 李晓武、石亦菲、江世亮:《"日本现象"再思考——日本基础科学或已进入"收获期"》,《文汇报》2008 年 12 月 7 日。

制度中，行政主导的倾向相当严重。很多时候，一个教师能不能评上"教授"职称，能不能获得学术职位，能不能申请到研究课题，关键不是在学术水平如何，而是看他是否在行政系列里占有一定的位置。有了行政资源的人，样样都是"近水楼台先得月"，申请研究项目自然手到擒来。这就无怪乎广东某高校要选一名处长，竟有几十位教授来竞争了。而有行政职位又有研究项目的人，通常公务繁忙，疲于应酬，哪里还有兴趣和精力来做踏踏实实的研究工作。在此情况下，将项目转包出去，既能完成任务，应付审核，又能名利双收，获得更多的学术资源，何乐而不为呢？这样的制度环境，一方面使得学者安身立命的根基偏离于学术本身，另一方面则鼓励了一部分人投机取巧，乐于充当贩卖学术资源的"包工头"。显而易见，"学术包工头"及其背后的利益链条，损害了学术创新的正常机制，败坏了学术风气，是一种不折不扣的学术腐败。清理"学术包工头"，应当是治理学术腐败的重要内容。2008年，教育部学风建设委员会就完成了《高等学校哲学社会科学学术不端行为处理的意见》、《高等学校人文社会科学学术规范手册》和《学术博客自律倡议书》等文件（征求意见稿）的制定工作。公众期待这些文件的出台，能够净化学术空气，提高学术道德，为消除"学术包工头"现象起到积极的作用。①

有经常发表学术论文者坦言：我只不过是用自己的一套逻辑体系重新表达了他人的观点。因此有评论者指出，这样的学术论文究竟有多少学术价值，外行人不知道，内行人不需要知道；社会各界批评中国学术的垃圾过多，在这样的学术氛围中只有垃圾制造，没有学术创造；当撰写学术论文不是为了表达自己的思想，而是被当作某种资本炫耀并为谋取个人功利的时候，学术必然变质为垃圾。② 有文章指出，近几年中国高校学术界形成了有目共睹的虚假"繁荣"，即所谓的"泡沫与浮夸"。有人总结主要表现在两个方面：一是学者特别是享有高级职称的学者、名学者以及拥有各种奖项获得各种称号的"专家"级学者教授越来越多。二是高校论文、学术专著以惊人的速度增长。中国的大学教授，中国的专著、论文数量名列世界前茅，但中国有国际影响的大学教授，或者有国际影响的学术专著和论文却不多，这从每年全世界自然科学的三大检索系统上就可以看得出来，一个主要原因就是中国的学术水准中有"注水"现象。从前一些孜孜以求的学者一年也就发表一两篇论文，一辈子只出那么两三本专著。现今有些急功近利的学者，在学界混了几年就敢称"著作等身"，有专著好多本，论文好多篇。抄袭和剽窃近年来已经成为中国高校学术界最大的公害，有人戏称为"学术蝗祸"，其泛滥之广，已近"法不责众"的地步。有学者认为：现在最大的问题是大家都没有羞耻感了。南京大学校长蒋树声教授在九届全国人大一次会议小组会上指出：抄袭剽窃不治，学术将完。有人根据媒体披露的高校抄袭和剽窃事件，总结了高校学术抄袭的几种方法，即"全篇搬用法"、"偷观点偷思想——隐性剽窃法"、"化名抄袭法"、"署名抄袭法"、

---

① 钟一苇：《学术研究不是生意买卖》，《光明日报》2009年1月7日；王振国：《山东教育厅长痛斥学术"包工头"批评专家教授世俗化》，《齐鲁晚报》2008年12月15日。

② 乔新生：《学术论文如何成了道具》，《环球时报》2009年7月14日第15版。

"拼装法"、"名编实抄法"、"抢先发表法" 等等。在学界以打假著称的学者杨玉圣先生认为，以前人们大都认为抄袭剽窃等问题在那些学术水平低的学校或年轻的学人身上才会发生，但从业已曝光的问题来看，包括中国最好的大学在内的许多名牌学府和科研机构，都已出现过或潜伏着此类丑闻。尤其不可思议的是，就连一些功成名就的才子、名家、权威，也因公然抄袭他人成果而东窗事发。剽窃抄袭的风气已经严重着腐蚀学术界，不仅是学术文化公害，更成了社会公害。这些行为不仅严重败坏了学风文风，导致学术道德沦丧，贻误人才培养，而且严重损害了中国学术界整体的学术声誉，十分不利于建立中国良好的国际学术形象。

真正的学术研究，需要艰辛的努力。但是造假的所谓研究，只需要投机取巧的一小步，就可能得到荣誉的光环，这一无本的暴利让一些学生、学者铤而走险。学术造假，可以让造假者获得不应属于自己的学位、职位、项目，让真正正直的科学家没有用武之地。除了论文造假外，学术腐败更表现在权力被滥用在学术领域，诸如买卖文凭、买卖版面、强占别人的研究成果和经费、利用学术和行政地位垄断科研资源、帮助掩盖学术不端行为，在项目、成果申报过程中弄虚作假，这些才是更大的腐败。对权力缺乏监督机制，评价机制依赖片面的标准，是学术腐败产生的土壤。美国《科学》杂志 2006 年 6 月 9 日一期中的新闻聚焦，题目是《学术腐败丑闻动摇中国科学》，文章的副标题上写着，学术腐败的日益增多将迫使中国的科技界领袖或者选择清理门户，或者眼看他们这样混乱下去。一段时间以来，中国科研工作中出现的这种浮躁风气，使得一些人把科研活动当作工具，追名逐利；一些人为了一己之私，弄虚作假；少数人抄袭别人通过辛勤劳动取得的成果和论文，被揭发后态度非常嚣张，而揭发者、被抄袭者还会受到攻击。太多的诱惑让某些科研人员模糊了从事科学研究的动机。一些科学家在没有成果的时候编造成果，凑论文数量。不少粗制滥造、拼凑甚至编造的论文因此得以发表，让来自中国的论文只见数量不见质量。根据中科院的统计，2004 年中国发表的论文总数是世界第九位，但是平均每篇论文被引用的次数仅排在世界第 124 位。神圣的殿堂里出现的阴影，在许多学者看来只是背后更大问题的一个投影，如果没有体制上的改革，这样的问题就会层出不穷。已经暴露出来的多件学术腐败大案，只是冰山的一角，实际上问题远不止这些；而且科技界暴露的问题也不是孤立的，它和整个社会的浮躁风气有关，商业上假货横行，运动员有打假球、吃兴奋剂，文艺界有假唱，学术界有造假有欺诈就不足为怪了。2006 年两会期间，全国政协常委、国务院参事任玉岭向政协委员们公布了他们的一个调查：在接受调查的 180 位博士学位获得者当中，有 60% 的人承认他们曾经花钱在学术刊物上发表论文，相近比例的人承认曾抄袭过其他学者的成果。

杨乐院士认为，现在浮躁和浮夸的情绪非常严重；造成学术不端行为的因素很多，应该加强思想方面的引导；同时采取一定措施改进管理体制，防止出现学术不端行为；评价科研成果片面地认定 SCI 论文、认定影响因子是有问题的，这些指标可以作为参考，但不能作为决定因素；做创造性科研工作不是一帆风顺、轻而易举的，必须经过长期艰苦的努力，而且绝不能抄袭别人的工作。① 游学于欧美、并在中国主持中西文化研究项目的著名外籍教授 Dan Ben—Canaan（丹·本—卡南）博士 2009 年 7 月 7 日在《环球时报》上撰文，痛陈中国学者学术不良现象，痛斥中国学者为"废纸生产者"。有学者据此指出，造成大范围"学术不良"局面的原因，除了在于学者群体"学养"不高，学术规范"内化"动力不足，另一方面就是因为中国整体的学术评价体制存在诸多制度性漏洞。重数量而轻质量，重发表而轻原创，只讲某一单位年均举办什么级别的国际学议，不讲国际会议实质在哪些学术累进上有什么新的探索和突破，只讲学者发了多少论文，登记了多少专利，并不讲哪一篇论文或哪一项专利真正实现了突破性进展和获得怎样的社会效应。长此以往，投机取巧的人受到鼓励，而老实本分于学术研究的学者则大受排斥，学者们沦为"废纸生产者"也就不奇怪了。②

复旦大学葛剑雄教授指出，如今剽窃抄袭、侵占成果、申报造假之类的报道此起彼伏，从硕士、博士，到教授、院士、校长，学术不端行为频频见诸报端，没有被报道的事更多，令人痛心，也十分无奈；学术腐败的极端表现，就是利用权力或金钱非法获得学术地位或成果，与贪污受贿的犯罪行为无异；一桩桩"造假"事件的背后，是一些人对科学研究、学术创作的急功近利；造成这种现象的根本原因，在于学术的权力化和商品化；学术成果或地位越来越与资源、项目、经费挂钩，实际成了商品，为了分得更多的实际利益，通过虚假、浮夸的手段制造学术泡沫；学术腐败像病毒一样，听任不管就会恶性蔓延，就可能成为普遍现象，恶化下去就会积重难返。③ 用葛剑雄教授的话来说，某些抄袭事件，连中学生都一眼能识别出来。即使这样的抄袭案件终于有了查处后的结果，也还需要有关委员会神情严肃地层层表决。有文章质疑，如果表决没有通过，那么是不是连中学生都能认证的抄袭，就算拉倒了呢。事实上有的学校就有在表决时一半对一半，使得学术不端最后不了了之的事情。学界现在盛传一个名词，叫学术民主。明明抄了，民主一下，多数说抄了，才是抄了，如果多数不通过，抄了也等于没抄。从某种意义上说，学校方面如此慎重地履行民主程序，是因为凡是涉案的大人物，几乎没有认账的。就算被当场拿获，白纸黑字，能抵赖，抵赖；不能抵赖，也抵赖。不是把责任推到学生那里，就是找各种理由，说自己的抄袭，不算抄袭。而且很多学校也为此发明了诸多新名词，诸如"引证不规范"、"相似度高"、"抄袭常识不算抄"等等。有文章指出，实际上，中国学界学术不端的最大问题，不是抄袭成风，而是某些学者的厚脸皮。在国外，无论来头有多大，学者一旦被披露有抄袭行为，哪怕只抄了两行，根本用不着什么教授委员会（相当于我们的学术委员会）投票，自己就赶紧夹皮包走人。抵赖或赖着不走，几乎是不可能的。某些学者脸皮太厚，尤其是握有学术大权的学官脸皮厚，是目前学术风气大坏的重要原因。个中的道理是，按目前的制度，学官只要厚着脸皮挺住，多半就没事。这样的事情，已经不是一个两个了。学官手里的权力，从来不是吃素的。从这个意义上说，抄袭者喊冤，也不是

---

① 杨乐：《用影响因子认定论文质量并不科学》，《中国教育报》2009 年 3 月 30 日。
② 石渝：《中国学术界充斥浮夸风》，《环球时报》2009 年 7 月 9 日。
③ 吕绍刚整理：《葛剑雄：不能让学术腐败蔓延》，《人民日报》2009 年 7 月 16 日。

没有一点道理——人家抄了没事，为什么我抄就有事。① 我国资深外交家吴建民先生指出，有一些领导干部，讲话和写文章充满"八股调"，套话、废话和空话充斥，群众不高兴，领导也不满意。他回忆出任驻法国大使的时候，副部级以上的代表团每年要接待 200 多个。接触多了，发现不少国内去的官员喜欢大嗓门讲话，念稿子念得满脸通红，长篇大论。有的代表团，万里迢迢到国外招商，请了很多人，介绍自己主管工作的业绩是长篇大论；好不容易讲到正题了，又是一大堆让人云里雾里的话语，把大量时间浪费在充满套话、废话和空话的无效交流上。一些官员喜欢一上台就是"尊敬的××、尊敬的××"，8 个"尊敬的"下来，3 分钟就没有了。②

葛剑雄教授认为造成学术腐败的原因有以下几个方面：一个方面是行政权力的干预，这种干预分为两种：一种是行政官员抱着良好的目的，但是却规定了一些不切实际的目标让大家去做；另外一种就是利用行政权力为自己牟利，为了自己的政绩，为了当院士，用行政权力去干预学术活动，从而造成很多明知不可为的事情也去做。有的学术腐败事件，很明显就是骗子利用行政权力来达到目的。但事件发生后，行政部门的官员不让说话，就是怕影响到他们自己的利益；他们不是保骗子，而是在保自己。这种环境下，说真话的学者往往受到排斥，骗子反而不被深究容易得逞。第二个原因，其实也是第一个派生的，我国的科研经费虽然近年来有所增加，但总的来说，还是个稀缺资源，但研究队伍却迅速膨胀，跟大学扩招差不多。于是形成粥少僧多的局面，大家抢几个科研项目，造成恶性竞争，从而造成了很多黑幕。比如让官员和院士来领衔，就滋生了腐败。有些官员什么都不做，却是项目第一负责人，有些院士，甚至心很黑，把经费砍掉一大半。但是大家还是得这么干，因为借助他们的名字才能申请到经费。与此同时，评估体系也很成问题。现在很多评估指标都跟拿到多少钱和哪些类型的项目结合起来。导致很多单位认为，如果申请到科研经费和项目，不但有经济收益，而且提高单位地位。所以很多单位把钱拿来公关，申请到项目后还可以获得配套资金，得到荣誉。这是不正常的竞争。如果有一万名科研人员，却只有百分之几的人能拿到项目，那么作为普遍指标来讲就不合理。单位说要争取获奖，大家都想多获奖，奖从哪里来？结果就是造成各种奖项越评越多、越评越滥。第三个原因，现在好多地方把拿来的科研经费用于改善单位研究条件，这还算是好的，有的甚至变成改善个人生活的收益。看似是个人问题，实际是体制问题。一开始是因为大家收入太低，有些科研机关经费很多，就拿出一部分来改善生活。这个口子一开就不得了，现在大家把提成越定越高，有的甚至超过一半。有的人家里从汽车到卫生纸全是科研经费开销，小孩补课，太太旅游也都算在科研经费上。这完全是体制性的问题。第四个原因是，科研经费拿到后，缺少有效的监管，特别是对成果的鉴定。缺失监管，大家就放心骗钱拿钱，如果很严格，大家就挪用到别的地方去。这些也不是个人的品质问题，而是体制性问题。

---

① 张鸣：《学术民主与学者的厚脸皮》，《中国青年报》2009 年 7 月 21 日。

② 邢宇皓：《中国工程院副院长杜祥琬指出——正之风正侵蚀科技界身躯，指出十三类问题总结六大原因开出"十六服药方"》，《光明日报》2009 年 10 月 16 日；雷宇、叶铁桥、孙海华：《老教授感叹：学术打假咋没包青天》，《我们的学术打假路为啥那么难走》，《中国青年报》2009 年 9 月 23 日；吕绍刚、董阳：《吴建民：改改我们的"八股调"》，《人民日报》2009 年 6 月 13 日。

学术界是社会的一部分，不可能跟社会完全隔离。从全世界范围来看，商品经济、市场行为加上腐败行为都影响到了学术界。可以说，学术腐败是社会的一个反映。要绝对避免学术腐败是不可能的，特别是在我们国家，权力因素对学术界影响比较大。我国的学术研究单位几乎都是公立的，没有完全民间的或者独立的，受权力影响就更大。葛剑雄教授指出，概括来说，学术界出现了两种倾向，即学术权力化和学术商品化或者市场化，这两个现象是学术腐败根子上的因素。道德水平的下滑也是学术腐败的一方面原因，但这往往是在前面所说的两方面引诱下发生的。如果外面没有诱惑，想腐败也腐败不起来。道德任何时候都可以讲，但它是有诱因的，诱因就是上述两个方面的倾向。对此就应该进行综合治理。如果体制是对的，要坚持，如果错了，就要调整。现在的情况是很多制度不能动，而大家去寻求变通，因此现在很难。学校对学生要严格要求，但往往上面带头破坏这个规矩。比如政府官员要拿博士学位，如果严格按制度，他能拿到吗？谁都知道没有达到标准。如果官员达到标准了，说明他不称职。为什么？因为官员负担很重要的工作，很少能有时间上课。但是他们却都拿到了学位。又比如，对于博士生导师，以前的规定是要完整地培养过一届硕士生，但现在很多领导干部根本连课都没上过，但都兼某某学校博导。这就是依靠权力的结果，你让年轻人怎么去规规矩矩。这都是体制性的问题，权力干涉过多。教育部需要做的是宏观的管理和监督，不需要太微观。从根本上讲不能急于求成，应该有所为有所不为，但是现在的情况是什么都要"为"。国家只有这么点钱，什么都要做，所以弄虚作假来了，其他的各种学术腐败也来了。[①]

2006年5月4日，120余名在美国和中国工作的生命科学教授和其他科技工作者，联名致信中国科技部、教育部、自然科学基金会和中科院等机构，表达他们对中国科学研究诚信问题的关切，并呼吁有关部门能采取行动妥善处理。这封信的联系人，美国印第安纳大学教授傅新元先生认为："中国现在缺乏对学术不端指控的适当处理机制。这会导致造假者未能得到适情处罚，或无辜的被指控者得不到合法保护，正常的研究招致困扰。这种情形不仅毁坏有关被指控的科技工作者的声誉，也会影响正常的科学研究和国际科学界对中国科技工作者的信任。"

同年5月24日，中国科协主席周光召在中国科协"七大"作工作报告时透露，为了在我国科技工作者群体中形成良好学风和职业道德，中国科协通过调研起草了《科学家行为准则》草案。他在报告中还呼吁制订有关科学道德公约和规范，推动建立和完善科技人员诚信档案。

同年5月25日，，教育部宣布成立学风建设委员会，该委员会将拟订高等学校加强学风建设、惩处学术不端行为的基本准则与实施细则，并针对高等学校哲学社会科学学术失范、学术不端行为，提出研究咨询意见和建议，供有关单位参考。[②]

2006年11月7日，针对学术浮躁、学术腐败等现象，科技部部长徐冠华签署部长令，发布《国家科技计划实施中科研不端行为处理办法（试行）》，共六章三十四条；11月9

① ② 张向东、舒泰峰、于达维等：《学术腐败呈现六大症候，学术界展开清腐之战》，2006年6月27日新华网。

日，科技部召开新闻发布会，向公众介绍了相关的情况。为了保证上述《处理办法》的贯彻实施，科技部将与教育部、国家自然科学基金委员会、中国科学院、中国工程院、中国科学技术协会等单位，还共同协商成立了"国家科学道德与学风建设委员会"，协调推进科研诚信建设工程。（www. most. gov. cn2006 年 11 月 10 日）有学者指出，打击科研不端行为的策略已经被科研界所公认，但是力度如何，各种约束力量孰轻孰重，如何组合才能实现最大效果，尚有待磨合；《处理办法》毕竟是一种事后管理的法规，如何采取前期的防范措施，如取消高校对科研经费的指标性要求、提高科研不端行为的成本，这才是关键。①

2007 年 3 月，科技部成立了"科研诚信建设办公室"，专门划拨经费以支持开展学术监督工作，同时联合教育部、卫生部、中国科协等十部委联合建立了"全国科研诚信建设联席会议制度"，协调规范科研行为。

2008 年，教育部学风建设委员会就完成了《高等学校哲学社会科学学术不端行为处理的意见》、《高等学校人文社会科学学术规范手册》和《学术博客自律倡议书》等文件（征求意见稿）的制定工作。②

2009 年 3 月 19 日，教育部发出了《关于严肃处理高等学校学术不端行为的通知》，就进一步加强高等学校学风建设，惩治学术不端行为提出了若干具体要求。《通知》指出，长期以来，高等学校广大教学科研人员坚持理论联系实际、为人师表、严谨治学、潜心研究、献身科学、积极进取、锐意创新，体现了崇高师德，树立了良好学术风气，为教学科研事业作出了重要贡献，但发生在少数人身上的学术不端行为，败坏了学术风气，损害了学校和教师队伍形象，必须采取切实措施加以解决，绝不姑息。《通知》列举了必须严肃处理的七种高校学术不端行为：一是抄袭、剽窃、侵吞他人学术成果；二是篡改他人学术成果；三是伪造或者篡改数据、文献，捏造事实；四是伪造注释；五是未参加创作，在他人学术成果上署名；六是未经他人许可，不当使用他人署名；七是其他学术不端行为。《通知》要求，高等学校对本校有关机构或者个人的学术不端行为的查处负有直接责任；要遵循客观、公正、合法的原则，坚持标本兼治、综合治理、惩防并举、注重预防的方针，依照国家法律法规和有关规定，建立健全对学术不端行为的惩处机制，制定切实可行的处理办法，做到有法可依、有章可循。③

公众和社会各界期待这些文件的出台，能够净化学术空气，提高学术道德，为消除各类学术腐败现象，起到积极和有效的作用。不过也有文章尖锐指出，教育部要求"高校对查处学术不端行为负直接责任"；但是学术不端的行为如果是在更高一个层次上即高校自己集体有组织的造假行为，又该由谁来负责和处置。湖北某高校以科研处长为首的学术造假丑闻被揭露后，当事人就没有得到应有的处理，因为该科研处长早就有话放在先："学校由学院升格为大学，那么多成果材料不都是通过我一手搞出来的？如果把我扳倒了，那

---

① 《科研不端需标本兼治》，《计算机世界报》2006 年 11 月 28 日。
② 钟一苇：《学术研究不是生意买卖》，2009 年 1 月 7 日《光明日报》；王振国：《山东教育厅长痛斥学术"包工头"批评专家教授世俗化》，《齐鲁晚报》2008 年 12 月 15 日。
③ 《教育部发出通知严肃处理高校学术不端行为》，2009 年 3 月 20 日教育部官方网站。

他们书记、校长一个也跑不了。"比较起个人的学术不端行为来，这种因为是一级组织的利益、一种政治利益而出现的学术腐败行为，带来的危害更大，造成的影响更坏；由于利益所在，常常又会成为影响查处学术不端行为的严重障碍；因而查处学术不端需要跳出利益圈子，在更大范围内发挥舆论监督的力量，加强处罚的力度，否则只会是打了苍蝇，放了老虎，走走过场并不能取得实质性效果。① 针对国内高校各种学术腐败现象呈井喷状，涉及抄袭事件的从研究生到博导、副校长、院士，有文章质疑：难道"学术共同体"正蜕变成为"学术腐败共同体"不成？多起已解决和待解决的学术抄袭事件，无疑反映了目前国内高校的学术腐败乱象。从这些案例还可以看到，如果涉嫌抄袭的是学生，一般会得到果断和坚决的处理；倘若涉及高校老师，则要看具体身份——往往是当事人身份越"高"，有关方面处理起来越是吞吞吐吐。总的来讲，当前学术腐败固然呈现多发性，学术反腐则具有相当的偶然性和随意性。个中缘由，一方面在于有论者早已指出的高校"学术共同体"缺乏独立地位；另一方面，则在于目前高校和学术界尚未形成一整套的学术规范和惩罚体系。在"高校行政化"这块巨石难以被撬动的前提下，欲进一步遏制学术腐败现象，至少要做好下面几件事情：一是建立健全学术反腐相关法律法规，使之有法可依；二是建设健全严密有效的学术腐败监督和惩罚机制，从高校学术委员会到教育部相关部门（比如学风建设委员会），分别建立不同级别、不同渠道的专门管理机构和评审体系；三是，形成"投诉畅通，申诉有门"的一整套学术反腐公正、公开程序，鼓励多渠道举报投诉和起诉相关学术腐败行为。只有这样，此起彼伏的学术腐败事件才能够进入一个法制通道，这个尚未成型的"学术共同体"也才能够避免堕入"学术腐败共同体"的命运。②

另有文章指出，对于学术不端行为的监督与规范，以往更多地是着力于制度与道德层面，而缺乏有效和完善的技术方式，而"学术不端行为监测系统"的推出，使得监测手段有了质的飞跃。国际上对学术不端行为的监测治理，突出了检测治理技术手段的开发和研制，典型代表是具有各自特色的抄袭检测软件，TurnItIn 作为全球著名的论文作业抄袭检查平台，目前已经服务于包括美国加州大学伯克利分校、杜克大学、德国汉堡大学等在内的 2500 多所高校和科研机构。该系统采用基于数字指纹的抄袭检测方法，检测资源包括网络资源 ProQuest 论文库、论文作业库等。为有效提高学术期刊编辑部和科研项目管理机构辨别学术不端文献的能力，中国学术期刊（光盘版）电子杂志社和同方知网技术有限公司于 2008 年联合开发了"学术不端文献检测系统"，使得对于科技文献的监测有了技术保障。这个系统简称 AMLC，主要是为了满足科技期刊审稿的需要，具有"来稿检测"、"已发表文献检测"、"作者黑名单查询"和"学术不端文献库查询"等功能。③

2009 年 10 月 31 日，新中国成立初期的留学回国人员、著名科学家钱学森病逝。钱学森先生生前曾表示：党和国家都很重视科技创新问题，投了不少钱搞什么"创新工程"、"创新计划"等等，这是必要的；但我觉得更重要的是要具有创新思想的人才；问题在于，

---

① 谢湘：《查处学术不端需要跳出利益圈子》，《中国青年报》2009 年 3 月 21 日。
② 魏英杰：《高校如何避免沦为"学术腐败共同体"》，2009 年 7 月 21 日中青在线。
③ 陈彬：《遏制不端学术护航科研创新》，《科技日报》2008 年 12 月 29 日。

中国还没有一所大学能够按照培养科学技术发明创造人才的模式去办学，都是些人云亦云、一般化的，没有自己独特的创新东西，受封建思想的影响，一直是这个样子；这是中国当前的一个很大问题；我回国这么多年，感到中国还没有一所这样的学校，都是些一般的，别人说过的才说，没说过的就不敢说，这样是培养不出顶尖帅才的；我们国家应该解决这个问题；你是不是真正的创新，就看是不是敢于研究别人没有研究过的科学前沿问题，而不是别人已经说过的东西我们知道，没有说过的东西，我们就不知道；所谓优秀学生就是要有创新；没有创新，死记硬背，考试成绩再好也不是优秀学生；我们不能人云亦云，这不是科学精神，科学精神最重要的就是创新。钱学森先生生前还曾特意告诉温家宝总理，中国缺少教育大家。① 其实早在 1988 年 4 月 30 日，钱学森在与时任中国社科院研究生院第一副院长谢韬先生在国防科工委钱老办公室的一次谈话，就对中国教育尤其是高等教育领域存在的问题有过坦率的批评与建议。钱老认为，我们的体制就是这样，我们在机关也是如此，工作人员都听首长的，泯灭、消耗了自己的创造力，全都变成了机器；这次人代会和政协会对教育的意见最多也最集中，但停留于表面现象，没有深入分析根源，只是感性认识，不过说明大家都感觉到这是个极大的问题；教育问题在任何国家和社会都将是首要的问题，总有一天，人们终于会认识到，教育问题绝不亚于经济问题；现行教育制度思路太窄，无法应对现代化建设和科学发展的形势，更无法面对 21 世纪。② 针对上述谈话 20 年多后的教育状况，有内地媒体刊文指出，中国教育一方面因快速发展而令世人瞩目，而发展中存在的各种问题也一直引发热议；比如，京剧进全国课堂、中小学生跳集体舞、44 个汉字改型等就曾引起社会各界广为议论；而学术造假严重、高校腐败成风（如武汉大学多位高层领导牵涉腐败案）、教育乱收费等问题更成为媒体经常质疑的目标。2009 年教师节前夕，温家宝总理到北京 35 中听课后发表了即席讲话；新华社全文播发了题为《教育大计教师为本》的这篇总理讲话。这位出身于教育世家的共和国总理在讲话中再一次提出了这个所谓的"钱学森难题"：为什么现在我们的学校总是培养不出杰出人才。2009 年 11 月 2 日，就在教育部新部长履新之际，央视对长期存在的"教育潜规则"再度进行重磅曝光，其中 8 种现象被称"其积弊之深令人震惊"：一为"免试就近入学"异化为"争相择校"；二是择校费"被自愿"；三是奥数改头换面；四是升学率还在争第一；五是"重点班"改名"创新班"；六是补习班挂名"家长委员会"；七是"你的学生我来教"；八是全日制培训班集体易地补课。③ 南方科技大学校长朱清时教授在接受《南方周末》记者采访时表示，我们大学里课程设置极其落伍，教材也很陈旧，老师想教什么就教什么，有很多老师就是照着书说一遍，学生懂不懂他也无所谓；现在大学最大的毛病，就是都追求官位了，官位就是地位，因为在大学里你只要是官位高了什么东西都有了，这十多年我就知道大学里的领导都很容易评成教授；学校的学术会议也完全变形了，开学术大会都是官本位，大家都在崇拜权力，作第一个大报告的人一定是官最大、地位最高，哪怕

① 涂元季、顾吉环、李明：《钱学森最后一次谈话：中国大学缺乏创新精神》，《人民日报》2009 年 11 月 5 日。
② 《钱学森关于教育问题的一次谈话》，《中国青年报》2009 年 12 月 2 日。
③ 《教育积弊令人震惊新任教育部长如何面对》，2009 年 11 月 5 日华商网—新文化报—吉林。

他学问上大家都知道没有什么，一开大会就洋洋洒洒长时间作主题发言，随后都是按照级别、权威程度排，真正一线有作为的人没有机会表述；大家时间都花在没有意义的事情上，这一结果就是学术衰退，衰退最大的改变是科学杂志可读性差，即使偶尔有一两篇可读文章还有好多水分。① 国内一主流媒体刊文称，2009 年是教育公平备受考验的一年。2009 年 12 月，《中国青年报》社会调查中心通过北京益派市场咨询有限公司和民意中国网，对全国 30 个省、市、区 2952 名公众进行过一项涉及教育公平现状的调查。调查中，56.5% 的人表达了他们对当前教育现状的担忧——"越来越不公平"；当然也有 11.2% 的人认为教育越来越公平；两种意见的比例为 5∶1。其中择校费、大学高学费和高考加分政策，是公众心目中最严重的教育不公平现象，分别有 75.8%、69.7% 和 58.7% 的人选择上述三个项目。2009 年高考前后，闹得沸沸扬扬的"浙江高考航模加分"和"重庆 31 名考生民族成分造假"等事件，让执行多年的高考加分政策面临信任危机。就在上述调查中，分别有 76.3% 和 75.3% 的人，将这两起高考加分丑闻视为"2009 年最损害教育公平事件"；另有 58.7% 的人表示，事实上高考加分政策已严重破坏了教育公平。② 2009 年 11 月上旬，在江苏昆山市举行的安博教育高端论坛上，曾任教育部副部长的中国工程院院士韦钰指出，"教育不把自己当回事"；她认为，如果没有一大批人扎扎实实地把教育当作科学来研究，我们的教育改革就只能碰运气；"60 年来，我们习惯了教育研究就是谈感想，就是写文章贯彻领导意图。"韦钰院士表示曾收到过某教育学会寄给她的一本 10 年来的优秀教育论文集，但洋洋洒洒数百页的论文里，她竟然无法找到一条注释，太多的教育论文只是建立在直觉和经验的基础上。她强调，我们的教育工作者应该老老实实学习人家科学研究教育问题的态度。韦钰院士说，强调基于研究和基于实证是国际教育学现代化的特点；"我们的孩子将来不是生活在一个封闭的环境里，而是身处国际舞台上，如果我们的教育工作者都没有国际视野，他们哪会有？"有媒体据此指出，教育领域这些年来乱象丛生，不少荒唐举措借改革之名大行其道，若追究其思想根源，恐怕正在于"教育不把自己当回事儿"。这种态度反映在教育研究上，就是闭门造车、空发议论、原创性课题、长时间跟踪实验的项目很少；反映在教育管理上，就是无视教育规律和教育的主体地位，以长官意志唯上；反映在教育改革上，就是乱拍脑袋，急功近利、朝令夕改。因此，这项事关人的成长与国家发展的伟业，时不时会被推进盲目与随意的泥潭。毫无疑问，教育是育人的事业，且不能被轻易用来作为实验的对象，但这个系统的官员一旦选择以"做官"为己任，就不可避免地会忽视"育人"重任，在骄奢之气日盛的同时，逐渐失去学习和研究问题的兴趣。在当前的体制下，不可否认，"做官"和"育人"确实存在难以调和的矛盾。庞大的官僚队伍正阻碍着教育的改革与发展，对此，教育系统内外的人士都心知肚明，却一筹莫展。因此，教育改革的当务之急，是要想方设法破除这些人为的障碍。从中外的教改经验来看，扎实的教育研究有助于尽可能地避免改革的盲目和随意，这是《纲要》制定最不可或缺的环节之一。要确保做到这一点，有两个因素至关重要：一是有一支数量可

---

① 姚忆江：《"为什么中国的教育培养不出大师"朱清时解读"钱学森之问"》，《南方周末》2010 年 1 月 14 日。
② 《调查称仅 11.2% 公众认为教育公平》，《中国青年报》2009 年 12 月 15 日。

观、水平上乘、能认真研究教育问题的队伍；二是主管部门能从骨子里剔除"教育主宰者"意识，虚心学习，主动打通与各界交流的渠道。2009 年第四季度，必定会成为中国教育界最令人难忘的一个时期。①

著名学者钟南山院士在 2009 年广州医学院的毕业典礼上不无忧虑、不无沉痛、不无遗憾地表示，当前最致命的风气就是浮躁；我对这种浮夸现象很忧虑，它毁了一批人，一批很有才华的人。②

教育部 2009 年 11 月 18 日对外宣布，为加强对高校学风建设的领导，有效遏制学术不端行为，教育部决定成立学风建设协调小组，可受理直属高校学风问题举报并组织对重大学风问题进行调查核实，提出处理建议。教育部学风建设协调小组组长由教育部党组副书记、副部长陈希担任。协调小组下设社科类学风建设办公室和科技类学风建设办公室，分别设在社会科学司和科学技术司，主任分别由社会科学司和科学技术司司长兼任。办公室主要职责为：制定高校学风建设相关政策；组织开展学术道德和学风建设研究及宣传教育；受理直属高校学风问题举报并组织对重大学风问题进行调查核实，提出处理建议；宏观指导、督促高校加强学风建设等。教育部相关负责人介绍，为充分发挥专家在高校学风建设中的重要作用，成立教育部学风建设委员会，成员由教育部社会科学委员会和教育部科学技术委员会的学风建设委员会委员组成。③

第十节　遏制党政官员"博士学历大跃进"的文凭腐败之风

近年来，高校与官员之间的"权学交易"问题日渐突出，在很多官员获得学历的过程中，都有权力和金钱的介入。有外电评述，在中国，拥有"硕士"和"博士"等高学历的官员越来越多；对此，也有越来越多的人批评说，"学历"正在成为大学提供的贿赂；中国缺乏客观评价官员的指标；因此，希望获得提拔的干部，通过给学校增加预算和人事变动等好处，获得作为"回扣"的高学历，以作为提拔的资本，这已经成为一种社会世态。河南省郑州市一位大学副校长对一家杂志承认，他们学校为多位高官授予了博士学位；因为学校的业务需要教育、财政等很多上级机关的支持，这样做也是为了不被削减预算。④"很多官员，热衷于花钱读 EMBA，或想办法'拿'博士学位，为什么？他们就为了升迁。有几个官员真正有时间去读书？不少人都让秘书去代劳。08 年，我国的博士授予数量超过美国，攀升至世界第一。你能说我们的学术成果就超过了他们？"对于这个现

---

① 李斌：《教育部前副部长韦钰：教育改革不能碰运气》，《中国青年报》2009 年 11 月 12 日；李斌：《教育部原副部长：教育无所适从不把自己当回事儿》，《中国青年报》2009 年 11 月 18 日。

② 孙晓素：《钟南山：当前浮躁的风气毁了一批很有才华的人》，《南方日报》2009 年 12 月 4 日。

③ 赵婀娜：《教育部决定成立学风建设协调小组遏制学术不端》，《人民日报》2009 年 11 月 18 日。

④ 《日报报道：中国一些官员"高学历"遭质疑》，《参考消息》2009 年 1 月 12 日。

象，葛剑雄教授认为，"博士学历大跃进"就是一种明显的官场学术腐败。[①]

相比欧美国家来说，中国的博士教育起步很晚。1978年，中国第一批18名博士生入学，1982年6月马中骐等6人获得博士学位。这是中国自1981年1月1日正式实行学位制度以来培养出的第一批博士。此后在校博士生数量和博士学位授予量迅速增长。根据教育部统计公报，1998年，中国在校博士生45246人，到了2004年，猛增至16.56万人，个别年份新招博士生超过5万人。国务院学位办主任杨玉良于2008年4月透露，中国大陆获准授予学士学历的大学有700多所，美国有1000多所；但中国拥有博士授权资格的高校超过310所，美国只有253所；2006年美国培养出了5.1万名博士，中国大陆是4.9万名；到2007年，中国的博士人数超过5万人；2008年这一数字继续上升，超过美国成为世界上最大的博士学位授予国家。改革开放30年，中国迅速地由研究生教育小国跨入世界研究生教育大国行列。硕士生招生数从1982年的10778人发展到2007年的360590人，年均增幅为15.07%；博士生招生数从1982年的302人发展到2007年的58002人，年均增幅23.41%，大于硕士生招生数的增幅。截至2007年，中国累计被授予博士学位者达24万人、硕士学位180万人。中国的研究生教育20多年就走完了美国100多年的路，实现了"赶美超英"的目标。对此，有学者用"大跃进"、"泡沫化"来形容，认为博士作为学历教育的"塔尖"层次，其教育水平不仅反映一国最高教育水平和科研水平，也影响着一国知识创新能力和学术水准。长此以往，不仅难以保证博士生的质量，还会带来博士生就业难问题，出现"高学历，低就业"现象。博士"泛滥"不仅是教育界对社会的不负责任，更是对国民教育资源滥砍滥伐。据调查，中国博士生导师数量远远不能满足日益增长的博士生数量的要求，使得当下中国每名博士生导师平均要带5.77名博士研究生，高于国外每名导师带2至3名学生的比例。另外，由于科研项目数量有限，不少博士生从事的科研方向并不是学科前沿的研究工作，有的则长时间限于一些低水平横向开发项目上。而近几年一些官员也出于各种需要开始"回炉"读博士。教育学者熊丙奇曾撰文指出，今天国内的博士教育，其首要功能不是培养学术人才，而是满足社会对"具有博士学位人才"的需要，说白了就是对"博士头衔"的畸形需要，这导致博士教育规模迅速扩大，而质量急剧下滑。因此，当前最需要解决的问题，是让博士教育只保留"不起眼"的学术功能，从根本上把大学"还原"为教育机构、学术机构，只追求教育价值和学术价值。2008年9月中国科协的一项调查，更印证了人们对博士质量的担心。该项调查显示，对一直以来都令社会不齿甚至愤怒的"学术不端行为"，分别有39%和23%的博士认为是"值得同情"和"可以原谅"的。这种"宽容"实在令普通人感到难以理解。

著名教育家、武汉大学原校长刘道玉教授在《彻底整顿高等教育十意见书》中，强烈呼吁对高等教育进行一次彻底整顿。刘道玉教授指出，西方国家大学的博士研究生淘汰率大约30%，而中国基本上是零淘汰率，对官员和老板考博更是一路绿灯。要严格

---

① 王学良、姜锦铭、唐牛：《学术造假屡禁不止，凸显机制缺失；委员认为：社会的腐败已渗透到各个领域，让大学单独解决学术造假和学术腐败不现实》，《新华每日电讯》2009年3月7日第10版。

整顿授予博士学位的大学，至少应砍掉二分之一大学的博士授予资格。[①]

早在 2006 年夏天，中国教育发展基金会理事长、前教育部副部长张保庆先生就曾高调表示过对"博士生培养的问题意见很大"。张保庆先生指出，博士生培养的定位怎么定？我的定位是博士生主要是为培养做教师的、是为做科研的，而不是培养出来当官的，现在的这种引导是错误的；目前的博士生培养方法存在三大问题：我们现在高水平的博士生不多，就是因为导师有问题。其水平不够，他给博士生指导方向不好，并不能把他的博士生带到他的领域前沿里面去。第二个问题，博士生不是读出来的，必须要做出来，博士生必须要结合搞科研项目。有一些导师没有开题目，没有开题目怎么带博士生，这不是瞎带吗？第三个问题就是培养质量。博士论文要求很高，必须有一定开创性的成果，但现在博士论文一大抄，你抄我，我抄你，这怎么行！还有一个就是老师不严格要求，糊弄着带博士生。有参加博士生答辩的老师给我打电话，说学生水平不行，但在那儿不敢说不同意，不同意就得罪人。当然，我认为博士生培养还有弄虚作假等问题。张保庆先生指出，博士生是学校培养出的最高学位，所谓创造性人才应该是一大部分或者是主要部分应该是从博士生里面出来，这个问题不注意将直接关系到整个国家教育水平、科研水平，甚至还可以说影响将来民族的水平。

2009 年 8 月 2 日，香港《大公报》发表署名评论指出，中国成为第一博士大国，似乎是一个"骄人"的消息。从正面来讲，这足以证明，自 20 世纪 80 年代以来，我国的高等教育、学术教育在规模上的扩大。但是，从反面来说，学术教育在规模上的扩大反而会影响学术和科研的正常发展。不消说，在"博士第一大国"的称谓后面加上一个"学术小国"的后缀也并不为过。据了解，我国博士毕业生已经累积达到 35 万人左右。这个数字是体面的，至少没有任何一个国家能如我国这般"批量地生产"博士。博士数量在与日俱增，我国大学科研竞争力却一直未见提高。在武汉大学发布的 2007年《世界大学科研竞争力排行榜》中，前 100 名没有一所中国内地的大学，北大 192位、清华 196 位，更不必说其他学校了。评论认为，浮躁的学术风气蔓延，真正潜心治学的硕博生已是越来越少；硕博生的毕业答辩只能算是一个过场而已。清华大学的黄万里教授在世时，曾应邀当过博士论文答辩委员，但他在学术上历来认真以至于让毕业生们频频陷入尴尬境地，以后就再也没人请他作答辩委员了。该文作者自述也曾多次参阅过硕博生的毕业答辩，回头总是一句感慨——再差的选题、再差的论文也能通过。过场式的毕业论文答辩，放纵了学术的造假行为，更在最后一关上失去了对新生代博士的约束力。博士教育本就是一种学术教育、精英教育，其主要目的也是为学术的发展培养新型的人才。可是，当博士们不再以学术为己任的话，博士毕业证仅仅是一个文凭而已，而连篇累牍的毕业论文也只是一堆又一堆文字垃圾而已。[②]

刘道玉先生认为，应当"取消不合格的在职研究生学位"。他指出，研究生教育的本意是为了培养少而精的理论型和研究型人才，以充实到高等学校和科学研究部门，这

①　韩妹：《25 年来中国博士数量年增 23% 博士质量成新问题》，《中国青年报》2009 年 3 月 12 日。

②　王传涛：《浮躁风蔓延中国成第一博士大国有忧患》，2009 年 8 月 3 日中国新闻网。

是世界博士研究生教育的通则,直到 1980 年代末,中国也依然恪守着这个宗旨。到了 1990 年代初,研究生急剧膨胀,官员和老板也涌进了校园争戴博士帽。西方国家大学的博士研究生淘汰率大约 30%,而中国基本上是零淘汰率,官员和老板考博是一路绿灯。为数不少的老板和官员,既不上课又不做实验或查阅文献,怎么能够达到博士水准的要求? 有不少老板只有高中甚至初中学历,可见中国博士学位的含水量多么大! 在职博士生已经异化和玷污了中国的研究生教育。他们用不菲的学费买博士帽,而大学以卖学位换取资源,是典型的权钱交易。鉴于中国在职研究生太滥,必须大力进行整顿。凡是没有参加统一的严格入学考试、没有全程上课和通过全部必修课程考试、没有做出具有创造性的论文、没有经过正规的论文答辩者,应一律取消已授予的博士或硕士学位。对严重造假者,应追究刑事责任。同时,除了大学和学术研究机构以外,一律不准再从社会上招收在职研究生。必须按照大学的功能定位,重新审查和规范学位授予点的资格。属于纯粹教学型的普通大学,不允许招收研究生;教学与研究型的大学,只能招收硕士研究生;只有少部分研究型的大学,才能招收一定数量的博士研究生,而且每位博士生导师每年只能招收 1 至 2 名研究生。博士学位是为了培养少而精的理论型和研究型的人才,但是许多大学和攻读博士学位的人并不明白这个道理,只把它当作一种荣誉和身份,当作升官或求职的砝码。现在,研究生教育已经变味,以至出现了烹饪博士。目前,中国授予博士学位的大学有 365 所,而拥有世界最好和最多研究型大学的美国,只有 253 所。①

秦亚洲先生指出,"官员博士化"的迅速膨胀,不仅加剧了官员群体升迁道路上的彼此攀比,更加剧了权力腐败和学术腐败的媾和;有限的教育资源被大量消耗,真正的求学者被排斥,"劣币驱逐良币"使人们对国家教育制度产生了信任危机;著名数学家、哈佛大学教授丘成桐在南开大学的一次演讲中,痛斥中国高校的学术腐败是"国家的耻辱";很多教育界人士在接受半月谈记者采访时尖锐地指出:官员"博士大跃进"中的种种权学交易,为一些不学无术、滥竽充数的官员提供了升迁的台阶,伤害了那些刻苦学习、勤奋钻研的学生,使我国的学位含金量不断下降;为了捍卫中国本土博士学位的尊严和品质,并给留学回国博士群体一个平等竞争的正当机会、学术氛围和政策环境,中国高等教育的学位制度必须对招收在职博士生提出严格要求,包括引入匿名评审员制度、论文评审公示制度等。据了解,一些著名高校的个别专业和怀有学术良心的学者,已明确提出不再招收在职博士生。一些党政机关对干部文凭腐败现象已有所警觉,在公选干部时,对需要拥有博士学历的岗位,提出了必须是全日制博士研究生的要求。

还有一条消息与留学人员的吸引与使用也许没有太多直接的关系,但却足以令人震惊和感慨。国内的"应试教育"愈演愈烈,已经发展到公务员的考试了,对此至今没有很好的应对和解决办法。同时随着科学技术的进步与发展,越来越多用高科技装备制造的舞弊器材也大量流入各类国家考试的现场,使得作弊的手段也越来越隐蔽。以至如何应对同样愈演愈烈的"高科技化考试舞弊行为",已经成为国内考务部门面临的新任务和新挑战。

---

① 刘道玉:《彻底整顿高等教育十意见书》,《南方周末》2009 年 2 月 26 日。

2009 年 1 月 15 日，国家公务员局透露：今年查处公务员考试作弊人数近千人，为近年来最高纪录。国家公务员局考试录用司有关负责人表示，高科技作弊已经成为公务员考试违纪违规的主要方式。针对 2009 年度公务员招考，人力资源和社会保障部、工业和信息化部、公安部和国家公务员局曾联合下发通知，防范打击利用无线电设备及互联网在公务员录用考试中的作弊活动。据统计，全国共投入公安干警 1 万多名，各省区市无线电管理部门也举全力实施打击。以北京为例，考试当日在考试现场共投入 18 台监测车、几十部手持信号监测仪不间断监测非法考试信息。国家行政学院教授宋世明说，"用这么大的力度打击考试作弊，这在历史上还是第一次。"除了在现场防范打击作弊活动之外，今年有关部门还在考后利用科研软件对作弊试卷进行了专门甄别，共检测出作弊试卷 695 份。其间共投入 7 名专家，在 8 台计算机上用专业工具 7 天 7 夜不间断测算，最终得出科学结论。2009 年度招考雷同试卷甄别方法主要采用"公务员考试行政职业能力测验集团作弊试后甄别"课题的研究方法，即通过"错同率"、"g2"、"K 指数"和"Kappa" 4 种方法甄别。有关专家指出，4 种方法得出同一甄别结果的误差率，小于 10 的负 17 次方分之一。换句话说，即使乘以今年的考生总人数，也大大小于 1，不会冤枉一名考生。通过上述方法检测出的 695 名试卷雷同人员，分布全国 31 个省（区、市）。其中，辽宁人数最多，其次为北京；160 人属"两两考生同考场作弊"，20 人属"两两考生跨考场作弊"，515 人属"集团作弊"。① 2010 年 1 月 22 日《人民日报》第 18 版刊登董洪亮撰写的一篇短文透露，中国高等教育学会会长、原教育部副部长周远清先生在一次会议上指出，上个世纪 80 年代清华大学一名学生考试作弊后，全班同学为此深感耻辱并痛哭流涕；而现在呢，有参评院士者报送假材料，有博士论文作弊，有高考集体作弊、高科技手段作弊，高考舞弊成了一种社会现象。

中国人民大学校长纪宝成先生 2009 年 10 月 26 日在杭州召开的"2009 年高等教育国际论坛"提出，现有的高等教育体制与机制应有适当调整，并当场呼吁"教授治学，还学术权力以学术，落实民主办学、教授治学"，赢得了全场分贝最高的掌声。纪宝成认为，学术权力使用是否得当，对我国高等教育的健康发展有着举足轻重的作用。纪校长坦言，现在国内高校里学术权力的使用已经进入了三大误区：一是将学术权与行政权对立，将学术权片面理解为学者的权力，与行政无关，而事实上学术权也包括了许多与学术相关的行政管理权。二是学术权力现在有行政化的倾向，高校普遍存在学术评价偏离甚至脱离学术发展方向；学校资源配置行政化；相关行政管理者不懂学术规律，用行政手法对待学术问题，方式简单粗暴；现在越来越多的大学教师开始在意官位而不是教学质量。三是学术权力市场化，各式各样的博士学位开始泛滥，他还一针见血地指出："中国最大的博士群体并不在高校，而是在官场。"② 有学者指出，博士本是大学造，不爱讲台爱纱帽，不爱名

① 秦亚洲：《权学交易内幕：官员博士大跃进升迁是原始冲动》，《官员博士学历大跃进幕后：高校成学位批发商》，2008 年 11 月 27 日新华网；葛剑雄：《请查一下王益的博士学历来历》，2008 年 8 月 11 日《今晚报》；《张保庆"炮轰"博士生培养现状》，《北京青年报》2006 年 6 月 13 日；盛若蔚：《09 年公考两宗"最"：千人作弊最多打击力度最大》，《人民日报》2009 年 1 月 16 日；涂娟：《考试舞弊高科技化为何愈演愈烈》，2009 年 2 月 4 日新华网。
② 《纪宝成点评"学术权力"中国最大博士群在官场》，《钱江晚报》2009 年 10 月 27。

声爱钞票；当年基辛格访华，挂着个博士头衔炫耀，30 多年过去了，中国已经超过美国成为世界博士生产第一大国；不仅博士们削尖脑袋往官场里混，而官员们也腆着脸往博士里混；最大博士群在官场，高校难辞其咎，如果高校不冲着权钱作揖，就不可能有那么多的"官场博士"。① 也有文章认为，纪宝成说的对，最大的博士群体确实就在官场；这个最大的博士群体是个什么样的群体，有几个是读完本科，然后读硕士，然后读博士或者硕博连读后进入官场的博士？"官博士"群体是谁培养出来的？大学生读博需要几年的时间，而对某些官员来说并非难事；不过要是把他们的论文拿出来晒晒，看看是从哪里弄来的，或者让他们重新经过严格答辩，肯定要刷下一大半；鉴别官员真假博士的方法非常简单：一是看其讲话的学术水平，而是看其独立撰写文章的实际能力；凡是挤向官场的博士，不是官迷心窍，就是不具备博士的学识；如果硬让这些博士到科研部门，也做不出什么科研成果来；所以没有什么值得惋惜的，这是一种好现象；真正有真才实学的博士，是绝对不会去官场混的；在论文造假成风的当下，硕士、博士文凭，已经不是过去的硕士、博士；当"是官皆博"的时候，博士文凭就是一张废纸。② 中国人民大学张鸣教授发表评论指出，虽然各个大学都规定非博士不能当大学老师，但厦门大学还是能把仅有专科文凭的谢泳聘为教授；虽然各个大学包括一些巨无霸大学都对本科评估顺从如仪，但中科大前校长朱清时先生在任时就是不买账；虽然依据某些规律，退休或者即将退休的官员，总是会说点实话，但依然令人相当感动，实话晚点说，总比不说好，光说不做，也比不说也不做好；在职官员拿博士学位，是近年来官场的一大时髦；据《半月谈》杂志记者调查："一些国家部委领跑了'官员博士化'进程，有的部委博士比例已占到了总人数的一半左右。在经济发达地区和高校集中的省份，省部级、司局级、县处级官员攻读博士几乎成为潮流。"事实上，除了极少数身在官方研究机构，具有官衔级别的人之外，真正的在职官员，成天忙于公务或者应酬，在现今严进宽出的学术体制下，要想真刀实枪地通过博士研究生入学考试，事实上几乎没有可能；在读博期间完成学业，通过课程考试、综合考试（博士候选人资格考试），基本上也是不可能的，因为他们根本不可能脱产来听课；最后的博士论文是怎么回事，就更难说了；这种潮流的结果，是双向的腐败；在官场导致了所谓知识化或者知识型干部的掺水变质；在学校则导致了学风大坏，其他学生有样学样，教授博导腐化堕落，人格卑下；都说权钱交易、权色交易，这里其实是光天化日之下的权学交易；为了分一点官场余沥，有些教授博导甚至谦卑到了对自己的官员弟子低三下四的地步；哪个大学的校庆，在列举自己培养了多少人才的时候，不是把出了多少省部级官员（如果档次低点的学校，地级也凑合了），放在首位？有谁在乎到底这些人是怎样成为该校博士的？反过来，那些拿到学位、或者有在读博士研究生资格的官员，在介绍他们的简历时，也忘不了炫耀他们的学衔，以示自己属于知识型人才；显然没人在意那博士方帽子下面的猫腻和污秽；世界上的事总是平衡的，有赢的就有输的，官员赢了，大学赢了，博导也赢了，但官场和学校的风气输了，从根本上讲，官场和大学都输了；大学变成了官场，加速了学

---

① 锐圆：《最大博士群在官场高校难辞其咎》，《南方周末》2009 年 10 月 30 日。
② 王寿臣：《观点：最大的博士群体在官场是好现象》，2009 年 10 月 30 日荆楚网。

风的堕落，而官场充斥了冒牌货，这么多高档次的真的假文凭，连清理都很难；在职官员拿博士，是大学官场化的一种风向标式的表征；只要我们的大学仍然是一个衙门，所有的评价体系都充斥着官本位气味，那么官员通向博士方帽子的绿色通道就会一路畅通；个别学校个别教授宣布不招在职官员，不过是螳臂当车罢了。① 龙敏飞撰文指出，官场多博士，几乎众所周知；应该给纪宝成颁发一个"实话实说"奖，像他这种敢于说实话的人并不多见；曾有不少留洋学生诉苦，说外国根本不把中国的学位证当回事儿，因为粗制滥造的"证"多，真正拥有博士学术水平的人少；据西南大学研究生（论坛）部相关人士透露，重庆市的区县党政一把手中，大约有一半在该校攻读博士学位；官员带职读博，除去工作娱乐交际时间所剩无几，其证书的含金量绝对是个问号；我国的"学位证书"情结严重，学历的畸形崇拜影响广泛，甚至某个职位首先要求的便是"博士"、"硕士"学历，而工作能力、管理水平则从属于学历，这为官员谋求最高学位——博士滋生了土壤；最大博士群不在高校在官场，说到底还是一种学术不端，当行政力量可以换取学术头衔时，学术界的浮躁之风、各种不合情理的学术氛围，也自然而然出现并泛滥了。② 青年学者羽戈指出，中国人民大学校长纪宝成先生应该是最受公共舆论欢迎的人之一；谁都知道，困扰中国大学最沉重的病症，就是学术行政化；一些官员利用手中权利和工作便利，到大学换取博士学位；博士帽贬值之快，甚于猪肉涨价，大大降低了博士学位的含金量；这种怪现状，一是加剧了行政权利对学术的压迫，二是导致博士学位的贬值；与其无休止地批判此种现象，不如反思为什么会如此，不如切实追究某些官员们获取博士学位的程序是否合法。③

北京大学历史系教授王晓秋委员笑言，在北大，有"一流的本科生，二流的硕士生，三流的博士生"的说法，"说法虽然不见得正确，但至少部分地反映了问题"。他说，博士就应该由对研究工作有兴趣、有志于献身学术的人来读，这么多官员出于功利目的读博，自然会从整体上损害博士声誉。在教育界别的小组发言上，他不无忧虑地提出，在高等教育最高层次博士生的教育上，如果不能消除行政化、功利化的干扰，高校确实没法培养出拔尖人才。④

第十一节　强化管理体制改革，进一步加快政府职能转变

各级政府拥有法律规定的公共权力，掌握和控制着大量的公共资源，作为国家事务和社会事务的决策者、管理者，具有极为重要的地位，它的组织和运转牵涉到国家经济、政治、文化、社会生活的方方面面。2008 年 3 月 15 日，随着《国务院机构改革方案》在

---

① 张鸣：《校长反大学行政化，不能只在论坛上》，《中国青年报》2009 年 10 月 30 日；《张鸣：官员博士化官场和大学都输了》，2008 年 11 月 30 日东方网。

② 龙敏飞：《最大博士群在官场是最大的学术不端》，《中国青年报》2009 年 10 月 28 日。

③ 羽戈：《不如反思为何"最大博士群在官场"》，《新文化报》2009 年 10 月 29 日。

④ 叶铁桥、原春琳：《中国最大博士群体在官场委员建议清理官员读博》，《中国青年报》2010 年 3 月 8 日。

十一届全国人大一次会议上高票通过，中国新一轮政府机构改革正式拉开帷幕。这个被称为"大部门体制"的方案，将转变政府职能落实到整合机构、科学配置部门职能上。按照国务院统一部署，"大部门体制"是这轮机构改革的特色，将从体制、机构与人员方面落实服务型政府的转变，整合和梳理体制结构，使其运作更加顺畅，建立统一、精简、高效的有限责任政府。如新组建工业和信息化部等 5 个部门，不再保留国防科工委等 6 个部门，涉及调整变动的机构 15 个，减少正部级机构 4 个。作为行政管理体制改革的重中之重，这一方案明显传递了"转变职能、权责统一、精简效能"等重要信息，并且对全国出国留学与留学回国事务的现有管理体制、体系、机制同样具有十分重要的指导意义。改革开放 30 年以来，中国政府为完善行政管理体制，先后于 1982 年、1988 年、1993 年、1998 年、2003 年进行过五次机构改革。此次政府机构改革已是改革开放 30 年来的第六次。尽管每次改革的背景与任务不同，过程有难易，效果有大小，但历次改革都基本适应了经济社会发展的阶段性需要，政府职能转变取得一些进展，机构设置和人员编制管理逐步规范，体制机制创新取得一定成效，行政效能有所提高，为中国发展提供了制度保障。

有学者认为，从总体上看，中国目前的行政管理体制基本适应经济社会发展的要求；但面对新的形势和任务，当前行政管理体制还存在着一些不相适应的方面，妨碍政府管理效能提高的因素依然很多。例如：政府职能转变还不到位，社会管理和公共服务基础较为薄弱；机构设置不尽合理，部门职责交叉、权责脱节、效率不高的问题比较突出；有些领域或领导者个人权力仍然过于集中，且缺乏有效制约监督；官僚主义、机构臃肿、办事拖拉、不讲效率的现象仍然存在；政府管理缺乏全面质量管理意识，考核与评估的科学化水平不高；公共支出缺乏绩效评价，一些政府官员不考虑经济效益和社会效益，刻意制造政绩工程；有的地方部门铺张浪费、奢靡之风盛行，职务消费不规范、不透明，行政成本高；等等。这些问题直接影响政府全面正确履行职能，在一定程度上制约经济社会发展，因此，切实措施深化行政管理体制改革势在必行。从政治角度看，行政管理体制改革是政治体制改革的重要内容，也是完善社会主义民主政治的一个切入点。改革政府机构，有助于理顺党政机构之间的关系，增强党和国家的活力；推行政务公开，建立科学民主决策体制，有助于扩大公民的有序政治参与，为公民参与经济、文化、社会的管理创造条件；将过多包揽的事务回归社会，有助于扩大基层群众的自治范围和内容，发展基层民主；实行依法行政、建设法治政府，有助于落实依法治国方略，建设社会主义法治国家。从社会发展看，我国现阶段社会利益关系日益复杂，深层次社会矛盾开始显现，人民群众对就业、教育、卫生、文化、社保、住房、公平分配、安全等方面的需求日益增强。只有加快行政管理体制改革，理顺政事关系，才能形成与社会良性互动、共同治理的局面；只有转变政府职能，才能消除经济社会发展"一条腿长、一条腿短"的现象，解决好民生问题，促进社会公平正义；只有创新行政管理方式，才能有效化解新的社会矛盾，促进社会和谐。正是着眼于这样的大局，中国共产党第十七次代表大会作出了"加快行政管理体制改革，建设服务型政府"的战略部署，提出了"加大机构整合力度，探索实行职能有机统一的大部门体制"的改革思路。中共第十七届二中全会又通过了《关于深化行政管理体制改革的意见》，确定了深化行政体制改革的总体方案。

"大部门体制"的内在优势是显而易见的。"三个和尚"的故事在中国家喻户晓，其道理十分简单：一件事最好由专人专管，否则，政出多门，多头共管，职责不清，反而会出现"三个和尚没水喝"的窘境。现实生活中，这样的事例并不鲜见。例如，在一些地方，一条河有几个部门管：水利局管农村段，环卫局管河流下水道，市政局管河道，国土局管地下水，河水管理办公室管综合治理，各管各的，"有利的争破头，无利的踢皮球，有责的躲着走，无责的抢着管"。可以预见的是，随着大部制的探索和实施，这种现象将会得到改变。所谓"大部门体制"，是指将职能相近的部门整合重组为一个较大部门而形成的政府组织形式，以减少机构重叠、部门职能交叉，增强综合协调能力，使政府组成部门的数量保持适中精干。实行"大部门体制"，最核心的目标是转变政府职能。目前，政府职能转变不到位，"越位"、"缺位"和"错位"的现象并存。其主要原因，就在于部门职能配置不够科学、机构设置不尽合理。大部制改革将会加快推进政企分开、政资分开、政事分开、政府与市场中介组织分开，把不该由政府管理的事项转移出去，把该由政府管理的事项切实管好，从制度上更好地发挥市场在资源配置中的基础性作用，更好地发挥公民和社会组织在社会公共事务管理中的作用，更加有效地提供公共产品。

实行"大部门体制"原则，有利于优化组织结构。经验表明，政府职能与机构设置有着内在联系，政府职能变化了，机构设置也要相应调整。针对出国留学与留学回国的事务的全国性管理体制，改革开放以来先后精简了一些管理部门，健全了宏观管理部门和市场监管部门，同时又逐步增设了新的管理部门。这些逐步健全和增加的机构，是政府履行职能所必需的，但也出现了分工过细、机构扩张的趋向。根据"大部门体制"的原则，应将职能相近的部门重组为一个部门，既可保证政府有效履行各项职能，又能防止机构数量不断膨胀，形成精干高效的现代政府组织结构。实行"大部门体制"原则，另一个着眼点是提高政府效能。政府部门职能交叉、权责配置脱节、多头重复管理的问题比较突出，成为影响行政效能的体制性障碍。实行"大部门体制"原则，从体制上减少职能交叉现象，理顺部门关系，明确部门责任，无疑有助于提高政府效能。

我国政府机构多年来不同程度地存在设置不合理，部门利益作祟等问题，这不仅制约了政府职能的发挥、政府效率的提高，也一定程度上损害了政府的形象和降低了政府的影响力、号召力和凝聚力。在这样的背景下，大部制改革被多数公众看好，认为是解决部门利益膨胀和冲突，达到整合机构职能，减少部门数量，最终消除部门利益膨胀的重要手段。这轮政府机构改革的主要目标，是通过定职责、定机构、定编制，解决职责交叉、有权无责、有责无权、权责不对称等突出问题，从上至下，建立统一、精简、高效的"有限责任政府"。中国人民大学张鸣教授指出，建设服务型政府，让政府从现在的无所不管，回归到公共服务的轨道上来，要缩小政府的权力，一方面把某些审批的权力取消掉，一方面在某些领域彻底退出。南开大学齐善鸿教授表示，机构改革是体制改革的重要内容，关键在于用明确的决策权破除"都管都不管"的困局，破除"都说管但都管不了"的执行困局，而非单纯的精简机构和裁减人员。北京大学李成言教授则认为，能否破除部门利益的牢笼，成为改革成败的关键；地方政府机构改革与国务院机构大部制改革相比，将会更加直接和深刻地触动既得利益者的利益，同时地方职能部门盘根错节的关系，也将会加大改革的阻力。来自有关专家和部门的观点认为，国务院机构有待于进一步改革，因为目前还没有完全触及"政府主导型"的经济发展模式，公共服务职能仍然过少、过弱，政府的经济职能仍然过多过滥；政府机构改革中存在的矛盾，需要通过法律手段和民主手段加以解决，最根本的则是要依法明确职责权限，因此能否破除部门利益，就成为改革成败的关键；有的部委还需整合多个部门，职能、机构、编制制定难度较大，工作展开尚不充分；也有的部委认为，"大部门体制"改革仅仅进行了一年，地方配套改革刚刚跟进，总结改革得失为时尚早，其效能仍有待观察。①

面对新形势和新任务，各级、各地政府职能还存在许多不相适应的方面。中国社会科学院研究人员于2009年初发表的《审批改革、腐败治理与市场完善》报告显示，改革开放以来特别是2001年以来的行政审批改革虽然取得了很大进展，但还只是阶段性、初步性的。审批制度改革远未完成，要继续推进行政审批制度改革，必须转变改革方式。报告撰写者、社科院经济学研究所副研究员林跃勤先生表示，行政审批制度改革中，审批过多过滥的情况还很严重，目前进行的行政审批改革大多是被动进行的；行政审批改革良性机制远未形成，持续推进行政审批制度改革面临很大阻力。其表现主要有以下三个方面：

一是"上有政策，下有对策"——经过几次行政审批制度改革后留存下来的审批数量依然很庞大，而且还有许多是政府不该管、属于市场范围内的事情，现行行政审批制度的基础并未根本触动。同时，审批项目削减中走过场、重数量、避重就轻，避虚就实、明减实增、阳奉阴违，实际上只减那些不能收费或核准的事项，对本部门有利的，特别是一些收费项目却揽在手里不放的现象还有不少。还有些部门和地方将审批权转移给下属协会、行会等中介机构等，"按下葫芦浮起瓢"的情况普遍存在。此外，一些打着各种名义进行的"变相审批"比审批更麻烦。如一些项目名义上取消审批，改为备案制，但申报备案更加复杂麻烦，所需要的周期更长。再如一些互相矛盾、互为前提的许可条件，让申请人或单位左右为难。

二是自觉改革的内在动力不足——目前的改革大多是应急型、浅层型、减量型和被动型的，改革偏向审批项目数量上的压缩，有的地方甚至玩起数字游戏。行政审批制度改革缺乏长期规划和经常性，改革依然具有自上而下、政治运动式、风暴式改革的痕迹。自觉进行审批体制改革的内在动力不足，2001年以来的审批改革主要是在履行加入WTO承诺的外部压力下发生的，并非完全是自觉自发的。行政审批制度改革还没有以体现国家意志的法律形式予以规范，如设立审批事项的权力、审批程序、监督措施等的法定化均未实现，也还不能适应市场经济对政府管理的要求。正因为各地区、各部门的审批改革具有被动特性，所以，常常造成改革在不同地区、不同领域表现得极不均衡。

---

① 李松：《大部制改革：越到地方水越深——地方机构改革更直接和深刻地触动既得利益，阻力也将加大》，《新华每日电讯》2009年2月15日第5版；袁元：《改革效能仍待观察》，《新华每日电讯》2009年2月15日第5版。

三是政府职能部门和官员不情愿继续放权——从目前情况看，行政审批改革和项目削减要求基本上是按照各地区自我检查、自我削减、自我"瘦身"，使中央要求与目标和地方的实际执行差距较大，各地审批改革进度不一。有的砍得多，有的减得少，苦乐不匀突出，出现了"谁减的多，谁吃亏"的逆向刺激。时间一长，就有可能出现对同一事项不同地区做法不同、不同省市同一部门职能大相径庭的情况。由于政治体制改革和反垄断改革滞后，政府职能部门和官员为了自身利益，不愿继续放权，甚至借口经济发展中的新事物、新情况要求增设新的机构、新的行政许可和审批权，垄断部门也希望借助各种审批门槛，限制其他竞争者的进入。

《报告》针对上述问题提出若干对策建议，包括继续转变政府职能，减少审批数量，强化审批制度改革中的反腐败机制，加大对审批寻租腐败的惩罚力度。《报告》还特别强调要创新行政审批改革模式，并提出需要实现以下"五个转变"：1. 从以往的临时性、阵风式审批制度改革转向按照内外环境变化和完善市场经济客观需要经常性的改革；2. 由头痛医头、脚痛医脚的被动性、补漏性改革转为主动性、预防性改革；3. 从偏重于发命令、定指标等方式的指令性改革向依据社会经济发展需要决定审批事项增减的制度性改革转变；4. 从单项性、局部性改革转向配套性、整体性改革，把行政审批制度改革与司法体制、人事体制、价格体制等其他各项改革紧密结合起来；5. 从重改革过程和规模向重改革质量和绩效转变，特别是要消除那种以为减少了审批数量，而对数量减少之后的监管、运行方式和效果不闻不问，作为审批制度改革成功的浅薄思想。[①]

国家有关方面负责人多次指出，要贯彻落实科学发展观、发展社会主义市场经济、建设社会主义和谐社会，就必须加快政府职能转变步伐。政府职能转变是一个系统工程，涉及到诸多方面，需要全方位向前推进；需要在管理理念、管理重点、管理方式、管理权限和管理效能五个方面实现转变。有关研究人员认为，长期以来，在出国留学和留学回国事务管理体制上也存在着典型的政府大包大揽、管办合一现象，导致职责不清、运行效率不高、行业管理薄弱、公共职能弱化等弊端，教育行政主管部门多年来一直习惯于直接管项目，大量时间和精力被具体事务消耗。因此需要实行"管办分离"，把政府从直接管项目、搞活动和办"大赛"的繁琐事务中解脱出来，更好地履行分内之职。参照上述"大部制"的基本原则，有关研究人员认为，全国的出国留学与留学回国事务的管理体制也有需要不断提升的余地、完善的方面和改革的地方。

第一，需要深化公共服务体制机制的改革，加快向服务型政府转变。向全社会提供公共服务是政府的主要职能，是现代政府的显著特征。要始终坚持以人为本的管理理念，将人民群众的利益放在第一位，全面提高人民群众的物质生活、文化生活和公共服务水平；要加快实现从"全能政府"向"有限政府"的转变，着力加强和改善宏观调控，弥补市场功能不足，克服市场调节偏差；要努力实现从"管制型政府"向"服务型政府"理念的转变，实现管理与服务的有机结合，寓管理于服务之中，在服务中实施管理，在管理中体现服务，建设人民满意的政府。服务型留学工作管理机构的主要标志是：坚持全心全意

---

① 滕兴才：《社科院报告求解：行政审批改革遇到了哪些阻力》，《中国青年报》2009 年 2 月 11 日。

为留学人员服务的宗旨，贯彻以留学人员为本的理念，把为留学人员服务作为各级管理机构的神圣职责和全体公职人员的基本准则和基本要求，作为一切公务活动的出发点和落脚点。在机构设置、职能确定、资源配置等方面，注重和强化公共服务，不断改善为服务的留学人员政策环境，全面提高服务能力和水平。不断创新政府管理和服务方式，实现管理与服务的有机结合。大力推行政务公开，简化办事程序，寓管理于服务之中，在管理中体现服务，支持社会组织参与管理和监督。健全面向全体公民的出国留学政策体系，维护、促进和实现社会公平与公正。

第二，要推进依法行政，建设法治政府。要加快实现由直接管理、微观管理向间接管理、宏观管理的转变，由指令性计划管理向综合运用协调手段、法律手段和必要的行政手段的转变。

一是继续深化行政审批制度改革：采取措施解决还没有得到根本解决的行政审批制度中长期存在的审批项目过多过滥、程序繁琐、权责脱钩、监管不力、效率不高等问题；继续清理和减少行政审批的数量，对保留下来必要的行政审批，也要规范审批行为，完善审批方式，明确审批责任，提高审批效率。

二是加快转变政府市场监管方式、社会管理方式和公共服务方式：在转变政府行政管理方式的同时，要改进市场监管方式，依法对市场主体及其行为进行监督和管理，完善市场运行规则，维护公平竞争的市场秩序；要改进社会管理方式，规范引导社会组织有序发展，发挥社会组织提供服务、反应诉求、规范行为的作用；要改进公共服务方式，鼓励和引导社会力量以多种方式参与兴办各种公共服务项目。

三是大力推进政务公开：推进政务公开的目的是为了让行政权力运行更加透明，便于群众监督，使政府工作更加符合人民意愿。政府公布的信息应当全面、准确、真实，具有公信力，非因法定事由，非经法定程序，不得撤销、变更已经生效的行政决定。要以实施《政府信息公开条例》为契机，认真总结处理各种事件的成功经验，进一步加大推进政务公开的力度，努力取得更大成效。政府的管理和服务，除涉及国家安全的保密因素以外，原则上都应当公开。实施行政管理和提供公共服务，应当严格遵守法定时限，积极履行法定职责，简化办事程序，方便留学行为当事人。中国秘密文件一年几百万件，是美国的几十倍。有学者撰文认为，一些"秘密"，其实大半非真秘密，有的是国人皆能知道，有的是国人皆应知道；秘密泛滥，泄密风险亦随之增加；涉密者陷于其中，动辄得咎；又因法不责众，不可能完全严格"法办"；长此以往，麻痹大意，淹没其中之真秘密，屡被无心泄露；保密和涉密机构亦因战线过长，成本过高，对此防不胜防；一些官员亦多习惯于随意定密而不善于及时公开；殊不知，泄密要承担责任，随意定密、堵塞知情渠道，也应承担责任。[①]

四是规范和发展行业协会、商会等市场中介组织和社会组织：推进政府机构改革和政府职能转变，应当同时发挥政府、中介组织和社会组织三个方面的积极性；要加快培育市场中介组织和社会组织，使市场中介组织和社会组织能承担起政府转移出来的专业性、技

---

① 汤耀国：《一些官员习惯于随意定密以防民、自保》，《瞭望》新闻周刊 2009 年 7 月 7 日。

术性职能，为政府职能转变提供良好的社会环境。政府机构的组织和政府职能的设定，应当有法律、法规的依据，实现机构、职权、责任、编制的法定化。要做到组织法定、合法行政、合理行政、程序正当、高效便捷、诚实守信。实施行政管理，应当依照法律、法规、规章的规定进行，无法定依据，不作出影响公民、法人和其他组织合法权益的决定。应当遵循公平、公正的原则，平等对待留学人员，正确行使行政裁量权。

第三，加速形成权责一致、分工合理、决策科学、执行顺畅、监督有力的行政管理体制。这是现代行政管理系统正确组织和有效运行的重要标志。权责一致，就是要做到有权必有责，实行权责对等。分工合理，就是要进一步明确各部门的职责权限，避免职责交叉、政出多门。决策科学，就是要健全各级政府决策机制，使各项重要决策符合客观规律，符合认识规律，符合施政规律，减少决策失误，从制度上保证决策内容和决策程序的科学。执行顺畅，就是要保证法律法规和政策措施在全国范围内的有效执行，消除有令不行、有禁不止的现象。建立健全决策权、执行权、监督权既相互制约又相互协调的权力结构和运行机制，提高政府执行力。监督有力，就是要用制度管权、管事、管人，健全质询、问责、经济责任审计、引咎辞职、罢免等制度，提高政府工作透明度，保证法律赋予的权力始终用来为全体留学人员谋利益。政府职能"越位"的应当"退位"，要把不该由政府管理的事项坚决移交出去，把社会可以自我管理的事务真正交给社会，更好地发挥公民和社会组织在社会公共事务管理中的作用；政府职能"缺位"的应当"到位"，这就要求政府全面正确履行职能，更加重视公共服务，逐步建立起惠及全民、公平公正、水平适度、可持续发展的公共服务体系；政府职能"错位"的应当"正位"，按照一件事情原则上由一个部门管理和权责一致的原则，合理界定和调整政府部门的职能，理顺部门职责关系，明确相应的责任，做到权力与责任对等。要以建设人民满意的政府为目标，着力改进政府运行效率低、成本高的状况；全面推行政府绩效管理制度，建立科学的政府绩效评估体系和经济社会发展综合评价体系；建立和完善绩效审计制度，实施财政财务收支的真实合法审计与效益审计并重，逐步加大效益审计分量；大力开展机关效能建设，实施工作目标责任制，严格考核奖惩和监督，加强责任追究；进一步优化政府结构，减少行政层级，理顺职责分工，推进电子政务，运用现代管理方式，不断减少行政运行成本；建立行政成本考评机制，严格控制职务消费，严格控制会议、差旅、出国考察和公务用车等行政支出，大力建设节约型政府。

随着新一轮政府管理体制改革的进行，国务院相继正式批准印发了国务院各个部委《主要职责内设机构和人员编制规定》，即通常所说的"三定方案"。新的"三定方案"对各个部委减少微观管理事务和具体审批事项，抓好宏观调控提出了明确规定。上述规定和方案对全国出国留学事务与留学回国事务管理体制的改革具有重要的指导作用和参考意义。即相关政府机关应当进一步转变职能，集中精力抓好宏观调控和政策性管理，在搞好国家公费出国留学综合平衡选派计划的基础上，指导推进和综合协调单位公费出国留学体制的改革，协调解决出国留学与留学回国事务中的重大政策问题，加强预测预警和信息引导，促进各类有关出国留学事务的协调发展，并据此对一些具体职能进行充实、调整或转化、下放。

有关专家认为，根据上述原则和实例，涉及出国留学事务政府机构的职责调整，在加大宏观政策调控并减少微观管理事务和具体审批事项方面应当有所作为：一是深化公派体制改革，进一步确立"三个一流"国家公费选派办法的主体地位；更好地发挥地方和基层单位政府以及行业管理部门在具体选派管理方面的作用；及时修订调整选派项目和计划，大幅度提高国家公费选派项目的规模和资助标准，缩小审核范围，下放审核权限。二是涉及地方的规划和专项规划、专项政策，应由地方政府和行业管理部门在国家规划和政策的指导下分别制定与执行。三是将分属不同部门却属于同一种职能的有关职责划给同一个部门。四是将相同的服务性业务合并到一个部门开展。五是制定《出国留学纲要》或《出国留学条例》，进一步减少或下放中央政府微观事务管理权。六是进一步取消能够减少的行政审批事项，不断增加公众特别是留学人员的知情权、参与权、表达权和监督权。在抓好宏观管理和政策研究方面，政府的职责和重点是拟订和组织实施国家公派出国留学发展战略、总体规划、年度计划；搞好专业、层次、类别和国别的综合平衡，研究并制定保证留学人才安全的政策体系；协调解决出国留学事务与活动中的重大问题；加强留学回国事务的宏观管理，调控全国留创会、留创园的总规模；完善对留学中介机构的管理，做好数量总水平的调控；加强自费出国留学全员、全程的运行监测和预警，提高自费出国留学活动和在外留学人身安全的预测预警和信息引导，增强扩大开放条件下国内吸引各类留学人员的能力；促进区域协调发展，推动缩小地区吸引各类留学人员的差距；指导推进和综合协调出国留学与留学回国管理体制的改革。2009年9月下旬，围绕央视昔日王牌节目《实话实说》因收视率不佳被宣布停播事件，曾有过一些议论。有媒体就指出，最近几年，不少观众都在抱怨，《实话实说》内容老套，缺乏创意，缺乏为老百姓办事的力度，节目被淘汰是早晚的事。如果我们做留学管理和留学服务的某些官员也会因工作内容老套，缺乏创意，缺乏为老百姓办事的力度而被淘汰的话，那将是广大留学人员求之不得的一件好事情。①

第十二节　构建留学人才安全监测与安全预警的政策体系

中国与全球化研究中心主任王辉耀教授在2009年7月出版的《人才战争》一书中疾呼，中国已经是目前世界上数量最大、损失最多的人才流失国之一；留学热潮可能带来的人才流失，无疑将直接影响21世纪中国在国际人才战场上的成败得失。在该书的后记中，

① 本节参见朱剑红：《国家发改委新"三定"方案获批，对减少微观管理事务和具体审批事项，抓好宏观调控提出明确规定》，《人民日报》2008年8月22日；《"大部制"吹出清新之风——为什么要加快行政管理体制改革》，《光明日报》2008年7月27日；李芃、黄燃：《中国教育体制改革将在今年内启动政府回归本位》2008年9月12日新华网、中国网；马凯：《以转变政府职能为核心深化行政管理体制改革》，《国家行政学院学报》2008年第5期；李增辉：《吉林政府机构改革减少43个厅局级领导职数》，《人民日报》2009年7月6日；《和晶回应实话实说停播称收视率是"弱智借口"》，2009年9月24日天津网—城市快报。

王辉耀教授写有两句话："中国既是人才需求大国，也是人才流失大国"，我非常赞同。同时笔者建议在这两句话中间应该再加上一句话，即"中国既是人才需求大国，也是人才培养大国，还是人才流失大国"。如 2006 年就有一篇文章介绍，有人对中国科技大学少年班 78 级首批学员进行过一个统计，全班 88 名学员分布四大洲，至少有七种国籍。少年班创办 28 年来，已毕业的近千人中有约一半到国外学习后一去不复返。国内许多优秀大学毕业生后的主要选择是：一出国、二考研、三进外企，国家好不容易挤出来的投入成了他人"嫁衣"。为了支持北大、清华建设世界一流大学的目标，从 1999 年起，国家分三年累计单独给北大、清华各拨款 18 亿元。但是，2000 年北京大学本科毕业生有 2154 人，研究生 1596 人，直接出国留学的有 751 人，占毕业生总数的 20%，其中有 587 人同时选择了美国，比例高达 78%。2000 年清华大学毕业生直接申请出国留学的更是突破千人大关，以后每年都是持续增长。北大物理、化学等理工科毕业生出国学习的非常多，全班学生几乎都出国的现象也并不罕见。《中国青年报》曾在清华校园做了一个随机采访，被采访的 18 位学生中，明确表示希望出国深造的有 14 位。在被问到是否会回国时，表态坚决回国的只有 3 位。①

中国社科院《2007 年全球政治与安全》报告指出，中国流失的顶尖人才数量在世界居于首位。根据教育部的统计，截至 2008 年底，中国已经输出接近 140 万留学生，居世界之最。王辉耀认为，这几年留学人数激增，2009 年有可能突破 30 万人。估计目前留学生累积总数达到了 150 万人。教育部 2008 年的数据显示，归国留学人员却只有 39 万，滞留在海外的留学生已经超过百万，无论数量还是比例都是世界罕见。王辉耀在《人才战争》表达了一种迫在眉睫的危机感：在这场不见硝烟的世界大战中，中国和印度并不是人才流失比例最高、受害最深的国家，但绝对是目前世界上数量最大、损失最多的人才流失国。2007 年，被美国高校研究生院录取的中国留学生人数居世界各国留学生之首。中国逐渐成为美国最大的高科技人才供应国。英国高等教育政策研究所 2007 年一份报告显示，每个非欧盟国家留学生平均每年带来的效益是 2.44 万英镑。加拿大估算的数据是 2.5 万加元。王辉耀指出，一旦留学生不回国，此前在学生身上的教育投入就无法收回，以每人为外国每年贡献 2 万美元计算，中国仅留学一项就为国外贡献 100 亿美元外汇。王辉耀教授曾参与中央人才工作协调小组的调研，并担任中组部关于国际人才竞争研究课题的专家组组长。2008 年年底，中央人才工作协调小组召开海外高层次人才引进会议，随后，中共中央办公厅转发了相关意见，要求各地区、各部门做好海外高层次人才引进工作，被称为"千人计划"。王辉耀高度评价新一轮的政策措施。对于此前的人才政策，王辉耀认为，应当更大胆、实施力度更大，而一些政策可操作性不足，程序繁琐；现在缺的是软件，比如机制、政策、用人观念。王辉耀有很多大胆的想法，比如"中国能成立移民局吗"、"双重国籍什么时候开放"、"公务员系统能否引进更多海外人才"？在他看来，吸引人才回归已经到了紧要关头。王辉耀教授认为，国外不论在科研设备和研究环境上，都要优于国内；在国内很难想象不去拉项目就能拿

---

① 《出去就不准备再回来中国一流大学生流失惊人》，2006 年 8 月 4 日国际在线。

到科研经费，而在浮躁的心态之下做出好的研究是不太可能的。前几年的数据显示，自1985年以来，清华大学高科技专业毕业生80%去了美国，北京大学这一比例为76%。青年精英的外流与流失背后，反映了国内科研、企业机构吸引力的匮乏——从科研机构用人机制、科研环境到薪酬标准，国内外都存在着相当大的差距。在回国的动力方面，事实上经济只是其中一方面因素。有一种观点认为，2000年以来，我国经济发展速度快，但留学生回归比例反而下降。

中国人才研究会副会长王通讯也曾总结出人才大战的10种武器，比如在华设立研究机构、合作办学设奖等隐形手段。据了解，2003年左右，清华大学近百种奖学金里，外企公司占了一半，北京大学总额400多万元的奖学金中，外企占了300万元。而商务部公布的2006年统计表明，外国公司在华投资设立的研究中心将超过800个，而6年前这些研究中心仅为100个。近年来不断涌入国内的"洋高考"也是人才战争的一种形式。国外一方面能提供更好的教育条件，另一方面加大了对中国人才的吸引力度，在移民政策方面制定了很多优惠措施。国外在'拉'，而国内教育、用人、移民制度改革缓慢，等于是在'推'，在'推拉因素'双重作用下，留学人数这几年激增。①

笔者注意到，中国留学人才的流动与流失作为一个比较敏感并热门的话题，牵动着社会和媒体的广泛关注。就在介绍王辉耀教授《人才战争》的报道见诸报刊的第二天，即2009年7月22日，有关议论此类问题的许多文章相继发表。

夏熊飞感叹，看看这些触目惊心的数字吧，要知道国家培养出一名人才，就只算从小学到大学，就得付出大量的人力物力财力，可在成才后却纷纷跑去替外国效力，国家的巨额投资就好像丢进了深潭，令人寒心！人才大量外流不仅仅是浪费了国家的资源，而且也影响了国家的人才储备与国际竞争力的提高。②

孟桢尧撰文认为，国内有些人善于搞人际关系，头脑灵活，常常不按规则办事；正是由于这些靠人际关系的人才长期霸占着位置，导致了真正的人才没位置，没办法只好到国外寻求发展了；有些地方虽然招聘了大量人才，甚至给他们不菲的待遇，但是这些人才除了给领导人当"花瓶"外，平时根本没有多少事情做，更谈不上专业研究。③

童大焕发表文章指出，人尽其才的前提是自由和公平竞争；以是不是海归论人才，本身既不公平也不科学；是不是人才最终要由市场检验，平等的竞争环境才是人尽其才和人才辈出的最优质土壤；一国一地之竞争，归根结底是制度和人才的竞争，而制度尤为关键；否则，即使人才都回归，也是金子放错了地方，其价值难以得到真正的体现和实现。④

黄名金撰文表示，在经济全球化背景下，人才跨国流动的趋势会越来越强；对于发展中国家而言，人才流失现象既不会因为强行控制的措施而杜绝，也难以因几项优待政策在

① 王辉耀《人才战争》，中信出版社出版2009年7月版；李颖：《中国成人才流失数量最大国，百万精英滞留海外；出国留学人员越来越年轻，如何留住青年一代精英，事关民族未来——王通讯接受专访》，《广州日报》2009年7月21日。
② 夏熊飞：《肥水怎么都流向了外人田》，2009年7月22日中国网。
③ 孟桢尧：《人才流失缘于人才标准不同》，2009年7月22日中国网
④ 童大焕：《人才出自优质土壤，也流向优质土壤》，《新闻晨报》2009年7月22日。

短期内得到根本改观；从未来着眼，从现实着手，都决定我们必须制定具有前瞻性的国际人才竞争战略；将流失到海外的人才作为国家潜在的、也是重要的人力资源加以开发、利用，是当前中国国际人才竞争战略必须重视的关键性课题。①

陶短房引古论今并指出，战国时期的郭隗告诉急于求贤强国的燕昭王，只有善待身边的人才，把身边的人才用好，才能吸引海外更多、更好的人才前来投奔。因此，"特殊政策"值得商榷：人才需要的是发挥才干的空间、合适的土壤、有利的氛围、切实的保障。这些条件对"土人才"也好，"洋人才"也罢，都别无二致。如果能创造一个让本土人才充分发挥才干的合适环境和体制，那么这样的环境和体制将同样适于海外人才。对海外人才而言，他们最希望的不是被"特殊优待"，而是被"正常对待"且能"正常"甚至超常发挥才干。因为"特殊"终究是易变的，只有一个常态化、体制化的适合人才发挥才干的环境，才是真正人所仰慕的"凤巢"。②

毕晓哲认为，抛开诸多政治因素不讲，从人才天然流动趋势来看，基本遵循"人往高处走，水往低处流"的洼地原则；而如何形成吸引人才的洼地，仅有丰厚的物质条件和待遇是远远不够的；留住人才的根本之道还是要尽快创造出一个真正拴心留人的良好环境；反之，即便口号喊的再响，人才还是留不住。③

笪祖煌认为，我国人才的大量流失，说明我们在这场人才大战中打了败仗，吃了亏；当务之急，是要认真总结战败的原因，研究采取何种策略，才能转败为胜，避免人才大量流失；凡是人才，他们追求的都是有所作为、有所成就；在其回国后，应人尽其才，专业对口，专门从事专业研究，而当"花瓶"、进"班子"并非其所思所想。④

陶功财指出，近些年来，国家出台了很多优惠政策吸引海归，虽然也取得了一些效果，但是对于整体来说，这些效果简直可以忽略不计。特别是近几年，留学的人越来越多，面对国外越来越好的待遇和越来越多的诱惑，留在国外的人才也越来越多。海归之所以选择不回国，并非国内待遇不佳，亦并非因为他们不爱国，而是因为中国现有的科技人才培养和使用制度照国际标准来看是落后的，对于他们的发展和前途都是有影响的。看到中国从未问鼎诺贝尔奖项，但在美国的华人却一再问鼎，便知国内的人才政策对于他们这些高端的科学家来说是一种禁锢。⑤

丘墅撰文表示，人才的流失早已不是新鲜事，只是这种趋势随着留学人数的增多而日益严重；但他们大部分在国内是接受了 10 多年爱国主义教育的，那为什么我们 10 多年的爱国主义教育竟然敌不过其他国家三两年的其他主义教育。⑥

张铁鹰认为，大量的人才流失，降低了国家的竞争力，影响了经济和社会的发展。必须承认，我们在新时期的人才争夺战中吃了败仗，数十万出国留学者学成不归，清华、北

---

①　黄名金：《应全面认识"中国流失人才"的价值》，2009 年 7 月 22 日千龙网。

②　陶短房：《与其忧心人才流失，不如先用好身边人才》，《东方早报》2009 年 7 月 22 日。

③　毕晓哲：《人才流失应反思创业环境》，2009 年 7 月 22 日四川新闻网。

④　笪祖煌：《避免人才流失关键是健全完善机制》，2009 年 7 月 22 日四川在线。

⑤　陶功财：《今天，我们怎样吸引高端人才》，2009 年 7 月 22 日中国网。

⑥　丘墅：《人才流失：被遗弃的人和被遗弃的国》，2009 年 7 月 22 日大河网。

大等著名学府成了国外人才的"预科班"。其中的原因真的值得我们好好反思。多数人之所以滞留国外，主要还是对国内发展环境的不满，有的甚至心怀恐惧。比如，科研经费的申请搞"暗箱操作"，有的人搞科研有一套，可不会拉关系，不会"跑项目"，结果经费申请不下来。某大学发生过"四十个教授竞争一个处长"的事，这说明"行政化"已经使人才很难再安心地做学问了。这几年我们对人才引进也很重视，不少地方政府开出了优厚的条件，但效果似乎不明显。原因就在于，人才引进来之后，大多没有发挥应有的作用，只是做了领导的"花瓶"，这样的结果，不仅对已引进的人才是种摧残，而且对人才的回归形成了严重的阻碍。①

林金芳撰文指出，2002 年，我国的"十五"计划明确提出要把"人才战略"提高到国家战略的高度，如今，多年过去了，效果看起来似乎并不明显。人才流失的"罪魁祸首"是官僚主义，是"以官为本"，一切行动以做官为出方点，把做官当作人生最高的价值目标，以官当的大小来评判人生价值的大小。在这种官本文化下，怎么可能有良好的人才生存环境。以高校为例，这是人所共知的人才"高地"。这个知识分子聚集的场所，同样也是官僚主义的重灾区。不但教育、学术领域有着严重的泛行政化倾向，几乎什么利益分配都掌握在"学校领导"手中，大到招生、就业、专业设置，小到学生的日常管理等，校长、教育行政部门和大小领导，几乎就是权威。万般皆下品，唯有做官高，在这种环境之下，所有的资源都集中到了大大小小的官员手中，人才要不"学而优则仕"，要不就只能往国外走。靠什么留住人才、吸引人才？津贴、一次性房补、高规格的待遇，还是人尽其才的工作环境？固然，优厚条件、项目资助是吸引人才的有效手段，但这远远不是全部。在官本位文化下，能在市场中取胜的，不是优秀人才，而是那些熟悉官商规则的人。②

卞广春认为，在我国人才流失的数量居世界各国之冠的同时，我国引进国外科技人才，国外专家在中国发展、创业的数量同样在增加，说明人才国界的明朗化正在逐渐走向模糊化。我国人才暂时服务于他国，并不就是人才流失，而就是人才流动。我们不必对此感到可怕，忧心忡忡，因为服务于他国，本身也是人才发展与人才进步的一个过程，而不是终结目标；我们甚至不必对此感到不安，因为一个良好人才环境的形成，也是需要经过一段时间的洗牌过程的，我国人才"流动"到国外，也会影响国内的用人机制，在现有基础上逐步完善、优化人才成长、选拔、任用机制。③

李千帆指出，如果将人才流失上升到国家危机的层面，称之为"祸"并不为过。比较而言，国内一些硬件的建设突飞猛进，例如为了吸引海归人才，很多地方有专门的科技园、创业区；但在软环境方面，更多的是停留在文山会海上，停留在对领导讲话的表态上，无一例外表示热烈欢迎，再接下来就没什么动静了。而认识人才、了解人才、留住人才是是需要做扎实推进的工作。④

---

① 张铁鹰：《百万精英出国不归该引发怎样的反思》，2009 年 7 月 22 日红网。
② 林金芳：《官本位是"人才流失"的祸首》，2009 年 7 月 22 日中国网。
③ 卞广春：《别把人才流动当人才流失》，2009 年 7 月 22 日中国网。
④ 李千帆：《对"人才流失"不要只停留在大呼小叫上》，2009 年 7 月 30 日新华网。

2007 年 8 月 9 日,《中国青年报》发表署名王冲的文章指出, 长期以来, 中国在日留学生研究中国问题的现象极为普遍; 日本导师的理由也惊人的一致: 和日本同学相比, 中国留学生研究日本的情况肯定比不过日本的同学, 但中国学生研究中国问题更具备优势; 据估计, 文科留学生中十有八九是在做研究我们自己国家情况的课题。文章作者不禁暗自佩服日本的深谋远虑: 假如每年招收 100 名来自中国的文科博士研究中国, 这将是一个多么庞大的数据库? 这个涵盖中国社会各个侧面的数据库, 无论在日常工作、生活中还是在特殊时刻, 都会发挥一定的作用;"知己知彼, 百战不殆", 日本为何对中国如此了解? 由此细节即可见一斑。与此同时, 该文作者也对这一现象表示忧虑, 并举了一个例子来印证自己的结论: 国内某顶尖工科高校与日本互换留学生, 中方的一位留学生到日本后发现, 他的题目竟然是北京各季节风向变化和空气环流情况; 这位学生多了个心眼, 他想, 一旦发生战争, 对方可以利用这些数据发动生化袭击, 后果非常可怕, 因此拒绝了这项研究。有人拒绝, 但更多的人无奈地于求学期间在日本、中国两地奔波, 为完成学业而忙碌, 毕竟是在异国他乡读书非常辛苦, 留学机会来之不易, 不可能和日本导师对着干。然而, 研究中国问题的结果只是拿到一纸文凭, 一般不大可能都成为中国问题的专家, 不免令人遗憾。反观日本在中国的留学生, 可以尽取中国文化的精华, 无任何局限, 至少, 中国的教授们很少让日本留学生去研究自己的国家。目前, 在日本研究外国问题的专家中, 研究中国问题的专家人数名列榜首, 超过美国问题研究专家人数。但是, 面对中国日新月异的变化, 他们对中国的研究越深入, 却发现越不了解中国。日本的中国问题专家订阅了大量中国报刊, 但因社会活动和教学任务太重, 没有足够的时间去阅读和研究, 对日新月异的中国缺乏了解, 在研究上难以取得很大的进展。他们认为, 虽然随着中国经济的快速发展, 从事中国问题研究的年轻学者不断增加, 但即使这样也远远满足不了社会的需求。因此, 利用中国留学生来收集中国自己的情报, 不失为一条巧妙的捷径。[①] 山东师范大学的李光贞教授也已经注意到上述问题的严重性和复杂性。李光贞教授从 2001 年到 2009 年期间, 曾三次以访问学者的身份到日本进行研究。其间, 她对在日攻读学位的中国留学生的学位论文选题和研究内容, 进行了广泛接触与持续的考察, 并于 2009 年底主持完成了山东省社会科学规划研究重点项目《新形势下的国家文化安全问题研究》课题。李光贞教授先后在日本国家图书馆等处查阅资料, 参加有关学术研讨会, 选修大学课程, 接触大量中国留学生, 从而搜集到大量客观、翔实、新鲜的第一手资料, 其中包括约 2000 余篇博硕论文的基本资料。李教授带领课题组成员对所搜集资料进行客观梳理、数据统计, 采用定量分析与定性分析相结合的研究方法, 分析其研究内容特点和领域分布情况, 客观解析中国留学生在日本开展研究课题的基本现状。李教授指出, 改革开放后, 大量留学生到日本留学, 他们遍布日本的各个大学, 研究课题各种各样; 从整个中国赴日留学生的研究课题的现状来看, 一个现象应该引起我们的高度重视: 从他们的博硕题目来看, 那就是到日本留学并研究我们自己国家的大有人在, 且有增加之趋势。例如:"中国金融衍生商品市场的再建", 单从题目本身来看, 很难相信这是出自中国留学生之手, 而这恰是在日中国留学

---

① 王冲:《中国留学生成了日本研究中国的窗口》,《中国青年报》2007 年 8 月 9 日。

生的硕士论文题目；其他如"中国人牙齿异常的统计研究"、"中药方的有效成分研究"、"山东某处金矿的地址和化学构造特点"，"某省中部锡矿山的地址和化学构造研究"等等。这些论文无论是在数据的搜集上，还是在证据的数量上，都远远高过日本学生乃至日本学者的研究水平，可信度很高。该项研究还表明：日本大学里博士学位获得者所做"中国"研究课题中的中国人研究者已经远远超过日本人研究者；在收集道德 2000 多篇中国问题论文中，中国留学生撰写的论文数有 1257 篇，约占 60%；从研究内容来看，其研究热点与中国社会的发展息息相关，以经济研究者最多，其他依次为社会、教育、政策、制度、文化、环境、政治等，不仅数量惊人，涉及领域亦十分广泛；日积月累，日本国内所积攒并存储的就是一个庞大的中国各行各业的数据库。李光贞教授认为，现在的国际竞争和国家较量不是攻城略地，而在于信息和文化的竞争和争夺，特别是在一些软科学研究方面。因此上述现象中无论是资料搜集性的论文，还是实证研究性的论文，都可能会对中国的国家安全造成严重威胁。通过上述研究李光贞教授提出，我国的教学大纲、课程设置中应该有实施国家安全教育的一席地位，并通过各种渠道进行广泛地宣传和教育，使每一个走出国门的中国人具有国家安全的基本意识；国家有关机构应引导在外留学人员对涉及中国敏感领域的研究课题予以抵制；应尽快制定相关法律法规，对中国在外留学人员或外国学者进入中国大陆调研课题建立比较严格的审查制度，凡认定为对我国国家安全、文化安全形成威胁以及有潜在威胁的课题研究，一律拒绝他们在中国的实地考察、实地调研；国家留学基金委秘书处在优秀自费留学生奖学金评选过程中，也应对涉及中国国家安全的研究课题进行严格限制和正确导向。

本书已在前面专门讨论过留学人才安全的问题。作为非传统安全威胁的一个领域，留学人才安全已经越来越受到各方面的关注与研究。所谓传统安全威胁，是指一些传统意义上的安全问题，主要包括国家面临的军事威胁和威胁国际安全的军事因素。自从国家出现以后，国家间的军事威胁就一直存在。但将军事威胁称作传统安全威胁，则是在新安全威胁因素凸显和新安全观提出以后出现的。20 世纪七八十年代以来，为了区别于人类社会出现的新安全威胁，人们才开始把军事威胁称为传统安全威胁。非传统安全威胁，是相对传统安全威胁因素而言的，指除军事、政治和外交冲突以外的其他对主权国家及人类整体生存与发展构成威胁的因素。如经济安全、能源安全、粮食安全和人才安全等新安全问题，都属于非传统安全威胁范畴。一般认为，非传统安全问题具有跨国性、不确定性、转化性、动态性、主权性和协作性等六个基本特性。[①]

中国目前正处于传统农业社会向现代工业社会转变的重要时期。根据各国经验和有关学者的"人口流动阶段论"，该时期正是人才流失频繁的时期。为了应对日益激烈的国际人才大战，中国在不断加大支持出国留学力度、规划在 5 年内使留学回国人员新增人数达到 15—20 万的同时，也已经制定并不断完善吸引留学人才的政策体系，即实际着手构筑留学人才安全体系。当代中国留学活动的经验和教训表明，要完整地建立这一体制的当务之急，就要尽快建立留学人才安全监测预警系统，即对留学人才安全体制的运行状态进行

---

① 刘诚：《何为"非传统安全威胁"》，《环球时报》2005 年 6 月 15—17 日。

实时性评价，对其未来的发展趋势进行预期性评估，以及时掌握和发现已经存在或可能发生的问题，为国家准确采取危机防范措施，避免可能遭遇的风险提供前瞻性政策依据。留学人才安全监测预警系统大致应该包括以下五个子系统：即留学人才安全监测预警指标体系、留学人才安全信息统计调查体系、留学人才安全监测预警模型、留学人才安全应急预案和留学人才安全监测预警的长设机构。

构筑留学人才安全监测预警系统是应对留学人才安全问题的必要措施，但并不是治本之举。要从根本上解决留学人才和留学人才智力流失导致的安全威胁，必须不间断地对留学人才使用制度进行改革与创新。当前，除了要不断健全和完善留学人才合理流动、公平竞争的法律环境以外，还要抓紧建立留学人才的国家储备制度并重新构建留学人才的统计体系。留学人才是国家竞争的重要的战略资源，留学人才储备与石油和粮食储备同样急迫和重要，过度流失必然会危机国家安全。而加强留学人才管理和储备，首先就需要完善"普查监测体系"这项十分迫切的基础性工作。普查活动的职能和规定性，决定了其对于留学政策与决策的重要意义。一个时期之内，几乎所有的相关文章、论文、报告和报道都在重复着同样一组约本世纪初统计出来的留学回国人员所占比例的数据：在教育部直属院校校长中占78％、博导中占63％；在省级以上重点实验室主任中占72％，在中科院院士中占81％，在工程院院士中占54％，在九五期间863计划首席科学家中占72％。即便上述有留学经历人员合计有5万多人的话，那么另外20多万留学回国人员在做什么、在想什么？他们流动的状态如何？他们发挥作用的状况又是怎样？对此，国内从来没有哪几个部门联合起来对这总体30多万留学回国人员的基本情况和留学效益进行过全面的摸底调查和统计分析，国家最高决策层也就不能掌握其发挥作用和存在问题的整体状况。而截止目前的一些小规模的调查活动又往往存在着"调查范围过窄、涉及人员不全、部门各自为政、指标设置粗糙、数据时效不强、统计制度落后、形式重于内容"等诸多问题。因此，纠正某些部门在留学人员统计事务中的不作为、不会作为或乱作为，是做好出国留学政策研究、留学人才使用和留学人才安全预警的重要基础。所以有必要在分析研究中改变只注重定性分析而缺乏定量、结构分析以及预测跟踪分析的落后状况。当前尤其特别要注意防止单纯追求政绩的部门利益。为此，需要在"党管人才"原则的指导下，在中央政府的统一规划下，不断加强各相关职能部门之间的相互协调与配合，重新并科学地构建关系留学人才安全的统计与评估系统，以及相应的制度框架和长效机制，以保证涉及留学人员安全统计数据的客观性、准确性和公信力。

第十三节　建立中国留学人才可持续良性流动的国际协调政策机制

国际政治较量与世界经济发展的历史表明，构筑留学人才安全体系必须有良好国际环境的支撑与配合。冷战结束以来，国际形势的基本方面，如国际总体格局、国际组织作用、国与国之间的关系和矛盾等等，都发生了质的变化。如各国政策取向更加趋于务实和内向，视科技发展和经济建设为首要使命，大国关系中武力因素趋于淡化，意识形态在国家之间的地位和作用逐渐下降。人才国际化本应在一定的秩序下展开和发展，即应有一个有序和平等的流动与竞争环境。但当今的国际规则体系却是一架"倾斜的天平"，在更大程度上是有利于西方发达国家的制度安排和国家利益。这种国际规则的不对称在留学人才国际流动领域表现为，一方面，由于贫富差距加速了留学人才从发展中国家向发达国家的流动；另一方面，由于发达国家掌握着留学人才流动的主动权，在对留学人才采取各种措施加以吸引的同时，对一般劳动力进行种种限制。可见，当前的国际秩序是一个非对称、非均衡的制度安排，是发达国家出于利己动机而要竭力维护的约束性规则。短期来看，这种失衡的运行规则有利于发达国家得到留学人才，而中国却不得不遭受人才流失的痛苦。但从长远看，中国应以更加成熟和不断壮大的利益相关者的姿态与发达国家合作与协商，以共同制定和培育出适应"双赢局面"的长效机制。陈昌贵教授曾撰文认为，对大批留学人员滞留不归的利弊也要进行全面分析。这些人数量太大、在国外呆得太久，当然会给中国特别是给原工作单位带来一些损害，但如果这批人毕业后在国外多工作几年，把专业知识与实践工作经验结合起来，待羽毛丰满以后再回国工作，还可带回一些新的科学技术和研究方法，这对国内会更有用。即使有一部分人长居国外，如果他们能够始终保持与国内的联系，能够经常帮助国内单位安排一些人到国外进行交流，向国内同事提供国外研究的最新资料和信息，真正成为不需中国大陆支付工资的"大陆驻海外办事处"和中外学术交流的桥梁，这种"人才外流"也许反而是件好事。所以，实地调查留学人员在国外实际工作和学习的情况，了解他们中间有多少人准备回国工作，有多少人一直与国内保持着密切联系，有多少人已经或正在准备为国内做些经济、咨询或跨国创业工作等等，有利于国内从更宽广的角度看待留学人员的归国问题。①

一个时期以来，已经有很多文章、报道或书籍先后披露，中国在外留学人才成为某一研究领域的骨干力量或主要研究人员，并且不仅仅限于自然科学研究领域，即便是在社会科学研究领域也同样具有类似的现象。华东师范大学吴原元老师就曾撰文介绍过中国在美留学人员研究中国共产党党史的大致情况。即自 2000 年以来，华裔学者和赴美中国留学生已经成为美国中共党史研究的主体。吴原元老师统计发现，在 134 篇关于中共党史问题的博士论文中，有 89 篇的作者是华裔学者或中国留学生；尤为值得注意的是，在上述 89 篇论文中，以当代中国共产党领导的改革开放进程和实效为研究对象的有 68 篇，以民主革命时期中共党史为研究对象的有 7 篇，以新中国成立到"文革"结束以及改革开放初期的中共党史为研究对象的有 14 篇；而在 45 篇由美国本土学者撰写的博士论文中，对应上述三个时期内容的论文分别为 18 篇、9 篇和 18 篇。由此可见，两类群体关注和研究的历史时期不尽相同。吴原元老师还注意到，在华裔学者和赴美中国留学生撰写的博士论文中，主要关注并侧重研究的问题有，村民自治、农民工状况、收入差距和腐败现象等中国

---

① 陈昌贵：《人才外流与回归》，湖北教育出版社 1996 年 2 月版；陈昌贵：《我国留美学者回国意向的调查与分析》，《高等教育研究》1994 年第 12 期—1995 年第 1 期。

社会中比较前沿的课题。①

综合各方各种数据分析，近几年出现的亚洲"人才荒"大致可分为三种情况：新兴市场起飞的人才需求、各国产业政策更新引起人才需求变动，以及特殊人才断层的结构性需求。事实上，随着经济全球化的深入发展和科技的日新月异，人才跨国流动的规模正不断扩大，在其构成和流向上也都呈现出许多新的特点和趋势。对此，中国人事科学研究院李建钟副研究员认为，近年来，人才资源配置在全球范围内有三个新出现趋势是明显的，一是新兴国家前些年外流的专家及技术人员开始"回归"；二是一些新兴国家和发展中国家千方百计从全球吸引人才，正在努力从原来的人才"输出国"变为人才"进口国"；三是资本流动对人才流动产生了越来越大的影响。随着经济全球化的发展，企业都在拓展国外业务，其管理团队就必然会到相应的地区。新的投资地区由此也就成了相应的人才集中地。而这种流动对管理知识等的传播，影响深远。但这并不意味着人才的流向正在发生革命性的变化。因为人才的全球流动受多种因素的影响。在全球总体经济、政治和收入分配格局没有发生大的变化的前提下，目前人才流动的大趋势并没有发生根本性的变化，即人才总体流向发达国家和地区，同时又呈现出多元化的发展态势。其一，发达国家和地区仍然保持着强大的人才吸引力。从大的趋势来看，人才流向的最终点仍是在美国，而中间站则是欧盟国家、加拿大、澳大利亚等，加拿大就常抱怨说"从亚洲来的人才，3 年后必去美国"。在东亚地区，则是人才由中国流向日本、韩国、新加坡等国家。其二，人才流失成为全球性现象。随着经济、科技发展对人才需求的提升，国际人才竞争日趋激烈，如何吸引和留住高层次创新人才，成为舆论关注的热点话题之一。比如美国媒体近年来就多次论及中国、印度崛起对美国人才竞争地位的影响或"威胁"，尽管这种论调言过其实。其三，政府和企业界的博弈始终存在。企业界对人才存在普遍需求，是支持人才流动的主导力量，在发达国家，大企业对政府有着相当的影响力。而在政府方面，对人才总的来说是欢迎的态度，但因为人口流动对经济和社会有广泛影响，同时会造成人才输入国本国劳动岗位的流失，引来一些反对者，因此人才输入国往往处于摇摆状态，相关措施处于不断调整的过程中。

谈到全球对人才流动的主流观点时，李建钟副研究员认为，关于人才流动对输入国和输出国的影响，二战后一直在争论。实际上，它对任何一国，都是利弊并存的，总体是利大于弊。各国政策也都从早期的普遍干涉，发展到后来的放松管制，再到倡导自由流动。通过 30 年的改革开放和国际间的交流与合作，中国人开阔了视野，并为现代化建设引进了大批海外人才。每当中国的对外开放做出重大决策，迈出重要步伐，中国的利用海国人才工作就有一个大的飞跃。"请进来"和"走出去"已经成为世界的潮流，中国与世界各国之间的人才交流的规模、渠道都在不断拓展。一个全方位、宽领域、多渠道，不拘一格地引进还外人才的格局已经形成，中国正在成为一个引进人才大国。劳动力的流动率，相对于生产力的另两个基本要素（资本、技术）而言，是远远落后的。因此，有必要促进人才流动，对其权利给予保障，实行开放的政策。李建钟副研究员不赞成对人才流失进行管

① 吴原元：《2000 年以来美国的中共党史研究》，2009 年 8 月 6 日《中国社会科学报》第 8 版。

制。对亚洲来说，人才是周期性流动的。某一时期，人才输出大于回流，某一时期人才输出会小于回流。总体而言，人才的循环有利于促进知识的流动，对人才的原始输出国来说，有很大的意义。

关于中国目前的人才政策，李建钟副研究员认为是比较开放的。改革开放以来，特别是近10年来，在"支持留学，鼓励回国，来去自由"12字方针的指引下，政府把主要工作放在改善人才环境、吸引人才回流上来，组织了海外人才的各种联谊会，建立了专门的高科技园以吸引人才回国创业，鼓励他们以多种形式为国服务。中国的这些做法被很多国际人士认为具有典范意义。与一些发达国家由企业来做吸引人才主体的方式不同的是，中国政府在人才吸引方面发挥着主导作用。因为中国正处于体制转轨和社会转型的过程中，市场环境还有待完善，体制改革和机制转变离不开政府的推动。在当前和今后一段时期，发挥好政府在人才引进和使用上的引导作用，消除人才流动的体制性、政策性障碍，十分必要。但从长远看，在人才流动问题上，必须要让市场做主，要发挥企业主体的作用。市场是最能反映需求的，如果政府一直代替企业站在前台，就有可能造成资源的浪费和政策的不公平。在短期内，靠局部的、临时的优惠措施对人才吸引或许是有效的、可行的，但建立一个法治为基础的、公平的、可预期的人才体制，才是重要的和可持续的。就企业来说，要在全球化时代主动应对人才竞争状况。市场竞争和自我发展诉求会促使企业积极采取有效的措施吸引人才。如果哪个企业还没有这方面的举动，那只能说明，它还没有这方面的需要。①

第十四节　真正落实吸引在外优秀留学人员的各项政策措施

留学回国政策历来是中国政府和广大留学人员十分关注的问题。吸引和鼓励优秀留学人员回国工作或为国服务，是国家出国留学政策的基本目标，是中国人才队伍建设的重要内容之一。为了鼓励和吸引留学人员、特别是优秀留学人才回国工作或为国服务，自20世纪80年代以来，中国政府和相关职能部门先后颁布了一系列在全国具有指导意义的政策、规定和措施，并相继启动和设立了许多具有示范作用的项目、计划、大赛、基金；各地各级政府予以积极和广泛的仿效与响应，其中也有一些比较超前的制度创新与政策发展。

早在2005底—2006初，人事部王晓初副部长就曾多次表示，人事部正在根据新的形势要求，制订十一五时期留学人才回归计划，今后5年的工作重点将放在完善政策，畅通回国渠道，加大高层次人才引进力度，加强创业园、孵化器建设，建立健全留学回国服务体系上；科技部吴忠泽副部长提出，科技部将积极创造条件促进留学人才回国和为国服务，引导留学人员为国家科技事业大发展发挥重要作用，配合科技发展规划，提出新的鼓励留学人员回国或为国服务的政策措施；教育部国际合作与交流司副司长刘宝利则表示，

① 谢黎：《全球人才流动的新趋向：新兴国家外流人员"回归"》，2008年7月2日《环球》。

教育部作为全国出国留学工作归口管理部门，将根据国家和留学人员的需要，在出国选派、国外管理、鼓励留学人员回国和为国服务上，通过加大高层次人才培养力度、支持创新团队建设、实施长江学者奖励计划、春晖计划、回国科研启动资金、推动留学人员创业园建设等一系列举措，推动留学工作更好地发展；中科院陈竺副院长透露，中科院创新基地建设将进入 3 期，在此期间，中科院将加大人才工作力度，充分发挥海外人才的作用，对 35 岁以下原始性创新主力军要给与更大支持，同时还将推出支持中西部地区发展的区域人才计划。①

2006 年 11 月，人事部在其印发的《留学人员回国工作"十一五规划"》中提出，要加大对高层次留学人才引进工作的力度，要在"十一五"期间，使留学回国人员新增人数达到 15 万—20 万，另争取吸引留学人员回国服务 20 万人次；并向全国的人事管理部门提出了"拓宽留学渠道、吸引人才回国、支持创新创业、鼓励为国服务"的工作要求。根据该规划，中国将在"十一五"期间实施高层次留学人才集聚计划、留学人才创业计划和智力报国计划，并进一步完善吸引留学人员回国工作和为国服务的政策措施，打造海外高层次留学人才回国工作的绿色通道。该规划提出，要围绕全面建设小康社会的发展重点和提高自主创新能力的特殊需要，下大力气引进 3 类人才。●一是掌握核心技术、具有自主创新能力的学术技术领军人才。●二是熟悉国际惯例、具有国际运作能力的高级经营管理人才。●三是具有特定专业技能、为中国经济建设和社会发展急需紧缺的专门人才。结合国家研究实施战略性顶尖人才的专项引进计划，采取特殊办法，特事特办，积极引进国家急需的战略性顶尖人才。随着中国"科教兴国"和人才战略的不断深化，越来越多的在外优秀、尖子、高端留学人员都在密切关注中国国内的发展机会。

中共中央办公厅于 2008 年 12 月 23 日转发《中央人才工作协调小组关于实施海外高层次人才引进计划（简称"千人计划"）的意见》，要求各地区、各部门做好海外高层次人才引进工作。同期，中共中央组织部等部门还联合印发了《引进海外高层次人才暂行办法》、《关于为海外高层次人才提供相应工作条件的若干规定》和《关于海外高层次引进人才享受特定生活待遇的若干规定》。② 对此，多位在中国科学院和中国工程院各研究所工作的全国政协委员表示，本次出台的"千人计划"门槛确实比较高，但"国外大学的教授大多有很好的科研环境和工作待遇，他们会愿意回来吗？""各大高校和科研单位出去'挖人'的时候都把校长、书记等派出去，他们未必了解所有的学科领域，经常找不到真正需要的人才。这次能找到真正有专业水平的人才吗？"朱清时教授则特别强调，现在的中国大学，"官本位"的思想越来越强，一些高等院校片面地把引进人才作为领导的政绩，这严重影响到海外人才的引进；在引进海外人才的同时，国内的学术环境也要搞好，否则

①　《中国制订十一五留学人才回归计划》，2006 年 1 月 19 日中国网。

②　《宁夏回族自治区引进海外高层次科技人才创新创业暂行办法》，2009 年 3 月 13 日宁夏新闻网；《2009 年 5 月 25 日四川省委多单位印发〈四川省"百人计划"引进人才享受特定生活及工作待遇的若干政策规定〉（川组通 ［2009］57 号）》，www.sc—overseasinfo.net／News／UploadFiles_ …31K2009—6—1。

"引得进、留不住"。① 据 2008 年 4 月 29 日中国科协发布的《中国科技人力资源发展研究报告》显示：截至 2005 年底，中国科技人力资源总量已经达到 4246 万，略高于美国的 4200 万，低于欧盟的 5400 万。研发人员总数达 150 万人年，仅次于美国，居世界第二位。中国科技人力资源总量与研发人员总数，虽然已居世界第一位和第二位，但仍然存在着质量上的差距。如科技人力资源中本科层次的约为 1406 万人，专科层次的约为 2505 万人，研究生层次约为 121 万人；本科及以上学历的比重仅为 36.4%。此外，相对于庞大的人口基数，从事科研的人才的比例仍然偏少；百万人口中的科学家、工程师人数只有 1955 人。另外中国基础研究队伍整体水平偏低，尤其高层次人才十分短缺，缺乏跻身世界一流行列的科学大师和世界级领军人物，缺乏能引领当代科学潮流、跻身国际前沿，参与国际竞争的战略科学家。在 158 个国际一级科学组织及其包含的 1566 个主要二级组织中，中国参与领导层的科学家仅占 2.26%，其中在一级科学组织担任主席的仅 1 名，在二级组织担任主席的仅占 1%。② 有文章指出，在国家间人才竞争日趋激烈、人才安全已成为各国基本国策的今天，仅仅用钱是难以买来大师、更难以买来一流科研团队的；即使花重金买来几位已届风烛残年的"大师"，也只能给中国的教育科技界新增几位人格榜样，并不会使科技队伍的创新能力发生质的飞跃。因此，科技人才的培养仍然主要还是寄望于我们国内人才开发能力的提高和优秀人才成长环境的改善。③ 有文章披露，西方发达国家在核心技术的保密制度方面几乎是草木皆兵；在重点产业、重点行业和重点人群等方面实行反间谍的"沙粒原则"——即"没有任何信息是太小的，没有任何细节是不重要的"；对军工、科技、商业核心技术的保护则是实行从高管到一般工作人员层层设防，对泄密者课以重罚和重刑；更有甚者是把中国留学生视为"中国间谍"。④ 香港《紫荆》杂志也发表文章指出，吸引海外人才是一项相当艰巨的工作，利用国际经济危机和国内高薪承诺能否吸引到真正适应中国经济社会发展的优秀人才以及收效如何，尚需时间与实践的验证。⑤

长期关注"国际人才争夺"现象的广州大学侨联副主席、广州大学人文学院历史系王晓莺副教授，针对中国内地陆续出台的吸引海外高端人才政策与措施，提出了一些自己的见解：

1. 设立年龄门槛是否合理——王晓莺副教授认为，对中国大陆而言，具有 20 年以上的国外学习经历和实践经验的顶尖人才，既有广阔的国际视野又有丰富的国际工作经验，并掌握相关行业的高端信息、知识与人脉，是公认的"含金量高"的知识群体，同样也是洋"猎头"和国内"猎头"重点物色的目标。而目前相当一些地方和单位把引进海外留学人员的年龄，限制在 45 周岁以下，对于引进那些超过 45 岁的海外华裔高层次顶尖人才和著名学者就显得不合理。当今发达国家引进著名学者和有某些专长的科技人才不受年龄

① 文静：《代表委员热议海外高层次人才引进计划——千人计划：引得进，还要留得住》，《中国青年报》2009 年 3 月 7 日。

② 李昕玲：《中国高层次科研人才短缺》，《人民日报》海外版 2009 年 3 月 30 日。

③ 《日本科技人才战略及其对中国的启示》，2008 年 12 月 23 日《中国科技论坛》。

④ 张敬伟：《防西方窃密，先学西方保密》，《环球时报》2009 年 7 月 14 日第 15 版。

⑤ 钮雯琪：《中国实施引进高端人才"千人计划"》，《紫荆》2009 年第 7 号第 76 页。

限制，这已成为国际惯例。如美国新《移民法》规定：凡是著名学者和有某种专长的科技人才，不论其国籍、资历和年龄，一律优先进入美国。而在发达国家申请科学基金也是没有年龄限制，凭水平公平竞争。在美国学术上取得较大成就的华人学者不少人都大于45岁。因此有必要放宽引进海外顶尖人才和科学家的年龄限制。

2. 人才最大顾虑是什么——王晓莺副教授指出，事实上，许多有成就的高层次留学人才，都坦承并无回国的打算。问及原因，他们只字不提相关的待遇，却强调在国外工作，看重的是国外对人的尊重，以及国外"先进完善的教育体制"，"相对自由、宽松而又严格的人文和社会环境"，不归原因是因为国内"社会关系复杂"、"法制有待完善"等因素。2008年美国"全国科学理事会"在其题为"2008年科学与工程指数"的报告指出：美国有220万个在外国出生的科学或工程学位获得者，来自中国的科学或工程学位获得者占11%，约24.2万人。在美工作的外籍科学工程博士22%是中国人。数据表明，中国的人才外流现象还是比较严重。目前我国学术界的浮躁风气虽然有所好转，但对那些具有创新潜质的科学家，仍难以提供宽松、相对自由的科研环境。由此可见，解决人才外流问题的症结，必须全方位创新科研环境。

3. 怎样的人才结构才合理——王晓莺副教授举例，从1946—1956年10年内，美国芝加哥大学只有11人获得了诺贝尔奖，而随着顶尖人才的不断聚集，此后的10年间，在该校物理系工作学习过的师生，有20位获得了诺贝尔奖。这显示出顶尖人才聚拢在一起工作、相互交流激励的重要性。没有一大批拥有世界前沿一流水平的高层次人才团队，就不可能在高起点上较快建成创新型国家。因此，引进留学高层次人才，不仅要强调团队背景，更重要的是要培养他们的组织协调能力、主导局面的能力和非常强的凝聚力。海归一般在国外从事工作时都是在一个团队之中针对某一方面做研究。回到国内，除非这个团队整体过来，否则没有了原来的团队，单枪匹马作战，一个人很难发挥作用。因此，引进留学高层次人才的政策必须加大科技领军人物、高科技核心人才团队的引进力度，建立顶尖人才聚集高地，而且要善待善用人才金字塔的每个部分。因为理想的人才结构是金字塔型，高层次人才不能一木成林，金字塔所以稳固坚实无可撼动，不可能只有金字塔尖。只有人才梯队的每个部分都人尽其用，"塔尖"对"全塔"的主导作用才能得到全面、深入和持久的发挥。中国的留学高层次人才政策亟待加快由"见树木"向"见森林"转变。驱动经济社会发展，不仅要靠"一班人"研发高端产品，也要靠"一群人"形成产业，还要靠源源不断的"一批人"做大做强产业。

4. 增设实验室有多重要——王晓莺副教授表示，为什么美国能够吸引全球人才，做到天下英才为美国所用，原因多方面，要素有三：其一，美国在本国科学院、工程院、卫生研究院等及全国各地大学广设科学实验室，其中国际一流实验室就有数百个，至于美国各州各大学各类研究所所设的重点实验室就更多了；其二，美国有许多支持科学实验的基金会，每年都为每个实验室的研究员提供充裕或较充裕的科研经费；其三，尽管实验室的工作也很忙，但环境安静、宽松，不受任何打扰，可以潜心研究，专注做实验，无后顾之忧。如果说，在手工作坊时代，"工先利其器"，是指手工作坊必须配备能工巧匠称心顺手的各种工具，方能制作各式各样的手工业品，并创新手工工艺。那么，在当今高科技时代，中国要在世界高科技前沿占有重要的一席，并对人类科技创新做出较大的贡献，"工先利其器"，则意味着我国必须拥有一批国际一流实验室和更多的国家重点实验室。由此可见，中国必须瞄准国家发展战略需求，增设一批国家重点实验室和国际一流实验室，每年都为每个实验室的研究员提供充裕或较为充裕的科研经费，并全面改善科研环境和条件，这样就有可能争取更多的海外华人科学家和领军人物回祖（籍）国服务。①

据美国《侨报》2009 年 2 月初的报道，根据美国硅谷一家华裔旅行社的初步统计，中国春节期间，华裔家庭回祖国过年的势头丝毫没有受金融风暴的影响，人数反而比往年稍有上升，其中许多是已加入失业行列的年轻工程师。他们除了与国内家人共度春节外，还有不少是趁回国之际，考察和探视成为"海归"的可能性。于 10 年前在中国创办"携程旅行网"的梁建章先生认为，从目前大环境而言，包括中国在内的世界各国，都面临着经济衰退的严峻考验。短期而言，中国的就业市场也同样是"僧多粥少"，大学生"毕业意味失业"的案例屡见不鲜，即使是捧着洋学位的"海归"人士，要挤进这就业市场分一杯羹也非易事。因此梁先生建议，现阶段规划加入"海归"行列的留学人员，不妨在美国再等待一段时间；如果能在当地找到工作是最理想的，缘故是在海外的就业经验常成为"海归"手中的王牌，是国内就业的法宝。因此尽可能先在美累积工作经验，待国内一有良机，再打道回府报效祖国，或许是一条可取之道。

8 岁开始尝试用电脑写诗、13 岁开发程序获全国首届电脑设计大赛金奖、15 岁考入复旦大学第一届少年班的梁建章先生，也是一位从硅谷回国创业成功的"海归"。20 岁时他在美国乔治亚理工大学获计算机硕士学位。之后，在硅谷的甲骨文总部担任技术及管理高级职员。1996 年回国任甲骨文中国公司咨询部总监，参与策划民航和中国电信等国有大型企业管理系统的建设。1999 年，梁先生看到中国未来网上旅游的发展潜力和商机，辞去在硅谷高科技企业的高薪工作，以"海归"身份创建"携程旅行网"并担任首席执行长。为了充实自己的知识，梁建章于两年前辞去首席执行长职务，在担任公司董事会主席之际，再度返回硅谷攻读斯坦福大学经济学博士学位。谈及"海归"话题，梁建章颇有心得，总觉得回国创业宜早不宜晚，但永远不会太迟。可在当今形势下，"等待时机"应该是最佳方案。他相信，只要中国政府宏观经济政策调整有方，中国经济复苏的步伐将会加快。届时，学业有成并在海外拥有工作经验的华裔年轻一代，投入祖国建设的怀抱也不迟。②

有国外媒体报道称，很多英国律所、咨询公司在考虑到中国开设分支机构，选择落脚点的时候，更倾向于软环境占优的香港，而非基础设施甚至更好的北京、上海。因为规范的市场制度，公平的竞争规则，国际化的商业环境，完善的社会保障体系，公正高效的司法系统是香港的优势，而这些正是经济与社会繁荣所必要的土壤。③ 实际情况也

---

① 王晓莺：《归国创业：建议放宽引进海外华裔专才》，《人民日报》海外版 2009 年 3 月 30 日。
② 陆杰夫：《华裔回国过年兼探海归路 成功者建议兼听后谋动》，2009 年 2 月 5 日中国新闻网。
③ 吴铮：《中国采购团买不到的》，2009 年 3 月 2 日英国 FT 中文网，《南方周末》2009 年 3 月 5 日。

确实如此。一个时期以来，内地有的地方和单位只注重政策优惠、物质待遇，不重视人文关怀、情感沟通，引才没有去引心。如有一些地方和单位引才工作目标性不强，到处开招聘会，"遍地撒网"，却忽视针对具体高端人才做个性化、差异化的工作，费力不少，收效不大；有的只注重提供优厚的物质待遇，把票子、房子、车子简单等同于人才环境，对如何创造有利于高层次人才干事创业的软环境关注不够；有的重引进而轻后续工作，不注意培养使用，甚至把人才当作招牌、摆设，看起来引进的人才不少，却没有产生应有的效应；有的不注意与人才交流思想、沟通感情，很少从思想上、精神上关心他们，使一些高层次人才的创新活力和创造潜能未能得到有效激发，创业热情难以长久保持等等。①

2009 年 10 月 13 日，《人民日报》发表一篇文章，介绍了中央人才工作协调小组和中组部连续召开多次《国家中长期人才发展规划纲要（2009—2020 年）》征求意见座谈会，听取来自地方、高校、企业、科研院所的专家学者和工作者意见、建议的一些情况；其中反映出来的问题也是比较严峻的。华东师范大学人才资源研究中心叶忠海教授援引一组数据：我国经济增长的科技进步贡献率只有 39%，而创新型国家则高达 70% 以上；我国拥有自主知识产权核心技术的企业仅为万分之三，企业对外技术依存度高达 50%，而美国、日本仅为 5% 左右；这些又都与人才队伍创新能力不强息息相关。中国社科院人口与劳动经济研究所所长蔡昉教授认为，按照世界银行的预言，超国界的移民以及发展中国家向工业国的人才外流，将是影响 21 世纪世界发展格局的重要力量。欧美同学会副会长、北京大学兼职教授王辉耀介绍，国际金融危机前，全球已约有 30 个国家制定了有利于高层次人才入境的政策或计划，其中 17 个是发达国家；国际金融危机爆发后，虽然多国失业率上升，但美、欧、日等等国家仍然进一步放宽了技术移民的条件，加紧高层次人才引进，而中国的优秀人才历来是发达国家争夺的重点之一。中国科技发展战略研究院常务副院长王元认为，我国创新型科技人才的现状不容乐观，尤其是拔尖人才和领军人才严重不足；目前，在 158 个国际一级科学组织及其包含的 1566 个主要二级组织中，参与领导层的我国科学家仅占总数的 2.26%；据科技部统计，全国高层次科技创新人才仅有 1 万名左右，高层次自主创业人才在全部创业人才中仅占 20%；预测到 2020 年我国各种类型的高层次创新人才至少要有 3 万—4.5 万人，才能基本满足建设创新型国家的需要。国家发改委宏观经济研究院原副院长、中国人力资源开发研究会会长刘福垣表示，同发达国家相比，我国人力资本投入水平较低。重庆市委研究室副主任林泽炎也表达了同样的意见：目前，重物质投入轻人才投入、重资源开发轻人才开发、重项目引进轻人才吸引的现象还比较普遍。上海公共行政与人力资源研究所名誉所长沈荣华研究员认为，目前在人才使用中存在着不够用、不适用、不被用的问题。在专家们看来，体制机制创新旨在解决人才发展的长远性根本性问题，但对于人才培养、吸引、使用、激励工作中的一些突出问题，还需要根据社会需要和人才期待，抓紧从政策层面予以解决。对此，中国社科院研究员潘晨光指出，破解发展难题，走出发展困境，必须牢固树立人才优先发展的理念，真正靠高素质人

---

① 《引才的关键是引心》，《人民日报》2009 年 3 月 11 日、《中国人事报》2009 年 2 月 17 日。

才支撑发展，靠高素质人才到国际上去竞争。①

鉴于国际和国内形势的转换以及在外留学人员的处境、状态和心态，目前正是我们加强政策力度，吸引一批在外优秀留学人才回国服务的良好时机。"多做实事、少说空话"、"多做少说或只做不说"，从根本上解决"问题踢皮球、政策落实难"的状况，是目前在外留学人员最关心的核心问题，因而是当前吸引在外优秀留学人才工作的重要内容，是使优秀留学人员的报国之心得以实现，并有所贡献、有所作为、有所收益的根本措施。因此，当务之急首先就是要加大力度、切实落实业已出台的各项吸引在外优秀留学人才的政策措施；使得所有留学人员能够得到规定的政策支持与帮助；并使有真才实学、做实事、有作为的留学人才能够充分享受到优惠的政策待遇。尤其需要认真实施海外高层次人才引进计划（千人计划），认真执行《引进海外高层次人才暂行办法》、《关于为海外高层次人才提供相应工作条件的若干规定》和《关于海外高层次引进人才享受特定生活待遇的若干规定》。

在全新且严峻的形势下，应当加快调整、尽快完善并不断创新针对留学回国人员需求的各项既定政策、制度建设与服务措施：

一是，鼓励留学人员回国工作、创业或为国服务，这是中国出国留学政策的基本目标；按照"畅通回国渠道、侧重高端人才、健全服务机制、加大资助力度"的基本原则，加强政府部门和相关机构之间的横向或纵向之间的密切合作，不断深化改革、勇于创新，进一步加快调整和完善为留学回国人员提供全方位优质服务的工作体系和政策机制；坚持以用为本，让人才大有用武之地，以便更好地引心聚才；改变重引进、轻使用的现象，让引进的人才有机会领衔或参与重大科研和工程项目；要破除阻碍人才发挥作用的各种樊篱，在政策、资金、服务等方面开辟"绿色通道"；充分信任人才，放手使用人才，让他们有职有权有责，最大限度地发挥自己的创新活力和创造潜能。

二是，进一步强化各级各类留学回国服务机构的职能和作用，满足各类留学人员回国工作、国内创业和以多种形式为国服务的多种需求。根据留学回国人员的学历学位、户口安置、求职就业等不同需求，坚持以留学人员为本的理念，为留学回国人员提供深层次服务。大力推行"联合审批、简化程序、限时办结和承诺服务"等先进的工作模式，为留学人员回国工作、国内创业或以多种形式为国服务提供全方位的支持和帮助。依据"弱化部门审批职能，强化一线服务"的原则，改革现有管理方式对提升服务质量和提高服务效率的制约。加强员工队伍的作风建设，坚持"弃机关化、弃衙门化"的改革方向；进一步通过"职能下沉"的方式，将对留学人员的服务的职能更多地下沉到服务大厅、基层部门和各个地区。

三是，进一步加大建设、创新发展、持续完善并不断整合全国各个系统"留学人员回国服务信息平台"的工作力度，不断改进和完善留学人才回国"双向选择"信息系统，更好地服务于留学人员回国工作、国内创业或为国服务；充分利用并大力提升教育部现有

① 盛若蔚：《为了更好实施人才强国战略——专家热议国家中长期人才发展规划纲要征求意见稿》，《人民日报》2009年10月13日。

的优秀留学人才回国"双向选择"信息服务平台和网络视频招聘及项目洽谈系统，积极组织各地区、各部门用人单位定期发布需求信息，定期开展网络招聘及项目洽谈活动。在加快进度、加大力度建立、健全出国留学工作政府级网络与信息平台的同时，采取果断措施严格限制国内各地出国招聘留学人才组团的数量，遏制国内各地招聘团组过多过频和形式主义泛滥的趋势。

四是，把吸引留学人才回国工作、国内创业或为国服务的工作重点始终放在优秀尖子人才和急需的特殊人才上，优先引进最紧缺、最急需的优秀尖子人才到高等院校任职任教；同时加大力度，采取一切可能采取的措施对优秀尖子人才实行特殊政策、给予特殊待遇、采取特事特办原则。不断加强对海外优秀留学人才的服务和管理工作；进一步改进和完善海外优秀留学人才信息库系统；重点联系、推荐国家急需的重点领域、重大专项和关键技术等方面的优秀人才。

五是，积极创造有利于留学人员回国的良好政策环境和工作环境，建立合理的人才流动机制和规范的人才激励机制；进一步消除地区、部门、行业、身份、所有制的限制，不断促进优秀留学人才资源的合理流动、优化配置与合理使用。积极协助各地区、各部门根据本地区、本部门对优秀人才的需要，建立海外优秀留学人才需求信息库，编制本地区、本部门引进海外优秀留学人才计划，并将留学人才需求计划和需求信息通过各种渠道向广大留学人员发布。不断发展和完善"中国留学人才市场"，建立、健全多种服务手段使之相互衔接配套，并与留学回国双向选择信息平台互为依托、互为补充、相互促进；不断提高服务水平和技术含量以便进一步简化办事程序，为留学人员回国服务和以各种方式为国服务提供全方位的网上、网下"一站式"配套服务。

六是，进一步清理和规范涉及留学创业的行政审批事项，简化立项、审批手续，不断改善留学回国人员的就业、创业环境，建立留学回国人员实习示范培训基地，提高其创业能力，支持推动以留学创业带动留学回国就业。按照精简、统一、效能的原则和决策权、执行权、监督权既相互制约又相互协调的要求，优化政府内部的组织结构，提高行政效能和为留学人员服务的水平。

七是，加快解决留学回国科研启动基金长期不足的问题，加大对留学人员回国工作和以多种形式为国服务的经费支持和投入。同时要采取切实有力的措施，大幅度下放审批权限，进一步简化留学回国人员申请教育部科研启动基金的受理和审批程序，缩短资助费下达的审批时间，为留学人员回国后尽快启动科研工作创造条件。不断提高教育部资助留学回国人员科研启动基金的整体水平，不断扩大资助范围，不断加大资助力度。

八是，以更宽的眼界、更宽的思路、更宽的胸襟广揽四海英才，就要坚持"尊重劳动、尊重知识、尊重人才、尊重创造"的方针，以最好的服务、最优的环境、最大的诚意吸引和凝聚海外人才，做到"引才先引心"。由于越是高层次人才，越是看重事业的发展、人格的尊重、环境的宽松；因此在人才竞争日趋激烈的今天，更须重视通过情感投入和人文关怀来引进人才、留住人才。对重点人才，要格外尊重，待之以诚，耐心持久地做工作，进行长时期的感情联络，用求贤若渴的态度感召他们；对引进来的人才，要持续注重情感投入和人文关怀，给他们以更多关心、更多理解、更多包容，随时帮助他们解决遇到的困难和问题，使他们充分感受到组织的温暖，增添进取的动力。真正赢得人才，必须为其提供用武之地、搭建事业平台。同时，尽可能为各类人才提供良好的工作和生活条件，做到以价值体现价值、用财富回报财富，使人才的创造性劳动得到应有的回报，受到社会的尊重。①

第十五节 建立准确、严肃、权威、高效和公开的"出国留学人员信息统计与发布系统"

统计活动的职能和性质，决定了它对于留学政策导向的重要参考作用和意义。因此，从多方位、多层面、多角度、多渠道入手，扎实、细致地做好针对留学人员的统计事务，是做好出国留学政策研究、为留学人员服务和留学回国事务的重要决策基础。没有这种基本数据的积累，很难准确掌握和客观评估留学人员状况的全貌。新中国建立以及改革开放30年来，出国留学人员的统计事务始终没能得到根本的解决，有关部门基本上都是在本系统中使用传统的手工方法进行内部统计，其质量状况可想而知。就全国范围而言，尚未建立起一套科学的出国留学与留学回国数据的统计制度、统计方法和统计体系。有关数据仅在各自内部掌握、使用也就罢了，但随着政务活动的不断公开，不同部门、各种渠道提供的数字经常通过新闻媒体在公众面前表现出某种尴尬。即便是在留学事务管理者中间，瞎抄乱登留学数据的现象也是屡有发生。一些留学活动的统计分析报告也几乎全是数据的堆砌和罗列，即使有不多的文字分析，也是"就数论数"，一方面脱离留学活动的实践，反映不出真实状况；另一方面则缺乏定性的结论，发挥不出统计的全部作用。这种因有关部门之间互不通气而造成的"数出多门"的不正常状况和留学状态统计分析报告的混乱局面，对外有损于国家形象，对内则不利于整体出国留学和留学回国工作的开展；同时也使得决策者、研究者和社会公众无所适从。因此，应当由与出国留学活动有关联的职能部门通力合作，并在国家统计局的技术指导下，建立一个可靠、真实、准确、严肃、权威、科学、高效、公开、及时和稳定的"留学人员信息统计和发布系统"。

这个系统应当严格执行国家的《统计法》，维护留学活动统计数据的严肃性，保证原始情况不失真，统计数字不含水，相关人员不胡编，并能够经得起公众、实践和历史的检验。应当在内容、方法和形式等方面走出现有的条条框框和陈规陋习，从技术层面上不断延伸留学活动统计的触角、拓展出国留学的信息来源。应当根据出国留学形势和状况的变化，建立、健全并不断完善指标体系，充实新的统计内容，科学、客观、前面地反映不断变化着的新情况、新特点和新问题。还应当就出国留学的热点、重点和难点问题开展专题统计工作，为专项研究活动提供支持；要善于把留学活动的统计数据变活，让统计表态，让数据说话，透过数字看变化、通过现象看本质、综合分析看趋势。

---

① 《引才的关键是引心》，《人民日报》2009年3月11日；《中国人事报》2009年2月17日。

　　根据国家关于政务公开工作的总体部署和要求，只要不属于国家秘密和依法受到保护的商业秘密与个人隐私，各级政府和机构都必须主动向社会公开与公众利益相关的各类事项。据此，在出国留学教育统计信息的传播和利用方面，也必须坚决屏弃"保密为原则，公开为例外"的传统陋习，并逐渐将出国留学和留学回国统计信息的公开确定为教育行政的常规和原则，真正做到"满足公众需求、传递留学信息、提供详实数据、实现信息共享、接受媒体监督、预测留学趋势"。在上述工作的基础上，还应当委托具有研究和评估能力的第三方撰写并发布"年度出国留学和留学回国状态与趋势的年度分析报告"，为国家的留学管理事务与公民的出国留学活动提供政策与导向方面的支持和帮助。

　　统计工作中存在的严重弄虚作假行为，一直是社会各界关注的焦点。因贪污受贿被判处死刑的原安徽省副省长王怀忠于"九五"期间在安徽阜阳当政。阜阳当时年均国内生产总值实际增长 4.7%，计划提出"九五"期间 GDP 要增长 13% 的目标。但时任市委书记的王怀忠觉得这个数字"太低"，"不符合政治需要"，计委无奈调到 15%，但仍达不到王的期望，计委只好第三次调整，即从 15% 提到 18%，然而，再次遭到王的否决。最后，王怀忠把阜阳"九五"期间经济平均增长目标定为 22%。各级政府为达到这个目标，采取财税"空转"的办法，虚构纳税人。针对统计工作中的违法、违纪、不作为、不会作为等行为，2008 年 12 月 22 日首次提请全国人大常委会审议的《统计法修订草案》，进一步完善了预防和惩处统计弄虚作假违法行为的法律制度，确保统计数据真实可靠。如何保障统计数据质量，是这次修改统计法需要解决的关键问题；加重对统计工作违法行为的法律责任，是本次修改的一个重点。《统计法修订草案》作出了一系列有针对性的规定，着力解决统计中弄虚作假这一"顽疾"。草案还着力从源头上确保统计数据真实，确立了统计资料的审核签署制度，要求国家机关、社会团体、企事业单位的审核、签署人员对其审核、签署的统计资料的真实性和完整性负责，并明确规定统计人员对其负责的统计资料与调查对象报送的统计资料的一致性负责，不得伪造、篡改，不得以任何方式要求统计调查对象提供不真实的统计资料。就统计调查的组织实施者和统计调查对象弄虚作假的违法行为，草案也明确规定了相应的行政、民事及刑事责任。有关专家提出，要彻底解决"统计注水"的问题，一方面要完善有关法律制度并严格执行相关规定，另一方面也要尽快建立健全符合科学发展观的干部考核制度，从根本上杜绝统计活动中的弄虚作假行为。[①] 有文章指出，中国内地 31 个省市自治区公布的国内生产总值（GDP）之和大幅高于中央政府公布的全国数据，统计数据的可信度受到怀疑。根据各地方政府 2009 年 7 月间提供的数据，中国 2009 年上半年的 GDP 之和为 15.38 万亿元人民币，竟远远高于国家统计局公布的 13.99 万亿元人民币约 1.4 万个亿。除了 7 个地方政府之外，其余所有地方政府公布的 GDP 增长率都高于全国增长率。这种自相矛盾的现象再次引起了人们对内地统计数据准确性的关注；经济学家近来对发电量与经济增长率、个人收入与财政收入之间的数据不匹配提出质疑。经济学家称，数据的收集和计算过程或许存有缺陷，但导致自相矛盾的最大原因在于，上级一般都会把经济增长作为考核干部政绩的重要指标，才会出现夸大 GDP 数

---

① 王茜、邹声文、陈菲：《修改统计法惩"统计注水"》，《新华每日电讯》2008 年 12 月 23 日第 6 版。

据的现象。国家发改委宏观经济研究院原副院长刘福垣说，地方官员别无选择，只有捏造数据，取悦上级当局。对此，国家统计局官员撰文称，2009 年上半年，地区 GDP 之和比国家 GDP 多出 9.9%，主要有重复统计的因素，也有国家与地区使用的基础资料不完全一致的因素，还有外部环境的影响等三个主要原因。①

2009 年 6 月 27 日，第十一届全国人大常委会第九次会议表决通过修改后的《统计法》。修改《统计法》的根本目的就是要为提高统计数据质量提供强有力的法律保障，杜绝人为因素干预统计工作。出国留学与留学回国的统计数据是政府了解留学状态、制定各项决策的重要依据，在留学活动日趋频繁、复杂，宏观调控难度增加的今天，其作用更加凸显。实事求是地说，统计工作纷繁复杂，有很多客观上的难点，保证统计数据的客观真实一向是个世界性难题。英国前首相本杰明·迪斯雷利甚至不无偏激地说过，"这世上有三种谎言：谎言、弥天大谎和统计资料。"加强监督检查，加大对统计违法行为的处罚力度，乃至增强统计工作的科学性、独立性，无疑都是解决问题的重要方法。针对监督权限不明、缺乏有效的检查手段问题，修订后统计法增加了"监督检查"一章，规定了监督主体及执法权限。但是严格地说，这样的措施和手段，对于解决统计"注水"问题，仍然只是"治标"之策而不是"治本"之方。要从根本上消除统计数字的弄虚作假，不仅要加强法律规范和公众监督，也要强化政府信息公开的责任，打造透明政府，更重要的是，必须在改革干部评价任用制度上下功夫。统计数据"注水"造假带来的后果很严重，而由这一现象暴露出来的干部评价任用制度方面存在的问题更根本、更具有全局性。2009 年 3 月 25 日，国家监察部、人力资源和社会保障部和国家统计局联合制定印发了《统计违法违纪行为处分规定》，首次将统计数据真实性问责纳入了行政问责体制，并于 5 月 1 日起施行。《处分规定》是我国颁布的第一部关于统计违法违纪行为处分方面的部门规章，它的发布实施具有重大意义，它不仅为完善统计质量提供了有力的制度保障，同时也体现了党中央、国务院反对和制止统计弄虚作假的坚定决心。中共中央办公厅和国务院办公厅联合印发的《关于坚决反对和制止在统计上弄虚作假的通知》指出："统计人员依法独立行使职权，任何人不得篡改统计资料或者编造虚假数据，不得强令或者授意统计机构、统计人员弄虚作假，不得对拒绝、抵制、检举在统计上弄虚作假的人员进行打击报复，不得对本地区、本部门、本单位在统计上的弄虚作假现象放任、袒护或者纵容。"②

新修订的《中华人民共和国统计法》已于 2010 年 1 月 1 日起开始施行。新统计法健全了各项统计管理制度，完善了预防和惩处在统计上弄虚作假的法律机制，对于提高我国出国留学事务的统计能力、提高留学活动数据的统计质量、提高留学工作统计的公信力提供了法治保障。新统计法在系统总结多年来统计改革发展成果和经验的基础上，对我国统

---

① 香港《南华早报》8 月 4 日报道：《地方 GDP 之和大于中央数据》，《参考消息》2009 年 8 月 5 日；《国统局官员解释地区 GDP 之和为何高出全国 9.9%》，《人民日报》2009 年 8 月 12 日。

② 洪良：《"统计注水"根源在干部评价任用制度》，《北京日报》2009 年 7 月 5 日；苗兴林：《中国怪圈：官出数字数字出官》，《中国报道》2009 年 7 月 8 日。

计工作的基本准则、管理体制、统计调查管理、统计资料管理和公布等一系列基本制度都作出了明确规定。这些规定具有较强的针对性，也有较强的可操作性，应该说也为出国留学的统计工作提供了制度保障。贯彻执行新统计法，是在统计工作中落实依法行政的必然要求。因此必须切实按照新统计法的要求，全面规范统计工作的各个方面、各个环节，依法管理统计工作，依法组织实施统计调查，依法公布统计资料，依法开展统计监督检查，依法查处统计违法行为。人们常说，统计的生命在于真实；因此保障统计数据的真实可信，是统计法的基本核心价值。只有贯彻执行新统计法，才能使统计工作获得更加广泛的社会认同和社会支持，才能使得整个政府统计工作更加合法、有序、透明、高效，保障统计数据按照法定规范和程序运行；只有贯彻执行统计法，依法严肃查处各类统计违法行为，才能真正树立起统计法的权威，保障统计机构、统计人员独立调查、独立报告、独立监督的职权不受侵犯；只有贯彻执行统计法，依法完善统计体制机制，依法推动统计科技进步，依法加强统计基层基础建设，才能使统计数据源清流洁，为提高政府统计能力、提高统计数据质量、提高政府统计公信力提供全方位的保障。国家统计局马建堂局长表示，要做到严格依法规范统计工作，就需要进一步增强敬畏意识、责任意识、程序意识、服务意识和保密意识，准确把握新统计法的基本要求，严格执行新统计法的各项规定，切实依法规范自身的行为。马建堂局长指出，●所谓敬畏意识——就是要维护统计法在统计活动中的最高权威，实事求是、科学准确地开展政府统计工作，主动、自觉地抵制各种弄虚作假行为。●所谓责任意识——就是要确保统计数据真实可信，依法保障统计资料的真实性、准确性、完整性和及时性。政府统计机构是统计法的主要执法机关、统计工作的管理机关和主要统计数据的生产机构；政府机构工作人员担负着重大责任，发挥着极为关键和不可替代的作用；因此必须有高度的责任感，必须强化统计人员的数据质量意识、岗位责任意识。●所谓程序意识——就是要提高统计工作的规范性，要求统计人员按照法定程序管理统计工作，开展统计活动；要依法审批统计调查项目，依法管理统计调查活动，依法建立健全统计调查项目审批管理制度。●所谓服务意识——就是要促进统计信息的社会共享，不仅要及时向各级党政领导提供统计信息，还要面向社会公众做好信息服务。新统计法确立了"公开是原则、保密是例外"的制度原则，这不仅是统计立法的重要突破，也是政府信息公开立法的重要突破。要依法建立健全统计资料公布制度，严格按照法定权限和程序向社会公布统计资料；要依法建立健全政府统计机构和有关部门间相互提供统计资料的机制，实现统计资料在部门间的共享；要依法建立健全部门公布统计数据的管理协调机制，防止数出多门；依法应当公布却不公布，或者违反法定权限和程序公布统计资料的，都必须依法承担法律责任。●所谓保密意识——就是要维护国家利益和统计调查对象的合法权益。首先是统计工作中的国家秘密必须得到严格保守。另外新统计法参照国际通行做法，对保护单个统计调查对象的资料提出了更高的要求。对统计调查中获得的能够识别或者推断单个统计调查对象身份的资料，不得对外提供、泄露，不得作为对统计调查对象作出具体行政行为的依据，不得用于考核评比和排序。[①]

---

① 马建堂：《严格执行统计法提高统计数据质量》，《人民日报》2010年1月5日。

第十六节　密切关注自费留学生的生存状态
并提供尽可能多的政策性支持

一般意义的、即广义上的"留学"，泛指学生或学者经国际间的流动后，在一个相对固定的境外教育类机构，进行一定长度时间的学习、进修或研究的行为。就一个国家或相对独立的地区而言，有出国（或出境）留学的行为与活动；其留学当事人被称为该国的出国留学生或出国留学人员，也可进一步称其为赴某国留学生或在某国留学生；如中国留学生、中国赴美留学生、中国在日留学生等等。同样是一个国家或相对独立的地区，也有"接受留学"的行为与活动，或称来某（国）留学、入国留学；其留学当事人被称为外国留学生或来某国留学生、在某国留学生；如美国留学生、来华留学生、在华留学生等等。

在约20年前的有关文件中，把出国留学的场所定性为在境外"高等教育机构"学习、进修或研究的行为，显然与本书上述"教育机构"的说法不完全一致，外延明显要小一些。究其原因，该文件的出台背景是中国的教育对外交流活动还很不发达，出国留学的资助方式和管理模式基本上是以国家或单位公派为主，并表现为以具有高等教育学历的中高层次的人员为主要派出对象；另外当时中国内地的自费留学势力还比较薄弱，自费留学活动的范围也不广泛，高等教育以下层次群体的出国留学活动就更少了。由此可见，"留学是在境外高等教育机构学习"这样一种定性是有其历史原因、社会背景和时代烙印的。那么在若干年后中国的留学活动迅猛发展、留学的形式百花齐放的当今社会，还一味地拿几十年前一个文件中的说法来硬性地解读现实社会的留学现象，恐怕就显得有些"非与时俱进"了。如根据上述文件而得出的"非高教不是留学"这一定式，一些因职务便利而掌控一定话语权人就始终坚持认为，在境外中小学或在语言学校读书的中国学生不是留学生。无奈之下，聪明的社会舆论就将这一群体称之为"小留学生"，日本人则为读语言学校的外国学生起了个"就学生"或"就读生"的怪名字。也就是说在某些主管官员自己的"字典"里，"小留学生不是留学生"，"短期学习语言留学生不是留学生"。

中国市场经济的发展已使得很多产品由卖方市场逐渐转变为买方市场，截止2008年9月中国大陆居民储蓄存款也已超过20万亿元人民币，达到历史上居民储蓄数额的顶点。[①] 但是在优质教育资源的需求方面却仍然是供不应求。中国教育事业的发展和教育投资的总量，尤其是优质教育资源的数量仍然难以满足公众的需求，特别是自主培养高层次人才的能力还很有限。作为对中国教育资源不足的补充，包括"小留学生"和语言学校"就读生"在内自费留学人员总量在平稳增加，群体愈显庞大、优秀者也层出不穷。据BBC中国网报道，由英国高等院校招生办公室（Universities &Colleges Admissions Service，UCAS）公布的数据显示，2008年内到英国留学就读本科的海外学生

---

① 《中国居民存款稳站20万亿上方达居民储蓄历史顶点》，《上海证券报》2008年9月13日、中国网 china. com. cn；程婕：《我国居民储蓄存款已超过20万亿》，2008年9月13日《北京青年报》A6 版。

中，来自中国的留学生增加了 21%。虽然由于原有基数的原因，增幅小于罗马尼亚（140.5%）、保加利亚（109.4%）和新加坡（32.2%），却大大高于海外学生 5.6% 的平均增幅。① 但中国自费留学生群体的层次却参差不齐，反映出来的问题、状况也比较复杂，几乎很难对其进行某种程度的组织管理；另外截止本书交稿时笔者尚未检索到比较深层次、比较全面的《改革开放以来中国自费出国留学人员状况调查研究报告》，这不能不说是国内有关中低级管理部门的疏忽和失职。一个时期以来，国内有些中低级官员往往热衷于传统的封建式"管理"，对于国家利益之下的服务行为永远是不以为然；片面且武断地认为，管理就是"我来给你开会"、"我说了算"，服务就是"你要听我的"、"你请我来给你办手续"。当国务院不断简政放权、强化行政审批制度改革后，对自费出国留学人员不再实行所谓的"管理"、不再归那个官员管了，他就什么都真的不管了，也就不再研究相关的问题了，完全忘记了自己是一个拿着国家"俸禄"的公职人员；特别热衷于把自己放在一个"让别人求助"的封建式的长官位置上。

现任教育部国际合作与交流司司长张秀琴坦诚，"对自费生，我们的投入和关心远远不够。"② 媒体方面关于中国留学生的负面报道也是与日俱增，不断向世人勾勒出部分国人的"留学轨迹"：新老留学生相互排斥，杀人与被杀的恶性事件屡见报端，贪官子女云集海外高校，一些小留学生生活奢侈、沉迷玩乐、无心问学，甚至卖淫赌博、加入黑帮。这些差强人意的表现的确另人揪心与担忧，一些比较明显的群体性趋势给留学活动带来的影响，可能已经超出以往的经验，从而为政策管理部门提出了新的要求。一方面，作为"支持留学、服务留学"的具体体现，国家有关部门已经并仍在为自费出国留学人员开拓尽可能简便快捷的"绿色通道"，为申请自费出国留学的人员精心打造一条多方位的"服务链"；另一方面，在积极参与经济全球化和高等教育国际化的同时，也必须清醒地认识到，"全球化"和"国际化"不是免费的午餐，应当经常重温一些必须引以为戒的教训。西方发达国家出于自身的"国家利益"和西化、丑化和分化中国的目的，必然会在"全球化"和"国际化"的过程中，凭借其雄厚物质基础的支撑，极力宣扬西方国家的政治观点和价值观念。

另外，纵观杰出人物、优秀人才的成长历程，其意志、品质、心理素质往往起到了决定性的作用。因此，加强对自费出国留学人员进行富有成效的素质教育和国情教育，国内、外主管部门携手构建针对自费留学人员的服务和指导体系，以不断加大对自费留学群体的关注力度，就显得十分迫切和重要。教育的过程实际上就是人力资源形成的过程。应当让自费留学的青年学子既自觉、又牢牢地记住：中华民族有五千年的历史，虽历经磨难仍得以生存壮大，并创造了灿烂的东方文明；中国文明源远流长、博大精深，她是最古老、最丰富、最深广的古代文明之一；炎黄子孙与之难舍难分并当感自豪。这既是中国国情以及素质教育的一个十分重要的方面，同时也是出国留学政策的重要组成部分。据此，在国力和财力比较上严重失衡的情况下，就国家一级的出国留学政策而

---

① 《英国大学本科新生人数增一成，中国留学生增 21%》，2009 年 2 月 7 日中国网。
② 刘大家：《教育部官员在汉检讨对自费留学生关心不够》，《楚天金报》2008 年 11 月 14 日。

言，应更多关注、跟踪并研究在外自费出国留学人员的状况与特点，注重对自费出国留学人员进行感情投资和尽可能的物质或经济支持；鼓励、援助、支持和引导他们成为中外交流的"友好使者"并聚集成为"友好使团"。可以预见，中国每年自费出国的十几万留学生们，在经过出境后五至十年的艰苦努力，其中的相当一部分人将会成为中华民族最宝贵、最有价值的优秀人才；另外也将会有大部分成为华侨华人华裔的新生代。

针对上述现象与情况，长期研究出国留学政策的专家建议，应在中央政府层面建立一个"国家级自费出国留学动态和趋势的长效研究机制"。其运行的方式和主要内容有：1. 由政府出面设立并出资支持；2. 通过已经发表的研究性文章选拔有关专家和研究人员（不应包括在以赢利为目的留学经营机构中的任职者）组成研究团队；3. 面向社会征求选题并进行尽可能广泛的出国留学意向调查；4. 由国内外相关机构提供规定的基础性数据；5. 每年完成一部能够公开发表的《中国自费出国留学动态和趋势的年度研究分析报告》并在互联网上刊登，以对自费留学申请者及其家长给予一定的帮助、指导和引导；6. 同时向有关的国家政府机构提交一份政策性建议报告。

受国家发展、社会进步、公民财力、教育国际化以及出国留学目的多元化的影响，近十余年来，中国出国留学人员群体中的90%以上是自费留学生。他们希望通过出国留学谋求自身的发展和实现人生价值。其中到国外就读高中或高中毕业后进入国外本科留学的势头在大幅上扬；从国内名校毕业后进入国外一流大学、科研院所和企业学习、工作或研究的人数越来越多；回国工作、创业的人员也不断增加。2008年"北京奥运火炬"在海外传递期间，以自费生为主的留学人员自发组织并迅速行动起来，旗帜鲜明地支持我国政府的有效措施，主动向西方国家主流媒体介绍国内的事实真相，积极参与和保护奥运火炬的顺利传递，使许多人对这些80后、90后留学生刮目相看。但是，我们对自费生的投入和关心远远不够。随着科技的发展，信息时代的到来，也要创新留学生管理工作手段，转变对自费留学生的看法，真正做到对公派留学生和自费留学生一视同仁，并为他们提供服务。①

因此需要加快创新和不断完善自费出国留学的服务体系和监管制度。自费出国留学是中国公民出国留学的重要渠道，是为社会培养各类人才的重要形式，是国家高层次人才队伍的重要来源之一。中共中央和中国政府一再强调对广大自费留学人员与国家公派留学人员在政治上一视同仁，在政策上同等支持，在服务上同一标准。要按照"积极妥善引导、提供政策服务、创新监管机制、扩大资助范围"的工作思路，创新和完善自费出国留学服务体系，加强对自费留学人员的全方位服务，正确引导自费出国留学活动健康有序发展。各级负有留学工作管理职能的政府机构和从事留学服务的事业单位，要围绕满足广大自费留学人员"掌握政策、了解国情、交流经验、获取信息"等要求，做

---

① 《对自费留学生关心不够教育部官员——国际合作与交流司司长张秀琴称将一视同仁》，2008年11月14日荆楚网—楚天金报、中国新闻网、网易新闻网；《教育部官员——国际合作与交流司司长张秀琴在汉检讨对自费留学生关心不够》，2008年11月14日中国教育新闻网；《教育部官员——国际合作与交流司司长张秀琴：对自费留学生关心不够》；2008年11月14日新浪教育网。

好政策宣传、信息发布、留学指导和中介监管等服务工作；引导自费留学人员纠正"专业选择较为趋同、留学效果有待提高"等普遍存在的偏向；帮助他们克服因思念家人、文化差异、人地生疏、生活单调、心理压抑、不谙法律、自我保护意识淡薄等原因而造成的各种困难。

一是国家主管部门应当支持并资助的专家咨询体系，委托专业研究人员、学者和专家按年度定期撰写、编辑、出版并同时在互联网上发布《年度出国留学白皮书》，从实用便捷、简明扼要、权威专业等多个角度全面介绍中国学生主要留学目的国的留学政策和程序、教育制度和经费、法律制度和文化、就业前景和预测，以便正确指导和引导出国留学申请人根据个人的特点正确选择自费出国留学的适当渠道、国别、院校、专业和履行出入境手续，提高其应对独立生活和突发事件的能力；使有志有意有力自费出国留学的中国公民，能够真正选择到强于和优于其能够就读在国内的国外学校和专业。

二是要采取必要措施，加大力度做好出国留学信息的发布工作，进一步拓宽信息发布及信息咨询渠道，帮助留学申请人员正确选择国外资质较好的院校就读。充分利用政府行政手段，大力扩充国内教育类主流媒体如《中国教育报》、中国留学网、国家留学网、《世界教育信息》和一些主流媒体中"留学咨询栏目"的信息量和准确率，并不断增加其影响力和覆盖面。

三是要充分发挥"国家优秀自费留学博士生奖学金"的导向作用，加大对优秀自费留学生群体的引导、服务和学术成果跟踪；积极营造一个鼓励优秀人才、激励深造成才，潜心发奋学习、报效中华民族的和谐留学氛围。采取积极措施进一步推动国家优秀自费留学博士生奖学金工作实现长期化和制度化的目标，并持续扩大资助规模，适时提高奖学金的资助标准，适当提高资助人文科学类优秀自费留学博士生的比例，适时将资助范围扩大到优秀自费硕士研究生，适时实施"在外优秀自费博士生转为国家公派留学生"的项目计划。

第十七节　进一步加强对留学中介机构的严格监管，不断提升留学中介监管工作的公信力

2009 年 7 月 25 日出版的英国《华商报》报道，伦敦又一华人留学中介机构"E 翔教育"因涉嫌制造假文凭，假出勤记录，假录取通知书，以便骗取英国签证，英国警方已对此案件展开调查；该留学中介机构的员工一夜之间人间蒸发，已经不见踪影，很可能已逃回中国；代办签证的护照也不知踪影，数十名留学生顿时成了没有身份的黑户。2009 年 3 月 25 日，英国内政部边境署（原名移民局）在伦敦警察局的协同下搜查了华人留学中介机构'"维珍移民"与合作方"泰晤士学院"，逮捕了 7 名涉嫌伪造文件、骗取居留（签证）的人员。内政部边境署仍扣押着 1500 本由"维珍移民"代办签证的中国学生护照。据有关部门透露，极有可能这是英国历史上最大的一起伪造文件骗取签证案，所查获的 3

百万英镑现金也是内政部边境署成立以来最多的一次。① 针对国内的留学中介机构的情况与问题，有文章指出，出国留学市场呈现火爆的局面，自费留学中介因此格外受青睐；但是繁荣的背后，五花八门不规范的留学中介也令人担忧；自费留学中介是关系民生和社会安定的一项敏感行业，从确保社会安定考虑，政府加强对留学中介的监管迫在眉睫。该文章认为，不规范的留学中介存在形式五花八门，如非法的留学中介，目前猖獗日盛，令人担忧；合法的留学中介不规范的行为，令其资质和品牌效应大大缩水。文章还归纳了非法留学中介的主要特征：急功近利，短期行为；巧立名目，额外收费；管理混乱，诚信很差；合同不规范，单方面霸王条款；业务不规范，为申请留学人员编造假材料；国外学校低劣，从事虚假宣传；等等。②

针对留学机构仍然存在的各种问题，需要在国家监管体制上加大改革力度，杜绝和防止多头管理、责任不清的行政不作为，并注重协调留学中介活动中各个环节的监管工作。有关管理部门应该正确指导留学中介机构增强服务意识、创新服务思路、完善服务质量、提高服务实效，做好留学政策咨询、留学信息公布和留学相关培训等留学服务项目，充分发挥其应有的留学桥梁作用。有专家建议，可考虑在全国范围内建立由各级政府教育主管部门出资支持的公立留学中介机构团队，在严格规范其留学中介服务行为的基础上，分阶段实现整体平抑留学中介费用的目标。对守信机构、基本守信机构以激励与帮扶为主，对失信机构、严重失信机构建立惩戒与淘汰机制。应该采取果断和综合性措施，坚决遏制留学中介或黑中介损害留学人员利益的违法行为；对有违规行为的留学中介机构，要严格监管制度，加强执法力度，落实处罚措施，确保留学申请人的合法利益；坚决取缔和淘汰弄虚作假、违法操作的中介机构；建立质量严重失信机构黑名单制度，对严重违规操作、留学申请人反映强烈的中介机构要依法曝光并列入黑名单，实行全国联网并采取措施进行严厉制裁，并依法向社会披露其违法、违规情节，公开揭露其质量虚假宣传、违背质量承诺等方面的不良记录；要用"重典"加大责任追究力度，依法没收违法所得，提高违法成本。要联合有关政府部门共同采取果断措施，全面揭露、严厉打击并尽快遏制为出国留学伪造虚假材料的中介机构和在国外购买伪造学历学位证书的恶劣行为。在加大对有违法违规行为的留学中介机构处罚力度的同时，要加强对全国留学中介组织机构的社会道德建设和企业诚信建设；各地要有计划、有目的、有针对性地分批、分期对留学中介机构中高层管理人员实行集中培训，以确保留学中介机构的从业人员遵纪守法，不损害留学人员的合法利益。

2009 年初，由中国社会科学院廉政研究协调领导小组组织实施的研究课题《社会中介组织的腐败状况与治理对策研究》报告指出，我国中介机构绝大多数是在计划经济向市场经济转轨的过程中，基于政府改革所产生的政府权力转移或基于市场需要而产生的，如咨询、信息、经纪等中介机构。许多中介组织本身就是依托政府成立的，或者带有官办、半官办、官民合办的色彩。一些中介组织表面上和原主管部门脱钩，但实际上

---

① 《留学中介人间蒸发，数十名在英中国学生成黑户》，2009 年 7 月 25 日中国新闻网。
② 孙军、冯志：《自费出国留学中介市场如何规范》，《中国教育报》2009 年 8 月 5 日。

"明脱暗不脱";一些中介组织的领导由现任政府官员兼任，或者担任顾问、名誉会长，或者是刚刚卸任的官员担任，实际上造成了政府、中介合二为一，结成利益共享体。政府不仅控制了中介组织的人事任免权，还是社会中介组织的主要资金来源，中介组织只能成为政府的附庸。报告认为，这样的中介组织往往是一身二任的"双面人"：对政府代表企业，对民间代表政府，其从事的中介服务也带有某些政府行政干预的痕迹，一些中介组织甚至直接成为承担行政或司法部门某些管理职能的事业单位。该《报告》还特别指出，惩处不严在很大程度上放纵了中介机构违法的行为。如相关处罚仅限于警告、没收非法所得、罚款和撤销直接责任人的执业资格，最严厉的也不过是吊销许可证。与中介公司的暴利和群众的损失相比，这样的处罚显然偏轻，不足以起到震慑腐败的作用。因此，中介组织法律规范不健全也是中介组织腐败愈演愈烈的重要原因。多年来，除了《社团登记管理条例》和《民办非企业单位登记管理暂行条例》，《审计法》、《注册会计师法》、《经纪人管理办法》，以及《证券法》、《仲裁法》、《招标投标法》、《拍卖法》等与社会中介组织活动相关的法律法规外，涉及中介组织活动的大部分领域还缺乏完整的立法规定，还没有统一的《民间组织法》、《社会中介组织法》、《中介组织促进法》等专门、完备的社会中介组织调节大法。《报告》强调，准确界定政府机构与中介组织的关系，增强中介组织的独立性是确保其规范运作的前提条件。中介组织脱离政府或准政府地位，是避免其依托权力搞垄断服务和搞歪门邪道的重要条件。因此，需要尽快填补有关中介组织违法界定、惩罚方面存在的法律漏洞，修改、补充和完善现有法规中的疏漏之处，在新出台的法律法规体系中加入相关条款。通过从法律规范上加大对中介违法行为的惩罚力度，使其欺诈违法成本大于其收益，降低其违规犯法冲动，从而为预防、发现和打击中介违规行为奠定严密的法制基础。报告还建议，应该采取包括行政处罚、民事赔偿和司法制裁相结合的组合拳，加大对中介违法行为的预防和治理力度；特别是民事赔偿的方法，目前在我国运用较少。《报告》认为，经济赔偿对中介机构欺诈违规腐败活动具有较大的威慑作用。但从目前我国的情况来看，一般是以行政处罚为主，以民事赔偿与刑事处罚为辅，制度设计不尽合理，效果也并不理想。因此，应该依据中介机构进行违规违法行为对国家、单位集体或者个人造成的损失情况，按照责任大小由负有责任的中介机构和人员承担相应的经济赔偿，其中应该加大中介单位负责人和直接责任人的赔偿比例。报告认为，只有这样才能从经济利益角度对中介机构和从业人员形成足够大的约束力。①

2009年夏季，国家标准委发布了《企业质量信用等级划分通则》。作为推荐性国家标准，该国标于2009年11月1日正式实施。有关负责人指出，目前企业质量信用状况参差不齐，因此不管是政府监管，还是公民对服务机构的选择，对企业质量信用评级的需求都十分迫切。国家目前正在推行的产品质量信用分类管理制度提出，对守信企业、基本守信企业以激励与帮扶为主，对失信企业、严重失信企业建立惩戒与淘汰机制。同时还配合建立了质量严重失信企业黑名单制度，依法向社会披露其违法、违规情节。而

---

① 滕兴才：《社科院报告指出：一些中介组织正在沦为腐败中介》，《中国青年报》2009年2月2日。

若想顺利推进这两项制度，就需要首先明确守信企业和失信企业的衡量标准。《企业质量信用等级划分通则》国家标准为推荐性标准，具有基础性作用，可为留学中介机构的强化管理和制定细化标准提供依据。虽然按照国际惯例，绝大多数管理类的标准都是推荐性标准，但当具有强制性的相关文件、法律法规等规定引用了这一标准时，它就具有了强制性。该国标作为企业质量诚信体系建设的重要组成部分，将有力地配合企业质量信用分类管理制度和质量严重失信企业黑名单制度实施，为加快产品质量诚信体系建设提供基础性依据。①

第十八节　改革和完善《留学回国人员证明》以及相应的政策体系，逐步提升其应有的综合效力

原本作为购置免税小轿车凭证的《留学回国人员证明》政策自 1992 年 10 月实行以来，发挥了较好的服务功能与并先后附加了多种保障作用。近几年来，随着留学回国人员的明显增多，在此项服务政策方面也逐渐出现了一些新的情况和需要解决的问题。制定留学回国人员证明政策，其本意无疑是要经中国在外使领馆的官员之手确认当事人在国外留学经历的真实性，这是很有必要并无可非议的服务性举措。但如果一个良好的政策不是持续完善、与时俱进、以人为本、不断简化，而是故步自封、设置障碍，甚至被各种利益关系所制约，被少数管理者予以人情化、官僚化和复杂化，无疑会使得政策初衷的良好愿望变得面目全非起来。从这个意义上来说，留学回国人员证明政策的改革，承载着太多普通留学回国人员和用人单位的期望。因此，应当将《留学回国人员证明》管理、使用方面的情况和出现的问题作为一项政策课题加以研究，并争取早日出台一个改革创新、并以服务性为第一宗旨的管理办法，以提升对此项事务的服务与管理水平。例如：相应的职能部门应当增强公共服务意识、改善服务质量并加大相关的宣传与提示功能；应当统一和规范开具证明的基本条件和收费标准；应当提高管理人员的服务质量、管理水平和证明文本的外观质量标准；应当准确定位并理顺与"学位认证"制度之间的关系；同时应当在有效开展认证事务的国际合作与交流的基础上，尽快改革和完善留学经历认证事务的法律体系、制度体系和服务体系等等。

首先要根据"转变政府职能，实行简政放权"的原则，加快改革《留学回国人员证明》制度以及留学回国人员购买免税小轿车制度。在政策管理权不变的前提下，将《留学回国人员证明》的实际管理权、处置权下放至适当的服务性机构，并委托其为留学回国人员提供相关的综合性服务；并要加快研制、开发和推广使用"网上查询国外留

---

① 左娅、咸奎桐：《〈企业质量信用等级划分通则〉日前发布企业质量信用要分三六九等——政策解读》，《人民日报》2009 年 7 月 5 日。

学经历——开具《留学回国人员证明》——办理《国（境）外学历学位人证》"的一条龙服务系统。

其次国内外各有关职能部门必须不断增强服务意识、改善服务质量并加大相关的告知、宣传与提示工作，采取各种有效的手段不间断地提示在外留学人员回国前不要忘记尽量在国外开具《留学回国人员证明》；要采取一切可能的措施，方便留学人员申领《留学回国人员证明》，为全体留学人员提供一个政策宽松以及不设任何障碍的申领环境，并尽快建立网上自动申办程序。

第三要转变观念、采取措施、优化服务；要无条件地允许留学回国人员在国内补开《留学回国人员证明》，并尽快创建一个安全、完善、便捷、高效的网上自动补办申请程序。提升《留学回国人员证明》的开具质量，研制统一的"开具《留学回国人员证明》软件系统"，尽快将手写操作改成统一的印制格式。

第四要在广泛调研并征求广大留学人员意见的基础上，与国家海关总署积极协商和共同研究，依据当前留学回国人员不断增加的背景，妥善论证实行《留学回国人员证明》与《国（境）外学历学位认证》"双证合一"的可行性与操作性。同时要进一步完善国（境）外学历学位认证制度，大幅度提升相应的服务水平和服务质量，为留学人员随时提供全面准确的国际学历、学位互认信息。加快建设"出国留学人员注册平台"，使留学人员在出国伊始就可以在该系统中进行注册事宜，为留学人员的学历学位提供全方位的"保驾护航"式服务。

有两则负面的消息不知与上述某些现象有无共同之处。第一个消息是说，山东冠县一纸命令封了所有网吧后引发社会各界广泛关注。《新华每日电讯》2009年10月18日发表周玮撰写的短文《"冠县封吧"，文化部称执法不能乱作为》，转引文化部文化市场司网络处处长刘强的意见指出："网吧由各地文化行政部门管理，地方政府可依照各自实际情况出台或实施相应管理措施和办法，引导其规范发展，为人民群众文化生活服务。但需要特别强调的是，在这一过程中一定要坚持依法行政，必须严格按照行政许可法等相关法律法规的规定去做。要坚持依法许可和有法必依、违法必究的原则，既不能'不作为'，更不要'乱作为'，应认认真真规范执法、履行职责。"第二个消息是说，2009年10月造成4名外籍游客死亡、3人受伤的广西桂林阳朔热气球事故发生后，经初步调查，主要原因是失事热气球超范围飞行，这意味着这起悲剧并非天灾而是人祸。但是直到事故发生以后，人们还是不知道安监、旅游、体育、民航等几个相关部门，到底应该由谁来主管这件事。出了事，这局那局都来了，一是调查处理、追查下级的责任；二是一律停止所有热气球等的飞行活动，"一律停产整顿"。以往诸多安全事故表明，这种"不出事不管，一出事就禁"的套路，根本于事无补。《新华每日电讯》2009年10月18日发表陈瑞华和梁宇广撰写的《管不好热气球暴露懒政积习》一文指出，一个人懒惰，害的是家庭；一个部门乃至几个"有关部门"懒惰，害的是社会。

第十九节　加强研究并不断改善中国主流媒体对留学人员的引导作用

2008 年 12 月 26 日和 2009 年 1 月 31 日，两个先后发生在泰国和美国的中国旅游者车祸事故，引发了人们对媒体重要作用的一番议论。两起事故有非常相似的地方：都是中国游客死伤不少，都是华人公司做"地陪"，都是为了降低成本赶行程，都是平地翻车，司机也都是被怀疑为疲劳驾驶。但是，两起事故发生后，各方反应和重视程度却有着天壤之别。不论是政府部门、新闻媒体还是当事旅游公司都是如此。中国游客在美国出事后，上海市领导亲自过问，旅游局专门成立紧急事故小组，并启动紧急预案，中国驻美使领馆也成立事故工作组。而泰国车祸发生后，除了中国驻泰国使馆方面看过伤员，没有其他机构或组织过问此事。当事公司重视程度也不一样，上海组团的旅行社及相关保险公司带着巨款前往美国，而泰国事故中，一家组团的国内旅行社干脆就没派人去，事发之后也没提赔偿的事。之所以差别巨大，事故发生地的国情不同是一个原因。美国法规严密，如此重大的交通比较罕见；而泰国管理松散，重大事故屡见不鲜，见怪不怪。因此，美国媒体密切关注，事故成了头条新闻，而泰国媒体只报了简讯，甚至还把江苏旅游团错说成台湾游客。在美国遇车祸是不幸的，但却比在泰国的死伤者又幸运得多。在泰国的死者家属只拿到了人民币 10 多万元的赔偿，另有两名重伤员仍在曼谷的病床上挣扎。无怪乎一名伤者无奈地感叹：看来死也要死到美国，而不要死在泰国这样的地方！同样的事故，外国人按照各自国情加以解读，说来合乎逻辑。可是，中国人自己为什么会有完全不同的重视程度呢？就媒体的反应而言，中国的报纸、电视铺天盖地、事无巨细地跟踪在美国发生的车祸，但对泰国的事故却鲜有报道。难道同样是同胞的生命与鲜血，洋人看重了，我们就当大事；洋人漠视了，我们就认为"不值得一提"吗？从新闻学的角度，也许可以为上述现象找出更为合理的解释。按照新闻学的经典理论，我们眼里的世界其实是由媒体构造的，媒体提供的信息决定了人们的认知。通过大量突出地报道某个事件，媒体能够强化事件在公众心目中的重要程度。中国游客出事后，美国媒体突出报道，中国媒体紧跟，这就引起了中国民众的广泛关注，也必然引起了政府相关部门的高度重视，从而让善后工作得以顺利进行。这一逻辑关系从一个新的角度昭示了一个老问题，那就是美国媒体在为全世界包括中国人设置议程。美国媒体放在头条，事情就显得重要，甚至连中国人的生命也要受美国媒体的左右。这的确是一个值得国人深思的问题。①

中国中央电视台 2009 年 2 月 3 日晚在《新闻联播》中报道了中国总理温家宝在英国剑桥大学演讲时遭遇"扔鞋"的消息，打破了中国媒体一般不报道本国领导人被抗议消息的惯例。其间，央视新闻频道也并无中断现场画面，无论是示威者的叫声，还是温家宝总理在台上中断讲话的画面，甚至示威者掷鞋落到温家总理宝附近的声音都听得很清楚。分

---

① 任建民：《死也要死在美国》，《环球时报》2009 年 2 月 4 日第 14 版。

析人士指出，中央电视台《新闻联播》的报道显示出中国的自信和继续改革开放的决心。据美联社 2 月 3 日报道，对于一名抗议者向中国国务院总理温家宝扔鞋的敏感镜头，中国犹豫了几个小时，但最后国家媒体还是播放了这一画面。此举是开放自信的一种表现。[①]

一位华人女孩 2008 年在美国 CNN 实习时，CNN 歪曲报道西藏打砸抢烧事件，CNN 亚太区总裁对这个事件说，如果让西藏自治，就没有这个问题。华人女孩则明确表示："这是不可能的！就好比现在你让马丁·路德·金复活，他对黑人兄弟大吼一声，黑人兄弟们，回去给白人做奴隶吧！"一句话让这位 CNN 亚太区总裁意识到自己的错误。[②]

2009 年 7 月 5 日乌鲁木齐发生严重暴力事件后，"世维会"于 8 日上午在其慕尼黑总部举行新闻发布会，五名中国留学生利用此次机会，以普通中国人的身份向西方媒体宣传事实真相，以无可辩驳的证据当场戳穿了"疆独"分子的谎言，让这些人在西方媒体面前乱了阵脚，草草宣布会议结束。当天下午，《南德意志报》和慕尼黑《晚报》的网站上就登出了对这场新闻发布会的报道，提到了现场有中国学生称"疆独"组织的言论是"恐怖主义者的宣传"，以及有大量汉族无辜者被暴徒残忍杀害的事实。[③]

上述几则消息无疑从正面表明并显示出主流媒体对当代社会和公众生活的重要影响与作用。当然，多年来，也时而会有因准备不足等各种原因使得我们在外留学人员面对反华势力应对不力的消息见诸报端。60 多年来中国出国留学活动的实践表明，加强研究、统筹协调、精心组织中国主流媒体对出国留学人员群体的引导作用，或称为做好留学人员的"对外宣传工作"，同样是一个举足轻重的管理工作领域，应该引起人们特别是各级管理者的重视。香港有媒体刊登文章认为：中国崛起迫切需要改变失败的外宣。文章指出，2008 北京奥运开幕式开始前后，在美华人四处寻找收看直播。由于美国电视台要延时八小时播出，中国大陆网上直播屏蔽了海外 IP，很多人费尽心思最终也没能看到。其实早在 2004 年，包括中央电视台三套节目的中国卫星电视平台就已在美激活，理论上只要购买其收视权，就可以看奥运直播，但由于收看者少之又少，花大力气、巨额资金打造的对外频道，结果却变成了一个自娱自乐的工具。如果连迫切需要了解中国的海外华人都不能通畅收看大陆电视节目，又怎么要求普通美国人更了解中国呢？至于承担中国外宣任务的那些报刊，发行大概也只能达到各使领馆和中资机构办公室。于是，普通美国人对来自中国的信息大多只能"道听途说"，并据此作出了自认为正确的判断。相比而言，反倒是美国媒体对中国的影响十分强大，不但培养了一大批美剧爱好者，也让中国人特别是年轻人沉浸在美国文化的包围之中。禁绝美国文化对中国的影响显然不现实，想想看如何切实增强美国人对中国的了解才是当务之急。有评论者认为，据说中国政府计划花费 400 多亿美元，以打造中国的世界级媒体，擦亮中国的形象；但愿结果不会是又多造就几个自娱自乐的工具；如不掌握新闻传播的规律，不转变观念，

---

① 刘瑞常：《媒体报道客观坦率"剑桥事件"反衬中国开放自信》，2009 年 2 月 5 日新华网。
② 文静：《孙萍委员：推行公共外交向世界说明中国》，《中国青年报》2009 年 3 月 5 日。
③ 柴野：《中国留学生在"疆独"老巢揭露"世维会"谎言》，《光明日报》2009 年 7 月 20 日。

花多少钱恐怕都不会有效果。① 新疆乌鲁木齐发生"7·5"严重暴力事件后，针对民族分裂分子歪曲、篡改新疆历史的阴谋，国内新闻媒体组织了大量的文章和报道，陆续向读者介绍学术界有关新疆历史与现状研究的成果。如有研究表明，早在商周时代，新疆与内地就有着密切联系，这是为大量考古资料所证明了的。公元前60年，西汉设立西域都护府，统管西域地区的军政事务，标志着新疆从那时起已正式成为我国领土的一部分，至今已经有两千多年了。两千多年来，中国政府在新疆设官建置、驻兵屯田、兴修水利、保障丝绸之路畅通、发行货币、征收赋税，以及汉文字作为新疆通用文字延续了两千多年，保证了文化的传承。这些治理措施犹如一条纽带，把新疆和祖国紧紧联结在一起，使新疆成为中国不可分割的组成部分。② 此类研究性报告的精心组织、集中发表，并通过主流媒体向广大留学人员及时提供，应该不是一件很难做到的事情。

30多年的改革开放，不仅让中国留学生群体走向世界、了解世界，同时也让中国社会日渐透明。当代中国媒体的公共信息平台和公共论坛角色凸显，逐渐成为马克思150多年前描述的管理机构和被管理者之间的"第三个因素"或称为"第三种权力"。针对2008年在中国贵州发生的"瓮安事件"，中共贵州省委书记石宗源于2009年3月6日表示，该事件的教训之一，就是今后再遇到这类事件，就一定要坚持信息透明，要在第一时间把真实、准确的信息向媒体全面披露，尤其要披露事件真相和细节，因为光靠官方说的人们不信，但媒体一说就信了。五天之后，全国政协原副秘书长、外交学院原院长吴建民先生在接受媒体访谈时，就改变中国形象问题提出看法。他说，我们自己的一套话语体系人家听不太懂，甚至我们一般的民众也不愿意接受。这位前中国驻法国大使认为，现在中国变得越来越强大；欧洲关于中国的报道也越来越多，批评也越来越多。但这是因为欧洲媒体在意中国。欧洲的媒体喜欢批评一切权力机构；批评一切太强大的机构，是媒体的权利。吴建民先生还不无担心地表示，中国现在有"大外宣"计划，投入很多钱，但是如果让欧洲人不去看CNN，而是看新华社在欧洲办的电视台，你就得让报道的新闻内容有可信度，让人觉得值得看。有文章指出，科学发展观需要科学新闻观，建立科学新闻观必须从马克思的观点中吸取教益，要勇于承认"第三种权力"，而要区别于源自战争年代和冷战时期的宣传模式。因此就要正确辨别、理解"新闻"与"宣传"的若干不同特点：1. 宣传重符号，新闻重信息；2. 宣传要反复，新闻重新意；3. 宣传重观点，新闻重事实；4. 宣传重时宜，新闻重时效；5. 宣传有重点，新闻讲平衡。正如上述官员意识到的那样，一些新闻传播大国对新闻规律的认识是领先于国内的。如果无视具有不可替代的公信力的"第三种权力"，受损害的将是千千万万国内外的传播对象，而受惩罚的则只会是传播者自己。③

以广大留学人员为读者群的众多中国媒体以及所从事的留学活动的新闻与报道，是广泛面对留学人员、密切联系留学人员、反映留学人员利益诉求、宣示国家出国留学政

---

① 香港《星岛日报》：《中国崛起迫切需要改变失败的外宣》，《南方周末》2009年3月5日。
② 苗普生：《新疆是中国不可分割的一部分——读《新疆与祖国关系史论》，《光明日报》2009年7月27日。
③ 展江：《部分高官为何钟情"第三种权力"》，《南方周末》2009年3月19日。

策、展示留学人才风采、塑造出国留学工作形象，进而协助国家做好整体出国留学服务与管理的重要渠道。在当前快速发展的信息社会和大众传媒高度发达的时代背景下，相关政府机构需要依据"重视媒体作用、统筹宣传力量、分类支持指导、服务留学人员"的基本原则，着力提高新闻舆论活动对广大留学人员的导向作用和引导能力；积极探索和不断更新出国留学报道活动的新思路、新方法，增强出国留学舆论活动的针对性和实效性，努力为中国的出国留学活动健康发展营造更加有利的舆论环境。担负有出国留学宣传责任的政府部门、事业单位和新闻媒体，需要在不断增强政治意识、忧患意识、大局意识、责任意识和国际意识的同时，针对广大留学人员和社会各方面关注的留学热点问题，积极主动地做好正面舆论工作，阐释政策，解疑释惑，引导广大留学人员正确认识面临的信息、情况、问题和困难，稳定社会心理预期；并按照及时准确、公开透明、有序开放、有效管理的要求，把握舆论导向，重视发挥主流媒体和新兴媒体的作用，进一步做好出国留学与出国留学活动的新闻报道和互联网舆论引导，以回应社会关切，满足信息需求，努力抢占先机，赢得话语权，掌握主动权。

新形势下针对出国留学活动和广大留学人员的舆论宣传活动，需要始终高举旗帜、围绕大局、服务留学、改革创新；需要坚持正确舆论导向、提高舆论引导能力、营造良好舆论环境；需要贴近留学实践、贴近留学生活、贴近留学人员需求；需要把体现中国共产党和中国政府的主张与反映留学人员的心声统一起来，把坚持正确舆论导向与通达留学人员诉求统一起来，把正面宣传为主与加强和改进舆论监督统一起来；需要更好地发挥宣传出国留学方针、弘扬留学人才正气、引导留学活动热点、疏导留学人员情绪、强化留学市场监督的重要作用。各级责任部门和相关的留学工作的舆论宣传机构需要进一步增强责任感、紧迫感和使命感，适应信息化和全球化条件下舆论传播的新特点、新要求，加快实现由传统媒体向传统媒体与新兴媒体的融合转变，由以国内报道为主向国内国际并重转变，由一般性媒体向受众广、信息量大、影响力强的国际一流媒体转变；需要高度重视留学新闻宣传和留学舆论信息在出国留学工作中的意义和作用，以对社会主义出国留学事业负责任的精神，围绕留学人员的服务需求、留学活动的基本规律和留学政策的时代特点，做好统筹留学宣传教育和留学信息服务的工作。与此同时，也需要做好对媒体的监督和管理工作，指导和引导媒体为发展中国特色的出国留学活动提供更好的舆论服务与信息支持。

出国留学工作的管理者和责任者，要关心、支持、帮助并服务于涉及出国留学事务的众多媒体，以便更好、更充分地发挥相关媒体的积极作用；要在努力宣传中国共产党和中国政府关于改革开放方针的基础上，准确、客观地描述出国留学的基本政策、出国留学活动的发展成果以及留学人员反映出来的各种问题；特别要注重发挥媒体传播效率高、速度快、覆盖广、专业化加工能力强等优势，把众多涉及出国留学事务的媒体建成国内各个领域与广大留学人员信息沟通和感情交流的纽带。对留学人员的新闻播报、舆论宣传、政策解读和信息服务要围绕开发和利用留学人员人才资源与智力成果，充分调动各种有效传播手段，最大限度地满足各类留学人员"掌握政策、了解国情、交流思想、获取信息、联络感情"的基本需求。要把对留学人员的宣传教育与提供准确的留学咨询和详实的留学信息服务结合起来，通过留学政策赢得人心，通过留学信息导向人群，通过留学服务建立人脉，通过留学成果凝聚人才。同时，要采取积极措施解决信息不对称、不真实、不准确等问题，为充分开发和调动各级各类留学人才资源提供支持与帮助；要充分利用互联网等新的信息传播手段，掌握对留学人员开展宣传教育和信息服务的主动权。

有关部门应当积极采取各项切实可行的政策和措施，重点支持办好中国留学网、国家留学网、涉外监管网、国家和各地的留学人才网以及《中国教育报》、《世界教育信息》、《神州学人》杂志及网站、《人民日报海外版》、《中国日报》、中央电视台中文和国际频道等主流网站和新闻媒体，进一步扩大中国主流媒体在广大留学人员中的覆盖面和影响力。同时需要关注、指导和引导其他涉及报道出国留学活动与留学回国创业的网站和媒体，组建涉及报道出国留学活动的主流网站及宣传媒体的全国性联谊会组织，定期交流和研讨涉及出国留学活动宣传与报道方面的经验、情况和问题。要深入研究申请留学人员、在外留学人员和留学回国人员的心理特点和接受习惯，善于利用现代传播技巧，增强留学活动新闻报道的亲和力、吸引力和感染力。要把提高国内国际传播能力摆在突出位置，坚持走改革创新之路，不断提高涉及留学活动新闻报道的原创率、首发率、落地率，积极构建覆盖广泛、技术先进的现代传播体系，努力打造国际一流媒体，形成与中国国际地位和出国留学发展水平相称的国内国际传播能力。

自从 1987 年 9 月 14 日北京计算机应用技术研究所发出了中国第一封电子邮件，以及 1994 年 4 月 20 日互联网真正走入中国百姓家以来，从第一代网民的诞生，到第一代网络公民的兴起，中国主流网民代表的基本还是新科技、新文化，以及草根精神，表现得也还可以称之为理性与成熟。网络上曝光的问题则是现实社会的反映，最初网民把网络作为一个宣泄和聊天的工具，是现实与虚拟两张皮的结果，网民逐渐利用网络发表意见，并形成网络民意和舆论，最终影响到政府的一些决策。有学者认为，这是国家民主进程不断推进的产物，是个了不起的进步；随着网络实名制的推进，虚拟空间正在成为真实生活的一部分，网民是现实生活中的人，网络使民众有条件实现公民的权利与义务。新华社记者撰文指出，2009 年夏季关于 44 个汉字字形调整征求公众意见的消息一经公布迅速在网上引起争议；有网站的调查显示，超过 9 成人表示反对；这是中国网民表达意见的最新事件之一；知情权、参与权、表达权、监督权等政治权利的实现尽管刚刚开始，却揭示了中国政府在推进人权方面进行的不折不扣的努力。2008 年 6 月，中国网民数量首次超越美国；互联网已在中国担当起并发挥着重要的作用。网络不仅是一个范围最广的公众平台，也是一个微缩版的公民社会，成为人们记录生活、发表看法的重要载体。网络在中国的作用无可替代、无处不在，并且拥有一定的自由。公民甚至可以通过这一途径广泛参与国家事务，并对出台的政策施加影响。尽管国家对其设置了必要的规定与限制，但公民仍从这里体会到了日常生活中无法实现的交际及意见表达的自由。2008 年汶川地震时，中国网民指责外国企业捐款不踊跃，并公开了一份"外企铁公鸡榜"；每个进了黑名单的公司，都不得不费尽心思、付出巨大代价来挽回声望。随着信息技术的飞速发展并被广泛应用于各个领域，网络在留学事业发展和留学人员的日常生活中越来越发挥着重要的作用，只有重视留学信息安全及网络作用，才能在未来的留学人才博弈中获得主动权。如何确保留学网络安全和留学信息安全，在网络运用中赢得话语权和主动权，是必须认真对待的重要课题。有文章指出，信息时代已迅速来到，网络的外延也在不断扩展。当今的网络也不仅指由电脑组成的互联网，还包括由移动通信系统组成的手机网络。就留学活动而言，留学当事人个人信息的传递、意见的表达，留学工作办公自动化的深入发展，留学服务性管理数字化信息化的完善，留学信息化建设的日趋完备，都预示着在不远的将来，网络将会像人发育完全的神经系统一样，对整个留学活动的日常运转起着不可替代的作用。我国留学工作的网络建设，应在有利于我国留学人才安全的前提下，遵循国家留学方针的基本精神，确保留学网络安全免受入侵和干扰，确保营造对我国留学人才发展有利的网络舆论和氛围。同时，要在科学统筹的基础上设立专门的职能机构，立足于当前和未来若干年的实际需求，协调各部门进行整体规划，整合涉及留学活动的网络资源和力量，并放眼未来需求，进行前瞻性研究与预测，以期有助于实现国家出国留学方针和人才战略意图。有文章指出，"融媒体"时代即将来临，不管我们在感情上多么不愿承认传统媒体将被"兼容"到功能更加强大的新媒体体系中，事实依旧会发生。"融媒体"是充分利用互联网这个载体，把广播、电视、报纸这些既有共同点，又存在互补性的不同媒体，在人力、内容、宣传等方面进行全面整合，实现"资源通融、内容兼融、宣传互融、利益共融"的新型媒体。"融媒体"首先是个理念。这个理念以发展为前提，以扬优为手段，把传统媒体与新媒体的优势发挥到极致，使单一媒体的竞争力变为多媒体共同的竞争力，从而为公众所用，为公众服务。"融媒体"不是一个独立的实体媒体，而是一个把广播、电视、互联网的优势互为整合，互为利用，使其功能、手段、价值得以全面提升的一种运作模式。其实，针对数百万在外留学人员以及他们的家属的宣传或信息传递，正是需要这么一种全新的运作模式。[①] 与此同时，网络信息安全问题也已引起有关学者的关注和警觉。周国平在《学习时报》发表题为《网络信息化时代的意识形态安全》的文章中指出，目前中国全社会网络信息安全意识还比较淡薄，确立并保持发展中国家网络危机意识至关重要，并强调要大力发展自主的网络安全高科技，根除网络信息安全受制于人的被动局面。文章说，网络已成为敌对势力向中国渗透的主要渠道，防范难度加大；在今天的网络平台上，中西方意识形态的冲突既变得"隐蔽化"，又变得复杂化，网上种种思想的尖锐对立，形成了网络信息的"世界大战"。网络的特点之一就是打破了时空界限，打破了国家的疆界，在网络中已无国界可言。对此，文章提出要确立网络疆界意识和网络危机意识，清醒地认识网络发展所带来的诸多冲击，居安思危，未雨绸缪，一方面要掌握网络、运用网络，另一方面要积极寻找应对策略。[②]

安徽省委书记王金山于 2009 年 11 月 23 日在《人民日报》发表文章《领导干部上网

---

① 张树忠：《制定网络国家发展战略能力》，《光明日报》2009 年 8 月 2 日；栾轶玫：《融媒体时代的纸媒创新》，《中国青年报》2009 年 7 月 27 日；《什么是"融媒体"》，百度网；《俄刊：中国网络：微缩版公民社会》，《参考消息》2009 年 8 月 13 日；《中国互联网 22 年变迁：网络公民社会逐渐崛起》，2009 年 9 月 18 日新华网—国际先驱导报；吴小军、魏武、白瀛、曹健、郭奔胜：《新中国人权事业：阳光下的执著追求》，《新华每日电讯》2009 年 9 月 12 日第 4 版。

② 《党校刊物称中国全社会网络信息安全意识淡薄》，2009 年 8 月 22 日中国新闻网。

也是一种"微服私访"》中指出，在信息时代，网络工作至关重要，可以说是明辨是非、洞察秋毫的千里眼，是化解矛盾、维护民生的好帮手，是哪里需要哪里去的突击队，是抢时间争主动、克敌制胜的生力军。全面科学地认识网络，学会与网络打交道，是各级党委政府和广大领导干部面临的重大课题。王金山书记认为，网络首先是一个"舆论场"，在这个"场"中，谁都可以成为舆论的制造者和传播者，成为掌控舆论的主人翁。在这种情况下，如果党委、政府的声音缺失，网络的自发舆论就会成为社会舆论的主要形式。因此领导干部要学会与网络打交道。领导干部上网，也是一种现代社会的"微服私访"。在网上可以听到最基层的声音，了解最真实的情况。网民所议所提虽是个人意见，但来源于生活，出自于社会，代表着一个群体，不管是粗言、苦药，还是牢骚、怪话，只要我们带着感情、带着负责任的态度，去其糟粕、取其精华，都能为决策提供有益的参考。在网络高度发达的今天，阻止公众知情权的实现，往往会适得其反，甚至付出成倍的代价。因此，必须第一时间捕捉信息，第一时间站出来说话，既要上网看又要上网说，既不能失语又不能妄言，既需要快速又需要谨慎，"看"是为了掌握情况，"说"是为了澄清事实，对事件基本情况的公开要快速，对事件发生原因的解释要谨慎。应当讲，多数网民是通情达理的，他们比较在乎的往往就是一种尊重和态度。上网不是形式，更不是作秀，不仅要"上得去"，更要"下得来"。上得去是要通过上网了解情况，得到有价值的信息；下得来，是要把得到的信息进行分析研究，分清真伪，给网民一个负责任的答复，推动问题的有效解决。这是一种运用网络的能力和智慧。网络在给我们执政党建设带来挑战的同时，也创造了前所未有的机遇，用得好完全可以通过网络来推进新时期党的建设。过去，我们是"支部建在连队上"，现在则要把"支部建到网络上"，也就是要运用信息网络技术来加强和改进党的建设，提高党建工作效率。这种探索应该是永无止境的。① 据清华大学在 2009 年对 629 名地方党政县处级以上领导干部进行的一项调查显示，近七成干部有"触网"经历——公布邮箱、开设博客、实名发帖、网上问计。领导干部上网已成为近年来一个有趣的现象：在网络时代，决策与行政的过程都不太可能完全脱离互联网信息。网上的一些信息可能不大准确，有些观点不够成熟，但网络中的声音却非常直接、坦率和真实，涉及的面也很广。领导干部上网，最大的意义在于通过网络这一便捷有效的民情通道，了解民意、汇聚民智，推动决策的民主性和科学性，并及时得到来自群众的直接反馈，检验自己的工作还有哪些不足。江西省委书记苏荣就很在意网络民意，他说，网民的重要建议，我全部看过，有的还看了两三遍。通过网络，不但可以广集民意，也可以使我们的决策过程有了公开透明的发布渠道。广集民智，会拉近民众与决策的距离，扩大参政议政的民意基础。中共中央政治局委员、广东省委书记汪洋和广东省委副书记、省长黄华华也曾在致网友的信中表示：我们正在学习如何更好地使用互联网，也在学习如何与大家一起建设管理互联网。② 有观察人士认为，舆论意识已是现代政治文化的重要构成和基本支撑，是政治民主建设的重要内容。同时也有专家指出，新闻发言人的语境处理还普遍有待提高，套

---

① 王金山：《领导干部上网也是一种"微服私访"》，《人民日报》2009 年 11 月 23 日。

② 《领导如何面对网络时代》，《人民日报》2009 年 10 月 11 日。

话、空话太多。网民们也反映网络发言人的官腔仍然比较重，透明度还不够。①

一个时期以来，科研工作也已进入到一个更加复杂深奥的科研信息化阶段，对科研方法和手段提出了新的挑战。而科研信息化的实质就是"科学研究的信息化"，它的实现将为科技工作者提供一个信息化的科学研究环境，改变他们从事科学研究活动的方法和手段，甚至直接影响到一些学科的发展。因此有专家指出，科研信息化正在引发21世纪科学与工程的一场变革。科研信息化（e-Science）即科学研究的信息化，是指用信息化基础设施构建的新型信息化科学研究环境和信息化环境下的科研活动，这将改变科研人员从事科研活动的环境、方法和模式，促进科研交流、合作、共享和协同，提高科研效率、避免低水平的重复，有效地促进科研管理、科研水平、科研过程和科研产出整体水平的提高，推动科学研究的发展。随着人类对客观世界探索的不断深入，科学研究将会不断地向新的深度和广度拓展，科学问题的表现将会更加复杂化和系统化，科研活动将更多地表现出跨领域、跨地区、大团队协同、海量数据传输和处理等典型特征。有学者认为，传统的科学研究方法周期长、成本高、局限性大，面对现代科学的一些问题已表现出明显不足，例如：理论发现和观测实验等是传统科学研究的常用手段，已经难以解决很多复杂的科学问题，迫切需要大规模的数据采集、数据处理、分析计算和模拟等新的科研方法的支持；小范围、窄领域、封闭式的科学研究是传统科研活动的主要方式，大部分科研数据、仪器、文献、资料等资源缺乏共享，科研信息交流不畅，资源利用效率不高，造成资源和时间的浪费，迫切需要提高科研资源共享和科研信息流通的效率；针对单一科学问题开展单项研究是传统科研体制的主要表现形式，在解决复杂、系统的科学问题时显得势单力薄，迫切需要加强各领域、各专业和各环节的协作。而科研信息化将彻底改观科学研究的面貌。信息技术的发展，推动了科研方法和环境的革命性变化，信息技术所提供的感知化信息获取、海量信息存储、高速信息传输、智能化信息分析、多媒体信息表达等，将会给传统科研活动带来巨大的变革。全球科研信息化已经取得了长足发展。由于科研信息化对科学研究和社会发展的重大意义和价值，越来越多的国家日益重视科学研究信息化的建设，宽带网络、科学数据中心、超级计算、虚拟科研环境和网络建设等已经成为信息化建设的热点，其发展也非常迅速。在信息化基础设施建设方面，中国互联网络信息中心的统计数据显示，2009年6月我国互联网出入口带宽达747541.4Mbps，国防科技大学2009年研制成功的峰值性能为每秒1206万亿次的"天河一号"超级计算机排名全球第五，实现了我国自主研制超级计算机能力从百万亿次到千万亿次的跨越。在科研信息化应用和服务平台建设方面，我国科学数据共享工程已经初步建成了基础科学、资源环境、工程技术、农业科学、气象科学等共享数据库并在不断完善，一系列国家级科研基地、中心和平台的建设为科研设施和资源的共享提供了支持。但信息网络难免会遇到各种人为和非人为的危险。因此，完善和提高科研信息化的安全保障机制、提升科研信息化的安全水平，保证科研信息化软硬件设施连续可靠地正常运行，科研信息服务不间断，保护科研信息系统的硬件、软件及其系统中的数据不因偶然的或者恶意的原因而遭受到破坏、更改、泄露，是保障科

---

① 赵蔚、朱薇、程义峰：《中国官员学习同媒体打交道应对执政挑战》，2009年12月17日新华网。

研信息化发展的必要措施；完善和提高科研信息化的安全保障机制，提高科研信息化的安全水平，是信息化健康发展的重要保证，是必须引起重视的问题。[①]

中共中央宣传部副部长、国务院新闻办公室主任王晨在 2009 年 12 月 15 日举行"第八届中国网络媒体论坛"上表示，互联网已经成为中国新闻舆论的重要力量；据调查，中国网络新闻使用率达 81.5%，用户规模达到 2.06 亿，互联网日益成为影响广泛、深受公众喜爱的大众媒体；特别是 2009 年以来，中国经历了拉萨 314 暴力事件、汶川特大地震、北京奥运会等一系列重大事件，互联网作为新兴媒体，充分展示了在凝聚民族精神、激发爱国热情、汇集社情民意等方面的重要作用。[②] 中国社科院发布的 2010 年社会蓝皮书《2010 年中国社会形势分析与预测》指出，互联网成为新闻舆论独立源头，网络结合手机成为最强舆论载体。《社会蓝皮书》指出，2009 年中，中国互联网普及率达到 26%，超过世界平均水平，特别是微博客崛起，网络议题更加广泛。政府一方面强化网络管理，另一方面政府对网络舆论的反应提速，从中央到地方初步形成了政府对网络民意的监测、反馈和吸纳机制，并把网络举报列为党纪、政纪和司法监督新渠道。人民网舆情监测室对 2009 年 77 件影响力较大的社会热点事件的分析表明，其中由网络爆料而引发公众关注的有 23 件，约占全部事件的 30%。也就是说，约三成的社会舆论因互联网而兴起，互联网成为新闻舆论独立源头。特别是在传统媒体因为种种顾虑而缺席或反应迟钝的情况下，互联网孤军深入，成为网民自发爆料和集结舆论的平台。例如 2009 年 5 月 7 日晚，杭州闹市区发生飙车撞人案，当地多数报纸第二天未作报道。但当晚杭州著名论坛"19 楼"发帖《富家子弟把马路当 F1 赛道，无辜路人被撞起 5 米高》，回帖达到 1.4 万条，网民对蔑视生命的"富二代"给予强烈谴责。加上杭州警方明显偏袒肇事车主激起众怒，BBS 上网民"人肉搜索"肇事者背景，受害者谭卓的毕业院校浙江大学学子致杭州市长的公开信也从浙江大学内部论坛流传到公网，飙车案迅速成为全国关注的公共事件。此外，有线载体（互联网）和无线终端（手机）结合，网友通过手机能够进行更为便捷的信息传播，而且不限于文字，还可以将现场拍摄图片、视频上传。特别是微博客，在 2009 年十分活跃。微博客可通过手机或网页登陆，随时随地发布自己的所见所闻、所思所感，一次不超过 140 字。在微博客上跟从网民，无须对方同意。一些"意见领袖"的 Twitter（总部在美国的微博客提供商）"跟从"者过万，对网民的感召力或煽动性极强。与西方微博客多谈论网民日常起居不同，中国微博客强烈关注时事。网民通过"跟从"链接而形成的微博客群落，相当于一个小型的时政新闻平台和论坛。由普通网民临时客串的"公民报道者"，可在微博客上对突发事件进行"现场直播"。例如，在"石首骚乱"中，一位匿名网民在饭否网上实时播报街头消息约 200 条。微博客有效地突破了某些信息屏障，赶在了传统媒体报道和政府新闻发布的前面，第一时间发布大量第一手的信息，成为杀伤力最强的舆论载体。互联网和无线终端嫁接的另一个产品是微视频。微视频是短则几十秒、长不过半小时

---

① 中国农业科学院农业信息研究所所长、研究员许世卫：《科学研究正在进入信息化时代》，《光明日报》2009 年 12 月 21 日。

② 《国新办主任：互联网已成中国新闻舆论的重要力量》，2008 年 12 月 5 日中国新闻网。

的视频短片，在突发事件现场，用手机、DV 等非专业设备拍摄，然后发布到网上。例如 2009 年元宵节晚 9 时左右央视新址配楼大火，第一个报道的是网民"加盐的手磨咖啡"，9 时 4 分在天涯社区发帖《CCTV 大楼元宵夜起大火了吗????》，上传了手机拍摄的火灾现场照片。2009 年夏天土豆网等发布了一段网民视频《北京街头最痛心的一幕》，反映一女子在协和医院门口被公交车蹭倒受伤流血，拨打 120 急救电话 40 分钟仍未得到救护。网民跟帖感叹："当别人发生灾难，在我们眼里就是故事。岂不知，当自己发生灾难，在别人眼里也是故事。这个世界不能太冷漠！"网友信奉"无图无真相"，特别是城市管理中一些老大难问题，如城管与商贩、拆迁户与开发商冲突的现场画面传到网上，更容易激起网民的强烈不满，引爆舆论。《社会蓝皮书》还指出，根据对五大门户网站热点事件跟帖数量的统计，跟帖过万份的热点事件有 5 项，分别是：湖北巴东县邓玉娇案、重庆打黑风暴、云南晋宁县"躲猫猫"事件、上海交通管理部门"钓鱼执法"、网瘾标准与治疗。这些热点事件主要涉及公民权利保护、公共权力监督、公共秩序维护和公共道德伸张等一系列重大社会公共问题，体现了广大网民积极的社会参与意识。①

　　网络是把双刃剑。就在网络给人类不断创造出飞跃性生存质量的同时，网络所面临的安全问题也日趋严峻。国务委员、公安部部长孟建柱在 2009 年第 23 期《求是》发表《着力强化五个能力建设全面提升维护稳定水平》的文章中指出，当前，我国经济社会发展呈现出一系列新的阶段性特征，社会稳定领域呈现出人民内部矛盾凸显、刑事犯罪高发、对敌斗争复杂的基本态势。互联网已成为反华势力对我进行渗透破坏、放大破坏能量的重要手段，给公安机关维护国家安全和社会稳定带来了新挑战；各种社会矛盾的关联性、复杂性、敏感性明显增强，给公安机关驾驭复杂局势带来了新考验；各类违法犯罪和社会治安问题大量增多，给公安机关社会管理带来了新课题；人民群众法律意识、权利意识明显增强，舆论监督、社会监督力度空前加大。② 以计算机技术为代表的第三次科技浪潮极大地改变了人类的生活、工作方式，电脑成为重要的社会价值载体；互联网世界的开启让闭塞的地球成为相互连通的整体，网络、信息和数据已经构成了现代社会的 DNA。但与此同时信息时代的安全威胁正在蔓延，包括国家机要部门，企事业单位、个人信息终端都面临着来自病毒、黑客、木马等的挑战。《光明日报》2009 年 12 月 13 日发表署名高赛的文章《信息安全领域没有一劳永逸》指出，如果说个人用户深恶痛绝的病毒、木马和黑客攻击是散兵游勇，那么真正的洪水猛兽就是可能导致巨额经济损失乃至危害国家安全的机密信息泄露；备受关注的"力拓间谍门"给我国钢铁行业造成了 7000 多亿元的惊人损失，由此暴露出的中国企业在信息安全方面所面临的严重问题引发了人们的深入思考；信息安全的阴影无处不在，国家安全及社会稳定存有极大的隐患；信息安全问题让人不寒而栗，其中又以信息泄密最为严峻，对中国的国家信息安全构成极大威胁；信息安全令人担忧，我们从没有像今天这样倍加关注网络安全这个问题。其实早在 2007 年，《环球时报》就曾发

---

　　① 《2010 年中国社会形势分析与预测》第 246—252 页，社会科学文献出版社 2009 年 12 月出版；《互联网成新闻舆论独立源头手机成最强舆论载体》，2009 年 12 月 21 日中国网。

　　② 《孟建柱称互联网给公安维稳带来新挑战》，2009 年 12 月 2 日新华网。

表过一篇由程刚先生撰写的文稿，其中援引多位专家介绍的情况来说明网络间谍威胁中国安全的严峻形势。一位国家有关部门人士指出，针对中国的网络间谍攻击正变得越来越多，中国的国家安全从来没有像现在这样与网络密切相关；境外有数万个木马控制端 IP 紧盯着中国大陆被控制的电脑，数千个僵尸网络控制服务器也针对着大陆地区，甚至有境外间谍机构设立数十个网络情报据点，疯狂采用"狼群战术"、"蛙跳攻击"等对中国进行网络窃密和情报渗透。当时一名不到 30 岁的台湾间谍，仅在一次疯狂作案行动中就控制了数百个大陆的电脑和网络；大陆军事、军工单位和重要政府部门的网络是被攻击的重点。据《环球时报》记者了解，境外的情报机关都设立了专门的网络间谍机构，职业网络间谍常常直接操刀，中国重要部门和涉密单位的上网电脑或服务器，全是他们感兴趣的目标。此前相关部门就发现了境外间谍机关实施的一次大规模网络窃密行动，攻击对象全是中国政府和军队以及国防科研机构、军工企业网络，受到攻击的单位遍及中国绝大部分省、自治区、直辖市，甚至还包括中国十几个驻外机构。根据已查明的情况，在该案中被境外情报部门控制的电脑和网络达数百个，窃密内容涉及政治、军事、外交、经济、医疗卫生等多个领域。在另一起网络间谍案调查中，有关部门从政府某部门及其对口地方单位的电脑网络中检测出了不少特制的木马程序；检测结果表明，所有入侵木马的连接都指向境外的特定间谍机构。就在专业部门进行检测时，测出的木马很多甚至还正在下载和外传资料。中国国家计算机网络安全应急技术处理协调中心发布的《2007 年上半年网络安全报告》中特别提到"木马"和"僵尸网络"对中国国家安全造成的严重危害。报告指出，2007 年上半年中国大陆地区大量主机被境外植入木马程序。按照网络安全技术专家的说法，木马不仅是一般黑客的常用工具，更是网上情报刺探活动的一种主要手段。据这位专家介绍，木马特指电脑后门程序，它通常包含控制端和被控制端两部分，被控制端一旦植入受害者的电脑，操纵者就可以在控制端实时监视该用户的一切操作，有的放矢地窃取重要文件和信息，甚至还能远程操控受害电脑对其他电脑发动攻击。2007 年上半年，被植入了木马控制端的中国大陆主机分布在上海、北京和江苏的最多，而同时在大陆地区外的木马控制端 IP 有数万个，其中位于台湾的最多，占总数的 42%，位于美国的也占了约 25%。中国大陆被僵尸程序感染的 IP 也很多。成千上万台被僵尸程序感染的电脑可以通过控制服务器来集中操控，而用户却毫不知情，仿佛没有自主意识的僵尸一般。这样的僵尸网络一旦在统一号令下激活，同时对网络中的某一个节点发动攻击，不管是网上窃密还是恶意破坏，能量都很可怕。有关部门共发现数千个境外僵尸网络控制服务器在对中国大陆地区的电脑进行控制，其中，位于美国的占 32%，位于台湾地区的占 15%。据有关部门透露，通过互联网来实施渗透和窃密，在境外情报机关的对华间谍行动中正日益增多。网络专家唐岚先生表示，由于中国的互联网正处在一个普及阶段的大规模扩张时期，所以当前的网络安全比较脆弱，人们的安全意识也跟不上。有关部门人士表示，不少境外情报部门正是看准了这一点，组建了针对中国网络的专门机构，频频部署刺探行动。现在的网络间谍攻击，手法越来越多样，越来越隐蔽。很多保密单位的内部工作网是不与互联网连接的，但有关部门做安全检测时仍然从中发现了境外情报部门的木马。调查表明，一个重要的途径是摆渡攻击，利用的是像 U 盘、移动硬盘之类的移动介质。境外间谍部门专门设计了各种各样的摆渡木马，并且搜集了中国大量保密单位工作人员的个人网址或邮箱，只要这些人当中有联网使用 U 盘等移动介质的，摆渡木马就会悄悄植入移动介质。一旦这些人违反规定在内部工作网的电脑上插入 U 盘等移动介质，摆渡木马立刻就感染内网，把保密资料下载到移动介质上。完成这样的摆渡后，只要使用者再把这个移动介质接入联网电脑，下载的情报就自动传到控制端的网络间谍那里。在实施网络攻击的同时，境外间谍机关还肆无忌惮地在网上物色可利用的情报人员，甚至明码标价购买中国国家秘密，活动极其猖獗。而有些人员或出于侥幸、或是被利诱、或是被蒙蔽，先后被境外间谍收买和利用。相关部门负责人表示，虽然境外间谍部门的手段花样百出，但从掌握的情况来看，几乎所有的网络窃密都是利用了国内网络安全管理的漏洞这一途径。中国正处在一个快速发展的战略机遇期，反华势力出于遏制中国的战略企图，渗透破坏活动不会停止。尤其是台湾间谍情报机关网络策反和窃密活动仍在猖狂进行；其他境外间谍情报机关也千方百计地对中国大陆从事网络策反和窃密活动。① 2009 年底，《环球时报》再次发表由程刚先生撰写的一篇文稿，其中指出：木马程序死盯涉密电脑；情服机关大搞网上策反；对华网络间谍攻击无处不在。文章披露的网络泄密事件和情况触目惊心：中原某地一个参与中国海军潜艇科研项目的军工科研所发生重大泄密事件；多份重要保密资料和文件，甚至一些关键材料的绝密技术资料，都落入境外情报机关之手；境外间谍机构正是通过无孔不入的网络窃密技术，通过隐藏在伪装文件下的网络间谍工具寻隙钻入一台违规上网的工作电脑，将其中存储的大量涉及军工项目的文件资料搜出、下载、传回，造成难以估量的重大军事情报损失。一位长期从事网络安全保密工作的官员指出，像这样的对华网络间谍攻击可谓"无时不在、无处不有"；就连很多党政机的领导部门，还有参与重大国防、科研项目的要害机构和保密单位的电脑，都留下了境外间谍机构网络窃密的痕迹；大量涉密资料在互联网上外泄，某些单位的工作电脑已经被网络间谍工具长期控制，个别重要机构的工作电脑中甚至被植入了十几种境外特种机构的间谍木马；利用互联网攻击、策反和传输来获取中国情报，已是境外情报机构对中国开展间谍活动的一种常规手段。据这位安全部门的官员介绍，从掌握的情况来看，中国已经处在众多境外情报机构的网络围攻之中，而网络间谍围攻是全方位、全天候的，攻击面极其广泛；作为一个正在崛起的中国，中国内部的所有情报，境外情报部门没有不感兴趣的，网络间谍工具因此也就"无不搜寻、无不窃取"；其中网络间谍攻击的重中之重还是军队、首脑机关、军工科研和制造单位，还是中国的战略、国防和军工情报，像军事部署、武器装备、国防高新技术等等。据一位参与网络泄密案件调查的官员介绍，只要是与党、政、军或者重要行业、重大项目沾上一点边的工作人员和单位，其电脑就完全可能处在境外特种部门的网攻窃密威胁之中，稍有机会间谍程序就会悄然侵入。相关部门负责网络安全的官员指出，大学和一些学术机构网络泄密情况也同样比较严重；一些学者参与国家重大课题、重要科研项目，还有一些学者是政府高层决策部门经常咨询的专家，但他们的网络保密意识比较淡薄；不少人图工作方便，很多机密文件都存在随身携带、常常上网的电脑里，这就几乎等于向境外情报机关敞开泄密之门；境外情报机

---

① 程刚：《密集攻击我方电脑猖獗刺探国家秘密网络间谍威胁中国安全》，《环球时报》2007 年 10 月 30 日。

构的网络间谍往往使用一些诸如电子贺卡之类的障眼法，向疏于防范的涉秘电脑反复植入间谍程序。①

《凤凰周刊》2009 年 3 月 14 日发表《450 亿争夺话语权》的署名文章认为：2008 年内中国遭遇了空前的国际形象挑战——3 月 14 日，拉萨骚乱，新华社和中央电视台的报道，几乎不被国际社会采信，西方社会对华负面报道，瞬间升温。4 月，奥运火炬传递，沿途遭遇抵制、抗议和抢夺火炬；为保护火炬不受干扰，海外留学生发起组织强大的护火队伍，与抗议者针锋相对，在国内，掌声一片，在国外，则截然相反。从拉萨骚乱到奥运火炬传递，西方舆论对华的负面报道，涉及之广、程度之深、甚至超过了以往。为改善国际形象，扩大中国的影响力，让"北京声音"拥有话语权，一个规模宏大的媒体扩张计划，正在大陆低调而紧锣密鼓地进行。文章援引香港《南华早报》的报道："中央政府准备耗资 450 亿元人民币，将分别用于中央电视台、新华社、人民日报等国家级媒体增设海外业务，以改善国家在国际上的形象。"除《南华早报》外，《纽约时报》1 月 14 日援引中国人民大学新闻学院副院长喻国明教授的话说，450 亿详细计划还没拟出，但主旨已经拟定，就是要改善中国的国际形象。新华社主办的《国际先驱导报》2 月初刊登封面文章《中国全面启动国家公关》，侧面回应了此前的传闻。报道称："国家有关部门日前已经全面启动国家公关战略。《南华早报》则揭开了中国国家公关战略的一角。"清华大学新闻传播学院常务副院长李希光教授指出，从当前看，中国的外宣产品几乎很难进入国际社会主流，特别是难以进入西方社会主流；例如，在海外酒店偶尔会看到央视中文国际频道，但很少能看到央视的英语频道；新华社的电讯稿很少直接在西方主流媒体上落地；即使采用，往往是负面采用；而西方媒体引用的新华社信息，在西方读者看来通常是给中国带来负面形象的信息。李希光教授认为，中国当前最缺乏的是自己的国际意见领袖、国际名专栏作家、国际名记者队伍；中国还缺乏第三种声音为党和政府设置议程、制造舆论，形成影响力。对此，中央电视台机关党委书记张海鸽表示，中央组织部引进高层次海外人才的千人计划，对中央电视台引进外宣人才是一个良好契机，一些相关政策支持将对中央电视台的外宣人才引进开辟绿色通道。作为新中国成立 60 年庆典之后的首件大事，莫过于 2009 年 10 月 9 日在华举办的"世界媒体峰会"了，有来自 70 多个国家和地区的 135 家主流媒体和机构的负责人，以及国内 40 多家媒体的负责人参加会议。在此次被称为"媒体奥林匹克"的国际媒体会议上，来自世界各地的媒体领导人试图分析世界传媒业的现状和发展趋势，着重探讨国际金融危机、迅速变化的受众需求和不断涌现的高新科技等背景下，传媒机构面临的一系列重大问题。本次会议对提高中国在国际社会的话语权和影响力，让国际社会听到更多中国的声音，营造与中国地位相称的价值观输出和国际形象，具有重要意义。胡锦涛主席出席世界媒体峰会并致辞，表明中国政府对此次峰会的重视。会议表明，随着中国的日益强大，媒体的影响力也应该不断扩大；中国政府将努力使本国媒体适时达到与世界接轨的目标。有内地媒体指出，一个正在崛起的大国，必定要有与之相

---

① 程刚：《木马程序死盯涉密电脑情服机关大搞网上策反对华网络间谍攻击无处不在》，《环球时报》2009 年 12 月 11 日第 7 版。

称的媒体力量；有抱负的媒体不仅需要在中国建立起公信力与影响力，而且要在世界范围内建立起公信力与影响力。在这方面，媒体发达国家显然有许多经验可以汲取。这也是本次高峰会议的主旨——"合作、应对、共赢、发展"的本意。中国媒体如果想有大作为，也如胡锦涛主席所指出的，必定要"不断创新观念、创新内容、创新形式、创新方法、创新手段，增强亲和力、吸引力、感染力，切实搞好舆论监督和保障人民知情权、参与权、表达权、监督权"，使中国及中国媒体不断走向一个更开放的时代。中国的传统媒体加上互联网的兴起，已经让中国成为世界上最大的媒体大国。新传播技术的发展，让中国拥有了世界上最大的互联网市场，网民达 3.38 亿；中国也是世界上最大的移动电话市场，手机用户超过 7 亿，其中 1 亿多用户通过手机上网；数千万计的中国网民开设了博客，他们通过博客在本地以至全国性的辩论中发表见解。这种影响力，依照媒体发展与信息传播的规律，必将因国家进一步开放而放大；中国的国际影响力，也因这种开放日益提升。作为信息提供者，媒体生产的产品必须为社会所需，才可能有真正的出路。任何一家有抱负的媒体，无论在怎样的一种开放条件下，都必须切实担起社会责任。如胡锦涛主席在会上所强调的，"媒体要切实承担社会责任，促进新闻信息真实、准确、全面、客观传播"。媒体的既定目标之一是试图"影响有影响力的人"。国家新闻出版总署副署长李东东撰文指出，在经济实力相当时，国与国之间的竞争很大程度是"软实力"的竞争，而"软实力"竞争一定意义上就是传媒传播力、影响力的较量；当前我国传媒业正处于改革发展的攻坚阶段和关键时期，从业态上看，以数字技术、互联网、无线宽带、移动通讯为代表的传播技术的发展和新媒体的崛起对传统传播方式和传统媒体提出了强大挑战，部分传统媒体不能完全适应传媒竞争的需要，影响力日益下降；从国际媒体市场的竞争态势来看，"西强我弱"的舆论格局还没有得到根本改变。李东东认为，按照舆论引导的客观要求、传媒产业的发展规律和新传播技术的发展趋势，积极打造世界级的大型传媒集团，就必须进一步深化体制机制改革；通过改革，切实破除阻碍全行业发展的公益性事业和经营性产业长期不分、事业单位企业化管理、主体地位缺失、功能定位不明确的体制弊端，破除因体制问题导致的行业在市场经济环境下公共服务功能弱化、自我发展能力不强的根本性障碍，培养一批具有国际社会广泛影响力和强大竞争力的跨地区、跨行业、跨媒体、跨所有制的大型传媒集团，使中国的"声音"可持续地走向世界，走向未来。一个不容忽视的事实是，中国有数以百万计的预备留学人员、在外留学人员以及留学回国人员，他们对新中国的建设、发展、当前和未来之影响力是有目共睹的；他们作为当代中国大传媒、大外宣以及争夺话语权框架下的受益者、接受者、使用者和参与者，都是一支十分重要的群体。①

第十一届政协委员孙萍女士指出，只有每个炎黄子孙心里都装着祖国，在对外交往的时候，用西方人的思维和文化来解释中国的问题，才能更好地塑造我们的国家形象。国家形象的塑造和文化之间的沟通是一个互动的过程，如果你不去表达自己，就必然由别人任

---

① 郑东阳、吴婷、饶智：《中共 450 亿争夺话语权》，2009 年 3 月 14 日香港《凤凰周刊》2009 年第 7 期总第 320 期；《世界媒体峰会，开放就是影响力》，《新京报》2009 年 10 月 10 日；李东东：《大传媒时代呼唤整合大传媒资源》，《人民日报》2009 年 10 月 14 日。

意表达。而赢得话语权不可能仅仅靠政府外交一条线来完成，"公共外交"的时代已经到来。全国政协外事委员会主任、全国政协十一届二次会议发言人赵启正先生认为，与政府外交不同，公共外交是民众间以及民间对官方的交往，这种往来很重要。中国留学人员都有机会进行公共外交，通过公共外交可以更直接地面对外国公众，减少西方媒体对中国形象的扭曲和片面性。事实上，公共外交已成为许多大国强国的战略举措。在美国，公共外交是"国务院战略计划"的两大支柱之一，一直担负着向世界传播美国价值观和思想理念的重任，美国总统奥巴马新上任就启动了一项针对多部门联动的公共外交计划。法国、加拿大、德国、日本等国也已将公共外交当成各自对外政策中不可或缺的"中枢"和"支柱"。反观中国现状，虽然国务院新闻办、外交部、文化部以及诸多媒体机构的对外宣传、国际交流与传播活动积极而频繁，但各单位之间缺乏协调。孙萍女士指出，中国举办的中外各种文化年，是一种很好的对外宣传中国文化的形式。但是这些活动只能达到'只知中国'或'只看世界'的目的，在对外传播国家形象上还存在许多空白和不足。因此需要采取积极措施，使公共外交应成为国家一项重要计划，全面推进公共外交，从而真正有效地在全球进行文化价值的输出和国家形象的维护。国家应鼓励、促进包括广大留学人员在内的各个层面精英、公众的跨文化交流。公共外交重在深度和广度，广大留学人员具有达到这种能力的潜能。具备能力和热情的公众，可以由单纯的倾听者、旁观者、追随者转换为行动者、创造者，进而在各个领域、场合为中华文化和国家利益进行辩护、沟通、交锋，甚至输出。加强公众的公共外交意识，需要大力推行外向型文化教育，让广大公众了解和掌握跨文化交流的乐趣、障碍和规律。出国留学生越来越多，但很多人缺乏对国情的认识和对祖国文化的热爱，应在基础教育和社会教育中增强这部分内容，使得他们真正"内知中国、外知世界"，注重培养建立长久国际公共关系的"民间外交人士"，成为公共外交的有效力量。①

　　人们平常说的外交，主要是指政府外交，很少提公共外交或公众外交。作为一个术语，公共外交首次出现是 1965 年，由美国塔弗兹大学弗莱舍法学院系主任埃古利恩提出，它包含超越传统外交的国际关系，政府对其他国家舆论的开发，外交使者与国外记者的联络等。公共外交的中心是信息和观点的流通。冷战期间，美国政府广泛实施公共外交，但冷战结束后，单边主义盛行，公共外交一度受到冷落。随着中国经济实力和综合国力的不断增长和日益融入全球化，近几年来中国政府对公共外交明显重视，政府公开透明，大规模敞开现场。② 中国驻英国大使傅莹女士指出，公共外交需要实事求是，世界上没有国家是完美的，中国在当前发展阶段也存在这样那样的问题，应该让外界不仅了解我们的成就，也能看到我们正视和解决问题的积极态度；公共外交需要早说话，让国际社会在第一时间听到中国的声音，及时了解到事态的真实情况，这就有利于外界形成客观平衡的看

---

　　① 《中央外宣办、国务院新闻办：推进外宣科学发展树立国家良好形象》，《光明日报》2008 年 11 月 20 日；《刘云山在同地方党委宣传部长和新闻媒体负责人座谈时强调认真贯彻中央决策部署扎实做好当前宣传工作为实现经济平稳较快增长提供有力舆论支持》，《光明日报》2008 年 11 月 19 日；文静：《孙萍委员：推行公共外交向世界说明中国》，《中国青年报》2009 年 3 月 5 日。

　　② 韩方明：《有所作为的中国公共外交》，2008 年 12 月 22 日中国新闻网。

法；公共外交需要多说话、说明白话，凡是涉及中国的问题，都应该设法让中国的声音通达国际社会，并且要学习采用在不同语境中也能听懂的语言和表述来说话。一项民调显示，80%的欧洲受访者认为中国是仅次于美国的世界第二强国。针对此，傅莹大使认为，外部世界的这种认识，与中国作为发展中国家的实际情况和我们对自己国际地位的看法存在不小的落差。与英国比较，中国经济确有不少总量方面的数据超过英国，但是中国人均GDP只有英国的1/15。英国的国土面积和人口与湖南省差不多，但GDP却是湖南省的17倍。英国属于后工业化社会，城镇人口占总人口的90%，而中国60%多的人口是农民，残疾人数都超过英国的总人口。中国新任驻德国大使吴红波2009年9月17日在接受德国《世界报》记者采访时也坦诚表示，我们在过去30年里把2.5亿人口从贫困中解救出来；但根据联合国的标准，中国仍有1亿多人口生活在贫困线以下。所以说，中国有着"既大又小、既强又弱"的基本国情，既有总量和增量的优势，也有人均和质量的弱势，发展任重道远。傅莹大使认为，西方媒体对中国的负面报道和评论比较多，东西方之间似乎存在一堵无形的墙，这既有中国和西方政治制度和价值观存在差异的因素，也有一些西方人的冷战成见和对中国快速发展不适应的因素，更重要的是缺乏了解。在西方关于中国特别是当代中国的信息比较少，不像在中国能够获得大量关于西方的信息。例如在中国的书店里有许多英文的原版书和译著，但在英国的书店里关于当代中国的书籍很少。在中国的学校课程里对英国的工业化、文学等都有介绍，而在英国关于中国的教材就很少。因此中国需要向西方媒体和普通公众主动多做介绍；国际社会也希望听到中国的声音的，关键是如何把握和运用机会。傅莹大使指出，60年来，特别是改革开放30年来，中国一步一个脚印，几年一个台阶，综合国力不断提升，与世界的关系发生着历史性变化。中国游客、留学生和公司遍及海外，经济增长对外部市场、资源和技术的需求越来越大。中国在国际舞台上日益活跃，表态和立场受到重视。英国报纸几乎每天都有关于中国的报道，一些专家和学者几乎在用望远镜、显微镜和放大镜对中国进行研究，中国发生的大事小事都容易成为国际新闻热点。这就要求我们更加积极主动地开展公共外交，让外界更好地了解中国的国情，让中国和平发展的主张更好地为国际社会理解和接受。这些年，中国党和国家领导人垂范在先，驻外使、领馆也在努力开展公共外交，中国在海外的留学生、企业和工人以及游客都在其中发挥着作用。当然总会有人试图遏制和抹黑中国，确实很难改变这些人的思维和言行，但大多数西方人还是希望了解和接近中国，我们应该看到主流趋势，增强自信心。[①]

　　一个时期以来，中国顺应时代的要求，不断发展自身的软实力，积极探索"人文外交"的新路径，使中国外交尽显其人文特色。2008年10月，中国外交部长杨洁篪在中央党校所做的题为"奥运后的国际形势与外交工作"的报告中提出："要大力开展人文外交。积极扩大对外文化、体育、旅游等领域合作和民间交流，进一步推进海外孔子学院和中国文化中心建设，传播中华优秀文化。加强同国外非政府组织、社会精英、智库和专家

---

① 傅莹：《重视公共外交——中国驻英国大使谈外交》，《人民日报》2009年7月27日；《我们称自己为社会主义国家——德报专访中国驻德国大使吴红波》，《参考消息》2009年10月13日第16版。

学者的交流，广交朋友，增进了解，消除误解。通过公众喜闻乐见的形式，介绍中国的真实情况，争取国际社会最广泛的理解和支持。"这是中国第一次正式提出"人文外交"的概念。2009 年 3 月，在 11 届全国人大二次会议的一次中外记者会上，杨外长再次谈到：在传统的地理区域外交之外，中国需要更加重视具体领域的外交，如经济外交、安全外交、人文外交、公共外交等等；他同时表示：加强"人文外交"，是 2009 年中国外交的三大任务之一。在 2008 年版《中国外交》白皮书里同样提出：在 2009 年，中国将大力开展"人文外交"，积极扩大对外文化、体育、旅游等领域合作和民间交流。由此可以看出，中国"人文外交"的概念和具体思路逐渐明晰，并且正在影响和指导着中国当前的外交实践。"人文外交"不是本书讨论的内容，但作为中国开展"人文外交"一支不可多得的人才群体，我国在外留学或完成学业后在当地就职的数百万留学人员及其家属，他们的生存现状与动态趋势、整体实力与地区分布、安全状态与领事保护等等，都属于新形势下我国留学人才政策需要关注和深入研究的范畴。

第二十节　客观、公正地评价留学人员的海外经历

无论是从历史的角度还是站在现实的层面来论证与考核，出国留学经历都是评估人才的重要标准之一。但是研究吸引和使用留学人才的政策与制度，也一定不能脱离对各种批评意见和反面教训的评价和考察。尽管留学回国人员大都具有一定的国际知识背景和丰富的人生阅历，但并不是所有的人都是"精英"，掌握的也并不全都是"高精尖"技术或较前位的理念，更不是所有的创业项目都能够立竿见影。另外，由于受到西方国家的民主观念、平等意识、自治理念和多元文化的影响以及不同留学国家之间的文化差异，不仅形成了留学当事人各自独特的社会观念和行为准则，同时也会造成与国内各阶层相互沟通的某种困难和障碍，甚至会酿成潜在的对立情绪。而良好的人际网络关系对于回国后取得成功与否是至关重要的。因此，久居国外的留学回国人员首先应当做好重新调整和逐渐适应国内环境的各种准备。

随着中国经济和社会的发展，人才竞争日趋激烈。这些竞争不仅体现在留学回国人员之间，还表现在其与国内本土人才的相互关系方面。相对于一些只有海外文凭但缺少实际经验的留学人员来说，国内人才的低成本而高质量的优势正在不断显现出来。当留学回国人员以一种新的自我形象被设定出来以后，如何重新界定、调整与国内各方面的关系是全社会都十分关注的问题。随着国际间人才流动的越发频繁，随着新思维、新概念、新管理、新技术在国内的不断渗透，特殊优惠政策环境的过渡期将逐步终结；"留学与回国"在经历了几番从瞩目到争议的起伏轮回之后，也将会逐渐从热门话题上退位下来；在创业、投资和聘用等方面，同过去那样过于重视是否有海外留学背景的状况将逐渐成为历史。留学文凭并不是、也不应当是一张特别通行证，它仅代表在持有者在国外接受教育的经历和程度，并不能完全说明或证明当事人的实际能力。因此，留学人员应当摆正自己的位置，客观地评价海外的留学经历，正确看待人才市场中出现的"人才

泡沫"现象，甚至有意无意地淡化自己的留学身份，做一名踏踏实实、有所作为的"海归"。中国当代留学活动的实践表明，留学回国人员只有正确认识国情，客观地评估和定位自己并主动适应国内的"水土"，入乡随俗，培养自己的灵活性和应变性，适当调整自己的思维和行为方式，将自己在国外的所学与中国国情相结合，才能使自己聪明才智和留学成果的发挥经常处于最佳状态。

被引进的留学人才绩效不佳的因素有很多，但评价和激励机制欠科学、不健全是其中主要原因之一。因此，应当注重研究成功留学人才的素质结构，并借鉴现代科学方法，努力使对留学人才的考试、考核和测评科学化、定量化、具体化、制度化，并做到公平、公正、公开；应当在人事制度的改革中特别突出科学发展观指导下的人才建设，彻底改革传统的职称评定、职务晋升和薪金分配制度，加快、加大各级行政部门权力下放的速度和力度；应当大胆启用德才兼备的优秀中青年留学人才，努力创造一种宽松的人才环境，为他们施展才华搭建舞台；应当有一种硬性的制度用以保证人事和人才管理部门能够真正做到"用事业、用感情、用适当的待遇"吸引和留住留学人才。

多数留学人员在回国工作和创业的过程中，普遍存在一个"踌躇满志→心灰意冷→重整旗鼓"的周期，一般都会有一个逐步重新适应和习惯于国内商务环境和创业环境的过程：国内的创业环境和管理体制还不尽人意，思维习惯和文化观念与国外相比有差异，投资环境不规范，交流和沟通不顺畅，办事程序不简洁，服务意识不到位，人际关系比较复杂，一些相关的制度还严重滞后，工作生活条件发生变化，用人单位的期望值太高而背负很大压力，创业经验不足则难以在短时间内做出成绩等等。这些客观因素，阻碍了他们创业活动的开展，伴随而来的焦虑、压抑、失落和彷徨使其轻则动摇，重则退却。而那些敢于迎接挑战，又得到心理和感情帮助的留学回国人员，在经过一段时间的磨合期后，会逐步适应国内的软、硬环境，走出心理状态和事业发展的低谷，踏上一条于国于己于民与家皆有利有益的回国工作或创业之路。

有文章毫不客气地指出，片面追求论文数量、追求所谓"影响因子"的高低，是长期以来中国科技教育界的通病。中国科学院院士王鼎盛曾对中国物理论文和期刊的情况做了些分析。据统计，中国国产物理论文进入国际交流圈子 10 年中（1998 年—2008 年），其数量累计位于国际第四，近几年更一跃而到第二。但其中"短平快"的产品太多：短——把一篇内容扯成两三篇写；平——没有突出的创新；快——昙花一现、寿命不长。所以论文数量虽居第二，而总影响力只居第八。2009 年 1 月 12 日，中科院院长路甬祥在 2009 年度工作会议上指出，"未来中科院对科研人员的评价将从以论文、奖励数量评价为主，实现向以创新实际贡献、创新发展态势、创新质量水平评价为主的跨越；从比较关注同行评价为根据，实现向更加注重实践和历史检验与评价的转变。"在人才的正确使用与评价标准的控制方面，中科院沈阳金属研究所的做法值得借鉴与采纳：1. 不以论文论英雄，实行"鼓励真正做大事情"的评价标准——金属所于 2003 年取消了对论文的奖励，哪怕是在《自然》、《科学》等国际重要刊物上发论文也没有任何奖励。2. 只要对经济建设有贡献就应支持和鼓励——把全新材料、工艺、装备、施工及管理方法有机结合起来，并利用"重腐蚀防护技术"可以使全长 36 公里的杭州湾跨海大桥使用寿命提高到 100 年。而这一"集成创新"课题组的负责人，却是一个在科学家云集的中科院略显"另类"的研究员李京。卢柯院士认为："对李京课题组的评价，可以说基础研究、应用研究的评价标准都不适用，其工作性质更靠近工程化。把一个实验室成熟的东西拿到工程中应用，不能用论文，不能用专利，也不能用科研经费来评价，要看他的工作对国民经济发展、对地方经济建设起到什么作用。作用起到了，就应该鼓励。"3. 本土培养还是引进人才要因学科而异——人才培养和引进分层次，并采用不同的模式，如新型功能材料等新学科方向的人才乃至团队需要以引进为主，而相对传统的应用学科则立足于自己培养。因为引进高水平的应用学科的人才比引进基础学科人才要难，符合条件的人往往会在国外被直接应用。所以要注重自己培养；而引进国外智力，不求所有，但求所用。①

有一篇介绍 5 位"海归"俩兄妹的文章，篇幅不长，却很生动。文章作者认为，5 兄妹殊途同归、义无反顾，不可否认存有一些个别及突发的促成因素。但这么多年，制衡他们留学回国后各自人生轨迹和立业之路，也确有一些持之以恒的相似特点和共同推力。5 兄妹们都在初中至大学阶段相继负笈海外，可算"一代半"移民。比起第一代移民更懂得西方文化，更能融入西方社会。比起幼年出国或出生外国的第二代、第三代移民，他们心中的中国根植得很深，他们选定海归，并非一时冲动的权宜之计，而是人生十字路口一次战略性抉择。多年后，5 兄妹均以不同的言词，诠释了当初海归的原动力。他们回国创业分别看准了大陆掀起的发展大潮，大开发引发的建筑热潮，第三产业面临的高速发展。看清潮流、顺势而为，是海归人士走出第一步的依据，务必深思熟虑。同时要因人而异地评估自我，以便量身裁衣、取长补短。

文章作者综合 5 兄妹的海归经验，认为要想在国内找到比较好的职位和较高的薪酬，只凭那一张洋文凭是远远不够的，成功之道往往在于是否具备以下几个方面的竞争力：

首先，需要跨行业发展的潜力——中国改革开放 30 年，已有大量国内培养和海外引入的人才，因此，海归人士不见得"行行出状元"。中国知识产业前景看好，特别那些高技术含量、高经济效益和高民生需求的产业，如新材料、新能源、新药、尖端生物医学技术、环保设备、农业新技术等。有专家预言，中国经济下一个奇迹要靠服务行业大发展。目前和将来不少服务性行业需求大量专业人才，如投资服务、金融分析、风险管理、市场咨询、公关广告、新媒体、特殊教育等。因此，海归不能选错行，要深入了解本行业和相关行业的发展前景，仔细分析自身可胜任的职位在该行业需求的潜力。

其次，具备实际工作的实力——伊瓦拉所著《哈佛商学案例精选》一书中，以 5 兄妹中的老大为例，特别介绍他"有效地解决知识的实践转换"。外企和内企招聘海归专业人士，特别一些中高级职位，往往注重挑选真材实料，立足于实用，看重专业工作的实践经历和实际能力，青睐兼具国外和国内工作经验，兼具技术和管理实力的两栖型人才。优秀的实际工作经历往往比名校高学位更能加重海归求职的砝码。

---

① 李新玲：《片面追求论文数量、海外人才数量是我国科技界的通病——中科院人才评价趋向多元》，《中国青年报》2009 年 3 月 24 日。

第三，具有贯通中西的创新能力——兼具中西双元文化和中西双重社会阅历的海归人士，应是中西经济接轨中的最佳桥梁。可担此重任必为海归职场胜者，其内功应该是贯通中西的创新力。或整合中、西方大学，搞联合教育，或将西方现代理念融入中国建筑的设计和装修中，应用西方快餐管理模式经营颇具中国品味的西菜连锁店，或以中国喜闻乐见的文化方式包装和推介海外品牌产品。均是 5 兄妹的创新的展示，也是他们成功的法宝之一。

最后，还要有融入环境的适应力——高速发展的祖国大陆变化飞快，一年一个样。那些才离开几年的留学海归人士，常会感到曾经学习和工作过的公司、学校，甚至朋友，似乎都不认识了，更不用说长期居留海外的海归人士，必定水土不服。学会"中国特色"的各种规矩，融入焕然一新的当地文化，培育融合和睦的人际关系，适应"万国俱乐部"的变化节奏。这样，在海归这辆过山车上，你才会稳坐泰山。

文章作者认为，上述综合实力相加必定大幅提升留学海归的竞争力，这是步入海归途中务必练就的看家本领，也是回国求职创业的成功之道。5 兄妹的海归路并非一帆风顺。漫长的海归途中，兄妹们的付出也很多。他们摔跤倒地之后的个中酸甜苦辣只有自己知道。然而他们无一例外，很快爬起，拍拍灰，捂捂痛，喘口气，重上路。他们懂得鱼与熊掌不可兼得，他们知道得到前必须付出或放弃，他们更记住痛的感受和教训，以便以后不再跌倒。他们终于在风浪中成长成人成材成功。文章的结论也颇有番新意，作者总结到：海归，不是去收获而是去耕耘，不是去挑战而是去植树；得有耐心、经得起时间的磨炼，知难而上，不畏失败，不怕重来，百折不挠；得有信心，相信自己的选择和能力，相信危机与商机并存，相信黑暗离黎明已经很近；同时要有颗平常心，倘若海归不成、不顺或不适，也是平常事，不要勉为其难，退一步可以海阔天空，天生我才必有用。[①]

---

① 陈松鹤：《海归路怎么走？五兄妹创业记：闻潮而动顺势而为》，2009 年 1 月 12 日中国新闻网。

第十四章

出国留学六十年大事概览（1949—2009）

为纪念中华人民共和国成立 60 周年，纪念新中国派遣留学人员 60 周年，同时也为配合《出国留学六十年》的出版，本书作者在查阅大量文献资料的基础上编纂了《出国留学六十年大事概览（1948—2010）》。本章系 60 年来第一次内容最完备的出国留学活动大事记要，比较客观和翔实地记录并反映了新中国成立以后出国留学活动的主要内容和主要事件。《出国留学六十年大事概览（1948—2010）》总稿有十余万字，内容比较庞杂，阅读和使用时需要注意下列若干事项。

1. 就出国留学事务管理机构而言，大事概览中记述的高等教育部、国务院教科组、国家教委或教育部系国务院部级单位在不同时期的不同称谓，或合或分或重组或更名；其中管理出国留学事务的职能先后设置于留学生管理司、外事局、外事组、外事司、留学生司或国际司等司局级机构内。

2. 大事概览中的中国留学服务中心和教育部留学服务中心系同一个单位。

3. 大事概览中记述的国务院科技干部局、人事部、人力资源与社会保障部等单位，在管理全国留学回国人员的职能和事务方面系同一个单位。

4. 为方便阅读，对于某些比较具体且分散在不同年度的同类或同属一个部门的连续性事件，本章根据资料和信息的来源与详实程度按时间顺序集中归纳后，统一排列在该类事件最初发生的日期。例如自 1950 年夏末钱学森先生启程回国时被阻，到 1955 年 9 月 17 日钱学森先生乘船回国以及到本世纪的数十年期间内几段重要事件，都被大事概览集中收录在"1950 年夏末"的位置上。再如，下面三类大事概览也被置于最后独立成篇，即，附录之一：中央实施海外高层次人才引进计划（"千人计划"）大事记；附录之二：中国与有关国家和地区签订相互承认学位、学历和文凭协议大事记；附录之三：中国地方政府印发鼓励和吸引留学人才政策性文件大事记。

5. 因受篇幅与字数限制，除比较有代表性的留学人员个人署名的事件以外，大事概览原则上仅收录省部级以上单位或领导人、负责人出席的官方事件。

6. 各年度文件中的派遣计划与实际派遣数量往往有出入，因此计算出国留学人员总数时，不能简单地以年度计划的数量为准并简单相加。

7. 因受篇幅等因素限制，大事概览省略了各年度的官方统计数字，仅集中收录若干比较特殊时期或年代的官方统计数据；如在 1965 年、1978 年、1995 和 2008 年等年度分别收录了几组阶段性的统计数据。

8. 因篇幅限制，中外合作办学（即所谓不出国门的留学）以及出国留学教育展等方面的一般性事件和内容未被收录。

9. 大事概览的启止时间原则上为 1948 年—2010 年。

10. 由于资料来源不尽相同和时间有限，本章也不可能十全十美；遗漏、不完善、不准确、不规范处在所难免；并且还有相当一部分资料未能收录进来。

11. 相对而言，《出国留学六十年大事概览（1948—2010）》是迄今为止最全面、最准确、最完整的一份记录新中国出国留学活动 60 年重大事件的最新版本，但作者仍然期待读者提供相关的补充意见、修改线索和文献资料，以便对大事概览不断修订、进一步规范并最大限度地完善。

12. 作者特别声明，本章全部内容均来源于公开的文献、报刊、网站和资料；但编撰者仍然欢迎读者质询和质疑。

出国留学六十年大事概览

1948 年

8 月　中共中央批准由东北局选送 21 名中共高干和著名烈士子女去苏联留学。其中有：罗镇涛、邹家华、谢绍明、叶正大、叶正明、任湘、刘虎生、林汉雄、罗西北、任岳、叶楚梅、贺毅、崔军、项苏云、李鹏、张代侠、朱忠洪、萧永定、江明、高毅、杨廷藩。●8 月下旬，中共东北局在哈尔滨国际俱乐部为 21 人举行饯行会，时任东北局领导人高岗、林彪、陈云、李富春参加。东北局副书记李富春代表党组织讲话提出希望和要求并明确三条纪律：一，必须刻苦学习，圆满完成学业；二，专业学习，要根据祖国建设的需要选择；三，留学期间，要集中精力学习，不准谈恋爱。在讲到第二条纪律的时候，高岗、林彪明确表示：你们父辈打了一辈子江山，抛头颅、洒热血，现在，新中国成立只是迟早的事了，用不着你们再打仗了，你们每个人都要学好技术，成为我们自己的专家，政治、军事就不要在苏联学了。●9 月 2 日，21 名留学生乘火车离开哈尔滨前往苏联。●9 月 21 日，21 名留学生到达苏联首都莫斯科，并于不久被安排到距莫斯科 300 多公里的伊万诺沃城补习俄语。●1949 年 9 月前后，21 名留学生分别进入不同大学并慎重选择专业后开始正式学习。●1954 年前后，除 2 人因病提前回国之外，其他 19 名留学生先后回国。●"文化大革命"期间，21 名留学回国人员被打成"4821 苏修特务案"成员并受到不同程度迫害。●1980 年 6 月 23 日—1981 年 1 月 17 日，在胡耀邦亲自过问和批示下，除失踪的朱忠洪外，其他 20 人都得到了适当安排和使用。

8 月 20 日，中国共产党领导下的"华北人民政府高等教育委员会"首次邀请 17 位海外回国留学人员参加座谈会，并委托中华全国自然科学工作者代表会议筹备招待和介绍海外回国留学人员工作事宜。●新中国建立后，此项工作转由教育部接办。

本年度　中共领导人周恩来在河北平山县西柏坡村听取由美国回来人员的工作汇报。

1948 年前　以各种途径在苏联的公费留学生有 44 人。其生活费 1950 年前由苏联共产党提供，1950 年后改由中国政府提供。

1949 年

1 月　"留美中国科协（美中区）"在美国芝加哥成立并创办《留美科协通讯》。成立大会通过《我们的意见》作为会议宣言，提出"天快亮了"，"我们热切地希望一个人民的新政府的建立"。其后，各地区分会陆续增加到 13 个，会员约有 340 人。●6 月，全美统一的"留美中国科协"成立。●1950 年 3 月，第二届"留美中国科协"理事会和监事会联席会议召开并做出决定，会员应该立即响应国内政府、人民和兄弟工作者的号召，在最近日期内回国，投身于新中国的建设工作。"留美中国科协"已有 32 个地区分会，718 名会员。●1950 年 9 月 19 日，"留美中国科协"被迫宣布解散，其会员中有半数以上，即 400 余人陆续回国。

3 月　刘少奇访问苏联时请求苏联方面接受中国留学生。

4 月　"保卫世界和平大会"在匈牙利首都布拉格召开期间，中共中央电示中共代表团注意做好争取在外留学生早日回国的相关工作。

夏季，周恩来指示有关方面，要以"动员在美国的中国知识分子，特别是高级科技专家回国建设新中国"作为旅美进步团体的中心任务。

10 月　新中国成立后，"中国留德同学会"会长代表"同学会"致电中国驻苏联大使馆，并请转告周恩来总理，"中国留德同学会"全体会议通过决议，忠于中华人民共和国毛泽东主席，并且响应周恩来总理回国参加建设的号召。当时在联邦德国的中国留学生有100 多人，

12 月 6 日　政务院批准政务院文化教育委员会成立"办理留学生回国事务委员会"，简称"回国委"，统一办理留学生及学者回国事宜。●12 月 13 日，"回国委"召开第一次全委会议并通过《办理留学生回国事务委员会简则》

12 月 28 日　政务院总理周恩来通过北京人民广播电台，代表中共中央和中国政府郑重邀请在世界各地的海外学子回国参加建设。

1950 年

年初　"回国委"制定处理有关留学生回国事务的《（六条）工作原则》，并先后在北京、上海、广州、武汉、沈阳等地设立"归国留学生招待所"。●周恩来总理指示每年国庆大典都组织在京新回国留学生参加观礼。此制度一直延续到 1956 年。

年初开始　外交部先后与捷克斯洛伐克、波兰、罗马尼亚、匈牙利和保加利亚 5 国达成互派语言类和历史类留学生，以及单向派遣技术类留学生的协议。

1 月　毛泽东主席访问苏联期间，对捷克斯洛伐克国家代表提出接受中国留学生的建议很感兴趣，并约定请捷克政府对此提出详细建议。●4 月 12 日，捷克斯洛伐克驻华大使表示，捷克斯洛伐克政府建议于 1950 年秋季开始接受 100 名中国留学生。

1 月　波兰驻华使馆向中国外交部表示，波兰方面准备与中国交换留学生；周恩来总理指示教育部"拟请贵部从速研究、准备具体材料，以便进行商谈"。

1 月　李四光一家会合后辗转瑞士、意大利并经香港回国。●此前周恩来总理指示有关部门："李四光先生受反动政府压迫，已秘密离英赴东欧准备返回，请你们设法与之接触并向捷克当局交涉给李以入境便利并争取保护。"

2 月 18 日　毛泽东主席访问苏联期间，在中国驻苏联大使馆接见 40 年代末以来陆续被中国共产党派往苏联留学的中共高级干部子女时表示，希望大家努力学习、艰苦奋斗、锻炼好身体；周恩来总理题字"艰苦奋斗、努力学习"。

2 月　华罗庚教授举家回国，途经香港时发表《致中国留美同学的公开信》。

6 月 25 日　周恩来总理主持会议研究派遣留学生问题，决定与捷克斯洛伐克（10名）、波兰（10 名）、罗马尼亚（5 名）、匈牙利（5 名）、保加利亚（5 名）、朝鲜（5 名）等六国进行交换留学生计划的筹备工作；并拟定除派往波兰有 5 人学习煤矿技术、派往捷

克斯洛伐克有 5 人学习军工技术外，其余派往以上六国的各 5 人、共 30 人，均以学习语言、历史、政治和经济为主。

夏末　钱学森启程回国时被美国移民局通知不得离境。●1950 年 9 月 9 日，美国联邦调查局逮捕钱学森，后释放但被软禁约 5 年。●1955 年 6 月，钱学森秘密致信全国人大常委会副委员长陈叔通，希望中国政府帮助其回国。●1955 年 8 月 1 日，中美两国在日内瓦举行大使级会谈，中方以释放 11 名美国飞行员战俘为条件要求美方不再阻挠钱学森等中国留美人员回国。●1955 年 8 月 4 日，钱学森收到美国移民局允许其回国的通知。●1955 年 9 月 17 日，钱学森搭乘"克利夫兰总统号"轮船于 10 月 8 日抵达香港，随即搭乘火车转往内地。

8 月 20 日　邓稼先获得美国普渡大学博士学位，时年 26 岁，被人们称作"娃娃博士"。●8 月 29 日，邓稼先等 100 多名留美学者乘坐"威尔逊总统号"海轮，经过 24 个昼夜，历尽艰辛，横渡大西洋返回祖国。●10 月，邓稼先到中国科学院近代物理研究所任研究员。

9 月　中国向蒙古提出派遣留学生计划。●1951 年派出 5 人。●1954 年至 1956 年期间派出 17 人。

9 月 6 日　新中国第一批 25 名国家公派出国留学生启程，分别前往波兰、捷克、罗马尼亚、匈牙利、保加利亚 5 国，每国各 5 名，主要学习语言、历史、地理等专业科目。

9 月 12 日　教育部商外交部拟订并向政务院文化教育委员会呈报《1950 年度派往东欧新民主主义国家的交换留学生暂行管理办法》。

10 月　"回国委"印发《回国留学生招待办法》和《对接济国外留学生返国旅费暂行办法》。

12 月 28 日　新中国第二批 10 名国家公派留学生启程。10 人分别由重工业部和燃料工业部从干部中遴选，其中 5 名赴捷克学兵工专业，5 名赴波兰学煤矿专业。

12 月　根据"回国委"统计，当时在国外的中国留学生、以及已经就业的教授、学者或专门人才共约有 5600 多人，并主要分布在美国（约 3500 人）、日本（约 1200 人，其中 2/3 属台湾省赴日留学生）、英国（443 人）、法国（197 人）、德国（50 人）等国家。少量在奥地利（14 人）、瑞士（16 人）、丹麦（20 人）、加拿大（20 人）、印度（10 人）、荷兰（3 人）、意大利（7 人）、菲律宾（35 人）、瑞典（5 人）、比利时（15 人）、南非（1 人）、澳大利亚（5 人）等国家。这些留学生的学习专业大致分布为：理科（489 人）、工科（870 人）、农科（107 人）、医科（397 人）、政法（199 人）、财经（267 人）、文教（308 人）。

本年度派出的 35 名留学生开辟了中华人民共和国派遣留学生的先河。

本年度　在日中国留学生分批回国，其中 1950 年约 300 人回国。

本年度　"中国留法学生总会"因积极开展鼓励和动员中国留学生回国的被法国政府取缔。

1951 年

1 月 26 日　在印度大使馆举办的印度国庆晚会上，毛泽东主席与印度驻华大使洽谈中印两国互换留学生问题。●印方于不久后答复同意，并表示当年可先交换 2 名研究生，学习期限为一年。●1952—1956 年期间，中国共向印度派遣 10 名留学生。

1 月　中央人民政府秘书长林伯渠建议，根据以往的某些经验和教训，不主张中国派往苏联的留学生学习政治和文科类专业，而应该学习工科、学习工业；因为过去中国到苏联学习政治的人往往犯教条主义的错误，而事实证明中国在政治方面已经成熟，不需要让苏联培养政工干部。

2 月 22 日　周恩来审批以中共中央名义转发的《争取留学生回国工作的报告》时提出"年内至少争取 1000 人回国，重点放在美国"。

4 月 3 日　政务院文化委员会批复同意"回国委"制订的《争取国外留学生回国（五项）原则》。●据"回国委"统计，1949 年 8 月—1950 年 6 月的 10 个月内约有 700—800人回国，仅到"回国委"报到登记的回国人数就有 409 人；其中留美的有 310 人、占75.79%，留英的有 50 人、占 12.22%，留法的有 17 人、占 4.15%，留日的有 14 人、占3.42%，留学其他十余个国家的有 18 人、占 4.40%。

6 月 30 日　外交部办公厅函复教育部同意《教育部关于中国出国留学生使用各兄弟、友好国家奖学金暂行规定（初稿）》。

7 月 6 日　教育部印发《急速选拔留学生的指示》，提出选派留学生原则：学习先进的科学技术及教学经验，以培养我高等学校的各科师资；从具有至少两年教学经验的高校在职教师中和大学理工农医教育学等学科专业的一至三年级学生以及高中生中，选派赴苏本科生；其中的语言条件为最好通晓，不懂也可以。●1952 年制定的选派原则："为着培养高级建设人才以适应今后国家建设的需要，选派一批优秀的青年学生、有专长的革命干部及教师赴苏联学习先进的科学技术与经验"。

8 月 13 日和 19 日　新中国首批向苏联派遣 375 名留学生起程，其中包括 136 名研究生。●此前周恩来总理在会见上述 375 名留学生时表示，目前国家很困难，但下决心送你们出去学习，是为了将来回国参加建设。

10 月 3 日　林伯渠致信刘少奇和周恩来：鉴于首批赴苏留学生中 95% 不懂俄语，建议以后再派留学生去苏联学习，须先在国内进行俄语教育 6 个月或者更多一些时间；二是应在大使馆添设管理留学生的人员（如旧中国的学生监督），以专责成。周总理批示："筹备俄语预备教育的工作。"●1952 年初，成立留苏预备部。●1952 年 3 月 31 日，第一批 419 名留苏预备生开始在留苏预备部上课。●1955 年，留苏预备部改为北京俄语学院。●1959 年 1 月，北京俄语学院并入北京外国语学院。●60 年代后，设立出国留学人员（培训）办公室，除继续俄语培训外，为配合向英国、西德、法国派遣留学生，陆续增加英德法等语种。

10 月 15 日　中国驻苏联大使张闻天向周恩来总理和中组部部长、教育部部长提交《关于留苏学生的报告》，建议根据工作量加大和其他国家的做法，急需在大使馆内增设留学生管理处，并提出留学生管理处的七项工作任务。

12月　根据"回国委"统计，新中国成立后有大批留学生、学者从欧、美、日回国，截止1951年回国人数已达2000余人。

1952 年

2月21日　教育部在《关于选拔1952年度赴苏留学生的指示》中指出：根据上一年度的选派经验，个别政治上有问题的学生，起了不好的政治影响。因此在校学生及教师的选拔，决定要由各大行政区的教育部门会同人事部门负责严格地审查政治条件；并提出4项政治审查的工作程序。

4月　教育部在报送周恩来和陆定一的《1952年第二批留苏预备生选拔计划》中报告：1953年8月拟派赴苏联留学生1000人。估计在留苏预备部学习一年后，可能有一部分淘汰，所以拟招收1100名，其中50—80名为研究生，600—700名为大学生，50—80名为中等技术学校学生，200—300名为实习生。

6月5日　政务院印发《派送出国留学生暂行管理办法》。●同日，教育部印发《公费出国留学生书报供给暂行办法》和《留学生守则》。

7月29日　中央军委总干部部印发《关于选拔1952年第二批留苏学生问题》的文件，根据中央政府下达的1000名留学苏联派遣名额，向军队系统各军种分配200个留苏名额。

8月9日　中苏两国政府签订《关于中华人民共和国公民在苏联（军事院校以外）高等学校学习之协定》，规定苏方支付中方留学生的生活费和学费，中方则需要偿还苏方支付中方留学生费用的50%。

本年度　中国政府分三次向在日中国留学生提供不附加任何条件的救济金5万美元，资助约560人。

本年度　周恩来总理表示，自1953年起，中国每年拟派1000名学生前往苏联学习；今后五年内，即拟按照这个计划进行。●1954、1955、1956三个年度内派出留学生人数最多，每年都达到千人以上；三年派出留学生数量分别为1375人、1932人和2085人，总数为5392人；占1951—1956年间赴苏留学生总数6570人的82.07%；占1951—1960年期间派遣留学生总数8208人的65.69%。

本年度　党中央设立由聂荣臻、李富春、陆定一组成的中央留学生领导小组，并陆续向各个国家中国大使馆派出留学生管理干部。

1953 年

5月26日　教育部、高教部和人事部印发《关于1953年选拔留苏预备生的指示》及附录《1953年留苏预备生选拔办法》，明确规定"历史清楚、政治上完全可靠、思想进步、家庭成员与社会关系无政治问题"等政审条件。

夏季　刘少奇在北京俄语专修学校留苏预备部看望出国前留苏学生时表示，"国家经济建设迫切需要各方面的人才，许多专业在国内不能培养。国家决心派你们到苏联留学，这是社会主义建设的需要"；周恩来向留苏预备人员提出"责任重大、任务艰巨、努力学习，为国争光"的要求；中国驻苏联大使张闻天要求留苏学生"立场坚定、业务精通、作风正派、身体健康"。

上半年　高教部设立留学苏联预备生学科考试委员会。

7月25日　周恩来在高教部举行的"欢送赴苏联及各国学习的留学生晚会"上向出国留学生提出"出国学习要身体好、学习好、纪律好"的希望。周恩来总理说："身体是学习工作的物质基础，你们今后的任务比我们这一代更重，一定要注重身体锻炼。第二，学习好。吸收外国的长处，化为我们的长处，这是我们民族的传统，现在我们更需要建设社会主义的科学知识，这一光荣任务放在你们身上，需要你们学好为祖国服务。第三，纪律好。青年人的好处是容易吸收新鲜事物，但容易骄傲，应当谦虚，学而后知不足，要尊重兄弟国家的法律和学习纪律。我相信，三五年后，等你们光荣完成学习任务回国，就一定能接替我们的工作，为建设社会主义和共产主义而奋斗。"

8月1日—3日　选拔赴苏留学生考试在全国6大区中心城市北京、上海、汉口、重庆、沈阳、西安同时举行。

1954 年

4月19日　高教部印发《留学生注意事项》。

5月19日　高教部呈报政务院文化教育委员会《1954年派赴东欧及亚洲各人民民主国家留学生的名额与专业分配方案》。《方案》提出，1. 根据与各国签订的文化合作协定和国内建设需要而安排的留学生派遣计划总数为150人；其中民主德国50人，波兰20人，捷克29人，匈牙利14人，保加利亚12人，罗马尼亚14人，阿尔巴尼亚2人，朝鲜5人，蒙古4人；2. 留学专业的重点主要是所在国的语言、历史和艺术等特有文化，其次为该国的科技特长。●5月26日，政务院批示"同意"。

5月26日　中共中央指示中国代表团发言人黄华在日内瓦召开的"印支国际会议"上向新闻媒体发表"关于美国无理扣压中国留学生问题"的谈话。●1955年4月，经中美双方数次非正式会谈，美方发表公告，允许留美学者来去自由，宣布对中国学者进行"复查"后可自由离境。

11月19日　外交部和高教部印发《派赴苏联各人民民主国家留学生暂行管理办法》。

12月23日　高教部印发《关于1955年度选拔赴各人民民主国家留学生的指示》中提出，选派赴印度、缅甸、印度尼西亚、英国等国家留学研究生20名。

12月23日　高教部印发《关于1955年度由机关干部中选拔留苏预备研究生的指示》。

12月23日　高教部和教育部联合印发《关于由1955年度高中毕业生中选拔留苏预备生的指示》。

12月24日　高教部和教育部联合印发《关于1955年度（由高等学校）选拔留学预备研究生的指示》。

本年度　高教部与民主德国高教总署就两国相互派遣研究生和留学生事宜签订《关于

交换研究生和留学生议定书》。

1955 年

2 月 28 日　教育部印发《关于 1955 年度选拔高等学校教师赴苏联进行短期专业研究的通知》，决定从 1955 年开始选拔高校在职优秀骨干教师，到苏联高校或研究机构进行短期专业进修。

4 月 22 日　周恩来总理兼外长与印尼外长签订《关于双重国籍问题的条约》。这是为妥善解决海外华侨的生存问题，更是为了与东南亚民族主义国家建立良好外交关系，新中国政府对华侨和华侨双重国籍政策进行的重大调整；该条约宣告放弃双重国籍，鼓励华侨归化当地，效忠于当地政府，从而扫除了中国与东南亚国家建立良好关系的一个障碍。

6 月 10 日　高教部印发《关于改善（在）国外留学生健康情况的指示》。

12 月 23 日　高教部印发《关于从资本主义国家回国留学生的分配工作和接待、管理工作的改进意见》，提出"发挥专业特长、照顾个人志愿、简化分配手续、丰富文化生活、提高接待标准、药费实报实销"等政策原则。

本年度　中国向埃及派出 7 名留学生。

本年度　中越两国签订双边文化交流协定。●中国首次向越南派遣 3 名留学生。●1956 年向越南派遣 2 名留学生。

1956 年

1—2 月　高教部在《关于 1956 年度选拔（100 名）高等学校教师赴苏联短期专业研究的通知》、《关于 1956 年选拔留学预备研究生的指示》和《关于 1956 年由机关干部选拔留学预备研究生的通知》三个文件中，以及高教部和教育部在《关于削减 1956 年暑期从高级中学毕业生中选拔留苏预备生名额的通知》中，先后提出的选拔工作的主要标准，仍然是需要经过比较严格的"政治审查"。

2 月 21 日　高教部为落实周恩来总理关于"1956 年至少应争取一千名在资本主义国家的留学生回国参加社会主义建设"的指示，拟订《关于争取尚在资本主义国家的我国留学生回国工作的通知》，其中称，据初步了解尚在资本主义国家工作或学习的中国留学生仍约有七千余人，其中美国约 5000 多人，英国约 700 多人，日本约 1000 多人，法国约 300 多人；并且提出了争取他们回国工作的意见和办法。

4 月　高教部在《1956 年工作计划要点》中提出，"根据中央关于派遣留学生应多派大学生出国作研究生，多派进修教师、少派高中生出国当大学生，并且以理工科为重点的方针"进行了 1956 年、1957 年的选拔工作。1956 年留苏预备生计划将研究生数量增加到 700 人，本科生计划锐减为 600 人。

初夏　朱德副主席在苏联基辅工学院会见中国留学生。

6 月 26 日　根据党中央关于"对在资本主义国家的我国留学生，均应普遍争取，但主要的是争取在美国、加拿大、英国、法国、意大利、瑞士、西德、日本和澳大利亚的我国留学生，以及曾在这些国家大学毕业而转往其他地区的高级知识分子"的要求，高教部、公安部、外交部和内务部名义联合制定了《关于争取尚在资本主义国家留学生工作的几个问题》的文件。

6月 外交部和高教部向国务院提交《关于向资本主义国家派遣留学研究生的请示报告》并获陈毅副总理批准。这份报告提出，根据外交、文化、对外贸易等部门及对外文化联络局对派遣留学生的要求，1956—1957年拟派往各资本主义国家留学生共50人。上述报告所指资本主义国家是印度、印度尼西亚、缅甸、埃及、阿富汗、英国、叙利亚、瑞典、芬兰、巴基斯坦、意大利、比利时、瑞士、挪威、丹麦等。截至1965年1月，8年间共派出约200人，其中绝大多数是语言类留学生，学习自然科学的留学生仅21人。

9月 北京和上海相继成立"留美学生家属联谊会"。

8月 教育部印发《关于派遣出国（进修）教师的规定》。截止1957年底，教育部共派出231名赴苏进修教师；1955—1963年期间，中国共派出约700多名出国进修人员，约占同期派出留学人员的31%，高于同期派遣本科留学生的比例。

11月 国务院决定将争取在资本主义国家留学生回国的工作事务，由高教部交国务院专家局办理。

本年度 中国和波兰两国高教部签订《关于派遣中国公民到波兰人民共和国学习和派遣波兰公民到中华人民共和国学习的协定》。

本年度 教育部门提出了向民族独立国家派遣"非通用语种"留学生计划：印度8人、印度尼西亚3人、缅甸3人、埃及3人、阿富汗3人、叙利亚3人、巴基斯坦3人。●该计划得到上述有关各国响应，根据该计划选拔的留学生于1957年陆续派出，其中多数国家如约接受中国留学生。

1957 年

5月10日 周恩来总理发表讲话指出，对在海外的中国留学生和学者"不管回国先后，一视同仁，并且来去自由"。

7月 共青团中央第一书记、中国青年代表团团长胡耀邦在莫斯科参加第六届世界青年与学生联欢节时会见中国留学生。

8月6日 高教部印发《关于供给留学生学习参考资料等问题的通知》。

11月17日 毛泽东主席在苏联莫斯科大学接见中国留学生。毛主席对同学们说："世界是你们的，也是我们的，但是归根结底是你们的，你们年轻人朝气蓬勃，正是兴旺时期，好像早晨八九点钟的太阳，希望寄托在你们身上。"毛主席提出青年人应该具备两点，一是朝气蓬勃，二是谦虚谨慎。毛主席分析国际形势时提出"西风压不倒东风，东风一定要压倒西风。""世界上就怕认真二字，共产党最讲认真。"毛主席最后讲了三句话，"第一，青年人既要勇敢，又要谦虚。第二，祝你们身体好，学习好，工作好。第三，和苏联朋友要亲密团结。"毛主席还到留学生宿舍看望经济系的两名留学生苏红和沈宁，并对他们讲："努力学习，建设祖国，加强与苏联师生的友谊。"

本年度 邓小平随刘少奇访问苏联时听取留学生情况汇报后表示，这些留学生都是中国社会主义建设的宝贵财富，要很好地爱护，严格要求他们；不但要努力学习专业技术，还要学习马列主义、毛泽东思想。要政治思想坚定，为增进中苏人民友谊作出贡献；要锻炼身体，劳逸结合，智力体力双丰收，才能成为国家有用的人才。

1958 年

1 月 10 日　高教部、外交部印发《关于管理派赴各国留学生的规定》，并废止原有的留学生暂行管理办法。《规定》明确各驻外使馆在管理留学生工作方面的任务，确定高教部征得外交部同意后可在驻外使馆内设留学生管理处或派专职干部或由使馆指定专人负责留学生管理工作。

3 月 19 日—25 日　教育部在莫斯科召开苏联及东欧各国（片）留学生管理工作会议。●9 月 25 日，教育部向各中国驻外大使馆转发《关于在莫斯科召开苏联及东欧各国（片）留学生管理工作会议的报告》。

3 月 24 日　教育部呈报国务院《关于 1958 年选派赴苏联进修教师工作计划的报告》。《报告》认为，实践证明派遣教师出国进修的政策对于提高教师教学和科研水平的效果是比较明显的，因而派遣在职教师出国短期进修是派遣出国留学人员的一种好方法。●4 月 26 日，国务院批复指出："凡是国内能够培养的，或者和其他部门重复的，应尽量不派"。

4 月 15 日—24 日　中共中央召开全国教育工作会议。会议讨论了教育方针问题，批判了教育部门的教条主义、照搬苏联的保守思想以及教育脱离生产劳动和社会实践的问题。会议之后，针对与苏联开展教育交流项目的问题，中国开始实施"少而不断"的政策，即仍继续维持一定规模的交流关系。随着肃清苏联教育制度的影响，开始实行逐步压缩派出留学生总量的政策。如 1957—1965 年期间，中国公费派往苏联的各类攻读学位的留学生总数为 1821 人，仅为 1951—1956 年期间 6570 人的 27.72%。

本年度　董必武等领导人在苏联莫斯科会见中国留学生干部学习班第 8 组代表。

1959 年

2 月 27 日　国家科学技术委员会和教育部印发《关于进行选拔 1959 年度留学研究生、进修生和实习生的通知》。《通知》指出，所谓（出国）进修生，是指出国进修的教师；所谓（出国）实习生，是指科学研究人员出国实习。1957—1963 年期间，中国共派出进修教师和科研实习人员 692 人，占该时期各类留学人员总数 2261 人的 30.61%，多于同期派出的本科留学生的数量。1961—1963 年间，在实行大量减少派出留学人员政策时期，出国进修教师和科研实习人员的数量却占有较大的比例。如，1963 年虽仅派出留学人员 62 人，但其中 50% 是进修教师和科研实习人员，即进修生和实习生。

4 月 13 日—5 月 9 日　国家科委、外交部和教育部联合召开（第一次）留学生工作会议。会议"工作报告"将新中国成立后派出留学生政策划分为三个基本阶段：即 1950—1953 年执行"严格选拔，宁缺勿滥"政策的阶段；1954—1956 年执行"严格审查，争取多派"和"以理工科为重点兼顾全面需要"政策的阶段；1957—1959 年执行"多派研究生，一般不派大学生"政策的阶段。●7 月 27 日，中共中央批转了《会议工作报告》。会议在回顾并总结中华人民共和国建立 9 年多来出国留学政策与留学生事务的成绩、经验和教训的基础上，提出了"在保证质量和密切结合国内需要的前提下，力争多派出国留学人员"这样一个基本的政策性方针；会议在对留学人员作出"在国外的表现基本上是好的，绝大多数能够刻苦学习，成绩优良；整个出国留学工作取得了很大的成绩"这一综合评价的同时，也指出了选派政策中存在的"质量不高，专业不全，缺乏长期规划，对基础理论专业重视不够"等主要问题。会议公布，1949—1958 年期间，中国共派出各类留学人员（包括与苏联援建的工业项目相关联而派出的实习人员，即进修生）有 1 万多人，已经学成回国的留学人员也已经达到了 9000 多人；其中约 91% 是派往苏联的留学人员，约 8% 是派往其他社会主义国家的留学人员，约 1% 被派往其他国家；留学生出国就读的专业大致有 2/3 属于理工科类，其他约 1/3 属于文科和社会科学类。会议还讨论了在外留学生的政治思想教育、国外的管理以及回国后的分配使用等诸多政策问题，并作出了若干相应的规定。同时，会议还决定由国家科学技术委员会统一领导出国留学生事务，教育部和中国科学院等有关部门分工负责各自的归口管理工作。

1960 年

3 月 7 日　中共中央批准成立主持回国留学生工作的领导小组；教育部部长蒋南翔任组长、国家科委副主任范长江任副组长；该机构主要负责研究、安排和协调与休假和回国相关的事务性工作。●10 月 25 日，周恩来总理批示同意该领导小组请示的两个事项：1. 将在外留学生每两年回国一次调整为每年回国一次参加政治学习。2. 将北京外国语学院留苏预备部更名为留学生部，并把预备出国和回国留学生的工作全部管理起来，即增加了对回国休假留学生进行集训工作的职能；该机构利用留学生回国在国内休假的机会，先后组织了数千名留学生进行政治学习和国情教育。

9 月 13 日—21 日　国家科委党组、教育部党组和外交部党委联合召开第二次留学生工作会议。●12 月 30 日，三部委根据会议内容上报《关于今后一个时期的留学生工作的意见》。

12 月　刘少奇在莫斯科中国驻苏联大使馆看望中国留学生、实习生。

1961 年

1 月 23 日　中共中央批复并转发国家科委党组、教育部党组和外交部党委《关于今后一个时期的留学生工作的意见》，提出"今后派遣留学生采取减少数量、提高质量的方针"。

3 月 31 日　国家科委、教育部和外交部印发《关于今后留学生工作分工问题的通知》，详细规定三个部委在留学生管理工作中的"领导归口问题"。

4 月 15 日　教育部印发《关于 1961 年选拔（300 名）留学研究生、进修教师工作的通知》。

1962 年

6 月 26 日　根据周恩来总理 1962 年 5 月 16 日"专管其事"、"宜集中不宜分散"的批示精神，教育部将附设在北京外国语学院的"归国留学生办公室"并入"出国留学人员培训部"。

8月25日　教育部印发《关于1961年选拔（120名）留学研究生、进修教师工作的通知（不含实习生名额）》。

10月21日　周恩来总理对国家科委提交的1963年留学生选派计划进行批示：凡不符合要求的一律不派，国内学校已能解决的也不派，研究生应在工作中表现成绩的人员中选派，总名额只许减少不许超过。

1963 年

6月22日　教育部印发《关于1963年选拔（140名）留学生工作的通知》。

12月16日　国务院137次会议宣布将教育部分设教育部和高教部。1964年3月，两部分署办公。

1964 年

3月5日　国务院外事办公室和高教部向中央（政府）提交《关于解决当前外语干部严重不足问题的应急措施的报告》。《报告》提出，根据国际形势发展很快的形势，对外事翻译干部需求急剧增加的矛盾尖锐，必须采取一些常规办法以外的紧急措施，其中之一是"大量派遣留学生"；国务院外事办公室同意高教部关于1964—1966年派遣留学生的三年计划。计划在三年内共派出1750名留学生，其中大学生1550人，进修生200人，培养英、法、德、西班牙、阿拉伯等10余个语种的高级外语师资和翻译；包括派遣高中毕业生到资本主义国家留学。●3月12日，中央（政府）批转上述《报告》，并请各省部级单位"立即认真按照办理"。●由于1966年中国开展"文化大革命"运动，致使第三批外语类出国留学生未能派出。

3月9日　中共中央批准试行由高教部和外交部起草的《中华人民共和国派往国外留学生管理工作的暂行规定（草案）》和附件《留学生守则》。

3月10日　教育部印发《关于1964年选拔（625名）留学生工作的通知》。《通知》规定，"除了可向苏联、东欧等社会主义国家继续派出外，还开辟了向英、法、瑞典、丹麦等资本主义国家派遣留学生的途径，对一些目前尚未和我建交的日本、西德等资本主义国家，今后也有派出的可能性"。

3月12日　中共中央批准并转发国务院外事办公室和高教部党组《关于解决当前外语干部严重不足问题的应急措施的报告》。据教育部门统计，到1966年初时，中国外留学生总数为1221人，分布在36个国家和地区，学习34种外国语言，只有少数是学习科学技术学科的留学生。

11月14日　中共中央和国务院批准《外语教育七年规划纲要》。《纲要》中"派遣留学生"的事业发展指标确定为：1964—1966年计划派出外语留学生1926人，其中大学生1547人，进修生379人；其中法语留学生的计划最多为470人，其次为西班牙语272人，葡萄牙语103人，阿拉伯语99人，朝鲜语95人，英语90人。1964—1965年先后按计划派出两批共计 1000 余名留学生。●由于 1966 年开始"文化大革命"，第三批外语出国留学生未能如期派出。

11 月 周恩来总理和贺龙副总理在中国驻苏大使馆会见在莫斯科的全体中国留学生。

截至 20 世纪 60 年代中期，钱学森、钱三强、李四光、邓稼先、华罗庚等 2500 多名旅居海外的专家、学者和留学人员先后回国工作。

1965 年

1 月 31 日 高教部印发《关于 1965 年选拔（340 名）自然科学留学生工作的通知》，其中含少量社会科学留学生。

2 月 25 日 国务院批准《高教部关于 1965 年向资本主义国家派遣自然科学留学生问题的请示报告》。《请示报告》提出，1965 年拟选拔 50 名自然科学学科的留学生，派赴法国、英国、北欧的建交国家以及意大利和日本等国家学习自然科学。●由于 1966 年开展"文化大革命"运动，上述派遣计划未能实施。

3 月 25 日 周恩来总理率中国党政代表团在中国驻罗马尼亚大使馆会见全体中国留学生并发表讲话。周总理提出"又红又专"；"在国外学习要站稳立场，抵制资产阶级思想的影响，要打破洋框框，做到学以致用，为祖国建设服务。年轻人要牢记革命的过去，从革命传统中受到教育。"

7 月 15 日 中华人民共和国政府和德意志民主共和国政府签订《关于互派大学生、研究生和进修生的协定》。

1950—1965 年期间主要统计数据：

据教育部门统计，1950—1965 年期间，经教育部和高教部选派，中国共向苏联、东欧、朝鲜、古巴等 29 个国家派遣留学生、进修生等 10,698 人；同期回国 8013 人。其中派出大学生、即留学本科生 6834 人，占 63.88%；派出研究生 2526 人，占 23.61%；派出进修生 1116 人，占 10.43%；派出教学实习生和翻译 222 人，占 2.08%。其中向苏联派遣留学生 8320 人，约占派出留学生总数的 78%。

据教育部门统计，从 1955 年第一批 103 名留苏人员回国到 1965 年 10 年间，先后有 7317 名留苏人员回国，而 1958—1962 年是留学苏联的收获旺季，5 年间先后有 6100 人回国，其中 1959—1961 年平均每年回国约有 1000 人，1960 年多达 2700 人。至 1966 年中国停止派遣留学人员时，大多数留苏学生均已学成归来，回国率高达 87%。

据教育部门统计，1957—1965 年期间，中国还向意大利、比利时、瑞士、瑞典、挪威、丹麦等国家共派出 200 余名留学生，大部分为学习外语留学人员，其中自然科学留学生仅 21 名。

如将截止 1958 年前后因与苏联援建的工业项目相关联而派出的约 6000 多名技术性实习人员（技术实习生）和军事留学生一并计算在内的话，中国于 1950—1965 年期间共派出留学人员约 1.6 万多人。在此期间内陆续完成学习计划后先后回国的上述各类留学人员超过 1.5 万人。

据教育部门统计，1957—1963 年期间，中国共派出各类留学生、进修生 2261 人，其中研究生 1055 人，占 46.66%。与新中国建立初期相比较，留学研究生所占比例显著提高。但这一时期出国留学生总量已明显少于新中国建立初期。其中本科留学生仅为 303 人，占这一时期派出留学生总数的 13.40%。1961—1963 年期间，受国际国内政治经济状况影响，中国进一步缩减派遣出国留学生数量。如 1961 年实际派出了 124 人，1962 年实际派出 114 人，1963 年只派出了 62 人；三年共计派遣 300 人，其中研究生为 102 人，占 34.%。1964 年后，根据国内缺门专业、语言专业和薄弱学科的需求，仍派遣高中毕业生或大学在校低年级学生出国留学。1965 年和 1966 年实际上共派出留学生 1104 人，其中本科留学生为 786 人；本科留学生派出比例又回升到 71.20%，是 1957—1963 年期间 13.40% 的 5.31 倍。1957—1965 年期间，中国实际派出本科留学生的比例为 32.36%，约为上一阶段（1950—1956）72.88% 的五分之二。

据 2007 年的一项统计显示，留学苏联和东欧的各类人员中先后有 200 多人成为科学院院士或工程院院士，许多人担任了重要的技术职务，成为诸多领域的学科带头人和专家学者，有的则成为知名艺术家。另外在赴苏联和东欧留学人员中产生一批相继担任中国国家领导人和省部级负责人的领导群体：一名国家主席、一名国务院总理、多名国务院副总理或国务委员、200 多位正、副部长及省部级官员、100 多位将军和军队领导；还有很多人走上省部级以下各级领导岗位。

1966 年

4 月 15 日—5 月 5 日　高教部召开第三次出国留学生管理工作会议。会议讨论了如何进一步贯彻留学生工作方针并加强留学生思想政治工作，研究了选拔派遣、业务学习和生活管理方面的问题，检查和修订了在外留学生管理工作的暂行规定。根据会前教育部门的统计，到 1966 年初时，中国在外留学生总数为 1221 人，分布在 36 个国家和地区，学习 34 种外国语言，只有少数是学习科学技术学科的留学生。

6 月　高教部和教育部瘫痪。●7 月 23 日，两部合并。●1969 年，两部解散。●1970 年 7 月 1 日，国务院成立"科教组"，行使国家教育行政管理职能。●1975 年 1 月，"科教组"撤销，恢复成立教育部。

6 月 30 日　高教部印发《关于推迟选拔、派遣留学生工作的通知》。《通知》规定因开展"文化大革命"运动，决定将正在进行的选拔和派遣出国留学事务推迟半年执行。从该通知发布起直到 1972 年的 6 年期间内，中国停止了一切有关出国留学政策的执行，不再选派出国留学生，原定执行 6 个月的"停选停派政策"实际上持续 6 年。●从 1966 年"文化大革命"开始至 1972 年 9 月，出国留学派遣工作陷入瘫痪和停滞状态。

9 月 20 日　中国留苏人员开始停课，并于 10—15 天内陆续回国。

1967 年

1 月 18 日　教育部、外交部联合向中国驻外使领馆印发《关于（在）国外留学生回国参加文化大革命运动的通知》。《通知》要求，在国外的留学生除科技进修生有特殊需要或个别有其他特殊情况的，可以在国外继续学习外，都要回国参加文化大革命运动；

1965 年出国的留学生，应向校方交涉休学半年；1964 年出国的留学生，一般应提前毕业，即在 2 月 10 日前回国；回国后不再出去。●1967 年 11 月前后，所有回国参加"文化大革命"的出国留学生，均由国家统一分配工作；主管部门未再安排留学人员返回国外高校继续学习。

1968 年—1971 年

无

1972 年

9 月 15 日　根据中共中央批准外交部《关于中法贸易和文化交流若干项目的原则请示》中有关向法国派遣留学人员的内容，国务院教科组印发《关于向法国派遣学习法语进修生的通知》，决定向法国派遣 20 名法语进修生。为"达到时间短、收效大"的目的，要求"选派政治条件好、有一定法语基础、身体健康、年龄在 33 岁以下（教师可以到 35 岁）的青年翻译干部和教师出国进修"，并规定留学、进修时间为 2 年，不允许攻读学位。

10 月 17 日　国务院教科组印发《关于向法国派遣理工科专业进修生的通知》。

12 月 4 日　国务院教科组印发《关于向英国派遣英语进修教师的通知》。

12 月 14 日　16 名国家公派留学人员赴英国进修语言。

本年度　中国于"文化大革命"开始以后恢复派遣留学人员；本年内共派出 36 名语言类专业进修生，其中 20 人去法国留学，16 人到英国留学。

1973 年

1973 年底　中华人民共和国成立后首批 7 名国家公派赴日留学生起程。●首批 7 名留日学生系外交部于 1972 年从长春外语学校挑选 5 人，从北京外语学校挑选 2 人，其中有刘子敬、许金平、程永华、滕安君、李佩等。●1975 年 4 月，其中 6 人进入日本创价大学，开始为期 2 年正式的留学生活。●1977 年 6 名留学生离校的时候获得该校颁发的"修了证书"。●2008 年，6 名留学生在学习了创价大学的函授课程后，才获得了创价大学的正式"毕业证书"。

1974 年

8 月 27 日　国务院科教组、外交部联合印发并通知试行《出国留学生管理制度（草案）》和《出国留学生守则（草案）》。9 月 20 日，国务院科教组、外交部联合上报国务院《关于改进和加强出国留学生选派、管理工作的请示报告》。《报告》总结了 1972—1973 年期间恢复派遣留学生的工作。上述三个文件提出要"无产阶级政治挂帅、体现文革的成果"；要"立足自己培养、确需派出者应是成年留学生、以专业上的提高和进修为主、注意选送有实践经验的在职人员和外语院校应届毕业的工农兵学员、特别注重现实政治表现并要有一定的业务水平和培养前途、要向中国留学生较多的国家派出留学生专职管理干部，原则上，朝鲜、阿尔巴尼亚、越南、罗马尼亚等国派出一名；对其他国家，有 20

名以上留学生的国家派出一名，有 40 名以上留学生的国家派出 2 名。"等一些比较简单但却很严格的选派政策。10 月 16 日，国务院批准印发该《报告》。●截止 2009 年 10 月，中国已先后在 40 多个国家的 60 个驻外使（领）馆设立教育处（组），并派驻约 300 余名教育外事管理人员；教育处（组）指导驻在国中国留学人员成立 2000 多个中国学生学者联谊会组织和 300 多个在外中国专家学者专业学术团体。

1975 年

6 月 12 日　教育部、财政部和外交部联合印发《派往国外教师、留学生经费开支的暂行规定（试行）》。

1976 年

2 月 21 日　教育部印发《1976 年派遣出国留学人员的计划》，计划选派 200—300 名语言类进修生和少量的科技进修生。该"计划"要求选派的出国进修生必须是应届或历届毕业的工农兵大学生，或具有同等学历的外语专业人员；进修专业即培养目标主要是外语口译人员和外语教师。

12 月 4 日　国务院批准教育部和外交部提交的《关于 1977 年接受和派遣留学生计划的报告》。●12 月 20 日，教育部根据上述《报告》的原则，印发了《关于 1977 年选派（200 名左右）出国留学生的通知》。《通知》要求从有实践经验的在职青年、外语教师、翻译人员和高等院校外语系应届毕业的工农兵学员中选派出国进修人员。选派仍按 1976 年的数量为 200 人左右；应届毕业生年龄不超过 25 岁，在职干部不超过 30 岁；选拔对象需经过外语考查；选拔工作要坚持群众路线，要按照选拔出国留学生的条件，从德、智、体三个方面进行群众评议。

1972—1976 年　中国先后向英国等 49 个国家派遣 1629 名留学人员。

1977 年

本年度　中国向日本派遣 7 名理工、农科专业留学生到东京大学进修。

1978 年

1 月 31 日　教育部和外交部向国务院提交《关于向国外派遣语言留学生和进修教师等问题的请示》并获批准。该《请示》中称自 1972 年底以来中国已先后向 50 个国家派出 1162 名语言留学生，并已有 704 人结业回国；拟于 1978—1980 年期间每年派遣（语言类）留学人员 300 名左右。

3 月 7 日　教育部、国家科委和外交部向国务院提交《关于 1978—1979 年向国外派遣科技生问题的请示》并获批准；报告称自 1973 年以来已先后向 8 个国家派出 90 名科技生，并已有 48 人结业回国；拟于 1978—1979 年期间每年派遣科技生 200 名左右。

6 月 23 日　邓小平听取关于清华大学工作汇报并谈到派遣留学生问题时表示："我赞成留学生的数量增大，主要搞自然科学。留学生的管理方法也要注意，不能那么死。跟人家搞到一块，才能学到东西。这是五年快见成效，提高我国水平的重要方法之一。要成千成万地派，不是只派十个八个。我们要从外语基础好的高中毕业生中选派一批到国外进大学。今年三四千，明年万把人。这是加快速度的办法。"

7月11日—1979年8月6日　教育部向国务院连续提交五份涉及加大选派留学生数量和改进出国留学工作等问题的报告或请示，并就出国留学生的选派原则、选派方式和选派规模等具体事项做出新的规划，同时开始通过行政手段安排考试选拔出国留学预备生。

7月31日　中科院物理所康寿万致信邓小平，提出有多位中国旅美学者对派遣高中生出国读大学持强烈反对态度。

8月4日　教育部根据中央指示印发《关于增选出国留学生（进修生和研究生）的通知》，提出1978年出国留学生的名额要增至3000名以上，主要学习理、工、农、医等专业；除原已选拔出来的500人以外，尚需增选2500人以上进修生和研究生。●8月31日，教育部印发《关于选拔出国留学（本科）预备生的通知》，要求各地从当年高考生中选拔2000名理、工、农、医科的优秀者，作为出国留学预备生。●9月27日，教育部报告国务院领导人，通过全国性外语统考，从14714名报名者中确定12083人参加进修生和研究生外语统考。●经业务复查、政治审查和体格检查，1978年实际共选拔出国预备人员4252人，其中进修人员3066人，占72.11%；研究生537人，占12.63%；大学生649人，占15.26%。

8月7日　教育部、卫生部和财政部联合印发《关于出国留学生体检问题的通知》和《出国留学生健康检查暂行标准》。

8月21日—9月7日　教育部、外交部、国家科委在北京联合召开部分驻外使馆文化参赞会议，研究落实扩大派遣出国留学人员的工作。会议提出"保证质量、不能充数、力争多派和步子要稳"等意见。

9月19日　中组部印发《关于选调管理出国留学生干部的通知》，提出两年内选调110名不同级别的干部到中国驻外使、领馆担任管理在外留学生事务的工作。

10月　中国教育代表团访问日本并与文部省协商派遣中国留学生问题。●12月13日—14日，日本教育代表团回访中国并与中国教育部继续协商派遣中国留学生问题；其间中方提出拟于1979年选派130—140名赴日留学生。

10月7日—22日　中国教育代表团访问美国，其间中美双方协议达成《中华人民共和国和美利坚合众国关于互换留学人员的口头谅解》；其中表明中方希望在1978—1979学年期间派出500—700名学生和学者，美方希望在1979年1—9月期间派出60名留学生；双方同意尽力完成这些计划。

12月26日　为配合邓小平访问美国，教育部从2800多名留学预备人员中选出50人及北京大学校长选送2人，合计52名持J—1签证的公派留学人员启程赴美。●方毅副总理于行前在人民大会堂会见50位国家公派留学人员时表示，你们到了国外，生活上有困难，要自己主动反映；希望大家都能学成归国，毕竟国内有"铁饭碗"，生活是有保障的。●按照中美两国主管机构之间的协议，52名中年学者和科学家（男士46人，女士6人）先赴美国乔治敦大学和美利坚大学学习语言；待熟练掌握英语后，再转至美国其他大学进修科学技术。●由于中美长期敌对，两国学者已经相互隔绝近30年。以至美国著名汉学家费正清曾感慨道，"从1950年到1978年，华盛顿送上月球的人比派往中国的人还多，虽然后者离我们更近，旅途也更为安全、省钱。"

1972—1978年期间，中国派遣出国留学人员的数量不断增加，共向49个国家派出1977多名留学进修生，包括教育部公费派出或国外政府（组织）奖学金派出进修生；其中绝大多数、即90%以上都是被派往发达国家并学习所在国语言的留学人员；同期毕业后回国人员计963人。在此期间，接受中国留学生最多的发达国家依次为：英国276人、法国164人、加拿大93人、澳大利亚45人、日本42人、意大利22人；接受中国留学生最多的发展中国家依次为：墨西哥62人、朝鲜40人、伊拉克26人、马耳他18人、罗马尼亚15人。上述11个国家接受中国留学生的数量约占中国在这一时期派出留学生总数的66%。

本年度　中国在日本的留学生达到23人。

1979 年

1月　新中国首批赴留美人员代表到机场参加美国总统卡特欢迎邓小平的仪式。邓小平在与美国总统卡特所签协议中，将中美关于派遣留学生的口头谅解作为正式协议加以签署。

5月5日　教育部印发《关于设立出国留学生预备部和基建投资安排意见的通知》，并于若干年内陆续在北京外国语学院、北京语言学院、大连外国语学院、东北师范大学、广州外国语学院、上海外国语学院、四川大学、四川外语学院、同济大学、西安外国语学院和中山大学等11所高校组建出国留学人员培训部。

6月3日　经国务院批准，教育部、国家科委和外交部联合印发《出国留学人员管理教育工作的暂行规定（试行）》和《出国留学人员守则（试行）》。

春夏之交　李政道教授提议中美合作培养物理研究生项目（CUSPEA）开始招生。

8月6日　教育部、外交部、国务院科干局联合向国务院上报《关于改进出国留学人员工作的请示报告》。其后国务院批准该《报告》。

8月8日　经国务院批准，教育部、财政部、国家科委和外交部联合印发《出国留学人员经费开支规定（国外经费部分）》。●12月10日，上述四部门联合印发对上述规定的《补充说明》。

11月9日　李政道教授致信中国科学院副院长严济慈，建议持续举办已于本年度开展起来的"中美联合招考物理研究生（CUSPEA）项目"。

12月6日　中日签订《中华人民共和国政府和日本国政府为促进文化交流的协定》，规定在学者、学生的交流和提供奖学金等方面进行合作。

12月20日—29日　教育部和国务院科干局联合在北京召开出国留学人员工作会议。会议提出了确保质量、根据需要、广开渠道、力争多派的方针，会议确定了以培养高校师资为主、以自然科学为主、以技术科学为主、以进修人员和研究生为主的原则。

本年度　中国向32个国家派出1750名留学人员；其中进修人员和访问学者1298人，

占 74.2%；研究生 117 人，占 6.7%；本科生 335 人，占 19.1%。其中自然科学类 1445 人，占 82.6%；语言类 282 人，占 16.1%；社科类 23 人，占 1.3%。

1980 年

1 月 21 日　教育部印发《关于选拔 1979—1981 学年出国留学预备人员的通知》，决定根据国务院批准的《关于改进出国留学人员工作的请示报告》精神，在 1979—1981 年的两个学年内再选拔 4000 名出国留学人员，其中以进修生和研究生为主，同时选派少量本科大学生。

1 月 26 日　教育部印发《关于增设出国留学生预备部并加快建设的意见》。

5 月 13 日　教育部和中科院印发《关于推荐学生参加赴美研究生考试的通知》，要求有关单位推荐人选准备参加当年秋季美国 40 多所大学物理系联合在华招收研究生考试。

9 月 15 日　国务院印发《关于修改出国留学人员、访问学者所获得的奖学金和资助费实施办法的通知》。●12 月 31 日，财政部、教育部和外交部印发《关于部分出国留学人员、访问学者所获得奖学金和资助费交由本人支配后有关财务结算办法的具体规定》。

10 月 28 日—11 月 8 日　教育部、外交部、国务院科干局、财政部、文化部和中科院联合召开出国留学人员管理工作会议。部分驻外使领馆、中央和国务院有关部委、部分省市和高等院校约 150 人与会。会议提出或重申：突出重点、统筹兼顾、保证质量、力争多派、保持稳定；以自然科学为主、适当增加管理和社科类名额、重视基础科学和技术科学；从以进修人员和研究生为主逐步做到以研究生为主、高校师资不少于派出总数的 60%。●1981 年 7 月 16 日，国务院印发《批转教育部等六个部门关于出国留学人员管理工作会议情况的报告的通知》，表示同意上述六部门于 1981 年 3 月 13 日提交的《关于出国留学人员管理工作会议的报告》、《关于出国留学人员管理教育工作条例》和《关于出国留学人员国外经费开支若干问题的意见》等三个政策性文件，并转发各单位贯彻执行。●1983 年 12 月 10 日，教育部根据上述《条例》实施以来的经验和问题，印发《关于留学人员国外管理工作的若干补充规定》。

12 月 20 日　教育部、外交部、公安部、财政部、国家人事局、国务院科干局和国家劳动总局等七个部门向国务院提交《关于自费出国留学的请示》和《关于自费出国留学的暂行规定》。其中首次提出"自费出国留学是培养人才的一条渠道；自费留学人员是我国留学人员的组成部分；对自费留学人员和公费留学人员在政治上应一视同仁"等三项政策原则。

本年度　教育部留学生管理司与外事司合并为外事局。

本年度　教育部向外派出 2124 名各类留学人员。其中进修人员和访问学者 1635 人，占 77.0%；研究生 260 人，占 12.2%；本科生 229 人，占 10.8%。其中自然科学类 1895 人，占 89.2%；语言类 165 人，占 7.8%；社科类 64 人，占 3%。

1981 年

1 月 14 日　国务院批转教育部、外交部、公安部、财政部、国家人事局、国务院科干局和国家劳动总局等七个部门联合提交的《关于自费出国留学的请示》以及联合印发的《关于自费出国留学的暂行规定》。即首次以国务院的名义确定了"自费出国留学是培养人才的一条渠道；自费留学人员是我国留学人员的组成部分；对自费留学人员和公费留学人员在政治上应一视同仁"的政策原则。●9月8日，教育部印发《关于在校研究生自费出国留学问题的通知》，明确规定在读研究生不得申请自费出国留学。●1982年1月21日，教育部与国家人事局、国家劳动总局和财政部联合印发《关于自费出国留学生在国外学习期间工资待遇问题的处理意见》。

2月26日　教育部印发《关于做好留学人员回国工作的通知》。

3月24日　美籍华人吴瑞教授致信教育部长蒋南翔，建议仿效李政道教授举办"中美生物化学和分子生物学研究生（CUSBMBEA）考试项目"。●10月4日，教育部印发《关于招考赴美生物化学及分子生物学研究生的通知》，决定在华招收60—70名研究生，分别安排在美国46所大学学习，并由美方提供奖学金。

5月11日　教育部考试中心中国国外考试协调处（后更名为海外考试处）与美国教育考试服务处达成协议并签署《会谈纪要》，规定双方合作自1981年12月开始在中国大陆举行英语托福考试（TOEFL）和研究生成绩考试（GRE）。●1990年12月10日，国家教委印发《国家教育委员会海外考试考务管理规则》。●截止2005年，海外考试处共承接并在华举办有16项中外教育合作考试项目。

7月29日　教育部印发《关于1981年（攻读硕士学位）出国预备研究生代选、代培工作的通知》。

7月29日　国家人事部、国家劳动总局、财政部、教育部和国务院科干局联合印发《关于出国留学生回国以后的工资待遇问题的通知》，规定出国留学生毕业回国后的工资待遇按国内同等学历毕业生的标准执行。

8月　教育部在大连召开出国留学预备人员培训工作会议。

8月7日　根据美国哈佛大学著名化学教授威廉·多林的建议，教育部印发《关于成立中美化学研究生培养规划（CGP）中方工作小组的通知》，决定首批选派40人赴美攻读博士学位。●该项目连续执行了6年。

12月7日　教育部印发《关于1982年出国预备研究生招生计划的通知》。

12月31日　教育部印发《关于安排（出国留学）研究生、大学生回国休假的通知》。

1981年　本年度向外派出3416名各类留学人员。其中进修人员和访问学者3049人，占89.3%；研究生212人，占6.2%；本科生155人，占4.5%。其中自然科学类3076人，占90.0%；语言类154人，占4.6%；社科类186人，占5.4%。

本年度　据教育部门统计，●1978年9月—1981年底，中国向50个国家派出各类留学人员10,356人；其中国家公派7456人，占72%；单位公派2900人，占28%。●在教育部选送的7456名国家公派留学人员中，进修人员和访问学者有5946人，占79.8%，研究生有642人，占8.6%，本科生有868人，占11.6%；自然科学类约占80%，社会科学类约占4%，语言类约占16%。●同期学成并先后回国的约有2千余人，其中1981年回国1143人。●截止1981年底，在国外的各类公派留学人员有8151人；其中美国3726人，联邦德国 856 人，日本 830 人，英国 486 人，法国 427 人，加拿大 413 人，其他 40 多个国家有 1413 人。●截止 1981 年底，在外自费留学人员约有 6 千多人；仅 1981 年自费出国留学人数多达 3—4 千人。

1982 年

1 月 30 日　教育部印发《关于加强出国留学预备人员培训工作的意见》和《出国留学预备人员培训工作部管理教育工作暂行规定》。

1 月 20 日　中日教育管理机构签署《中日双方关于 1982 年度中国赴日本国研究生进行预备教育的实施方案》，规定对 150 人培训 24 周。

3 月 31 日　中共中央印发《关于自费出国留学若干问题的决定》，重申了"自费留学，也是培养人才的一条渠道，政治上应同国家派出的留学人员一视同仁，热情相待"的政策原则。（转引自中国劳动咨询网）

4 月 2 日　教育部印发《关于 1982 年试行选拔出国攻读博士学位研究生的通知》，作为探索拟从本年度开始试行选派 80 名直接攻读博士学位的研究生出国留学。●1983 年 3 月 21 日，教育部印发《关于 1982 年试选出国攻读博士学位研究生事的（补充）通知》。

5 月 6 日　根据丁肇中教授的建议，教育部印发《关于选拔赴美物理研究生的通知》，决定每年选派 3—5 人赴美攻读实验物理研究生。●该项目连续执行了 6 年。

7 月 16 日　国务院批转教育部、公安部、外交部和劳动人事部印发重新制定的《自费出国留学的规定》，重申了"自费出国留学是培养人才的一条渠道"的政策原则。。

本年度　（日）实藤惠秀著《中国人留学日本史》（中文版）由香港中文大学出版社出版。●1983 年 8 月，《中国人留学日本史》（增补版）由三联书店出版。

1983 年

1 月　包玉刚出资设立"包兆龙中国留学生奖学金"。●同年成立"包兆龙中国留学生奖学金管理委员会"。●截止 1992 年底，有 179 人先后获奖并出国到 14 个国家留学；同期有 34 人先后回国工作。

3 月 30 日　根据美国著名数学家陈省身教授的建议，教育部印发《关于选拔赴美数学研究生的通知》，决定选派数学研究生赴美学习。●该项目连续执行了 5 年。

7 月 20 日—9 月 11 日　教育部和中科院派遣赴欧洲看望留学人员小组，前往欧洲 8 个国家 27 个城市看望了 1215 名在外留学人员。

9 月 13 日　劳动人事部、教育部、公安部和财政部联合印发《毕业留学生分配派遣暂行办法》。

11 月 23 日　胡耀邦总书记访问日本期间在中国驻日使馆接见中国留学生代表并发表讲话。

12 月 21 日　国务院批准教育部、财政部和外交部联合上报的《关于修改出国留学人员获得国外奖学金和资助费处理办法的请示》。

12 月 21 日—1984 年 2 月 10 日　教育部派遣看望留学人员慰问团，前往美国、加拿大和日本的 66 个城市看望了 6083 名在外留学人员。

12 月 22 日　教育部印发《关于补发"文化大革命"前出国留学生学历证明书的通知》。

12 月 24 日　经中央书记处同意，中共中央办公厅转发中共教育部党组《关于留学人员工作中几个具体政策的请示》，提出对留学人员中发生的问题要进行实事求是的调查研究，区别情况慎重处理。

本年度　中共中央批准在当年开办留法预备班的河北保定市育德中学旧址修建留法勤工俭学运动纪念馆。●1992 年 6 月，江泽民总书记为纪念馆题写馆名。●1994 年 9 月，纪念馆被中共河北省委、河北省政府命名为"河北省爱国主义教育基地"。●2001 年 10 月 30 日，中国侨联保定留法勤工俭学纪念馆爱国主义教育基地揭牌仪式举行。

1984 年

1 月　新年前夕，胡耀邦总书记等党和国家领导人发表慰问留学人员的录象讲话。

1984—1991 年　中国和苏联两国政府多次签订涉及派遣留学人员的年度《教育合作计划》。

4 月—9 月　根据中央"对自费留学，要坚决大胆放开"的指示精神，教育部牵头组成自费留学问题调研小组，会同公安部、国家科委、外交部、财政部和劳动人事部，分析了自费留学人员的状况，检查了自费留学的政策，并对 1982 年国务院批转印发的《自费出国留学的规定》进行了修改。●12 月 26 日，国务院印发修改后的《国务院关于自费出国留学的暂行规定》，再次重申了"自费出国留学是培养人才的一条渠道，国家对自费出国留学人员在政治上与公费出国留学人员一视同仁"的政策原则。

7 月 19 日　民政部、教育部和外交部联合印发《关于出国留学生办理婚姻登记的暂行规定》。

8 月 24 日　中日双方签署《中国教育部长和日本文部大臣会谈记要》，就留学生交流取得一致意见；日方表示，努力争取 5 年后，使享受日本政府奖学金的在学中国留学生总数达到 500 名。

9 月 3 日　教育部印发《关于部门、地方自行选派出国留学人员的通知》。

11 月 30 日　中央召开全国引进国外人才和出国留学人员会议。

12 月 19 日—1985 年 2 月 10 日　教育部派遣慰问留学人员代表团亚太组，前往澳大利亚、新西兰、朝鲜和日本的 26 个城市，看望慰问了 2266 名在外留学人员。

1985 年

元旦前后，国务院组织慰问留学人员代表团并分四路前往 21 个国家，慰问在外留学人员。

2 月 2 日　外交部和教育部联合印发《关于改善和加强出国留学人员领导工作的通知》，批评个别使领馆对出国留学人员漠不关心的错误态度。

4 月 18 日　教育部印发《关于部属高等院校自行选派留学人员审批办法的通知》。

4月　主要用于接待中国留日学生居住的日中友好会馆的首期留学生宿舍工程——东京后乐寮竣工，并于 1987 年开始正式接受中国国家公派留学生住宿。●1988 年 1 月，日中友好会馆本馆建成。●2008 年 1 月，纪念日中友好会馆本馆建成 20 周年纪念活动在东京举行。●截止 2009 年 10 月，日中友好会馆东京后乐寮先后接待约 4 千名中国的国家公派、单位公派或自费留学生居住或生活。●2009 年 11 月 28 日，日中友好会馆在北京友谊宾馆举办"第一届后乐恳亲会"，留日回国人员及中日双方官员、职员约 200 余人出席。

5 月 2 日　根据国务院 1981 年 9 月 25 日印发的《关于驻外、援外人员在国外牺牲、病故善后工作的暂行规定》的有关原则规定，教育部印发《关于留学人员在国外发生意外事故处理意见的通知》。

6 月 26 日　财政部、国家教委和外交部联合印发《关于公费出国留学人员经费开支规定》。

7 月 5 日　国务院批转国家科委、教育部和中国科学院上报的《关于试办博士后科研流动站的报告》，指出这是人才开发的重要措施，具有积极意义；但尚属初创阶段，缺乏经验，望积极支持，密切配合并及时解决出现的问题。●8 月 14 日，国家科委印发了经与国家教委和中国科学院等有关部门协商后制定的《试办博士后科研流动站申请办法》。●11 月 23 日，国家科委印发《关于建立博士后科研流动站若干问题的通知》。●1986 年 3 月 13 日，国家科委印发《博士后研究人员管理工作暂行规定》。●1986 年 11 月 12 日，国家科委印发《国家博士后科学基金试行条例》。

7 月 23 日　中美两国政府在华盛顿签订两国之间交换留学生与学者的《中华人民共和国政府和美利坚合众国政府教育交流合作议定书》，有效期为五年，并取代 1978 年 10 月双方协议达成的《中华人民共和国和美利坚合众国关于互换留学人员的谅解》。

9 月 26 日　中德（民）签订《中华人民共和国政府和德意志民主共和国政府关于交换和接受进修生、研究生和大学生的协定》，有效期为五年，并取代 1965 年 7 月 15 日双方签订的《互派大学生、研究生和进修生的协定》。

12 月 28 日—1986 年 2 月 7 日　国务院副秘书长张文寿率领国务院留学人员工作组前往美国 66 个城市看望 7 千多名在美留学人员。

本年度　国家教育委员会设立，出国留学工作具体由国家教委外事局分管。

1986 年

5 月 4 日　中共中央、国务院印发《关于改进和加强出国留学人员工作若干问题的通知》，提出公派出国留学工作要做到"按需派遣，保证质量，学用一致"；要加强对出国留学人员的"管理、教育、服务"工作；努力创造条件，充分发挥留学回国人员的作用。●5 月 7 日—13 日，国家教委召开出国留学人员工作会议，学习领会并研究讨论如何贯彻改进和加强派遣留学人员工作的方针和政策。国家教委副主任何东昌作《改进出国留学人员工作更好地为四化建设培养人才》的报告。会议制订了《关于出国留学人员工作的若干暂行规定（讨论稿）》。会议提出，要长期坚持派出政策，总结经验改进问题，高级专门人才的培养应基本立足于国内。●6 月 25 日，国家教委和公安部联合印发《关于贯彻、落实改进和加强出国留学人员工作工作方针政策的通知》。

5月24日 中国国家教委和联邦德国德意志科技交流中心签订《关于联合培养中国博士研究生的协议》。●8月30日，国家教委印发了《关于与联邦德国联合培养博士生的通知》，确定清华大学和浙江大学各选派10人。

6月9日 中英两国政府及包玉刚爵士基金会签署有关"中英友好奖学金项目"的谅解备忘录。胡耀邦总书记出席签字仪式。该计划规定，三方按照2∶1∶2比例共同出资3500万英镑，分10年运用，为中国赴英留学人员提供奖学金；每年选派350—420人到英国留学或研究。

7月15日 文化部和教育部联合印发《关于艺术院校学生、教师出国留学的审批原则》。

7月24日 邓小平接见获得"有突出贡献的中青年专家"称号的优秀留学回国人员马颂德博士等人。

8月 中国卫生部与日本财团在北京签署为期10年的日中笹川医学奖学金制度协议书。该项目由日本财团出资赞助，笹川纪念保健协力财团提供奖学金，日中医学协会具体执行。协议约定，从1987年起，中国每年派遣各省市医药卫生界的100名医生和护士到日本各地医院、研究机构进修。"日中笹川医学奖学金制度"是由老一辈中日友好人士笹川良一等人共同创建，旨在促进日中两国在医学领域的合作，为中国培养高级医学人才。●1992年，增设笹川医学奖学金特别研究员制度，在中国选拔已学成归国的优秀研究人员到日作特别研究。●1996年8月，中日双方在北京签署第二期"中日笹川医学奖学金制度"10年项目协议书。●2007年8月26日，中国卫生部副部长蒋作君与日本财团会长笹川阳平签署了第三期"中日笹川医学奖学金制度"合作协议，协议规定，中方将于2008年至2013年每年派遣30名医疗卫生人员到日本进修。●2009年9月9日，第32期一行30名中国医疗卫生人员赴日进修，日中医学协会副会长森冈恭彦、笹川纪念保健协力财团会长日野原重明、日本财团会长笹川阳平等出席了在东京举行的欢迎仪式。●20多年来，该项目已选派2068名"日中笹川医学奖学生"到日本学习进修，进修内容包括基础医学、临床医学等8个大学科。项目派出人员和涉及专业之多、学员来源地域之广，是中国改革开放以后卫生领域双边合作的重要智力引进项目之一。同期也已有1700多名进修生和200多名特别研究员学成回国，活跃在中国各地的医药卫生第一线。许多进修生回国后已经成为各大学的校长、各医院的院长和各学科带头人，各研究项目也取得了丰硕成果，逐渐成为中国医学、医疗界的骨干力量，受到社会各界的高度评价。

10月24日 国家教委印发《关于出国留学人员毕业回国后工作分配问题的通知》。

12月13日 国务院印发《批转国家教育委员会〈关于出国留学人员工作的若干暂行规定〉的通知》。●1987年6月11日，《关于出国留学人员工作的若干暂行规定》在《人民日报》全文刊出。这是我国第一个公开发表、级别最高、全面阐述出国留学整体工作的政策性文件。●1987年1月28日，为了帮助理解和执行上述文件中的相关政策，国家教委印发五个《出国留学人员工作管理细则》。●1987年10月7日，国家教委和国家科委联合印发《回国留学人员工作安排暂行办法》。●1988年1月12日，国家教委、劳动人事部和公安部联合印发《关于公派出国研究生配偶申请出国探亲假等事项的管理细则》。●1995 年 6 月 5 日，国家教委印发《关于执行〈关于出国留学人员工作的若干暂行规定〉有关规定的解释函》。

12 月　《瞭望》周刊发表《李鹏谈改进派遣留学工作》。

1987 年

2 月 19 日　国家教委印发《关于公派赴美访问学者攻读研究生事的通知》，要求对转读学位的申请，审批时要严格把关。

2 月 20 日　国家科委印发《关于申报对非教育系统回国留学人员科研资助经费问题的通知》和《关于对非教育系统回国留学人员择优资助经费的使用与管理暂行办法》。

3 月　国家教委召开出国留学人员培训部工作会议。

3 月 30 日—4 月 4 日　国家教委召开出国留学人员经费管理工作会议。会议讨论和研究了《驻外使领馆出国留学人员经费管理的暂行规定》和《关于出国留学人员开展宣传工作专项经费开支的暂行规定》等文件。

4 月 23 日　国家教委向中国驻外使领馆印发《关于做好自费留学人员工作的通知》，要求各使领馆要充分认识到做好自费留学生的管理和服务，是培养人才和争取人心的重要工作，应将其列入使领馆的议事日程。

4 月 11 日　国家教委印发《关于加强公派出国留学人员政治审查工作的通知》，提出对出国留学人员进行"政审"的原则、程序和标准。

5 月　《神州学人》杂志创刊（时为双月刊），邓小平题写刊名。●1993 年 1 月，《神州学人》变更为月刊。●1995 年，《神州学人》增设《神州学人电子版周刊》。●2001 年，《神州学人》网站建立。

6 月 2 日—14 日　中国教育代表团访美并与美国新闻总署签署和发表《中美教育会谈新闻公报》。●10 月 12 日，国家教委印发《关于我公派留学人员不得擅自转美问题的通知》。

7 月 8 日　国家教委、财政部和外交部联合印发《关于国家公派出国留学人员经费管理的暂行规定》。

7 月 31 日　国家教委印发《我国赴苏联及东欧国家公费留学人员费用管理的补充规定》。该规定是根据《驻外使领馆出国留学人员经费管理的暂行规定》并结合实际情况提出的补充意见。

8 月 15 日　国家教委和外交部联合印发《关于加强对赴苏联、东欧国家留学人员教育管理工作的通知》和《关于加强对赴苏联、东欧国家留学人员教育管理工作的若干规定》，提出了"积极稳妥、逐步发展、形式多样、讲求实效"的派遣工作方针。

8 月 21 日　国家教委和公安部联合印发《关于国内外组织和个人不得擅自在我国招收自费出国留学人员的通知》。

10 月 10 日—14 日　国家教委经商外交部、公安部、国家科委和中组部召开有关出国留学人员工作的座谈会。●12 月 30 日，国家教委于会后印发《关于进一步贯彻中央出国留学人员工作方针的通知》，强调派出留学人员不能过分集中于一个国家以及公派留学人员有义务按期回国等政策原则。

10月12日　国家教委印发《关于第一期赴日研究生结业回国工作的通知》。●10月30日，国家教委外事司印发《关于赴日研究生留学期限及结业回国后待遇等问题的暂行规定》。

10月31日　外交部和国家教委印发《关于加强对外交部公派留学人员管理的通知》和《关于对外交部派出的留学人员加强管理的若干规定》。通知指出，有少数留学人员学习不够专心，自由散漫，表现较差。

12月5日　国家教委和司法部联合印发《关于签定〈出国留学协议书〉的通知》。

12月9日　国家教委印发《关于（1988年度）与欧洲共同体合作培养博士研究生的通知》，确定从中国人民大学等31所高校在读博士生中遴选20—30名出国留学候选人。

本年度　王宽诚教育基金会与中国科学院开始合作并先后设立"中国科学院王宽诚教育基金会奖贷学金"、"中国科学院王宽诚科研奖金"、"卢嘉锡学术交流基金"、"中国科学院王宽诚博士后工作奖励基金"、中国科技大学"王宽诚育才奖"、紫金山天文台"王宽诚行星科学人才培养基金"等项目，以资助、培养和引进留学人才。

1988 年

1月　国家教委在天津召开出国留学工作会议。

2月16日　国家科委、国家教委和中国社科院联合印发《关于报送留学生学位论文的通知》，要求出国留学期间取得硕士、副博士或博士学位的人员，必须向国家报送学位论文副本。

3月12日　国家教委印发《关于加强与加拿大国际开发署和联合国机构合作项目派出留学人员管理工作有关事项的通知》。

4月2日　国家医药管理局印发《国家医药管理局关于出国留学人员工作的若干规定（暂行）》。

4月5日　国家教委专职委员黄辛白发表有关出国留学政策的《答新华社记者问》时表示，派遣留学人员是中国的长期政策，没有改变，也决不会改变；所谓大大减少留学生特别是去美国留学生数量是没有事实根据的。

5月10日　国家教委印发《关于保证公派出国进修人员、访问学者选派质量的通知》。

6月4日　日本《东京新闻》刊载《上海的日本留学热已成为严重的社会问题》的文章，称日本留学热已在上海造成混乱和骚乱。

7月6日，国家教委印发《关于加强对代招或推荐出国留学生管理教育工作的通知》。

7月7日—28日　国家教委邀请由49名在美、日等7个国家留学人员代表组成的回国参观汇报团到14个省市参观访问。

9月12日　邓小平表示：我们的留学生有几万人，如何创造他们回来工作的条件，很重要。有些留学生，回来以后没有工作条件，也没有接纳他们的机构，有些学科我们还没有。可以搞个综合的科研中心，设立若干专业，或者在现有的一些科研机构和大学里增设一些专业，把这些人放在里面，攻一个方面，总会有些人做出重大贡献。否则，这些人不回来，实在可惜啊。

10月5日　国家教委印发《关于我向美方提供公派留美人员名单的情况说明》，说明此举系应美国新闻署要求，既符合美国有关法律规定，也符合国际公认准则和中国留学政策要求。

10月6日　国家教委和人事部联合印发《关于赴苏联、东欧国家留学获得博士、副博士学位人员工龄计算的通知》。

10月7日　国务委员兼国家教委主任李铁映会见美国美中学术交流委员会主席柯·阿兰博士时表示，公派留学人员有回国义务是世界各国通例，但他们希望继续进修和深造的要求可以理解，中国采取合情合理政策，充分尊重、灵活对待、合理解决；中国将根据需要继续派遣出国留学人员，以加快人才的培养和增加与世界各国的交流与合作。

10月28日　国家教委召开第13次全体委员会议，传达中央对出国留学工作的指示精神，研究和部署进一步改进出国留学工作的问题。

12月3日　国家教委在人民大会堂召开留学回国人员座谈会，53名留学回国人员出席并受到党和国家领导人接见。

本年度　人事部成立留学人员服务部。

1989 年

1月28日　国家教委印发《关于选拔1989年国家公费出国留学人员的通知》，提出将不再统一分配名额，改由各单位推荐人选后请专家评审确定，并决定当年计划选派2000多人。

2月25日　国务院侨办和国家教委联合印发《关于对申请自费出国留学的归侨、侨眷不收"培养费"等问题的通知》。

3月25日　中国科学院印发《中国科学院公费出国留学人员国外管理及回国工作安排暂行条例》，规定4月1日起取消所谓"自费公派"的留学方式。

3月30日　根据国家编委批准的机构设置方案，国家教委撤消原外事局，分别成立留学生司和国际合作司；其中留学生司的处室设置有：办公室、政策研究处、对外宣传处、计划选培处、欧洲处、美大处、亚非处。

3月31日　国家教委在出国人员北京集训部基础上组建中国留学服务中心。

4月　国家教委设立"资助优秀年轻教师基金"并印发《资助优秀年轻教师基金试行办法》，资助对象包括在国内高校任教的留学回国人员。

4月14日　国务院总理李鹏访问日本期间接见中国留学生代表。

5月—6月　中国留学服务中心组建招聘工作组赴西欧国家招聘留学人员。

6月9日　邓小平接见首都戒严部队军以上干部并谈到1989年春夏之交在北京发生的政治风波时指出，这场风波迟早要来，这是国际的大气候和中国自己的小气候所决定了的；要坚定不移地执行党的十一届三中全会以来制定的一系列路线、方针、政策，要认真总结经验，对的要继续坚持，失误的要纠正，不足的要加点劲。

7月26日 国家教委发言人就出国留学人员的有关问题回答记者提问时表示，公派留学人员有回国服务的义务，这在世界各国都有明确规定；对少数不能按规定回国者，将采取通情达理的态度予以解决。

8月4日 国家教委留学生司印发《关于在日留学人员管理工作中若干问题的实施办法（试行）》。

9月8日 全国出国留学预备人员培训部工作会议在成都召开；会议讨论并通过《关于加强出国留学预备人员培训部思想政治工作的意见》。

9月16日 邓小平会见李政道时表示，对学生，包括参加过绝食的学生，主要是教育；要说错误，我们确实有错误，许多思想工作没有做，好多话没有讲清楚。

9月22日—10月 国家教委组织"国内教授看望留学生小组"先后赴日本、澳大利亚和欧洲开展工作。

9月27日 海关总署、国家教委和外交部印发《关于加强对自费留学人员携带进境行李物品管理的通知》。

10月6日 江泽民等党和国家领导人接见留学回国人员代表并举行座谈。

10月 国家教委在法国召开"西欧地区中国留学生工作会议"。●12月2日，国家教委印发《关于对西欧留学人员管理工作中若干问题的实施办法（试行）》。

10月31日 邓小平会见美国前总统尼克松时表示，我们对参加游行示威和签名的海外学生，都采取原谅的态度，不追究他们的责任。

11月18日 国家计生委和国家教委联合印发《关于出国留学人员计划外生育问题的通知》，规定应向留学人员宣传我国计划生育政策，同时应允许其回国后为在国外超生子女申报户口。

11月19日—20日 美国众、参两院分别通过《中国公民紧急救援法案》，拟取消持J—1签证的中国留美人员在学业期满后必须回国服务两年的义务，严重违背了过去中美双方达成的有关教育交流的协议。●1989年11月和1990年4月11日，美国总统布什以中国人回国会受到政治迫害为由，两次颁布"总统行政命令"，使得所有从1989年6月5日至1990年4月11日期间赴美中国公民，包括此期间在美的约4万名尚未取得永久居留权的中国留学人员中的绝大多数可以合法居住到1994年1月1日。●1992年10月9日，美国总统布什签署"1992年中国留学生保护法"，允许在美"积极"参加"民主运动"的中国公民申请在美永久居留权。

11月26日 《人民日报》发表评论员文章《恶化中美关系的一个严重步骤》。文章指出，美国国会通过的《1989年紧急放宽中国移民法案》，决定豁免全部持J—1签证的中国留美人员在学业期满后必须回国服务两年的限制，是任意撕毁中美双方达成的有关教育交流协议的行为，完全违背国际准则。●11月14日，外交部副部长刘华秋约见美国驻华大使李洁明，就美国国会企图通过一项免除持J—1签证的中国留美人员回国服务两年的义务的议案（即HR2712提案），向美国政府提出交涉，强烈要求美国政府立即采取切实有效的措施，阻止美国国会通过此项法案。●11月30日，《人民日报》发表《北京十所大学校长致美国大学校长的公开信》，希望美国同行敦促美国国会和美国政府恪守中美双方以往达成的教育交流协议和谅解。●12月8日，国家教委发表声明，抗议美方违背中美教育交流协议干涉我国内政。●1990年5月30日，《人民日报》（海外版）刊登中国驻美国大使馆发言人的谈话，重申中国向海外派遣留学生以及关于自费留学生的政策不会改变。

11月　中国留学服务中心组建招聘工作组赴日本招聘留学人员。

本年度　英国文化协会、澳大利亚教育国际开发署和剑桥大学考试委员会共同开发、推出雅思考试。雅思考试通过提供规范英语水平测试，衡量考生在真实场景中的英语沟通能力，被国际众多教育机构认可。●作为英语交流能力的有力证明，雅思考试已得到全球6000多家教育机构的认可，2008年全球有120万名考生参加雅思考试。●在中国，雅思考试在29个城市设有31个考试中心，2008年有超过26万名考生参加雅思考试，60%的雅思考生年龄在19岁到22岁之间，大部分考生是准备出国学习硕士课程的学生。

1990 年

1月4日　国家教委在北京召开全国自费出国留学工作会议。

1月15日　《人民日报》等报刊发表中国留美学生闻迪的文章《社会主义能够救中国》。

1月15日　国家教委副主任滕藤就加拿大政府鼓励和纵容中国留加人员移民问题紧急约见加拿大驻华大使狄鄂。

1月17日　中共中央办公厅印发《关于印发〈中共中央政治局常委会议讨论出国留学问题纪要〉的通知》。《通知》要求"要热情做好学成回国人员的安置工作，为他们回国后的工作和生活创造必要条件，充分发挥他们的作用。要制定特殊的政策，吸引更多的优秀拔尖人才回国服务。国家教委可在每年留学人员总经费中安排20%的经费用于做好留学人员回国的安置工作解决其科研和住房问题。"根据《纪要》的要求，国家教委于当年设立"留学回国人员科研资助费"项目。●9月，国家教委留学生司印发《留学回国博士科研情况调查表》，对"留学回国人员科研资助费"项目开展调研。●11月14日，国家教委留学生司初次受理留学回国人员科研资助费。先由国家教委留学服务中心进行初选，报送留学生司审核，经约两个月的收集、登记、初选、审核、审批等程序，确定首批资助获得博士学位的留学回国人员80人，总金额265.1万人民币。●12月26日，国家教委留学生司印发《关于使用留学人员回国工作资助费用有关问题的通知》，设立并开始实施对具有博士学位的留学回国人员资助科研启动经费的项目。通知指出，留学人员回国工作资助费是在国家经济还比较紧张的情况下为使留学人员回国后有一个较好的工作和生活条件，更好地发挥作用而设立的。●1993年9月2日，国家教委留学生司印发《关于使用"留学回国人员科研资助费"有关问题的通知》。●1997年，"留学回国人员科研资助费"更名为"教育部留学回国人员科研启动基金"。●1998年2月，国家留学基金委对另行设立并受理的第一批科研资助费申请者进行专家评审，并于5月印发《关于批准胡海岩等49名留学回国人员获得科研资助费的通知》。●1998年9月16日，为进一步加强留学回国人员科研启动基金的管理，提高使用效益，教育部国际司印发《留学回国人员科研启动基金管理规定》。●1999 年 8 月 11 日，国家留学基金委印发《关于批准马国良等 152 名留学回国人员获得第二批科研资助费的通知》。●2001 年 5—12 月，教育部委托并资助北京师范大学完成《留学回国人员科研启动基金项目评估报告》。●2002 年 1 月 31 日，教育部国际司印发《关于进一步加强留学回国人员科研启动基金管理的通知》，因留学基金委秘书处留学人员科研资助费项目重复设置而被取消。●2002 年 5 月 15 日，教育部国际司批准教育部留学服务中心重新修订《留学回国人员科研启动基金管理规定》。●截止 2008 年底，该项资助基金共分 34 个批次先后资助了 17975 名留学回国人员（不含国家留学基金委秘书处留学人员科研资助费资助的百余人），资助总金额共计约 5.3 亿元人民币；人均资助额度约为 29485 元。

1 月 19 日　国家教委、劳动部和人事部联合印发《关于博士生和在职人员考取硕士生学习期间工龄计算问题的通知》，其中涉及出国留学人员回国后的工龄计算问题。

1 月 20 日　国家教委在北京人民大会堂举行中国留学人员春节联欢会。

1 月 25 日　国家教委印发《关于具有大学和大学以上学历人员自费出国的补充规定》，明确规定大专以上学历人员在相应的服务期时不得申请自费出国留学。补充规定对国家公费培养的自费留学人员开始严格执行国内服务期规定；在留学回国工作方面，要求国家和单位公费留学人员必须履行回国服务义务，同时采取特殊措施吸引优秀拔尖人才回国服务。国家教委每年从留学经费中拿出 20% 用于资助留学回国人员科研启动，对优秀拔尖人才给予重点资助，采取一系列具体措施来争取和吸引在外留学人员回国工作。●2 月 8 日，国家教委印发《具有大学和大学以上学历人员自费出国留学审核办法及注意事项》。

1 月 25 日　外交部发言人对美国国会众院就中国留学人员问题再次通过决议一事发表谈话，强烈谴责美国国会众院的霸权主义行径，敦促美方采取有效措施，防止事态恶化。

2 月 23 日　国家教委印发《关于调整高级访问学者费用标准的通知》和《关于调整国家公费留学人员费用标准的通知》。

3 月 1 日　国务委员兼国家教委主任李铁映会见由雷蒙德·谢弗主席率领的美国美中关系全国委员会代表团时重申中国派遣留学生的一贯政策。

3 月 20 日　李鹏总理在全国人大第七届三次会议上所作政府工作报告中表示，派遣留学生出国学习，是执行对外开放政策的组成部分。今后要在总结经验的基础上，根据德才兼备、按需派遣、保证质量、学用一致的原则，改进和完善派遣工作，并努力为留学生学成回国工作创造必要的条件。

4 月　上海市政府办公厅印发《关于加强本市自费出国就读语言工作管理问题的通知（沪府办发（90）第 19 号）》。●1991 年 6 月 7 日，上海市教育卫生办公室印发了实施上述通知的《关于就读语言生的管理办法》。

4 月 10 日　国家教委留学生司、中央电视台和中国留学服务中心协商决定，联合组织"留学回国人员随访录"活动，并在中央电视台《观察与思考》栏目中陆续播出采访内容。

4 月 11 日　国家教委印发《关于下达 1991 年国家公费与日本合作培养博士生名额的

通知》，确定主要选拔以日本史、日本经济和中日关系为研究方向的在读优秀博士生。●5月29日 国家教委印发《关于1990年度与国外合作培养博生工作的通知》，确定除上述40名赴日本合作培养的博士生外，还要从中国人民大学等33所大学选派并资助50名左右赴联邦德国、法国和英国的合作培养博士生。

4月17日 国家教委留学生司与直属高校司在北京联合召开部分高等学校"单位公派"出国留学工作会议。

5月3日 江泽民总书记在首都青年纪念五四报告会上向在海外为振兴中华勤奋学习的留学人员表示亲切慰问。

5月25日 国家教委留学生司在北京召开非通用语种国家公费出国留学工作座谈会，邀请外交部等9个国家部委人事部门负责人参加，讨论研究涉及非通用语种的国家公费出国留学人员的选拔、培养和使用等方面的政策问题。

6月5日 国家教委留学生司在西安外国语学院召开出国留学预备人员培训部联系会议。会议讨论通过《出国留学预备人员学籍管理规定》和《出国留学预备人员培训部联系会议简章》等文件。

6月8日 国家教委留学生司与欧美同学会、国家人事部流动调配司、中央电视台等单位联合举办以"家乡春色好，父母盼儿归"为主题的《芳草天涯》文艺晚会；其后将晚会内容制成录象带后向在外留学人员提供。

6月13日 国家教委留学生司印发《赴苏联、东欧地区公费留学人员管理工作中若干问题的处理办法》。

6月14日 江泽民总书记在全国统战工作座谈会上进一步阐述了中央对广大留学人员和在海外的中国知识分子的政策。江泽民说，我们一贯相信广大留学人员和在海外的中国知识分子都是爱国的，对祖国有深厚的感情。他说，对去年北京风波后说过头话做过头事的，仍要采取爱护团结方针，一律不予追究；即使参加过反动组织，只要表示悔悟，脱离反动组织，也欢迎回来。

6月30日—7月8日 国务委员兼国家教委主任李铁映在东京中国驻日使馆和大阪中国总领馆会见留日学生代表时，鼓励留日人员刻苦学习、增长才干，为祖国为人民服务。●李铁映在日中友好会馆为留日学生书写"今日万里求学，明日百年报效"的赠言。

7月7日—12日 国家教委留学生司政策研究处撰写的《自费出国留学问答》在《人民日报》连载。

7月18日 国家教委留学生司与人民日报海外版合办《人民日报》（海外版）"中国留学生之页"出刊。国家教委副主任何东昌为首刊撰文《向留学人员致以最好的祝愿》。《中国留学生之页》每周三在《人民日报》（海外版）第2版刊出。后变更为《海外学子》专版，每周出刊一版。

9月14日 国家教委印发《关于出国留学生回国学习有关问题的通知》。

9月27日 国家教委印发《关于开展表彰在工作中做出突出贡献的回国留学人员活动的通知》。●1991年1月24日，国家教委和人事部联合印发《关于表彰在工作中做出突出贡献的回国留学人员的决定》。●1991年1月25日，中宣部、人事部、国家教委、国务院学位委员会在北京联合召开全国有突出贡献博士硕士学位获得者、回国留学人员和优秀大学毕业生表彰大会。江泽民、李鹏、李铁映、杨白冰、雷洁琼、钱伟长等出席大会，并向受奖者代表颁奖。

9月28日　国务委员兼国家教委主任李铁映，国家教委副主任何东昌、滕藤在人民大会堂会见回国参观第十一届亚洲运动会的留学生代表，并同大家座谈。

10月27日　国家教委和人事部联合印发《关于获得苏联、东欧国家副博士学位人员回国后待遇的通知》。

11月15日　国家教委、人事部和劳动部就已辞职的自费留学人员回国后工作安排、工龄及待遇等问题请示国务院办公厅，经批准同意后发表上述问题的作了解答。●12月21日，《人民日报》（海外版）全文刊登"答记者问"。

11月16日—22日　国家教委、人事部在北京联合举办首届全国留学回国人员科技成果展览会。宋平、薄一波、严济慈、钱伟长共同为展览剪彩。国务委员宋健、国家教委副主任何东昌在开幕式上讲话。参展项目有2500多个。

本年度　《煤炭系统留学回国人员科技基金的使用管理暂行办法》开始实施。

本年度　中国人民银行批复国家教委可以设立"中国留学基金会"。

本年度　中国外在留学人员分别为国内举办第11届亚运会和部分水灾地区捐款。

本年度　国家教委留学生司分别在悉尼召开"澳、新留学生工作会议"；在巴黎召开"西欧留学生工作研讨会"；在东京召开"日本留学生工作会议"。

1991 年

1月24日　中宣部、国家教委和人事部在北京召开在祖国社会主义现代化建设中做出突出贡献的中青年留学回国人员表彰大会；江泽民、李鹏等中央领导同志分别向受奖者代表颁奖；国务委员兼国家教委主任李铁映、国家教委副主任何东昌分别讲话。

1月24日　卫生部印发《卫生部公派出国留学管理暂行办法》。

2月6日　外交部、公安部和国家教委联合发布《关于因公出国人员要求换发因私普通护照的处理办法的通知》。

2月7日　外交部照会各国驻华大使馆：《外国组织和个人不得擅自在华招收留学生》。

2月15日　国家教委在《人民日报海外版》发表致留学人员春节慰问信，向在国外学习、进修的广大留学人员表示节日问候。

2月24日　中国在芬兰部留学人员为"希望工程"捐款123万芬兰马克。

3月7日　国家教委留学生司、直属高校司和人事司在天津召开部分重点高校改进公费出国留学人员选派工作会议。

3月10日　国家教委留学生司与北京青年电影制片厂联合摄制反映1978年以后留学回国人员业绩及生活的纪录片《留学归来》。

3月12日—4月2日、10月23日—11月18日、11月21日—12月15日　国家教委与中科院、上海市、陕西省和大连市等20个单位组成联合招聘组，先后赴日本、英国、法国、德国、荷兰、比利时和瑞士等国家招聘在外中国留学博士生回国工作。

3月28日 国家教委留学生司、财务司和留学服务中心确定第二批留学回国科研启动费资助353人，总金额988.2万元人民币。

4月29日 公安部三局、六局印发《关于我国留学人员在国外所生子女回国落户有关手续的通知》。

5月21日 国家教委拨专款100万元给清华大学，用于资助修建留学人员公寓楼；该公寓楼于1993年8月建成使用。

5月31日 国家教委留学生司在莫斯科召开专门研究苏联和东欧各国的中国留学生问题的工作会议。

6月4日 国家教委留学生司在美国纽约召开中国驻美国、加拿大使、领馆教育参赞会议，研究对美、加中国留学人员管理的政策问题。

6月27日 国家教委印发《关于1991年国家公费出国访问学者录取及培训的通知》。

6月—9月 在外留学人员为国内十几个省市区遭受严重水涝灾害地区捐款76万美元。

7月9日—12日 国家教委在天津召开有部分院校和单位参加的改进公费出国留学试点工作会议。●8月7日，国家教委印发《关于在部分院校、单位改进公派出国留学工作的意见》，提出公派留学"按我之需，取人之长，精选精派，定人定向，保质保回"的选派政策和原则。

8月7日—11日 国家教委在长春召开出国留学预备人员培训部会议。●9月16日，国家教委印发《关于进一步加强出国留学预备人员培训工作的通知》。

8月14日 国家教委和司法部联合印发《关于签订＜出国留学协议书＞的乙方保证人可由留学人员亲属承担的通知》。

9月3日 中国高等教育学会出国留学工作研究专业委员会（又称全国出国留学工作研究会）成立，并在天津召开成立大会及首次出国留学工作研讨会。●2005年，中国高等教育学会出国留学工作研究专业委员会更名为中国高等教育学会出国留学教育管理分会。

10月11日—13日 国家教委在北京召开国家公费出国留学选派工作会议。●11月12日，国家教委印发《关于改进国家公费出国留学人员选派工作的意见》和《关于做好1992年国家公费出国访问学者选拔工作的通知》。

10月15日 国家教委留学生司确定第三批留学回国人员科研资助费资助153人，总金额483万元人民币。

10月16日 国务院、中央军事委员会授予20世纪50年代从美国回国的著名科学家钱学森"国家杰出贡献科学家"荣誉称号。

10月18日 留美回国博士、北京大学生物系青年教授陈章良荣获得联合国教科文组织颁发1991年贾乌德·侯赛因青年科学家奖。

10月29日 国家教委留学生司在匈牙利首都布达佩斯召开苏联和东欧各国留学工作会议。

10月　国家教委留学服务中心组织首届日本留学说明会，约50所日本高校来华参展。●其后约10年期间内，国家教委留学服务中心每年举办日本留学说明会。

11月3日　国家教委留学生司在比利时首都布鲁塞尔召开比利时和荷兰留学工作座谈会。

11月8日　国家教委留学生司在瑞典首都召开瑞典、丹麦、挪威、芬兰四国留学工作座谈会。

11月8日　国家教委印发《关于加强对赴亚非国家公派留学人员教育管理工作的若干规定（试行方案）》。

11月15日　国家海洋局关于印发《国家海洋局关于留学人员待遇等若干问题的暂行规定》。

11月18日　国家教委办公厅印发《关于一九九二年新年、春节期间做好对在国外留学人员慰问工作的通知》。

12月4日　国家教委党组印发《关于做好出国留学人员政治考核工作的意见》。

12月7日　国家教委印发《关于国家计划选派非通用语种出国留学生回国补发毕业文凭并授予相应学位的通知》。

12月27日　国家教委组织留学生慰问团，赴日本各地为中国留学生进行慰问演出，并与留学生座谈、访问留学生家庭。

1992 年

1月　全国首家由企业设立的留学人员工作站在北京首都钢铁公司成立。

1月15日　国家教委留学生司委托上海交通大学校长翁史烈教授和北京师范大学校长方福康教授分别率代表团赴美慰问中国留学生。

1月25日　邓小平视察广东珠海留学人员高科技企业时表示，希望所有出国学习的人回来；不管他们过去政治态度怎么样，都可以回来，回来后妥善安排。这个政策不能变。告诉他们（指中国在外留学人员），要做出贡献，还是回国好；希望大家通力合作，为加快发展我国科技和教育事业多做实事。

2月13日　国务院副总理朱镕基在澳大利亚访问期间，在中国驻澳大利亚使馆与来自堪培拉、悉尼、墨尔本等地11所大学的留学人员代表座谈。

2月22日　国家教委留学服务中心组建招聘团赴日本招聘留学生。

3月14日　李鹏总理在全国科技工作会议上表示，对近年出国的留学人员，国家从政策上保证他们来去自由，往返方便。国务委员宋健要求各级政府和科技界，要理解和关心海外学人，加强交流并坚决实行来去自由的方针。

3月20日　李鹏总理在全国人大第七届五次会议上所作政府工作报告中表示，海外留学人员是国家的宝贵财富，不管过去的政治态度如何都欢迎他们回来报效祖国，回来后要妥善安排。

3月30日　国家教委留学生司和中国留学服务中心在上海举办留学回国工作研讨会。

4月8日　中共中央总书记江泽民访问日本期间，在中国驻日使馆接见在日留学人员代表。

4月10日　国家教委在驻纽约总领馆召开美国留学工作片会。

4月16日　国家主席杨尚昆访问朝鲜期间，在中国驻朝鲜大使馆会见中国留学生代表。

4月22日　国家教委在中国驻日本大使馆教育处召开日本留学工作会议。

5月16日　国家教委在中国驻法国大使馆教育处召开1992年欧洲地区留学工作会议；中国在欧洲地区18个国家使、领馆的教育参赞以及专职留学生管理干部参加。

5月25日　财政部拨专款350万元人民币，用于为在外留学人员增订《人民日报海外版》。

5月27日　全国人大常委会委员长万里访问日本期间，在中国驻日本大使馆接见在日留学人员代表。

6月5日　中英友好奖学金计划委员会第七次会议在伦敦举行。

6月16日　人事部印发《关于"文革"前赴苏联、东欧国家留学的本科生学习期间工龄计算问题的通知》。

6月22日　国家教委留学生司批准第四批留学回国人员科研资助费，确定资助403人，总金额1283.7万元人民币。

6月　国家教委留学生司编辑的《出国留学工作文件汇编》由群众出版社出版。该书收录了1978—1992年期间涉及有关出国留学工作主要问题的政策性文件360余篇。全书1千多页，约83万多字。

8月8日　国家自然科学基金委印发《留学人员短期回国工作讲学专项基金实施办法》和《海外青年学者合作研究基金管理办法》。

8月12日　国务院办公厅印发《关于在外留学人员有关问题的通知》。《通知》指出，欢迎留学人员回国工作。公派在外学习人员有义务在学成之后回国服务。所有在外学习的人员，不论他们过去的政治态度如何，都欢迎他们回来。●8月29日，公安部印发《关于执行〈国务院办公厅关于在外留学人员有关问题的通知〉应注意事项的通知》。

8月12日　人事部印发《非教育系统留学回国人员择优资助经费有偿使用暂行办法》。

8月18日　人事部和国家教委联合印发《关于进一步争取优秀留学博士回国做博士后的通知》。

8月23日　海关总署印发《关于对在外留学人员回国携带进境行李物品给予优惠的通知》。

8月23日　国务委员兼国家教委主任李铁映在参加'92中国长春电影节期间，在与长春高校师生座谈时就出国留学工作发表了一系列看法，并首次提出我国留学工作的总方针应该是："支持留学，鼓励回国，来去自由"。

9月5日　全日本中国留学人员代表大会在中国驻日本使馆教育处召开。会议选举产生了全日本中国留学人员友好联谊会（简称全日本中国学友会）负责成员。来自日本7个地区、38所大学的54名中国留学人员，代表着全日本91个基层中国留学生学友会、2.7

万名在日留学人员出席大会。

9月14日　中国在日本留学的6名博士生组成国内形势考察团，自费回国参观考察。

9月14日　国家教委留学生司委托中国留学服务中心向588名获得资助费的留学回国人员寄发书面调查表，回收308份，问卷回收率达到52.6%。问卷显示，从1990年下半年实行留学回国人员资助制度以来，收到明显的社会效益和一定的经济效益，深受留学回国人员欢迎。

10月12日　海关总署等七部委联合印发《关于回国服务的在外留学人员用现汇购买个人自用（免税）国产小汽车有关问题的通知》。●1992年10月27日，海关总署印发《海关对回国服务的在外留学人员购买免税国产小汽车管理办法》。●1993年2月19日，国家教委留学生司和海关总署监管二司联合印发《关于赴港留学人员返内地购买国产汽车问题的批复》。●1993年8月11日，作为"留学回国人员购买免税国产小汽车"政策的辅助性规定，国家教委留学生司印发《关于启用〈留学回国人员证明〉的通知》，规定经商海关总署并由国家教委印制的《留学回国人员证明》，系留学回国人员购买免税国产小汽车的必备证明。●1993年12月4日，国家教委留学生司印发《关于发放〈留学回国人员证明〉的通知》。●1994年7月18日，海关总署印发《关于对留学回国人员携带进境行李物品管理问题的通知》。●1995年1月26日，国家教委外事司印发《关于加强〈留学回国人员证明〉管理有关问题的通知》。●1999年8月25日，海关总署印发《关于修订回国服务留学人员购买免税小汽车种类范围的通知》。●1999年12月13日，海关总署印发《关于对留学回国人员携带行李物品验放问题的通知》。《通知》表示，随着对外开放和对外交往的不断扩大，现行对留学回国人员携带行李物品验放有关规定与形势发展不相适应的问题日益突出；并决定对留学人员购买的免税国产汽车，海关不再进行年审和后续监管。●2002年9月1日，教育部国际司印发《关于启用教育部〈留学回国人员证明〉专用印章的通知》，一是注销了原"国家教委留学人员认证明专用章"，并通知启用"中华人民共和国教育部留学人员认证明专用章"。二是间接表明，国家教委外事司于1995年1月26日所发的"教外司留〔1995〕42号文"，其中规定的属于"个别情况且符合有关规定并手续齐备者可由国际司出具《留学回国人员证明》"之内容仍然有效。●2003年4月1日，海关总署监管司印发《关于启用"中华人民共和国教育部留学人员认证明专用章"的通知》。●2004年10月9日，海关总署根据在外留学人员的实际情况和教育部的建议，印发《关于简化和规范我留学人员购买免税国产汽车有关手续的通知》，其主要内容为"变更留学回国人员购买免税汽车时限"，延长了留学人员购买免税汽车的"待购期"，即从原来的留学人员学成后在外停留时间不超过1年延长为2年内可有效购车；从原来的留学人员自回国的入境之日起应在6个月之内向海关提出购车申请延长为可在1年之内提出。同文还通报了教育部将从2005年7月1日起启用"2004年版《留学回国人员证明》"等事项。

10月12日　江泽民总书记在中国共产党第十四次全国代表大会报告中指出："我们热情欢迎出国学习人员通过多种形式关心、支持和参加祖国的现代化建设。不论他们过去的政治态度如何，都欢迎回来参加社会主义建设，给予妥善安排，并实行出入自由，来去方便的政策。"

10 月 19—21 日 国家教委留学生司组织三个招聘团到法国、比利时、瑞士三国，美国以及英国、德国、瑞典三国开展招聘留学人员的工作。

10 月 24 日 人事部、公安部、商业部联合印发《关于出国留学人员工作单位调整有关问题的通知》。

11 月 6 日 中国留学服务中心组织招聘团分别赴日本和澳大利亚开展招聘留学人员的工作。

11 月 20 日 国家教委出国留学预备人员培训部工作会议在中山大学召开。

11 月 22 日 "北京留日学人活动站"在北京中日青年交流中心成立。

12 月 16 日、30 日 国家教委组建两个慰问团前往欧洲和美国为在外留学人员进行慰问演出活动。

1993 年

1 月 6 日 国家教委留学生司在苏州召开北京等个沿海省市留学回国工作交流座谈会。

1 月 14 日 英国驻华使馆文化处、教育处和国家教委留学生司举办留英回国人员迎春联谊会。

1 月 15 日 国家教委举行记者招待会，有关负责人表示，我国将继续贯彻"支持留学，鼓励回国，来去自由"的方针，进一步放宽自费出国留学的政策，改进公费出国留学的选派工作，动员更多的留学人员回国工作。

1 月 17 日 国家教委在北京举行留学回国人员春节联欢会。江泽民、胡锦涛、李铁映等国家领导人及社会各界知名人士与留学回国人员共 400 余人出席。李铁映代表党中央、国务院致词，向留学回国人员和在国外学习的留学人员致以节日问候。江泽民主席即席发表谈话时表示，"欢迎更多的留学生学成归国"。

2 月 1 日 司法部印发《关于鼓励留学归国人员从事律师工作的通知》。

2 月 13 日 中共中央、国务院发布《中国教育改革和发展纲要》，首次正式提出，应"根据'支持留学，鼓励回国，来去自由'的方针，继续扩大派遣留学生"。

2 月 17 日 国家教委留学生司批准第五批留学回国人员科研资助费项目资助 276 人，金额 891.3 万元人民币。

3 月 15 日 李鹏总理在第八届全国人民代表大会政府工作报告中表示，对出国留学人员要实行"支持留学，鼓励回国，来去自由"的政策，欢迎他们采取多种方式参加祖国建设。

3 月 16 日 国家教委留学生司就出国留学政策问题召开座谈会。首都部分高校及国务院部委有关负责同志参加座谈，并对出国留学工作提出了建议。

3 月 26 日 中国留学服务中心赴澳留学办公室对外开业。

4 月 16 日 国家教委、公安部、外交部印发《关于制止盲目组织自费生赴独联体国家学习问题的通知》。

5 月 5 日 国家教委主任朱开轩会见全日本中国学友会干部回国考察团全体成员。

5月18日—31日　国家教委派出招聘团赴加拿大开展国外留学人员回国工作的招聘活动。参加招聘团的有上海、海南、深圳等省市，中国科学院、农业部、首都钢铁公司、北京大学、重庆大学等单位的人事工作干部。招聘团在加拿大7个城市召开16场招聘会或接待座谈会，接待2600多名留学人员。

6月　教育部留学服务中心建立留学人才与技术项目供需信息网。●1997年1月20日，留学人才与技术项目供需信息网更名并升级为中国留学网。

6月24日　国家教委主管出国留学工作负责人就美国实施"1992年中国学生保护法"一事，向中国国际广播电台华语台记者发表谈话，阐述中国政府对法案的原则态度。

7月8日　国家教委、公安部和外交部联合印发《关于公民出国持用因私普通护照的通知》。《通知》首次规定，凡是在外停留6个月以上的公派留学人员，原则上都应持用"因私普通护照"。此政策为适应改革开放的新形势和出国留学工作发展的需要，理顺关系，并参照国际通常作法，●1997年1月8日，国家教委、公安部和外交部联合印发了《关于公派留学人员出国留学统一持用因私普通护照的通知》，规定不论在外停留时间长短，原则上都要持用"因私普通护照"；但申请和审批程序没有变化。

7月10日　国家教委印发《关于自费出国留学有关问题的通知》和《关于将自费出国留学人员偿还的高等教育培养费作为留学回国基金使用的通知》，对国家教委1990年《关于具有大学和大学以上学历人员自费留学的补充规定》进行重要修改，规定未完成服务期的大专以上学历人员在交纳相应"高等教育培养费"后可申请自费出国留学。

7月27日—31日　国家教委在青岛市召开全国自费出国留学工作会议。

9月　日本国际交流基金启动并实施《中国大学日语教师赴日本国际交流中心日语教学国际中心（北浦和）访日研修项目》。●截止2009年底，17年内约有680名中国大陆日语教师被邀请先后在日本进行过为期2个月的研修活动，每年为40名；研修期间的全部费用由日方支付。●根据日本民主党执政后的严格经费削减政策，从2010年开始，中国赴日进修教师的往返国际旅费改由中方政府或参加者本人自行负担。

10月8日　国家教委留学服务中心印发《留学人员回国工作和办理有关派遣手续的实施办法》。

10月23日　"欧美同学会"举行成立80周年庆祝大会。江泽民主席出席大会并表示，许多仍在海外的留学人员时刻关心祖国的建设和改革，在勤奋攻读的同时，也在通过各种方式为祖国的发展做着有益的工作；我们要继续执行支持留学，鼓励回国，来去自由的方针，把各项留学工作做得更好。党和人民热忱欢迎更多的留学人员回国服务。

11月14日　中国共产党第十四届三中全会通过《关于建立社会主义市场经济体制若干问题的决定》。其中首次以中共中央文件的形式确立"支持留学、鼓励回国、来去自由"的出国留学工作方针。

12月30日　国家教委主任朱开轩在《中国教育报》上发表题为《刻苦学习报效祖国》的对海外留学人员的讲话。

1994 年

1 月 4 日　国家卫生检疫总局印发《关于进一步贯彻国办［1992］44 号文件（即《关于在外留学人员有关问题的通知》）的通知》。《通知》规定，对在外留学人员临时回国，与外国人、外籍华人、华侨和港澳同胞入境时一视同仁，不宜有不同的做法。

1 月　郑名桢编著《留法勤工俭学运动》由山西高校联合出版社出版。

2 月 1 日　国家教委在北京举行慰问留学回国人员新春文艺晚会。党和国家领导人胡锦涛、李岚清在晚会前接见 24 位有突出贡献的留学回国人员代表。

2 月 17 日　国家自然科学基金委印发《资助留学人员短期回国工作讲学专项基金管理办法》。

3 月 12 日　公安部印发《关于办理出国留学人员户口登记问题的通知》。

7 月 11 日　国务院印发的《关于〈中国教育改革和发展纲要〉的实施意见》提出，要建立国家留学基金管理委员会，使出国留学生的招生、选拔和管理工作走上法制化的轨道。

9 月　中国大陆第一个留学人员创业园——金陵海外学子创业园在南京成立。

10 月 14 日　人事部印发《资助留学人员短期回国到非教育系统工作暂行办法》。

11 月 21 日　为便于已加入外国籍或取得国外永久居留权的海外高层次留学人才回国工作，国务院办公厅转发人事部、财政部印发的《关于来华定居工作专家工作安排及待遇等问题的规定》。●1995 年 3 月 27 日，人事部、国家教委和外交部印发《关于回国（来华）定居专家工作有关问题的通知》。

11 月 26 日　国家教委发布《中外合作办学条例》。

本年度　中科院设立"百人计划"。●截止到 2002 年 9 月，先后有 839 人入选，其中 95% 以上有在国外留学经历。

1995 年

1 月 19 日　国家教委致电向在日本兵库县发生强烈地震而遇难、受伤或受灾的中国留学生及其家属表示哀悼和慰问。

1 月 20 日　国家教委在人民大会堂举行"'95 新春音乐会"，慰问留学回国人员。

1 月 20 日　国家教委、国务院宗教局和公安部联合印发《关于严格控制外国宗教组织在华招收自费生有关问题的通知》。

1 月 26 日　国家教委外事司印发《关于加强〈留学回国人员证明〉管理有关问题的通知》。

1 月 26 日　国家教委发布《中外合作办学暂行规定》。●2 月 15 日，国务院新闻办举行记者招待会，邀请国家教委副主任韦钰就《中外合作办学暂行规定》答中外记者问。

4 月 4 日　《中国教育报》报道：国家教委印发《改革国家公费出国留学选拔管理办法的方案》。《方案》提出：设立"国家教委留学基金管理委员会"，改革原有国家公派留学人员选派和管理办法，实行"公开选拔、平等竞争、专家评审、择优录取、签约派出、违约赔偿"选派方针，面向社会、公开报名、公布录取结果，被录取的留学生均以国家留学基金资助的方式派出；并决定在江苏、吉林两省先行试点。

4月12日—18日　国家教委副主任张孝文访问日本期间，代表国家教委、全国教育系统师生前往日本遭受地震灾害的神户地区看望中国留日学生，并向留日学生遇难者及家属表示哀悼和慰问。

4月27日　李岚清副总理在人民大会堂接见优秀留美人员。

5月8日—24日　国家教委组织中国留德学人回国考察团到各地考察与洽谈。

5月6日　中共中央、国务院颁布《关于加速科学技术进步的决定》，首次提出在全国实施"科教兴国"的战略。

5月30日—6月1日　中国留学服务中心召开首次留学服务工作会议。

6月2日　国家教委印发《关于在美留学人员申办豁免事宜的通知》。

6月5日—8日　国家教委副主任韦钰在英国出席"中英友好奖学金第十次计划委员会会议"，并代表国家教委与英国外交部签署了中英教育科技交流计划（1995—1998年）。

7月10日—14日　国家教委在北京召开部分驻外使领馆教育参赞工作会议。会议研究和交流在外留学人员工作的问题，并着重研究如何做好留学人员回国服务的问题。李岚清副总理在中南海与参加会议的教育参赞座谈，就留学生工作和教育对外交流工作中的一些具体问题发表意见。

11月14—16日　人事部在北京召开全国人事系统留学回国人员工作会议。国务委员李贵鲜出席会议并发表讲话。人事部部长宋德福发表《充分开发利用留学人才资源》的工作报告。

11月　黄新宪主编《中国留学教育问题》由湖南教育出版社出版。

据国家教委外事司编著的《教育外事工作历史沿革及现行政策》刊载的初步统计数据显示，1978—1995年期间，国家公费留学人员约有4万多人，单位公派出国留学人员约有8万多人，自费出国留学人员约有12万多人，总数约25万人。在此期间内学成回国的留学人员总数约有8万多人，其中国家公费的约3.4万多人，单位公派的约4.6万多人，自费留学的约3千多人。截止1995年各类在外留学人员约有15万多人。

1996 年

1月22日—24日　国家公费出国留学选派工作会议在北京举行。国家教委公布关于国家公费出国留学人员选派管理工作的改革方案，并决定于1996年内在全国试行。●2月29日，国家教委印发《关于做好1996年国家公费出国留学人员选派办法改革全面试行工作的通知》，决定全面试行国家公费出国留学选拔办法，即实施"个人申请，专家评审，平等竞争，择优录取，签约派出，违约赔偿"的24字选派工作方针。●9月，1996年国家公费出国留学工作改革试行后第一次全国范围内选拔录取工作结束；首批录取了全国700多个单位的国家留学基金资助出国留学人员1399人。●10月4日，1996年国家公费出国留学人员名单在《光明日报》公布，这是新中国成立以来首次通过媒体向社会公布公费出国留学人员名单。

1月—2007年10月　梁克荫、王广印、王军哲、李鸣等主编《三秦归国学人（1—6辑）》由西北工业大学出版社陆续出版。

2月　陈昌贵著《人才外流与回归》由湖北教育出版社出版发行。全书约34万字。●2003年10月，陈昌贵、刘昌明著《人才回归与使用》由广东人民出版社出版发行。全书约43万字。

2月6日—8日　国家教委和人事部在清华大学联合召开全国留学回国人员代表成果汇报暨慰问活动。202名留学回国人员应邀出席。●2月7日，李鹏总理代表党中央、国务院和江泽民主席会见会议全体代表并发表讲话表示，国家将继续执行中央制定的留学政策，欢迎学有所长的留学人员回国服务；有些留学人员由于这样或那样的原因，需要在国外继续求学，或在国外有了适当工作，这些也都可以理解。李岚清副总理出席接见活动。●2月8日，国家教委、人事部、广电部、文化部、煤炭部、解放军总政治部和北京市政府在人民大会堂联合举办慰问留学回国人员的"'96新春文艺晚会"；与会代表发出"海内外学子携手再创辉煌"的倡议。

4月25日　国家教委外事司设立旨在鼓励并适当资助在外高层次留学人员短期回国工作或服务的"春晖计划项目"，并印发《资助海外留学人员短期回国工作专项经费实施办法》。●1997年11月23日—27日，"春晖计划"资助留学科技人员赴辽宁工作团考察国有大中型企业；同年，资助留法学人组织甘肃建设服务团。●1998年，"春晖计划"支持三峡库区环境治理的项目。●2000年11月13日，教育部印发《关于设立"春晖计划"海外留学人才学术休假回国工作项目的通知》以及《"春晖计划"海外留学人才学术休假回国工作项目实施办法》。●2002年10月17日，教育部办公厅印发了《关于（利用"春晖计划"）吸引国外留学人员为西部服务、支持西部建设有关工作的函》，组织留学人员到西部任职或者挂职。●2006年7月17日，教育部联合科技部共同创办每年一届的"春晖杯"中国留学人员创新创业大赛项目。●据不完全统计，截至2009年"春晖计划"项目大致资助了300多个留学人员短期回国服务的团队，大致有1.5万人次在外留学人员短期回国服务，并先后设立近千个"春晖计划"合作项目。

5月10日　国家教委印发《中外合作举办教育考试暂行管理办法》。

6月13日　文化部印发《文化部优秀海外留学归国人才专项专业技术职务岗位限额管理办法》。

6月20日　中编办批准设立国家留学基金管理委员会。国家教委副主任韦钰兼任国家留学基金管理委员会主任，委员由国家教委、财政部。国家计委、人事部、中科院、中国工程院、国家自然科学基金委、外国留学生教育管理学会和出国留学工作研究会等部门代表组成；国家留学基金委下设秘书处负责日常事务性工作。国家公费留学人员选派和管理的重点是提高回归率和留学效益。●2001年9月，教育部副部长章新胜接替韦钰院士兼任国家留学基金管理委员会主任。●2009年4月10日，新华网报道国务院任命郝平为教育部副部长，同时免去章新胜的教育部副部长职务。根据国家留学基金委章程"由教育部副部长兼任主任"的相关规定，郝平副部长接替原副部长章新胜兼任国家留学基金委主任。

夏季　中央军委做出向俄罗斯等国派遣军事留学生的决策，解放军三总部联合印发《关于向俄罗斯等国派遣军事留学生的通知》，总政治部印发《军队干部出国留学工作暂行规定的通知》、《赴俄罗斯军事留学生管理工作暂行办法》、《关于赴俄罗斯高级指挥培训班军事留学生回国后的使用意见》等11份文件。●1996年9月，经与俄方谈判并达成派遣协议，我军派出改革开放后首批42名高中级指挥干部和专业技术干部赴俄罗斯9所俄军院校留学。●截至2001年，我军已先后向英、法、德、巴基斯坦等国家派遣军事留学生，形成了以俄罗斯为主，兼顾西方军事发达国家、周边国家和对我军建设特定领域有重要借鉴作用国家的派遣留学生格局。●2002年2月，解放军四总部6个职能部门联合召开全军军事留学工作会议。●截至2008年，我军军事留学派遣格局，已从最初向俄罗斯派遣逐步拓展到英、法、澳等30多个国家；形成了出国留学、职务调整、探亲休假、回国晋升等一整套政策制度。●2009年1月20日，国防部外事办公室在《人民日报》发表《改革开放以来的中国对外军事交流与合作》的文章，披露改革开放后30年间先后派遣军事留学生2000多名赴120多个外国军事院校学习。

7月23—25日　欧美同学会在北京召开"21世纪中国：新一代留学生"研讨会。全国人大常委会副委员长、欧美同学会会长吴阶平在开幕式上致词，国家教委副主任韦钰出席开幕式并讲话。●7月23日，中共中央总书记、国家主席江泽民、中央军委主席在人民大会堂会见参加"21世纪中国：新一代留学生"研讨会的代表并发表讲话，指出党和人民对广大留学生寄予厚望，希望海外的留学人员关心祖国的改革和建设事业，继续通过各种方式和途径，为祖国的繁荣和发展作出贡献。●截至2009年，欧美同学会每年或隔年在世界不同城市连续举办了10届以发挥留学人员作用为主要内容的"21世纪中国"系列研讨会。

8月21日　人事部印发《"九五"期间人事系统留学人员工作规划》。

10月　国家留学基金管理委员会制订《资助出国留学协议书》，并与司法部公证司联合印发《（资助出国留学协议书）公证的通知》。

10月29日　国家留学基金管理委员会第一次全体委员会议举行。会议讨论并原则通过《国家留学基金管理委员会章程（草案）》。

11月3日　国务院副总理李岚清访问英国期间在伦敦接见中国留学生代表。

11月13日　中共中央总书记、国家主席、中央军委主席江泽民在北京会见旅外青年学者团体负责人回国访问团成员。访问团的48名成员分别来自美国、加拿大、日本、澳大利亚等国，均为20世纪80年代出国的留学人员。

12月23日　国家教委印发《关于做好国家公费留学改革后派出人员国外管理工作的通知》以及《国家留学基金资助人员国外管理若干问题的规定》。

12月25日　1997年国家公费出国留学选派工作会议在北京召开。会议决定，在1996年国家公费留学选派工作改革方案全面试行并取得初步成果的基础上，在1997年内进一步深化改革，完善相关政策和管理办法。

1997 年

1 月 21 日—23 日 国家教委和人事部联合召开全国留学回国工作会议，教育部副部长韦钰院士发表《再创新局》的工作报告。国务院副总理李岚清会见会议代表时表示，欢迎更多在外留学人员回国工作或以多种方式为祖国的现代化建设做贡献。

2 月 23 日 第一位以国家留学基金资助方式派出的留学人员、长春水利电力高等专科学校的景志华从英国学成回国。

4 月 11 国务院学位委员会办公室发文指出，未经批准，任何单位和个人不得举办授予境外学位的中外合作办学活动，所授境外学位国家不予承认。国务院学位办将定期公布获得批准的授予境外学位的中外合作办学项目清单，以便于加强管理和监督。

5 月 8 日 民政部和外交部联合印发《出国人员婚姻登记管理办法》。

6 月 6 日 公安部六局印发《关于留学人员在国外所生子女回国后办理户口登记等手续事》的文件，并重新印发《关于我国留学人员在国外所生子女回国落户有关手续的通知（1991）》。

6 月 30 日午夜—7 月 1 日凌晨 中英两国政府香港政权交接仪式在香港举行。从即日起内地赴港学习人员不再被称为"出国留学人员"。

7 月 31 日 1997 年国家公费出国留学人员选拔工作结束。共有 3420 名初审合格申请者，比 1996 年增加了 1000 人。选拔录取工作保证了国家急需，并体现了国家对边远、少数民族地区的适当倾斜政策。

7 月—8 月 在国家教委、甘肃省政府和中国驻法使馆教育处的共同组织下，25 名留法学者组成的"留法学者参加西部建设小组"在甘肃进行科技项目的对口洽谈与交流活动。

8 月 20 日 国家教委印发《关于进一步加强国家留学基金资助留学人员国外管理工作的通知》。

9 月 2 日 在美新泽西洲医科大学留学的中国博士生崔剑平为营救一名落水中国学生不幸遇难。

9 月 12 日 江泽民总书记在中共十五大报告中表示，要鼓励留学人员回国工作或以适当方式为祖国服务。

9 月 17 日 教育部留学服务中心成立留学人员档案管理工作办公室。

9 月 沈殿成主编《中国人留学日本百年史 1896—1996》由辽宁教育出版社出版；该书约 76 万字，由日本国际交流基金出资赞助。

10 月 20 日 国家留学基金委秘书处设立留学回国人员科研资助费项目。该项科研资助费为文科 0.5—1 万元，理工科 1.5—2 万元。●1998 年 2 月，国家留学基金管理委秘书处对第一批科研资助费申请者进行专家评审，并于 5 月印发《关于批准胡海岩等 49 名留学回国人员获得科研资助费的通知》。●其后该项目因重复设置被撤消。

10 月 周棉主编《留学生与中国的社会发展（一）》由中国矿业大学出版社出版发行。该书对晚清以来中国留学生群体的形成、发展进行了回顾，并对留学生在中国近代社会发展中的作用和影响，特别是在开创中国现代语言学、文学、美学、音乐、教育、法律、海防等方面的贡献进行梳理。●2008 年 5 月，周棉主编《留学生与中国的社会发展（二）》由吉林人民出版社出版发行。

11 月 17 日　欧美同学会联合国家教委和团中央共同举办纪念毛泽东主席接见留苏学生并发表"希望寄托在你们身上"讲话 40 周年座谈会在人民大会堂召开，李岚清、刘华清、王丙乾、王兆国等国家领导人出席并发表讲话。

11 月 21 日　按国家公费出国留学改革新办法派出的留学人员中第一位未能按期回国的人员，按照出国前签订的协议履行了赔偿义务。

12 月 9 日　公安部六局印发《关于办理（留学人员）退籍手续有关问题的复函》。《复函》规定，持因公护照的留学人员，定居在国外并取得或加入外国国籍的，须履行退籍手续，但无需提交其与原公派单位无经济等未了事宜的证明。

1998 年

1 月 2 日　国家教委、人事部、解放军总政治部、广播电影电视部在中国剧院联合举办慰问优秀留学回国人员的新春文艺演出活动。

1 月　丁晓禾编《中国百年留学全纪录（共 4 册）》由珠海出版社出版。全书有 1800 多页，约 150 多万字。

2 月　国家留学基金资助的赴美留学人员苏晓庆教授作为贵州省的全国人大代表，在留学期间由国家留学基金资助回国参加第九届全国人民代表大会。

2 月 26 日　国家有关部委事业单位和地方政府职能部门联合共建苏州留学人员创业园挂牌。

2 月　李鹏总理访问俄罗斯期间在中国驻俄罗斯大使馆会见中国留学生代表。

3 月　全国首家由地方政府设立的留学人员档案库在北京建立。

5 月 26 日—27 日　人事部流动调配司与山东省人事厅在烟台举办的留学回国人员工作站首届联谊会。●7 月 3 日，人事部办公厅印发《留学回国人员工作站联谊会纪要》。

6 月 15 日　教育部副部长韦钰会见参加海内外青年制造科学会议暨第三届吴贤铭制造科学研究会，赴京参观制造企业及进行学术交流的 35 名留学人员，表示教育部愿以多种渠道和形式支持留学人员为国服务。

6 月 22 日　国家留学基金管理委员会召开座谈会和研讨会，纪念邓小平关于扩大派遣留学生讲话 20 周年。

7 月 27 日—29 日　首届中华学人与 21 世纪上海发展国际研讨会举行。●其后约每年举行一次"中华学人与 21 世纪上海发展"系列国际研讨会。

7 月 31 日　教育部印发《关于在美留学人员申办豁免有关问题的通知》。

8 月 4 日　教育部在北京大学召开实施长江学者奖励计划工作会议暨新闻发布会，并于此期间印发《高等学校特聘教授岗位制度实施办法》和《"长江学者成就奖"实施办法》，决定与香港爱国实业家李嘉诚及其领导的长江基建（集团）有限公司共同筹资设立"长江学者奖励计划"，初期计划于 3—5 年内在全国高等学校国家重点建设学科中设置

300—500 个特聘教授岗位。●截至 2006 年的数据显示，共有 97 所高校分八批聘任了 799 位特聘教授、308 位讲座教授，14 位优秀学者荣获"长江学者成就奖"；1107 位长江学者特聘教授、讲座教授中，98% 的具有博士学位；94% 的具有在国外留学或工作的经历；上岗时平均年龄 42 岁，最小的 30 岁；特聘教授中，直接从海外应聘或近三年回国工作的 231 人，讲座教授全部从海外应聘。●截至 2008 年底，"长江学者奖励计划"实施 10 年来，共有 115 所高校聘任了 1308 名长江学者，其中特聘教授 905 名、讲座教授 403 名，有 17 名华人学者荣获"长江学者成就奖"；中国籍学者 941 人，外国籍 367 人；特聘教授中，90% 以上具有一年以上国外留学或工作经历；讲座教授全部从海外招聘。●在"长江学者奖励计划"的影响和带动下，广东、福建、四川、湖南、湖北、河北等省分别在省内高校实施的"珠江学者计划"、"闽江学者计划"、"天府学者计划"、"芙蓉学者计划"、"楚天学者计划"、"燕赵学者计划"等一批地方性人才计划相继实施；许多高校也实施了一批相应的人才计划，北京、上海、天津、黑龙江、吉林、河南、浙江等相继建立了省内特聘教授制度，许多高校则建立了校内特聘教授制度，并制定实施了一系列高层次人才选拔和引进办法，如清华大学的"百名人才引进计划"、上海交大的"辉煌工程"、复旦大学的"世纪之星计划"等。

10 月 6 日　国务院副总理李岚清在北京会见我国赴 11 个国家的 36 名留学人员，并同他们座谈。

11 月 24 日　教育部部长陈至立在国务院新闻办组织的记者招待会上就出国留学工作发表谈话时表示，教育的改革开放是我国改革开放政策的重要组成部分。20 年来，我们已经派出了近 30 万名留学人员。从 1995 年开始，我们对留学生派遣工作进行了较大改革，改变了过去由单位推荐派遣的办法，实行全国性的考核考试，然后择优选派。留学人员回国起到了很重要的作用，在很多大学、科研单位、政府部门都有留学回国人员。我们将继续坚持'支持留学，鼓励回国，来去自由'的政策，欢迎海外学子学成回国。

11 月 28 日　国家主席江泽民访问日本期间在日本早稻田大学会见 50 多名在日中国留学人员代表，并勉励大家勤奋学习，报效祖国。

12 月 28 日—30 日　广州市政府举办第一届中国留学人员广州科技交流会。其后每年 12 月 28 日—30 日如期举行"广州留交会"。教育部、科技部、人事部和中科院等国务院部委先后被列为共同主办单位。●截止 2009 年 12 月 28 日—30 日，广州市政府已连续举办了 12 届"广州留交会"，累计约有 1 万多人次海内外留学人员参会。

本年度　国务院侨办支持创建武汉留学生创业园，并于 2000 年确定武汉留学生创业园为"国侨办引智引资重点联系单位"。

本年度　教育部建立国家留学网。●人事部建立中国留学人才信息网。

1999 年

1 月 13 日　国务院批转教育部实施的《面向 21 世纪教育振兴行动计划》把出国留学工作安排在比较重要的位置。

2 月 3 日—4 日　全国留学回国成果汇报会在北京举行。教育部邀请 1995 年前后陆续回国的 105 名优秀留学回国人员与会交流回国后工作或创业经验；教育部副部长韦钰出席会议开幕式并做《做好留学工作为科教兴国服务》的会议主题报告。2 月 4 日，国务院副总理李岚清会见出席会议的代表；教育部部长陈至立向海内外全体中国留学人员发表一九九九年新春贺辞——《团结奋进，共创未来》；国务院副秘书长徐荣凯和科技部部长朱丽兰等参加了 4 日的会议；教育部国际司司长李东翔是本次会议的主要组织者和领导者。

3 月 19 日　IBM 国际商业机器中国有限公司与国家留学基金管理委员会联合设立的"IBM 中国优秀学生奖学金"的合作协议文本交换仪式及首届奖学金颁奖仪式在北京举行。

3 月　朱镕基总理访问俄罗斯时在圣彼得堡会见中国留学生。

5 月 21 日　教育部印发《国家留学基金管理委员会章程》。

5 月 25 日　教育部印发《关于调整国家公派留学人员在部分国家的奖学金资助标准的通知》。决定根据部分国家物价上涨的幅度，调整赴美国、加拿大、墨西哥、澳大利亚、新西兰、西班牙、丹麦、日本和土耳其等 9 个国家的国家公派留学人员奖学金资助标准，新的资助标准从 1999 年 7 月 1 日起实行。

5 月 25 日　美国众议院特别委员会公布所谓中国"窃取"美国核技术事件的报告——考克斯报告，在美国民众最为关切的国内安全问题上捏造谎言，攻击中国，对中美关系造成极大伤害，给中美教育交流带开不良影响。

6 月 28 日　国务院副总理李岚清在北京会见出席欧美同学会第四届理事会新当选的全体理事时表示，欧美同学会成立 80 多年来，团结和鼓励留学归国人员，为国家建设和发展作出了巨大贡献；希望欧美同学会在新一届理事会的领导下，进一步团结更多的留学人员，为实施科教兴国战略，迎接 21 世纪的挑战和机遇，实现第三步战略目标而努力。

7 月 15 日　教育部印发《自费出国留学人员偿还的高等教育培养费管理使用办法》。

7 月　科技部火炬高技术产业开发中心和人事部专业技术人员管理司在天津召开海外学人科技创业园工作座谈会。会议决定每年举办一届全国留学人员创业园网络年会。●2000 年 10 月 26 日—27 日，科技部火炬高技术产业开发中心在成都召开第一届全国留学人员创业园网络年会。●截止 2009 年，"留创园网络年会"已连续举办 10 届。

8 月 24 日　教育部、公安部、国家工商行政管理局以第 5 号令和第 6 号令的形式印发《自费出国留学中介服务管理规定》和《自费出国留学中介服务管理规定实施细则》。

8 月　周棉主编《中国留学生大辞典》由南京大学出版社出版发行。该书收录了从容闳开始到 1978 年前较有影响和建树的出国留学人物近 5000 人，并着重介绍了入选人物的留学国别、时间、学校、专业、学位以及活动、成就、影响等。书中附有"中国留学生简表"、"不同时期留学生有关情况统计表"等。

9 月　国家留学基金管理委员会受教育部委托，负责执行著名美籍华人王嘉廉捐赠设立的"新闻奖学金项目"。

10 月 1 日　应教育部和国侨办等单位邀请，数百名在外留学人员代表在天安门观礼台参加首都各界庆祝中华人民共和国成立 50 周年大会等国庆观礼庆典活动。

10 月 5 日—10 日　首届深圳高新技术交流会举行，专设留学生展区。

11 月 30 日　上海市政府举办第一届上海留学人员成果展；其后于 2001 年编辑出版

《上海留学人员成果集（一）》。●2007 年 11 月 20—25 日，上海市政府举办"第二届上海留学人员成果展"，并于展会期间举办上海留学人员创业论坛、上海留学人员创业项目交流洽谈会、上海留学人员政策咨询暨招聘洽谈会；展会后于 2008 年编辑出版《上海留学人员成果集（二）》。

12 月 3 日　国家宗教事务局印发《关于转发〈中国基督教选派及培训神学毕业生出国留学试行办法〉的通知》；该《试行办法》由中国基督教三自爱国运动委员会和中国基督教协会联合制定，目的在于有计划地培养较高层次的爱国爱教基督教神学人才。

12 月 13 日　海关总署印发《关于对留学回国人员携带行李物品验放问题的通知》，对原有规定及审批办法予以调整。

12 月 16 日　九届全国人大华侨委员会举行第十一次全体委员会议，听取教育部副部长张保庆关于我国出国留学和留学人员为国服务情况的报告。

12 月　教育部编印《学子风华（1—2）——优秀留学回国人员业绩录》由中央编译出版社出版。●2003 年 5 月，教育部编辑《学子风华（3—4）——杰出、优秀留学回国人员业绩录》由中央编译出版社出版。

12 月　《建国初期留学生归国纪事——亲历亲见亲闻》由中国文史出版社出版；全书约 30 万字，收录近 80 余篇文稿。

2000 年

1 月 1 日　财政部、教育部决定提高赴突尼斯、埃及、蒙古、巴基斯坦、泰国、老挝、尼泊尔、约旦、斯里兰卡、孟加拉、越南、印度、缅甸、以色列、摩洛哥、菲律宾等亚非 16 个国家的中国国家公派留学人员奖学金标准。

1 月 3 日　教育部印发《关于妥善解决优秀留学回国人员子女入学问题的意见》。此前，●1986 年 8 月 30 日，上海市教委印发《关于来上海工作的出国留学人员子女入学问题有关规定的通知》；●1997 年 5 月 30 日，上海市教育考试院印发《关于上海市学成回国留学人员随归子女在国内语言适应期间升学予以照顾的通知》；●1998 年 8 月 15 日，辽宁省教委印发《关于妥善解决留学回国人员子女入学问题的通知》。教育部印发上述《意见》后，●2000 年 3 月 24 日，北京市教委印发《关于妥善解决优秀留学回国人员子女入学问题的通知》；●2002 年 3 月 18 日，辽宁省教育厅印发《关于做好优秀留学回国人员子女入学有关问题的通知》。

1 月 13 日　教育部办公厅印发《关于进一步加强"长江学者奖励计划"海外宣传力度及协助做好有关特聘教授授聘后管理工作的通知》。《通知》指出，个别特聘的教授未能履行本人承诺，造成负面影响，因此要监督检查相关情况。

1 月 15 日　教育部印发首批"自费出国留学中介服务机构资格认定书"。

1 月 17 日　国务院学位委员会和教育部联合印发《关于同意"教育部留学服务中心"和"全国学位与研究生教育发展中心"开展外国学位证书认证咨询工作的通知》。●截至 2008 年 7 月，教育部留学服务中心共受理并批准 13 万份认证申请，涉及 70 多个国家和地区的文凭认证。

1月24日　江泽民总书记、国家主席、中央军委主席视察位于中关村创业园区的北京市留学人员海淀创业园并接见留学回国科技人员创业者代表。

1月　李滔主编《中华留学教育史录：1949年以后》由高等教育出版社出版；孙敏、李顺兴、李东翔、杜仲一、张凤喜、沃守信任该书副主编。全书辑录了1949年—1993年期间有关出国留学工作约500多篇文献，约115多万字。

2月22日—23日　教育部召开第一次全国教育外事工作会议。会议总结了改革开放20年来出国留学工作的成绩并确定了会后5年出国留学工作的基本内容。

3月　国务院决定实施西部大开发战略，其中要求各地各部门采取或制定相应措施，吸引、鼓励、推动和支持在外留学人员特别是尖子人才积极参与西部大开发，在西部创业。

5月8日—12日　北京市政府举办第三届中国北京高新技术产业国际周（后更名为"北京国际科技产业博览会"）。该项活动从本届开始陆续设立留学生展区、留学生论坛和海外留学人员国际科技项目交流会与人才招聘会等项目。●截止2009年5月19日—24日，该项活动已连续举办十二届，累计约有近千人次海外留学人员参会。

5月17日　江泽民接受美国《科学》杂志专访，充分肯定改革开放以来出国留学人员的贡献。

6月8日　中共中央和国务院批准人事部印发《关于鼓励海外高层次留学人才回国的意见》。

6月21日　科学技术部、人事部和教育部联合印发《关于组织开展国家留学人员创业园示范建设试点工作的通知》。

6月29日—7月1日　辽宁省政府策划和创办的第一届中国海外学子辽宁（大连）创业周举行。●截止2009年6月29日—7月1日，辽宁省政府已连续举办10届"海外学子辽创周"，累计约有近1万人次海外留学人员参会。

7月5日　人事部、科技部、教育部、财政部、国家计委、中国科协、国家自然科学基金委员会发出《关于批准1999年度"百千万人才工程"第一、二层次人选及做好有关工作的通知》。

7月17日　教育部印发《关于调整国家公派留学人员在英国等国家的奖学金资助标准的通知》，决定调整赴英国、爱尔兰、德国、瑞典、葡萄牙、希腊、新加坡、意大利等8个国家的中国留学人员奖学金资助标准。

7月31日　公安部印发《关于为高科技人才、投资者等外籍人员提供入境、居留便利的通知》；●同期，外交部印发《关于为来华外籍专业人才提供入出境方便的暂行办法》和《关于进一步简化外籍专业人才来华手续的规定》，对回国服务的留学人员中的外籍高科技、高层次管理人才提供入出境便利做出了规定，主要内容是可申办五年长期居留和多次往返签证。

10月9日—11日　中共十五届五中全会通过的《中共中央关于制定国民经济和社会发展第十个五年计划的建议》中提出，采取多种措施吸引和聘用海外高层次人才；继续实行"支持留学，鼓励回国，来去自由"的方针，鼓励留学人员回国工作或以适当方式为祖国服务。

10 月 20 日 教育部印发《关于调整国家公费留学人员在哥伦比亚奖学金资助标准的通知》。

10 月 26 日 科学技术部、人事部和教育部联合印发《关于确定北京、上海等（11家）留学人员创业园为国家留学人员创业园示范建设试点的通知》。

11 月 13 日 教育部办公厅印发《关于进一步加强"长江学者奖励计划"海外宣传力度及协助做好有关特聘教授聘后管理工作的通知》。

11 月 27 日 根据国务院 9 月 11 日《关于加强出入境中介活动管理的通知》的精神，公安部、教育部、劳动和社会保障部、国家工商行政管理局联合印发《关于清理整顿出入境中介机构的通知》。

12 月 31 日 中共中央印发《关于加强统一战线工作的决定》。《决定》将出国和归国留学人员明确为新世纪新阶段的统战工作对象。●其后，中央统战部加强了对欧美同学会的指导，成立了欧美同学会·中国留学人员联谊会党组。●2004 年，中央统战部印发《关于做好留学人员统战工作的意见》。

12 月 安宇、周棉主编《留学生与中外文化交流》由南京大学出版社出版发行。全书约 33 万字。

2001 年

1 月 15 日 人事部印发《留学人员创业园管理办法》。

春季—秋季 教育部国际司和财务司启动并委托北京大学和中山大学开展改革开放以来公派留学效益研究课题。●2003 年 8 月，陈学飞主编的该项课题报告《留学教育的成本与效益：我国改革开放以来公派留学效益研究》由教育科学出版社出版，全书约 35 万字。其中主报告《留学教育的成本与效益》分为绪论、成本、回国者收益、为国服务效益分析与评估、政策建议共 5 章，约 10 万多字；该书附录部分有调查问卷、访谈提纲、问卷原始数据、对问卷的分析报告、个案分析报告以及国际比较等 6 个部分，约有 20 多万字。

3 月 5 日—15 日 朱镕基总理在九届全国人大四次会议所作报告中表示，吸引聘用海外高级专门人才，鼓励留学人员回国工作或以适当方式为祖国服务；朱镕基总理在记者招待会上再次强调，我们决定要从海外我们的留学生中吸引和利用人才，引进这些人才的重点，是那些开放程度越来越大、竞争越来越强烈的部门。

3 月 8 日 教育部公布《跨世纪优秀人才培养计划》2000 年入选人员名单。

3 月 《全国教育事业"十五"计划》的编制工作完成，其中提出要扩大派出留学人员的规模。

4 月 国家留学基金管理委员会设立西部地区人才培养特别项目。●截至 2003 年 10 月 16 日，国家留学基金委与西部 12 个省、市、自治区及新疆生产建设兵团陆续完成项目签约。

4 月 6 日 人事部印发《留学人员科技活动项目择优资助经费申请与管理办法》。同时宣布此前陆续印发的《关于非教育系统留学回国人员科技活动择优资助经费管理办法（1990 年)》、《非教育系统留学回国人员择优资助经费有偿使用暂行办法（1992 年)》、《资助留学人员短期回国到非教育系统工作暂行办法（1994 年)》、《关于重点资助优秀留学回国人员开展科技活动的通知（1995 年)》等 4 个文件予以废止。

4 月 26 日　山东省举办以"吸引和招募海外高层次留学人员"为主要内容的"中国山东海内外高端人才交流暨经贸项目洽谈会"——山东海洽会。●截至 2008 年 11 月 19 日，山东省已连续举办五届海洽会。

5 月 14 日　人事部、教育部、科技部、公安部和财政部联合印发《关于鼓励海外留学人员以多种形式为国服务的若干意见》。

5 月 20 日—23 日　全国出国留学工作研究会召开 2001 年年会暨十周年纪念会。

6 月 8 日　科技部、人事部、教育部和国家外专局联合印发《关于确定天津、沈阳等（10 家）留学人员创业园为国家留学人员创业园示范建设试点的通知》。

6 月 28 日　国务院侨办、湖北省政府和武汉市政府联合举办以开发"留学人才资源"为主要内容的"第一届华侨华人创业发展洽谈会"——"华创会"。●截至 2009 年 6 月 28 日至 29 日，已举办九届华创会。●从 2006 年第六届华创会开始连续举行四届"海外人才与中国发展国际学术研讨会"。●2010 年 3 月 11 日，全国政协常委赵晓勇向全国政协第十一届三次会议提交提案，建议将"华创会"确定为中部地区引进海外高层次人才的"国字号"品牌活动。赵晓勇建议：1. 支持"华创会"这一区域性活动扩大为全国性以引进海外高层次人才为国服务为主要目的招才引智活动。建议由国务院侨办、湖北省省政府暨武汉市政府牵头，国家人力资源和社会保障部、中组部、科技部、教育部等参与或支持组织实施，把这一个"立足湖北，辐射中部，面向全国"的招才引智活动办得规模更大，效果更好。2. 2010 年是"华创会"活动十周年，建议坚持办好招才引智活动，进一步增强海外华侨华人为国服务的吸引力；建议拓展区域招商引资活动，提高技术经济结合效益；建议举办"华侨华人技术经济合作论坛"，并将其纳入全国政协举办的"21 世纪论坛"2010 年会议分坛，加大宣传力度，扩大影响力，促进海外华侨华人人才回国创业、为国服务，促进海内外华侨华人经济技术合作交流，促进国家和区域经济社会友好又快发展。

7 月　教育部国际司编辑《出国留学工作手册（2001 年版)》由北京语言文化大学出版社出版发行。该书收录了 1986—2000 年期间涉及出国留学工作主要问题的政策性文件 79 篇；全书 230 多页，约 13 余万字。

9 月 19 日　朱镕基总理在第六届世界华商大会举行的"中国经济论坛"发表演讲时表示，中国今后改革开放的重点不是吸引资金，而是吸引人才和技术。朱镕基说，我们有很多人才被送到美国去了，到国外去了。他笑称，不过，这些人才不是我送去的，后来他们中的一些人学成又回来了，但是不是回到我这儿来，而是回到外国公司在中国的办事处。他说，特别希望国内国外的华人同胞，在海外留学的学子回到国内来发展；现在也有相当一部分在海外的人，还有一些人也已经打起包袱回家了，已经回到国内来发展了；他们回国后将有广大的发展空间；中国政府将广纳天下贤才，培养和造就大批适应时代发展需要的新型人才。他呼吁，海外学子，请你们回来吧。

11 月 30 日　国家外国专家局在深圳举办中国国际人才交流大会。大会设有留学人员项目推介和海外人才招聘会等板块以及国际人才论坛。●截至 2008 年 11 月 30 日已连续举办七届。

12 月 23 日—27 日　团中央、全国青联、欧美同学会和中国留日总会联合举办科技创业、报效祖国——海外学人回国创业周活动。●截至 2008 年 12 月已连续举办 8 次科技创业、报效祖国——海外学人回国创业周活动，累计约有 5000 人次海外学人参加。

2002 年

1 月 4 日　教育部国际司印发《关于办理高层次海外留学人才身份证明的通知》。

1 月 18 日　日本大分县山香町发生由 4 名中国留学生和 1 名韩国留学生参与的抢劫杀人事件，有"中国留学生之父"美誉的 73 岁日本老人吉野谕被杀身亡，其妻受重伤，现金卡被抢。●2002 年 2 月 5 日，一名 19 岁的中国留学生被警方拘捕并对犯罪行为供认不讳；日本法律规定成年人的年龄标准是 20 岁，对于未成年人的犯罪报道，不得公开本人实名。●2002 年 2 月 7 日，日本大分县警察逮捕 26 岁的韩国留学生金玫秀和 23 岁的中国留学生安逢春；另两名嫌犯、21 岁的中国留学生朴哲和 23 岁的张越畏罪潜逃，下落不明，受到国际通缉。●2005 年 9 月 22 日，日本大分地方法院一审判处被告留学生无期徒刑并向死者吉野谕的家属支付总额约 7，600 万日元的损害赔偿。●2009 年 12 月 17 日，日本最高法院终审维持一审、二审的无期徒刑判决。

1 月 25 日　教育部、公安部、外交部印发《关于在校学生短期出国持用因私护照有关事项的通知》。

2 月 23 日　江泽民主席在会见全军军事留学工作会议代表时表示，培养和造就大批高素质的新型军事人才，是加强我军质量建设的紧迫需要，是全面提高我军战斗力的关键所在。

3 月 16 日　朱镕基总理在九届人大五次会议上所作的政府工作报告中表示，进一步采取有效措施，吸引和聘用海外高级人才，鼓励留学人员回国创业。

4 月 24 日　国家计生委印发《出国留学人员生育问题规定》。

4 月 29 日　国务院办公厅转发公安部、外交部、教育部、科技部、人事部、劳动和社会保障部、外经贸部、国务院侨办和国家外国专家局同年 3 月 26 日联合制定的《关于为外国籍高层次人才和投资者提供入境及居留便利的规定》。

4 月　留日回国人员、清华大学教授李建保被任命为青海大学校长，任期 3 年。●2007 年 9 月，李建保被任命为新组建的海南大学校长。●李建保 1982 年考取国家第一批公派出国攻读学位研究生，1988 年 3 月获得日本国东京大学工学院工学博士学位；1988 年 4 月回国到清华大学工作。

5 月 7 日　中办、国办印发《2002—2005 全国人才队伍建设规划纲要》，其中首次提出实施"人才强国战略"。《纲要》第七节为"海外和留学人才的吸引与使用"：（十四）鼓励留学人员回国工作或以其他方式为国服务；（十五）吸引和聘用海外高级人才。其中除重申了已有的工作内容和有关政策原则之外，特别强调要"按照充分信任、放手使用的原则，抓紧研究制定选拔优秀留学回国人员担任领导职务的具体办法"。●2003年5月23日，中共中央召开政治局会议，研究人才工作，强调要大力实施"人才强国战略"。●2003年12月19—20日，中共中央、国务院在北京召开全国人才工作会议。会议强调人才问题是关系党和国家事业发展的关键问题，新世纪新阶段人才工作的根本任务是大力实施"人才强国战略"。中共中央总书记、国家主席胡锦涛在会上发表重要讲话时强调实施"人才强国战略"、坚持"党管人才原则"，为全面建设小康社会提供坚强人才保证和智力支持。

5月23日　人事部、科技部、教育部、财政部、国家发展计划委员会、国家自然科学基金委员会、中国科学技术协会等7部门联合印发《新世纪百千万人才工程实施方案》。选拔对象包括回国工作的海外高层次留学人员。

5月　欧美同学会主办、团中央《中华儿女》杂志社承办的《留学生》杂志创刊。这是继《神州学人》、《出国与就业》等刊物之后，中国内地又一份服务出国留学学生及其家长、在外留学人员、回国工作或创业人员的月刊。

5月　周炽成教授撰写的《少年留学，三思而行——一个大留学生对小留学生的忠告》一书由广东教育出版社出版。作者指出，少年留学的动机是多种多样的：有的是为了躲避高考，有的是为了移民，有的是为了"减负"，有的是为了接受更好的教育等等；但有些动机是很有问题的。作者根据自己留学加拿大的所见所闻，叙述了小留学生的景况，从正反两方面的典例，并以客观的态度，真实介绍他们学习与生活的种种现状、处境和感受；并且描述了小留学生可能遇到的种种困难和遭遇，以及面临的有形和无形的压力，甚至是一些悲剧：有人自杀，有人精神失常，有人误入歧途等等。作者在充分肯定留学意义的同时，明言并非处于任何年龄的中国学生都适宜留学，认为开始留学的最佳年龄是23—27岁，次佳年龄为19—20岁。

6月26日—29日　黑龙江省政府策划和创办的第一届中国海外学子黑龙江创业洽谈会举办。●截止2009年，黑龙江省政府已不定期举办各类专题、专业洽谈会十余次，累计约有1千人次海外留学人员参会。

7月3—5日　教育部召开全国教育外事工作会议。国家公派留学改革、规范留学中介等问题是会议重要议题。

7月　教育部公布中国留学生较多的26个国家中13000多所国外正规高等院校名单。

8月13日　国家计生委印发《出国留学人员生育问题规定》。其中规定：夫妻双方在国外连续居住一年以上的留学人员，不符合国家有关计划生育法律、法规的规定，在国外生育或怀孕后回中国内地生育第二个子女的，内地不予处理；留学人员在国外生育的子女不回中国内地定居的，在执行国家有关生育政策的规定时，不计算该子女数。

8月26日　人事部印发《人事部与地方人民政府共建留学人员创业园的意见》。

9月1日　教育部国际司印发《关于启用教育部〈留学回国人员证明〉专用印章的通知》。

9月1日　丁石孙、韩启德等主编《欧美同学会会员名录（第1卷、第2卷）》由科学技术文献出版社出版。

9 月 28 日—30 日　中华海外联谊会和欧美同学会联合召开第一届海外留学人员团体负责人代表座谈会。●2005 年 8 月 19 日，第二届海外留学人员团体负责人代表座谈会召开，会议期间启动了海外留学人员为国服务团的"东北、西部行活动"。

9 月　留日同学会编《留日风采》由中国青年出版社出版，宋健题写书名，刘延东撰写出版致辞《寸草报春晖》；全书收录约 70 余篇介绍留日学人的文章。●2006 年，留日同学会编印《留日风采（续）》，收录 70 多篇介绍留日学人的文章。

9 月　全国首家大学留学人员创业园在北京大学建立。

10 月 1 日—2009 年 2 月　英国驻华使馆文化教育处编撰《英国留学指南 2003》——《英国留学指南 2009》由中国大百科全书出版社按年度连续出版。

10 月 17 日　教育部办公厅印发《关于吸引海外留学人员为西部服务，支持西部建设有关工作的函》。

同日　教育部召开留学回国人员学习十六大精神座谈会。

10 月 25 日　教育部、公安部和国家工商行政管理总局联合印发《关于进一步规范自费出国留学中介活动秩序的通知》。

11 月 1 日　国务院颁布《关于取消第一批行政审批项目的决定》；其中被取消的行政审批项目第 77 项为"简化对大专以上学历人员自费出国留学的审批手续"，即彻底取消执行 13 年的"自费出国留学培养费"政策。

12 月 28 日　教育部、财政部印发《调整国家公派留学人员奖学金资助标准的通知》，决定对赴 88 个国家的我国公派留学人员奖学金资助标准进行增加性调整；该通知还规定，国家公派留学人员奖学金是指国家公派留学人员在国外学习期间的基本生活费用。包括：伙食费、住宿费、交通费、电话费、书籍资料费、医疗保险费、交际费、一次性安置费和零用费等；新标准从 2003 年 1 月 1 日起执行。

12 月底　中央政治局常委曾庆红在"全国组织工作会议"提出"党管人才"的原则。●2003 年 12 月 19—20 日，中共中央总书记、国家主席胡锦涛在全国人才工作会议上强调要坚持"党管人才原则"。●2003 年 12 月 26 日，中央中央、国务院印发《关于进一步加强人才工作的决定》中提出，"大力实施人才强国战略，必须坚持党管人才原则。"

2003 年

1 月 18 日　人事部印发《关于开展高层次留学人才回国资助试点工作的意见》。

1 月 23 日　《中国留学生创业》杂志（月刊）创刊。

1 月 24 日　胡锦涛总书记到北京中关村国际孵化园视察工作时，接见 15 位留学回国创业的博士企业家。胡锦涛说："你们既有报效祖国，振兴中华的远大抱负，同时也有抓住机遇，推进事业发展的战略眼光，我对你们的选择和取得的成就感到高兴。希望大家瞄准世界科技发展的前沿，努力研发一流产品，创造一流效益，为全面建设小康社会做出贡献。"

2 月 12 日　教育部印发《关于简化大专以上学历人员自费出国留学审批手续的通

知》，要求各地根据国务院 2002 年 11 月 1 日颁布的《关于取消第一批行政审批项目的决定》，对申请自费出国留学的高等学校在校生及具有大专以上学历但尚未完成服务期年限的各类人员简化审批手续，不再进行"自费出国留学资格审核"工作，不得再向申请自费留学人员收取"高等教育培养费"。同时专门用于此项审批事务的 JW—109 表自动取消。

2 月 19 日　国务院第 68 次常务会议审议并原则通过《中华人民共和国中外合作办学条例（草案）》。●3 月 1 日，国务院总理朱镕基签署国务院令第 372 号，发布《中华人民共和国中外合作办学条例》，并自 2003 年 9 月 1 日起施行。

2 月 19 日　人事部、教育部、科技部、财政部等 12 个部委联合印发《留学人员回国服务工作部际联席会议制度》。●2 月 27 日，经国务院同意，国务院办公厅印发《国务院办公厅关于转发人事部教育部科技部财政部等 12 个部委〈留学人员回国服务工作部际联席会议制度〉的通知》。《通知》提出，要进一步加强各有关部门的协调配合，提高效率，更好地开展吸引海外留学人员回国的服务工作。"留学人员回国服务工作部际联席会议"成立以后，重申、整理或制定了引进海外高层次留学人才的多个文件，为留学回国人员入出境及居留、税收、融资、创业等方面提供了便利；要求各相关部门在更大范围、更广领域、更高层次上吸引留学人员及留学人员团体通过各种适当形式参与祖国建设。《通知》规定，联席会议由人事部、教育部、科技部、财政部、外交部、公安部、国家计委、国家经贸委、外经贸部、中国人民银行、中国科学院、国家外国专家局共 12 个部门作为成员单位组成。●12 月 1 日，经国务院批准，国务院侨办也成为该联席会议组成的成员单位，中国侨联则为列席会议的单位。

3 月 20 日—4 月 18 日　中国国家博物馆举办《求学海外建功中华——百年留学历史文物展》，这是新中国成立以来举办的第一个以近现代留学历史为题材的大型展览。

3 月 21 日　国家人口和计划生育委员会办公厅印发《对〈关于出国留学人员、华侨身份界定及相关问题的请示〉的批复》。

4 月 1 日　海关总署监管司印发《关于启用"中华人民共和国教育部留学人员认证明专用章"的通知》。

4 月 10 日　教育部国际司编印《留学回国工作文件汇编》。该书收录了 1986 年—2003 年 4 月期间有关留学回国工作和为国服务等方面的政策性文件 180 余篇；全书 390 多页，约 70 余万字。

4 月 15 日　《光明日报》发表国务委员宋健撰写的文章《十代留学生百年接力留学潮》。文章指出，中国近代以来的留学潮经历了 130 多年的历史，从晚清到 20 世纪末已至少有十代留学生；按戴逸先生的划分，光绪初年官派幼童赴美为第一代；1950—1960 年负笈留学苏、欧者为第九代，文革以后留学的是第十代。

5 月 1 日　国家留学基金管理委员会印发《关于进一步加强对国家公派留学人员派出管理的通知》。通知指出，为保证国家公派留学人员出国前外语水平达到规定的合格标准，避免外语水平尚未合格的人员被派出，同时，为了使人员派出工作更具针对性，保证留学效益，经请示教育部，留学基金委决定采取措施，进一步加强对国家公派留学人员派出阶段的管理。通知规定：1、留学人员在派出前，必须先向留学基金委提交全国外语水平考试（PETS5 或 WSK）成绩单复印件，或教育部指定的出国留学人员培训部颁发的英语、法语、德语、俄语、日语高级班培训结业证书或西班牙语/意大利语培训合格证书复印件和外方邀请信复印件，由国家留学基金管理委员会审核后出具同意派出的函件后方可到教育部留学服务中心或上海、广州留学人员集训部办理出国手续。2、教育部留学服务中心、上海、广州出国留学人员集训部在为留学人员办理派出手续时，请严格审验留学基金委出具的函件。凡未经留学基金委审核同意者，一律不能办理派出手续。3、经济赔偿后，即了结了与甲方所签订协议的约束。协议了结情况由基金委通报相关使领馆和本人所在国内单位。

5 月 23 日　中共中央政治局召开人才工作会议。会议批准于 6 月 9 日成立"中央人才工作协调小组"。

6 月 19 日　在日中国留学生杨×、王×、魏×三人于当日深夜潜入福冈市东区从事服装和布料销售的松本真二郎家，先后杀害松本真二郎（受害时 41 岁）和妻子（40 岁），大儿子（11 岁）和大女儿（8 岁）一家四口人，劫取 4 万日元，并将被害人遗体绑上铁块和哑铃沉入大海。据三人交待，案发前，三人经过多次谋划、踩点儿，确定以福冈市东区的松本真二郎家为目标，王×、魏×分别准备了哑铃、手铐、铁块、匕首等作案工具。此案轰动日本全社会，并对在日华人起到严重负面影响。●犯下抢劫谋杀罪行后，杨×、王×潜逃回国。杨×、王×还于 2002 年 8 月至 2003 年 6 月间在福冈盗窃了大量财物。王×回国后，使用假名在辽宁省辽阳市打工，因其日常消费甚巨，被群众怀疑并向公安机关举报。公安机关对其传唤，王×即主动交代了公安机关当时尚未掌握的同伙杨×和魏×在日本抢劫杀人的犯罪事实，并提供了杨×及与其关系密切人员的线索，使得杨×被抓获归案。魏×则继续留在日本，直到 2003 年 8 月被日本警方拘捕。●2004 年 1 月，魏×因涉嫌卷入松本真二郎家灭门案被正式逮捕和起诉。一审二审之后，魏×均被判为死刑。●2010 年是 30 岁的魏×在福冈拘留所的第 7 个年头。面对自己二审依旧被判处死刑，或许为求得一线生机，或许也是为了给自己再多一些的时间，他还是选择了最后一根稻草，再度上诉。

7 月 16 日　教育部部长专题办公会审议并批准通过"高级研究学者"、"研究生选派项目"和"国家优秀自费留学生奖学金"三个出国留学项目的立项。周济部长提出要实施"三个一流"的选派方针，即"选拔一流的学生、派往国外一流的学校、师从世界上一流的导师"。

夏季　教育部设立教育涉外监管机构，负责监管中外合作办学、自费出国留学中介服务、外籍人员子女学校、中外合作举办教育考试、举办国际教育展览等社会教育涉外活动，并开始发布《留学预警》和自费出国留学中介服务机构名单。●截至 2009 年 4 月 10 日，自费出国留学中介服务机构名单多次更新为 401 家；截止 2009 年 5 月共发布 42 期《留学预警》。

8 月　陈学飞等著《留学教育的成本与收益——我国改革开放以来公派留学效益研究》由教育科学出版社出版发行。全书约 35 万字。●该书系由教育部国际司和财务司委托北京大学与中山大学合作开展《公派留学效益评估》研究课题成果的正式出版物。

8月31日　上海市启动"万名海外留学人才集聚工程"项目，并通过"21世纪人才网"向海外留学人员发布1000个招聘岗位目录。

9月22日　经中央机构编制委员会办公室批准，欧美同学会增冠"中国留学人员联谊会"的称谓。

9月30日　经中共中央、国务院批准，中组部、中宣部、统战部、人事部、教育部和科技部联合召开"全国留学回国人员先进个人和先进工作单位表彰大会"。会议表彰了311名先进个人、22个先进工作单位。这是继1991年和1997年之后，中国政府对留学回国人员先进个人和先进工作单位进行的又一次重大表彰活动，也是在新世纪新阶段召开的第一次有关留学工作的重要会议。中共中央总书记、国家主席胡锦涛出席大会，向受表彰的先进个人和先进工作单位表示热烈的祝贺，他号召广大留学人员要继承老一辈留学人员的优良传统，发扬爱国奉献拼搏进取精神，为祖国现代化事业建功立业。中共中央政治局常委曾庆红在会上发表了题为《充分发挥广大留学人才在全面建设小康社会中的独特历史作用》的讲话。

9月　《回国五十年——建国初期回国旅日华侨留学生文集》由台海出版社出版；全书约40万字，收录近80篇文稿。

10月8日　欧美同学会举行成立90周年庆祝大会。中共中央总书记、国家主席胡锦涛出席大会并发表讲话，号召广大留学人员要把自己的前途命运同党和国家的前途命运紧紧联系在一起，与时俱进、发愤学习，为国服务、建功立业，心系祖国、热爱祖国，积极为全面建设小康社会贡献智慧和力量。

10月8日　欧美同学会·中国留学人员联谊会举行第一届中国留学人员回国创业与发展论坛。●2005年11月25日—26日，第二届中国留学人员回国创业与发展论坛举行。●2006年10月28日，第三届中国留学人员回国创业与发展论坛举行。

11月初　南开大学、徐州师范大学联合举办留学生与中国社会发展学术研讨会。●2004年10月15日—19日，南开大学、徐州师范大学和东京旅日华人史学会联合举办留学生与中外文化国际学术研讨会；2005年8月，李喜所主编《留学生与中外文化》由南开大学出版社出版，全书约85万字。●2008年5月10日—12日，欧美同学会、中共珠海市委宣传部、澳门基金会和暨南大学联合举办中国留学文化学术研讨会；2009年1月，黄晓东主编《留学与中国社会的发展》由珠海出版社出版，全书约50万字。

11月18日　教育部批准在教育部留学服务中心设立港澳台地区学历学位认证办公室。

11月24日凌晨　位于莫斯科市西南部的俄人民友谊大学6号学生宿舍楼发生火灾，造成38名外国留学生遇难、150多人住院治疗。经中国驻俄使馆查找核实，确认在这次火灾中罹难中国留学生人数为11人。

11月　人事部在财政部支持下，设立了"海外高层次留学人才引进专项经费"项目。

12月19—20日，中共中央、国务院在北京召开全国人才工作会议。会议强调人才问题是关系党和国家事业发展的关键问题，新世纪新阶段人才工作的根本任务是大力实施"人才强国战略"。中共中央总书记、国家主席胡锦涛在会上发表重要讲话时强调实施"人才强国战略"、坚持"党管人才原则"，为全面建设小康社会提供坚强人才保证和智力支持。

12 月 26 日 中共中央、国务院印发《关于进一步加强人才工作的决定》。《决定》第 14 条为"加大吸引留学和海外高层次人才工作力度"。《决定》指出，中国人才工作还存在不少不容忽视、亟待解决的问题：人才总量不足，人才的结构和布局不尽合理，高层次和复合型、创新型人才短缺；人才的不合理流动和流失日益严重；人才工作的科学机制尚未建立，人才管理工作力量分散。随着全球范围内人才争夺战日益加剧，人才流失的风险也大幅度增加。

12 月 30 日 逄丹、陈昌贵、魏祖钰、赵峰等主编《中国当代留学回国人员大典（第 1 卷）》由中国档案出版社出版。

12 月 程希著《当代中国留学生研究》由香港社会科学出版社有限公司出版。

本年度 中科院统计并公布的数据显示，改革开放以后至 2003 年期间，中国科学院作为国家最高学术机构和自然科学与高技术研究发展中心，本着"认真遴选，确保质量；广开渠道，力争资助；争取多派，加强管理"等原则，利用国家财政每年下拨 300 万美元的外汇额度自主使用派遣科研人员出国留学。截止 2003 年，中国科学院已经向美英德法日等 40 多个国家和地区派出留学人员 1.6 万余人。其间已有 1 万余留学人员学成回国，并在国家的建设事业和科学技术事业发展中发挥着中坚作用。其中有路甬祥、洪国藩、马颂德、白春礼、陈竺、马志明、郭雷、武向平、卢柯等一批朝气蓬勃、锐意创新的中青年科学家，建立了一支充满活力的国内一流科技队伍；担任院长和研究所长职务的，95% 以上都是优秀留学回国人员。体现出"政策开放、管理规范、环境宽松、勇于创新"等基本特点。

本年度 2003 年公派留学做出两项重要调整：一是为充分发挥国家留学基金效益，确定重点支持的七大领域；二是对留学人员类别进行了调整，设立"高级研究学者"，并将传统的"普通访问学者"和"高级访问学者"合并为"访问学者"。

2004 年

2 月 5 日 教育部公布 270 家自费出国留学中介机构资质情况。

2 月 9 日 中国科协启动"海外智力为国服务行动计划"。

2 月 18 日 中国科协印发《关于启动和实施"海外智力为国服务行动计划"的通知》。截至 2008 年 11 月，共有 64 家海外（学人）科技团体，国内 57 个地方科协、全国学会等项目主持单位参加"海智计划"；各项目主持单位先后共申报国内需求项目 381 项，与海外（学人）对接项目 156 项；共吸引海外（学人）专家学者回国服务 375 人次，涉及 IT、农业、教育、生物制药、新农村建设和文化创意产业等多方面。

2 月 29 日—3 月 2 日 中宣部、人事部、教育部、科技部联合举办的"中国留学人员回国创业成就展"。

3 月 26 日 教育部和国家工商行政管理总局联合印发《自费出国留学中介服务委托合同》的示范文本并在全国推广使用。

5 月 6 日 留美女生陈×被发现失踪，一个多星期后，留美男生罗××所住宿舍的同学抱怨有难闻气味从他房间传出,陈×才被发现已遇害。事后,美国警方鉴定后确认,凶手捅了陈×128刀。5月14日,24岁陈×的尸体在罗××的房间被发现。5月16日,罗××在纽约被捕。此前,25岁的罗××在蒙大拿州取钱时暴露了行踪。警方跟踪罗××横穿了6个州,最后一直追到纽约抓获凶犯。陈×与罗××均从上海的大学毕业后前往路易斯安那大学留学。其中,陈×毕业于上海,是湖北人,罗××毕业于上海某理工大学,是上海人。●2006年3月14日,"中国女留学生陈×遇害案"被当地法院判处上海留学生、原美国拉法叶路易斯安那大学学生罗××40年监禁。地区助理律师米切尔称,两人因发生口角,最终导致惨剧发生。根据警方之前申请逮捕令时的陈述,罗××想要发展与陈×更私人的关系,但遭到了拒绝。从陈×一好友处得知,罗××对陈×有好感,但是陈×向罗××明确表示,自己已有男朋友,并且将要回上海结婚。

5月7日—10日　教育部副部长章新胜赴伦敦,陪同温家宝总理与中国留英尖子人才座谈;其间两国签署中英教育部关于设立高层次人才联合奖学金的联合声明。

5月15日—6月3日　教育部国际司组织"中国留学人员创业园孵化器考察团"赴印度、爱尔兰和英国考察。

6月10日　教育部印发《高等学校"高层次创造性人才计划"实施方案》和有关实施办法。

8月12日　教育部印发《关于做好中外合作办学机构和项目复核工作的通知》。

8月15日　公安部、外交部发布第74号令,印发并正式实施《外国人在中国永久居留审批管理办法》,实施中国"绿卡"制度,以吸纳外籍人才。●该《办法》于2003年12月13日经国务院批准。

8月　徐卓人著《归国专家部落》由作家出版社出版,书中介绍了11位留学回国的专家在苏州工作和创业的情况。

9月1日　"国家优秀自费留学生奖学金"项目试点工作开始实施。●2005年8月25日　国家留学基金管理委员会印发《国家优秀自费留学生奖学金实施细则(试行)》。●截止2008年底该项目共资助约1400余人,资助范围涉及在32个国家自费留学的中国博士生。

9月22日—27日　教育部副部长章新胜与奥地利联邦教育、科学与艺术部部长盖勒和奥地利研究委员会副主任波恩签署《关于资助联合奖学金的双边合作备忘录》。

9月28日　国家留学基金委秘书处与河南省教育厅签署《合作资助出国留学人员项目协议书》。●此前,国家留学基金委秘书处自1997年开始,已先后与江苏、湖北、山东、北京、辽宁、湖南、河北、青海等地方政府开展合作培养留学人才项目。

9月28日　部分留学回国人员在中共上海市委组织部支持下创建民办中国(上海)留学生博物馆,首任馆长为中国留日回国人员李克欣博士。

10月13日　教育部印发《关于启用〈中外合作办学许可证〉和〈中外合作办学项目批准书〉等的通知》。

10月15日　全国青联海外学人工作部与《青年参考》报举办"海归搜索行动——海外留学与归国人员现状大调查"活动。调查问卷分为,公众看留学、留学生活、留学生的情感世界、归国意向、评说海归、留学政策、海归评创业环境、海归生存状态等 8 个部分。●12 月 16 日，海归搜索行动调查结果发布会在北京举行。海归搜索行动调查报告约 6 万多字并附各类图表。该报告自称是中国大陆首次针对海外留学人员进行的大规模全球性在线调查，并具有政策与人力资源等参考价值；实名注册人员将进入《青年参考》报社和北京双高人才服务中心共享的人才库并获得人才跟踪与服务。调查结果显示，参与此次网上调查的实名注册人员有 3097 人，留学国别涉及北美、欧洲、澳洲和日本等 49 个国家和地区（1978—2003 年中国大陆约有 70 万人到 100 多个国家留学）；其中在读留学生 1420 人，留学回国人员 1031 人；其中约 2/3 为男性，平均年龄 29 岁；其中自费留学生占 79%，自费留学生中有 96.5% 具有打工经历，因此经常参加社会活动的只占受访者总数的 17.5%。在外留学人员中有 87.7% 表达了回国发展的意愿；其中有 34.5% 的人表示毕业即会回国，53.1% 的人表示会先在国外工作一段时间，积累一些经验后再回国。在参与调查的所有留学生中，超过一半的人认为留学人员归国是大势所趋，持相反意见者占 9.5%。在有回国意愿的留学人员中，吸引其回国的最主要理由是"看好国内经济发展前景"，而表示不会回国者的最大顾虑是担心"人情社会"和"关系复杂"。参与调查的留学回国人员普遍认为，国内投资创业环境最需要解决的问题主要集中在"人情社会"和"法律有待完善"两方面。调查结果显示，留学生不回国的最大顾虑是感觉时下国内"人情社会关系网复杂"（71.1%），其次是"法制不健全"（68.9%）；在如何吸引更多优秀留学生回国的选项上，有高达 83.4% 的留学生表示，特殊政策并非吸引他们回国的主因，更多的是需要系统改善国内人才环境。调查还反映出，绝大多数留学人员对有关归国人员的政策缺乏足够了解，64.1% 表示了解一些，只有 5.1% "了解很多"，而 30.8% 的受访者则表示"没有了解"。留学回国人员供职于外资机构的人数最多，占 32.7%；排在第二位的是民营企业，其次才是高校与科研机构或国企；反映出外企与民企吸纳留学人才程度较高。留学回国人员供职首选城市是上海，其次是北京。

12 月 20 日　中华全国青联留学人员联谊会在北京成立并举行"2004 海外学人回国创业论坛"等一系列交流和联谊活动。

2004 年—2005 年期间，人事部和教育部分别开始组织在外留学人员短期回国服务团赴东北，为振兴东北老工业基地献计献策并进行技术项目的洽谈。

本年度　教育部统计数据显示，从 1978 年到 2004 年底，各类出国留学人员总数约为 81.49 万人，以留学身份出国的在外留学人员有 61.7 万人；其中，有 42.7 万人正在国外进行学习、合作研究、学术访问等。2004 年度各类出国留学人员总数为 11.47 万人，其中：国家公派 0.35 万人，单位公派 0.69 万人，自费留学 10.43 万人。2004 年度各类留学回国人员总数为 2.51 万人，其中：国家公派 0.28 万人，单位公派 0.39 万人，自费留学 1.84 万人。

2005 年

1 月 9 日　国家留学基金管理委员会"青年骨干教师出国研修项目"签约仪式在湖北武汉举行。根据教育部"高层次创造性人才计划"的部署，国家留学基金管理委员会设立了"长江学者和创新团队发展计划"及"新世纪优秀人才支持计划"入选者出国研修项目和"青年骨干教师出国研修项目"。

1月20日　教育部部长周济签署《中国人民共和国教育部与加拿大农业和农业食品部关于科研与人才培养合作的谅解备忘录》。

1月　王辉耀著《海归时代》由中央编译出版社出版。

1月　王辉耀主编《创业中国——海归精英50人》由中央编译出版社出版。

2月　人事部专业技术人员管理司编辑《爱国奉献拼搏进取——全国留学回国人员先进个人和先进工作单位资料汇编》由中国人事出版社出版。

3月15日　2004年"国家优秀自费留学生奖学金"获奖结果揭晓，确定获奖者204名，每人奖励5000美元。

3月22日　人事部、教育部、科技部和财政部会同全国留学人员回国服务工作部际联席会议成员单位共同制定并联合印发《关于在留学人才引进工作中界定海外高层次留学人才的指导意见》。

3月25日　教育部副部长张保庆代表中国政府与日本驻华大使阿南惟茂签署了日本政府对华文化（东北师范大学中国赴日本国留学生预备学校）无偿援助政府换文。

4月16日　中美富布赖特在华项目25周年纪念大会在北京举行。该项目实施25年来，共有591名中方学者到美国留学或进修。

4月26日　法国瓦雷奥公司以盗窃电脑资料罪递交诉状，使刚毕业于贡比涅科技大学的24岁中国女留学生李×受到司法审查，罪名是"背信"和"以舞弊手段进入电脑系统"。●法国主要媒体纷纷以耸人听闻的标题大肆渲染李×案。●4月29日，李×被关进凡尔赛女子看守所，前后被羁押53天。●6月中旬，李×被准予假释出狱，暂时回校学习。●为期2年的预审工作和调查没有发现任何李×向国外传送数据的行为。●2007年11月24日，法国凡尔赛轻罪法庭对中国女留学生李×"涉嫌从事间谍"一案作出判决，判处李×一年徒刑，其中10个月缓刑；被判二个月实刑的李×实际只需坐几天监狱即可获自由。●分析人士称，从检方的求刑与李×被羁押期"巧合"这一细节看，检方上已经放弃了对李×的实际指控，只是以此保全"司法公正"的面子而已。

6月　季羡林著《留德十年》由中国人民大学出版社出版。

7月3日　中央统战部与欧美同学会·中国留学人员联谊会在福建省联合召开全国留学人员团体工作研讨会。

8月　李喜所主编《留学生与中外文化》由南开大学出版社出版发行。全书约86万字，收录55篇研究留学生问题的论文。

9月30日　国家留学基金管理委员会秘书长张秀琴与英国剑桥大学校长 AlisonRi—chard教授、剑桥大学海外基金会会长 AnilSeal 博士在英国联合签署谅解备忘录，设立国家留学基金管理委员会/剑桥奖学金，资助中国学生到剑桥大学攻读博士学位。

10月　刘晓琴著《中国近代留英教育史》由南开大学出版社出版，全书40万字。

11月22日　四川省海外留学人员工作厅际联席会议第一次会议召开。会议通过《四川省海外留学人员工作厅际联席会议工作规程》（讨论稿）。

12 月 1 日—2 日　2006 年国家公派出国留学选派工作会议在湖北武汉召开。会议总结了 2005 年国家公派出国留学工作，宣布了 2006 年选派计划。2006 年国家公派出国留学工作将进一步配合国家科教兴国，人才强国的战略要求，按照"选拔一流的学生，派到一流的学科专业，师从一流的导师"的选派思路，科学规划，调整结构，在保证国家重点领域、重点学科对高层次人才需求的同时，加大研究生的选派力度，提高选派层次。此外，为简化工作程序，提高工作效率，国家留学基金委秘书处将于 2006 年起全面启用网上报名、评审系统，依托网上报名评审系统，建立国家公派出国留学工作信息平台，提高信息沟通效率。

12 月 17 日—18 日　2005 年度全法中国留学人员工作会议在法国巴黎中国驻法使馆教育处召开。

12 月　教育部国际司批复同意驻美使馆教育处"关于修订《J—1 签证豁免申请办法》，进一步简化豁免审批工作的请示"。

12 月　教育部国际司有关处室组织编纂《自费出国留学指南》由高等教育出版社出版发行。该书收录了 1999—2005 年期间涉及自费出国留学中介管理的 5 篇文件，全书约 40 余万字。

本年度　中央人才工作协调小组印发《2005 年工作要点》提出，加大吸引留学和海外高层次人才工作力度；开展调查研究，提出对策措施，制定出台选拔优秀留学回国人员担任领导职务的意见、国有企事业单位和国家机关选聘外籍高层次人才有关问题的意见；研究制定引进海外杰出人才暂行办法；加强海外引才引智工作。

2006 年

1 月 14 日　中共中央总书记、国家主席、中央军委主席胡锦涛于当日下午考察厦门火炬高新区时，重点视察了厦门留学人员创业园，了解企业生产经营和自主创新等方面的工作。胡锦涛总书记考察了园内的科兰光电、爱的科技两家企业，并参观了园内企业开发生产的高科技创新产品展览。胡锦涛指出："全国科技大会提出，坚持走中国特色自主创新道路，努力建设创新型国家，各个环节都要抓落实，政府也会抓紧出台相应配套政策，并加大政府采购力度，支持企业开展自主创新工作。"在考察中，胡锦涛询问了园区运作情况，当听说园区对入驻企业采取一定面积第一年全免、第二年减半、第三年按八成收取的租金并向企业提供或帮助企业申请扶持资金等优惠政策时，他称赞这样的做法很好，为海外归来的留学人员提供了一个很好的创业条件。他说："孵化器要在开拓市场、企业管理、人才培训等方面更多地为企业提供服务和帮助。"针对留学人员创业企业取得的成绩，胡锦涛指出："要积极推进科技体制创新，加快构建区域创新体系，启动一批重大项目，力争在一些重点领域和关键环节取得突破，大力增强原始创新能力、集成创新能力和引进消化吸收再创新能力，不断提高科技进步对经济增长的贡献率。要牢固树立人才资源是第一资源的观念，加强人力资源能力建设，注重培养创新型人才特别是创新型领军人才，努力形成一支德才兼备、结构合理、素质优良的科技创新人才队伍。"●厦门留学人员创业园创建于 2000 年 5 月，是海峡西岸规模最大、孵化服务最完善的孵化器，是国家级科技企业孵化器及科技型中小企业技术创新基地；截止当时，该创业园在孵企业 273 家，引进留学人员 300 多人，在孵项目超过 400 个，申请专利 220 项。

1 月　王晓初主编、人事部专技司等编写的《留学人员回国指南》由中国人事出版社出版发行。

2 月 7 日　教育部印发《关于当前中外合作办学若干问题的意见》。

2 月　国务委员陈至立访问古巴期间，古巴卡斯特罗主席提议，为中国西部地区高中毕业生设立古巴政府单方中国留学生奖学金项目。●2006 年夏季，古巴政府单方奖学金项目开始运行。该项目由古巴政府每年向中国提供 1000 个奖学金名额，其中 700 个名额主要用于在中国西部 12 省、区、市招收攻读学士学位留学生，项目设置西班牙语、旅游、教育学、医学和护理学等五个专业；另外 300 个名额主要用于招收学习西班牙语的在校本科生。该项目面向内蒙古、河南、广西、重庆、四川、贵州、云南、陕西、甘肃、青海、宁夏、新疆等 12 个省（自治区、直辖市）提前批次进行录取。项目设置西班牙语、旅游、教育学、医学和护理学等五个专业，其中西班牙语专业学制 4 年，医学专业学制 6 年，其他专业学制 5 年，上述 12 个省份年龄在 20 周岁以下的高考生均可报名。考生被录取并抵达古巴后，第一学年统一由古巴哈瓦那大学组织学习西班牙语，第二学年起，西班牙语、旅游专业的学生进入古巴哈瓦那大学学习，教育学专业的学生进入古巴高等教育学院学习，医学、护理学专业的学生进入拉丁美洲医学院学习。本科期间学习合格者将获得受我国承认的学士学位证书。该项目录取工作启动后，国家留学基金委秘书处将代表古方三校参加网上录取，录取时间参照各省级招办安排，录取结束后由各省级招办将考生名册加盖省级招办录取专用章后统一寄送留学基金委秘书处，秘书处负责于 7 月下旬将新生录取通知书直接寄送至考生，并通知学生办理有关出国手续。与此同时，国家留学网将公布录取结果。教育部有关负责人表示，留学人员在古学习期间的食、宿、医疗和学习相关费用均由古巴政府提供。留学人员在古巴完成学业后，可自由选择职业，享受国家有关留学回国人员的政策，选派单位不负责安排就业或继续在古学习。●2006 年 11 月，首批 210 名中国西部高中毕业生以公派方式赴古巴留学。●2007 年 3 月，第二批 210 名中国西部高中毕业生以公派方式赴古巴留学。●2007 年 10 月，教育部副部长赵沁平访问古巴期间，与古巴教育部签署《中古 2008—2011 年度教育交流协议》；其中规定：在中国西部地区选拔应届高中毕业生，到古巴完成为期 1 年的语言强化培训后，进入古巴有关大学的西班牙语、医学、护理、旅游和教育学等本科专业学习；为中古合作项目单位在职人员进行西班牙语培训；协议有效期内古巴每年向中国提供 1000 名单方奖学金名额。●2007 年 11 月，第三批 837 名中国西部高中毕业生以公派方式赴古巴留学。●2008 年，第四批 760 名中国西部高中毕业生，以及 43 名在职人员留学生、184 名大学西语专业一年级新生，以公派方式赴古巴留学。●2009 年 5 月 7 日，教育部宣布将 2006 年设立的古巴政府单方奖学金项目纳入中国高考招生系统，并继续面向国内 12 省区市招收 700 名高考生赴古攻读学士学位；这是改革开放以后首次将选拔公派留学生纳入高考招生程序。截止 2009 年 5 月，已先后派出留学生 2228 人，尚有 1830 余人在古巴学习，部分人员已学成回国。●2009 年 9 月 9—12 日，652 名参加高考后被录取的学生分批赴古巴留学；当年以公派方式共派出 931

名赴古巴留学生。●截止 2009 年 10 月，在古中国上述各类留学人员余额约有 2614 人。

2 月 9 日　国务院印发《国家中长期科学和技术发展计划纲要（2006—2020 年）》，其中第十部分"人才队伍建设"中提出，要加大吸引留学和海外高层次人才工作的力度。

3 月 17 日　《中华人民共和国国民经济和社会发展第十一个五年计划纲要》公布，其中提出，要"鼓励和引导海外留学人员回国工作、为国服务。积极引进海外高层次人才。"

3 月 19 日　教育部部长周济在教育改革与发展讨论会上指出，派出大量留学生到海外学习是一个重要的决策；中国留学生对中国的发展做出了巨大的贡献；培养人才是我国教育现代化建设的根本任务；中国将继续坚持教育的改革与开放，支持更多的年轻人到国外学习；今后，我国不仅要扩大留学生数量，更要提高留学生出国留学的质量，为国家储备更多的人才；我国要选派一流的学生，到一流的国家，师从一流的老师，把沉重的人口压力转化为巨大的人力资源优势。

3 月 23 日　中国教育部与法国教育部、外交部在巴黎宣布，中法双方正式创立中法联合博士生学院。

4 月 5 日　中英两国教育部启动"中英卓越奖学金计划"。

4 月 17 日　国家留学基金委秘书处与黑龙江省教育厅签署开展高层次人才海外培养合作项目的协议。

4 月 18 日—22 日　教育部部长周济与美国副国务卿休斯女士续签《中华人民共和国政府和美利坚合众国政府教育交流合作的协定》。

4 月　欧美同学会编印《中国留学生留日 110 周年纪念会文集》。12 月，欧美同学会编印《留日百年巡礼——纪念中国留学生留日 110 周年画册》；韩启德题写书名，宋健题词：兼爱互利相学相长。

4 月　外交部在领事司内首次设立领事保护处，以专门处理和协调海外中国公民和法人合法权益的保护工作。●2007 年 8 月，外交部领事保护处升格为领事保护中心。●外交部数据显示，截止到 2009 年 8 月，中国已在 75 个国家设立总领事馆，在 6 个国家设立领事馆，在 3 个国家设立领事办公室。

4 月　浙江大学校长潘云鹤教授访问土耳其期间，与伊斯坦布尔大学签署校际合作协议，宣布双方的合作将从交换留学生等项目开始并逐步推进。

5 月　中国西北师范大学与土耳其法蒂大学于签署教育合作协议备忘录。●2009 年 1 月，本科生交流项目启动，并于 2009 年 3 月选派外国语学院、化学化工学院、地环学院、物电学院、旅游学院的 10 名三年级本科生到法蒂大学进行 1 个学期的学习。●2010 年 8 月，西北师范大学派出第二批 8 名本学生赴法蒂大学留学。

5 月 1 日　根据日本学生支持机构 12 月公布的调查显示，截止 5 月 1 日，在日本留学的外国留学生人数共计 117，927 人；其中来自中国大陆的留学生最多，为 74，292 人，约占总数的 63%。本次统计人数与创历史最高水平的 2005 年相比减少了 3885 人（约 3.2%），虽然时隔 9 年首次出现下降，但仍高居历史上第二位。

5 月　辛铁樑主编《留学人员北京创业服务指南》由北京出版社出版。

6月16日　国家留学基金管理委员会成立十周年庆典暨人才培养与构建和谐社会论坛在北京举行。教育部部长周济宣读国务院委员陈至立贺信并致辞，国务院原副总理李岚清，全国人大常委会副委员长韩启德分别题词表示祝贺。

7月9日　2006年中国驻外使（领）馆教育处（组）工作座谈会在北京召开。教育部部长周济在会议报告中指出，近年出国留学生人数增长较快，做好留学生管理和服务工作是一项重要任务；在人手紧、任务重的情况下，要充分利用互联网，加强教育处（组）与留学人员的联系，提高工作效率，方便留学人员；要带着深厚感情做好留学生工作，提高管理科学水平，满怀热忱地关怀留学生，帮助他们成长。

7月19日　中科院印发《关于引进国外杰出人才和招聘海外知名学者的管理办法》。

7月　谢长法著《中国留学教育史（清末——民国）》由山西教育出版社出版发行。全书约23万多字。

7月　广东电视台拍摄的第一部全景式描述中国留学发展过程的24集电视历史记录片《百年留学》开始播出。●《百年留学》电视片以百年留学历史发展脉络为线索，以重大留学事件和重要留学人物为主体，以新的立意、新的视角讲述中国留学的缘起、发生、发展，不同历史阶段的留学特点和杰出留学生的成长故事，试图揭示留学在中国历史进程中的地位和作用。该片从策划、采访、摄制到后期制作，历时两年半，摄制组足迹遍及中国十多个省份20多个城市以及英国、法国、美国、日本等多个国家，先后采访留学生后裔、留学问题专家和学者逾200人，拍摄到一些博物馆、中外著名大学校史室以及名人故居等鲜为人知的珍贵史料。

7月　姜新、小雨著《江苏留学史稿》由吉林人民出版社出版。

8月3—4日　中国高等教育学会出国留学教育管理分会与中国高等教育学会引进国外智力工作分会联合召开的2006年年会在新疆石河子大学召开，300多位理事单位代表出席；教育部国际司负责人，新疆生产建设兵团副政委王崇久，出国留学教育管理分会常务副理事长、北京外国语大学校长郝平，副理事长新疆维吾尔自治区教育厅党组书记赵德忠，石河子大学校长向本春等出席并在大会上发言。

9月1日　教育部考试中心托福网考准备工作就绪，并于9月15日开始托福网考报名。

9月12日　教育部新增公布意大利、奥地利、比利时、保加利亚、匈牙利、俄罗斯、西班牙、乌克兰、波兰、埃及、菲律宾、泰国12个中国公民主要留学国家的部分学校名单。

10月1日　陈焜旺主编《日本华侨·留学生运动史（中文版）》由日本侨报社出版发行。●该书日文版于2004年12月18日出版发行。

10月17日　中俄"国家年"中方组委会教卫体组组长、教育部部长周济在接受"国家年"官方网站访谈时表示，最近几年到俄罗斯学习的中国学生，无论是回国还是留在俄罗斯，就业情况都非常好；随着两国经济、人文方面的合作进一步深入，需要大量通晓语言及国情的人才，所以赴俄留学生的将来发展空间还会进一步扩大；我们鼓励更多学生到俄罗斯去学习，同时采取措施保证我们的学生在那儿能够学得更好一些，我们将加强驻俄使馆教育处的力量，给在俄留学生提供更好的服务。该时期在俄中国留学人员约有 1.5 万人，居亚洲国家之首。

10 月 18 日　美国《星岛日报》报道，中国教育部授权纽约中国留学服务中心开始向在美中国留学人员提供学位学历认证服务，成为中国首家在境外提供此项服务的机构。

11 月 15 日　人事部印发《留学人员回国工作"十一五"规划》。

12 月 7 日　2007 年国家公派出国留学选派工作会议在北京召开。

12 月 26 日，海关总署印发《中华人民共和国海关对高层次留学人才回国和海外科技专家来华工作进出境物品管理办法》，并于 12 月 31 日印发了《关于实施〈中华人民共和国海关对高层次留学人才回国和海外科技专家来华工作进出境物品管理办法〉有关问题的通知》。

2007 年

1 月 5 日　国务院批准设立国家建设高水平大学公派研究生项目。

1 月 8 日　2007 年度国家科技奖励大会召开。1955 年从美国回国的留学人员闵恩泽获 2007 年度国家最高科技奖。

1 月 17 日　全法中国学联大会在巴黎召开。

1 月 25 日　中国留学人才发展基金会在民政部注册登记。●4 月 9 日，中国留学人才发展基金会成立大会在北京举行。●2008 年 12 月 16 日，中国留学人才发展基金会创建并启动全球留学人员服务平台。●2009 年 1 月 16 日—2 月 16 日，中国留学人才发展基金会为全球留学人员提供免费电话服务。

1 月 30 日　欧美同学会·中国留学人员联谊会留日分会举行《留日百年巡礼——纪念中国留学生留日 110 周年》摄影图片集出版发布会。

2 月 5 日　上海市人事局召开"高层次留学人员座谈会"。座谈会透露，截至 2006 年年底，第二轮"万名海外人才集聚工程"已成功引进海外人才 9492 名，留学人员总量达到 6.7 万人。

2 月 15 日　人事部、教育部、科技部、财政部、外交部、国家发展改革委、公安部、商务部、人民银行、国资委、国务院侨办、中科院、国家外专局、海关总署、税务总局、工商总局等 16 个留学人员回国服务工作部际联席会议成员单位的部委以及有关部门共同制定并联合印发《关于建立海外高层次留学人才回国工作绿色通道的意见》。

2 月 16 日　全国人大常委会副委员长、欧美同学会·中国留学人员联谊会会长韩启德录播的《致海内外留学人员新春慰问信》并用 38 种外语和 5 种中国方言对外播放。

3 月 2 日　教育部印发《关于进一步加强引进海外优秀留学人才工作的若干意见》。

3 月　21 世纪 COE 国际日本学研究丛书之五《作为相互理解的日本研究》出版，刊登一在日华人学者撰写的文章《战后中国人加入日本国籍与对日感情变化的构造——"留日反日"之考察》。文章试图用实证的方法反驳在中日两国流传已久"留日反日"的俗说。文章指出：在 1952 年到 1989 年的 38 年里，加入日本国籍的中国人共 37，883

人，而在 1990 年到 2005 年的 16 年里，加入日本国籍的人数高达 58，879 人，这些 1990 年以后加入日本国籍的人几乎都是经过留学阶段，即以留学生身份进入日本的。作者引用《中文导报》的调查指出：虽然加入日本国籍的主要原因仍然是为了生活方便和解决签证问题，但是"爱上日本"的人也越来越多；如在回答加入日本国籍的理由时，在 1999 年的调查中回答"爱上日本"的仅为 5%，到 2004 年达 17.6%。作者还引用了独立行政法人日本学生支援机构（JASSO）在 2005 年 11 月对日本大学、大学院及专门学校的 5500 人留学生进行的调查结果（其中中国人最多，占 75.4%），结果显示，留学生在留学以后，对日本的印象"变好了"的达 62.8%，对日本人的印象变好了的达 58.9%，认为来日本是"正确选择"的达 84.6%。在"来日年数与留学后对日本的全体印象"这一设问中，滞在期间为 4 年以下的留学生"变好了"达 80%，而 4 年以上的留学生达 90%。与此相对，中国社会科学院日本研究所于 2004 年在中国国内所做的调查显示，对日本"感到亲切"的人仅 6%，"不感亲切"的则高达 54%。作者还在文章中具体分析了留学生来日后感情变化的机制，大约有如下几点：1、随着接触日本人、日本文化、日本社会的机会的增多，使以前的对日感情发生了变化。2、发现那些给国人带来负面效应的日本文化符号的矛盾性和多面性，如作者曾采访一名在靖国神社中穿着旧日本海军军服的老兵在 8 月 15 日参拜"您对过去的战争是反对还是赞美？"这位老兵说："当然反对。""那您为什么这样打扮？"老兵说："为了和死去的战友会面。"由此可见作为日本文化"符号"的一些事物的多面性。3、从各种经历中理解日本文化的暧昧性。4、努力发现作为"全体日本像"的东西。5、经过如上的努力，对日感情的正面因素增加。文章作者认为，综上所述，可以证明所谓"留日反日"不过是一句俗语，在现在已经没有了生命力，经不起科学的验证。

4 月 16 日　人事部与湖南省政府宣布共建中国长沙留学人员创业园。

4 月 27 日　第十届全国人大常委会第 27 次会议决定，任命留德回国人员万钢为科技部部长。

5 月 11 日　教育部留学服务中心创办中国留学人才市场，并依托中国留学英才网为留学回国人员求职提供双向选择信息服务平台。

6 月 1 日　日本政府下设的教育再生会议向日本首相安倍晋三提出第二次报告。其中强调，由于 18 岁人口持续减少，"国际化"成为日本大学教育今后改革的重点之一。报告提出要增加国际交流项目，扩大外国教员的雇佣比例，并为吸引留学生完善居住等方面的生活条件。报告提出要大幅增加 9 月入学的学生数量，也是考虑到外国留学生的实际状况。在日本教育政策的制定和实施中，增加了对留学生的考虑，因为留学生已成为很多日本大学赖以存续的重要生源。据报道称，教育再生会议上，甚至有人提出应以引入 100 万留学生为目标。报告还进一步明确要"推进作为国家战略的留学生政策"，指出新的留学生政策不仅是教育政策，也是与产业政策、外交政策相关的国家战略的一部分，应予以大力推进。日本政府认为，青少年交流和增加留学生，有助于提升日本文化影响力，培养各国对日好感，同时为日本拓展国际市场提供条件。近年来，日本政府在外交、产业、教育等方面，非常重视培养和引进国外年轻力量。在年轻劳动力缺乏的地区，6 万多名来自中国、东南亚国家的青年以"研修生"的名义辛勤工作，支撑着这里制造业和农副业等领域的中小企业。其中中国留学生约占在日留学生总数的 70% 左右，中国研修生约占研修生总数 75% 左右。未来日本引入中国等周边国家的留学生数量将有增无减。年轻人多以留学生或研修生的身份进入日本，在日本日益严峻的倒金字塔人口结构中，已经成为越来越重要的补充力量。

6 月 8 日　中组部在深圳召开留学归国人员党员恢复组织生活工作座谈会。

6 月 18 日—20 日　科技部等 10 部委与福建省联合举办第五届中国·福建项目成果交易会，从本届开始设立留学人员成果展区。

6 月 23 日　私立北京东方慧博（人力资源）咨询公司发布《中国 2007 海归人才现状调研报告》。

6 月 28 日　留学人员武平创办的展讯通信有限公司作为中国大陆第一支 3G 概念股在纳斯达克上市。

6 月 29 日　"旅美中国科学家工程师专业人士协会"成立 15 周年纪念会在北京举行。该协会于 1992 年在美国芝加哥成立，主要由在美国的中国留学人员组成。

6 月 29 日　第十届全国人大常委会 28 次会议表决通过国务院关于提请审议的任免案，任命留美回国人员陈竺为卫生部部长。

7 月 7 日　《人民日报》（海外版）创办每周一期的海归创业版面。

7 月 16 日　教育部和财政部联合印发《国家公派出国留学研究生管理规定（试行）》。

8 月 6 日　教育部、国家发改委、财政部、人事部、科技部和国资委联合印发《关于进一步加强国家重点领域紧缺人才培养工作的意见》。《意见》要求积极开展国际合作与交流，加大与国外高水平大学和跨国公司合作培养人才的力度，探索利用国外优质教育资源培养国家紧缺人才的有效途径。

8 月 20 日　欧美同学会·中国留学人员联谊会在北京召开第三届海外留学人员团体负责人代表座谈会。

8 月　北京市留学人员服务中心发布《北京市留学人员发展报告（2007）》。

10 月 16 日　教育部部长周济在中共十七大首场新闻发布会上回答记者提问时表示，30 年来，中国共有 100 多万学生出国留学，其中近 30 万人已经回国工作，现在还有 50 万左右正在国外继续学习；中国鼓励学生"走出去"，也欢迎在国外的留学生和学者"回国来"；改革开放以后，中国有大批的学者到世界各国学习，这是中国改革开放的一个重要的标志，也是一个重要的成绩；非常欢迎现在正在国外工作的留学生或者学者回国来工作；在海外的留学生和学者有几种不同的类型，有一些已经下决心回到国内来工作，这部分人越来越多，也有一些还在国外工作，但是和国内的高校、研究机构保持密切的合作关系，为祖国的发展作出自己的贡献。周济说，针对不同人群采取了各种不同的方法，重要的是创造一个更好的工作环境；中国仍然鼓励学生到世界各国学习，去年又有 14 万年轻人到国外去学习。

10 月 9 日　中国新任驻日大使崔天凯于到任后的第一个工作日在驻日使馆教育处看望留日学人代表。崔天凯大使指出，现在在日留学人员有 10 万人，在日本完成学业回国工作的有 3 万多人，其中获得博士学位后回国工作的约 6000 余人，占从世界各国获得博士学位回国留学生总数的 50% 以上，居世界各国回国博士人数的第一位。他们在中国的社会主义现代化建设的各个领域承担着重任，已经成为国家现代化建设中不可替代的重要力量。在日完成学业，继续留在日本工作的留日博士专家团、全日本中国人博士协会、日本华人教授会、中国留日同学总会、在日中国科技者同盟、在日华人汽车工程师协会等形成了一个新的高层次人才群体。

10 月 19 日　欧美同学会·中国留学人员联谊会在南昌召开全国省区市留学人员团体秘书长工作座谈会。

10 月 27 日—29 日　第二届中国博士后和留学人员徐州科技项目对接洽谈会举行。

10 月　王辉耀主编《当代中国海归》由中国发展出版社出版。

11 月 11 日　欧美同学会·中国留学人员联谊会在北京举行纪念毛泽东"希望寄托在你们身上"重要讲话发表 50 周年小型座谈会。●11 月 17 日，纪念毛泽东"希望寄托在你们身上"重要讲话发表 50 周年纪念大会在北京举行。全国人大副委员长、九三学社中央主席、欧美同学会·中国留学人员联谊会会长韩启德、教育部部长周济出席并发表讲话。中国在 20 世纪五六十年代向苏联等国家派遣了 1.5 万多名留学人员，这批留学人员中，成长出一名国家主席、一名国务院总理、四名副总理、200 多个部长及省部级官员、200 多名两院院士、上百名将军和军队领导。

11 月 27 日　中共上海市科技教育工作委员会、上海市教育委员会印发《上海高校特聘教授（东方学者）岗位计划实施意见（试行）》。东方学者岗位计划每年聘用 50 名，聘期 3 年；除上海市教委给予每人岗位资助经费 40 万至 60 万元，给予"东方学者"个人每年 10 万元的岗位津贴外，各高校还给予配套科研经费；其中自然科学领域配套经费一般为 70 万至 100 万元，哲学社会科学领域配套经费一般为 30 万至 50 万元。各高校还将根据学校学科建设需要，直接引进由"东方学者"率领的团队。●2009 年 6 月，经过两轮申报和评选，最终有 51 人入选，48 人到岗，并将在 24 所上海高校开始特聘教授的工作；其中外籍人士 3 人，中国籍人员全部具有海外经历；其中有海外教授职称 2 人、研究员 7 人，其他均为访问学者、博士后研究员、助理教授等。

11 月 30 日—12 月 1 日　第六届中国国际人才交流大会在深圳举行。大会增设"留学人员项目推介"和"海外人才招聘"项目。

12 月 7 日—9 日　2007 年驻外使领馆教育处工作会议在北京举行。教育部周济部长、章新胜副部长和李卫红副部长出席会议并讲话。

12 月 13 日　2008 年国家公派出国留学选派工作会议在杭州召开。

12 月 21 日　教育部办公厅印发《关于 2008 年国家公派留学人员全国外语水平考试时间安排的通知》。公布全年分别在 6 月和 12 月安排两次考试时间；上半年考试语种为英语（PETS－5）、法语（TNF）和德语（NTD），下半年考试语种为英语（PETS－5）、日语（NNS）和俄语（ТПРЯ）；英语（PETS－5）报名和考试的地点分别设在全国 36 所大学等机构内，日语（NNS）和俄语（ТПРЯ）有 9 个考点，法语（TNF）有 3 个考点，德语（NTD）有 4 个考点；通知规定，该项考试成绩对于申请国家公派留学的有效期为两年，如作其他用途的，可由各成绩使用单位自行决定。

12 月 22 日　2007 年度全法中国留学人员工作会议在法国巴黎中国驻法使馆教育处召开。

12 月 23 日　中国留学服务中心 2007 年分中心年会在深圳召开。

12 月 23 日　国家留学基金委与国内 93 所高等院校签署合作开展"青年骨干教师出国研修项目（2008—2010）"的协议。

12 月 27 日—28 日　山西省第二届海外人才项目洽谈会在太原召开。

12 月 27 日　日本首相福田康夫在访华启程三个小时之前，于首相官邸接见"日本华人教授会议"代表、知名学者、东洋学园大学教授朱建荣等 12 名在日就职的中国留学人员。

12 月　教育部留学服务中心与《中国留学生创业》杂志等单位共同编撰《中国留学人员创业年鉴（2007 年卷）》由中国财政经济出版社出版。●2008 年 12 月，《中国留学人员创业年鉴（2008 年卷）》由中国财政经济出版社出版。●2009 年 12 月，《中国留学人员创业年鉴（2009 年卷）》由中国财政经济出版社出版。

本年度　截止 2007 年底中国大陆当年赴美留学生达到 67，723 人，美国驻华大使馆和沈阳、成都、广州、上海四个领事馆共签发了 51，546 个留学生签证；此时期内，香港每年约有数千名学生进入美国的大学，台湾则一直维持在每年 3 万人左右赴美留学的水平；"相聚在美国"成为当代中国高校毕业生最流行的临别赠言。

2008 年

1 月　日本首相福田康夫在 2008 年施政方针演说中提出"2020 年接收 30 万外国留学生"计划。

2 月 14 日　中央人才工作协调小组印发《2008 年工作要点》，提出在关系国家竞争力和安全的若干战略科技领域，面向海内外选拔一批优秀中青年科技人才，重点支持，大胆使用，努力培养和造就战略科学家和科技领军人才；继续实施"新世纪百千万人才工程"长江学者奖励计划"、"百人计划"、"中国青年科技奖"等高层次人才培养项目；加强吸引凝聚海外高层次人才和创新团队工作，完善关于引进海外人才和智力的政策措施，实施吸收凝聚海外高层次科技人才专项工程，年内引进 1—2 名战略科学家、几十名科技领军人才和数百名高层次紧缺人才；继续实施"海外留学人员归国创业工程"、"创新团队合作伙伴计划"和"海外智力为国服务计划"。

3 月　西藏拉萨发生"3·14"打砸抢烧严重暴力犯罪事件后，引起中国留学生的普遍关注，日本、新加坡、法国、美国等世界各地的中国留学生和学者以多种方式表示强烈谴责这一暴力事件。

3 月底　上海和青岛两地留学回国人员服务机构在青岛市签署协议，正式建立两地留学人员服务工作交流制度。

4 月初，中国驻捷克大使霍玉珍女士受中国全国人大常委会原副委员长李铁映委托向捷克查理大学赠送《大学笔记》影印书。《大学笔记》是李铁映于 1955—1961 年在捷克斯洛伐克首都布拉格查理大学物理系留学期间数学和物理课程部分笔记的复印版，全书一套共16册。当时共约有30多位中国留学生在捷克斯洛伐克各地留学。现任校长哈姆普尔先生表示，今年正值查理大学建校660周年，《大学笔记》无疑是给学校的一份独一无二的礼物，有着十分珍贵的纪念意义；数理学院院长表示，该学院出了这样的中国校友，这是学院的荣誉与骄傲。●2007年11月15日—2008年9月30日期间，李铁映亲自或委托有关人员，先后向教育部图书馆、湖南省博物馆、中国国家博物馆、武汉大学图书馆、湖北省图书馆赠送《大学笔记》。●2010年1月30日，全国人大常委会原副委员长李铁映同志《大学笔记》捐赠仪式在北京人民大会堂举行；李铁映同志将自己保留半个多世纪的4000多页留学捷克斯洛伐克期间的笔记手稿捐赠给中央档案馆，并委托高等教育出版社将16卷本的《大学笔记》影印本图书捐赠给国内部分高校；与李铁映同期留学的部分老同学、在京部分高校负责人以及新闻出版总署署长柳斌杰，教育部副部长郝平等近100人出席；李铁映同志表示，该书不仅是对当年中国留学生学习、生活的一份历史记录，也深情表达中国留学生对捷克老师们的敬意和怀念，是中捷两国人民友谊的象征；与会人员表示，该书的出版，对于了解、研究那个时期的中捷关系、捷克的大学教育和中国留学生的学习生活，提供了珍贵的一手资料；柳斌杰署长对李铁映同志《大学笔记》的出版表示祝贺并给予高度评价；郝平副部长在致词中说，李铁映同志工整详细的《大学笔记》为当代学界和大学生树立了学习的典范，今天的时代和条件同李铁映同志当年留学时期已大不相同，但不论过去、现在和将来，认真学习、追求真理的精神永远不会过时。

4月19日 中国留法学生李洹在法国巴黎共和国广场举行的主题为"支持北京奥运、反对媒体不公"的游行示威集会上，用法文发表题为《不能让祖国受委屈》的长篇演讲。●李洹是来自中国西安并就读法国里尔第二大学高等商学院的硕士生。

4—5月 共青团青海省委、三江源基金会共同发起"百名海归连百村"活动，计划在全球范围内为青海一百余个行政村招募一名名誉村长（个人或团队）。由100名留学回国人员担任的村长要争取在三年内凭借留学回国人员自身的信息、资源、技术和人脉优势，为所任职的村庄争取到不低于100万元的项目和资金（项目总投资达1亿元人民币），使得双方建立起相对稳定、长期的互动关系，以此改变青海农村面貌，支持新农村新牧区建设。●三江源基金会原名海青基金会，成立于2008年，是由百余名关心、支持青海建设的留学回国人员自发组建的非营利性民间组织。●2009年8月4日，共青团青海省委、三江源基金会、欧美同学会澳新分会共同举办的"百名海归连百村"名誉村长招募会在北京启动。●2009年8月20—25日，村庄与名誉村长对接活动在青海省西宁市举行，首批35名留学回国人员成为青海省35个行政村的名誉村主任；2009年计划落实50名名誉村主任。

5月8日 当晚，胡锦涛主席在早稻田大学大隈讲堂会见约300名在日中国留学生（约100多名）、华人华侨、在日中国企业代表时表示，感谢大家为中日友好作出的努力，也特别感谢大家在4月份长野保护圣火的热情举动，这充分证明了大家身在海外，心系祖国；胡锦涛还勉励大家，通过与日本人民的交流，为推动中日的深层次交往、建立战略互惠关系继续努力。

6月17日　国家留学基金管理委员会印发《关于加强国家公派留学人员在外安全教育的通知》，要求各驻外使（领）馆教育（文化）处（组）根据所在国的具体情况，有针对性地加强安全教育工作，及时、妥善地处理突发意外事件。

6月22日　中国驻澳大利亚使馆教育处印发《关于提请国家公派留学人员务必注意在外留学安全的通知》，特别提请本馆区内旅澳公派留学人员高度重视在外安全，提高风险防范意识，防患于未然。

6月23日　中国科学院第十四次、中国工程院第九次院士大会举行。中共中央总书记、国家主席、中央军委主席胡锦涛在讲话中明确指出，要加大引进人才、引进智力工作的力度，尤其是要积极引进海外高层次人才和智力，吸引广大出国留学人员回国创业。

6月底　美国纽约州立大学邀请150名生源地在地震重灾区的四川高校大学生赴该校留学1年。●7月9日，13所高校启动选拔工作，在最快时间、最大范围内将项目选拔通知传达给来自四川重灾区的本科在读生，并采取笔试、面试等方式对申请人的综合素质和英语水平等进行了考核。经高校多轮筛选，按照择优的原则，最终180名学生从近2000名申请人中脱颖而出，获得参加国家留学基金委组织的专家面试资格。经专家评审，共有150人被录取。为保证学生能按期于8月15日赴美，中美双方通力协作，在为学生办理护照、签证和预订机票等方面提供尽可能的方便。●8月13日，国家留学基金委在成都举办了行前集训会。●8月15日，所有150名川籍学生身着统一的蓝色T恤衫从成都飞赴纽约，学生们良好整齐的团队形象和充满朝气的精神风貌让沿途的人们纷纷驻足观看。●8月16日晚，中国驻纽约总领馆彭克玉总领事举行招待会，欢迎此批150名川籍学子抵达纽约。●8月17日，分赴纽约州立大学22所分校。●2009年9月29日，四川地震灾区150名赴美就读本科生完成学业回国后在西南交通大学举行结业典礼。●2009年9月，徐文涛主编的《纽约，我心飞扬——四川地震灾区150名大学生在美国》由四川大学出版社出版；该书收录了其中95人短期留美学习期间的心得体会。

7月20—26日　党中央、国务院邀请60位建国以后特别是改革开放以来留学回国的创新创业专家代表到避暑胜地北戴河休假。●7月20日，中共中央政治局委员、中央书记处书记、中央组织部部长李源潮，国务委员兼国务院秘书长马凯，代表党中央、国务院，到北戴河看望参加暑期休假活动的海外留学回国创新创业专家，并听取专家们对人才工作的意见。

8月15日　教育部副部长章新胜在新闻发布会上表示，在中国政府所确定的"支持留学、鼓励回国、来去自由"这三句话的方针中，核心是鼓励回国。

9月21日　全国人大常委会副委员长陈至立在中国驻美国纽约总领馆接见中国留学生代表。

9月27日　中国驻英使馆教育处举办"纪念扩大派遣留学生30周年座谈会"，改革开放以来不同时期到英国留学，目前在英国工作或学习的留学人员代表30多人参加。据英方统计，2007年中国大陆在英就读的留学生数量约为7.5万人，其中攻读学位的约有5万人，其他的是中小学生和各种语言班的学生等；加上其他各类留学人员、包括曾有过留学经历的人员，在英各类中国留学人员约有10万人。据中国驻英使馆教育处统计，30年来中国大陆到英国留学的各类人员已超过 20 多万人，留学回国人员近 10 万人，仍留在英国的留学人员有 10 万多人，其中在读留学生 7.5 万人；在英中国留学人员中约有 100 多人在高校担任教授职务。

10 月 8 日　教育部国际司司长张秀琴女士在教育部召开的改革开放 30 年教育成就宣传系列新闻通气会上表示，截至 2007 年底，中国各类出国留学人员总数达到 121 万人，以留学身份出国在外的留学人员有 89.2 万人，遍布世界五大洲 100 多个国家和地区。

10 月 11 日　在法国巴黎出席联合国教科文组织执行局会议的教育部副部长章新胜到中国驻法国使馆教育处会见部分留学人员并与他们座谈。参加座谈会的有留法学者代表王肇中博士、吴坚教授和留学人员代表施恒同学、李洹同学。章新胜副部长高度评价留法学生的爱国热情，称赞留学生的举动是有心又有力的爱国行动。他说，中华文明既有黄河、长江流域文明，也含有游牧民族文明，还通过丝绸之路吸收了来自西方的文明。他希望留学人员珍惜海外留学的机会和时间，向世界传播中国文化，同时学习借鉴西方优秀文化，让世界了解真实的中国，让中华文化更丰富灿烂。他勉励留法学人继续勤奋学习，勇攀科技高峰，为人类和平进步发展作出贡献。

10 月 16 日—17 日　南京市政府举办"世界中国留学人员南京交流会"。

10 月　中国留学人员创业联盟在南京成立。

10 月 18 日　法国驻华使馆在北京启动留法校友俱乐部项目，以加强中国留学生回国后与法国的联系，同时促进学友们间的联络和友谊。据介绍，只要拥有留法学习、实习进修或者工作的经历，或者在国内取得了法国院校在华颁发的文凭，都可以申请成为留法校友会员。该校友会俱乐部网络不仅与高校及其校友会紧密联系，也与法国在华企业和商会成为合作伙伴，拓展中法两国的民间交流渠道。该项目运行一年期间先后在北京、上海、广州、武汉和成都分别成立了留法校友会俱乐部，注册会员超过 5000 人，分别来自全国250 余座城市。一年中，各校友俱乐部举办了丰富多彩的交流活动，如北京留法学友品酒讲座、武汉留学法友晚餐会、上海校友会的美容讲座。●2009 年 10 月 18 日，法国驻华大使苏和先生在留法学友俱乐部成立一周年酒会上表示，从 20 世纪 90 年代末以来，已有超过 4 万名中国学生赴法留学；仅 2009 年 9、10 月份开学期间就有 1 万多名中国学生赴法国留学，法国在欧盟内是继英国之外的第二大接待中国留学生的目的国。

10 月 25 日　陪同温家宝总理和刘延东国务委员参加中俄第 13 次总理会晤和中俄人文合作委员会第 9 次会议并在阿斯塔纳参加上海合作组织教育部长会议的教育部部长周济到中国驻俄使馆教育处与 10 名留俄中国学生代表进行座谈，了解留学生在俄罗斯学习和生活的情况，并就留学生管理、中俄教育交流合作等征求意见和建议。周济部长指出，留学生教育要鼓励多重渠道、多样化发展；要通过建立健全国家留学生教育的服务、管理体系，加强、改进留学生的管理工作，加强各地留学生组织的服务性职能，为留学生教育搭建起更宽广的平台。

10 月 28 日　中国政法大学 05 级国际政治专业本科学生付××，因初恋女友与其分手迁怒于该校教授、在法国留学 12 年之久的程××，故于当日晚 18 点 40 分许在该校教室将程××砍成重伤，随后自行报警。43 岁的程××经抢救无效死亡。●程××于 1988 年被母校华中农业大学推荐并由教育部公费送至法国攻读经济学硕士和博士学位；先后获普罗旺斯大学法国语言及文学文凭、蒙彼利埃第一大学经济学院发展经济学硕士学位和法学院公法与政治学博士学位、朗格多克科技大学高等企业管理学院获工商管理硕士学位和保罗·瓦雷里大学文学文凭；2000 年回国工作。●付××到案后交代，程××作为有妇之夫，与其前女友陈某曾维持不伦之恋一年之久，且发生性行为；杀程××第一是为了惩罚他，第二是要惩戒别人。付××对自己的罪行供认不讳。本案发生后，公众和媒体高度关注，被北京市检察院列为 2008 年度十大刑事案之一。●被告人付××坚持认为，不付出生命代价，就不足以改变师德沦丧的现象。被告人的辩护律师指出，付××基于要改变社会丑恶现象的主观意愿，采取所谓"替天行道"的行为，抱定用鲜血和生命来唤醒人们重视师德教育的想法，貌似充满历史英雄主义色彩，但这种想法在客观上严重破坏了社会正常秩序；但为付成励做"罪轻辩护"，除"具有自首情节"、"既往表现良好"外，"被害人具有一定过错"也是主要观点之一；另外在审判付××的同时，也应拷问一下人们的良知和某些领域内的道德失范。●2009 年 10 月 20 日，一中院一审判决付成励死刑，缓期两年执行；付××选择不上诉。●2009 年 10 月 31 日，该判决正式生效。

11 月 11 日　英国纽卡斯尔大学宣布开除 50 名涉嫌伪造留学申请文件的中国籍学生。原因是校方发现，这些学生的申请材料，包括毕业文凭、英文证书等"大部分"是伪造的。被开除的中国留学生中包括 33 名攻读硕士和 17 名攻读本科的学生，其中 49 人来自中国大陆、1 人来自中国台湾，他们中大部分人于当年 9 月刚刚入读纽卡斯尔大学商学院。

11 月 14 日　教育部国际司司长张秀琴女士公开表示，我们对自费生的投入和关心远远不够；随着科技的发展，信息时代的到来，也要创新留学生管理工作手段，转变对自费留学生的看法，真正做到对公派留学生和自费留学生一视同仁，并为他们提供服务。

11 月 17 日　美国国际教育研究院发布《在美国的留学生和在海外的美国学生数量》年度报告。该报告的统计数据显示，中国当年赴美留学人员约有 11.84 万人；其中来自中国大陆的留学生总数超过 8.11 万人，来自中国台湾的留学生有 2.9 万人，来自中国香港留学生接近 8300 人；在全美来自 230 个国家和地区的 89.6 万外国留学生中，中国留学人员约占 13.2%，位列第一；中国大陆留学生约占 9.05%。

11 月 18 日　在古巴进行国事访问的国家主席胡锦涛专程前往哈瓦那大学塔拉拉分校看望中国留学生；胡锦涛对中国留学生说："祖国人民期待着你们学成回国，为祖国现代化建设贡献力量。"

12 月 5 日　纪念长江学者奖励计划实施 10 周年大会及 2007 年度长江学者受聘颁奖仪式举行。中共中央政治局委员、国务委员刘延东，教育部部长周济为 2007 年度"长江学者成就奖"获得者、长江学者特聘教授、讲座教授代表颁发证书。2007 年度共有 107 名特聘教授和 95 名讲座教授获聘。10 年期间全国各高等院校共聘任 1308 名长江学者，其中 90% 以上具有一年以上国外留学或工作经历。

12 月 24 日　纪念改革开放暨扩大派遣留学生工作 30 年座谈会在人民大会堂举行。

12 月 24 日　北京海外学人中心成立并开通海外学人网站。北京市委副书记、市长郭金龙，市委常委、常务副市长吉林，市委常委、市组织部部长吕锡文等负责人出席该中心成立揭牌仪式。

12月9日—10日 欧美同学会·中国留学人员联谊会在京举行第六届理事会第一次会议。●12月9日，中共中央政治局常委、全国政协主席贾庆林会见出席欧美同学会？中国留学人员联谊会第六届理事会第一次会议的全体理事。中共中央政治局委员、中央书记处书记、中央组织部部长李源潮在第六届理事会9日举行的人才工作报告会上指出，要把吸引和用好海外留学人才作为推动科学发展的战略举措来抓。

12月25日 中共中央政治局委员、国务委员刘延东出席第十一届广州留交会开幕式。刘延东宣布第十一届中国留学人员广州科技交流会开幕，并通过互联网视频向远在澳大利亚墨尔本的留学生代表表示："我代表祖国问候大家！希望你们回国创业，为国服务！"刘延东嘱咐广东省、广州市有关同志要把留交会办好，打造成一个吸引归国人才、推动自主创新的国际化平台，为广东乃至全国的科技和经济发展作出贡献。

12月29日 教育部办公厅印发《关于2009年国家公派留学人员全国外语水平考试时间安排的通知（教考试厅函［2008］2号）》。公布全年分别在6月和12月安排两次考试时间；上半年考试语种为英语（PETS-5）、法语（TNF）和德语（NTD），下半年考试语种为英语（PETS-5）、日语（NNS）和俄语（TΠPЯ）；英语（PETS-5）报名和考试的地点分别设在全国37所大学等机构内，日语（NNS）和俄语（TΠPЯ）有9个考点，法语（TNF）有3个考点，德语（NTD）有4个考点；通知规定，该项考试成绩对于申请国家公派留学的有效期为两年，如作其他用途的，可由各成绩使用单位自行决定。

12月30日 澳洲《星岛日报》报道，澳洲移民部对为中国及印度留学生伪造学历及虚假工作证明文件、以协助他们申请技术移民、取得永久居留的机构进行大规模突击搜查。消息人士指出，先后有数百名来自中国及印度的留学生涉嫌其中。

本年度 教育部统计并公布的数据显示，2008年内各类出国留学人员总数约为17.98万人，其中国家公派留学人员约1.14万人，单位公派留学人员约0.68万人，自费留学留学人员约16.16万人；2008年内各类留学回国人员总数约为6.93万人，其中国家公派留学回国人员约0.75万人，单位公派留学回国人员约0.50万人，自费留学留学回国人员约5.68万人；从1978年到2008年底，各类出国留学人员总数约为139.15万人，留学回国人员总数约为38.91万人；与2007年的数据比较，2008年内出国留学人员数量约增加3.52万人，增长了24.43%，留学回国人员数量增加2.49万人，增长了55.95%。

本年度 据教育部有关部门统计并公布的数据显示，2008年底时，中国在欧洲各国的各类留学人员总数约为22万多人，约占当时中国在世界各国留学人员总数的24%；2008年内派往欧洲的国家公派留学人员为4015人，而2004年的国家公派留学人员仅为1880人，5年间的平均增长率约为21%；2008年内赴欧洲各国的单位公派留学人员约有2000多人；2008年内赴欧洲各国的自费留学人员约有4.35万人，约占当年赴欧洲留学人员总数的87.7%；2008年内从欧洲各国回国的各类留学人员约为2.64万人，约占当年留学回国人员总数的38.2%，而2004年仅约为1.17万人。

本年度 上海市教委统计并公布的数据显示，2008年由国家留学基金委派出的国家公派留学人员有500多人；各个大专院校、科研机构、企业派出的地方（单位）公派留学人员有 2000—3000 人；自费留学生有 9800 多人。

2008 年底　据有关部门不完全统计，在俄罗斯圣彼得堡领区共有 4200 多名中国留学生；其中国家公派和单位公派有 200 多人，其余 4000 多人为自费留学生。在俄罗斯伊尔库茨克领区共有 2000 多名中俄校际交流学生和自费留学生。

2008 年底　根据教育部多个部门的统计，中国出国留学人数已从 2000 年 3.9 万人增加到 2008 年的 17.98 万人，其中超过 90% 的为自费留学生；据教育部有关机构的不完全统计，自费留学生中约有 62% 的人通过留学中介公司办理申请出国手续。2008 年的出国留学人数约是 10 年前的 7.5 倍，约是 20 年前的 209 倍。从 2000 年教育部、公安部和国家工商局为全国首批 68 家留学中介公司印发资质证明开始，已有 401 家留学中介公司获得留学资质证明；其中北京有 71 家。教育部教育涉外监管信息网已公布上述中介公司名单，并分三批向社会公布 33 个国家中办学比较可靠的近 1.5 万所高校名单。

2008 年底　根据人力资源和社会保障部有关部门对本部的统计，本年度内共组织 3 个在外留学人员专家服务团到地震灾区工作；开展高层次留学人才回国资助试点和留学回国人员科技活动项目择优资助工作，共向 290 名留学回国人员资助 1409 万元科研启动费；研究起草了《关于构建留学人员回国服务体系的意见》；研究起草了《中国留学人员回国创业启动支持计划（草案）》。

本年度　2008 年中国在外留学生遇害事件：●3 月 16 日，就读于法国巴黎的一名中国男留学生，在巴黎第三区蓬皮杜中心附近遇刺身亡。其他当事人给警方的供词称，16 日凌晨 3 时左右，来自中国的几名留学生夜宵之后走出餐厅，与当地青年发生争执。在被对方用酒瓶投掷后，双方发生肢体冲突。一名天津籍留学生受重伤不治身亡。另有一名中国学生受伤。●3 月 19 日，在日本和歌山大学研究生院攻读硕士的中国留学生石小宁（26 岁）被发现在大阪市东成区东中本一丁目公寓家中被害；经东成警署 3 月 21 日进行司法解剖发现，死因为头部被钝器击伤导致死亡；大阪府警搜查一科及东成警署以杀人案展开调查。和歌山大学校方表示，石同学于 2005 年 10 月赴日留学，本定于 2008 年 3 月 25 日从该校经济学研究科毕业，是个老实认真的好学生。●8 月，两名在英国纽卡斯尔市的中国留学生被发现惨死于所住公寓中。警方在纽卡斯尔市西区一栋公寓的一楼，发现一男一女两名中国学生分别死在各自床上，案发现场"极为残酷"。据检查，男子死于严重的脑伤，女子也脑部受创，并且"可能死于窒息"。经调查和审讯，纽卡斯尔中国留学生杨振兴和女友周茜这对年轻情侣遇害案件的凶手是来自大连的曹光辉；2009 年 5 月 19 日纽卡斯尔法庭判曹光辉终身监禁，法官特别指出，最少需要服刑 33 年才能考虑假释。警方表示，被害人两人户口内的 20 万英镑是过去三年累计存入的，其中一部分是他们在英国做足球比赛评述员时的收入。据被害人家长回忆，孩子总是说英国治安条件稳定，人与人之间相处也比较和睦，正因为这种同情之心，凶手当时说没有地方住，他们两个也没有核实身份、也没有看护照，就简单的让他入住，所以才吃这个亏。

2009 年

1 月 10 日　2009 年全比利时中国留学生工作会议在中国驻比利时使馆教育处召开。

1月10日　英国驻华使馆文化教育处在北京举办2009留英校友职业发展研讨会暨小型专场招聘会，以帮助留学英国的中国学子应对金融危机带来的求职"寒冬"。●自2005年起已举办五届留英校友招聘会。除北京外，还在上海、广州和重庆三地同期举行。

1月10日　中国一名留学生在莫斯科大学校内被当地"光头党"成员连捅18刀。

1月12日　中科院常务副院长白春礼在中科院年度工作会议上表示，人才培养引进系统工程将把中科院各类人才计划整合为"高层次人才培养引进计划"、"优秀青年人才培育计划"、"支撑与管理人才培养计划"、"海外智力引进与人才国际交流培养计划"4大计划。具体目标在未来5年内，引进海外高层次人才和领军人才600名，引进培养学术技术带头人600名，培养造就优秀支撑和管理人才600名，培养支持青年创新人才6000名，吸引和资助海外优秀学者和外国科学家1500名来院工作。

1月17日　全法中国留学人员工作会议在中国驻法使馆教育处召开。

1月20日　国防部外事办公室发表《改革开放以来的中国对外军事交流与合作》的文章，披露改革开放以后全军先后派遣军事留学生2000多名赴30多个国家的120多个外国军事院校学习。其中2003年以后全军派遣1700多名干部出国留学、600名师旅主官到国外考察培训。

1月21日　美国弗吉尼亚理工大学的中国留学生朱××残忍杀害来自北京的22岁中国女留学生杨×。

1月22日　国务院侨办和教育部印发《关于华侨子女回国接受义务教育相关问题的规定》。该《规定》中所称华侨子女是指定居国外的中国公民子女。

1月24日　全国人大常委会副委员长、欧美同学会·中国留学人员联谊会会长韩启德致信海内外留学人员及亲属祝贺新春。

1月30日　温家宝总理访问德国期间，在柏林中国文化中心与在德中国留学生、华人华侨和使馆工作人员举行联欢会，并同台演唱、共度春节。

1月31日　中国留学生徐锦晶创作的油画《依偎》由在马德里大学留学的中国留学生代表吴华转送给正在西班牙访问的温家宝总理。温总理在电话中向徐锦晶同学表示感谢。《依偎》是徐锦晶根据2008年5月14日温家宝总理抵达地震重灾区四川北川县察看灾情、看望灾民的两张新闻图片构思而来。许锦晶2001年前从四川到西班牙出国留学，创作《依偎》时在萨拉曼卡大学美术系读大学三年级。

2月9日　中共中央在北京人民大会堂举行元宵节联欢晚会，胡锦涛、吴邦国、温家宝、贾庆林、李长春、李克强、贺国强、周永康等党和国家领导人同首都知识界代表出席；其中有十余名优秀留学回国人员代表应邀参加。

2月13日　由十余个部级单位共同组成的留学人员回国服务工作部际联席会议召开。联席会议组长、中组部副部长、人力资源和社会保障部部长尹蔚民出席会议并指出，自2003年成立联席会议以来，我国留学回国人员总数由17万人发展到约37万人，成为全面建设小康社会的一支生力军。

2月6日　《人民日报海外版》海外学子版开辟《改革开放首批赴美留学生》专题栏目，开始连载介绍1978年12月26日首批52名赴美留学人员留学与创业经历的文章。

2月　澳大利亚政府在联邦议会听证会上承认，在 2007 年 2 月至 2008 年 2 月期间，有 51 名外国留学生因遭歹徒杀害、交通事故、病故和意外等各种原因死亡。澳洲当时有 13 万中国学生和 9 万多名印度学生。海外留学生每年给澳洲带来 125 亿美元的外汇收入，创造了 12.5 万个就业机会，是澳洲第三大外汇收入。●2009 年 6 月 30 日，澳大利亚塔斯马尼亚州警方在州首府霍巴特西部 60 公里处的廷纳河边发现一具中国女学生的尸体。当地警方根据相关线索，已经抓捕两名犯罪嫌疑人。●2009 年 7 月 1 日，澳洲新快网报道，为保护澳洲 155 亿元每年的留学教育市场，澳洲大约有 50 名左右的留学生死亡事故被法医掩盖。《悉尼晨锋报》的一项调查显示，过去一年中，实际的死亡案例至少有 54 人，并且该数据还有可能继续上升；其中大约有一半的案例受害者为印度人，第二大受害群体来自中国和韩国。●2009 年 7 月 7 日，针对中国女留学生在澳大利亚不幸遇害一事，中国驻澳大利亚大使馆教育处在澳首都堪培拉召开"澳大利亚安全留学宣讲会"，驻澳大使馆领事部官员以及堪培拉首都地区中国学生联合会代表等参加。中国驻澳大利亚使馆教育处公使衔参赞王永达在会上说，中国政府高度重视中国留学生在澳大利亚学习期间的人身和财产安全，强调留学生务必高度重视个人安全问题，加强自我保护意识，时刻防范可能发生的危险。

3月上旬　全国人大和全国政协"两会"期间，中国在外留学人员关注"两会"情况。●在比利时的中国留学生陈芳同学表示，从两会开幕的第一天开始，她和同学就一直在讨论，有时候还聚在一起上网关注两会议题；因为毕业后打算回国发展，因此两会有关就业方面的议题是留学生关注的重点。●意大利佛罗伦萨大学中国留学生吴昌宇和陈尧认为，虽然面临巨大的困难和各种挑战，中国今年还是提出了保持经济增长 8% 左右的目标，这本身就传递出一种信心；温家宝总理关于把促进高校毕业生就业放在突出位置和坚持优先发展教育事业的重要论述令人深受鼓舞。●全日本中国留学人员友好联谊会会长李光哲指出，在外留学人员最关心祖国构建和谐社会的进展以及中国在全球政治、经济和文化中扮演的角色，温家宝总理的政府工作报告让大家找到了答案；虽然中国面临巨大的困难和挑战，但政府工作报告提出了应对挑战、着眼长远的一系列政策措施，这本身就为留日学子传达出一种信心；而这种信心无疑也会影响、带动全世界的和谐发展，向世界展示一个负责任大国的形象。

3月 25 日　教育部召开 2009 年第六次新闻发布会，教育部国际司司长张秀琴女士和国家留学基金委秘书长刘京辉女士介绍我国出国留学事业发展方面的情况。

3月 26 日　因有举报中国留学生涉嫌贿赂法国土伦大学买文凭，法国马塞检察院依涉及腐败、贿赂和诈骗罪嫌疑对此展开调查。

3月 27 日　日本兵库县立大学与中国四川大学在明石市兵库县立大学地域保护开发研究所联合举办四川震灾受灾者的健康与生活等调查报告会。兵库县立大学中国留学生张晓春等人，对震灾受灾者中约 100 名小学生进行了调查。

3月 27 日　经国内专家终审评定并报教育部批准后对外公布，共确定 305 人为"2008 年国家优秀自费留学生奖学金"获奖者，奖励金额每人 5000 美元。2008 年"国家优秀自费留学生奖学金"项目在 32 个国家实施。中国驻有关国家使（领）馆教育处（组）共向国内推荐 458 名候选人。获奖者所学专业涵盖文、理、工、农、医、经管等学科，涉及 40 余个专业方向。中国驻有关国家使（领）馆教育处（组）陆续进行颁奖活动。

3 月 31 日　纪念中国留学服务中心成立 20 周年茶话会举行。教育部部长周济发贺信，教育部副部长章新胜、李卫红到会祝贺。中国留学服务中心历届四任主任王仲达、沃守信、方茂田、白章德等近 200 人参加。

3 月　中国在澳大利亚会计专业女留学生 Ting Xiang 与其男友新加坡籍法律系学生 Poh Leong Kee 在塔州大学附近遭到澳大利亚霍巴特市一男子 Shawn Woolley 的袭击。●2010 年 2 月 23 日，澳大利亚塔斯马尼亚州高级法院 Alan Blow 法官宣布判处 20 岁的 Shawn Woolley9 个月的缓刑及 175 小时社区服务。

3 月底　美国国土安全部公布 2008 年移民报告。报告显示，2008 年加入美国国籍的新移民达到 104.7 万人，比上一年猛增 58%。其中中国大陆获准移民为 4.0017 万人，占总数的 3.8%，创历史新高，比 2007 年度增加 21%，居第 4 位，仅次于墨西哥裔、印度裔和菲律宾裔的移民人数。2008 年美国共发放绿卡 110.7 万张，比 2007 年增加 5 万张。其中，新批准中国大陆出生的绿卡持有者为 8.0271 万人，比 2007 年增加 3600 多人，占绿卡审批比例的 7.3%，次于墨西哥出生者 17% 的比例居第二位，高于印度 5.7% 和菲律宾 4.9% 的比例。●有资料显示，1980—1989 年，中国大陆移民获得美国绿卡人数为 17 万多人，约是上个 10 年的 10 倍；1990—1999 年，这一数字增长为 34 万人，约为上个 10 年的 10 倍。在德国，加入德国籍的中国公民每年为 1000 人左右，占每年入德国籍的外国人的 1%；尽管入籍人数不多，但在德华人的总数已经超过 7 万名。根据英国内政部的官方统计，在英的华人已经超过 20 万人。

4 月 3 日　纽约大学中国学生学者联谊会（NYUCSSA）在华盛顿广场校园举行新一届换届选举，并首次向公众开放选举过程。

4 月 9 日　青海省教育厅召开公派留学回国人员座谈会。

4 月 12 日　国务委员刘延东访问美国期间在中国驻纽约总领馆会见当地留学生代表。

4 月 15 日　国务委员刘延东出席中国驻美国大使馆二〇〇八年度"国家优秀自费留学生奖学金"颁奖仪式。

4 月 15 日　教育部网站发布 2009 年第 1 号留学预警（总第 42 期）。提示新加坡两所私立学校因生源不足倒闭以及 16 所私立学校退出新加坡"消协保证标志教育认证计划"，不能再招收国际学生。

4 月　中国外交部连续发布三条安全警示，提请在外留学人员注意人身安全。起因是泰国、澳大利亚和尼日利亚接连出现中国公民人身安全事件。●7 月 30 日，中国外交部再次对在澳洲中国留学生安全形势提出重大警告。起因为四名中国留学生 7 月底在黄金海岸遭数名当地人殴打，其中一名学生重伤，脸部骨折，其余三名学生轻伤。

4 月 16 日—17 日　国务委员刘延东在华盛顿出席中美两国教育部《关于推动高等教育交流与合作的联合声明》，两国科技部《关于中美暑期青年学者交流计划》的签字仪式。

4 月 18 日　私立浙江楷博新通留学预科学院发布《中国留学教育现状调研白皮书》。

4月18日 "中国·张家港引进海外人才、科技项目推介会"在日本东京举行。

4月25日 国务委员刘延东在中国驻新加坡大使馆会见中国留学生和学者代表。

4月25日 由中国留学生举办首届爱尔兰华人学术论坛在都柏林理工大学 Kevin Street 校区举行，近50名来自爱尔兰各个大学的博士生和博士后留学人员以及全爱尔兰学生学者联谊会的代表出席，其中国家公派留学生有20多人。论坛主题是分析爱尔兰高等教育现状，探讨中国留学生在爱尔兰进行博士以及博士后研究时所遇到的问题和解决办法。中国驻爱尔兰使馆教育组董会庆教授、都柏林大学孔子学院校长王黎明博士以及全爱学联副主席曾强先生先后发表演讲，全爱学联主席刘宇鹏主持。

4月26日 "中国留日同学会为国服务科技示范园"在宁夏永宁县三沙园正式挂牌成立。

4月28日 日本众议院议长河野洋平在议长官邸会见全日本中国留学生学友会会长胡昂等20位中国留学生代表。

5月1日 日本独立行政法人日本学生支援机构（JZSSO）2009年12月公布的以大学、短期大学和专修学校为对象的调查显示，截至5月1日，日本各大学在籍的外国留学生达到13万2720人，与2008年同期相比，增加7.2%。这已经是在日外国留学生人数连续第三年呈现出增加趋势。按照留学生祖籍国或地区划分，在所有的在日外国留学生中，中国大陆学生最多，为7万9082人，占59.6%。比2008年同期增加6316人；其次为韩国学生，为1万9605人；排在第三位的是中国台湾学生，有5332人，比2008年同期增加250人；在日华人留学生高达8万4414人，创历史新高；来自亚洲的留学生占92.3%。

5月11日—16日 成都、济南、北京先后确诊内地第1、2、3例甲型H1N1输入型流感，均为中国留学生包同学（留美）、吕同学（留加）和刘同学（留美）携带回国。●北京市卫生局表示，刘同学从回国到就诊期间表现出高度社会责任感，如未进行过多社会交往，所有活动作有记录，包括在打车时也没忘记留下票根，为疾控部门查找密切接触者提供了依据。●5月13日，美国哥伦比亚大学一中国留学生盛同学发出倡议，建议留学生推迟回国，以对祖国和家人负责。●5月17日，温家宝总理到北京地坛医院看望此前一天在北京地区被确诊为首例甲型H1N1流感的患者——在美国纽约州某大学留学并临时回国的18岁女留学生。温总理通过视频对刘同学说："我们来看看你"，"祖国是广大留学生的家。我们都很关心你们的健康，希望你们爱护好自己的身体，在一些有流感疫情国家学习的留学生要多了解自身防护知识，回国后对国家所采取的防控措施给予理解。"●5月18日，全国人大常委会副委员长、欧美同学会·中国留学人员联谊会会长韩启德向海外留学人员发表慰问信。●5月20日，受刘延东国务委员的委托，教育部主管国际合作与交流的副部长郝平代表周济部长与驻有关国家使、领馆教育处、组负责人通电话，了解中国在当地留学人员健康情况，并转达了刘延东国务委员、周济部长对广大在外留学人员的亲切问候和良好祝愿。郝平说，自从甲型H1N1流感疫情暴发以来，中央领导高度重视，党和政府采取积极措施，全力防控，保障人民的生命安全；刘延东国务委员十分关心广大在海外留学人员和驻外教育外事工作者；在当前疫情蔓延时期，我驻外使、领馆教育处、组应该更加关心在外留学人员的健康和安全，提高服务意识和服务水平，创造性地开展工作，利用多种渠道，采取多种措施，提醒广大在外留学人员多了解一些关于甲型 H1N1 流感防护方面的知识，提高自我防护能力。

5月26日　有媒体报道，据不完全统计，近几年，北京每年参加"美国高考（AST）"的高中生超过 3000 人，其中不少人在中国高考前便顺利获得美国高校的录取通知书。

5月27日　欧盟 27 个成员国代表正式通过旨在吸引外国高技术人才的"蓝卡"计划。

5月　李喜所主编并分别由徐玲著《留学生与中国考古学》、胡延峰著《留学生与中国心理学》、李秀云著《留学生与中国新闻学》、裴艳著《留学生与中国法学》、李翠莲著《留美生与中国经济学》、陈新华著《留美生与中国社会学》、李春雷著《留美生与中国历史学》、陈志科著《留美生与中国教育学》等，由南开大学出版社出版。

6月4日　美国国务院负责领事事务的副助理国务卿戴维·多纳休向法新社记者表示，美国正给面向研究人员和高校研究生的签证发放过程提速，以免人才转赴他国。

6月11日　北京市海外学人工作联席会举行第一次工作会议。

6月16日　英国《每日电讯报》网站报道，专家们估计，英国可能有多达 2000 家假院校，致使数万名冒牌学生得以进入英国。

6月17日　中国驻南非大使钟建华在大使官邸为留学生举办西藏问题专题讲座，来自比勒陀利亚地区各大学和南非工业科学院的中国学者、留学生 30 多人应邀参加。

6月18日　济南市政府宣布将每年专列 1 亿元财政资金，用于引进海内外高层次创新型人才计划。该计划从今年起至 2013 年，重点引进和支持 150 名能够提高城市竞争力、推动高新技术产业发展的高层次创新创业人才，其中进入各类园区创业发展的高层次人才要达 100 人。

6月24日　第四届中英教育部长峰会在伦敦举行，教育部部长周济和英国商务、创新与技能部国务大臣麦克法登就就中英卓越奖学金项目、学历学位互相承认等交换意见并签署《中华人民共和国教育部与代表大不列颠及北爱尔兰联合王国的商务、创新与技能部就进一步推动教育交流与合作的联合声明》。教育部国际合作与交流司司长张秀琴女士表示，这是 2005 年中英两国政府教育磋商机制启动后的第四个联合声明；声明对中国留学生最重要的内容是双方均鼓励学生交流。

6月24日　教育部发布 2009 年第 2 号（总第 43 期）留学预警。预警提示：根据新加坡消费者协会公布的信息，又有 10 所私立学校退出新加坡"消协保证标志教育认证计划"。按照新加坡政府规定，一旦放弃"消协保证标志教育认证计划"资格，就不能再招收国际学生。另据了解，新加坡政府将在今年年底前实施"教育信托保障计划"，整顿私立学校。大批私立学校面临"关、停、并、转"，退出新加坡私立教育市场。为此，教育部提醒留学人员选择新加坡私立学校留学务必慎重。

6月　教育部留学服务中心完成本年度第 1 批、总第 35 批留学回国人员科研启动基金专家评审工作；经教育部批准资助 578 人，资助总额 1591 万元，平均资助额度 2.75 万元。●10 月，教育部留学服务中心完成本年度第 2 批、总第 36 批留学回国人员科研启动基金专家评审工作；经教育部批准资助 411 人，资助总额 1322.5 万元，平均资助额度 3.2 万元。

6 月 25 日 重庆欧美同学会举行成立大会。重庆欧美同学会原为重庆海外联谊会归国博士分会。

6 月 29 日 中国驻捷克使馆教育组举行中国留学生座谈会，教育部国际司司长张秀琴出席座谈会并指出，留学生管理已从过去单纯的管理逐步转变到以服务为主。

6 月 29 日 德意志学术交流中心公布的数据表明，中国学生占德国大学外国留学生人数的 10%，构成德国最大的留学生群体。德意志学术交流中心说，2008 年在德国高校求学的外国留学生逾 23.3 万人，德国是仅次于美国和英国的世界第三大留学生接纳国。●日本政府发表的 2008 年度《科学技术白皮书》刊载 2007 年主要国家接受留学生数量的对比表，美国为 58.3 万人、英国 37.6 万人、法国 26.3 万人、澳大利亚 25.1 万人、德国 24.6 万人、中国 16.3 万人、日本 12.4 万人。

7 月 5 日 教育部长周济在巴黎与留法学者座谈时呼吁留法学子抓住机遇，为祖国的强盛做出贡献。座谈会上，来自法国各地大学及研究机构的中国学者先后发言，分别从自己的亲身经历及经验、通过中法对比，为进一步改进中国的教育提出有见地的看法。

7 月 6 日 教育部长周济在法国巴黎出席联合国教科文举办的"世界高等教育大会"期间与法国高等教育与科研部长瓦莱里·贝克雷斯女士会谈时表示，中国将继续坚持改革开放，支持更多优秀中国学生到法国学习。

7 月 6 日 教育涉外监管信息网和中国留学网公布第 13 版《中国公民主要留学目的国正规高等学校名单》，并更新了南非、瑞典、瑞士、加拿大、奥地利、比利时、丹麦、德国、日本等 10 个国家的可认证高等院校。该名单基本涵盖了中国公民主要留学目的地国的 33 个国家中 1 万多所可认证的正规高等院校。

7 月 7 日 北京高校出国留学工作研究会 2009 年年会暨北京—内蒙古高校出国留学工作交流会在内蒙古自治区呼和浩特市的内蒙古师范大学召开，北京和内蒙古两地 30 余所高校的 40 名代表出席；会议就出国留学工作发展规律、"国家建设高水平大学公派研究生派出项目"阶段性成果和存在问题、如何吸引高水平人才及他们回国后的服务管理以及留学效益等问题进行讨论。

7 月 新疆维吾尔自治区首府乌鲁木齐发生"7·5"打砸抢烧严重暴力犯罪事件后，中国在俄罗斯、法国、日本、德国、韩国、葡萄牙等国家的留学生和学者先后以各种方式予以强烈谴责，并表示支持中国政府采取措施维护社会稳定和民族团结。

7 月 王辉耀著《人才战争》由中信出版社出版。

7 月 王雪萍著《当代中国留学政策研究——1980—1984 赴日国家公派本科留学生政策始末》由世界知识出版社出版。

7 月 教育涉外服务与管理丛书编委会编《相互承认学历学位协议汇编》由高等教育出版社出版。

7 月 14 日 日本法务省入国管理局发布统计数据，2008 年在日本大学等毕业后在日本就职的中国留学生为 7651 人，比 2007 年增加 112 人，增长 1.5%，就职率占外国留学生就职总数的 69.3%，排名第一；2008 年从中国来日就职人数达 5467 人，比 2007 年增加 1620 人，增长 22.9%，排名第一；两者相加，2007 年中国人在日就职人数达到 13,118 人。

7 月 15 日　澳洲新快网报道，又有 36 名留学生因违反留学课程规定被澳大利亚移民局拘留。据澳大利亚政府提供的数据显示，从 2001 年起大约已有 2646 名留学生被羁押，其中大多数来自中国大陆。当地媒体据此批评移民和留学中介机构存在腐败行为。●8 月 11 日，澳大利亚驻华大使馆教育处向记者表示，最近有报道称 22 名中国留学因旷课和成绩差而在澳被拘，该处经与澳大利亚驻华大使馆签证处核实后了解到，目前确有 22 名曾经持有学生签证的中国人现被扣留在拘留中心，但他们并非因为违反学校出勤率或未达到最低课程要求而被拘留。其中有些人在其学生签证过期后始终拒绝遵守签证条款或拒绝离境，从而导致被移民局拘留，以便将其遣返。

7 月 15 日　日本外务省在东京举行 2009 年度外务大臣表彰奖颁奖典礼，日本侨报社总编辑、日本湖南人会会长段跃中成为第一个获得该奖项的在日中国人。日本外务大臣中曾根弘文出席颁奖典礼并为段跃中等 67 人并 25 个团体颁奖。●段跃中于 1991 年赴日留学，2000 年获博士学位。

7 月 22 日　一名就读于韩国培材大学的中国留学生在韩国大田市宿舍中遇害身亡。

7 月 24 日　中国留学生卢××（19 岁）、季×（24 岁）和张×共同杀害在英国利兹经营中餐外卖店的中国福建籍薛建和谢琴夫妇。●7 月 26 日，张×预感事已败露，即从曼城机场返回中国；卢××和季×被英国警方逮捕。●2010 年 3 月 17 日，经过 7 周的法庭审理，利兹刑事法院 12 人的陪审团一致裁定，中国留学生卢××和季×谋杀、绑架罪名成立。利兹刑事法院大法官 Justice King 谴责两名留学生，虽然年轻但心存恶念，谋财害命，犯下滔天大罪，故判处卢××绑架罪 16 年有期徒刑，杀人罪无期徒刑；判季×× 绑架罪 13 年徒刑，杀人罪无期徒刑，数罪并罚，执行无期徒刑。法官表示他们两人属于罪大恶极，必须在监狱中服刑至少 34 年才能考虑是否减刑。这是英国华人历史上第一次有留学生被判无期徒刑。西约克郡的高级警官 Bill Shackleton 同时表示，正与中国警方合作，要将逃往中国的犯罪嫌疑人张 X 押回英国接受法律制裁。

7 月 27 日　据人民网报道，河南省起启动"中原崛起百千万海外人才引进工程"，计划在 5—10 年时间引进一批高层次及其他层次海外各类人才。

7 月 29 日　教育部就新加坡又一私立学校倒闭事，提醒出国留学人员选择质量有保障的学校。

7 月 31 日　教育部发布 2009 年第 3 号（总第 44 期）留学预警，针对两名在马来西亚的中国女留学生因在帮人携带的行李中藏有毒品，入境时被我国海关查获并被刑事拘留一案，提醒留学人员不要轻易帮人携带物品入境，以免被贩毒分子利用。●2008 年 5 月 17 日，新加坡一名牌大学中国留学生金某放假回江苏镇江期间，因非法持有 318 克毒品 K 粉，被镇江润州警方刑事拘留。●2009 年 3 月 8 日，两名在马来西亚留学的中国女学生，因帮人携带藏有毒品的行李回国，入境后被中国海口海关查获并被刑事拘留。●2009 年 6

月 28 日，北京边检总站遣返所接收被新西兰警方遣返回国的中国留学生夏某。夏某于 2004 年前往新西兰留学后，因与多名中国留学生合伙利用感冒药做原料提炼制造毒品被当地警方逮捕；2008 年初，夏某等几名中国留学生因犯制造、贩卖毒品罪被当地法院判处 5—8 年徒刑。

7 月　《中国人才》杂志发表《21 世纪留学回国政策暨工作大事记》。

8 月 4—10 日　党中央、国务院邀请 60 位新中国成立以来各个时期各个领域创新创业创优优秀人才代表来到北戴河休假，其中有留学回国创新创业人才；1978 年赴美留学人员、清华大学校学术委员会委员、中国工程院院士柳百成，全国留学回国人员成就奖获得者、北京创毅视讯科技有限公司总裁张辉等留学回国人员参加休假；此次休假活动的主题为"60 年辉煌成就与我国人才的贡献"。●8 月 4 日，中共中央政治局委员、中央书记处书记、中央组织部部长李源潮，国务委员兼国务院秘书长马凯代表党中央、国务院来到北戴河专家住地，看望休假的优秀人才代表及家属并听取专家意见；国务院副秘书长、机关事务管理局局长焦焕成，教育部部长周济，科技部党组书记、副部长李学勇等一起看望。

8 月 6 日　欧盟委员会宣布扩充欧盟伊拉斯谟世界教育计划的规模，新增选的 50 门硕士课程以及 13 个联合博士学位将从 2010—2011 学年开始接受来自世界各地的学生报名。●伊拉斯谟世界教育计划是 2003 年欧洲议会和欧盟理事会批准通过的一项重要学术交流计划，旨在通过与欧盟以外的国家合作，提高欧洲高等教育质量并推动文化间的交流与理解，该计划的总体目标是在世界上众多尖端技术人才云集美国的局面下，将全世界最优秀的学生和学者吸引到欧洲。●欧盟委员会 2009 年 6 月公布的该计划 2009—2010 学年的奖学金名单，共有 8385 名获奖学生和学者将在欧洲学习或教学，另外 1561 名获奖的欧洲学生将在欧洲以外国家学习或教学。获得奖学金的学生来自 105 个国家，其中中国最多，共有 188 人；学者共来自 75 个国家，其中美国最多，中国有 43 人，占第二位。

8 月 7 日　据第二届"中国—东盟教育交流周"披露，中国在东盟国家的各类留学人员已达到 68，510 人。参加交流周活动的各国代表表示，将采取多种措施不断扩大中国与东盟国家之间的学生流动，加快学历、学位互认的进程，相互间开设语言、文化、历史课程，以增进本地区青少年对各国情况的了解；深化大学之间和学者之间的学术交流合作，开展在本地区最为急需领域的科研合作，联合培养博士、硕士；以中国—东盟教育信息网为平台，为扩大相互间的教育、科研、人员的交流，特别是为中国和东盟寻找学习机会的学生提供有效的信息资源；鼓励教师到对方国家攻读博士学位或从事高水平的学术研究和培训；积极推进校际间的学分互认，不断扩大学生流动的规模；增加奖学金项目和数量；通过共同努力，争取实现 2020 年"双 10 万学生"的流动计划，即中国到东盟和东盟来华留学生均达到 10 万人次。●2008 年 7 月 26 日，由外交部、教育部、贵州省人民政府主办，贵州大学承办的首届"中国—东盟教育交流周"在贵州举行，发表旨在加强多边教育交流合作的《贵阳声明》，21 所东盟大学和 16 所国内大学达成了 50 多项合作协议。

8 月 8 日　中国留学人才发展基金会全球留学人员服务平台"留学人员交友、择友"服务式启动暨首次大型派对活动在上海举行。

8月10日　教育部网站发布消息，针对近期中国个别在外留学人员遭遇被杀、车祸、受骗等人身伤亡和财产损失的情况，教育部有关负责人提醒广大在外留学人员注意人身财产安全；要求出国留学相关机构要以高度责任感，扎实、深入、细致地开展安全教育工作；要求中国驻外使（领）馆教育处（组）切实维护我在外留学人员的权益。

8月14日　教育部出国留学人员培训部成立30周年纪念会在重庆举行，教育部副部长郝平签发贺信。●据教育部有关机构统计，教育部出国留学人员培训部自1979年成立以来，分别设于11所教育部直属高等院校内的培训部累计培训各类学员近40万人，其中培训国家公派留学人员近10万人次；2001年至2008年期间，11所培训部共出版各类培训教材280册（套），培训部教员发表论文近1340篇。●11所培训部分别设在北京外国语大学、北京语言大学、大连外国语学院、东北师范大学、广东外语外贸大学、上海外国语大学、四川大学、四川外语学院、同济大学、西安外国语大学和中山大学内，培训课程有英、法、西、意、俄、德、日、韩等语种；教学场地约有7万多平方米，教职员工近340人，其中具有副教授以上职称的教师占师资总数的39%。

8月16日　中国赴日本国留学生预备学校30周年校庆活动在东北师范大学举行。教育部副部长郝平出席并致词，还与日本文部省文部科学审议官森口泰孝共同为留日预校30周年校庆中日友谊树纪念石揭幕。日本国驻华大使馆宫本雄二大使签发贺信。中日双方有关人士及校友近300人出席。●中国赴日本国留学生预备学校是根据中日两国政府间教育交流协议，于1979年3月在东北师范大学内创办的，专为赴日留学预备人员进行日语强化培训，是中日邦交正常化后两国教育合作交流的最大项目。●留日预校建校30年来已培训10102名学生，其中国家公派赴日留学生3600多人。

8月17日　欧美同学会·中国留学人员联谊会海外留学人员座谈会在北京召开。中共中央政治局委员、中央书记处书记、中组部部长李源潮参加座谈会，听取对与会者人才工作的意见。全国人大常委会副委员长、欧美同学会·中国留学人员联谊会会长韩启德，全国政协副主席、中共中央统战部部长杜青林出席开幕式。中组部副部长李智勇向与会人员作关于"国家人才引进计划"进展情况的报告。来自美、英、法等11多个国家和地区的海外留学人员与国内部分省区市留学人员团体负责人，以及中组部、中央统战部、教育部、科技部、中科院、中国工程院负责人约110人参加会议。

8月　《中国人才》杂志发表《1992年以来部分地方政府吸引与鼓励留学人员政策文件要目概览》。

9月2日　北京有媒体报道，据不完全统计，2009年参加美国SAT的中国大陆考生数字已突破1.5万人；而2002年参加美国SAT的中国大陆考生只有200多人。●美国的SAT（学术能力评估考试）和ACT（美国大学入学考试）是两项中国大陆学生自行申请国外学校并直接参加的国外大学入学考试。

9月6日　据新华驻开罗记者冯康王薇报道，此期间内在埃及艾资哈尔大学留学的中国穆斯林留学生约有1200人。艾资哈尔大学是一所综合性大学，具有千余年的历史，对全世界穆斯林都有深远的影响；该校只招收穆斯林学生，此期间内约有来自70多个国家的一万多名留学生，主要学习阿拉伯语和伊斯兰宗教知识等。●9月25日，为庆祝新中国成立 60 周年，中国驻埃及使馆教育处组织在埃及艾资哈尔大学、开罗大学、苏伊士运河大学等高等院校留学的 400 多名中国各族学生，在开罗艾因·夏姆斯大学工程系体育场举行中国旅埃各族留学生运动会。

9 月 6 日　教育部公布 2008 年度 135 位长江学者特聘教授、109 位长江学者讲座教授和 5 位长江学者成就奖人选名单。

9 月 7 日　《人民日报》开辟《独家对话·几代"海归"看变迁》专题栏目，开始连载优秀留学回国人员回忆各自留学与创业经历的文章。

9 月 9 日　中科院 16 个研究所联合赴纽约招聘海外高层次人才。这是该院近年来在美国举行的规模最大的高级人才招聘活动。一旦符合入选条件，每人可获得 100 万人民币的个人生活经费补助；科研经费可高达上千万元人民币，且"上不封顶，一事一议"。

9 月 10 日　德国之声电台网站报道，在德国留学人员、华人企业家张逸讷当选德国北威州卡尔斯特市议员，成为德国历史上第一位入选市议会的华人议员。张逸讷 1980 年到德国留学，毕业后曾在德国的研究所和企业工作，2001 年创办企业。张逸讷热衷于参加社会活动和公益事业。他从学生时代就开始担任学生会主席，毕业后也积极参与学联等各种社会团体，还在德中友协担任理事。2008 年四川地震后，张逸讷同一批上世纪 80 年代留德华人成立了"逸远慈善与教育基金会"，并担任理事会主席。

9 月 11 日　中国留学服务中心与黑龙江黑河学院合作建立赴俄留学培训中心揭牌。

9 月 12 日　中国留学生在中国驻俄罗斯大使馆举办"歌唱祖国"音乐会。莫斯科 30 所高校百余名中国留学生、留学生导师和使馆工作人员 140 多人参加。

9 月 12—13 日

中国留德学者计算机学会在德国海德堡举办了首次全德 IT 战略公开研讨会，就德国 IT 行业现状和发展趋势进行探讨。9 月 13 日　教育部公布 2008 年度长江学者 135 位特聘教授和 109 位讲座教授名单。

9 月 13—14 日　中国留学人员创业园联盟一届二次会议暨第十届全国留学人员创业网络年会在烟台召开。全国 95 家留学人员创业园的代表近 200 人，以及来自山东省有关部门、科技部、教育部、人力资源和社会保障部、国家外国专家局、中国致公党等有关部门，留学人员服务机构等单位的负责人 100 多人共同出席了会议。会议对《国家留学人员创业园认定与管理办法（草案征求意见稿）》进行了讨论。

9 月 14 日　日本"莱恩帕里斯二十一"房产中介公司宣布，已在中国上海成立全资子公司，开始为到日本留学的中国人介绍住房。

9 月 14—15 日　澳大利亚召开留学生事务圆桌会议，安全问题是主要议题之一。2009 年初发生多宗针对印度学生的暴力事件后，年收入 155 亿元的澳洲教育出口市场受到广泛关注。澳洲联邦副总理兼教育部长吉拉迪主持会议并向来自世界各地的 31 位留学生代表表示，你们带给大会的声音是非常重要的；你们愿意参与交流并表达你们的观点和看法，将会有助于改变情况。吉拉迪强调，澳洲政府正采取行动来确保全体国际学生的福祉和安全，并已采取一些措施来加强对留学生的保护，包括增派警员保护学生及设立接受留学生投诉的热线电话。

9月17日　全日本中国留学人员友好联谊会在东京奥林匹克综合青少年中心举办文化晚会——《我与祖国心连心》，庆祝中华人民共和国成立60周年。中国留日学生和近200名日本友人等各界人士约1千人出席晚会。中国驻日本国大使崔天凯、驻日教育公参孙建明等观看演出；崔天凯大使率大使馆部分馆员为观众演唱歌曲《中国，中国，鲜红的太阳永不落》。

9月17日　留学回国后在浙江大学任讲师的涂××博士于凌晨2点留下6页遗书后从11层楼顶跳下自杀，年仅32岁。●10月22日，华商报报道，涂××高中毕业后被保送进入清华大学水利系，"9·11"之前顺利获得到签证，获全奖学金就读于美国西北大学土木工程系，6年后取得博士学位，留校从事博士后研究工作两年，于2009年6月初回国；海归也是高危群体，涂博士从归国到坠楼，不过3个月，就从逐渐焦虑到抑郁；网络盛传浙大曾经给该博士口头承诺，但却未能履行；涂××博士在遗书中表示："在此时刻，我认为当初的决定下得是草率的，事后的发展完全没有预计，感谢一些朋友事前的忠告。国内学术圈的现实：残酷、无信、无情。虽然因我的自以为是而忽视。"。浙大党委宣传部部长沈文华说，涂博士刚回国，适应环境有一个过程；学校让他当新生班主任，还让他参加一些学术会议的筹备工作，正是帮助他适应；但从事后看来，对他的关心还是稍微少了一点，没有注意到他的状态。

9月21日　人力资源和社会保障部印发《关于实施中国留学人员回国创业启动支持计划的意见》。

9月22日　中国驻温哥华总领事馆教育组召开当地华文媒体记者招待会，通过媒体向中国留学生传达祖国的关爱和期待，祝愿留学生们在加拿大健康成长，顺利完成学业，度过安全、愉快的留学生活。薛亚霏教育参赞呼吁中国留学生遵守当地法规，注意自身安全，不要让留学生变成的"流血生"，或是"溜学生"。薛亚霏表示，加西两省总共聚集约3万名中国留学生，随着赴加留学中国学生人数的快速增加，涉及留学生安全问题也相应增多，已经引起了中国教育部和驻温哥华总领馆教育组的高度重视。他结合自己多年从事留学生管理工作的经验，总结了留学生活中危及身心安全的17个隐忧。薛亚霏指出，留学生们务必要认识到，在外留学首要任务是安全，父母家人最大的希望是自己的孩子平平安安；其次是要培养团队精神，注意心理健康；第三，才是学习。薛亚霏说，教育组的工作任务包括留学生服务和管理；来自中国大陆、港台三地的留学生，只要与教育组联络、寻求支援，教育组都会一视同仁地给予帮助。

9月24日　世界知识出版社出版的《负笈海外汇聚京华——北京市海外学人工作30年回顾》画册首发式在北京举行；入选画册的优秀留学人员代表、画册编委会成员、从事海外学人工作相关机构的代表、北京市各留学人员创业园负责人等120余人出席。该画册由北京海外学人中心组织编辑，通过300余张图片大致反映了改革开放30年来北京市海外学人工作以及鼓励海外高层次人才来京创新创业的基本状况；其中66位优秀留学人员代表的图片和概况介绍了他们在北京工作或创业取得的业绩。

9月26日　中国驻美大使馆公使谢峰在庆祝建国60年留学人员专场招待会上透露，自改革开放以来，中国在美留学人员累计达40万人，目前在读的各类留学人员约9万余人。

9月 由欧美同学会·中国留学人员联谊会和中国留学人才发展基金会主办的首届中国留学人才归国创业腾飞奖设立。

9月29日 北京市委组织部、市侨办负责人与30余位海外华侨华人高层次科技人才举行座谈会，交流来京工作、创业优惠政策、措施及相关服务保障问题。

9月30日上午 海外高层次人才和留学回国人员国庆观礼团成员报告会在人民大会堂举行。中共中央政治局委员、中央书记处书记、中组部部长李源潮出席并讲话。国家人力资源和社会保障部部长尹蔚民作了介绍我国经济社会发展和人才工作情况的报告，丁肇中等4位观礼团成员作了发言。李源潮指出，海外高层次人才是我国现代化建设的特需人才资源，希望广大海外留学人员乘祖国发展东风，响应祖国召唤，回国创新创业，在报效国家中成就事业、实现理想。李源潮指出，新中国成立以来，特别是在改革开放和现代化建设进程中，党和国家高度重视人才，提出了关于人才工作的一系列重要思想，制定了人才强国战略。现在，我国正处在进一步发展的重要战略机遇期，国际竞争特别是人才竞争更趋激烈。我们要更好实施人才强国战略，依靠科技和人才走科学发展之路，努力确立国家人才竞争优势，争取早日进入人才强国行列。李源潮指出，我国发展越快越需要人才，尤其需要高端人才来引领国家跨越式提升。海外高层次人才是国家现代化建设亟需的紧缺人才。要加快实施引进海外高层次人才"千人计划"，不断创新和完善用人机制和人才环境，对引进的人才充分信任、放手使用，努力创造条件让他们留得住、干得好。同时，坚持"支持留学、鼓励回国、来去自由"方针，允许再出去，去"充电"、去合作，出去后还可再回来。希望更多海外留学人员回国创新创业，或以各种方式为国家繁荣富强服务，为中华民族的伟大复兴服务。

9月30日下午 中共中央总书记、国家主席、中央军委主席胡锦涛在人民大会堂3楼金色大厅会见党中央、国务院专门邀请参加新中国成立60周年国庆观礼活动的海外人才观礼团和优秀留学回国人才代表团的320多名成员并发表重要讲话。中共中央政治局常委、国务院总理温家宝，中共中央政治局常委、中央书记处书记、国家副主席习近平，中共中央政治局常委、国务院副总理李克强参加会见。中共中央政治局委员、国务委员刘延东，中共中央政治局委员、中央书记处书记、中组部部长李源潮，中央书记处书记、中央办公厅主任令计划，国务委员兼国务院秘书长马凯，国务委员戴秉国参加会见。胡锦涛等高兴地同海外人才回国观礼团和优秀留学回国人才代表团成员亲切握手，对大家参加国庆观礼活动表示热烈欢迎。胡锦涛在讲话中说，60年来祖国社会主义建设取得的辉煌成就，是全国各族人民团结奋斗的结果，也包含了广大海外人才和留学回国人才的奉献和功劳。胡锦涛代表党中央、国务院，向观礼团和代表团全体成员，向广大海外人才和留学回国人才，表示诚挚的问候和衷心的感谢。胡锦涛指出，实现社会主义现代化，实现中华民族伟大复兴，还有很长的路要走，还需要包括海外人才和留学回国人才在内的全体中华儿女长期艰苦奋斗；随着我国改革开放和社会主义现代化建设的不断推进，党和政府作出了实施人才强国战略的重大决策，为各类优秀人才施展才华提供了更加广阔的舞台。胡锦涛希望广大海外人才胸怀祖国、心系桑梓，继续以各种方式为祖国服务，为中华民族伟大复兴作出重要贡献；希望广大留学回国人才发扬光荣传统，开拓进取、扎实工作，努力创造出无愧于时代的辉煌业绩。

9月30日　爱尔兰中国学生学者联谊会在都柏林城市大学举办专场大型文艺晚会，庆祝中华人民共和国成立60周年暨中国与爱尔兰建交30周年。来自全爱各地的近千名中国留学生、华人华侨及部分高校校长和国际合作办公室主任等应邀出席。来自全爱各个中国学联分会的同学与爱尔兰同学共同表演文艺节目。中国驻爱尔兰大使刘碧伟夫妇、爱尔兰教育科学部部长奥基夫夫妇、都柏林城市大学校长布朗金斯基教授出席并分别致辞。中使馆教育组一等秘书董会庆陪同刘大使夫妇出席。

9月　波兰与中国之间的首个大学联盟成立，已有9所波兰高校加入联盟，并先后与中国的首都师范大学、北京第二外国语学院、东北大学等院校签署或正在洽谈开展校际合作等方面的协议；从2005年大学联盟开始着手创建以来已有近百名中国学生赴波兰留学，其中3名学生已经完成在波兰的学业。

9月　留学日本博士毕业生沈宏峰撰写的《早稻田留学手记》由东方出版中心出版。

10月1日　党中央、国务院邀请的326位海外人才和优秀留学回国人才代表参加新中国成立60周年国庆观礼等庆典活动；其中载有王向荣、肖立志、段燕文等10位留学回国人员代表乘坐"我的中国心"彩车参加群众游行。"我的中国心"彩车于游行准备阶段停靠在北京国际饭店旁边十字路口，车上的留学归国人员代表手持国旗、鲜花和"我的中国心"、"祖国生日快乐"等大字标语。伴随着乐曲《红旗飘飘》，2323名身着节日盛装、挥舞国旗及花束的大学生方阵簇拥着的"我的中国心"彩车排列在第34个出场。彩车底部配有浪花背景图案，四个大型红色"中国结"摆放在长城造型的前后和上方；浪花造型代表着母亲河长江和黄河，象征着中华民族的精神血脉；长城造型寓意炎黄儿女的坚韧风骨；"中国结"表示中国广大留学人员的对祖国母亲的深厚情结。●同日，在上述326位代表中有教育部负责组织邀请的60多名优秀留学回国人员代表或在外优秀留学人员代表参加国庆观礼活动。●同日，中国驻印度大使馆组织100多名在印中国留学生和华侨华人代表观看阅兵仪式；22岁的中国女留学生马宇歌在完成清华大学本科双学士学历后，于2009年8月到印度尼赫鲁大学开始攻读两年的研究生学位；马宇歌同学表示，自己是第一次在国外度过国庆节，而能够在驻外使馆同大家一起过节，一起观看阅兵仪式，深感激动；作为21世纪的一名大学生，在这个特别的日子里，她作出了自己的庄严承诺，"我愿为中印友好关系的发展，特别是中印学术交流献出微薄之力。"●10月1日前后，中国驻各国大使馆、总领事馆或中国驻外使（领）馆教育处（组）或文化处（组），以及在各国的中国学生、学者、学术联合会或协会、学友会等在外中国留学生组织，日本东京后乐寮中国留学人员寮生委员会，以各种不同方式组织中国在外留学人员举办形式多样的文艺晚会、座谈会以及图片展等国庆60周年纪念活动。

10月1日　在中国驻多伦多总领事馆教育组的提议、支持和资助下，加拿大多伦多大学中国留学生社团编印的《留学生应急实用手册》在安省和缅尼托巴两省的各大专院校分批免费摆放和发放。

10月3日下午　加拿大蒙特利尔约数十名中国留学生和当地华人在达赖喇嘛举行所谓

公众见面会的贝尔中心外示威，抗议达赖喇嘛以"宗教"之名，行"分裂祖国"之实，并试图用"过滤了历史真相的"说法继续误导包括蒙特利尔人在内的加拿大民众。

10月4日　由意大利佛罗伦萨中国学生学者联谊会发起组织的"佛罗伦萨中华文化节"和"庆祝中华人民共和国六十华诞图片展"在佛罗伦萨共和广场举行；近3000人参加相关活动。

10月4日　在爱尔兰都柏林城市大学计算机系留学的中国高水平项目公派留学博士生熊烨在爱尔兰感染甲型H1N1流感，其后病情急剧恶化，心、肺、肾脏等器官功能衰竭，生命垂危。●10月16日，熊烨同学被送到瑞典卡罗琳医院后即接受体外循环膜肺支持疗法的治疗，病情马上得到控制，并脱离生命危险。●11月6日，经过20多天治疗后，病情好转；熊烨同学乘医用专机返回爱尔兰，继续接受恢复性治疗。●熊烨同学患病与治疗期间，得到中国驻爱尔兰使馆教育处一等秘书董会庆和中国驻瑞典大使馆教育处教育参赞张宁等多位中国官员的帮助和慰问。

10月10日—11月2日　国内某留学中介服务公司通过向参加"2009年国际教育联展"的学生和家长发放《留学意向调查问卷》的方式了解到，在5782份有效问卷中，有计划出国留学的学生学历层次为：本科生约占60%，高中生占22.6%，研究生占近10%。●2009年内经过该公司联系留美的400多名学生中，约40%申请读本科，30%左右的人申请读硕士，申请读高中者超过20%。●上述两组数据显示，出国留学低龄化的倾向更加明显。

10月12日　国家建设高水平大学公派留学研究生项目工作会议在京召开；教育部部长周济出席会议并讲话，教育部副部长郝平主持会议并作会议总结。

10月12日　《人民日报》全文刊发温家宝总理在2009年教师节前夕考察北京35中时所作的讲话。其中指出："我们这些年甚至建国以来培养的人才尤其是杰出人才，确实不能满足国家的需要，还不能说在世界上占到应有的地位。……我们出去这么多留学生，也成长了一批人才，充实了各行各业，但确实很少有像李四光、钱学森、钱三强那样的世界著名人才。"

10月13日　热比娅受新西兰绿党组织邀请在奥克兰大学发表演讲时，当地众多华裔留学生在会场内对其表示抗议。热比娅到达会场时，已经有大约20名中国留学生在会场抗议。

10月16—18日　北美洲中国学人国际交流中心主办第八届北美洲中国留学人员高科技项目暨人才交流大会（北美留交会）在美国北维瑞斯顿召开，中国教育部留学服务中心以及北京、上海、吉林、黑龙江、昆明等十余省市代表团赴会招聘，吸引逾千名在外中国留学人员与会。

10月17—18日　全英中国学联第21次全体代表大会在伦敦召开，来自全英各地区的近百名留学人员代表出席。大会选举产生了新一届全英学联常务委员会，孙暐达博士当选为新一届全英中国学联主席。中国驻英使馆教育处公使衔参赞田小刚希望新一届学联按照"时刻为留英学子服务，时刻为国家服务"的宗旨，团结务实，再创佳绩。领事部陆旭总领事为与会代表做安全教育专题讲座时，介绍了在海外生活面临的安全威胁及应对措施，并呼吁留英中国学生在异国他乡时刻警惕，注意人身财产安全，多向国内父母亲戚朋友报平安。中国科学院副秘书长、欧美同学会副会长兼留英分会会长谭铁牛应邀为全英中国学联及各地方学联干部们做报告。

10月18—22日　国家留学基金委秘书处在北京师范大学、华东师范大学、东南大学举办2009年国家公派研究生项目奖学金信息说明会。美国、加拿大、澳大利亚、新西兰和新加坡等五国多所知名高校与会进行奖学金信息咨询交流活动。内地清华大学等40多所"985"和"211"工程院校的在校生与会了解博士研究生奖学金信息，以方便确定申请国外院校的意向。

10月19日　广东省东莞市人事部门透露，计划每年将选派200名本地高校毕业生出国留学，以加强东莞市的人才队伍建设。

10月20日　拥有600多名中国留学生的巴基斯坦伊斯兰堡国际伊斯兰大学发生两起自杀式爆炸，造成20多人死伤。经核实，没有中国留学生伤亡。国际伊斯兰大学校方宣布停课至24日。当天晚间，中国驻巴基斯坦大使罗照辉在巴内政部国家危机处理中心主任罗迪、伊斯兰堡警察总监伊玛姆陪同下，前往国际伊大慰问中国留学生，并作出进一步安全部署。中国驻巴基斯坦使馆参赞姚敬10月21日表示，该校个别中国留学生已经回国，留下的学生目前处于安全状态。姚敬参赞介绍说，虽然巴基斯坦暴力事件频发，但是发生在大学校园里还是第一次。爆炸发生时，中国大使馆正在同该校中国留学生会召开形势通报会，并部署安防措施。得悉爆炸后，中国大使馆迅速启动应急机制，了解中国留学生伤亡情况，并要求巴基斯坦相关部门采取切实措施，确保中国留学生安全。伊斯兰堡国际伊斯兰大学有学生万余人，外国留学生数量多，其中中国留学生有近600人，是巴基斯坦中国学生人数最多的大学，但只有200多人住在学校，其他人都在校外住宿。爆炸刚刚发生后，中国学生的情绪受到影响比较大，中国大使馆及时对同学们进行安抚，并代表他们向巴方转达了安全诉求。有十余名中国学生提出要马上回国，使馆以最快的速度协助他们购买回国机票。中国使馆再三提醒留守学校的学生一定要注意安全防范。除发生爆炸的伊斯兰堡国际伊斯兰大学外，中国使馆姚敬参赞、警务联络官林波和伊斯兰堡副总警监法鲁克等人还前往另一所中国学生较集中的大学——巴基斯坦语言大学，看望中国留学生及访问学者，了解他们的安全关切和建议，察看了学校的教学和住宿设施，研究安全改进方案，并现场进行落实。

10月20日　国家留学基金委秘书处和教育部留学服务中心共同组织的中国与古巴政府互换学生项目培训会在北京语言大学举行，100名即将赴古巴的留学人员参加培训。

10月21日　中国食品企业顶新国际集团宣布，将与日本早稻田大学共同设立年金额300万日元，约合22.5万元人民币的奖学金资助在日中国留学生。奖学金的发放期间为2010—2014年，资助名额为425人，资助总额将达到25.5亿日元，约合1.8亿元人民币。该奖学金的主要发放对象是在早稻田大学研究生院攻读硕士的中国留学生。2010年将资助50人，每位学生2年内可获得超过43万元人民币的奖学金。顶新集团支付奖学金中的250万日元，早稻田大学支付学费50万日元。早稻田大学方面表示该奖学金的额度在校史上是空前的，也是截止目前专为中国留学生所设的最高金额级别的奖学金。

10 月 22 日　第十届中国海外学子辽宁（大连）创业周开幕式及海外高层次人才创新创业基地授牌仪式举行；数百名留学人员出席。

10 月 22 日　教育部印发《国家建设高水平大学公派研究生项目学费资助办法（试行）》，全文共五章 17 条。其中首次规定，对少数赴国外一流高校，攻读国家急需、且难以获得外方学费资助的一流专业博士学位的人员提供学费资助；按 5% 的水平每年资助人数大约在 250 人左右；此类公派留学人员在规定的留学期间每人每学年可获得一般不超过 3 万美元的学费资助。

10 月 23 日　中国伊斯兰教协会副会长、中国朝觐团团长杨志波在接受记者采访时表示，中国向阿拉伯国家派遣宗教学习留学生已经形成了固定机制，并纳入了国家对外文化交流协议中；中国伊协每年从全国 10 所伊斯兰教经学院选派 40 名左右应届毕业生前往阿拉伯国家院校学习。

10 月 23—24 日　中国留学人员创业园成立 15 周年暨南京留学人员创业园成立 15 周年纪念活动在南京举行。该活动由科技部火炬中心、教育部留学服务中心、人力资源和社会保障部留学人员和专家服务中心、中国国际人才交流协会、南京国家高新技术产业开发区管委会、中国技术创业协会留学人员创业园联盟、南京留学人员创业园共同举办；上述单位有关人员以及 60 家留学人员创业园、留学人员回国服务机构的代表 150 余人出席。举办方透露，截止 2008 年全国各类留学人员创业园已经达到 148 家，留学人员创业园在孵企业达到了 6000 余家，涌现出了亚信、UT 斯达康、新浪、百度、搜狐等留学回国人员创办的海外上市公司，以及留学人员在创业园创办并发展起来在海外上市的企业。还有一大批正在高速发展的高新技术企业，在电子信息、生物医药、新能源新材料、光机电等领域做出了突出的成绩，引领和推动着我国企业自主创新进程。

10 月 28 日　国家留学基金委秘书长刘京辉女士与英国萨塞克斯大学校长 Michael Farthing 先生就设立博士生及访问学者项目签署了双方合作备忘录。根据协议，双方将共同资助中国优秀学生到萨塞克斯大学攻读博士学位或从事访问学者研究。

10 月 28 日　加拿大联邦国贸暨亚太门户事务部长戴国卫在加拿大大学及学院协会年会上发表《国际教育对加拿大经济影响》的报告。该报告由联邦政府委托学者顾宁（Roslyn Kunin）的一项研究成果分析而来。报告显示，国际学生在 2008 年一年内为加拿大带来 65 亿的经济效益，相关教育产业总计雇用 8 万 3000 人。这是加拿大政府首次以计算实际金额方式，把国际学生创造的直接经济效益予以量化统计。根据这项报告，2008 年全加各地的国际学生共有 17 万 8227 人；前三名来源地依序为中国大陆（4 万 2154 人，占 23.65%）、韩国（2 万 7440 人）和美国（1 万 1317 人）；中国台湾（4127 人）和中国香港（4126 人）则在来源地排行中分居第八、九名。报告指出，如果把中国大陆、台、港三地留学生合并计算，则占到全体国际学生的 28.28%，为 50，407 人。

10 月 29 日　教育部发布 2009 年第 4 号（总第 45 期）《留学预警》指出，鉴于近期巴基斯坦安全形势紧张，特别提醒中国留巴学生要高度重视，提高警惕和自我保护意识，加强防范，并同我驻巴使馆保持密切联系；建议中国留巴学生暂时离巴，回避风险；同时建议我国内人员近期不要赴巴留学。2009 年 10 月 20 日，位于巴基斯坦首都伊斯兰堡的国际伊斯兰大学校区内发生自杀式爆炸事件，造成7人死亡，29人受伤。经核实，中国留学生在此事件中没有伤亡。

10月29日 中国驻休斯顿总领馆总领事高燕平女士、教育组闫国华参赞、魏礼庆领事，文化组汪冬领事到埃默里大学，与170余名来自埃默里、佐治亚、佐治亚理工、佐治亚州立等大学中国学生学者座谈。座谈会由亚特兰大中华生命科学协会会长、亚特兰大中国学生学者总联谊会主席顾履冰主持。

10月底 在法国中东部里昂附近一所语言学校就读的20多名中国留学生感染甲型H1N1流感；患病者大多在18岁到19岁之间。●11月2日，中国驻法使馆教育处悉后，立即与患病学生取得联系，了解病情，指导他们在当地就医；中国驻法大使孔泉给学生打去电话表示慰问，并委派驻里昂总领事李平前去看望学生并了解情况；李平总领事还前往当地市政府进行交涉，要求后者对此事给予充分重视。●11月13日，中国驻法国大使馆教育处公参朱小玉表示，上述20多名中国留学生情绪和身体状况十分稳定，绝大部分人已恢复健康。

10月底 由于近年来赴韩国的中国留学生不断增加，截至10月底已达到6.43万，约占全部外国留学生总数的77%。

10月 日本山梨县山梨大学3年级学生刘瀚阳（22岁）等8名中国留学生为了将山梨县与中国山东省建立联系，策划并启动了"留学生家乡交流大使计划"。该项计划显示，2010年2—3月组织人员到中国山东省的4所日语学校举办巡回宣传活动，向有到日本留学意向的同学介绍山梨县和山梨大学的环境等相关情况；6月组织刚刚入学的新留学生到富士山以及清里等本县的地区进行观光游览；该活动的费用大约需要73万日元，全部由山梨大学和赞助企业提供。据校方介绍，山梨大学一个年级1000人中约有100名留学生，而全校的留学生中有90%来自中国。

10月 由中国电视剧制作中心和中国教育电视台联合制作，并由耿旭红编剧、戴冰导演的30集电视连续剧《红莓花儿开》在中俄两国国家电视台同时播放。该剧是中国第一部以上世纪50年代中国赴苏联留学生的故事为背景和线索，描述他们在苏联留学以及回国后数十年间情感、生活、爱情和工作的影视作品。

10月 据截止本月的统计显示，中国在罗马尼亚的各类留学生约为100人；其中本科（含预科）以上层次留学生约为40人，初高中学生约为60人。根据《2007—2009年中罗教育合作协议》，每年交换24名中国学生到罗留学，其中包括高中毕业生、大学一年级学生、大学四年级学生和大学应届毕业生。自费留学生主要包括：随在罗工作的父母或配偶在此学习的各层次留学生，少数在罗攻读博士学位的留学生。●2005年，国家留学基金委秘书处从江苏省选派10名高中生到罗留学；截止2009年7月，仅3人正常毕业，其余均因语言障碍中断学业提前回国。

10月 《世界教育信息》杂志发表《出国留学工作六十年大事记（1949—2009）》。

10月 日本东京入国管理局发布通告，日本政府公布了《出入国管理及难民认定法》以及《基于同日本国的和平条约脱离日本国籍者的出入国管理相关特例法》的部分修改（法案）等法律（2009年法律第79号）。根据修改后的法律，将废除针对在日本接受教育的外国人所给予的"就学"在留资格，统一给予"留学"在留资格。此项修改法案将在公布之日起 1 年之内予以落实执行。

　　10 月　首部《中国留学人才发展报告 2009 年卷》由机械工业出版社出版。该书收录了几十位研究中国留学问题的专家、学者和研究人员的研究报告，全书约 40 多万字；其中近 10 万字的《出国留学六十年大事概览（1949—2009）》、即"新中国出国留学全景大事记"为首次公开发表。

　　11 月 3 日　由欧美同学会·中国留学人员联谊会和中华文化学院共同主办，澳大利亚澳华科技协会承办、主题为海外留学人员服务祖国科学发展的"21 世纪中国"研讨会在澳大利亚悉尼市举行。

　　11 月 4 日　美国教育考试服务中心（ETS）在北京宣布，在中国大陆地区首次设立并启动托福（TOEFL）和托业（TOEIC）奖学金项目，为 80 名取得优异成绩的中国考生提供奖学金，总额约 10 万美元。ETS 国际事业部总裁菲利普·塔比纳博士表示，托福奖学金项目共设有 40 个名额，将发放给 2010 年赴中国大陆以外地区攻读本科或研究生学位的中国学生，其中分别有 20 个名额面向本科生和研究生；每名获奖者将获得 1500 美元（约合 1 万元人民币）的奖励。奖学金将直接发放到获奖者准备就读的海外高校，以抵消部分学费。同时，托业奖学金项目也设 40 个名额，每名获奖者将获得金额为 8000 元人民币的奖学金。与托福奖学金不同，托业奖学金只针对在国内高校在读的大学生。平时成绩突出、英语能力强、领导能力、社会活动参与等综合能力都出色的大学生，在此次奖学金的竞争上更占优势。托业奖学金将发给获奖者目前就读的国内高校，由高校根据情况抵扣学费，或直接转交给获奖者。托福奖学金申请条件规定为，目前居住在中国境内的中国公民将于 2010 年赴中国大陆以外地区攻读本科或研究生学位须获得有效托福成绩在校平均成绩按百分制计须达到或超过 80 分。托业奖学金申请条件规定为，目前居住在中国境内的中国公民须为在中国境内大学读本科的在校学生在校平均成绩按百分制计须达到或超过 80 分须获得有效托业考试成绩。对于托福此次首度在华推出奖学金项目，菲利普博士表示，这是为了"回报中国人考托福的热情"，也为"表彰取得优异学术成绩的中国学生"，ETS 特别决定在中国推出这项奖学金；托福自 1981 年进入中国以来，已从第一次考试的 700 余名考生，发展到 2008 年全国有 13 万考生参加考试，这也使中国成为全球托福考生人数最多的国家；自托福于 2006 年实行网考形式后，中国每年报考该项考试的人数更是以 30% 左右的增长率迅速增长；2009 年，托福在中国设的考位已增加到 20 万个，但仍难以满足中国人对这项考试持续膨胀的需求；为托业考生设奖学金，是"为中国学生奠定未来工作的基础"。●ETS 成立于 1947 年、截止 2009 年在全球超过 180 个国家设有 9000 多家考试中心，每年开发、举办逾 5000 万人次参加的考试，包括托福、SAT（美国大学的标准入学考试）等为许多中国学生熟知的考试；ETS 每年在全球举办各类考试所得的收入达到 12—13 亿美元；托福考试自 1964 年成立以来，一直是全球应用最为广泛的英语语言测试项目；目前中国人在托福考生数量中世界排名第一。●据教育部考试中心公布的信息，托福网考考试费为 1415 元人民币；据 ETS 透露，2009 年中国预计有 20 万人次考生参加托福考试；据此估算，ETS2009 年将在华收取 2.83 亿元人民币的托福考试费（不包括转考、重考等需要支付的费用）。●托福（TOEFL）由美国教育考试中心（ETS）在全世界举办，是一种针对母语非英语的人进行的英语水平的考试。托福是出国留学的必备考试成绩，全球使用托福考试的教育机构已超过 7300 所，包括美国、加拿大等国的知名学府。各高校规定了申请者的最低托福录取分数线。截止 2009 年托福在中国内地 38 个城市设有近 150 个考场。●托业（TOEIC）是针对在国际工作环境中使用英语交流的人们的英语能力的测评，现已成为职业英语测评的全球首选标准，截止 2009 年全球使用托业考试的各类机构已超过 9000 家。在中国，包括 2010 年上海世博会、中国南航、联想和摩托罗拉（中国）等在内的众多知名机构、组织和企业，均使用托业成绩对中国雇员进行英语水平评估。

11 月 4 日　据《澳洲日报》报道，澳大利亚阿德雷德大学一项研究发现，在妇幼保健医院接受人工流产的患者中高达三分之一是来自海外的国际留学生，而且其中绝大部分是中国留学生。

11 月 6 日　澳大利亚联邦政府副总理兼教育部长朱利亚．吉拉德宣布，澳大利亚提供酒店管理、时装设计、厨艺、语言培训等国际教育课程的环球校园管理集团进入自动破产管理程序。该集团拥有的 5 所私立学校因此倒闭，共约 3 千多名外国留学生受到影响，其中，中国留学生 1265 名（悉尼地区 510 名，墨尔本地区 755 名）。●中国外交部、驻外使领馆第一时间与澳方进行交涉，要求保证中国留学生的权益，妥善处理好转学、退学、签证等事宜。中驻澳大利亚大使馆、驻悉尼总领事馆及驻墨尔本总领事馆对上述学校倒闭给中国留学人员造成的影响极为重视，王永达公参、白刚参赞、郭晓娟领事分别多次与在澳中国留学生交流、听取意见，并多次、多渠道与澳大利亚有关部门交涉，敦促澳联邦政府教育部协调当地教育部门妥善安置中国留学生，维护中国留学人员合法权益。●11 月 10 日，教育部发布 2009 年第 5 号（总第 46 期）留学预警，提示澳大利亚有 5 所私立学校倒闭，中国留学人员选择私立学校留学务必慎重。●11 月 12 日，澳大利亚驻华大使芮捷锐在北京召开的新闻发布会上表示，澳大利亚政府会保证每位学生都将获得妥善安排，每位学生的利益都会得到保护；根据学籍保障计划，受影响的学生将被安置到其他学校继续学业，或者获得学费的全额退款；这次的学校倒闭事件是个体事件，希望大家继续来澳大利亚求学；澳大利亚有严格的监管措施，但全球校园管理集团为何破产，是私营企业内部运作管理问题，可能涉及到商业机密，政府并不清楚；有关调查显示，破产前，该集团设在维多利亚州的院校提供的教育是高标准的；监管方面，澳大利亚政府连续推出了两项监管的保障举措，第一是学费保障安排，第二是《海外学生教育服务法案》，这些政策能保证在澳学生的利益。●11 月 19 日，位于澳大利亚悉尼的 Maewill 英语学院宣布破产；导致近 200 名国际学生面临失学，其中 23 人为中国留学生，且绝大部分为 18 岁以下未成年人。●11 月，有消息称，截至 2009 年 11 月，中国大陆在澳留学生注册总数已达 175336 人，占全澳国际学生总数的 27.8%，是澳大利亚最大的国际学生来源国；其中新州留学生总数达 70719 人，来自中国大陆留学生达 64434 人。●11 月 26 日，据中国之声《全球华语广播网》连线澳洲 2ac 华人电台记者苗苗报道："澳大利亚维多利亚州教育部 11 月 16 日在墨尔本为部分失学外国学生举行转学仪式，在墨尔本分校高中部就读的 180 名中国留学生全部得到安置，但是更多的学生还在焦急等待中。仪式上维多利亚州教育部官员对于转学安排做了说明，在 12 月中旬结束的本学期之内，这一批学生将会免费在两所公立学校插班，学校到 2010 年春天下一学期开始时，学生可以选择继续在公立学校就读或者是转入其他学校。对于澳大利亚政府这一个安排，学生们普遍表示满意。据业内人士透露，学校倒闭和政府移民政策调整关系很大，另外金融危机影响着经济发展，人才需求量减少，移民政策收紧。与此同时，根源还可以追溯到澳大利亚议会和政党之间的长期博弈。澳大利亚现有国际学生 40 多万人，其中来自中国的留学生为 13 万，印度留学生有 9 万多，每一年给澳大利亚带来的经济收入仅次于矿业和能源出口，达到了 150 亿欧元，且创造了大批的就业机会。倒闭事件幕后实际上埋藏着澳方对于留学产业发展的检讨，事实上，在私校倒闭事件发生的同时，澳大利亚正规大学的招生丝毫没有停止。统计数字还显示，2009 年在澳大利亚留学的在册中国学生数量比 2008 年同期提高约 20%。对于留学生成立自救会的说法，需保持谨慎态度，学生大部分是未成年人，对于处理复杂并且带有政府干预与责任的事件，最终仍然是需要依靠澳洲政府部门来妥善的解决和安置失学问题。中国驻悉尼总领馆明确提出，深度关切这一事件的发展，并且要求澳洲政府作出妥善的处理方法来安置失学学生。同时提出如有学生对失学感到无助，可前往领事馆寻求中国政府的协助。"

●12 月 7 日，位于墨尔本市中心的澳洲职业教育机构（Australian Institute of Career Education）和澳洲国际商学院（Australian International College of Commerce）由于没有足够的教学资料、不能为学习餐旅业的学生提供完备的厨房设施以及未能妥善保存学生的档案记录，因此被维多利亚州注册与资格评审局要求关闭。此外，澳洲国际商学院并没有足够的师资力量。这两所学院内共有 15 名中国留学生。根据相关规定，澳大利亚私立教育和培训委员会将按照学籍保障计划，为每位学生安排一个适合的院校就读替代课程。按照学籍保障计划，如果学生已向原学校缴纳学费，则无须向新学校支付在原学校未完成课程的额外学费。如果学生选择不转学的话，根据澳大利亚《海外学生教育服务法案》，学生将获得已支付学费的全额退款。每位学生都将获得妥善安排，他们将被安置到其他学校继续学业，或者获得学费的全额退款。此举彰显出澳大利亚政府为保障国际学生利益所作出的承诺以及关闭未达到质量标准的院校的决心。●12 月 8 日，澳洲《星岛日报》报道称，澳洲每年有 170 亿澳元的教育出口收入；澳洲目前有近 15 万名中国留学生，占这个国家 61 万国际学生的四分之一，而且占澳洲各大学招生国际学生的四分之一。●12 月 22 日，澳大利亚私立教育与培训委员会（ACPET）负责国际事务的经理史蒂夫·夸克在悉尼公开表示，因 GCM 五所学校倒闭而失学的 1187 名中国留学生全部获得安置。

11 月 7 日 中国驻印尼大使章启月拜访印度尼西亚总统大学致词时表示，中印关系目前处在历史新高，两地企业近年来更是频密合作，这个新格局也为在印尼留学的中国学生制造许多就业机遇，因此希望抓紧机会好好学习，毕业后在各领域大展拳脚。章启月大使表示，一批批的中国留学生，扮演着促进两国文化交流的角色，为增进两国友好贡献力量；2008 年就有 30 万名中国游客到印尼观光，因此相信在印尼留学的中国学生也可以考虑在这个领域发展。

11 月 7 日　2009 中国国际人才交流大会暨"深圳论坛"在深圳开幕。中共中央政治局委员、国务院副总理张德江出席交流大会开幕式并发表致辞时指出，中国主张自主培养人才和引进海外人才并重，高度重视引进国外智力工作，不断完善和创新具有中国特色的引进国外智力体系，不断吸收和借鉴国外的先进技术和管理经验，不断推动和促进人力智力资源的国际交流合作。会议期间，张德江会见了海外中国留学生组织的代表。

11 月 8 日　日本东京地区中国国家公派赴日本留学人员座谈会在中国驻日本大使馆教育处召开，以便进一步了解新到留学生的学习和生活情况，并听取他们对国家留学管理工作的意见和建议。来自东京 10 所大学的近 80 名国家公派留人员参加。教育处公使衔参赞孙建明出席并发表讲话。

11 月 9 日　据加拿大《明报》报道，加拿大卑诗省最高法院日前判决当地一家不良留学中介——加拿大皓华国际企业有限公司，因违约应赔偿一家中国留学中介机构——辽宁中科留学服务有限公司 100 余万加元的赔偿。该案历经 4 年终于胜诉，是加拿大首起境外留学顾问公司追索欠款成功的案例。辽宁中科在 2003 年曾向沈阳中级人民法院提起诉讼要求被告还款，法院在 2004 年判决胜诉，但皓华方面负责人已前往加拿大；为了追索欠款，辽宁中科曾透过外交渠道请中国驻温哥华总领事馆引渡相关责任人，但没有成功，故向加拿大卑诗省法院提起诉讼。

11 月 10 日　马来西亚中国留学生联合会主席王吉同学在接受马来西亚《东方日报》访问时表示，在大马求学的中国留学生希望不断提升两国政府对高教文凭的互认，使两国教育合作迈向新台阶。王吉指出，目前在马求学的中国留学生有近 1 万人，居外国留学生排行榜第三，因此中国留学生已是一群不可被忽视的群体。王吉表示，中国对大马科系的文凭认证逐年增加，如今大马有 7 所国立大学和 28 所私立高等院校的文凭受中国官方承认；中国的开放和崛起，也提升中国国内毕业生的竞争力，这让不少中国人向往出国留学，以增进本身在国内的竞争能力。

11 月 11 日　《大连日报》发表消息称，辽宁省首批赴印度自费留学生——来自辽宁大连、鞍山、沈阳、铁岭、盘锦、抚顺各地的张文韬、刘晓洋、于立川、高思博、任媛、胡春阳、李林、王海燕、孟大伟、刘波等同学分别赴印度班加罗尔大学、奥斯马尼亚大学、尼赫鲁科技大学、中央外国语大学攻读本科和硕士学位。一些中国留学生在经过了复杂申请过程和缴纳了昂贵费用后进入了欧洲或美国的名校，但大多数名教授和老师是印度人。目前，印度的 IT 工程师垄断全球的 IT 业，在世界 500 强中，有 200 个著名公司每年都在印度有招生计划。全球对印度教育系统的关注和兴趣迅速增加，印度的 IT 教育处于世界领先地位。印度大学的学历得到世界广泛认可。印度已成为个国内热门留学方向，中国在印留学人数增幅较快，特别是自费留学生。印度大学 1 学年的学费约在 1000—3000美元，最低只要 500 美元。而西方国家大学 1 学年需要的学费约高出几倍甚至几十倍。留学印度有 5 个优势：免托福、免考试、免担保、直接就读；大使馆教育备案，获国际承认学位证书；就读著名高校全部费用每年仅有人民币 1—3 万元；全英文教学，世界硅谷一流大学教育；就业广，可就职著名企事业单位。

11 月 14 日　中国驻葡萄牙使馆教育组与里斯本地区中国留学生联谊会共同组织在葡

留学生举行庆祝澳门回归十周年知识竞赛；竞赛内容涉及澳门的历史、地理、文化以及国情知识等内容。●截止 2009 年年末，在葡萄牙的中国留学生有近 200 余人，类型分别为国家公派生、校际交流生、中葡两国政府互换奖学金生以及自费留学生。

11 月 14—15 日　中国留德学者计算机学会、中国留德经济学会、中国留德医学学会、留德华人资源与环境学会、德国清华大学校友会 2009 年联合年会在德国纽伦堡市举行，交流计算机与信息、经济、医学、能源、环保以及其他各个领域最新技术和研究成果，探讨克服金融危机、H1N1 流感、气候变暖、地震台风等各种挑战的策略。

11 月 15 日　中国驻大阪总领馆教育组召开西日本地区 2009 年国家公派留学人员座谈会，在京都大学、大阪大学、神户大学、立命馆大学留学的国家公派留学生 30 余人出席。刘占山教育参赞介绍了为本领区内留学人员做好服务工作以及留学安全和领事保护等方面的情况。

11 月 15 日　截至该日，美国驻华使团自 2009 年 1 月 1 日起共签发 9 万多个学生签证和交流访问者签证，与 2008 年同期相比增长 23%。●同期，美国非移民申请费用由原来的 943 元降至 930 元。●同时美国正在制定一项旨在加快中国公民办理赴美签证的新政策，这将使中国学生赴美签证变得更简便，获取奖学金的机会也会有所增加。

11 月 16 日　美国国际教育协会发表 2009 年度美国门户开放报告。该报告显示，2008—2009 学年度内在美国大学就读的国际学生人数比上一学年增加 8%，达 671，616 人，创历史最高纪录。其中，来自印度的留学生约为 103，200 人，连续第 8 年成为最大来源国；中国大陆留学生总数达 98，510 人，再度位居第二，占所有留美国际学生总数的 14.6%，而在 2007—2008 学年，这两个数字分别是 8.11 万人和 13%；韩国、加拿大、日本分列第三至第五位。该报告称，来美国就读本科的留学生较上一学年增加 11%，其增幅大大高于研究生；本科生人数增加主要得益于来自中国生源大幅增加；来自中国和印度的学生，预料今后每年都将突破 10 万人，其中本科生所占的比率会越来越大。报告还显示，纽约市仍然是留学生人数最多的城市，其次为洛杉矶；而商科和管理学科仍然是留学生们选择最多的学习领域。美国本学年的国际学生人数，比 2002—2003 学年的高峰还多出 14.5%，而本科学的增幅高于研究生。在 2008—2009 学年，国际本科生的人数增加了 11%，而研究生人数却只是微增 2%。来自中国的留学生的情况尤其明显。2008 年到美国读普通学位的中国学生达到 26，000 多人，相比之下，5 年前只有约 8000 人。但读研究院的中国学生多年来都保持在 5 万人左右。在 2008—2009 年度赴美学习的中国留学生中，学习研究生课程的人仍占绝对多数（58.5%），但学习本科课程的学生数量较以往也大幅提升，占所有赴美中国留学生总数的四分之一。与此同时，许多大规模的公立大学也拨出更多资源，来增加国际本科生人数。国际教育协会会长古德曼说，外国学生为我国带来 178 亿美元的收入；许多大学今年都扩大其国际招生计划，试图通过招收更多国际学生来确保其课程的完整性。●11 月 16 日，据美国高等教育研究机构——国际教育研究所（IIE）公布的统计显示，2008—2009 年赴美留学的学生数量排在前 10 位的国家中，有 6 个是亚洲国家；而排在前三位的国家分别是印度、中国和韩国；本年度内印中韩三国赴美留学生比上一年分别增加 10.3260 万名（9.2%）、9.8510 万名（21.1%）和 7.5065 万名

（8.6%）；赴美留学生数量增长速度最快的国家是越南，2008—2009 年增加 1.2823 万名（46%），排名在 3 年内从第 20 位进入前十位。●11 月 20 日，《法制晚报》刊载的本世纪《中国大陆赴美留学人数变化趋势图》显示，2000 年：17，397 人；2001 年：19，244 人；2002 年：约 1.7 万人；2003 年：约 1.3 万人；2004 年：15，635 人；2005 年：18，950人；2006 年：36，802 人；2007 年：51，546 人；2008 年：77，909 人；2009 年：98，510 人。其中 2000—2004 年度数据为美国驻华使、领馆一共签发的学生、学者签证数量；2009 年度数据为 2008—2009 学年内中国大陆赴美留学生数量。

11 月 16 日　西班牙《欧华报》报道称，到西班牙留学的中国学生不断增长；据有关部门统计，2008 年内中国到西班牙留学的人数为 200 多人，而仅 2009 年上半年，在西班牙驻中国使馆签证处的申请人数，已经达到 2008 年全年的数量；自从 2008 年西班牙教育部宣布认证和承认中国高考成绩后，西班牙留学的门槛被大大降低；同时为了吸引中国留学生，西班牙各大学和签证部门也在一定程度上，放松了对中国学生的录取和签证要求；一般只要中国高考分数达到 350 分以上，就有申请进入西班牙大学的资格；加之中国现在西语等小语种人才短缺，西班牙留学费用低廉，移民政策宽松等优势，中国的西班牙留学市场日渐火爆；而目前中国大学扩招后，所引起的文凭贬值，大学生就业困难等现象，以及传统英语留学市场的逐渐饱与和萎缩，也为西班牙留学市场的发展，起了推波助澜的作用；另据了解，在西班牙的中国留学生中，约有一半以上的人是通过私立中介机构办理的。

11 月 16 日　国家留学基金委秘书处与加拿大女王大学就设立博士生项目签署合作备忘录，规定双方共同资助中国优秀学生到加拿大女王大学攻读博士学位。

11 月 17 日　中国国家主席胡锦涛在北京与来访的美国总统奥巴马举行会谈，会谈后发表《中美联合声明》。其中指出，中美双方将建立一个新的双边体制进行人文交流，美方将为中国留学人员赴美提供便利，中方也欢迎美国鼓励更多的美国人来华留学；双方认为，人文交流对促进更加紧密的中美关系具有重要作用；为促进人文交流，双方原则同意建立一个新的双边机制；双方高兴地看到近年来在彼此国家留学的人数不断增加；目前在美国的中国留学人员已接近 10 万人，美方将接受更多中国留学人员赴美学习并为中国留学人员赴美提供签证便利。●11 月 19 日，美国驻华使馆新闻文化处和领事部联合举行记者会，美国驻华使馆教育交流中心主任蓝莺女士表示，本周是美国"国际教育周"，这是由美国国务院和美国教育部发起的旨在加强美国国际教育交流的一个综合活动。从美国大使馆公布的签证信息可以看出，2009 年以来，中国学生赴美签证率达到了 80%，上海领区更达到了 90%。根据美国驻华使馆签证处提供的数据，2009 年 1 月 1 日到 11 月 15 日，美国驻华使团共签发了 9 万多个学生签证和交流访问者签证，比 2008 年增长了 23%。需要指出的是，2008 年，美国驻华使团共签发了 7.79 万个同类签证，这个数字已经比 2007 年增长了 46%。而 2009 年的数字在此基础上再次获得大幅增长，究其原因，美国驻华使馆签证处领事苗婷美认为，主要是因为中国人现在对赴美留学有比以前更大的兴趣和更多的机会，而且越来越多的人认识到赴美接受教育的价值；很多留美回来的中国学生获得了成功的留学经验，他们将自己的亲身经历转告他人，使得更多中国学生对赴美留学有了更深入的了解。加利福尼亚州是接收国际留学生最多的一个州，2008—2009 学年，共有来自世界各国的 9.31 万名学生在该州学习。位于洛杉矶的南加州大学，是美国所有大学中当年拥有国际学生最多的学校，共有近 7500 人。在所学的专业领域中，"工商管理" 是最受国际学生推崇的专业，2008—2009 学年，学习该专业的国际学生数量在全美达到了近 14 万人，其次是 "工程学" 和 "生命科学"，也分别达到近 12 万人和超过 6 万人。就如何顺利拿到赴美留学签证事宜，美国驻华使馆签证处副领事史建邦忠告说：不要依赖留学中介，不要提供虚假材料，尽早递交申请，上使馆网站直接获取相关信息。他特别强调，美国政府和美国使馆都致力于确保那些符合条件的学生顺利得到签证。他还透露，美国驻华使馆在每个月的第三个星期二都会举办一次 "网络问答" 活动，签证官将在使馆网站上与中国网民进行即时交流，直接回答与签证有关的问题。

11 月 18 日　国家留学基金委秘书处副秘书长杨新育与德国亚琛工业大学校长 Schmachtenberg 先生就设立博士生项目签署合作备忘录。根据协议内容，双方将共同资助优秀中国学生赴亚琛工业大学攻读博士学位。

11 月 18 日　柏林自由大学中国校友会在北京举办成立仪式。

11 月 18 日　教育部国际司司长张秀琴女士、国家留学基金委秘书处副秘书长杨新育女士、法国外交与欧洲事务部人才交流与吸引政策司司长 Mrs. Helene Duchene 先生和法国国际交流人员接待管理中心主任 Mr. Dominique Hénault 先生在北京共同签署《"蔡元培"交流合作项目协议（2010—2012）》。根据协议，双方每年可资助 20 个科研合作项目，每个科研合作项目最多可资助 8 名科研人员赴对方国家进行科学研究。

11 月 20 日　中国留学服务中心中心主任白章德与来访的新西兰惠灵顿维多利亚大学校长 Pat Walsh 教授共同签署《中国留学服务中心与惠灵顿维多利亚大学合作协议书》；新西兰驻华大使伍开文先生出席签字仪式。根据协议，惠灵顿维多利亚大学应为来此学习的中国留学生提供更多服务和帮助，以便他们顺利完成学业。

11 月 21 日　中国驻法大使馆教育处举行法国巴黎 2009 年国家公派留学人员迎新交流会，来自巴黎各个研究院所的 130 位公派留学人员出席；教育处公使衔参赞朱小玉女士做"与大家聊聊留学法国"为题的讲座。

11 月 22 日　爱尔兰中国学生学者联谊会第五次换届选举会议在都柏林召开，中国驻爱尔兰大使馆董会庆教授出席。会议选举产生新一届全爱学联主席团，考克大学（UCC）陈文彬同学当选为第五届全爱学联主席，都柏林城市大学（DCU）潘博同学、都柏林理工大学（DIT）李明同学、国立梅努斯大学（NUI Maynooth）王帅同学、圣三一大学（TCD）马冰同学当选为学联副主席，吴际同学当选为学联秘书长。新一届学联提出：进一步为广大同学服务，贴近学生成长成才需要，实现服务、沟通和教育三项职能。

11 月 23 日　东京后乐寮寮生委员会在东京新宿区著名的 "新宿御苑" 公园组织中国留学生红叶鉴赏会，来自日本东京各知名大学的 80 多名中国访问学者、研究员和留学生参加。后乐寮寮务室中方室长周晓光老师表示，近年来随着我们国家综合国力提升和中日两国关系的发展，越来越多的中国学生赴日留学，仅入住后乐寮的 "国家建设高水平大学公派研究生项目" 人员从 2008 年的 30 多人增加到 80 多人；中日邦交正常化特别是中日和平友好条约签订以后至今，赴日中国留学生本科以上层次的人员已经超过 10 万人。发起本次活动的后乐寮寮生委员会委员长伍军老师表示，后乐寮居住了 200 多名来自于中国各地的留学生，此次活动得到了后乐寮寮务室的大力支持。

11 月 25 日　日本华裔议员莲舫作为民主党"事业分检"负责人，对文部科学省展开"事业分检"时，对福田内阁提出的"30 万留学生计划"提出质疑，致使一些事业削减预算或停止执行。质疑主要针对 30 万人留学生计划的核心对策之一"国际化据点整备事业（全球 30）"提出了批判和指责。●为减少不必要的政府事业支出，日本首相鸠山由纪夫此前任命三组"事业分检人"对政府的各项事业支出进行审核。●所谓"全球 30"，就是选出接受留学生的 30 所重点大学作为据点，该事业从本年度开始。文部科学省首批选择 13 所大学，设置只用英语就能取得学位的课程，并展开了 2020 年之前接受 2600 名留学生、完善生活支援和就业支援体制、在海外设置留学生窗口等事业。被选中的各大学，政府每年支援 2—4 亿日元，持续交付补助金 5 年。●11 月 27 日，首批被选中为"国际化据点整备事业（全球 30）"的 13 所大学联合发表声明，认为压缩这项事业的经费将"丧失国际信用"。这 13 所在日本有代表性的大学是东北大学、筑波大学、东京大学、早稻田大学、庆应大学、上智大学、明治大学、名古屋大学、京都大学、同志社大学、立生命馆大学、大阪大学、九州大学；联合声明强调，30 万人留学生事业是"对日本的国际化来说最能寄托期望的政策"，"缩减预算将损坏各大学到现在为止积累起来的与海外在交流上的信赖关系"。●2007 年 4 月，安倍内阁的教育再生会议提出"留学生 100 万人计划"。●2007 年 5 月，日本"亚洲门户战略会议"提出"留学生 35 万人计划"。●2008 年 5 月，福田内阁的中央教育审议会下属"留学生特别委员会"提出"留学生 30 万人计划"；其根据是在亚洲和世界各国之间，人材、物流、资金、情报的交流不断扩大，作为日本国际化战略的重要一环，到 2020 年吸收 30 万留学生对日本的第二次开国而言是不可缺少的。

11 月 25 日　中国驻新西兰奥克兰总领馆举办华人及留学生领事保护安全座谈会。在介绍总领馆近年来如何做好留学生领事保护和安全教育的实例时，高宇航领事说，自 2005 年以来总领馆联合奥克兰警察局、移民局、教育部等部门已经连续 5 年到各个学校举办"安全教育进校园活动，加强留学生自我保护意识、保护留学生的合法权益。高宇航领事介绍说，中国赴新西兰留学生从 2000 年到 2003 年的人数从 3000 人猛增到 62，000 人，目前，中国在新西兰留学生数量约 20，740 人。2003 年 1—5 月，奥克兰共发生留学生绑架案件 23 起，平均每周一起绑架案。基本上都是经济纠纷或者是交友不慎引起的华人之间的绑架案件。这其中还不包括有私下解决案件。针对这些情况，总领馆为加强留学生自我保护意识保护中国留学生的合法权益，特别建议留学生重视以下几个方面的提示：1. 遵守当地法律法规及顺应当地的文化习俗。2. 在生活、择校上不贪图小利，交友谨慎，不相互借钱。3. 选择有正规营业执照的中介服务公司。4. 被抢、被盗后，一定要报警。5. 保持与家里人联系，无论出现任何问题和矛盾，家长都会不遗余力地帮助子女。6. 遇到问题不要怕，请及时与使领馆、学校、警察局、移民局、教育部联系，得到解决问题的正确指导。

11 月 27—28 日　中国留学人员联谊会留日分会近 40 名会员到天津滨海高新区参观；

了解天津滨海高新区的经济社会发展情况，并对滨海高新区的投资环境及产业政策，留学生创业发展情况及鼓励政策进行考察和调研。

11 月 27 日 中国驻埃塞俄比亚大使馆松雁群参赞在使馆与首次到埃塞留学的两位中国留学生进行座谈，勉励他们刻苦学习，珍惜机会，作为第一批来埃塞学习的中国留学生，要用自己的行动为今后该项目的长期合作打下一个好的基础，树立中国青年勤奋向上的好形象；同时嘱咐两位留学生在较为艰苦的生活条件下要保重身体，注意安全，圆满完成在埃塞两年的留学任务。接收中国留学生赴埃塞学习的协议于 2004 年由双方教育部签署，但因种种客观原因埃方一直没能履约。2009 年在教育部国家留学生基金委秘书处和使馆文化处的共同努力下，埃塞教育部商外交部共同做出接收中国留学生到埃塞学习的决定，安排中国两位留学生在亚大攻读非洲历史和埃塞历史专业。根据《中华人民共和国教育部与埃塞俄比亚民主联邦共和国教育部教育交流和合作协议》及埃塞教育部邀请，经国家留学基金委秘书处批准，中国天津工程师范学院选派潘良、魏秀东赴埃塞俄比亚亚的斯亚贝巴大学，开始为期两年的硕士学位课程学习。这是埃塞政府首次为中国政府提供全额奖学金名额，两位学生也是首批到埃塞学习的中国留学生。按埃塞教育部的承诺，埃方为中国学生提供往返国际机票，住宿及医疗保险并支付每位学生每月 2500 比尔的生活费；这是中埃教育交流中的一件大事，突破了以往仅是中国政府向埃塞政府提供全额奖学金的单一模式，开始了中埃国家间互换奖学金项目的工作。

11 月 28 日 全爱尔兰中国学联在都柏林大学计算机研究中心召开公派留学生座谈会，中国驻爱尔兰使馆教育处一等秘书董会庆教授与 43 位国家公派留学生就大家关心的各种问题进行座谈。据介绍，2007 年派往爱尔兰深造的中国公派学生为 12 人，2008 年上升到了 23 人，2009 年共有 38 人到爱尔兰学习。

11 月 28 日 2009 年山西海外高层次人才服务周在太原市启动。活动周的主题是聚海外人才智力，促山西转型发展；目的是为海外人才与山西省用人单位搭建平台，促进交流，相互吸引，互利共赢。来自美国、加拿大、英国等 12 个国家的 92 名海外人才应邀出席并在服务周期间围绕 101 个高新技术项目开展项目洽谈、技术咨询和对接活动。这些项目涉主要及装备制造业、煤化工产业、材料工业、特色农业、旅游业、医药卫生行业、服务业、教育文化产业、动漫产业等领域。活动期间还举行海外回国人才创业成果展和人才创业与区域发展论坛。据山西省人力资源和社会保障厅统计，从 2004 年至 2009 年 11 月，山西省共引进海外人才 4000 多人，储备海外人才 1000 多人，留学人员创办企业 100 多家。

11 月 29 日 巴黎中国学联在中国驻法使馆教育处举办新一届主席团公开竞选。经过学联选举办法规定的程序，全法学联副主席、著名留法学者张勇民教授宣布巴黎学联新一任主席团由李正、尹娜、于悦鸿、吴磊、刘猛、胡旻卉、余敏和宋松波同学组成。驻法使馆教育处教育公参朱小玉出席了换届选举并讲话。

11 月 29 日 在印度泰米尔纳德邦访问的中国驻印度大使张炎先生出席韦洛尔科技大学 25 周年校庆活动期间，探望了在该校学习的 400 多名中国留学生，并勉励大家珍惜在印留学的机会，努力完成学业，当好中印友谊的民间使者并回答了同学们关心的问题。

11 月 29 日　2009 年泰国中国留学生座谈会在中国驻泰国使馆教育组举行，来自泰国各地的 17 所高校的 31 名中国留学生代表与会。座谈会上协商成立了由 13 名代表组成的泰国中国留学生总会成立筹备委员会。筹备委员会召开第一次会议，对总会成立的筹备工作进行了商讨，并对工作要点、总会章程、泰国留学生指南、总会网站和联系网路等进行了分工。驻泰国使馆教育组一等秘书邱宁出席会议，他转达了管木大使对留学生的亲切慰问，并了解留学生的学习、生活和学生会组织建设以及遇到的困难等情况，对留学生工作提出了指导性的意见。●据泰国教育部高教委统计，中国是泰国高校最大的留学生来源地，在泰中国留学生已接近 1 万人，分布在 44 所大学。●12 月 4 日，泰国驻华大使馆发表文章披露，2008 年，有 7301 名中国留学生前往泰国各大高等院校留学，较 2007 年的 4000 名中国留学生有大幅增长。

11 月 30 日　23 岁的中国女硕士留学生李俊杰前往马来西亚一所 KTV 会见一名当地友人时，遭遇突袭检查的警方误认为妓女而无辜被抓并扣留 8 天。事后马来西亚警方承认该事件是"冤狱"，称是因为该女硕士在"错的时间到错的地方"，并希望事主谅解。李俊杰同学坐牢期间看清部份警察对中国女子抱有歧视的心态，看见中国女子就认为她们是妓女；她表示，在扣留所内遭受不人道对待，包括警员恶劣动粗、侮辱中国女子、不近人情、公然受贿、接受裸检、摄像镜头的范围及至只用矮墙间隔的厕所、环境恶劣、饮食不合格、食物变质和牢房没有私隐等问题；她唯一的诉求只是为了日后的中国女子，希望警察不要戴有色眼镜去看她们。重获自由后，李俊杰同学在博客上撰写了《坐牢日记》，记录被关押 8 天期间的上述见闻，引起极大关注。中国大使馆工作人员在看到网上"中国女留学生在马来西亚无辜入狱 8 天"的帖子后，立刻联系到当事人和马警方，了解事情经过，询问中国公民在被关押期间是否受到人道主义的对待。据外交部网站消息，外交部领事司和驻马使馆十分重视，即向马警方提出交涉，对马警方在校已证实该中国留学生身份后仍继续扣留的行为表示不满。使馆领事部苏强参赞 12 月 28 日表示，事发后，马警方没有按照《维也纳领事关系公约》的规定，向中国驻马使馆通报相关情况，而那位女留学生也没有在第一时间联系使馆领事部门。

11 月 30 日　据澳洲《星岛日报》报道称，澳洲维省中学的留学生报读人数呈现惊人下挫，中国留学生骤减 5%，掀起人们对该省 40 亿元国际教育产业的新一轮忧虑。中国留学生是维省迄今最大的学生来源群体，如今锐减 5%，即 235 名学生，报读人数减至 4129 名。颇受留学生青睐的 BRIGHTON 中学国际项目协调人 LINDA WARD 表示，中国基本上是多数学校依赖的留学生市场，但是学生人数已经下降；在澳元强劲导致学费昂贵的情况下，中国的留学中介报告生源减少；另外，安全顾虑也削减澳洲的吸引力。维省教育署的一位发言人表示，公立学校的留学生报读人数略有上升，这意味着生源减少集中在私校和天主教学校。留学生入读私立学校的一年费用约为 2.5 万元，公立学校约为 1.25 万元。墨尔本大学副校长艾略特（SUSAN ELLIOT）指出，中学市场是教育领域的重要指标，超过一半的外国本科生，来自澳洲本地的中学。

12 月 1 日　在加拿大史博萧学院（Sprott – Shaw College）举办的百万奖学金网络评选10 位学生活动中，中国籍广东佛山留学生唐诗韵获得 10 万美元奖学金。史博萧学院执行长杜普伦（Dean Duperron）自幼贫困，少年时期甚至曾露宿街头；他一直将个人的成就归功于接受了良好的教育，认为教育能敲开成功之门，因此提供 100 万美元设立奖学金。此次活动共吸引 300 万人上网投票，经两轮投票选出 20 位入围者；这些入围者通过向网络上传 60 到 90 秒的影片向投票者介绍"取得史博萧学院学位后的计划"，之后由小区领袖、学、商界专业人士担任评审，选出最后 10 名奖学金得主。

12 月 1—2 日　据澳大利亚好亚网援引当地媒体报道称，尽管出现了一些无良学院以及对留学生遇袭事件，但澳大利亚的教育产业并没有因此受影响。上个财政年度，教育部门总共为澳洲经济贡献了创纪录的 166 亿澳元，仅次于煤，铁和黄金对澳洲经济的贡献率；其中高等教育在国际学生身上赚了 95 亿，同比上一年度增长 13 亿澳元。●12 月 2 日，据澳大利亚澳华网援引当地媒体报道称，洛伊研究所一项最新调查结果认为，澳大利亚作为中国最大的教育输出市场仍然是理想留学目的地。此前因墨尔本和悉尼相继发生留学生遇袭、私立院校倒闭等事件，教育输出产业担心事件会对整体产业发展造成负面影响。该调查显示，调查结果非常积极，总体来说，澳大利亚在中国人心目中声望良好，78% 的中国人受访者认为澳大利亚是理想的留学目的地；但在调查列出的留学国家中，英国最受到受访者拥护，84% 的中国人认为英国是理想的留学目的地。

12 月 2 日　澳大利亚华侨社团近 300 人在悉尼娱乐中心前广场举行《向达赖说不！反分裂大会》。中国留学生代表举着中澳两国国旗和标语牌，拉着横幅，高喊反分裂口号。华协会主席吴昌茂先生代表澳洲华人团体协会的 125 个新老移民社团的 10 多万会员，强烈谴责达赖"假自治真独立"的分裂中国行径；对达赖喇嘛窜访澳大利亚，进行"藏独"分裂恶行表示强烈愤慨并给予坚决抵制。

12 月 2 日　复旦大学校长杨玉良教授和该校外事处副处长信强教授公开表示，自 2003 年起，复旦大学在校学生公派出国出境进行学业交流的人数年增长速度均超过 20%；2008 年，该校当年派出学生人数为 1392 人次，是 2003 年的 2.5 倍；2009 年前 3 个季度，在校生公派出国出境交流学业交流的人数已达 1377 人次，预计全年将超过 1700 人次；至 2009 年底，该校在读本科生中至少有一次公派出国出境学业交流经历者将接近学生总数的 30%；复旦大学正有规划地选择各个地域最顶尖的 2—3 所大学签署学生交流和培养合作的协议，为支撑复旦人才培养的"全球网络"布设关键节点；其中已与包括耶鲁大学、巴黎政治学院、都柏林大学、早稻田大学等近 20 所世界一流大学签署合作协议，为复旦大学学生提供"2 + 2"、"3 + 1"双学士学位或"3 + 2"、"3 + 3"双硕士学位（本硕连读）等学生培养项目，以便为在校学生的国际化培养提供层次更高、路径多元的培养方案；复旦大学还加大力度让学生不出校门"置身"世界，2008 年以来与外国学校合作开设的、向全校学生开放的全英语教学国际课程超过 80 门。

12 月 2 日　中国籍专科学校留学生王×（21 岁）与苏××（22 岁），闯入位于东京都港区东新桥的餐馆"银座比内屋汐留店"，用菜刀威胁店长等人，抢得装有 4 家分店营业收入约 70 万日元（约合人民币 5.15 万元）的小包。●2010 年 4 月，王×与苏××作为涉嫌抢劫的犯罪嫌疑人被日本东京都警视厅组织犯罪对策二科正式逮捕。●2010 年 4 月 14 日，《日本新华侨报》发表署名评论表示：2 名中国留学生抢劫昔日打工雇主的事件或对中国留学生整体形象产生负面影响；希望广大留日学生在海外应发扬中华民族知恩图报的传统美德，继续努力，挽回负面影响，打造全新的"中国留学生的形象"。

12月3日　据《北京日报》报道称，2007年我国开始实施国家建设高水平大学公派研究生项目，并计划5年内每年选派5000名研究生出国留学；2009年被列入该项目的在京高校新增中国政法大学和北京林业大学，至此，已有10余所在京高校参与实施该项目。2010年分配给在京各高校的公派名额达到1200余个；其中北大和清华的名额最多，各有200人，名额超过100人的高校还有北京师范大学、中国农业大学。

12月4日　20多名中国留学生参加爱尔兰都柏林格里菲斯大学举办的计算机专业毕业典礼，其中曾就读该专业的中国留学生孙斌同学以所有科目全A的优异成绩获得了爱尔兰Hetac教育委员会所授予的爱尔兰2009年度优秀学生奖。●孙斌同学于2006年到爱尔兰就读于都柏林格里菲斯大学的计算机专业，在校期间学习非常刻苦；孙斌获得英国剑桥大学计算机专业硕士的录取通知并已正式入学，此次毕业典礼是他特意赶回都柏林参加。孙斌表示计划攻读完硕士后继续深造博士，并希望能在计算机领域内有更新的研究成果。●都柏林格里菲斯大学国际办事处主任Kevin先生表示，看到我们学校有这样的人才我由衷地感到非常高兴，我们相信在今后的日子里，我们大学一定能培养出更多像孙斌那样的优秀学生。

12月5日　佛罗伦萨中国学联与当地地方政府官员和华人社团进行交流，就意大利华人社会的发展、政府对华人的看法以及对中国留学生的现状和未来进行探讨。佛罗伦萨省政府局长秘书处玛丽—亚克劳迪（MARIA CLAUDIA）博士对中国留学生走出校门积极接触社会表示赞赏，并受佛罗伦萨省政府办公室委托宴请参加交流活动的中国留学生代表。亚克劳迪博士说，近年来，佛罗伦萨留学生人数越来越多，学联积极带领中国留学生加强与本地青年、学生的交流，并和政府尤其是文化教育部门加强沟通，及时反映学生们的夙愿，促进了两国文化间的交流，政府部门对此将给予大力支持。佛罗伦萨知名侨领张绍武说，佛罗伦萨学联今年组织的各项活动在新一届学联理事会的带领下，取得了骄人的成绩；尤其是学联组织的中国国庆六十周年庆祝活动，在市中心共和国广场举办的"中国文化节"，取得了非常好的社会效果，为佛罗伦萨市民提供了非常好的认识中国的机会，展示了当代中国年轻人精神风貌。佛罗伦萨岗比市政府负责移民事务的华裔官员林红玉，曾是岗比市长钦点的政府公职人员。她在出席活动时表示，近年来意大利中国留学生群体的扩大，又为华人社会的注入了新鲜血液，岗比市政府非常重视留学生的发展，并愿为中国留学生在意学习提供更多的便利。佛罗伦萨学联主席张浩同学对政府和华人社会给予中国留学生的支持表示感谢。张浩说，佛罗伦萨学联的各项活动不仅需要政府、教育部门和当地民众的支持，更离不开华人社会的支持；作为学生联谊会，我们有义务丰富留学生的课外生活，我们也有责任促进留学生与华人社会以及政府部门的沟通；目前佛罗伦萨的留学生人数每年都在增加，现在已经接近千人；我们希望佛罗伦萨政府部门能够更加重视中国留学生团体，能够在培训、居留、奖学金、宿舍等方面给予中国留学生更多的帮助，为中国留学生创造一个更加完美的学习环境，使他们不断丰富知识、学有所成，将来更好的服务社会，促进中意交流与友谊。

12 月 5 日　由欧美同学会、国家人力资源和社会保障部专业技术管理司、中国人事科学研究院、国家外国专家局国外人才信息研究中心、教育部留学服务中心和无锡市人民政府联合举办的"中国海归创业发展论坛"在江苏无锡举办，近 200 人出席。

12 月 5 日　法国高教部表示，随着对中国留学生买卖文凭事件调查的扩大，法国教育部成立"一般调查委员会"在法兰西大学对留学生问题展开调查，并已派出更多调查人员到另外一所大学进行调查。●中国留法学生的人数从 1999 年的 2000 人猛增到了 2007 年的 22，452 人，成为仅次于摩洛哥的法国第二大留学生群体。

12 月 5—19 日　由中国驻圣彼得堡总领馆教育处、圣彼得堡华人华侨协会、圣彼得堡国立航空航天仪表制造大学联合组织的第二届中国留学生俄语奥林匹克竞赛 5 日开始并于 19 日在圣彼得堡国立航空航天技术大学礼堂举行决赛。来自圣彼得堡国立财经大学的大二学生肖冰同学获得了俄语竞赛的一等奖，圣彼得堡赫尔岑国立师范大学的王文、唐贞同学获得了二等奖，三等奖获得者为国立技术大学的宋敏彦、国立师范大学的塔妮娅、国立海洋技术大学的曾鸣。●第一届中国留学生俄语奥林匹克竞赛是 2007 年在圣彼得堡举办的。

12 月 6 日　中国留日同学总会和全日本中国留学人员友好联谊会共同主办的第 12 届留日学人与 21 世纪中国发展研讨会在日本昭和大学召开。100 多名在日工作或留学的中国留学人员和部分日本专家，以及中国留日同学总会会长陈洪源、全日本中国留学人员友好联谊会会长胡昂、中国驻日本大使馆教育处一等秘书程普选、科技参赞阮湘平、社团法人日中协会理事长白西绅一郎等出席并发表演讲。●中国留日同学总会和全日本中国留学人员友好联谊会定期主办"留日学人与 21 世纪中国发展研讨会"，由各个学术领域的留日学人从自身的专业技术角度出发，为处于发展建设中的祖国建言献策。

12 月 7—9 日　由教育部国际司、人事司、财务司联合举办的 2009 年驻外使领馆教育处、组工作会议在北京国际会议中心召开。来自 59 个驻外使领馆教育处、组（包括常驻联合国教科文组织代表团、驻欧盟使团教育文化处）的负责人，教育部有关司局和直属单位负责人共 100 多人参加会议。会议期间，教育部党组书记、教育部部长袁贵仁会见与会代表；教育部副部长陈希、李卫红、郝平，中纪委驻教育部纪检组组长王立英出席会议，并分别就中国高等教育改革和发展、驻外干部队伍建设、教育外事工作以及党风廉政建设作了专题报告。陈希副部长在报告中指出，驻外使领馆教育处组以更加开阔的视野、更加积极主动的态度、更加创新的精神学习国外的先进经验，在高水平人才引进、教育调研、信息动向等方面为国内高等教育发展提供支持和帮助。李卫红副部长在报告中强调，教育驻外干部队伍作为国家整体外交工作的一支重要力量，地位和作用日益凸显；要深刻认识国际国内形势发展对驻外使领馆教育处组工作提出的新考验，认真落实中央外事工作会议确定的战略方针，利用好国际国内两种资源，把思想统一到中央的要求上来，统一到教育部党组的工作部署上来，齐心协力共同做好教育外事工作。郝平副部长在报告中提出，教育外事工作在建设人力资源强国等方面发挥了重要作用；在当前和今后一个时期要重点加强对教育外事工作整体谋划，高度重视人文合作在国家人文外交战略中的作用，发挥教育国际交流的优势，大力开展公共外交，努力提高工作水平，不断完善出国留学机制，通过实施"走出去"战略进一步增强国家软实力，并积极引进优质资源，提高我国教育国际竞争力。中纪委驻教育部纪检组组长王立英指出，驻外使领馆教育处组要正确认识和判断当前反腐败斗争形势，充分认识新形势下加强驻外教育处组反腐败建设的重要性、紧迫性，切实加强反腐倡廉工作，增强政治意识、大局意识、自律意识、责任意识。

12月10日　2009年全国教育外事工作会议在北京召开。中共中央政治局委员、国务委员刘延东在会议上强调，要以服从服务党和国家工作大局为宗旨，以配合国家外交总体战略为取向，以促进教育改革发展为重点，以推进人文交流合作为载体，创新思路，注重内涵，完善体制机制，加强队伍建设，提高教育外事工作整体水平，为建设中国特色社会主义现代教育体系做贡献。刘延东指出，教育外事工作是外交外事工作的重要组成部分。新中国成立60年特别是改革开放30年来，教育国际交流合作不断扩大，出国留学事业成果斐然，来华留学保持良好发展势头，国际汉语教育与推广跨越式发展，教育涉外法规体系日益完善，教育外事工作取得显著成绩，对我国现代化建设和改革开放、加强人文交流合作、推动教育改革发展的作用日益凸显。刘延东强调，我国教育外事工作处于大有可为的重要战略机遇期。要牢牢把握党和国家外交外事大政方针，创新思路，拓展功能，主动适应国家改革发展新形势和世界大变革大调整趋势，积极参与教育国际标准和规则制定，充分发挥学校民间外交作用，推动教育国际交流合作向深度广度发展。要统筹国内国际两个大局，完善多层次、宽领域教育对外开放格局，立足基本国情，借鉴先进教育理念和经验，引进优质教育资源，培养和吸引国际化人才，特别是世界一流的领军人物和专家学者，建立合作平台，提升我国高等教育学科水平和人才培养水平。要加强学校对外交流合作、出国留学、来华留学、人才回国及国际汉语教育推广工作，注重质量提升和品牌建设，推动教育外事工作走内涵式发展道路。刘延东强调，要建立健全科学规范、符合国际惯例的体制机制，加强教育外事管理和服务，建设政治素质高、业务能力强、经得起考验的教育外事干部队伍。她希望广大教育外事工作者以国家利益为重，勇于承担使命，不负党和人民重托，严守纪律，爱岗敬业，以改革创新精神和积极务实态度，创造性地开展教育外事工作。教育部部长袁贵仁主持会议并讲话，外交部部长杨洁篪就当前国际形势和我国外交工作作了专题报告，教育部副部长郝平作总结讲话。袁贵仁部长强调，教育是国家发展和民族振兴的基石，教育对外开放是国家对外开放事业的重要组成部分，教育外事工作是教育工作的重要方面。我们要按照中央要求和刘延东同志重要指示精神，努力做好新形势下的教育外事工作，使这项工作为办好人民满意的教育、建设人力资源强国和创新型国家服务，为增进中国人民与世界各国人民友谊、构建和谐世界服务。他指出，教育外事工作必须把出发点和落脚点放在服务党和国家工作全局上，放在促进教育改革发展上，紧密结合国内工作大局，统筹国内国际两个大局。这是做好教育外事工作的根本目的，也是衡量教育外事工作成效的根本标准。新形势下的教育外事工作，要进一步扩大教育对外开放，促进教育改革发展；要推动教育交流合作向更广领域、更高水平、更深层次发展；要切实提高教育外事工作的能力和水平，不断开创教育外事工作新局面。郝平副部长就做好当前和今后一个时期教育外事工作提出了要求。他强调，要解放思想，加强对教育外事工作整体谋划；要开拓进取，努力提高教育交流合作水平；要完善出国留学机制，提高服务和管理水平；要实施"留学中国计划"，推动来华留学跨越式发展；要大力实施"走出去"战略，进一步增强我国文化软实力；要积极引进优质资源，着力提高教育竞争力。教育部在京领导出席了会议。北京市教委，上海市教卫党委、市教委，云南省教育厅，北京大学及清华大学作了交流发言。外交部、国家民委、中国科学院、各省（自治区、直辖市）和新疆生产建设兵团、计划单列市以及教育部有关司局、直属高校、59 个驻外使领馆教育处、组有关负责人共 100 多人参加会议。

12 月 10 日　教育部国际司与天津、山东、江苏、江西 4 个省市的教育厅（教委）在北京签署共建共管自费留学中介服务机构协议；试点在原来只由教育部统一归口管理的基础上，给予地方教育行政管理部门对自费留学中介服务机构较大的管理权限，对留学中介公司进行共建共管，进一步规范出国留学中介市场，并立足于教育部教育涉外监督信息网，建立起地方的留学信息发布平台；教育部副部长郝平出席签字仪式。●截至本月，教育部已对 401 家自费留学中介服务机构予以资格认定，发布 46 期《留学预警》，公布 33个国家 1.5 万多所高等学校名单，建立教育部教育涉外监督信息网，并与国家工商行政管理总局联合推出《留学中介服务示范合同文本》。

12 月 10 日　据北京边检遣返所披露，近期已接收多名因种大麻涉毒被境外警方查获并判刑后遭遣返回国的中国留学生。

12 月 10 日　教育部办公厅印发《关于 2010 年国家公派留学人员全国外语水平考试时间安排的通知（教考试厅函［2009］1 号）》。公布全年分别在 6 月和 12 月安排两次考试时间；上半年考试语种为英语（PETS－5）、法语（TNF）和德语（NTD），下半年考试语种为英语（PETS－5）、日语（NNS）和俄语（ТПРЯ）；英语（PETS－5）报名和考试的地点分别设在全国 37 所大学等机构内，日语（NNS）和俄语（ТПРЯ）有 9 个考点，法语（TNF）有 3 个考点，德语（NTD）有 4 个考点；通知规定，该项考试成绩对于申请国家公派留学的有效期为两年，如作其他用途的，可由各成绩使用单位自行决定。

12 月 11 日　新华网报道，截止 2009 年底，已有 2000 多名海外归国人才在苏州工业园区工作，各类留学生创办的企业达到 300 多家。●亲商的理念是该园区长期形成的地域特色，对来此创新创业的领军人才，园区视若珍宝。为此，园区专门设立了 1 亿元人才发展基金，积极构筑人才创新创业平台。2008 年全区直接用于人才创新创业经费达 3 亿元。同时，园区为优秀人才开通了薪酬待遇、社会保障、户籍管理、子女入学及住房等"绿色通道"。2009 年 10 月，苏州工业园区被中央人才工作协调小组授予"国家海外高层次人才创新创业基地"称号。

12 月 18 日　2010 年国家公派出国留学选派工作会议在江西省南昌市召开。教育部有关司局负责人、国家留学基金委秘书处负责人和中央及国务院有关部门、各省、自治区、直辖市教育厅（委）、人事厅（局）、全国主要高校负责国家公派出国留学工作的负责人和管理人员约 400 人出席会议。会议总结了 2009 年国家公派出国留学工作的基本情况，并公布了 2010 年国家留学基金资助出国留学的选派计划。会议披露，截至 11 月底，2009年共录取 12，715 人，其中攻读博士学位研究生和联合培养博士生 5624 人，占录取总数的 44%；1996 年至 2009 年 11 月，共派出 58，419 人，回归率为 97.16%。会议透露，

2010 年国家留学基金委以国家留学基金资助方式在全国选录各类留学人员 12，000 人，其中研究生 6000 人，高级研究学者、访问学者（含博士后研究）等 6000 人；优先资助的学科专业领域为能源、资源、环境、农业、制造、信息、生命、空间、海洋、纳米及新材料和人文及应用社会科学领域的留学人员；同时加大对艺术类、外语类和国际区域问题研究等相关专业领域留学人员的选派力度。

12 月 18 日　中国驻苏丹大使馆举行在苏中国留学生座谈会，李成文大使和王奇敏参赞等外交官与 20 余名在苏丹的中国留学生代表座谈。据悉在苏中国留学生共有近百名，分别在喀土穆大学、非洲大学、恩图曼大学等当地高校进修。

12 月 18—19 日　2009 年全德中国学生会代表经验交流会举行，来自柏林、哥廷根、汉堡等 8 座城市的 20 多名中国留学生会代表分别就"加强组织建设，提升服务能力"、"发挥桥梁作用，做好中德交流工作"和"担当民间使者，宣传中国文化"等主题发表报告，并与使馆教育处工作人员进行交流。中国驻德国大使吴红波 19 日与会时表示，希望在德留学生发挥"中国民间大使"的作用，增进两国人民的相互理解和友谊。

12 月 19 日　第 31 届北海道中国学友会第一次全体理事大会在中国驻札幌总领事馆举行。理事大会由副会长宋宁主持，驻札幌总领事馆教育组领事袁家冬列席。会议主要内容是由党志胜会长为新一届理事会理事颁发聘书、组织活动的经验介绍以及对 2010 年度学友会工作内容进行讨论和安排。各位理事表示愿意尽心尽力为北海道地区广大学友做好服务。新一届理事会由 31 名成员组成，其中包括札幌市周边地区分会代表 6 名，覆盖面广泛。2010 年的重点活动总数达到 22 个。活动内容以服务广大留学人员、促进中日民间交流为主线，丰富广大留学人员的在日生活。何伟男，王鑫男，党志胜和石光四位主要理事干部就旅游活动、大学祭、庆祝活动和中日交流四方面活动的特点和流程进行说明。袁家冬领事对工作安排提出建议，并对新一届学友会做好 2010 年工作寄予厚望。● 当日晚，日本北海道地区中国留学生学友会在中国驻札幌总领事馆举行 2009 年度新生欢迎宴会。2009 年到北海道地区留学的 80 名多国家公派留学人员和自费留学生代表参加。中国驻札幌总领事胡胜才出席欢迎会并对新学友来北海道学习表示热烈欢迎。教育领事袁家冬结合 2009 年 12 月在北京召开的国家教育外事工作会议关于加强新形势下为海外留学人员服务的精神，介绍了北海道地区国家公派留学生的基本情况以及中国驻札幌总领馆教育组的职能，并就中国留学生在北海道地区生活、学习、交流、安全等问题与新到留学生进行座谈。来自新疆的留学人员买买提老师表演新疆舞蹈为欢迎会助兴。

12 月 20 日　中国驻大阪总领事馆教育室举办忘年会，邀请关西地区各大学的中国留学生代表以及政界、学界、友好团体、友好人士、部分中资企业代表等 200 多人出席。西日本地区中国留学生学友会会长、京都大学马啸同学代表留学生发表感谢辞。为表达感谢与感激之情，中国留学生表演了歌曲、舞蹈、乐器弹唱等文艺节目。中国驻大阪总领事馆张欣副总领事、教育室主任刘占山，日本关西国际大学校长滨名笃、吹田市副市长富田雄二、大阪府议会议员井上哲也、大阪府日中友好协会副会长、丰中市日中友好协会会长田中润治等分别致辞。

12 月 21 日　国家留学基金委与中国商用飞机有限责任公司在上海签署合作开展"大

型客机人才培养特别项目"协议。国家留学基金委秘书长刘京辉、中国商飞公司总经理金壮龙出席签署仪式。刘京辉秘书长在致辞中表示，公派留学是国家高层次人才培养的重要途径，国家留学基金委自 1996 年成立以来，始终坚持为国家发展战略、国家重大工程培养高层次急需人才；大型客机项目是《国家中长期科学与技术发展规划纲要》确定的 16 个重大专项之一，国家留学基金委将发挥自身优势，创造条件，提供服务，为培养中国的大型客机人才贡献力量。

12 月 21 日 法国昂热中国学者学生联合会主席向虹主持召开"平安留学"座谈会，200 多名在法留学人员出席；中国驻法使馆警务处的董文华参赞、教育处戴天华老师和领事部刘炜桐秘书，以及华人律师乔京博士、心理咨询师严和来博士为留学生进行安全讲座。

12 月 21 日 由共青团中央、全国青联、欧美同学会和广西壮族自治区政府共同主办的"2009 海外学人回国创业周"活动在广西开幕，来自美、英、日、德、法等 14 个国家的 96 名海外中国留学人员参加。●2001 年以来，团中央、全国青联联合欧美同学会，以"创新创业、报效祖国"为主题，连续举办了 8 届"海外学人回国创业周"活动，共组织了来自 26 个国家和地区的 3400 余名海外留学人员赴北京、陕西、重庆等 19 个省（区、市）的近 60 个园区开展产品发布、项目洽谈和交流，涉及计算机、通信、网络、医药、生物工程等众多领域。

12 月 22 日 "美国之音"中文网报道称，两位北美华人在网络上联手创作一首摇滚风格的歌曲《妈呀中国》，用长达百行篇幅描绘了自己对中国爱怨交织的复杂情感，在北美华人中引起了热烈反响；该首歌其实反映了很多 20 世纪八九十年代出国的中国留学生当年出国不容易，现在回去又感到失落的心态。

12 月 22 日 英国驻华使馆文化教育处表示，2009 年申请英国本科的中国学生人数较往年相比有所增加，英国仍然是中国学生的留学首选国家；2009 年赴英中国学生人数预计将超过 3 万人，与去年同期相比增长将超过 25%。该处的通报显示，学生的专业、课程选择多样性增强，除了传统的商科等热门课程外，许多其他英国优势学科，如生命科学、传媒和创意设计等课程受到越来越多学生的青睐。据统计资料显示，2008 年赴英中国学生人数超过 27，000 人，比 2007 年增长近三成，其中 44% 选择了金融和管理等相关专业。通报将此趋势的原因总结为，"计点积分制签证政策等一系列新的利好政策使得留学英国签证的申请更为透明、公正和便捷"。此前也有专家将英国成为留学热门的国家的原因总结为"短、准、稳"：短——意为英国学制短而紧凑，例如本科三年及硕士一年；准——可以理解为英国大学的课程质量高、设置日益贴近社会需要，真正做到将学校专业与行业需求准确结合，让学生学有所用；稳——则指的是英国更为透明简捷的新签证政策、允许学生毕业后留英两年的国际毕业生计划等一系列优惠政策，帮助学生更加稳健方便地计划和衔接各阶段的学习和工作。●据 BBC 中文网报道，一项调查显示，在英国的留学学费 2009 年内上涨 5%；英国大学校长团所做的年度调查显示，学费在过去的 10 年至少增长了三分之一，有些课程的学费增幅甚至超过二分之一。调查还显示，只需在教室授课的本科课程相对来说比较便宜，每年的学费在 8，500—11，700 英镑之间，平均费用为到

9，300英镑。这个数字与2008年相比增长3%。由于教学设备和仪器成本较高，学生需要在实验室进行试验来完成的课程相对昂贵。据统计，这类课程的学费从9，500—14，800英镑不等，平均费用达11，500英镑，比2008年增长8%。英国的授课式研究生课程通常只有一年。如不需要实验室，这类课程的学费在9，000英镑至13，200英镑之间（涨幅为4.3%，均费为9，700英镑）。如需要实验室，授课类研究生的学费则为10，300至16，000英镑，平均费用为11，700英镑，比去年增长6.4%。研究式研究生课程的学费在9，200—12，100英镑之间。实验室课程的学费在10，400—14，300英镑之间，平均达到11，900英镑，增长了5.3个百分点。比这些研究生更贵的是MBA类课程，学费在10，500—24，900英镑之间。据统计，最昂贵的课程要算临床医学类课程，牙医课程尤为突出。医学类授课式课程的平均费用就有24，500英镑，最高甚至可以达到每年32，700英镑。另外还需支付更多的费用购买书本和学习资料、进行实地考察旅行和参加毕业典礼等。●有媒体报道，留学生学成后约有90%留在英国，这使英国每年人口激增超过10万人。如2009年中国就有6000多名留学毕业生留在英国。这也成为目前英国非欧盟移民净增长急速上升的最主要因素。自1997年以来，在英获准居留一年或更久的外国学生数增加了两倍，每年达11万人次。但是，每年学成回国的人数仅一万人左右。入境与离境英国的比例达到了11∶1。目前在英国的中国留学生约有65，000人，其中有55，000人在就读高等教育本科或硕士，4000多人在读初中、高中和预科，其他的学生则在语言学校就读。●受英国政府迫于财政压力而对大学扩招本国学生名额限制的影响，有媒体预计2010年秋季将有20万名学生不能如愿进入英国大学留学，其中包括中国留学生约1万名。

12月22日　在中国访问的法国总理菲永先生到北京航空航天大学发表演讲时指出，现在每年有一万多名中国学生选择赴法留学，中国是世界上大学生最多的国家，而法国已经成为中国学生的第五大留学意向国，非英语国家第一大留学意向国；在他们留法期间，我们非常关心这些学生；从2008年开始，我们还在中国建立了一个留法学友俱乐部，已经有了6000多个留法毕业生；同时，我们还特别关心这些年轻中国学生的职业融入问题。

12月23日　中塞两国教育部在北京签署《中华人民共和国教育部与塞尔维亚教育部2009—2013年教育合作计划》。根据该协议，两国将加强大学间的合作与交流，互派留学生。

12月24日　英国驻华使馆文化教育处发布的统计数据，2009年中国内地雅思考生人数超过30万，与2008年相比增长幅度超过15%。●2008年，中国内地约有26万考生尝试通过参加雅思考试，赴海外留学、求职或者移民；这些考生中近六成的年龄处在19—22岁之间，且大部分为考虑出国学习硕士课程的学生。●从1989年开始，雅思考试进入中国以来20年间，先后在中国内地32个城市设立35个考试中心。截止2009年底，雅思考试获得世界逾2100多所高等院校的广泛认可，包括排名靠前的商学院、工程学院与综合大学等。●2010年，雅思考试主办方在中国内地安排有48个考试日期，考生可以在分布于全国32个城市的35个考点自由选择报考。

12月24日　据上海边检部门统计，2009年圣诞节期间上海出入境客流呈现几个特点：一是入境客流超出境。二是在外中国留学生成入境客流主力。

12 月 24 日　一项调查显示，英国政府 2008—2009 年度向 23.647 万名外国人发放了入境学习签证，是 1998 年人数的 3 倍。这一数字立即引起了各方争议。有批评人士指出，人数的迅猛增加，是因为许多没有招收留学生资质的英国学校招收了外国留学生。据英国议会的资料显示，英国只有 165 所大学和高等学院，但英国边境局却批准了 1925 个机构可以招收外国留学生。英国保守党影子内阁内政大臣克里斯·格雷灵表示，英国的留学生签证制度是移民控制方面的最大漏洞之一。假冒高校层出不穷，为许多外国人持学生签证到英国找工作提供了方便。按照英国教育部的规定，外国留学生从正规大学获得学位后，可申请将学生签证延长 2 年以便找工作。如果找到了技术性较强的工作，还可再申请延长 3 年，并可能最终获得永久居留权。

12 月 26 日　第 12 届中国留学人员广州科技交流会开幕。据交流会透露，此次"留交会"共有来自世界 40 多个国家和地区的 2300 多名高层次留学人员、120 个留学人员专业社团携 850 多项高新技术项目参展参会，报名人数同比增长 20%，参会的留学人员中 55% 有博士学位，其余全都拥有硕士学位；全国各省、市的政府代表团、高校、科研院所等近 3000 人参加，并提供近万个招聘岗位；在前 11 年届"留交会"中，已有近 2 万名海外留学人员携 1.6 万个高科技项目参加。

12 月 28 日　在德国《金融时报》举行的大学管理研讨会上，德国官方教育机构公布的数据显示，2003 年以来德国大学的海外新生人数下降 10%，而中国留学生新生的下降幅度达到 32%。2008 年，在德中国学生总数已降至 2.39 万人。新生数量下降的原因之一是德国大学开始陆续收费，目前各大学每年学费加杂费平均在 2000 欧元左右。另一方面，很多在德中国学生和学者认为，导致中国留学生对德国兴趣大减的最重要原因是近年来德媒对华报道越来越负面，不仅针对中国政府，一些在德的中国学生和学者也频频被泼脏水，诬蔑中国留学生和学者在德进行工业和技术领域的间谍活动。由于德国企业听信媒体、情报机构宣传，很多在德毕业的中国留学生找工作很难，之前必须经过严格审查。●

12 月 31 日，据中新网转引德国欧览新闻网报道：留德新生减少毕业生增加，三年内近万中国学生从德国大学毕业。据德意志学术交流中心（DAAD）公布的数字，在从 1998—2008 的 10 年中，中国留德学生总数增加 5 倍。1998 年德国各大学的中国学生人数只有 4773 人，1999 年中国掀起留德热潮，2002 年中国留德学生总数突破 1 万，达到 13，523 人，2 年后又突破 2 万，2006 年中国留德学生总数达到 26，000 千多人，成为历史上中国留德学生人数的顶峰。其中 2001—2003 年的 3 年间，前往德国留学的中国新生人数每年都超过 6 千，2002 年以 6985 人成为中国留德新生人数最多的一年。2006 年之后，在德中国学生总人数连续两年下降，2007 年总数为 25，651 人，2008 年为 23，983 人。原因为赴德新生人数从 2002 年后开始下滑，从当年 6 千多人下降到 2006 年的不足 4 千人。2007 年中国留德新生人数再度上升到 4532 人，但随着中国学生毕业人数的增加，造成在德中国学生总数依然下降。不少中国留学生在学成毕业后回国或在德国当地就业，这批学生都不再保留在大学统计数据之内。2001—2003 年三年间，德国大学的中国毕业生人数每年都不足 1000 人，2001 年一年甚至只有 529 人。而 2003 年后毕业人数逐年上升，每年增幅都在 1000 人。2003 年中国留德毕业生超过 1000 人，2005 年超过 2000 人，2006 年超过 3000

人。2007 年，德国大学的中国毕业生人数达到 3959 人的历史纪录。根据统计资料，仅在 2005—2007 年的三年间，已经有近万名中国留学生从德国大学毕业。

12 月 29 日　《北京青年报》发表年终专稿《盘点 2009 年教育事件的七宗最》，其中两宗涉及出国留学事件与活动，占 28.57%：最无奈的事件——11 月到 12 月期间澳大利亚多所私立学校倒闭，上千名中国留学生受影响；最火热的事件——10 月在北京召开的留学展空前繁荣，吸引了来自美国、加拿大、澳大利亚、英国、德国、法国、西班牙、意大利、荷兰、丹麦、瑞士、俄罗斯、日本、新加坡、新西兰等 30 多个主要留学目的国家和地区的 500 多所正规院校，14 个国家的驻华使馆或海外权威教育机构组织了庞大的国家展团，创国内同类展会之最，美国首次成为展会主宾国，参展院校近 70 所，也创历届之最。

12 月 30 日　非洲赞比亚大学为当日抵达赞比亚的 11 名中国留学生举行欢迎招待会，中国驻赞比亚使馆政务参赞王尼出席。王尼参赞代表李强民大使和中国驻赞使馆欢迎 11 名中国留学生，鼓励他们与赞大师生和当地民众加强交流与沟通，互相帮助，珍惜留学时光，同时以自己的实际行动做好中赞友好的民间使者。

12 月 31 日　驻新加坡使馆教育处会同领事部组织召开“在新留学人员安全教育座谈会”；来自新加坡各公立和私立学校的 100 余名中国留学生代表参加。

12 月 31 日　中国新闻网发表年终专稿《2009 十大热门留学国：美国扩大交流，英国收紧政策》，选出 10 个热门留学目的国或地区在 2009 年中具有代表性的留学新闻或留学事件。1. 美国：奥巴马访华——中美共同宣布将大规模扩大留学生交流数量；2. 英国：拟收紧留学生移民政策——留学生申请居留阻力增加；3. 澳大利亚：深陷“倒闭门”阴影——国际教育市场面临信任危机；4. 加拿大：中国交换生失踪案频发——“黑孩子”事件引关注；5. 日本：鸠山政府上台——拟削减“30 万留学生计划”预算惹争议；6. 韩国：首尔大学出台全球招生计划——中国朝鲜族学生成首选；7. 法国：土伦大学向中国学生出售假文凭案曝光——校长遭停职调查；8. 新加坡：出台新监管机制——私立院校倒闭留学生学费将可追回；9. 德国：媒体炒作“中国间谍案”——华人留学生被指有组织窃密；10. 北欧三国：挪威、瑞典、芬兰陆续宣布对非欧盟国学生收费——免费教育“末班车”或将到站。

12 月　澳大利亚 4 所名校悉尼大学、澳大利亚国立大学、墨尔本大学和昆士兰大学的研究生院陆续出台细化对中国留学生的入学要求。新要求根据中国留学生本科院校属于“985”、“211”和非“211”三个档次设定不同的录取分数线；对于“211”和“985”大学的学生入学平均分要求在 75—80 分，对于非“211”大学的学生入学平均分的要求是 85—90 分；此举加大了中国留学生进入澳大利亚名校的难度。

12 月底　根据中国高教学会出国留学教育管理分会召开的“全国出国留学工作研究会 2009 年年会”与会专家粗略统计的数据显示，1978 年底——2009 年底期间，我国各类出国留学人员总数已达到 160 万人左右，学成回国工作的留学人员达 40 多万人，在外留学人员总人数还有 100 多万并分布在 113 个国家和地区。

本年度　中国驻西班牙大使馆教育处指导和组织中国留学生开展问卷调查，并据此完成《在西班牙中国留学生生存状况调查分析报告》。该报告从生活、学习、文化融入、思想动态、人员交往等多个不同的侧面和不同的角度，较为客观地反应了在西班牙中国留学生的基本生存现状。

本年度 据英国驻广州总领事馆文化教育处工作人员预计，2009 年度内赴英中国留学生人数将超过 3 万人；并称中国留学生的专业选择多样性增强，除传统商科等热门专业外，选择其他英国优势学科，如生命科学、传媒和创意设计等专业的学生不断增加。

本年度 据中国驻印度大使馆教育处统计，截止 2009 年底，在印度的中国留学生人数约有 1200 余人，主要集中在印度南部的韦洛尔、金奈、班加罗尔、海德拉巴等著名学府，在首都新德里仅有 200 余人；中国留学生大多以国家或单位公派为主，其中 80% 学习的课程是软件工程类，此外还包括医学教育、数学、哲学及社会科学等。

12 月底 日本冲绳名樱大学中国湖南籍留学生刘行健（21 岁），参加全日本第 151 次商业英语托福考试后获得 940 分的好成绩，成为名樱大学有史以来考分最高的考生。●参加考试者共计 10 万 9 千余人，满分为 990 分。●刘行健同学于 2009 年 4 月作为湖南农业大学和名樱大学的交换留学生到日本留学，2010 年 2 月时是大学四年级学生。

本年度 教育部公布的统计结果显示，2009 年内中国出国留学人员总数为 22.93 万人，其中：国家公派 1.20 万人，单位公派 0.72 万人，自费留学 21.01 万人。本年内各类留学回国人员总数为 10.83 万人，其中：国家公派 0.92 万人，单位公派 0.73 万人，自费留学 9.18 万人。2009 年与 2008 年相比，出国留学人数增加 4.95 万人，增长 27.5%；留学回国人数增加 3.90 万人，增长 56.2%。从 1978 年到 2009 年底，中国各类出国留学人员总数为 162.07 万人，留学回国人员总数为 49.74 万人，有 62.3% 的留学人员学成后选择回国发展。截至 2009 年底，以留学身份出国并在外留学的人员有 112.34 万人，其中 82.29 万人正在国外进行专科、本科、硕士、博士等阶段的学习以及从事博士后研究或学术访问等。据教育部国际司司长张秀琴女士介绍，2009 年中国出国留学工作具有如下三个特点：自费留学人员仍然是出国留学人员的主体，占当年出国留学人员总数的 91.6%；出国留学人员留学目的国相对集中在经济和教育较为发达的国家，排名前 10 位的国家依次为美国、澳大利亚、英国、韩国、日本、加拿大、新加坡、新西兰、法国、俄罗斯，赴这些国家留学人员的数量占出国留学人员总数的 86.3%；出国留学人员以攻读硕士和本科为主，53% 的出国留学人员身份是本科生或硕士生。●据《北京日报》2009 年 11 月 25 日发表的一篇短文介绍：一份最新出炉的《中国留学行业 10 年报告》称，中国的留学生数量将持续增长，2010 年将达到 20 万人，2020 年将达到 30 万人。

本年度 教育部留学服务中心完成对中国大陆学生的国（境）外学历学位认证共计 51,623 份，总认证数量比 2008 年度增长 28.9%；其中对国外教育机构的学历学位认证 43,009 份，比 2008 年增长 40%；其中对中外合作办学的学历学位认证 5875 份，比 2008 年减少 11%；其中对港澳台地区的学历学位认证 2739 份。

本年年末 北京中关村管委会举办"高层次创业人才考察中关村活动"，以配合中组部实施海外高层次人才引进计划（千人计划）、北京市实施海外人才聚集工程（海聚工程）和新一轮吸引海外高端领军人才到中关村创新创业行动。60 名来自互联网与信息服务业、生物医药产业以及能源环保产业的考察团成员，是中关村管委会从报名的 200 多名海外学人中遴选出的行业精英。入选的绝大部分团员有在国内外创办企业和在国外大公司工作的经历，并有意到中关村创办企业。该项活动包括听取联想董事局主席柳传志讲创业经历和体会，参观百度公司并和创始人李彦宏交流，与 IDG（美国国际数据集团）亚洲区总裁熊晓鸽讨论投融资问题等内容。●中关村是我国科教智力资源最密集、最具创新特色和创业活力的区域之一，独具特色的人才引进、吸纳工作，让许多高水平、高素质的英才不断汇聚在此。在吸引留学归国人员方面，中关村也建立了全方位、多层次工作体系。作为我国最早开展吸引留学人员工作的地区，中关村自 2000 年开始启动吸引留学人员创新创业的工作；作为我国首家"海外高层次人才创新创业基地"，截止 2009 年底，中关村高新技术企业中共有 1．2 万名留学人员，由留学人员创办的高新技术企业累计超过 4800 家，分别是 10 年前的 12 倍和 20 倍。●一批留学人员成为我国互联网、集成电路、生物医药、清洁技术等高科技领域的领军人物：张朝阳创办的搜狐网和李彦宏创办的百度公司带动了我国互联网产业的发展；文剑平创办的碧水源公司、其鲁领衔的中信国安盟固利公司和于家伊领衔的嘉博文公司，带动了节能环保、资源循环利用产业的发展。除了创办自己的企业，许多留学人员还承担了国家 863、973、科技重大专项等项目：邓中翰创办的中星微电子公司实施"星光中国芯工程"，研发了系列数字影像芯片，获得了 2005 年国家科技进步一等奖，并占据了 50% 国际市场份额；王晓东领衔的北京生命科学研究所聚集了 23 名世界一流科学家，目前已经在高水平国际期刊发表论文 63 篇；严望佳创办的启明星辰公司，其网络安全技术和产品为 2008 年北京奥运会官方网站和系统提供服务。●一批留学归国人员集中在中关村，吸引一批国际资本，使中关村成为高科技投资机构投资的热点。截止 2009 年底，中关村留学人员企业的注册资金总额累计超过 50 亿元，并吸引了近千亿元的境内外资金。在美国纳斯达克上市的中关村企业有 22 家，其中近半是近年来留学人员创办的企业。●在国外，中关村在华盛顿、东京、伦敦、多伦多等留学人员较为集中的国外城市设立了 5 个海外联络处；在国内，成立了 29 家留学人员创业园，采用"创投＋孵化"模式，通过减免房租、引入风险资金、提供法律财务等专业化服务方式，为留学人员提供优质服务。●2009 年 6 月，中关村管委会正式启动了首批中关村高端领军人才申报工作，出台一系列高端人才扶持政策：设立服务绿色通道，提供便捷高效的服务；给予中关村高端领军人才 100 万元的一次性奖励。●中组部第一批"千人计划"共评选出 122 名，其中海外高层次创业人才 26 名，北京市入选 4 名，全部来自中关村科技园区。

本年度　2009 年度内在外中国留学人员发生数起遭遇车祸死伤事件。●1 月 10 日，加拿大列治文三名来自中国的小留学生在穿越人行道时突遭车祸，其中 1 人被抛出 10 余米，生命垂危，肇事汽车的挡风玻璃被撞至完全粉碎；三人在事后被送往医院进行抢救。●2 月 7 日凌晨 3 点 40 分左右，刚从纽约大学法学院毕业的上海女生冯筸和男朋友 Dennis Loffredo 在曼哈顿下城的西街和奥本尼街交叉口跨过街道时，被一部丰田车撞上；冯筸当场身亡，其男友一条腿骨折。●2 月 21 日，就读旧金山市州立大学工商管理系硕士学位的 22 岁中国留学生禹××与同学应悦一起驾车出游赌城拉斯维加斯，在前往大峡谷的 64 号公路上发生严重车祸，汽车失控翻下公路，禹华婕虽后被救出，但重伤造成脖子以下全身瘫痪；由于难以负担高额的医疗费用，旧金山州立大学中国学生学者联谊会事后为其发起募捐活动。●4月13日晚，一位来自辽宁的中国留学生在法国28省德勒（DREUX）市郊横穿国家公路时，被撞身亡；据当地警方介绍，肇事车辆当时时速90公里，属正常行驶，造成这场惨剧主因是由于该生违规横穿马路。●4月24日，三名中国留学生24日驾车外出时在1号国道上发生车祸，坐在汽车后座的一名女生被摔出车外，不幸遇难；据了解，这名学生当时没有系安全带；同行的另两名中国留学生分别受重伤和轻伤，经抢救脱离生命危险。●7月29日晚间，发生于美国马里兰州Rockville县的一起三车连环相撞的重大交通事故，造成就读马里兰大学生物技术所的华裔博士后孙××当场死亡、另有四人受伤。●11月24日凌晨，美国伊利诺大学香槟分校（UIUC）的数名中国留学生，在驾车前往纽约旅游途中被一辆大型旅行车追尾造成严重车祸，26岁的中国女研究生周××不幸丧生，另有两男两女留学生受伤，其中一人重伤。●12月12日晚，美国华盛顿州天使港市半岛学院的3名中国留学生驾车在快速公路一拐弯处与对面驶来车辆迎面相撞，造成两死一伤。●12月14日，在英国约克市附近高速公路上发生一起重大交通事故，造成2名中国留学生死亡；案发时因是夜间且遭遇大雨，两人乘坐的汽车失控撞向高速公路隔离墩后反弹，汽车安全气囊打开，当下车查看时不幸被后方驶来机动车撞倒身亡。

本年度　就2009年内中国留学生群体对留学目的国创造的"经济价值"，中国新闻网发表署名文章，列举出八个留学热点国家内中国留学生当年的人均花费和撰稿人自己认为的该国当年中国留学生总人数，并称据此可粗略统计出按人民币计算的中国留学生最近一年内为各留学目的国增加的财政收入，或称对该国GDP的"贡献率"。1、美国约有9.8万人（据美国国际教育协会公布），人均费用（年）约在15—25万元；2、英国约7.5万人（据英国高等院校招办公布），人均（年）学费约在7.6—13万元，生活费约7万元；3、澳大利亚约有13万人（据澳大利亚媒体报道），人均（年）学费约为10—15万元，生活费约为5—8万元；4、日本约有7.4万人（据日本媒体报道），人均（年）学费约为6—8万元，生活费约为5万元；5、韩国约有4.5万人（据韩国教育部统计），人均（年）学费约为3—4万元，生活费约为3—4万元；6、加拿大约有4.1万人（据加拿大驻中国大使馆公布），人均（年）学费约为7—8万元，生活费约为6—7万元；7、新西兰约有2.5万人（据新西兰驻中国大使馆公布），人均（年）学费约为6—8万元，生活费约为3—4万元；8、新加坡约有1.5万人（据新加坡政府提供的数据），人均（年）学费约5万元；生活费约3—4万元。撰稿人认为，中国留学生的经济贡献率最高的国家是澳大利亚；虽然美英日三国的中国留学生一年费用总支出排名前四，然而由于其GDP总额的基数较大，因此计算得出的中国留学生对这三个国家的经济贡献率百分数均不到0.1。

本年度　2009年美国商学院入学考试中心的统计显示，本年内美国商学院入学标准考试GMAT的应试人次在世界范围内达到26万7000次，比上一年增长2300次，创下GMAT考试人次的最新年度纪录。其中外国公民参加考试的次数占总数目51%，是外国公民参考人次首次超过美国公民。增长最多的是中国和印度，中国公民参加GMAT考试的次数达到2万3550次，比2008年增长35%，比2005年增长181%。印度公民参加考试人次达到3万633次，比2008年增长7%，比2005年增长128%。另外在2009年的考试中，女性的参考人次达到 10 万 4880，比 2005 年增加 36%，是女性参考人次首次突破 10 万大关。24 岁以下年轻人参加考试的人次出现明显增长，有 7 万 9577 次应试者是 24 岁以下的年轻人，比五年前增长 132%。一般而言，以英语为考试语言的 GMAT 考试，非英语国家的考生可能会因为语言能力影响成绩，但此次显示英语国家考生的成绩不一定高于非英语国家。如美国公民的平均成绩只有 531 分，美国国内各族裔考生的平均分是亚裔最高，达到 558 分；而中国学生的考试中平均成绩为 591，虽然与上一年的平均成绩相比下降 8 分，但仍然是世界各国和地区中平均分最高的考生群体。

本年度　2009 年中国在外留学生遇害事件：●1 月 21 日晚，中国留学生朱××在弗吉尼亚理工学院研究生生活中心一层餐厅内与杨×喝咖啡时，突然持刀行凶将同为中国留学生的杨×斩首。现场 7 名目击者一致表示，案发前两者没有发生任何口角和冲突。弗吉尼亚理工大学校方说，案发时，朱××25 岁，来自中国宁波，于 2008 年秋季入学，攻读农业和应用经济学博士学位；被害人杨×22 岁，来自北京，2009 年 1 月 8 日自加拿大转赴美国学习会计学。2009 年 12 月 21 日，在当天举行的听证会上，被控一级谋杀罪名的朱××承认谋杀罪名，但没有透露杀害杨×的原因，他将面临最高终身监禁的刑罚。检察官芬奇说，朱××的杀人动机是，杨×在案发前拒绝和他建立恋爱关系。●5 月 25 日，中国广州籍 18 岁男性留学生邢××于下午乘坐从悉尼 HURSTVILLE 区到 BONDI JUNCTION 的火车，随后又登上 333 路预付费巴士，前往澳大利亚悉尼邦迪海滩后失踪；警方于 6 月 2 日接到报告，有人在 NORTH BONDI 区 BEN BUCLLER POINT 悬崖下的礁石上发现邢×× 同学装有其护照以及其他身份证件的背包和鞋子。邢××同学 1 月到悉尼留学，修读信息技术课程；其父母 6 月到悉尼寻找儿子时表示，孩子的失踪与其性格完全不符。●6 月 30 日，一名就读于澳大利亚塔斯马尼亚大学的中国女留学生尸体被当地警方发现，事发地霍巴特的两名同为 21 岁的犯罪嫌疑人已被警方以谋杀罪逮捕。澳大利亚当地报道说，遇害者张×现年 26 岁，2008 年下半年赴塔州留学，就读塔州大学念会计专业。据悉，这名中国学生晚饭后搭当地人的车外出，不幸遇害。●7 月 18 日，一名中国留学生在澳大利亚悉尼家中遇害。●7 月 22 日，在韩国培材大学语言培训学院留学的 24 岁陈姓中国辽宁籍女留学生在大田市的住处被害，犯罪嫌疑人被韩国警方抓获。犯罪嫌疑人是生活在培训学院宿舍的一名无业男性，于凌晨酒后入室企图对被害者实施强奸，遭到反抗时即用事先准备的刀子将女学生杀害。●11 月 7 日深夜，两名在加拿大一家日本餐厅兼职的中国留学生在厨房发生争执，27 岁的杨×被人用利器刺伤后不治身亡，警方事后拘捕 25 岁的疑凶王×，控以二级谋杀罪名。●12 月 20 日，两名就读于顿涅茨克国立大学俄罗斯语言文学专业中国留学生在乌克兰东部城市顿涅茨克自己租住的房屋内被害身亡，笔记本电脑等贵重物品丢失。遇难留学生为一对异性情侣，2008 年赴乌克兰留学；其中男同学生于 1989 年，姓张，女同学小玉生于 1988 年。遇害者小玉的父亲告诉记者，根据中国驻乌克兰大使馆反馈的消息，杀害女儿的凶手是一名中国留学生并已被乌克兰当地警方抓获，凶手是女儿同班同学。

本年度　本书作者从上述 2009 年内各类出国留学与留学回国事件中遴选出 15 项，并通过邮件分别发送给 36 名长期从事出国留学问题研究、出国留学事务管理或关注出国留学活动的各界人士，邀请大家共同参与评选"2009 年度出国留学与留学回国十大事件"。回收选票 31 份，回收率为 86.11％。31 名投票人的基本情况如下：年龄范围从 19—73 岁；男女比例约为 1：1；其中有大学正副教授、正副研究员、博士生导师、在校大学生、留学回国人员、在外已就业的原中国留学人员、省委党校教授、国家机关公务员、国家事业单位职员、中国社会科学院博士生导师研究员、退休公务员、留学类杂志主编和编辑等与留学研究有密切关联的人员。若以时间发生先后为序的话，此次由本书作者组织的"2009 年度出国留学与留学回国十大事件"评选结果如下，圈内数字则表示评选结果的排名：1⑥——3 月 26 日，因有举报中国留学生涉嫌贿赂校方买文凭，法国马塞检察院依涉及腐败、贿赂和诈欺罪嫌疑对此展开调查。2⑧——4 月，国务委员刘延东访问美国和新加坡期间会见中国留学生代表并在美国出席"国家优秀自费留学生奖学金"颁奖仪式。3⑤——4 月底，122 人入选第一批国家"千人计划"；9 月 25 日，第二批 204 名海外高层次人才入选国家"千人计划"。4②——11—12 月，澳大利亚近 10 所私立学校相继倒闭，致使 1 千多名中国留学生受到影响。5⑨——8 月 4 日，党中央、国务院邀请 60 位新中国成立以来创新创业创优优秀人才代表到北戴河休假，其中有留学回国创新创业人才代表。6⑩——8 月 7 日，据第二届"中国—东盟教育交流周"披露，中国在东盟国家的各类留学人员达到 68，510 人。7⑦——9 月 2 日，有媒体报道称，2009 年内参加美国 SAT 的中国大陆考生突破 1.5 万人（2002 年仅有 200 多人）。8①——9 月 30 日，胡锦涛主席会见参加新中国成立 60 周年国庆观礼活动的海外人才观礼团和优秀留学回国人才代表团的 320 多名成员并发表重要讲话；10 月 1 日，载有王向荣、肖立志、段燕文等 10 位留学回国人员代表的"我的中国心"彩车参加国庆节群众游行。9④——10 月 22 日，教育部印发《国家建设高水平大学公派研究生项目学费资助办法（试行）》；12 月 18 日，2010 年国家公派出国留学选派工作会议召开并宣布，将以国家留学基金资助方式继续选录各类留学人员 12，000 人。10③——11 月 17 日，胡锦涛主席与到访的美国总统奥巴马举行会谈后发表《中美联合声明》，其中指出，美方将接受更多中国留学人员赴美学习并为中国留学人员赴美提供签证便利。

　　12 月 31 日　中国教育部部长袁贵仁向广大海外留学人员发表《2010 年新年贺辞》。袁贵仁部长代表教育部向远在海外的广大留学人员和家人，致以亲切问候和良好祝愿，祝大家新年好，祝广大海外学子学业有成，幸福安康。袁贵仁部长指出，广大留学人员是国家的宝贵财富，是我国人力资源的重要组成部分，肩负着时代赋予的光荣使命和历史重托；祖国的每一步发展都凝聚着广大留学人员的智慧和汗水；大家心系祖国，情系中华，自觉地把个人的命运与祖国的命运结合起来，把个人的进步与祖国的发展结合起来，为民族振兴而勤奋学习，为祖国昌盛而艰苦创业，为人民福祉而真情奉献，在实现人生价值的过程中谱写着爱国主义的新篇章。袁贵仁部长强调，2009 年国庆前夕，胡锦涛总书记亲切接见了海外人才和优秀留学回国人才代表，发表了重要讲话，充分肯定了广大留学人员在祖国现代化建设中作出的贡献，希望广大海外留学人员胸怀祖国、心系桑梓，继续以各种方式为祖国服务，为中华民族伟大复兴作出重要贡献，希望广大留学回国人员发扬光荣传统，开拓进取、扎实工作，努力创造出无愧于时代的辉煌业绩。袁贵仁部长提出，我们要坚定不移地实施科教兴国战略和人才强国战略，认真贯彻党和国家"支持留学，鼓励回国，来去自由"的留学工作方针，支持我国公民多渠道、多层次、多类别出国留学，进一步做好在外留学人员的管理和服务工作，鼓励在外留学人员学成回国工作或以多种形式为国服务，放宽政策确保留学人员来去自由，真正做到用深厚的感情关心人才，用优良的环境吸引人才，用成功的事业凝聚人才，努力把教育系统建设成为"留学人员之家"。袁贵仁部长表示，新年之际，我们格外思念在外的广大留学人员，格外牵挂大家的学习、工作和生活；殷切希望广大海外学子早日完成学业，积极投身到有中国特色的社会主义现代化建设事业中来，为全面建设小康社会、为中华民族的伟大复兴，作出自己应有的贡献；我们将一如既往地重视和关心学成回国的留学人员，为他们在国内发展提供良好的条件。● 2010 年元旦前夕，驻英国使馆教育处组织全英中国学生学者联谊会干部和部分成员代表，集体学习教育部袁贵仁部长致海外学子的《新年贺辞》。

2010 年元旦前夕　中国驻各国大使馆、总领事馆或中国驻外使（领）馆教育处（组）或文化处（组），以及在各国的中国学生、学者、学术联合会或学友会等组织，日本东京后乐寮中国留学人员寮生委员会，以各种方式组织中国在外留学人员举办形式多样的迎接公历新年的联欢活动。

大事概览附录之一：

中央实施海外高层次人才引进计划
（"千人计划"）大事记

（以时间先后为序）

2008 年 12 月 23 日 中共中央办公厅转发《中央人才工作协调小组关于实施海外高层次人才引进计划（即"千人计划"）的意见》，要求各地区各部门进一步解放思想，完善体制机制，健全政策措施，以更宽的眼界、更宽的思路和更宽的胸襟做好海外高层次人才引进工作。该计划拟采取非常的举措，在今后 5—10 年内引进 2 千名左右的海外高层次人才。

2008 年 12 月，中共中央组织部等多个部门印发《引进海外高层次人才暂行办法》、①《关于为海外高层次人才提供相应工作条件的若干规定》、《关于海外高层次引进人才享受特定生活待遇的若干规定》。②

2008 年 12 月 25 日和 28 日 中央人才工作协调小组在北京召开海外高层次人才引进工作会议。中共中央政治局委员、中央书记处书记、中央组织部部长李源潮强调，要进一步解放思想、创新机制，积极引进海外高层次人才，探索建立与国际接轨的吸引和利用海外高层次人才模式。

2009 年 1 月 8 日 中组部负责人就《中央人才工作协调小组关于实施海外高层次人才引进计划的意见》答记者问：1、中央出台这个《意见》的考虑和意义；2、近年来各地各部门引进海外人才工作的基本情况；3、《意见》提出实施海外高层次人才引进计划的基本内容；4、《意见》在如何用好人才方面的政策措施；5、解决海外高层次人才回来后遇到子女入学、住房、医疗等方面问题的具体举措；6、海外留学人才参与到海外高层次人才引进计划中来的渠道和途径。

2009 年 1 月 15 日 中共中央政治局委员、中央书记处书记、中央组织部部长李源潮到北京生命科学研究所调研，看望科研人员。李源潮指出，推动科学发展、建设创新型国家，为海外人才回国创新创业提供了广阔发展空间；要认真落实引进海外高层次人才的"千人计划"，创新有利于引进和用好海外人才的体制机制，为他们施展才华提供机会和舞台。

2009 年 2 月 23 日 中国科学技术协会印发《关于贯彻落实海外高层次人才引进工作，深入实施海智计划的指导意见》，要求根据中央要求和新的形势，中国科协及所属全国学

---

① 引自：《宁夏回族自治区引进海外高层次科技人才创新创业暂行办法》，2009 年 3 月 13 日宁夏新闻网。

② 引自：2009 年 5 月 25 日四川省委省政府多单位印发《四川省"百人计划"引进人才享受特定生活及工作待遇的若干政策规定（川组通〔2009〕57 号）》，www.sc—overseasinfo.net/News/UploadFiles_ …31K 2009—6—1。

会和各地科协应在以往工作的基础上，把中国科协海外智力为国服务行动计划（"海智计划"）工作的重点，聚焦到引进海外高层次人才工作上来。

2009年3月5日　在十一届全国人大二次会议上，国务院总理温家宝在政府工作报告中提出，"要继续实施科教兴国战略、人才强国战略和知识产权战略。继续推进国家创新体系建设，加强基础科学和前沿技术研究，加快重大科技基础设施和公用平台建设。积极引进海外高层次人才和智力，加强各类人才队伍建设。"

2009年3月11日　《人民日报》发表仲祖文的文章《引才的关键是引心》。文章指出，近年来，各地各部门对人才工作日益重视，纷纷加大引才力度，尤其是利用这次国际金融危机带来的机遇，想方设法吸引海外人才；但值得注意的是，有的地方和单位只注重政策优惠、物质待遇，不重视人文关怀、情感沟通，引才没有去引心。

2009年3月27日　《科学时报》发表白春礼就中科院推动"千人计划"答记者问。针对"千人计划"，中科院陆续出台了一些配套政策，主要为引进的海外高层次人才提供科研事业平台和能充分发挥人才作用的岗位，支持部分启动经费，在国家政策允许的前提下，为引进人才创造更宽松的环境。

2009年3月　《中国留学生创业》2009年第3期发表方芳撰写的文章《如何积极引智，用好海归人才——〈中央人才工作协调小组关于实施海外高层次人才引进计划的意见〉解读》。

2009年4月6日　上海召开吸引海外高层次人才工作座谈会。中共中央政治局委员、书记处书记、中组部部长李源潮主持座谈会并指出，人才资源是科学发展的第一资源，要抓紧推进"千人计划"，加快引进海外高层次人才，为应对国际金融危机、推动科学发展提供人才保证。

2009年4月29日　《人民日报》发表郭嘉采编的文章《引进海外高层次人才，我们还能做什么——政协委员座谈引进海外高层次人才》。

2009年4月底　122人入选2008年第一批"千人计划"。中国新闻网8月24日电称，4月底，在少有人知情的情况下，"千人计划"第一批名单悄悄出炉。

2009年6月2日　《科学新闻》杂志社与科学网召开"杰出科教人才引进评估高层战略研讨会"，会议得到国家千人计划办公室、国家自然科学基金委、中科院人事教育局、科技部评估中心等相关部门支持。科技网以及2009年6月5—11日期间的发刊的《科学新闻》，陆续登载根据上述研讨会发言上编辑整理的《杰出科教人才引进评估高层战略研讨会文字实录》和数篇短文。

2009年6月5日　中央企业引进海外高层次人才工作会议在京召开。中共中央政治局委员、中央书记处书记、中组部部长李源潮指出，中央企业要进一步解放思想、抢抓机遇，把实施"千人计划"、引进海外高层次人才，作为提升企业核心竞争力的紧迫战略任务来抓，努力为企业发展、国家富强广揽天下英才。

2009年6月6日　中共中央政治局委员、中央书记处书记、中组部部长李源潮在北京市调研引进海外高层次人才工作。中共中央政治局委员、北京市委书记刘淇参加调研座谈会。李源潮指出，要进一步解放思想、抢抓机遇，放开眼界、放开思路、放开胸襟，加快推进"千人计划"，为实施人才强国战略、建设创新型国家引进更多更好的海外高层次人才。

2009年6月14日 《人民日报》发表仲祖文的文章《再谈"引才的关键是引心"》。文章指出，得人才者得天下，得人心者得人才；人才难得，引才不易，引心更是一篇大文章，必须把这篇大文章持续做深、做好；对于回国创业的海外人才来说，宽松的政策、良好的环境、一流的服务往往比优厚的待遇更有吸引力。

2009年6月15日 教育部召开高等学校实施"千人计划"视频会议，贯彻落实《中央人才工作协调小组关于实施海外高层次人才引进计划的意见》和中央领导同志关于加快实施"千人计划"的指示精神，对高等学校加快实施"千人计划"进行动员部署。中央组织部副部长、中央人才工作协调小组副组长李智勇，教育部部长周济出席会议并讲话。

2009年7月6日 北京生命科学研究所理事会为王晓东博士发放第二任所长聘书。中共中央政治局委员、中央书记处书记、中组部部长、中央人才工作协调小组组长李源潮会见王晓东博士时指出，要加快实施引进海外高层次人才"千人计划"，为回国创新创业的海外留学人员提供更好的环境，努力让他们发展得更好。

2009年7月17日 中国科学院党组组织集体学习，中共中央政治局委员、中央书记处书记、中组部部长李源潮到会作更好实施人才强国战略专题报告。李源潮指出，创新型科技人才是科学发展第一资源，实施人才强国战略、建设创新型国家，必须加快建设一支宏大的创新型科技人才队伍。

2009年7月17日 中共中央政治局委员、中央书记处书记、中组部部长李源潮会见北京低碳清洁能源研究所学术技术委员会顾问和首批通过"千人计划"引进的海外专家，并与他们座谈。李源潮指出，要充分发挥国有重要骨干企业的优势，积极引进海外高层次人才，为他们创造更有活力、更能聚精会神进行科技研发的体制机制，努力形成一流的研发团队，创造一流的研发成果，促进企业真正成为技术创新的主体，在建设创新型国家中发挥主力军作用。

2009年7月22日 中组部和科技部召开依托国家科技重大专项引进海外高层次人才工作会议。中共中央政治局委员、中央书记处书记、中组部部长李源潮指出，要抓住当前有利时机，加大力度、加快进度、加紧实施引进海外高层次人才"千人计划"，为国家科技重大专项提供人才支持，推动我国科学技术和生产力跨越发展。

2009年7月23日 《人民日报》发表仲祖文的文章《引进人才时不我待》。文章指出，当前我国引进海外人才面临难得的历史机遇；能不能敏锐把握、牢牢抓住这种机遇，加快实施引进海外高层次人才"千人计划"，对于更好实施人才强国战略、建设创新型国家具有十分重要的意义。

2009年7月29日 《光明日报》发表华羽的文章《人才发展以用为本》。文章指出，优秀人才被"积压"、被"闲置"，得不到重用，造成人才资源的极大浪费，继而造成整体人才功能萎缩和效率低下，这是某些领导者不正确的政绩观在作祟，必须加以改正。

2009年7月30日 《人民日报》以《科技关注：热议海外高端引智》为题，刊载"杰出科教人才引进评估研讨会"就实施"千人计划"的有关问题的发言摘要：为何要加大力度引进海外高层次人才；什么样的人才算高端；如何确保人才质量；怎样让高层次人才迅速发挥领军作用。

2009年7月31日　美国《科学》杂志发表题为《两千领军人才给中国注入创新精神》的文章，称中国（千人计划）吸引优秀科学家努力开始奏效。

2009年8月17日　中共中央政治局委员、中央书记处书记、中组部部长李源潮参加欧美同学会？中国留学人员联谊会举办的海外留学人员座谈会，听取他们对人才工作的意见。与会海外留学人员代表发言表示，"千人计划"在海外留学人员中产生了积极反响；希望国家和有关部门把好政策制度化、常态化，不拘一格揽人才，不仅引进高水平专家学者、高层次管理人才，而且引进高层次创新创业团队；建立健全人才市场，促进人才合理流动，形成竞争择优的人才使用机制；重视非公有制经济组织引才工作，注意发挥外资企业中回国留学人员的作用；鼓励干中学，在实践中培养人才；鼓励海外留学人员以多种方式为国服务。李源潮指出，海外留学人员是我国现代化建设的特需资源；要进一步放开视野、广揽人才；对回国创新创业的海外留学人员特别是高层次人才，要一视同仁、充分信任、放手使用、有所优待；要进一步完善政策和配套措施，妥善解决引进人才在工作和生活中遇到的困难；引才关键是引心；要加强情感沟通，为海外留学人员成就事业、报效国家、实现理想搭建舞台；希望欧美同学会？中国留学人员联谊会加强对"千人计划"的介绍，广泛联络、积极引荐海外留学人员，更好地发挥桥梁和纽带作用；希望更多海外留学人员响应祖国召唤，抓住国家建设快速发展的机遇，回国创新创业创优，实现报国之志和人生理想。

2009年8月24日　中国新闻网刊发蔡如鹏、谢璐、徐治国合写的文章《中组部引进海外人才计划透明度遭质疑》。

2009年9月1日　中国科学院在京召开新闻发布会，宣布全面启动实施"中国科学院人才培养引进系统工程"。

2009年9月25日　中组部宣布，引进海外高层次人才"千人计划"第二批人选产生。有204位海外高层次人才经用人单位申报、牵头部门评审、专家顾问组审核把关等程序，正式入选第二批"千人计划"。这批人选来自美国、英国、日本、德国、法国、加拿大等国，其中创新人才145位，创业人才59位；有137人取得外国国籍，还有4人是非华裔的外国人；有6位女性。在去向方面，到高校工作的77人，到科研机构工作的23人，到企业工作的36人，到金融机构工作的9人；自主创业的59人。据介绍，相对于2008年第一批人选，第二批"千人计划"人选有两个突出特点：一是更加注重用人单位的覆盖面；二是评审更为严格。"千人计划"于2008年底经中央批准实施，此前已有122人入选2008年第一批"千人计划"。至此，两批共有326位海外高层次人才通过"千人计划"回国（来华）创新创业。同时，作为"千人计划"重要组成部分，中央人才工作协调小组还在全国建立一批海外高层次人才创新创业基地。中组部有关负责人表示，"千人计划"第三批申报工作已经启动；国家正以更宽阔的眼界、思路和胸襟吸引广大海外人才，欢迎他们为建设创新型国家施展才干、做出贡献。

2009年9月26日　《人民日报海外版》发表刘静撰写的文章《如此"礼遇"不要也

罢（我看海归）》，称一位新近入选国家千人计划的海归人员表示，接受媒体采访和各级领导的参观、来访已经成为他工作的一部分，让自己还处在创业阶段的公司应接不暇。文章指出，凡事超出限度，好事也许就成了坏事。

2009 年 10 月 13 日　《人民日报》发表记者盛若蔚的报道《为了更好实施人才强国战略——专家热议国家中长期人才发展规划纲要征求意见稿》。报道称，中央人才工作协调小组、中央组织部于近期连续召开多次《国家中长期人才发展规划纲要（2009—2020年)》征求意见座谈会，专门听取了来自地方、高校、企业、科研院所的专家学者和工作者的意见、建议。这也是自 2008 年 3 月纲要启动以来对规划所做的最新一次完善。此前有关部门和专家已经开展了 23 个战略专题、14 个重点领域人才队伍建设战略专题和 5 个规划纲要重点专题的研究，形成了 42 个专题研究报告及 161 个子课题研究报告。一年多来，经过学习、研究、讨论、起草；再讨论、再研究、再修改、再论证，起草小组共召开各类会议 100 余场，听取中央人才工作协调小组各成员单位，以及数百位专家和领导的意见、建议，数易其稿。征求意见稿形成之后，又通过组织程序发放各省区市，中央、国家机关各部门，高校、科研院所，中央企业，广纳良言。据悉，这个对中国人才发展具有重大战略意义的规划，将待进一步修改完善并报党中央、国务院审定后正式对外公布。作为"千人计划"重要组成部分，中央人才工作协调小组在全国组织建立了 67 个海外高层次人才创新创业基地。在中央"千人计划"的带动下，北京、上海、天津、辽宁、山东、浙江、江苏、福建、广东等都纷纷启动本省市"千人计划"，共同为广大海外人才回国（来华）工作搭建平台。

2009 年 11 月 8 日　上海市召开"国家级海外高层次人才创新创业基地建设命名暨宣传推介会"。据会议透露，自 2008 年 12 月中央组织部启动"千人计划"评选以来，上海市共有 61 人入选；其中 23 人入选 2008 年度"千人计划"，约占全国总数的 10%；38 人入选 2009 年第一批"千人计划"，约占全国总数的 14%。此前，中国商用飞机有限责任公司、上海交大船舶与海洋工程国家实验室、中科院上海生命科学研究院、张江高科技园区 4 个单位，被中组部等部门授予第一批国家级海外高级人才创新创业基地；11 月，在中组部等部门授予的第二批 47 家国家级海外高级人才创新创业基地中，宝钢、复旦大学、上海紫竹科学园区、杨浦知识创新基地、上海国际汽车城 5 单位被列入其中；两批合计上海市共有 9 家基地入选，约占全国总数的 14%。

2010 年 3 月 9 日　陕西西安市召开首批入选国家"千人计划"海外高层次人才座谈会；周文益、张乃千、刘兴胜、樊延都等 4 名首批入选国家"千人计划"的海外高层次人才代表出席并发言。陕西省委常委、西安市委书记孙清云出席座谈会时表示，各级各部门要充分认识引进海外高层次人才的重要意义，认真做好"千人计划"、"百人计划"和"5211 计划"引进人才的跟踪服务工作。要进一步改善投资环境，加大支持引进人才创办企业支持力度，及时帮助他们解决实际问题，营造良好的人才成长和创业环境。●2009 年国家启动实施"千人计划"之后，陕西省启动"百人计划"，准备用 5 到 10 年时间，引进 200 名海外高层次人才；西安市也启动"5211"计划，即利用 5 年时间，引进符合"千人计划"条件的海外高层次人才 20 名，符合"百人计划"条件的海外高层次人才 100 名，符合西安发展需求的海外高层次人才 1000 名；截止 2010 年 3 月，西安市已有 6 人入选国家"千人计划"，9 人入选陕西省"百人计划"。

2010 年 3 月 15 日　据《宁波日报》报道，经中央海外高层次人才引进工作小组批准，在宁波市创业的宁波锦浪新能源科技有限公司王一鸣硕士和宁波讯强电子科技有限公司李霖博士被批准列入第三批国家"千人计划"，中央财政将给予每人 100 万元资助。至此，宁波市已有 5 名优秀海外留学回国人才进入"人才国家队"。王一鸣是一名"80 后"留学人才，毕业于英国爱丁堡大学，现任宁波锦浪新能源科技有限公司总经理。李霖毕业于美国宾夕法尼亚大学，现任宁波讯强电子科技有限公司董事长兼总经理。

大事概览附录之二：

中国与有关国家和地区签订相互承认
学位、学历和文凭协议大事记

（以时间先后为序）

1983 年 12 月 16 日　中国签订加入亚洲和太平洋地区承认高等教育学历、文凭和学位的地区公约——亚美尼亚、阿塞拜疆、澳大利亚、中国、朝鲜、梵蒂冈、印度、印度尼西亚、哈萨克斯坦、吉尔吉斯斯坦、老挝、马尔代夫、蒙古、尼泊尔、菲律宾、韩国、俄罗斯、斯里兰卡、塔吉克斯坦、土耳其、土库曼斯坦等 20 个国家或地区先后签约。

1988 年 8 月 9 日　中国与斯里兰卡签订互相承认学位及其他教育证书相当的协定书。

1990 年 6 月 23 日　中国国家教委与保加利亚科学和高教部签订关于相互承认文凭、学位和证书的协议。

1991 年 11 月 14 日　中国与阿尔及利亚签订关于相互承认证书、学位和职称的协议。

1991 年 12 月 13 日　中国与秘鲁签订关于互相承认高等学校的学位和学历证书的协定。

1992 年 11 月 17 日　中国与毛里求斯签订关于相互承认证书、学位和职称的协议。

1993 年 3 月 6 日　中国国家教委与乌兹别克斯坦高等和中等专业教育部签订关于相互承认高等院校及其科研机构颁发的高等教育学历证书（文凭）及学位的协议。

1994 年 5 月 4 日　中国与喀麦隆签订关于相互承认文凭、职称和学位证书的协议。

1995 年 6 月 26 日　中国与俄罗斯签订关于相互承认学历、学位证书的协议。

1995 年 7 月 4 日　中国国家教委与罗马尼亚教育部签订关于相互承认高等教育学历、文凭和学位证书的协议。

1997 年 11 月 17 日　中国国家教委与埃及高教部签订关于相互承认学历、学位证书的协议。

1997 年 12 月 2 日　中国与匈牙利签订关于相互承认学历、学位证书的协议。

1998 年 10 月 28 日　中国与白俄罗斯签订关于相互承认学历证书的协议。

2000 年 7 月 26 日　中国与白俄罗斯签订关于相互承认学位证书的协议。

1998 年 12 月 11 日　中国与乌克兰签订关于相互承认学历、学位证书的协议。

1998 年 12 月 11 日　中国与蒙古签订关于相互承认学历、学位证书的协定。

2002 年 4 月 9 日　中国与德国签订关于互相承认高等教育等值的协定。

2002 年 6 月 24 日　中国与吉尔吉斯签订关于相互承认学历、学位证书的协定。

2003 年 2 月 23 日　中国与英国签订关于相互承认高等教育学位证书的协议。

2003 年 9 月 30 日　中国教育部与法国青年、国民教育和科研部签订高等教育学位和文凭互认行政协议。●2007 年 2 月 1 日，中国教育部与法国国民教育、高教和科研部签署《关于签订新的学位、文凭互认协议的意向书》。●2007 年 11 月 26 日，中国与法国签署《中华人民共和国教育部与法国青年、国民教育和科研部高等教育学位和文凭互认行政协议》。

2003 年 10 月 24 日　中国与澳大利亚签订关于相互承认高等教育学历和学位的协议。

2003 年 10 月 26 日　中国教育部与新西兰教育部签订关于在高等教育领域内相互承认学历和学位的协议。

2004 年 7 月 11 日　中国内地与香港特区签订关于相互承认高等教育学位证书的备忘录。

2004 年 10 月 17 日　中国与奥地利签订关于互相承认高等教育等值的协定。

2005 年 1 月 12 日　中国与葡萄牙签订关于相互承认高等教育学历、学位证书的协定。

2005 年 5 月 30 日　中国与荷兰签订关于相互承认高等教育学位证书及入学的协议。

2005 年 7 月 4 日　中国与意大利签订关于互相承认高等教育学位的协议。

2005 年 9 月 23 日　中国教育部与加拿大魁北克省政府签订关于相互承认学历、学位和文凭的合作协议。●2005 年 11 月 9 日　中国教育部与加拿大安大略省签订关于相互承认高等和高中后教育的谅解备忘录。●2006 年 5 月 30 日，中国教育部与加拿大新不伦瑞克省签订关于相互承认高等和高中后教育的谅解备忘录。●2006 年 7 月，中国教育部与加拿大爱德华王子岛省签订关于相互承认高等和高中后教育的谅解备忘录。●2006 年 10 月 7 日，中国教育部与加拿大萨斯卡彻温省签订关于相互承认高中后学历、促进学术、研究交流及学生交换的谅解备忘录。●2006 年 11 月 21 日，中国教育部与加拿大不列颠哥伦比亚省签订关于相互承认高等/高中后教育的谅解备忘录。●2007 年 3 月 22 日，中国教育部与加拿大曼尼托巴省签订关于相互承认高等和高中后教育的谅解备忘录。●2007 年 4 月，中国教育部与加拿大诺瓦斯科舍省签订关于相互承认高等和高中后教育的谅解备忘录。●2007 年 5 月 15 日，中国教育部与加拿大艾伯塔省签订关于相互承认高等和高中后教育的谅解备忘录。

2006 年 2 月 23 日　中国与爱尔兰签订关于相互承认高等教育学位学历证书的协议。

2006 年 9 月 14 日　中华人民共和国政府与瑞典王国政府关于高等教育领域合作的框架协议

2006 年 12 月 20 日　中国与哈萨克斯坦签订关于相互承认学历和学位证书的协定。

2007 年 5 月 28 日　中国教育部与泰国教育部签订关于相互承认高等教育学历和学位的协定。

2007 年 9 月 25 日　中国与丹麦签订关于相互承认高等教育学位的协议。

2007 年 10 月 21 日　中国与西班牙签订关于相互承认学历学位的协议。

2008 年 5 月 27 日　中国教育部与韩国教育科学技术部签订关于高等教育领域学历学位互认谅解备忘录。

2008 年 11 月 18 日　中国与古巴签订关于高等教育学历、文凭、证书的互认协议。

2009 年 4 月 30 日　中国与越南签订关于相互承认高等教育学历和学位的协定。

2009 年 7 月　教育涉外丛书编委会编辑的《相互承认学历学位协议汇编》由高等教育出版社出版；该书前言称，1988—2008 年期间中国与 34 个国家和地区签订学历学位互认协议。

2009 年 11 月 19 日　在全国政协贾庆林主席和菲律宾参议长恩里莱的见证下，中国驻菲律宾大使刘建超和菲律宾高教署主席安格拉斯分别代表本国政府在菲律宾首都马尼拉签署了《中华人民共和国政府和菲律宾共和国政府关于相互承认高等教育学历和学位的协议》。协议规定，已列入中国政府和菲律宾政府承认的有高等学历教育资质和学位授予权的高等学校和科研机构所颁发的文凭两国政府将予以相互承认。

大事概览附录之三：

中国地方政府印发鼓励和吸引
留学人才政策性文件大事记

（排序不分先后）

北京市

1992 年 12 月 22 日　北京市政府印发《关于在外留学人员来北京市工作和服务有关政策的通知》。

1999 年 5 月 19 日　北京市科干局印发《北京市留学人员身份认定办法》。

2000 年 4 月 30 日　北京市政府印发《北京市鼓励留学人员来京创业工作的若干规定》。

2001 年 11 月 27 日　北京市人事局印发《北京市鼓励留学人员来京创业工作的若干规定实施办法》。

2001 年 4 月 18 日　北京市人事局印发《关于为来京创业、工作的留学人员确定专业技术资格的通知》。

2003 年 2 月 24 日　北京市人事局印发《北京市留学人员专项资金管理办法（试行）》。

2004 年底　北京市人事局和科委印发《关于促进留学人员创业园发展的若干意见》。

2005 年 3 月 28 日　北京市人事局印发《关于继续开展高层次留学人才回国资助试点工作有关问题的通知》。

2007 年 6 月 19 日　北京市政府办公厅印发《关于进一步鼓励海外高层次留学人才来京创业工作的意见》。

2009 年 4 月 8 日　中共北京市委办公厅印发《关于实施北京海外人才聚集工程的意见》。

2009 年 5 月 13 日　北京市政府印发《北京市鼓励海外高层次人才来京创业和工作暂行办法》和《北京市促进留学人员来京创业和工作暂行办法》；同时废止 2007 年北京市政府办公厅印发的《关于进一步鼓励海外高层次留学人才来京创业工作意见》以及 2000 年《北京市鼓励留学人员来京创业工作若干规定》。

上海市

1989 年 6 月 20 日　上海市政府办公厅印发《关于做好回国留学人员安置工作问题的通知》。

1992 年 7 月 27 日　上海市政府印发《上海市鼓励出国留学人员来上海工作的若干规定》。同时废止《关于做好回国留学人员安置工作问题的通知》。

1993 年 2 月 26 日　上海市人事局和市科委联合印发《上海市回国留学人员科研经费资助管理暂行办法》。

1993 年 3 月 2 日　上海市人事局、外国投资委、工商局、财政局和税务局联合印发《关于出国留学人员来上海投资兴办企业的有关规定的通知》。

1995 年 12 月 27 日　上海市外国投资工作委员会印发《关于出国留学人员投资企业属地审批和管理的通知》。

1996 年 1 月 1 日　上海市教委印发《关于来上海工作的出国留学人员子女入学问题有关规定的通知》。

1997 年 4 月 10 日　上海市政府印发《上海市引进海外高层次留学人员若干规定》。

1997 年 5 月 30 日　上海市教育考试院印发《关于上海市学成回国留学人员随归子女在国内语言适应期间升学予以照顾的通知》。

1997 年 7 月 26 日　上海市人事局和财政局印发《上海市引进海外高层次留学人员专项资金管理办法》。

1998 年 2 月 4 日　上海市人事局和公安局印发《关于出国留学人员来上海工作申报户口的实施办法》和《关于出国留学人员及其家属来沪工作办理户口的通知》。

1998 年 3 月 5 日　上海市教委印发《上海市教育系统引进海外高层次留学人员专项资金管理办法》。

2003 年 8 月 16 日　中共上海市委组织部和上海市人事局印发《关于本市实施"万名海外留学人才集聚工程"的意见》。

2005 年 6 月 29 日　上海市人事局和科委印发《上海市浦江人才计划管理办法（试行）》，每年拨款 4000 万元用于资助新近回国工作和创业的海外留学人才及团队。

2005 年 11 月 24 日　上海市政府印发《鼓励留学人员来上海工作和创业的若干暂行规定》。同时废止《上海市鼓励出国留学人员来上海工作的若干规定》（1992 年）、《上海市引进海外高层次留学人员若干规定》（1997 年）。

天津市

2000 年 4 月 7 日　天津市政府印发《天津市引进国内外优秀人才来津工作实施办法》。

2001 年 6 月 20 日　天津市有关单位联合印发《天津市人事局关于建立人才柔性流动机制进一步做好引进国内外优秀人才智力工作的意见》。

2001 年 9 月 14 日　中共天津市委、市政府印发《关于鼓励海外留学人员来津工作或为津服务的若干规定》。

2002 年 3 月 28 日　天津市人事局印发《关于落实〈鼓励海外留学人员来津工作或为津服务的若干规定〉有关问题的通知》。

2004 年 4 月 26 日　天津市人事局印发《关于对来津高层次留学人才随归子女给予中

考加分有关事宜的通知》。

重庆市

1994 年 10 月 15 日　重庆市政府印发《鼓励出国留学人员来渝工作暂行规定》。

2005 年 9 月 16 日　重庆市政府印发《关于进一步鼓励和吸引海外留学人员来渝工作的意见》。

2009 年 2 月 5 日　重庆市职称改革办印发《重庆市海外留学回国人员专业技术职务任职资格认定办法》。

2009 年 11 月 11 日　中共重庆市委人才工作领导小组办公室印发《重庆市百名海外高层次人才集聚计划（百人计划）实施办法》。

深圳市

2000 年 6 月 6 日　深圳市政府印发《关于鼓励出国留学人员来深创业的若干规定》。

2001 年 6 月 25 日　深圳市人事局、科技局、财政局联合印发《深圳市出国留学人员创业资金管理办法》。

2002 年 12 月 6 日　深圳市人事局印发《深圳市海外留学人才居住证管理办法》。

山东省

1992 年 7 月 24 日　中共山东省委、省政府印发《山东省引进海外人才智力和国外留学人员的政策规定》。

1998 年 12 月 30 日　山东省政府印发《山东省引进海外高层次留学人员若干规定》。

2005 年 6 月 9 日　山东省政府办公厅印发《关于促进留学人员创业园加快发展的意见》。

2007 年 9 月 7 日　山东省政府办公厅印发《山东省"十一五"留学人员回国工作规划》。

2009 年 6 月 28 日　中共山东省委组织部和山东省人才工作领导小组办公室印发《山东省引进（海内外）高层次创新创业人才公告》。

黑龙江省

2001 年 10 月 22 日　黑龙江省人事厅、公安厅、教育厅联合印发《黑龙江省留学回国人员安置暂行办法》。

2001 年 12 月 13 日　黑龙江省人事厅印发《黑龙江省留学人员科技活动项目择优资助经费申报与管理办法》。

2002 年 3 月 19 日　中共黑龙江省委办公厅、省政府办公厅印发《黑龙江省人民政府鼓励海外留学人员为我省服务的若干意见》。

2004 年 8 月 18 日　黑龙江省政府人事厅等 11 部门联合印发《留学人员回黑龙江省服务工作联席会议制度》。

2004 年 11 月 20 日　黑龙江省人事厅、劳动和社会保障厅、公安厅联合印发《关于办理引进人才工作证有关问题通知》。

江苏省

1992 年 11 月 5 日　江苏省政府印发《关于鼓励在外留学人员为江苏经济建设服务的若干规定》。

1999 年 8 月 2 日　江苏省政府印发《江苏省引进海外高层次留学人员的若干规定》。

1999 年，江苏省人事厅印发《江苏省非教育系统留学回国人员科技活动择优资助暂行办法》。

2003 年　中共江苏省委、省人民政府印发《关于进一步加强人才队伍建设的决定》。

2005 年 3 月 2 日　江苏省人事厅印发《关于开展高层次留学人才回国资助工作的通知》。

2007 年 1 月 12 日　中共江苏省委组织部等 5 部门联合印发旨在"特别是重点面向海外引进人才"的《江苏省高层次创业创新人才引进计划实施办法》。

2008 年 7 月 6 日　江苏省政府印发《江苏省万名海外高层次人才引进计划实施意见》。

2009 年 4 月 10 日　江苏省人才工作领导小组办公室、科技厅、人事厅联合印发《江苏省 2009 年引进（海内外）高层次创新创业人才公告》。

浙江省

1996 年 7 月 9 日　浙江省人事厅印发《浙江省鼓励出国留学人员来浙江工作的意见》。

1999 年 6 月 5 日　浙江省政府印发《浙江省大力引进国内外人才若干规定》。

2001 年 4 月 29 日　浙江省政府印发《关于引进海外高层次留学人才的意见》。

2007 年 4 月 4 日　中共浙江省委组织部等 4 部门联合印发旨在"加快聚集海外优秀留学人才"的《浙江省"钱江人才计划"管理办法（试行)》。

安徽省

1994 年 2 月 22 日　安徽省政府印发《关于鼓励留学人员来安徽工作的若干规定》。

1999 年　安徽省政府印发《关于创办留学人员合肥创业园有关问题的批复》和《留学人员合肥创业园暂行规定》。

2003 年 4 月 28 日　安徽省政府办公厅关于转发省人事厅等部门联合印发的《留学人员回国服务工作部门联席会议制度》。

2006 年 4 月 29 日　中共安徽省委办公厅、省政府办公厅印发《关于引进海外高层次留学人才的意见》。

福建省

1992 年 9 月 15 日　中共福建省委、省政府印发《关于鼓励出国留学人员来闽工作的若干规定》。

1994 年 6 月 27 日　福建省委办公厅、省政府办公厅转发省人事局关于《贯彻执行〈中共福建省委、福建省人民政府关于鼓励出国留学人员来闽工作的若干规定〉的实施办法》。

1998 年 9 月 23 日　福建省人事厅印发《关于对来闽工作的留学人员实行身份认定和统一派遣的通知》。

2000 年 4 月 7 日　福建省政府印发《关于加快福建留学人员创业园建设与发展的实施意见的通知》。

江西省

2003 年 2 月 20 日　江西省人事厅、科技厅、教育厅、公安厅、财政厅联合印发《江西省引进海外留学人才的意见》。

2003 年 4 月 28 日　江西省政府印发《中国江西留学人员创业园管理暂行办法》。

2004 年 6 月 15 日　江西省留学人员创业园领导小组印发《中国江西留学人员创业园专项资金管理暂行办法》。

河南省

1992 年 11 月 27 日　河南省政府印发《河南省鼓励出国留学人员来我省工作的暂行规定》。

1998 年 8 月 10 日　河南省人事厅印发《关于〈河南省鼓励出国留学人员来我省工作的暂行规定〉的补充通知》。

2004 年 11 月 23 日　河南省政府印发《关于加强海外高层次留学人才引进工作通知》。

2009 年 8 月 21 日　中共河南省委组织部、河南省人力资源和社会保障厅印发《河南省引进海外高层次人才公告》。

广东省

1999 年 5 月 14 日　广东省政府印发《关于鼓励出国留学高级人才来粤创业的若干规定》。

2004 年 8 月 20 日　广东省人事厅印发《广东省高层次留学回国人员专业技术资格评定暂行办法》。

2007 年 2 月 26 日　广东省人事厅、教育厅、科技厅、财政厅联合印发《海外高层次留学人才界定工作的实施办法》。

2008 年 9 月 17 日　中共广东省委、广东省政府印发《关于加快吸引培养高层次人才的意见》，其中包括"留学人员来粤创业服务计划"。

2008 年 11 月 26 日　中共广州市委办公厅、广州市政府办公厅印发《关于开展"广州十大优秀留学回国人员"评选表彰活动的通知》。●2008 年 12 月 23 日，中共广州市委广州市人民政府印发《关于表彰广州十大优秀留学回国人员的决定》，授予王文明、刘悦伦、何正宇、陈勇、陈校园、周福霖、胡胜发、钟南山、曾益新、熊嘉等人为"广州优秀留学回国人员"称号，并给予每人 20 万元的奖励。●2008 年 12 月，广州市政府办公厅印发《关于成立广州市政府留学人员专家顾问团的通知》。首批顾问团共聘请电子信息、生物科技、先进制造业、环保能源、现代服务业和国际政治经济等六个领域的 30 多名留学人员专家，聘用期为 2 年。

四川省

2001 年 12 月 31 日　四川省政府印发《四川省鼓励海外留学人员来川服务办法》。

2002 年 6 月 12 日　四川省人事厅印发《关于做好海外留学回国人员职称认定工作的通知》。

2002 年 12 月 3 日　中共四川省委组织部、省人事局印发《四川省机关选任、录用优秀海外留学人员暂行规定》。

2003 年 9 月 22 日　四川省人事厅印发《关于作好全省海外留学人员身份认证工作的通知》。

2004 年 9 月 1 日　四川省人事厅印发《关于留学回国人员服务工作的暂行规定》。

2005 年 7 月 28 日　四川省政府办公厅印发《关于加强全省留学回国人员服务工作的意见》。

2005 年 11 月 2 日　四川省人事厅、统计局、教育厅印发《关于开展全省留学人员基本情况调查和建立相关报表制度的通知》。

2007 年 8 月 13 日　四川省人事厅印发《四川省留学回国人员工作"十一五"规划》。

2007 年 12 月 25 日　四川省 21 个部委办厅局联合印发《关于建立海外高层次留学人才来川工作绿色通道的实施意见》。

2009 年 4 月 3 日　中共四川省委办公厅、四川省政府办公厅印发《关于转发〈省人才工作领导小组关于实施海外高层次人才引进计划的意见〉》的通知》。

2009 年 5 月 26 日　四川省省人才工作领导小组印发《四川省引进海外高层次人才"百人计划"实施办法》。

2009 年 8 月 3 日　中共四川省委组织部和省人事厅印发《四川省引进海外高层次人才公告》。

广西壮族自治区

1993 年 5 月 19 日　广西壮族自治区政府印发《关于欢迎出国留学、进修人员来广西工作的有关问题的通知》。

2004 年 2 月 12 日　广西壮族自治区政府办公厅转发自治区人事厅、教育厅、科技厅、财政厅等部门印发的《留学人员回国服务工作厅际联席会议制度》。

2004 年 12 月 23 日　广西壮族自治区政府印发《关于鼓励出国留学人员来广西工作的若干规定》。

山西省

1994 年 9 月 23 日　山西省政府印发《关于鼓励出国留学人员回省和来晋工作的规定》。

2007 年 12 月 26 日　山西省政府办公厅印发《山西省鼓励海外留学人才来晋创业和工作的暂行规定》。

陕西省

1995 年 1 月 10 日　陕西省政府印发《关于鼓励出国留学人员来陕工作的通知》。

2009 年 5 月 21 日　中共陕西省委办公厅和陕西省政府办公厅印发《陕西省引进高层次人才暂行办法》。

辽宁省

1999 年 2 月 4 日　辽宁省政府印发《辽宁省鼓励留学人员来辽工作暂行规定》。

2000 年 7 月 21 日　辽宁省人事厅印发《关于做好引进国内外优秀人才专业技术职务评聘工作有关问题的通知》。

湖南省

2001 年 6 月 4 日　湖南省政府印发《湖南省鼓励留学人员来（回）湘工作的有关规定》。

云南省

2001 年 7 月 27 日　云南省人事厅印发《关于引进海外高层次留学人员来滇创业的若干规定》。

河北省

2001 年 8 月 29 日　河北省政府印发《关于鼓励海外留学人员来河北工作和为河北服务暂行规定》。

内蒙古自治区

2001 年 12 月 7 日　内蒙古自治区政府印发《内蒙古自治区鼓励出国留学人员来区工作或以多种方式为区服务若干规定》。

2006 年 5 月 28 日　内蒙古自治区政府印发《内蒙古自治区留学人员创业园管理办法》。

海南省

2001 年 12 月 18 日　海南省印发《海南省留学人员创业园管理（暂行）办法》。

湖北省

2002 年 11 月 6 日　湖北省人事厅、教育厅、科技厅、公安厅和财政厅联合印发《湖北省鼓励海外高层次留学人员来鄂工作和为鄂服务的意见》。

2003 年 8 月 15 日　湖北省政府办公厅转发省人事厅、教育厅、科技厅、财政厅等部门印发的《湖北省留学人员来鄂服务工作联席会议制度》。

2009 年 6 月　湖北省政府印发《湖北省引进海外高层次人才实施办法》、《湖北省关于为引进海外高层次人才提供工作条件和生活待遇的若干规定》、《湖北省引进海外高层次创业人才工作细则》、《湖北省重点创新项目引进海外高层次人才工作细则》和《湖北省重点学科和重点实验室引进海外高层次人才工作细则》。

吉林省

2002 年 10 月 12 日　吉林省政府印发《吉林省吸引和鼓励留学人员来吉工作优惠政策》。

2009 年 6 月 22 日　吉林省人才工作领导小组发布《吉林省引进（海内外）高层次创新创业人才公告》。

新疆维吾尔自治区

2003 年 1 月 22 日　新疆维吾尔自治区科技厅、人事厅等部门印发《关于在乌鲁木齐市鼓励留学人才入驻创业园创业的若干规定（试行）》。

宁夏回族自治区

2003 年 6 月 24 日　宁夏回族自治区政府印发《关于鼓励留学人才来宁工作或服务的若干规定》。

2009 年 2 月 28 日　宁夏回族自治区政府印发《引进海外高层次科技人才创新创业暂行办法》。

甘肃省

2009 年 3 月 25 日　中共甘肃省委办公厅和甘肃省政府办公厅印发《关于进一步鼓励和吸引海外高层次人才来甘肃工作的意见》和《甘肃省百名海外高层次人才引进计划实施意见》。

参考文献

《中国留学服务中心成立 20 年周济部长发贺信》，2009 年 4 月 14 日互联网。

《周济：支持留学者回国或以多种方式为国服务》，2008 年 8 月 14 日互联网。

《中国教育部长周济致留学人员新年贺辞》，《中国教育报》2005 年 2 月 7 日。

薛丽华：《周济出席 2008 年驻外使领馆教育处组工作会议并作专题报告》，2008 年 12 月 11 日教育网。

《教育部部长周济：中国支持年轻人赴海外留学》，《人民日报海外版》2006 年 3 月 20 日第 1 版。

《周济：选拔一流的学生师从世界上一流的导师——中国国家留学基金管理委员会成立十周年庆典》，2006 年 6 月 16 日中国网。

于杨、刘佳：《英国留学指南 2003》，《北京青年报》2002 年 11 月 25 日。

《周济：中国教育将坚持面向世界不断扩大对外开放》，《华声报》2006 年 6 月 17 日。

《周济寄语教育参赞：用深厚的感情做好留学生工作》，《华声报》2006 年 7 月 14 日。

《周济：赴俄罗斯留学有广阔发展空间》，2006 年 10 月 18 日无忧雅思网。

郝平：《要增强做好留学工作的紧迫感》，2010 年 2 月 12 日神州学人网

曹喆：《教育部国际司司长张秀琴：留学工作要发挥更大功效》，2010 年 3 月 11 日神州学人网站

朱耀垠：《支持留学鼓励回国来去自由——访国家教委外事司副司长王仲达》，《出国与就业》1994 年第 5 期。

邓明茜、李典：《留学改变人生——访威久国际教育总裁王伟》，《世界教育信息》2009 年第 4 期。

《确定海归留洋学位真伪，教育部在纽约设认证机构》，2006 年 10 月 18 日无忧雅思网。

滕剑峰：《中国新任驻日大使崔天凯看望在日留学生》，2007 年 10 月 16 日中新网。

《周济：30 年来逾百万中国学生出国留学近 30 万回国》，2007 年 10 月 16 日中新网。

《中国出国留学人员和来华留学生均突破 120 万人》，2008 年 10 月 8 日中国新闻网。

《澳洲数百中印留学生涉买假证办移民，多人将被控》，2008 年 12 月 30 日中新网。

《美国高技术人才签证要提速》，《羊城晚报》2009 年 6 月 5 日。

魏武、谭浩：《李源潮在中央企业引进海外高层次人才工作会议上指出要把引进海外高层次人才作为提升企业核心竞争力的紧迫战略任务来抓》，《光明日报》2009 年 6 月

6 日。

董宏君:《李源潮:抓紧实施"千人计划"加快引进海外高层次人才》,《人民日报》2009 年 6 月 7 日。

《国际学生受袭事件频发:澳大利亚为何"不高兴"》,《国际先驱导报》2009 年 6 月 9 日。

江宛柳:《新中国第一批军事留学生:背着锅碗瓢盆出国留学——中断 39 年之后,中国军事留学生重新走出国门》,2008 年 12 月 25 日中国新闻网。

国防部外事办公室:《改革开放以来的中国对外军事交流与合作》,《人民日报》2009 年 1 月 20 日第 14 版。

温宪、刘刚:《中国积极开展对外军事交流合作》,《人民日报》2009 年 3 月 10 日第 9 版。

《教育部 2009 年第六次新闻发布会实录》,2009 年 3 月 25 日人民网。

《警惕英国有 2000 所假大学》,《参考消息》2009 年 6 月 19 日。

于嘉、郑燕峰:《济南:每年 1 亿元引进海内外创新人才》,《中国青年报》2009 年 6 月 19 日。

王亚宏、曾毅:《周济出席中英教育部长峰会》,《中国教育报》2009 年 6 月 26 日。

《重庆欧美同学会举行成立大会》,《重庆日报》2009 年 6 月 26 日。

四川省人事厅留学人员服务中心网站。

仲祖文:《引才的关键是引心》,《人民日报》2009 年 3 月 11 日。

李喜所主编、徐玲《留学生与中国考古学》、胡延峰《留学生与中国心理学》、李秀云《留学生与中国新闻学》、裴艳《留学生与中国法学》、李翠莲《留美生与中国经济学》、陈新华《留美生与中国社会学》、李春雷《留美生与中国历史学》、陈志科《留美生与中国教育学》,南开大学出版社 2009 年 5 月版。

刘昊:《北京市召开海外学人工作联席会首次会议》,2009 年 6 月 12 日千龙网。

沈朝晖、严红枫:《"海归"创业看好宁波达成项目合作等意向 31 项》,《光明日报》2009 年 6 月 13 日。

刘昊:《重点中学学生留学,本市"留底"》,2009 年 6 月 13 日千龙网。

仲祖文:《再谈"引才的关键是引心"》,《人民日报》2009 年 6 月 14 日。

《慰问留学回国人员新春音乐会新闻通稿》,2003 年 2 月 25 日教育部网站。

陈星星、姜雪丽:《教育部部长周济:中国支持年轻人赴海外留学》,2006 年 3 月 20 日《人民日报海外版》第 1 版。

蔡如鹏:《新中国首批赴美留学生:为配合邓小平访美提前出发》,2009 年 1 月 14 日中国新闻网。

梁克荫、王广印、王军哲、李鸣:《三秦归国学人（1—6 辑）》,西北工业大学出版社 1996 年 1 月—2007 年 10 月版。

教育部:《学子风华（1—2）——优秀留学回国人员业绩录》,中央编译出版社 1999 年 12 月版。

教育部：《学子风华（3—4）——杰出、优秀留学回国人员业特辑》，中央编译出版社 2003 年 5 月版。

丁石孙、韩启德：《欧美同学会会员名录（1—2 卷）》，科学技术文献出版社 2002 年版。

逄丹、陈昌贵、魏祖钰、赵峰：《中国当代留学回国人员大典（第 1 卷）》，中国档案出版社 2003 年 12 月版。

王辉耀：《海归时代》，中央编译出版社 2005 年 1 月版。

王辉耀、陈海：《创业中国—海归精英 50 人》，中央编译出版社 2005 年 1 月版。

人事部：《爱国奉献拼搏进取—全国留学回国人员先进个人和先进工作单位资料汇编》，中国人事出版社 2005 年 2 月版。

欧美同学会：《中国留学生留日 110 周年纪念会文集》，2006 年 4 月编印。

宋健：《百年接力留学潮》，《光明日报》2003 年 4 月 15 日。

梁广大：《牢记小平同志的嘱托》，《回忆邓小平（下）》，中央文献出版社 1998 年 2 月版。

《江泽民与留学》，2001 年 7 月 17 日国家留学网。

《十年教育大事记》，《李岚清教育访谈录》，人民教育出版社 2003 年 11 月版。

《党中央国务院提出科教兴国战略》，2008 年 7 月 30 日中国科协网站。

李其荣：《国际移民和海外华人研究》，湖北人民出版社 2005 年版。

丁杨东：《全国人事系统留学人员工作会议综述》，《中国人才》1996 年第 1 期。

李涛、朱幼棣：《李鹏会见优秀留学回国人员》，《人民日报》1996 年 2 月 8 日第 1 版。

尹鸿祝、毕全忠：《李岚清会见留学回国工作会议代表强调鼓励留学人员回国建功立业》，《人民日报》1997 年 1 月 24 日。

胡晓梦：《李岚清会见出席全国留学回国成果汇报会代表时强调出国留学政策要长期坚持不变》，新华社北京 1999 年 2 月 4 日电。

植万禄：《朱镕基总理：海外学子，你们回来吧》，《北京青年报》2001 年 9 月 20 日。

张炳升：《人才强国之路是必然选择——访国家行政学院教授竹立家》，《光明日报》2005 年 12 月 4 日。

《中央关于进一步加强人才工作决定起草工作纪实》，2004 年 2 月 29 日新华网。

孙承斌：《胡锦涛：实施人才强国战略　坚持党管人才原则》，新华社北京 2003 年 12 月 20 日电。

国务院办公厅国办发［2003］11 号文件，人事部网站。

《培养造就大批高素质创新型科技人才工作纪实》，《科技日报》2006 年 9 月 21 日。

潘晨光、娄伟、王力：《中国人才政策的新进展》，《中国人才发展报告》，社会科学文献出版社 2005 年 6 月版。

孙承斌、朱玉：《胡锦涛会见留学回国先进个人和先进工作单位代表》，新华社北京 2003 年 9 月 30 日电。

孙承斌、邹声文：《曾庆红在全国留学回国人员先进个人和先进工作单位表彰大会上强调统筹国内培养的人才与留学回国人才的作用共同为国效力为民造福为民族复兴建功立业》，新华社北京 2003 年 9 月 30 日电。

吴黎明：《胡锦涛在欧美同学会成立 90 周年庆祝大会上强调发扬爱国奉献拼搏进取精神为祖国和人民贡献智慧力量》，新华社北京 10 月 8 日电。

新华社授权发布《中共中央国务院关于进一步加强人才工作的决定》，2003 年 12 月 31 日新华网。

吕诺：《长江学者受聘仪式举行国务委员陈至立出席并讲话》，新华社 2005 年 3 月 28 日电。

《全国留学人员团体工作研讨会议在福建召开》，湖北省知识分子联谊会网站。

《第二届海外留学人员团体负责人代表座谈会召开》，2005 年 8 月 20 日中国新闻网。

《贾庆林会见"第二届海外留学人员团体负责人代表座谈会暨为国服务团东北、西部行活动"全体人员》，2005 年 8 月 19 日新华网。

《中国留学人才发展基金会成立》，2007 年 4 月 10 日新华网。

木佳：《海外留学人员团体负责人代表座谈会在京举行》，2007 年 8 月 21 日《中华工商时报》第 1 版。

蒋志臻：《第三届海外留学人员团体负责人代表座谈会在京举行韩启德刘延东出席》，《人民政协报》2007 年 8 月 21 日第 A01 版。

谭浩：《党中央国务院邀请海外留学回国创新创业专家到北戴河暑期休假》，2008 年 7 月 22 日新华网。

新华社：《中央决定组织实施海外高层次人才引进计划》，2009 年 1 月 7 日新华网。

教育部国际司：《留学回国工作文件汇编（1986—2003）》，2003 年 4 月 10 日印制。

陈至立：《团结奋进共创未来——1999 年致全体留学人员新春贺信》，《人民日报海外版》1999 年 2 月 15 日第 3 版。

ZHOUJI：《HIGHER EDUCATION IN CHINA》，THOMSON，2006。

周济：《中共十七大首场新闻发布会答记者问：30 年来逾百万中国学生出国留学近 30 万回国》，2007 年 10 月 16 日中国新闻网。

周济：《扎实推进教育事业持续协调健康发展》，《中国教育报》2007 年 1 月 2 日第 1 版。

韦钰：《谈"春晖计划"》，《出国留学工作研究》2000 年 3 期。

章新胜：《30 年留学的历程与成就》，《神州学人志》2008 年第 5 期第 4—8 页。

《教育部副部长郝平致电慰问在外留学人员》，2009 年 5 月 21 日千龙网。

李滔等：《中华留学教育史录—1949 年以后》，高等教育出版社 2000 年 1 月版。

李滔口述：《中国的留学生太棒了!》，《神州学人》2009 年第 8 期。

于富增、江波、朱小玉：《教育国际交流与合作史》，海南出版社 2001 年 8 月版。

国家教委外事司、陈可森：《教育外事工作历史沿革及现行政策》，北师大出版社 1998 年 1 月版。

李东翔：《留学工作新思路》，《神州学人》2001 年 2 期。

曹国兴：《留学工作回顾与今后工作思路》，《出国留学工作研究》，2003 年第 1 期。

张秀琴：《坚持改革开放，努力实现留学工作大发展》，《神州学人》2008 年第 3 期。

张秀琴：《发展国际合作与交流，提升教育品质和实力》，《世界教育信息》2009 年第 8 期。

刘宝利：《中国积极开展国际教育合作与交流》，2004 年 11 月 19 日人民网。

岑建君：《迎接挑战加强管理力创品牌为民服务》，《出国留学工作研究》。

徐永吉：《坚持改革创新促进留学工作科学发展》，《世界教育信息》2009 年第 4 期。

于继海：《齐心协力发挥优势留学研究再创新成果》，《出国留学工作研究》2008 年第 4 期。

白章德：《应对新的留学趋势，深化留学服务》，《世界教育信息》2009 年第 4 期。

杨新育：《国家公派留学与创新型人才培养》，《中国人才发展报告》，社会科学文献出版社 2008 年 7 月出版。

杨新育：《质疑"留学大众化"》，2008 年 1 月 10 日中青网。

刘大家：《教育部官员在汉检讨对自费留学生关心不够》，《楚天金报》2008 年 11 月 14 日。

李梁、董书华：《瞩目第十代"海归"官员》；《南方周末》2005 年 4 月 14 日第 1 版。

《中国人民大学完成"中国大学校长素质研究"课题》，《中国教育报》2007 年 8 月 17 日。

陈昌贵：《人才外流与回归》，湖北教育出版社 1996 年 2 月版。

陈学飞等：《留学教育的成本与收益：我国改革开放以来公派留学效益研究》，教育科学出版社 2003 年 8 月版。

国家教委留学生司、李振平：《出国留学工作大事记（1988. 12—1993. 7）》，1993 年 8 月印制。

姜乃强：《不出国门也"留学"》，《中国教育报》2003 年 4 月 30 日第 7 版。

陈跃：《对中国在美 J—1 签证留学人员"豁免"政策演变之研究》，《世界教育信息》2007 年第 3 期。

国家教委留学生司：《出国留学工作文件汇编（1978—1991）》，群众出版社 1992 年 6 月版。

卫道治：《中外教育交流史》，湖南教育出版社 1998 年 6 月版。

田正平：《中外教育交流史》，广东教育出版社 2004 年 9 月版。

黄新宪：《中国留学教育问题》，湖南教育出版社 1995 年 11 月版。

曲恒昌：《WTO 与我国的留学低龄化》；《比较教育研究》2002 年第 12 期。

程希：《当代中国留学生研究》，香港社会科学出版有限公司 2003 年 2 月版。

王辉耀：《人才战争》，中信出版社 2009 年 7 月版。

王雪萍：《当代中国留学政策研究——1980—1984 赴日国家公派本科留学生政策始末》，世界知识出版社 2009 年 7 月版。

于嘉、郑燕峰：《济南：每年 1 亿元引进海内外创新人才》，《中国青年报》2009 年 6 月 19 日。

王勋：《中国学生构成德国最大留学生群体》，2009 年 6 月 30 日新华网。

莫邦富：《不重视引进外国留学生，日本大学陷入倒闭潮》，2009 年 6 月 22 日中新网。

徐和平：《湖北省引进海外高层次人才政策措施解读》，《湖北日报》2009 年 6 月 17 日。

姚立：《教育部长周济与留法学者座谈》，《光明日报》2009 年 7 月 6 日。

董宏君：《李源潮在会见美国科学院院士王晓东时指出让回国创新创业的海外人才发展得更好》，《人民日报》2009 年 7 月 8 日第 3 版。

《美欧澳华侨华人留学生谴责"7·5"事件》，《人民日报海外版》2009 年 7 月 9 日第 4 版。

《国际社会和海外华侨华人严厉谴责"7·5"打砸抢烧严重暴力犯罪事件》，《人民日报》2009 年 7 月 9 日。

裴军文：《留日学人强烈谴责"7·5"暴力犯罪事件》，《中国青年报》2009 年 7 月 10 日。

《海外华侨华人强烈谴责乌鲁木齐"7·5"事件》，《人民日报》2009 年 7 月 10 日。

《中国留学生勇闯德"疆独"老巢 揭穿"世维会"谎言》，《环球时报》2009 年 7 月 10 日。

驻葡萄牙使馆教育组文：《旅葡中国留学生谴责新疆暴力犯罪事件》，2009 年 7 月 20 日《神州学人》网站。

周宏文：《2008 年七千余中国留学生在日就职创历史最高》，2009 年 7 月 15 日中新网。

董宏君文：《李源潮：为海外留学回国人才创造更有活力更能聚精会神创业机制》，《人民日报》2009 年 7 月 19 日。

谭浩文：《李源潮：更好地实施人才强国战略建设创新型国家》，2009 年 7 月 17 日新华网。

董宏君：《李源潮在引进海外高层次人才工作会议上指出抓住机遇加大力度引进海外高层次人才》，《人民日报》2009 年 7 月 23 日第 2 版。

仲祖文：《引进人才时不我待》，《人民日报》2009 年 7 月 23 日第 2 版。

《留学人才基金会：留学人员交友择友服务将启动》，《人民日报海外版》2009 年 7 月 24 日。

曹建文：《党中央国务院邀请新中国成立以来创新创业创优优秀人才代表到北戴河休假李源潮马凯专程看望并听取专家意见》，《光明日报》2009 年 8 月 6 日。

《法国检方放弃实际指控轻罪法庭作出轻判中国女留学生法国洗脱间谍罪》，《中国日报》2007 年 11 月 24 日。

郑若文：《解读中国女留学生间谍案排外气氛弥漫法国社会》，《文汇报》2007 年 12

月 21 日。

余东晖：《中国人成移民美国主力军 08 年 8 万获绿卡 4 万入籍》，2009 年 3 月 31 日中国网。

卢威：《移民美国，中国人成主力》，《环球时报》2009 年 4 月 3 日第 24 版。

李珍玉：《美国移民报告：2008 年 4 万中国人入美籍》，载 2009 年 8 月 15 日中新网。

许欣：《与美国抢人才欧盟扩充教育计划》，《北京日报》2009 年 8 月 16 日第 5 版。

李小娥、沈斐：《江苏一留学生回国为减轻父母压力贩卖毒品被抓》，《扬子晚报》2008 年 6 月 2/日。

焦新：《郝平：留日预校成中日文化与学术交流的重要平台》，《中国教育报》2009 年 8 月 18 日。

潘跃：《欧美同学会·中国留学人员联谊会海外留学人员座谈会在京召开》，《人民日报》2009 年 8 月 18 日第 4 版。

谭浩：《李源潮：希望更多海外留学人员回国创新创业》2009 年 8 月 18 日新华网。

《外交部官员称海外中国公民安全形势严峻》，《深圳新闻网》2009 年 9 月 4 日。

伍修琼：《纪念改革开放暨扩大派遣留学生工作 30 年座谈举行》，《人民日报》2008 年 12 月 25 日。

《全国人大副委员长陈至立接见中国留学生代表》，成都信息工程学院国际交流合作处网 2008 年 10 月 9 日。

《四川籍留学生作画送温总理 情不自禁向画像鞠躬》，2009 年 2 月 5 日四川新闻网、浙江在线新闻网站。

《华人首次入选德国市议会》，《参考消息》2009 年 9 月 14 日第 8 版。

《2008 年度长江学者特聘教授、讲座教授名单》，2009 年 9 月 13 日《中国教育报》第 2 版。

王文乐：《发挥出国留学培训的旗舰作用——纪念教育部出国留学人员培训部成立 30 周年》，2009 年 9 月 17 日神州学人网站。

《十年磨一剑成就铸辉煌——纪念"长江学者奖励计划"10 周年》，2009 年 1 月 22 日神州学人网。

尹莉华：《"海智计划"5 年回顾》，2009 年 3 月 18 日神州学人网站。

毛冬敏、张总明：《愿为祖国作出力所能及的贡献——驻英使馆教育处举办"纪念扩大派遣留学生 30 周年座谈会"》，2008 年 12 月 22 日神州学人网。

《驻捷克使馆教育组举行中国留学生座谈会》，2009 年 8 月 17 日神州学人网站。

《向祖国亲人的汇报——周济出席留俄学子座谈会》，2008 年 12 月 22 日神州学人网。

《向祖国亲人的汇报——章新胜出席留法学子座谈会》，2008 年 12 月 22 日神州学人网。

《埃及艾资哈尔大学中国穆斯林留学生共度斋月》，2009 年 9 月 7 日新华网。

侯丽军：《海外"110"保护庞大的出国大军》，2009 年 9 月 22 日新华网。

夏文辉、吴晶、袁原、高帆：《留学潮涌六十年理想抱负融入国家发展与民族振兴》，

《人民日报海外版》2009 年 9 月 25 日第 6 版。

赵晓霞:《首届中国留学人才归国创业腾飞奖启动推动海外人才回国创业》,《人民日报海外版》2009 年 9 月 26 日第 5 版。

辛林霞:《95 家留学创业园联盟代表齐聚山东烟台共话发展》,《人民日报海外版》2009 年 9 月 21 日。

《中国留学人员创业园联盟一届二次会议暨第十届全国留学人员创业园第十届网络年会在烟台召开》,2009 年 9 月 24 日科技部火炬高技术产业开发中心网站。

《不要让留学生变"流血生""溜学生"小留学生心智未熟问题频出》、《列 17 大隐忧驻温哥华教育参赞吁留学生注意安全》,2009 年 9 月 24 日中国新闻网。

张冬冬:《〈负笈海外汇聚京华〉首发述海外学人创业历程》,2009 年 9 月 24 日中国新闻网。

董宏君:《"千人计划"第二批人选产生 204 位海外高层次人才将来华》,《人民日报》2009 年 9 月 27 日第 8 版。

于毅:《中国旅埃各族留学生运动会在开罗举行》,2009 年 9 月 27 日《光明日报》吴庆才、李静:《两万美学生赴华学习中美教育交流迈入双向时代》,2009 年 9 月 27 日中国新闻网。

刘静:《如此"礼遇"不要也罢(我看海归)》,《人民日报海外版》2009 年 9 月 26 日第 5 版。

董宏君:《"千人计划"第二批人选产生 204 位海外高层次人才将来华》,《人民日报》2009 年 9 月 27 日第 8 版。

谭浩:《李源潮在海外高层次人才和留学回国人员报告会上指出乘祖国发展东风 实现报国之志和人生理想》,《光明日报》2009 年 10 月 1 日。

孙承斌、邹声文:《胡锦涛在会见海外人才回国观礼团和优秀留学回国人才代表团成员时勉励他们努力创造出无愧于时代的辉煌业绩为中华民族伟大复兴作出重要贡献温家宝习近平李克强参加会见》,《光明日报》2009 年 10 月 1 日。

董宏君、伍修琼:《留学人才观礼国庆:分享盛世荣光立志报效祖国》,《人民日报》2009 年 10 月 9 日。

《帮助应对突发事件 多伦多中国留学生编应急手册》,2009 年 10 月 4 日中新网。

杜悦:《海外专才北京共商"引得来、留得住、用得好"》,2009 年 9 月 29 中新网。

张子扬:《海外游子归来永难割舍"中国心"》,2009 年 10 月 1 日中新网。

姜乃强:《加快造就国际一流创新人才国家建设高水平大学公派研究生项目工作会议举行》,《中国教育报》2009 年 10 月 13 日。

潘晨光主编:《中国人才发展 60 年》,社会科学文献出版社 2009 年 9 月版。

王辉耀、苗丹国、程希主编:《中国留学人才发展报告 2009》,机械工业出版社 2009 年 10 月版。

中国社会科学院编《博士后交流》杂志 2009 年第 2 期。

周一、张鹤:《科学发展公派留学事业促进高层次人才培养服务国家发展战略——访国家留学基金管理委员会秘书长刘京辉》,《世界教育信息》2009 年第 9 期。

邓明茜:《从国际研究生奖学金会议和公派研究生项目奖学金信息说明会看国家建设高水平大学公派研究生项目的发展》,《世界教育信息》2009 年第 11 期。

《中国人才发展报告》、《中国人才前沿》、《中国教育报》、《世界教育信息》、《广东社会科学》、《人民日报海外版》、《人民日报》、《光明日报》、《环球时报》、《参考消息》、《出国留学工作研究》、《中国教育政策评论》、《中国高等教育》、《教育科学参考》、《中国高教研究》、《清华大学教育研究》、《北京大学教育评论》、《中国青年报》、《全国教育科研论文选集》、《教育研究》、《中国高等教育》、《中国人才》、《中国人事报》、《中国日报》、英国《卫报》、《瞭望东方周刊》、《经济》、《中国留学生创业》、《大众日报》、《齐鲁晚报》、《中国人才发展 60 年》、《日本侨报》、《大连日报》、《大连晚报》、《绵阳日报》、日本《中文导报》、《科技日报》、《日本新华侨报》、《京华时报》、《北京晚报》、《世界温籍学子风采录》、《信息时报》、《纽约时报》、《深圳特区报》、《湖州晚报》、《北京晚报》、《日本新华侨报》、澳洲《星岛日报》、马来西亚《光明日报》、日本《东方时报》、英国《华商报》、《福建日报》、《法制晚报》、日本《读卖新闻》、韩国韩联社网站、西班牙欧浪网、英国 BBC 英伦网、环球网、中国网、国家留学基金委网站、新华网、中新网、中青网、人民网、国家在线、南方网、中国留学网、国家留学网、中国教育和科研计算机网、中国法律信息网。

后 记

除了作者已经在序言里表达过的写作动机以外，实际上还有一些比较有意思的因素成就了本书。一是确实没有人能够长期坚持做这件事情，给我创造了这么一个机会。出国留学政策问题是一件具有挑战性的研究活动，引来各种人涉足其中，或著书立说、或发表文章、或申请学位、或为官从政。但其中多数人都因各自更重要的事由或更实际的职业目标等原因暂时搁置了相关的研究活动。我与各位的区别也许就在于抛弃了几乎所有其他东西而能够比较长期地坚持下来。二是有一种观点认为，现在中国也许并不缺少关注和研究留学问题的人，只是缺少持独立的留学价值观的人；如果总把留学研究绑架到研究者个人的某种实际利益考量中，这种研究必然会因缺少客观性、综合性和开放性而失去发展的内在动力。三是一个时期以来受学术不正之风的干扰与影响，确有那么一些有关出国留学问题的文章、论文、书籍、课题或项目搞得比较糟糕一些，甚至达到"连抄袭都很拙劣"的地步；当看到连这样的文稿也居然敢拿出来发表，于是也就终于鼓起写作和出版这本书的勇气。

就在鼓足勇气完成百万多字的书稿准备交给出版社之际，原以为会轻松下来，但心情依旧深重和不安，丝毫没有宽松和安心的感觉。细想一下大致有以下一些因素吧：纵观60多年来的出国留学政策之成果、经验和教训，有太多感想、思考和体会。对此，虽已部分体现到本书的各个章节，但还是有很多文献和资料没有使用，还有许多课题没来得及涉及或尚未深入研究，还有不少专题没有来得及进行讨论，也还有一些政策执行过程中不作为、不会作为、不敢作为和胡乱作为的现象不便深入披露与广泛涉及。对此，我总有一种挥之不去的紧迫感、责任感和忧患意识，总感到对社会有一种歉疚之心，不由得使我再度想起前国务委员宋健先生的一句话：天赋人责。

有文章指出，当前学术界存在一些令人担忧的情形：有的人对学术缺乏应有的敬畏，热衷于"玩"学术，有的人沉迷于短期行为，制造学术泡沫，不但影响学术健康发展，而且对社会风气造成危害。学术界之所以会出现这些怪状，原因很多，社会责任感的缺失是其中的一个因素。[①] 对此，本书作者有强烈的认同感。我本人不敢妄言有很强烈的社会责任感，但比较强烈的社会责任感还是具备的。正是基于社会责任感，我们才会具有与时俱进的创新意识，才会注意把握留学发展的新变化、新要求，密切关注和深入研究留学活动进入繁荣发展期后面临的新课题、新任务。这个过程，既是研究留学问题的过程，也是履

---

① 吴忠民：《社会责任感：学术发展的重要动力》，《人民日报》2009 年 7 月 31 日。

行社会责任的过程。只有基于社会责任感，我们才会具有持之以恒的敬业精神，才会将留学研究视为一项服务公众与社会的事业，才会产生对留学研究的向往与敬畏，并甘愿为此付出时间、精力乃至生命，才会以严谨、规范、诚信的态度来对待留学研究领域的诸多问题，并从根本上杜绝短期行为、粗制滥造、追风跟风等不良行为。有了这份社会责任感，我们才会持续关注留学活动的现实问题，并对留学问题进行科学总结、客观解释、提供合理的解决方案；才会扎根留学现实、观察留学活动、研究留学问题，并以解决留学现实问题、推动留学活动发展为根本研究目标。

作为国家公职人员，我们有向国家和公众负责并为之服务的义务，我们当然也有表达意见、建议甚至批评的权利，但同时我们个人的言论也要受到严格的限制，并具有保守国家秘密的责任和义务。就在 2009 年 7 月，我们全体公务员还根据统一要求签署了一份《保密承诺书》，其中第五条规定：未经单位审查批准，不擅自发表涉及未公开工作内容的文章、著述。即便没有上述《保密承诺书》，本书从策划之日起就设定了这样一个基本的写作原则：书中所涉及的数据、资料、事件和文件，一定要全部引自于公开的出版物、中国官方认可的报刊和网站。正因为如此，对于许多不方便直接表述的情况、问题和意见，本书作者也只能采取引用其他专家学者观点或官方媒体言论的方式，来试图"曲线"地表达自己的一些观点和想法。

我常向研究伙伴"诉苦"：再有一年的时间恐怕也写不完这部书。这是真心话，也是实际情况——60 年里的事情太多了，偌大一个研究领域，区区百余万字的容量很难做到充分容纳和完全表达；同时在各个章节之间也很难确保全书在逻辑上的一致性、结构上的连贯性、表述上的统一性和内容上的全面性。好在相对独立的第一章和第十二章、十三章，特别是最后的部分第十四章《出国留学六十年大事概览》，与第二章至第十一章之间，具有一定的互补功能，对全书起到了拾遗补缺的作用。不过无论从何种角度来看，都应该说本书的研究还属于一种尝试性、阶段性和过渡性的活动，难免会挂一漏万、顾此失彼。从这个意义上说，此书也是一部征求意见的《未定稿》、《讨论稿》。好在本人已经拟订了一个修订本的五年计划，希望于若干年后能够奉献给读者和社会一本更加完善的"中国出国留学政策研究报告"。当然，如果在此期间有研究机构或研究人员愿意接手上述研究计划，作者愿意全力支持和无私援助。我常说，自己是国家公职人员，这种身份的性质确定了我们有义务、有责任、有必要利用一切适当的手段向社会特定的人群提供特定的服务和帮助。

本书既不是什么"课题"，也没有参与什么"项目"，更不是在职研究生的学位论文，也没得到任何课题和项目研究经费的支持。该书是作者通过近 20 年的间断性管理出国留学政策事务过程的摸索和潜心研究，并长年利用工作之余日积月累完成后自费出版的一部政策研究性报告。本书对留学事件的记述忠实于文献文本和史实原貌，从而增加了真实感和可信度。作者在 20 年间从事留学管理工作和政策研究的过程中，还注意搜集反映新中国成立以后我国出国留学活动的大量图片；但由于受到个人财力的限制，最终也只能选择其中比较有代表性的 12 张。

其实若干年前，笔者曾向一位负责人提交过一份精心撰写的"关于编辑出版《出国留学 30 年（1979—2008）》的策划报告"，提出以某个单位的名义组织编写、并于国家改革开放 30 年之际出版一部全面介绍中国出国留学活动、政策与成就的文集这样一个建议。遗憾地是直到本书出版也未见其有任何意见反馈回来；当然也就催生和成就了目前由我本人独立完成的这部书稿，也就为本书的诞生提供了机会或机遇。从这个意义上讲，该专著的问世确实要十二分地感谢此君才是了。

根据以上文字已经基本可以反映出本书作者的双重身份：一方面是忠实履行政府职能的国家公务员——拥有近 40 年工龄的处级调研员；另一方面是中国出国留学政策的独立研究人——近 20 年来殚精竭虑撰写了若干篇研究性文章并提出若干个政策性观点。常言道：智者千虑、必有一失。本人既非"智者"，也远未达到"千虑"的境界，因此本书必定有一些不尽如人意的地方。在这里一是向读者表示歉意，二是真诚寻求各种意见、建议和批评，接受广大留学人员以及各位同仁指正（联络方式：mdg - 54@163.com 或 pangdanliuxuemdg@163.com）。其目的无非是祈望与有识并有志之士共同把这项研究活动搞得更扎实、更深入、更系统、更完善、更出色；盼望有更多的学者专家和研究人员加入到此项研究活动中来，使这方面的研究更具有权威性、学术性、前瞻性、广泛性和实用性。

中国社科院副院长、当代中国研究所所长朱佳木教授在一次答记者问时有过如下几段表述，中国古代曾有过当代人不写当代史的说法，特别是在帝王专制统治下，史学家写"当代史"往往颇多忌讳，难以秉笔直书，只好等到改朝换代再写前朝史；也有人说历史研究要保证"客观公正"，所以当代人不能写当代史；但是改革开放以来，民主政治的发展和网络通讯的普及，使过去那些"当代人"写"当代史"的不利因素已有了根本性的改变，因此要求当代人不写当代史，实际上已经做不到了。[①] 正如朱佳木教授所言，根据我本人的观察和搜集，一个时期以来，各个领域的学者、专家、记者、官员、职员、甚至普通公民不仅已经有条件从事新中国留学政策问题研究，而且有着了解新中国留学政策状况、参与撰写新中国留学政策问题研究文稿的兴趣和愿望。特别是近些年来，由各类机构和个人编撰的有关新中国留学政策研究的文稿和著作已有不少，报刊、网络上对此的关注和讨论也在不断增加，国外也有一些从事新中国留学政策问题研究的学者。在新中国走过 60 年之际，认识新中国留学政策的整体性，具有特别重要的意义。邓小平曾经说过，前 30 年，我们尽管犯过一些错误，但还是"取得了旧中国几百年、几千年所没有取得过的进步"。朱佳木教授指出，这一论断是前 30 年的基本方面，是我们总体评价那段历史的主要依据；正是这个基本面，为后来的改革开放奠定了政治前提和物质基础，成为中国特色社会主义道路的起点。上述见解也是本书总体评价前 30 年我国留学政策的主要依据。因此说，新中国 60 年的出国留学政策是一个不可分割的整体，这应该也是大家基本上能够公认的主流意见。新中国成立后前 30 年提供的留学活动实践、基本政策前提、丰富的工作基础、有利的国际条件和正反两方面的管理经验，为改革开放后的留学政策提供了必要准备；后 30 年由于中国共产党在基本理论、政治体制、经济体制、意识形态工作、国际战略等等一系列重大问题上，实现了对前

---

① 《社科院副院长称民众有条件书写当代史》，《中国青年报》2009 年 10 月 12 日。

30 年的超越，因此后 30 年留学政策是对前 30 年留学政策的完善和发展，前后两个阶段留学活动的过程共同促进了新中国出国留学政策的形成、变革与发展。正是前 30 年出国留学政策基本经验和主要成果的积累，为改革开放后的留学政策奠定了前提和基础，并成为扩大派遣留学人员政策的新起点。改革开放后 30 多年来的留学政策已经超越了前 30 年，从而使国家对留学人员的派遣能力、出国留学总体规模和留学人员的整体水平广泛提高，出国留学事业和广大留学回国人员在各个领域的作用日益显现出来。

　　60 年，可以分为 60 个 1 年、或 6 个 10 年、或 2 个 30 年。通览全书，读者可以历数 60 年中每个年度里在出国留学政策方面发生的细微变化；60 年后的读者将可以用一种感叹沧海桑田、逝者如斯的口吻，回首这个 60 年里留学政策的巨变。这些已然被称为历史的中国留学活动往事必将不停地发展下去，我们也将等不到下一个 60 年时便会深感对这段历史书写的愧疚与遗憾。出国留学政策研究是不是科学研究、能否称其为科学研究，在于其遵循的是不是客观真理，反映的是不是留学活动的客观规律，是否具有完整系统的知识体系和符合科学研究要求的学术规范。因此我们从事这项研究的人，就必须像其他门类的科学研究一样，尽可能详尽地收集、掌握和仔细考证留学活动发展的轨迹和相关政策沿革的史料，并通过运用科学的理论和方法、实事求是的科学态度、坚持刻苦钻研和严谨治学的学风，对原始资料进行归纳分析，了解留学人员生存状况和特点，从而弄清基本事实，阐明留学政策原委，总结留学活动经验，探寻留学政策发展规律，预测留学政策基本趋势。本书作者希望通过一种平实而富有启发性的态度，与读者建立一种平等的、互相尊重的、可以对话和交流的关系，以便提供真正为社会和公民服务的研究报告，同时期待能给留学政策研究带来一些活力。

苗丹国

2010 年春节

于教育部办公北楼 208 工作室

致　谢

在《出国留学六十年》出版之际，谨向对著者所从事的出国留学政策研究活动给予直接或间接关心、支持、帮助和指导的各界人士表示深切谢意并致以崇高敬意（排名不分先后）：

1. 首先要特别感谢中国全国人民代表大会常务委员会陈至立副委员长，以及几位省部级领导人，他们曾分别对我独立起草的有关出国留学问题的工作报告予以口头称赞、文字表扬或以其他方式给予支持和指导：教育部袁贵仁部长、原中央文献研究室逄先知主任、原教育部周济部长、原教育部副部长韦钰院士、原教育部副部长现中国国际教育交流协会柳斌会长、原教育部章新胜副部长、原教育部赵沁平副部长、教育部李卫红副部长、教育部郝平副部长、国务院新闻办公室钱小芊副主任、新疆维吾尔自治区靳诺副主席等。

2. 本书著者的署名主要是表明我个人对本书所承担的责任，实际上仅靠作者一人的努力是不可能完成这样一部专著的；庆幸的是本书有一个松散却高效的研究团队。多年来，各位专家、学者和研究人员以除去"开会"以外的各种方式参与了本书有关内容的讨论和研究，为本书的最终完成提供了重要的指导和支持。本书汇集了众多学者的智慧和思想，在其中有关章节对他们的部分研究成果给予了介绍或概述。在此，著者要向这些专家、学者和研究人员表达最诚挚地谢意：陈学飞教授、陈昌贵教授、潘晨光教授、王辉耀教授、欧阳伦教授、卫道治教授、马越彻教授（日）、朱建荣教授、李喜所教授、周棉教授、王晓辉教授、胡建华教授、苗丹民教授、崔大伟教授（加）、陆丹尼教授（美）、朱国仁教授、马凌波教授、杨晓京研究员、庞志荣研究员、孔繁敏教授、王雪萍博士、陈可森参赞、李振平参赞、杨新育副秘书长、魏祖钰处长、张德伟教授、郎晴主编、白瑜副主编、颜永平教授、李克欣博士、程希研究员、江中孝研究员、姜乃强主任、黄晓东部长、马至融教授、李其荣教授、金之亮教授、栾凤池副教授、陈跃先生、孟虹博士、戴继强先生、辛崇阳教授、赵峰主任、安义信馆长、娄伟博士、赵莉博士、叶隽博士、廖赤阳教授、凌星光教授、朱炎研究员、元青教授、郭平坦教授、李光贞教授、展素贤教授等。

3. 本书作者的父亲苗枫林（79岁）以及两位出国留学政策的资深研究者陈可森参赞（73岁）和李振平参赞（68岁）分别对本书的大部分文稿进行了审读与润色，并提出了一些十分重要的修改意见；作者还特邀中国华侨华人联合会程希研究员、中国留学服务中心研究室魏祖钰主任和中国教育报刊社白瑜女士对本书部分文稿进行审读，并采纳了他们提出的一些修改意见；在此一并深表敬意与谢意。

4. 十分感谢原教育部出国留学事务的资深管理工作者、国际司出国留学工作处副处长、现任"北京威久咨询有限公司"总经理王伟先生，他对本书的顺利出版给予的大力帮助。王伟先生20世纪80年代从国家重点大学的全日制本科毕业后即入职教育部，前后共15年一直在主管出国留学管理工作的留学生司、外事司或国际司内从事出国留学事务的管理工作，并且参与了当时80年代末至90年代初我国关于出国留学的一些重大政策和计划制定的相关工作。作为北京市一所优秀留学中介机构的创始人和领导者，王伟先生最早提出的"为自费留学申请人规划学业、设计人生"的理念，也为本人所从事的出国留学政策研究活动以及本书的构思与写作提供了有益的启发、思路与线索。

5. 非常感谢黄新宪教授、田正平教授、曲恒昌教授和袁振国教授；本书作者与这四位知名教授尚无机会相见，亦未曾当面请教；但他们有关出国留学问题研究的专著和文章是本人经常阅读、研究与参考的重要文献。

6. 诚挚感谢教育部历届曾经从事过出国留学管理事务的各位司局级负责人，感谢他们在与我直接或间接的同事期间对出国留学政策研究以及我本人给予的直接或间接的支持：李滔、孙敏、崔希陆、解其钢、王仲达、沃守信、陈可淼、李长发、李振平、严美华、王百哲、于富增、李顺兴、武民英、蔡次明、李聿修、王盛水、徐志忠、何晋秋、蒋妙瑞、李东翔、李海绩、田小刚、张学忠、张秀琴、刘京辉、江波、朱小玉、白章德、尤少忠、艾方林、王永达、曹国兴、郭懿清、王朝忠、刘殿求、徐孝民、张益群、丁雨秋、牟文杰、张国庆、杨新育、沈阳、岑建君、刘宝利、生建学、徐永吉、于继海、师淑云、方茂田、孙玲、孙建明、包同曾、王晓卫、方军、胡福印、薛浣白、陈盈晖、马燕生、王鲁新、杨长春、邵仲富、闫国华、周建平、吴连胜、贾德勇、马建斌、白刚、邵巍、黄颖、巩万、张凤禧、张祖望、单耀忠、李桂苓、张双鼓、徐孝、许珑、姜锋、安玉祥、李建民等。

在上述被提及的约上世纪70年代以来各位中国教育外事管理工作领域内的司局级领导人员中，有多位自本书作者于1989年夏季从事出国留学政策研究工作以后，曾先后在教育部系统的三个出国留学工作管理机构内出任"第一把手"，并与本人所从事的出国留学政策研究工作曾经有过各种直接或间接的联系；我想借此机会再度专门表达一下对他们的特别谢意，感谢他们长期以来给予我本人的各种支持与援助：国家教委留学生司及其后的外事司、或国际合作司历任司长——于富增、何晋秋、蒋妙瑞、李东翔、曹国兴、张秀琴；中国留学服务中心历任主任——王仲达、沃守信、方茂田、白章德；国家留学基金委秘书处历任秘书长——解其钢、曹国兴、李东翔、李旺荣、张秀琴、刘京辉。

7. 诚挚感谢曾经或现在的各位同事，他们或多或少都给了出国留学政策研究或本书一些帮助和支持：刘大伟、宋临芳、蔺昭仁、许明、窦庆禄、赵升元、朱二宁、周晶、刘在祥、林兴郎、李波汶、王时、蒋昶华、马玉芝、张启峰、冯涛、陈银桥、王凡、马敬平、傅延风、王春保、任西慰、卢枫、王东礼、姜金花、郑九振、白松来、马建设、龚映杉、陈国珠、刘宏、刘宜、解汉林、宋义、吴培红、郭军、黄志刚、李玲、关键、董松寿、贾永忠、史光和、李贞丽、陈泽滨、张栋、李大光、宋波、余彬、刘建丰、闫炳辰、宋磊、刘海峰、刘成钢、鄢智勇、陶洪建、刘少华、罗平、田立新、李超兰、马米仓、高莉、刘力、刘嘉铭、杨军、静炜、周惠、张静、刘晓、关欣、方庆朝、王道余、席茹、张晋、黄培、赵娜、郑杨、邹莹、张晓东、李海、王辉、吴劲松、朱莉、赵磊、李琦、顾秋利、张云、刘万生、陈大立、申玉彪、王义、刘立新、强亚平、聂瑞麟、安延、赵灵山、张萌、郑晗、龙嫚、董会庆、张艺华、亢秀兰、谢克民、陈航柱、佟光武、魏养根、蔡力、闫丽、魏淑珍、潘晓景、张宁、杨晓春、徐培祥、曹世海、郭丹青、萧若、李晶伟、陈滔伟、刘翠玲、梁淑莲、许翠英、张晓萌、金昕、王水清、葛维威、李彦光、杨光、程家财、车伟民、戴争鸣、魏能涛、齐默、刘剑波、王文学、张辉、周燕、杨丽、崔京、王习建、严勇兵、郭建航、迟杰、张跃东、柳绪燕、黄立琼、王华、丁建国、么立华、张宝艳、辛英杰、蔡红霞、裴芳荣、冯伟、李梅、李喆、杨晓婧、王达、赵红梅、姚娜、牛芹、王拓、傅雨南、姚树军、丁莉、熊星、王习健、唐晶、段佳丽、宋康路、徐丽丽、田勇建、王怡伟、刘翔、于立群、李晓军、明廷玺、张凤宇、张鹏、王昆鹏、姜超、李佳梦、李晓哲、秦江涛、侯翰莹、秦岚、乌洁、张莹、郝兰盛、孙静、孙永雄、曾滨、赵毅任、张英、种健、王洪歧、林晓青、徐忠波、信金花、毛冬敏、田露露、张文译、丁晓娜、乔喆、吴娟、殷文、谭伟红、汪旭东、段文鹏、王维刚、丁毅、赵姗姗、郑晓曦、苏玮莲、陈立、芮小乔、李成、杨小锐、徐晴、耿俊伟、刘波、董志雄、李淑婷、李仰光、张睿、王毅、冯磊、康荣芳、董宏志、梁恒贵、尹传波、罗永健、何山华、江毅、张文静、何可人、霍盛亚、常波、梁霄、许浙景、吴玟、杨昊、宋义国、潘玉锋、贾元春、魏银军、蔡遂章、艾晓疆、吴艳芳、高岚、屈杨静雯、张晓海、魏涛、郑跃、金云华、熊胜、孙孟钊、刘南川、周建勋、张丽辉、马玉娥、魏巍、许辛、何永谦、孟鹏、郭京杰、辛颖、胡晓、李秋实、徐悦、范军扬、孔令凯、余海婴、赵铁军、宗华伟、马赟、毕谦、贾经华、张旭、张文娟、刘梦瑜、侯俊、王晓川、姜逢、贾洪雷、杨大轴、柳菁、韩三军、丁署平、迟艳伟、杨凌、印凯、侯强、王辉、唐立宝、王建光、卢春生、丁炳善、杨洲、金铁军、游智健、刘菁姝、魏莉、李昕、王泽宇、袁君、胡小芃、杨烨、李宇飞、陈滔伟、陈晨、张健、王文华、徐峥嵘、陈琳、孟莉、王静、孙晓蒙、吴华、王肃、李廷顺、李洁、梁广明、贾金玲、张文生、王连勇、张洪胜、孟晓国、唐月琴、李金平、侯金仲、李瑞霞、王焕现、杨亚南、靳平、安艳琪、曹喆、段风华、徐妍等。

8. 非常郑重地感谢多年来给予本人关心、援助与支持的各位长辈和各界朋友：王英、周鹤良、刘秀欣、孙中范、王炽昌、安淑芬、康能成、王亚杰、陈冬捷、王小梅、张家权、吴晓梦、邓淮生、李洪峰、高玉清、张晓林、屈增国、殷洪浩、邵永生、董景平、王晓芫、余临、李金荣、初阳（以上为司局级人员）；以及逄诵蔚、逄诵履、闫梅云、姚玫、那薇、陈足怀、逄军、周立荣、顾小存、张乐文、逄先用、逄先德、邹吉业、邹吉殿、邹吉强、苗福生、逄先昭、逄先荣、逄志刚、苗丹科、苗丹群、张亚伟、王然、葛国松、王盛华、夏建中、李继东、孟祥青、聂海鹰、冉明泉、朱建陵、薛中林、李晓敏、郭明章、李春萍、荒川博之（日）、冈田美香（日）、李燕玲、王树军、周丽、王玉水、周小燕、周大伟、田村、刘炜、刘烁、刘晓军、石茹、王小平、苗筠、李平、朱茂明、刘晓琴、刘永波、张萍、刘孝茹、孙强、李敏、戴玉兰、葛莉英、宋秀云、赵茹莹、赵耀良、郭树歧、陶暹光、谢主安、姜毓敏、朱宝利、丁益军、展林晓、郭炜、郭雪莲、冯晨云、赵玲、何晓、宁艳丽、张德元、樊文同、赵金瑞、张映霞、孙钢、侯海兴、侯高潮、章焕荣、李三喜、闫虎生、许宜北、李涛、黄教珍、刘健、李冬梅、白锡能、陈素梅、刘克光、陈敬、胡军、徐楠、朱志敏、董惠江、王欢、王哲、王华忠、王少华、舒泰峰、郑立捷、纪子英、常惠敏、王莉莉、李平、李昱、刘小燕、柴晓颖、罗小华、江婴、江琳、姜新、姜沂、刘玉全、王清贤、陈刚军、仓理新、于燕燕、梁凯音、宋萍、刘小平、李景瑜、赵永和、王军、李辉、左明村、石晓荣、庞彩云、黄忠田、朱超敏、杨一飞、龙文田、陆宏发、仲兆建、闫连忠、马德伦、刘世琦、张建国、王建国、李永、王存光、刘德存、张国峰、于建国、訾路祥、刘文生、李学、常贵、左旗、程建、胡建忠、刘成、穆永华、马希哲、康玉柱、张树森、王兴、刘成林、张友、肖永、林志、罗明、赵升、刘德水、邵占祥、权桂琴、张淑芝、董玉敏、鲁淑梅、李永红、刘常军、王志颖、蔡振海、郑国发、李士民、李金龙、李志豪、赵辉、冯宝贵、陈振香、刘凤泉、刘正文、赵禹、宁民华、蔺简、刘晓民、张燕、谢荣芳、杨凌、朱国祥、綦京梅、鲍传友、纪秀玲、刘文、肖丁、范晓光、朱小叶、苏强、王兴玉、周长锁、高为国、周玉清、李德祥、李永艳、冯好滨、刘丽、王广正、董喜、柳江涛、赵台芳、余海林、杨太清、曾莲珠、孙秀云、王小明、吴健、张婷婷、李欣欣、胡鸣、王建明、王川等。

9. 诚谢本书特聘法律顾问：北京市中关律师事务所冯玉龙律师、北京市摩文律师事务所金洪涛律师

10. 感谢有关单位或机构：山东省威海市、山东省淄博市、中央团校、北京市海淀区万寿寺小学、北京市海淀区第十九中学、河南省信阳市黄川县潢湖农场、北京石油化工机修厂、上海中华冶炼厂、北京清河冶金实验厂、新疆民航局、北京重型机器厂、中国人民大学、化学工业部外事局、山东省人才开发服务中心、国家教委留学生司、国家教委外事司、教育部国际司、日本名古屋大学、教育部办公厅、教育部离退休干部局、教育部收发室和文印中心、教育部北楼208工作室、教育部国家留学基金委秘书处、教育部中国留学服务中心、教育部出国留学工作研究会、中山大学高等教育研究所、华中师范大学侨务理论研究基地、中共珠海市委宣传部、南开大学留学生研究中心、徐州师范大学留学生与近代中国研究中心、中国与全球化研究中心、暨南大学华人留学文化研究所、珠海市容闳与留美幼童研究会、保定留法勤工俭学运动纪念馆、中国（上海）留学生博物馆、中国驻各国使（领）馆教育处（组）和文化处（组）、各国驻中国大使馆和总领事馆、各国驻中国教育代表机构等。

12. 非常感谢中国新闻网的记者、撰稿人和编辑：王婧、王宇平、凌锋、萨苏、孙辉、米灏、皓月、远藤英湖、蒋丰、孙盈、李大明、张玥、薛新山、嘉文、张石、徐凯、张冬冬等，在本书撰写进程中，他们采访、撰写、发表或转载了一些介绍在外留学人员的相关信息与资料，其中有部分内容被本书采用。

作者小传

苗丹国，笔名：逢丹、长江（留学研究）；父亲苗枫林系山东威海人，母亲逢诵蔚系山东胶州人；籍贯山东省威海市，1954 年生于山东省淄博市，1956 年随父母工作调动迁居北京；1970 年夏追随父母到河南省潢川县团中央潢湖五七干校从事农业生产劳动；于1970 年底在位于房山县北京石油化工机修厂参加工作，成为产业工人并从事重工业生产劳动；1975 年初参军在新疆空军某部工作；1979 年夏考入中国人民大学国际政治系；1983 年大学本科毕业、获法学学士学位，其后在化工部外事局等单位工作并在司法部律师培训中心学习大学法律课程；1989 年起在国家教育委员会留学生司政策研究处工作，任调研员；1996 年获日本文部科学省奖学金资助赴日本名古屋大学教育学部留学，1998 年回国后在教育部国际司出国留学工作处任调研员；自 1989 年以来，长期从事出国留学政策与留学回国政策研究以及出国留学事务与留学回国事务的管理等工作，长期以出国留学活动发展和出国留学政策变革作为全部研究活动的基本线索。

《出国留学六十年》作者有关
出国留学政策研究活动备考

本书作者自1990年开始在出国留学政策研究与留学回国政策研究方面的主要研究活动有：

于1990年提议、策划并参编《出国留学工作文件汇编（1978—1991）》*，1992年6月由群众出版社出版；

参编"留学生丛书"：《寄语留学青年》、《越洋的情思》、《无尽的旋律》、《追求奏鸣曲》、《中国留学史录》，1992年5月由中国友谊出版公司出版；

编著《赴日留学指南》，1994年6月由人民教育出版社出版；

编著《赴日留学与就业指导》，1995年6月由大连出版社出版；

编著《实用留日指南》，1997年5月由北京外语教学与研究出版社出版；

策划并与杨晓京研究员共同撰写《新中国出国留学教育政策的演变过程及对策研究》，发表于2000年第4期《出国留学工作研究》，并于2001年7月23日获中国高等教育学会颁发的"中国高等教育学会第五次优秀高教科研论文二等奖"；

策划并与李布博士共同撰写《中国留学创业园的发展及对策研究》，全文或部分发表于《中国发展》2001年第1期，《中国教育政策评论2007年卷》，以及《中国教育报》和《中国高等教育》；

2001年策划并参与实施教育部"中国公派留学效益评估"研究项目，课题研究报告由北京大学和中山大学联合完成；该课题负责人陈学飞教授等著《留学教育的成本与效益：我国改革开放以来公派留学效益研究》于2003年8月由北京教育科学出版社出版；

独立撰写《我国自费出国留学的高等教育培养费问题研究》，2001年4月发表于教育部《教育科学参考》第8期以及《中国高教研究》；

独立撰写《我国自费出国留学的基本状况成因分析及对策研究》，全文或摘要发表在2001年7月25日《中国教育报》、2001年第4期《清华大学教育研究》、2001年7月《中国青年报》、2002年6月《全国教育科研论文选集》（中国标准出版社出版），同时经教育部中国教育报刊社专家组审核后被评为"中国教育创新成就壹等奖"；

主编《出国留学工作手册》*，于2001年由北京语言文化大学出版社出版；

主编《中国公民出国留学指导》*，于2002年4月由中国海关出版社出版；

主编《八国留学指南》，于2002年8月由希望出版社出版；

2002 年独立撰写《公正看待留学中介机构 正确评价留学中介行为》，于 2002 底并 2003 年初先后发表于《出国与就业》和《中国教育报》；

主编《留学回国工作文件汇编》＊，于 2002 年 11 月 9 日成书后在系统内部发送，并于 2003 年 4 月 10 日修订后继续在系统内部发送；

于 2002 年底独立撰写《教育部赴欧洲招聘留学人才、引进技术项目工作团出访报告书》＊；

2002 年 12 月 9 日，独立完成了中央组织部委托给教育部的研究课题《海外优秀人才的吸引和用好对策——我国吸引优秀留学人才的基本状况及政策研究》；

上述标注有"＊"的 5 本书，于 2003 年 3 月 20 日至 4 月 18 日在北京举办的、国家博物馆正式挂牌以来正式推出的第一个新展览、也是新中国成立以来举办的第一个以近现代留学历史为题材的大型展览——《求学海外，建功中华—百年留学历史文物展》上，被作为近 300 多件展品的一部分的展出；

独立撰写《中国吸引在外留学人才的基本状况及对策研究》，全文或摘要发表于 2003 年第 5 期《中国高等教育》、2003 年第 1 期《中国发展》、2003 年第 2 期《清华大学教育研究》、以及《外国专家工作通讯》和《教育研究》；

策划并与他人共同撰写《鼓励优秀留学人才回国任职和挂职问题研究》，发表于 2003 年第 3 期《中国高教研究》；

策划并与他人合作撰写《创办中外合作办学精品教育机构问题研究》，发表于 2003 年的《中国高教研究》；

策划并与他人合作撰写《留学人才的积极使用与客观评估》，发表于 2003 年第 24 期《中国高等教育》；

主编《中国当代留学回国学人大典（第一卷)》，于 2003 年 12 月由中国档案出版社出版；

策划并与他人合作撰写《优秀大学生的教育培养值得关注》，发表于 2004 年第 1 期《中国高教研究》；

独立撰写《略论出国留学教育决策的战略性调整与政策取向》，先后发表或被收录于 2004 年第 3 期《清华大学教育研究》、教育部主编的《中国教育年鉴（2005 年卷)》、南开大学李喜所教授主编的《留学生与中外文化》（南开大学出版社 2005 年 8 月出版)；

独立撰写《我国对出国留学中介组织实施管理的基本状况及对策研究》，并发表于 2005 年第 1 期《出国留学工作研究》；

独立撰写《规范出国留学中介组织管理研究》，发表于 2005 年第 8 期《中国高等教育》；

参编《留学生与中外文化》（李喜所教授主编)，于 2005 年 8 月由"南开大学出版社"出版；

策划并与他人合作撰写《我国中外合作办学的基本现状与对策研究》，先后发表或收录于 2005 年第 3 期《出国留学工作研究》、2006 年第 1 期《中国高等教育》和教育科学出版社 2006 年 10 月出版的《中国教育政策评论 2006 年卷》；

作为特约撰稿人，独立撰写《中国出国留学政策的沿革与培养和吸引留学人才的政策取向》，收录于中国社会科学院主编的《中国人才前沿—第 2 卷》，2006 年 7 月由"社会科学文献出版社"出版；

独立撰写《人才国际化与中国留学人才安全》，先后分别发表于 2006 年 8 月 30 日《中国教育报》，2006 年第 4 期《出国留学工作研究》，《中国人才发展报告 NO4—2007 年卷》；

2008 年撰写《留学活动进入繁荣发展期》、《出国留学政策六十年》、《中国留日人才状况研究》和《纪念 1978 年中国扩大派遣留学政策实施 30 周年》等 4 篇文章，并先后在《中国教育报》、《世界教育信息》、《广东社会科学》和《出国留学与社会发展》等报刊或文集中发表；

2009 年策划并主编《中国留学人才发展报告 2009》，独立编纂《新中国出国留学六十年大事记》，策划并参编《留学日本丛书第一卷——大潮汹涌：改革开放 30 年与留学日本》，编纂《1992 年以来部分地方政府吸引与鼓励留学人员政策文件要目概览》，撰写《不断完善并加快落实吸引"海归"政策》，编纂《21 世纪留学回国政策暨工作大事记》，撰写《出国留学 60 年》和《我国出国留学事业的发展》，并先后出版、发表或刊登在《中国人才》、《世界教育信息》、《出国留学工作研究》、《博士后交流》和《中国人才发展 60 年》等书籍或报刊上；

另外，1990 年以来参编有关涉及留学政策的书稿和文稿、独立撰写有关涉及留学政策的其他短篇文稿数十篇；

以个人名义支持上海"中国留学生博物馆"、保定"留法勤工俭学纪念馆"、广东电视台拍摄 24 集"百年留学"电视片、山西省政府编辑《山西百年留学》等相关活动，并向上述单位提供个人收藏的有关中国留学政策与留学生活动的书籍、文献和资料；

上述各类报告或文章中的相关内容和主要观点，先后被中山大学、北京大学、中国人民大学、南开大学、清华大学、全国妇联、教育部、中国社会科学院、北京联合大学、北京行政学院、《中国日报》、《环球时报》、英国《卫报》、《瞭望东方周刊》、《经济》等单位的学者或刊物转载、摘录或引用。

多年来，作为主要调研人员、基础调研报告起草人和文件撰稿人，本人承担并独立完成多篇的出国留学政策类调研报告和涉及出国留学政策的重要文件或文件草稿。在上述各类报告或文章中，由作者本人率先提出并初步论证的有关出国留学政策和留学实践方面的观点有：

1. 应取消向自费出国留学人员收取自费留学的"高等教育培养费"；

2. 应将自费留学人员设定为"准人才"，并为其留学行为开辟"绿色通道"，为他们提供尽可能多的支持、援助与服务；

3. 应为留学回国人员落实"实际、实在、实用"的各项政策和保障措施；

4. 应改革留学回国人员购买免税汽车的制度，即应延长免税汽车的"待购期"；

5. 应由中央组织部统一协调和领导全国的留学回国人才管理工作，即于 2002 年 11 月首先提出"党管留学人才"的概念；

6. 应不断改革和完善《留学人员回国证明》的服务与管理体系；

7. 应建立准确、严肃、权威、高效和公开的"出国留学人员信息统计和发布系统"；

8. 于 2006 年 9 月提出了"出国留学活动是出国留学政策形成、变革与发展的基础与动力"的观点，并于 2008 年根据李振平参赞的建议调整为"出国留学政策是广大留学人员通过自身的活动与实践、并经众多政府部门反复提炼升华后创立的产物"这样一种表述；

9. 于 2007 年夏在国内首次提出"留学人才安全"的概念，并撰文研究了建立留学人才安全制度与体系的若干问题；

10. 于 2008 年 5 月在珠海市召开的留学文化研讨会上首次提出并初步论证了"中国的出国留学活动进入繁荣发展期"。